Droit du marché financier et droit des contrats

Contribution à l'étude de l'opération
de marché en droits tunisien et français

Logiques Juridiques

Fondée par Gérard Marcou

Dirigée par Jean-Claude Némery et Thomas Perroud

Le droit n'est pas seulement un savoir, il est d'abord un ensemble de rapports et pratiques que l'on rencontre dans presque toutes les formes de sociétés. C'est pourquoi il a toujours donné lieu à la fois à une littérature de juristes professionnels, produisant le savoir juridique, et à une littérature sur le droit, produite par des philosophes, des sociologues ou des économistes notamment.

Parce que le domaine du droit s'étend sans cesse et rend de plus en plus souvent nécessaire le recours au savoir juridique spécialisé, même dans des matières où il n'avait jadis qu'une importance secondaire, les ouvrages juridiques à caractère professionnel ou pédagogique dominent l'édition, et ils tendent à réduire la recherche en droit à sa seule dimension positive. À l'inverse de cette tendance, la collection « Logiques juridiques » des éditions L'Harmattan est ouverte à toutes les approches du droit. Tout en publiant aussi des ouvrages à vocation professionnelle ou pédagogique, elle se fixe avant tout pour but de contribuer à la publication et à la diffusion des recherches en droit, ainsi qu'au dialogue scientifique sur le droit. Comme son nom l'indique, elle se veut plurielle.

Dernières parutions

Van Anh LY, *La codification du droit international privé vietnamien à la lumière de la codification québécoise*, 2023.

Ruben AKONO MINLO, *Introduction au droit minier applicable au Cameroun. Une vue synoptique des aspects juridiques de l'exploitation minière*, 2023.

Yao AGBETSE, *La supervision de la mise en œuvre des droits de l'homme à l'épreuve de la volonté politique des États africains. La Commission africaine des droits de l'homme et des peuples dans tous ses états*, 2023.

Golnaz KARIMZADEH MEIBODI, *La subrogation réelle en droit patrimonial de la famille*, 2023.

Rawaa SALHI, *La constitution tunisienne de 2014 et le droit international. Tout ce qu'il faut comprendre !*, 2023.

Philippe DE LADOUCETTE, *Régulation indépendante du marché de l'énergie*, 2023.

Hicham BERJAOUI, *L'invocabilité de la responsabilité des organisations internationales devant le juge étatique. Quand le droit international public surplombe le droit international des droits de l'homme*, 2023.

Marie LAPAIRE, *Les actes préparatoires. À la recherche d'une catégorie juridique*, 2023.

Laura BAUDIN, *Cyberattaques et droit international public. De la négociation entre États à l'intégration des acteurs privés pour parvenir à la cyberpaix ?*, 2023.

Mohamed Ketata

Droit du marché financier et droit des contrats

Contribution à l'étude de l'opération de marché en droits tunisien et français

Préface de Thierry Bonneau
Avant-propos d'Ahmed Omrane

L'Harmattan

5-7, rue de l'Ecole-Polytechnique, 75005 Paris
http://www.editions-harmattan.fr
ISBN : 978-2-336-42013-4
EAN : 9782336420134

Dédicace

À l'âme de mon père (Que Dieu le tout puissant l'accueille en son vaste paradis)…

À toutes les femmes qui ont marqué ma vie :

Ma mère, ma source inépuisable de force et d'inspiration, qui n'a cessé de croire en moi.

Mes sœurs, pour leur fierté de me voir réaliser un rêve.

Ma tendre épouse, Fatma, qui, par sa patience, sa grande générosité et son amour indéfectible, m'a donné les plus belles raisons d'achever ce travail.

Ma princesse, Nour, pour le bonheur de tous les jours.

À toute ma famille et ma belle-famille…

Préface

C'est un bel ouvrage que Monsieur Mohamed Ketata nous offre, sur un sujet d'un grand intérêt, analysé avec rigueur et brio. C'est pourtant un sujet difficile, d'autant plus difficile que celui-ci mêle le droit des marchés financiers et le droit des contrats, le droit français et le droit tunisien. Tous ces droits sont en eux-mêmes d'une grande complexité. C'est donc un véritable exploit, pour un jeune chercheur, d'avoir su les appréhender et d'en expliquer, avec finesse et pertinence, tous les contours.

Les opérations de marché, c'est-à-dire les achats et les ventes de titres financiers sur le marché financier, sont au cœur de l'ouvrage. L'analyse n'est pas aisée car ces opérations ne semblent pas correspondre, en tout point, aux contrats tels que le droit des contrats les caractérise. Monsieur Ketata propose une analyse de ces opérations, de leur formation à leur dénouement, qui s'inscrit dans le prolongement des travaux doctrinaux français et tunisiens existants tout en proposant une analyse plus personnelle sur certains points.

Monsieur Ketata étudie le droit tunisien par référence au droit français en distinguant très logiquement la formation et le dénouement, terme usuel en matière financière et englobant l'exécution. Les conclusions auxquelles l'auteur arrive se traduisent dans les intitulés des deux parties : « l'adaptation du droit du marché financier avec le droit des contrats dans la formation de l'opération » ; « la rupture de logique entre le droit du marché financier et le droit des contrats dans le dénouement de l'opération ».

L'adaptation, objet de la première partie, résulte, selon Monsieur Ketata, de « la contractualisation de la phase de l'intermédiation obligatoire » et de « la nature contractuelle de la négociation ». Il est notamment souligné que la transaction négociée sur un marché ne correspond pas à la conception classique de la formation du contrat : il n'y a pas à proprement parler d'échange des consentements, mais l'expression, à travers les ordres de bourse, de consentements symétriques indépendants, objectivés. Ce constat ne conduit toutefois pas, selon l'auteur, à écarter l'analyse contractuelle classique : il n'ôte pas, à l'opération de marché, sa nature contractuelle.

La rupture, objet de la seconde partie, est liée à « l'originalité du régime de transfert de propriété » et au « particularisme lors de l'exécution de l'opération ». Il est souligné que le transfert de propriété ne s'opère pas solo consensu depuis la dématérialisation : il est lié à l'inscription en compte. La rupture est par ailleurs le résultat de l'intervention d'infrastructures post-marché (chambres de compensation et système de règlement-livraison) et de la mise en place de garanties particulières telles que la garantie de bonne fin.

On peut bien sûr discuter certaines des analyses proposées. La qualification des contrats d'intermédiation financière en contrats de consommation peut prêter à discussion, tout comme l'affirmation selon laquelle le contrat d'intermédiation confère un accès direct mais non sécurisé au marché, par opposition du contrat d'intermédiation de gestion. On peut également ne pas être totalement convaincu par l'analyse des rapports entre droit spécial et droit commun. Qu'est-ce qu'un droit spécial ? Qu'est-ce qu'un droit commun ? Le droit des contrats est-il forcément le droit commun et le droit du marché financier le droit spécial ? Or on sait que le droit des contrats est lui-même subdivisé en un droit commun et en un droit spécial. Ces questions ne sont pas étonnantes : elles reflètent seulement la richesse des idées et des approches que l'auteur a adoptées, qui lui sont personnelles. Elles traduisent également tout l'intérêt suscité par un travail qui est d'excellente qualité. Un travail n'a de valeur que s'il suscite la discussion et la réflexion du lecteur.

Monsieur Mohamed Ketata a fait œuvre de doctrine. Il a contribué à la science juridique. Son ouvrage est de bon augure. En ma qualité de directeur de thèse et à titre personnel, je souhaite à Monsieur Ketata un bel avenir.

11 Septembre 2023

Thierry BONNEAU

Professeur agrégé des Universités

Vice-président Recherche, Université Paris-Panthéon-Assas

Avant-propos

La récompense suprême pour un enseignant est de voir ses étudiants réussir leur vie professionnelle, et le plaisir est encore démultiplié lorsque, emboîtant le pas de leurs maîtres, ils décident d'embrasser la carrière universitaire d'exercer le métier d'enseignement, un métier noble et qui est le seul au monde permettant de rester jeune. Monsieur Mohamed KETATA, qui consacre toute sa vie professionnelle à l'université, est de ceux-là.

Traitant de l'interaction entre le droit du marché financier et le droit des contrats, et voulant être une démonstration et non une accumulation, l'ouvrage décrit l'interaction entre ces deux disciplines juridiques que tout semble séparer et que rien ne semble rapprocher, les logiques sur lesquelles les deux disciplines juridiques reposent n'étant pas toujours harmonieuses. Alors que le droit des contrats essaie simplement de concilier entre les intérêts souvent antagonistes des contractants à travers la consécration et l'aménagement du principe de l'autonomie de la volonté, principe de philosophie juridique en vertu duquel la volonté librement exprimée a le pouvoir de créer des obligations, le droit du marché financier est un droit mercantile, fondé sur la spéculation, opération qui consiste à profiter des fluctuations des marchés pour réaliser un bénéfice. Pourtant, les analogies sont frappantes entre les deux disciplines juridiques, et de droit du marché financier puise largement dans le droit du contrat, et plus généralement le droit des obligations où sont édictés les principes fondamentaux et les mécanismes essentiels des échanges économiques opérant la distribution des richesses. Par ses vertus explicatives ou fondatrices, le droit du contrat constitue, pour le droit du marché financier, non seulement le fondement, mais encore la sève qui irrigue les rameaux jusqu'au plus éloigné, pour reprendre l'expression utilisée par le professeur Michel JEANTIN, et par laquelle il a décrit les rapports entre le droit des obligations et le droit des sociétés[1]. La théorie générale du contrat et celle de la responsabilité civile contiennent des principes généraux qui transcendent toutes les disciplines juridiques. À cause de sa souplesse et de la rigidité de la loi étatique, le contrat, convention faisant naître une ou plusieurs obligations ou bien créant ou transférant un droit réel, tend à devenir une pièce maîtresse de l'organisation économique et sociale de la nation, et un instrument d'intervention et de régulation dans les différentes branches du droit.

---

1 M. JEANTIN, « Droit des obligations et droit des sociétés », Mélanges Louis BOYER, Presses de l'Université de Toulouse 1 Capitole, 1996, p. 317.

Même si le dénouement des opérations de marché semble reposer sur un régime qui s'écarte sensiblement des logiques du droit des contrats, ce dernier inspire encore largement la formation de l'opération de marché, à la fois, dans sa phase de négociation et d'intermédiation. En effet, toutes les opérations de marché se fondent sur la notion fondamentale d'ordre de bourse qui n'est accessible qu'à travers une analyse purement contractuelle (l'offre et l'acceptation, l'échange de consentements, personnalisation des rapports contractuels).

L'ouvrage est un instrument de travail pour tous les chercheurs, une mine de renseignements pour tous les praticiens, juges, avocats, intermédiaires en bourse, un point de référence pour tous les étudiants qui ont l'opportunité de creuser la question à travers un exposé ou un article, car, s'il est savant, l'ouvrage n'en est pas moins très accessible en raison des vertus pédagogiques de son auteur : clarté dans la présentation des problèmes, rigueur dans l'exposition, souci d'exhaustivité dans l'analyse. Les questions les plus complexes sont abordées et sont décortiquées de telle sorte qu'elles paraissent désormais plus simples. En bon pédagogue qu'il est, l'auteur cherche moins, auprès du lecteur, qu'il apprenne le droit, mais plutôt qu'il le comprenne.

Décidément, l'ouvrage de Monsieur Mohamed KETATA en impose et il s'impose comme une œuvre maîtresse dans la discipline.

Ahmed OMRANE

Professeur de l'enseignement supérieur

Doyen honoraire de la Faculté de Droit de Sfax

SOMMAIRE

LISTE DES PRINCIPALES ABRÉVIATIONS

AAOIFI	=	Accounting and Auditing Organization for Islamic Financial Institutions.
al.	=	alinéa.
AEDBF	=	Association Européenne pour le Droit Bancaire et Financier.
A.J.D.A.	=	L'actualité juridique – Droit administratif.
art.	=	article.
Arr.	=	Arrondissement.
Ass. Plén.		Assemblée plénière
Bull.	=	Bulletin.
BJB	=	Bulletin Joly Bourse.
BVMT	=	Bourse des Valeurs Mobilières de Tunis.
C.	=	Cour.
c. civ.	=	code civil.
CCC	=	Revue contrats, concurrence, consommation
C. d'A.	=	Cour d'appel.
CMF	=	Conseil du Marché financier.
C. mon. Fin.	=	Code Monétaire et Financier (français).
COC	=	Code des Obligations et des Contrats.
Conc.Cons.	=	Revue de la Concurrence et de la Consommation.
CSP	=	Code du statut personnel.
CDR	=	Code des Droits Réels.
CSC	=	Code des Sociétés Commerciales.
cass.	=	cassation.
civ.	=	civil.
com.	=	Commercial.
crim.	=	criminelle.
chron.	=	chronique.
d.	=	dinar.
D.	=	Dalloz.
Dr.	=	Droit.
Dir.	=	Direction.
Dict.	=	Dictionnaire.
DP	=	Dalloz Périodique.
D.P.D.A.	=	Dictionnaire Permanent de Droit des Affaires.
doct.	=	doctrine.
éd.	=	édition.
E.J.		Revue Etudes Juridiques
fasc.	=	fascicule.
Gaz. Pal.	=	Gazette du Palais.
http.	=	hyper text transfer protocol.
Ibid.	=	au même endroit.
in.	=	dans.
JCP (G.)	=	Juris Classeur Périodique (semaine juridique), édition générale.
JCP (E.)	=	Juris Classeur Périodique (semaine juridique), édition entreprise.
J.O.R.T.	=	Journal Officiel de la République Tunisienne.

J.- CL	=	Juris Classeur.
L.	=	Loi.
L.G.D.J.	=	Librairie Générale de Droit et de Jurisprudence.
loc. cit.	=	*loco citato*, à l'endroit cité.
n°	=	numéro.
obs.	=	observation.
OPA	=	Offre publique d'Achat.
op. cit.	=	opere citato (dans l'ouvrage cité).
OPE	=	Offre publique d'Echange.
org.	=	organisation.
p.	=	page.
P.U.F.	=	Presses Universitaires de France.
Préf.	=	Préface.
RDB	=	Revue de Droit Bancaire (jusqu'en 1987).
RDBB	=	Revue de Droit Bancaire et de Bourse.
Rev.	=	Revue
Rev. Int. de dr. comp.	=	Revue Internationale de droit comparé.
RJTUM	=	Revue Juridique Thémis (Université de Montréal)
Rev. Juris. Com.	=	Revue de Jurisprudence Commerciale.
Rép. Def.	=	Répertoire Defrénois.
Rép. soc. Dalloz	=	Encyclopédie Dalloz, Répertoire de droit des sociétés.
RGBVMT	=	Règlement Général de la Bourse de Valeurs Mobilières de Tunis.
RJC	=	Revue de jurisprudence commerciale
RJL	=	Revue de Jurisprudence et de Législation.
R.R.J.	=	Revue de Recherche Juridique
RTD. civ.	=	Revue Trimestrielle de Droit civil.
RTD. com.	=	Revue Trimestrielle de Droit commercial.
RTDF	=	Revue Trimestrielle de Droit Financier.
RTF	=	Revue Tunisienne de Fiscalité.
s.	=	suivant.
somm.	=	sommaire.
spéc.	=	spécial.
STICODEVAM	=	Société Tunisienne Interprofessionnelle pour la Compensation et le Dépôt des Valeurs Mobilières.
T.	=	Tome.
Trib.	=	Tribunal.
T.G.I.	=	Tribunal de Grande Instance.
V.	=	voir.
Vol.	=	Volume.
V°	=	Verbo : mot.

INTRODUCTION

***« Les mécanismes juridiques modernes sont aux contrats classiques ce qu'une machine moderne peut être à un instrument primitif. Plus la technique s'affine et se développe, plus le droit commercial s'éloigne du droit civil et affine son particularisme* ». G. Ripert, 1959**[1]

1. La rencontre entre le droit du marché financier et le droit des contrats. L'étude des relations qu'entretiennent les différentes disciplines juridiques entre elles intéresse les juristes depuis fort longtemps[2]. Ainsi, les liens du droit commercial et du droit civil ont retenu l'attention de la doctrine et ont donné lieu à une abondante littérature[3]. Évidemment, *« les commercialistes ne peuvent rien sans le travail de fond des civilistes mais ceux-ci seraient condamnés à un droit irréel sans la formidable activité de la vie des affaires »*[4]. L'attrait de ce type d'étude s'est renforcé au rythme de l'inflation juridique et de la démultiplication des droits. L'essor des réflexions doctrinales sur ces questions est tel qu'a pu être évoqué « *un droit des entrecroisements* »[5], dont l'objet serait précisément d'examiner les interactions réciproques entre les disciplines juridiques. En effet, les nouveaux corps de règles doivent trouver leur place dans l'ordonnancement juridique et suscitent alors des interrogations multiples tenant à leurs relations avec les autres blocs normatifs[6]. Au-delà de la découverte des nouvelles règles, la spécialisation accrue invite donc à mettre à jour les liaisons que les droits

---

[1] G. RIPERT, Traité élémentaire de droit commercial, 4ème éd., avec le concours de P. DURAND et de R. ROBLOT, LGDJ, 1959, n°1529, p. 718.

[2] En ce sens, R. GASSIN, « Lois spéciales et droit commun », D., 1961, ch. p. 91 et s., spéc. p.91, n°2, selon lequel la distinction entre lois générales et spéciales était déjà connue du droit romain et de l'Ancien Droit et remonterait à Aristote ; B. SAINTOURENS, Essai sur la méthode législative : droit commun et droit spécial, thèse Bordeaux I, 1986, p.113, n°66, selon lequel « *la relation nécessaire et difficile entre l'unité et la diversité dans la législation* » aurait retenu l'attention de Platon et Aristote. Pour des travaux du siècle dernier, v. par exemple, M. RENOUARD, Du droit industriel dans ses rapports avec les principes du droit civil sur les personnes et sur les choses, Guillaumin et Cie libraires 1860.

[3] Plusieurs branches de droit commercial ont été mises à l'épreuve du droit civil, parmi lesquelles on cite le droit des sociétés (A. OMRANE, « Théorie générale du contrat et droit des sociétés », in Études Juridiques n°26, Revue publiée par la Faculté de Droit de Sfax, 2021, pp. 1 et s. ; M. JEANTIN, « Droit des obligations et droit des sociétés », in Mélanges dédiés à L. BOYER, PU Toulouse, 1996, p. 317 et s.) et le droit des procédures collectives (S. SABATIER, Le droit des obligations à l'épreuve du droit des procédures collectives, th. Toulouse I, 2000, sous la dir. de C. SAINT ALARY-HOUIN). V. également M.-M. MOHAMED SALAH, « La place des principes et des techniques civilistes dans le droit des affaires », RJC, 1997, pp. 297 et s., spéc. p. 303, n°9.

[4] B. BEIGNIER, « Le droit civil, droit privé fondamental », RTD civ. 1998, p. 289.

[5] M. CHAGNY, Droit de la concurrence et droit commun des obligations, Dalloz, 2004, Préf. J. Ghestin, n°2, p. 2.

[6] M. CHAGNY, *op. cit*, n° 2, p. 3.

spéciaux entretiennent entre eux, surtout, dans la perspective de leur insertion au sein du droit privé, avec le droit civil[1].

2. Le rapprochement entre le droit du marché financier et le droit civil peut produire chez le juriste un certain malaise. La divergence entre les deux matières est double. D'une part, il y a une divergence de conception dans la mesure où le droit du marché financier, comme tout autre droit économique, constitue un droit de pratique. Il s'agit d'un ensemble de règles techniques qui sont en perpétuelle évolution, au point que le professeur J.-J. DAIGRE a comparé la réglementation boursière à un « *manuel de procédures voire un règlement militaire* »[2]. Par contre, le droit civil est une branche de droit bien établie, dont les règles sont beaucoup plus sculptées. D'autre part, il y a une divergence de génération puisque la verdeur du droit du marché financier contraste certainement avec la patine du droit civil[3]. Sommes-nous, donc, face à un « (…) *divorce entre un droit noble, méritant seul l'intérêt du juriste, et un droit abandonné à la pratique(…) que l'on peut délaisser* »[4] ? Certainement pas.

3. Le domaine financier entretient avec le contrat d'anciennes et d'étroites relations dans la mesure notamment où le contrat est l'instrument juridique de réalisation du marché financier[5], puisque le retrait de l'Etat, qui caractérise le libéralisme, a fait assurément place au contrat.

4. Droit spécial des échanges économiques, le droit du marché financier régit quotidiennement des milliers de transactions. En cela, il se rapproche du droit civil des contrats, puisque les deux ont vocation à réglementer la circulation des biens et des richesses. La parenté de l'objet de ces deux matières laisse entrevoir la possibilité d'opérer un tel rapprochement. Ainsi, comme l'a

---

1 Plusieurs auteurs s'attachent à l'examen des rapports de tout ou partie du droit civil avec une ou plusieurs autres disciplines. Le droit des obligations par exemple a été mis en perspective avec des disciplines variées, qu'il s'agisse, entre autre, du droit du travail (V. Cl. SAINT-DIDIER, Droit du travail et droit des obligations – Étude d'une opposition, th. Aix-Marseille III, 1996 et Ch. RADÉ, Droit du travail et responsabilité civile, Bibl. dr. privé, LGDJ, 1997, t. 282, préf. J. HAUSER). Il a également donné lieu à des études internes au droit civil : v. notamment G. THOMAS, Les interférences du droit des obligations et du droit matrimonial, th. Nancy II, PU Grenoble, 1974, préf. P. LAGARDE ; H. LECUYER, La théorie générale des obligations dans le droit patrimonial de la famille, th. Paris II, 1993, sous la dir. de G. CORNU. Sont, par ailleurs, créés des laboratoires et des centres de recherche destinés à mener semblables réflexions. Ainsi, le Centre de droit civil des affaires à l'Université de Paris X-Nanterre a-t-il pour objet « l'étude des relations de subsidiarité, de complémentarité ou d'exclusion entre les institutions classiques du droit civil et les techniques spécifiquement forgées pour répondre aux besoin des activités des entreprises », (D. 1998, somm. p. 134).

2 J.-J. DAIGRE, « L'action de concert », RDBB, 1999, p. 200.

3 A.-C. MULLER, Droit des marchés financiers et droit des contrats, Préf H. SYNVET, ECONOMICA, 2007, p. 2.

4 P. DURANT, « La connaissance du phénomène juridique et les tâches de la doctrine moderne du droit privé », D., 1956, chron. pp. 73 et s.

5 F. DRUMMOND, « Le contrat comme instrument financier », *in.* Mélanges en hommage à F. TERRÉ, P.U.F., 1999, p. 662, §2.

bien exprimé le professeur A. COURET, le droit boursier constitue « *une sorte de laboratoire d'essais du droit des affaires* »[1].

5. Après avoir présenté les deux acteurs de la rencontre, nous décrirons, selon une première approche, la mise en œuvre de cette rencontre, ce qui nous permettra de clarifier le champ d'application de la thèse.

6. Les acteurs de la rencontre. Notre recherche conduit à une rencontre originale, celle de deux acteurs *a priori* forts éloignés. **D'un côté**, le droit des contrats, conçu par les rédacteurs du Code civil français et du Code des obligations et des contrats tunisien, à l'aune des rapports essentiellement bilatéraux qui dominaient dès le début du 19ème siècle. Le contrat, s'il a connu depuis une évolution profonde et fait encore l'objet d'importantes lignes de fracture, reste cependant bien établi sur ses bases depuis, maintenant, plus de deux siècles. **D'un autre côté**, les marchés financiers, qui se sont développés bien plus tard, dans la seconde moitié du 20ème siècle et surtout à partir des années 1980, se sont aujourd'hui imposés au sein d'une économie capitaliste vibrant au rythme de leurs succès, de leurs crises[2], et de leurs mutations constantes. De nature profondément collective, ils s'inscrivent mal dans la logique essentiellement bilatérale du droit des contrats. **Avant de s'investir dans le vif de la rencontre, il est fort utile de s'arrêter sur ses acteurs, qui sont le droit des contrats d'une part et le droit du marché financier d'une autre part.**

7. Le droit du marché financier. La notion de marché. L'économie financière a progressivement gagné l'ensemble des pays développés. Après avoir passé de l'économie agricole à l'économie industrielle, c'est l'ère aujourd'hui de l'économie financière[3]. Cette économie a « son temple » : le marché.

---

[1] A. COURET, « Le nouveau droit des marchés financiers », Bull. Joly spéc. nov. 1990, p.11.

[2] Sans remonter encore plus avant, l'on assiste depuis une vingtaine d'années à une succession ininterrompue de crises financières, entraînant à chaque fois un renforcement significatif de l'appareil normatif : on cite, par exemple, les scandales comptables majeurs touchant les sociétés cotées aux Etats-Unis et en Europe à la fin des années 1990 et au début des années 2000, l'éclatement de la bulle « *Internet* » en 2003, la crise dite des « *subprimes* » et la crise des dettes souveraines au cours des années 2010. La bibliographie relative à ces crises est très riche pour être reportée ici. On reverra cependant à quelques études en droit français : Rapport du Conseil d'analyse économique, *La crise des subprimes*, La documentation française, 2008, p. 1 et s. ; J.-P. MARKUS, « Aides aux entreprises affectées par la crise financière », JCP E., 2010, 1370.

[3] Par opposition à l'économie réelle, l'économie financière est la branche de l'économie caractérisée par une « concentration sur les activités monétaires », dans laquelle « l'argent d'un type ou d'un autre est susceptible d'apparaître des *deux côtés* d'un commerce ». Sa préoccupation est donc l'interrelation des variables financières, telles que les cours des actions, les taux d'intérêt et les taux de change, par opposition à celles concernant l'économie réelle . Elle s'articule autour de deux axes principaux : La valorisation des actifs et la finance d'entreprise ; le premier étant le point de vue des pourvoyeurs de capitaux, c'est-à-dire des investisseurs, et le second des utilisateurs de capitaux. Il fournit ainsi le fondement théorique d'une grande partie de la finance. V. P.-J. LEHMANN, Économie des marchés financiers, éditions de boeck, 2ème éd., 2014, p.14 et s.

La notion de marché[1]n'est pas propre au droit financier[2]. Elle intéresse tant les économistes[3] que les juristes. Elle connaît plusieurs acceptions[4].

8. Dans son premier sens, le marché est conçu comme le lieu où s'effectuent les transactions et où se rencontrent les acheteurs et les vendeurs[5]. Alors que certains auteurs[6] rejettent, aujourd'hui, ce critère de lieu en raison de la délocalisation des échanges surtout, avec l'avènement des marchés électroniques[7], d'autres le retiennent, soulignant seulement que le critère du lieu ne doit pas être confondu avec la localisation[8], et que le marché peut revêtir un caractère abstrait s'agissant surtout des transactions ayant lieu sur les marchés financiers.

---

[1] Étymologiquement, le mot marché trouve son origine dans le mot latin «*merx*», qui signifie «objet de trafic», «marchandise». Ce terme a ensuite donné le verbe «*mercor*» («faire du trafic») et les substantifs «*mercator*» («qui se livre au trafic, marchand») et «*commercium*» («commerce»), d'où dériva le mot de «*mercatus*», marché, qui désigne à la fois un lieu public d'échanges, une réunion périodique de commerçants, une convention portant sur la fourniture de marchandises ou de services, ou encore un débouché économique. J.-M. THIVEAUD, «Le phénomène financier et les marchés financiers en perspective historique : des sociétés antiques à la création de la bourse de Paris, en 1724», *Rev. éco. fin.* n°48, juill. 1998, p.21, spéc. p.27 ; H. MITTERAND, J. DUBOIS et A. DAUZAT, Dictionnaire étymologique, Larousse, 2019, p.445 ; H. de VAUPLANE et J.-P. BORNET, Droit des marchés financiers, 3ème éd., Litec, 2001, n°342 et s., p.337 et s., spéc. n°343, p.337 ; G. CORNU (dir.), *Vocabulaire juridique*, Association Henri Capitant, 14ème éd., PUF, 2022, V° «Marché», p.575.

[2] La notion de marché est commune à diverses branches du droit. Elle domine le droit financier, mais également le droit de la consommation, le droit de la concurrence et le droit de la distribution. V. B. GOLDMAN, A. LYON-CAEN et L. VOGEL, Droit commercial européen, 5ème éd. 1994, n° 542 et s. p. 414.

[3] Pour les économistes, le marché est un lieu théorique de rencontre de l'offre et de la demande de produits ou de services. Le marché parfait est celui qui, grâce à une unité de temps et de lieu, permet aux opérateurs de disposer d'une parfaite information et d'en tenir compte pour la formation du prix. Les marchés concrets, composés de l'offre et de la demande d'un bien ou service déterminé, constituent une « réalité protéiforme », tant ils diffèrent les uns des autres. V. sur cette approche économique, C. LUCAS DE LEYSSAC et G. PARLÉANI, Droit du marché, PUF, 2002, coll. Thémis Droit privé, p.167 et s.

[4] T. BONNEAU et F. DRUMMOND, Droit des marchés financiers, Economica, 2001, n° 7, p. 13.

[5] V. T. BONNEAU et F. DRUMMOND, *op. cit.*, n° 5, pp.5 et s. ; V., également, G. CORNU (dir.), *Vocabulaire juridique*, *op. cit.,* V° Marché, définissant le «*marché*» comme un «*lieu d'échanges commerciaux*» ; Y CROZET, B. BELLETANTE, P.-Y. GOMEZ et B. LAURENT, Dictionnaire de banque et bourse, Armand Colin, 1993, v° Marché ; J. TERRAY, «Les aspects juridiques des opérations sur marchés organisés», Banque et droit, n° 39, janv.-fév., 1995, p. 17.

[6] H. De VAUPLANE et J.-P. BORNET, *op. cit.*, n° 343, p. 338.

[7] A.-C. ROUAUD, «Marchés réglementés et autres plates-formes de négociation», Étude Joly Bourse, janv. 2019, p. 1. L'auteur précise que « *l'expression « lieu d'exécution » peut sembler relativement floue. Le « lieu » s'entend d'un lieu virtuel plutôt que physique, puisque les systèmes d'exécution des ordres sont aujourd'hui informatisés* ».

[8] H. CAUSSE, Les titres négociables, préf. B. TEYSSIÉ, Litec, 1993, n° 927, p. 473; K. MEDJAOUI, Les marchés à terme dérivés et organisés d'instruments financiers. Etude juridique, préf. C. GAVALDA, LGDJ, 1996, n° 272, p. 101 ; H. DE VAUPLANE, «Les notions de marché», RDBB, n° 36, mars-avril, 1993, p. 62

9. Dans un deuxième sens, le marché est défini par les contrats qui y sont négociés eux-mêmes [1], que ces contrats portent sur la fourniture de marchandises, de valeurs ou de services[2]. Ainsi, l'accent est mis sur l'élément conventionnel de la transaction[3], le marché s'identifiant alors à celle-ci[4].

10. Dans un troisième sens, le marché peut être défini comme la structure mise en place afin de permettre des échanges et notamment de dégager un prix. Etant donné que le marché ne peut *a priori* fonctionner sans règles écrites, l'intervention des autorités de tutelle et de régulation est à l'origine de ce sens de la notion de marché[5]. Dès lors, l'accent est mis sur l'organisation[6].

11. Le marché financier. Si la doctrine se tourne généralement vers les sens communs du terme « marché » pour essayer de cerner les contours de la notion de « marché financier », c'est parce qu'aucun de ses critères n'est abandonné dans la définition de marchés financiers, qui restent malgré leurs spécificités accrues, une forme particulière de marché en général. C'est ainsi que le vocabulaire juridique H. CAPITANT, tout en adoptant le deuxième sens du terme marché, assimilant le marché aux transactions eux-mêmes, défini le marché financier comme « *l'ensemble des transactions et tractations relatives à des opérations déterminées* »[7]. La connotation géographique est aussi présente dans la définition du marché financier qui est souvent présentée comme le lieu de rencontre et de conclusion des transactions. Mais, étant donné que les avancées technologiques ont offert une alternative informatique à la centralisation géographique et que la dématérialisation des instruments financiers et des échanges est devenue aujourd'hui indispensable, le marché financier est

---

1 S. AMADOU, « Bourses d'hier et de demain. Brèves réflexions sur l'évolution des incertitudes sémantiques et juridiques relatives à la notion de « marché » », *in.* Mélanges AEDBF-France, 1997, Banque Editeur, p. 21. Historiquement, au XIX e siècle, le terme « marché » était employé surtout pour désigner les actes conclus entre les agents de change. Aujourd'hui, il semble que la tendance est inversée, et le terme n'est plus employé pour désigner les actes effectués, mais plutôt le « lieu » de leur conclusion.

2 H. DE VAUPLANE, article précité, *loc. cit.* ; J. TERRAY, « Les aspects juridiques des opérations sur marchés organisés », Banque et droit, n° 39, janv.-fév., 1995, p. 62, « *La seconde acception du mot marché est le contrat à terme qui est l'objet des transactions* ».

3 T. BONNEAU et F. DRUMMOND, *op. cit.*, n° 5, p.5 et s.

4 G. CORNU (dir.), *Vocabulaire juridique*, *op. cit.*, définissant notamment le « *marché* » comme une « *espèce de convention* ». On retrouve d'ailleurs ce sens dans l'expression courante de « *conclure un marché* ».

5 T. BONNEAU et F. DRUMMOND, *op. cit.*, *loc. cit.*

6 On a pu identifier le marché à sa régulation et indiquer qu'il revient au régulateur de préciser les contours du marché en délimitant le champ des intervenants et en précisant les fonctions qui s'attachent à l'activité de marché, V. F. CHAMPARNAUD et F. PERIER, « Entretiens de la COB », jeudi 17 nov. 1994, Marchés 2001, troisième table ronde « identification d'un marché », pp.1 et 3.

7 G. CORNU (dir.), *Vocabulaire juridique*, *op. cit.*, V° Marché, sens 5, définissant le « *marché* » comme une « *espèce de convention* ». On retrouve d'ailleurs ce sens dans l'expression courante de « *conclure un marché* ». C'est cette même acception qui a été adoptée par la Cour de cassation française dans la célèbre affaire *Bergé*, Cass. com. 18 juin 1996, JCP, 1996, II, 22710, note H. HOVASSE.

présenté actuellement comme un système informatique de rapprochement entre investisseurs en vue d'effectuer des négociations portant sur des instruments financiers dématérialisés[1].

12. Cependant, les marchés financiers ne sont pas seulement des lieux abstraits de confrontation de l'offre et de la demande des instruments financiers, ils organisent cette confrontation et sont dotés d'une structure organisée et d'une régulation. C'est là un écho du troisième sens du mot « marché » souligné par la doctrine[2].

13. L'ampleur prise par les marchés financiers. D'un point de vue économique, il n'est nul besoin de souligner l'importance prise par le marché financier dans l'économie contemporaine[3]. De nos jours, le développement des affaires est devenu, plus que jamais, une nécessité économique vitale, voire un défi des sociétés modernes. Pour cela, le financement des investissements apparaît comme le souci majeur, non pas seulement des dirigeants sociaux, mais aussi des pouvoirs publics[4]. Etant donné que l'argent constitue l'appui des affaires, le financement des sociétés devrait être, sans cesse, un projet à renouveler. En effet, le succès de la société d'hier a été assuré par des moyens classiques, tels que l'autofinancement et les emprunts bancaires, qui ne peuvent plus garantir la réussite de la société d'aujourd'hui, encore plus celle de demain. Dès lors, le recours au marché financier se présente non pas seulement comme une opportunité ou une occasion à ne pas rater, mais comme une exigence de l'économie moderne.

14. Le marché financier constitue, en effet, un instrument incomparable de collecte et d'orientation de l'épargne vers les entreprises et les administrations, qui, de manière structurelle, ont besoin de ressources financières pour investir.

---

[1] Cette définition est celle de la directive n° 2004/39/CE du 21 avril 2004 relative aux marchés d'instruments financiers (connue par la directive MIF). V. aussi A.-C. MULLER, op. cit., n° 11 bis, pp.13-14.

[2] T. BONNEAU et F. DRUMMOND, *op. cit.*, n° 5, pp.5 et s. ; F. CHAMPARNAUD et F. PERIER, « Entretiens de la COB », jeudi 17 nov. 1994, Marchés 2001, troisième table ronde « identification d'un marché », p.1 et 3 ; H. De VAUPLANE et J.-P. BORNET, *op. cit.*, n° 343, p. 337 ; M.-A. FRISON-ROCHE, « Le droit financier entre volonté et information », in Prospectives du droit économique, Dialogues avec M. JEANTIN, Dalloz, 1999, p.11.

[3] Le nombre des sociétés cotées est passé de 77 en 2014 à 80 en 2020. La capitalisation boursière a atteint au terme de l'année 2020, un montant de 23 092 millions de dinars, contre 21 852 millions de dinars à la fin de l'année 2017. La part de la valeur ajoutée du marché financier dans le PIB du pays est de 21 % en 2020. Le volume global des fonds levés sur le marché financier en 2020 a connu une progression de 16,7 % pour atteindre 1 235,6 millions de dinars contre 1 058,8 millions de dinars en 2019. Suite à cela, le taux de contribution du marché financier dans le financement des investissements privés a enregistré une évolution remarquable par rapport à celui de l'année dernière. Il a ainsi atteint 16,4 % contre 9,8 % en 2019. V. Rapport annuel du CMF 2020, p. 205 et 206, Rapport publié sur le site internet du conseil du marché financier *http://cmf.org.tn*.

[4] V. Z. GUELLOUZ, « Etat des lieux du marché financier et perspectives 2008 », L'Economiste Maghrébin, n° 461-462, janvier 2008, p. 32.

En Tunisie, comme en France, il connait un développement très important depuis des années. Son pouvoir d'attraction est devenu considérable[1].

15. La principale originalité du marché financier, ainsi que l'une des causes de son succès, réside dans le fait qu'il met directement en rapport les offreurs et les demandeurs de capitaux. Il se différencie en cela du système bancaire, dans lequel les établissements financiers assument le rôle d'intermédiaire entre les épargnants et les entreprises en recevant les dépôts de fonds des premiers pour les allouer, sous forme de prêts, aux secondes[2].

16. Malgré la grande ampleur prise par les marchés financiers, les juristes se sont longtemps désintéressés de la matière boursière[3] et ils éprouvaient quelques réticences à appréhender le droit de l'argent. Assurément, « *Pour beaucoup de juristes, les règles de droit qui touchent à la finance demeurent auréolées d'un grand mystère, mystère qui découle pour l'essentiel de la complexité de l'univers financier* »[4]. Le dynamisme des marchés financiers ainsi que son importance économique justifient l'adoption d'une réglementation de plus en plus développée.

17. Marché financier tunisien. Historique et contexte[5]. La réglementation relative au marché financier tunisien remonte au début du 20ème siècle, lorsqu'en 1937, sous l'impulsion d'une importante émission d'obligations lancée par la caisse foncière à l'époque, un marché de valeurs mobilières sous forme de chambre de compensation a vu le jour[6]. Pour enrayer la multiplication des chambres de compensation, le législateur créa par le décret beylical du 23 avril 1945[7], complété par l'arrêté du directeur des finances du 25 avril 1945[8], l'office tunisien de cotation des valeurs mobilières (O.T.C.V.M), qui était une institution privée régie par un statut d'association d'intermédiaires financiers agréé par la direction des finances[9]. Cette institution a été supprimée en 1969, date de promulgation de la loi n° 69-13 du 28 février 1969 portant

---

[1] La logique du financement de l'économie par les banques a laissé progressivement la place à une logique de marchés. Le modèle de marché est devenu prégnant dans le développement de l'économie, on parle alors de la « marchéisation de l'économie ». V. en ce sens, M.-A. FRISON-ROCHE, « Le modèle de marché », in Archives de philosophie de droit, Tome 40, Dalloz, 1995, p.226 ; H. DE VAUPLANE, article précité, *loc. cit.*

[2] A. CHOINEL et A. ROUYER, Le marché financier, structures et acteurs, Banque Editeur, 6ème éd., 1996, p. 249 et s.

[3] Plutôt que d'un désintérêt, il s'agit d'une difficulté à appréhender la matière financière. Ainsi, et selon le professeur A. COURET, « les règles de droit qui touchent à la finance demeurent, pour beaucoup de juristes, auréolées d'un grand mystère, mystère qui découle pour l'essentiel de la complexité de l'univers financier », A. COURET, « De quelques apports conceptuels du droit financier contemporain », *in.* Mélanges C. CHAMPAUD, *Le droit de l'entreprise dans ses relations externes à la fin du XXème siècle*, Dalloz, 1997, n° 1, p. 195.

[4] A. COURET, article précité, *loc. cit.*

[5] Sur l'historique du marché financier tunisien, V. H. KNANI, Une brève histoire de la bourse de Tunis, Leaders, 2021, p. 12 et s.

[6] F.-Z. NOURI, le marché financier tunisien, DEA économie et finance internationale, Université de Paris XII, 1983, p.13.

[7] JORT du 27 avril 1945.

[8] JORT du 27 avril 1945.

[9] F.-Z. NOURI, mémoire précité, *loc. cit.*

création de la bourse des valeurs mobilière de Tunis[1], premier texte de loi relatif à la bourse en Tunisie. Depuis cette date, le marché financier tunisien est resté malheureusement inactif pendant presque deux décennies[2] ; cela s'explique par la fragilité de l'économie du pays à une époque post coloniale et de la faiblesse des capitaux privés et de l'épargne nationale à long terme, ainsi que du caractère fermé du marché par rapport aux marchés étrangers[3].

18. Le passage d'une économie dirigée à une économie libérale suite à la crise économique de 1986 a permis la libéralisation du marché financier. Cette libéralisation a entrainé la promulgation de la loi du 8 mars 1989 relative au marché financier[4], puis, soit cinq ans après, la promulgation de la loi du 14 novembre 1994 relative à la réorganisation du marché financier[5], qui a abrogé sa devancière et qui a marqué la deuxième époque de l'histoire du marché financier tunisien à savoir la modernisation de la place financière[6] ; c'est avec cette loi que le marché financier tunisien a acquis sa dimension actuelle[7].

19. L'évolution de l'encadrement du marché financier de la « réglementation » à la « régulation »[8] témoigne de la volonté du législateur de

---

[1] Loi n° 69-13 du 28 février 1969 portant création de la bourse de valeurs mobilières de Tunis (JORT du 4 mars 1969, n°8, p. 240).

[2] Ch. LABASTIE-DAHDOUH, H. DAHDOUH, Droit commercial, vol.2, Entreprises sociétaires et groupements privés, T.3, Marchés financiers - Alliances stratégiques, IHE Editions, Tunis, 2007, n° 243, p. 136 et s.

[3] M. KOSSENTINI, « Droit du marché financier, libéralisation et accord d'association tuniso-européen », RTF n° 12, 2009, numéro spécial en l'honneur du professeur H. AYADI, portant les actes du colloque tuniso-français sur « Les accords d'association euro-méditerranéenne et l'union pour la méditerranée », p. 307.

[4] *J.O.R.T.* du 21 mars 1989, n° 20, p. 455.

[5] *J.O.R.T.* du 15 novembre 1994, n° 90, p. 1850. Cette loi a été modifiée par la loi n°99-92 du 17 août 1999 relative à la relance du marché financier, la loi n°2005-96 du 18 octobre 2005, relative au renforcement de la sécurité des relations financières, la loi n° 2009-64 du 12 août 2009, portant promulgation du code de prestation des services financiers aux non-résidents et la loi n° 2019-47 du 29 mai 2019, relative à l'amélioration du climat de l'investissement.

[6] Sur les différentes étapes de l'histoire du marché financier tunisien, V. Ch. ATALLAH, Le marché financier : l'expérience tunisienne (en langue arabe), Imprimerie Tunis Carthage, 2007, p. 20.

[7] L'adhésion de la Tunisie aux Accords GATT/OMC, ainsi que la conclusion de l'Accord Euro-Méditerranéen, établissant une association entre la Communauté Européenne et ses Etats membres, d'une part, et la république tunisienne, d'autre part, ont incité la Tunisie à synchroniser sa législation financière avec celle de l'Union Européenne et à accélérer le mouvement de réforme de son droit financier, M. KOSSENTINI, article précité, *loc. cit.* ; V. également, H. KNANI, *op. cit.*, p. 86 et s.

[8] S'il est vrai que le terme régulation renvoie, en anglais, à la réglementation (le mot anglais *regulation*, se traduit par « réglementation »), la terminologie française est plus heureuse parce qu'elle distingue régulation et réglementation. La régulation ne se confond pas avec la réglementation, laquelle demeure comme un instrument disponible de la régulation. Cette subtilité de vocabulaire exprime l'évolution de l'organisation économique, passée d'un système de secteurs réglementés à un système de secteurs régulés. La régulation désigne, selon le professeur M.-A. FRISON-ROCHE, le dispositif qui permet de mener, dans des secteurs ouverts à la concurrence, une action permettant d'obtenir des résultats non produits par le marché. Il s'agit de faire respecter des équilibres par une autorité qui n'est pas l'Etat, l'équilibre

réduire son intervention pour laisser aux acteurs du marché le soin de déterminer les règles de fonctionnement de l'institution. En effet, et afin de faciliter son intégration dans le processus de la mondialisation[1], qui a cassé tout ce qui est national[2], et sa progression vers l'économie de marché, la Tunisie, qui est passée d'un système économique administré à un système économique régulé[3], a entrepris, depuis l'entrée en vigueur du plan d'ajustement structurel, de vastes réformes économiques et s'est dotée d'une législation moderne aux diapasons des législations des pays européens avec lesquels elle entretient des rapports étroits de coopération[4]. La loi n° 94-117 du 14 novembre 1994 portant réorganisation du marché financier[5], ainsi que d'autres lois[6], illustrent parfaitement cette évolution.

---

en jeu étant celui devant exister entre la concurrence et un autre impératif, en l'occurrence, la protection du marché et des investisseurs. M.-A. FRISON-ROCHE, « Le droit de la régulation », D. 2001, chr., p.610 ; « Définition du droit de la régulation économique », D. 2004, chr., p. 126. V. également sur cette question, T. BONNEAU, Régulation bancaire et financière européenne et internationale, 3ème éd., 2016, Bruylant, n°481 et s., p. 625 et s. ; D.E. KEUFFI, La régulation des marchés financiers dans l'espace OHADA, thèse de doctorat en droit, Université de Strasbourg et Université de Dschang, 2010, n°3, p. 20.

1 Généralement définie comme l'émergence d'un modèle mondial unique dans les domaines économiques et culturels, la mondialisation recouvre une réalité très variée, « *celle de l'économie de marché qui se traduit par un mouvement irrésistible des capitaux, des idées, des hommes, par-delà les frontières naturelles et juridiques, facilité par l'apparition des moyens d'information et de communication révolutionnaires* », *P. BÉZARD*, Les droits des sociétés françaises face aux défis de la mondialisation, Rev. sociétés 2000, n° 1, p. 55. V. également, *Ph. BISSARA*, « *Au seuil d'un nouveau millénaire : quelles perspectives d'évolution pour le droit des sociétés* », Rev. Sociétés, 2000, n° 1, p. 69 ; *F. BLANQUET*, « *Droit communautaire des sociétés de capitaux : quelles tendances générales prévisibles à l'aube du troisième millénaire ?* », Rev. Sociétés, 2000, n° 1, p. 79.

2 La Tunisie est devenue membre contractuel du GATT en vertu de la loi n° 90-61 du 18 juin 1990, partenaire de la Communauté européenne depuis la signature des accords de partenariat du 17 juin 1995, et membre originel de l'Organisation Mondiale du Commerce depuis la signature de la convention de Marrakech le 15 avril 1994.

3 A. OMRANE, « Le Code des sociétés commerciales dans tous ses états », Revue études juridiques, n°27, 2022, (à paraître).

4 La Tunisie est devenue membre contractuel du GATT en vertu de la loi n° 90-61 du 18 juin 1990, partenaire de la Communauté européenne depuis la signature des accords de partenariat du 17 juin 1995, et membre originel de l'Organisation Mondiale du Commerce depuis la signature de la convention de Marrakech le 15 avril 1994. V. sur la question, M.-A. MESSAOUDI, « *Les ordres juridiques impliqués par l'Accord d'association entre la Tunisie et les Communautés européennes* », ÉJ. Revue de la Faculté de droit de Sfax, n° 6, 1998-1999, p. 47 ; S. KOLSI, « *Mondialisation et droit des sociétés* », *in*, La diversité dans le droit, Mélanges offerts à la Doyenne Kalthoum MEZIOU-DOURAI, CPU. Tunis, 2013, p. 513 ; M. GARGOURI, Libéralisation des échanges et accord d'association tuniso-européen, Thèse de doctorat en droit, Faculté de droit de Sfax, 2005, pp.1 et s.

5 JORT n° 90 du 15 novembre 1994, p. 1850.

6 Sans prétendre être exhaustif, on peut citer :

- La loi n° 95-34 du 17 avril 1995 relative au redressement des entreprises en difficultés économiques (JORT. n° 44 du 9 mai 1995, p. 1055), abrogée par la loi n°36-2016 du 29 avril 2016 relative aux procédures collectives (JORT. n° 38 du 10 mai 2016, p. 1724).
- La loi n° 95-44 du 2 mai 1995 relative au registre du commerce, modifiée et complétée par la loi n° 2010-15 du 14 avril 2010 (JORT. n° 31 du 16 avril 2010, p. 1068).

20. Architecture actuelle du marché financier tunisien. Pour comprendre les différents marchés financiers tunisiens existants, il faut se référer à la notion d'appel public à l'épargne[1]. Les titres des sociétés faisant appel public à l'épargne sont négociés obligatoirement au marché boursier. Parmi ces sociétés, certaines sont inscrites obligatoirement à la cote officielle, d'autres font partie du hors-cote.

21. La cote de la bourse est un marché réglementé, dont l'admission est soumise à des conditions rigoureuses de taille et de performance[2]. Elle comprend, selon l'article 22 du RGBVMT, le marché de titres de capital, le marché obligataire (pour les titres de créances) et le marché des fonds[3], auxquels a été ajouté récemment le marché des *sukuk*[4]. De sa part, le marché de

- La loi n° 2000-83 du 9 août 2000, relative aux échanges et au commerce électroniques (JORT. n° 64 du 11 août 2000, p. 1887).
- La loi n° 2000-84 du 24 août 2000 relative aux brevets d'invention (JORT. n° 68 du 25 août 2000, p. 1983).

Á ces lois, on peut ajouter le code de l'arbitrage (Loi n° 93-42 du 26 avril 1993, portant promulgation du code de l'arbitrage, JORT. n° 33 du 4 mai 1993, p. 580).

1 La notion d'appel public à l'épargne a été introduite pour la première fois **en droit tunisien** par l'art. 188 du Code de Commerce (abrogé par l'art. 2 de la loi n° 2000-93 du 3 novembre 2000 portant promulgation du code des sociétés commerciales). Bien que l'expression a été reprise par l'art. 9 de la loi du 7 mai 1968 relative aux sociétés d'investissement à capital variable (SICAV) et par l'art. 6 de la loi du 18 août 1988 portant réglementation des emprunts obligataires, aucun texte n'a défini cette notion. Il a fallu donc attendre la loi du 8 mars 1989, relative au marché financier et surtout celle du 14 novembre 1994, portant réorganisation du marché financier, dont l'article premier a retenu six critères non cumulatifs permettant de préciser les SA faisant appel public à l'épargne. V. S. MELLOULI et S. FRIKHA, Les sociétés commerciales, impression IME, Tunis, 2008, n° 589, p. 151 ; K. KHARROUBI, Droit des sociétés commerciales, Vol. 1, éd. MIP, Tunis, 2008, n° 59, pp. 55 et s. Sur une critique de la notion d'appel public à l'épargne, V. M. KETATA, « Les classifications des sociétés entre la modernité et l'archaïsme », revue Études Juridiques n° 24, 2017, pp. 139 et s. **En droit français**, la notion d'appel public à l'épargne a été supprimée par l'ordonnance n°2009-80 du 22 janvier 2009 relative à l'appel public à l'épargne et portant diverses dispositions en matière financière (JORF, 23 janvier 2009). Elle est remplacée par la notion d' « offre au public de titres financiers », afin de rapprocher le droit français applicable en la matière des standards européens connus des investisseurs internationaux. Sur cette ordonnance et ses conséquences, V. J.-J. DAIGRE et B. FRANÇOIS, « Commentaire de l'ordonnance du 22 janvier 2009 relative à l'appel public à l'épargne », Rev. Sociétés, 2009, p. 3 ; T. GRANIER, « La réforme de l'appel public à l'épargne par l'ordonnance n° 2009-80 du 22 janvier 2009 », RDBF, mars-avril 2009, p.7.

2 V. les arts. 35 à 41 du règlement général de la bourse des valeurs mobilières de Tunis (RGBVMT).

3 V. les arts. 25 bis du RGBVMT (ajouté par l'art. 2 de l'arrêté du Ministre des Finances du 15 avril 2008) et 35 du code des OPCVM.

4 V. art. 25 ter du RG BVMT (tel que modifié par l'arrêté du Ministre des finances du 15 août 2019, art 2). Le marché des *sukuk*, qui a été ajouté à la typologie actuelle des marchés financiers tunisiens, s'intègre dans le cadre de l'ouverture de la Tunisie post révolutionnaire, à la finance islamique, qui est plus que jamais d'actualité. La nouvelle loi bancaire n° 2016-48 du 11 juillet 2016 relative aux banques et aux établissements financiers comporte des dispositions spécifiques aux activités bancaires islamiques en Tunisie. Outre ces activités, le cadre légal et règlementaire de la finance islamique en Tunisie, et dans le but d'attirer surtout les bailleurs de

titres de capital est composé du marché principal[1] et du marché alternatif[2], qui a connu une refonte majeure en 2019[3].

22. Le marché hors cote est un marché organisé et partiellement réglementé qui permet à toute personne détenant des titres de capital ou de créance de les y introduire pour les céder[4]. Ce marché apparaît comme « *un marché singulier* »[5], dans la mesure où il contient des titres de natures différentes et hétérogènes. Il comporte les titres des sociétés faisant appel public à l'épargne mais qui ne sont pas admis à la cote de la bourse[6], faute de remplir l'une des conditions d'y accéder. Au surplus, le marché hors cote est réservé, aussi, aux valeurs mobilières émises par les sociétés ne faisant pas appel public à l'épargne[7]. Il en est de même des valeurs mobilières radiées de la cote officielle[8], conformément à la décision de la bourse n° 97-20[9]. Le particularisme de ce marché est très

---

fonds étrangers, s'est enrichie par de nouveaux textes spécifiques. Il s'agit essentiellement de la loi n°2013-30 du 30 juillet 2013 relative aux *sukuk* islamiques (JORT n°62 du 2 août 2013, p.2613), de la loi n° 2013-48 du 9 décembre 2013, relative aux fonds d'investissement islamiques (JORT n° 98 du 10 décembre 2013, p. 3396) et de la loi n° 2014-47 du 24 juillet 2014, amendant et complétant le Code des assurances qui a ajouté un septième titre à ce code relatif à « l'assurance *Takaful* ». A côté de ces textes spéciaux, certaines règles de la finance islamique peuvent être dégagées dans quelques dispositions du Code des obligations et des contrats. V. M. KETATA, La finance islamique, Cours pour la première année Mastère en droit bancaire et financier, Faculté de Droit de Sfax, 2023-2024, pp.1 et s.

1 Art. 23 du RG BVMT (tel que modifié par l'arrêté du Ministre des finances du 15 août 2019, art 1er).

2 Art. 24 (nouveau) du RG BVMT, (tel que modifié par l'article 2 de l'arrêté du ministre des finances du 15 août 2019).

3 Depuis sa création en 2007, le marché alternatif, qui était réservé principalement aux petites et moyennes entreprises, n'a connu aucun succès. Pour plus de détails sur cette réalité décevante, voir M. KETATA, Droit du marché financier et droit des contrats, thèse de doctorat en droit privé, Université Paris Panthéon Assas et Université de Sfax, 2022, pp. 16 et s. Avec la modification du règlement général de la bourse par l'arrêté du Ministre des finances du **15 août 2019**, le marché alternatif est désormais réservé aux sociétés anonymes qui ont choisi l'accès à ce marché par l'admission à la négociation de leurs titres au moyen d'une augmentation de capital sans recours à l'appel public à l'épargne au profit **d'investisseurs avertis**. En conséquence de ce changement, les sociétés dont les titres sont négociés sur le marché alternatif à la date de la publication de l'arrêté sont transférées sur le marché principal.

4 Ch. LABASTIE-DAHDOUH et H. DAHDOUH, *op. cit.*, n° 307, pp. 173 et s.

5 H. De VAUPLANE et J.-P. BORNET, *op. cit.*, n° 720, p. 654.

6 Art. 74 du RGBVMT.

7 Art. 76 du RGBVMT (ajouté par l'art.1er de l'arrêté du Ministre des Finances du 15 avril 2008.) « *Les valeurs mobilières émises par les sociétés ne faisant pas appel public à l'épargne, dont les offreurs ou les demandeurs entendent bénéficier des avantages du marché tel que prévu à l'article 71 de la loi n° 94-117 susvisée, sont négociées selon les conditions du présent article* ». En insérant ce type particulier de valeurs mobilières au marché du hors cote, le droit tunisien s'est démarqué du français où le marché du hors cote, avant d'être supprimé le 2 juillet 1998, n'était réservé qu'aux sociétés qui ne font pas appel public à l'épargne, V. H. De VAUPLANE et J.-P. BORNET, *op. cit., loc. cit.*

8 Sur la procédure et les causes de radiation des valeurs mobilières de la cote officielle, V. les arts. de 70 à 73 du RGBVMT.

9 En ses termes, « *sauf précision contraire de la bourse, les valeurs mobilières radiées du premier marché sont négociées su le marché hors cote* ». Cette décision, ainsi que toutes les autres décisions de la bourse sont disponibles sur le site internet du conseil du marché financier : *http://www.cmf.org.tn*

bien décrit par le professeur H. HOVASSE en ces termes : « (…) *tel est le marché hors cote, à la fois berceau des futures étoiles de la cote officielle et cimetière des éléphants* »[1].

23. Les marchés financiers français. De manière générale, les marchés financiers français sont présentés par référence à cette *summa divisio* : les marchés réglementés et les marchés non réglementés.

24. Le marché réglementé est un marché étroitement contrôlé, directement ou indirectement, par l'autorité publique[2]. Il est défini comme « *un système multilatéral qui assure ou facilite la rencontre, en son sein et selon des règles non discrétionnaires, de multiples intérêts acheteurs et vendeurs exprimés par des tiers sur des instruments financiers, d'une manière qui aboutisse à la conclusion de contrats portant sur les instruments financiers admis à la négociation dans le cadre des règles et systèmes de ce marché, et qui fonctionne régulièrement conformément aux dispositions qui lui sont applicables* »[3]. Il en ressort que la qualité de marché réglementé est subordonnée à deux conditions. La première est une condition de forme puisque la qualité de marché réglementé doit être reconnue par arrêté ministériel sur proposition de l'AMF. La seconde est une condition de fond étant donné que la reconnaissance du marché réglementé est subordonnée à la garantie du fonctionnement régulier des négociations[4]. Donc, le critère du marché réglementé consiste dans l'existence d'une « *police du marché* »[5], puisque l'organisation d'un tel marché est confiée à une autorité de tutelle en vue de garantir le fonctionnement régulier des négociations et la sécurité des opérations. La sécurité[6], la standardisation des produits négociés et la liquidité de ceux-ci constituent les trois caractéristiques principales des marchés réglementés[7].

25. Les seconds, sont les marchés non réglementés. Ils peuvent être soit des marchés organisés, soit des marchés de gré à gré[8]. À la différence des marchés réglementés, les marchés organisés ne sont soumis à aucune tutelle et à aucun

---

1 H. HOVASSE, « Suppression du marché hors cote », RDBB, n° 65, janv.-fév. 1998, p. 1.

2 T. BONNEAU, P. PAILLER, A.-C. ROUAUD, A. TEHRANI et R. VABRES, Droit financier, 2ème éd., 2019, LGDJ, Lextenso, n°10, p. 27.

3 Art. L. 421-1 du C. mon. fin. La définition est directement inspirée de la directive MIF (art. 4 parag. 1, 14).

4 T. BONNEAU, P. PAILLER, A.-C. ROUAUD, A. TEHRANI et R. VABRES, *op. cit.*, n°10, p.28.

5 F. PELTIER, Marchés financiers et droit commun, Paris, Banque éditeur, 1997, n° 13, p. 19.

6 Cette sécurité est due au fait qu'un donneur d'ordres, sur un marché réglementé, est certain de trouver une contrepartie à tout moment s'il souhaite se désengager. De plus, il a l'assurance que sa transaction sera menée à bien surtout avec l'obligation de ducroire pesant sur l'intermédiaire en bourse.

7 H. De VAUPLANE, article précité, *loc. cit.*

8 T. BONNEAU, P. PAILLER, A.-C. ROUAUD, A. TEHRANI et R. VABRES, *op. cit.*, n°10, p.29.

contrôle public[1]. Ils proviennent le plus souvent de la codification d'usages par une organisation professionnelle[2].

26. Les marchés organisés ont connu une évolution sous l'influence du droit de l'Union européenne, ils correspondent désormais à deux catégories de systèmes. La directive « *Marchés d'instruments financiers (MIF1)* » du 21 avril 2004[3], animée par la volonté de mettre en concurrence les marchés réglementés avec d'autres systèmes de négociation afin de renforcer la compétitivité et de diminuer les coûts pour les investisseurs, a introduit une première catégorie de marché organisé dénommée « *système multilatéral de négociation* » ou « *multilateral trade facility* » (« *MTF* »)[4]. Ce système est défini pour sa part, dans des termes très similaires au marché réglementé, comme « *un système qui, sans avoir la qualité de marché réglementé, assure la rencontre, en son sein et selon des règles non discrétionnaires, de multiples intérêts acheteurs et vendeurs exprimés par des tiers sur des instruments financiers, de manière à conclure des transactions sur ces instruments* »[5]. Ce système comporte une catégorie particulière : les marchés de croissance des PME[6].

27. La directive MIF 2 du 15 mai 2014 a ajouté un second système qui compose le marché organisé à savoir « *les systèmes organisés de négociation* » (*Organised Trading Facility : OTF*). Si ce nouveau type de marché présente une protection moindre que le marché réglementé, il se caractérise, de la même façon, par le caractère multilatéral des négociations qui s'y déroulent. Les trois catégories de marchés[7], qui sont regroupées dans la catégorie des plateformes

---

[1] H. DE VAUPLANE, article précité, *loc. cit.*

[2] Par exemple, les marchés de *swaps* sont des marchés organisés encadrés par les normes de l'*International Swaps and Dealers Association*, H. DE VAUPLANE, article précité, *loc. cit.*

[3] Directive 2004/39/CE du Parlement européen et du Conseil du 21 avril 2004 concernant les marchés d'instruments financiers, modifiant les directives 85/611/CEE et 93/6/CEE du Conseil et la directive 2000/12/CE du Parlement européen et du Conseil et abrogeant la directive 93/22/CEE du Conseil, JOUE du 30 avril 2004, L 145/1, dite « directive MIF ». La directive est entrée en vigueur au 1er novembre 2007. Elle a été, en grande partie, transposée en droit français par l'ordonnance n° 2007-544 du 12 avril 2007 relative aux marchés d'instruments financiers, JORF n° 87 du 13 avril 2007, p. 6749.

[4] V., notamment, Ph. REDAELLI, « Les systèmes multilatéraux de négociation », Banque et droit, juill.-août 2005, n° 102, p. 13 ; K. VUILLEMIN, « Libre propos sur la directive relative aux marchés d'instruments financiers 2004/39/CE », Bull. Joly Bourse, 2005, n° 119, p. 579 ; J.-J. DAIGRE, « Les systèmes multilatéraux de négociation », RTDF, 2006, n° 1, p. 119 ; Th. BONNEAU, « Marchés réglementés, système de négociation multilatérale et système internalisé de négociation », Dr. sociétés, avr. 2003, n° 78 ; J.-P. BORNET, « La notion de marché dans la Directive européenne sur les marchés d'instruments financiers – « MIF » - du 21 avril 2004 », in Mélanges en l'honneur de Dominique Schmidt, Joly Editions, 2005, p. 77.

[5] C. mon. fin., art. L. 424-1. La définition est directement inspirée de la directive MIF (art. 4 parag. 1, 15).

[6] Ces marchés ont été ajoutés depuis la directive MIF2 du 15 mai 2014 (Art. 33, dir. MIF2 du 15 mai 2014). Cette catégorie particulière, prévue à l'art. L. 424-6 du Code monétaire et financier, se distingue de la sous-catégorie que connaît le seul droit interne, dénommée « systèmes multilatéraux de négociation organisés » et définie comme des systèmes « dont les règles d'organisation sont approuvées par l'AMF à leur demande », V. T. BONNEAU, P. PAILLER, A.-C. ROUAUD, A. TEHRANI et R. VABRES, *op. cit.*, n°10, p.29.

[7] Les marchés réglementés, les MTF et les OTF.

de négociation[1], ne doivent cependant pas être confondues puisque la garantie de fonctionnement régulier des négociations n'est inhérente qu'aux marchés réglementés et non aux marchés organisés[2].

28. Les marchés organisés se distinguent des marchés de gré à gré par leur organisation minimale[3]. C'est ainsi que « (…) *les marchés de gré à gré reposent sur une analyse uniquement contractuelle alors que les marchés organisés se rapprochent des marchés réglementés en ce qu'ils impliquent, comme eux, l'existence d'une structure ou d'une organisation* »[4]. En effet, les marchés de gré à gré sont des marchés nullement encadrés, et les transactions qui s'y forment sont soumises au droit commun des contrats et non pas aux règlements spécifiques du marché, préalablement établis[5]. Ils présentent l'avantage d'une plus grande souplesse et d'un coût de négociation moins élevé. Cependant, ils offrent moins de garanties pour les intervenants.

29. La typologie des marchés financiers français. Les marchés financiers français existants ont ainsi dû se fondre dans le moule de cette nouvelle catégorisation, lors de la transposition de la directive MIF. Les marchés financiers français comprennent ainsi, par ordre d'encadrement décroissant, des marchés réglementés, soit au comptant, comme Euronext Paris avec ses différents compartiments [6] ; soit à terme, comme le Marché à Terme

---

1 Art. L.420-1, C. mon. fin.

2 Sur les autres différences entre les trois catégories de marchés, V. T. BONNEAU, P. PAILLER, A.-C. ROUAUD, A. TEHRANI et R. VABRES, *op. cit., loc. cit.*

3 Certains auteurs ont pu affirmer que : « (…) *le marché organisé apparaît comme une structure hybride, à mi-chemin entre le concept contractuel du gré à gré « pur » et l'institution financière réglementée* », H. De VAUPLANE et J.-P. BORNET, *op. cit.*, n° 354, p. 349. D'ailleurs, la nouvelle approche née de la directive européenne n° 93/22/CEE du Conseil du 10 mai 1993, concernant les services d'investissement dans le domaine des valeurs mobilières (DSI) conduit à ne retenir que les notions de gré à gré et de marché réglementé.

4 T. BONNEAU et F. DRUMMOND, *op. cit., loc. cit.*

5 Les marchés de gré à gré, qui se confondent en réalité avec les transactions elles-mêmes, relèvent de la liberté contractuelle. Ils fonctionnent donc, au stade de la négociation, selon le principe du bilatéralisme, et non, comme les marchés boursiers, du multilatéralisme. Puisque l'obligation de concentration a été supprimée dans le cadre de la transposition de la MIF, les marchés de gré à gré peuvent désormais porter sur l'ensemble des instruments financiers, y compris ceux admis aux négociations sur un marché réglementé. L'on peut ainsi parfaitement envisager une transaction de gré à gré sur des valeurs mobilières telles que des actions ou des obligations. Toutefois, ces marchés, que l'on qualifie généralement d'« *OTC* » (« *over-the-counter* »), revêtent de fait une importance particulière pour les produits dérivés ou, plus précisément, les contrats financiers, qui y ont connu, depuis les années 1980, un développement spectaculaire. Il est vrai que les contrats financiers conclus de gré à gré se rapprochent de ceux négociés sur les marchés boursiers, en raison notamment de leur standardisation et de l'obligation de compensation désormais introduite par le règlement EMIR (Règlement (UE) n° 648/2012 du 4 juillet 2012 sur les produits dérivés de gré à gré, les contreparties centrales et les référentiels centraux, JOUE du 27 juillet 2012, L 201/1, dit « *EMIR* » (« *European Market and Infrastructure Regulation* »)).

6 Les sociétés cotées sur ce marché sont classées par catégories de capitalisation. Trois compartiments ont été créés : Le compartiment « A » qui regroupe les grandes valeurs, dont la capitalisation est supérieure à un milliard d'euros, le compartiment « B » qui regroupe les valeurs

International de France ou MATIF et le Marché des Options Négociables de Paris ou MONEP[1]. Le marché Euronext Paris dispose d'autres compartiments tels que « le marché de professionnels » où sont inscrits les émetteurs qui ont fait admettre leurs titres sans offre au public, le « compartiment des procédures collectives » destiné aux émetteurs faisant l'objet d'une procédure collective, ou encore d'un « compartiment des sanctions » dont relèvent les émetteurs qui ont enfreint les règles de marché[2].

30. Aux marchés réglementés, s'ajoutent les marchés non réglementés dont l'énumération ne peut être exhaustive puisque ceux-ci peuvent être créés librement [3]. On peut citer néanmoins le marché Euronext Growth (anciennement Alternext) qui est un système multilatéral de négociation, consistant en une plateforme de transactions, organisée à destination des petites et moyennes entreprises de la zone Euro[4], ou encore le marché Euronext Access (anciennement marché libre et des valeurs radiées du marché réglementé), qui est une plateforme destinée aux sociétés qui souhaitent bénéficier d'un accès simplifié aux marchés financiers[5].

31. Le « droit du marché financier ». Entre « droit boursier », « droit financier » et « droit du marché financier », on peut s'interroger sur la dénomination à donner à cette branche de droit. La dénomination « droit boursier » doit être écartée à cause, tout d'abord, de son contenu étroit,

---

moyennes, dont la capitalisation est comprise entre 150 millions et un milliard d'euros, et le compartiment « C » qui regroupe les petites valeurs, dont la capitalisation est inférieure à 150 millions d'euros.

[1] Ces marchés de financement réglementés ont été, pour une vingtaine d'années, et jusqu'à 2005, au nombre de deux. La bourse de Paris et le Nouveau marché. Le premier comporte trois compartiments à savoir le premier marché (ex cote officielle) où étaient négociés les titres des grandes sociétés, le second marché destiné aux sociétés de taille moyenne et le marché des EDR (European Depositary Receipts) destiné principalement aux sociétés non européennes. Quant au Nouveau marché, c'était le marché des titres de sociétés à fort potentiel de croissance. V. T. BONNEAU, P. PAILLER, A.-C. ROUAUD, A. TEHRANI et R. VABRES, *op. cit.*, n°16, p.35.

[2] T. BONNEAU, P. PAILLER, A.-C. ROUAUD, A. TEHRANI et R. VABRES, op. cit., n°16, p.35.

[3] *Ibid.*, n°19, p.37.

[4] Euronext Growth est la nouvelle dénomination, depuis le 19 juin 2017, d'Alternext. C'est un système multilatéral de négociation au sens de la directive MIFID, c'est-à-dire de la directive 2014/65/UE du 15 mai 2014 sur les marchés d'instruments financiers, et de ses textes de transposition en droit français : articles L. 424-1 du code monétaire et financier et 524-1 du règlement général de l'AMF (Règles Euronext Growth, art. 1.9.1, iii). Ce n'est donc pas, *stricto sensu*, un marché réglementé (contrairement à Euronext). Alternext a été créé en 2005 par l'entreprise de marché Euronext. Euronext Growth, qui lui a succédé, conserve le même statut : c'est une plateforme d'échanges et de transactions, destinée à fournir une possibilité de cotation à des entreprises de taille moyenne, n'ayant pas atteint l'ampleur critique pour intégrer Euronext.

[5] Lancé le 23 septembre 1996, Euronext Access (ex marché libre) s'est substitué au hors-cote. Un compartiment baptisé « Euronext Access+ » a été créé au sein d'Euronext Access, qui est destiné aux *start-up* et aux PME en croissance en vue de les préparer à une cotation sur Euronext Growth ou sur Euronext.

puisqu'elle donne l'impression que cette discipline régit seulement le marché boursier, en tant que marché réglementé, alors que la bourse est un marché parmi d'autres. Elle doit être écartée aussi à cause de son caractère désuet puisqu'elle ne correspondrait plus à l'évolution fondamentale qui a caractérisé l'évolution des anciennes bourses[1].

32. En droit français, et en raison justement de ce phénomène de concurrence entre les différents systèmes de négociation, on parle des « marchés financiers » (au pluriel). Mais, étant donné que ce phénomène est quasiment absent en droit tunisien, on préfère généralement parler du droit du « marché financier » (au singulier), d'autant plus que la loi n° 9-117 du 14 novembre 1994 relative à la réorganisation du marché financier, pierre angulaire de la législation financière en Tunisie, utilise ladite expression au singulier[2].

33. Par ailleurs, la dénomination « droit financier » semble être trop large, car selon le vocabulaire européen et international, les services financiers désignent à la fois les activités boursières, les activités bancaires et les activités d'assurance[3]. En plus, cette dénomination peut être source de confusion car, jusqu'à une époque récente, le droit financier était pour l'essentiel une branche de droit public, il s'agit du droit des finances de l'Etat et des collectivités publiques[4].

34. En somme, il nous semble que la dénomination « droit du marché financier » est la plus adéquate même si on utilisera indifféremment l'une ou l'autre de ces appellations dans le cadre de la présente étude.

---

1 En effet, la directive de 1993 sur les services d'investissement consacrait la distinction des marchés réglementés et des marchés libres et la législation française avait pu maintenir le monopole des marchés réglementés pour les instruments admis en leur sein, ce qui permet la survie des « bourses ». Toutefois, la directive MIF du 2 avril 2004 autorise la concurrence entre divers systèmes de négociation : marchés réglementés, systèmes multilatéraux de négociation, processus d'internalisation des transactions. On est ainsi passé de la notion de « bourse » à la notion de « marchés financiers ». Ceci dit, les bénéfices attendus de la concurrence entre les lieux d'exécution n'ont pas eu lieu. D'une part, la multiplication des lieux d'exécution a conduit à une fragmentation de la liquidité ; une partie de la liquidité qui se dirigeait vers les marchés réglementés est passée ailleurs. D'autre part, les échanges sur les marchés sont devenus moins transparents. La MIF a eu pour conséquence une fragmentation de la liquidité et une perte de transparence. V. A.-C. MULLER, « La régulation bancaire et financière dans l'Union européenne après la crise », Bulletin Joly Bourse, Juillet-Août 2015, p. 348.

2 D'ailleurs, même en droit français, certains auteurs (P. DIDIER, Droit commercial, T.III, Le marché financier. Le groupe de sociétés, PUF, 1993, p. 17 ; P. DIDIER, Droit commercial, T.III, La monnaie, Les valeurs mobilières, Les effets de commerce, PUF, 1999, p.147) parlent du « marché financier » et distinguent une pluralité de compartiments, et non de marchés (marché primaire, marché secondaire et marchés dérivés), d'autres (V. par exp. H. De VAUPLANE et J.-P. BORNET, *op. cit.*, n° 349, p. 318) se réfèrent aux marchés financiers pour en distinguer plusieurs sortes (marché primaire et marché secondaire, marché réglementé et de gré à gré, marché centralisé et décentralisé, marché au comptant et marché à terme, marché de fixing et marché en continu, marché à la crié et marché électronique, marché domestique et marché international…).

3 B. SOUSI-ROUBI, Droit bancaire européen, Dalloz, 1995, n°5, p.3

4 A. COURET, article précité, n°2, p. 195.

35. Le droit du marché financier peut être décrit comme un ensemble de règles régissant l'organisation et le fonctionnement des marchés financiers et qui, dans ce cadre, détermine les différents acteurs de ces marchés (émetteurs, investisseurs, autorités, infrastructures de marché, intermédiaires…) et réglemente les diverses activités (tels que les opérations, les transactions et les contrats) qui se déroulent dans son cadre. Il est définit par les professeurs Thierry BONNEAU et France DRUMMOND comme étant « *le corpus de règles qui a pour objet de régir les activités liées aux marchés financiers et exercées à titre de profession habituelle par les prestataires de services d'investissement* »[1]. Ainsi défini, le droit du marché financier est à la fois un droit des activités, un droit des marchés et un droit des acteurs[2]. C'est un droit professionnel qui constitue à la fois une branche du droit commercial[3] et du droit économique[4]. Il s'intéresse à un type particulier de relations économiques, celles se nouant sur le marché financier[5].

36. L'émergence du droit du marché financier n'a pas fait passer sous silence le problème de son autonomie par rapport au droit commun. La doctrine est partagée sur la question. Alors que certains pensent que cette autonomie est incontestable[6], d'autres estiment qu'elle n'est qu'apparente[7], voire même absente[8]. Si l'autonomie du droit du marché financier, en tant que branche de droit[9], est contestable, l'existence du droit du marché financier en tant que véritable discipline juridique paraît être, aujourd'hui, incontestable eu égard,

---

1 T. BONNEAU et F. DRUMMOND, *op. cit.*, n° 35, p. 34.

2 *Ibid*, n° 36, p. 35.

3 Le rattachement au droit commercial est justifié par les articles 2 du Code de commerce tunisien et L.110-1 du Code de commerce français.

4 Le droit économique regroupe les règles conçues pour donner à l'administration un pouvoir d'action sur une économie foncièrement libérale où domine encore le secteur privé », F.-Ch. JEANTET, « Aspect du droit économique », Mélanges HAMEL, Dix ans de conférences et d'agrégations. Etude de droit commercial, Dalloz, 1961, p.33. Ce pouvoir d'action est assuré, en matière de marchés financiers, non pas directement par l'Etat, mais par des autorités qu'il a instituées, ce qui va certainement favoriser le financement des entreprises tout en assurant la protection des épargnants et du système financier. Dès lors, le rattachement du droit du marché financier au droit économique s'avère évident.

5 F. PELTIER, *op. cit.*, n° 43, p. 34.

6 A la fin du XIXème siècle, le conseiller à la Cour de cassation française Crépon exprimait cette opinion en ces termes « *Nous sommes en matière spéciale ; ce sont ces textes qu'il faut voir et qu'il faut suivre, non les principes du droit commun, principes qui, appliqués pour la réglementation d'intérêts pour lesquels ils n'ont point été écrits, conduiraient à des résultats déraisonnables, tandis que la règle spéciale elle-même, limitée strictement à ses termes, ne peut produire que des effets utiles et salutaires. L'erreur (…) c'est de vouloir appliquer (…) les règles du Code civil à des matières, telles que les opérations de bourse, en vue desquelles elles n'ont certainement point été écrites* », cité par A. RABUT, Le droit des bourses de valeurs et des agents de change, Litec, 1983, §18.

7 F. PELTIER, *op. cit.*, n° 49, p. 38.

8 A.-C. MULLER, *op. cit.*, p. 13 ; H. De VAUPLANE et J.-P. BORNET, *op. cit.*, n° 3, p. 3 ; A. COURET, article précité, p. 195.

9 Tel que le droit commercial (A. VIANDIER et J. VALLANSAN, Actes de commerces, commerçants, activité commerciale, PUF, 2ème éd., 1992, n° 12, p. 22.) ou le droit bancaire (T. BEN NASR, Droit bancaire tunisien, La Maghrébine pour l'impression et la publication du livre, 2èmeéd., 2017, n° 1, p. 1.).

d'une part, au corpus fort impressionnant des règles et des textes législatifs et réglementaires relatifs aux activités financières. D'autre part, le droit du marché financier a sa terminologie propre qui diffère totalement des concepts habituels du droit commun des contrats.

37. Le droit des contrats. Il est inutile aujourd'hui de s'attarder sur l'importance pratique du droit des obligations[1] tant elle est évidente. Fondé sur la notion de l'« obligation »[2], ce droit constitue en effet la mise en forme juridique des rapports économiques de la vie courante, mais surtout de la vie des affaires[3]. C'est la base du droit des contrats sur lequel repose toute la vie économique et sociale d'un pays. Par base, on doit entendre que la théorie

---

[1] Le droit des obligations a réellement constitué la cellule de base de la réflexion d'une partie de la science juridique. Celle qui s'intéresse aux techniques, aux mécanismes juridiques. Il constitue ce qu'on appelle le droit commun des obligations en général, du contrat et de la responsabilité civile, c'est-à-dire les règles de référence que l'on applique, à moins qu'il n'existe des règles spéciales (Y. BUFFELAN-LANORE et V. LARRIBAU-TERNEYRE, Droit civil, Les obligations, Sirey, 13ème édition, 2012, p.27, n° 59). Dans le droit des obligations, la doctrine est unanime sur la *summa divisio* distinguant les actes juridiques des faits juridiques (F.TERRÉ, P. SIMLER et Y. LEQUETTE et F. CHÉNEDÉ, Droit civil, les obligations, 12ème éd., 2018, n° 5, p. 6.). Les actes juridiques comprennent le contrat et l'engagement unilatéral, auxquels certains auteurs ajoutent l'acte collectif (V. M. MAHFOUDH, La théorie générale de l'obligation, l'acte unilatéral, le contrat et la responsabilité civile (ouvrage en langue arabe), CEJJ, 2008, p.13 et s.). Mais, généralement dans les ouvrages, il y a une certaine tendance à réduire toute la théorie de l'acte juridique au seul contrat (R.-E. De MUNAGORRI, L'acte unilatéral dans les rapports contractuels, Thèse, Paris 10, 1994, n°24, p. 40). Il est, comme l'a bien remarqué le professeur J. GHESTIN, « l'acte juridique par excellence » (J. GHESTIN, « La notion de contrat », D. 1990, chr., XXVII, p.148).

[2] L'obligation est une notion fondamentale en droit. Elle concerne, sinon domine, toute la matière juridique. Malgré son importance, cette notion n'a pas été définie, ni par le législateur tunisien ni par son homologue français. **Le législateur tunisien** s'est contenté de présenter, dans l'article premier du Code des obligations et des contrats, les différentes sources de l'obligation d'une manière très classique voire même archaïque. Dans la même logique, **le législateur français** définissait, avant l'ordonnance du 10 février 2016, dans l'article 1101 du Code civil français, l'obligation à propos d'une de ses sources principales à savoir le contrat. Le Code civil suggérait une division bipartite des obligations, suivant qu'elles naissent d'une convention entre les parties (anciens article 1101 à 1369) ou en dehors de toutes conventions (anciens article 1370 à 1386). Cette classification a été vivement critiquée par la doctrine (V. par exp. Ph. MALINVAUD, M. MEKKI et J.-B. SEUBE, Droit des obligations, LexisNexis, 15e éd., 2019, n°23, p.13). L'ordonnance du 10 février 2016 a introduit une nouvelle distinction tripartite, tant attendue par la doctrine moderne. L'article 1100 nouveau du Code civile dispose à cet égard que « *Les obligations naissent d'actes juridiques, de faits juridiques ou de l'autorité seule de la loi* ». **Classiquement**, on entend par « obligation » le rapport juridique entre créancier et débiteur, c'est-à-dire le lien de droit qui unit l'un à l'autre, V. G. FOREST, Essai sur la notion d'obligation en droit privé, Dalloz, coll. « Bibl. de thèses », vol. 116, 2012, préf. F. LEDUC, pp.1 et s. De manière plus précise, l'obligation (qui vient du latin *obligo*, qui signifie « obliger » ou encore « lier lui-même ») se définit comme « *un lien de droit par lequel une ou plusieurs personnes* (le ou les débiteurs) *sont tenues d'une prestation envers une ou plusieurs autres* (le ou les créanciers) » (G. CORNU (dir.), *Vocabulaire juridique*, *op. cit.*, V° Obligation). A travers ce lien de droit, le ou les créanciers peuvent contraindre le ou les débiteurs à « *donner* », à « *faire* » ou à « *ne pas faire* » quelque chose.

[3] Ph. MALINVAUD, M. MEKKI et J.-B. SEUBE, Droit des obligations, LexisNexis, 15e éd., 2019, n°30, p. 19.

générale des obligations[1] s'en tient aux règles fondamentales communes à tous les contrats, par opposition à la réglementation particulière à tel ou tel type de contrat[2].

38. Droit des contrats ou théorie générale du contrat ? Le choix dans notre étude du concept « droit des contrats » est prémédité. En effet, se contenter de l'étude de la théorie générale[3] du contrat, en tant qu'ensemble de règles fondamentales communes à tous les contrats contenus dans le livre premier du Code des obligations et des contrats, ne peut conduire qu'à une vision particulièrement parcellaire du sujet. Elle exclut du champ de notre investigation notamment la théorie des contrats spéciaux ce qui est critiquable si on admet comme postulat que le droit des contrats spéciaux[4] s'appuie sur la théorie générale des contrats et en assure, non seulement l'application, mais encore l'adaptation aux singularités de chaque espèce. D'ailleurs, la théorie générale ne vit que par ses applications concrètes. Elle s'en nourrit même[5]. C'est donc une conception large du droit des contrats qui regroupe aussi bien la théorie générale du contrat que les contrats spéciaux que nous allons adopter[6].

39. L'évolution du droit des contrats[7]. Si le droit du marché financier se caractérise par une certaine instabilité au niveau de sa réglementation, le droit

---

[1] La théorie générale des obligations est le droit des obligations envisagé par ce qui structure et rend cohérent les obligations civiles. Elle constitue un ensemble cohérent de règles bien structuré et organisé qui s'articule autour de la notion de l'obligation.

[2] Ph. MALINVAUD, M. MEKKI et J.-B. SEUBE, *op.cit. loc.cit.*

[3] La théorie générale s'entend comme une « construction intellectuelle méthodique et organisée visant à ériger en une synthèse doctrinale la pensée relative à une matière déterminée », S. PIMONT, « Peut-on réduire le droit en théories générales ? Exemples en droit du contrat », RTD civ. 2009. 417. Voir aussi E. SAVAUX, La théorie générale du contrat, mythe ou réalité ?, LGDJ, 1997 ; C. THIBIERGE-GUELFUCCI, « Libres propos sur la transformation du droit des contrats », RTD civ., 1997, p. 35 et s., n° 1.

[4] A. BENABENT, Droit des contrats spéciaux civils et commerciaux, LGDJ, 14ème éd., 2021 ; M. DUPRE, Contribution à une théorie générale des contrats spéciaux, thèse Toulouse 2011.

[5] F. C. DUTILLEUL et P. DELEBECQUE, Contrats civils et commerciaux, 11è éd., Paris, Dalloz, 2019, p.9. Les auteurs estiment qu' « *on ne peut enseigner la théorie générale du contrat sans prendre des exemples. Ces références que l'on attend sont offertes par le droit spécial. C'est la vocation naturelle du droit spécial que d'illustrer le droit commun* ».

[6] S. ABID-MNIF, « Le consommateur entre le droit des contrats et le droit de la consommation : concours de normes et une protection toujours insuffisante » in L'évolution du droit des contrats : Approche comparée entre la Tunisie et la France, Actes du colloque tuniso-français, sous la direction scientifique des professeurs : Noomen REKIK, Franck PETIT et Mohamed KOSSENTINI, Latrach édition, 2021, p. 60

[7] Sur l'importante question de l'évolution du droit des contrats, de nombreuses études de grande qualité ont été réalisées. V., en doit tunisien, L'évolution du droit des contrats Approche comparée entre la Tunisie et la France, Actes du colloque tuniso-français, sous la direction scientifique des professeurs : Noomen REKIK, Franck PETIT et Mohamed KOSSENTINI, Latrach édition, 2021. V., en droit français, G. CORNU, « L'évolution du droit des contrats en France », Rev. Int. de dr. comp., 1979, pp. 447 et s. ; Ph. LE TOURNEAU, « Quelques aspects de l'évolution du contrat », Mél. Raynaud, 1985, p. 348 ; B. BERLIOZ-HOUIN et G. BERLIOZ, « Le droit des contrats face à l'évolution économique (Adaptation et discordances) », Etudes R. Houin, 1985, p. 3 et s.

civil des contrats est marqué par la pérennité des textes qui le composent. Mais, « *la pérennité formelle de ces textes ne constitue qu'une apparence trompeuse (...) la lettre de la loi n'a pas changé, le support demeure, mais c'est un support creux. La loi écrite est dépassée par le droit vivant* »[1]. Evidemment, l'apparente stabilité des textes ne doit pas tromper, car l'absence de modification n'implique pas forcément immobilisme des textes. La matière des contrats ne s'est pas figée en Tunisie au début du siècle dernier avec la promulgation du COC, ou un siècle d'avance en France avec la promulgation du Code civil français, bien au contraire, elle s'est intégrée dans une importante évolution, dont on essaie de cerner les tendances susceptibles d'illustrer un possible rapprochement avec la conception de l'échange économique développée par le droit du marché financier.

40. Souvent perçu comme un instrument immuable, le contrat est en réalité dans l'étroite dépendance de la réalité économique qui prévaut à une époque donnée. A la schématiser quelque peu, l'évolution qu'a connue le droit des contrats n'est pas seulement d'ordre quantitatif traduite par l'expansion du phénomène contractuel, elle est surtout d'ordre qualitatif puisqu'on accorde aujourd'hui au contrat une vision beaucoup plus réaliste, qui tient compte de la réalité économique.

41. L'expansion du phénomène contractuel. « *Nous vivons de plus en plus contractuellement* ». Plus que jamais, la phrase de JOSSERAND s'avère exacte[2]. L'expansion du phénomène contractuel n'est pas seulement d'ordre quantitatif. Certes, le « *développement économique va de pair avec l'augmentation des conventions* »[3] de telle sorte que les contrats se diversifient et se spécialisent[4]. Il n'y a plus aujourd'hui un type de vente mais des types de vente obéissant à des régimes différents selon que le contrat est mobilier ou immobilier, matériel ou immatériel, simple ou complexe (...).

42. À l'origine, le droit des obligations contractuelles est, pour l'essentiel, un droit de contrats spéciaux[5]. Le droit romain classique[6]connaît et organise un certain nombre de contrats, mais n'admet pas l'existence du contrat en tant que tel. Cependant, tout au long du XIXe siècle et pendant une bonne partie du XXe, le droit contractuel repose principalement sur ce qu'il est convenu d'appeler la théorie générale des obligations. Les contrats spéciaux ne sont conçus que comme des exemples de cette théorie[7]. Aujourd'hui, la situation se

---

1 G. CORNU, Regards sur le titre III du livre III du Code civil, Cours de droit 1976, §27.

2 E. L. JOSSERAND, « Aperçu général des tendances actuelles de la théorie des contrats », R.T.D. civ., 1937, p.1 et s.

3 F. TERRÉ, Le contrat à la fin du XXe siècle, Revue des sciences morales et politiques, 1995, p. 300.

4 F. C. DUTILLEUL et P. DELEBECQUE, *op. cit.*, p.1.

5 V. LAINGUI, « Les contrats spéciaux dans l'histoire des obligations », *in* Le droit contemporain des contrats, travaux et recherches de la Faculté de droit de Rennes, Economica, 1986, p. 39 et s.

6 Cf. GAIUS, Institutes (texte et traduction de M. REINACH, Paris, Les Belles Lettres, 1950, n°88 et s.)

7 F. C. DUTILLEUL et P. DELEBECQUE, *op. cit.*, p.6.

caractérise par un retour à l'origine. Le droit commun n'est plus qu'un droit résiduel appelé à n'intervenir que dans les interstices laissés à l'air libre et échappant à l'emprise d'une réglementation de plus en plus touffue[1]. D'ailleurs, la multiplication des contrats spéciaux a pu faire croire à l'existence d'une crise du contrat[2], tant les principes de la théorie générale semblaient bafoués.

43. Une vision plus réaliste du contrat. Le mythe du contrat, fruit de deux volontés libres et égales a vécu. Le développement économique a modifié cette vision traditionnelle du contrat. Aujourd'hui, le contrat ne peut plus rester figé dans les principes qui ne tiennent pas compte de la multiplicité des échanges. L'essor économique a entraîné certainement une mutation des principes gouvernant le contrat, afin d'adapter ceux-ci à la réalité contemporaine. Le contrat est désormais ouvert à tous vents[3], perméable aux particularités de son environnement et en même temps doté d'une influence qui ne se limite pas au seul cercle des parties contractantes[4].

44. Le renouvellement de la conception du contrat se traduit concrètement par deux phénomènes. **D'une part**, on constate un processus **d'objectivation du contrat**, ce dernier « *est envisagé comme une entité autonome, distincte de la personne de ceux qui l'ont conclu* »[5]. Conçu davantage comme un bien que comme un lien, le contrat devient cessible. Comme l'a bien conclu un auteur, « *l'économie appelle la mobilité voire la patrimonialité des conventions* » [6]. La multiplication et la standardisation des échanges emportent logiquement la dépersonnalisation des contrats. L'accent n'est plus mis sur les droits personnels auxquels donnent naissance le contrat mais sur sa valeur patrimoniale.

45. D'autre part, la seconde tendance de cette évolution réside dans la prise en considération de la situation concrète des parties à la convention suite à leur inégalité. En effet, le développement économique a rendu purement théorique l'image du contrat négocié entre des parties sur un pied d'égalité. « *L'évolution contemporaine a démontré en effet comment une liberté contractuelle totale conduit inévitablement à l'inégalité contractuelle* »[7]. En premier lieu, ce constat réaliste a favorisé l'apparition de contrats standardisés, de contrats types et surtout de contrats d'adhésion[8], dont les clauses sont imposées par l'une des parties ne

---

[1] V. JESTAZ, « L'évolution du droit des contrats spéciaux dans la loi depuis 1945 », in L'évolution contemporaine du droit des contrats, Journées René SAVATIER, Revue internationale de droit comparé, 1989, p. 117 et s.

[2] H. BATIFFOL, « La « crise du contrat » et sa portée », Archives de philosophie du droit, Tome XIII, 1968, p.13.

[3] D. MAZEAUD, « Constats sur le contrat, sa vie, son droit », PA, 1998, n°54 numéro spécial ayant pour thème « Le contrat : liberté contractuelle et sécurité juridique », p.8. L'auteur parle d'une « *opération contrat, portes ouvertes* ».

[4] A.-C. MULLER, *op. cit.*, n°18, p.20.

[5] J. MESTRE, « L'évolution du droit du contrat en droit privé français », in l'évolution contemporaine du droit des contrats, Journées SAVATIER, PUF, 1985, p.41.

[6] L. BOYER, Rép. Civ. Dalloz, v° Contrats et conventions, spéc. §40.

[7] C. THIBIERGE-GUELFUCCI, article précité, p.385, n°33.

[8] Les contrats d'adhésion sont opposés aux contrats de gré à gré. Cette distinction ne figurait pas dans le code civil français de 1804. Introduite en Allemagne au début du XXe siècle, elle a été

laissant à l'autre partie que le choix d'accepter ou de refuser. La puissance économique de l'un des contractants justifie donc ce phénomène de standardisation des engagements. Ce constat conduit, en second lieu, à donner naissance à des solutions qui tiennent compte de l'inégalité entre les contractants et tentent d'y remédier [1] par la soumission des parties à des obligations autres que celles expressément stipulées [2]. C'est ainsi qu'une obligation d'information a été mise à la charge de tout professionnel dans ses rapports avec un client profane afin d'assurer un bonne dose de transparence dans les relations contractuelles inégalitaires. Le contrat échappe partiellement à la volonté des parties. Il n'a plus pour seul fondement la volonté de celles-ci, de nouveaux principes tels que l'égalité, l'équilibre et la fraternité contractuels[3] autorisent le juge et le législateur à intervenir dans le contrat afin de garantir la conformité de celui-ci à la justice sociale.

46. Le contrat est désormais perçu comme un instrument au seul profit de la partie dominante au détriment de l'intérêt du contractant et parfois même au détriment de l'intérêt général. Le développement de l'ordre public économique[4] à partir de la seconde moitié de XXe siècle résulte du constat selon lequel la liberté s'exerce au profit du plus fort économiquement, d'où la multiplication des règles d'ordre public de protection. Mais on observe en même temps, une

---

présentée en France par SALEILLES, sans grand succès immédiat, avant d'être consacrée par l'ordonnance du 10 février 2016. L'article 1110 nouveau, tel que modifié par l'article 2 de la loi n° 2018-287 du 20 avril 2018 ratifiant l'ordonnance n° 2016-131 du 10 février 2016 portant réforme du droit des contrats, du régime général et de la preuve des obligations, prévoit dans alinéa 2 que « *le contrat d'adhésion est celui qui comporte un ensemble de clauses non négociables, déterminées à l'avance par l'une des parties* ». Sur ce contrat, Voir. Ph. MALINVAUD, M. MEKKI et J.-B. SEUBE, *op. cit.*, p.74 et s. ; B. LEFEBRE, « La notion de contrat d'adhésion : portée et limites d'une définition », in mélanges PH. MALINVAUD, Litec, 2007, p.375 ; F. CHÉNEDÉ et R. SALEILLES, « Le contrat d'adhésion », RDC 2012, 1017. Techniquement, il existe certes des différences entre les contrats-type, les contrats standardisé et les contrats d'adhésion. Sur la distinction entre ces trois contrats, V. J. CARBONNIER, Droit civil, T. 4, Les obligations, Ed. P.U.F., Coll. Thémis Droit privé, 22ème éd., 2000, n° 6, p. 24.

1 A.-C. MULLER, op. cit., p.22, n°21.

2 L. LEVENEUR, « Le forçage du contrat », Droit et patrimoine, 1998, n°58, p. 41 et s.

3 C. THIBIERGE-GUELFUCCI, article précité, n°28.

4 G. RIPERT, « L'ordre économique et la liberté contractuelle », *in Mélanges François Gény*, Paris, Sirey, 1934, t. 2, p. 352 ; G. FARJAT, *L'ordre public économique*, Bibliothèque de Droit privé, t. 34, Paris, LGDJ, 1963, 543 p. ; R. SAVATIER, « L'ordre public économique », *D.*, 1965, chron. p. 37 ; B. OPPETIT, « Droit et économie », *Arch. phil. dr.*, 1992, vol. 37, pp. 17 et s. ; Ph. MALAURIE, « La notion d'ordre public économique », *RCC*, 1995, n° 83, p. 48 ; M. MALAURIE-VIGNAL, « Dans quelles conditions les règles de bon fonctionnement du marché peuvent-elles prévaloir sur le contrat ? », *RCC*, 1995, spéc. p. 49 ; S. POILLOT-PERUZZETTO, « Ordre public et droit communautaire », *D.*, 1993, chron. p. 177 ; G. MARCOU, « L'ordre public économique. Un essai de redéfinition », *in* Th. Revet, L. VIDAL (dir.), *Annales de la régulation*, Paris, IRJS Éditions, 2009 ; Th. PEZ, « L'ordre public économique », *Nouveaux Cahiers du Conseil constitutionnel*, octobre 2015, n° 49, pp. 44-57 ; M.-A. FRISON-ROCHE, « Les différentes natures de l'ordre public économique », *Arch. phil. dr.*, 2015, n° 58, pp. 147-170 ; N. REKIK, L'ordre public et le contrat civil, Préface M. K. CHARFEDDINE, éd. Latrach, Tunis, 2015.

expansion de l'ordre public économique de direction, aux antipodes de la philosophie du libéralisme économique[1]. Toutefois, ce nouvel ordre public a été analysé par la doctrine comme une forme de « néo-libéralisme » car le dirigisme contractuel qu'il implique a pour finalité de « *procurer aux particuliers les moyens d'exercer au mieux leur liberté, notamment en préservant le jeu normal de la concurrence* »[2].

47. La mise en œuvre de la rencontre. L'étude de la mise en œuvre de la rencontre entre le droit du marché financier et le droit des contrats nécessite au préalable la détermination du cadre d'une telle rencontre, avant de mettre l'accent sur son importance.

48. Le cadre de la rencontre. La détermination du cadre de la rencontre entre le droit du marché financier et le droit des contrats nécessite un éclairage notionnel, ainsi qu'une détermination du champ de l'étude.

49. L'éclairage notionnel. Le droit du marché financier a sa terminologie propre qui diffère totalement des concepts habituels du droit commun. Partant du fait que le droit ne constitue pas une science exacte, mais plutôt une terminologie exacte, il faut commencer par « *nettoyer la situation verbale et éclairer le vocabulaire* »[3]. En effet, si pour un juriste, une chose fait l'objet d'un contrat ou d'une convention[4], cette terminologie est généralement écartée par les règles de marché, qui préfèrent parler d'« opération », de « transaction », de

[1] A. RIEG, Le rôle de la volonté dans l'acte juridique en droit civil français et allemand, Paris, LGDJ, 1961, n°207.

[2] A. BRUNET et J.-C. OHLMANN, « Le droit de la concurrence, instrument de restauration de la libre volonté contractuelle », Mélanges A. RIEG, Bruxelles, Éditions Bruylant, 2000, p. 129.

[3] M. COZIAN, A. VIANDIER et F. DEBOISSY, Droit des sociétés, 19ème éd., Litec, n° 885, p. 383.

[4] Pour reprendre la typologie dressée par POTHIER, la convention, catégorie juridique plus large que le contrat, peut créer des obligations (la convention dans ce cas, n'est rien d'autre que le contrat). La convention peut, en outre, modifier, transmettre ou éteindre des obligations existantes sans avoir pour objet d'en créer des nouvelles. Si tous les contrats sont des conventions, l'inverse n'est pas évident. **En droit tunisien**, bien que cette distinction soit généralement admise par la doctrine (V. M. MAHFOUDH, La théorie générale de l'obligation, l'acte unilatéral, le contrat et la responsabilité civile (ouvrage en langue arabe), CEJJ, 2008, n° 43, p. 33 ; M. ZINE, La théorie générale des obligations, T.1 Le contrat, (ouvrage en langue arabe), Tunis, Imprimerie El Wafa, 2ème éd., 1997, n°33, p. 35), l'article 23 du COC ne distingue pas entre les deux notions et les considère comme synonymes. D'ailleurs, cet article 23 figure dans le paragraphe « B » (de la section II du chapitre 1er) intitulé « Des conventions ou contrats ». **En droit français**, le contrat était hier défini par l'article 1101 du Code civil comme « *une convention par laquelle une ou plusieurs personnes s'obligent envers une ou plusieurs autres, à donner, à faire ou à ne pas faire quelque chose* ». Plus brièvement, on avait coutume de dire que le contrat est une convention génératrice d'obligations. Rompant avec cette terminologie, l'ordonnance du 10 février 2016 a abandonné la distinction de la convention et du contrat en définissant ce dernier comme « *un accord de volontés entre deux ou plusieurs personnes destiné à créer, modifier, transmettre ou éteindre des obligations* ». (Art. 1101 du Code civil français). V. Ph. MALINVAUD, M. MEKKI et J.-B. SEUBE, *op. cit.*, p.71, p. 69.

« négociation » ou encore de « cession ». Ces termes peuvent paraître équivalents, mais ils ne le sont que dans une certaine mesure[1].

50. Le terme « transaction » ne doit pas induire en erreur. Les deux sens juridiques de ce terme, qui tournent autour de la recherche d'une certaine conciliation[2], doivent être écartés[3]. Le sens qu'on doit tenir du terme « transaction » est, donc, celui qui l'assimile à une opération de vente (pour l'un) et d'achat (pour l'autre)[4]. Conformément à la loi n° 94-117 du 14 novembre 1994 relative à la réorganisation du marché financier, ces transactions peuvent avoir lieu soit sur le marché soit en dehors du marché. Dans le premier cas, on parle de transaction donnant lieu à négociation[5], qui se déroule sur le marché principal par l'entremise d'un intermédiaire en bourse et suivant les règles de formation de prix posées par ce marché. Dans le second cas, on parle de transaction faisant l'objet d'enregistrement et donnant lieu à une « cession »[6], puisque l'accord est conclu sans le concours d'un intermédiaire, directement entre un acheteur et un vendeur qui se connaissent déjà[7].

51. L'expression « opération de marché », issue de la pratique[8], a été reprise par la doctrine bien qu'elle ne figure pas dans les textes[1]. Le terme

---

[1] Par exemple, les termes de « transaction » et de « négociation » ont longtemps été employés indifféremment pour désigner les opérations quotidiennes réalisées sur le marché. « *La réglementation du marché emploie aussi les termes « opération », « négociation » et « transaction » pour désigner la convention conclue sur le marché par la rencontre de deux ordres de sens inverse* », I. RIASSETTO, Les garanties des contrats à terme négociés sur le MATIF, thèse dact. Strasbourg III, sous la direction du professeur D. SCHMIDT, n°13, p.14.

[2] Le premier sens est celui prévu par l'article 1458 du COC selon lequel « *la transaction est un contrat par lequel les parties terminent ou préviennent une contestation moyennant la renonciation de chacune d'elles à une partie de ses prétentions réciproques, ou la cession qu'elle fait d'une valeur ou d'un droit à l'autre partie* ». Le second sens voit dans la « transaction » un mode « *d'extinction de l'action publique résultant du pouvoir conféré à certaines administrations…de renoncer à l'exercice de poursuites contre un délinquant, en le contraignant à verser une somme destinée à tenir lieu de pénalité* » (G. CORNU (dir.), *Vocabulaire juridique*, *op. cit.*, V° Transaction.).

[3] M.-M. CHAFFAI, « Les modalités du transfert de la propriété des valeurs mobilières », *in.* Mélanges en l'honneur de H. AYADI, C.P.U., 2000, Tunis, p. 391 et s.

[4] Ce sens est retenu par les articles 70, 71 et 73 de la loi n° 94-117 du 14 novembre 1994 relative à la réorganisation du marché financier. V. sur ce même sens du terme transaction, P. GUIHO, J. BICHOT et M. L. MARTIN, Dictionnaire Droit, Économie et Gestion, éd. L'Hermès, Paris, 1994.

[5] Cette expression est employée par le législateur à travers l'article 75 de la loi du 14 novembre 1994 relative à la réorganisation du marché financier.

[6] Le terme « cession » est employé par le législateur une seule fois dans l'article 83 de la loi de 1994 pour désigner les transactions faisant l'objet d'un enregistrement en bourse au sens de l'article 71 de la loi de 1994.

[7] G. RIPERT et R. ROBLOT, Traité de droit commercial, T. 2, Effets de commerce, Banque et Bourse, Contrats commerciaux, Procédures collectives, 17ème éd., par P. DELEBECQUE et M. GERMAIN, L.G.D.J., Paris, 2004, n° 1868, p. 70.

[8] En droit financier, on préfère aujourd'hui parler d'« *opération de marché* », plutôt que d'« *opération de bourse* », même si la première expression n'est pas très utilisée en pratique vu le caractère étroit du terme « *bourse* », qui ne recouvre plus l'ensemble des marchés financiers. V. T. BONNEAU et F. DRUMMOND, *op. cit.*, n° 28, p. 30.

« opération de marché » est un terme générique auquel les auteurs n'accordent pas tous le même contenu[2]. Dans l'acception la plus large, le terme est assimilé à toutes les opérations ayant trait à l'ensemble des marchés financiers[3]. Ainsi, pour les professeurs Thierry BONNEAU et France DRUMMOND, les opérations de marché comprennent essentiellement l'admission et la radiation aux négociations, les achats et les ventes ainsi que les offres publiques[4].

52. Selon une approche restrictive, l'opération de marché est celle qui porte sur des valeurs mobilières déjà admises aux négociations sur le marché. Elle est présentée comme des ventes et achats de valeurs mobilières selon les règles du marché[5], ou encore, comme « *des modalités ou des combinaisons d'achats et de ventes* »[6]. Précisément, l'opération de marché correspond à la transaction portant sur des valeurs mobilières émises par les sociétés faisant appel public à l'épargne qui se réalise dans un marché réglementé de négociation, au sens de l'alinéa premier de l'article 70 de la loi du 14 novembre 1994, dans les conditions fixées par le règlement général de la bourse.

53. Prise dans son sens strict, l'opération de marché comporte donc, à côté de sa dimension conventionnelle, une autre dimension procédurale[7]. Elle se déroule généralement en deux étapes désignées par les termes de « négociation » et de « compensation ». La négociation désigne alors, selon une tendance qui s'est dégagée progressivement des textes les plus récents[8], le processus qui conduit à la conclusion de l'accord de volonté et se caractérise par la production des ordres sur le marché à travers des intermédiaires habilités et la

---

1 T. BONNEAU et F. DRUMMOND, *op. cit.*, n° 28, p. 30.

2 A.-C. ROUAUD, Contribution à l'étude de l'opération de marché. Étude de droit des marchés financiers, IRJS Éditions, 2010, t.26, préface J.-J. DAIGRE, n°24, p. 18.

3 La loi n° 7-114 du 14 novembre 1994 relative à la réorganisation du marché financier fait référence par exemple à l'opération de contrepartie (art. 67 al.3), à l'opération de tenue de marché (art. 67 al.3) ou encore aux opérations décidées dans le cadre de la restructuration des entreprises publiques (Art. 70 in fine).

4 V. T. BONNEAU et F. DRUMMOND, op. cit., n° 595. Contra. A. COURET, H. LE NABASQUE, M.-L. COQUELET, T. GRANIER, D. PORACCHIA, A. RAYNOUARD, A. REYGROBELLET et D. ROBINE, *Droit financier*, Dalloz, coll. Précis Droit privé, 2019, 3ème éd., n° 1132, qui adoptent une approche différente en distinguant les opérations sur titres financiers et les opérations « de marché » proprement dites, dans la mesure où seules les secondes permettent de mettre en lumière les « conséquences pour l'émetteur lui-même de l'admission de ses titres à la négociation ». Les premières comprennent ainsi les transferts de propriété définitifs de titres financiers, les transferts de propriété temporaires de titres financiers (vente avec faculté de rachat dite « vente à réméré », pension livrée ou prêt de titres) et le nantissement de comptes-titres (ibid., n° 1134). Les secondes comprennent, quant à elles, le rachat par l'émetteur de ses propres actions et les offres publiques, qui constituent des « opérations de marché » dans la mesure où elles « doivent être entreprises dans le strict respect des principes tutélaires du droit boursier que sont l'intégrité, la transparence et l'égalité » (ibid., n° 1277).

5 G. RIPERT et R. ROBLOT, *op. cit.,* n° 1872, p. 78.

6 P. DIDIER, Droit commercial, T.III, Le marché financier, les groupes de sociétés, PUF, 1993, p. 197.

7 T. BONNEAU et F. DRUMMOND, *op. cit.*, n° 28, p. 28.

8 A.-C. ROUAUD, *op. cit.,* n°24, p. 18.

recherche d'une contrepartie sur le marché[1]. Quant à la compensation, elle désigne le processus qui conduit à l'exécution de l'opération de marché[2].

54. Toute opération de marché comporte un aspect conventionnel. Elle se traduit par une transaction, par un contrat auquel elle peut s'identifier. Elle a en outre un aspect procédural non moins important, car le contrat ne peut être conclu et exécuté que selon un processus soumis au contrôle des autorités et organismes de marché[3]. Dès lors, l'opération de marché se réalise à travers un processus particulier qui entraîne des conséquences tout aussi particulières, ce qui justifie de s'interroger sur l'influence de ce processus sur la nature de l'opération. Une brève description du déroulement des principales étapes d'une opération de marché permet de le montrer.

55. Le processus de marché : analyse des différentes phases de l'opération de marché. Le processus de marché est généralement réparti par la doctrine en deux étapes principales[4]. Il commence par la phase du « *trading* » qui désigne la transaction, ou plus techniquement la « négociation ». Cette première phase, correspondant à la formation de l'opération, est l'étape la plus « palpable » pour le grand public. Elle comprend en toute logique la phase de négociation. Mais puisque l'accès au marché financier n'est pas autorisé directement aux investisseurs, le passage par des intermédiaires demeure obligatoire. D'où l'apparition d'une phase importante préalable à celle de la négociation, à savoir l'intermédiation.

56. Suite logique de sa devancière, la seconde phase correspond au dénouement de l'opération, phase qui ne doit passer sous silence à cause de sa technicité accrue. Elle comprend le « *clearing* », qui équivaut à la « compensation » et le « *settlement* », qui constitue le règlement de la transaction, appelé aussi le « règlement-livraison ». Donc, et à l'image d'un processus contractuel classique, le processus de marché passe par deux moments forts : sa formation et son dénouement[5].

57. La formation de l'opération. Toute personne souhaitant effectuer une opération sur un marché réglementé ne peut intervenir directement sur ledit marché en raison de l'existence d'une obligation d'intermédiation[6]. Elle doit

---

[1] T. BONNEAU et F. DRUMMOND, *op. cit.*, n° 33, p. 31.

[2] *Ibid, op. cit., loc. cit.*

[3] *Ibid.*, n° 28, p. 28.

[4] Sans grande divergence, quant au fond, une partie de la doctrine démembre trois étapes du processus de marché : la négociation, la compensation et le règlement-livraison. V. en ce sens, D. JOOS DE TER BEERST, « Euronext », Bull. Joly Bourse, 2001, p. 1 ; Ch. DE WATRIGANT et J. Cl. LABORDE, J.-CL. Banque – Crédit- Bourse, fasc. 2116, « transfert de propriété des titres cotés », p.4, n°2.

[5] T. BONNEAU, P. PAILLER, A.-C. ROUAUD, A. TEHRANI et R. VABRES, *op. cit.*, n°1258, p.821,*« L'opération de marché suit ainsi le même processus que n'importe quelle opération contractuelle : sous couvert de négociation et de compensation, est reproduite la distinction classique de la conclusion et de l'exécution du contrat »*.

[6] En droit français, c'est l'article 43 de la loi du 2 juillet 1996 (art. L. 421-6 C. mon et fin.) qui a imposé les obligations d'intermédiation et de concentration des ordres. Ce texte a été supprimé lors de la transmission de la directive MIF du 1er novembre 2007, mais l'obligation

s'adresser obligatoirement à un professionnel habilité de son choix, appelé « intermédiaire en bourse »[1] en droit tunisien et « membre de marché » en droit français. Ce passage obligatoire par un intermédiaire habilité marque le commencement de la phase d'intermédiation. Ainsi l'intermédiaire, doté de sa compétence accrue dans la technicité des marchés financiers et muni d'un monopole d'accès à ceux-ci, présente ses différents services aux investisseurs qui doivent signer avec leurs intermédiaires des contrats appelés « contrats d'intermédiations financières »[2].

58. Après avoir établi une convention de services avec cet intermédiaire professionnel, le client doit, pour chaque opération[3], émettre et transmettre un « ordre de bourse » à son intermédiaire, interlocuteur unique, qui se charge d'en rechercher la contrepartie sur le marché. Concrètement, l'intermédiaire procède à la transmission de l'ordre dans le carnet d'ordres central du marché[4], autrement dit dans le système de négociation, par une saisie informatique.

59. Les ordres entrés dans le carnet d'ordres central font l'objet d'une confrontation globale. Dès que le système informatique identifie deux ou plusieurs ordres compatibles de sens inverse, il les rapproche[5] pour que la

---

d'intermédiation subsistera pour les marchés réglementés et pour les systèmes multilatéraux de négociations, sur lesquels seuls les professionnels pourront intervenir.

[1] Constituant la clé de voûte du marché financier, les intermédiaires en bourse sont définis par l'article 55 de la loi du 14 novembre 1994 relative à la réorganisation du marché financier comme étant les agents chargés, à l'exclusion de toute autre personne, de la négociation et de l'enregistrement des valeurs mobilières à la BVMT (...). La notion d'intermédiaire en bourse a été reconnue en droit tunisien depuis le décret beylical du 23 avril 1945, relatif à la négociation des valeurs mobilières, qui a interdit, dans son article 4, la négociation sans intermédiaire des valeurs mobilières. La loi n° 69-13 du 29 février 1969, portant création de la bourse des valeurs mobilières, a permis aux banques et sociétés financières l'exercice de l'activité d'agent de change à côté des personnes physiques (V. M. HERGLI et M. MOKADEM, Le système monétaire et financier, éd. CREA, Tunis, 1995, p. 339.). La loi n° 89-49 du 8 mars 1989, relative au marché financier a conféré un statut nouveau aux agents de changes, qui sont appelés désormais les intermédiaires en bourse. En France, la dénomination agent de change remonte à une époque antérieure à la loi du 28 Ventôse an IX, relative à l'établissement de bourses de commerce, qui date du 19 mars 1801. Elle a été utilisée pour désigner les personnes qui exerçaient des opérations de change des monnaies et des opérations relatives aux lettres de change. Les agents de change sont « *des officiers ministériels ayant qualité de commerçants chargés, à titre principal, de faire pour le compte de leurs clients, négociations des valeurs mobilières* ». A. RABUT, Le droit des bourses des valeurs et des agents de change, éd. Litec, 1983, p. 118. La loi n° 88-70 du 22 janvier 1988, sur les bourses de valeurs, a fait substituer les sociétés de bourse aux agents de change. La loi n° 96-576 du 2 juillet 1996, relative à la modernisation des activités financières a créé un nouveau cadre d'intermédiation, puisque les prestataires de services d'investissement se sont substitués aux sociétés de bourse.

[2] S. BONFILS, Le droit des obligations dans l'intermédiation financière, LGDJ, 2005, p. 4, n°5.

[3] En cas de gestion mandatée.

[4] Le carnet d'ordres prend la forme d'un tableau en deux parties : à gauche les ordres d'achat, à droite les ordres de vente. Il récapitule, à un instant donné, l'état de l'offre et de la demande sur chaque valeur cotée. Les ordres d'achat et de vente répertoriés dans le carnet d'ordres sont en attente d'exécution. Dès qu'ils sont exécutés, ils sortent du carnet d'ordres.

[5] On parle de « rapprochement des ordres », « mariage des ordres », ou encore « appariement des ordres ».

transaction soit automatiquement formée. L'intermédiaire, qui avait introduit l'ordre, est informé de son exécution, et en informe par la suite son donneur d'ordre. Dès lors, le contrat se forme de façon automatique selon les règles de priorité. Le « coup de foudre contractuel »[1] est automatisé. Le contrat est loin d'être conclu *intituis personae.*

60. Le dénouement de l'opération. Une fois formée, toute transaction donne lieu à un second processus de dénouement puisque l'exécution de l'opération n'est pas laisser au bon vouloir des intervenants mais elle s'intègre dans un système multilatéral. Ce processus commence par un moment fort dans la chaine de l'opération de marché à savoir le transfert de propriété des valeurs mobilières entre vendeur et acheteur. La complexité et la dématérialisation du processus du marché ne sont pas sans influence sur la question du transfert de propriété, surtout sur le moment de réalisation de ce transfert.

61. Par ailleurs, c'est le dépositaire central des titres, qui assurera le dénouement des transactions. Ce dénouement est déclenché concrètement avec les instructions transmises par la bourse à *Tunisie Clearing*, qui, après avoir fait la compensation, procède au règlement livraison à travers la technique du virement. Techniquement, *Tunisie Clearing* reçoit, quotidiennement, à travers une ligne automatique spéciale, un fichier des transactions boursières de la BVMT. Elle procède à l'enregistrement de ces transactions dans sa base de données informatique pour les préparer au dénouement dans trois jours de bourse. Le dénouement est donc assuré par une chambre de compensation[2], relayée par ses adhérents, appelés « adhérents compensateurs ». Le rôle d'une chambre de compensation englobe l'ensemble du processus qui va de l'enregistrement des transactions à l'extinction des obligations[3]. La chambre enregistre toutes les transactions individuelles qui lui sont transmises par le système électronique de négociation, puis comptabilise les ordres d'achat et de vente de chacun des adhérents et présente à chacun un solde des opérations qu'il a effectuées pour le compte de son client et pour le sien (calcul de la position nette). Elle opère ainsi une compensation multilatérale aux fins de simplifier les paiements. Dès qu'elle aura traité les opérations, la chambre de compensation transfèrera aux organismes qui se chargent du règlement et de la livraison des titres les informations qui leur sont nécessaires pour effectuer ces opérations[4].

62. La délimitation du champ d'étude. « *Un objectif démonstratif dans une matière aussi vaste implique la sélectivité* »[5]. Si des milliers d'opérations se déroulent chaque jour sur les différents marchés financiers, nous ne saurions, dans une matière aussi vaste, prétendre à l'exhaustivité et envisager l'ensemble des

[1] J.-M. MOUSSERON, « Les procédures informelles d'échange des consentements », Rev. juris. com. spéc. nov., 1995, p. 23.
[2] « LCH.Clearnet SA » pour les marchés français.
[3] T. BONNEAU et F. DRUMMOND, *op. cit.*, n° 233, p. 323.
[4] *Ibid., loc. cit.*
[5] A.-C. MULLER, *op. cit.*, n° 15.

opérations susceptibles d'être initiées sur tous les marchés financiers. Nous y perdrions l'homogénéité nécessaire à la démonstration que nous souhaitons développer en réponse au problème posé. Le but de l'étude est d'examiner l'opération de marché à travers une coupe transversale des différents mécanismes mis en œuvre. Notre étude doit être doublement délimitée.

63. Quant aux opérations visées, il s'agit d'envisager l'opération de marché au sens strict, entendue comme étant la vente et l'achat d'instruments financiers réalisés dans le cadre général de la négociation multilatérale sur le marché réglementé, en ce qu'elles posent le problème dans sa forme la plus pure[1], sachant que, suivant les différentes étapes qui composent cette opération, les mécanismes peuvent être plus au moins sophistiqués.

64. Nous exclurons, ainsi, les opérations qui, si elles ont lieu sur le marché, ne se déroulent pas dans le cadre général de la négociation mais dans celui de procédures spécifiques, et que l'on peut donc qualifier d'opérations « particulières », telles que les offres publiques[2]. Ces opérations exceptionnelles, qui présentent des particularités très accrues, sont tellement riches d'enseignements qu'elles nécessitent une étude à part[3].

---

[1] A l'exception des opérations de vente à réméré, de prêt de titres ou de pension livrée dans la mesure où, comme l'explique A.-C. MULLER (*op. cit.*, n° 15), leur « spécificité trouve sa source davantage dans l'objet de l'opération que dans le fonctionnement du marché ». T. BONNEAU et F. DRUMMOND (*op. cit.*, n° 712), les qualifient ainsi de « conventions complexes » : « *les conventions sont complexes lorsqu'elles constituent des conventions autres que des ventes pures et simples. Elles intègrent une vente dans la mesure où elles postulent un transfert de propriété. Mais elles comportent un élément autre que ce transfert, ce qui les distingue de ventes pures et simples. Il en est ainsi des opérations de pension et de prêt de titres* ».

[2] Les offres publiques sont organisées selon des procédures extrêmement encadrées par les articles 5 et s. de la loi du 14 novembre 1994, quelles que soient les formes diverses qu'elles peuvent emprunter. En effet, s'il existe des offres publiques de vente, par lesquelles un détenteur d'instruments financiers d'une société cotée en bourse offre publiquement de les vendre « *soit dans le but de se désengager de la société, soit dans celui d'en réaliser l'ouverture par l'élargissement du "flottant"* », A. COURET, H. LE NABASQUE, M.-L. COQUELET, TH. GRANIER, D. PORACCHIA, A. RAYNOUARD, A. REYGROBELLET et D. ROBINE, *Droit financier*, Dalloz, coll. Précis Droit privé, 2019, 3e éd., n° 1321. L'essentiel des offres sont des offres publiques d'acquisition. Celles-ci consistent soit en une offre publique d'échange ou d'achat, soit en une offre publique de retrait permettant aux actionnaires minoritaires de sortir lorsque le majoritaire y acquiert un poids trop important. S'agissant de l'offre publique d'achat ou d'échange, elle consiste traditionnellement en une opération par laquelle une personne physique ou morale fait connaître publiquement aux actionnaires d'une société cible sa proposition d'acquérir leurs titres à un prix déterminé réglé soit en espèce (OPA), soit par la remise de titres de capital (OPE). Le dépôt de l'offre publique peut alors être obligatoire en cas de franchissement d'un seuil en capital ou en droit de vote ou d'accroissement de la participation, en vue de garantir la transparence et l'égalité des actionnaires, notamment minoritaires, dans la mesure où cette offre publique forcée doit viser la totalité du capital de la société. La procédure est très encadrée, notamment en raison du contrôle de conformité exercé par le CMF.

[3] Voir notamment T. BONNEAU et L. FAUGEROLAS, Les offres publiques, OPA, OPE, garantie de cours, retrait…, Éditions EFE, 1999 ; J.-J. DAIGRE, Les offres publiques en bourse, Éditions Banque 200 ; A. VIANDIER, OPA, OPE et autres offres publiques, 3 e éd., F. Lefebre, 2006.

65. Quant aux marchés visés, seuls les marchés réglementés intéressent nos propos. Ce n'est pas seulement parce que les grands marchés financiers dans le monde sont des marchés réglementés[1], mais surtout parce qu'il ressort de la dichotomie fondamentale entre marchés réglementés, relevant d'une logique multilatérale, et marchés de gré à gré, relevant d'une logique bilatérale, un fort particularisme des premiers. L'importance et le particularisme justifient donc la limitation du champ d'application de notre étude aux marchés réglementés[2]. Il s'agit en droit tunisien du « marché de la cote », bien particulièrement le « marché principal »[3], appelé parfois « marché central »[4].

66. Etant donné que le marché principal constitue un marché au comptant[5], seule cette catégorie de marchés concerne nos propos. Sur un marché au comptant, les opérations sont exécutées immédiatement. Le règlement du prix et la livraison des titres suivent directement la conclusion de l'opération[6]. Les marchés à terme, qui ne concernent que le droit français, sont, par conséquent, exclus du champ d'études. Ces marchés, sur lesquels sont négociés les instruments financiers à terme, organisent un décalage entre la date de conclusion et la date d'exécution de l'opération. Ce décalage résulte du contrat lui-même qui fixe des conditions irrévocables le jour de sa conclusion, l'exécution étant différée à une date d'échéance, d'où la dénomination de contrat à terme[7].

67. Nous écartons également l'étude du marché dit primaire, marché des émissions des titres, par opposition au marché secondaire qui assure la circulation des titres déjà émis. Les marchés secondaires, que l'on a coutume d'appeler les « bourses »[8], ont pour fonction d'organiser la négociation des titres qui ont déjà été souscrits sur le marché primaire. Ils sont donc, en quelques sortes, des marchés « d'occasion »[9]. Grâce à eux, les apporteurs peuvent aisément mobiliser leur épargne, dès qu'ils en éprouvent le besoin, et sans que cela ne nuise pour autant aux émetteurs. Ils forment la clé de voûte du système, car les épargnants seraient plus réticents à souscrire aux émissions publiques

---

[1] H. GASTINEL et E. BERNARD, Les marchés boursiers dans le monde. Situations et évolutions, Préf. M. Prada, Montchrestien, 1996, p. 14.

[2] Toutefois, l'importance des marchés de gré à gré ne doit pas être méconnue en raison du volume de négociations qu'ils représentent et de leur développement rapide. D'ailleurs, les marchés réglementés et les marchés de gré à gré sont en situation de vive concurrence, ce qui explique, en droit français surtout, les mouvements de concentration et conduit à les considérer comme des entreprises. V. T. BONNEAU, P. PAILLER, A.-C. ROUAUD, A. TEHRANI et R. VABRES, *op. cit.,* n°22, p. 38.

[3] V. art. 22 du RG BVMT (Arrêté du Ministre des finances du 15 août 2019, art 1er).

[4] V. art. 112 du RG BVMT.

[5] V. art. 77 du RG BVMT.

[6] T. BONNEAU, P. PAILLER, A.-C. ROUAUD, A. TEHRANI et R. VABRES, *op. cit.,* n°13, p. 32.

[7] A. COURET, H. LE NABASQUE, M.-L. COQUELET, T. GRANIER, D. PORACCHIA, A. RAYNOUARD, A. REYGROBELLET et D. ROBINE, *op.cit.*, p.67.

[8] J.-J. DAIGRE, « Évolution de la notion de marché financier », in Liber Amicorum Jacques Malherbe, Bruylant, Bruxelles, 2006, p. 234.

[9] T. BONNEAU et F. DRUMMOND, *op. cit.*, n° 14, p. 21.

s'ils n'avaient pas la garantie de pouvoir liquider à tout instant leurs avoirs financiers.

68. L'importance de la rencontre. La rencontre entre le droit du marché financier et le droit des contrats présente des intérêts certains dans un contexte un peu spécifique, étant donné que le droit du marché financier illustre à l'extrême l'évolution du droit des contrats.

69. Les intérêts de la rencontre. Le droit du marché financier a d'abord été un droit de nature contractuelle. Mais, cette branche de droit a connu ces dernières années un véritable bouleversement. Avec les grandes réformes institutionnelles, les premières polémiques juridiques sont apparues, faisant de cette matière, le « laboratoire » du droit des obligations et de l'innovation juridique en général. Si les aspects institutionnels ont aussi profondément modifié l'architecture de cette activité et les conditions dans lesquelles elle s'exerçait, ils ont aussi poussé à la création d'un droit de plus en plus spécial[1]. Des controverses nombreuses et animées ont été lancées sur le transfert de propriété des titres par exemple, ou sur la nature juridique de l'opération de marché ou de la compensation dite multilatérale. Toutes ces questions ont donné lieu à des articles puissants, des débats animés, des thèses mêmes nombreuses[2]. Le droit financier, avec ses règles particulières et ses régimes spéciaux est apparu comme un droit « à part » qui obéit à une logique propre, celle de la prévention du risque systémique et la protection des déposants.[3]

70. Notre étude essaie d'apporter les lueurs du droit général à des mécanismes et techniques utilisées dans le domaine du marché financier. Elle illustre ainsi la dialectique, très ancienne, du droit commun et du droit spécial. Comme l'a fort bien exprimé un auteur, savoir dans quelle mesure le droit civil reste un droit commun et réciproquement dans quelle mesure son application dans le cadre du droit spécial présente des particularités et enrichit ou déforme la réflexion civiliste, ces questions *« comptent parmi les plus délicates, les plus riches et les plus permanentes »*[4]. L'étude de cette mystérieuse relation entre le droit des contrats et le droit du marché financier présente certes des intérêts pratiques. Evidemment, en cas de contentieux surtout, la loi peut être interprétée, mais si elle se révèle lacunaire, le juge doit se référer au droit commun. Or, pour savoir quelles règles le juge doit appliquer, il faut au préalable qu'il ait étudié tout le processus de marché par le prisme du droit des contrats procédant ainsi à l'exercice de qualification des différentes opérations sur le marché. Dès lors,

[1] H. DE VAUPLANE, « Quel avenir pour le droit des marchés financiers ? » Bulletin Joly Bourse, 2012, p. 245.

[2] On peut citer à titre d'exemple, P. GOUTAY, Le transfert de propriété des titres cotés, Thèse, Paris IX, 1997 ; A.-C. ROUAUD, Contribution à l'étude de l'opération de marché. Étude de droit des marchés financiers, IRJS Éditions, 2010, t.26, préface J.-J. DAIGRE ; M. ROUSSILLE, La compensation multilatérale, coll. « Nouvelle bibliothèque des thèses », Dalloz, 2006.

[3] *Ibid., loc. cit.*

[4] F. POLLAUD-DULIAN, « De quelques avatars de l'action en responsabilité civile dans le droit des affaires », RTD com., 1997, p. 349.

cette thèse se veut « un guide pratique » pour les juristes afin de pouvoir comprendre les techniques, souvent délicates et mystérieuses, du droit du marché financier et plus particulièrement le processus du marché à travers la matière la plus fondamentale, la plus connue et la plus accessible du droit, à savoir le droit des contrats.

71. Par ailleurs, l'histoire de la bourse est souvent assimilée à l'histoire des scandales financiers, car la bourse repose sur la spéculation et sur le risque[1]. Néanmoins, la tentation est forte pour certains de se protéger contre le risque. L'étude purement juridique des différents mécanismes du marché financier permet certainement de diminuer les risques et de semer un milieu sécurisé de transaction, cher aux investisseurs. La sécurité des transactions nécessite assurément la clarification des rapports juridiques naissant au sein du marché financier.

72. L'étude du droit du marché financier par le prisme du droit des contrats présente un indéniable intérêt, notamment pour la vie des affaires. C'est dans la confrontation avec le droit des contrats que doit s'analyser le droit du marché financier, parce que de cette confrontation « *apparaîtra sa véritable nature, ses éventuelles racines et ramifications, ou au contraire sa sécession avec des droits plus généraux* »[2]. En effet, par sa haute technicité et sa grande souplesse, le droit des contrats est une caisse à outils inépuisable pour les praticiens. Quelle que soit la situation, il est toujours possible de trouver une construction qui corresponde aux besoins qu'elle fait apparaître. Le recours aux règles civilistes, permet de déterminer le fondement juridique des techniques boursières les plus sophistiqués et les plus complexes.

73. Le contexte de la rencontre : Le droit du marché financier illustre à l'extrême l'évolution du droit des contrats. L'étude des particularités du contrat, au sein du marché financier, illustre bien l'évolution qu'a connue le droit des contrats avec ses différentes mutations. En effet, suivre l'opération de marché, en tant que contrat, conclu et exécuté sur le marché, revient à étudier, dans le cadre d'un domaine nouveau, une question classique. De plus, les relations entre les contractants sont très influencées par le contexte économique et social dans lequel elles se nouent. Dès lors, le contrat entre en interaction avec son environnement[3], ce qui aboutit à lui faire produire ou subir des effets particuliers[4].

74. Curieusement, le contrat sur le marché financier n'a pas échappé aux tourbillons. **D'abord**, en relation avec le premier volet de l'évolution du droit des contrats à savoir l'expansion du phénomène contractuel, on remarque que

---

[1] J. PROROK, La responsabilité civile sur les marchés financiers, thèse Université Paris II, Panthéon-Assas, 2016, n° 32, p. 36.

[2] F. PELTIER, *op. cit.*, n° 3, p. 14.

[3] C. THIBIERGE-GUELFUCCI, article précité, p.357, n°3.

[4] J. HAMEL, « Droit civil et droit commercial en 1950 », Mélanges G. Ripert, LGDJ, 1950, Tome II, p. 261, l'auteur estime dans ce cadre que « *le droit commercial, imprégné de réalisme, est prêt à sacrifier l'intérêt individuel aux droits économiques des tiers* ».

le marché financier constitue une véritable pépinière donnant naissance à de multiples contrats qui se nouent et dénouent régulièrement en son sein. L'expansion du phénomène contractuel sur les marchés financiers n'est pas seulement d'ordre quantitatif. Les contrats se diversifient et se spécialisent participant à la richesse du phénomène contractuel, richesse qui se renforce, de plus en plus, d'autant plus que les pouvoirs publics préfèrent s'engager dans une politique contractuelle plutôt que d'imposer par la loi ou le règlement telle ou telle mesure, et contribuent ainsi au nouvel essor du droit contractuel[1].

75. Point n'est besoin de démontrer, **ensuite**, combien la perception du contrat en tant que bien, élément économique en relation avec son environnement, correspond à la philosophie du droit du marché financier. La dépersonnalisation et l'objectivation du contrat sont poussées à l'extrême sur le marché financier. « *Le marché fait plus que réduire le contrat à son objet, il fait du contrat un pur objet* »[2]. Sur les marchés financiers, le contrat n'est jamais envisagé en tant que lien personnel, mais uniquement sous un angle patrimonial. Il n'est jamais considéré pour lui-même, mais toujours comme un élément d'un ensemble plus vaste que constitue le marché[3].

76. Enfin, le droit du marché financier illustre parfaitement le troisième volet de l'évolution du contrat parla prise en considération de la situation concrète des parties suite à leur inégalité. Cette prise en considération de la situation concrète des parties à la convention, qui constitue une tendance majeure de l'évolution du droit commun des contrats, trouve un écho dans le droit du marché financier, mais avec certaines adaptations. Le phénomène de standardisation des engagements est certainement poussé à l'extrême sur le marché financier par la multiplication des contrats-types, des contrats standardisés. Mais, ce phénomène ne résulte pas, comme c'est le cas dans d'autres marchés de biens et services, de la puissance de l'un des contractants au détriment de l'autre mais tout simplement de la notion même de marché financier nécessitant l'échange d'objets parfaitement identiques[4].

77. S'agissant de la transparence, il semble que ce souci est omniprésent aussi sur les marchés financiers. Le principe d'égalité des actionnaires n'est qu'un prolongement du principe de l'égalité des parties au contrat. Cependant, l'impératif de l'égalité des intervenants sur le marché financier a pour seule finalité l'efficience du marché[5], et non la protection d'intervenants individuels

---

[1] M. VASSEUR, « Un nouvel essor du concept contractuel : les aspects juridiques de l'économie concertée », RTD civ. 1964, p. 31.

[2] M.-A. FRISON-ROCHE, « Le contrat et la responsabilité : consentements, pouvoirs et régulation économique », RTD civ. 1998, p. 43, § 29.

[3] A.-C. MULLER, op. cit., p.21, n°20.

[4] A.-C. MULLER, *op. cit.*, n° 22, p. 23,

[5] D'un point de vue économique, un marché efficient est « *celui où le prix des titres reflète à chaque instant toutes les informations pertinentes et disponibles* », M. NUSSENBAUM et F. CHAMPARNAUD, « Le statut comparé de l'information en droit de la concurrence et en droit boursier », PA, 21 juillet 1999, p.18.

en situation d'infériorité[1]. Ces différents aspects de l'évolution du droit des contrats se relient, pour la plupart, à un même phénomène, qui en représente le dénominateur commun, celui du « dirigisme ». De plus en plus, les pouvoirs publics interviennent dans les différentes étapes de la vie du contrat, tandis qu'à l'inverse, le rôle joué par la volonté des parties devient de plus en plus secondaire et effacé. Par un paradoxe singulier, le contrat devient de moins en moins contractuel[2]. Il obéit à une discipline plus stricte et devient de plus en plus dirigé. L'évolution économique tend alors à prédominer sur le tempérament individuel. Cet affaiblissement contractuel, qui a été affirmé dans plusieurs contrats[3], tend à revêtir la valeur d'un phénomène général plus accusé, sans doute, dans certains types de contrats, mais dont l'emprise s'élargit sans cesse et fait tache d'huile. Le contrat conclu sur le marché financier n'est pas à l'abri de cet « envahissement »[4].

78. Les règles spécifiques relatives à l'opération du marché visent à apprécier la conformité du contrat à un intérêt supérieur, celui du bon fonctionnement et de l'efficience du marché financier. Le contrat est donc affecté par ricochet. La « police du marché » conduit à faire « police du contrat »[5] car « c'est par le contrat que sont réalisés les échanges économiques »[6].

79. Le dirigisme économique contemporain, même lorsqu'il s'exerce au détriment de la liberté contractuelle, n'en conforte pas moins le contrat dans sa fonction d'instrument juridique privilégié de l'échange[7].

80. Les différences entre les caractéristiques propres au droit du marché financier et celles du droit des contrats, constatées lors de l'étude du processus de l'opération de marché, ont-elles entraîné une adaptation de l'un par rapport à l'autre, étant donné que le contrat est le vecteur juridique des échanges économiques, ou bien elles ont occasionné un taux élevé de particularismes et

---

[1] J.-J. DAIGRE, « Commentaire du projet de loi relatif aux « nouvelles régulations économiques » », RDBF, 2000, p.67. L'auteur estime que « *l'égalité des actionnaires et des investisseurs est une égalité intéressée. Elle n'a d'autre objectif que d'assurer l'efficacité du marché, son efficience* ».

[2] L. JOSSERAND, « Les dernières étapes du dirigisme contractuel : Le contrat forcé et le contrat légal », D. 1940, chron. p. 5.

[3] Tels que le contrat d'assurance, le contrat de travail ou encore les contrats de consommation.

[4] Le marché apparaît dans l'économie contemporaine comme l'outil de réalisation d'échanges économiques conformes à l'intérêt général : « *L'ordre public politique comprendrait désormais le marché, nouvelle institution cardinale, à côté de l'Etat, de l'individu et de la famille* », M.-M. MOHAMED SALAH, « Les transformations de l'ordre public économique vers un ordre public régulatoire ? », Mélanges en l'honneur de G. FARJAT, Éditions Frison-Roche, 1999, p. 261, §17.

[5] A. BRUNET et J.-C. OHLMANN, « Le droit de la concurrence, instrument de restauration de la libre volonté contractuelle », Mélanges A. RIEG, Éditions Bruylant, Bruxelles, 2000, p. 129 ; D. MAINGUY, « La place du droit de la concurrence dans le droit privé », Cah. dr. entr. n°3/2000, p.1, spéc. §9.

[6] C. LARROUMET, Droit civil, Tome III, Les obligations, Economica, 4è éd. Par J. FRANÇOIS, §130.

[7] A.-C. MULLER, *op. cit.*, n° 26, p. 24,

d'originalités conduisant ainsi à la rupture des relations entre les règles du droit du marché financier et celles du droit des contrats ?

81. Dès lors, notre recherche vise à déterminer si l'existence d'un cadre juridique spécifique, le marché, exerce une influence sur la conception traditionnelle du contrat. Il s'agit de déterminer si le droit du marché financier réglementé développe une philosophie particulière des rapports de l'obligation[1]. Afin de réaliser cet objectif, on a cherché surtout à surpasser les différences entre les systèmes juridiques tunisien et français en essayant d'unifier les solutions selon une approche synthétique.

82. L'analyse du fonctionnement du marché financier au regard des principes du droit des contrats permet de démontrer que cette institution repose juridiquement sur la notion de contrat. Il est vrai que le droit du marché financier organise en son sein les échanges économiques selon des procédures qui lui sont propres, mais il n'a pas remis en cause la notion de contrat. Afin de garantir son objectif premier, le bon fonctionnement du marché, le droit du marché financier ne remet nullement en cause le contrat en tant que vecteur juridique de l'échange économique, tout en imposant sa propre logique pour organiser les échanges.

83. En mettant l'opération de marché au centre de notre réflexion, et en cherchant les degrés de dépendance et de spécificité du droit du marché financier par rapport au droit des contrats, on a pu constater une certaine **adaptation** du droit du marché financier au droit des contrats au niveau de la formation de l'opération **(Première partie)**. Toutefois, avec la phase de l'exécution de l'opération, lorsqu'on s'est investi encore plus dans la sphère du marché, celui-ci a imposé sa logique ; on a pu constater donc une **rupture** de logique entre les deux branches de droit **(Seconde partie)**.

---

[1] *Ibid.*, n° 14, p. 18.

PARTIE I

L'ADAPTATION DU DROIT DU MARCHÉ FINANCIER AU DROIT DES CONTRATS DANS LA FORMATION DE L'OPÉRATION

84. Sur les marchés financiers, où se nouent quotidiennement des milliers de transactions, la formation des engagements, particulièrement de l'opération de marché, n'appelle, à première vue, que quelques remarques circonstanciées du fait que l'attention est généralement accordée à la phase de l'exécution des engagements, étroitement liée au souci de sécurité des transactions[1]. Toutefois, le souci de sécurité n'est pas absent dans la formation des engagements liés aux opérations de marché. Cette phase de formation ne doit pas être négligée en raison non seulement de sa grande importance pratique, comme le prouve le grand nombre de litiges portés devant les tribunaux, mais aussi de sa participation au bon fonctionnement du marché[2].

85. Les particularités de la formation de l'opération de marché seront relevées afin de déterminer dans quelle mesure le droit des contrats, d'origine conventionnelle, leur demeure applicable. Le marché financier réglementé, « lieu » de formation des obligations, conduit-il à soustraire ces obligations au droit commun des contrats ou bien ce dernier conserve-il sa vocation résiduelle ? La formation de l'opération de marché peut-elle être assimilée à la formation d'un contrat ? Il s'agit en fait d'estimer le degré d'éloignement du processus de formation de l'opération de marché avec celui d'un contrat conclu de gré à gré. Curieusement, notre étude a démontré que ce « degré d'éloignement » recherché est faible, sinon inexistant. Bien au contraire, il s'agit d'un rapprochement, convergence, voire adaptation[3] entre le droit du marché financier et le droit des contrats au niveau de la formation d l'opération, composée des phases de l'intermédiation et de la négociation.

86. La négociation représente le noyau dur du processus de formation de l'opération de marché. Sa nature juridique complexe a fait couler beaucoup d'encre[4]. L'étude de l'opération de marché nous a conduit à confirmer sa nature contractuelle **(Titre II)**. Étant donné que l'accès aux marchés financiers est réservé aux seuls professionnels[5] et qu'on ne peut prendre d'engagements sur ces marchés qu'en ayant recours à un intermédiaire en bourse[6], la phase de

---

[1] A.-C. MULLER, op. cit., p.33.

[2] *Ibid., loc. cit.*

[3] Au sens étymologique, « Adapter » provient du latin *apere* (lier, attacher), dont le participe passé *aptus* (apte) ajouté à la locution *ad* (à, vers) a donné le verbe *adaptare* (ajuster à, en vue de) [Rey, 2006]. Emprunté au latin au XIIIe siècle, « adapter » apparut au sens concret (appliquer), puis au figuré (mettre en accord avec quelque chose). En rhétorique, le terme exprime la convenance à une situation. Le terme « adaptation », utilisé tout au long de notre travail, est pris dans ce contexte. Il vise justement cette mise en accord du droit du marché financier avec le droit des contrats. Il désigne, dans le même sens, le rapprochement, la convergence, la compatibilité voire la possible articulation entre les deux branches de droit.

[4] Sans prétendre à l'exhaustivité, on peut citer, en droit tunisien, par exemple, Ch. MZOUGHI, La négociation des valeurs mobilières en droit tunisien (Essai sur l'évolution du droit des contrats), Raslen Edition, 2015, pp. 32 et s., et en droit français, A.-C. ROUAUD, *op. cit.*, n°44, pp. 33 et s.

[5] Les marchés financiers sont dits « *intermédiés* », F. PELTIER, Marchés financiers et droit commun, Banque éditeur, Paris, 1997, n° 44.

[6] En droit français, il s'agit d'un prestataire de services d'investissement.

négociation doit être précédée par une phase préalable, non moins importante, sans quoi elle ne peut aboutir ; il est question de la phase d'intermédiation. Obligatoire, cette intermédiation se caractérise par la diversité des contrats qui composent cette phase, participant ainsi à sa contractualisation **(Titre I).**

Titre I - La contractualisation de l'intermédiation

87. Etymologiquement, l'intermédiation est « *l'opération d'interposition d'une personne entre plusieurs autres personnes pour atteindre un résultat déterminé* »[1]. En droit du marché financier[2], c'est la « *prestation accomplie de façon habituelle et indépendante par un professionnel qui s'entremet à la demande d'un investisseur dans une opération sur les marchés financiers et portant sur un instrument financier* »[3]. C'est donc l'activité d'un intermédiaire qui met en rapport deux ou plusieurs personnes en vue de la conclusion d'une convention. Au sens juridique[4], un intermédiaire est celui qui accomplit une activité de service intervenant à l'initiative et sur la demande d'un client[5]. Sa mission de rapprochement fait qu'il est placé « entre deux » : entre son client et un tiers.

88. L'activité d'intermédiation est soumise aux règles d'ordre public du droit financier, à la fois pour protéger l'investisseur, et pour préserver l'intégrité du marché[6]. En effet, l'investisseur n'a pas un accès direct au marché financier, il ne peut y accéder que grâce à une autre personne professionnelle prestataire de services qui est l'intermédiaire de marché, appelé aussi « intermédiaire en bourse ».

89. Si on procède par raisonnement en termes d'activités, on s'aperçoit que l'intermédiaire en bourse met à la disposition de son client une panoplie de services[7]. Ces services sont, en effet, créateurs d'obligations[1] au sens de l'article premier du COC[2].

---

[1] J. BIGOT, « L'intermédiation en assurance : les nouvelles règles de jeu », J.C.P., éd., G. n°47, 22 novembre 2006, n°4, p.2153.

[2] L'intermédiation, dans ce sens, doit être distinguée des intermédiations bancaires au sens de la doctrine économique qui sont des modes de financement de l'économie et qui s'opposent au financement « direct » (ou encore « désintermédié »). V. par ex. H. GASTINEL et E. BERNARD, Les marchés boursiers dans le monde – Situation et évolutions, Préf. M. PRADA, Clefs économie, Montchrestien, 1996, p. 127 ; H. GASTINEL, « Le financement des entreprises en évolution », Banque, n° 567, fév. 1996, p.40.

[3] S. BONFILS, *op. cit.*, p.3et s.

[4] Pour une approche économique : A. BIENAYME, « Rapport introductif à l'atelier « intermédiation et concurrence » », in Intermédiation économique et concurrence, Rev. de la concurrence et de la consommation, n° 108, mars-avr. 1999, pp.5 et s.

[5] P. DELBECQUE, « Inventaire des mécanismes juridiques offerts par le droit pour encadrer l'activité économique d'intermédiaire », in Intermédiation économique et concurrence, op. cit. p.21.

[6] S. BONFILS, *op. cit.*, p.3.

[7] En droit tunisien, c'est l'article 56 de la loi du 14 novembre 1994 qui a énuméré les activités de l'intermédiaire en bourse. Il s'agit du conseil financier, du démarchage financier, de la gestion individuelle de portefeuilles, de la gestion de portefeuilles au profit d'organismes de placement collectif en valeurs mobilières, du placement de valeurs mobilières et de produits financiers, de la garantie de bonne fin d'émissions pour les entreprises publiques ou privées, de la contrepartie, de la tenue de marché et du portage d'actions. En droit français, les services se rattachant à l'intermédiation financière comprennent « la réception et la transmission d'ordres pour le compte de tiers », « l'exécution d'ordres pour le compte de tiers », « la gestion de

90. Considéré comme source volontaire de l'obligation ou comme principal acte juridique, le contrat joue sur le marché financier un rôle important. Etant donné que le contrat constitue le vecteur juridique traditionnel de circulation des richesses[3], la relation entre le droit du marché financier et le contrat de droit commun semble, donc, aller de soi tant les liens entre économie et contrat sont anciens. Dans ce même ordre d'idées, la phase d'intermédiation, qui débute le processus du marché, ne fait pas l'exception et se trouve dominée par le contrat, voire par « les contrats ». Il existe, en effet, une interdépendance économique entre les différents contrats qui concourent à réaliser une seule et même opération, qui est l'accès au marché pour la négociation des valeurs mobilières.

91. La contractualisation est un phénomène de plus en plus affirmé dans les différentes branches de droit, spécialement en droit des affaires[4]. Les impératifs de l'ouverture internationale et la nécessité pour les sociétés cotées d'évoluer dans un cadre juridique compétitif ont amené, depuis quelques années déjà, le renouveau du phénomène de la contractualisation [5]. Définie comme « *l'affranchissement, licite ou non, du modèle légal par le biais de conventions souples et multiformes* »[6], la contractualisation, malgré les limites tenant à l'ordre public[7], reste la conséquence inéluctable du « *regain de vigueur du libéralisme économique* »[8] et

---

portefeuille pour le compte de tiers » et « la conservation ou l'administration d'instruments financiers », S. BONFILS, *op. cit.*, p.4.

1 Classiquement, les sources des obligations sont soit volontaires tels que le contrat, l'acte unilatéral ou l'acte collectif, soit involontaires tels que les délits, les quasi-délits ou les quasi-contrats. Dans le domaine contractuel, c'est le consentement qui donne naissance à l'obligation, mais dans le domaine délictuel, c'est le dommage qui lui donne naissance. V. M. MAHFOUDH, La théorie générale de l'obligation, l'acte unilatéral, le contrat et la responsabilité civile (ouvrage en langue arabe), CEJJ, 2008, p.9.

2 Tableau d'ensemble des sources de l'obligation, l'article premier du COC prévoit que « *les obligations dérivent des conventions et autres déclarations de volonté, des quasi-contrats, des délits et des quasi-délits* ». Très archaïque, cet article a connu une forte critique de la part de la doctrine qui préfère plutôt présenter les sources de l'obligation en des faits juridiques ou des actes juridiques. V. M.-K. CHARFEDDINE, Droit civil, (ouvrage en langue arabe), Latrach édition, 2ème éd., 2017, n° 202, pp. 229 et s. ; M. MAHFOUDH, Introduction au Droit, La théorie générale, (ouvrage en langue arabe), Latrach édition, 2020, n° 18, pp. 26 et s. Dans ce cadre, l'article 1100 du Code civil français prévoit, depuis l'ordonnance du 10 février 2016, que « *les obligations naissent d'actes juridiques, de faits juridiques ou de l'autorité seule de la loi* ».

3 V. M. MAHFOUDH, Introduction au Droit (La théorie générale) (ouvrage en langue arabe), Latrach édition, 2020, n°221, p. 252.

4 A. OMRANE, « La théorie générale du contrat et le droit des sociétés », *in* Études juridiques n°26, Revue publiée par la Faculté de Droit de Sfax, 2021, p. 9.

5 *Ibid., loc. cit.*

6 S. PRAT, Les pactes d'actionnaires relatifs au transfert des valeurs mobilières, préf. A. VIANDIER, Litec, Paris, 1992, n°11, p. 6.

7 Y. GUYON, Les sociétés. Aménagements statutaires e conventions entre associés, 5ème éd., LGDJ, Paris, 2002, n°10, p. 26. V. sur l'ordre public en général, N. REKIK, L'ordre public et le contrat civil, Préface M. K. CHARFEDDINE, éd. Latrach, Tunis, 2015.

8 J.-P. BERTREL, « Liberté contractuelle et société, Essai d'une théorie de juste milieu en droit des sociétés », RTD com., 1996, p. 597.

un facteur de modernité[1], non seulement du droit des sociétés, mais également du droit du marché financier.

92. L'étude minutieuse de l'intermédiation par les outils du droit commun des contrats montre l'existence d'une diversité de contrats **(Chapitre premier)**. Cette approche analytique doit être suivie d'une autre approche synthétique qui montre que cette diversité constatée, source probable de complication, est bien rationalisée **(Chapitre deuxième).**

Chapitre I - La diversité des contrats d'intermédiation

93. Le caractère contractuel de la relation qui se noue entre l'investisseur et l'intermédiaire permet le recours au droit des contrats. En effet, si l'investisseur souhaite gérer directement son portefeuille, il conclut avec l'intermédiaire dans ce cas un contrat d'intermédiation de marché. Il est à noter que cet accès n'est pas suffisamment sécurisé puisque c'est l'investisseur qui prend lui-même le risque de ses décisions d'investissement ou de désinvestissement. Par contre, si l'investisseur ne possède pas les moyens pour bien gérer son portefeuille, faute de temps ou d'expérience, et s'il souhaite le gérer par un professionnel dûment agréé, il peut conclure avec l'intermédiaire un contrat d'intermédiation de gestion. Dans cette hypothèse, c'est un accès sécurisé, mais indirect, qui lui est offert par l'intermédiaire de gestion. L'accès au marché nécessite alors la conclusion de certains contrats **(Section I).**

94. Par ailleurs, et quelle que soit la nature de l'accès, indirect sécurisé ou direct moins sécurisé, l'investisseur ne peut pas conserver lui-même les valeurs mobilières, objet de l'opération, c'est pour cette raison qu'il se trouve obligé encore une fois de conclure un second contrat d'intermédiation avec un intermédiaire financier, mais qui a pour objet cette fois-ci la conservation des valeurs mobilières **(Section II).**

Section I - Les contrats d'intermédiation pour l'accès au marché

95. La relation entre l'intermédiaire en bourse et son client investisseur suppose la conclusion d'une convention d'ouverture de compte, puis d'une convention de gestion. Etant donné que ces deux contrats sont souvent liés et que la gestion de tout portefeuille peut être soit libre soit mandaté, on constate dans la pratique que les intermédiaires en bourse signent avec leurs clients dans un même acte soit une convention d'ouverture et de gestion libre d'un portefeuille titres, soit une convention d'ouverture et de gestion sous mandat d'un portefeuille titres. Le choix du client de l'un ou de l'autre de ces deux contrats varie selon le degré d'implication de ce dernier dans la gestion de son portefeuille[2]. De ce fait, lorsque le client s'estime suffisamment apte à gérer lui-même son portefeuille, il passe directement ses ordres de bourse à

---

[1] Ph. MARINI, *Rapport fait au nom de la commission des finances, du contrôle budgétaire et des comptes économiques de la Nation sur le projet de loi de modernisation des activités financières*, Doc. Sénat, Rapport, p. 65.

[2] CA Paris, 16 nov.2004, Juris-Data, n° 2004-261196.

l'intermédiaire. Il conclut avec lui un contrat d'intermédiation de marché lui permettant la transmission de ses ordres[1]. Le client peut ne pas vouloir ou pouvoir se préoccuper de la gestion de son portefeuille, il s'en décharge totalement sur un gestionnaire à qui il confie un mandat de gestion[2]. Tout en essayant de décortiquer ces deux contrats, on étudiera, dans un premier temps, le contrat d'intermédiation de marché qui permet un accès direct au marché, mais non sécurisé **(§ 1)** et dans un second temps le contrat d'intermédiation de gestion permettant un accès au marché, c'est vrai indirect, mais sécurisé tout de même **(§2)**.

§1- Le contrat d'intermédiation de marché, un accès direct mais non sécurisé

96. Investir en bourse ne peut se faire en direct par un particulier. Cela nécessite le recours à un professionnel, l'intermédiaire en bourse, seul habilité à négocier. La réalisation d'une opération, qu'elle soit d'achat ou de vente, s'effectue donc par la passation d'un ordre de bourse à l'intermédiaire choisi. Mais l'ordre de bourse n'est que la partie apparente de l'iceberg. Une convention d'ouverture de compte doit nécessairement avoir eu lieu entre l'intermédiaire et son client[3]. Cette convention se distingue des contrats dont elle permet l'application. Dès lors, la décortication du contrat d'intermédiation de marché montre que celui-ci passe par deux phases principales : une phase constitutive **(A)**, qu'on peut qualifier de contrat cadre et qui représente l'acte par lequel l'investisseur confie à l'intermédiaire une mission, celle de négocier des valeurs mobilières. La seconde phase est exécutive **(B)**, représentée par le contrat d'application qui est l'acte accompli par l'intermédiaire lorsqu'il remplit sa mission.

A. La phase constitutive : la convention d'ouverture de compte

97. L'intermédiaire en bourse doit ouvrir au moins un compte, pour chaque client, dans lequel il inscrit obligatoirement ses avoirs en espèces et en titres

---

[1] Du point de vue du prestataire de services d'investissement, le service concerné est la réception-transmission des ordres pour le compte de tiers, objet des articles L.321-1, 1° et D.321-1, 1° du Code monétaire et financier.

[2] Il n'est pas rare en pratique que les relations contractuelles évoluent dans le temps. Il est en effet possible de passer de la réception transmission d'ordres à une gestion individuelle sous mandat ou inversement, selon que le client se désintéresse ou, au contraire, souhaite s'impliquer activement dans la gestion de son portefeuille. Concrètement, ce changement se fait par la signature d'un avenant au contrat.

[3] Plusieurs articles posent l'obligation de la conclusion d'une convention d'ouverture de compte. Parmi ces articles, on peut citer l'art. 52 du décret n°99-2478 du 1er novembre 1999 portant statut des intermédiaires en bourse (tel que modifié et complété par le décret n° 2007-1678 du 05 juillet 2007), l'art.7al.1 du décret n° 2001-2728 du 20 novembre 2001, relatif aux conditions d'inscription des valeurs mobilières et aux intermédiaires agréés pour la tenue des comptes en valeurs mobilières (tel que modifié par le décret n°2005-3144 du 6 décembre 2005) et l'art. 8 de l'annexe à l'arrêté portant visa du Règlement du Conseil du Marché Financier relatif à la tenue et à l'administration des comptes en valeurs mobilières.

relatifs aux opérations qu'il conclut pour ledit client[1]. Evidemment, le compte n'est pas seulement un instrument. C'est aussi une convention qui se conclut, fonctionne et cesse dans des conditions particulières[2]. Les particularités de cette convention se manifestent surtout au niveau de sa formation **(1)** et de sa qualification **(2)**.

1. La formation de la convention d'ouverture de compte

98. L'ouverture d'un compte auprès d'un intermédiaire en bourse donne lieu, obligatoirement, à l'établissement d'une convention écrite destinée à fixer les grandes lignes de la relation entre l'intermédiaire et son client **(b)**. Mais, avant la conclusion de la convention d'ouverture de compte, l'intermédiaire en bourse doit procéder à certaines vérifications **(a)**.

a- Les vérifications effectuées par l'intermédiaire en bourse

99. En vertu de l'article 50 du statut de l'intermédiaire en bourse, et préalablement à l'ouverture du compte au nom d'une personne physique, l'intermédiaire en bourse doit vérifier l'identité et l'adresse de cette personne ainsi que sa capacité à s'engager. Lorsqu'il s'agit d'une personne morale, l'intermédiaire en bourse vérifie la validité des pouvoirs dont bénéficie son représentant légal ou la personne qu'elle délègue à cet effet. Pour le cas d'une personne incapable, l'intermédiaire est tenu de la même diligence, aussi bien envers le représenté que le représentant. En outre, ce dernier doit remettre tout document justificatif de sa qualité de représentant[3]. L'intermédiaire en bourse doit aussi, avant la conclusion du mandat, s'attacher à connaître la capacité financière de son client, de son expérience en matière bancaire et ses objectifs financiers[4].

100. Après avoir énoncé, dans son alinéa premier, l'obligation de conclure la convention d'ouverture de compte, l'article 7 du décret n° 2001-2728 du 20 novembre 2001, relatif aux conditions d'inscription des valeurs mobilières et aux intermédiaires agréés pour la tenue des comptes en valeurs mobilières, prévoit, dans son second alinéa, que les énonciations essentielles de cette convention sont fixées, selon le cas, par circulaire de la banque centrale de Tunisie ou par règlement du Conseil du Marché Financier.

101. Le conseil du marché financier est intervenu par une décision générale[5] qui a énuméré dans son article premier, de manière détaillée, toutes les

---

[1] Art. 49 du décret n°99-2478 du 1er novembre 1999 portant statut des intermédiaires en bourse.

[2] G. RIPERT et R. ROBLOT, Traité de droit commercial, *op. cit.*, n°2316 ; T. BONNEAU, *Droit bancaire*, 14ème éd., 2021, n°333 ; Ch. GAVALDA et J. STOUFFLET, Droit bancaire, LexisNexis, 9ème éd. 201, n°291-1 ; F. GRUA, Contrats de base de la pratique bancaire, Litec, 2001, n°111.

[3] Art. 50 al.4 du décret n°99-2478 du 1er novembre 1999 portant statut des intermédiaires en bourse.

[4] Art. 51 al.2 du décret précité.

[5] Il s'agit de la décision générale du conseil du marché financier n°5 du 24 avril 2000 relative aux mentions essentielles devant figurer dans le formulaire d'ouverture d'un compte auprès d'un intermédiaire en bourse (en application des articles 50 et 52 du statut des intermédiaires en bourse).

mentions nécessaires devant figurer dans le formulaire d'ouverture de compte[1]. Ce formulaire doit être rempli même lorsqu'il s'agit d'un compte ouvert au nom d'une personne incapable. Dans ce cas, les mêmes renseignements sont exigés aussi bien des représentants que des représentés.

102. Les informations contenues dans les formulaires doivent être tenues à jour. Ce formulaire vise d'une part, la protection des intérêts des clients à travers les renseignements fournis pour chaque intervenant. Et d'autre part, il vise la protection du marché financier contre toute manœuvre frauduleuse et tout comportement d'investisseurs qui sont de nature à porter atteinte au marché. Tout manquement de l'intermédiaire à cette obligation de vérification engage sa responsabilité pour le préjudice causé.

b- L'exigence de l'écrit

103. Dès l'entrée en relation de services d'investissement entre un client et son intermédiaire en bourse, l'écrit doit être toujours établi. Il apparait comme un formalisme[2] déterminant le cadre général de cette relation en vue de la réalisation d'une opération de marché. Quelle que soit la forme que pourrait avoir cette relation, le législateur exige l'établissement d'une convention écrite.

104. Selon l'article 52 du statut des intermédiaires en bourse, l'ouverture d'un compte auprès d'un intermédiaire en bourse donne lieu, obligatoirement, à l'établissement d'une convention écrite qui précise notamment les conditions d'utilisation de ce compte, les différents services auxquels il donne droit et les engagements réciproques des parties ainsi que les conditions générales pratiquées pour les opérations que l'intermédiaire en bourse propose à son client dans le cadre de ce compte[3]. L'article 7 du décret n° 2001-2728 du 20 novembre 2001 précité impose aussi dans son alinéa premier que « *toute ouverture de compte administré doit faire l'objet d'une convention conclue entre le propriétaire des valeurs mobilières et un intermédiaire agréé mandaté* ».

105. Bien que le mandat, selon les règles de droit commun, soit consensuel[4], il « *n'échappe pas au mouvement général du droit contemporain, qui connaît un regain du formalisme* »[5]. Ce mandat écrit, qui prend ordinairement la forme d'un acte type[6], vise d'abord l'information des deux parties contractantes et la garantie de leurs

---

[1] Selon l'article premier de cette décision, le formulaire d'ouverture de compte doit préciser certaines informations relatives surtout au titulaire du compte (nom, prénom, adresse…), au type de compte (gestion sous mandat ou libre) et aux objectifs de placements du client et son degré de connaissance en matière d'investissement.

[2] « *Le formalisme contractuel est l'ensemble des règles prescrites par un texte légal ou règlementaire qui, sous peine de sanction, déterminent la manière dont la volonté doit s'extérioriser* », H. JACQUEMIN, « La nullité comme sanction de l'inobservation du formalisme contractuel », in La nullité des contrats, Larcier, Bruxelles, 2006, n°1, p. 87.

[3] Cette exigence de l'écrit s'étend progressivement à l'ensemble du domaine des instruments financiers, V. H. De VAUPLANE et J.-P. BORNET, *op. cit.*, p. 860 ; G. RIPERT et R. ROBLOT, Traité de droit commercial, *op. cit.*, p.30.

[4] V. les arts. 1109 du COC et 1984 du Code civil français.

[5] Ph. PETEL, Le contrat de mandat, Dalloz, 1994, p. 38.

[6] M. DE JUGLART et B. IPPOLITO, Traité de droit commercial, T.7, Banques et Bourses, 3ème éd., par L.-M. MARTIN, Paris, Montchrestien, 1991, p. 605.

intérêts dans la relation à venir en évitant toute obscurité. Il vise plus généralement la sécurité du processus de l'opération de marché.

2- La qualification de la convention d'ouverture de compte

106. La relation entre l'investisseur et l'intermédiaire en bourse dans le cadre d'un contrat d'intermédiation de marché donne lieu à l'établissement d'un contrat, destiné à fixer les grandes lignes entre les parties, qu'on peut qualifier de « contrat-cadre »[1].

107. En droit français, l'expression « contrat-cadre », d'origine doctrinale et jurisprudentielle[2], figure désormais dans le Code civil, depuis l'ordonnance n° 2016-131 du 10 février 2016 *portant réforme du droit des contrats, du régime général et de la preuve des obligations*[3]. D'après l'article 1111 du Code civil, « *Le contrat cadre est un accord par lequel les parties conviennent des caractéristiques générales de leurs relations contractuelles futures* » et « *des contrats d'application en précisent les modalités d'exécution* ». Le contrat-cadre est donc un contrat qui fixe, comme son nom l'indique, le « cadre » de la conclusion des contrats futurs ainsi que leurs contrats d'application. Il appelle la conclusion des contrats d'application, en en fixant d'ores et déjà certaines conditions.

108. Le contrat-cadre est défini par la doctrine comme « *un contrat dont la réalisation de l'objet – pour laquelle les contractants se sont d'ores et déjà engagés – implique la conclusion, le plus souvent entre les même parties, de contrats d'application dont il fixe certaines modalités* »[4]. Plus simplement, il s'agit d'un contrat visant, « *par des modalités prévues à l'avance, la conclusion, éventuelle et rapide, des contrats d'application* »[5]. Le contrat cadre vise donc à définir les principales règles telles que la typologie des ordres de bourse, les modes de transmission des ordres de bourse, les commissions des intermédiaires en bourse (…), auxquelles seront soumis des accords à traiter rapidement dans le futur, appelés « contrats d'applications » ou « contrats d'exécutions » et auxquels de simples bons de commande ou ordre de

---

1 La convention de compte ne fait pas naître une obligation de livrer et de payer le prix mais une obligation de faire, donc elle répond parfaitement à la définition du contrat cadre, V. F.TERRÉ, P. SIMLER et Y. LEQUETTE, et F. CHÉNEDÉ, Droit civil, les obligations, 12ème éd., Paris, Dalloz, 2018, n° 194, p. 199.

2 Cass. Soc., 24 mars 1958, J.C.P., 1958, II, 10868, note J. CARBONNIER : La Chambre sociale de la Cour de cassation a défini le contrat cadre comme étant le : « *contrat par lequel les parties s'obligent ultérieurement à négocier un ou des contrats déterminés, contrats dont les éléments essentiels ne sont pas précisés dans la convention-cadre* ». Il laisse donc à d'autres contrats le soin de réaliser l'objectif des contractants. Lorsque l'on souligne que les éléments essentiels ne sont pas précisés dans la convention-cadre, cela concerne notamment le prix des contrats. En effet, après vingt ans de jurisprudence contraire, la Cour de cassation a décidé qu'il n'était pas de l'essence du contrat-cadre de déterminer le prix du contrat à négocier ultérieurement. V. sur ce point Cass. Ass. Plén., 1er décembre 1995, Bull. civ., n° 7.

3 Auparavant, elle figurait déjà à l'article L. 441-7 du code de commerce, disposition relative au processus des négociations commerciales entre fournisseurs et distributeurs.

4 F. POLLAUD-DULIAN et A. RONZANO, « Le contrat-cadre, par-delà les paradoxes », RTD com., 1996, n°25, p.192.

5 J. GATSI, Le contrat-cadre, préface M. BEHAR-TOUCHAIS, Paris, LGDJ, 1996, n°440, p.304.

services, fourniront, éventuellement leur support. Ce faisant, le contrat cadre organise par voie d'obligation de faire ou de ne pas faire les modalités de conclusion et surtout, le contenu de multiples contrats d'application à venir[1].

109. Le contrat-cadre qui prévoit les conditions d'*approvisionnements* à venir est un *contrat-cadre de distribution*[2]. Par ailleurs, le contrat-cadre, qui prévoit les conditions de prestations de services à venir, est un contrat-cadre de prestation de service. C'est le cas notamment des conventions d'ouverture de compte[3].

110. La qualification de contrat-cadre suppose dès lors l'existence de contrats d'application et, par conséquent, un échange de consentement postérieur à la conclusion du contrat-cadre. Ce principe de double consentement, considéré comme un « *élément catégorique* »[4] de la qualification, permet ainsi de distinguer le contrat-cadre des notions voisines dans lesquelles le consentement des contractants est simplement suivi d'actes d'exécutions[5]. Or, sans chercher à rattacher, a priori, le contrat d'application d'intermédiation de marché à un contrat nommé, les auteurs s'accordent généralement sur son caractère contractuel[6]. Comme tel, il suppose un échange de consentements, distinct de celui requis lors de la conclusion du contrat-cadre (principal). L'existence d'un double consentement justifie la qualification de contrat-cadre.

B- La phase exécutive : le contrat d'application : l'ordre de bourse

111. Traité comme un contrat d'application, l'ordre de bourse nécessite pour sa formation une offre **(1)** et une acceptation **(2).**

1. L'offre

112. L'offre de conclure un contrat d'application d'intermédiation de marché prend la forme de l'émission par l'investisseur d'un « ordre ». En réalité, le terme « ordre » connait deux acceptions. La première, largement adoptée par la doctrine[7], voit dans l' « ordre » tout le contrat d'application d'intermédiation de

---

[1] F. NAMMOUR, Droit et pratique de l'arbitrage interne et international, 2ème éd., Bruylant, Delta, LGDJ., n°228 et 230, p. 210 et 211.

[2] C'est le cas notamment des contrats de franchise et de concession. Dans la franchise, les « caractéristiques générales » de la relation figées dans le contrat-cadre concernent les conditions d'approvisionnement, les éventuelles exclusivités, le savoir-faire, le point de vente, le mode de détermination du prix, les modalités de certaines prestations, etc.

[3] C'est le cas aussi des contrats de maintenance et d'entretien. D'ailleurs, La relation entre l'intermédiaire en bourse et son client suppose au préalable la conclusion d'une convention de servies. Cette convention constitue la colonne vertébrale de l'ensemble des relations nées ou pouvant naître entre l'intermédiaire et son client. Sur les mentions obligatoires de cette convention, V. art. 314-59 RG AMF.

[4] J. GATSI, *op. cit.*, n°234, p.147.

[5] *Ibid.*, n°277, p.181.

[6] V. B. BELHADJ YAHIA, « La négociation des actions des sociétés anonymes » *(article en langue arabe)*, in. Cycle de formation à l'Institut Supérieur de Magistrature, 19 novembre 1999, p.9 ; L. RUET, « Ordres de bourse : définition et typologie », Dictionnaire Joly Bourse et Produits Financiers, n° 18, p. 2.

[7] G. RIPERT et R. ROBLOT, Traité de droit commercial, *op. cit.*, n° 1879, p. 83. ; T. BONNEAU et F. DRUMMOND, *op. cit.*, n° 798, p. 649. ; M. DE JUGLART et B. IPPOLITO, *op. cit.*, n° 714, p. 797.

marché. Tandis que la seconde acception, ici retenue, assimile l'« ordre », tout simplement, à l'offre de conclure un tel contrat.

113. L'article 89 du règlement général de la bourse des valeurs mobilières de Tunis définit l'ordre de bourse comme étant : « (…) *une instruction donnée par un client à un intermédiaire en bourse, ou initiée par ce dernier dans le cadre d'un mandat de gestion ou d'une activité de contrepartie, ou de tenue de marché* ». En donnant un ordre de bourse, l'investisseur émet une offre qui, une fois acceptée par l'intermédiaire, donne naissance à un contrat d'application d'intermédiation de marché.

114. En principe, les ordres de bourse sont confirmés par écrit, mais pour des raisons de rapidité et de commodité, ils sont habituellement donnés de façon non écrite[1]. En effet, en cas d'absence de précisions contraires dans le contrat cadre ou même en dépit de ces stipulations contractuelles, la jurisprudence française a consacré la possibilité pour l'investisseur de passer des ordres verbaux, soit directement[2], soit par téléphone[3]. La doctrine admet que les ordres de bourse peuvent être transmis par tous les moyens[4]. Actuellement, les moyens de transmettre un ordre se sont diversifiés au profit des nouvelles technologies. L'ordre passé par internet est de plus en plus fréquent.

115. L'ordre de bourse n'est pas un acte de commerce par nature, mais un acte civil qui devient toutefois commercial dès lors qu'il est conclu entre commerçants dans le but d'en retirer un profit [5] .Pour que le contrat d'application soit conclu entre le donneur d'ordre et l'intermédiaire en bourse, il est nécessaire que ce dernier accepte l'ordre adressé par son client. La question qui se pose ici est celle de savoir si l'intermédiaire en bourse est en mesure de refuser d'accepter un tel ordre.

2. L'acceptation

116. En principe, l'intermédiaire en bourse est dans l'obligation d'accepter les ordres de bourse, sinon, il risque d'engager sa responsabilité[6]. Cependant, dans certaines hypothèses, l'intermédiaire a le droit de refuser l'acceptation d'un tel ordre.

117. Le principe de l'obligation d'accepter l'offre de conclure un contrat d'application trouve sa justification dans l'existence du droit de recourir au marché. En effet, le bon fonctionnement d'un marché suppose le droit d'y

---

[1] P. BÉZARD, « Des problèmes de gestion de portefeuille », Banque et droit, janv.-fév., 1990, p.38.

[2] C.A. Paris, 12déc. 2003, *époux Blumenfeld c/ SA Banque Générale du Commerce*, Juri-Data n° 233818 ; Banque et Droit, mai-juin 2004, p. 28, obs. H. de Vauplane et J.-J. Daigre.

[3] C.A. Paris, 12 juill. 1993, *Crédit municipal de Paris c/ Société de bourse Patrice Wargny SA et M. Laurent Chapuis, Gaz. Pal.* 1993, 2ème sem. Somm. p. 589 ; TDI Paris, 1er mars 1990, RDBB n°19, mai-juin 1990, p. 128, n°5, obs. F. J. Crédot et Y. Gérard.

[4] G. RIPERT et R. ROBLOT, Traité de droit commercial, *op. cit.*, n° 1881, p.84.

[5] A.-D. MERVILLE, Droit des marchés financiers, Gualino éditeur, 4ème éd., 2018, p.122.

[6] G. RIPERT et R. ROBLOT, Traité de droit commercial, *op. cit.*, n° 1879, p.83 ; Paris, 1 fév. 2002, *Devico c/ Société de bourse Pinatton*, RJDA, 6/02, n° 645, p. 543 ; Bull. Joly Bourse 2002, §45, p. 211, note L. Ruet.

accéder. Le principe de liberté de recourir au marché est un principe fondamental sur lequel repose le droit du marché financier.

118. Comme l'accès au marché financier n'est pas direct, mais plutôt intermédié, le refus par l'intermédiaire d'accepter un ordre constitue un obstacle pour l'accès au marché. Si l'intermédiaire refuse d'accepter un ordre, c'est l'accès au marché qui se trouve interdit indirectement.

119. L'acceptation d'un ordre par l'intermédiaire peut être tacite ou expresse. Dans le premier cas, elle résulte du comportement de l'intermédiaire qui traite l'ordre qu'il vient de recevoir. Dans le second, l'acceptation est extériorisée par une parole ou, par exemple, par une mention s'inscrivant sur l'ordinateur de l'investisseur. Dès l'acceptation, les parties sont liées, jusqu'à liquidation. Toutefois, tout ordre produit dans le carnet d'ordres central peut être modifié ou annulé tant qu'il n'a pas été exécuté[1].

120. Les intermédiaires en bourse peuvent, et même doivent dans certains cas, empêcher l'accès au marché en refusant d'accepter un ordre. D'abord, l'intermédiaire en bourse peut refuser tout ordre n'émanant pas du titulaire du compte ou de son représentant dûment habilité[2]. Ensuite, le contrat d'intermédiation de marché est un contrat cadre, qui crée une obligation de faire, à la charge du débiteur qui s'engage à conclure des contrats d'application dans certaines conditions[3]. Cependant, les parties peuvent conclure un contrat cadre sans obligation de contracter. Dans ce cas, l'intermédiaire garde expressément la liberté de conclure le contrat d'application. Enfin, l'intermédiaire en bourse peut refuser d'accepter les ordres non réglementés. En effet, la détermination du contenu du contrat d'application d'intermédiation de marché fait l'objet d'une standardisation, afin d'éviter les difficultés d'interprétation et, de surcroit, en raison des contraintes informatiques[4]. Si

---

[1] V. en droit français les articles 4203/5 et 4304 des règles harmonisées de marché d'Euronext. En droit tunisien, cette règle est édictée par l'article 5.7 du règlement de parquet de la bourse de Tunis, arrêté par le conseil d'administration de la bourse du 26 novembre 2020, approuvé par le collège du conseil du marché financier réuni le 25 mars 2021.

[2] G. RIPERT et R. ROBLOT, Traité de droit commercial, *op. cit.*, n° 1879, p.83 ; Trib. com Paris, 7 janvier 2003 : Juris-Data n° 206426.

[3] S. BONFILS, *op. cit.*, n° 527, p.260.

[4] En droit tunisien, l'ordre de bourse doit obligatoirement prendre d'une de ces formes :

- **L'ordre à prix limité** : il s'agit d'un ordre assorti d'une limite chiffrée qui ne peut pas être dépassée. L'acheteur indique le prix maximal qu'il est prêt à payer et le vendeur le prix minimal en dessous duquel il n'est plus prêt à céder ses titres. Cet ordre est accepté durant les périodes d'accumulation des ordres et en phase de cotation en continu.
- **L'ordre au cours d'ouverture** : il s'agit d'un ordre qui ne comprend aucune limite de prix et qui n'est accepté qu'en période d'accumulation des ordres.
- **L'ordre à la meilleure limite** : il s'agit d'un ordre qui ne comprend aucune limite de prix et qui n'est accepté qu'en phase de cotation en continu.
- **L'ordre au marché** : il s'agit d'un ordre qui ne comprend aucune limite de prix et qui est accepté en phase d'accumulation d'ordres et en phase de cotation en continu.
- **L'ordre stop** : C'est un ordre d'achat ou de vente pour lequel le donneur d'ordre souhaite intervenir sur le marché dès que le cours de la valeur atteint sur le marché un niveau fixé au

l'intermédiaire en bourse accepte malgré tout un ordre dérogatoire, il doit le rendre compatible avec les règles de marché [1]. Or, cela augmente, incontestablement, les risques de contentieux. En effet, dès qu'il a accepté un ordre non réglementé, l'intermédiaire doit se conformer aux instructions reçues, sous peine d'engager sa responsabilité contractuelle[2].

121. L'intermédiaire en bourse peut refuser aussi les ordres en cas d'absence de couverture. De fait, l'intermédiaire doit exiger que ses clients fournissent la couverture. Dans ce contexte, l'article 59 du décret du 1er novembre 1999 prévoit que les intermédiaires « *sont réputés détenir les titres qu'ils vendent et les fonds nécessaires aux règlements des achats qu'ils effectuent sur le marché* ». L'exécution de l'ordre par l'intermédiaire est une présomption de la fourniture de la couverture. Ils peuvent ainsi refuser d'accepter des ordres qui créent un risque supérieur à la normale pour l'intermédiaire. Ils peuvent également refuser de traiter un ordre que lui transmet le donneur d'ordre sous forme orale[3].

122. Le contrat d'application sera, le plus souvent, qualifié soit de contrat de mandat, soit de contrat de commission[4]. Ce contrat échappe à tout formalisme, même probatoire[5]. Peu importe que l'investisseur soit commerçant et que l'acte soit commercial. Cette solution, fondée sur l'usage, est dérogatoire au principe de la preuve littérale. Les impératifs de rapidité et d'efficacité, inhérent au marché financier, justifient le régime d'exception.

§2- Le contrat d'intermédiation de gestion, un accès indirect, mais sécurisé

123. Le contrat d'intermédiation de gestion permet un accès au marché, c'est vrai indirect, mais sécurisé tout de même, étant donné que l'intermédiation de gestion correspond au service d'investissement de gestion de portefeuille pour le compte de tiers[6]. En effet, la gestion de portefeuille recouvre deux formes juridiques différentes : la gestion individuelle et la gestion collective. Celle-ci consiste en l'achat de parts d'organisme de placement collectif en valeurs mobilières (OPCVM), qui obéissent à des régimes particuliers et dérogatoires. Ce sont des structures qui ont pour vocation de gérer au sein de portefeuilles titres, divers produits financiers pour le compte d'épargnants qui souhaitent ne

---

préalable par lui-même et dénommé « prix de déclenchement ». Un ordre « stop » est recevable durant les périodes d'accumulation des ordres et en phase de cotation en continu.

1 B. GIZARD, « La détermination des cours en bourse de Paris », in Etude sur le cours de bourse, préface de J.F. THEODORE, Economica, 1997, p.32.

2 C.A. Paris, 7 janvier 1992, Dr. Soc., avril 1992, n° 97, p. 18, note H. HOVASSE.

3 M. VASSEUR, Droit des affaires, t. II, fasc. IV, Les valeurs mobilières, 1987-1988, Les cours de droit, p. 451.

4 V. M. AL MASRI, L'intervention de la banque intermédiaire financier en vue de l'introduction en bourse et de la négociation, Thèse de doctorat en droit privé, Université de Panthéon-Sorbonne, Paris I, 2010, p. 246 et s.

5 S. BONFILS, *op. cit.*, n° 531, p.262.

6 Ce service d'investissement relève, en droit européen, de la directive n° 2004/39/CE du Parlement et du Conseil du 21 avril 2004 relative aux marchés d'instruments financiers (dite directive MIF) et, en droit français, de l'article L.321-1, 4° du Code monétaire et financier.

pas investir à titre individuel directement en bourse, mais profiter de la diversification et du savoir-faire de gestionnaires professionnels. Cette gestion a l'avantage de décharger l'investisseur de la collecte d'informations, de l'analyse et du suivi par le recours à un professionnel. Les principaux types d'OPCVM sont les sociétés d'investissement à capital variable (SICAV) et les Fonds Communs de Placements (FCP)[1]. Ces OPCVM ne seront pas étudiés dans la mesure où la disparité des régimes ne présente pas d'intérêt dans la perspective suivie, d'autant plus, qu'en Tunisie, les actions SICAV ne se négocient pas en bourse. Elles sont achetées[2] et revendues[3] directement par le gestionnaire auprès d'agences bancaires et d'intermédiaires en bourse.

124. En revanche, la gestion individuelle de portefeuille, techniquement appelée gestion de portefeuille pour le compte de tiers, intéresse notre propos[4]. La notion de « gestion de portefeuille » est aujourd'hui consacrée par les textes, notamment par les articles 37 et suivant du statut des intermédiaires en bourse ainsi que les articles 19 et suivant de la loi n° 2005-96 du 18 octobre 2005 relative au renforcement de la sécurité des relations financières. L'article 19 de cette loi définit la gestion individuelle de portefeuille comme l'activité qui permet à un gestionnaire d'émettre des ordres d'achat et de vente portant sur des valeurs mobilières au nom et pour le compte de son client, et ce, en vertu d'un mandat écrit. Ce gestionnaire peut être un établissement de crédit[5], un

---

[1] La différence entre les SICAV et les FCP est essentiellement juridique. Le FCP n'a pas de personnalité morale, contrairement à la SICAV. Néanmoins, pour l'épargnant, cette différence n'est pas perceptible et n'a pas de conséquences tangibles. Une SICAV a pour objet de gérer un portefeuille de valeurs mobilières. Son capital, divisé en parts égales nommées « actions SICAV », représente la valeur de marché du portefeuille. De ce fait, la valeur des actions SICAV varie en fonction de l'évolution du marché et de la structure du portefeuille. Le gestionnaire de la SICAV est généralement un professionnel du marché : intermédiaire en bourse, banque ou société de gestion spécialisée agréée par le Conseil du Marché Financier (CMF). Tout comme la SICAV, la gestion du FCP est confiée à un professionnel, et ses actifs, à un dépositaire.

[2] On parle de « souscription ».

[3] On parle de « rachat ».

[4] Sur le mandat de gestion de portefeuille, V. Ch. LABASTIE-DAHDOUH, H. DAHDOUH, op. cit., n° 263, p. 149 et s. ; Ch. GAVALDA et J. STOUFFLET, *op. cit.*, p. 540. ; F. J.-CREDOT et P. BOUTEILLER, « La responsabilité des banques en matière de conservation, de gestion et de placement de valeurs mobilières », Banque, n° 484, Juin 1988, p. 617.

[5] L'article 20 de la loi n° 2005-96 du 18 octobre 2005 relative au renforcement de la sécurité des relations financières utilise l'expression « *établissement de crédit régis par la loi n° 2001-65 du 10 juillet 2001* ». Mais, cette loi n° 2001-65 du 10 juillet 2001 relative aux établissements de crédit, qui a succédée la loi n° 67-51 du 7 décembre 1967 réglementant la profession bancaire tel que modifiée par la loi n° 94-25 du 7 février 1994, n'est plus en vigueur. Elle a été abrogée par la loi n° 2016-48 du 11 juillet 2016, relative aux banques et aux établissements financiers. L'expression « *établissement de crédit* » désignait, sous l'empire de la loi de 2001, aussi bien les établissements financiers (les sociétés de leasing et de factoring) que les banques. La nouvelle loi de 2016, tout en écartant l'expression « *établissement de crédit* », distingue désormais entre les banques et les établissements financiers (qui englobe les banques d'affaires ainsi que les sociétés de leasing et de factoring). Donc, par « établissements de crédit », on entend, tout simplement « banques ». D'ailleurs, la loi de 2016 a introduit parmi les opérations liées aux opérations

intermédiaire en bourse[1] ou une société de gestion[2]. En droit français, la gestion de portefeuille est définie par la directive 2004/39/CE, dite directive Mifid, comme étant : « *la gestion discrétionnaire et individualisée de portefeuilles incluant un ou plusieurs instruments financiers, dans le cadre d'un mandat donné par le client* »[3].

125. Consciente de l'importance de cette notion, la doctrine a essayé de s'investir encore plus dans la recherche d'une définition plus précise. Ainsi, selon le professeur Philippe BOURIN, gérer un portefeuille, c'est *« porter en permanence sur l'ensemble des actifs mobiliers qui le composent un regard vigilant qui doit nécessairement conduire le gestionnaire, du fait de l'évolution des marchés et compte tenu d'une stratégie bien déterminée, à les céder tour à tour à un moment qu'il juge opportun, et à en réinvestir le produit, en principe immédiatement, dans une optique de rendement ou de plus-value »*[4].

126. Il est utile de rappeler à ce niveau que la gestion individuelle de portefeuille peut être soit une gestion libre soit une gestion sous mandat. La gestion libre[5], dite aussi directe ou concertée, permet au client investisseur de décider lui-même des valeurs à vendre ou à acheter, des quantités à engager, du moment et du prix d'achat et de vente. La décision de l'investisseur est formalisée par des ordres d'achat et de vente passés à l'intermédiaire en bourse ou à sa banque. Ces derniers étant de simples exécutants des décisions de l'investisseur. La gestion libre de portefeuille nécessite de très bonnes connaissances sur les sociétés cotées, les valeurs et la conjoncture économique. La gestion sous mandat, dite aussi discrétionnaire, consiste en une délégation de

---

bancaires, pouvant être exercé par les banques, la gestion de patrimoine et des actifs (art. 4 in fine) dissipant ainsi toute hésitation sur la possibilité pour les banques d'exercer l'activité de gestion de portefeuille. Les banquiers, disposant des fonds de leur clientèle en dépôt, sont les mieux placées pour conseiller et assister leurs clients dans la gestion de leur patrimoine et actifs. La pratique bancaire autorise les banques à gérer le portefeuille en valeurs mobilières de leur clientèle, et enseigne que les banques se limitent généralement à assister leur clientèle dans la gestion de leur portefeuille de valeurs mobilières à l'exclusion de tous les autres biens mobiliers et immobiliers composant le patrimoine des clients. V. en ce sens, M. KOSSENTINI, Cours de droit bancaire pour les étudiants de la 1ère année mastère de recherche en droit privé, 2021-2022, pp.202 et s. ; Ch. MZOUGHI, *op. cit.*, n° 67, p.70.

[1] Qui est régi par la loi n° 94-117 du 14 novembre 1994 portant réorganisation du marché financier et par le statut des intermédiaires en bourse.

[2] Les sociétés de gestion sont des sociétés anonymes ayant pour objet la gestion de portefeuilles de valeurs mobilières pour le compte de tiers.

[3] Art. 4 Point 1. 9) de la Directive 2004/39/CE du Parlement européen et du Conseil du 21 avril 2004 concernant les marchés d'instruments financiers, modifiant les directives 85/611/CEE et 93/6/CEE du Conseil et la directive 2000/12/CE du Parlement européen et du Conseil et abrogeant la directive 93/22/CEE du Conseil, J.O.C.E. L. 145 du 30 avril 2004, p. 1. L'article D.321-1, 4° du Code monétaire et financier a presque adopté la même définition. Il prévoit que la gestion de portefeuille pour le compte de tiers consiste dans le fait « *de gérer, de façon discrétionnaire et individualisée, des portefeuilles incluant un ou plusieurs instruments financiers dans le cadre d'un mandat donné par un tiers* ».

[4] Ph. BOURIN, La gestion de portefeuille, Anthémis, 2009, p.10.

[5] Le terme « gestion » est source d'ambiguïté ici, car il ne s'agit ni d'une gestion de portefeuille pour le compte de tiers au regard des services d'investissement, ni d'un contrat de mandat sur le plan contractuel.

la charge de gestion de son portefeuille à un professionnel, intermédiaire en bourse ou banquier. Le client dans ce cas confère au professionnel la gestion discrétionnaire de son portefeuille ; il lui en abandonne en quelque sorte son sort[1]. Il le laisse agir « à sa discrétion », l'autorisant, de la sorte, à effectuer, certes dans le cadre d'une stratégie prédéterminée en commun, toutes les opérations que le gestionnaire jugera opportun afin d'atteindre les objectifs qu'il lui a assignés[2]. Basé sur une gestion libre ou mandatée, le contrat de gestion de portefeuille suscite quelques approfondissements s'agissant de sa formation **(A)** et de sa qualification **(B)**.

A- La formation du contrat de gestion de portefeuille

127. La formation du contrat de mandat de gestion de portefeuille exige le respect de conditions de fond et de forme. Les conditions de forme se résument dans l'exigence de l'écrit dans les conventions de gestion de portefeuille conformément aux articles 56 *infine* de la loi du 14 novembre 1994, 19 de la loi du 18 octobre 2005et 39 al.1 du décret du 1er novembre 1999 susmentionné. Les conditions de fond concernent soit les parties à la convention **(1)**, soit son objet **(2)**.

1. Les conditions relatives aux parties

128. Les conditions relatives aux parties touchent principalement leur capacité **(a)** et leur consentement **(b)**.

a- La capacité

129. Le gestionnaire de portefeuille doit avoir obtenu l'agrément pour la gestion de portefeuille pour le compte de tiers. En droit tunisien, concernant les intermédiaires en bourse et les sociétés de gestion, cet agrément est délivré par le Conseil du marché financier (CMF)[3]. S'agissant des banques, l'agrément est accordé par une décision de la commission d'agrément, commission nouvellement créée par la loi n° 2016-48 du 11 juillet 2016, relative aux banques et aux établissements financiers[4]. En droit français, les sociétés de gestion de portefeuille obtiennent leurs agréments auprès de l'autorité du marché financier

---

[1] Faute de temps nécessaire et de compétence requise à cette fin, ou par crainte de se perdre dans les subtilités techniques des transactions boursières, certains clients investisseurs préfèrent recourir au mandat de gestion de portefeuille en confiant une telle gestion à un intermédiaire habilité, sachant, par ailleurs, que l'épargnant garde toujours la possibilité de passer les ordres à son gestionnaire.

[2] Pour plus de développements sur ce type de gestion, voir M. KETATA, Droit du marché financier et droit des contrats, thèse de doctorat en droit privé, Université Paris Panthéon Assas et Université de Sfax, 2022, p. 83.

[3] Quant aux intermédiaires en bourse, voir les articles de 1 à 28 du décret n°99-2478 du 1er novembre 1999 portant statut des intermédiaires en bourse, objet du chapitre premier intitulé « De l'agrément des intermédiaires en bourse ». Concernant les sociétés de gestion, voir l'article 23 de la loi n° 2005-96 du 18 octobre 2005relative au renforcement de la sécurité des relations financières.

[4] JORT n° 58, du 15 juillet 2016, p. 2195. V. surtout les articles de 24 à 33 de cette loi, objet du titre 3 intitulé « De l'agrément pour l'exercice des opérations bancaires ».

(AMF)[1]. Pour les autres prestataires de services d'investissement, l'agrément est délivré par l'autorité de contrôle prudentiel et de résolution (ACPR), mais le programme d'activité de gestion de portefeuille pour le compte de tiers est approuvé par l'AMF[2].

130. De son côté, le client doit remplir les conditions de capacité de droit commun[3]. S'il s'agit d'un client représenté, comme par exemple une personne morale, le représentant doit en outre avoir le pouvoir d'engager son mandant. L'intermédiaire doit vérifier, dans ce cas, la validité des pouvoirs dont bénéficie le représentant légal de cette personne morale[4].

b- Le consentement

131. Le consentement du client doit non seulement exister, mais aussi être exempt de tout vice et surtout éclairé. La théorie des vices du consentement trouve ici un champ d'application. Ainsi, le dol a été soulevé, en jurisprudence française, par des clients qui estimaient avoir été trompés sur l'objectif de gestion en n'ayant pas été suffisamment informés. Ce défaut d'information a été considéré comme ne suffisant pas à caractériser le dol par réticence, faute de preuve du caractère intentionnel et d'une erreur déterminante provoquée par celui-ci[5].

132. Afin de garantir un consentement éclairé de l'investisseur, le législateur a exigé une obligation d'information à la charge du gestionnaire. En effet, le droit commun des contrats tend à imposer une obligation d'information, de renseignement ou de conseil lorsque les parties sont d'une inégale compétence ou chaque fois que l'une d'elles se fie à l'autre dans un domaine où elle est elle-même normalement incompétente[6]. Dans ces conditions, on conçoit qu'une telle obligation pèse aussi sur les intermédiaires en bourse, notamment en matière de gestion de portefeuille.

133. Dans un contrat d'intermédiation de gestion, le gestionnaire est tenu d'informer l'investisseur, non seulement des services qu'il propose, mais aussi

---

[1] V. l'article L. 532-9 du code monétaire et financier ainsi que les articles 316-3, 316-4 et 316-5 du Règ. gén. AMF.

[2] V. l'article L. 532-1 du code monétaire et financier.

[3] V. art. 50 al.1er du décret n°99-2478 du 1er novembre 1999 portant statut des intermédiaires en bourse. V. en droit français, l'art. 314-4-1 du règlement général de l'AMF qui impose au prestataire de « *recueillir les informations utiles relatives (…) à la capacité juridique de tout nouveau client* ».

[4] V. art. 50 al.2 du décret n°99-2478 du 1er novembre 1999 portant statut des intermédiaires en bourse. V. en droit français, Inst. AMF, n° 2008-03, 8 fév. 2008, art. 52.

[5] CA Paris, 21 déc. 2007 : Juris-Data n° 2007-357052 ; CA Rennes, 23 oct. 2008 : Juris-Data n° 2008-005000.

[6] L'exigence d'information dans les relations contractuelles a été consacrée, en droit tunisien dans le C.O.C. et dans des textes spéciaux. En droit commun, la trace de l'obligation d'information peut être trouvée, dans l'art. 56 du C.O.C. V. sur cette question N. REKIK, L'ordre public et le contrat civil, Thèse pour le doctorat d'État en droit privé, Université Tunis El Manar, Faculté de droit et des sciences politiques de Tunis, 2003-2004, n° 431, pp. 380 et s. Elle peut être trouvée aussi dans les arts. 88 et 89 du C.O.C. Sur les multiples textes spéciaux qui consacrent l'obligation d'information, V. M. KETATA, Droit du marché financier et droit des contrats, thèse de doctorat en droit privé, Université Paris Panthéon Assas et Université de Sfax, 2022, p. 86.

des risques encourus[1] et des orientations assignées à la gestion[2]. Aussi diversifiée que soit sa clientèle, le gestionnaire doit veiller à ce que l'information qu'il donne soit adaptée à tous ses clients, quel que soit le niveau intellectuel de chacun, sa compétence et ses connaissances en matière financière. Le gestionnaire doit veiller à ce que sa documentation publicitaire et contractuelle soit compréhensible par le plus grand nombre, avec un souci particulier de pédagogie à l'intention des clients profanes[3]. Il est soumis à une obligation de résultat et il lui appartient de rapporter la preuve de l'accomplissement de cette obligation[4].

134. Soumis à une obligation d'information, le gestionnaire doit éclairer son client sur les particularités des stratégies qu'il propose et qui sont susceptibles de répondre aux attentes de son client. Il se doit d'être « objectif ». Parallèlement, le gestionnaire est soumis à une obligation de conseil[5]. Le conseil se différencie de l'information en ce qu'il ajoute, au-delà des renseignements objectifs, que le professionnel se doit, en tout état de cause, de fournir à son client, une touche « subjective » qui le conduit à l'orienter dans le choix de la stratégie d'investissement qui répond mieux à sa situation personnelle et à ses objectifs. Le gestionnaire doit orienter son client vers la stratégie d'investissement la plus appropriée au regard de sa situation financière, de son appétence pour le risque et de ses objectifs particuliers. D'ailleurs, l'article 51du décret n° 99-2478 du 1er novembre 1999 portant statut des intermédiaires en bourse, oblige l'intermédiaire, à la lumière des conclusions qu'il tire des renseignements fournis par son client, de classer ses clients en trois catégories : client prudent, client acceptant un risque modéré et client acceptant le haut risque dans ses placements. Évidemment, c'est afin de le conseiller au mieux qu'il se doit d'en déterminer le profil.

135. Certains législateurs, luxembourgeois notamment, mettent à la charge de l'intermédiaire, outre l'obligation d'information et de conseil, une obligation

---

[1] V. les arts. 21 de la loi n° 2005-96 du 18 octobre 2005 relative au renforcement de la sécurité des relations financières et 51 al.1erdu décret n°99-2478 du 1er novembre 1999 portant statut des intermédiaires en bourse.

[2] Art. 39 al.4 du décret n°99-2478 du 1er novembre 1999 portant statut des intermédiaires en bourse.

[3] Pour une critique de la distinction classique entre l'investisseur averti et l'investisseur profane, V. T. BONNEAU, *Droit bancaire, op. cit.,* n°759, qui prévoit que cette distinction « *devrait s'effacer face à la distinction effectuée par le code monétaire et financier qui oppose, conformément au droit communautaire, le client professionnel au client non professionnel* ».

[4] CA Paris, 25 mai 2007, Juris-Data, n° 2007-340909. **Contra.** A. SCHMITT et E. OMES, in « Chronique de droit bancaire et financier 2006 (Luxembourg) », *Forum financier/ Droit bancaire et financier,* 2007/VI, Bruxelles, Larcier, n°378, pour qui 'intermédiaire n'est tenu qu'à une obligation de moyens.

[5] Le devoir de conseil peut être déduit implicitement, en droit tunisien, de l'article 51 in fine du décret n°99-2478 du 1er novembre 1999 portant statut des intermédiaires en bourse, qui prévoit que « *(...) toute opération exécutée à la demande d'un client, malgré les conseils contraires de son intermédiaire en bourse, doit faire l'objet de la mention "opération sollicitée par le client"...* ».

de mise en garde contre les risques inhérents à certaines stratégies[1]. Il doit « altérer » son client dès l'instant où il a de bonnes raisons de penser que celui-ci s'oriente vers un choix qui ne lui paraît pas compatible avec son profil. Cette obligation de mise en garde, qui forme un tout avec les autres informations à fournir au client, lui permet de prendre ses décisions en connaissance de cause.

2. L'objet

136. Le contrat de mandat de gestion a pour objet la gestion, d'une manière discrétionnaire et individualisée, des portefeuilles comportant une ou plusieurs valeurs mobilières[2]. Cette gestion doit être réalisée conformément aux objectifs prédéfinis dans le contrat[3]. Le gestionnaire doit en effet informer son client sur les objectifs de gestion, ainsi que sur les valeurs mobilières utilisées pour atteindre cet objectif. Les objectifs de gestion constituent d'ailleurs une mention obligatoire du mandat de gestion[4].

137. Le portefeuille géré se compose d'un certain nombre de valeurs mobilières, mais il ne peut pas être envisagé comme une simple addition de valeurs mobilières. Il s'agit d'un bien unique, d'une universalité. Depuis que le Professeur Paul DIDIER a lancé l'idée[5], cette question a divisé la doctrine[6]. Selon la définition donnée par le Doyen CARBONNIER, une universalité est « *un ensemble de bien formant un tout* »[7]. L'universalité de fait se distingue de l'universalité de droit en ce qu'elle ne constitue qu'un ensemble de biens et non pas un ensemble de biens et de dettes comportant « un passif en même temps qu'un actif, tous deux en réciproque dépendance »[8]. Par conséquent, le portefeuille géré constitue bien une universalité de fait.

---

[1] Art. 37-3(3)2ème tiret de la loi relative au secteur financier au Luxembourg dispose que les établissements de crédit et les entreprises d'investissement doivent communiquer à leurs clients des informations appropriées sur « … *les stratégies d'investissement proposées, ce qui doit inclure des orientations et des avertissements appropriés sur les risques inhérents à (…) certaines stratégies d'investissement* ».

[2] Art. 39 du décret n°99-2478 du 1er novembre 1999portant statut des intermédiaires en bourse. V. en droit français, l'art. D. 321-1, 4° du C. mon. fin.

[3] Ces objectifs sont généralement classés en trois grandes catégories : « prudent », « modéré » ou « à risque élevé », V. art. 51 du décret n°99-2478 du 1er novembre 1999 portant statut des intermédiaires en bourse.

[4] Art. 39 al.4 du décret n°99-2478 du 1er novembre 1999 portant statut des intermédiaires en bourse. V. en droit français : art. 314-41, 4° du Règl. gén. AMF.

[5] P. DIDIER, note sous Civ. 1re, 4 avr. 1991, *Illel c/ Mme Arie*, Rev. soc. 1991, p. 737.

[6] Pour les auteurs favorables à qualifier le portefeuille d'universalité : J.-P. BORNET et H. DE VAUPLANE, « Réflexions pour une approche globale des opérations de marché », RDBB n°46, nov.-déc. 1994, p.248-251 ; D. FIORINA, « L'usufruit d'un portefeuille de valeurs mobilières », RTD civ., 1995, p.43-67 ; D. R. MARTIN, « Du portefeuille de valeurs mobilières considéré comme une universalité de fait », La vie judiciaire, 10-16 fév. 1992, n°2392, p.3-4 ; F. ZANETI, obs. sous Civ. 1e, 2 juin 1993, RTD civ., 1995, p. 395-397. Pour des réserves : R. LIBCHABER, « Le portefeuille de valeurs mobilières : bien unique ou pluralité de biens », Defrénois, 1997, art.36464, p.65-85 ; P. DIDIER, note sous 1e Civ., 4 avr. 1991, Rev. soc., 1991, pp. 737-741.

[7] J. CARBONNIER, Droit civil, t.3, Les biens, PUF, 19ème éd., 2000, n°62, p.111.

[8] *Ibid, op. cit.* n°62, p. 113.

138. Le gestionnaire construira le portefeuille tout en cherchant l'équilibre souhaité entre le risque et le rendement. Par ailleurs, le gestionnaire a une liberté d'action qui lui permet de conclure des actes juridiques sans avoir à solliciter à chaque fois l'accord préalable de l'investisseur. Or, si la gestion d'un bien ne comporte pas, en principe, le droit d'en disposer, la gestion de portefeuille permet, par définition, au gestionnaire, non seulement d'administrer, mais aussi de disposer des valeurs mobilières qui composent le portefeuille. De ce fait, la gestion de portefeuille ne se limite pas aux seuls actes d'administration [1], mais elle englobe les actes de disposition, comme, par exemple, les opérations de « vente » et d' « achat » de valeurs mobilières.

139. Les mobiles du client, à savoir le but poursuivi par la gestion de leur portefeuille, sont divers, mais il est fait obligation au gestionnaire d'en tenir compte, afin de proposer un mandat adapté aux attentes et à la situation du client[2]. Il est fait référence aux objectifs de l'investissement. Cette dernière notion peut être entendu, soit de manière restrictive en relation directe avec le portefeuille investi, à savoir garantir la protection du capital, enregistrer un revenu constant, rechercher une croissance dynamique(...), soit de manière extensive, renvoyant ainsi à des motifs plus lointains comme la préparation de la retraite, la constitution d'un complément de revenu, le financement d'un projet immobilier(...).

B- La qualification juridique du contrat de gestion de portefeuille

140. Les textes affirment que la gestion discrétionnaire de portefeuille repose juridiquement sur un contrat de mandat. Cette position est retenue par le législateur tunisien[3] ainsi que les législateurs du droit comparé[4]. En dépit de

---

[1] L'acte d'administration, appelé aussi « acte de gestion », est défini comme l'« *acte d'exploitation légale, normale et raisonnable, accompli avec le consentement du propriétaire du patrimoine administré, donné préalablement ou postérieurement à son accomplissement* », R. VERDOT, La notion d'acte d'administration en droit privé français, préface de Pierre KAYSER, LGDJ, 1963, n°367, p. 266. Dès lors, chaque fois que les actes accomplis dans le cadre de la gestion de portefeuille remplissent les conditions de normalité et de rationalité, alors ces actes sont des actes d'administration.

[2] V. en droit tunisien l'art. 21 de la loi n° 2005-96 du 18 octobre 2005 relative au renforcement de la sécurité des relations financières, et en droit français, les arts. 314-44 du Règl. gén. AMF et L. 533-13, I, du C. mon. fin.

[3] Voir à titre d'exemple les articles 96 al.4 du RGBVMT, 39 al.1 du statut des intermédiaires en bourse et 19 de la loi n° 2005-96 du 18 octobre 2005 relative au renforcement de la sécurité des relations financières.

[4] V. à titre d'exemple l'article D321-1 §4 du Code monétaire et financier français. V. également pour la Belgique l'article 46 8°) de la loi du 6 avril 1995 relative au statut et au contrôle des entreprises d'investissement, dans sa version modifiée par l'arrêté royal du 27 avril 2007, visant à transposer la directive européenne concernant les marchés d'instrument financiers. La gestion de portefeuille est ainsi définie comme : « *la gestion discrétionnaire et individualisée de portefeuilles incluant un ou plusieurs instruments financiers, dans le cadre d'un mandat donné par le client* ». En droit suisse, les relations contractuelles de gestion de fortune sont également basées sur le mandat (art. 394 et s. du Code des obligations, consultable sur le site www.admin.ch). Bien que sa législation ne soit dérivée du droit communautaire, même si elle s'en inspire, la Principauté de Monaco retient également l'instrument du mandat pour qualifier la relation entre le client et son gestionnaire : V. les arts. 16 à 21 de l'ordonnance souveraine n° 1.284 du 10 septembre 2007,

cette affirmation législative, un débat subsiste encore en doctrine sur la véritable nature juridique de ce contrat. Cherchant à affiner davantage la qualification du contrat de gestion de portefeuille, certains ont vocalisé leurs analyses autours du contrat d'entreprise **(1)**, d'autres, tout en restant dans la logique de la représentation, ont pensé au contrat de commission **(2)**.

1. Un contrat de mandat ou un contrat d'entreprise

141. Un premier courant doctrinal, tout en rejoignant la position législative, défend la qualification de mandat[1] et affirme que le gestionnaire est un mandataire qui exécute sa mission et rend compte à son mandant conformément au droit civil[2]. Le fait que c'est la loi qui impose à l'investisseur de recourir à un intermédiaire n'affecte en rien sa qualification de mandat conventionnel, du moment que ce mandataire a été investi de son pouvoir par l'investisseur[3].

142. Un second courant doctrinal doute de la qualification du contrat de mandat et propose d'autres qualifications. Ainsi, certains auteurs n'hésitent pas à intégrer la gestion de portefeuille dans une nouvelle classification, majeure et autonome, celle du « contrat de gestion »[4]. D'autres voient dans cette gestion un contrat d'entreprise[5], alors qu'un troisième groupe y voit un contrat mixte, alliant le contrat d'entreprise au mandat[6].

---

portant application de la loi n° 1.338 du 7 septembre 2007 sur les activités financières, *Journal de Monaco*, n° 7825 du 14 septembre 2007.

[1] Le mandat est défini selon l'article 1104 du COC comme étant : « *(…) un contrat par lequel une personne charge une autre d'accomplir un acte licite pour le compte du commettant. Le mandat peut être donné aussi dans l'intérêt du mandant et du mandataire, ou dans celui du mandant et d'un tiers, et même exclusivement dans l'intérêt d'un tiers* ».

[2] J. VEZIAN, La responsabilité du banquier en droit privé français, 3ème éd., 1983, Paris, Litec, n° 336 ; M. STORK, J.-CL. Banque – Crédit – Bourse, « Société de gestion de portefeuille – Agrément – Mandats de gestion de portefeuille », fasc. 2210, n° 3 et 28.

[3] Sur le contrat de mandat, V. en droit Tunisien (en langue arabe), M. MAHFOUDH, Leçons sur le contrat, C.P.U., Tunis, 2021, 2ème éd., n°106 et s., p.129 et s. ; M.-K. CHARFEDDINE, Droit civil, La théorie générale - Les personnes - La preuve, Imprimerie Officielle, Tunis, 2002, n°212 et s., p.212 et s. ; K. KHARROUBI, Les contrats nommés : Le mandat – la vente – le bail, C.P.U., Tunis, 2007, n°11 et s., p.21 et s. V. en droit français, M. MEKKI, « Mandat. Définitions et caractères distinctifs », J.-CL. Civil, art. 1984 à 1990, fasc.10, n°1 à 5, p.3 et s. ; A. BENABENT, Droit civil, Les obligations, Montchrestien, Paris, 2001, 8ème éd., n°41, p.33 ; M. STORK, « Contrats et obligations, Représentation dans les actes juridique », J.-CL. Civil, art. 1119 ; Ch. LARROUMET, Droit civil, Les obligations, Le contrat, T.III, 5ème éd., Economica, Paris, 2003, n°153, p.135.

[4] P.-F. CUIF, Le contrat de gestion, 2004, Paris, Economica, préf. L. AYNES.

[5] F. COLLART-DUTILLEUL et P. DÉLEBECQUE, Contrats civils et commerciaux, Précis Dalloz, 2009, 9ème éd., n° 782-1 ; R. VERDOT, « Remarques sur le contrat dit de gestion de portefeuille », in Dix ans de droit de l'entreprise, Litec, 1978, p. 869 ; M. STORK, « L'activité de gestion de portefeuille » : RD bancaire et bourse sept.-oct. 1990, p.191.

[6] Ph. MALAURIE, L. AYNES et P.-Y. GAUTIER, Droit des contrats spéciaux, 11ème éd., Paris, LGDJ, 2020, Defrénois, n° 710.

143. Actuellement, le louage d'ouvrage[1] et le mandat ne se distinguent plus aussi radicalement. Les deux qualifications sont parfois compatibles et plusieurs traits communs sont à relever. D'abord, les deux contrats sont classés parmi les contrats de services[2], puisque le prestataire et le mandataire rendent tous deux un service. Le rapprochement est justifié ensuite par le fait que l'un et l'autre agissent à titre indépendant, sans être subordonné à celui pour lequel ils exécutent le travail convenu. Enfin, si le contrat de mandat peut être à titre gratuit, le plus souvent il est effectué en réalité à titre onéreux, tout comme le contrat d'entreprise. Toutefois, dans le mandat, il est d'usage de demander des honoraires et non pas une rémunération à proprement parler comme dans le louage d'ouvrage.

144. En revanche, la différence entre les deux contrats tient au contenu de la tâche assumée. En effet, le mandataire est un intermédiaire chargé d'accomplir des actes juridiques pour le compte de son client. Par contre, l'entrepreneur est chargé uniquement d'actes matériels ou intellectuels. Le critère de distinction entre les deux contrats est donc l'existence d'un pouvoir de représentation, qu'en principe, le prestataire dans un louage d'ouvrage ne se voit pas conféré[3], alors qu'il est de l'essence de la mission du mandataire[4]. De ce fait, les partisans de la thèse du contrat mixte soutiennent leur position en s'appuyant sur le fait que le professionnel, dans le contrat de gestion de portefeuille, est conduit à effectuer, non seulement des actes juridiques notamment de disposition, mais aussi et surtout des prestations intellectuelles[5]. La prédominance d'un contrat sur l'autre, ou le caractère accessoire de l'un par rapport à l'autre, varie selon les auteurs[6].

---

1 Selon l'article 726 du COC, il y a deux types de contrats de louage, celui des choses (qui est le contrat de bail, objet des articles 727 à 827 du COC), et celui des personnes qui englobe le louage de services (qui est le contrat de travail, objet des articles 853 à 865 du COC et des dispositions spécifiques du Code du travail) et le louage d'ouvrage (appelé aussi le contrat d'entreprise et régit par les articles de 866 à 887 du COC). Ainsi, le contrat d'entreprise est défini, en droit tunisien, à travers l'article 828 du COC comme étant le louage d'ouvrage « *par lequel une personne s'engage à exécuter un ouvrage déterminé, moyennant un prix que l'autre partie s'engage à lui payer* ». Voir à propos du contrat de louage d'ouvrage : J. HUET, Traité de droit civil, Les principaux contrats spéciaux, L.G.D.J., 1996, sous la direction de J. GHESTIN, n° 32101, p. 1115 et s. ;A. BENABENT, Droit des contrats spéciaux civils et commerciaux, *op. cit.*, n° 478 ; Ph. MALAURIE, L. AYNÈS et P.-Y. GAUTIER, *op. cit.*, n° 708, p. 407.

2 Par opposition aux contrats relatifs aux biens.

3 V. Civ., 1re, 19 fév. 1968, D., 1968. 393, JCP, 1968, II, 15490, RTD civ., 1968, 558, obs, G. CORNU, motifs : Les juges affirment dans cet arrêt que « *le contrat d'entreprise est la convention par laquelle une personne charge un entrepreneur d'exécuter, en toute indépendance, un ouvrage (et) qu'il en résulte que ce contrat, relatif à de simple actes matériels, ne confère à l'entrepreneur aucun pouvoir de représentation* ».

4 M. PLANIOL et G. RIPERT, Traité pratique de droit civil français, t. XI, Contrats civils, 2e partie, 2e éd. par A. Rouast, R. Savatier, J. Lepargneur et A. Besson, n°909 ; G. RIPERT et J. BOULANGER, Traité élémentaire de droit civil, t. I, Principes généraux, personnes, biens, Paris, LGDJ, par R. Picon et R. Durand-Auzias, 1950, n°2137.

5 D'ailleurs c'est ce qui distingue le contrat d'entreprise.

6 M.-D. WEINBERGER, Gestion de portefeuille et conseil en investissement, Aspects contractuels et de responsabilités avant et après Mifid, 2008, Bruxelles, Kluwer, n° 32-37 ; M.

145. Intéressant qu'il soit sur le plan conceptuel, ce découpage d'une même relation en deux réalités juridiques différentes, avec deux régimes difficilement compatibles, n'est pas sans poser de difficultés[1]. Mécontent des résultats obtenus par son gestionnaire, le client devrait-il l'assigner en qualité de mandataire ou sur la base de la responsabilité pour mauvaise exécution d'un contrat d'entreprise ? Cette mauvaise gestion serait-elle à imputer au mandataire pour les actes juridiques indûment passés ou à reprocher au prestataire pour une analyse défaillante des opportunités de placement ? Lequel d'entre eux est en fait tenu de cette obligation de moyens qui caractérise la gestion ? Autant de questions omises par la doctrine qui défend la thèse du contrat mixte.

146. Ce n'est pas sans fondement que le mandat est généralement retenu. Lorsqu'il confie son portefeuille en gestion, le client demande à son gestionnaire de se substituer à lui dans le choix des valeurs qui le composent, c'est-à-dire de procéder à tous les actes de disposition et d'administration qu'il juge appropriés, cédant ou achetant dans une optique ultime de rendement et surtout de plus-value. L'acte fondamental qui changera la composition du portefeuille est donc un acte juridique, essentiellement de vente ou d'achat. Ce n'est pas parce que le mandat exige du mandataire une certaine analyse que celle-ci lui est étrangère. Tout mandant attend de son mandataire qu'il agisse avec diligence. Certes, il y a des domaines, comme la gestion, où la réflexion constitue un préalable indispensable. Elle lui est intrinsèque et ne relève pas d'une autre relation contractuelle.

2. Le contrat de mandat et le contrat de commission

147. Jusqu'à ce stade de raisonnement, il semble que la relation d'intermédiation répond parfaitement à la qualification du contrat de mandat. Mais, en passant ses ordres sur le marché, l'intermédiaire agit, c'est vrai, pour le compte de son client, mais en son propre nom, et non pas au nom de son client. Ainsi, il *« ne dissimule pas agir pour autrui mais ne dévoile pas l'identité du donneur d'ordre. Il serait même tenu à une obligation de secret »*[2]. C'est ce qui va diriger notre réflexion directement vers le contrat de commission[3].

FLAMÉE et Th. TILQUIN, « La gestion de fortune et le conseil en placement », Revue de la Banque, 10/1991, n° 56-57 ; B. FERON, « La responsabilité civile de l'intermédiaire financier en matière de gestion de fortune et de conseil en placement », in La responsabilité civile liée à l'information et au conseil, Questions d'actualité, 2000, Bruxelles, Publications des facultés universitaires Saint-Louis, p. 69.

[1] Sur la distinction entre contrat d'entreprise et contrat de mandat, V. DEEN GIBIRILA, J.-CL. Civil, « Louage d'ouvrage et d'industrie - Contrat d'entreprise », fasc. 40, n°23 et s. ; V. aussi DANIEL VEAUX, J.-CL. Civil, « Louage d'ouvrage et d'industrie – Diverses espèces de louages », fasc. 10, n° 18 et s.

[2] M. MEKKI, « Mandat. Définitions et caractères distinctifs », J.-CL. Civil, art. 1984 à 1990, fasc.10, n°16, p.10.

[3] V. en ce sens, M.-D. WEINBERGER, Gestion de portefeuille et conseil en investissement, Aspects contractuels et de responsabilités avant et après Mifid, Bruxelles, Kluwer, 2008,n° 33.

148. L'article 601 du CC[1] définit le contrat de commission comme étant : « *le mandat par lequel un commerçant reçoit pouvoir d'agir en son propre nom pour le compte de son mandant, dit commettant* ». En réalité, on n'a pas coupé avec le mandat. Seulement, on est passé de la représentation parfaite à la représentation imparfaite[2]. En effet, l'intermédiaire en bourse commissionnaire agit en son propre nom et pour le compte du client commettant. Alors que le mandataire donne un consentement pour le mandant qui est partie au contrat, le commissionnaire donne son propre consentement, il est lui-même partie au contrat, bien que ce contrat soit conclu pour un autre. Il conclut des contrats qui n'engagent pas le commettant à l'égard des tiers, c'est lui qui se trouve personnellement engagé[3]. On ne retrouve pas, alors, la transparence qui caractérise la représentation. Bien au contraire, le commissionnaire fait écran entre le commettant et le tiers contractant[4]. C'est pour cette raison qu'on parle d'une représentation imparfaite[5].

149. Le cocontractant d'un commissionnaire ne dispose d'aucune action contre le commettant. Cependant, ce dernier peut « *exercer directement contre les tiers toutes actions nées du contrat passé par le commissionnaire* »[6]. En droit français, la situation semble différente. Certains auteurs voudraient voir reconnaître au commettant le bénéfice d'une action directe contre le tiers[7]. Cette solution est contraire à la jurisprudence française traditionnelle et peu conforme à l'économie même du contrat de commission[8].

150. Tout compte fait, quel que soit la forme adoptée du contrat d'accès au marché, le passage par de multiples contrats s'avère nécessaire. Le contrat se présente ici comme un outil nécessaire, exclusif et indispensable permettant l'accès au marché. Ainsi, la contractualisation de la phase d'intermédiation conforte l'idée de l'adaptation du droit des contrats avec le droit du marché

---

[1] L'équivalent de l'art. 94 du Code de commerce français.

[2] Ph. PÉTEL, Le contrat de mandat, Dalloz, 1994, p. 13.

[3] Au début, de nombreuses décisions de la jurisprudence française évitaient de préciser la nature de cette qualification (V. par exemple : C. d'A. Paris, 14 janv. 1882, DP, 1882, 2, 132 ; C. d'A. Paris, 17 mars 1891, DP, 1891, 2, 295, cités par : H. De VAUPLANE et J.-P. BORNET, *op. cit.*, n° 923, p. 843.). Il a fallu attendre la fin du siècle dernier pour que la jurisprudence reconnaisse à l'intermédiaire en bourse la qualité de commissionnaire. Dans un arrêt de principe, la Cour de cassation française a pu affirmer que : « *dans l'achat et la vente des valeurs qu'ils négocient* (les intermédiaires en bourse) *agissent non comme des mandataires des parties, mais comme commissionnaires stipulant en leur nom personnel* », Cass. com., 14 juin 1892, DP, 1893, 1, 500, cité par : H. De VAUPLANE et J.-P. BORNET, *op. cit.,loc. cit.*

[4] Ph. PÉTEL, *op. cit., loc. cit.*

[5] Appelée aussi : « représentation indirecte », « représentation médiate » ou encore « mandat sans représentation ». Pour une critique de l'expression de « représentation imparfaite », V. M.-L. IZORCHE, « À propos du " mandat sans représentation" », D., 1999, chron., n°s 16 à 19, p. 369.

[6] Art. 607 du C.C.

[7] B. STARK, « Les rapports du commettant et du commissionnaire avec les tiers », *in.* Le contrat de commission, Etudes de droit commercial, sous la direction de J. HAMEL, Dalloz, 1949, p.157.

[8] J. GHESTIN et B. DESCHE, Traité des contrats, La vente, LGDJ, 1990, n° 208.

financier. Celui-ci a trouvé dans le contrat la sécurité recherchée, chère aux investisseurs et au marché à la fois. La diversité des contrats d'intermédiation au marché se confirme par les contrats d'intermédiation de conservation.

Section II - Le contrat d'intermédiation de conservation

151. L'idée de la diversité des contrats conclus dans la phase d'intermédiation, déjà prouvée à propos des contrats d'intermédiation pour l'accès au marché, se confirme également par la mise en place d'un autre contrat, relatif cette fois-ci à la conservation des valeurs mobilières, objets de l'opération.

152. En effet, au cas où l'investisseur choisirait un accès direct moins sécurisé[1], ou un accès indirect plus sécurisé au marché[2], il devra dans chacun de ces cas conclure un contrat d'intermédiation de conservation [3] avec un intermédiaire. Dès lors, le contrat d'intermédiation de conservation, connu aussi sous la dénomination de « convention de tenue de compte », est considéré comme un contrat venant en complément de deux autres contrats d'intermédiation financière. Or, si on examine la chaîne de conservation des valeurs mobilières, on perçoit la diversité et la longueur de celle-ci. De fait, pour pouvoir faire l'objet d'une négociation en bourse, les valeurs mobilières doivent être conservées tout d'abord chez la société émettrice ou chez un intermédiaire agréé mandaté, ensuite chez un intermédiaire agréé administrateur et enfin chez le dépositaire central. Le contrat d'intermédiation de conservation qu'on vise, dans cette partie de la recherche, est bien entendu celui accompli entre l'investisseur (acheteur ou vendeur) et son intermédiaire agréé administrateur, qui est « *le seul habilité à recevoir les ordres des titulaires des comptes inscrits chez lui* »[4]. Après avoir présenté le contrat d'intermédiation de conservation comme une maille primordiale dans une longue chaîne de conservation (**§1)**, il convient de trouver une qualification juridique à ce contrat (**§2)**.

§1. Le contrat d'intermédiation de conservation, une maille dans la chaîne

153. Tout émetteur est lié à l'égard des souscripteurs par deux rapports juridiques distincts. Le premier est l'acte d'émission qui confère au propriétaire de valeurs mobilières certaines prérogatives à l'encontre de l'émetteur, tels que

1 En concluant un contrat d'intermédiation de marché.

2 Grâce à la conclusion d'un contrat d'intermédiation de gestion.

3 Il est à noter que c'est la loi de modernisation des activités financières qui a introduit le terme, « conservation » en tant que service connexe aux services d'investissement (art. 5, C. mon. fin. art. L. 321-2).

4 Article 8 du décret n° 2001-2728. Dans le même sens, l'article 6 al.1 du décret n° 2001-2728 précité dispose que « *le titulaire du compte s'oblige à ne donner d'ordres qu'à ce ou ces derniers [l'intermédiaire agréé administrateur]* ». L'article du même décret ajoute en outre que l'intermédiaire agréé administrateur « *voit sa responsabilité substituée à celle de l'émetteur ou de l'intermédiaire agréé mandaté dans les vérifications de l'identité et de la capacité du donneur d'ordre, ainsi que de la régularité de l'opération* ».

le droit aux dividendes, le droit au vote, le droit préférentiel de souscription. Le second est l'acte de conservation qui impose à l'émetteur le respect de certaines obligations en vue de préserver le droit des souscripteurs sur les valeurs mobilières inscrites en leurs comptes. Tout émetteur devient ainsi d'office conservateur de valeurs mobilières qu'il a déjà émises. Il est plutôt le premier conservateur, car ces valeurs mobilières vont circuler d'un compte à un autre avant d'être négociées en bourse faisant ainsi l'objet de plusieurs contrats d'intermédiation de conservation.

154. Tout au long du processus du marché, les valeurs mobilières, qui prennent aujourd'hui la forme de titres scripturaux, circulent d'un compte à un autre et d'un patrimoine à un autre. D'ailleurs, parmi les problèmes qui divisent la doctrine en la matière, il est courant de citer celui de la localisation de ces titres scripturaux[1]. En effet, ceux-ci sont exclusivement représentés à travers le compte, qui en constitue le « *réceptacle* »[2]. Or, une valeur mobilière donnée ne figure pas nécessairement à travers un compte unique, mais parfois à travers une pluralité de comptes. On se trouve alors face à une chaîne de comptes, qui représentent d'une manière simultanée la même valeur mobilière[3]. L'étude de cette chaîne de comptes, qui se cache derrière plusieurs contrats, montre qu'il existe, pour les valeurs mobilières susceptibles de faire l'objet d'une négociation sur le marché boursier[4], deux niveaux de conservation obligatoires : un premier niveau chez un intermédiaire agréé **(A)** et un second niveau chez le dépositaire central **(B)**.

A- Le premier niveau de conservation

155. Généralement, les valeurs mobilières sont émises lors de création d'une nouvelle société ou à l'occasion d'une augmentation du capital d'une société déjà existante. Dès leur émission, toutes les valeurs mobilières doivent être inscrites et conservées en un compte tenu par la personne morale émettrice. C'est pour cette raison qu'on a affirmé à juste titre que « *la qualité d'émetteur emporte de plein droit la qualité de teneur de compte* »[5]. Donc, toute émission de valeurs

---

[1] J. STOUFFLET et E. BOURETZ, « Marchés d'instruments financiers en droit international - Statut légal et règles de fonctionnement des marchés d'instruments financiers - Conflits d'autorités et conflits de lois », J.-CL. Banque-Crédit-Bourse, Fasc. 1740, mise à jour le 15 février 2012, spéc. n°27, p. 9 ; G. PARLEANI, « La localisation des services financiers », *in* Mélanges Jean STOUFFLET, Presses universitaires Clermont-Ferrand, 2001, p. 279, n° 23 et s, qui explique la difficulté de localiser les services financiers par le fait que « *la réalité n'est plus toujours matérielle et tangible. Elle a changé, et changera plus encore. Des critères de localisation qui se justifiaient aisément par un bon sens pragmatique, deviennent évanescents et incertains. Le virtuel et l'immatériel progressent, et des « lieux » sans consistance véritable deviennent des concepts juridiques : c'est l'heure des « réseaux », de « systèmes », « des marchés* » ».

[2] A. BOUKAMCHA, Conservation et propriété des valeurs mobilières, Thèse pour le doctorat en droit privé, Faculté de droit et des sciences politiques de Tunis, 2009-2010, p.57.

[3] P. LANGLET et P.-G. MARLY, « La localisation des instruments financiers dématérialisés », Banque et Droit, n°73, septembre-octobre 2000, pp.3 et s.

[4] C'est-à-dire admises aux opérations du dépositaire central.

[5] Ch. LABASTIE-DAHDOUH et H. DAHDOUH, Droit commercial, vol.2, Entreprises sociétaires et groupements privés, T.3, Marchés financiers - Alliances stratégiques, *op. cit.*, n°

mobilières entraîne systématiquement une obligation à la charge de l'émetteur d'en assurer la conservation. Ainsi, chaque émetteur devient d'office conservateur des valeurs mobilières qu'il a déjà émises. Mais, est-il le seul à accomplir cette tâche ? La réponse semble négative. Ceci dit, la conservation des valeurs mobilières fait intervenir, à côté des émetteurs, d'autres intervenants, comme l'intermédiaire agréé mandaté **(1)** et l'intermédiaire agréé administrateur **(2)**, et ce en vertu de contrats.

1. L'intervention d'un intermédiaire agréé mandaté

156. Le décret n° 2001-2728 du 20 novembre 2001 relatif aux conditions d'inscription des valeurs mobilières et aux intermédiaires agréés pour la tenue des comptes en valeurs mobilières[1] autorise, dans son article premier, la personne morale émettrice ayant la qualité de société faisant appel public à l'épargne, à mandater un intermédiaire agréé pour la tenue de ses comptes de valeurs mobilières[2]. *A contrario*, les sociétés émettrices ne faisant pas appel public à l'épargne ne peuvent pas bénéficier de cette possibilité[3]. L'intermédiaire agréé mandaté peut être, soit un intermédiaire en bourse, soit un établissement de crédit, soit la Société de dépôt, de compensation et de règlement[4], mandatée par l'émetteur pour l'ouverture et la tenue de comptes de titres en valeurs mobilières[5].

157. L'intervention de l'intermédiaire agréé mandaté peut s'expliquer par la volonté de décharger les émetteurs des obligations et diligences liées à la conservation des titres émis pour qu'ils puissent se concentrer sur leur activité économique principale. C'est ce qui justifie probablement que le recours à cet intermédiaire a été réservé uniquement aux sociétés qui émettent un nombre important de titres par appel public à l'épargne[6]. L'intervention de l'intermédiaire agréé mandaté dans le cadre des contrats d'intermédiation de conservation ne signifie nullement l'effacement de la personne morale émettrice. En effet, celle-ci, en raison de la nature désormais nominative des valeurs mobilières, doit être en mesure de connaître l'identité des différents titulaires de comptes. Ainsi, les valeurs mobilières en question feront l'objet de conservation en double niveau puisqu'elles seront inscrites en compte, aussi bien auprès de leur émetteur, qu'auprès de l'intermédiaire agréé mandaté. En revanche, les titulaires de comptes de valeurs mobilières n'auront pas de

---

101, p. 63. Voir aussi en ce sens : M. DE JUGLART et B. IPPOLITO, Traité de droit commercial, T.7, Banques et Bourses, 3ème éd., par L.-M. MARTIN, Montchrestien, Paris, 1991, n° 655, p. 752.

[1] J.O.R.T. du 27 novembre 2001, n° 95, p. 4003, tel que modifié par le décret n°2005-3144 du 6 décembre 2005.

[2] V. art. 1er du décret n° 2001-2728 du 20 novembre 2001.

[3] L'article 315 du CSC confirme ce constat. Il dispose dans son alinéa 2 que *« le compte est tenu par la société à l'exclusion de toute autre si la société ne fait pas appel public à l'épargne »*.

[4] Désormais appelée « Tunisie clearing ».

[5] L'article 3 de l'annexe à l'arrêté portant visa du Règlement du Conseil du Marché Financier relatif à la tenue et à l'administration des comptes en valeurs mobilières.

[6] A. BOUKAMCHA, *thèse précitée*, p.58.

rapport direct avec l'émetteur. Ils seront tenus de s'adresser à l'intermédiaire agréé mandaté afin d'exercer les droits sur les valeurs mobilières leur appartenant, telles que la perception des dividendes ou des intérêts et l'émission des ordres de vente[1].

158. La relation entre l'intermédiaire agréé mandaté et la personne morale émettrice est d'origine conventionnelle. Une convention, dont le contenu échappe à la libre volonté des parties, doit être signée avant toute conservation de valeurs mobilières. Dans ce cadre, l'article 2 al.2 du décret n° 2001-2728 prévoit que : « *Les rapports entre la société et l'intermédiaire agréé mandaté sont déterminés par une convention dont les énonciations essentielles sont déterminées par règlement du Conseil du Marché Financier* ».

2. L'intervention d'un intermédiaire agréé administrateur

159. La conservation des valeurs mobilières peut faire intervenir un intermédiaire agréé administrateur. En effet, le législateur a donné la possibilité au propriétaire de valeurs mobilières de désigner un intermédiaire agréé, appelé dans ce cas « intermédiaire agréé administrateur », pour gérer son compte déjà ouvert chez la société émettrice ou chez l'intermédiaire agréé mandaté[2]. Cet intermédiaire agréé administrateur peut être, soit un intermédiaire en bourse, soit un établissement de crédit chargé par le propriétaire de valeurs mobilières de gérer son compte[3]. Mais, contrairement à l'intermédiaire agréé mandaté choisi par l'émetteur, l'intermédiaire agréé administrateur est désigné par le propriétaire des valeurs mobilières. Ce dernier peut opter pour une telle solution dans le but de rationaliser la conservation de son portefeuille de valeurs mobilières en la confiant à des experts en finance[4].

160. L'intervention de l'intermédiaire agréé administrateur se fait en vertu d'un contrat. En effet, « *toute ouverture de compte administré doit faire l'objet d'une convention conclue entre le propriétaire de valeurs mobilières et un intermédiaire agréé de son choix* »[5]. Le contenu de cette convention a été déterminé par le règlement général du CMF relatif à la tenue et à l'administration des comptes en valeurs mobilières[6]. La volonté des parties n'a aucun rôle à jouer en la matière. Cette intervention, obligatoire dans des négociations sur le marché boursier[7], entraîne

---

1 *Ibid.*, p.59.

2 V. art. 6 al. 1er du décret n° 2001-2728 du 20 novembre 2001, relatif aux conditions d'inscription des valeurs mobilières et aux intermédiaires agréés pour la tenue des comptes en valeurs mobilières.

3 Art. 3 du règlement général du CMF relatif à la tenue et à l'administration des comptes en valeurs mobilières.

4 A. BOUKAMCHA, *thèse précitée*, p.59.

5 Article 7 du décret précité n° 2001-2728 du 20 novembre 2001.

6 V. surtout les articles 26 et 27 de ce règlement.

7 Cette intervention est en principe facultative puisqu'« aucune obligation n'est faite au titulaire d'un compte de valeurs mobilières de les faire mettre en compte administré chez un intermédiaire agréé administrateur. Dans ce cas, ce titulaire a une relation directe avec l'émetteur ou l'intermédiaire agréé mandaté et l'exercice de ses droits se réalise directement par ses soins auprès de la société émettrice ou auprès de l'intermédiaire agréé mandaté », article 6 al. du décret précité n° 2001-2728 du 20 novembre 2001.

comme conséquence l'interposition de l'intermédiaire agréé administrateur entre la personne morale émettrice et le propriétaire des valeurs mobilières de sorte que ce dernier ne peut plus avoir de rapport direct avec la personne morale émettrice, non plus avec l'intermédiaire agréé mandaté[1].

B- Le second niveau de conservation

161. Le second niveau de conservation fait intervenir un nouvel acteur qui représente une maille importante dans la chaîne de conservation des valeurs mobilières, à savoir le dépositaire central des titres. Le dépositaire central des titres[2]. Cet organe a deux missions : la première consiste dans la conservation centralisée des valeurs mobilières pour le compte des participants en sa qualité de garant de l'intégrité d'une émission de valeurs mobilières ; la seconde se rapporte à l'organisation de la circulation des titres entre les participants dans le système de règlement et de livraison[3].

162. En droit tunisien, un acteur unique, la société interprofessionnelle de dépôt, de compensation et de règlement des titres, appelé désormais « *Tunisie clearing* »[4], assure les fonctions de dépositaire central, à côté de sa qualité de chambre de compensation. *Tunisie Clearing* a été créée le 28 décembre 1993 sous la dénomination de STICODEVAM[5]. La loi 94/117 du 14 novembre 1994 réorganisant le marché financier, spécialement les articles de 77 à 88, est venue confirmer son existence légale et définir son champ d'action. Il s'agit d'une société anonyme soumise au contrôle du CMF[6]. Ses actionnaires sont les

---

[1] V. dans ce cadre l'art. 8 du décret précité n° 2001-2728 du 20 novembre 2001.

[2] La mission du « conservateur » ou de « dépositaire central » des titres est exactement celle de la banque qui louait des coffres à ses clients pour qu'ils y déposent leurs titres, leurs valeurs et leurs créances à la différence près qu'aujourd'hui les titres étant dématérialisés, le coffre-fort est informatique. Les titres sont conservés sur des lignes de compte-titres électroniques.

[3] Article 4.1 de l'annexe à l'arrêté du ministre des finances portant visa du règlement du conseil du marché financier relatif au dépositaire central des titres.

[4] En droit tunisien, l'article 77 de la loi de 1994 a prévu la constitution, sous la forme d'une société anonyme, d'une société interprofessionnelle de dépôt, de compensation et de règlement de titres. Il s'agit de la « STICODEVAM » qui a changé sa dénomination pour devenir « *Tunisie clearing* » en 2014. Ce changement de dénomination a été fait le 14 novembre 2014 à l'occasion de la célébration du 20ème anniversaire de sa constitution, et ce suite à la décision de l'assemblée générale extraordinaire tenue le 21 octobre 2014. En droit français, le premier dépositaire central fut la Caisse centrale de dépôts et virements de titres (CCDVT), créée pendant la deuxième guerre mondiale, et remplacée après la guerre par la Société Interprofessionnelle de Compensation de Valeurs Mobilières (SICOVAM) créée par le décret du 4 août 1949 sous la forme d'une société commerciale. Son rôle est devenu central lors de la dématérialisation des valeurs mobilières par la loi de finances pour 1982, lorsque l'inscription en compte des titres est devenue obligatoire. La SICOVAM est devenue Euroclear France, filiale du groupe Euroclear créé en 2001. Le groupe a été restructuré en 2005 autour d'une société mère de droit belge, Euroclear SA/NV, dont Euroclear France est une filiale. Actuellement, Euroclear France est le dépositaire central de titres français qui gère le système de règlement-livraison ESES. En avril 2019, Euroclear France a été agréé par l'AMF au sens du règlement « CSDR ». V. T. BONNEAU, P. PAILLER, A.-C. ROUAUD, A. TEHRANI et R. VABRES, *op. cit.,* n°670, p.413.

[5] V. son site internet : www.tunisieclearing.com (visité le 07/02/2022).

[6] Art. 41 de la loi n°94-117 du 14 novembre 1994 portant réorganisation du marché financier.

intermédiaires en bourse et sept banques de la place qui participent à parts égales au capital.

163. Aussi paradoxalement que cela puisse paraître, bien que la STICODEVAM constituait un acteur extrêmement important dans la chaîne de conservation des valeurs mobilières, les dispositions législatives et réglementaires n'ont pas pris le soin de détailler son statut et ses attributions[1]. Dès lors, pour mieux saisir cette institution, la doctrine fait recourir au règlement général de la STICODEVAM ainsi qu'à ses instructions et avis à l'usage de ses adhérents[2].

164. Les valeurs mobilières qui doivent faire l'objet d'un dépôt obligatoire chez le dépositaire central sont celles qui ont été admises à la cote de la bourse. Les émetteurs de ces titres *« doivent obligatoirement déposer auprès de la société de dépôt, de compensation et de règlement les valeurs mobilières admises à la cote de la bourse sous la forme d'un titre collectif et unique représentant le nombre de titres admis »*[3]. D'autres valeurs mobilières peuvent faire l'objet d'une admission facultative aux opérations du dépositaire central. C'est le cas lorsque le conseil d'administration de *Tunisie clearing* répond favorablement à la demande des émetteurs qui ont sollicité la prise en charge de leurs titres par le dépositaire central[4].

165. Les adhérents sont les personnes habilitées à la tenue de comptes de valeurs mobilières. D'une part, il s'agit des personnes morales émettrices dont les valeurs mobilières ont été admises aux opérations du dépositaire central et qui n'ont pas désigné un intermédiaire agréé mandaté pour la tenue de leurs comptes. D'autre part, les intermédiaires agréés pour tenir les comptes des valeurs mobilières qui ne peuvent être que *« les intermédiaires en bourse et les établissement de crédit habilités à exercer les activités prévues à l'article 84 du décret n° 99-2478 du 1er novembre 1999 susvisé*[5] *et la société de dépôt, de compensation et de règlement »*[6].

166. Si la qualité d'adhèrent est comprise pour les intermédiaires en bourse, elle ne l'est pas pour les établissements de crédit. Bien que l'expression *« établissement de crédit »* désignât, selon l'ancienne loi n° 2001-65 du 10 juillet 2001, relative aux établissements de crédits, aussi bien les établissements financiers (les sociétés de leasing et de factoring) que les banques, il semble qu'actuellement[7] seules celles-ci sont autorisées à avoir la qualité d'intermédiaire agréé, contrairement aux établissements financiers. En effet, l'article 84 du

---

1 A. BOUKAMCHA, *thèse précitée*, p.62.

2 V. art.5 du règlement du conseil du marché financier relatif au dépositaire central des titres.

3 V. arts. 79 al.1 de la loi n°94-117 et 29 du règlement général de la BVMT.

4 V. Règle 1.2.2 du règlement général de la BVMT.

5 Décret n°99-2478 du 1er novembre 1999 portant statut des intermédiaires en bourse (JORT n°93 du 19 novembre 1999, p. 2442), tel que modifié et complété par le décret n° 2007-1678 du 05 juillet 2007 (JORT n°56 du 13 juillet 2007, p. 2366).

6 Article 16 (nouveau) du décret précité n°2001-2728 (JORT n°95 du 27 novembre 2001, p. 4003). Cet article a été modifié par l'article premier du décret n° 2005-3144 du 6 décembre 2005 (JORT n°99 du 13 décembre 2005, p. 3497).

7 Avec l'abrogation de la loi n°2001-65 du 10 juillet 2001 relative aux établissements de crédits et son remplacement par l'actuelle loi n° 2016-48 du 11 juillet 2016, relative aux banques et aux établissements financiers.

décret portant statut des intermédiaires en bourse[1] ne mentionne que les banques. Cette solution a été d'ailleurs confirmée par l'article 4 alinéa premier du règlement général du CMF relatif la tenue et à l'administration des comptes en valeurs mobilières.

167. La relation entre les adhérents et le dépositaire central est une relation contractuelle fondée sur une convention d'adhésion en vertu de laquelle le dépositaire central assure la tenue de comptes de valeurs mobilières inscrites au nom de ses adhérents. Ces derniers doivent se conformer aux règles de fonctionnement édictées par le dépositaire central tout en disposent des moyens humains et matériels nécessaires à l'accomplissement de leurs obligations.

168. La chaîne de conservation de titres se caractérise par sa longueur, particulièrement, par la multiplicité de ses intervenants qui font naître des rapports enchevêtrés et interdépendants[2]. Dans certains cas, ce système peut interférer simultanément quatre intervenants à savoir la société émettrice, un intermédiaire agréé mandaté, un intermédiaire agréé administrateur ainsi qu'un dépositaire central. C'est notamment le cas des titres nominatifs administrés qui sont admis aux opérations de *Tunisie clearing* et dont la tenue de compte a été confiée par la société émettrice à un intermédiaire agréé mandaté[3].

169. Les valeurs mobilières admises aux opérations de *Tunisie clearing* fond l'objet d'une conservation à double niveau : le premier niveau de conservation est assuré par le teneur de compte habilité, alors que le second a été confié à *Tunisie clearing* en sa qualité de dépositaire central. Par conséquent, les valeurs mobilières dématérialisées font l'objet d'une double inscription : la première inscription est faite au nom du propriétaire dans un compte tenu par le teneur de compte agréé, alors que la seconde est réalisée au nom de ce dernier dans les comptes tenus par le dépositaire central.

§2 - La qualification du contrat d'intermédiation de conservation

170. Avant l'entrée en vigueur de la loi n° 2000-35 du 21 mars 2000 relative à la dématérialisation des titres[4], le contrat d'intermédiation de conservation, appelé aussi « convention de tenue de compte », par lequel le propriétaire de valeurs mobilières matérialisées en confie la conservation à une banque ou à un intermédiaire en bourse, était qualifié classiquement de contrat de dépôt[5]. Objet des articles 995 et suivants du C.O.C., le contrat de dépôt est défini comme

[1] Décret n°99-2478 du 1er novembre 1999 portant statut des intermédiaires en bourse, tel que modifié et complété par le décret n° 2007-1678 du 05 juillet 2007.

[2] A. BOUKAMCHA, *thèse précitée*, p.64.

[3] *Ibid., loc. cit.*

[4] *J.O.R.T.* du 24 mars 2000, n° 24, p. 679.

[5] G. RIPERT et R. ROBLOT, Traité de droit commercial, *op. cit.*, n° 2465, p. 517 ; T. BONNEAU et F. DRUMMOND, *op. cit.*, n° 232, p. 211 ; H. De VAUPLANE et J.-P. BORNET, *op. cit.*, n° 969, p. 873.

étant : « *un contrat par lequel une personne remet une chose mobilière à une autre personne qui se charge de garder la chose déposée et de la restituer dans son individualité* »[1].

171. Appliquée actuellement sur des valeurs mobilières dématérialisées, la qualification de la convention de tenue de compte de dépôt ne semble pas, du moins à première vue, être évidente. D'une part, la définition du contrat de dépôt exige que la chose, objet du dépôt, soit évidemment un bien corporel. D'autre part, le dépôt repose sur la réunion de trois éléments caractéristiques, à savoir la remise, la garde et la restitution[2]. La reconnaissance de la qualification de dépôt nécessite inévitablement une nouvelle lecture de ces trois éléments. Peut-on alors garder toujours la qualification de contrat de dépôt pour une convention de tenue de compte portant sur des valeurs mobilières dématérialisées ? La réponse positive à cette question nécessite la reconnaissance du dépôt des biens incorporels **(A)** ainsi qu'une relecture des éléments caractéristiques du contrat de dépôt **(B)**.

A- La reconnaissance du dépôt des biens incorporels

172. Contrairement à son homologue français, le législateur tunisien a qualifié expressément, à maintes reprises, la convention de tenu de compte comme un contrat de dépôt. A titre d'exemple, l'article 49 alinéa 3 du décret n° 99-2478 du 1er novembre 1999 portant statut des intermédiaires en bourse, dispose que : « *l'intermédiaire en bourse est tenu, pour les titres qu'il reçoit en dépôt, de se conformer aux dispositions des articles 689 à 697 du code de commerce* »[3]. Dès lors, la convention de tenue de compte est une convention de dépôt **(1)** régulier **(2)**.

1. La convention de tenue de compte, une convention de dépôt

173. La qualification législative de la convention de tenue de compte de dépôt peut surprendre dans la mesure où le dépôt ne porte pas sur des biens corporels[4]. Ainsi, le professeur Alain BENABENT va jusqu'à dire que : « *Le dépôt ne concerne (...) que les meubles corporels : les biens incorporels (...) n'ayant pas de consistance matérielle, le transfert de leur garde n'est pas concevable* »[5].

---

[1] Art. 995 C.O.C.

[2] N. REKIK, «Le contrat de dépôt et la prolifération des textes juridiques», R.J.L., n° 10, décembre, 2006, pp.41 et s. ; I. AVANZANI, Les obligations du dépositaire, Litec, 2007, Préf. C. JUBAULT, avant-propos R. CABRILLAC, n° 43, p. 39.

[3] Pour d'autres renvois législatifs au contrat de dépôt, voir l'article 3 al.3 de la loi n°2000-35 du 21 mars 2000, relative à la dématérialisation des titres, l'article 78 de loi n° 94-117 du 14 novembre 1994 portant réorganisation du marché financier et l'article 15 du décret n°2001-2728 du 20 novembre 2001, relatif aux conditions d'inscription des valeurs mobilières et aux intermédiaires agréés pour la tenue des comptes en valeurs mobilières. Évidemment, les articles de 689 à 697du code de commerce, objet du renvoi, figurent au sein de la section III intitulée « *Du dépôt des titres* », relevant chapitre VI intitulé « *Du dépôt de fonds* ».

[4] H. ARRAID, La responsabilité civile du banquier, thèse d'Etat en droit, faculté de droit et des sciences politiques de Tunis, 2004-2005, p. 480 ; Ph. MALAURIE, L. AYNÈS et P.-Y. GAUTIER, op. cit., n° 861, p. 492 ; R. DE QUENAUDON, «Dépôt – Principes généraux», J.-CL. Civil, art. 1915 à 1920, fasc. 10, 1992, spéc. n°23, p.10 ; R. RODIERE, Rép. Civ. Dalloz, v° *Dépôt*, n° 14 ; A. SERIAUX, Droit civil – Contrats civils, P.U.F., Coll. Droit fondamental, 2001, spéc. n° 94, p.229.

[5] A. BENABENT, Droit des contrats spéciaux civils et commerciaux, *op. cit.*, n° 711, p. 418.

174. Cette hostilité doctrinale envers la qualification de la convention de tenue de compte de dépôt nous semble injustifiée. En effet, aucune disposition légale expresse, figurant dans le C.O.C. ou même ailleurs, n'autorise le rejet du dépôt pour les biens mobiliers incorporels. Bien au contraire, on le sait bien, d'après les règles d'interprétation que « *lorsque la loi s'exprime en termes généraux, il faut l'entendre dans le même sens* »[1]. Le législateur, à travers la définition du contrat de dépôt présentée par l'article 995 du C.O.C., utilise l'expression « *chose mobilière* » [2] sans limiter l'objet de ce contrat aux seules choses mobilières corporelles. Ainsi, les valeurs mobilières, en tant que meubles par détermination de la loi[3], sont évidemment des choses déposables qui entrent dans le champ d'application de l'article 995 du C.O.C. malgré leur caractère immatériel[4].

175. En droit français, et en l'absence de toute qualification législative, la doctrine s'est montrée dans un premier temps hostile à la qualification de la convention de tenue de compte de dépôt et elle a proposé d'autres qualifications qui varient en fonction du mode de conservation des titres.

176. Concernant les titres au nominatif administré, la doctrine la plus autorisée avait proposé la qualification de mandat à la convention de tenu de compte[5]. En effet, le teneur d'un compte de titres au nominatif administré est tenu d'accomplir essentiellement des actes d'administration[6] ainsi que certains actes de disposition sous une instruction particulière du titulaire de compte. Ainsi, il agit en tant que mandataire.

177. Concernant les titres au porteur, vu l'ignorance par l'émetteur de l'identité des titulaires de comptes et par conséquence l'absence de représentation, la doctrine écarte la qualification de mandat et retient celle de louage d'ouvrage[7]. De ce fait, « *le teneur de compte ne peut pas effectuer d'actes au nom de ses clients auprès des émetteurs : il s'est en effet engagé à effectuer des actes juridiques ou*

---

1 Art. 533 C.O.C. V. à propos de cette règle : E. ARFAOUI, Les règles écrites d'interprétation de la loi : Essai sur une méthode officielle d'interprétation des lois, thèse pour le doctorat d'Etat en droit privé, faculté de droit et des sciences politiques de Tunis, 2000, pp. 225 et s.

2 L'art. 1918 du C. civ. français utilise aussi la même expression.

3 V. art. 15 C.D.R.

4 Pour plus d'arguments en faveur de la reconnaissance du dépôt des biens incorporels en général et des valeurs mobilières dématérialisées en particuliers, V. A. BOUKAMCHA, *thèse précitée,* pp. 85 et s.

5 T. BONNEAU, *Droit bancaire, op. cit.*, n° 762, p. 516 et s. ; H. De VAUPLANE et J.-P. BORNET, *op. cit.*, n° 974, p. 826 ; Y. GUYON, Droit des Affaires, T.1, Droit Commercial Général et Sociétés, Economica, 12ème éd., 2003, n° 728, pp. 786 et s ; T. BROWN et R. PAROLAI, « L'analyse juridique de l'activité de conservation globale », Banque et Droit, n° 41, mai-juin 1995, p.27 ; C. LASSALAS, « La nature de convention de tenue de comptes (Cass. Crim., 30 mai 1996) », P. A., 18 nov. 1996, spéc. p.12, qui a pu écrire qu'en matière de titres nominatifs administrés, « *le teneur de compte agit en tant que mandataire, car il s'est engagé principalement à gérer le compte de son client ouvert chez l'émetteur. A ce titre, il accomplit des actes juridiques pour le compte et au nom de ses clients* ».

6 Tels que l'encaissement des produits.

7 V. T. BONNEAU, Droit bancaire, op. cit., n° 762, p. 516 et s. ; H. De VAUPLANE et J.-P. BORNET, Droit des marchés financiers, op. cit., n° 974, p. 826 ; Y. GUYON, Droit des Affaires, T.1, Droit Commercial Général et Sociétés, *op. cit.*, n° 728, pp. 786 et s.

matériels pour leur compte mais en taisant leur nom. Cela semble suffisant pour exclure la qualification de mandat et préférer celle du contrat d'entreprise»[1]. Certes, le teneur de comptes se comporte parfois comme un mandataire notamment lorsqu'il effectue des virements, mais l'essentiel des tâches qu'il accomplit conduit à retenir la qualification de contrat d'entreprise[2]. Cette divergence doctrinale n'a pas empêché l'apparition d'un nouveau courant doctrinal défendant l'idée de la possibilité de dépôt de valeurs mobilières dématérialisées. Cette position a été confirmée par un arrêt rendu par la chambre criminelle de la Cour de cassation française, qui affirme que l'intermédiaire habilité, teneur de comptes et conservateur de valeurs mobilières est « *lié à son client par un contrat de dépôt qui lui impose de conserver la contrepartie ; qu'il ne peut, sans le consentement du titulaire, accomplir sur ces valeurs que des actes d'administration ou de gestion, à l'exclusion d'actes de disposition ayant pour effet d'intervenir la possession* »[3].

178. Dès lors, la reconnaissance expresse de dépôt des valeurs mobilières dématérialisées de la part du législateur tunisien a permis à la doctrine tunisienne d'éviter un débat sur ce sujet. Cette position, qualifiée de justifiée et de pertinente[4], qui refuse de limiter le contrat dépôt aux seuls biens mobiliers corporels a été confortée par un arrêt de la Cour de cassation tunisienne[5].

2. La convention de tenue de compte, une convention de dépôt régulier

179. Dans le cadre de l'article 3 al.3 de la loi n° 2000-35 relative à la dématérialisation des titres, le législateur a retenu la qualification de contrat de dépôt pour la convention de tenue de compte, sans pour autant préciser s'il s'agit d'un dépôt régulier ou irrégulier[6]. Cependant, les textes d'application de ladite loi[7], tout en gardant la même qualification de contrat de dépôt, ont fait références aux articles 689 à 697 du Code de commerce qui sont influencés par le régime du dépôt régulier. En effet, le dépositaire des titres est tenu en principe par une obligation de non-usage des titres déposés[8]. Cette interdiction,

---

[1] C. LASSALAS, « La nature de convention de tenue de comptes (Cass. Crim., 30 mai 1996) », article précité, *loc. cit.*

[2] *Ibid., loc. cit.*

[3] Cass. crim. du 30 mai 1996 (arrêt Tuffier), P.A., 18 novembre 1996, p.7 ; F.-J. CREDOT et Y. GERARD, note sous Cass. crim. du 30 mai 1996, R.D.B.B. n° 56, juillet-août 1996, p. 175 et s.

[4] A. BOUKAMCHA, *thèse précitée*, p. 94 et s.

[5] Cass. Civ. n° 17986, 1er oct. 2002, Bull. C. Cass. tun. 2002, partie civile, pp. 12 et s. (en langue arabe). La Cour a admis la qualification du rapport liant la société émettrice aux titulaires d'obligations de contrat de dépôt.

[6] N. REKIK, *article précité*, p.35 et s.

[7] V. le décret n°99-2478 du 1er novembre 1999 portant statut des intermédiaires en bourse, tel que modifié et complété par le décret n° 2007-1678 du 05 juillet 2007 et le décret n° 2001-2728 du 20 novembre 2001, relatif aux conditions d'inscription des valeurs mobilières et aux intermédiaires agréés pour la tenue des comptes en valeurs mobilières tel que modifié par le décret n°2005-3144 du 6 décembre 2005.

[8] Cette solution est confirmée en droit français par l'article L. 533-10 al.6 du Code mon. et fin. ; V. également, T. BONNEAU et F. DRUMMOND, *Droit des marchés financiers*, op. cit., n° 232, p. 211.

qui peut être implicitement déduite de l'article 1018 du COC, est consacrée expressément par l'article 690 du CC en matière de dépôt de titres.

180. Contrairement au dépôt régulier, qui porte sur des corps certains, le dépôt irrégulier a pour objet des choses fongibles. Le dépositaire dans le cadre du dépôt irrégulier devient propriétaire de la chose déposée, tout en bénéficiant du droit d'en disposer librement. Loin d'être tenu par une obligation de restitution à l'identique, le dépositaire dans le cadre du dépôt irrégulier est tenu seulement de rendre des choses de même espèce en même qualité[1]. En résumé, la qualification de convention de tenue de compte comme contrat de dépôt régulier nécessite l'existence des trois conditions, à savoir l'obligation de non usage, l'obligation de la restitution par nature et la nature de corps certains pour les valeurs mobilières objet du dépôt. Vérifions alors si ces conditions sont applicables ou non pour la convention de tenue de compte.

181. D'abord, selon l'article 690 du Code de commerce, il est strictement interdit au dépositaire de disposer ou de faire usage de la chose déposée. Le dépôt des valeurs mobilières n'entraîne pas donc le transfert de leur propriété au dépositaire. Ce dernier doit s'abstenir d'user ou de disposer de valeurs déposées, soit pour des fins personnelles, soit dans l'intérêt d'autres déposants[2], sans le consentement exprès du déposant[3] ; sinon il sera exposé au délit d'abus de confiance[4]. D'ailleurs, dans le but d'éviter ce genre de comportements, l'article 15 du règlement du CMF relatif à la tenue et l'administration des comptes en valeurs mobilières oblige les teneurs de comptes d'établir une ségrégation entre les avoirs de leurs clients (tunisiens et étrangers) et leurs avoirs propres.

182. Ensuite, la restitution des titres en dépôt se fait en principe en nature, non pas à l'équivalent. Ainsi, l'article 694 in fine du Code de commerce relatif au dépôt des titres, dispose que : « *la restitution (...) doit porter sur les titres mêmes qui ont été déposés à moins que la restitution par équivalent n'ait été stipulée par les parties ou admise par la loi* ».

183. Enfin, la qualification de tenue de compte de dépôt régulier se trouve confirmée par la nature même des valeurs mobilières, objet du dépôt.

---

[1] V. N. REKIK, article précité, n° 5 et s. p.37 et s. ; J. HUET, Traité de droit civil, Les principaux contrats spéciaux, L.G.D.J., 1996, sous la direction de J. GHESTIN, p. 1457.

[2] Dans ce sens, l'article 14 du règlement du CMF relatif à la tenue et l'administration des comptes en valeurs mobilières impose aux intermédiaires agréés mandatés et aux émetteurs de « *ne faire usage des valeurs mobilières, qui lui ont été confiées, (...) n'en transférer la propriété et ne procéder à aucune inscription qu'après réception des justificatifs légaux nécessaires* ». Dans ce même ordre d'idées, l'article 41 de ce même règlement interdit à l'intermédiaire agréé administrateur d'« *utiliser le pouvoir qu'il a reçu à des fins autres que celles pour lesquelles il lui a été confié* ».

[3] H. BOUTHINON-DUMAS, Le droit des sociétés cotées et le marché boursier, Etude des conditions juridiques de la détermination de la valeur de la société par le marché boursier, préface de Philippe Didier, LGDJ, 2007, n° 190, p.158.

[4] C. LASSALAS, « La nature de convention de tenue de comptes (Cass. Crim., 30 mai 1996) », article précité, n° 139 - page 5 et s ; A. BOUKAMCHA, *thèse précitée*, pp. 190 et s.

184. Sous le prétexte de la nature fongible des valeurs mobilières dématérialisées, certains auteurs affirment qu'elles ne pourront faire l'objet que d'un dépôt irrégulier, à supposer même qu'elles puissent être considérées comme étant des choses déposables[1]. Mais, cette position nous semble peu justifiée, car en cas de réunion des conditions, une chose naturellement fongible peut être considérée comme étant un corps certain ; inversement, une chose individualisée peut être qualifiée dans certaines circonstances de chose fongible. Par conséquent, un auteur, tout en distinguant la fongibilité et l'individualisation des valeurs mobilières dématérialisées, a pu démontrer que celles-ci peuvent être valablement qualifiées de choses de genre individualisables. Le compte se présente à cet égard comme un moyen permettant l'individualisation des valeurs mobilières qui y sont inscrites. De ce fait, la qualification des valeurs mobilières de choses de genre, ne signifie pas forcément le caractère fongible de ces valeurs. Les choses de genre, tant qu'elles sont individualisées, ne seront plus qualifiées de choses fongibles mais plutôt de corps certains[2].

185. En guise de conclusion, on peut affirmer que le caractère individualisable des choses de genre, telles que les valeurs mobilières, l'obligation de non usage, ainsi que celle de restitution par nature ou à l'identique, évoquent manifestement la qualification de dépôt régulier.

B- La relecture des éléments caractéristiques du contrat de dépôt

186. La qualification du contrat de dépôt pour la convention de tenue de compte de valeurs mobilières dématérialisées invite à une relecture des éléments caractéristiques dudit contrat, à savoir la remise **(1)**, la garde **(2)** et la restitution **(3)**.

1. La remise

187. Le contrat de dépôt est un contrat réel qui ne peut être valablement formé que par la remise de la chose déposée[3]. Cette remise par le déposant au profit du dépositaire s'entend généralement de la tradition qui se fait de main à main. En présence de valeurs mobilières dématérialisées, représentées par une simple inscription en compte, la notion de la remise doit se détacher de sa conception strictement matérielle en faveur d'une conception fonctionnelle. En effet, la conséquence primordiale de la remise est la perte par le déposant de la détention de la chose déposée au profit du dépositaire, qui serait tenu de la

---

[1] V. en ce sens, Ch. LABASTIE-DAHDOUH et H. DAHDOUH, Droit commercial, vol.2, Entreprises sociétaires et groupements privés, T.3, Marchés financiers - Alliances stratégiques, *op. cit.*, n° 293, p. 166, qui ont pu écrire que : « *dans le cadre de titres dématérialisés, même s'il n'y a plus de remise matérielle de la chose, il y a tout de même dépôt, mais il est ici irrégulier dans la mesure où le dépositaire, par hypothèse, n'a pas l'obligation de restituer identiquement l'objet du dépôt mais une quantité égale de titres de même nature* ».

[2] Sur cette pertinente démonstration, voir A. BOUKAMCHA, *thèse précitée*, pp.38 et s.

[3] L'article 1001 du COC dispose que : « *le dépôt est parfait par le consentement des parties et par la tradition de la chose* ». Voir en faveur de la qualification de contrat réel : M. MAHFOUDH, « Formalisme et théorie générale du contrat », R.T.D., 2005, pp. 155 et s.,spéc. n°17, p.160 ; J. GHESTIN, G. LOISEAU et Y.-M. SERINET, Traité de droit civil, la formation du contrat, Paris, L.G.D.J., 4ème édition, 2013, n° 452 ; Ph. MALAURIE, L. AYNÈS et P.-Y. GAUTIER, Droit des contrats spéciaux, *op. cit.*, n° 861, p. 492.

garder et de la conserver. Ce qui importe donc, ce n'est pas les modalités de la remise, mais plutôt la constatation des effets précités. De ce fait, il faut admettre l'existence d'une remise, chaque fois qu'on aboutit par un moyen ou par un autre au transfert, de la détention de la chose déposée, du déposant au dépositaire. Or, c'est la technique de virement de compte à compte qui permet d'aboutir aux mêmes effets que la remise matérielle des choses corporelles[1]. Ainsi, le droit financier appelle à une relecture, voire à une extension de la notion classique de tradition. A côté de la tradition matérielle, propre aux biens mobiliers corporels, il serait nécessaire de reconnaître l'existence d'une tradition symbolique, virtuelle ou dématérialisée en présence de biens mobiliers incorporels, en l'occurrence les valeurs mobilières[2].

2. La garde

188. Dans le cadre du droit commun du dépôt, le dépositaire, chargé de la surveillance et de la conservation de la chose déposée, procède à l'accomplissement d'actes strictement matériels. Il est tenu de prendre à cet égard toutes les précautions nécessaires afin d'éviter la dégradation, la destruction, le dépérissement ou la disparition de la chose déposée[3]. Par conséquent, le dépositaire devait se prémunir contre des risques qui menacent essentiellement les meubles corporels, tels que le vol, l'incendie ou la perte.

189. Avec la dématérialisation des titres, bien qu'une partie de la doctrine a estimé que l'obligation de garde devient désormais dépourvue de toute signification[4], on considère que, malgré l'incorporalité de son objet, l'obligation de garde demeure toujours concevable. En effet, l'absence d'une définition législative précise de la notion de garde reflète la flexibilité de cette notion, dont le contenu varie en fonction de la nature de la chose déposée. Ainsi, la dématérialisation des valeurs mobilières a entraîné une transformation profonde de la physionomie de l'obligation de garde. Les risques classiques tels que le vol ou la destruction deviennent inconcevables[5]. Le contenu de l'obligation de garde à la charge du dépositaire de valeurs mobilières dématérialisées se résume, donc principalement, à la préservation du support scriptural des titres en comptes, à travers la tenue d'une comptabilité-titres régulière[6]. La

---

1 A. BOUKAMCHA, *thèse précitée*, p.49 et s.

2 S. BONFILS, op. cit., n° 55, p.30 ; E. GAVIN-MILLIAN, « Etude anthropologique de la tradition dans les contrats réels », R.R.J., 1996, p. 1148.

3 R. DE QUENAUDON, « Dépôt – Principes généraux », J.-CL. Civil, art. 1927 à 1931, fasc. 30, 1995, n°4, p.3.

4 Y. GUYON, Droit des Affaires, T.1, Droit Commercial Général et Sociétés, *op. cit.*, n° 728, p. 786 ; F. NIZARD, Les titres négociables, Préf. H. SYNVET, avant-propos J.-P. DUMAS, Economica, Coll. Pratique du droit, 2003, n° 681, pp.312 et s.

5 A. BOUKAMCHA, *thèse précitée*, p.101.

6 A. RAYNOUARD, La dématérialisation des titres, étude sur la forme scripturale, thèse Paris II, 1998, n° 525 et s., p. 364 et s. ; F. PELTIER, Marchés financiers et droit commun, *op. cit.*, n° 137 ; L. DABIN, « La dématérialisation et circulation scripturale des valeurs mobilières dans le cadre des marchés financiers », R.I.D.E., 1997, n°9, p. 298.

dématérialisation entraîne ainsi le passage d'une garde à caractère strictement matériel à une garde à caractère comptable prépondérant[1].

190. En outre, la garde des valeurs mobilières dématérialisées se caractérise par son caractère dynamique, à la différence de la garde dans le cadre du droit commun de dépôt, qui est purement statique[2]. En effet, le dépositaire des valeurs mobilières est tenu d'une obligation de gestion minimale, puisqu'il est appelé, dans le cadre de l'exécution de l'obligation de garde, à réaliser un certain nombre d'opérations nécessaires à la sauvegarde des droits des titulaires de comptes, tels que l'encaissement des fruits et des produits relatifs aux titres, l'exercice du droit préférentiel de souscription ou l'apport des titres en dépôt à une offre publique d'échange ou d'achat. Bref, la passivité du dépositaire de droit commun est remplacée par le dynamisme du dépositaire de valeurs mobilières.

3. La restitution

191. La restitution est un élément caractéristique du contrat de dépôt. Suite à la mise en place d'un système de conservation obligatoire de valeurs mobilières dématérialisées, la question de la compatibilité de cette notion avec la restitution au sens du droit commun de dépôt se pose[3]. Afin de surmonter cette difficulté, une partie de la doctrine a pu démontrer que les titulaires de comptes, sans pouvoir retrouver la détention directe des valeurs mobilières inscrites en leurs comptes, peuvent néanmoins demander leur transfert ou leur virement auprès d'un autre teneur de compte. Ce droit au virement est considéré comme étant l'équivalent d'une restitution[4].

192. Ainsi démontrée, la diversité des contrats, qui marquent la phase d'intermédiation, confirme avec force l'idée de la contractualisation de cette phase. Mais il ne s'agit nullement d'une diversité sans intérêt, sans ligne de synthèse ou anarchique, bien au contraire, il s'agit bien d'une diversité rationnelle qui déguise une certaine cohérence au niveau de l'ensemble des contrats d'intermédiation.

---

[1] H. De VAUPLANE et J.-P. BORNET, Droit des marchés financiers, *op. cit.*, n° 976, p. 828.

[2] A. SERIAUX, Droit civil – Contrats civils, P.U.F., Coll. Droit fondamental, 2001, spéc. n° 93, p.225, qui affirme que : « *d'un point de vue tant économique que juridique, le dépôt est ainsi une opération très statique* » ; Ph. MALAURIE, L. AYNES et P.-Y. GAUTIER, Droit des contrats spéciaux, op. cit., n° 864, p.493, précisent que « *la chose déposée « dort » sans que l'on puisse en tirer d'utilité* ».

[3] H. De VAUPLANE et J.-P. BORNET, Droit des marchés financiers, *op. cit.*, n° 974, p. 826.

[4] C. LASSALAS, « La nature de convention de tenue de comptes (Cass. Crim., 30 mai 1996) », article précité, p.10, selon laquelle « *les valeurs dématérialisées sont obligatoirement inscrites en compte. Elles sont forcément « confiées » à un organisme teneur de comptes, aucune autre modalité de détention que le compte ne pouvant être envisagée. Dès lors, la remise et la restitution ne pourraient s'effectuer que par l'affectation des valeurs sur un autre compte indiqué par le client* ».

Chapitre II - La rationalité de la diversité des contrats d'intermédiation

193. La diversité des contrats d'intermédiation paraît, dans une certaine mesure, source de complication, qui s'ajoute à la haute technicité des règles du marché. Cependant, cette diversité est rationalisée. La rationalité de la diversité des contrats d'intermédiation se manifeste, en premier lieu, par une certaine tendance vers le rapprochement des contrats composant la phase d'intermédiation dégagée à travers leur classification selon les critères connus en droit des contrats **(Section I)**. A côté de ce souci de simplification des contrats d'intermédiation malgré leur diversité, un autre souci de sécurité s'impose. Dès lors, la rationalité de la diversité des contrats d'intermédiation se présente, en second lieu, par la finalité commune de l'ensemble de ces contrats, à savoir la sécurité du processus de l'opération du marché **(Section II)**.

Section I - La rationalité à travers la classification des contrats d'intermédiation selon les critères du droit des contrats

194. Si l'on veut dégager les traits communs à plusieurs contrats de façon à montrer leur cohérence, il faut adopter une démarche qui prend en compte l'ensemble des composantes du contrat, plus particulièrement, celles qui sont propres au phénomène contractuel. Du coup, il convient de partir des principes qui permettent de classer les contrats en des types abstraits[1].

195. Diversifiés, les contrats d'intermédiation assurent de multiples fonctions. Par le contrat d'intermédiation de gestion, l'intermédiaire promet de gérer un portefeuille de valeurs mobilières. Par le contrat d'intermédiation de marché, il promet de les négocier directement ou indirectement. Par le contrat d'intermédiation de conservation, il promet de les conserver.

196. Malgré leur diversité, les contrats d'intermédiation peuvent être classés selon des critères bien connus en droit des contrats. Paradoxalement, la diversité cache une certaine homogénéité. Cette cohérence au niveau des contrats d'intermédiation, justifiée par un souci de simplification, permet de classifier ces contrats, non seulement à travers les classifications classiques des contrats **(§1)**, mais aussi à travers leurs classifications récentes **(§2)**.

§1 - La cohérence des contrats d'intermédiation à travers les classifications classiques des contrats

197. La cohérence, voire l'harmonie, des contrats d'intermédiation financière peut être constatée aussi bien à partir des classifications classiques relatives au contenu des contrats **(A)**, qu'à partir des classifications classiques relatives aux conditions de formation des contrats **(B)**.

---

[1] M. PLANIOL, « Classification synthétique des contrats », Rev. critique de la législation et de la jurisprudence 1904, pp. 470-490.

A- L'harmonie des contrats d'intermédiation financière à travers les classifications classiques relatives au contenu des contrats

198. L'harmonie des contrats d'intermédiation financière est constatée à travers les classifications classiques relatives au contenu des contrats. Ainsi, les contrats d'intermédiation financière peuvent être présentés comme des contrats synallagmatiques **(1)**, à titre onéreux **(2)** et commutatifs **(3)**.

1. Des contrats synallagmatiques

199. La distinction entre les contrats synallagmatiques et les contrats unilatéraux est l'une des plus importantes. Elle est fondée sur l'existence ou l'absence d'une contrepartie prévue au moment de la conclusion du contrat. Mais, il se peut qu'une obligation naisse à la charge de l'une des parties en cours d'exécution du contrat, alors qu'elle n'avait pas été prévue à l'origine par les parties[1].

200. Le contrat synallagmatique suppose que « *les contractants s'obligent réciproquement les uns envers les autres* »[2], tandis que le contrat unilatéral suppose qu'une partie s'engage envers l'autre, celle-ci n'étant pas tenue, en vertu du contrat envers la première.

201. Les contrats d'intermédiation financière se rattachent à la catégorie des contrats synallagmatiques, en ce sens que les obligations créées sont réciproques et interdépendantes[3]. Chacun des contractants est à la fois créancier et débiteur. Ainsi, l'investisseur s'oblige à payer le prix convenu, tandis que l'intermédiaire s'oblige à fournir le service convenu qui varie selon le contrat. En effet, l'intermédiaire est dans l'obligation de gérer un portefeuille quand il s'agit d'un contrat d'intermédiation de gestion, négocier des valeurs mobilières pour ce qui est du contrat d'intermédiation de marché et conserver lesdites valeurs mobilières lorsqu'il s'agit d'un contrat d'intermédiation de conservation.

202. Qualifier les contrats d'intermédiation financière de contrats synallagmatiques est d'un intérêt certain qui tient essentiellement[4] aux sanctions de l'inexécution des obligations des parties. En effet, s'il s'agit d'un contrat unilatéral, on applique le droit commun valable pour tous les contrats, c'est-à-dire soit l'exécution forcée en nature si elle est possible, soit l'exécution par équivalent. Par contre, dans les contrats d'intermédiation financière, qualifiés de contrats synallagmatiques, les obligations réciproques des parties ne sont pas

---

[1] C'est le problème des contrats synallagmatiques imparfaits qui n'a pas été envisagé, ni par le Code civil de 1804, ni par l'ordonnance du 10 février 2016.

[2] Art. 1106 du Code civil français.

[3] E. SÉRIAUX, « La notion de contrat synallagmatique », in Études offertes à Jaques GHESTIN, Le contrat au début du XXe siècle, LGDJ, 2001, p. 777 et s.

[4] A vrai dire, les intérêts de la distinction entre les contrats synallagmatiques et les contrats unilatéraux tiennent aussi à la preuve du contrat. En effet, si le contrat est synallagmatique, l'article 1375 du Code civil français exige la rédaction du contrat en autant d'originaux qu'il y a de parties. En outre, l'article 1375 du même code ajoute que lorsque le contrat a pour objet le paiement d'une somme d'argent ou la livraison d'une chose fongible, la quantité doit être indiquée en toutes lettres et en chiffres de la main du débiteur, et ce afin d'éviter toute falsification. Il est à noter que cette formalité n'est exigée qu'à titre de preuve et non pas à titre de condition de validité du contrat.

seulement juxtaposées, mais surtout interdépendantes, en ce sens que pour chacune des parties, investisseur ou intermédiaire, la créance dont elle bénéficie et la dette dont elle est tenue sont indissociables[1]. Compte tenu de cette interdépendance, on peut envisager comme sanctions d'inexécution, l'exception d'inexécution[2], la résolution pour inexécution et la théorie des risques[3]. Par l'exception d'inexécution, l'intermédiaire financier peut refuser, par exemple dans le contrat d'intermédiation de marché, d'introduire un ordre de bourse sur le marché tant que son client n'a pas payé les commissions convenues. Il peut également demander à la justice la résolution du contrat ou de procéder lui-même à cette résolution, en cas de manquements graves, sous le contrôle a posteriori du juge[4]. Par application de la théorie des risques, si un évènement indépendant de sa volonté empêche l'intermédiaire par exemple d'exécuter son obligation, l'investisseur se trouve par la même libéré de son obligation.

2. Des contrats à titre onéreux

203. Dans les contrats synallagmatiques, il y a toujours une contrepartie qui consiste en une obligation de chacune des parties envers l'autre. Dans cette mesure, on peut considérer que les contrats synallagmatiques sont, en principe, des contrats à titre onéreux[5]. A la différence du contrat à titre gratuit[6], le contrat à titre onéreux est celui où chacune des parties reçoit quelque chose de l'autre, n'entendant fournir une prestation qu'en échange d'un avantage qu'elle considère comme équivalent[7].

204. Les contrats d'intermédiation financière sont bien évidemment des contrats à titre onéreux, puisque chaque partie, intermédiaire ou investisseur, procure à l'autre un avantage. D'ailleurs, les intermédiaires financiers sont des commerçants[8] ; leur activité est entièrement tournée vers la recherche de profits. Cette qualification nous permet de déduire une plus grande sévérité dans l'appréciation de la faute étant donné que la responsabilité de celui qui rend un service gratuit, est classiquement, moins rigoureuse, qu'il s'agisse de dépôt ou de mandat[9].

---

1 Puisque chaque créancier est en même temps débiteur.

2 *L'exceptio non adimpleti contractus.*

3 F. TERRÉ, P. SIMLER et Y. LEQUETTE et F. CHÉNEDÉ, Droit civil, les obligations, *op. cit.*, n° 65, p.78 et s.

4 *Ibid.*, n° 629, p.643.

5 Rappelons que tous les contrats synallagmatiques ne sont pas systématiquement des contrats à titre onéreux, de la même façon que tous les contrats à titre onéreux ne sont pas non plus systématiquement des contrats synallagmatiques.

6 Le contrat à titre gratuit, appelé aussi « de bienfaisance » est celui où l'un des contractants entend procurer un avantage à l'autre sans rien recevoir en échange.

7 J. FLOUR, J.-L. AUBERT, E. SAVAUX, Les obligations, t.1, L'acte juridique, par J.-L. AUBERT et E. SAVAUX, 11ème éd. Armand Colin, 2004, n° 85, p.60.

8 V. P.-J. LEHMANN, Les sociétés de bourse, PUF, « Que sais-je ? », n° 3360, 1re éd. 1998, spéc. p. 33 et s.

9 S. BONFILS, *op. cit.*, n° 68, p. 37.

3. Des contrats commutatifs

205. Comme il s'agit de contrats synallagmatiques à titre onéreux, la question qui se pose est de savoir si les contrats d'intermédiation financière sont des contrats commutatifs ou aléatoires. La question mérite d'être posée compte tenu de l'existence d'un aléa[1] sur le marché.

206. Par définition, le contrat commutatif est un contrat à titre onéreux dans lequel la contrepartie, que chaque contractant reçoit, est d'ores et déjà certaine et déterminée. Les parties connaissent, dès la conclusion de l'acte, l'étendue des prestations qu'elles doivent et des avantages qu'elles retirent[2]. Par contre, le contrat est aléatoire quand la prestation de l'une des parties dépend, dans son existence ou dans son étendue, d'un événement incertain[3], de telle sorte que chacun des contractants court une chance de gain et un risque de perte[4].

207. Les contrats d'intermédiation financière sont assurément des contrats commutatifs, puisque chaque contractant connaît, dès le moment où il contracte, l'étendue des prestations qu'il doit fournir. L'intermédiaire promet de gérer, conserver, vendre ou acheter et l'investisseur s'engage à payer une rémunération. De surcroît, cette opération ne dégagera un gain qu'en cas de vente ultérieure, de sorte que l'aléa est extérieur au contrat. Donc ce n'est pas parce que, lors de la vente en bourse, il résultera du contrat que l'une des parties fera un gain ou une perte, que le contrat sera qualifié d'aléatoire[5]. Finalement, les contrats aléatoires requièrent, certes, un aléa reposant sur les deux parties[6], mais aussi que l'existence d'un évènement incertain soit la cause des engagements des parties[7]. Or, la cause dans les contrats d'intermédiation

---

[1] La doctrine s'est attachée à affiner le tracé des contours de la notion juridique d'aléa, mettant en valeur à la fois la complexité de ses éléments constitutifs et l'idée prégnante d'absence d'équilibre que ce dernier introduit dans l'économie du contrat aléatoire. Par définition, un contrat est aléatoire lorsque les prestations des parties dépendent « *d'un évènement incertain dont la survenance ou les résultats feront que l'un réalisera un gain, l'autre subira une perte* », G. CORNU (dir.), *Vocabulaire juridique, op. cit.*, V° Aléatoire. Dès lors, l'aléa peut être défini comme étant « *l'événement de réalisation (ou de date) incertaine dont les parties à une convention acceptent de faire dépendre le montant de tout ou partie de leurs prestations réciproques de telle sorte qu'il soit impossible de savoir, avant complète exécution, s'il y aura un bénéficiaire ou qui ce sera* », G. CORNU (dir.), *Vocabulaire juridique, op. cit.*, V° Aléa 2.

[2] F. TERRÉ, P. SIMLER et Y. LEQUETTE et F. CHÉNEDÉ, Droit civil, les obligations, *op. cit.*, n° 69, p.81.

[3] V. R. KAHN, *La notion de l'aléa dans les contrats*, thèse Paris, 1925, n°88, p. 104 ; J.-L. MOURALIS, La notion d'aléa et les actes juridiques aléatoires, thèse Grenoble, 1968, n° 93, p. 143 ; A. MORIN, Contribution à l'étude des contrats aléatoires, thèse dactyl. Paris IX, 1995, n° 141, p. 69 ; A. BÉNABENT, La chance et le droit, thèse Paris, éd. 1973, n°47 ; F. GRUA, « Les effets de l'aléa, et la distinction des contrats aléatoires et des contrats commutatifs », RTD civ., 1983, p.263.

[4] Ce que le professeur François GRUA a résumé en disant que l'aléa doit demeurer à l' « *intérieur du contrat* », F. GRUA, article précité, n°35, p. 282.

[5] S. BONFILS, *op. cit.*, n° 69, p. 38.

[6] H., L., J. MAZEAUD et F. CHABAS, Leçons de Droit Civil, T.2, Obligations, théorie générale, 9ème éd. par F. CHABAS, Montchrestien, 1998, n° 107, p. 96 ; F. TERRÉ, P. SIMLER et Y. LEQUETTE et F. CHÉNEDÉ, Droit civil, les obligations, *op. cit.*, p.78 et s.

[7] V. H. CAPITANT, De la cause des obligations, Dalloz, 1927, 3è éd., n° 18.

financière réside, non dans l'aléa, mais dans la contrepartie promise[1]. Les contrats d'intermédiation financière sont donc des contrats commutatifs, mais l'existence d'un aléa sur les marchés financiers conduit à tempérer la proposition en disant qu'il s'agit de « *contrats commutatifs comportant un aléa externe* »[2].

208. L'intérêt de la classification des contrats d'intermédiation financière dans la sphère des contrats commutatifs est lié surtout au problème de la lésion. Dans les contrats aléatoires, chacune des parties a accepté de courir une chance, donc aucune d'elles ne peut prétendre être lésée quoi qu'il advienne ; l'aléa, dit-on, chasse la lésion[3]. Par conséquent, la lésion ne peut constituer une cause de nullité que dans certains contrats commutatifs, alors qu'elle ne serait jamais prise en considération dans les contrats aléatoires. Contrats commutatifs, les contrats d'intermédiation financière peuvent être annulés sur la base de la lésion surtout que les intermédiaires sont généralement en position de supériorité par rapport aux clients investisseurs en raison de leurs meilleures connaissances techniques et leurs capacités financières plus importantes[4].

B- L'harmonie des contrats d'intermédiation financière à travers les classifications classiques relatives aux conditions de formation des contrats

209. Selon les classifications fondées sur les conditions de formation du contrat, on distingue entre les contrats consensuels et les contrats solennels[5], auxquels on ajoute parfois les contrats réels[6]. Le contrat consensuel se forme par la simple volonté des parties et aucune forme particulière n'est requise pour la validité de l'acte. Par contre, le contrat est solennel lorsque sa validité est subordonnée, en plus de l'échange des consentements, à des formes

---

[1] S. BONFILS, *op. cit.*, p.53, n° 108.

[2] *Ibid.*, p.38, n° 70.

[3] F. TERRÉ, P. SIMLER et Y. LEQUETTE et F. CHÉNEDÉ, Droit civil, les obligations, *op. cit.*, n° 69, p.81 s.

[4] La lésion est régie en droit tunisien par les articles 60 (la lésion des majeurs) et 61 (la lésion des mineurs) du C.O.C. Sur la lésion, voir, M. MAHFOUDH, La théorie générale de l'obligation (I), Le contrat, (en langue arabe), Latrach éd., Tunis 2012, p.63 s. ; Y. KNANI, « La lésion est-elle une entité juridique autonome ? », RTD, 1987, vol.1, p.41 et s.

[5] En droit tunisien, cette distinction est simplement sous-entendue par le COC malgré son importance pratique puisqu'elle permet de préciser à quelles formalités les divers contrats sont astreints pour leur formation. C'était pratiquement la même situation en droit français jusqu'à l'ordonnance du 10 février 2016. Celle-ci a exploité la distinction entre les contrats consensuels, solennels et réels par l'article 1109, qu'il convient de mettre en lien avec les articles 1172 et suivants du Code civil.

[6] Les contrats réels sont ceux qui se forment, non par le seul échange de consentement, mais par la remise de la chose (de *res* : la chose ; d'où contrat réel). La remise de la chose joue ici un rôle de solennité et de publicité à l'égard des tiers. Cette catégorie de contrat est une survivance, généralement critiquée du droit romain. Elle n'intéresse qu'un nombre limité de contrats (tels que par exemple le contrat de prêt à usage ou le contrat de dépôt). V. Ph. MALINVAUD, M. MEKKI et J.-B. SEUBE, *op. cit.*, n° 76, p. 73.

déterminées par la loi[1]. La forme imposée est le plus souvent la rédaction d'un écrit, selon les cas authentique ou sous seing privé[2].

210. Il est utile de rappeler que les contrats qui requièrent un formalisme de publicité afin de rendre l'acte opposable se distinguent des contrats qui requièrent un formalisme probatoire afin de prouver l'existence de l'acte et profiter de ses effets[3]. Bien que formels, ces contrats ne sont pas forcément des contrats solennels, dont le formalisme de solennité exigé concerne directement la validité-même du contrat.

211. Si la forme requise n'est pas respectée, le contrat risque la nullité. Entaché de nullité relative ou de nullité absolue selon que la forme prescrite est destinée à la protection des seuls intérêts privés ou de l'intérêt général, le contrat est à tout moment susceptible d'être annulé avec effet rétroactif dès le jour de sa formation comme s'il n'avait jamais existé[4]. La gravité de la sanction requiert en principe qu'elle soit elle-même expressément prévue par un texte.

1. L'exigence expresse de l'écrit

212. Les contrats d'intermédiation financière donnent lieu à l'établissement d'un écrit. Le législateur tunisien a précisé clairement que l'établissement d'une convention écrite entre l'investisseur et l'intermédiaire financier *« donne lieu, obligatoirement, à l'établissement d'une convention écrite…* »[5]. Cette règle est exigée aussi en droit français, à travers l'article 314-59 du Règlement général de l'AMF qui prévoit que : « *toute prestation de services d'investissement autre que le conseil en investissement fournie à un client non professionnel fait l'objet d'une convention établie sur papier ou un autre support durable* »[6]. Cette obligation est à la charge du prestataire des services d'investissement, puisqu'elle fait partie des règles de bonnes conduites qu'il doit respecter. L'exigence de l'écrit concerne les trois contrats d'intermédiation financière.

---

[1] La majorité des auteurs s'accorde à reconnaître qu'au sommet de la hiérarchie du formalisme se trouve le contrat solennel. V. notamment, P. BRASSEUR, « Le formalisme dans la formation des contrats Approches de droit comparé », in. M. FONTAINE, Dir., Le processus de formation du contrat, Contributions comparatives et interdisciplinaires à l'harmonisation du droit européen, Bruxelles, Bruylant, L.G.D.J., 2002, p. 611 ; J.-M. TRIGAUX, « L'incidence de plusieurs législations récentes sur le droit commun des obligations en matière de formation des contrats », Annales de droit, 1997, pp. 204 et s., p. 103 ; B. NUYTTEN et L. LESAGE, « Formation des contrats : Regards sur les notions de consensualisme et de formalisme », Rép. Def., n° 8, 1998, p. 501, qui définissent le contrat solennel comme étant : « *(…) celui pour la validité duquel l'accomplissement d'une formalité déterminée est imposée par la loi* ».

[2] F. TERRÉ, P. SIMLER et Y. LEQUETTE et F. CHÉNEDÉ, Droit civil, les obligations, *op. cit.*, n° 137.

[3] C. BAYLAC, Le formalisme du droit fiscal, Paris, L'Harmattan, 2002, pp. 26 et s.

[4] V. M. MAHFOUDH, La théorie générale de l'obligation I, Le contrat, (en langue arabe), Latrach éditions, Tunis, 2012, p.78 et s.

[5] Article 52 du décret n°99-2478 du 1er novembre 1999 portant statut des intermédiaires en bourse, tel que modifié et complété par le décret n° 2007-1678 du 05 juillet 2007.

[6] Il est à noter que le non-respect de cette règle et de toutes les règles de bonne conduite est sanctionné par l'Autorité des Marchés Financiers.

213. Concernant le contrat d'intermédiation de marché, l'article 90 du règlement général de la bourse des valeurs mobilières de Tunis[1] prévoit que : « *les ordres collectés au profit des intermédiaires en bourse, par des organismes financiers tunisiens ou étrangers indépendants, doivent résulter d'une convention écrite entre l'intermédiaire en bourse et l'organisme collecteur dont copie doit être préalablement déposée au conseil du marché financier* ». Par conséquent, les dispositions relatives à la relation d'intermédiation financière prévoient que le contrat cadre d'intermédiation de marché doit être conclu par écrit.

214. Concernant le contrat d'intermédiation de gestion, plusieurs textes témoignent de l'obligation d'établir un écrit. Ainsi, aux termes de l'article 19 de la loi n° 2005-96 du 18 octobre 2005 relative au renforcement de la sécurité des relations financières, « *l'activité de gestion de portefeuilles de valeurs mobilières pour le compte de tiers est l'émission d'ordres portant sur des valeurs mobilières au nom du client et pour son compte, et ce, en vertu d'un mandat écrit* ». L'article 56 al. 2 de la loi n° 94-117 du 14 novembre 1994, portant réorganisation du marché financier, prévoit aussi que : « *la gestion individuelle de portefeuilles et le portage d'actions ne peuvent être assurés qu'en vertu d'une convention écrite* ». « *Toute personne physique ou morale peut confier à un intermédiaire en bourse, qui l'accepte, mandat de gérer pour son compte et en son nom un portefeuille composé de valeurs mobilières et produits financiers, et ce, dans le cadre d'une convention écrite de gestion* », ajoute l'article 39 du décret n° 99-2478 du 1er novembre 1999 portant statut des intermédiaires en bourse.

215. Concernant le contrat d'intermédiation de conservation, l'article 7 du décret n° 2001-2728 du 20 novembre 2001, relatif aux conditions d'inscription des valeurs mobilières et aux intermédiaires agréés pour la tenue des comptes en valeurs mobilières[2], prévoit que : « *toute ouverture de compte administré doit faire l'objet d'une convention conclue entre le propriétaire de valeurs mobilières et un intermédiaire agréé de son choix, lequel en informe la société émettrice ou l'intermédiaire agréé mandaté, dans un délai de cinq jours de bourse par tout moyen laissant une trace écrite.*

Les énonciations essentielles de la convention sont fixées, selon le cas, par circulaire de la banque centrale de Tunisie ou par règlement du Conseil du Marché Financier ».

2. La sanction du non-respect du formalisme

216. La classification des contrats d'intermédiation financière dans l'une ou l'autre de ces deux catégories, contrat consensuel ou contrat solennel, est aujourd'hui rendue plus difficile par l'émergence, depuis quelques décennies, de textes où le législateur exige le respect d'un certain formalisme, comme l'écrit, sans pour autant en sanctionner l'absence par une nullité. Le législateur, dans les contrats d'intermédiation financière, a exigé l'écrit comme formalisme sans préciser la sanction encourue en cas de violation de ce formalisme[3]. À ce

---

1 Tel que visé par l'arrêté du Ministre des Finances en date du 13 février 1997 et modifié par les arrêtés du Ministre des Finances du 9 septembre 1999, du 24 septembre 2005, du 24 septembre 2007 et du 15 avril 2008.

2 Tel que modifié par le décret n°2005-3144 du 6 décembre 2005.

3 M. BONSOM-DELUCCA, « Absence de mandat écrit de gestion de portefeuille », J.C.P., Ingénierie patrimoniale, novembre-décembre 1999, p.17.

propos, la question qui se pose est celle de savoir si la formalité de l'écrit est exigée *ad validitatem* ou *ad probationem*[1].

217. La difficulté rencontrée chaque fois qu'il s'agit de déterminer si l'écrit est exigé *ad validitatem* ou à titre de preuve[2] témoigne de l'existence d'un rapprochement entre ces deux types de formalités[3], qui a entraîné l'hésitation même de la jurisprudence dans la qualification des exigences formelles[4]. Très souvent le législateur prescrit la rédaction d'un écrit sans préciser s'il est requis pour la validité ou la preuve de l'acte[5] et sans poser des sanctions en cas d'inobservation d'un tel formalisme[6]. L'hésitation dans de tels cas est permise. Ainsi, bien que l'établissement d'une convention écrite soit une obligation évidente pour les législateurs tunisien et français, qui figure parmi les obligations des intermédiaires financiers, on ne trouve cependant aucun article, en droit tunisien ou français, qui prévoit la sanction du non-respect de ce formalisme. Si on considère que le formalisme est substantiel, et qu'il participe à

---

1 Dans **le formalisme *ad validitatem***, l'absence de la forme prescrite entraîne la nullité du contrat, qualifié de formel. Un tel formalisme est caractérisé par la rigueur et s'oppose clairement au contrat consensuel, où la volonté suffit à créer un contrat. V. M. DEMOULIN et E. MONTERO, « Le formalisme contractuel à l'heure du commerce électronique », in. M. DEMOULIN, D. GOBERT et E. MONTERO, Commerce électronique de la théorie à la pratique, Cahier du C.R.I.D., Bruxelles, Facultés Universitaires Notre-Dame de la paix de Namur et Bruylant, 2003, p. 142. En revanche, dans le **formalisme *ad probationem***, l'inaccomplissement du formalisme exigé n'affecte pas l'existence du contrat, qui reste valable, mais l'absence d'éléments de preuve rend son exécution difficile. V. M. DEMOULIN et E. MONTERO, « La conclusion des contrats par voie électronique », in. M. FONTAINE, Dir., Le processus de formation du contrat, Contributions comparatives et interdisciplinaires à l'harmonisation du droit européen, Bruxelles, Bruylant, L.G.D.J., 2002, p. 709. Dans le formalisme de validité, l'objectif est généralement de protéger les parties contractantes et spécialement la partie faible (consommateur, assuré, emprunteur…), alors que dans le formalisme de preuve, l'objectif est d'assurer la sécurité juridique. En cas de contestation, les parties trouveront, normalement, un moyen pour prouver leurs allégations. Le formalisme *ad validitatem* mène à la réflexion avant de conclure le contrat. La lourdeur du formalisme attire l'attention sur la gravité de l'acte, ce qui permet d'éveiller la réflexion des parties. Le formalisme exigé *ad validitatem* exerce dans ce cas une fonction psychologique. Quant au formalisme *ad probationem*, il assure une fonction probatoire. V. F. G. TREBULLE, « La réforme du droit de la preuve et le formalisme », P. aff., 2000, n° 79, p. 11. La variété des objectifs est donc claire entre les deux catégories du formalisme, ce qui aboutit nécessairement à une diversité de sanctions. Le formalisme ad validitatem est irremplaçable ; l'absence des formes prescrites entraîne la nullité de l'acte, tandis que l'absence des formes exigées ad probationem peut être palliée par l'aveu ou le serment. V. L. GRYNBAUM, "La querelle des images (Pour la liberté de la preuve des contrats et … le renforcement du formalisme)", in. Mélanges Michelle Gobert, Ruptures mouvements et continuité du droit : autour de Michelle Gobert, Paris, Economica, DL, 2004, pp. 433 et s.

2 M. A. GUERRIERO, L'acte juridique solennel, thèse, Toulouse, L.G.D.J., 1975, pp. 177 et s.

3 A. ELLOUMI, Le formalisme électronique, Tunis, CPU, 2011, n° 277, p. 163.

4 V. certaines illustrations citées par L. ASSAYA et V. BAUDOUIN, « La signature électronique par cryptographie à clé publique », J.C.P., 2003, éd. E., n° 4, p. 164.

5 M. KOSSENTINI, « Le formalisme à travers les règles communes de constitution des sociétés commerciales : quelles fonctions ? », Etudes juridiques, 2008, n° 15, p. 146.

6 C. C. RENARD, « Le formalisme du contrat électronique ou la confiance décrétée », Rép. Def., 2006, n° 20, p. 1531.

la protection du consommateur contre le professionnel[1], la formalité de l'écrit relève dans ce cas, du droit de la preuve et la nullité du contrat n'est que relative[2]. Par contre, si l'écrit est considéré comme étant une condition de validité, la nullité sera absolue, dès lors que le formalisme a pour but la protection de tout un système financier, d'une façon plus large, de l'ordre public économique[3].

218. Le formalisme instauré a pour but la protection de l'investisseur, ou dans un sens plus large du consommateur qui est en rapport direct avec le professionnel intermédiaire financier. Évidemment, il est dans l'intérêt de l'investisseur d'avoir un support prouvant son rapport avec l'intermédiaire financier[4]. A cet égard, l'article 314-59 du règlement général de l'AMF prévoit que le rapport entre le client et le prestataire de services d'investissement «*fait l'objet d'une convention établie sur papier ou autre support durable*». La référence au « support durable » montre qu'on n'est pas devant une condition de validité, la recherche d'un tel support a pour but d'imposer un moyen de preuve qui doit être matérialisé sous n'importe quelle forme[5].

219. Tout en confirmant la nature probatoire du formalisme exigé pour les contrats d'intermédiation financière, la jurisprudence française a pu démontrer dans un arrêt de la Cour de cassation du 15 septembre 2009, concernant le contrat d'intermédiation de conservation, que : « *si la convention de compte-titres doit faire l'objet d'un écrit, cette exigence ne constitue pas une condition de validité du contrat, mais une règle de preuve*»[6]. La Cour de cassation a retenu la même position concernant la convention de gestion[7] dans un autre arrêté qui date du 26 février 2008. La Cour prévoit que «*s'il résulte de l'article L. 533-10 du Code monétaire et financier, dans sa rédaction alors applicable, que le mandat de gestion de portefeuille doit faire l'objet d'une convention écrite*[8]*, cette exigence ne constitue pas une condition de validité du contrat mais une simple règle de preuve*»[9].

---

1 Dans ce cas, le formalisme a pour but la protection de l'investisseur (ou dans un sens plus large du consommateur) qui est en rapport direct avec le professionnel chargé de la négociation des valeurs mobilières, et il est dans son intérêt d'avoir un support prouvant son rapport avec l'intermédiaire financier.

2 F. TERRÉ, P. SIMLER et Y. LEQUETTE et F. CHÉNEDÉ, Droit civil, les obligations, *op. cit.*, n° 146.

3 Th. BONNEAU et F. DRUMMOND, *Droit des marchés financiers*, op. cit., n° 397, p. 537.

4 *Ibid., loc. cit.*

5 W. BOUAJILA, L'opération de négociation des valeurs mobilières sur un marché réglementé, étude comparée du droit tunisien et du droit français, thèse pour le doctorat en droit privé, Faculté de droit et des sciences politiques d'Aix-Marseille, 2014, p.89.

6 Cass. Com., 15 septembre 2009, inédit, pourvoi n° 08-13282, cité par T. BONNEAU et F. DRUMMOND, *Droit des marchés financiers, op. cit.*, n° 397, p. 537.

7 Pour la même position concernant le contrat d'intermédiation du marché, V.

8 En pratique, les contrats de mandat de gestion revêtent souvent la forme d'un contrat-type, en particulier lorsqu'ils sont conclus avec des clients non-professionnels (V. art. L. 533-14, du C. mon. fin.). Rien n'interdit toutefois aux intéressés d'établir un contrat sur mesure.

9 Cass.Com., 26 fév. 2008, Bull. Civ., IV, n° 290, D. 2008, Actualités, p. 782.

220. Dans la même logique jurisprudentielle, la doctrine écarte l'hypothèse selon laquelle l'écrit est un élément essentiel du contrat, de telle sorte que son absence serait sanctionnée par la nullité absolue[1]. Néanmoins, elle considère majoritairement que l'écrit est une formalité protectrice du client, partie faible du contrat. Elle en déduit qu'en l'absence d'écrit satisfaisant aux exigences légales et règlementaires, le contrat serait frappée de nullité relative[2].

221. Par ailleurs, l'absence d'établissement d'un écrit constitue un manquement de l'intermédiaire financier à une règle de bonne conduite pouvant fonder une action en responsabilité civile et appelle le prononcé de sanctions disciplinaires ou pécuniaires de la part du CMF[3].

222. En guise de conclusion, les contrats d'intermédiation financière exigent la rédaction d'un écrit à titre probatoire. Ce sont alors des contrats formels qui nécessitent un formalisme *ad probationem*, sans pour autant être des contrats solennels dont la validité est subordonnée à l'accomplissement d'une formalité particulière tel qu'un écrit.

§2 - La cohérence des contrats d'intermédiation à travers les classifications récentes des contrats

223. La cohérence des contrats d'intermédiation financière est constatée à travers les classifications récentes des contrats. Ainsi, les contrats d'intermédiation financière peuvent être présentés comme des contrats de consommation **(A)**, ils peuvent être étudiés également à travers la classification des contrats de gré à gré et les contrats d'adhésion **(B)**.

A- Les contrats d'intermédiation financière comme des contrats de consommation

224. En Tunisie, c'est la loi n° 92-117 du 7 décembre 1992, relative à la protection du consommateur[4], qui est considérée comme étant le droit commun de la consommation[5]. En France, le droit de la consommation a été

---

[1] T. BONNEAU, « Le mandat du gérant de fortune, ses obligations et sa responsabilité en droit français », in Aspects juridiques de la gestion de fortune (sous la direction de L. THÉVENOZ), Bruylant et Staempfli Éditions SA, Berne, 1999, p. 23-44, spéc. n° 6, p. 27 ; J.-M. BOSSIN et G. DE LAMBILLY, « Le mandat de gestion de portefeuille individuel et la responsabilité des intermédiaires, Banque et droit, mai-juin 1998, p.5.

[2] J.-J. ESSOMBÈ MOUSSIO, note sous Paris, 27 janv. 1998, Bull. Jolly Bourse 1998, § 64, p. 252, n° 3 ; G. RIPERT et R. ROBLOT, Traité de droit commercial, *op. cit.*, n°2475, p.467 ; M. STORK, « Société de gestion de portefeuille – Agrément, Mandats de gestion de portefeuille », J.-Cl. Banque, crédit, bourse, fasc. 2210, 2002, n° 33 ; H. De VAUPLANE et J.-P. BORNET, Droit des marchés financiers, *op. cit.*, n° 949, p. 860.

[3] V. par exemple en France : Sanct. AMF 23 octobre 2008 société européenne de gestion privé, Bull. Joly Bourse, 2009, mars-avril, p. 122, note O. MITTELETTE.

[4] J.O.R.T. du 15 déc. 1992, n° 83, p. 1571.

[5] Il faut citer aussi la loi n° 98-39 du 2 juin 1998, relative aux ventes avec facilités de paiement (J.O.R.T. du 2 juin 1998, n° 44, pp. 1201 et s.), la loi n° 98-40 du 2 juin 1998, relative aux techniques de vente et à la publicité commerciale (J.O.R.T. du 2 juin 1998, n° 44, pp. 1203 et s.) et la loi n° 2000-83 du 9 août 2000, relative aux échanges et au commerce électroniques, par

codifié dans le Code de la consommation, issu de la loi du 26 juillet 1993, dans le cadre d'un processus général de codification. Créé en 1993, pour la partie législative et 1995, pour la partie réglementaire, le code de la consommation a depuis subi de nombreuses modifications[1].

225. Le droit de la consommation est défini comme étant : « *l'ensemble des dispositions d'origine législative, réglementaire ou jurisprudentielle qui organise le statut du consommateur en tant que tel dans le but principal de protéger les intérêts de chaque consommateur* »[2]. Mettant l'accent sur la personne que le droit entend protéger, à savoir le consommateur[3], cette définition a fait triompher la conception subjective. Selon une seconde approche objective, l'attention se porte sur l'acte lui-même qui est l'acte de consommation. Le droit de la consommation, qui souffre d'une imprécision relative à son domaine[4], serait donc soit celui des consommateurs soit celui des actes de consommation.

226. La distinction entre les contrats de consommation et les contrats égalitaires est confirmée par la doctrine majoritaire[5]. La question est de savoir si les contrats d'intermédiation financière entrent ou non dans le champ d'application du droit de la consommation. Dans l'affirmative, un nouvel élément d'unicité sera établi.

227. La doctrine classique considère que les contrats d'intermédiation financière échappent au domaine du droit de consommation[6], pour plusieurs

---

laquelle le législateur a essayé de protéger le cyberconsommateur dans un monde dématérialisé (J.O.R.T. du 11 août 2000, n° 64, pp. 1887 et s.).

[1] L'ordonnance n°2016-301 du 14 mars 2016 a refondu la partie législative du code de la consommation et le décret n°2016-884 du 29 juin 2016, la partie réglementaire.

[2] J. CALAIS-AULOY, M. DEPINCÉ et H. TEMPLE, Droit de la consommation, Précis Dalloz, 10ème éd., 2020, n° 14.

[3] La notion du consommateur a été définie en droit tunisien par l'article 2 de la loi n° 92-117 du 7 décembre 1992, relative à la protection du consommateur, ainsi que par l'article 2 également des deux lois n°98-39 et 98-40, relatives respectivement aux ventes avec facilités de paiement et aux techniques de vente et à la publicité commerciale. Sur cette définition, V. infra. nos 237 et s.

[4] J. BEAUCHARD, « Remarques sur le Code de la consommation », in Droit civil, procédure, linguistique juridique. Ecrits en hommage à Gérard Cornu, PUF, 1994, n° 31, p. 20 ; J. HUET « Introduction », in Faut-il recodifier le droit de la consommation ?, (sous la direction de D. FENOUILLET et F. LABARTHE), Economica, 2002, p. 3 et s.

[5] F. TERRÉ, P. SIMLER et Y. LEQUETTE et F. CHÉNEDÉ, Droit civil, les obligations, *op. cit.*, n°74 et s. p.83 et s. ; Ph. MALAURIE, L. AYNÈS et P. STOFFEL-MUNCK, Droit civil, Les obligations, *op. cit.*, n°422, p. 189. Certains auteurs abordent la problématique de la protection du consommateur à travers la distinction entre les contrats négociés et les contrats d'adhésion : B. STARCK, H. ROLAND et L. BOYER, Droit civil Les obligations, 2, Contrat, 6ème éd., Litec, 1998, n° 153, p.52 ; H., L., J. MAZEAUD et F. CHABAS, Leçons de Droit Civil, T.2, Obligations, théorie générale, *op. cit.*, n° 88-2 s. p. 79 s. Il semble que ce rattachement n'est pas tout à fait convainquant car la notion de contrat de consommation diffère de celle du contrat d'adhésion : J. GHESTIN, « Rapport introductif », in Les clauses abusives entre professionnels, sous la direction de C. JAMIN et D. MAZEAUD, Economica, 1998, p.9 ; D. BUREAU, « Vers un critère général » in Faut-il recodifier le droit de la consommation ?, (sous la direction de D. FENOUILLET et F. LABARTHE), Economica, 2002, p. 53 et s.

[6] T. BONNEAU et F. DRUMMOND, Droit des marchés financiers, *op. cit.*, n° 470, p. 384 ; G. CORNU, « Rapport sur la protection du consommateur et l'exécution du contrat en droit

raisons. D'abord, elle considère que les valeurs mobilières ne sont pas des biens de consommation [1]. Ensuite, elle prétend que la cause des contrats d'intermédiation financière, qui exclut toute volonté d'investissement, est incompatible avec l'application du droit de la consommation[2]. Cet argument est basé sur la distinction entre les notions de consommation et d'épargne[3].

228. Enfin, elle affirme que les finalités du droit de la consommation sont différentes de celles du droit financier. Ainsi, selon les professeurs Thierry BONNEAU et France DRUMMOND, la protection qu'offre le droit de la consommation est essentiellement organisée contre le professionnel. Or, *« c'est à l'encontre des risques du marché (…) qu'est organisée la protection de l'investisseur »*[4], écrivent-ils. Donc, la définition de l'investisseur ne peut se construire dans une opposition au professionnel, ce qui exclut l'application du droit de consommation.

229. Si les arguments présentés ont connu un certain succès, il importe de les reprendre et de les réfuter afin de parvenir à la conclusion que les contrats d'intermédiation financière sont susceptibles d'être soumis au droit de la consommation.

---

français », in Travaux de l'association Henri Capitant des amis de culture juridique française, La protection des consommateurs, journées canadiennes, 1973, Dalloz, 1975, p. 131-157 ; J. CALAIS-AULOY, M. DEPINCÉ et H. TEMPLE, Droit de la consommation, op. cit., n°14, p.13 ; C. DANGLEHANT, « Le nouveau statut des minoritaires dans les sociétés anonymes cotées : l'application du principe de l'équité », Rev. soc., 1996, p. 217-237, spéc. p. 230 ; G. RAYMOND, « Les contrats de consommation », in Après le Code de la consommation. Grands problèmes choisis (sous la direction de J. CALAIS-AULOY et H. CAUSSE), Litec, 1995, p.35-57 ; J.-P. BORNET, Le « pouvoir des sans pouvoirs » ou comment s'organise le pouvoir des minoritaires, LPA, 17 mars 1995, n° 33, p. 18-21 ; H. CAUSSE, « De la notion de consommateur », in Après le Code de la consommation. Grands problèmes choisis (sous la direction de J. CALAIS-AULOY et H. CAUSSE), Litec, 1995, p.21-34.

1 G. RAYMOND, « Les contrats de consommation », in Après le Code de la consommation. Grands problèmes choisis (sous la direction de J. CALAIS-AULOY et H. CAUSSE), Litec, 1995, p.44, qui a pu écrire que : *« tous les biens meubles ne sont pas des biens de consommation : Il faut en effet exclure des biens de consommation les valeurs mobilières qui sont des biens non que l'on consomme mais sur lesquels on spécule ou dans lesquels on investit »*

2 G. RAYMOND, « Les contrats de consommation », in Après le Code de la consommation. Grands problèmes choisis (sous la direction de J. CALAIS-AULOY et H. CAUSSE), Litec, 1995, p. 46. Selon cet auteur *« tout le monde est d'accord pour exclure des contrats de consommation les contrats motivés par une volonté de spéculation, d'épargne ou de placement. Ainsi, le contrat d'achat en bourse ne constitue pas un contrat de consommation »* ; G. CORNU, « Rapport sur la protection du consommateur et l'exécution du contrat en droit français », in Travaux de l'association Henri Capitant des amis de culture juridique française, La protection des consommateurs, journées canadiennes, 1973, Dalloz, 1975, n° 4, p. 134, pour qui *« les placements mobiliers ou immobiliers ne sont pas des actes de consommateurs. Ce sont des investissements de capitaux que les dépenses de consommation risquent au contraire de compromettre »*.

3 J. CALAIS-AULOY, M. DEPINCÉ et H. TEMPLE, Droit de la consommation, op. cit., n°14, p.13 ; C. DANGLEHANT, « Le nouveau statut des minoritaires dans les sociétés anonymes cotées : l'application du principe de l'équité », Rev. soc. 1996, p. 230.

4 T. BONNEAU et F. DRUMMOND, Droit des marchés financiers, *op. cit.*, n°470, p. 385.

230. D'une part, le droit de consommation est certes un droit spécial, mais il a une vocation générale[1]. Il ne se limite pas à la loi du 7 décembre 1992, en Tunisie, ou au Code de la consommation, en France, car ces textes ne contiennent pas tout le droit de la consommation. C'est un droit transversal destiné à régir une situation à moins que la loi en dispose autrement. Or, il n'existe aucune disposition légale qui fasse échapper les contrats d'intermédiation financière au droit de la consommation. Ces contrats peuvent être donc soumis au droit de la consommation.

231. D'autre part, il nous semble que les deux arguments, le premier et le second, bien que leurs contenus soient tout à fait logiques, ne concernent nullement les contrats d'intermédiation financière, mais plutôt le contrat de vente des valeurs mobilières sur le marché boursier, c'est-à-dire la négociation proprement dite[2]. Il faut bien se positionner dans le temps. Les contrats d'intermédiation financière permettent l'accès au marché, après quoi commencent les ventes et les achats des titres par l'exécution des ordres de bourse sur le marché.

232. L'objet des contrats d'intermédiation financière est de gérer un portefeuille, de conserver, d'acheter ou de vendre des valeurs mobilières. L'objet consiste alors en un service rendu par l'intermédiaire professionnel afin de permettre à ses clients un accès au marché, tantôt sécurisé, tantôt non, selon le choix du client. Par contre, dans l'opération de marché, contrat de vente en bourse, l'objet du contrat consiste dans la vente, et l'objet de l'obligation réside dans les valeurs mobilières. Donc, dire que les valeurs mobilières ne sont pas des biens de consommation et que le contrat d'« *achat en bourse* »[3] ne constitue pas un contrat de consommation mais plutôt d'épargne, reste valable seulement pour les contrats d'achat en bourse. Les contrats d'intermédiation financière, qui leur procèdent chronologiquement, peuvent être rattachés au droit de la consommation.

233. Certes, le droit de la consommation est un droit qui a pour finalité la protection du consommateur, mais cela ne signifie pas forcément que son domaine soit limité aux seules dispositions de protection contre le professionnel. En matière de crédit immobilier par exemple, l'acquéreur de l'immeuble qui recourt à un tel financement est protégé même lorsque le vendeur n'est pas professionnel[4]. De plus, certaines dispositions n'ont pas pour finalité de protéger contre une personne, mais plutôt contre un acte qui engendre des risques tel que le cautionnement que délivre une personne

---

[1] J. BEAUCHARD, « Remarques sur le Code de la consommation », in Droit civil, procédure, linguistique juridique. Ecrits en hommage à Gérard Cornu, PUF, 1994, n° 19, p. 15.

[2] En tant que mode de transfert de propriété des valeurs mobilières émises des sociétés faisant appel public à l'épargne.

[3] G. RAYMOND, « Les contrats de consommation », in Après le Code de la consommation. Grands problèmes choisis (sous la direction de J. CALAIS-AULOY et H. CAUSSE), Litec, 1995, p. 46.

[4] J. HUET « Introduction », in Faut-il recodifier le droit de la consommation ?, (sous la direction de D. FENOUILLET et F. LABARTHE), Economica, 2002, p. 9.

physique à un créancier professionnel[1]. Il s'agit dans ce cas de protéger la caution contre « les risques » inhérents à un cautionnement en faisant en sorte que celle-ci soit informée de la portée de son engagement[2].

234. Par ailleurs, plusieurs autres arguments nous permettent d'étendre le champ du droit de consommation aux contrats d'intermédiation financière. Evidemment, ces derniers sont des contrats inégalitaires. En effet, les activités d'intermédiation font l'objet d'un monopole et l'intermédiation des professionnels est rendue obligatoire. De ce fait, les contrats d'intermédiation financière obligent l'investisseur à passer par un professionnel, et surtout à lui confier ses intérêts. En outre, il est clair de remarquer le décalage de compétence constaté entre le professionnel et l'investisseur. Le professionnel se trouve, comme n'importe quel intermédiaire, en situation d'asymétrie favorable d'information[3].

235. De plus, l'interaction entre le droit des marchés financiers et le droit de consommation est évidente. Assurément, il existe un problème de localisation et un risque à la fois d'empiètement et d'éparpillement[4]. Le droit du marché financier tunisien fait allusion à la notion de démarchage financier occasionnellement à l'article premier de la loi du 14 novembre 1994 en tant que critère, parmi d'autres, de l'appel public à l'épargne, ainsi qu'à l'article 56 de la même loi, qui cite le démarchage financier parmi les activités de l'intermédiaire en bourse. Le droit français, traite l'investisseur démarché à l'image d'un consommateur en lui accordant un droit de rétractation[5] et des délais de réflexion[6]. En effet, lorsqu'il est démarché en vue de la conclusion d'un contrat

---

[1] D. LEGAIS, « Le code de la consommation siège d'un nouveau droit commun du cautionnement », J.C.P. 2003, éd. E., 1433 ; D. HOUTCIEFF, « Les dispositions applicables au cautionnement issues de la loi pour l'initiative économique », J.C.P. 2003, I, 161, p. 1611-1616.

[2] J. CALAIS-AULOY, M. DEPINCÉ et H. TEMPLE, Droit de la consommation, *op. cit.*, n° 357, p. 397.

[3] A. BIENAYME, « Rapport introductif à l'atelier " intermédiation et concurrence" », in Intermédiation économique et concurrence (sous la présidence de C. LUCAS DE LEYSSAC et A. BIENAYME), Rev. de la concurrence et de la consommation, n°108, mars-avr. 1999, p.15.

[4] J. HUET, « Introduction », in Faut-il recodifier le droit de la consommation ?, (sous la direction de D. FENOUILLET et F. LABARTHE), Economica, 2002, p. 6 et s.

[5] L'article L. 341-16 du Code monétaire et financier accorde au démarché une faculté de rétractation dans un délai de quatorze jours à compter de la date à laquelle il reçoit le contrat signé des deux parties, sans pénalité ni justification. L'article 30 de la loi du 9 août 2000 relative aux échanges et au commerce électroniques (*J.O.R.T.* du 11 août 2000, n° 64, pp. 1887-1892) accorde au consommateur la possibilité de se rétracter dans un délai de 10 jours ouvrables à partir de la conclusion du contrat. Le droit de rétractation a été institué en France par l'article 3 de la loi du 22 décembre 1972, relative à la protection des consommateurs en matière de vente et de démarchage à domicile (Loi n° 72-1137 du 22 déc. 1972, *J.O.* du 23 déc. 1972), puis il a été généralisé dans plusieurs autres lois. V. sur la consécration du droit de rétractation dans les lois françaises, « Ventes aux consommateurs », *D.P.D.A.*, feuillets 148, 1998, p. 1662.

[6] Le droit de réflexion vise à permettre au consommateur de bien réfléchir avant de conclure un contrat d'une façon hâtive. Il lui permet de lire le contrat à « tête reposée », H. DAVO, « Contrats et obligations : protection du consommateur », *Juris. Class.* contrats et obligations, Art. 1109, fasc.10, p.11. Sans le bénéfice d'un droit de réflexion, l'information fournie par le vendeur n'aura pas une grande importance. Le droit du consommateur de réfléchir avant de

d'intermédiation financière, l'investisseur « *bénéficie, sous certaines conditions, d'une protection efficace, indépendamment même des dispositions portant sur les personnes habilitées au démarchage et des conditions d'exercice de cette activité* »[1]. Dès lors, la législation sur le démarchage appliquée aux contrats d'intermédiation financière a permis d'en montrer l'inspiration consumériste. Même si la relation d'intermédiation financière n'est pas soumise au « *droit commun du démarchage* »[2], résultant des articles L. 121-21 et suivants du Code de la consommation, de telles dispositions ne se rattachent pas moins au droit de la consommation. La transposition de la Directive 2002/65/CE a conduit le législateur français à étendre le bénéfice du délai de rétractation, au-delà des personnes démarchées, à tous les investisseurs concluant des conventions de services financiers à distance[3].

236. Si le non-professionnel n'est pas synonyme de consommateur, le droit de la consommation ne peut-il pas être étendu à d'autres catégories d'agents ? Cette question se pose surtout pour l'investisseur. Peut-on parler alors d'un consommateur de services ?

237. La loi n° 92-117 du 7 décembre 1992, relative à la protection du consommateur [4], a défini pour la première fois ce qu'on entend par consommateur. En effet, selon l'article 2 paragraphe d, le consommateur est « *celui qui achète un produit dans le but de le consommer* ».

238. Un auteur[5] pense que cette définition est restreinte dans la mesure où elle se limite aux produits et exclut de son champ d'application les services. Cette constatation nous paraît erronée, puisque le même article 2 de la loi du 7 décembre 1992 définit la notion de produit, en considérant qu'elle englobe « *tout service quelle que soit sa nature* ».

239. Voulant éviter l'imprécision de la notion de consommateur, le législateur a adopté une nouvelle définition dans le cadre de deux lois n° 98-39[6] et 98-40[7], relatives respectivement aux ventes avec facilités de paiement et aux techniques de vente et à la publicité commerciale. Les articles 2 des deux lois définissent ainsi le consommateur comme étant : « *Celui qui achète un produit en*

---

s'engager « *(…) apporte ainsi une contribution efficace de l'obligation de renseignements* », Y. BOYER, *L'obligation de renseignements dans la formation du contrat*, Thèse, faculté de droit et des sciences politiques d'Aix Marseille, 1997, p. 145. Le droit de réflexion est consacré en droit tunisien par exemple à travers l'article 29 de la loi n° 98-40 du 2 juin 1998, relative aux ventes avec facilités de paiement, et en droit français par les articles L. 311-15 et L. 312-10du Code de la consommation français.

[1] S. BONFILS, op. cit., p. 22et s, n° 34.

[2] T. BONNEAU et F. DRUMMOND, Droit des marchés financiers, op. cit., n° 459, p. 659 ; S. BONFILS, op. cit., p.26, n° 45.

[3] Art. L. 343-1 du Code monétaire et financier renvoyant aux dispositions du Code de la consommation.

[4] *Loi précitée.*

[5] M. BEKIR, « La protection du consommateur en droit tunisien »(en langue arabe), R.J.L., n° 6, 1994, p.42.

[6] *J.O.R.T.* du 2 juin 1998, n° 44, pp. 1201-1203.

[7] Loi précitée.

vue de le consommer ou un service pour en bénéficier à des fins autres que professionnelles»[1]. Dès lors, il semble que l'investisseur peut être considéré comme un consommateur de services financiers et que la notion de contrat de consommation n'exclut pas, par principe, les contrats d'intermédiation financiers.

B- Les contrats d'intermédiation financière comme des contrats d'adhésion

240. Le législateur tunisien n'a pas distingué entre les contrats de gré à gré et les contrats d'adhésion. Si ce n'est pas du rôle du législateur de procéder à de telles classifications, la doctrine[2] et la jurisprudence[3] ont joué pleinement leur rôle en tant que sources indirectes du droit.

241. En droit français, la réforme de 2016 a envisagé une nouvelle classification, qui ne figurait pas dans le Code civil de 1804, mais elle s'appuyait sur des notions qui avaient existé dans le droit antérieur. Il s'agit de la distinction des contrats de gré à gré et des contrats d'adhésion[4], objet de l'article 1110 du Code civil. Introduite en Allemagne au début du XXe siècle, cette distinction a été présentée en France par SALEILLES, sans succès immédiat, avant d'être consacrée par l'ordonnance du 10 février 2016, telle que ratifiée par la loi n° 2018-287 du 20 avril 2018.

242. Tandis que le contrat de gré à gré est un contrat « *dont les stipulations sont négociables entre les parties* »[5], sous réserve des dispositions d'ordre public, le contrat d'adhésion est traditionnellement appréhendé comme étant celui dans lequel l'une des parties occupe une position de force ou de monopole qui interdit toute véritable discussion ou négociation. De ce fait, la liberté du contractant se limite à un choix entre les deux branches d'une option : soit adhérer en bloc au contrat proposé, soit refuser de contracter[6]. En l'occurrence, l'article 1110 du Code civil définit le contrat d'adhésion comme celui « *qui comporte un ensemble de clauses non négociables, déterminées à l'avance par l'une des parties* ». L'interprétation de ce texte, dans sa lettre comme dans son esprit, partage la doctrine[7]. Un premier groupe souhaite revenir à la notion historique chère à SALEILLES et réduire les contrats d'adhésion aux contrats de consommation standardisés dont les conditions générales sont pré-rédigées et intangibles conclus entre particuliers ou entre professionnels. Sont notamment

---

[1] La différence entre cette définition et celle donnée dans la loi du 7 déc. 1992 a été expliquée par la volonté de préciser plus la notion du consommateur. V. en ce sens *les débats de la chambre des députés* sur le projet de loi relatif aux techniques de vente et à la publicité commerciale, séance du mardi 12 mai 1998, n° 40, p. 16.

[2] V. M. MAHFOUDH, Leçons sur le contrat (ses règles générales), (ouvrage en langue arabe), C.P.U., Tunis, 2ème éd., 2021, pp. 30 et s.

[3] V. à propos de la distinction entre les contrats d'adhésion et les contrats de gré à gré, Cass.civ. n° 31607, 20 juin 1994, Bull. C. Cass. Tun. 1994, p. 456.

[4] En réalité, la réforme de 2016 a envisagé aussi une autre classification, celle des contrats cadre et des contrats d'application.

[5] Art. 1110 (nouveau) du C. civ.

[6] V. Ph. MALINVAUD, M. MEKKI et J.-B. SEUBE, *op. cit.*,n°77, p.74.

[7] Ph. MALINVAUD, M. MEKKI et J.-B. SEUBE, *op. cit.*, n°374, p.336.

exclus, dans ce cas, les contrats types et les contrats de dépendance pour lesquels l'engagement est réfléchi sans être libre, là où dans un contrat d'adhésion, le consentement est libre mais irréfléchi[1]. A l'extrémité, certains soutiennent que le contrat d'adhésion est celui dont la plupart des clauses n'ont pas été négociées, sans autre restriction[2]. Une troisième position, intermédiaire, peut consister à intégrer aux contrats d'adhésion les contrats dont les conditions générales, du moins l'essentiel de ces conditions, n'ont pas été négociées ou à l'égard desquelles la preuve d'une liberté de négociation n'aura pas été établie[3].

243. Partant de cette dernière position, d'autant que les conditions générales des contrats d'intermédiation de marché ne sont pas librement déterminées par les parties et ne font pas l'objet de négociations, on peut tout naturellement penser à la qualification de contrat d'adhésion.

244. Parmi les critères du contrat d'adhésion présentés par la doctrine[4], on peut relever un élément très important, celui de « *la supériorité de puissance économique* »[5]. Cet élément permet à l'auteur de l'offre d'imposer ses conditions à son contractant, de « dicter » le contrat et surtout de refuser toute négociation. Une auteure a justement mis en lumière le caractère déterminant de ce refus de négociation et a pu dégager à ce propos le concept d'« *impossibilité matérielle de négocier* » par opposition à l'« *impossibilité juridique de négocier* »[6]. Selon ce même auteur, il est préférable de parler de contrat « non négocié » plutôt que de contrat d'adhésion[7]. Cet effort doctrinal oriente notre réflexion à propos des contrats d'intermédiation financière vers cette nouvelle catégorie de contrats, celle des contrats « *non négociés* »[8]. Du coup, on peut penser à classer les contrats d'intermédiation financière parmi les « contrats types »ou encore parmi les « contrats imposés ».

245. Les contrats d'intermédiation financière peuvent être qualifiés donc de « contrats-types »[9]. Il s'agit de *« modèle de contrat de type réglementaire, s'imposant à*

---

[1] D. FENOUILLET, « Le juge et les clauses abusives », RDC 2016, n°2, p. 358.

[2] T. REVET, « Les critères du contrat d'adhésion », D., 2016, p. 1771.

[3] M. MEKKI, « Fiche pratique sur le contrat d'adhésion », Gaz. Pal., 22 mars 2016, p. 16.

[4] La doctrine a pu dénombrer six critères différents : V. S. DE LA MARNIERRE, L'évolution technique du contrat, n° 15, p. 49.

[5] *Ibid., loc. cit.*

[6] S. YADINI-NAUDOT, Le contrat non négocié, thèse Nantes, 2000, n° 212 et s.

[7] Le contrat « non négocié » ne reçoit pas encore de consécration au sein du droit positif. Néanmoins, le législateur et le juge n'ont pas manqué d'apporter des solutions afin de protéger la partie en situation d'impossibilité de négocier. *Ibid., loc. cit.*

[8] *Ibid., loc. cit.*

[9] A titre d'exemple, le contrat d'ouverture d'un compte auprès d'un intermédiaire en bourse donne lieu, obligatoirement, selon l'article 52 du décret n°99-2478 du 1er novembre 1999 portant statut des intermédiaires en bourse, à l'établissement d'une convention écrite qui précise notamment les conditions d'utilisation de ce compte, les différents services auxquels il donne droit et les engagements réciproques des parties ainsi que les conditions générales pratiquées pour les opérations que l'intermédiaire en bourse propose à son client dans le cadre de ce compte. Pour éviter tout abus probable du professionnel contre l'investisseur, la loi détermine

tous ceux qui concluent un contrat de ce genre»[1]. Ce type de contrat « *au lieu d'être pré rédigé unilatéralement par la partie professionnelle, il l'est par les pouvoirs publics*»[2] qui édictent des mentions obligatoires. Le contenu de ces contrats est, totalement ou partiellement, prédéterminé aux fins de faciliter la standardisation des relations juridiques et d'accélérer le rythme de conclusion des accords[3].

246. Le besoin de simplicité, de rapidité et d'économie est très souvent recherché par cette normalisation. Le développement des contrats types a pu être présenté comme un autre aspect du formalisme. Par ces contrats types, l'Etat cherche à protéger le consommateur et à minimiser les abus dans les contrats complexes si les professionnels eux même les ont rédigés. Cette préoccupation a poussé un auteur à estimer que *« la technique d'utilisation du contrat d'adhésion se trouverait ainsi renversée puisqu'il servirait à protéger l'économiquement faible contre l'économiquement fort*»[4].

247. Le phénomène de la standardisation des contrats revêt une importance capitale. Pendant longtemps, se furent surtout les grands contrats standardisés[5]. Actuellement, l'usage de formules-types de contrat est tout à fait généralisé. Altérant gravement la liberté des parties de déterminer le contenu de leur contrat, l'interventionnisme étatique va parfois jusqu'à remettre en cause la liberté même de conclure le contrat ou de choisir son cocontractant. On est alors en présence d'un « contrat imposé »[6].

248. Dans une négociation en bourse, rappelons-le, vendeur et acheteur ne peuvent conclure le contrat de vente directement, ou seuls. Ils ne peuvent conclure qu'à travers leurs intermédiaires respectifs par le biais de contrats d'intermédiation financière. De là, on se rend compte de l'importance de ces contrats imposés quant à l'accès au marché afin de finaliser une opération de marché.

---

le contenu du contrat passé entre l'investisseur et son intermédiaire. Cette intervention légale qui détermine le contenu du contrat et le fait échapper au principe de la liberté contractuelle, est à l'origine d'un phénomène de standardisation du contrat liant l'investisseur à son intermédiaire. On peut parler alors d'ordre public économique de protection qui suppose que le continu du contrat n'est pas librement débattu entre les parties, il appartient à la loi de décider ce que doit être ce contenu. V. L. LEVENEUR, « La liberté contractuelle en droit privé », A.J.D.A., 20 septembre 1998, p. 682.

1 G. CORNU (dir.), *Vocabulaire juridique, op. cit.,* V° contrat-type : « *modèle de contrat de type réglementaire, s'imposant à tous ceux qui concluent un contrat de ce genre* ».

2 Y. CALAIS-AULOY, « L'influence du droit de la consommation sur le droit civil des contrats », RTD Civ., 1994, p. 246.

3 F. TERRÉ, P. SIMLER et Y. LEQUETTE et F. CHÉNEDÉ, Droit civil, les obligations, *op. cit.*, n° 202, p.214.

4 J. L. BOUDUIN, « La protection des consommateurs », Rapport général, Journées canadiennes, Travaux Association Henri CAPITANT, Tome XX, 1973, p. 9.

5 Tels les contrats de transport, les contrats d'assurance…

6 R. MOREL, « Le contrat imposé », in Le Droit privé français au milieu du XXe siècle ; études offertes à Georges Ripert, LGDJ, 1950, t.II, p.116 ; P. DURANT, « La contrainte légale dans la formation du rapport contractuel », RTD civ., 1944, p.73.

249. Les contrats d'intermédiation financière sont des contrats imposés par la loi[1]. Le consentement des parties ne joue pas un rôle important puisque l'intermédiaire est investi d'un pouvoir légal. Dès lors, « *la loi établit entre certaines personnes un rapport auquel elle attribue le caractère contractuel* »[2]. Mais, le fait que c'est la loi elle-même impose à l'investisseur de recourir à un intermédiaire[3] n'affecte en rien la relation contractuelle entre les parties.

250. Bien que diversifiés, les contrats d'intermédiation financière peuvent être classés selon les critères classiques et récents du droit des contrats. La rationalité de la diversité des contrats d'intermédiation est confirmée par la cohérence des classifications de ces contrats. Ces classifications confirment, non seulement l'idée de l'adaptation entre le droit du marché financier et le droit des contrats, mais aussi et surtout celle de la rationalité de ladite diversité, rationalité qui peut être confirmée aussi à travers la finalité commune des contrats d'intermédiation.

Section II - La rationalité à travers la finalité commune des contrats d'intermédiation

251. Les contrats d'intermédiation financière permettent l'accès au marché par l'interposition obligatoire d'un professionnel. Il est à rappeler que l'intermédiation d'une personne à la réalisation d'un acte juridique aux bénéfices d'autres personnes s'inscrit dans le cadre des contrats pour le compte d'autrui[4]. L'intermédiation est dite « obligatoire » lorsqu'elle est imposée par la loi[5]. Observée depuis longtemps dans le cadre de ventes des valeurs mobilières en bourse[6], l'intermédiation financière[1] est souvent présentée comme l'exemple

---

1 V. les arts. 55 à 62 de la loi 94-117 du 14 novembre 1994.

2 R. MOREL, article précité, p.116.

3 L'obligation d'intermédiation, qui se manifeste par la multiplication des contrats imposés, se distingue d'une autre expression qui lui est proche, à savoir l'obligation d'exclusivité, qui semble, à première vue, être à la charge de l'investisseur dont bénéficie l'intermédiaire en bourse. V. O. CACHARD, « L'exclusivité », in Le monde du droit, Mélanges Jacques FOYER, Economica, Paris, 2008, n° 15, p. 220. L'expression « obligation d'exclusivité », « *désigne un rapport privatif entre deux personnes contractantes. Plus précisément, l'obligation d'exclusivité engage une ou plusieurs parties à exécuter une ou plusieurs prestations contractuelles au bénéfice d'un seul contractant* ». D. BOSCO, L'obligation d'exclusivité, Préf. Cathrine PRIETO, Bruxelles, Bruylant, 2008, p. 6. L'obligation d'exclusivité fait au débiteur une interdiction doublement générale : aucun tiers ne doit bénéficier d'aucune prestation du genre de celle visée au contrat. Certes, l'investisseur ne doit désigner aucune autre personne pour un acte lié à la négociation projetée, mais, il garde, à la différence de l'obligation d'exclusivité, sa liberté de choisir son intermédiaire ou même le remplacer.

4 Ces contrats impliquent la mise en place de deux tiers qui contractent par l'intermédiaire d'une troisième personne. V. G. FLATTET, Les contrats pour le compte d'autrui. Essai critique sur les contrats conclus par un intermédiaire en droit français, Thèse, Paris, Sirey, 1950, p.19.

5 Sur la diversité des formes d'intermédiation obligatoire, V. A. ESSAFI, L'intermédiation obligatoire dans les contrats de vente, Thèse de doctorat en droit privé, Faculté des sciences juridiques, politiques et sociales de Tunis, 2018-2019, p. 11 et s.

6 Depuis le décret beylical du 23 avril 1945, créant l'office tunisien des cotations des valeurs mobilières.

type de l'intermédiation obligatoire [2]. Cette intermédiation obligatoire de l'intermédiaire en bourse dans les ventes réalisées sur les marchés financiers a été réaffirmée par l'article 55 de la loi n° 94-117 du 14 novembre 1994 qui prévoit que : « *les intermédiaires en bourse sont les agents chargés, à l'exclusion de toute autre personne, de la négociation et de l'enregistrement des valeurs mobilières à la Bourse des Valeurs Mobilières de Tunis, droits s'y rapportant et des produits financiers* ». C'est souvent la complexité technique de l'opération qui justifie l'intervention obligatoire de l'intermédiaire en bourse.

252. La diversité des contrats d'intermédiation financière est rationalisée à travers des finalités communes. En effet, même diversifiés, tous les contrats d'intermédiation financière ont pour but de garantir soit la sécurité de l'opération de marché **(§1)** soit son efficacité **(§2).**

§1- La sécurité de l'opération de marché

253. L'intermédiation de l'intermédiaire en bourse constitue une garantie de la sécurité pour l'opération de marché en raison surtout du caractère professionnel de l'intermédiaire **(A)** et de sa solvabilité **(B)**.

A- Le caractère professionnel de l'intermédiaire

254. La complexité technique des opérations effectuées sur le marché financier exige le caractère professionnel de l'intermédiaire obligatoire. L'article 74 du décret n° 99-2478 du 1er novembre 1999 portant statut des intermédiaires en bourse prévoit dans son alinéa premier que : « *l'intermédiaire en bourse doit faire preuve, dans l'exercice de ses activités, du soin et de la diligence que l'on peut attendre d'un professionnel avisé placé dans les mêmes circonstances* ». Selon le professeur Ph. LE TOURNEAU, trois critères définissent un professionnel : son mode d'action, puisqu'il accomplit une activité professionnelle à titre intéressé et habituel ; son organisation qui lui permet d'être efficace et de prévenir les risques de dommages pour les tiers dans l'exécution de ses obligations ; ainsi que sa maîtrise professionnelle par rapport au profane[3].

255. Répondant aux critères susmentionnés, l'intermédiaire en bourse est un professionnel ayant une large connaissance de la technicité accrue des opérations du marché. Le recours à ses services dans le processus de l'opération de marché trouve son fondement dans la recherche d'une meilleure

---

[1] I. YOUSSEF, L'intermédiation financière, Etude de Droit comparé français, tunisien et américain, thèse, Paris, Panthéon Sorbonne, 2012.

[2] L'intermédiation obligatoire est aussi impliquée dans les ventes de bien aux enchères publiques par l'intervention obligatoire des « officies ministériels », intermédiaires obligés entre vendeur et acheteur, V. J. GHESTIN et B. DESCHE, Traité des contrats, La vente, LGDJ, Paris, 1990, p. 243. Depuis quelques années, l'intermédiation obligatoire a eu un sens plus large pour revêtir l'aspect d'un monopole en matière de rédaction de certains actes juridiques. Il s'agit des actes susceptibles d'inscription au registre financier (art. 377 bis du CDR), de contrats relatifs au fonds de commerces (art. 189 bis du CC) et plus récemment des statuts des sociétés (art.2 du décret-loi n°2011-79 du 20 août 2011portant organisation de la profession d'avocat). V. en ce sens A. ESSAFI, Thèse précitée, p. 13 et s.

[3] Ph. LE TOURNEAU, La responsabilité civile professionnelle, Economica, 1998, p.6.

spécialisation et d'une plus grande sécurité face à la technicité des opérations se déroulant sur le marché financier. Si le législateur impose aux investisseurs le recours aux services d'un professionnel, c'est «*parce qu'il compte sur l'efficacité de l'homme de l'art : celui-ci a l'obligation juridique d'être efficace*»[1].

256. Les obligations de l'intermédiaire en bourse «*sont à corréler au rôle général de garantie, de sécurité et de transparence des intermédiaires par rapport au bon fonctionnement du marché lui-même qu'à la relation contractuelle*»[2]. La sécurité des transactions réalisées sur le marché financier réside dans l'interposition des professionnels ayant à la fois la qualité de commissionnaire et de ducroire[3].

257. Le caractère professionnel de l'intermédiaire en bourse est confirmé à la fois par ses compétences techniques et juridiques **(1)**, et par l'agrément qu'il doit obtenir **(2)**.

1. Les compétences techniques et juridiques de l'intermédiaire

258. Aux termes de l'article 74 du décret n° 99-2478 du 1er novembre 1999, portant statut des intermédiaires en bourse[4], «*l'intermédiaire en bourse doit faire preuve, dans l'exercice de ses activités, du soin et de la diligence que l'on peut attendre d'un professionnel avisé placé dans les mêmes circonstances*». L'efficacité professionnelle de l'intermédiaire en bourse suppose tout d'abord une compétence technique de la part de celui-ci. C'est le savoir-faire de ce professionnel qui compensera l'ignorance de l'investisseur. En tant que professionnel, l'intermédiaire est censé connaître toutes les règles du métier. Son intervention, qui est de nature à procurer de la sécurité nécessaire au marché, est tellement utile à l'investisseur qu'elle justifie la restriction apportée à sa volonté[5]. Certains auteurs sont même allés jusqu'à poser nettement le principe que la compétence technique du professionnel est présumée de façon irréfragable[6].

259. L'efficacité professionnelle de l'intermédiaire en bourse implique ensuite sa capacité d'anticiper les risques. Les qualités professionnelles de l'intermédiaire doivent lui permettre de prévenir la réalisation du risque dans un domaine dominé par l'aléa et l'incertitude, comme celui des marchés financiers. Cet aléa intrinsèque au marché justifie une sécurité renforcée par rapport au droit commun de la vente qui se manifeste par le recours obligatoire à l'intermédiaire en bourse ne tant que professionnel[7].

260. Enfin, l'efficacité professionnelle suppose que l'intermédiaire en bourse ait une parfaite connaissance juridique lui permettant d'être au courant des évolutions juridiques, non seulement pour les mettre en œuvre, mais aussi pour avertir son client[8]. A titre d'exemple, l'article 50 bis du décret n° 99-2478 du

---

[1] *Ibid.*, p.63.
[2] S. BONFILS, *op. cit.,loc. cit.*
[3] F. PELTIER, Marchés financiers & droit commun, op. cit., p. 76.
[4] Tel que modifié et complété par le décret n° 2007-1678 du 05 juillet 2007.
[5] Ch. MZOUGHI, La négociation des valeurs mobilières en droit tunisien (Essai sur l'évolution du droit des contrats), Raslen Edition, 2015, n° 37, p. 50.
[6] S. NEUVILLE, Droit de la banque et des marchés financiers, Paris, PUF, 2005, n°5, p.16.
[7] Ch. MZOUGHI, *op. cit.*, n° 38, p. 51.
[8] Ch. MZOUGHI, op. cit., n° 39, p. 51.

1er novembre 1999 portant statut des intermédiaires en bourse[1] prévoit que : « *l'intermédiaire en bourse doit respecter les obligations prévues par les textes législatifs et réglementaires relatifs à la répression du blanchiment d'argent* ». C'est cette sécurité juridique qui conduit à apprécier l'intervention de l'intermédiaire malgré son caractère restrictif de la volonté de l'investisseur. L'appréciation de l'intervention de l'intermédiaire trouve un renforcement dans l'exigence de l'obtention d'un agrément.

2. L'agrément de l'intermédiaire en bourse

261. Les intermédiaires en bourse, qui peuvent être soit des personnes physiques soit des sociétés spécialisées de bourse ayant la forme de société anonyme, doivent être agréés par le Conseil du Marché Financier (CMF) après avis de l'Association des Intermédiaires en Bourse[2]. Si l'intermédiaire est une personne physique, il doit avoir la nationalité tunisienne et la résidence en Tunisie. Il doit avoir une maîtrise ou un diplôme équivalent et une expérience professionnelle de 5 ans, au moins, dans le domaine de l'intermédiaire en bourse. L'intermédiaire, qui doit justifier de l'existence de moyens humains et matériels nécessaires à l'exercice de l'activité, doit subir avec succès, un test d'aptitude professionnelle organisé par un organisme choisi par le CMF et sous son contrôle[3]. Si l'intermédiaire est une SA, il doit, en plus de la nationalité tunisienne, avoir pour objet la négociation et l'enregistrement en bourse de valeurs mobilières et produits financiers. De surcroît, un capital minimum est exigé[4].

262. En outre, le président-directeur général, le directeur général ou le président du directoire d'une société anonyme d'intermédiation en bourse, doit jouir de ses droits civiques et politiques, avoir une maîtrise dans un domaine économique ou financier ou un diplôme équivalent et justifier d'une expérience professionnelle de cinq ans au moins dans le domaine d'intermédiation financière[5].

263. Les intermédiaires en bourse doivent présenter les garanties suffisantes notamment en ce qui concerne leur organisation, leurs moyens techniques et financiers, l'honorabilité et l'expérience de leurs dirigeants ainsi que les dispositions propres à assurer la sécurité des intérêts de leur clientèle[6].

264. L'agrément des intermédiaires en bourse comporte un agrément de principe et un agrément définitif délivrés par le CMF[7]. Toutefois, le démarrage

---

[1] Tel que modifié par l'article 2 du décret n° 2007-1678 du 5 juillet 2007.

[2] Art. 57 de la loi de 1994.

[3] Art. 1er du décret du 1er nov. 1999.

[4] La SA doit aussi avoir un capital minimum libéré de 1.000.000 D ou de 3.000.000 D selon le cas. V. Art. 3 du décret du 1er nov. 1999.

[5] Art. 3 du décret du 1er nov. 1999.

[6] Art. 58 al. 1er de la loi de 1994.

[7] Le requérant de l'agrément de principe adresse, sous pli de recommandé avec accusé de réception, au CMF, ou dépose auprès de son bureau d'ordre contre récépissé, un dossier d'agrément (Art. 8 al. 1er du décret du 1er nov. 1999). A la réception du dossier d'agrément de principe, les services du conseil du marché financier l'instruisent dans un délai ne dépassant pas trois mois. Au cours de ce même délai, l'avis de l'association des intermédiaires en bourse est

effectif des opérations de négociation et d'enregistrement en bourse de valeurs mobilières et produits financiers demeure subordonné à des autorisations d'accès à leur système accordées, respectivement, par la bourse des valeurs mobilières de Tunis et la société interprofessionnelle de dépôt, de compensation et de règlement (*Tunisie clearing*)[1].

265. L'agrément de l'intermédiaire en bourse, qui doit faire l'objet d'un avis publié au bulletin officiel du CMF et au bulletin de la bourse des valeurs mobilières de Tunis, est personnel, intransmissible et incessible[2]. L'agrément peut être modifié, en cas d'extension ou de restriction des activités objet de l'agrément. Le CMF peut aussi suspendre ou même retirer l'agrément dans des cas bien déterminés[3].

B- La solvabilité de l'intermédiaire

266. Le marché financier peut subir des mouvements brusques et incertains ; cela justifie le souci particulier du législateur de prévoir des règles de sécurité, surtout de solvabilité des intermédiaires en bourse. La prise en compte du phénomène de la solvabilité par le droit est ancienne[4]. En effet, « *toute relation économique est susceptible de se heurter à l'insolvabilité d'un des agents en cause* »[5].

267. Afin de garantir la solvabilité des intermédiaires en bourse, le décret n° 99-2478 du 1er novembre 1999, portant statut des intermédiaires en bourse, a prévu deux mesures. D'une part, l'article 56 de ce décret prévoit que l'intermédiaire en bourse doit se faire ouvrir auprès d'une banque de son choix, un compte professionnel qu'il réserve exclusivement aux espèces revenant à ses clients.

268. D'autre part, l'article 62 du même décret oblige l'intermédiaire à souscrire une assurance, en prévoyant que : « l*es intermédiaires en bourse sont tenus de contracter une police d'assurance contre les risques matériels inhérents à leurs activités dont notamment la perte, le vol et la destruction des fonds qui leur sont confiés par les clients* ». Afin de garantir l'efficacité de cet article, le législateur oblige dans les alinéas 2 et 3 l'intermédiaire en bourse, le premier jour ouvrable de chaque année de « *déposer auprès du Conseil du marché financier les justificatifs du paiement de la prime, de la nature des risques couverts et de l'étendue de la garantie. Le Conseil du marché financier peut*

---

requis et il est réputé favorable en cas de silence de plus d'un mois. En cas d'acceptation du dossier, le CMF notifie au requérant une décision d'agrément de principe. Dans le cas contraire, il notifie au requérant une décision motivée (Art. 10 du décret du 1er nov. 1999). Le requérant doit, dans un délai de 6 mois de la notification, adresser sous pli recommandé avec accusé de réception au CMF, ou déposer auprès de son bureau d'ordre contre récépissé, le dossier exigé pour l'obtention de l'agrément définitif, sous peine de caducité de l'agrément de principe (Art. 12 du décret du 1er nov. 1999). A la réception du dossier exigé pour l'obtention de l'agrément définitif, les services du CMF l'instruisent dans un délai ne dépassant pas 2 mois, pour donner enfin soit l'agrément définitif soit un refus motivé (V. les arts. 13 et 14 du décret du 1er nov. 1999).

1 Art. 7 du décret du 1er novembre 1999.

2 Arts. 15 et 17 du décret du 1er nov. 1999.

3 V. les arts. 22 à 24 du décret du 1er nov. 1999.

4 Ch. MZOUGHI, op. cit., n° 45, p. 57.

5 G. MORRIS-BECQUET, L'insolvabilité, PUAM, 2002, n°7, p.23.

exiger, compte tenu de l'importance des activités de l'intermédiaire en bourse, une extension de la couverture prévue par la police d'assurance ».

269. Par ailleurs, outre l'exigence de fonds propres minimaux, les intermédiaires en bourse doivent respecter des ratios prudentiels destinés à proportionner leurs engagements aux moyens dont ils disposent [1]. Les intermédiaires en bourse doivent aussi constituer un fonds de garantie destiné à intervenir au bénéfice de la clientèle afin de couvrir les risques non commerciaux[2].

270. L'intermédiation obligatoire des intermédiaires en bourse dans le processus de l'opération de marché exprime la tendance des pouvoirs publics à en faire des « *cautions morales* »[3]. Tel constat s'explique par les garanties offertes aux parties et aux tiers par l'intervention de ces professionnels. Tout manquement à ses obligations engage la responsabilité civile du professionnel à l'égard des parties et des tiers en cas de préjudice[4]. Il y a lieu de rappeler que la responsabilité civile est encore appelée « garantie » dans le COC qui s'est largement inspiré du droit musulman[5]. La garantie étant largement entendue : elle est alors l'obligation dont l'intermédiaire est chargé et la fonction dont il est investi.

§2- L'efficacité de l'opération de marché

271. Etant un mandataire professionnel, l'intermédiaire en bourse est sollicité pour agir dans l'intérêt de son client ; il génère une obligation spécifique de loyauté, car « *celui qui reçoit le pouvoir d'engager le patrimoine d'autrui doit en faire un usage légitime* »[6]. Cette obligation est imposée en raison de la nature particulaire

---

1 Ch. MZOUGHI, op. cit., n° 49, p. 59.

2 Art. 62 de la loi de 1994.

3 D. TOMASIN, « Les particularités de l'intermédiation dans le domaine de l'immobilier », Revue de la concurrence et de la consommation, n° 108, 1999, p. 35.

4 A. ESSAFI, Thèse précitée, pp. 23 et s.

5 M. MELKI, Cours en droit civil tunisien (en langue arabe), CPU, 2ème éd., 2003, p. 103. En traitant du fondement de la responsabilité en droit musulman, l'auteur rappelle que la responsabilité est nommée « garantie » et que la notion de garantie est à l'origine entendue dans le sens de « cautionnement ». Dans le cadre de la responsabilité civile, la garantie est l'obligation de réparer le préjudice ; Ch. SAINCTELETTE, De la responsabilité et de la garantie (accidents de transport et de travail), Bruylant et Marescq, 1884, p.8 et s. (cité par A. ESSAFI, thèse précitée, p. 23). L'auteur estime qu'il existe en doctrine et dans la jurisprudence et même dans certains articles du Code civil français une confusion dans le langage entre responsabilité et garantie. Cette confusion dans la terminologie a entraîné une confusion dans l'application des règles. Il rappelle que les rédacteurs du Code civil français font une distinction entre les « engagements qui se forment sans conventions » et les « contrats et obligations conventionnelles ». Cette distinction relève d'une autre distinction fondamentale entre loi et contrat. Face à deux faits différents régis par deux dispositifs de règles, il faut deux dénominations distinctes : la garantie serait la sanction de l'exécution des obligations conventionnelles et la responsabilité serait la sanction de l'exécution des engagements nés directement de la loi d'ordre public. Une distinction qui existe dans l'esprit des rédacteurs du Code civil Napoléon et inspirée du droit romain.

6 H. PETEL, Les obligations du mandataire, Litec, 1988, p.114.

des liens entre les contractants fondés sur la confiance[1] ; elle est en fait l' « *accessoire ancien des situations de représentation* »[2].

272. La loyauté emporte l'obligation d'être fidèle aux intérêts de la personne pour le compte de laquelle il agit. Ainsi l'intermédiaire en bourse est soumis à une panoplie de règles déontologiques **(A)**. De même, il est tenu d'une obligation de rendre compte **(B)**.

A- Une panoplie de règles déontologiques

273. L'intermédiaire en bourse est soumis à de multiples obligations déontologiques institutionnelles et personnelles. Il s'agit des obligations d'honnêteté et de loyauté[3]. La déontologie est un mode de régularisation souhaitable pour ce type de métiers, afin d'éviter les conséquences dommageables des comportements immoraux des intermédiaires en bourse.

274. En plus, l'intermédiaire en bourse doit faire preuve de sa bonne foi dans ses rapports avec ses clients et le marché. Il est tenu d'une obligation d'information et de conseil de ses clients qui commence avec la signature de la convention d'ouverture de compte et qui se poursuit durant les comptes rendus d'exécution des ordres de bourse[4].

275. L'article 73 *in fine* du décret n° 99-2478 du 1er novembre 1999, portant statut des intermédiaires en bourse, prévoit que l'association des intermédiaires en bourse[5], qui regroupe obligatoirement tous les intermédiaires en bourse, doit établir un pacte d'honneur auquel ses membres sont tenus d'adhérer. Effectivement, un pacte a été établi par l'application de l'article 73 susmentionné, qui comprend un ensemble de principes et de recommandations destinés à être respectés par l'ensemble de la profession[6]. Il constitue un guide pratique des règles déontologiques des établissements d'intermédiation en bourse et des comportements d'éthique professionnelle des personnes exerçant une activité au sein de ces établissements. Le défaut d'observation des règles mentionnées dans ce pacte, aboutira, en dernier ressort, à une sanction disciplinaire[7].

---

[1] S. BONFILS, *op. cit.*, pp.102 et s.

[2] P. DIDIER, De la représentation en droit privé, LGDJ, 2000, p. 173.

[3] V. en ce sens, R. HATTAB, De l'obligation de conseil des prestataires de services d'investissement, Presses Universitaires de Strasbourg, 2006, pp. 37 et s. ; D. MAZEAUD, « Loyauté, solidarité, fraternité, la nouvelle devise contractuelle ? », in mélanges François TERRE, 1999, p. 603.

[4] V. les articles 49 et s. du décret n°99-2478 du 1er novembre 1999 portant statut des intermédiaires en bourse.

[5] Selon l'article 61 de la loi du 14 novembre 1994, les intermédiaires en bourse sont tenus de constituer une association chargée de les représenter collectivement pour faire valoir leurs droits et intérêts communs et de donner son avis sur les questions intéressant la profession et de faire toute proposition concernant le développement du marché financier. L'association est également chargée d'administrer le fonds de garantie du marché.

[6] Ce pacte est entré en vigueur le 02 janvier 2006.

[7] Les principes et les recommandations du pacte rappellent, précisent et complètent les dispositions législatives et règlementaires en vigueur. V. préambule du pacte d'honneur (Association des intermédiaires en bourse).

276. Le pacte a présenté plusieurs règles en relation surtout avec l'intermédiation obligatoire de l'intermédiaire en bourse ; elles s'articulent autour de deux idées fondamentales, à savoir la prévalence des intérêts de l'investisseur **(1)** et le respect du secret professionnel **(2)**.

1. La prévalence des intérêts de l'investisseur

277. L'intermédiaire en bourse doit faire prévaloir les intérêts de l'investisseur dans l'accomplissement de sa mission d'intermédiation obligatoire. L'article 60 de la loi du 14 novembre 1994 prévoit dans ce sens que les intermédiaires en bourse *« doivent agir avec loyauté et impartialité en assurant la primauté des intérêts de leurs clients sur leurs intérêts propres »*. L'article 73 du décret n° 99-2478 du 1er novembre 1999, portant statut des intermédiaires en bourse ajoute que « *chaque intermédiaire en bourse doit exercer ses activités avec honnêteté et loyauté en respectant l'intégrité du marché. Il doit s'interdire tout comportement visant à induire autrui en erreur* ».

278. L'intermédiaire en bourse est dans l'obligation d'éviter la divergence des intérêts et d'anticiper les conflits. En cas de conflit avec son propre intérêt, il doit le sacrifier ; en cas de conflit avec l'intérêt d'un tiers, il doit être impartial et neutre envers les deux parties[1], ce qui amène à l'obligation de ne pas contracter avec soi-même[2]. Le problème se pose surtout pour les opérations de contrepartie qui consistent pour un intermédiaire en bourse à acheter ou à vendre volontairement des titres pour son propre compte en réponse à un ordre émis par l'un de ses clients[3]. L'article 55 de la loi du 14 novembre 1994 permet à l'intermédiaire en bourse de se porter contrepartiste. Mais, la contrepartie présente un danger certain car elle risque de mettre en conflit les intérêts de l'intermédiaire en bouse en tant que mandataire et ceux de son client, en tant que mandant. Il faut en conclure, par application des règles du mandat, que lorsqu'il est le gestionnaire de son client, l'intermédiaire en bourse ne peut se comporter contrepartiste. D'ailleurs, dans un souci de transparence, un intermédiaire en bourse ne peut réaliser une opération de contrepartie en réponse à un ordre de son client, s'il ne l'a pas préalablement exprimé sur le support de cotation. L'intermédiaire en bourse doit faire passer les ordres de ses clients avant ses intérêts personnels. Du coup, il lui est interdit d'effectuer cette opération tant que son carnet d'ordres comporte des ordres pouvant être exécutés aux conditions auxquelles il peut réaliser la contrepartie[4]. Dans ce même ordre d'idées, l'article 115 du RGBVMT précise que les opérations de

---

1 P. DIDIER, De la représentation en droit privé, op. cit., p. 179.

2 Le contrat avec soi-même est « *une figure juridique (…) qui se présente quand une personne, ayant pouvoir sur deux patrimoines, fait un acte juridique destiné à produire des effets réciproques dans les deux patrimoines. Les effets de l'acte sont semblables à ceux d'un contrat synallagmatique : tout se passe comme si l'agent incarnait tour à tour le titulaire de chaque patrimoine, pour conclure le contrat* », G. FLATTET, Les contrats pour le compte d'autrui. Essai critique sur les contrats conclus par un intermédiaire en droit français, Thèse, Paris, Sirey, 1950, p.122.

3 Art. 115 du RG BVMT.

4 V. art. 74 al.3 de la loi du 14 novembre 1994 qui prévoit que l'intermédiaire en bourse « *doit notamment veiller à ce que les ordres reçoivent la meilleure exécution en termes de délai et de prix* ».

contrepartie doivent être effectuer, par la confrontation des ordres d'achat et des ordres de vente présentés par les intermédiaires en bourse, pendant la séance de cotation, sur le carnet d'ordres central selon les conditions fixées par les règlements de parquet [1]. Ce règlement n'a pas manqué de traiter minutieusement la contrepartie afin de garantir les intérêts des investisseurs, parfois profanes, face à un intermédiaire professionnel[2].

279. Dès lors, l'intermédiaire en bourse doit se comporter en professionnel avisé apportant aux affaires de ses clients soin et diligence. Il doit veiller à ce que les ordres reçoivent la meilleure exécution en termes de délais et de prix. Dans cette perspective, les ordres des clients sont toujours prioritaires par rapport aux ordres initiés par l'intermédiaire en bourse ou par ses préposés. C'est une obligation de moyens qui engage sa responsabilité en cas de dommages subis par un client[3].

2. Le respect du secret professionnel

280. L'obligation de respecter le secret professionnel est affirmée d'une manière générale par l'article 254 du Code pénal. Ce texte punit les professionnels, qui, de par leur état ou profession, sont dépositaires de secrets, auront, hormis le cas où la loi les oblige ou les autorise à se porter dénonciateurs, révélé ces secrets.

281. Particulièrement, les intermédiaires en bourse et le personnel placé sous leur autorité, qui doivent agir avec loyauté et impartialité en assurant la primauté des intérêts de leurs clients sur leurs intérêts propres, sont tenus du secret professionnel conformément à l'article 60 de la loi du 14 novembre 1994.

282. De sa part, le pacte d'honneur élaboré par l'association des intermédiaires en bourse énonce dans l'une de ses recommandations que le secret professionnel, institué dans l'intérêt des clients, s'impose dans les conditions établies par la loi. Le secret couvre tous ce qui parvient à la connaissance de l'intermédiaire en bourse dans l'exercice de sa profession : non seulement ce qui lui a été confié, mais aussi ce qu'il a vu, entendu ou compris[4].

---

[1] Concernant les opérations de contrepartie portant sur des valeurs cotées en continu, elles ne pourront être exécutées, à l'achat ou à la vente, que lorsque les ordres exprimés sur une valeur n'auront pas été satisfaits après l'écoulement d'une durée fixée par le règlement du parquet et lorsque cette opération se fait en réponse à un ordre introduit par le même intermédiaire, la période d'attente pour conclure l'opération est potée au double. Pour les valeurs cotées au fixing, les opérations de contreparties ne sont acceptées que lorsque les ordres de la clientèle n'ont pas permis un premier fixing. Ces mesures sont destinées à s'assurer que la contrepartie s'effectuera à un niveau de valeur garantissant les intérêts du client, V. Ch. LABASTIE-DAHDOUH et H. DAHDOUH, op. cit., n° 286, p. 161.

[2] V. à titre d'exemple l'art. 5.5.5 du règlement de parquet de la bourse de Tunis, arrêté par le conseil d'administration de la bourse le 26 novembre 2020, approuvé par le collège du CMF réuni le 25 mars 2021.

[3] Ch. LABASTIE-DAHDOUH et H. DAHDOUH, *op. cit.*, n° 274, p. 156.

[4] V. Recommandation « J », quatrième principe relatif au traitement du client, principes fondamentaux applicables aux établissements d'intermédiation en bourse.

A *contrario*, il n'y a pas violation du secret professionnel lorsque le client autorise la révélation de l'information ou la diffuse lui-même[1].

283. Il est à rappeler que l'identité des clients fait partie du secret professionnel de l'intermédiaire en bourse. D'ailleurs, dans l'article 49 du décret n° 99-2478 du 1er novembre 1999, portant statut des intermédiaires en bourse, le législateur a imposé à chaque intermédiaire en bourse d'accorder à chaque client un identifiant unique qui ne peut être dévoilé qu'au client et au conseil du marché financier.

284. Parallèlement au volet pénal, la violation du secret professionnel constitue une faute civile. Elle peut même être due à l'imprudence ou à la négligence. Elle prend la forme d'une révélation de l'information d'une manière orale, telle que les bavardages, témoignages, paroles imprudentes ou écrites, comme par correspondance, remise d'une attestation, rédaction de consultation, etc.[2]. La révélation ne consiste pas uniquement à dévoiler le fait à caractère secret mais aussi à confirmer en rendant un fait certain ce qui n'était qu'une rumeur ou à indiquer des précisions connues par le dépositaire uniquement[3].

285. Certes, le secret professionnel en matière financière est d'une importance extrême, il se justifie par des considérations de sécurité des transactions car des informations fausses ou vraies pourraient entraîner des spéculations dangereuses[4].

286. Pour s'assurer du bon respect de ces règles déontologiques, l'intermédiaire en bourse doit désigner un responsable de contrôle, approuvé par le CMF, qui lui rend directement compte de sa mission. Il est responsable du respect par l'IB des règles de déontologie qui lui sont applicables, et adresse semestriellement au CMF un rapport sur l'exercice de ses activités. Il est l'interlocuteur du CMF pour les questions d'ordre déontologique et il est le destinataire des mesures que le CMF prend en la matière.

B- L'obligation de rendre compte

287. D'une manière générale l'obligation de rendre compte, consacrée à l'article 1136 du COC, est une obligation essentielle du mandataire. Elle est à la fois justifiée et nécessaire : Justifiée par son utilité, au sens où elle est « *de bonne gestion* »[5], permettant au mandant de connaître la manière dont l'affaire a été gérée et les relations établies avec les tiers pour son compte, et nécessaire à la « *construction* »[6] du mécanisme de la représentation et à « *l'équilibre* » des intérêts.

288. Par dérogation au droit commun du mandat, le législateur prévoit pour l'intermédiaire en bourse l'obligation de rendre compte périodique, non

---

[1] J. DE POULPIQUET, Responsabilité des notaires (civile, disciplinaire, pénale), Dalloz, éd. 1, 2003, p.327.
[2] J. DE POULPIQUET, *op. cit.*, p.332.
[3] *Ibid.*, *loc. cit.*
[4] M. DE JUGLART et B. IPPOLITO, *op. cit.*, p. 710.
[5] J. HUET, Traité de droit civil, Les principaux contrats spéciaux, 2ème éd., LGDJ, 2001, p.1045.
[6] P. DIDIER, De la représentation en droit privé, op. cit., p. 217.

seulement occasionnelle, relative au résultat de la mission et au compte de gestion à la fin de la mission[1].

289. Quant à la forme, l'exécution de l'obligation de rendre compte doit être matérialisée par un « *avis d'exécution indiquant le nombre de titres achetés ou vendus, le cours auquel l'ordre a été exécuté, le montant des courtages, droits, commissions, taxes et autres charges perçues et le montant net de la transaction dont son compte a été crédité ou débité* »[2].

290. Quant au délai d'exécution de l'obligation de rendre compte, l'avis doit être adressé « *dans les cinq jours ouvrables qui suivent le jour de réalisation de ses opérations en bourse* »[3].

291. Le dernier alinéa de l'article 54 susmentionné[4] laisse à l'intermédiaire une certaine liberté dans le choix du mode de transmission de l'information. Si l'information est transmise via internet, l'avis d'exécution prend la forme d'un document électronique, conformément à l'article 453 bis du COC et à la loi n° 2000-83 du 9 août 2000 relative aux échanges et au commerce électronique[5]. Si l'information est transmise par écrit, l'avis d'exécution doit être établi en deux exemplaires dûment horodatés et signés par l'intermédiaire et l'intermédiaire en bourse. L'un des deux exemplaires est remis au client, l'autre est conservé par l'intermédiaire en bourse[6].

---

[1] Aux termes de l'art. 54 al.2 du décret n°99-2478 du 1er novembre 1999, portant statut des intermédiaires en bourse, « *il (l'intermédiaire) lui adresse en outre, périodiquement, un état de son compte lorsque le compte présente un solde en espèces ou en titres. La périodicité de cet état, au moins trimestrielle, ainsi que son contenu, sont fixés par la convention de compte* ».

[2] Art. 54 du décret n°99-2478 du 1er novembre 1999, portant statut des intermédiaires en bourse.

[3] Art. 54 du décret n°99-2478 du 1er novembre 1999 portant statut des intermédiaires en bourse.

[4] Ajouté par l'article 2 du décret n° 2007-1678 du 5 juillet 2007.

[5] JORT n° 64 du 11 août 2000, p. 1887.

[6] Il s'agit presque du même régime de l'intermédiaire en bourse étant donné que l'article 54 *in finie* 54 du décret n°99-2478 du 1er novembre 1999, portant statut des intermédiaires en bourse, tel que modifié par décret n° 2007-1678 du 5 juillet 2007 a renvoyé à l'article 61du décret du 1er novembre 1999 relatif à l'ordre de bourse.

Conclusion du titre I

292. Considéré comme le vecteur juridique traditionnel de circulation des richesses, le contrat joue sur le marché financier un rôle primordial. La phase d'intermédiation, qui débute le processus du marché, ne fait pas l'exception à ce constat, elle est dominée par le contrat.

293. Il existe, en effet, une interdépendance économique entre les différents contrats qui concourent à réaliser une seule et même opération, à savoir l'accès au marché pour la négociation des valeurs mobilières. L'étude minutieuse de l'intermédiation, par les outils du droit commun des contrats montre l'existence d'un tissu contractuel riche et harmonieux. Le phénomène de contractualisation, de plus en plus affirmé en droit des affaires[1], se trouve ici poussé à l'extrême.

294. Toute personne souhaitant effectuer une opération sur un marché réglementé ne peut intervenir directement sur ledit marché en raison de l'existence d'une obligation d'intermédiation. Elle doit s'adresser obligatoirement à un professionnel habilité de son choix. Ce passage obligatoire par l'intermédiaire en bourse marque le commencement de la phase d'intermédiation, phase primaire mais primordiale dans le processus de l'opération de marché, objet de notre étude. Ainsi l'intermédiaire, doté de sa compétence accrue dans la technicité des marchés financiers et muni d'un monopole d'y accéder, présente ses différents services aux investisseurs, qui doivent signer avec leurs intermédiaires des contrats appelés « contrats d'intermédiation financière ».

295. Si diversifiés, les contrats d'intermédiation prennent la forme soit d'un contrat d'intermédiation de marché, soit d'un contrat d'intermédiation de gestion, selon le degré d'implication du client investisseur dans la gestion de son portefeuille. De ce fait, lorsque le client s'estime suffisamment apte à gérer lui-même son portefeuille, il passera directement ses ordres de bourse à l'intermédiaire. Il conclura avec lui un contrat d'intermédiation de marché lui permettant la transmission de ses ordres sur la base d'une convention d'ouverture de compte. Mais, si le client ne peut pas ou ne veut pas se préoccuper de la gestion de son portefeuille, il s'en décharge totalement sur un gestionnaire à qui il confie un mandat de gestion à travers un contrat de gestion de portefeuille. Dans les deux cas, intermédiation de marché permettant à l'investisseur un accès direct au marché mais non sécurisée, ou intermédiation de gestion, permettant à l'investisseur un accès indirect au marché mais sécurisée, les valeurs mobilières négociées doivent faire l'objet d'un autre contrat d'intermédiation de conservation. Ainsi, ces valeurs mobilières dématérialisées doivent obligatoirement faire l'objet d'une conservation à deux

[1] A. OMRANE, « La théorie générale du contrat et le droit des sociétés », in Études juridiques n°26, Revue publiée par la Faculté de Droit de Sfax, 2021, p. 9.

niveaux : chez l'intermédiaire[1] en premier lieu et chez le dépositaire central en second lieu.

296. La richesse de la texture contractuelle dans la phase d'intermédiation et la diversité des contrats qui le composent paraissent, dans une certaine mesure, source de complication, qui s'ajoute la haute technicité des règles du marché. Toutefois, on a pu démontrer que cette diversité, qui confirme l'idée de l'adaptation du droit du marché financier et du droit des contrats par la forte présence de celui-ci dans celui-là, loin de compliquer le processus du marché dans sa phase d'intermédiation, est doublement rationalisée.

297. La rationalisation de la diversité des contrats d'intermédiation se manifeste, en premier lieu, par une tendance vers le rapprochement des contrats composant la phase d'intermédiation dégagée à travers leur classification selon les critères connus en droit des contrats. A côté de ce souci de simplification des contrats d'intermédiation malgré leur diversité, un autre souci de sécurité s'impose. Dès lors, la rationalité de la diversité des contrats d'intermédiation se présente, en second lieu, par la finalité commune de l'ensemble de ces contrats, à savoir la sécurité du processus de l'opération du marché. Cette sécurité se justifie principalement par la protection qu'offre l'interposition d'un professionnel connaisseur des techniques du marché, ayant obtenu un agrément auprès des autorités compétentes pour l'exercice de ces activités. En effet, dans un domaine où l'enjeu financier est de taille, l'exigence d'un intervenant professionnel est indispensable pour assurer la protection, à la fois du marché et de l'investisseur[2]. Face à l'ignorance de l'investisseur, le législateur impose le savoir-faire du professionnel. Celui-ci est censé connaître et maîtriser toutes les règles du métier et en dominer la technique[3].

298. L'autonomie de la volonté ne serait pas le seul moyen de protection des intérêts d'une personne. Comme c'est le cas dans la conception individualiste du contrat, la loi offre une garantie équivalente à l'autonomie de la volonté. À travers l'intermédiation obligatoire, le législateur conçoit qu'une personne puisse exercer les droits d'une autre et protéger au mieux ses intérêts, car il est certain qu'elle fera mieux, en raison de ses compétences. Dès lors, à l'instar de la présence d'une personne à la réalisation d'un acte juridique, l'intermédiation obligatoire ne serait pas une limitation à la liberté contractuelle des individus[4]. Bien au contraire, elle offrirait plus de possibilités pour atteindre les objectifs assignés par les parties au contrat. Autant l'investisseur perd en liberté, autant il

---

[1] Chez un intermédiaire agréé mandaté ou la société émettrice puis chez un intermédiaire agréé administrateur.

[2] J.-P. VALETTE, Droit de la régulation des marchés financiers, Gualino éditeur, Paris, 2005, p.77.

[3] L.-I. BAUDOIN, Le contrat de gestion de portefeuille de valeurs mobilières, Les éditions Yvon Blais, Québec, Canada, 1994, p.114 ; R. DE QUENAUDON, « Mandat »,J.-CL. Civil, art. 1991 à 2002, fasc. 10, n°11, p.6.

[4] M. VASSEUR, « Essai sur la présence d'une personne à un acte juridique accompli par d'autres. Contribution à la théorie générale des actes juridiques », Revue trimestrielle de droit civil, 1949, p.175.

profite en intérêt, règle fructueuse pour l'un et pour l'autre. D'ailleurs, « *le monopole (…) peu libéral en apparence est l'instrument d'un vrai libéralisme, dans la mesure où il assure la transparence du marché et la loyauté des transactions par la suppression des transactions occultes* »[1]. Dès lors, la sécurité du processus du marché dans la phase d'intermédiation à travers l'intermédiation obligatoire d'un professionnel justifie, tout comme la présence d'un tissu contractuel bien harmonieux et susceptible d'être classé selon les critères classiques et récentes du droit des contrats, l'idée de l'adaptation du droit du marché financier et du droit des contrats.

[1] M. DE JUGLART et B. IPPOLITO, Traité de droit commercial, T.7, Banques et Bourses, 3ème éd., par L.-M. MARTIN, Montchrestien, Paris, 1991, p. 663.

299. Ne pouvant intervenir directement sur le marché financier réglementé, en raison de l'existence d'une obligation d'intermédiation, la personne qui souhaite s'y investir doit passer préalablement par la phase d'intermédiation, qui est le prélude nécessaire à la phase de négociation. Ainsi, la personne désirant réaliser une opération de marché doit émettre et transmettre un ordre de bourse à un membre du marché, intermédiaire en bourse, chargé d'en rechercher la contrepartie sur ledit marché. Une fois cette contrepartie trouvée, l'opération est conclue.

300. La négociation vise la conclusion de l'opération de marché[1] ; elle est définie comme la production de l'ordre de bourse par l'intermédiaire sur le marché et la recherche d'une contrepartie correspondante[2]. La phase de négociation est également désignée sous le terme d'exécution de l'ordre. Elle débouche donc sur la conclusion d'une transaction, l'ordre étant alors considéré comme exécuté.

301. Malgré les spécificités de la phase de négociation, celle-ci peut faire l'objet d'une lecture contractuelle. Le degré de particularisme de la négociation, dans sa dimension contractuelle, par rapport au droit commun des contrats n'a pas atteint un niveau élevé. L'adaptation de ce particularisme au droit des contrats est toujours envisageable. Une étude de la mise en œuvre de la négociation s'avère donc nécessaire **(Chapitre I)** pour pouvoir confirmer, par la suite, sa nature contractuelle, tant débattue **(Chapitre II)**.

Chapitre I - La mise en œuvre de la négociation

302. Toute opération de bourse est effectuée sur ordre de l'opérateur. Ainsi, « *l'ordre de bourse permet la réalisation d'opérations de bourse. Il en constitue le cœur* »[3]. Cet extrait du professeur L. RUET reflète l'importance indéniable de l'ordre de bourse dans la négociation des valeurs mobilières et dans le processus du marché en général[4].

303. Conformément à l'obligation d'intermédiation, le futur acheteur se trouve dans l'obligation de passer par un intermédiaire en bourse pour former une négociation boursière, en lui transmettant un ordre de bourse. De même, le vendeur potentiel doit, lui aussi, passer un ordre de vente à son intermédiaire.

304. La nouvelle relation triangulaire qui naîtra sur le marché et qui se démarquera quelque peu du caractère bilatéral du contrat de droit commun[5], est

---

[1] T. BONNEAU et F. DRUMMOND, *op. cit.*, n° 791, p. 951.

[2] T. BONNEAU, Rép. Soc. Dalloz, v° Matif, 1995, § 113 ; M.-C. DE NAYER, Le Matif, Éditions Dalloz, 1991, p. 71.

[3] L. RUET, « Ordres de bourse », Dictionnaire Joly Bourse et Produits Financiers, n° 1, p. 1.

[4] W. BOUAJILA, thèse précitée, n° 151, p.116.

[5] Les engagements des parties, lors d'une négociation, sont parfaitement indépendants à cause de l'intermédiation obligatoire de l'intermédiaire en bourse. A cet égard, le professeur M. JEANTIN a pu affirmer, à juste titre, qu' « *on ne peut considérer que le marché est la somme de*

fondée sur la notion de l'ordre de bourse. L'étude de la mise en œuvre d'une négociation exige, indirectement, l'étude de la notion de l'ordre de bourse, qui en constitue le fait générateur. Avant d'être transmis selon des conditions particulières **(Section II)**, l'ordre de bourse doit être minutieusement identifié **(Section I)**.

Section I - L'identification de l'ordre de bourse

305. Vu son importance, l'ordre de bourse a fait couler beaucoup d'encre[1]. Pour cerner les contours de cette notion, on va l'étudier selon deux approches opposées. La première vise à étudier l'ordre en soi, c'est-à-dire, au singulier **(§1)**. La seconde, présente l'ordre de bourse comme une variété, elle l'examine au pluriel **(§2)**.

§1- L'ordre de bourse au singulier

306. L'étude de l'ordre de bourse[2] au singulier nécessite certainement la précision de sa nature juridique **(A)**, ainsi que la détermination de la nature de la relation entre l'intermédiaire en bourse et son client **(B)**.

A- La nature juridique de l'ordre de bourse

307. La nature juridique de l'ordre de bourse n'a pas fait l'unanimité. Deux approches sont souvent avancées.

308. Une première approche pratique[1], adoptée par le règlement général de la bourse des valeurs mobilières de Tunis, définit l'ordre de bourse comme

---

transactions réalisées face à face. Il exclut tout au contraire le caractère bilatéral des conventions pour y subsister une mécanique globale de règlement» conduisant à une «*remise en cause de la figure du contrat synallagmatique*», M. JEANTIN, «Le droit financier des biens», *in.* Mélanges M. JEANTIN, Dalloz, 1999, pp. 3 et s. Par conséquent, la logique de fonctionnement du marché financier s'avère une logique «*multilatérale*», par opposition à la logique bilatérale du contrat, A.-C. MULLER, *op. cit.*, p. 65.

[1] L. RUET, «Ordres de bourse», Dictionnaire Joly Bourse et Produits Financiers, n° 1, p. 1 ; L. RUET, «La réglementation de l'utilisation d'Internet dans la passation des ordres de bourse», Dr. soc., juin 2000, n°12 ; G. RIPERT et R ROBLOT, Traité de droit commercial, *op. cit.,* n° 1872 ; H. DE VAUPLANE et J.-P. BORNET, Droit des marchés financiers, *op. cit.* ; T. BONNEAU et F. DRUMMOND, Droit des marchés financiers, *op. cit.* ; F. AUCKENTHALER, Droit des marchés de capitaux, 2004, LGDJ ; A. COURET ET H. LE NABASQUE (dir.), Droit financier, 2e éd., 2012, Dalloz précis ; A.-D. MERVILLE, Droit financier, Gualino, 4ème éd., 2018 ; P. DIDIER, Droit commercial. Le marché financier, les groupes de sociétés, t. III, 1993, PUF, p. 197 ; A. LEBORGNE, «Responsabilité civile et opérations sur le marché boursier», RTD com., 1995, p. 261 ; M. DE JUGLART ET B. IPPOLITO, Traité de droit commercial, *op. cit.*, n° 713.

[2] Selon un auteur, l'expression «ordre de bourse» semble être dépassée, étant donné que, sur le plan terminologique, la bourse a cédé la place aux marchés financiers. En ses termes, «*l'expression d'ordre de bourse a été conservé depuis, bien que la bourse ait cédé la place aux marchés financiers, qu'un ordre donné à un intermédiaire puisse être exécuté en dehors du marché, et qu'un membre de marché puisse agir pour son propre compte, auquel cas il n'y a pas d'ordre donné à un tiers*», A.-C. ROUAUD, op. cit., p. 23, n°30. Si cette remarque peut paraître exacte en droit français, il nous semble qu'elle ne correspond pas à la réalité en droit tunisien et que l'expression «ordre de bourse» garde toujours sa signification claire.

étant : « (…) *une instruction donnée par un client à un intermédiaire en bourse, ou initiée par ce dernier dans le cadre d'un mandat de gestion ou d'une activité de contrepartie, ou de tenue de marché* »[2]. Il exprime, ainsi, la volonté du donneur d'ordre, puisque cet ordre sera reproduit par l'intermédiaire sur le marché, afin qu'il soit confronté aux autres ordres de sens inverse. C'est cette confrontation qui aboutira, d'ailleurs, à la formation du contrat.

309. En France, l'autorité des marchés financiers (AMF), appelée auparavant la commission des opérations de bourse (COB), a assimilé également l'ordre de bourse à une instruction. Ainsi, l'ordre de bourse « *est une instruction donnée par un client à son intermédiaire financier afin que celui-ci procède pour son compte à l'achat ou à la vente de valeurs mobilières ou d'un produit financier* »[3].

310. Toutefois, les définitions ainsi présentées, produits de la réglementation boursière, restent un peu ambigües et inappropriées pour deux raisons au moins. D'une part, l'instruction est définie, juridiquement, comme « *une prescription pratique donnée à un subordonné pour l'exécution d'un ordre* »[4]. Il s'agit, donc, d'une simple recommandation[5], une information de clarification, un rayon de lumière qui guidera l'intervention de l'intermédiaire. Le terme « *subordonné* » peut nous induire en erreur, puisqu'il implique, sur le plan terminologique, une relation hiérarchique plus qu'un rapport contractuel, ce qui n'est pas le cas de l'ordre de bourse. La relation entre le donneur d'ordre et la société de bourse est une relation d'intermédiation et de représentation et non de subordination.

311. D'autre part, qualifier l'ordre de bourse comme instruction reste équivoque étant donné que la grande majorité des ordres transmis aux prestataires de services d'investissement proviennent d'établissements collecteurs d'ordres et non directement de leurs clients[6]. Ainsi, « *la chaine d'exécution de l'ordre va (…) nécessiter la mise en place d'un sous-contrat qui emprunte au*

---

[1] Qualifiée aussi de « technique ».

[2] Art. 89 du RGBVMT.

[3] COB, L'exécution des ordres de bourse, Bull. mens., n° 287, janv. 1995, p.22.

[4] G. CORNU (dir.), *Vocabulaire juridique*, *op. cit.*, V° instruction.

[5] Les termes « instructions » et « recommandations » nous rappellent aussi les actes non décisoires des autorités de régulation (tels que l'AMF en France et le CMF en Tunisie). En effet, les prérogatives de ces régulateurs leurs permettent de créer, outre le « droit dur » composé par les règlements et les décisions qu'elles édictent, d'autres actes non décisoires telles que les propositions, les instructions ou les recommandations, qui composent le « droit mou ». Malgré l'absence du caractère contraignant de ces règles, elles sont prises en compte par le juge et suivies par leurs destinataires. Ils acquièrent ainsi, lors de leur réception, un rôle juridique certain. Ce constat nourrit la réflexion sur l'existence de normes qui, bien que créées en dehors de la hiérarchie des normes traditionnelles et dénuées *a priori* de toute valeur juridique, ont un rôle important. Dans cette perspective, il n'y aurait de "véritable" droit que le "droit dur".

[6] M. DE JUGLART et B. IPPOLITO, Traité de droit commercial, Banques et bourses, *op. cit.*, n° 713 ; H. DE VAUPLANE et J.-P. BORNET, Droit de la bourse, *op.cit.*, n° 538 ; P. DIDIER, Droit commercial. Le marché financier, les groupes de sociétés, *op. cit.*, p. 197, qui écrit qu' « *en fait, il y a souvent six parties (deux donneurs d'ordres, et pour chacun, un établissement de crédit et un prestataire de services d'investissement ou membre de marché)* » ; J. NERET, Le sous-contrat, Thèse, LGDJ, 1979, n°s 127 et s.

contrat principal son objet, la réalisation de l'ordre de bourse implique alors instruction et sous instruction»[1]. Par son ambigüité, une telle qualification, exacte en fait, mais imprécise en droit, ne peut être utilisée qu'en complément d'une autre qualification.

312. Selon une seconde approche, purement juridique, l'ordre de bourse est qualifié par la doctrine comme un contrat[2] de mandat[3]. Cette approche est à deux vitesses.

313. Peu poussée, la première analyse[4] qualifie les ordres de bourse de contrats, sans aucune autre précision. Il est certain que la non-exécution d'un ordre de bourse valablement formé fait déclencher les règles de la responsabilité contractuelle et non délictuelle[5]. Cette analyse a le mérite de souligner la nature contractuelle de l'ordre de bourse malgré toutes les contraintes techniques, telles que la standardisation et l'informatisation pesant sur l'expression de la volonté et désorganisant parfois la qualification contractuelle[6]. Cependant, cette analyse, qui a renvoyé au droit des obligations en général et non pas à une catégorie de convention particulière, souffre d'imprécision et doit être complétée.

314. Plus poussée, la seconde analyse qualifie l'ordre de bourse de mandat[7]. Elle le définit comme étant : « *(…) un mandat donné à une société de bourse par un de*

---

[1] L. RUET, « Ordres de bourse : définition et typologie », Dictionnaire Joly Bourse et Produits Financiers, n° 18, p. 2.

[2] Certains auteurs se contentent de qualifier l'ordre de bourse comme étant un contrat sans aucune autre précision. En ce sens, V. B. BELHADJ YAHIA, « La négociation des actions des sociétés anonymes » (article en arabe), in. Cycle de formation à l'Institut Supérieur de Magistrature, 19 novembre 1999, p.9 : « *l'ordre de bourse est un contrat qui se forme entre l'acheteur et le vendeur d'une part et l'intermédiaire d'autre part. Ce contrat est régi par le droit commun des contrats* ».

[3] G. RIPERT et R. ROBLOT, *op. cit.*, n° 1879, p. 83 ;T. BONNEAU et F. DRUMMOND, *op. cit.*, n° 798, p. 649 ; M. DE JUGLART et B. IPPOLITO, Traité de droit commercial, *op. cit.*, n° 714, p. 797.

[4] H. De VAUPLANE et J.-P. BORNET, Droit des marchés financiers, *op. cit.*, n° 539, p. 500 ; M. VASSEUR, Droit des affaires, t. II, fasc. IV, Les valeurs mobilières, 1987-1988, Les cours de droit, p. 447, qui définissent l'ordre de bourse comme : « *l'acte par lequel une personne qui désire acheter ou vendre en bourse des valeurs mobilières charge directement ou indirectement une société de bourse d'exécuter l'opération* ».

[5] Par exemple, en matière de faute dolosive, la Cour de cassation française a décidé que la responsabilité est contractuelle. V. Cass. 3ème civ., 7 juin 2001, JCP G., 2001, II, n° 10626, note PH. MALINVAUD. Par contre, en cas d'abus de droit, la responsabilité redevient délictuelle ; Cass. Com., 26 avr. 1994, Bull. civ., IV, n° 158.

[6] V. par exp., G. RIPERT et R. ROBLOT, Traité de droit commercial, T. 2, Effets de commerce, Banque et Bourse, Contrats commerciaux, Procédures collectives, 17ème éd., par P. DELEBECQUE et M. GERMAIN, L.G.D.J., Paris, 2004, n° 1872, qui dénient la nature contractuelle de l'ordre de bourse.

[7] M. VASSEUR, Droit des affaires. Les valeurs mobilières, Les cours de droit, *op. cit*, p. 501 ; G. RIPERT ET R. ROBLOT, Traité de droit commercial, op. cit., n° 1879 ; M. DE JUGLART et B. IPPOLITO, Traité de droit commercial. Banques et bourses, *op. cit.*, nos 713 et 714 ; G. CORNU (dir.), *Vocabulaire juridique, op. cit.*, v. « Ordre » ; B. SOUSI-ROUBI et D. LEFRANC, Lexique banque et bourse, Dalloz, 1997, 4e éd., v. « Ordre » ; P. PETEL, Les obligations du mandataire, Thèse, Litec, 1988, n° 421 ; A. REYGROBELLET, La notion de valeur mobilière,

ses clients d'avoir à vendre ou à acheter à la bourse une valeur déterminée»[1]. C'est un mandat particulier et fortement réglementé. Son caractère obligatoire, ainsi que les strictes règles qui s'imposent dans son application, sont les corollaires logiques du monopole de négociation conféré aux intermédiaires en bourse. La seule finalité de ces intermédiaires est d'assurer la sécurité des transactions sur le marché[2].

315. Mais, la lecture combinée des dispositions du décret du 20 novembre 2001[3] et de celui du 1er novembre 1999[4], montre que l'intermédiaire en bourse n'intervient pas seulement suite à l'ouverture d'un compte d'administration, comme on l'a déjà expliqué, mais il peut intervenir aussi lors d'un mandat de gestion de portefeuille[5]. Dans ce cas, une situation originale se forme, puisqu'il y aura une superposition de deux mandats dont l'objet est différent[6]. Le premier mandat est celui de la gestion du portefeuille. Il forme, en principe, un mandat principal, ou plutôt, un mandat cadre[7]. Tandis que le second, l'ordre de bourse, constitue un mandat ponctuel. Face à cette coexistence des deux mandats, l'intermédiaire est dans l'obligation d'exécuter l'ordre ponctuel.

316. Malgré la diversité des qualifications proposées, il nous semble que l'ordre de bourse n'est rien d'autre qu'un contrat d'application d'un contrat-cadre qui est la convention de compte[8]. Fréquents dans les relations commerciales, les contrats-cadres établissent les règles de base du contrat et sur lesquels se grefferont des contrats successifs, ou des commandes successives[9]. Prenant acte de cette catégorie nouvelle, l'ordonnance du 10 février 2016 dispose que *«le contrat-cadre est un accord par lequel les parties conviennent des*

Thèse, Paris II, 1995, n° 1185 ; B. MALLET-BRICOUT, La substitution de mandataire, Thèse, Paris II, 1998, n° 64.

1 G. RIPERT et R. ROBLOT, *op. cit., loc. cit.*

2 M. DE JUGLART et B. IPPOLITO, *op. cit., loc. cit.*

3 V. surtout les arts. 2 et 7.

4 V. surtout l'art. 39.

5 Faute de temps nécessaire et de compétence requise à cette fin, ou par crainte de se perdre dans les subtilités techniques des transactions boursières, certains épargnants préfèrent recourir au mandat de gestion de portefeuille en confiant une telle gestion à un intermédiaire habilité. La gestion de portefeuille est définie par l'article 19 de la loi n° 2005-96 du 18 octobre 2005, relative au renforcement de la sécurité des relations financières, comme l'activité qui permet au gestionnaire de donner des ordres d'achat et de vente de valeurs mobilières au nom et pour le compte de sa clientèle. Mais, l'épargnant garde toujours la possibilité de passer les ordres à son gestionnaire. Sur le mandat de gestion de portefeuille, V. Ch. LABASTIE-DAHDOUH, H. DAHDOUH, *op. cit.*, n° 263, p. 149 et s. ; Ch. GAVALDA et J. STOUFFLET, Droit bancaire, *op. cit.*, p. 540. ; F. J.-CREDOT et P. BOUTEILLER, «La responsabilité des banques en matière de conservation, de gestion et de placement de valeurs mobilières», Banque, n° 484, Juin 1988, p. 617.

6 L. RUET, article précité, n° 11, p. 6.

7 C'est en quelques sortes un mandat général, mais on préfère l'utilisation du terme mandat cadre pour éviter toute confusion avec le mandat général prévu par l'article 1119 du COC.

8 V. dans ce sens, T. BONNEAU et F. DRUMMOND, *op. cit.*, n° 807, pp. 653 et s.

9 V. F. POLLAUD-DULIAN et A. RONZANO, «Le contrat-cadre, par-delà les paradoxes», RTD Com., 1996, p. 179 ; J. GATSI, Le contrat-cadre, préf. M. BEHAR-TOUCHAIS, LGDJ, coll. «Droit privé», Paris, 1996.

caractéristiques générales de leurs relations contractuelles futures »[1]. Et, elle consacre la pratique en ajoutant que « *des contrats d'application en précisent les modalités d'exécution* »[2].

317. Concrètement, tout ordre de bourse est précédé obligatoirement d'une convention de compte, « *qui précise notamment les conditions d'utilisation de ce compte, les différents services auxquels il donne droit et les engagements réciproques des parties ainsi que les conditions générales pratiquées pour les opérations que l'intermédiaire en bourse propose à son client dans le cadre de ce compte* »[3]. En d'autres termes, cette convention permet aux parties de fixer les principales règles qui gouverneront leurs contrats ultérieurs. Elle ne fait pas naître une obligation de livrer et de payer le prix mais une obligation de faire, donc, elle répond parfaitement à la définition du contrat cadre[4]. Par ailleurs, l'ordre de bourse, qui vient préciser les modalités d'exécution de la convention de compte, est un contrat d'application de cette convention cadre.

318. Noyau dur de l'opération de marché, l'ordre de bourse aboutit à la formation d'une relation spécifique, voire originale, entre l'intermédiaire en bourse et son client.

B- La nature juridique de la relation entre l'intermédiaire en bourse et son client

319. La qualification du rapport entre l'intermédiaire en bourse et son client, lors de la réalisation d'une négociation, est d'une importance primordiale, car elle a des répercussions directes sur la responsabilité encourue[5]. La doctrine a présenté trois qualifications possibles pour cette relation, qui ne sont pas, à vrai dire, toutes convaincantes.

320. Tout d'abord, on peut penser à la qualité de courtier[6]. Celui-ci cherche et rapproche les contractants potentiels moyennant une rémunération. Mais, l'étude du statut de l'intermédiaire en bourse montre que ce dernier ne peut pas être qualifié de courtier pour deux raisons au moins. D'une part, l'intermédiaire ne procède pas à la recherche d'un contractant à son client. C'est le système informatique central du marché financier qui regroupe les ordres et qui procède à leurs confrontations selon la règle de l'offre et de la demande. D'autre part, l'intermédiaire, contrairement au courtier, est censé être une partie au contrat puisqu'il élabore les ventes en son nom propre et pour le compte de son client.

321. Ensuite, la qualification du contrat de mandat est envisageable. Le mandat est un contrat par lequel une personne charge une autre d'accomplir un

---

[1] Art. 1111 du Code civil français.

[2] Art. 1111 précité.

[3] Art. 52du décret n° 99-2478 du 1er novembre 1999, portant statut des intermédiaires en bourse, tel que modifié et complété par le décret n° 2007-1678 du 5 juillet 2007.

[4] F. TERRÉ, P. SIMLER et Y. LEQUETTE, Droit civil, les obligations, 9ème éd., n° 194, p. 199.

[5] H. DE VAUPLANE, « La responsabilité civile des intermédiaires », RDBB, n° 76, nov./déc. 1999, p. 228 et s. ;V. aussi H. MESSAOUD, « La responsabilité de l'intermédiaire dans la bourse des valeurs mobilières » (article en langue arabe), RJL, oct. 2002, p.395.

[6] L'art. 609 du CC a défini le courtage comme étant : « *La convention pour laquelle le courtier s'engage à rechercher une personne pour la mettre en relation avec une autre, en vue de la conclusion d'un contrat* ».

acte licite pour le compte du commettant. Le mandat peut être donné aussi dans l'intérêt du mandant et du mandataire, ou dans celui du mandant et d'un tiers, et même exclusivement dans l'intérêt d'un tiers[1]. A partir de cette définition, on peut dégager deux éléments nécessaires pour qualifier un contrat de mandat : L'absence de subordination et la conclusion d'un acte juridique pour autrui[2].

322. Quant à l'absence de subordination, le mandataire doit jouir d'une certaine indépendance dans la conduite de sa mission, sinon, on se trouve devant un contrat de travail et non pas de mandat[3]. Cette condition est vérifiée pour l'intermédiaire en bourse qui reçoit de son client de simples instructions, puis il suit la réglementation boursière.

323. Quant à la conclusion des actes juridiques pour autrui, on remarque que l'engagement du mandataire porte sur une obligation de faire et non pas de donner[4]. Ainsi, le mandataire, chargé d'acheter un bien, est garant de son mauvais choix[5], et non des vices cachés[6]. Cette obligation de faire porte sur l'accomplissement d'actes juridiques, par opposition à de simples actes matériels[7].

324. Jusqu'à ce niveau de raisonnement, l'intermédiaire en bourse répond parfaitement aux conditions déjà citées du contrat du mandat. Mais, dès qu'on arrive au dernier élément de la définition, on trouve que l'intermédiaire en bourse agit pour le compte d'autrui (son client), mais en son propre nom. C'est ce qui dirigera notre réflexion directement vers le contrat de commission.

325. L'article 601 du CC[8] définit le contrat de commission comme étant : « *le mandat par lequel un commerçant reçoit pouvoir d'agir en son propre nom pour le compte de son mandant, dit commettant* ». En réalité, on n'a pas coupé avec le mandat. Seulement, on a passé de la représentation parfaite à la représentation imparfaite[9]. En effet, l'intermédiaire en bourse commissionnaire agit en son propre nom et pour le compte du client commettant. Alors que le mandataire donne un consentement pour le mandant qui est partie au contrat, le commissionnaire donne son propre consentement, il est lui-même partie au contrat, bien que le contrat soit conclu pour un autre. Il conclut des contrats qui n'engagent pas le commettant à l'égard des tiers. En fait, c'est lui qui se

---

[1] Art. 1104 du COC.

[2] A. BÉNABENT, Droit civil, Les contrats spéciaux, MONTCHRESTIEN, 7ème éd., 2006, pp. 332 et s.

[3] Le mandataire reçoit des instructions quant à l'acte à accomplir et possède une marge de liberté en ce qui concerne le choix des moyens pour y parvenir. Alors que le salarié doit respecter les ordres reçus tout au long de son activité.

[4] A. BÉNABENT, *op. cit. loc.cit.*

[5] Cette garantie est liée à son obligation de faire.

[6] La garantie des vices cachés est liée, en principe, à une obligation de donner.

[7] C'est ce qui distingue, déjà, le contrat de mandat du contrat d'entreprise.

[8] L'équivalent de l'art. 94 du Code de commerce français.

[9] Ph. PÉTEL, Le contrat de mandat, Dalloz, 1994, p. 13.

trouve personnellement engagé[1]. On ne retrouve pas, alors, la transparence qui caractérise la représentation. Bien au contraire, le commissionnaire fait écran entre le commettant et le tiers contractant[2]. C'est pour cette raison qu'on parle d'une représentation imparfaite[3].

326. Le cocontractant d'un commissionnaire ne dispose d'aucune action contre le commettant. Ce dernier peut « *exercer directement contre les tiers toutes actions nées du contrat passé par le commissionnaire* »[4]. En droit français, la situation semble différente. Certains auteurs voudraient voir reconnaître au commettant le bénéfice d'une action directe contre le tiers[5]. Cette solution est contraire à la jurisprudence française traditionnelle et peu conforme à l'économie même du contrat de commission[6].

327. Le transfert de propriété, qui peut résulter du contrat conclu par commission, se réalise directement dans le patrimoine du commettant[7], sans transiter par le commissionnaire. Les règles relatives au transfert de propriété viennent confirmer ce constat, puisque le dit transfert dépend, comme on le verra dans le seconde partie de notre étude[8], de l'inscription des titres au compte de l'acheteur qui, elle-même, est liée au dénouement de l'opération[9].

328. Le recours au contrat de commission permet de bénéficier de deux avantages au moins. D'une part, la qualité de commissionnaire de l'intermédiaire en bourse, impliquant son engagement personnel, permet d'ouvrir le marché à un large public, tout en limitant l'accès au marché pour lutter contre le risque de contrepartie[10]. D'autre part, le contrat de commission

---

1 Au début, de nombreuses décisions de la jurisprudence française évitaient de préciser la nature de cette qualification (V. par exemple : C. d'A. Paris, 14 janv. 1882, DP, 1882, 2, 132 ; C. d'A. Paris, 17 mars 1891, DP, 1891, 2, 295, cités par : H. De VAUPLANE et J.-P. BORNET, *op. cit.*, n° 923, p. 843.). Il a fallu attendre la fin du siècle dernier pour que la jurisprudence reconnaisse à l'intermédiaire en bourse la qualité de commissionnaire. Dans un arrêt de principe, la Cour de cassation française a pu affirmer que : « *dans l'achat et la vente des valeurs qu'ils négocient* (les intermédiaires en bourse) *agissent non comme des mandataires des parties, mais comme commissionnaires stipulant en leur nom personnel* », Cass. com., 14 juin 1892, DP, 1893, 1, 500, cité par : H. De VAUPLANE et J.-P. BORNET, *op. cit.,loc. cit.*

2 Ph. PÉTEL, *op. cit., loc. cit.*

3 Appelée aussi : « représentation indirecte », « représentation médiate » ou encore « mandat sans représentation ». Pour une critique de l'expression de « représentation imparfaite », V. M.-L. IZORCHE, « À propos du " mandat sans représentation" », D., 1999, chron., n°s 16 à 19, p. 369.

4 Art. 607 du code de commerce.

5 B. STORK, « Les rapports du commettant et du commissionnaire avec les tiers », *in.* Le contrat de commission, Dalloz, 1949.

6 J. GHESTIN et B. DESCHE, *op. cit.*, n° 208.

7 V. en ce sens, M.-P. DUMONT, L'opération de commission, préf. J.-M. MOUSSERON, Litec, 2000, n°285 et s., p.236 et s. ; Ph. DIDIER, De la représentation en droit privé, préface Y. LEQUETTE, LGDJ, 2000, n° 116, p.78.

8 V. *infra*, n°s 644 et s.

9 A.-C. ROUAUD, *op. cit.*, n°585, p.354.

10 D. ROBINE, Sécurité des marchés financiers face aux procédures collectives, LGDJ, Bibl. droit privé, t. 400, préf. P. Le CANNU, 2003, n°295 et s., p. 218 et s. : « *Pour cela, il a fallu prévoir que les bénéficiaires de l'accès au marché puissent agir pour compte de tiers, tout en exigeant qu'ils s'engagent*

permet de garder l'unité de l'opération de négociation. Dès lors, l'interposition que réalise la commission entre le donneur d'ordre et la contrepartie ne conduit pas à scinder en deux une opération unique. Il n'y a pas conclusion de deux ventes, l'une entre le commettant et le commissionnaire, l'autre entre le commissionnaire et la contrepartie. Un seul contrat est conclu[1].

329. La relation entre l'intermédiaire en bourse et son client a provoqué le développement à titre accessoire au contrat de commission d'une garantie spécifique dénommée engagement « ducroire »[2].

330. La garantie de ducroire est définie comme étant : *« (...) la convention par laquelle une personne appelée ducroire se porte garant vis-à-vis de son cocontractant de la bonne fin d'une opération »* [3] . En vertu du contrat de commission, le commissionnaire ducroire garantit au commettant l'exécution de la négociation par la contrepartie, ainsi que la bonne fin de l'opération par la livraison et le règlement des valeurs négociées[4].

331. Contrairement au législateur français qui a reconnu directement la garantie de ducroire aux intermédiaires en bourse[5], le législateur tunisien a reconnu cette qualification, mais de façon implicite. C'est seulement grâce à une lecture combinée des articles 608 du CC, 59 de la loi de 1994 et 12 du

---

personnellement. La solution résidait dans le contrat de commission ». Sur le risque de contrepartie, v. infra n° 951.

1 T. BONNEAU, P. PAILLER, A.-C. ROUAUD, A. TEHRANI et R. VABRES, Droit financier, *op. cit.*, n°1307, p.851.

2 V. B. DE SAINT-MARS, « Marchés financiers et garantie ducroire », *in.* Mélanges AEBDF-France, vol. II, droit bancaire et financier, Banque éditeur, 1999, p. 389. Pour une approche historique sur la garantie ducroire, V. L. BANCAL et Ch. LAGELEE-CHARRETTE, « ducroire de banque », J.-CL. Banque-Crédit-Bourse, Fasc.600, n° 7, selon ces deux auteurs : Le terme "ducroire" vient de l'italien *del credere* (de la confiance). Le dictionnaire Robert date le mot de 1723 mais la trace la plus lointaine qui a été détectée par J.-F. MERLAUD *(Le Ducroire : Thèse Bordeaux, 1984.)* se trouve dans le « Parfait négociant », ouvrage de pratique commerciale du marchand parisien, Jacques Savary, publié en 1675, sous l'orthographe "du croire". L'institution elle-même, qui nous a été transmise par les jurisconsultes italiens, semble provenir d'une institution de droit romain, la *fidejussio indemnitatis.* C'était une stipulation par laquelle un créancier se faisait garantir le paiement de sa créance, soit contre l'insolvabilité de son débiteur, soit contre le retard du paiement. L'institution s'est développée, au Moyen âge, en Italie, où, comme l'écrivent M. DELAMARRE et M. Le POITVIN : *"Les traditions du droit romain paraissent ne s'être jamais entièrement effacées, le commerce renaissant saisit avec ardeur cette idée féconde, et l'adaptant à ses besoins, il en forma la convention "del credere*, expressions qui, naturalisées dans la langue de toutes les nations commerçantes, témoignent énergiquement du pays originaire de cette invention ingénieuse *(M. DELAMARRE et M. Le POITVIN, Traité du contrat de commission, t. 2 : Delamotte Aîné, 1841, n° 299, p. 551).* Actuellement, le domaine de la convention de ducroire s'est élargi à toutes les opérations commerciales, et en matière de contrat de commission, elle a servi à dégager le commettant des risques du marché pour en transférer la charge au commissionnaire.

3 I. RIASSETTO, « Du caractère indemnitaire du ducroire de banque et de bourse », *in*Mélanges AEDBF-France, vol. III, Banque éditeur, 2001, n° 1, p. 247.

4 A cet égard, il a été jugé que « *L'agent de change* (actuellement l'intermédiaire en bourse) *est considéré comme commissionnaire ducroire et responsable de l'inexécution de la transaction lorsqu'il intervient sur le marché boursier en tant que négociateur..* », Paris, 18 juin 1992 : JCP. E. 1994, I, 399, n° 21 ; Dr. sociétés 1992, n° 237 ; Bull. Joly Bourse 1993, p. 25, obs. H. DE VAUPLANE.

5 Art. L. 442-4 du C. mon. et fin. ; Arts. 2-4-14 et 4-2-31 du RG CMF

RGBVMT, qu'on peut, enfin, déduire que l'intermédiaire en bourse tunisien n'est pas seulement commissionnaire, mais encore et surtout « ducroire ».

332. Si l'étude de l'ordre de bourse, au singulier, nous a permis de saisir quelques aspects de la notion, l'étude de l'ordre de bourse, au pluriel, va certainement clarifier davantage cette notion.

§2- L'ordre de bourse au pluriel

333. Pour faciliter le traitement informatisé et éviter les difficultés de compréhension d'ordres mal formulés, les ordres sont standardisés et rangés par catégories différentes. Tous les ordres sont inscrits dans une base de données informatique appelée « carnet d'ordres central » tenu dans les comptes d'un dépositaire central[1].

334. Malgré toutes les précisions que doit comporter l'ordre de bourse[2], une certaine marge de manœuvre est laissée à l'intermédiaire. Cette marge est variable, elle peut être négligeable comme elle peut être importante, tout dépond du type de l'ordre transmis. En tout cas, l'ordre de bourse ne peut jamais être passé à un cours fixe[3].

335. A la différence du règlement général de la bourse des valeurs mobilières de Tunis qui, dans son article 92, énumère six types d'ordres de bourse[4], le nouveau règlement de parquet de la bourse de Tunis de mars 2021[5] s'est limité à présenter cinq types d'ordres de bourse[6] tout en modifiant légèrement la dénomination de deux ordres[7]. Les règles de marché d'Euronext[8] prévoient essentiellement quatre types d'ordres de bourse[9]. Ces quatre types d'ordres, qui apparaissent comme des ordres de base, peuvent cependant être exprimés avec des conditions particulières d'exécution[10]. A la différence des ordres de bourse

---

1 V. art. 6 du nouveau règlement du parquet de la bourse des valeurs mobilières de Tunis.

2 L'ordre de bourse doit être suffisamment précis pour permettre une exécution sans erreur. En effet, et conformément à l'article 91 du RGBVMT, tout ordre doit préciser certaines indications générales relatives à l'identité de son donneur, le sens de l'opération (achat/vente), le nombre de titres, les caractéristiques de la valeur sur laquelle porte la négociation et toutes autres précisions nécessaires à sa bonne exécution.

3 Par exemple : « achetez à 100 dinars » ou « vendez à 100 dinars ».

4 Qui sont les suivants : l'ordre au cours d'ouverture, l'ordre à cours limité, l'ordre à la meilleure limite, l'ordre au marché, l'ordre stop et l'ordre application.

5 Arrêté par le conseil d'administration de la bourse du 26 novembre 2020 et approuvé par le collège du conseil du marché financier réuni le 25 mars 2021, applicable à partir de la date de mise en production de la nouvelle plateforme de cotation « optiq® ».

6 Art. 5.5 du nouveau règlement du parquet de la bourse des valeurs mobilières de Tunis.

7 Les ordres « au prix du marché » et « à la meilleurs limite » sont désormais appelés successivement les ordres « au marché » et « au marché limité ».

8 Art. 4203/1 et s., Règles de marché harmonisées d'Euronext.

9 Ces types d'ordres sont les suivants : l'ordre au marché (Art. 4203/1, Règles de marché harmonisées d'Euronext), l'ordre à cours limité (Art. 4203/2, Règles préc.), l'ordre stop (Art. 4203/3, Règles préc.) et l'ordre indexé (Art. 4203/4, Règles préc.).

10 On peut citer par exemple, sur les marchés financiers français, les ordres « exécutés et éliminés » (Art. 4204/2A (i), Règles préc.), les ordres « à quantité minimale » (Art. 4204/2A (ii), Règles préc.) ou les ordres « à quantité cachée » (Art. 4203/3, Règles préc.). De même, sur le marché

sur le marché financier tunisien, les ordres sur les marchés français, selon les règles de marché d'Euronext, ne sont pas seulement réglementés, mais peuvent être aussi non réglementés [1]. Cette possibilité est méconnue par règlement général de la bourse des valeurs mobilières de Tunis.

336. Dès lors, en fonction des instructions relatives aux prix, il existe une variété de types d'ordres, les uns comprennent une indication de prix **(A),** les autres ne comprennent pas une telle indication **(B)**.

A- Les ordres comportant une indication de prix

337. Si les ordres qui ne comportent pas une indication de prix paraissent un peu dangereux pour l'investisseur, puisqu'il sera engagé quel que soit le cours produit par le marché [2], les ordres avec limite de prix sont beaucoup plus rassurants et raisonnables. Ceux-ci peuvent être soit des ordres à cours limité, soit des ordres « stop », soit des ordres application [3].

1. L'ordre à cours limité

338. L'ordre à cours limité est assorti d'une limite de prix. C'est « *un ordre par lequel l'acheteur fixe le prix maximal qu'il est disposé à payer et le vendeur le prix minimal auquel il accepte de céder ses titres* [4]. *Il est exécuté si le marché le permet au prix fixé ou à un cours meilleur* » [5]. Cet ordre est le plus utilisé en pratique car il permet de ne pas payer trop cher et de ne pas vendre à un prix trop faible [6], puisque les achats sont effectués à un prix maximum et les ventes à un prix minimum [1].

---

tunisien, « *certains ordres en bourse peuvent être introduits avec une mention particulière pour leur exécution. Cette mention peut être : à quantité dévoilée, à quantité minimale, exécutés et éliminés et exécutés ou bien éliminés* », art. 5.6 du nouveau règlement du parquet de la bourse des valeurs mobilières de Tunis.

[1] Sur cette distinction, T. BONNEAU, P. PAILLER, A.-C. ROUAUD, A. TEHRANI et R. VABRES, Droit financier, *op. cit.*, n°1267, p.826. En principe, les ordres de bourse sont réglementés étant donné que « *les règles du marché déterminent les catégories d'ordres exécutables par les membres du marché* », Art. 514-2, al. 1, RG AMF. Dès lors, on peut se demander si des ordres non réglementés peuvent être exécutés sur les marchés. La réponse paraît positive, mais les ordres non réglementés « *présentent la caractéristique de pouvoir être refusés par l'intermédiaire. En pratique, l'exécution, la non-exécution ou même l'exécution partielle de ces ordres ne peut donner lieu à aucune réclamation de la part du client* », COB, « L'exécution des ordres de bourse », Bull. mens. n°287, janv. 1995, p.25. De plus, « *un membre peut refuser d'exécuter des ordres soumis à des conditions suspensives ou résolutoires, ou d'autres conditions de validité non prévues par le présent chapitre* », Art. 4201, al.2, Règles de marché harmonisées d'Euronext. Cependant, « *les ordres réglementés ne peuvent pas, en principe, être refusés par l'intermédiaire, à moins qu'ils ne remplissent pas les conditions relevant de leur régime juridique ou que leur auteur ne satisfasse à l'obligation de couverture instituée par les règles de marché (…)* », T. BONNEAU, P. PAILLER, A.-C. ROUAUD, A. TEHRANI et R. VABRES, *op. cit.*, n°1267, p.826.

[2] L. RUET, article précité, n° 74, p. 50.

[3] Pour plus de détails et d'exemples sur ces types d'ordres, voir M. KETATA, Droit du marché financier et droit des contrats, thèse de doctorat en droit privé, Université Paris Panthéon Assas et Université de Sfax, 2022, pp. 190 et s.

[4] Par exemple, un ordre d'achat limité au cours de 80 dinars sera exécuté s'il existe des ordres de vente à un montant inférieur ou égale à 80 dinars.

[5] Article 92 nouveau du RGBVMT, *Arrêté du Ministre des Finances du 15 avril 2008, art.1er.*

[6] C'est un ordre privilégié par les investisseurs, puisqu'il leur garantit qu'ils n'achètent pas les valeurs plus chères qu'ils ne le souhaitent ou qu'ils ne vendront pas moins chères qu'ils ne le

2. L'ordre stop

339. Dans d'autres cas, le donneur d'ordres peut agir avec plus d'ambition et de professionnalisme. Ainsi, il peut s'intéresser à une valeur dont il escompte la hausse. Mais, si le mouvement à la hausse cesse, il ne sera plus intéressé. Il passe donc un ordre « stop » pour dire qu'il est acheteur à partir d'un certain prix et au-dessus. Inversement, un donneur d'ordre vendeur, qui attend une baisse, veut bien se débarrasser de ses titres si la baisse se confirme ou s'amplifie. Alors qu'il souhaite les conserver si le mouvement de baisse cesse. Il passe, dans ce cas, un ordre « stop », qui signifie dans son cas, qu'il est vendeur à un certain prix et au-dessous[2]. Dès lors, l'ordre « stop »« *est un ordre d'achat ou de vente pour lequel le donneur d'ordre souhaite intervenir sur le marché dès qu'un prix de déclenchement, qu'il a préalablement choisi, est atteint* »[3].

340. L'ordre « stop » est recevable durant les périodes d'accumulation des ordres et en phase continue tant sur des titres cotés au fixing qu'en continu. Durant les périodes d'accumulation des ordres, l'ordre stop participe à la formation du cours théorique d'ouverture, uniquement s'il est déclenché. En phase continue, l'ordre libellé stop à seuil déclenché devient un ordre « au marché » et se comporte comme tel. L'ordre libellé stop à plage déclenchée devient un ordre « à cours limité » et se comporte comme tel[4].

3. L'ordre « Application »

341. Le système de cotation autorise, en phase continue, l'exécution d'un ordre d'achat face à un ordre de vente du même intermédiaire[5]. L'ordre est dit dans ce cas « application ». C'est l'ordre par lequel un même intermédiaire produit et exécute simultanément deux ordres clients de sens opposés pour la même quantité et au même cours d'un titre donné.

---

veulent, O. PICON, La bourse, Ses mécanismes, Gérer son portefeuille, Réussir ses placements, Paris, DELMAS, 14è éd., 2000, n° 412, p. 84.

1 A titre d'exemple, supposons qu'une personne voulait vendre une action X. Vous passez un ordre de vente à cours limité à 100 dinars et vous êtes certains que l'action sera vendue au minimum à 100 dinars. Mais l'ordre ne sera pas exécuté si l'action cote moins de 100 dinars. Inversement, si vous passez un ordre d'achat à cours limité à 70 dinars, votre ordre ne sera exécuté qu'à 70 dinars maximum. Dans ce cas, n'hésitez pas à vous placer à 70,1 dinars plutôt qu'à 70 dinars où tout le monde s'est déjà placé .V. http://www.comprendrelabourse.com/Marche_Action/Negociation/neg_ordres.htm

2 M. DE JUGLART et B. IPPOLITO, *op. cit.*, n° 718, p. 799. Exemple : Pour l'acheteur, le prix du titre aujourd'hui c'est 100 dinars, il va fixer le seuil à 120 dinars. Si le titre atteint ce montant ou plus, il va acheter. Le vendeur, qui ne peut pas surveiller son portefeuille en permanence, peut le protéger en cas de baisse du marché. Si le cours actuel est 150 dinars, il pourra placer son seuil à 140 dinars. Son ordre sera exécuté sur le marché si ce seuil est atteint.

3 Art. 5.5.4 al.3 du nouveau règlement du parquet de la bourse des valeurs mobilières de Tunis ; Art. 92 (nouveau) du RGBVMT « *Cet ordre est un ordre d'achat ou de vente pour lequel le donneur d'ordre souhaite intervenir sur le marché dès que le prix atteint un niveau fixé au préalable* ». Il est à noter que les ordres « stop » sont de deux types : l'ordre à seuil de déclenchement (ASD) et l'ordre à plage de déclenchement (APD). Pour plus de détails, V. M. KETATA, thèse précitée, pp. 193 et s.

4 V. Art. 5.5.4 du nouveau règlement du parquet de la bourse des valeurs mobilières de Tunis.

5 V. Art. 5.5.5 du nouveau règlement du parquet de la bourse des valeurs mobilières de Tunis.

342. Ce faisant, l'ordre application s'arrête au niveau de l'intermédiaire en bourse qui ne le transmet pas au système informatique de la bourse, parce qu'il existait chez lui déjà un ordre de sens opposé. Dans le carnet d'ordre central, les applications sont réalisables uniquement pour les titres négociés en continu, à un prix strictement compris entre la meilleure limite à l'achat et la meilleure limite à la vente[1].

343. L'opération de contrepartie[2], prévue par l'article 48 bis du décret n° 99-2478 du 1er novembre 1999 susvisé, est exécutée par le moyen des ordres « application »[3]. Certes, le client doit être informé de l'identité de sa contrepartie dans cette opération. Mais, étant donné que l'intermédiaire agit en tant que commissionnaire et conclut les contrats en son propre nom, ne s'agit-il pas là d'un contrat avec soi-même[4], normalement prohibé en droit commun par les articles 549 et 566 du COC[5] ? Malgré cet obstacle juridique qui se manifeste par l'incompatibilité entre le contrat de commission liant l'intermédiaire à son client et le droit de faire des opérations pour son propre compte, le RGBVMT a toujours toléré une telle opération, pour assurer la liquidité du marché[6] et la mobilité de l'épargne. Les investisseurs doivent pouvoir entrer sur la marché et en sortir à des conditions qui permettent aux ordres d'être exécutés immédiatement et sans rupture de cours, c'est-à-dire sans que leurs ordres provoquent une hausse ou une baisse sensible des cours, ce qui les pénalise[7]. La contrepartie est donc en droit tunisien une opération légalement tolérée et juridiquement encadrée, faisant l'objet d'une exception légale au principe général de l'interdiction du contrat avec soi-même posé en droit commun des contrats. Dès lors, le droit du marché financier ne cesse de prouver son adaptation avec le droit des contrats[8].

B- Les ordres ne comportant pas une indication de prix

344. Bien qu'elles n'aient pas la totale maîtrise de la fixation du prix en raison de l'obligation de concentration des ordres, les parties[9] ont la possibilité

---

1 Art. 92 *in fine* du RGBVMT.

2 La contrepartie peut revêtir deux formes possibles : la première lorsque l'intermédiaire exécute pour son propre compte les ordres de son propre client. La deuxième lorsque l'intermédiaire exécute pour son propre compte les ordres des clients d'un autre intermédiaire. Cette deuxième forme étant abandonnée depuis l'arrêté du ministre des finances du 24 septembre 2007 réformant le RGBVMT.

3 Art. 5.5.5 al.2 du nouveau règlement du parquet de la bourse des valeurs mobilières de Tunis, « *L'application est dénommée opération de contrepartie, lorsque l'intermédiaire achète ou vend volontairement pour son compte propre face à l'un de ses clients* ».

4 Lorsque le représentant représente les deux parties, ou lorsqu'il conclut le contrat au nom du représenté d'une part et en son nom propre d'autre part, la doctrine parle de « contrat conclu avec soi-même ».

5 L'article 549 du COC, qui est un texte général, interdit expressément le contrat avec soi-même. V. en ce sens, M. ZINE, *op. cit.*, n° 116, pp. 99 et 100. Cette interdiction est confirmée pour le contrat de vente dans les articles 566 et s. du COC.

6 V. Ch. MZOUGHI, *op. cit.*, n° 234, p. 156.

7 T. BONNEAU et F. DRUMMOND, *op. cit.*, n° 719, p. 861.

8 V. M. KETATA, thèse précitée, pp. 196 et s.

9 Il s'agit surtout des épargnants non profanes qui sont habitués aux opérations du marché.

de passer des ordres non assortis d'une limite de prix[1]. Ces ordres prennent, depuis le nouveau règlement de parquet de la bourse de Tunis de mars 2021 susmentionné, la forme soit d'un ordre au cours d'ouverture, soit d'un ordre au marché, soit d'un ordre à la meilleure limite.

1. L'ordre au cours d'ouverture

345. L'ordre au cours d'ouverture, qui est introduit dans le système de cotation avec la mention « au cours d'ouverture », est accepté dans la phase de pré-ouverture et les périodes d'accumulation des ordres. Il a pour vocation d'être exécuté au cours du fixing. Son solde est transformé en un ordre à cours limité et intègre le carnet d'ordres central au cours du fixing.

346. Bien qu'il figurât dans la liste des six types d'ordres de bourse de l'article 92 (nouveau) du règlement général de la bourse des valeurs mobilières de Tunis, l'ordre au cours d'ouverture n'a été repris, ni détaillé dans le nouveau règlement du parquet, ce qui permet de s'interroger sur sa validité actuelle.

2. L'ordre au marché (Market order)[2]

347. L'ordre « au marché » ou « au prix du marché »[3]ou aussi « au mieux » « *ne comporte pas de limite de prix. Il s'exécute aux prix successifs déterminés par le système de négociation au maximum de la quantité immédiatement disponible, son solde éventuel reste en carnet pour être exécuté dès que possible aux prix suivants* »[4].

348. L'ordre au marché, qui ne trouve pas de contrepartie, reste en carnet jusqu'à son exécution ou son annulation, soit par son émetteur, soit du fait de l'atteinte de sa limite de validité[5]. L'ordre au marché ou au prix du marché est accepté tant en période d'accumulation d'ordres qu'en phase continue[6].

---

[1] L. RUET, article précité, n° 79, p. 54.

[2] A ne pas confondre cet ordre avec l'ordre « au marché », connu en droit français. Anciennement dénommé l'ordre « à tout prix », l'ordre « au marché », qui est un ordre sans limite de prix, est un ordre prioritaire, c'est-à-dire qu'il doit être exécuté avant tous les ordres comportant une limite et avant les ordres au prix du marché, O. PICON, La bourse, Ses mécanismes, Gérer son portefeuille, Réussir ses placements, Paris, DELMAS, 14è éd., 2000, n° 419, p. 86. À la différence de l'ordre au prix du marché, il n'est pas susceptible d'une exécution partielle. Ainsi, le donneur d'ordre souhaite l'exécution de toute la quantité de ces ordres quel que soit le prix. Ce type d'ordre est exigible dans son intégralité dès la première cotation postérieure à son enregistrement dans le système informatique central de la bourse. Ce type d'ordre présente un inconvénient majeur, car il ne donne aucune garantie en ce qui concerne le prix de vente ou le prix d'achat. La priorité d'exécution dont jouit l'ordre à tout prix ainsi que l'obligation pour l'intermédiaire en bourse d'exécuter intégralement l'ordre quel que soit le coût laissent penser qu'il s'agit d'une obligation de résultat à la charge de l'intermédiaire, Ph. LE TOURNEAU et L. CADIET, Droit de la responsabilité, Dalloz action, 1996, n° 2370.

[3] Art. . 5.5.3 du nouveau règlement du parquet de la bourse des valeurs mobilières de Tunis.

[4] Art. . 5.5.3 du nouveau règlement du parquet de la bourse des valeurs mobilières de Tunis.

[5] Art. 92 du RGBVMT.

[6] En phase continue, il s'exécute aux prix successifs déterminés par le système de cotation. L'ordre « au marché » est exécuté au maximum de la quantité immédiatement disponible, son solde éventuel reste en carnet d'ordres « au marché ». Lors d'un fixing, les ordres « au marché » non ou partiellement exécutés restent en carnet d'ordres « au marché ». Durant les périodes d'accumulation des ordres, les ordres libellés « au marché » ont la même priorité que les ordres

349. Comme il est exécuté au premier cours coté, après sa réception par l'intermédiaire en bourse, cet ordre a l'avantage d'être le plus susceptible d'une exécution rapide, puisque, sauf absence d'un ordre de sens inverse, il trouvera nécessairement une contrepartie. En revanche, il a deux inconvénients. Le premier est que cet ordre ne comporte aucune garantie quant au cours auquel il sera exécuté. C'est un risque que le donneur d'ordre doit accepter par défaut[1]. Sur ce point, l'ordre au prix du marché diffère de l'ordre à la meilleure limite. Le second réside dans le fait que l'exécution de cet ordre peut être totale ou fractionnée. Sur ce point, l'ordre au prix du marché se distingue de l'ordre à tout prix.

3. L'ordre au marché limité (Market to limit order)

350. L'ordre « au marché limité »[2], appelé aussi« à la meilleure limite » est accepté uniquement en phase continue. Il a pour vocation d'être exécuté dès son introduction à la meilleure limite des ordres de sens opposé. Son solde est transformé en un ordre à cours limité au dernier cours d'exécution et intègre le carnet d'ordre central. Cet ordre est introduit sans indication de prix[3]. La présence d'un ordre limité de sens opposé est impérative, puisqu'il est rejeté à défaut[4].

351. A la différence de l'ordre au marché qui doit être exécuté au premier cours dès sa réception, l'ordre à la meilleure limite laisse à l'intermédiaire une certaine latitude lors de l'exécution de l'ordre. Ainsi, l'investisseur confie à son intermédiaire de choisir le moment le plus favorable pour l'exécution de l'ordre. C'est pour cette raison que certains auteurs ont rapproché cet ordre à un mandat de gestion de portefeuille[5], de sorte que l'obligation de l'intermédiaire n'est que de moyen[6]. C'est ce qui le diffère de l'ordre à tout prix qui cache une obligation de résultats.

352. Etudiée au singulier, puis au pluriel, la notion de l'ordre de bourse nécessite une lecture purement contractuelle. Dans la phase de négociation, comme dans celle de l'intermédiation, le contrat marque sa forte présence. Force est de constater qu'à ce niveau de raisonnement relatif à l'identification de l'ordre de bourse, l'idée de l'adaptation du droit du marché financier et du droit des contrats se trouve poussée à l'extrême.

353. Ainsi identifié, l'ordre de bourse ne peut être transmis que lorsqu'il respecte centaines conditions tout au long de son acheminement.

« au marché limité », Art.. 5.5.3 du nouveau règlement du parquet de la bourse des valeurs mobilières de Tunis.

1 M. DE JUGLART et B. IPPOLITO, *op. cit., loc. cit.*

2 Art. . 5.5.2 du nouveau règlement du parquet de la bourse des valeurs mobilières de Tunis.

3 Cet ordre, très peu sécurisant, ne se justifie que pour des valeurs très liquides que l'on veut acquérir ou vendre rapidement. Il sera exécuté au mieux de l'offre ou de la demande du marché, c'est-à-dire qu'il n'offre aucune garantie sur le prix.

4 Art. . 5.5.2 du nouveau règlement du parquet de la bourse des valeurs mobilières de Tunis.

5 J. STOUFFLET et J.-P. DESCHANEL, Études sur le cours de bourse, ouvrage collectif, ÉCONOMICA, 1997, citées par L. RUET, article précité, n° 78, p. 53.

6 Cass. civ., 1re, 4 mai 1999, note RAY-BARMAN : JCP, 1999, éd. G., IV, n° 2124.

Section II : L'acheminement de l'ordre de bourse

354. L'ordre est un acte d'exécution de la convention passée entre le client et l'intermédiaire en bourse. Il constitue le noyau dur de la négociation puisque son accès au marché ainsi que son appariement avec un autre ordre de sens inverse marque la formation de la négociation. Cet acheminement de l'ordre vers le marché nécessite l'étude des règles spécifiques à sa passation par le donneur d'ordre (**§1**). Une fois reçu par l'intermédiaire, l'ordre doit être traité par ce dernier (**§2**), avant d'être transféré sur le marché dans l'attente d'un éventuel appariement.

§1- La passation de l'ordre de bourse

355. L'ordre de bourse est passé du donneur d'ordre à l'intermédiaire en bourse. Si la notion de l'intermédiaire en bourse a été bien clarifiée, aucun des textes en vigueur n'ont défini le donneur d'ordre. Logiquement, sa dénomination reflète sa fonction dans la chaîne de l'opération, il a pour rôle de donner un ordre de bourse. Autrement dit, c'est celui qui prend l'initiative de l'ordre, quelle que soit sa qualité dans la chaine des intervenants[1].

356. Selon les professeurs T. BONNEAU et F. DRUMMOND, « *la notion de donneur d'ordre est générique et regroupe toute personne qui confère à une autre la mission de transmettre des ordres ou de négocier des contrats sur le marché* »[2]. Selon cette définition, un donneur d'ordre peut être l'investisseur initial, ou même le collecteur transmetteur des ordres. Le schéma dans ce cas est le suivant : le client est le donneur d'ordre au collecteur, qui est le donneur d'ordre au négociateur. Les maillons de la chaine d'intermédiation dans une opération de négociation des valeurs mobilières peuvent être multiples. À ce niveau, on fait la différence entre une chaine d'intermédiation simple et une chaîne d'intermédiation complexe[3]. Dans le cas où l'ordre de bourse émanerait de l'intermédiaire pour son propre compte, l'ordre est dit « maison »[4]. En droit tunisien, en cas d'une chaine d'intermédiation complexe, les négociateurs sont les intermédiaires en bourse, alors que les principaux collecteurs d'ordres sont les banques.

357. La passation d'un ordre de bourse implique la réunion de deux séries de conditions. La première est de droit commun, issue de la nature contractuelle de l'ordre de bourse **(A)**, tandis que la seconde est propre au droit du marché financier **(B)**.

---

1 A titre d'exemple, les règles du marché international de France (MATIF) ont défini le donneur d'ordre comme étant : « la personne membre ou non membre du marché, ayant confié à un membre du marché le soin de transmettre ou d'exécuter des ordres », Art. M.4-2-1 des règles du marché international de France (MATIF).

2 T. BONNEAU et F. DRUMMOND, *op. cit.*, n° 952, p. 792 ; A.C.- ROUAUD *op. cit.*, n° 54, p. 77.

3 T. BONNEAU et F. DRUMMOND, *op. cit.*, n° 396, p. 533.

4 F. AUCKENTHALER, Droit des marchés de capitaux, LGDJ, 2004, p. 331, n° 894.

A- Les conditions de droit commun

358. L'analyse de l'ordre de bourse comme un contrat de mandat ou comme un contrat d'application d'un contrat cadre implique l'application des règles du droit commun du contrat [1]. Il en ressort que l'ordre doit satisfaire aux conditions subjectives de formation des obligations, qui sont la capacité juridique d'acheter et de vendre **(1)** ainsi qu'un consentement sain **(2)**.

1. La capacité

359. La capacité est exigée à la fois pour l'intermédiaire et pour le donneur d'ordre. Concernant l'intermédiaire en bourse, la question doit être étudiée sous l'angle particulier des problèmes posés par l'habilitation [2]. En effet, tout intermédiaire en bourse doit être en situation régulière. Il doit avoir un agrément délivré par le CMF[3]et une carte professionnelle[4]. En effet, ayant la qualité de commerçants[5], les intermédiaires en bourse peuvent être soit des personnes physiques[6], soit des sociétés spécialisées de bourse exerçant sous la forme de société anonyme[7]. Ils doivent être agréés par le Conseil du Marché Financier après avis de l'Association des Intermédiaires en Bourse[8]. D'ailleurs, le CMF publie quotidiennement la liste des intermédiaires habilités[9].

360. Les intermédiaires en bourse doivent présenter les garanties suffisantes notamment en ce qui concerne leur organisation, leurs moyens techniques et

---

[1] En droit français, ces conditions sont le consentement, la capacité et le contenu licite et certain. Elles sont prévues par l'article 1128 tel que modifié par l'ord. n° 2016-131 du 10 fév. 2016 portant réforme du droit des contrats, du régime général et de la preuve des obligations.

[2] Sur cette question, V. les thèses de B. THULLIER, L'autorisation, LGDJ, 1993 et de B. SAVELLI, L'exercice illégal d'une activité, Presses universitaires d'Aix-Marseille 1996.

[3] Art. 7 du décret du 1er novembre 1999.

[4] Arts.26 et s. du décret du 1er novembre 1999.

[5] Les intermédiaires en bourse sont des commerçants en raison de leurs activités. En cas d'intermédiaire personne morale, il s'agit d'une commercialité par la forme et par l'objet. Compte tenu de cette qualité, les intermédiaires doivent se faire inscrire au registre du commerce et tenir une comptabilité conforme à la loi. Ils peuvent se prévaloir de la loi n° 77-37 du 25 mai 1977 sur le renouvellement des baux d'immeubles à usage commercial, industriel ou artisanal (le statut des baux commerciaux)pour le renouvellement du bail commercial en ce qui concerne les locaux dans lesquels ils exercent leurs activités. Ils sont aussi soumis au régime de redressement des entreprises en difficultés économiques, Ch. LABASTIE-DAHDOUH et H. DAHDOUH, *op. cit.*, n° 252, p. 143.

[6] Lorsque l'intermédiaire est une personne physique, il doit avoir la nationalité tunisienne et la résidence en Tunisie. Il doit avoir une maîtrise ou un diplôme équivalent et une expérience professionnelle de 5 ans, au moins, dans le domaine de l'intermédiation en bourse. L'intermédiaire, qui doit justifier de l'existence de moyens humains et matériels nécessaires à l'exercice de l'activité, doit subir avec succès, un test d'aptitude professionnelle organisé par un organisme choisi par le Conseil du Marché Financier et sous le contrôle de ce dernier, Art. 1er du décret du 1er novembre 1999.

[7] Lorsque l'intermédiaire est une SA, elle doit, en plus de la nationalité tunisienne, avoir pour objet la négociation et l'enregistrement en bourse de valeurs mobilières et produits financiers. Elle doit aussi avoir un capital minimum déterminé par l'article 3 du décret du 1er nov. 1999.

[8] Art. 57 de la loi de 1994.

[9] Cette liste est disponible sur le site Internet du CMF : *http://www.cmf.org.tn*

financiers, l'honorabilité et l'expérience de leurs dirigeants ainsi que les dispositions propres à assurer la sécurité des intérêts de leur clientèle[1].

361. L'agrément des intermédiaires en bourse comporte un agrément de principe et un agrément définitif délivrés, l'un et l'autre, par le CMF[2]. Toutefois, le démarrage effectif des opérations de négociation et d'enregistrement en bourse de valeurs mobilières et produits financiers demeure subordonné à des autorisations d'accès à leur système accordées, respectivement, par la bourse des valeurs mobilières de Tunis et la société interprofessionnelle de dépôt, de compensation et de règlement (*Tunisie clearing*)[3].

362. L'agrément de l'intermédiaire en bourse, devant faire l'objet d'un avis publié au bulletin officiel du conseil du marché financier et au bulletin de la bourse des valeurs mobilières de Tunis, est personnel, intransmissible et incessible[4]. L'agrément peut être modifié, en cas d'extension ou de restriction des activités objet de l'agrément. Le CMF peut aussi suspendre ou même retirer l'agrément dans des cas bien déterminés[5].

363. Concernant les donneurs d'ordres, il appartient à l'intermédiaire de vérifier, préalablement à l'ouverture de tout compte, outre l'identité et l'adresse, si cette personne physique a la capacité de s'engager[6]. Pour les personnes morales, il doit vérifier la validité des pouvoirs du représentant légal. La vérification de la capacité des personnes physiques ne pose pas de difficultés à l'égard de personnes majeures capables[7], abstraction faite de leur sexe[1]. Ces

---

1 Art. 58 al. 1er de la loi de 1994.

2 Le requérant de l'agrément de principe adresse, sous pli de recommandé avec accusé de réception, au conseil du marché financier, ou dépose auprès de son bureau d'ordre contre récépissé, un dossier d'agrément, Art. 8 al. 1er du décret du 1er nov. 1999. A la réception du dossier d'agrément de principe, les services du CMF l'instruisent dans un délai ne dépassant pas trois mois. Au cours de ce même délai, l'avis de l'association des intermédiaires en bourse est requis et il est réputé favorable en cas de silence de plus d'un mois. En cas d'acceptation du dossier, le CMF notifie au requérant une décision d'agrément de principe. Dans le cas contraire, il notifie au requérant une décision motivée, Art. 10 du décret du 1er nov. 1999. Le requérant doit, dans un délai de 6 mois de la notification, adresser sous pli recommandé avec accusé de réception au CMF, ou déposer auprès de son bureau d'ordre contre récépissé, le dossier exigé pour l'obtention de l'agrément définitif, sous peine de caducité de l'agrément de principe, Art. 12 du décret du 1er nov. 1999. A la réception du dossier exigé pour l'obtention de l'agrément définitif, les services du conseil du marché financier l'instruisent dans un délai ne dépassant pas 2 mois, pour donner enfin soit l'agrément définitif soit un refus motivé, V. les arts. 13 et 14 du décret du 1er nov. 1999.

3 Art. 7 du décret du 1er novembre 1999.

4 Arts. 15 et 17 du décret du 1er nov. 1999.

5 V. les arts. 22 à 24 du décret du 1er nov. 1999.

6 En effet, l'art. 1105 COC prévoit que : « *pour donner mandat, il faut être capable de faire par soi-même l'acte qui en est l'objet* ... ».

7 La révolution numérique engendrée par les technologies de la *blockchain*, de l'intelligence artificielle, du big data va modifier l'écosystème des sociétés de gestion en leur permettant d'établir un lien direct avec les investisseurs. Dans la chaîne de commercialisation des OPC, la connaissance client est jusqu'à présent externalisée aux distributeurs et aux dépositaires/teneurs de compte, sans être partagée avec la société de gestion du fonds. L'application de la technologie *blockchain* permettra aux sociétés de gestion d'avoir la maîtrise de la connaissance

personnes disposent naturellement de la capacité nécessaire pour passer un ordre de bourse.

364. S'agissant des enfants pourvus de discernement[2], qui ont dépassé l'âge de treize ans, sans pour autant atteindre l'âge de majorité, les ordres de bourse qu'ils passent seront valables s'ils ne leurs procurent que des avantages, et sont nuls s'ils ne leurs portent que des préjudices. Leur validité sera, hors de ces deux cas, subordonnée à l'accord du tuteur et à l'autorisation du juge[3].

365. S'agissant des enfants dépourvus de discernement, tous leurs actes sont nuls[4]. S'il est interdit pour les pères qui administrent les biens de leurs enfants, les tuteurs et tous administrateurs constitués par la loi d'effectuer des actes de disposition[5] sur les actes dont ils ont la gestion qu'après avoir obtenu une autorisation spéciale du juge compétent[6], rien n'empêche qu'ils effectuent, dans l'intérêt des mineurs ou des interdits les actes d'administration[7], sans aucune autorisation.

2. Le consentement

366. Lors de la formation de l'ordre de bourse, le consentement échangé entre les parties **(a)** doit être sain **(b)**.

a- L'échange des consentements

367. Comme tout contrat, l'ordre de bourse suppose un échange de consentements. En principe, la réunion des deux volontés est suffisante pour former l'ordre, conformément au principe de consensualisme.

368. L'offre est généralement émise par le donneur d'ordres. Cependant, rien n'empêche l'intermédiaire de prendre l'initiative de proposer des opérations à un client habituel. L'ordre peut être transmis directement à la société de

---

du client et de développer des activités de commercialisation directe des OPC aux investisseurs, M. STORCK, « La distribution d'OPC *via* la *blockchain* », Bull. Joly Bourse, nov. 2018, n°6, p.56.

[1] Sur la situation particulière de la femme mariée en droit français avant 1985, V. D. LEGEAIS, J.-CL. Banque et crédit, fasc. 1670, « Ordre de bourse, formation du contrat », n° 49, p. 6.

[2] La question de la capacité des mineurs reste une hypothèse d'école, car en pratique, la passation d'un ordre de bourse nécessite la mise en place préalable d'une convention-cadre, qui détermine notamment les personnes habilités à transmettre les ordres, et qui permet à l'intermédiaire de vérifier si le donneur d'ordre a ou non la capacité nécessaire pour passer les ordres de bourse.

[3] Art. 156 al.2 du CSP et art. 15 du COC.

[4] Les actes effectués personnellement par ces mineurs font l'objet de deux articles, qui semblent être contradictoires dans une certaine mesure. Pour plus de détails, V. M. KETATA, Droit du marché financier et droit des contrats, thèse de doctorat en droit privé, Université Paris Panthéon Assas et Université de Sfax, 2022, pp. 207 et s.

[5] Les actes de disposition représentent, ici, les ordres de bourse constitutifs de droits réels sur les valeurs mobilières. L'intermédiaire verra sa responsabilité engagée s'il laisse le tuteur accomplir des actes de disposition sans être assuré que le tuteur disposât bien de l'autorisation nécessaire.

[6] Art. 15 du COC.

[7] Les actes d'administration sont devenus, en matière de valeurs mobilières, de plus en plus évolutifs. Parmi ces actes on peut citer : les ordres de bourse portant sur la vente de droit ou titres formant rompus ou acquisition des droits ou titres supplémentaires pour compléter à un multiple de la quotité d'attribution, les ordres de bourse portant sur la vente de valeurs mobilières suivis par d'autres ordres visant leur remplacement…etc.

bourse par le donneur d'ordre, comme il peut l'être aussi par un intermédiaire qui est le plus souvent une banque.

369. La question qui se pose à ce niveau est relative à l'acceptation. L'intermédiaire en bourse a-t-il le droit de refuser l'exécution d'un ordre ? La réponse à cette question nous réfère à la distinction entre les ordres réglementés et les ordres non réglementés[1]. Si les ordres non réglementés peuvent être exécutés sur les marchés, ceux-là «*présentent la caractéristique de pouvoir être refusés par l'intermédiaire. En pratique, l'exécution, la non-exécution ou même l'exécution partielle de ces ordres ne peut donner lieu à aucune réclamation de la part du client*»[2]. De plus, « *un membre peut refuser d'exécuter des ordres soumis à des conditions suspensives ou résolutoires, ou d'autres conditions de validité non prévues par le présent chapitre* »[3]. Cependant, « *les ordres réglementés ne peuvent pas, en principe, être refusés par l'intermédiaire, à moins qu'ils ne remplissent pas les conditions relevant de leur régime juridique ou que leur auteur ne satisfasse à l'obligation de couverture instituée par les règles de marché (…)* »[4]. Mais, une fois ces conditions vérifiées, deux cas de figure s'imposent. Si le refus est justifié par le fait que l'ordre produira des pertes considérables pour le client, dans ce cas, l'intermédiaire n'a pas le droit d'apprécier l'opportunité des ordres qui lui sont donnés, à moins que l'ordre ne soit libellé de telle sorte qu'il confère à l'intermédiaire une marge d'appréciation. Dans les autres cas, l'intermédiaire ne peut pas refuser le concours d'un ordre de bourse dûment passé, car le refus portera atteinte au principe de négociabilité des titres et à celui de la liberté de commerce, surtout en présence d'une obligation importante sur le marché financier, qui est l'obligation d'intermédiation.

b- La protection du consentement du donneur d'ordre

370. Pour protéger le donneur d'ordre, les tribunaux n'hésitent pas à faire usage de toutes les possibilités que leur offre le droit commun des contrats[5]. Ainsi, il n'y a point d'ordre de bourse valable si le consentement est donné par erreur, extorqué par violence ou surpris par dol[6]. Si l'ordre de bourse peut être annulé pour cause de dol ou de fraude, c'est assurément l'erreur qui, des trois vices du consentement, peut le plus facilement être admise[7]. A cet égard, la jurisprudence française est d'une sévérité particulière. Alors qu'en droit commun, la simple faiblesse physique ou intellectuelle ne constitue pas une cause d'annulation d'une convention, la jurisprudence admet l'erreur due à la

---

1 Les ordres de bourse sont réglementés étant donné que « *les règles du marché déterminent les catégories d'ordres exécutables par les membres du marché* », Art. 514-2, al. 1, RG AMF.

2 COB, « L'exécution des ordres de bourse », Bull. mens. n°287, janv. 1995, p.25.

3 Art. 4201, al.2, Règles de marché harmonisées d'Euronext.

4 T. BONNEAU, P. PAILLER, A.-C. ROUAUD, A. TEHRANI et R. VABRES, Droit financier, *op. cit.*, n°1267, p.826.

5 G. RIPERT et R. ROBLOT, *op. cit.*, n° 1880, p. 83.

6 Art. 43 du COC.

7 G. RIPERT et R. ROBLOT, *op. cit., loc. cit.*. Même si, normalement c'est le dol qui est censé être le plus admissible. L'erreur est intrinsèque, alors que le dol est extrinsèque, plus facile à prouver.

simple faiblesse de volonté[1] ou à la faiblesse intellectuelle, c'est-à-dire, l'erreur sur la nature de l'opération[2].

371. L'erreur peut porter aussi sur le contenu de l'ordre. Ainsi, un client peut passer un ordre au prix du marché et il pense aux effets d'un ordre à tout prix. Il est à noter que malgré le professionnalisme de l'intermédiaire en bourse, l'erreur peut être au détriment du donneur d'ordre[3], comme elle peut être au détriment de l'intermédiaire[4]. Dans les deux cas, la partie, dont le consentement est vicié, a le droit de restituer les sommes indûment perçues.

372. Il convient de constater que les décisions ayant prononcé la nullité de l'ordre pour vices du consentement du donneur d'ordre sont très anciennes. Sans doute, ce tarissement s'explique aujourd'hui, non seulement par la grande connaissance des clients et des intermédiaires de toutes les spécificités du marché financier, dont la culture s'est progressivement déployée, mais aussi, et surtout, par le développement considérable de l'obligation d'information et de conseil.

B- Les conditions spécifiques au droit du marché financier

373. L'ordre de bourse doit respecter les conditions spécifiques dictées par le droit du marché financier. Du coup, l'ordre doit être transmis **(1)** avec précision **(2)**.

1. La transmission de l'ordre de bourse

374. La transmission de l'ordre de bourse à l'intermédiaire négociateur peut être directe ou indirecte selon que le donneur d'ordre recourt ou non à un intermédiaire tel qu'un transmetteur d'ordre (une banque par exemple) qui agit en principe en vertu d'un mandat, et qui sera considéré comme le donneur d'ordre du négociateur. La transmission des ordres de bourse s'inscrit nécessairement dans le prolongement d'une convention de service, dont la conclusion est un préalable obligatoire[5]. Aux termes de l'article 61 al.3 du statut des intermédiaires en bourse[6], « *la convention d'ouverture de compte doit préciser le mode d'émission des ordres (écrit, téléphone, Internet ou autre moyen qui doit être précisé)* »[7]. Pour sa part, le règlement général de la bourse des valeurs mobilières a réservé toute une section relative à la transmission des ordres de bourse[8], selon laquelle

---

[1] C. d'A. Paris, 16 mars 1922, S. 1922, 2, 134.

[2] Par exemple, une personne passe un ordre pour spéculer à terme sans comprendre le sens de cette opération (A noter que cet exemple est propre au droit français car le marché financier tunisien est un marché au comptant) ou une personne passe un ordre d'achat au lieu d'un ordre de vente.

[3] C. d'A. Paris, 14 mars 1928, Rev. dr. bancaire, 1929, 331.

[4] Trib. civ. Seine, 2 mai 1930, Dr. fin., 1930, 308.

[5] T. BONNEAU, P. PAILLER, A.-C. ROUAUD, A. TEHRANI et R. VABRES, Droit financier, *op. cit.*, n°1017, p.647.

[6] C'est le décret n°99-2478 du 1er novembre 1999, portant statut des intermédiaires en bourse, tel que modifié et complété par le décret n° 2007-1678 du 05 juillet 2007.

[7] Article 61 al.3 (nouveau) du décret n°99-2478 du 1er novembre 1999, portant statut des intermédiaires en bourse, tel que modifié et complété par le décret n° 2007-1678 du 05 juillet 2007.

[8] Les articles 96 et 97 du RGBVMT.

l'ordre de bourse peut être transmis par tous les moyens à la convenance du donneur d'ordre et de l'intermédiaire en bourse.

375. L'ordre de bourse peut être transmis selon les modes classiques de transmission **(a)**, mais il semble que ces modes sont en train de céder progressivement la place à la nouvelle technologie, à savoir les ordres donnés *via* Internet[1] **(b)**.

a- Les modes classiques de transmission

376. Classiquement, l'ordre de bourse est transmis de façon manuelle. L'ordre manuel regroupe l'ordre écrit et oral. En effet, « *l'apparition de l'informatique a entrainé comme conséquence que l'écrit et l'oral relèvent de la même catégorie, celle des ordres manuelles* »[2].

377. Lorsqu'il est passé par écrit, l'ordre de bourse doit être établi sur le modèle d'ordre pratiqué par l'intermédiaire en bourse, qui doit être obligatoirement signé par le donneur d'ordre conformément à l'article 96 du règlement général de la bourse des valeurs mobilières de Tunis. Ledit modèle doit être agréé par le CMF. Il doit encore, selon l'article 61 al.2 du statut des intermédiaires en bourse[3], être établi en deux exemplaires dûment horodatés et signés par le client et l'intermédiaire en bourse. L'un des deux exemplaires est remis au client, l'autre est conservé par l'intermédiaire en bourse.

378. L'attitude du législateur vis-à-vis des moyens de transmission des ordres de bourse se caractérise par une souplesse remarquable. Ainsi, l'ordre de bourse peut être transmis à travers télégramme, fax, minitel ou tout autre canal de transmission de l'information[4]. Il peut être transmis, même par une simple conversation téléphonique. Dans ce cas, la conversation doit obligatoirement être enregistrée sur un support magnétique agréé par le CMF et conservée pendant une durée d'au moins six mois. Elle doit être matérialisée par le préposé de l'intermédiaire en bourse chargé de recevoir les communications téléphoniques au moyen d'une transcription écrite. Dans tous les cas, elle doit donner lieu à une confirmation écrite par le donneur d'ordre[5].

---

1 J. SAINT-GEOURS, « Les activités financières et Internet », P. A., 1999, n°224, p.22.

2 L. RUET, « Ordres de bourse : Passation », Dictionnaire Joly Bourse et Produits Financiers, n° 530, p. 76.

3 V. le décret n°99-2478 du 1er novembre 1999 portant statut des intermédiaires en bourse, tel que modifié et complété par le décret n° 2007-1678 du 05 juillet 2007.

4 Selon le sens large qu'a adopté le législateur, en droit commun, concernant la preuve littérale dans les articles 440 et suivants du COC.

5 Art. 96 al.3 du RGBVMT. La décision générale du CMF n°13 relative aux conditions de traitement des ordres de bourse et aux normes minimales des registres tenus sur des supports informatiques vient confirmer le contenu de l'art. 96 al.3 du RGBVMT, en rappelant dans son article 4 que : « *lorsque l'ordre de bourse est transmis par téléphone, la conversation doit obligatoirement être enregistrée sur un support magnétique agréé par le Conseil du Marché Financier et conservée pendant une durée d'au moins six mois. Elle doit être matérialisée par le préposé de l'intermédiaire en bourse chargé de recevoir les communications téléphoniques au moyen d'une transcription écrite. Dans tous les cas, elle doit donner lieu à une confirmation écrite par le donneur d'ordre* ».

b- La transmission de l'ordre *via* internet

379. Transmis via internet, les ordres électroniques sont ceux faisant l'objet d'un routage et/ou d'une transmission électronique, sans aucune intervention humaine chez le membre du marché [1]. Par conséquent, l'ordre est dit électronique lorsqu'aucune nouvelle saisie humaine n'est nécessaire, dès lors que le donneur d'ordre a procédé à l'envoi de son ordre, ce qui renforce l'efficacité technique de la transmission[2].

380. Les ordres en ligne présentent plusieurs avantages par rapport aux ordres manuels, tel que la facilité, la sécurité [3] et l'extrême rapidité [4] de l'utilisation d'internet[5]. Ainsi, l'ordre électronique « *est beaucoup plus sûr, les frais de courtage sont nettement plus bas, le temps d'arrivée sur le marché est extrêmement court, de l'ordre de quelques secondes, facteurs qui offrent au donneur d'ordre une plus grande maîtrise, alliée à une plus grande sécurité, en comparaison des ordres manuels* »[6]. Les progrès informatiques et l'élaboration de logiciels financiers sophistiqués permettent, ainsi au simple particulier, pour un coût dérisoire, « *de transformer son ordinateur en salle de marché, la mise en place de l'Euroland ne faisant qu'accentuer cet aspect* »[7].

381. Tout en restant classique, le règlement général de la bourse, quoiqu'il ait réservé toute une section relative à la transmission des ordres de bourse[8], n'a pas prévu expressément le cas de la passation des ordres de bourse via Internet. L'insertion de l'ordre *via* Internet parmi les modes de passation des ordres de bourse en Tunisie[9] s'est réalisée à travers l'article 61 du décret n° 99-2478 du

---

[1] V. T. BONNEAU, Régulation bancaire et financière européenne et internationale, 3ème éd., 2016, Bruylant, n°481 et s., p. 625 et s.

[2] L. RUET, « Ordres de bourse : Passation », article précité, n° 124, p. 39.

[3] L'intermédiaire assure la responsabilité des ordres transmis, uniquement après que la confirmation de prise en compte de l'ordre a été adressée au client et dès l'instant où ce dernier a confirmé son accord (système de validation des ordres passés par double clic).

[4] Entre le moment de la transmission de l'ordre et son exécution, il est possible que certaines opportunités risquent d'être perdues, c'est pourquoi, la transmission des ordres via Internet permet d'intervenir en quasi-direct sur le marché afin de saisir toutes les opportunités possibles.

[5] Pour reprendre l'expression d'un auteur, cet usage de la nouvelle technologie« *permet ainsi d'abolir la distance et le temps ; tel gestionnaire d'un fonds de pension américain est en mesure d'adresser un ordre qui sera produit en quelques secondes sur le marché – temps de passage à travers le filtre compris.* », J. STOUFFLET et J.-P. DESCHANEL (dir.), Études sur le cours de bourse, collectif, 1997, Economica. Actuellement, en France comme en Tunisie, le nombre des ordres exécutés en ligne ne cesse d'augmenter. Ces ordres électroniques sont traités dans la plus grande sécurité juridique. Sur cette question, V. L. RUET, « Ordres de bourse : Passation », article précité, p. 7.

[6] L. RUET, « Ordres de bourse : Passation », article précité, n° 120, p. 39.

[7] *Ibid*, n° 124, p. 39.

[8] Les articles 96 et 97 du RGBVMT.

[9] En France, la première réglementation de la matière sur les marchés financiers français réside dans la décision générale n°99-07 adoptée par le Conseil des marchés financiers le 15 septembre 1999 relative l'utilisation d'internet. Ce texte est intégré par la suite dans le nouveau Règlement général de l'AMF. Cette réglementation, était une réponse à la prolifération du rôle de l'Internet sur les marchés financiers, ainsi qu'à l'apparition de ce qu'on appelle les « *discount brokers on line* » ou les intermédiaires en ligne, L. RUET, « La passation des ordres de bourse *via* Internet », RDBF, mai, juin 2000, n°5, p.195. La décision générale n° 99-07 du 15 septembre 1999 était plus détaillée sur cette question que le Règlement général de l'AMF qui

1er novembre 1999, portant statut des intermédiaires en bourse, tel que modifié et complété par le décret n° 2007-1678 du 05 juillet 2007. La décision générale du CMF n° 13 relative aux conditions de traitement des ordres de bourse et aux normes minimales des registres tenus sur des supports informatiques[1] vient conforter ce cadre légal.

382. L'intermédiaire en bourse qui offre le service de réception des ordres de bourse via Internet est tenu de respecter, outre les obligations communes, d'autres obligations spécifiques. Ces obligations, introduites par la décision générale du CMF n° 13 susmentionnée, traduisent un souci de protection. La nouveauté du contexte dans lequel s'inscrivent les rapports contractuels et les caractères spécifiques de la technique utilisée les justifient[2]. Il en ressort de ladite décision que l'intermédiaire en bourse assume deux types d'obligations spécifiques[3].

383. D'un côté, pour plus de transparence, l'intermédiaire doit assurer une obligation d'information et de conseil. C'est ainsi que l'intermédiaire est dans l'obligation de s'identifier auprès de ses clients en intégrant sur son site Internet un certain nombre de mentions[4]. En harmonie avec cette obligation d'information renforcée[5], l'article 8 de la décision prévoit que l'intermédiaire en bourse« *veille à ce que le client reçoive systématiquement l'information prévue à l'article 51 du Statut des intermédiaires en bourse relative aux risques inhérents à la nature des opérations qu'il envisage d'effectuer*». En outre, l'article 10 met à la charge de l'intermédiaire une véritable obligation de conseil.

384. D'autre côté, pour plus de sécurité, surtout dans le monde virtuel, la décision a mis en place des procédés de garantie technique[6]. Ainsi, elle impose à l'intermédiaire en bourse de se munir d'un dispositif de certification

---

a laissé tous les détails à la pratique professionnelle. Aux termes de la législation en vigueur, c'est au prestataire de service d'investissement d'agir de manière professionnelle favorisant l'intégrité du marché. L'agissement professionnel implique que l'intermédiaire doit disposer d'un système fiable permettant une sécurité dans la passation dématérialisée des ordres. Le législateur français a laissé pour la convention conclue entre l'intermédiaire et son client le soin de déterminer les détails de ce mode de passation. En ce sens, V. art. 314-63 du règlement général de l'AMF.

1 V. art.2 de la décision.

2 A. ELLOUMI, *op. cit.*, n°523 et s., pp.255 et s.

3 Ch. MZOUGHI, *op. cit.*, n° 191, p. 131.

4 Selon, l'article 5 de la décision générale du CMF n°13 susmentionnée, l'intermédiaire en bourse, offrant les services de réception et d'exécution d'ordres de bourse y compris la réception des ordres via un site Internet dédié à cet effet, doit préciser sur ce site son identité, la référence et la date de son agrément définitif ainsi que les services qu'il est habilité à exercer.

5 Cette obligation nous rappelle l'article 25 de la loi n° 2000-83 du 9 août 2000 relative aux échanges et au commerce électronique (J.O.R.T., 2000, n°64, p.1887 et s.) qui prévoit une obligation d'information renforcée portant sur l'identité du vendeur ainsi que sur les caractéristiques de ses produits. Cette obligation d'information renforcée figure aussi dans la loi n°98-40 du 2 juin 1998 relative aux techniques de vente et à la publicité commerciale (J.O.R.T., 1998, n°44, p.1203 et s.), V. A. ELLOUMI, *op. cit, loc.cit.*

6 E.-A. CAPRIOLI, « Signature et confiance dans les communications électroniques en droit français et européen », *in* Mélanges Philippe LE TOURNEAU, p.155.

électronique[1]. De même, l'intermédiaire doit s'assurer que les clients qui transmettent les ordres via internet possèdent un certificat personnel[2]. Cette décision, surtout son article 17, considère que l'intermédiaire en bourse est le seul responsable de la confidentialité et de l'intégrité du dispositif de création de la signature qu'il utilise ; toute utilisation de ce dispositif est réputée être son fait[3]. En outre, l'article 7 de la décision impose à l'intermédiaire de s'assurer d'une manière permanente de la disponibilité technique du système informatique de réception d'ordres. Dans ce même souci de sécurité, l'article 18 oblige l'intermédiaire en bourse proposant la réception d'ordres via un site internet, de procéder périodiquement à un audit obligatoire de ses systèmes informatiques[4].

385. Le renforcement des obligations de l'intermédiaire en bourse qui offre le service de réception des ordres *via* internet, se confirme aussi à travers l'article 13 de la décision. Cet article, qui reprend les dispositions de l'article 27 de la loi du 9 août 2000, relative aux échanges et au commerce électroniques, oblige l'intermédiaire en bourse de permettre au client de récapituler définitivement l'ensemble de ses choix, de confirmer l'ordre ou de le modifier selon sa volonté et de consulter le certificat électronique relatif aux éléments d'identification le concernant[5]. De même l'intermédiaire en bourse est tenu de mettre en place un système de réception de la confirmation de l'ordre du client.

---

[1] Aux termes de l'article 15 al. 1er et 2 (nouveau)*(Décision générale du CMF en date du 28 janvier 2010),« L'intermédiaire en bourse proposant la réception d'ordres via un site Internet dédié à cet effet doit posséder un dispositif de certification électronique obtenu auprès d'un fournisseur de services de certification électronique agréé par l'agence nationale de certification électronique (…) »*. Sur la certification électronique, V. A. ELLOUMI, *op. cit.*, pp. 437 et s.

[2] Aux termes de l'article 15 al. 3 et 4 (nouveau) *(Décision générale du CMF en date du 28 janvier 2010): « L'intermédiaire en bourse doit fournir également au client, qui a opté pour la transmission d'ordres via un site Internet dédié à cet effet, une clé privée « nom d'utilisateur » ainsi qu'un mot de passe afin de garantir la sécurité et la confidentialité des données transmises.*
L'intermédiaire en bourse doit s'assurer que le client possède un certificat personnel obtenu auprès d'un fournisseur de services de certification électronique permettant son identification (…) ».

[3] En Tunisie, c'est l'agence nationale de certification électronique (A.N.C.E.) qui fournit les services de certification électronique. V. les articles 8 et s. de la loi n° 2000-83 du 9 août 2000 relative aux échanges et au commerce électroniques. Sur le rôle de contrôle qu'exerce cette agence, V. A. ELLOUMI, *op. cit.*, n° 827, p. 452.

[4] L'obligation de procéder à un audit obligatoire est confirmée également par les articles 5 et s. de la loi n°2004-5 du 3 février 2004 relative à la sécurité informatique (JORT du 3 février 2004, n° 10, p. 242).

[5] Lors de la conclusion d'un contrat électronique, afin de protéger la partie faible, séduite par la simplicité de conclure un contrat en une fraction de seconde par un simple clic, l'art. 27 de la loi n° 2000-83 du 9 août 2000, relative aux échanges et au commerce électroniques (JORT. n° 64 du 11 août 2000, p. 1887), a institué au profit de l'internaute un droit de récapitulation lui permettant de bien réfléchir sur les conséquences juridiques de son acte car la facilité avec laquelle le consommateur effectue ses achats sur l'Internet peut parfois dénaturer son consentement ou même le transformer en simple réflexe. L'article 49 de la loi du 9 août 2000 prévoit une amende de 500 à 5000 dinars, qui peut être appliquée en cas de non-respect du formalisme technique relatif au droit de récapitulation. V. A. ELLOUMI, *op. cit.*, n° 144, p. 93.

386. Manifestant une méfiance à l'égard de l'intrusion de ce mode particulier de passation des ordres, les pouvoirs publics sont intervenus pour l'orientation de cette intervention dans le sens de la protection du marché, en imposant à l'intermédiaire de disposer du matériel informatique lui permettant de vérifier la cohérence des ordres que donne son client avec les conditions du marché[1].

387. Quel que soit le mode de passation de l'ordre, manuel ou électronique, l'exigence d'un écrit *ad probationem* est assurée par l'article 66 du statut qui oblige l'intermédiaire en bourse à tenir un registre des ordres d'achat et de vente[2], qui doit contenir certaines informations[3]. Les ordres de bourse peuvent être donnés par tout moyen laissant une trace sur un écrit ou sur un document électronique, tel que défini par l'article 453 bis du code des obligations et des contrats[4].

2. La précision de l'ordre de bourse

388. Pour qu'il puisse être exécuté rapidement et sans erreurs, l'ordre de bourse doit être suffisamment précis. De ce fait, chaque ordre doit mentionner obligatoirement certaines indications.

389. Tout d'abord, l'article 91 du RGBVMT exige certaines mentions générales. En effet, tout ordre de bourse doit comporter l'indication de l'identité de son donneur, l'indication du sens de l'opération (achat ou vente), la désignation ou les caractéristiques de la valeur sur laquelle porte la négociation, le nombre de titres à négocier, et d'une manière générale, toutes les précisions nécessaires à sa bonne exécution[5].

390. Ensuite, l'ordre doit indiquer sa durée de validité[6]. En effet, le donneur d'ordre peut ou non fixer une date limite au-delà de laquelle son ordre n'est plus valable s'il n'a pas été exécuté. En l'absence d'indication, un ordre est considéré comme valable pour le jour de négociation. S'il n'est pas exécuté pendant la séance au cours de laquelle il a été produit sur le marché, il sera automatiquement éliminé du système de négociation.

391. En cas d'indication, deux cas de figure peuvent être envisagés. L'ordre peut être valable jusqu'à ce qu'il soit exécuté, annulé par le client ou supprimé par le système de cotation. Dans ce dernier cas, l'ordre est considéré à révocation. L'ordre peut être aussi valable jusqu'à une certaine date déterminée.

---

[1] V. arts. 11 et 12 de la Décision Générale du Conseil du Marché Financier n°13.

[2] Selon l'article 69 (nouveau)*(Décret n° 2007-1678 du 5 juillet 2007, art.1er), « les registres que l'intermédiaire en bourse doit tenir peuvent être sur des supports informatiques, sous réserve d'informer le conseil du marché financier de la nature du matériel à utiliser, de ses caractéristiques techniques ainsi que du lieu de son utilisation* ». L'article 70 prévoit également que : « *Les registres, les supports informatiques et autres documents constatant les opérations réalisées doivent être conservés par l'intermédiaire en bourse pendant 15 ans* ».

[3] L'article 66 du statut des intermédiaires en bourse présente 11 mentions obligatoires, parmi lesquelles on peut citer : le sens de l'ordre, la désignation et les caractéristiques de la valeur mobilière, le nombre de titres, l'indication du cours stipulé par le client(…).

[4] Article 61 al.1er (nouveau) du statut des intermédiaires en bourse *(Décret n° 2007-1678 du 5 juillet 2007, art.1er).*

[5] Il s'agit presque des mêmes mentions indiquées par l'art. 4202/1 des règles de marché harmonisées d'Euronext.

[6] La validité des ordres s'entend de la durée pendant laquelle ceux-ci peuvent être exécutés.

Dans ce cas, la validité ne peut être inférieure à un jour, ni supérieure à celle d'un ordre à révocation produit le même jour. L'ordre reste présent sur le marché jusqu'à la date indiquée. Dans tous les cas, le délai de l'ordre ne peut excéder 365 jours calendaires à compter de la date de saisie[1].

392. Une fois la durée de validité d'un ordre est expirée, ce dernier sera frappé de caducité. L'exécution d'un ordre devenu caduc n'engage pas, selon la jurisprudence française, la responsabilité du donneur d'ordre[2]. La validité de l'ordre expire automatiquement avec le détachement d'un droit de souscription ou d'attribution et, de façon générale, de tout avantage particulier sur la valeur considérée[3]. En cas de suspension d'une valeur, la validité des ordres en carnet expire également automatiquement lorsque cette suspension excède une séance de bourse[4].

393. Enfin, certains types d'ordres doivent obligatoirement indiquer le prix d'exécution. Il s'agit surtout des ordres à cours limité et des ordres « stop ».

§2- Le traitement de l'ordre de bourse par l'intermédiaire

394. Le traitement par l'intermédiaire de l'ordre de bourse passe par sa réception **(A)** et son exécution **(B)**.

A- La réception

395. Conformément à l'article 8 du décret du 20 novembre 2001[5], l'intermédiaire en bourse, qui est d'ailleurs le seul habilité à recevoir les ordres des titulaires des comptes inscrits chez lui, dès la réception de l'ordre, doit procéder à certaines vérifications portant sur l'identité et la capacité du donneur d'ordres, ainsi que sur la régularité de l'opération. À ce niveau, l'intermédiaire doit procéder à deux opérations importantes à savoir « le filtrage » **(1)** et « l'horodatage » **(2)** des ordres.

1. Le filtrage

396. Afin d'empêcher l'arrivée sur le marché d'ordres aberrants, le filtrage constitue un ensemble de vérifications et de contrôles de conformité que l'intermédiaire en bourse doit effectuer avant de produire un ordre sur le marché. Ces vérifications sont dans l'intérêt à la fois du donneur d'ordre et du marché lui-même. L'intégrité et la sécurité du marché constituent un objectif du filtrage car, de toute évidence, la défaillance d'un donneur d'ordre se répercute sur l'ensemble du marché en provoquant des défaillances en cascade[6].

---

[1] Art. 98 du RGBVMT.

[2] T. BONNEAU, « Ordres de bourse », note sous Cass. com., 26 mars 2008, Dr. sociétés 2008, comm.190, p. 36.

[3] Par exemple, un ordre d'achat à cours limité de 50 dinars avant le détachement d'un dividende de 10 dinars, devient un ordre d'achat à cours limité de 60 dinars après le détachement du dividende.

[4] Art.101 du RGBVMT.

[5] Décret n° 2001-2728 du 20 novembre 2001, relatif aux conditions d'inscription des valeurs mobilières et aux intermédiaires agréés pour la tenue des comptes en valeurs mobilières (*tel que modifié par le décret n° 2005-3144 du 6 décembre 2005).*

[6] T. BONNEAU et F. DRUMMOND, *op. cit.*, n° 809, p. 656.

397. Parmi les vérifications possibles, l'intermédiaire doit s'assurer que l'ordre reçu ne provoque pas un décalage de prix considéré, de telle sorte qu'il affecte l'intégrité du marché. Par exemple, il est interdit d'introduire dans la bourse un ordre à cours limité avec une validité jour en dehors des seuils autorisés par la bourse[1]. Bien comprise, une telle opération peut produire un décalage de prix considérable sur le marché, affectant son intégrité.

398. Parmi les autres vérifications, dès la prise en charge d'un ordre de bourse transmis par écrit, l'intermédiaire en bourse doit vérifier que cet ordre est établi selon un modèle pratiqué par ce dernier et doit être obligatoirement signé par le donneur d'ordre. Ledit modèle doit être agréé par le CMF.

399. En cas d'ordre téléphoné, la conversation doit obligatoirement être enregistrée sur un support magnétique agréé par le CMF et conservée pendant une durée d'au moins six mois. Elle doit être matérialisée par le préposé de l'intermédiaire en bourse chargé de recevoir les communications téléphoniques au moyen d'une transcription écrite. Dans tous les cas, elle doit donner lieu à une confirmation écrite par le donneur d'ordre[2].

2. L'horodatage

400. Une fois passé par les différentes vérifications de l'étape de filtrage, l'ordre de bourse doit être obligatoirement horodaté par l'intermédiaire en bourse[3]. Cette condition est d'une importance extrême surtout pour le donneur d'ordre, puisque c'est l'horodatage qui détermine l'ordre chronologique suivant lequel les ordres de bourse sont produits sur le marché, conformément à la règle : « *les premiers en date sont les premiers produits* »[4]. L'intermédiaire en bourse doit horodater les ordres de bourse reçus selon des conditions précisées par une décision générale du CMF[5].

401. L'horodatage des ordres réalise une autre fonction non moins importante. Il établit l'heure de la réception de l'ordre, ce qui ressortit à la preuve de la transmission[6]. C'est ainsi que chaque intermédiaire est dans l'obligation de tenir des registres consacrés à cette opération[7] sans blancs ni

---

[1] Art. 96 al.3 du RGBVMT.

[2] Art. 96 al.3 du RGBVMT.

[3] Insistant sur l'importance de l'horodatage des ordres de bourse, l'article 61 du décret du 1er novembre 1999, a prévu dans son deuxième alinéa, que chaque ordre de bourse « *(...) doit être établi en deux exemplaires dûment horodatés et signés par le client et l'intermédiaire en bourse. L'un des deux exemplaires est remis au client, l'autre est conservé par l'intermédiaire en bourse* ».

[4] T. BONNEAU et F. DRUMMOND, *op. cit.*, n° 809, p. 655.

[5] Art. 97 du RGBVMT.

[6] V. art. 66 al.3 du décret n°99-2478 du 1er novembre 1999, portant statut des intermédiaires en bourse, tel que modifié et complété par le décret n° 2007-1678 du 05 juillet 2007.

[7] Art. 66 du décret n°99-2478 du 1er novembre 1999, portant statut des intermédiaires en bourse, tel que modifié et complété par le décret n° 2007-1678 du 05 juillet 2007 : « *L'intermédiaire en bourse doit tenir un registre des ordres d'achat et de vente reçus ou initiés qui mentionne (...) 7) la date et l'heure de la réception de l'ordre par l'intermédiaire ainsi que la date et l'heure de sa réception par le personnel affecté à la négociation(...)* ».

ruptures et arrêtés quotidiennement[1]. Le registre d'horodatage des ordres, qui nous rappelle les registres des notaires et des huissiers de justice, doit être conservé pendant quinze ans, ce qui permet de faire toute reconstitution et tout contrôle a posteriori des différentes étapes de traitement de chaque ordre et contient, à cette fin, les caractéristiques de l'ordre et l'identifiant de son donneur[2].

402. Paradoxalement, le législateur n'a pas prévu une sanction pour l'inobservation des conditions présentées. Il semble que la sanction envisageable est l'inopposabilité de la transaction réalisée à l'égard du donneur d'ordre. Évidemment, la responsabilité de l'intermédiaire est engagée envers, non seulement son client, mais aussi envers le CMF qui peut prononcer une sanction disciplinaire.

B- L'exécution

403. L'investisseur qui souhaite intervenir sur le marché financier par l'achat ou la vente de valeurs mobilières doit exprimer sa volonté à travers un ordre de bourse adressé à son intermédiaire financier. En exécutant cet ordre, l'intermédiaire permet à son donneur d'ordres de prendre une position[3], position acheteur ou position vendeur, qui est dite ouverte tant qu'elle n'a pas donné lieu à livraison ou qu'elle n'a pas été résiliée[4]. La notion de position, qui est une notion technique et propre au marché, traduit donc le fait que l'opérateur est engagé sur le marché, et créancier ou débiteur d'obligations[5].

404. L'intermédiaire exécute l'ordre de bourse par sa transposition sur le marché de négociation. L'exécution de l'ordre, qui permet au donneur d'ordre

---

[1] Art. 68 du décret n°99-2478 du 1er novembre 1999, portant statut des intermédiaires en bourse, tel que modifié et complété par le décret n° 2007-1678 du 05 juillet 2007.

[2] W. BOUAJILA, *op. cit.,* n°216, pp.162 et s.

[3] En d'autres termes, l'intermédiaire en bourse, en exécutant l'ordre, va le transformer en une prise de position sur le marché de négociation.

[4] T. BONNEAU, P. PAILLER, A.-C. ROUAUD, A. TEHRANI et R. VABRES, Droit financier, *op. cit.*, n°1264, p.825.

[5] La prise de position a un autre sens plus global, elle désigne l'ensemble des contrats en cours d'un même investisseur et permet de mesurer son exposition au risque de variation du prix des actifs sous-jacents. Sur la notion de prise de position, V. I. RIASSETTO, Les garanties des contrats à terme négociés sur le MATIF, thèse dact. Strasbourg III, sous la direction du professeur D. SCHMIDT, n°13, p.14. La notion de position était déjà utilisée au XIXe siècle. On disait qu'un spéculateur prenait une position à terme à l'achat ou à la vente, selon qu'il était acheteur ou vendeur à découvert : H. FONTAINE, La bourse et ses opérations légales : Traité du droit financier, éd. A. Pedone, 1905, n°228, p. 128. Si la notion de position a été jusqu'ici réservée aux opérations à terme, ce n'est pas parce qu'elle serait inadaptée aux opérations aux comptant, mais parce qu'on l'emploi généralement pour traduire l'existence d'un décalage temporel entre la naissance des obligations et leur exécution (le dénouement) qui est propre aux opérations à terme. La prise de position sur un marché à terme s'inscrit dans la durée, tandis que la position au comptant est dénouée aussitôt née. La notion de prise de position est commune aux opérations à terme et aux opérations au comptant, elle envisage la situation - la position - de chaque participant isolément : A.-C. ROUAUD, Contribution à l'étude de l'opération de marché. Étude de droit des marchés financiers, IRJS Éditions, 2010, t.26, préface J.-J. DAIGRE, n°184 et s., pp.115 et s.

de prendre position sur le marché doit respecter certaines obligations. Il s'agit surtout de l'obligation d'information **(1)** et celle de la meilleure exécution **(2)**.

1. L'obligation d'information

405. Obligation d'information pour les uns[1], obligation de renseignement pour les autres[2], cette notion est loin d'unifier la doctrine. Rares sont les définitions de cette notion. En se basant sur son objet, un auteur a pu dégager que l'obligation d'information vise à procurer à la partie faible toutes les indications dont elle peut avoir besoin pour décider en toute connaissance de cause s'il se porte acquérir[3]. À l'occasion de l'exécution de l'ordre de bourse, l'intermédiaire en bourse doit respecter l'obligation d'information[4]. Si l'origine de cette obligation est jurisprudentielle en droit français[5], certains auteurs pensent qu'en droit tunisien, l'obligation d'information a une portée générale et s'applique, de ce fait, à tous les contrats[6]. Abstraction faite de ce débat, l'obligation d'information de l'intermédiaire en bourse s'inscrit dans une tendance générale du droit contemporain consistant à renforcer le droit d'information qui pèse sur le professionnel et conduisant celui qui détient le savoir à le partager avec le profane pour remédier à ce déséquilibre.

406. L'investisseur profane se trouve dans la même situation que celle du consommateur. C'est un véritable consommateur de services financiers. Il bénéficie donc de la protection que le droit moderne de consommation apporte aux consommateurs[7]. Les investisseurs méritent bien cette protection compte tenu des biens objets de la transaction, puisque les valeurs mobilières sont des biens à risque[8].

407. En droit tunisien, une obligation d'information sur les aléas du marché est prévue par le décret du 1er novembre 1999, portant statut des intermédiaires en bourse. L'alinéa premier de l'article 51 de cet article prévoit que : « *L'intermédiaire en bourse doit s'attacher à connaître les capacités financières, l'expérience, les objectifs financiers et attentes de ses clients en fonction des prestations à fournir et veiller à*

---

[1] S. TANDEAU DE MARSA, « L'obligation d'information de l'intermédiaire financier », Banque, fév. 1996, n° 567, p. 54.

[2] Y. BOYER, L'obligation de renseignements dans la formation du contrat, Thèse précitée, p. 94 ; Ph. le TOURNEAU, « De l'allègement de l'obligation de renseignement ou de conseil », D., 1987, chron., p. 101.

[3] A. FRANÇAN, « Rapport sur la protection du consommateur dans la conclusion des contrats civils commerciaux en droit français », *in.* La protection des consommateurs, Travaux de l'association Henri Capitant, T. XXIV, D., 1973, p. 117.

[4] S. TANDEAU DE MARSA, article précité, *loc. cit.*

[5] « Quelles que soit les relations contractuelles entre un client et sa banque, celle-ci a le droit de l'informer des risques encourus…hors le cas où il en a connaissance », Cass. com. 5 nov. 1991, Buon, RTD com., 1992, p. 436.

[6] V. M. MAHFOUDH, Leçons sur le contrat (ses règles générales), (ouvrage en langue arabe), *op. cit.*, 2021, pp. 165 et s. Cette position est fondée, d'une part, sur l'article 56 du COC qui fait des « réticences » une cause de rescision du contrat pour dol, et d'autre part, sur l'article 243 du même code relatif à l'obligation d'exécuter les engagements de bonne foi.

[7] E. BERNARD et F. PELTIER, « Investisseur qualifié : la frontière de protection en droit des marchés financiers », RDBB, sept.-oct., 1998, p. 157.

[8] V. infra nos 504 et s.

ce que ces derniers aient connaissance des risques inhérents à la nature des opérations qu'ils envisagent d'effectuer».

408. A elle seule, «*l'information ne fait pas le spécialiste*» et «*n'induit pas la compréhension*»[1]. La complexité des règles régissant le marché et la crainte d'une mauvaise compréhension des informations ont permis à certains de prétendre que l'intermédiaire en bourse ne doit pas se suffire de la simple transmission d'informations[2]. Il doit, en outre, orienter les choix de son client. En effet, l'obligation de conseil [3] est aujourd'hui mise à la charge de tous les professionnels et il n'existe aucune raison pour que les intermédiaires en bourse échappent à ce mouvement qui paraît être irréversible[4].

409. La question qui se pose à ce niveau est celle de savoir si le droit tunisien connaît ou non l'obligation de conseil au profit des épargnants. L'alinéa 4 de l'article 51 précité, porte, à cette question, une réponse affirmative, mais de façon indirecte. En ses termes : «*Toute opération exécutée à la demande d'un client, malgré les conseils contraires de son intermédiaire en bourse, doit faire l'objet de la mention "opération sollicitée par le client" inscrite sur le document portant instruction du client*».

410. Si les textes sont clairs, la jurisprudence ne semble pas l'être. La position de la jurisprudence tunisienne semble archaïque. Dans un temps où on parle de la généralisation de l'obligation de conseil pour tout intermédiaire, une décision rendue par la Cour d'appel de Tunis[5] a coupé court à cette démarche en prévoyant pratiquement le contraire. Dans cet arrêt, qui appelle à la critique, la Cour affirme que les intermédiaires en bourse sont réglementés par des dispositions spéciales, non par le droit commun, et que leur responsabilité se limite à l'achat et à la vente en bourse, non à informer leurs clients sur la réalité des titres cotés. Elle ajoute que l'obligation d'information est, seulement, à la charge de la bourse des valeurs mobilières de Tunis.

411. Bien qu'elle soit plus souple que la jurisprudence tunisienne, la jurisprudence française ne sanctionne pas automatiquement le manquement à l'obligation d'information. Elle tient compte de la situation de l'épargnant suivant qu'il est profane ou averti. Dans un premier exemple, elle exige le lien entre le préjudice et la faute. Parfois, l'absence d'information implique seulement la perte d'une chance par le client, dont le montant de la réparation varie selon le degré d'influence de l'information sur le comportement de ce client. En effet, «*il n'y a pas de relation de cause à effet avec le préjudice subi plusieurs années plus tard par M. JARNO qui avait alors acquis par l'expérience toute la*

---

1 J. F. CLÉMENT, «Le banquier vecteur d'informations», RTD com., 1997, p. 204.

2 Ibid., *loc. cit.*

3 L'objet de l'obligation de conseil est plus large, puisque le débiteur ne se borne pas seulement à énoncer des faits, mais il doit faire apparaître à l'autre partie les conséquences quant à l'opportunité de conclure le contrat. V. en ce sens, J. GHESTIN, *op. cit.*, n° 594, p. 577.

4 D. LEGEAIS, article précité, n° 23, p. 4 ; F. PELTIER, *op. cit.*, n° 381, p. 209.

5 CA de Tunis, affaire n° 29370 du 27 mars 1996 (Inédit).

connaissance nécessaire»[1]. Dans un second exemple, pour écarter la responsabilité de l'intermédiaire en bourse, le juge a constaté que le donneur d'ordre était un familier des opérations boursières, puisqu'il « *avait obtenu en sa qualité de bon et ancien client un badge lui donnant accès à la Bourse dont il connaissait ainsi le fonctionnement comme les aléas du marché à terme*»[2]. Dans certains cas, la Cour peut ordonner une expertise afin de déterminer la réalité de la compétence ou de l'expérience d'un investisseur[3].

412. En fait, la distinction entre le client profane et le client averti est l'œuvre de la jurisprudence[4]. La raison d'être de cette distinction est l'exonération de l'intermédiaire en bourse de l'exercice de son devoir dans le cas où le client maîtrise les règles du jeu boursier. Il s'agit donc d'une limite à l'obligation d'information qui n'est pas d'ailleurs la seule[5]. En effet, la possibilité d'insérer une clause d'exonération est envisageable. Mais, sa validité peut être remise en question, soit à cause du caractère d'ordre public de l'obligation d'information[6], soit, à cause de la possibilité de qualifier ladite clause d'abusive[7]. Cela est dû à l'absence d'équilibre dans le rapport contractuel entre l'intermédiaire professionnel et le client présumé profane.

2. L'obligation de la meilleure exécution

413. Les ordres de bourse doivent être exécutés avec célérité[8]. L'intermédiaire en bourse chargé de leur exécution est dans l'obligation d'obtenir le meilleur résultat possible au profit de son client : cette « meilleure exécution » ou « *best execution* » est une obligation de moyen qui s'apprécie dans le cadre de la politique d'exécution contractuellement définie par l'intermédiaire et acceptée par les clients[9]. Cette obligation trouve son fondement en droit tunisien dans le décret n° 99-2478 du 1er novembre 1999, portant statut des intermédiaires en bourse, tel que modifié et complété par le décret n° 2007-1678 du 05 juillet 2007. Figurant dans une section spécifique aux règles déontologiques, l'article 74 dudit décret rappelle que l'intermédiaire en bourse doit faire preuve, dans l'exercice de ses activités, du soin et de la diligence que l'on peut attendre d'un professionnel avisé placé dans les mêmes circonstances.

---

1 Cass. com., 14 déc. 2004, Dr. sociétés, mai 2005, p. 25, note Th. BONNEAU.

2 CA de Versailles, 13 oct. 1992, époux Muller / Finacor Bourse, cité par : F. PELTIER, *op. cit.*, n° 142, p. 96.

3 Paris, 4 juin 1992, Serda / Schelcher Prince, cité par : I. NAJJAR, « L'obligation de conseil », D., 1993, ch. 45.

4 Cass. com., 23 oct. 1990, D., 1992, somm.29, obs. VASSEUR ; H. DE VAUPLANE, « La notion d'investisseur averti », note sous cass. com., 13 juin 1995, Bull. Joly Bourse, 1995, 392.

5 V. M. KETATA, Droit du marché financier et droit des contrats, thèse de doctorat en droit privé, Université Paris Panthéon Assas et Université de Sfax, 2022, pp. 231 et s.

6 L'obligation d'information ne vise pas seulement la protection de l'intérêt individuel de l'épargnant, mais, elle assure la protection du marché tout entier.

7 V. A. KARIMI, Les clauses abusives et la théorie de l'abus de droit, LGDJ, 2001.

8 Art. 67, §1, b), règl. dél. n° 2017/565 (anc. art. 314-66, I, 2°, RG AMF).

9 T. BONNEAU, P. PAILLER, A.-C. ROUAUD, A. TEHRANI et R. VABRES, Droit financier, *op. cit.*, n°338, p.222.

Il ajoute dans son alinéa deuxième que l'intermédiaire en bourse « *doit notamment veiller à ce que les ordres reçoivent la meilleure exécution en termes de délai et de prix* ».

414. A première vue, l'obligation de la meilleure exécution mise à la charge de l'intermédiaire peut paraître évidente, étant donné que les intérêts de l'intermédiaire et ceux de l'investisseur sont presque les mêmes. Toutefois, cette communauté d'intérêts n'est qu'apparente, puisque certaines situations peuvent mettre en péril une meilleure exécution des ordres. Tout d'abord, la contrepartie, qui consiste pour un intermédiaire à acheter ou à vendre des titres pour son propre compte[1], constitue un obstacle majeur à la meilleure exécution des ordres puisque l'intérêt propre de l'intermédiaire se démarque de celui de son client. Ensuite, la commission de l'intermédiaire est variable ; elle dépend du montant et du nombre des opérations réalisées. Enfin, les situations de conflits d'intérêts sont très fréquentes dans la relation liant l'intermédiaire et son client. A cet égard, l'article 76 du décret n° 99-2478 du 1er novembre 1999, portant statut des intermédiaires en bourse, tel que modifié et complété par le décret n° 2007-1678 du 05 juillet 2007 prévoit que l'intermédiaire en bourse doit s'efforcer de prévenir les conflits d'intérêts et, lorsqu'il ne peut le faire, il doit les résoudre en privilégiant l'intérêt du client.

415. En France, l'apparition de l'obligation de meilleure exécution est en relation avec les directives MiFID et MiFID II[2], qui ont conduit à une mise en concurrence des infrastructures des marchés. Les prestataires de services d'investissement ont alors la possibilité d'exécuter les ordres de leurs clients sur plusieurs systèmes de négociation[3]. Face à cette multiplication des plateformes de négociation, afin de s'assurer que l'exécution se fasse aux meilleures conditions et que la multiplication des lieux d'exécution ne nuise les clients, les directives MiFID, et aujourd'hui la directive MiFID II, ont mis à la charge des prestataires de services d'investissement l'obligation de meilleure exécution[4]. Cette obligation implique pour les prestataires de services d'investissement d'obtenir « *(…) lors de l'exécution des ordres, le meilleur résultat possible pour leurs clients compte tenu du prix, du coût, de la rapidité, de la probabilité de l'exécution et du règlement, de la taille, de la nature de l'ordre ou de toute autre considération relative à l'exécution de l'ordre* »[5]. Néanmoins, chaque fois qu'il existe une instruction spécifique donnée

---

1 Sur cette opération, V. Ch. MZOUGHI, *op. cit.*, n° 234, p. 156 ; T. BONNEAU et F. DRUMMOND, Droit des marchés financiers, *op. cit.*, n° 718 et s., pp. 860 et s.

2 La transposition en France de la directive MiFID II a été mise en œuvre par l'ordonnance n°2016-827 du 23 juin 2016, relative aux marchés d'instruments financiers mais son entrée en vigueur a été fixée au 3 janvier 2018. La directive MiFID II est accompagnée d'un règlement qui vient compléter le dispositif européen et renforcer l'harmonisation sur un certain nombre de point. Elle s'intègre dans le cadre du renforcement de la protection des investisseurs et des clients des entreprises d'investissement. V. H. BOUCHETA, « MiFID II : les nouvelles exigences en matière de protection des investisseurs », Bull. Joly Bourse, avr. 2015, p.162.

3 T. BONNEAU, P. PAILLER, A.-C. ROUAUD, A. TEHRANI et R. VABRES, Droit financier, op. cit., n°338, p.222.

4 J.-P. PINATTON et O. MITTELETTE, « La best execution », Banque & droit, n°102, juill./août 2005, p.22.

5 Art. 27 §1, dir. 2014/65 ; Art. L. 533-18, C. mon. fin.

par les clients, l'entreprise d'investissement exécute l'ordre en suivant cette instruction. En d'autres termes, l'obligation de meilleure exécution s'applique, sauf manifestation contraire de volonté[1].

416. Débiteur d'une obligation de moyen, l'intermédiaire en bourse doit agir avec diligence et célérité, il n'engage sa responsabilité que s'il commet une faute directement à l'origine du préjudice subi par le donneur d'ordre[2]. La faute doit être caractérisée, tel que par exemple, le retard dans l'exécution de l'ordre, défaut total d'exécution[3], ou encore exécution d'une opération sans ordre[4] ou d'un ordre devenu caduc[5]. Toutefois, le donneur d'ordre ne peut pas prendre prétexte d'une variation des cours défavorable à ses intérêts pour mettre en cause la responsabilité du négociateur. Dans tous les cas, le client, victime du manquement, doit apporter la preuve de la faute, du préjudice et du lien de causalité.

417. En somme, la mise en œuvre de la négociation montre que celle-ci est basée sur la notion de l'ordre de bourse. Une lecture contractuelle est nécessaire afin de saisir la notion de l'ordre de bourse, noyau dur de la négociation, lors de son identification et de son acheminement. Par ailleurs, la mise en œuvre de la négociation confirme la nature contractuelle de celle-ci et prouve, en outre, que le droit du marché financier s'est bien adapté, à ce niveau, avec le droit des contrats.

Chapitre II - La nature juridique de la négociation

418. La conclusion du contrat de droit commun aura lieu généralement à la fin d'un processus préparatif. Le contrat prend ainsi*« la forme typique que le sens commun donne à ce terme : une feuille de papier comportant de multiples clauses et au bas de laquelle les parties apposent leurs signatures. On imagine également les parties matérialiser*

---

[1] T. BONNEAU, P. PAILLER, A.-C. ROUAUD, A. TEHRANI et R. VABRES, Droit financier, *op. cit.*, n°338, p.222.

[2] CA Limoges, 12 oct. 1992, Dr. sociétés, mai 1993, n°105, note H. HOVASSE.

[3] CA Besançon, 4 fév. 1994, Dr. sociétés, juin 1994, n°124, note H. HOVASSE. Sur l'absence de faute commise par une banque qui n'a pas exécuté un ordre de vente en raison de l'attitude changeante et conflictuelle du client, v. Cass. 1[re]civ., 4 mai 1999, n°97-11703, Bull. civ., I, n°143, p.95.

[4] CA Paris, 5 juin 1998, BJB sept.-oct. 1998, §134, p.619, note A.-M. MORGAN DE RIVERY-GUILLAUD.

[5] L'intermédiaire qui exécute un ordre après expiration de sa durée de validité n'engage pas son client et doit supporter seul les conséquences de l'opération. Étant personnellement engagé en raison de sa qualité de commissionnaire, il doit passer pour son propre compte un ordre au sens contraire pour dénouer sa position. Cf. Cass. Com., 26 mars 2008, n°07-11554, Bull. Civ. IV, n°69 ; D. 2008, p.1058, obs. X. DELPECH ; RD bancaire et fin., juill.-août 2008, comm. n°95, p.42, note F.-J. CRÉDOT et TH. SAMIN ; Banque & droit n° 119, mai-juin 2008, p.26 ; Dr. sociétés, août-sept. 2008, comm. n°190, p.36, note T. BONNEAU ; BJB mai-juin 2008, §26, p.232, note D. ROBINE.

leur satisfaction de réaliser l'opération en échangeant une poignée de main»[1]. Dans l'imaginaire social, ce geste symbolise l'engagement que les parties se donnent l'une envers l'autre en se promettant par le contrat d'être fidèles à leur parole[2].

419. En apparence, les transactions boursières ne semblent pas être des contrats et leur nature juridique peut paraître incertaine dans une certaine mesure. Toutefois, ces doutes méritent d'être dissipés car, par rapport au contrat de cession des valeurs mobilières de gré à gré, c'est seulement la manière de contracter qui change[3]. En effet, pour savoir s'il y a ou non contrat, il est, à notre sens, nécessaire de se focaliser sur un instant déterminé, en l'occurrence au moment précis où le rapprochement des volontés est effectué, ce qui correspond, selon le processus de l'opération de marché, à la phase de négociation, sans qu'il soit possible de se fonder sur des éléments postérieurs telle que la façon dont se réalise le transfert de propriété. Dès lors, le contrat s'impose comme la qualification exacte de la négociation **(Section I)**, ce contrat présente une originalité certaine **(Section II)**.

Section I – L'affirmation de la nature contractuelle de la négociation

420. Si on lance un bref regard extérieur sur les transactions boursières, on peut douter de leur nature contractuelle : d'abord, parce que sociologiquement les transactions boursières ne ressemblent pas à des contrats[4], ensuite, parce

---

1 H. BOUTHINON-DUMAS, Le droit des sociétés cotées et le marché boursier, Etude des conditions juridiques de la détermination de la valeur de la société par le marché boursier, préface de Philippe Didier, LGDJ, 2007, n° 397, p.336.

2 F. TERRÉ, « Le contrat à la fin du XXe siècle », Revue des Sciences morales et politiques, 1995, n°3, pp.299 et s.

3 Conformément aux articles 70 et 71 de la loi du 14 novembre 1994, l'objet de la transaction consiste toujours dans des valeurs mobilières qui sont émises soit par des sociétés ne faisant pas appel public à l'épargne, soit par des sociétés faisant appel public à l'épargne. Dans la première hypothèse, la transaction est conclue directement entre un acheteur et un vendeur qui se connaissent déjà, en dehors du marché boursier et sans que le concours d'un intermédiaire soit nécessaire. Cette transaction, qui est fortement dominée par le droit commun de la vente, est entendue comme une « cession », G. RIPERT et R. ROBLOT, Traité de droit commercial, T. 2, Effets de commerce, Banque et Bourse, Contrats commerciaux, Procédures collectives, *op. cit.*, n° 1868, p. 70. Dans le second cas, la transaction se déroule sur le marché par l'entremise d'un intermédiaire en bourse et suivant les règles contraignantes de formation de prix posées par le marché. La transaction fait l'objet dans ce cas d'une « négociation ». Brefs, « *c'est la manière de contracter qui diffère selon que les titres sont échangés en bourse ou cédés de gré à gré* », H. BOUTHINON-DUMAS, *op.cit, loc.cit.*

4 En droit des marchés financiers, la transaction boursière est souvent comparée à la cession directe comme deux modalités de transfert de propriété de valeurs mobilières. Mais, étant donné que la cession est très conforme à l'image traditionnelle du contrat, la transaction boursière, qui apparait d'ailleurs très atypique, est souvent traitée différemment comme si elle n'appartenait pas à la sphère contractuelle en raison de son caractère technique et rituel. Dès lors, il existe une véritable « *dissemblance factuelle* » entre la cession et la transaction H. BOUTHINON-DUMAS, *op. cit.*, n° 397, p.335. Pourtant, l'objet du contrat est identique. Dans les deux cas, il s'agit d'opérer un échange de valeurs mobilières en contrepartie de l'argent. Malgré cette ressemblance au niveau de la chose transférée, il est intéressant de noter à

que les transactions boursières sont rarement étudiées comme des contrats[1] et enfin parce que ces opérations sont habituellement désignées autrement que comme des contrats ou comme des ventes[2].

421. Selon la professeure MULLER, les transactions boursières ne sont pas de véritables contrats car elles ne résultent pas de l'échange des consentements, mais d'un « *rapprochement de consentements compatibles selon les modalités conformes à l'intérêt du marché* »[3] ou encore de la conjugaison de manifestations de volonté unilatérales et d'un mécanisme multilatéral qu'est le marché : « *c'est le marché qui fait produire des effets de droit à chacune des multiples manifestations de volontés qu'il*

---

quel point ces deux types de contrats se distinguent. La cession directe, dite aussi cession de gré à gré, ressemble beaucoup au processus de formation des contrats en droit commun. Les parties négocient toutes les conditions du contrat, tels que le prix, les garanties accordées par le cédant au cessionnaire. La cession n'a rien en commun, sous l'angle de ses manifestations extérieures, avec la transaction boursière. Il n'y a plus de contrat signé par les parties, encore moins de consentement échangé et de pourparlers qui précèdent la conclusion du contrat. Une fois que les ordres sont acheminés par les intermédiaires en bourse, c'est l'ordinateur central du marché qui réalise le mariage des ordres de vente et d'achat, deux par deux, selon des règles de priorité préétablies. Le rôle des parties à la transaction est presque passif puisque après avoir donné l'ordre à leurs intermédiaires, les parties n'ont qu'à attendre jusqu'à ce que leurs comptes titres et espèces soient crédités ou débités en fonction des conditions de prix dans lesquelles s'est effectuée la transaction.

1 Aussi paradoxalement que cela puisse paraître, les transactions boursières ne sont presque jamais présentées comme des contrats. La doctrine civiliste n'a pas pris le soin d'étudier et de mentionner les transactions boursières comme des exemples de contrats que ce soit dans les ouvrages du droit des obligations en général ou dans ceux des contrats spéciaux ou commerciaux. Cela donne l'impression que ces transactions n'appartiennent pas à la sphère contractuelle contrairement par exemple à la cession des biens immobiliers ou de fonds de commerce qui ont été bien étudiés. Ce n'est que récemment que la doctrine commence à étudier les transactions boursières par le prisme du droit des contrats. On peut penser donc à ce niveau que les transactions boursières sont bien traitées dans les ouvrages traitant du droit des marchés financiers, mais là non plus, les transactions boursières ne sont guère traitées comme des contrats. Les spécificités au niveau de leur régime juridique dispense de rapprocher ces opérations particulières du droit commun des contrats ou encore du contrat de vente. H. BOUTHINON-DUMAS, *op. cit.*, n° 398, p.337.

2 Parmi les éléments qui contribuent, certes, à cacher la nature contractuelle des transactions boursières, on trouve l'utilisation d'une terminologie empruntée à la pratique financière, inspirée du raisonnement économique et étrange au jargon juridique. Ainsi, selon certains auteurs, on préfère employer parfois des termes de la pratique financière pour désigner des opérations connues juridiquement. En effet, si pour un juriste, une chose fait l'objet d'un contrat ou d'une convention, cette terminologie est généralement écartée par les règles du marché qui préfèrent parler d'opérations ou de transaction, T. BONNEAU et F. DRUMMOND, Droit des marchés financiers, *op. cit.*, n° 662, p. 835. Ces « *déviations terminologiques* » sont certainement le fruit des mutations qu'a connu le processus ordinaire de formation du contrat sur le marché financier, puisque le terme transaction qui a remplacé celui de contrat met l'accent sur le caractère instantané et impersonnel de la relation entre les parties. H. BOUTHINON-DUMAS, *op. cit.*, n° 396 et s., p.337 et s.

3 A.-C. MULLER, *op. cit.*, n°50. Le rejet par cet auteur de la qualification de contrat pour les transactions boursières repose sur deux arguments. Tout d'abord, il n'y aurait pas d'« échange de consentements ». Ensuite la génération des obligations à la charge des donneurs d'ordres résulterait de l'enregistrement des transactions par la chambre de compensation. **Contra** : T. BONNEAU et F. DRUMMOND, Droit des marchés financiers, *op. cit.*, n°837-1.

conjugue»[1]. Par conséquent, il semble qu'il y a plusieurs de raisons de penser que les transactions boursières ne sont pas des contrats. Pourtant, il n'en est rien. Le caractère contractuel des opérations boursières doit être affirmé.

422. Les arguments de la thèse non contractuelle ne sont pas très convaincants. Il est vrai que les intervenants ne se connaissent pas, mais l'anonymat et l'indifférence de la personne du contractant ne sont pas, en eux-mêmes, des obstacles à la qualification contractuelle. Afin de pouvoir confirmer la nature contractuelle de l'opération de marché, il est nécessaire de s'intéresser surtout à un moment important du processus de l'opération, à savoir l'accord des volontés, c'est-à-dire celui de la négociation. Il est également nécessaire de tenir compte du fait que le contrat est un processus volontaire de création d'obligations. Or, la transaction conclue sur le marché en est un. Enfin il faut se garder de donner trop d'importance aux technologies nouvelles qui, le plus souvent, facilitent uniquement la réalisation d'opérations sans en altérer la nature[2]. Dès lors, la nature contractuelle de l'opération de marché est affirmée lors de la négociation, qui se caractérise par l'objectivation des consentements des parties **(§1)** et par la dépersonnalisation des rapports contractuels **(§2).**

§1 : L'objectivation des consentements des parties

423. L'opération de marché est un contrat car c'est bien un accord de volontés. Mais au lieu que ce soient les volontés qui s'accordent elles-mêmes, on peut dire que les volontés de contracter des parties sont accordées, selon un mécanisme objectif, qui échappe aux parties[3]. Comme le souligne le professeur F. TERRÉ, le contrat de marché repose sur «*un idéal d'objectivation*»[4]. Le consentement des parties lors de la négociation se caractérise par une certaine objectivation. Cette objectivation se confirme non seulement lors de l'échange des consentements entre les parties **(B)**, mais aussi lors de la rencontre de l'offre et de l'acceptation **(A)**.

A- La rencontre de l'offre et de l'acceptation

424. La règle de l'offre et de la demande est d'origine économique. Il n'existe pas d'analogie entre cette règle et celle de la rencontre d'une offre et d'une acceptation au sens classique du droit commun des contrats, bien que certains auteurs les assimilent[5]. S'il est évident que la première règle domine le marché financier, il est possible de douter, selon les partisans de la thèse non

---

[1] A.-C. ROUAUD, *op. cit.*, n°552, p.559.

[2] T. BONNEAU et F. DRUMMOND, Droit des marchés financiers, *op. cit.*, n°837 et s., p. 985 et s.

[3] H. BOUTHINON-DUMAS, *op. cit.*, n° 418, p. 357.

[4] F. TERRÉ, article précité, p. 311. L'auteur, tout en confirmant ce caractère objectif, ajoute que «*la volonté se dissocie du consentement, le subjectif de l'objectif. Elle reflue, elle se retire en quelques sortes du champ contractuel, n'y introduisant ou n'y laissant que la manifestation d'un consentement. Désormais, les juristes [distinguent] à nouveau les éléments subjectifs qui composent l'accord (…). S'ils en arrivent là, c'est par l'effet de l'évolution de nos sociétés marchandes qui s'attachent de plus en plus souvent aux clientèles sans visage*».

[5] T. BONNEAU, Rép. Soc. Dalloz, v° Matif, 1995, §114, cité par A.-C. MULLER, op. cit.,*loc. cit.*

contractuelle[1], de l'existence de la seconde dans le processus juridique de formation du contrat sur un tel marché.

425. L'ordre de bourse[2], introduit par les parties à travers leurs intermédiaires dans le système informatique centrale de négociation, qui manifeste leurs volontés[3], contribue à l'accumulation sur le marché d'un ensemble de consentements au sens unilatéral. Dès lors, il est généralement admis, selon cette logique, qu'on est loin de parler de la rencontre de l'offre et de l'acceptation qui fonde le contrat. Si l'ordre de bourse peut répondre à la définition de l'offre en droit commun[4], il ne peut pas constituer, néanmoins, une acceptation, pour deux raisons au moins. D'une part, l'ordre de bourse, quelque soit sa dénomination, contient presque les mêmes éléments. Il est difficile, alors, d'admettre qu'un pair d'ordres peut contenir à la fois une offre et une acceptation, car cette dernière, par définition, constitue une réponse à une offre de contrat suffisamment précise et exprimée antérieurement. De ce fait, l'acceptation, si l'on admet qu'elle existe sur le marché, elle prendra la forme d'un ordre de bourse. De toutes les manières, elle ne porte pas une réponse à l'offre, mais les mêmes éléments d'une offre. Plus encore, elle peut être donnée avant l'offre elle-même, car l'appariement des ordres se fait au hasard par l'ordinateur central suivant des règles de priorité prédéterminées. Quoi qu'il en soit, selon les règles du droit commun des contrats, l'acceptation est le miroir de l'offre, non l'inverse[5].

426. D'autre part, il n'est pas évident, pour « l'acceptant », que le rapprochement des ordres effectué automatiquement par le système informatique central de la bourse lui permettra d'être en contact avec l'ordre dont il a eu connaissance, puisqu'il est possible que celui-ci ait été exécuté entre-temps. Dans ce cas, l'ordre qui aurait été passé en réponse, improprement qualifié d'acceptation, continue quant à lui d'exister sur le marché. Il pourra servir de base à une autre transaction formée avec n'importe quel ordre, même s'il est émis postérieurement[6]. Tous les ordres de bourse contiennent, donc, de façon semblable, une offre de contrat et les intermédiaires « *se font réciproquement des offres* »[7] seulement. Il ne s'agit nullement d'acceptation.

---

1 A.-C. MULLER, *op. cit., loc. cit.*

2 V., sur cette notion, l'art. 89 du RGBVMT.

3 L'ordre « *(…) exprime la volonté de celui qui le donne pour acquérir la qualité de cocontractant à un* contrat », T. BONNEAU, article précité, § 115.

4 En effet, l'offre est généralement définie comme une proposition de contracter suffisamment ferme et précise pour qu'une simple acceptation suffise à former le contrat. L'offre prend la forme d'un acte unilatéral. V. M. MAHFOUDH, La théorie générale de l'obligation I, Le contrat, (en langue arabe), Latrach éditions, Tunis, 2012, n° 79 et s., p. 99 et s. ; M. MAHFOUDH, Leçons sur le contrat (ses règles générales), C.P.U., Tunis, 2021, 2ème éd., n°106 et s., p.129 et s. ; B. FAGES, Droit des obligations, LGDJ, 2007, n° 84, p. 67.

5 J.-L. AUBERT, Notions et rôles de l'offre et de l'acceptation dans la formation du contrat, LGDJ, 1970, §280, p. 256.

6 A.-C. MULLER, *op. cit.*, n° 46, p. 49.

7 M. DE JUGLART et B. IPPOLITO, *op. cit.*, n° 646.

427. Il est clair, donc, toujours selon cette logique, que la manifestation de volonté sur le marché, entendue comme la rencontre d'une offre et d'une acceptation, constitue une fiction plus qu'une réalité. De toutes les manières, « *si l'ordre de bourse constitue une manifestation de volonté, un consentement, celui-ci n'est jamais dirigé vers une offre de contrat précédemment émise comme l'implique la notion d'acceptation* »[1].

428. Mais les arguments déjà cités sont juridiquement discutables. L'absence du schéma classique offre-acceptation ne peut pas justifier, à notre sens, l'écartement de la nature contractuelle de l'opération du marché, pour plusieurs raisons.

429. En premier lieu, La rencontre de l'offre et de l'acceptation dans le contrat de droit commun a cédé la place, sur le marché financier, à un corpus de règles spécifiques qui fonde la matière. La formation d'une transaction boursière obéit à une logique collective propre au marché, selon laquelle l'ensemble des intervenants adhère aux mêmes conditions de conclusion des négociations. Ces conditions sont, préalablement, établies par le mode de fonctionnement des marchés réglementés. Ainsi, la dépersonnalisation du contrat passé en bourse et l'absence d'influence des volontés sur le contenu du contrat conditionne l'existence même du marché. La volonté se trouve écarté pour des fins de standardisation du contrat[2].

430. Il en ressort que le mode classique de formation du contrat, par acceptation d'une offre de contracter précise et ferme, voulant que l'une vienne s'adapter à l'autre[3], s'inscrit dans une logique étrangère au modèle du marché. Celui-ci repose sur une rencontre entre une offre et une demande, c'est-à-dire deux offres de contracter symétriques.

431. En outre, la formation du contrat est fondamentalement multilatérale dans le cadre d'un marché concurrentiel. La transaction boursière n'est pas seulement conclue entre une offre et une demande émanant d'investisseurs dont les volontés s'accordent, elle réalise la rencontre entre les meilleures offres et les meilleures demandes. Il ne suffit pas que l'offre et la demande puissent coexister antérieurement à leur confrontation dans le cadre du marché, encore faut-il que les ordres qui le composent puissent s'accorder. Cela passe par l'expression des consentements à l'échange dans des ordres de bourse standardisés. La formation du contrat par acceptation des éléments essentiels d'une offre de contracter précise et ferme ne permet pas de réaliser un échange conforme au modèle du marché[4]. Le schéma essentiellement bilatéral de la rencontre entre les contractants ne convient pas au caractère multilatéral de la confrontation des intentions d'achat et de vente qui caractérise le marché.

---

1 *Ibid.*, *loc. cit.*

2 F. DRUMMOND, « Le contrat comme instrument financier », *in.* Mélanges en hommage à F. TERRÉ, P.U.F., 1999, p. 661, §9.

3 J.-L. AUBERT, Notions et rôles de l'offre et de l'acceptation dans la formation du contrat, LGDJ, 1970, §280, p. 256.

4 A.-C. MULLER, *op. cit.*, n°45, p. 48.

432. En second lieu, dès lors que le contrat de droit commun se forme par l'acceptation d'une offre de contracter, il y a une **asymétrie** entre l'offrant et l'acceptant, puisque l'action du premier précède nécessairement la réaction du second. L'intention de contracter ne s'exprime pas de la même manière pour le pollicitant et pour l'acceptant. Celui-ci prend position par rapport à la proposition de celui-là, ce qui revient à observer que l'acceptant n'exprime jamais une véritable proposition d'échange[1]. Or, le marché repose sur une confrontation *a priori* égalitaire entre l'offre et la demande, l'une ne devant pas influencer l'autre. L'inadéquation du mode de formation classique du contrat au marché sera mise en évidence, ce qui permettra de souligner que le marché repose sur un modèle de formation **symétrique** du contrat[2].

433. Si le mode de formation classique du contrat est asymétrique, c'est parce que dans « l'accord de volonté », il y a, en réalité, une volonté qui s'accorde à l'autre[3], non deux volontés de contracter qui se rencontrent après s'être formées indépendamment l'une de l'autre[4], comme c'est le cas du contrat dans le marché financier.

434. En l'absence du modèle asymétrique de formation du contrat sur le marché financier, celui-ci présente, comme alternative, ses propres règles. Il propose un « *système de concentration des intentions de contracter qui facilite la découverte d'une contrepartie adéquate* »[5].

435. Rappelons que le contrat se forme, à l'évidence, par l'acceptation d'une offre de contracter. Deux cas de figure sont à distinguer : soit le contenu du contrat est élaboré par les deux parties, au terme d'un ajustement long et complexe des propositions et contre-propositions échangées par les parties, soit le contrat se forme par acceptation pure et simple d'une offre de contracter présentée comme intangible par son auteur[6]. C'est le cas par exemple des contrats d'adhésion où le contenu du contrat n'est pas négocié, il est imposé par l'une des parties, l'autre étant libre de l'accepter ou non. C'est surtout dans ce second cas que l'asymétrie de la formation du contrat est problématique[7]. La rencontre des volontés est déséquilibrée parce que l'offrant propose alors que l'acceptant soit agréé[8].

436. Il nous semble utile à ce stade du raisonnement de distinguer deux expressions, couramment utilisées pour rendre compte de la formation du contrat, et auxquelles les juristes n'ont prêté que peu d'attention. Il est bien

[1] H. BOUTHINON-DUMAS, *op. cit.*,n° 411, p. 351.

[2] Contrairement au modèle asymétrique de formation du contrat de droit commun.

[3] Abstraitement, on peut imaginer que la « rencontre de volontés » qui caractérise la formation du contrat procède d'une formation autonome des volontés de contracter, qui ensuite se rencontrent. Il y a coïncidence des volontés de contracter et on suppose que ces volontés exactement complémentaires sont mises en rapport.

[4] H. BOUTHINON-DUMAS, *op. cit.*, n° 413, p. 352.

[5] *Ibid., loc. cit.*.

[6] *Ibid., loc. cit.*

[7] Bien que ce cas est très fréquent en pratique surtout en matière de vente.

[8] H. BOUTHINON-DUMAS, *op. cit.*,n° 413, p. 352.

question de la « volonté » et du « consentement » [1] qui méritent d'être approfondis[2]. Il semble plus exact de considérer que le mode classique de formation du contrat repose sur une rencontre entre une « volonté de contracter », exprimée par l'offre, et un « consentement au contrat », exprimé par l'acceptation.

437. Certes, une acceptation peut très bien exprimer une volonté forte de contracter émanant d'une personne se déterminant librement et en parfaite connaissance de cause, mais le consentement de l'acceptant n'est pas tout à fait de la même nature que celui de l'offrant. Celui-ci est positif, par contre celui-là est réactif.

438. Le consentement de l'acceptant se trouve ainsi moins ancré dans la libre volonté du contractant que celui de l'offrant, sa valeur est moindre au point que c'est le contrat lui-même qui se trouve fragilisé[3].

439. A partir de ce constat, le droit de consommation par exemple offre un ensemble de solutions spéciales visant à corriger cette asymétrie dans la formation du contrat. Il convient de souligner que c'est moins l'inégalité entre les parties[4], que l'asymétrie des positions dans la formation du contrat entre le pollicitant et l'acceptant, qui explique la protection de l'acheteur par correspondance ou du consommateur démarché à domicile par exemple[5].

440. En ce qui concerne le droit du marché financier, la détermination du prix objectivement par le marché permet de pallier les inconvénients de la formation asymétrique du contrat. La formation d'un prix résultant de la rencontre d'une offre et d'une demande autonomes implique donc que l'accord de volonté s'opère autrement que par acceptation d'une offre préexistante, d'où

---

[1] On dit généralement que le contrat se forme par « la rencontre de volonté » ou par « l'échange de consentements ».

[2] M.-A. FRISON-ROCHE, « Remarques sur la distinction de la volonté et du consentement en droit des contrats », RTD civ., 1995, pp.573 et s.

[3] H. BOUTHINON-DUMAS, *op. cit.*,n° 414, p. 353. Selon cet auteur, dans un contrat synallagmatique, telle que la vente, le vendeur consent à céder la propriété d'un bien moyennant l'acquisition d'une somme d'argent en contrepartie ; l'acheteur est prêt à payer un certain prix pour acquérir le bien en question. En revanche, la volonté de conclure le contrat ne se manifeste pas de la même manière selon que le contractant est en position de pollicitant initial ou en position d'acceptant. Le premier entreprend une démarche positive qui le conduit à extérioriser, au moins en partie, les conditions auxquelles il est prêt à contracter. La volonté du second ne se manifeste que pour accepter, plus exceptionnellement pour refuser, la proposition qui lui est faite. La volonté de conclure le contrat est, pour le pollicitant, un acte de conquête du cocontractant. Pour le cocontractant potentiel sollicité, la volonté de conclure n'est qu'une acceptation. Elle peut dans des cas extrêmes avoir le sens de « volonté d'en finir » avec une sollicitation embarrassante. L'acceptation peut être emprunte de résignation. Les deux volontés de conclure ne sont pas égales et l'on peut raisonnablement craindre que la volonté du pollicitant soit en mesure de forcer la volonté de l'acceptant. La droit de consommation ne fait que tirer les conséquences des cette réalité sociologique en permettant par exemple une faculté de rétractation, H. BOUTHINON-DUMAS, *op. cit.*, n° 414, p. 354.

[4] L'une réputée faible, le consommateur, l'autre réputée forte, le professionnel.

[5] H. BOUTHINON-DUMAS, *op. cit.*, n° 414, p. 353.

l'absence du schéma classique « offre/acceptation » ne constitue pas un obstacle à l'accord de volontés et à la formation du contrat sur le marché financier.

441. Le marché financier repose sur des ordres de bourse extériorisant, préalablement, aussi bien pour l'acheteur que pour le vendeur, les intentions subjectives d'échanger des valeurs mobilières. La mise en relation des consentements des parties est réalisée par un tiers au contrat, l'entreprise du marché.

442. Le consentement des parties se coule dans l'une des formes correspondant aux différents types d'ordre de bourse. Le marché financier ne tolère pas dans sa logique les intentions de contracter trop singulières. Le sur-mesure n'ayant pas de place dans le cadre de ce marché caractérisé par la standardisation des échanges [1]. La contrainte que constitue le caractère stéréotypé des ordres, s'impose de manière identique aux donneurs d'ordre, qu'ils soient en position de candidat à l'achat ou à la vente de titres. C'est la raison pour laquelle l'asymétrie de la formation du contrat est écartée. Dans le cas d'un marché dans lequel il existe une double concurrence et une symétrie de position par rapport à l'échange entre les acheteurs et les vendeurs comme le marché boursier, les contractants sont égaux au regard de la formation du contrat.

443. Il existe deux manières de surmonter les effets potentiellement pervers de la formation asymétrique du contrat. Ou bien, il faut contrecarrer sinon corriger l'abus du pouvoir conféré par l'initiative de l'offre de contracter, c'est la voie du droit de consommation, ou bien il faut supprimer ce pouvoir en externalisant la rencontre des consentements, c'est la voie de l'organisation du marché financier.

444. L'asymétrie entre l'offre de contracter et l'acceptation qui forment traditionnellement le contrat ne s'accorde pas avec l'autonomie entre l'offre et la demande impliquées par le marché. En effet, l'acceptation n'est pas un consentement aussi indéterminé que l'offre de contracter initiale, puisqu'elle doit réagir à une proposition déjà existante. A l'inverse, dans le cadre idéal du marché, l'offre et la demande se forment sans s'influencer l'une l'autre, pour se rencontrer une fois qu'elles sont constituées[2]. Un auteur a pu affirmer, à juste titre, qu'il est assez fréquent que le bilatéralisme de la formation du contrat ne soit pas total parce que l'offre de contracter est faite à un public indéterminé[3]. Il

---

1 *Ibid.*, n° 424, p. 364.

2 Il convient ainsi de préciser que ce qui importe ici c'est le caractère multilatéral de la formation du contrat et non le caractère multilatéral du contrat lui-même. Un contrat est multilatéral lorsque chaque partie s'engage et que le nombre de parties au contrat est supérieur à deux, par exemple, ou lorsqu'un bien est vendu par plusieurs copropriétaires ou acheté par plusieurs acheteurs. Cela n'empêche pas généralement la négociation d'être bilatérale, les vendeurs faisant face aux acheteurs, par exemple. En cela, le contrat multilatéral (ou plurilatéral), qui s'oppose au contrat unilatéral, se distingue du contrat bilatéral. On peut donc distinguer trois types de contrats : les contrats unilatéraux, les contrats bilatéraux et les contrats multilatéraux. V. M.-L. IZORCHE, « Une troisième personne bien singulière ou "2+1 = tout autre chose" », RTD civ. 2003, p.51 et s.

3 A. VIALARD, « L'offre publique de contrat », RTD civ., 1971, pp.750 et s.

existe alors, ajoute-t-il, « *une offre de contracter qui est concrètement proposée à une multitude d'acceptants potentiels (dans ce cas, l'offre est multilatérale dans la mesure où elle rayonne)* »[1].

445. En troisième lieu, la règle traditionnelle de formation du contrat par la première acceptation d'une offre de contracter précise et ferme ne permet pas de rendre compte de la forme juridique du processus contractuel du marché financier. La formation du contrat sur le marché financier doit donc s'inscrire dans un autre schéma contractuel.

446. L'institution qui semble s'approcher le plus du mécanisme du marché est celle des ventes aux enchères. Dans les deux cas, l'organisation des opérations est confiée à des professionnels, la détermination du prix est originale, et celui qui utilise ce procédé ne choisit pas lui-même son cocontractant[2]. L'organisation de la cotation à la criée présentait certainement des similitudes avec celle des enchères publiques en salle des ventes, et même l'informatisation des marchés financiers ne fait pas obstacle à cette comparaison car les ventes aux enchères publiques ont connues aussi une évolution électronique remarquable[3].

447. Les auteurs qui ont étudié les ventes aux enchères publiques soulignent certes les particularités du processus de formation du contrat, mais ne mettent pas en doute la nature contractuelle de l'opération[4]. Par analogie, il ne nous semble pas logique alors de mettre en doute la nature contractuelle de l'opération de marché également.

---

1 *Ibid., loc. cit.*

2 A.-C.ROUAUD, *op. cit.*, n°553, p. 337.

3 *Ibid., loc. cit.*

4 Si, par principe, la nature contractuelle est confirmée, les analyses divergent seulement sur les modalités de rencontre de l'offre et de l'acceptation. La majorité des auteurs adoptent une analyse classique estimant que la mise en vente aux enchères ne peut être qualifiée d'offre de contracter, car elle n'est pas ferme et précise faute de prix déterminé, et considère par conséquent que le vendeur fait une invitation à entrer en pourparlers puisque les membres du publics font des offres. Chaque enchère est donc une offre d'achat, et l'adjudication, qui est l'attribution du bien mis aux enchères à la personne offrant le prix le plus élevé, constitue l'acceptation formelle de l'offre par le représentant du vendeur. V. A.-C.ROUAUD, *op. cit.*, p. 338 ;J.-L. AUBERT, *op. cit.*, n° 63, p. 69 ; S. VIGNERON, Etude comparative des ventes aux enchères publiques mobilières : France et Angleterre, LGDJ, 2006, Bib. Droit Privé, t. 453, n° 156, p. 139. Mme MAUGER-VIELPEAU a présenté dans sa thèse, relativement récente, une nouvelle analyse de la vente aux enchères publiques, tout en confirmant sa nature contractuelle. Selon cette auteure, la mise en vente aux enchères constitue une offre de vente, adressée non à une personne individuellement désignée, ni au public, mais à un seul destinataire identifié comme le plus offrant. L. MAUGER-VIELPEAU, Les ventes aux enchères publiques, Préf. P.-Y. GAUTIER, Economica, 2002, n° 128, p. 127. La détermination de la personne du contractant, ainsi que du prix, résulte d'un processus objectif. L'acceptation est l'enchère qui émane de la personne qui fait la proposition de prix la plus élevée. Autrement dit, toutes les enchères sont des manifestations de volonté, mais seule la dernière vaut acceptation et entraîne la formation du contrat de vente, L. MAUGER-VIELPEAU, *op. cit.*, n° 130, p. 130.

448. Ajoutons que, dans les ventes aux enchères[1], le contrat n'est pas conclu dès qu'un enchérisseur propose un prix compatible avec l'offre du vendeur[2], ce qui correspondrait pourtant à l'acceptation d'une offre, mais lorsque le meilleur prix est obtenu dans les conditions particulières prévues[3]. Dans ces ventes aux enchères, le prix résulte bien d'un processus concurrentiel, puisque le prix est finalement fixé en fonction, non seulement des conditions acceptées par le vendeur et par l'acheteur final, mais aussi des enchères intermédiaires, surtout de l'absence de surenchère postérieure à la dernière proposition[4]. Cependant, il faut remarquer que ces ventes aux enchères constituent un modèle de marché particulier, où il n'existe, à un moment donné, qu'une seule offre de vente. La concurrence est donc uniquement une concurrence entre les demandeurs. Dans les opérations de marché, il existe également une concurrence entre les offreurs. Il convient alors d'imaginer un autre modèle de conclusion des transactions pour que le prix résulte de la confrontation générale de toutes les offres et de toutes les demandes.

449. Le mode spécifique de réalisation du marché, comme rencontre de l'offre et de la demande donnant lieu à la formation d'un prix, invite à rompre avec le modèle classique de la formation du contrat par acceptation d'une offre de contracter. Comme le souligne un auteur : « *si l'ordre de bourse constitue une manifestation de volonté, un consentement, celui-ci n'est jamais dirigé vers une offre de contrat précédemment émise comme l'implique la notion d'acceptation* »[5]. On peut considérer donc que la manifestation de volonté du donneur d'ordre est dirigée vers un marché, entendu comme la réunion des cocontractants potentiels. Tous les ordres de bourse contiennent de façon semblable une offre de contrat[6].

450. La transaction boursière est précisément une illustration remarquable de ce qu'un accord de volontés peut avoir lieu **hors du schéma offre-acceptation qui n'est pas la caractéristique du contrat, mais une théorisation de sa manifestation la plus fréquente et la plus pratique**, lorsque les parties ne participent pas à un système d'échange aussi sophistiqué que le marché boursier[7]. L'objectivation du consentement des parties, confirmée lors de la rencontre de l'offre et de l'acceptation, se trouve pousser à l'extrême lors de la confirmation de l'existence d'un échange de consentements entre les parties.

---

1 P. LE FUR, « Les ventes des meubles aux enchères publiques », La revue des huissiers de Justice, n°18, 1997, pp.1201 et s.

2 Qui doit être un prix supérieur au prix de réservation.

3 Qui peuvent prendre plusieurs formes telles que le coup de marteau du commissaire-priseur, l'extinction de la 3ème bougie de l'huissier (...). V. H. BOUTHINON-DUMAS, *op. cit.*, n° 410, p.350.

4 F. NAEGELEN, Les mécanismes d'enchères, préf. J.-J. LAFFONT, Economica, 1988, pp. 1 et s.

5 A.-C. MULLER, *op. cit.*, n°46.

6 *Ibid, loc. cit.*

7 V. H. BOUTHINON-DUMAS, *op. cit.*, n° 410, p. 351.

B- L'existence d'un d'échange de consentements adapté

451. Pour que la transaction boursière se forme, l'union de deux ordres de bourse, dont les éléments sont compatibles, est indispensable. C'est à ce moment-là qu'intervient le système informatique. C'est à l'ordinateur de rapprocher les deux ordres de sens inverse, de constater leurs compatibilités selon des critères prédéterminés, de les accoupler deux à deux et de les apparier.

452. La question qui mérite d'être posée à ce niveau est la suivante : une transaction boursière repose-t-elle, comme c'est le cas de tout contrat de droit commun, sur un échange des consentements ?

453. Une partie de la doctrine a présenté une réponse négative. Ainsi, et comme l'a souligné la professeure MULLER[1], la transaction boursière ne peut pas être qualifiée de contrat. Elle a présenté certains arguments[2] dont le plus important est l'absence d'un véritable échange de consentement entre les parties[3]. Selon cette thèse, la formation d'un rapport d'obligation en droit commun, nécessite un échange de consentement [4], un accord, une interdépendance[5]et une véritable convergence.

454. Sur les marchés réglementés, de telles exigences ne sont pas évidentes car les volontés exprimées à travers les ordres de bourse constituent deux masses juxtaposées, parallèles, symétriques, donc ne se recoupant jamais. « *Plutôt que de rencontre des volontés, c'est de juxtaposition, de superposition dont il s'agit en l'espèce* »[6]. La liaison entre ces deux volontés juxtaposées est accomplie par le système informatique du marché, qui rapproche les ordres et constate leur compatibilité signalant ainsi la formation de la transaction. En réalité, c'est le constat de ce système qui forme le contrat et non pas l'échange des consentements.

---

1 A.-C. MULLER, *op. cit.*, pp. 50 et s.

2 Parmi ces arguments, l'auteur estime que la génération des obligations à la charge des donneurs d'ordres résulterait de l'enregistrement des transactions par la chambre de compensation. Elle analyse l'opération de marché comme deux contrats entre chaque intermédiaire et la chambre de compensation. V. A.-C. MULLER, *op. cit.*, p. 63 et s. ; A.-C. ROUAUD, *op. cit.*, pp. 292 et s.

3 « *Donner son consentement c'est seulement consentir à quelque chose, tandis que l'échange des consentements a un sens beaucoup plus spécifique : c'est l'action pour deux ou plusieurs personnes d'exprimer tour à tour leurs volontés communes afin d'extérioriser l'accord de leurs volontés destiné à créer des effets de droit* », J. GHESTIN, article précité, *loc. cit.* **Contra** : T. BONNEAU et F. DRUMMOND, Droit des marchés financiers, *op. cit.*, n°837-1 ; H. BOUTHINON-DUMAS, *op. cit.*, pp.339.

4 Il nous semble utile à ce niveau de définir la signification de la formule : "échange des consentements". Le terme « échange » a deux sens. Le premier sens, large, tend à assimiler l'échange au contrat lui-même. C'est « *un contrat translatif de propriété par lequel les parties se donnent respectivement une chose pour une autre* », G. CORNU, *Vocabulaire précité*, V° échange. D'ailleurs, « le mot grec *sunallagma*, qui signifie contrat, est plus précis que le mot latin *contractus*, puisqu'il désigne un échange », J. GHESTIN, article précité, p. 14. Le second sens désiré est plus restreint. Il assimile l'échange à une « action pour deux ou plusieurs personnes d'exprimer tour à tour un consentement », G. CORNU, *Vocabulaire précité,loc. cit.* Sur les différents sens du mot consentement, voir M. KETATA, Droit du marché financier et droit des contrats, thèse de doctorat en droit privé, Université Paris Panthéon Assas et Université de Sfax, 2022, p. 252.

5 M.-A. FRISON-ROCHE, article précité, *loc. cit.*

6 A.-C. MULLER, *op. cit, loc. cit.*

455. Force est de constater alors qu'il n'existe pas vraiment un échange de consentements au sens étymologique du terme[1], c'est-à-dire au sens d'une rencontre de volontés communes entre les parties. Au lieu d'un échange des consentements, on trouve des adhésions individuelles à un processus de règles informatisées et précédemment établies. L'absence d'un échange de consentement ne constitue pas, à notre sens, un obstacle à la qualification contractuelle de l'opération de marché, surtout quant à sa formation, ce qui confirme l'adaptation constatée à ce niveau, entre le droit du marché financier et le droit des contrats. Notre approche se justifie sur plusieurs plans.

456. Premièrement, la volonté de l'une des parties, enveloppée dans un ordre de bourse, n'est pas destinée à être conjuguée avec la volonté individuelle d'une autre partie, mais plutôt destinée à être l'un des éléments du marché, là où il existe des milliers de consentements potentiels. D'ailleurs, on a l'intention, comme l'a fort justement remarqué Mme V. GUILLAUMIN, que le marché se présente comme la véritable contrepartie de l'épargnant puisqu'il y a un échange de consentements « avec » le marché plutôt qu'un échange de consentements « sur » le marché[2].

457. Si le droit du marché financier se caractérise par une absence d'échange des consentements[3], il n'en reste pas moins vrai que le consentement en soi existe, bel et bien, dans la transaction boursière. Son « unilatéralité » au niveau de chaque donneur d'ordre ne réduit pas la nécessité de protéger chacun d'eux, à travers le système collectif sur lequel repose l'organisation du marché. Ce système, et par opposition au modèle contractuel, assure la sécurité et la rapidité des transactions, le tout au moindre coût[4].

458. Deuxièmement, il existe un lien contractuel entre les deux donneurs d'ordres, acheteur et vendeur. Dès lors, on est en présence d'un véritable échange de consentements, puisque les parties expriment leurs volontés d'acheter ou de vendre à travers les ordres confiés à leurs intermédiaires respectifs. Deux arguments au moins confirment cette approche.

459. En premier lieu, les ordres de bourse contiennent les mentions et précisions nécessaires pour que le système central puisse les apparier, et si l'une des mentions fait défaut, l'ordre ne sera jamais exécuté par le système central. Donc, que l'échange des consentements soit direct ou non, cela n'affecte en rien la formation du lien contractuel, puisque tout est mentionné dans l'ordre de bourse.

460. En second lieu, une fois les ordres sont exécutés et la transaction formée, la réglementation boursière engendre des obligations pour chaque

---

[1] G. RIPERT et R. ROBLOT, *op. cit., loc. cit.*

[2] V. GUILLAUMIN, « Le consentement échangé sur le marché financier », Rev. juris. com.,spéc. nov., 1995, p. 134.

[3] P. LE CANNU, article précité, p. 519, « *il n'y a pas directement échange de consentement, mais participation à un système collectif dont on accepte les règles* ».

[4] F. PELTIER, « Droit boursier et droit commun des contrats », Rev. juris. com.,spéc. nov., 1995, p. 189.

partie, à savoir le transfert des titres pour le vendeur et le paiement du prix pour l'acheteur. Ainsi, la formation du contrat a eu certainement lieu, nonobstant l'échange de consentement au sens étymologique du terme.

461. Selon cette approche, le droit du marché financier n'exige pas un véritable échange des consentements pour la formation du lien contractuel. Il se contente, néanmoins, de la simple émission de consentements symétriques. Ainsi, la spécificité boursière a créé une sorte de raccourci permettant la conclusion de la transaction sans passer par l'échange des consentements proprement dit. En effet, il suffit que chaque donneur d'ordres émette son consentement, de telle sorte qu'on obtient deux manifestations de volonté unilatérales[1] qui sont compatibles et de sens inverse, pour que l'accord soit «*présumé*»[2] conclu, selon la spécificité du droit du marché financier. C'est ce qu'il a déjà conclu le professeur P. LE CANNU en prévoyant que : « *Le fait pour chacun de donner un ordre vaut consentement à la vente ou à l'achat(…), il n'y a pas directement échange des consentements, mais participation à un système collectif dont on accepte les règles* »[3].

462. Troisièmement, il est difficile de qualifier le rapprochement des consentements sur le marché, de « rencontre ». Il s'agit plutôt d'une « mise face à face »[4] forcée suivant les règles du marché. Ce caractère forcé de l'opération témoigne d'une certaine divergence entre la transaction boursière et le droit des obligations. C'est ce qu'a fait remarquer un auteur en affirmant que : « *Le droit des obligations ne peut rester indemne dans le marché financier. En effet, il faut renoncer à définir le contrat comme un accord de volontés, parce que le marché est allergique à la volonté, laquelle, du fait de sa souveraineté, ne peut que le troubler dans son fonctionnement mécaniste et entièrement causé* »[5].

463. L'on peut en conclure qu'une transaction négociée en bourse ne correspond pas à la conception classique de la formation du contrat. Il n'y a pas d'échange des consentements au sens étymologique. Acheteurs et vendeurs ne conviennent pas d'obligations réciproques et interdépendantes. Ils expriment deux manifestations de volontés unilatérales, l'une pour acheter et l'autre pour vendre, compatibles et de sens inverse. Une fois« objectivés », les consentements exprimés sous forme d'ordres se suffisent à eux-mêmes pour produire les effets de droit voulus, du moment qu'ils mentionnent les précisions nécessaires au système central pour qu'il puisse « techniquement » les apparier[6].

---

[1] L'une pour acheter et l'autre pour vendre.

[2] D. OHL, *op. cit.*, n° 164, p. 116.

[3] P. LE CANNU, « L'acquisition de la qualité d'actionnaire », Rev. Sociétés, 1999, n° 30, p. 519.

[4] A.-C. MULLER, thèse précitée, p. 51.

[5] M.-A. FRISON-ROCHE, « Le droit financier entre volontés et informations », *in.* Prospectives du droit économique : Dialogue avec M. JEANTIN, Dalloz, 1999, p. 11.

[6] M.-A. FRISON-ROCHE, « Remarques sur la distinction de la volonté et du consentement en droit des contrats », article précité, p. 573. L'auteur voit aussi, que le consentement est absorbé par la machine (le système informatique centrale de la BVMT) et qu'il y a une « ***mécanisation de l'échange des consentements*** ». M.-A. FRISON-ROCHE, « Rapport de synthèse », Rev. Juris. Com. Spéc. nov. 1995, p. 161.

Donc, la formation d'une opération de marché se caractérise par un échange spécifique de consentement adapté aux exigences du marché financier réglementé. Dès lors, le rôle du système informatique est important dans la rencontre des volontés des parties. Seules, les volontés des parties ne suffissent pas à conclure l'opération de marché, il faut en plus l'intervention du système informatique, qui participe à la dépersonnalisation des rapports contractuels.

§2- La dépersonnalisation des rapports contractuels

464. Le rôle de la considération personnelle des parties au contrat a considérablement reculé sur le marché financier. Ainsi, l'*intuitu personae* a cédé la place à un choix au hasard de la machine[1]. C'est ce qu'un auteur appelle « la dépersonnalisation du contrat » qui se concrétise par « *une indifférence à la personne qui n'a vocation ni à influer sur le contenu du contrat, ni, de manière plus générale, à être prise en considération par son propre cocontractant* »[2]. Il y a lieu alors de s'attarder sur les manifestations de la dépersonnalisation des rapports contractuels dans la phase de négociation **(A)**, avant de traiter les conséquences de cette dépersonnalisation **(B)**.

A- Les manifestations de la dépersonnalisation des rapports contractuels

465. La dépersonnalisation des rapports contractuels lors de la négociation se manifeste surtout par l'anonymat des parties contractantes **(1)** et par l'informatisation des rapports contractuels **(2)**.

1. L'anonymat des parties

466. « *On est volé à la bourse, on est tué à la guerre, par des gens qu'on ne voit pas* »[3]. Cette citation d'Albert CAMUS illustre bien le phénomène d'anonymat qui caractérise les marchés financiers depuis longtemps. Actuellement, l'anonymat domine presque tout le processus de l'opération de marché. Il concerne la compensation[4], l'inscription en compte des titres échangés mais surtout la phase de négociation[5]. Le donneur d'ordre[6], qu'il soit à l'achat ou à la vente, ne connaît pas, et ne peut pas connaître sa « contrepartie ». Le seul point commun

---

[1] J. HUET, « Le consentement échangé avec la machine », Rev. juris. com. spéc. nov. 1995, p. 124. V. également en ce sens, M.-A. FRISON-ROCHE, « Le droit financier entre volontés et informations », *in.* Prospectives du droit économique : Dialogue avec M. JEANTIN, Dalloz, 1999, p. 11.

[2] F. DRUMMOND, article précité, p. 661, §9.

[3] A. CAMUS, La bourse ou la vie, acte II, scène 4.

[4] V. H. SYNVET, *in* A.-C. MULLER, Droit des marchés financiers et droit des contrats, préc., préf., p. VI et VII

[5] Sur la question de l'anonymat, v., notamment, Y. GUYON, Droit des affaires, t. 1, Droit commercial général et Sociétés, Economica, 2003, 12e éd., spéc. n° 324, p. 344.

[6] La notion du donneur d'ordre est générique, elle désigne toute personne qui confie à une autre la mission de transmettre des ordres ou de négocier des contrats sur le marché, V. I. RIASSETTO, Les garanties des contrats à terme négociés sur le MATIF, thèse dact., Strasbourg III, sous la direction du professeur D. SCHMIDT, n°11, p.11.. Il importe peu que ce dernier soit l'investisseur initial ou un autre professionnel agissant pour le compte de celui-ci, comme un transmetteur d'ordres, H. De VAUPLANE et J.-P. BORNET, *op. cit.*, p. 86.

entre acheteur et vendeur est purement fortuit. Il résulte de ce qu'ils traitent au même moment la même valeur, aux mêmes conditions, mais en sens inverse l'un de l'autre. Sur un marché réglementé, il y a seulement un croisement « électronique » de deux manifestations de volonté. « *La personnalité des contractants doit être indifférente car seul compte le rapport d'échange et non le rapport entre les échangistes. Le marché repose donc sur des échanges fondamentalement impersonnels* »[1]. L'anonymat des parties, rendu possible par les garanties qu'offrent l'intervention de la chambre de compensation et la qualité de ducroire du membre du marché, est, d'ailleurs, la condition même d'un marché boursier efficace. Dès lors, l'anonymat s'avère, non seulement une source de sécurité certaine **(a)**, mais aussi, et surtout, une source de confidentialité **(b)**.

a- L'anonymat, source de confidentialité

467. Contrairement au contrat de vente de droit commun où « *se crée naturellement un lien de nature contractuelle entre les parties, qui se connaissent* »[2], la négociation aboutit à la formation d'un contrat particulier, car vendeur et acheteur ne se connaissent pas. Tout se passe à travers les intermédiaires en bourse commissionnaires[3] qui sont tenus, selon l'article 49 du décret n° 99-2478 du 1er novembre 1999, portant statut des intermédiaires en bourse, de garder la relation confidentielle avec leurs clients et de ne pas dévoiler leurs identités. Concrètement, les intermédiaires en bourse sont tenus d'accorder à chaque client un identifiant unique quel que soit le nombre des comptes ouverts chez eux. Chaque client doit être donc individualisé par un identifiant unique. Cet identifiant, qui doit être porté sur les correspondances et extraits que l'intermédiaire en bourse adresse ou remet à son client, ne peut être dévoilé par l'intermédiaire en bourse qu'au seul conseil du marché financier[4].

468. En pratique, un problème peut être soulevé si, en cours de la relation avec l'intermédiaire en bourse, l'identité d'un client vient d'être dévoilée. Dans cette hypothèse, n'ayant pas été prévue par le législateur, il semble que« *la modification de l'identifiant s'avère indispensable pour garantir au client son anonymat et au marché le respect de ses règles. L'intermédiaire engage sa responsabilité de professionnel, s'il laisse apparaître l'identité de son client* »[5].

b- L'anonymat, source de sécurité

469. Dans le droit commun de la vente, toute investigation sur la situation du cocontractant ou sur son identité est tout à fait légitime. Toutefois, cette évidence ne semble pas applicable en matière de négociation des valeurs mobilières sur un marché réglementé. Etant donné que l'information est une

---

[1] H. BOUTHINON-DUMAS, *op. cit.*, n° 26.

[2] V. GUILLAUMIN, « Le consentement échangé sur le marché financier », article précité, p. 135.

[3] M.-P. DUMONT-LEFRAND, « Contrat de commission », J.-CL. Com. Contrats distribution, Fasc. 820, pp.7 et s.

[4] L'interdiction de dévoiler l'identité des parties rime parfaitement avec sa qualité de commissionnaire qui se caractérise par une certaine confidentialité, J. HUET, Traité de droit civil, Les principaux contrats spéciaux, PUF, Paris, 1996, p.966.

[5] Ch. MZOUGHI, *op. cit.*, n° 259, p. 165 (spéc. note de bas de page n°7).

donnée extrêmement importante qui peut avoir un grand impact sur les cours, elle a été largement réglementée. C'est ainsi que la connaissance de l'identité du donneur d'ordre peut révéler sa position sur le marché, ce qui peut engendrer selon les cas, soit une réticence de la part des autres investisseurs, soit un engouement[1]. A ce niveau, le droit du marché financier se démarque du droit commun de la vente. Cette divergence s'explique par la différence des impératifs des deux matières. Alors que la vente, n'intéresse en principe que les parties, l'opération de marché dépasse largement le cercle restreint des contractants dans un souci de protection du marché, en particulier, de l'épargne-valeurs[2]. Source de sécurité et de garantie, dans le processus de l'opération de marché, à travers l'anonymat des parties, la confidentialité met sérieusement en cause le principe de la liberté contractuelle.

2. L'informatisation des rapports

470. Agissant en leur propre nom, non comme des mandataires au nom de leur mandant, les intermédiaires commissionnaires sont personnellement engagés par l'opération conclue. Les donneurs d'ordres dont les ordres sont ainsi rapprochés sur le marché n'ont aucun rapport entre eux, mais seulement avec leurs intermédiaires respectifs. « *Contrairement au droit commun, l'acheteur final et le vendeur final de titres ne se connaissent pas, chacun traitant par le biais d'un intermédiaire spécialisé qui agit en qualité de commissionnaire. Le lien résultant de l'achat et de la vente en bourse se noue non pas entre le client acheteur et le client vendeur, mais entre les intermédiaires qui concluent le marché* »[3].

471. Les opérateurs dont les ordres sont rapprochés (ou plutôt leurs intermédiaires respectifs, car ceux-ci masquent l'identité de leurs donneurs d'ordres), ne se choisissent et ne se connaissent pas, puisque c'est un mécanisme multilatéral, anonyme et objectif qui rapproche leurs ordres. « *Le marché a éloigné les personnes de leurs contrats en se posant au milieu comme institution médiatrice, comme seul lieu et interlocuteur valable des échanges* »[4]. L'interposition du marché implique dès lors une rupture des liens entre les personnes et leurs contrats.

472. L'informatique imprime sa marque dans tout le processus de l'opération de marché et spécialement dans la phase de négociation[5]. La confrontation des ordres est, elle-même, informatisée, les ordres doivent être transmis informatiquement à l'ordinateur central de la bourse des valeurs mobilières de Tunis en sa qualité d'entreprise de marché. L'intermédiation de la machine devient ainsi incontournable et prépondérante dans tout le processus de la négociation. Matériellement, le rôle des donneurs d'ordres, même des intermédiaires en bourse, se trouve de plus en plus limité surtout avec l'exercice

---

1 Ch. MZOUGHI, *op. cit.*, n° 260, p. 166.

2 A.-C. MULLER, *op. cit*, p. 606.

3 H. De VAUPLANE et J.-P. BORNET, *op. cit.*, n° 590, p. 499.

4 M. TORRE-SCHAUB, Essai sur la construction juridique de la catégorie de marché, L.G.D.J., Paris, 2002, n°314, pp. 189 et 190.

5 Par exemple, l'informatique est un facteur d'uniformisation des ordres de bourse, V. en ce sens, L. RUET, v° « Ordres de bourse », in Dictionnaire Joly bourse et produits financiers, §4.

en ligne de l'activité des intermédiaires en bourse, qui peuvent transmettre directement les ordres saisis par leurs clients[1]. D'ailleurs, comme l'a bien exprimé un auteur, les intermédiaires en bourse, « *ne se réunissent pas physiquement comme le faisait les agents de change, mais, face à leurs écrans, ils négocient à travers l'ordinateur central, qui est le cœur véritable du marché boursier* »[2].

473. L'appariement des ordres de bourse lors d'une négociation, qui marque la formation du contrat, est effectué sans l'intervention directe d'une personne physique, grâce aux procédés informatiques automatisés, qui utilisent des systèmes programmés par l'avance[3]. Un système informatique peut utiliser des algorithmes[4] capables d'envoyer des offres, des confirmations, des accusés de réception et même des acceptations[5]. On assiste, grâce aux nouvelles technologies, à la prise d'une décision pouvant avoir des conséquences juridiques importantes par un système automatisé, appelé aussi système d'information automatisé[6] ou agent électronique[1]. Ce qui caractérise l'opération

---

[1] Il existe toute une chaîne de traitement numérique entre les ordinateurs de l'entreprise de marché et ceux des intermédiaires en bourse, V. J. PILVERDIER, et J. HUET, Le marché financier français, 4è éd., Economica, 2001, p. 154 et s.

[2] P. DIDIER, Droit commercial. T. 3, La monnaie, Les valeurs mobilières, Les effets de commerce, PUF, 1999, p. 232.

[3] La négociation des titres cotés en bourse se fait sur un support informatisé géré par la BVMT. Ce système de cotation informatique, qui assure la confrontation des ordres selon des règles de priorité et des algorithmes de fixation de cours spécifiques, a été développé par la société Atos-Euronext selon le modèle de marché centralisé et dirigé par les ordres. Aujourd'hui, ce système de cotation équipe plusieurs places financières développées et émergentes. Le 25 octobre 1996 un système de cotation électronique « super CAC » a été installé à la Bourse de Tunis. Il est géré par un ordinateur central qui procède à la confrontation des ordres de vente et d'achat introduit par les intermédiaires agréées en Bourse afin de déterminer le prix d'équilibre du marché qui favorise l'échange de la plus grande quantité de titres. Le 30 août 2021, La Bourse de Tunis annonce la mise en production avec succès de sa nouvelle plateforme de cotation « Optiq® », développée par EURONEXT. Il est important de rappeler que cette nouvelle Plateforme « Optiq® », offre de nouvelles fonctionnalités qui pourront répondre aux futurs besoins du marché financier tunisien, notamment la création de nouveaux marchés et de nouveaux instruments financiers.

[4] Toute méthode de traitement de l'information est basée sur l'utilisation d'un algorithme informatique, qui est « *(…) une liste d'instructions mathématiques ou logiques destinées à être programmées. Dans un programme ou dans un logiciel, les actions à exécuter sont exprimées sous forme d'algorithmes, qui sont ensuite traduites dans un langage de programmation* ». V. Dictionnaire du NEF, par Marie Lebert, version du 27 oct. 2007, http:// www.etudes.francaises- net/dico/.

[5] V. M. JACCARD, La conclusion des contrats par ordinateur, Aspects juridiques de l'échange de données informatisées (E.D.I.), Berne, Éditions Staempfli+CieSA, 1996, Études de droit suisse, 1996, pp. 121 et 122, cité par F. MAS, La conclusion des contrats du commerce électronique, Paris, L.G.D.J., 2005, p. 142 ; É. A. CAPRIOLI, « L'agent électronique et le contrat (Du processus contractuel programmé à la signature de la personne morale) », in. É. A. CAPRIOLI, Dir., Les deuxièmes journées internationales du droit du commerce électronique, Actes du colloque de Nice des 6 et 7 novembre 2003 organisé par le Département Sciences Juridiques de l'EDHEC et l'Ecole du Droit de l'Entreprise de la Faculté de droit de Montpellier, Paris, Litec, p. 223.

[6] V. É. A. CAPRIOLI, « L'agent électronique et le contrat (Du processus contractuel programmé à la signature de la personne morale) », article précité, p. 216.

de marché alors, c'est l'automatisation de la programmation du processus contractuel et l'absence d'intervention d'une personne physique[2].

474. Le droit, qui traite plutôt des activités humaines, se trouve désormais confronté à des activités générées par des machines. Ces machines, jusqu'alors considérées comme incapables d'agir sans l'intervention humaine, deviennent de plus en plus intelligentes et autonomes. Elles viennent de franchir une nouvelle ère, « l'ère cognitive »[3] caractérisée par l'émergence de ce qu'on appelle actuellement l'« intelligence artificielle » (IA)[4].

475. Aujourd'hui, l'intelligence artificielle (IA) ouvre de nouveaux horizons, surtout en matière financière. Elle est définie comme étant : « *la capacité d'une unité fonctionnelle à exécuter des fonctions généralement associées à l'intelligence humaine, telles que le raisonnement et l'apprentissage* »[5] ou encore comme la « *tentative de réplication des capacités cognitives humaines, à l'aide de la technologie, pour atteindre des objectifs de manière autonome, en tenant compte des contraintes et des obstacles de l'environnement* »[6]. Cette technologie n'est pas faite d'un seul bloc ; elle comprend plusieurs niveaux de complexité et de sophistication[7]. Elle combine la gestion et l'analyse de données massives, plus ou moins structurées, et une très grande puissance de calcul. Elle englobe, au regard de ces définitions génériques, à la fois, plusieurs techniques[8] et niveaux qui vont de la simple représentation des données à la faculté de penser (ou de ressentir), en passant par la capacité à modéliser, à apprendre et comprendre[9].

---

[1] L'art. 1er de la loi canadienne sur le commerce électronique de mars 2000 définit l'agent électronique comme étant : « *un programme informatique ou tout autre moyen électronique utilisé pour entreprendre un acte ou de répondre à des documents électroniques ou des actes, en tout ou en partie, sans examen par l'individu au moment de la réponse ou de l'acte ("agent électronique")* ».

[2] V. É. A. CAPRIOLI, article précité, p. 217.

[3] B. BRÉHIER, « Intelligence artificielle : Quels impacts pour les marchés financiers ? », Banque et Droit, n° hors-série, oct. 2019, p. 14.

[4] L'intelligence artificielle (IA) est communément définie comme un processus d'imitation de l'intelligence humaine qui repose sur la création et l'application d'algorithmes exécutés dans un environnement informatique dynamique. Son but est de permettre à des ordinateurs de penser et d'agir comme des êtres humains.

[5] Norme ISO/IEC 2382-28 :1995, Technologies de l'information – Vocabulaire – Partie 28 : Intelligence artificielle – Notions fondamentales et systèmes experts, cette norme a été révisée par ISO/IEC 2382 :2015, disponible sur le site https://www.iso.org/fr/standard/7272.html (visité le 15/05/2022).

[6] V. Livre blanc du CIGREF, « Gouvernance de l'IA dans les entreprises – Enjeux managériaux, juridiques, éthiques », septembre 2016, p. 6.

[7] B. BRÉHIER, article précité, p. 15.

[8] Pour le seul secteur financier, on compte déjà, environ, une douzaine de techniques d'IA : l'automatisation, les systèmes de calcul formels ou symboliques, le traitement de langage naturel, l'analyse prédictive, le traitement de signaux, l'apprentissage machine, l'interaction humaine (voix, gestuelle…), le traitement de l'image, etc. V. B. BRÉHIER, article précité, p. 15.

[9] V. les cinq niveaux de la Pyramide cognitive, in Livre Blanc du CIGREF précité, p. 8.

476. Etant donné que la notion d'intelligence artificielle n'est pas unitaire[1], on a pu distinguer entre deux formes de cette technologie[2]. La première est l'intelligence artificielle dite « faible », qui vise simplement à imiter certaines fonctions de l'intelligence pour répondre à des missions spécifiques. Il s'agit des programmes les plus utilisés. La machine ne fait que donner une impression d'intelligence. La seconde est l'intelligence artificielle dite « forte », ou « proprement dite », qui vise, quant à elle, à faire naître une sorte de conscience. Elle se rapproche du raisonnement humain en modélisant notamment les interactions neuronales et en développant la notion d'apprentissage[3].

477. Si l'utilisation de l'IA forte dans les marchés financiers a connu une évolution importante surtout dans les activités des marchés financiers[4], telles que la gestion de portefeuille ou la tenue de marché, grâce à des ordinateurs intégrant des fonctions cognitives, ayant recours aux technologies les plus récentes et développées d'IA, qui peuvent transformer la donnée en information et l'information en connaissance, l'activité de l'appariement des ordres sur le marché lors de la négociation reste cependant basée sur l'IA « faible », et plus précisément sur la technique de « l'automatisation »[5]. En effet, les ordinateurs programmables, utilisés par les opérateurs de marché dans le *trading* algorithmique[6], se nourrissent de données structurées et ils demeurent incapables de traiter des données qualitatives et imprévues. C'est grâce à la technique de l'automatisation que les ordres de bourse seront traités et confrontés. On est alors au-delà de l'aide à la décision *stricto sensu*, puisqu'une part importante du *trading* se fait sous forme de décision automatique à une vitesse inaccessible à l'être humain[7].

478. L'absence d'intervention de l'homme dans le processus de formation du contrat électronique employant un système informatique automatisé, pose la question de savoir d'où vient la manifestation de la volonté dans ce genre de contrats ? Le rapprochement des ordres compatibles par le système du marché,

---

[1] Sur la notion de l'intelligence artificielle et ses différentes formes, V. A. ELLOUMI, « L'intelligence artificielle et la responsabilité des actes illégaux », (article en langue arabe), Revue des études juridiques et sécuritaires, n° 2, 2021, Collège de Police, Doha.

[2] V. Livre Blanc du CIGREF précité, p. 7.

[3] *Ibid., loc. cit.*

[4] B. BRÉHIER, article précité, *loc. cit.*

[5] L'automatisation est l'exécution totale ou partielle de tâches par des machines fonctionnant sans intervention humaine. Cela permet de simplifier les processus, d'augmenter la productivité et d'aboutir à une amélioration non négligeable de l'efficacité.

[6] Le *trading* algorithmique, aussi appelé *trading* automatisé ou *trading* automatique, boîte noire de négociation (en anglais : black-box trading), effectué par des robots de *trading* ou robots traders, est une forme de *trading* avec utilisation de plates-formes électroniques pour la saisie des ordres de bourse en laissant un algorithme décider des différents aspects de l'ordre, tel que l'instant d'ouverture ou de clôture (le timing), le prix ou le volume de l'ordre, dans de nombreux cas, sans la moindre intervention humaine. V. T. BONNEAU, Régulation bancaire et financière européenne et internationale, 4e éd., Bruxelles, Bruylant, 2018, pp. 811 et s.

[7] On parle ici du « high frequency trading », V. T. BONNEAU, Régulation bancaire et financière européenne et internationale, op. cit., pp. 797 et s. ; V. également, Livre Blanc du CIGREF précité, p. 33.

engendre-t-il l'apparition d'une volonté électronique automatisée à côté de celle émanant de l'être humain ?

479. Certains auteurs, voyant le rôle de l'ordinateur s'accroître dans le monde numérique, se sont demandé si une machine puisse donner un consentement valide au regard de la théorie générale des obligations[1]. L'avènement de l'internet a incité les juristes à réexaminer la notion de volonté dans sa conception classique. Le support électronique engendre, selon eux une vraie révolution au sens juridique du terme, puisqu'il n'entraîne pas simplement une manifestation électronique de la volonté, mais, crée *ipso facto* une nouvelle volonté électronique[2]. Pour permettre la reconnaissance de cette nouvelle volonté, plusieurs bases juridiques ont été avancées. Certains auteurs considèrent que le système informatique automatisé est une nouvelle personne juridique ayant sa propre volonté. Tout système informatique qui atteint un degré de sophistication lui permettant de prendre une décision indépendamment de l'intervention de l'être humain (*self consciousness*), « *(...) devrait être moralement habilité et traité comme une personne juridique. En effet, rien n'interdit que les systèmes juridiques reconnaissent de nouveaux sujets, comme cela a été le cas avec la reconnaissance de la personnalité juridique des sociétés et associations* »[3]. Un auteur appelle à la reconnaissance d'un être spécifique qu'il dénomme « la personne virtuelle »[4].

480. Le problème que soulève cette position c'est qu'elle assimile l'agent électronique à un être humain, ce qui est critiquable car il existe des systèmes dont le degré de sophistication reste largement en-dessous des capacités de l'homme[5]. Elle est aussi critiquable, car considéré comme étant une personne physique, il est nécessaire de l'attribuer à un patrimoine propre, ce qui est impossible car cette notion ne peut être accordée aux biens[6]. La personne virtuelle, telle que conçue par É. DUBUISSON, ne se détache pas de la volonté de la personne physique dont elle émane[7]. Les fonctions de cette personne juridique sont fixées au préalable par un programmateur, ce qui montre qu'on ne peut parler d'une volonté virtuelle indépendante.

---

[1] L. THOUMYRE, « L'échange des consentements dans le commerce électronique », Juriscom.net, 15 mai 1999. Disponible à l'adresse suivante : http://lthoumyre.chez.com/uni/doc/19990515.htm p. 12. (Consulté le 13 janv. 2020).

[2] Selon cette doctrine, l'entité dans laquelle la volonté est formée « *(...) est autre que celle que le droit considèrera comme la partie au contrat et tiendra responsable (personne physique ou morale)* », V. M. JACCARD, op. cit., p. 409.

[3] Y. POULLET, « La conclusion du contrat par un agent électronique », in. S. C. MUGICA et autres, Commerce électronique : le temps des certitudes, Bruxelles, Bruylant, 2000, p. 137.

[4] É. DUBUISSON, « La personne virtuelle : propositions pour définir l'être juridique de l'individu dans l'échange télématique », R.D.I.T., 1995, n° 3, pp. 5 et s.

[5] V. Y. POULLET, "La conclusion du contrat par un agent électronique", article précité, p. 138 ; É. A. CAPRIOLI, article précité, p. 228.

[6] *Ibid.*, pp. 139 et 228 et s.

[7] V. F. MAS, thèse précitée, p. 151 ; Y. POULLET, article précité, p. 140.

481. Il nous semble qu'il ne faut pas trop vanter la gloire de la machine et des nouvelles technologies dans le processus de l'opération de marché, spécialement dans la phase de la négociation. En effet, le système informatisé du marché apparaît comme un prolongement de la volonté de la personne physique, ce qui peut amener à considérer que la conclusion des différents contrats sur les marchés financiers est le résultat d'une volonté préprogrammée. Il est logique de penser que l'imputation des effets juridiques des contrats conclus moyennant le système informatique du marché se fonde « *(...) sur les actes de volontés antérieurement accomplis par la personne à la conclusion du contrat. Elle a programmé le processus de décision en parfaite connaissance de cause et utilisé le système d'information sous son contrôle pour son commerce* »[1].

482. En réalité, il ne s'agit ni de personnaliser la machine, ni d'ignorer complètement son rôle dans l'extériorisation du consentement ; il faut admettre tout simplement que dans la conclusion du contrat sur le marché financier, c'est toujours une personne qui intervient pour conclure un contrat, mais moyennant un outil indispensable, qui vient, en quelque sorte, remplacer le stylo : c'est l'ordinateur[2]. Le recours excessif aux machines ou aux moyens informatiques ne peut renverser cette réalité évidente. Derrière tout système informatique, se trouve l'homme qui peut programmer le système de traitement à sa guise. La machine n'est qu'un instrument entre les mains des hommes[3].

B- Les conséquences de la dépersonnalisation du rapport contractuel : l' « innocuité »[4] des conditions de validité des contrats posées par le droit commun

483. La dépersonnalisation du rapport contractuel a une répercussion directe sur la manière d'appréhender la question de la formation du rapport d'obligation. Sous un angle classique, à savoir la conformité aux quatre conditions de validité du contrat posées par le COC[5], il semble que celles-ci

---

[1] É. A. CAPRIOLI, article précité, p. 229.

[2] L. THOUMYRE, article précité, p.12. D'ailleurs, cette vision de la compréhension de la méthode d'intervention du système informatique du marché pour exprimer le consentement des parties, a été adoptée par la loi type de la CNUDCI sur le commerce électronique en date de 1996 (C.N.U.D.C.I., Loi-type sur le commerce électronique, 21ème session 28 mai-14 juin 1996, J.D.I., 2, 1997, pp. 394-401 ; O.M.C., Déclaration sur le commerce électronique mondial adoptée le 20 mai 1998, http://www.wto.org>) concernant le rôle du formalisme électronique et spécialement du « clic » dans la formation du contrat électronique en général, dans les articles 11 et 12.

[3] V. A. ELLOUMI, Le formalisme électronique, *op. cit.*, n°141 et s., p. 91.

[4] Ce terme est utilisé par le professeur MULLER. V. A.-C. MULLER, *op. cit.*, n°33, p. 36. Dans cette même logique, on a choisi d'utiliser aussi ce terme pour exprimer l'idée que, suite à la dépersonnalisation du rapport contractuel, les conditions de validité des contrats posées par le droit commun ne posent pas de problèmes particuliers, elles sont simplement supposées validées.

[5] V. art. 2 du COC ; V. également, M. MAHFOUDH, La théorie générale de l'obligation I, Le contrat, (en langue arabe), *op. cit.*, p.43 et s. ; Ph. MALINVAUD, M. MEKKI et J.-B. SEUBE, Droit des obligations, LexisNexis, 15e éd., 2019, n°30, p.99 et s.

n'avaient pas vocation à s'y appliquer[1]. Certains auteurs estiment que : « *ces exigences traditionnelles sont tout simplement réputées satisfaites* »[2]. Un autre auteur ajoute dans ce cadre qu'« *une condition est nécessaire pour que [les mécanismes protecteurs des contractants] du droit commun fonctionnent. Ils sont fondés sur l'existence d'une relation personnelle entre les contractants. Le vendeur connaît l'acheteur. Cette relation n'existe pas sur le marché des valeurs mobilières* »[3].

484. En ce qui concerne le contenu de l'engagement, composé de l'objet et de la cause, il pourrait se révéler source de difficultés. La lecture de la formation de l'opération de marché à la lumière de ces conditions classiques ne semble pas avoir un grand intérêt.

485. Bien que la notion de « cause » ait disparu en droit français par l'ordonnance du 10 février 2016[4], elle demeure toujours en vigueur en droit tunisien[5]. La question à poser dans le cadre de la négociation est la suivante : une cause illicite de l'obligation, entendue comme le mobile poursuivi par l'un des intermédiaires en bourse[6], peut-elle fonder l'annulation de l'opération de marché ? La professeure MULLER répond par la négative pour deux raisons au moins[7]. D'une part, un mobile illicite propre à l'intermédiaire paraît difficilement concevable. Ainsi, des transactions effectuées en vue d'agir sur les cours procèdent le plus souvent d'un mobile illicite du donneur d'ordres. L'intermédiaire n'ayant pas eu connaissance dudit mobile, la transaction ne saurait donc être remise en cause sur le fondement du droit commun. D'autre part, la réglementation des marchés financiers prévoit des sanctions spécifiques visant les comportements illicites que pourrait recouvrir la notion de cause en cette matière[8].

---

1 A.-C. MULLER, *op. cit.*, n°33, p. 36.

2 H. DE VAUPLANE et S. AMADOU, « Marchés boursiers réglementés et marchés de gré à gré », Dict. Joly Bourse, n°49.

3 Cl. BAJ, « Le principe de loyauté et le prix du marché », *in* Mélange en l'honneur DE DOMINIQUE SCHMIDT : liber amicorum, Joly, 2005, n°6.

4 L'article 1108 du Code civil de 1804 énumérait quatre conditions de formation du contrat : le consentement de la partie qui s'oblige, sa capacité de contracter, un objet certain et une cause licite. A cela on ajoutait la conformité à l'ordre public et aux bonnes mœurs édictée par l'article 6 du Code civil. L'article 1128 nouveau du Code civil, tel que modifié par l'ordonnance du 10 février 2016, n'en pose plus que trois conditions à savoir le consentement des parties, leur capacité de contracter et un contenu licite et certain. Si la notion de la cause a disparu du Code civil, les solutions qu'elle autorisait sont pour l'essentiel reprises par les textes : On cite par exemple l'exigence d'un « but » conforme à l'ordre public (art.1162), la sanction du contrat à titre onéreux lorsque la contrepartie est illusoire ou dérisoire (art.1169) et interdiction de clause privant de sa substance l'obligation essentielle du débiteur (art.1170). Quant à l'article 6 du Code civil, relatif à l'ordre public et aux bonnes mœurs, dont l'abandon avait été envisagé, il a finalement été maintenu.

5 Art. 2 du COC. La cause fait par la suite l'objet des articles 67 à 70 du COC.

6 La Cour de cassation française est revenue sur sa jurisprudence traditionnelle en vertu de laquelle seul un motif illicite connu de l'autre partie pouvait fonder l'annulation de la convention (Cass. Civ. 1re 7 oct. 1998, Bull. civ. I., n°285, p. 198).

7 A.-C. MULLER, op. cit., n°34, p. 37.

8 *Ibid., loc. cit.*

486. Pour ce qui est de l'objet du contrat, notion qui se trouve englobée par l'ordonnance du 10 février 2016 dans « le contenu licite et certain », il paraît là aussi difficile d'admettre l'existence d'engagements ayant un objet illicite sur les marchés financiers réglementés. Si cette question peut, dans une certaine mesure, être évoquée en droit des marchés financiers français, spécialement les marchés à termes[1] où l'objet de l'engagement est particulièrement difficile à déterminer, elle ne semble pas être d'un grand intérêt sur le marché financier tunisien, marché au comptant[2].

487. En ce qui concerne la question de la capacité des parties et de leurs consentements, il est généralement admis que ces problèmes ne se posent pas sur les marchés réglementés, dès lors que les engagements se forment entre des professionnels seuls aptes à intervenir sur ces marchés. Toutefois, on peut traiter de ces questions sous un angle particulier.

488. La question de la capacité peut être traitée sous l'angle particulier des problèmes posés soit par l'habilitation de l'intermédiaire en bourse à exercer son métier[3], soit par la technique de la représentation. Si la question de la capacité se pose dans le cas général, où une personne agit pour son propre compte, la question du pouvoir apparaît lorsqu'une personne agit pour le compte d'autrui, c'est-à-dire lorsqu'elle le représente[4]. Le défaut de capacité entraîne la nullité de l'acte, tandis que le défaut de pouvoir fait que le contrat ainsi conclu n'engagerait pas la personne prétendument représentée, il lui serait inopposable[5]. Mais la jurisprudence française a admis que le représenté est tout de même engagé s'il y a eu mandat apparent, à la condition que la croyance du tiers aux pouvoirs du prétendu mandataire soit légitime, ce qui suppose que les circonstances autorisaient le tiers à ne pas vérifier lesdits pouvoirs[6]. Cette solution a été consacrée en droit français par l'ordonnance du 10 février 2016 : « *l'acte accompli par un représentant sans pouvoir ou au-delà de ses pouvoirs est inopposable au représenté, sauf si le tiers contractant a légitimement cru en la réalité des pouvoirs du*

---

[1] Sur la question de la légalité des marchés à termes, V. A.-C. MULLER, *op. cit.*, n°87, p. 85.

[2] Art. 77 du RG BVMT.

[3] V. B. THULLIER, L'autorisation, LGDJ, 1993 ; B. SAVELLI, L'exercice illégal d'une activité, Presses universitaires d'Aix-Marseille, 1996.

[4] S. GODELAIN, La capacité dans les contrats, préf. M. FABRE-MAGNAN et S. SUPIOT, LGDJ, 2007 ; P. LOKIER, Contrat et pouvoir. Essai sur les transformations du droit privé des rapports contractuels, LGDJ, 2004 ; E. GAILLARD, La notion de pouvoir en droit privé, thèse Paris II, 1981.

[5] R. ROBLOT, « Applications et fonctions de la notion d'inopposabilité en droit commercial », *in* Mél. VOIRIN, LGDJ, 1967, p. 710 ; R. CARLI, « L'insécurité tenant à la relativité d'une nullité ou d'une inopposabilité » », RTD Com., 1993, p. 255 ; V. en droit tunisien, M. K. CHARFEDDINE, Les droits des tiers et les actes translatifs de propriété immobilière, Tunis, C.E.R.P., 1993, pp. 332 et s. ; A. BEN TALEB, L'aliénation de la chose d'autrui (ouvrage en langue arabe), Tunis, éd. Dar AL Mizen, 2009, n° 55, p. 116.

[6] Cass. Com., 29 avr. 2014, RDC, 2014, p.639, obs J. HUET ; V. en ce sens, W. CHEN, Apparence et représentation en droit privé français, préf. J. GHESTIN, LGDJ, coll. « Droit privé », 2000, T. 340 ; A. DENIS-FATÖME, Apparence et contrats, LGDJ, 2004.

représentant, notamment en raison du comportement ou des déclarations du représenté»[1]. Mais ce tiers contractant pourrait aussi invoquer la nullité de l'acte, s'il ignorait que cet acte avait été accompli par un représentant sans pouvoir ou au-delà de ses pouvoirs[2].

489. La nature juridique de la relation entre l'intermédiaire en bourse et son client est un contrat de commission. Quant aux effets de cette représentation imparfaite, il faut distinguer deux séries de rapports. Dans les rapports entre le cocontractant et le représentant intermédiaire en bourse, ce dernier est considéré comme étant le véritable cocontractant[3]. C'est donc lui qui sera « seul engagé à l'égard du cocontractant »[4]. En revanche, dans les relations entre le représentant et le représenté, il est convenu que l'intermédiaire en bourse, représentant, transmet à son client, représenté, tous les droits et obligations résultant du contrat.

490. La question des vices de consentement pourrait seulement se poser en amont de l'intervention de l'intermédiaire en bourse sur le marché, c'est-à-dire à propos du consentement du donneur d'ordres, étant donné que l'ordre de bourse constitue par lui-même un contrat. Même si on suppose que cette question des vices de consentement pourrait poser en aval de l'intervention de l'intermédiaire en bourse, c'est-à-dire dans le cadre global de l'opération de marché en tant que contrat, elle ne pose pas de problèmes particuliers. En effet, l'erreur par exemple, pour être retenue en droit commun des contrats, doit porter sur les qualités substantielles de l'objet vendu[5]. En l'occurrence, l'erreur doit donc porter sur les qualités substantielles des droits sociaux. Mais qu'est-ce qu'une qualité substantielle pour les actions cotées en bourse ? Il s'agit de la possibilité de toucher des dividendes et de la possibilité de participer à la gestion de la société par le vote à l'assemblée générale. Ces qualités substantielles sont garanties par la rigoureuse réglementation des marchés financiers.

491. Pour pouvoir produire ses effets, le dol doit être prouvé par l'acheteur[6]. Par exemple, si le bilan de la société a été trafiqué pour lui donner une apparence meilleure, ou s'il y a une réticence dolosive en cas de silence du cocontractant sur un fait qui, s'il avait été connu de l'autre partie, l'aurait empêché de contracter. Les sociétés faisant appel public à l'épargne, dont les actions sont cotées en bourse, sont soumises à des obligations d'information périodiques. Le non-respect de ces obligations est sanctionné par des règles spécifiques du marché[7].

---

1 Art. 1156 al.1er du Code civil français.

2 Art. 1156 al.2 du Code civil français.

3 Il n'est pas considéré comme un simple représentant puisqu'il ne s'est pas annoncé en cette qualité et qu'en tout cas, il n'a pas indiqué l'identité de son mandant.

4 Art. 1154 al.2 du Code civil français.

5 Art. 44 et 45 du COC.

6 Art. 56 et 57 du COC.

7 Arts. 2 et s. de la loi n° 94-117 du 14 novembre 1994 portant réorganisation du marché financier.

492. La réglementation spécifique des marchés financiers, et surtout la dépersonnalisation des rapports contractuels qui en découlent, aboutit à conclure l'innocuité des conditions de validité des contrats, posées par le droit commun des contrats, sur ces marchés.

Section II - L'opération de marché, un contrat original

493. Le marché financier repose sur un ensemble de contrats de vente c'est-à-dire des actes juridiques aux termes desquels la propriété des biens est transférée à l'acheteur en contrepartie d'une somme d'argent que ce dernier doit régler au vendeur. L'opération de marché est un contrat synallagmatique[1] qui engendre des obligations interdépendantes et réciproques. L'interdépendance des obligations existe dans tous les cas, car elles se servent réciproquement de cause. Ce contrat est également à titre onéreux car il y a, outre une réciprocité d'obligations, une réciprocité d'avantages[2]. Chaque partie reçoit un avantage qui est la contrepartie de ce qu'elle procure à l'autre. Fondamentalement la vente des titres en bourse repose sur l'aptitude des valeurs mobilières appropriées à être aliénées et échangées en contrepartie d'un prix. Ces deux éléments fondamentaux, à savoir la chose vendue objet du contrat **(§1)** et le prix **(§2)** présentent dans le cadre d'une négociation boursière des particularités accrues.

§1 - L'objet de la prestation : la chose objet du contrat

494. Les transactions boursières ont pour but d'acquérir la propriété de valeurs mobilières en contrepartie du paiement du prix (ordre d'achat) ou au contraire de se défaire de la propriété de valeurs mobilières afin d'en percevoir le prix (ordre de vente)[3].

495. La notion de l'objet du contrat suscite plusieurs difficultés qu'il est nécessaire de s'y arrêter surtout lorsque le contrat, objet de l'étude, se trouve conclu sur le marché financier[4]. Il suffit de rappeler qu'à côté de l'objet de l'obligation, qui désigne la prestation promise par le débiteur (une obligation de faire, de ne pas faire ou de donner)[5], on distingue l'objet de la prestation et l'objet du contrat.

496. L'objet du contrat permet de déterminer à quoi le débiteur s'est engagé, c'est-à-dire le contrat dans son ensemble, ce qui permet de classer les contrats par type[6]. Par contre, l'objet de la prestation renvoie selon certains auteurs à la

---

1 Contra A.-C. MULLER, *op. cit.*, pp. 65 et s.

2 H., L., J. MAZEAUD et F. CHABAS, Leçons de Droit Civil, DELTA 2000, T. II, Obligations, théorie générale, 9ème édition, par F. CHABAS, Montchrestien, 1998, n° 93, p. 103.

3 A.-C. ROUAUD, *op. cit.*, p.117. Selon l'auteur, L'opération s'apparente donc économiquement à une vente, mais elle se caractérise par l'autonomie de la situation de chaque opérateur acheteur ou vendeur.

4 S. BONFILS, op. cit., p.62.

5 F. TERRE, P. SIMLER, Y. LEQUETTE, Droit civil : Les obligations, *op. cit.*, n° 266, p. 271.

6 Il est régi par les articles 62 à 66 du COC et les articles 1126 et suivants du Code civil français.

chose fournie, corporelle ou incorporelle, sur laquelle porte la prestation[1]. En l'espèce, cette chose est la valeur mobilière[2].

497. La notion de valeur mobilière est difficile à cerner, au point qu'un auteur a pu la qualifier d' « introuvable »[3] **(A)**. Les effets de la dématérialisation des valeurs mobilières ont compliqué davantage cette notion **(B)**.

A- L'introuvable notion de valeurs mobilières

498. Le législateur a présenté une définition énumérative des valeurs mobilières **(1)** qui reflète la diversification de cette notion **(2)**.

1. Une définition énumérative des valeurs mobilières

499. Malgré l'importance de la notion de valeurs mobilière, le législateur tunisien, ainsi que son homologue français, n'ont pas pris le soin de fournir une définition précise de cette notion[4]. Les valeurs mobilières ont fait l'objet de quelques « définitions »[5] « *particulières par leur esprit ou par leur lettre* »[6], mais la plus pertinente reste celle de l'article premier de la loi n° 2000-35 relative à la dématérialisation des titres, qui a considéré comme valeurs mobilières[7] : *« (…) les actions, les actions à dividende prioritaire sans droit de vote, les certificats d'investissement, les prêts participatifs, les obligations, les obligations convertibles en actions, les parts de fonds commun de placement en valeurs mobilières, les droits attachés aux valeurs mobilières précitées et les autres instruments financiers négociables sur des marchés organisés »*.

500. Cette « définition » suscite au moins deux remarques. D'une part, sur le plan conceptuel, si les valeurs mobilières constituent toutes des instruments financiers, l'inverse n'est pas aussi évident[8]. En effet, en droit français, les instruments financiers sont répartis en deux catégories. La première comprend les titres financiers (titres négociables) et la seconde les contrats financiers[9]. Cette dernière catégorie n'intéresse pas nos propos car elle quasi-absente en droit tunisien[10]. Parmi les titres, certains sont des instruments de financement et

---

1 J. GHESTIN, Traité de droit civil, sous la direction de J. GHESTIN, La formation du contrat, Paris, L.G.D.J., 3ème édition, 1996, n° 677, p. 655 ; G. MARTY et P. RAYNAUD, Droit civil, Les obligations, t.1, Les sources, 2ème éd. Sirey, 1988, n° 171, p. 171 ; J.-F. OVERSTAKE, Essai de classification des contrats spéciaux, Préface de J. BRETHE DE LA GRESSAYE, L.G.D.J., 1967, p. 28.

2 Prenons l'exemple de la vente d'une voiture. L'objet de la prestation est la voiture ; l'objet de l'obligation est une obligation de donner ; l'objet du contrat est une vente.

3 Y. PACLOT, « L'introuvable notion d'instrument financier », R.D.B.B., juillet-août 2008, p. 1.

4 V. A. BOUKAMCHA, *thèse précitée*, pp. 4 et s. ; Y. PACLOT, *op. cit., loc. cit.*

5 V. par exemple la définition de l'ancien article 404 C.P.C.C. ou celle de l'article 5 de la loi n° 76-18 du 21 janvier 1976, portant refonte et codification de la législation des changes et du commerce extérieur régissant les relations entre la Tunisie et les pays étrangers.

6 M.-M. CHAFFAI, article précité, p. 369.

7 *J.O.R.T.* du 24 mars 2000, n° 24, p. 679.

8 Pour plus de développement, voir M. KETATA, Droit du marché financier et droit des contrats, thèse de doctorat en droit privé, Université Paris Panthéon Assas et Université de Sfax, 2022, pp. 277 et s.

9 Cette *summa divisio* est consacrée par l'article L.211-1 du Code monétaire et financier.

10 En droit tunisien, les contrats financiers ont été cités, de manière incidente, par l'article 3 du Code de prestation des services financiers aux non résidents. V. A. NENNI, Droit des sociétés commerciales, Latrach éditions, 2020, n°574, pp. 428 et s.

d'autres sont des instruments de couverture[1]. Les instruments de financement, qui ne sont rien d'autre que les valeurs mobilières se subdivisent à leurs tours en des titres de capital et des titres de créances[2].

501. D'autre part, sur le plan méthodologique (de la conception), le législateur tunisien a eu recours à la méthode d'énumération pour définir la notion de valeur mobilière[3]. Mais, cette démarche législative a été mal reçue par la doctrine[4]. En effet, *« énumérer les instruments financiers, n'est pas les définir »*, puisque *« définir un objet suppose d'en déterminer les critères »*, précise un auteur[5].

502. De ce fait, cette démarche législative souffre de l'absence d'un minimum d'effort conceptuel, car une définition est loin d'être une énumération ou un catalogue[6]. Elle doit décrire la substance et le fond de la notion tout en précisant des critères bien clairs. Cette absence de critère de définition commun suscite en droit français certaines ambiguïtés. C'est ainsi que plusieurs nouveaux instruments, sans être qualifiés d'instruments financiers, se trouvent soumis à leurs régimes[7]. C'est le cas par exemple des minibons[8], consacrés récemment comme instruments de financement participatif, ou des

---

[1] Tels que les warrants financiers et les certificats de valeur garantie. Ces titres ne sont pas de pratique courante en Tunisie, V. Ch. LABASTIE-DAHDOUH, H. DAHDOUH, *op. cit.*, n° 92, p. 57.

[2] T. BONNEAU, « L'ordonnance n° 2009-15 du 8 janvier 2009 relative aux instruments financiers, Dr. des sociétés, fév. 2009, n°10, p.15 : « *Les notions de valeurs mobilières, de titres financiers et d'instruments financiers s'imbriquent ainsi comme des* ***poupées russes****, étant observé que l'on a rajouté une strate sans en supprimer* ». Dès lors, l'ordonnance n° 2009-15 du 8 janvier 2009 relative aux instruments financiers a introduit la notion de titre financier pour désigner une sous-catégorie de la notion d'instrument financier.

[3] Le législateur français a utilisé presque la même démarche, les raisons sont bien connues : V. Y. PACLOT, article précité, *loc. cit.*

[4] M. AYARI, « Les définitions juridiques dans le Code des obligations et des contrats », *in* Livre du centenaire du Code des obligations et des contrats, 1906-2006, sous la direction de M.-K. CAHRFEDDINE, C.P.U., Tunis, 2006, p. 103, spéc. n°25, p. 114, qui considère que la définition par liste d'exemples est « *une simple opération d'assemblage, pour réunir quelques applications du concept (...) le processus d'élaboration de la définition s'est arrêté au stade de l'assemblage des matériaux ; il a « manqué » sa phase conceptuelle et la véritable définition n'est pas parvenue à prendre forme définitive* ». V. également, Ch. ATIAS, « Définir les définitions juridiques ou définir le droit », R.R.J., Droit prospectif, 1987-4, pp. 1081 et s. ; G. CORNU, « Les définitions dans la loi », in Etudes en l'honneur de Jean VINCENT, 1981, pp. 77 et s.

[5] Y. PACLOT, article précité, *loc. cit.*

[6] S. MELLOULI et S. FRIKHA, Les sociétés commerciales, impression IME, Tunis, 2008, n°1064, p. 281, selon lesquels, le législateur « *ne donne pas une définition de la notion de valeurs mobilières mais plutôt une énumération, un catalogue* ».

[7] T. BONNEAU, P. PAILLER, A.-C. ROUAUD, A. TEHRANI et R. VABRES, Droit financier, op. cit., n°740, pp.450 et s.

[8] Ord. n° 2016-520 du 28 avr. 2016 relative aux bons de caisse. V. E. ROGEY, « Minibons : un nouvel instrument de financement participatif sous la supervision de l'Autorité des marchés financiers », BJB, 2016, § 114, p.310 ; A. REYGROBELLET, « Le nouveau visage de bons de caisse », RTDF, 3/2016, p. 109 ; H. DE VAUPLANE, « Le financement des entreprises par la blockchain : le cas des minibons, RTDF, 2/2016, p. 64 ; J.-J. DAIGRE, « Financement participatif- Minibons- Blockchain », Banque & Droit, nov./déc. 2016, n°170, p.40.

quotas d'émission de gaz à effet de serre, dont la nature demeure discutée encore en droit français.

503. Mais, le problème ne s'arrête pas là. En effet, la liste des valeurs mobilières, telle qu'elle a été arrêtée par l'article premier de la loi n° 2000-35, s'avère incomplète, et c'est là l'un des inconvénients majeurs de la méthode énumérative. En fait, il y a des valeurs mobilières qui sont qualifiées comme telles par d'autres lois et qui n'ont pas pourtant trouvé de place parmi la liste de cet article[1], tels que les parts émises par les fonds communs de créances[2] ainsi que les bons de trésor convertis[3], ou encore les parts bénéficiaires et les parts fondateurs émises avant l'entrée en vigueur du Code des sociétés commerciales[4].

2. La diversification des valeurs mobilières

504. Outre l'absence d'une définition substantielle, la notion de valeur mobilière souffre d'une certaine ambigüité à cause de la perturbation qu'a connue cette notion durant les dernières années sous l'effet de l'innovation financière. Cette notion n'assume plus de fonction fédérative. En effet, « *maintes interventions législatives l'ont dépravée et privée de cohérence, tandis que les innovations des financiers rendaient obsolètes les analyses de la doctrine* »[5]. Il est clair que « *la notion de valeur mobilière ne forme plus aujourd'hui une catégorie juridique, au sens ou l'entendait Gény, c'est-à-dire incluse dans une définition et un régime juridique homogène* »[6], on assiste plutôt à une multiplication des catégories de valeurs mobilières[7]. Ce phénomène, qui n'est pas spécifique au droit tunisien[8], a fait en sorte que les

---

[1] A. BOUKAMCHA, *thèse précitée*, pp.5 et s.

[2] Ces parts sont qualifiées de valeurs mobilières par l'article 37 du Code des organismes de placement collectif, *J.O.R.T.* du 24 juillet 2001, n° 59, p. 1790.

[3] Ces bons sont aussi qualifiés de valeurs mobilières par l'arrêté du ministre des finances du 26 septembre 1991, fixant les conditions et les modalités d'émission et de remboursement des bons de trésor, *J.O.R.T.* du 15 octobre 1991, n° 69, p. 1692, tel qu'il a été modifié par l'arrêté du 16 novembre 1993, *J.O.R.T.* du 26 novembre 1993, n° 59, p. 1977.

[4] S'il est vrai que ces titres ont été supprimés conformément à l'art. 314 al.2 du CSC, les parts bénéficiaires et les parts fondateurs émises antérieurement à l'entrée en vigueur du CSC restent valables étant donné que l'art. 314 al.2 susmentionné n'a pas d'effet rétroactif. Voir A. OMRANE, « Le droit tunisien des sociétés entre l'archaïsme et la modernité », Études juridiques, 2003, n°10, pp. 117 et s. ».

[5] F.-X. LUCAS, Les transferts temporaires de valeurs mobilières : Pour une fiducie de valeurs mobilières, Préf. L. LORVELLEC, LGDJ, 1997, n°400, p.204.

[6] B. OPPETIT, « La notion de valeur mobilière », Banque & Droit, n° hors-série « L'Europe et le droit des valeurs mobilières », 1992, p.4.

[7] P. LE CANNU, « L'ambiguïté d'un concept négatif : les valeurs mobilières », Bulletin Joly, 1993, p. 395. Selon cet auteur, la multiplication des catégories de valeurs mobilières « s'est opérée à la fois par dissection (actions privées de droit de vote, certificat d'investissement et certificat de droit de vote), par combinaison (valeurs transformables, valeurs composées) et par contournement (titres voisins de valeurs mobilières) ».

[8] En droit français, la liberté a été accordée expressément aux émetteurs afin de créer des valeurs mobilières innomées. En effet, et conformément à l'article L. 212-1A du Code monétaire et financier, le législateur français distingue, au sein de la catégorie des actions, entre les actions ordinaires et les actions de préférence. Ces dernières ont été créées par l'ordonnance n°2004-

valeurs mobilières ne sont plus réduites aux seules actions et obligations, elles offrent « *des possibilités de création et d'adaptation infinies, qui dépassent largement ce qui est concevable à partir des biens matériels* »[1].

505. D'ailleurs, le RGBVMT distingue entre l'ensemble des titres de créance et l'ensemble des titres de capital[2]. Le premier offre à ses titulaires un revenu fixe payable à une échéance déterminée telles que les obligations, les obligations convertibles en actions[3] et les titres participatifs[4]. Le second est à revenu variable qui dépond de la réalisation des bénéfices par la société. Ils représentent une fraction du capital de la personne morale émettrice qui confère au titulaire la qualité d'actionnaire. Parmi ces titres, on trouve les actions ordinaires, les actions à dividende prioritaire sans droit de vote[5] et les certificats d'investissement[6]. Les « *sukuk* »[7] sont également qualifiés de « valeurs mobilières » par l'article 2 de la loi n° 2013-30 du 30 juillet 2013 relative aux *sukuk* islamiques[8].

---

604 du 24 juin 2004 portant réforme des valeurs mobilières. V. M. COZIAN, A. VIANDIER, F. DEBOISSY, Droit des sociétés, LexisNexis, 29e éd., 2016, n° 1235 et s.

1 P. LE CANNU, « L'ambiguïté d'un concept négatif : les valeurs mobilières », article précité, p. 395.

2 V. Art. 35 du RGBVMT. Pour plus de développements sur l'ensemble de ces titres, voir M. KETATA, Droit du marché financier et droit des contrats, thèse de doctorat en droit privé, Université Paris Panthéon Assas et Université de Sfax, 2022, pp. 284 et s.

3 Les obligations convertibles en actions ont été introduites en droit tunisien par la loi du 29 mai 1959 relative à l'émission d'obligations convertibles en actions au gré des porteurs. Face à l'absence d'émission de ces titres en pratique, la loi n° 88-111 du 18 août 1988 a essayé d'améliorer la législation précédente en introduisant la convertibilité à tout moment. Actuellement, ces obligations sont régies par les articles 340 à 345 du CSC.

4 Les titres participatifs ont été créés par la loi n°92-107 du 16 novembre 1992, portant institution de nouveaux produits financiers pour la mobilisation de l'épargne. Ces dispositions ont été abrogées par les articles 368 à 374 du CSC.

5 Créées en Tunisie par la loi n°92-107 du 16 novembre 1992, portant institution de nouveaux produits financiers pour la mobilisation de l'épargne, les actions à dividendes prioritaires sans droit de vote (ADP) sont régies actuellement par les articles de 346 à 367 du CSC.

6 Les certificats d'investissement ont été créés en Tunisie par la loi du 14 novembre 1994. Actuellement, elles sont régies par les articles de 375 à 386 du CSC.

7 La loi n° 2013-30 du 30 juillet 2013, relative aux *sukuk* islamiques définit dans son article premier les *sukuk* comme étant : « *des titres négociables qui représentent des parts communes à valeur égale dans la propriété de biens, d'usufruit, de services, de droits, existants ou qui seront créés ou un mélange de biens, d'usufruit, de services, de monnaies et créances du produit de la souscription. Ils sont émis dans le cadre d'un contrat conformément aux normes charaïques et sur la base du principe de partage de profits et de pertes* ».

8 Les *sukuk* ont une nature juridique particulière. Ils ne peuvent pas être assimilés à des actions dans la mesure où leurs titulaires n'ont pas vocation à participer aux décisions relatives à la conduite de l'activité, à l'administration du contrat ou à la gestion de l'actif sous-jacent. La loi ne prévoit à ce titre aucune expression collective des titulaires de ces titres et il n'y a aucune assemblée spéciale des souscripteurs. Les *sukuk* ne sont pas, non plus, assimilés à des obligations puisqu'ils procurent à leurs titulaires des revenus générés par les actifs sous-jacents sur la base du principe de partage des profits et des pertes et non des intérêts fixes comme c'est le cas pour les obligations. D'ailleurs, c'est peut être cette particularité des *sukuk* qui a incité les pouvoirs publics à consacrer un marché spécial de la cote de bourse aux *sukuk* islamiques totalement distinct des marchés des titres de capital et des marchés des titres de créances, lors de la dernière modification du règlement général de la bourse en date du 15 août 2019.

B- L'effet des nouvelles technologies sur la représentation des valeurs mobilières

506. Jusqu'à la fin du 20ème siècle, les valeurs mobilières étaient matérialisées par des titres qui présentent le support du droit, justifiant la théorie de l'incorporation du droit au titre. Mais, l'an 2000 a porté avec lui des modifications profondes au droit tunisien. La dématérialisation, instaurée par la loi n° 2000-35 du 21 mars 2000, relative à la dématérialisation des titres, a modifié l'ancien agencement. Le droit français a connu, un peu avant, ce même mouvement de dématérialisation des titres. Les articles 94-I et 94-II de la loi n° 81-1160 du 30 décembre 1981 (la loi de finances pour 1982), le décret n° 82-893 du 18 octobre 1982 portant application de l'article 94-I de la loi de finances pour 1982 relatif à la vente des droits correspondant à certaines actions non pourvues de la forme nominative[1], le décret n° 83-359 du 2 mai 1983 pris pour l'application de l'article 94-II de la loi de finances pour 1982 relatif au régime des valeurs mobilières[2] et la circulaire d'application du 8 août 1983 ont opéré cette dématérialisation[3].

507. Par ailleurs, avant la loi relative à la dématérialisation, la détermination de la nature juridique des valeurs mobilières ne posait pas de problèmes particuliers puisqu'elles ont été classées comme étant des biens meubles par détermination de la loi[4]. Les valeurs mobilières avaient donc une effigie matérielle justifiant la théorie de l'incorporation du droit au titre. Matérialisées par un bout de papier auquel le droit se trouve incarné, ces valeurs ont été ainsi soumises au régime applicable aux biens meubles corporels, qui appartiennent à la catégorie des corps certains[5].

508. La représentation des valeurs mobilières a connu une évolution technologique remarquable. De l'ère de la dématérialisation **(1)**, on a passé, aujourd'hui, à l'ère de la digitalisation à travers la technologie de la *blockchain* **(2)**[6]. Absente jusque-là en droit tunisien, la technologie *blockchain* permet désormais la représentation des titres financiers au moyen d'un registre électronique partagé, ce qui pose de nombreuses questions, théoriques bien sûr, mais aussi et surtout pratiques.

---

[1] J.O. 31 déc. 1981, p. 3529.

[2] J.O. 20 oct. 1982, p. 3164.

[3] Ce mouvement s'inscrit dans un mouvement de transparence, notamment en matière fiscale, visant à connaître les détenteurs de titres.

[4] Art. 15 du CDR.

[5] La valeur mobilière était présentée comme incorporée dans une feuille de papier représentant les droits des actionnaires. Les droits aux dividendes étaient matériellement représentés par des coupons détachables.

[6] Sur cette évolution, V. Ph. GOUTAY, « De la dématérialisation à la blockchain : un nouveau saut conceptuel pour le droit des titres ? », dans Jean-Jacques DAIGRE et Bertrand BREHIER (dir.), Droit bancaire et financier, coll. Mélanges AEDBF-France, vol. VII, Paris, RB Édition, 2018, p. 225 ; H. DE VAUPLANE, « Après la dématérialisation, leur digitalisation via la blockchain ? », R.T.D.F. 2017, n°4, p. 99.

1. De la dématérialisation

509. La multiplication des titres papiers avec la lourdeur et le coût des manipulations qu'elle implique a naguère provoqué leur disparition au profit d'une simple écriture en compte[1]. Actuellement, les valeurs mobilières ont une nature dématérialisée. Dans ce cadre, l'article 2 de la loi n° 2000-35 relative à la dématérialisation des titres prévoit que : « *Les valeurs mobilières visées à l'article premier ci-dessus sont dématérialisées et sont représentées par une inscription au compte de leur propriétaire auprès de la personne morale émettrice ou d'un intermédiaire agréé. Elles se transmettront par transfert d'un compte à un autre* ». Il découle alors de ce texte que l'avènement de la dématérialisation obligatoire et généralisée a entraîné une modification substantielle du régime des valeurs mobilières.

510. En passant d'un monde matériel à un autre virtuel, les valeurs matérialisées [2] ont cédé leur place à des valeurs scripturales [3] qui sont représentées par une inscription en compte et qui sont transférées par une simple écriture comptable. Force est de constater que les valeurs mobilières, dès leur dématérialisation, sont devenues des biens meubles incorporels[4], bien que certains y voient encore des biens meubles corporels[5]. D'ailleurs, la plupart des ouvrages de droit des biens réserve une place aux valeurs mobilières, généralement par les biens incorporels[6].

511. Les motifs de dématérialisation des valeurs mobilières sont essentiellement d'ordre économique et technique. En dématérialisant les valeurs mobilières, le législateur a recherché, d'une part, l'amélioration de la circulation des titres, et, d'autre part, la réduction des coûts du traitement des opérations liées à l'existence et à la circulation des titres papier[7].

512. L'idée de la dématérialisation est simple. Elle consiste à représenter un droit ou un bien sous la forme d'une information écrite dissociable de son support, tout en s'assurant qu'elle puisse circuler sans pouvoir être dupliquée, et donc en conservant sa valeur intacte. Le moyen le plus simple de parvenir à ce résultat est de recourir à un tiers de confiance chargé de tenir un registre dans lequel chaque crédit s'accompagne d'un débit corrélatif. C'est, en un mot, la technique du compte[8]. La blockchain ambitionne de parvenir au même résultat, mais en substituant à la confiance placée dans la personne du teneur de compte

---

[1] C. LASSALAS, L'inscription en compte des valeurs mobilières, la notion de propriété scripturale, Préf. J. STOUFFLET, PUCF-LGDJ, 1997, pp. 62 et s.

[2] Ces valeurs sont appelées aussi : « titres physiques », « titres vifs » ou « papier-valeur ».

[3] Ces valeurs sont appelées aussi : « valeurs dématérialisées ».

[4] V. en ce sens, F.-G. TREBULLE, L'émission de valeurs mobilières, Préf. Y. GUYON, ECONOMICA, Coll. Recherche juridique, 2002, n°567, p. 402.

[5] V. surtout D.R. MARTIN, « De la nature corporelle des valeurs mobilières et autres droits scripturaux », D., 1996, chron. p.48.

[6] V., par exemple, F. TERRÉ et Ph. SIMLER, Droit civil, Les biens, *op. cit.*, n°31.

[7] C. LASSALAS, *op. cit.*, n°169, p. 63.

[8] M. JULIENNE, « L'inscription des titres financiers en blockchain », Bull. Joly Bourse, Mars-Avril 2019, p. 58.

une sécurité purement objective, car intrinsèque au mode de représentation utilisé[1].

2. À la blockchain

513. Comme tout phénomène technique, de surcroît évolutif, la *blockchain* se laisse malaisément appréhender par le droit, alors même qu'elle lui pose de nombreux défis. Apparue au lendemain de la crise économique de 2008[2], la *blockchain* suscite actuellement une effervescence comparable à celle ressentie au moment de l'essor d'Internet[3]. Cette technologie est définie par l'article L. 223-12 du Code monétaire et financier, introduit par l'ordonnance n° 2016-520 du 28 avril 2016 relative aux bons de caisse, comme « *un dispositif d'enregistrement électronique partagé permettant l'authentification de ces opérations, dans des conditions, notamment de sécurité, définies par décret en Conseil d'État* »[4].

514. La blockchain ou « chaîne de blocs », variété la plus connue des dispositifs électroniques d'enregistrement partagé (DEEP)[5] est une technologie de stockage et de transmission d'informations, transparente, sécurisée et fonctionnant sans organe central de contrôle[6]. Il s'agit d'une base de données que chacun des membres d'une même chaîne peut consulter et sur laquelle chaque intervenant peut inscrire les transactions qui le concernent, en les validant[7]. Présentant la particularité d'interconnecter tous les utilisateurs, la *blockchain* évolue dans un environnement en *peer-to-peer* (pair à pair), où les utilisateurs sont à la fois clients et serveurs, à la fois émetteurs et récepteurs de données. Ils n'ont pas besoin d'un réseau central pour communiquer puisqu'ils communiquent directement entre eux. Chaque utilisateur participant au réseau est appelé un « nœud », un terme approprié puisque chaque utilisateur constitue

---

1 *Ibid, loc. cit.*

2 T. CAHAREL et P. MONTEIL, « Représentation et transmission des titres financiers au temps de la Blockchain », RDBF, n° 4, Juillet 2018, prat. 4, p.1.

3 *Ibid, loc. cit.*

4 Ord. n° 2016-520, 28 avr. 2016 : JO 29 avr. 2016, texte n° 16 ; D. LEGEAIS, « La blockchain », RTD com. 2016, p. 830 ; R. VABRES, « Bons de caisse, minibons, blockchain... résurrection ou révolution ? », Dr. sociétés 2016, repère 7 ; S. LE NORMAND-CAILLERE, « Les bons de caisse, des instruments de financement rénovés au service des entreprises », Dr. sociétés 2017, étude 12 ; X. DELPECH, « Le régime juridique des bons de caisse modernisé », Dalloz actualité, 10 mai 2016 ; É. ROGEY, « Minibons : un nouvel instrument de financement participatif sous la supervision de l'Autorité des marchés financiers », Bull. Joly Bourse 2016, p. 310.

5 Le DEEP, en anglais, *distributed ledger technology* ou DLT, est défini comme « *une technologie informatique innovante qui permet à des participants d'un réseau de valider par consensus des échanges et des transactions entre plusieurs participants sans faire intervenir d'organe central. Elle pourrait trouver de nombreuses applications, notamment pour l'enregistrement des transactions ayant lieu sur les marchés financiers de titres* », DG Trésor, Consultation publique sur le projet de réformes législative et réglementaire relatif à la Blockchain, 24 mars 2017.

6 D. LEGEAIS, « Blockchain », J-Cl. *Banque - Crédit – Bourse*, fasc. 179, n°1.

7 J.-P. DELAHAYE, « La blockchain, Clefs d'un nouveau monde », Pour la Science, n° 449, mars, 2015, éd. Belin, pp. 80-85., disponible sur le site internet suivant : https://www.pourlascience.fr/sd/informatique/les-blockchains-clefs-daposun-nouveau-monde-8354.php (visité le 05/08/2022).

un carrefour du réseau de tous les utilisateurs [1]. Il faut donc imaginer l'environnement de la *blockchain* comme un entremêlement de réseaux qui se croisent par des nœuds, constitués par des utilisateurs[2]. Sur la *blockchain*, tout est visible : un utilisateur peut voir tous les agissements de ses pairs et inversement, que ces actes soient anciens ou récents, complexes ou simples, adressés à une personne ou à plusieurs personnes[3].

515. La blockchain fonctionne donc grâce à un réseau décentralisé, géré non pas par une autorité centrale mais par chacun de ses membres. La gouvernance de la chaîne est assurée selon une méthode de consensus validant les données entrées dans la chaîne[4]. L'accès à la chaîne, est sécurisé par le biais de la cryptographie[5].

516. La technologie *blockchain* s'impose de plus en plus dans tous les secteurs professionnels[6] comme un instrument au service de la sécurité juridique des transactions. La diversité et la richesse de ses multiples fonctions la rendent très attractive[7]. En matière financière[8], la *blockchain* est apparue en même temps que le *bitcoin*[9] dont elle a permis la création en 1998[1]. Depuis, elle ne cesse de se

---

[1] A. LECOURT, « Droit des sociétés et numérique », Dalloz IP/IT, nov. 2020, n°24 (à jour novembre 2020).

[2] V. également sur la description du fonctionnement de la blockchain, X. VAMPARYS, « Blockchain, Initial Coin Offerings et crypto-actifs », Études Joly Bourse, n° B_EB030 (Actualisé le 03/09/2020), « *En termes simples, la blockchain peut se définir comme la technologie, ou plutôt l'ensemble des technologies (cryptographie, hachage, etc.), permettant la constitution d'une base de données transparente, sécurisée, décentralisée et dont les règles de fonctionnement sont définies par un protocole informatique* ». Appréhendée sous l'angle de son usage, *« la blockchain permet la tenue de registres partagés par les membres d'un réseau qui en sont les gardiens, registres portant sur des informations ou opérations vérifiées et gravées indéfiniment et de façon intangible dans une « chaîne de blocs » (…). Elle constitue également la couche technologique sur laquelle reposent de nombreuses applications, dont les « smart contracts », programmes qui s'exécutent automatiquement offrant ainsi aux parties concernées sécurité et rapidité* ».

[3] *Ibid, loc. cit.*

[4] T. CAHAREL et P. MONTEIL, article précité, *loc. cit.*

[5] A. TSOUKIAS, « Pourquoi les problèmes d'une armée byzantine aident à construire une confiance distribuée », JCP. E., 2017, 1468.

[6] Même dans d'autres secteurs tels que celui de la santé, de l'énergie ou du transport…

[7] Ch. FERAL-SCHUHL, Cyberdroit : Le droit à l'épreuve de l'Internet, *Praxis* Dalloz ; 9e édition, 2021, n° 532-41.

[8] La blockchain constitue une véritable opportunité pour le secteur financier. V. X. VAMPARYS, article précité, *loc. cit.*

[9] De l'anglais « *coin* » (pièce de monnaie) et « *bit* » (unité d'information binaire), il désigne à la fois un système de paiement à travers le réseau internet (dans ce cas il est désigné avec un B majuscule), et une unité de compte utilisée par ce système de paiement (dans ce cas, c'est un nom commun, il commence par une minuscule). Dès lors, l'unité de compte de Bitcoin est le bitcoin. Qualifiés de crypto-actifs, les bitcoins ne sont pas des monnaies légales car, conformément à l'article L. 111-1 du Code monétaire et financier, la seule monnaie ayant cours légal en France est l'euro. Elles ne sont pas non plus des « monnaies électroniques » (telles que définies par l'art. L. 315-1, I du C. mon. fin.), car, contrairement à celles-ci, le bitcoin n'est pas assorti d'une garantie légale de remboursement à tout moment et à la valeur nominale. Pour plus de détails sur le bitcoin, voir M. KETATA, Droit du marché financier et droit des contrats, thèse de doctorat en droit privé, Université Paris Panthéon Assas et Université de Sfax, 2022, p. 295.

développer, justifiant des investissements importants dans le monde entier[2]. En outre, parmi ses applications les plus immédiates, c'est en matière de transactions portant sur des titres financiers, sous l'impulsion des Fintechs[3], que la technologie *blockchain* apparait la plus prometteuse[4]. Elle repose sur le simple envoi de messages entre utilisateurs. Elle est souvent présentée comme un grand livre comptable sur lequel toutes les transactions sont inscrites et qui peut être consulté par tous[5]. Comme dit précédemment, tous les utilisateurs peuvent modifier ce « grand livre comptable », étant entendu que la modification consiste uniquement en l'ajout de transactions[6]. Il est effectivement impossible de supprimer ce qui a été inscrit dans la blockchain. Il est également impossible de modifier les transactions inscrites. C'est ce caractère infalsifiable qui fait le succès de la blockchain, utilisée principalement pour effectuer des transactions sécurisées[7]. Pour être infalsifiable, la blockchain repose sur deux technologies : la cryptographie asymétrique[8] et un système de validation des transactions par blocs.

517. La digitalisation des valeurs mobilières via la technologie de **blockchain** a passé par deux grandes étapes. La **première étape** de digitalisation permet la représentation, l'émission et la cession de nouveaux

---

[1] La technologie blockchain constitue le support du bitcoin mais s'en distingue fondamentalement. V. D. LEGEAIS, « Blockchain », J-Cl. *Banque - Crédit – Bourse,* fasc. 179, n°1.

[2] *Ibid., loc. cit.*

[3] T. BONNEAU et T. VERBIEST, Fintech et droit, Quelle régulation pour les nouveaux entrants du secteur bancaire et financier ?, Revue Banque, coll. « Les essentiels de la banque et de la finance », 2017, pp. 1 et s.

[4] T. CAHAREL et P. MONTEIL, article précité, *loc. cit.*

[5] La blockchain est décrite de manière caricaturale par auteur ainsi : « *Imaginez qu'à la place de la Concorde à Paris, à côté de l'obélisque, on installe un très grand cahier que, librement et gratuitement, tout le monde puisse lire, sur lequel chacun puisse écrire, mais qui soit impossible à modifier et indestructible. Cela serait-il utile ? Il semble que oui* ». J.-P. DELAHAYE, article précité, *loc. cit.*. La blockchain est aussi décrite par un spécialiste des cryptomonnaies comme « *une feuille Excel partagée* », ou comme « *un Google doc qui, au lieu d'être hébergé par Google, l'est par une multitude d'ordinateurs en même temps, par une communauté décentralisée* », E. RAFFO, « La blockchain, c'est comme une feuille Excel partagée », in Les perspectives de la technologie des registres distribués et de la blockchain pour le financement des entreprises, Chambre Vaudoise du Commerce et de l'Industrie, p.8, disponible sur le site internet suivant : https://www.cvci.ch/fileadmin/documents/cvci.ch/pdf/Medias/publications/divers/blockchain_site.pdf (visité le 12 août 2022).

[6] J.-P. DELAHAYE, article précité, *loc. cit.*

[7] A. LECOURT, article précité, *loc. cit.*

[8] La cryptographie asymétrique est très bien décrite par un auteur comme un « *système de chiffrement utilisant deux clés. Schématiquement, une clé de chiffrement est un code utilisé pour coder ou décoder un message, permettant ainsi de le rendre illisible sans le code, ou permettant de le lire. Il existe deux catégories de clés de chiffrement : symétriques et asymétriques. Ainsi, la clé de chiffrement sera symétrique lorsqu'elle est utilisée à la fois pour chiffrer et pour déchiffrer le message, là où la clé asymétrique se subdivisera en deux clés différentes ; l'une servant à chiffrer, et l'autre servant à déchiffrer. La blockchain utilise un système de cryptographie asymétrique. Elle fonctionne donc avec un système de doubles clés de chiffrement, l'une pour chiffrer le message et l'autre pour le déchiffrer* », A. LECOURT, article précité, n°25.

instruments à travers la blockchain. Il s'agit essentiellement des minibons[1], des jetons[2] et, surtout, de certains titres financiers[3]. Ces derniers font l'objet de l'ordonnance n° 2017-1674 du 8 décembre 2017[4], complétée par le décret d'application n° 2018-1226 du 24 décembre 2018[5], permettant la représentation et la transmission, au moyen d'un « dispositif d'enregistrement électronique

---

[1] J.-P. DELAHAYE, article précité, p.80. Selon l'ordonnance n° 2016-520 du 28 avril 2016, les minibons, bons de caisse dématérialisés, peuvent être échangés sur des plateformes internet de financement participatif (*crowdfunding*). L'article L. 223-12 du code monétaire et financier, issu de cette ordonnance, énonce, en effet, que l'émission et la cession de minibons peuvent être inscrites dans un « dispositif d'enregistrement électronique partagé permettant l'authentification de ces opérations ».

[2] La loi n° 2019-486 du 22 mai 2019 relative à la croissance et la transformation des entreprises, dite loi PACTE, consacre un cadre juridique pour les émissions de jetons au moyen d'une *blockchain*. Ce texte instaure un cadre pour les levées de fonds par émission de jetons (*Initial Coin Offering* ou ICO) et les prestataires de services sur actifs numériques (PSAN). Il prévoit, pour les porteurs de projets qui le souhaitent, la possibilité de soumettre leur document d'information à un visa optionnel délivré par l'Autorité des marchés financiers à la condition de satisfaire à certaines exigences (C. mon. fin., art. L. 54-10-1 s.). La loi PACTE a introduit un nouvel article L. 552-2 au Code monétaire et financier qui définit le jeton comme « *tout bien incorporel représentant, sous forme numérique, un ou plusieurs droits pouvant être émis, inscrits, conservés ou transférés au moyen d'un dispositif d'enregistrement électronique partagé permettant d'identifier, directement ou indirectement, le propriétaire dudit bien* ».V. dossier sur les ICO, in BJB, mai-juin 2018, n°117n1, pp. 176 et s., note T. Bonneau.

[3] Dans le prolongement de l'introduction des minibons en droit français par l'ordonnance n° 2016-520 du 28 avril 2016, la loi n° 2016-1691 du 9 décembre 2016 dite « loi Sapin 2 » a habilité le gouvernement à réformer, par voie d'ordonnance, le droit applicable aux titres financiers et aux valeurs mobilières « *afin de permettre la représentation et la transmission, au moyen d'un dispositif d'enregistrement électronique partagé, des titres financiers qui ne sont pas admis aux opérations d'un dépositaire central, ni livrés dans un système de règlement et de livraison d'instruments financiers* ».

[4] Ord. n° 2017-1674, 8 déc. 2017 relative à l'utilisation d'un dispositif d'enregistrement électronique partagé pour la représentation et la transmission de titres financiers, JO 9 déc. 2017, texte n° 24 ; R. VABRES, « Ordonnance n° 2017-1674 du 8 décembre 2017 : la généralisation progressive de la blockchain en droit financier », Dr. sociétés 2018, repère 1 ; S. SCHILLER, « Représentation et transmission des titres financiers par une blockchain. – À propos de l'ordonnance n° 2017-1674 du 8 décembre 2017 », JCP G 2018, p. 40 ; Th. CAHAREL et P. MONTEIL, « Représentation et transmission des titres financiers au temps de la blockchain » RD bancaire et fin. 2018, prat. 4 ; H. DE VAUPLANE, « Après la dématérialisation des titres, leur digitalisation via la blockchain ? » RTDF 2017, chron. p. 99. A.-C. ROUAUD, « Blockchain and transferable securities in french Law », R.T.D.F. 2018.2-3.57.

[5] D. n° 2018-1226, 24 déc. 2018, JO 26 déc. 2018, texte n° 33 ; D. LEGEAIS, « L'utilisation de la blockchain pour les titres de sociétés non cotées », Dr. sociétés 2019, étude 2 ; R. VABRES, « Titres financiers », Dr. sociétés 2019, comm. 29 ; S. SCHILLER et TH. CREMERS, « Effectivité de la représentation et de la transmission des titres financiers non cotés par une blockchain ainsi que des minibons », J.C.P. G., 2019, p. 92 ; S. BLEMUS et C. PION, « Blockchain, minibons et titres financiers – Des règles ad hoc pour les chaînes de bloc », RD bancaire et fin. 2019, étude 2 ; B. DONDERO, « La blockchain et le droit des sociétés », Bull. Joly Sociétés 2019, p. 40 ; Th. CREMERS, « La Blockchain et les titres nominatifs », RD bancaire et fin. 2019, étude 4 ; B. MATHIS, « Blockchain : un décret pour rien ? », RLDI, févr. 2019, n° 156 ; B. MALLET-BRICOUT, « Blockchain et droit financier : un pas (réglementaire) décisif », RTD civ. 2019, p. 190.

partagé » c'est-à-dire de la technologie *blockchain*, de ces titres financiers. De même, l'article L. 228-1, al. 6 du Code de commerce énonce désormais que les valeurs mobilières peuvent être inscrites en compte ou dans un dispositif d'enregistrement électronique partagé (DEEP).

518. L'ordonnance couvre les titres qui ne sont pas admis aux opérations d'un dépositaire central de titres (DCT) et, en pratique, ceux pour lesquels l'émetteur pourra décider de l'inscription dans un DEEP. Cette catégorie recouvre d'abord les titres de créance négociables, ensuite, les parts ou actions d'organismes de placement collectif, et enfin les titres de capital émis par les sociétés par actions et les titres de créance autres que les titres de créance négociables, à condition qu'ils ne soient pas négociés sur une plate-forme de négociation, au sens du I de l'article L. 420-1 du Code monétaire et financier, dans sa rédaction en vigueur à compter du 3 janvier 2018[1].

519. Somme toute, les titres non cotés deviennent le premier terrain d'expérimentation de cette nouvelle technologie[2]. Ainsi, l'ordonnance du 8 décembre 2017 a introduit une première phase de digitalisation des titres financiers, tout en limitant la modernisation aux titres non cotés, gérés par un dispositif d'enregistrement électronique partagé. C'est donc, indirectement, l'ensemble des titres cotés, dont le régime relève de la réglementation européenne[3], qui a été exclu du champ d'application de la réforme.

520. La modernisation des titres cotés a fait l'objet de la **seconde étape** de digitalisation. En effet, le 2 juin 2022 a été publié au journal officiel de l'UE le Règlement (UE) 2002/858 dit « Régime pilote »[4] qui établit des exigences pour les nouvelles infrastructures de marché basées sur la technologie des registres distribués. Le Régime Pilote (PRR) démarrera officiellement le 23 mars 2023 et durera au minimum 3 ans avec la possibilité d'être reconduit sur 3 ans supplémentaires. A l'issue de cette période, la Commission européenne décidera soit de pérenniser le règlement, le cas échéant avec des modifications soit de l'abandonner avec obligation pour les titres tokenisés de rebasculer sur des infrastructures de marché traditionnelles.

521. Le basculement des marchés financiers vers les nouvelles technologies de blockchain a franchi un nouveau pas avec ce règlement, qui ouvre la voie à une totale refonte de la structuration des chaînes dites « marché » et « post-marché », c'est-à-dire de l'ensemble des acteurs et infrastructures intervenant dans l'échange, le règlement et la livraison des titres financiers. En autorisant le cumul des statuts de plateforme de négociation et de dépositaire central de

---

1 Rapp. au Président de la République relatif à l'ordonnance n° 2017-1674, 8 déc. 2017, JO 9 déc. 2017, texte n° 23.

2 La France est ainsi le premier pays européen qui encadre par voie législative l'inscription et le transfert de titres non cotés par blockchain. V. P. BARBAN, « Les marchés financiers et la blockchain : esquisse d'une infrastructure blockchain », in Blockchain et droit des sociétés, Dalloz Études, 2019, p. 85.

3 D. LEGEAIS, « Utilisation d'un dispositif d'enregistrement électronique partagé pour la représentation et la transmission de titres financiers », JCP, E, 2017, p. 1674.

4 Appelé aussi « *Pilot Regime Regulation for DLT Market Infrastructures* » ou « PRR ».

titres, le droit européen prend acte, au moins à titre expérimental, des bénéfices technologiques potentiellement structurants que peut engendrer l'utilisation la technologie de la blockchain dans les marchés financiers[1].

522. En application de ce nouveau régime, le PRR définit les infrastructures de marché pouvant avoir recours à la blockchain, ainsi que les instruments financiers pouvant être émis, négociés et livrés sur ces infrastructures.

523. D'une part, le PRR définit une nouvelle catégorie d'acteurs qui auront seuls vocation à intégrer le régime pilote : les infrastructures de marché DLT. Cette catégorie renvoie à trois acteurs distincts : le DLT MTF[2] (un système multilatéral de négociation DLT opéré par une entreprise d'investissement ou un opérateur de marché), le DLT SS[3] (un système de règlement de titres opéré par un dépositaire central de titres) et le DLT TSS[4] (un nouvel acteur fournissant les services à la fois d'un système multilatéral de négociation et d'un système de règlement de titres).

524. D'autre part, concernant les instruments financiers éligibles, le PRR a gardé la notion d'instrument financier telle que définie par la directive MIF2[5]. Les instruments financiers DLT sont alors des instruments financiers au sens de la directive MIF 2 qui sont obligatoirement émis, enregistrés, transférés et stockés au moyen de la technologie *blockchain* ou DLT[6]. Toutefois, l'article 3 du PRR restreint le champ d'application du régime pilote à certains instruments financiers DLT limitativement désignés et respectant des plafonds d'émission ou de négociation clairement définis[7].

525. Par conséquent, les valeurs mobilières, qui constituent la chose objet de l'opération de marché, présentent des particularités quant à leur définition, diversification, et surtout leur représentation avec l'avènement de la nouvelle technologie de la *blockchain*. Ces spécificités n'ont pas touché à la nature contractuelle de l'opération. Le même constat se trouve confirmé avec le prix de la prestation.

---

1 V. S. CABOSSIORAS et J. NIVOT, « Le futur règlement européen instaurant un régime pilote pour les infrastructures de marché sur la blockchain », BJB, mars 2022, pp. 41 et s.

2 « *DLT multilateral trading facility* ».

3 « *DLT settlement system* ».

4 « *DLT trading and settlement system* ».

5 S. CABOSSIORAS et J. NIVOT, article précité, p. 44.

6 PRR, art. 2 (5).

7 Il s'agit, en premier lieu, des actions dont l'émetteur a une capitalisation boursière ou une capitalisation boursière provisoire inférieure à 500 millions d'euros. En deuxième lieu, le PRR couvre les obligations dont le volume d'émission est inférieur à 1 milliard d'euros, à l'exception des obligations des petits émetteurs dont la capitalisation boursière n'excédait pas 200 millions d'euros au moment de leur émission. Sont concernés, en troisième lieu, les parts ou actions d'organismes de placement collectifs (OPC), à l'exclusion des fonds d'investissement alternatifs (FIA) dont la valeur de marché des actifs sous gestion est inférieure à 500 millions d'euros.

§2- Le prix de la prestation

526. « *Pas de prix, pas de vente* »[1], c'est un principe d'ordre général dans tout contrat de vente. Le prix est la contrepartie monétaire que l'acquéreur se doit de payer au vendeur en contre partie du transfert du droit de propriété. Il consiste nécessairement et uniquement en une somme d'argent que l'acheteur s'oblige à livrer au vendeur[2].

527. La négociation des valeurs mobilières correspond dans sa finalité à une vente d'un bien meuble[3]. Mais le prix, qui doit être librement déterminé par les parties, ou du moins déterminable, dans le droit commun de la vente[4], a sur le marché financier ses propres règles. Comme le note le professeur Paul DIDIER, dans les ventes ordinaires, qu'il s'agisse de biens de consommation ou de biens industriels, *« le prix résulte d'une confrontation individuelle du vendeur et de l'acheteur, quand bien même cette confrontation se réduirait, en fait, à la soumission de l'un à la volonté de l'autre. (…) la tradition boursière est partie [de] l'idée que le prix de chaque valeur devait résultait de la confrontation périodique et générale des offres et des demandes à un moment donné* »[5].

528. A la différence des marchés gouvernés par les prix, les marchés gouvernés par les ordres permettent, non seulement d'offrir aux intermédiaires un lieu de rencontre, physique ou virtuel, mais surtout de mettre en place un véritable processus de confrontation des ordres produits par eux afin de dégager un prix d'équilibre unique. De ce fait, il s'avère que l'intermédiaire ne négocie pas le prix et ne choisit pas non plus sa contrepartie, tâches dédiées principalement au marché central grâce à sa plateforme informatique qui a remplacé le système de la cotation à la criée dans les bourses de Tunis[6] et de Paris[1].

---

1 Ph. MALAURIE, L. AYNÈS et P.-Y. GAUTIER, *op. cit.*, n° 217, p. 174.

2 H., L., J. MAZEAUD et F. CHABAS, Leçons de Droit Civil, T.3, V 2, Principaux contrats, vente et échange, Montchrestien, Paris, 1987, 7ème éd., par M. DE JUGLART, n°860, p. 135 ; Ph. ANTONMATTEI et J. RAYNARD, Droit civil, Contrats spéciaux, Litec, Paris, 2002, 3è éd., n°115, p.120.

3 T. BONNEAU, P. PAILLER, A.-C. ROUAUD, A. TEHRANI et R. VABRES, *op. cit.*, n°954, p.611 ; H. BOUTHINON-DUMAS, *op. cit.*, n° 394, p. 331.

4 F.C. DUTILLEUL et P. DELEBECQUE, *op. cit.*,n° 135, p. 139.

5 P. DIDIER, Droit commercial, Tome III, La monnaie, les valeurs mobilières, les effets de commerce, PUF, 1993, p.249.

6 La technique de la cotation à la criée était une procédure d'enchère exclusivement orale. Elle était très réglementée et bien contrôlée à la bourse de Tunis. Elle nécessitait le rassemblement de tous les intervenants devant des desks dressés en forme de U. Elle présentait l'avantage de la transparence des transactions en public tout en préservant le secret des ordres des clients. Elle ne présentait pas moins certains inconvénients. C'est une technique lourde qui requiert un grand nombre d'opérateurs. De surcroît, dans le cas exceptionnel de marché déséquilibré, elle peut se révéler difficilement adaptée et peut être même dangereuse. Malgré ses limites, la technique de cotation à la criée était très répandue dans les grandes places internationales. C'était aussi la pratique de la bourse de Tunis, depuis le protectorat et jusqu'à la promulgation de la loi n° 94 - 117 du 14 novembre 1994, portant réorganisation du marché financier. L'offre et la demande se confrontaient verbalement par les cris des opérateurs « je donne » pour vendre et « je prends » pour acheter. Les débats étaient dirigés par un coteur qui ouvrait les enchères en

529. L'obligation de concentration des ordres[2], imposée par l'alinéa premier de l'article 70, a une conséquence importante sur les règles de formation du contrat sur le marché réglementé, qui consiste dans la soumission des transactions effectuées à un prix correspondant au cours coté sur le marché. Cette conséquence est vraisemblablement la principale aux yeux des parties, qui perdent la possibilité de négocier librement un des éléments essentiels du contrat de vente, à savoir, le prix. Ce dernier n'est pas fixé par les parties mais déduit de la confrontation globale des ordres. Il suffit, cependant, en matière de vente que le prix soit déterminable objectivement[3].

A- Le prix, conséquence de la confrontation globale des ordres

530. La confrontation des ordres permet la cotation, c'est-à-dire l'établissement d'un cours de bourse, qui désigne le prix auquel se négocient les valeurs mobilières[4]. Ainsi, selon RIPERT et ROBLOT, « *on appelle cours de bourse le prix atteint par une valeur mobilière au cours d'une séance de la bourse* »[5]. Il est toutefois utile de préciser que la notion de cours de bourse se réfère, non seulement à celle de prix, celui auquel les transactions se réalisent, mais

---

proposant le derniers cours coté. Lorsque le cours proposé convenait aux intervenants acheteurs et vendeurs, un silence rainait dans la salle signifiant que le prix d'équilibre et l'offre et de la demande était atteint. Dès lors, le coteur criait très fort le cours du jour de la valeur, l'inscrivait à la craie sur le tableau noir d'affichage marquant la fin du débat sur cette valeur, puis on passait à la valeur suivante. H. KNANI, Une brève histoire de la bourse de Tunis, Leaders, 2021, pp. 17 et s.

[1] Jusqu'au mois de juin de 1986 les cotations sur le marché boursier français se faisaient à la criée, au tour de la corbeille (pit en anglais). Aujourd'hui le palais Brongniart est entré dans l'ère de la nouvelle technologie (négociations par système informatique). La bourse de Paris était, en effet, un des derniers marchés financiers internationaux à préserver un système de cotation basée sur la criée, réglant les transactions à l voix et sur la base d'un fixing (c'est-à-dire un seul cours pour chaque actions servant de base à toutes les transactions de la journée). Le 1 juin 1992, la bourse française terminait son informatisation et depuis cette date, toutes les cotations se font suivant le principe de la cotation assistée par ordinateur, baptisé système CAC. Cette évolution technologique permet un meilleur confort, une sécurité optimale, et surtout une parfaite transparence pour tous les acteurs, qu'ils soient particuliers ou institutionnels. Aujourd'hui les écrans électroniques ont pris la place des ordres à la criée et les progrès technologiques ne cessent d'évoluer pour rendre encore plus facile l'accès à l'information.

[2] En vertu de ce principe, tout investisseur souhaitant céder ou acheter des valeurs admises sur un marché réglementé doit, à peine de nullité de l'opération, agir sur le marché en vertu du principe de concentration obligatoire des ordres. Ce principe est censé assurer le plus juste cours, puisque toute l'offre doit rencontrer toute la demande. Sous l'influence européenne (Direct. Marchés d'instruments financiers no 2004/39/CE du 21 avr. 2004, art. 4-1, 7, préc. supra, n°3), il a été aboli en droit français (L. no 2005- 811 du 20 juill. 2005, art. 5).

[3] V. Ph. MALAURIE, L. AYNÈS et P.-Y. GAUTIER, *op. cit.*, n° 203, p. 135.

[4] D. VALETTE, « Le cours de bourse, réflexions autour d'une réalité juridique », in Études sur le cours de bourse, coordonnées par J. STOUFFLET et J.-P. DESCHANEL, préf. J.-F. THÉODORE, Economica, 1997, n°3, p.3, le cours de bourse est « le prix d'un actif coté sur un marché ».

[5] G. RIPERT et R. ROBLOT, Traité de droit commercial, T. 2, Effets de commerce, Banque et Bourse, Contrats commerciaux, Procédures collectives, *op. cit,* n° 1873, p. 80.

également à celle de valeur de référence[1]. Dans le reste de nos développements, c'est la conception du cours de bourse en tant que prix qui sera retenue.

531. Les modes de fonctionnement des principaux systèmes boursiers dans le monde sont étroitement liés à la culture historique, juridique, politique et économique du pays dans lequel ils sont implantés[2]. Au sein des marchés réglementés, la doctrine distingue généralement deux modes de cotation, la cotation « régie par les ordres », appelée aussi cotation latine par opposition à la cotation « régie par les prix », souvent dénommée la cotation anglo-saxonne.

532. Les marchés financiers tunisien et français sont des marchés centralisés et gouvernés par les ordres. Les intermédiaires, qui disposent d'un monopole de négociation, transmettent les ordres passés par leurs clients sur l'ordinateur central de la bourse afin de dégager un cours unique. Ce système de cotation permet la confrontation des ordres en fonction du degré de liquidité du titre selon deux manières : les valeurs les moins liquides sont cotées selon le mode du fixing, alors que les valeurs les plus liquides sont cotées selon le mode du continu[3]. Chaque groupe de valeurs obéit aux mêmes règles de cotation.

533. Notre système appartient donc à la cotation latine[4]. Ce constat mérite d'être immédiatement souligné car il a des répercussions directes sur la question de la volonté des parties dans la formation du prix. En effet, sur un marché anglo-saxon, le donneur d'ordre a la possibilité de négocier les conditions de la transaction, et essentiellement le prix avec le faiseur du marché. Il s'agit, alors, d'un accord bilatéral. En revanche, la cotation latine implique une confrontation collective des ordres, organisée selon les règles du marché. C'est ce dernier seul qui détermine le prix et non pas la volonté souveraine des parties.

534. Après l'établissement du cours d'ouverture, les ordres sont exécutables au fur et à mesure qu'ils sont produits. Le professeur P. DIDIER parle, ainsi, d'une cotation « au fil de l'eau »[5]. Chaque ordre entrant modifie le cours. On obtient donc un cours qui varie à tout moment. Il s'agit d'une succession de cours plutôt qu'une unicité de prix.

535. La confrontation des ordres est séquentielle. Tout nouvel ordre transmis à l'ordinateur du marché est rapproché des ordres présents dans le carnet. S'il s'agit d'un ordre de vente, il est comparé aux ordres d'achat ; s'il s'agit d'un ordre d'achat, il est comparé aux ordres de vente. Si les ordres sont

---

[1] V. en ce sens, H. De VAUPLANE et J.-P. BORNET, *op. cit.*, n° 497, p. 441, « le cours de bourse d'une société cotée reflète la façon dont elle est évaluée par le marché financier ».

[2] H. De VAUPLANE et J.-P. BORNET, *op. cit.*, n° 508, p. 484.

[3] Sur ces deux modes de cotation, voir M. KETATA, Droit du marché financier et droit des contrats, thèse de doctorat en droit privé, Université Paris Panthéon Assas et Université de Sfax, 2022, p. 306.

[4] C'est le cas d'ailleurs des marchés de New York, de Tokyo et de Paris. Contrairement au marché de Londres et au marché américain des valeurs d'entreprises innovantes (le NASDAC) qui sont des marchés gouvernés par les prix.

[5] P. DIDIER, Droit commercial, T.III, Le marché financier, les groupes de sociétés, op. cit., p. 218.

compatibles[1], ils sont appareillés et la transaction est conclue au niveau du prix de l'ordre préexistant dans le carnet d'ordres. Si le nouvel ordre n'est pas compatible, alors il est lui-même intégré dans le carnet d'ordres, en fonction de sa limite[2]. Ce rapprochement est effectué selon des règles de priorité : les ordres sont exécutés en vertu d'un principe de priorité de prix[3] et, à égalité de prix, selon une priorité de temps, c'est-à-dire en fonction de leur entrée dans le carnet d'ordres central[4].

536. A la différence de la cotation régie par les prix[5], la cotation régie par les ordres[6] fait reposer la fixation du prix d'une transaction sur un élément objectif puisqu'il fait réunir les acheteurs et les vendeurs en un même lieu et dans un même temps, ce qui permet une confrontation de tous les ordres de bourse formant ainsi ce qu'on appelle le cours d'équilibre ou le « juste prix [7]». Le cours qui s'en dégage constitue un prix unique[8], valable pour tous les ordres et aucun client ne peut bénéficier de conditions privilégiées. Ce mode de confrontation assure donc une protection égalitaire des épargnants. Il est basé sur l'égalité des traitements entre tous les intervenants[9].

---

1 Parce que le nouvel ordre est dépourvu de limite de prix ou que sa limite excède la meilleure limite opposée.

2 H. BOUTHINON-DUMAS, *op. cit.*, n° 454, p.369.

3 Les ordres sans limite de prix sont exécutés en priorité.

4 En droit français, ce principe est posé pour la négociation des titres à l'art. 4401/1 des règles de marché harmonisées.

5 Le second système, dit « de cotation anglo-saxonne » (Appelé aussi, marché de marchants ou marché multipolaire), relève d'une logique totalement différente. Il n'y a ni cours unique qui s'impose à tous, ni une égalité de traitement. Bien au contraire, il y a une confrontation multiple des ordres qui entraîne la formation de plusieurs cours pour une même valeur à un moment donné. Ce sont les professionnels du marché, les *market-makers*, qui négocient avec chaque client les conditions de la transaction qu'ils vont conclure, agissant ainsi comme contrepartie. Ainsi, deux clients peuvent ne pas être traités de la même manière pour la simple raison qu'ils agissent sur des quantités différentes de titres. Un client institutionnel peut bénéficier d'un prix beaucoup plus avantageux qu'un petit porteur (H. De VAUPLANE et J.-P. BORNET, *op. cit.*, n° 514, p. 488, « Ce système a notamment pour conséquence d'aboutir à un « régime à deux vitesses » selon la qualité du donneur d'ordre »). Ainsi, c'est la liberté de négociation qui prévaut. A vrai dire, les deux systèmes présentent chacun des avantages et des inconvénients. Si les marchés gouvernés par les prix s'avèrent plus souples dans la fixation du prix, ils ont l'inconvénient d'être moins transparents que les marchés gouvernés par les ordres qui garantissent l'égalité de traitement devant le prix.

6 En Europe, six Etats ont choisi ce système de cotation qui sont : la France, la Belgique, l'Espagne, la Finlande, l'Italie et la Norvège.

7 F. PELTIER, *op. cit.*, n° 173, pp. 112 et s., « *Le droit des marchés financiers ne fait que prolonger le théorème de la science économique, « la loi de l'offre et de la demande » des économistes classiques qui ont trouvé sa traduction en droit des marchés financiers, dans un principe d'égalité devant le prix* ».

8 M.-C. DE NAYER, « L'unicité de prix », Bull. Joly Bourse, mai-juin 1993, §52, p. 267.

9 M. TOMASI, La concurrence sur les marchés financiers. Aspects juridiques, L.G.D.J., Paris, 2002, n°32, p. 26, l'auteur estime que : « *laisser se nouer des transactions bilatérales aurait, en revanche, pour inconvénient d'exposer les épargnants inexpérimentés ou mal informés aux risques de fraudes ou à l'arbitraire des investisseurs peu scrupuleux* ».

537. Le prix est juste puisqu'il est dépersonnalisé par l'intervention du marché[1]. Il est juste car sa formation passe par le marché, contrairement au droit commun où le juste prix est le fruit de la rencontre de volontés libres. Cette idée de juste est étroitement liée au passage par le marché, car passant par celui-ci, en tant que lieu permettant le croisement de l'offre et de la demande, le prix est extérieur, objectif et juste[2].

538. Dans ce type de marché, il est très important que tous les ordres relatifs à une valeur mobilière cotée soient produits sur le marché[3], car, si un volume important d'échanges se forme en dehors du marché, ce dernier ne reflète plus le juste prix établi par la loi de l'offre et de la demande. C'est pourquoi, les intermédiaires, sur un marché réglementé, disposent d'un monopole de négociation[4], entendu comme l'obligation pour tout investisseur de réaliser ses transactions dans le cadre du marché, afin de garantir la représentativité du cours qui se dégage.

539. Le caractère multilatéral des opérations boursières est très accentué dans un marché gouverné par les ordres, car au lieu que les intermédiaires recherchent eux-mêmes une contrepartie et concluent les opérations deux à deux, l'ensemble des ordres produits par les intermédiaires acheteurs est confronté à l'ensemble des ordres produits par les intermédiaires vendeurs afin de déterminer un prix d'équilibre permettant l'exécution du plus grand nombre d'ordres possible.

B- Le rôle des parties dans la détermination du prix

540. Les principes de fonctionnement d'un marché gouverné par les ordres supposent que les intermédiaires n'entrent pas en contact directement et ne négocient pas le prix deux à deux, contrairement au marché gouverné par les prix. Ils doivent au contraire introduire les ordres dans le carnet central, géré par l'entreprise de marché qui se charge de procéder à leur confrontation afin de déterminer le cours d'équilibre auquel le plus grand nombre d'entre eux peut être exécuté. La détermination du prix sur le marché financier est parfaitement « *mécanique* »[5] ; aucune volonté humaine ne concourt à l'appariement des ordres une fois qu'ils ont été intégrés dans le carnet d'ordres central. A partir de ce moment, ni les parties ni leurs intermédiaires ne sont les acteurs matériels de la rencontre des consentements et de la détermination du prix[6], l'opération de marché prend ainsi une « *forme rituelle* »[7].

---

1 M. TORRE-SCHAUB, Essai sur la construction juridique de la catégorie de marché, L.G.D.J., Paris, 2002, n°313, p. 189.

2 M. TORRE-SCHAUB, *op., cit., loc. cit.,*, selon l'auteur, « la notion de marché et de juste serait synonymes et interdépendants ».

3 En ce sens, P. DIDIER, *op. cit.*, p. 232.

4 Ce monopole est désigné aussi sous les termes « obligation de concentration des ordres ». Sur le monopole de négociation, V. H. De VAUPLANE et J.-P. BORNET, *op. cit.*, n° 388, p. 392.

5 H. BOUTHINON-DUMAS, *op. cit.*, n° 455, p. 397.

6 *Ibid., loc. cit.*

7 G. RIPERT et R. ROBLOT, Traité de droit commercial, t.2, *op. cit.*, n° 1872. Les auteurs soulignent : « *la forme rituelle des opérations [de bourse]. Les parties ne se connaissent pas ; les intermédiaires*

541. Le marché apparaît ainsi d'autant plus comme une mécanique impersonnelle que le traitement des ordres est concrètement confié à un automate, en l'occurrence l'ordinateur central de la bourse exécutant le programme d'appariement des ordres et de détermination des prix. De ce fait, la règle de droit apparaît moins comme une prescription comportementale que comme une règle de calcul ou un algorithme informatique. Loin d'être le résultat de la volonté des parties, le prix est calculé par l'ordinateur du marché, il s'agit d'un prix objectif[1].

542. L'une des fonctions majeures des marchés financiers est de permettre la formation des prix qui s'approchent de la valeur véritable des différentes valeurs mobilières échangées, afin de faciliter les échanges et de gagner la confiance des épargnants[2]. Or, seule l'interposition d'un marché peut permettre de dégager ce que certains auteurs appellent le « juste prix ». Si en droit commun de la vente le prix juste est celui qui résulte de la volonté libre des parties, le prix est dit juste dans le droit des marchés financiers parce que sa formation passe par les mécanismes du marché. Cette idée de juste est étroitement liée au marché car passant par lui, en tant que lieu rendant possible le croisement de l'offre et de la demande, le prix est extérieur, objectif et juste[3]. Cette idée de justice se base sur deux éléments : l'idée de juste prix est liée au marché parce que, tout d'abord, « bien qu'émanant en fin de compte des personnes, il est dépersonnalisé car il est passé par le filtre du marché. Le marché a éloigné les personnes de leurs contrats en se posant au milieu comme institution médiatrice, comme seul lieu et interlocuteur valable des échanges »[4]. L'interposition du marché implique ainsi une rupture des liens entre la personne et le contrat. Ensuite, si le prix n'était pas passé par le marché, en tant que lieu favorisant le croisement de l'offre et de la demande, le prix ne pourrait pas se dire extérieur, objectif et juste. « La notion de marché et de juste seraient synonymes et interdépendants »[5]. Si la centralisation des ordres est préférée sur certains marchés financiers, c'est sans nul doute parce qu'elle permet une meilleure protection des épargnants en leur assurant de pouvoir toujours effectuer leurs échanges au prix d'équilibre, censé refléter le jugement moyen de tous les intervenants sur la valeur du titre échangé. « *Laisser se nouer des transactions bilatérales aurait, en revanche, pour inconvénient d'exposer les épargnants inexpérimentés ou mal informés aux risques de fraudes ou à l'arbitraire des investisseurs peu scrupuleux* »[6].

---

traitent entre eux dans les formes fixées par le règlement de la bourse. La volonté ne joue plus aucun rôle à partir du moment où l'ordre a été donné ».

[1] H. BOUTHINON-DUMAS, *op. cit.*, n° 455, p. 398.

[2] M. TOMASI, La concurrence sur les marchés financiers. Aspects juridiques, Paris, L.G.D.J., 2002, n°13, p. 13.

[3] M. TORRE-SCHAUB, Essai sur la construction juridique de la catégorie de marché, Paris, L.G.D.J., 2002, n°313, p. 189.

[4] *Ibid*, n°314, pp. 189 et 190.

[5] *Ibid., loc. cit.*

[6] M. TOMASI, *op. cit.*, n°32, p. 26.

543. Mais il nous semble que la volonté des donneurs d'ordres n'est pas totalement absente. La confrontation des ordres se fait dans le respect de la volonté individuelle des donneurs d'ordres parce que, d'une part, leurs ordres participent normalement à la formation du prix, et d'autre part, les donneurs d'ordres, qui peuvent d'ailleurs assortir leurs ordres d'une limite de prix sous la forme d'un plancher, d'un plafond ou d'une fourchette de prix, consentent de se référer au prix du marché. De telle sorte, on peut considérer que la référence à un cours de bourse est un mode de détermination des prix conforme au principe de l'autonomie de la volonté[1].

544. L'étude de la formation des cours de bourse montre combien ces règles diffèrent de celles relatives au prix d'un contrat de vente de droit commun. En effet, le cours de bourse ne dépend nullement de la volonté des parties, il est déterminé par le marché et non par les parties. Comme l'a fort bien exprimé le professeur H. HOVASSE : « *Ce sont les cours qui arbitrent (...). Les opérateurs ne peuvent avoir simultanément la certitude de la quantité négociée et la certitude du prix* »[2].

[1] D. VALETTE, « Le cours de bourse, réflexions autour d'une réalité juridique », in Études sur le cours de bourse, coordonnées par J. STOUFFLET et J.-P. DESCHANEL, préf. J.-F. THÉODORE, Economica, 1997, n°13, p.7.

[2] Note sous arrêté du 28 juillet 1994, Dr. sociétés, 1994, n° 162.

Conclusion du titre II

545. Lorsqu'un client souhaite réaliser une opération sur un marché réglementé, après avoir passé par la phase d'intermédiation, il doit émettre et transmettre un ordre de bourse à un intermédiaire chargé, seul, d'en rechercher la contrepartie sur ledit marché. C'est ce marché, à travers son système informatique, qui rapprochera les ordres compatibles formant ainsi la négociation entre deux parties qui ne se connaissaient pas. La négociation vise donc la conclusion proprement dite de l'opération et se caractérise tant par la production des ordres sur le marché que par la recherche d'une contrepartie.

546. La mise en œuvre de la négociation conforte l'idée de la contractualisation de l'opération de marché. En effet, toutes les opérations de marché sont fondées sur la notion fondamentale de l'ordre de bourse. L'étude de la phase de la négociation nécessite alors l'analyse de la notion de l'ordre de bourse qui en constitue le fait générateur. L'identification de l'ordre de bourse est appréhendée à travers deux approches combinées. Au singulier, l'ordre de bourse est souvent présenté comme un contrat de mandat. Il nous semble qu'il est plus opportun de le considérer comme étant un contrat d'application d'un contrat cadre qu'est la convention de compte, déjà étudiée dans la phase d'intermédiation. Le passage de l'ordre de bourse entre l'intermédiaire et son client fait naître entre ces deux parties une relation originale. Il ne s'agit ni d'un contrat de courtage, ni d'un contrat de mandat, mais plus précisément d'un contrat de commission étant donné que la représentation en question est imparfaite. Au pluriel, les ordres de bourse sont standardisés et rangés par catégories différentes. Tous les ordres sont inscrits dans une base de données informatique appelée « carnet d'ordres central », tenu dans les comptes d'un dépositaire central. En fonction des instructions relatives aux prix, il existe une variété de types d'ordres, certains comprennent une indication de prix, d'autres ne comprennent pas de telle indication.

547. L'acheminement de l'ordre de bourse vers le marché exige l'étude de sa passation par le donneur d'ordre ainsi que son traitement par l'intermédiaire en bourse. La passation de l'ordre de bourse, pour qu'elle soit valable, nécessite le respect, non seulement, des conditions du droit commun des contrats, comme la capacité des parties et leur consentement, mais aussi d'autres conditions spécifiques au droit financier relatives à la transmission de l'ordre ainsi qu'à sa précision. Après sa passation par le client donneur d'ordres, l'ordre de bourse doit être traité par l'intermédiaire avant d'être transféré sur le marché pour être exécuté dans les meilleures conditions.

548. L'étude de la nature juridique de la négociation renforce, tout comme l'étude de sa mise en œuvre, l'idée de sa nature juridique contractuelle, malgré son apparence non contractuelle. La transaction boursière est précisément une illustration remarquable de ce qu'un accord de volontés peut avoir lieu hors du schéma offre-acceptation qui n'est pas la caractéristique du contrat, mais une théorisation de sa manifestation la plus fréquente et la plus pratique, lorsque les parties ne participent pas à un système d'échange aussi sophistiqué que le marché boursier.

549. Au lieu d'un échange de consentements au sens étymologique du terme[1], c'est-à-dire au sens d'une rencontre de volontés communes entre les parties, la négociation se caractérise par des adhésions individuelles à un processus de règles informatisées et précédemment établies. Dès lors, acheteurs et vendeurs ne conviennent pas d'obligations réciproques et interdépendantes. Ils expriment deux manifestations de volontés unilatérales, l'une pour acheter et l'autre pour vendre, compatibles et de sens inverse. Une fois« objectivés », les consentements exprimés sous forme d'ordres se suffisent à eux-mêmes pour produire les effets de droit voulus, dès le moment qu'ils mentionnent les précisions nécessaires au système central pour qu'il puisse « techniquement » les apparier[2].

550. Le rôle de la considération personnelle des parties au contrat a considérablement reculé sur le marché financier. Ainsi, l'*intuitu personae* a cédé la place à un choix au hasard de la machine[3]. C'est ce qu'un auteur appelle « la dépersonnalisation du contrat » qui se concrétise par « *une indifférence à la personne qui n'a vocation ni à influer sur le contenu du contrat, ni, de manière plus générale, à être prise en considération par son propre cocontractant* »[4]. La dépersonnalisation des rapports contractuels se manifestent surtout par l'anonymat des parties contractantes et l'informatisation des rapports contractuels. Cette dépersonnalisation des rapports contractuels a une répercussion directe sur la question de la formation du rapport d'obligation. Sous un angle classique, à savoir la conformité aux quatre conditions de validité du contrat posées par le COC, ces exigences traditionnelles *« sont tout simplement réputées satisfaites »*[5]. Fondamentalement, la vente des titres en bourse repose sur l'aptitude des valeurs mobilières appropriées à être aliénées et échangées en contrepartie d'un prix. Ces deux éléments fondamentaux, à savoir la chose vendue et le prix présentent dans le cadre d'une négociation boursière des spécificités accrues, sans, pour autant, couper avec la nature contractuelle de la négociation.

---

[1] G. RIPERT et R. ROBLOT, *op. cit., loc. cit.*

[2] M.-A. FRISON-ROCHE, « Remarques sur la distinction de la volonté et du consentement en droit des contrats », RTD civ., 1995, p. 573.

[3] J. HUET, « Le consentement échangé avec la machine », Rev. juris. com.,spéc. nov. 1995, p. 124.

[4] F. DRUMMOND, article précité, p. 661, §9.

[5] H. DE VAUPLANE et S. AMADOU, « Marchés boursiers réglementés et marchés de gré à gré », Dict. Joly Bourse, n°49.

Conclusion de la partie I

551. Ne pouvant intervenir elles-mêmes sur le marché financier réglementé, en raison de l'existence d'une obligation d'intermédiation, les personnes qui souhaitent le faire doivent passer préalablement par la phase d'intermédiation pour pouvoir faire passer leurs ordres de bourse sur le marché déclenchant ainsi la phase de négociation qui correspond, selon la terminologie du droit commun, à l'étape de formation du contrat.

552. Lors de la formation de l'opération de marché, qui se compose de la phase de négociation et celle de l'intermédiation, qui est une phase de pré-négociation indispensable, on a pu conclure une certaine continuité de logiques entre le droit du marché financier, particulièrement en ce qui concerne l'opération de marché, et le droit des contrats. Mieux qu'une continuité de logiques, il s'agit d'un rapprochement, voire d'une adaptation des logiques.

553. L'adaptation des logiques est confirmée, d'une part, dans la phase de l'intermédiation qui se caractérise par un riche tissu contractuel, qui constitue la base de la relation entre n'importe quel investisseur et son intermédiaire en bourse. Cette forte contractualisation, qui marque le début du processus relatif à l'opération de marché, contribue évidemment à l'expansion du phénomène contractuel, qui est un aspect fondamental de l'évolution du droit des contrats en général. La diversité des contrats d'intermédiation ne constitue pas une source de complication puisqu'elle est rationalisée à travers la cohérence des classifications de ces contrats selon les critères du droit des contrats et à travers, également, leur finalité commune, qui est la sécurité du processus de l'opération de marché par l'intervention obligatoire d'un intermédiaire en bourse professionnel.

554. L'intermédiation, ayant un caractère obligatoire, constitue certes une restriction au dogme de l'autonomie de la volonté et particulièrement à la liberté contractuelle, mais ce constat ne doit pas surprendre le juriste contemporain « *tant l'adoption de réglementations contraignantes dans diverses matières emporte classiquement réduction des facultés reconnues aux individus par le Code civil* »[1]. Assurément, la liberté contractuelle n'a jamais été présentée comme principe absolu du droit des contrats. Depuis la promulgation du COC, la consécration de ce principe a subi des atteintes. L'intermédiation obligatoire constitue une « belle » illustration de l'évolution qu'a connue le droit des contrats vers le dirigisme contractuel, comme réaction aux effets pervers de la liberté contractuelle absolue exercée au profit du plus fort économiquement, et qui a pour finalité de « *procurer aux particuliers les moyens d'exercer au mieux leur liberté, notamment en préservant le jeu normal de la concurrence* »[2].

---

[1] A.-C. MULLER, *op. cit.*, p. 34.

[2] A. BRUNET et J.-C. OHLMANN, « Le droit de la concurrence, instrument de restauration de la libre volonté contractuelle », Mélanges A. RIEG, Éditions Bruylant, Bruxelles, 2000, p. 129.

555. L'adaptation des logiques est confirmée, d'autre part, dans la phase de négociation, malgré le fait qu'une partie de la doctrine moderne[1], a essayé de présenter une lecture non contractuelle de l'opération de marché.

556. La mise en œuvre de la négociation conforte l'idée de la contractualisation de l'opération de marché. En effet, toutes les opérations de marché sont fondées sur la notion fondamentale de l'ordre de bourse. Cette notion, qui constitue le cœur de l'opération de marché n'est accessible qu'à travers une lecture purement contractuelle. Ainsi, l'identification et l'acheminement de l'ordre de bourse montrent combien la mise ne œuvre de la négociation est proche, dans sa conception, de la logique du droit des contrats.

557. Les idées classiques relatives à la formation du contrat tels que l'offre et l'acceptation, l'échange de consentements, la personnalisation des rapports contractuels (…), ont pu s'adapter aux nouvelles exigences du marché financier, qui a fourni le substitut à ces notions fondamentales, en faisant recourt à l'objectivation des consentements, à la dépersonnalisation des rapports contractuels et à la standardisation des contrats. Ainsi, le droit du marché financier a dépassé le mythe du contrat, fruit de deux volontés libres et égales, pour participer au renouvellement de sa conception, dans un premier sens d'objectivation, envisagé désormais comme une entité autonome distincte de la personne de ceux qui l'ont conclu, et dans un second sens, par la prise en considération de la situation concrète des parties suite à leur inégalité en favorisant surtout la standardisation des contrats.

558. Grâce à l'évolution qu'a subit, le droit des contrats a mis à la disposition du droit du marché financier les outils qui lui permettent de s'adapter au droit des contrats afin de réaliser son objectif économique. L'opération de marché, s'intégrant dans cette évolution, se trouve dominée, compte à sa formation par la logique contractuelle, participant ainsi à ce qu'on a appelé l'adaptation des deux logiques.

---

[1] V. notamment A.-C. MULLER, *op. cit.*

PARTIE II

LA RUPTURE DE LOGIQUE ENTRE LE DROIT DU MARCHÉ FINANCIER ET LE DROIT DES CONTRATS DANS LE DÉNOUEMENT DE L'OPÉRATION

559. Assurément, l'exécution constitue un moment important dans l'analyse du contrat. Le vocabulaire juridique de l'association Capitant définit l'exécution comme étant : « *l'accomplissement par le débiteur de la prestation due* »[1] ou, « *plus généralement,* (comme) *la réalisation effective des dispositions d'une convention* »[2]. Alors que le droit des contrats se focalise sur la conclusion du contrat, dont l'exécution est avant tout l'affaire des parties, le droit des marchés financiers organise minutieusement le dénouement des opérations. La recherche des caractéristiques propres à l'opération du marché ne doit en aucune manière négliger la phase de l'exécution des transactions tant qu'elle prend une forme spécifique[3].

560. L'opération de marché a pour but d'acquérir la propriété des titres en contrepartie du paiement du prix (ordre d'achat) ou au contraire de se défaire de la propriété des titres afin d'en percevoir le prix (ordre de vente). « *L'opération s'apparente donc économiquement à une vente, mais elle se caractérise par l'autonomie de la situation de chaque opérateur, acheteur ou vendeur* »[4].

561. Il est traditionnellement affirmé que la vente constitue un contrat translatif. Elle se caractérise par le fait, qu'au-delà des obligations auxquelles elle donne naissance comme toute convention, elle transfère des droits d'une partie à l'autre. Dès lors, l'effet obligatoire attaché à toute convention se double d'un effet translatif ; les deux étant en principe indépendants. Le transfert de propriété, qui s'opère en principe dès l'échange de consentements et sans aucune formalité[5], s'avère parfaitement indépendant de l'exécution des obligations des parties au contrat[6]. Les effets du contrat de vente s'articulent alors autour de ces deux questions principales. D'ailleurs, le Code des obligations et des contrats a consacré tout un chapitre[7] relatif aux effets de la vente traitant la question du transfert de propriété et celle des obligations des parties.

562. La particularité du contrat de vente tient à ce qu'il ne se borne pas à engendrer, comme tout contrat, des obligations respectives à la charge du

---

[1] Voc. jur. Ass. H. Capitant, v° Exécution, sens 1.

[2] *Ibid.* sens 2.

[3] A.-C. MULLER, *op. cit.*, p. 180.

[4] A.-C. ROUAUD, *op. cit.*, n°188, p.117.

[5] Dans le langage du droit civil, le transfert de la propriété rend la vente parfaite. La perfection du contrat est en effet liée au transfert. Or, selon l'article 580 du COC, « *la vente est parfaite entre les parties, dès qu'il y a consentement des contractants, l'un pour vendre, l'autre pour acheter, et qu'ils sont d'accord sur la chose, sur le prix et sur les autres clauses du contrat* ». V. également en ce sens l'art. 1583 du Code civil français. Le transfert de propriété intervient donc de droit lors de l'échange des consentements. Il est automatique et s'opère *solo consensu*. V.F. COLLART DUTILLEUL et Ph. DELEBECQUE, *op. cit.*, n° 187, p. 181.

[6] Sur la conciliation de ces deux effets attachés à la vente, de multiples débats doctrinaux ont eu lieu se rattachant surtout au sujet de la clause de réserve de propriété. V. en ce sens T. REVET, « Faut-il retarder le transfert de la propriété ? », Cah. dr. entr., 1995, n° 5, « Les différentes ventes », p.8 ; P. JESTAZ, « La réserve de propriété ou la vente éclatée », Mélanges HOLLEAUX, p.227.

[7] Il s'agit du chapitre II, du titre I, du livre II du COC, relatif aux effets du contrat de vente.

vendeur et de l'acquéreur, mais qu'il opère un **transfert du droit réel**[1]. Ce transfert, qui est précisément l'objectif principal recherché par l'acheteur, confère aux effets de la vente une physionomie particulière. Ils ne mettent donc pas en œuvre seulement le droit des obligations contractuelles, mais font également appel au droit des biens pour déterminer le régime de ce changement de titulaire du droit réel qui résulte de la vente. C'est pourquoi l'étude de l'exécution d'une vente nécessite d'abord l'étude de son effet translatif avant d'examiner ensuite les obligations respectives de l'acheteur et du vendeur, c'est-à-dire son effet obligationnel[2].

563. Ainsi présentés, les deux effets attachés à la vente présentent des particularités accrues dans le cadre de l'opération de marché conclue sur le marché financier. De ce fait, à l'image des effets du contrat de vente, le dénouement de l'opération de marché, concernant surtout la question du transfert de propriété des titres dématérialisés et l'exécution des obligations résultant de l'opération, suscite de nombreuses interrogations juridiques. Plusieurs différences entre les règles particulières de l'opération du marché et le droit commun retiennent l'attention. Le transfert de propriété ne s'opère pas de la même manière et l'exécution des obligations n'obéit pas au même régime.

564. Afin de faciliter la circulation des valeurs mobilières et d'assurer la fluidité du marché face à l'accroissement du volume des transactions, le législateur a annoncé par la loi du 21 mars 2000 la dématérialisation des titres financiers. Cette loi a supprimé les titres papiers pour les remplacer obligatoirement par une inscription en compte auprès d'un intermédiaire habilité[3]. Leur transmission s'effectuant désormais par un simple virement de compte à compte. La réforme de la dématérialisation, qui a contribué à la résurgence d'une question complexe, celle du transfert de propriété des titres, a abouti à l'émergence d'un régime original de transfert de propriété des valeurs mobilières lors d'une opération de marché **(Titre I)**.

565. Dès l'exécution des ordres par leur rapprochement, l'acheteur est engagé à payer et le vendeur à livrer les titres. Plus précisément, le donneur d'ordre acheteur est débiteur d'une obligation de règlement (payer le prix) et créancier d'une obligation de délivrance, tandis que le donneur d'ordre vendeur est débiteur d'une obligation de délivrance et créancier du prix. Nées de l'opération de marché, ces obligations ont en principe vocation à être exécutées immédiatement par les parties. Cependant, ces obligations ne sont pas exécutées en tant que telles, intégralement par les parties, mais sont prises en charge complètement par les organes du marché, essentiellement par la chambre de compensation, ce qui conduit à une exécution très particulière de l'opération de marché (**Titre II**).

---

[1] N. REKIK, Les contrats spéciaux (en langue arabe), Latrach édition, Tunis, 2022, n° 94, p. 77.
[2] A. BENABENT, Droit des contrats spéciaux civils et commerciaux, *op. cit.*, pp. 95 et s.
[3] Art. 2 de la loi n°2000-35 du 21 mars 2000 relative à la dématérialisation des titres.

Titre I - L'originalité du régime de transfert de propriété

566. « *Un marché, qu'il soit financier ou non, est un lieu privilégié de transfert de propriété* » [1]. Toute valeur mobilière est par nature négociable. Ainsi, La négociabilité est « *la qualité attachée à certains titres représentatifs d'un droit ou d'une créance, qui permet une transmission plus rapide et efficace que les procédés du droit civil* »[2]. Il s'agit donc de la transmission d'un droit par un mode simplifié, de droit commercial sans être tenu de recourir aux formalités de cession de créances[3]. Il est fondamental d'observer à cet égard que le marché financier emporte systématiquement une dérogation majeure aux règles relatives à la cession des créances de droit commun. « *C'est au demeurant tout l'intérêt de la négociabilité d'une chose que d'être soumise à un transfert de propriété aux formalités juridiques les plus simples* »[4]. Le développement des marchés financiers n'a fait que multiplier cette dérogation.

567. L'originalité des règles régissant le transfert de propriété des titres sur les marchés financiers ne se limite pas à cette non-application des règles civilistes de cession de créance. Le transfert de propriété des titres négociés sur

---

[1] F. PELTIER, *op. cit.*, p. 160.

[2] G. CORNU (dir.), *Vocabulaire juridique*, *op. cit.*, *v°* Négociabilité.

[3] La cession de créance fait l'objet, en droit tunisien, des articles 199 et suivants du COC, qui sont presque l'équivalent des anciens articles 1689 et suivants du Code civil français. Selon ces articles, la cession de créance est un contrat consensuel. Aux termes de l'article 204 du COC, « *la cession (…) est parfaite par le consentement des parties, et le cessionnaire est substitué de droit au cédant, à partir de ce moment* ». Valable entre les parties, la cession de créance n'est **opposable au débiteur cédé et aux tiers** que sous certaines conditions de publicité indiquées dans les articles 205 du COC et 1690 (ancien) du Code civil. Ainsi l'article 205 prévoit que : « *Le cessionnaire n'est saisi à l'égard du débiteur et des tiers que par* ***la signification du transport*** *faite au débiteur, ou par* ***l'acceptation du transport*** *faite par ce dernier dans un acte ayant date certaine (…)* ». Ces formalités de publicité consistent dans la signification de la cession au débiteur, par exploit d'huissier ou l'acceptation du débiteur par un acte ayant date certaine, avec cette précision que l'ancien article 1690 du Code civil exigeait que ladite acceptation doit être constatée par un acte authentique pour que la date en soit incontestable. V. A. KAHLOUN, *op. cit.*, p. 920 ; K. KHARROUBI, Droit civil, Les modalités de l'obligation *(en langue arabe)*, Tunis, Latrach éditions, 2008, n° 240, p. 182 et s. ; H., L., J. MAZEAUD et F. CHABAS, Leçons de Droit Civil, T.2, Obligations, théorie générale, op. cit., loc. cit.,. **Avec la réforme du 10 février 2016**, la cession de créance devient, en droit français, un contrat solennel. Elle doit être constatée, selon l'article 1322 (nouveau) du Code civil, par écrit, à peine de nullité. La cession de créance constitue donc une dérogation notable au consensualisme. Il ne saurait ainsi exister de cession de créance tacite ou verbale. Peu importe le type d'écrit : sous seing privé, authentique, par voie électronique etc., dès lors qu'il comporte au minimum l'identité des parties, la date de la cession et la désignation des créances cédées. En revanche, le texte ne précise pas la nature de la nullité encourue, absolue ou relative, pas plus les personnes qui pourraient l'invoquer. Concernant **l'opposabilité de la cession de créance**, elle est désormais réglée différemment selon qu'il s'agit du débiteur ou du tiers (qui peut être dans ce cas soit un créancier du cédant, soit un second cessionnaire en cas par exemple d'un créancier « malhonnête » ayant cédé deux fois la créance). L'article 1323 (nouveau) du Code civil prévoit désormais que la cession est opposable aux tiers dès l'établissement de l'acte écrit la constatant.. V. Ph. MALINVAUD, M. MEKKI et J.-B. SEUBE, *op. cit.*, n° 901, p. 816.

[4] F. PELTIER, *op. cit.*, p. 160.

un marché réglementé fait l'objet de dispositions spéciales qui dérogent avec les règles de transfert de propriété dans le contrat de vente.

568. Aussi paradoxal que cela puisse paraître, la réforme de la dématérialisation des valeurs mobilières, en grande partie adoptée pour satisfaire aux exigences de fluidité des marchés financiers[1], a mis en lumière une question, parmi les plus difficiles à cerner, celle du transfert de propriété des titres dématérialisés. En effet, l'accroissement du volume des transactions s'est révélé source d'engorgement des différents circuits d'exécution des opérations de règlement-livraison des titres liés aux négociations en bourse[2]. Afin de faciliter la circulation des valeurs mobilières, la suppression des titres papiers et leur remplacement par une inscription en compte auprès d'un intermédiaire habilité a été rendu légalement obligatoire[3], leur transmission s'effectuant désormais par un simple virement de compte à compte. Du coup, la réforme de la dématérialisation a contribué à la résurgence d'une question complexe, en rupture totale avec le droit commun de la vente, celle du transfert de propriété des titres. La nature particulière des valeurs mobilières[4] conjuguée à leur représentation par une inscription en compte est source de nombreuses interrogations juridiques[5].

569. En droit tunisien, la loi du 21 mars 2000, relative à la dématérialisation des titres a influencé directement le régime de transfert de propriété des titres cotés. Ce transfert, qui s'opérait jadis par le simple échange de consentements, est rattaché désormais à une formalité particulière, celle de « l'inscription en compte ». De ce fait, le transfert de propriété a perdu son caractère *solo consensu*, il n'est plus un effet automatique et abstrait du contrat de vente. *La doctrine unanime a constaté la rupture avec le droit commun constituée par ce régime spécial applicable aux titres négociés*[6], rupture se justifiant non seulement par l'abandon du principe

---

[1] M.-A. FRISON-ROCHE et M. JOCKEY, « Pourquoi existe-t-il encore des titres au porteur ? », J.C.P.(E.), 1994, I, n°344, §1 ; J. FOYER, « La dématérialisation des valeurs mobilières en France », Mélanges FLATTET, Lausanne, p.21 ; M. GERMAIN, « Sociologie de la dématérialisation », Archives de philosophie du droit, Tome XLII, L'argent et le droit, pp.105 et s.

[2] A.-C. MULLER, *op. cit.*, p. 181.

[3] Par les lois n°2000-35 du 21 mars 2000 en Tunisie et celle n° 81-1160 du 30 décembre 1981 en France.

[4] Sur cette question, V. supra n°s 498 et s.

[5] La question du transfert de propriété des titres cotés, certes rapide et efficace, suppose la mise en œuvre d'un processus assez complexe, dont le point de départ est l'échange des consentements et dont le point d'aboutissement sera l'inscription du nom du nouveau propriétaire sur les registres appropriés. Il faut alors savoir précisément quand le cédant cesse d'être propriétaire et quand le cessionnaire acquiert cette qualité.

[6] F. PELTIER, *op. cit.*, p. 162. Unanimes pour affirmer la dérogation au principe du transfert de propriété *solo consensu*, les auteurs le sont moins quant à la portée de cette dérogation. L'affirmation selon laquelle : « le transfert de propriété des valeurs mobilières résulte de leur inscription en compte » peut s'interpréter de différentes manières. Soit on estime que le transfert de propriété est seulement différé, retardé au moment de l'inscription en compte de l'acheteur ; soit on pense que la dérogation est plus profonde et que le texte fait de l'inscription

de transfert de propriété *solo consensu* **(Chapitre I)**, mais aussi par la nature très particulière reconnue à l'inscription en compte **(Chapitre II)**.

Chapitre I - L'abandon du principe de transfert de propriété *solo consensu*

570. Avec la loi de la dématérialisation des titres, le législateur a différé le moment du transfert de propriété des valeurs mobilières cotées au moment de leur inscription en compte remettant ainsi en cause le principe de transfert de propriété *solo consensu* (**Section II)**. Ce principe qui consacre le transfert de propriété immédiat des valeurs mobilières cotées a été longtemps consacré par le législateur tunisien avant la dématérialisation des titres malgré son inadaptation (**Section I)**.

Section I : L'inadaptation du transfert immédiat

571. Le principe de transfert de propriété *solo consensu* a toujours été appliqué aux transmissions des valeurs mobilières avant l'entrée en vigueur de la loi n° 2000-35 du 21 mars 2000 relative à la dématérialisation des titres. La transmission de propriété étant réalisée par le seul accord des parties, au moment de la rencontre de leurs volontés. Ce principe a été bien consacré en droits tunisien et français avant la dématérialisation **(§1)** en dépit de ses limites **(§2)**.

§1- La consécration du principe avant la dématérialisation

572. En droit commun des contrats, le transfert de propriété, qui revêt un caractère purement consensuel, s'opère en principe *solo consensu* et de façon immédiate. Il s'agit en réalité de deux questions distinctes, bien qu'elles soient souvent associées. Le transfert *solo consensu* signifie que la propriété est transférée par le seul échange des consentements, sans formalités et sans qu'il soit nécessaire d'effectuer une opération matérielle bien déterminée, telle que la délivrance de la chose, objet du transfert[1]. Corollaire logique du transfert *solo*

---

un élément substantiel du transfert de la propriété, les volontés des parties à la transaction étant impuissantes à opérer à elles seules ce transfert, V. A.-C. MULLER, *op. cit.*, p. 198.

[1] V. en droit tunisien : N. BEN AMMOU, Les contrats spéciaux : La vente et l'échange *(en langue arabe)*, éd., CPU, Tunis, 2008, n° 162, pp. 192 et s. ; K. KHARROUBI, Les contrats nommés : Le mandat- la vente-le bail *(en langue arabe)*, éd., CPU, Tunis, 2007, n° 274, p. 192 et s. ; A. AL-AHMADI, Droit civil, Contrats spéciaux, La vente*(en langue arabe)*, éd. Al –Wafa, Tunis, 1997, p. 291, n° 323. V. également en droit français : F. COLLART DUTILLEUL et Ph. DELEBECQUE, *op. cit.*, n° 187, p. 181 ; H., L., J. MAZEAUD et F. CHABAS, Leçons de Droit Civil, T. II, Vol. 2, Biens, Droit de la propriété et ses démembrements, Paris, Montchrestien, 8ème éd.,1994, n° 1612 et s., pp.346 et s. ; T. BONNEAU et F. DRUMMOND, op. cit., n° 691, p.837 ; Ph. ANTONMATTEI et J. RAYNARD, Droit civil, Contrats spéciaux, Paris, Litec, 1997, n°148, p.130 ; Ph. MALAURIE, L. AYNÈS et P. GAUTIER, Les contrats spéciaux, *op. cit.,* n°252, p. 166 ; F. LECLERC, Droit des contrats spéciaux, Paris, LGDJ, 2007, n°220, p.107 et s.

consensu, le transfert immédiat de la propriété signifie que le transfert de propriété intervient en principe dès la conclusion du contrat[1].

573. Le transfert de propriété des valeurs mobilières cotées en bourse conduit à deux cas de figures. Soit le vendeur ne cède qu'une partie des titres de même nature qu'il détient dans son portefeuille **(A)**, soit qu'il aliène la totalité des titres de même nature qu'il possède **(B)**.

A- L'aliénation d'une partie des titres

574. En cas d'aliénation par le vendeur d'une partie des titres de même nature, cotées en bourse, qui est le cas le plus fréquent en pratique, la règle du transfert de propriété *solo consensu* était parfaitement applicable. Cette règle a été consacrée en droit tunisien par l'article 205 du règlement général de la BVMT qui prévoit que : *« Dès le jour de l'exécution de son ordre, le client acheteur devient propriétaire des titres concernés et le client vendeur en perd la propriété »*[2]. Le moment de l'exécution de l'ordre de l'acheteur était celui de l'appariement des ordres du vendeur et de l'acheteur, supposé le moment de l'échange des consentements.

575. La règle du transfert de propriété *solo consensu*[3], consacrée par le règlement général de la BVMT, qui date de 1997[4], trouve son fondement dans le droit commun de la vente, spécialement dans l'article 580 du COC qui prévoit que : « *La vente est parfaite entre les parties, dès qu'il y a consentement des contractants, l'un pour vendre, l'autre pour acheter, et qu'ils sont d'accord sur la chose, sur le prix et sur les autres clauses du contrat* ». L'article 583 du même code ajoute que : « *L'acheteur acquiert de plein droit la propriété de la chose vendue, dès que le contrat est parfait par le consentement des parties* »[5].

---

[1] Ces deux principes sont supplétifs, les parties peuvent donc y déroger. Par exemple, en stipulant que le transfert de propriété interviendra au moment de la remise matérielle de la chose par le vendeur à l'acquéreur, les parties dérogent à la fois au principe du transfert *solo consensu* de la propriété (le transfert est conditionné à l'accomplissement d'une formalité : la remise matérielle de la chose, la *traditio*) et au principe du transfert immédiat. Les parties peuvent aussi stipuler que le transfert de propriété interviendra dix jours après la conclusion du contrat de vente, les parties dérogent au principe du transfert immédiat de la propriété, mais pas au principe du transfert *solo consensu* (la propriété sera transférée au bout de dix jours par le seul effet de la volonté des parties, sans que l'accomplissement d'une formalité quelconque ne soit nécessaire).

[2] Plus précise semble la version arabe de ce texte, qui prévoyait que le transfert de propriété s'effectue à partir de la date de l'exécution, non à partir du jour de l'exécution, comme l'édictait la version française.

[3] Sur le plan conceptuel, on parle généralement de transfert de propriété *solo consensu*, c'est-à-dire par le seul effet du consentement. Mais, on peut parler, des fois, du transfert de propriété *solo contractu*, c'est à dire par le seul effet du contrat. Le terme *solo consensu* est utilisé «*pour exprimer le principe du consensualisme : les obligations contractuelles résultent de la seule rencontre des volontés qui peuvent s'accorder d'une manière quelconque (…), et la convention de donner opère déplacement instantané de la propriété sans requérir ni formalité ni tradition*», H. ROLAND, Lexique juridique, Expressions latines, 4ème éd., Litec, 2006, *v°Solo consensu.*

[4] Tel que visé par l'arrêté du Ministre des Finances en date du 13 février 1997 et modifié par les arrêtés du Ministre des Finances du 9 septembre 1999, du 24 septembre 2005, du 24 septembre 2007, du 15 avril 2008 et du 12 janvier 2016.

[5] L'article 1583 du Code civil français consacre le même principe.

576. Le législateur français, contrairement à certains législateurs européens[1], a consacré le principe de transfert de propriété *solo consensu* à travers l'article 1196 du Code civil français[2], qui prévoit que : « *Dans les contrats ayant pour objet l'aliénation de la propriété ou la cession d'un autre droit, le transfert s'opère lors de la conclusion du contrat. Ce transfert peut être différé par la volonté des parties, la nature des choses ou par l'effet de la loi* ».

577. Le droit français a connu une évolution remarquable en matière de transfert de propriété des titres échangés sur un marché réglementé. En effet, avant la promulgation de la loi n° 93-1444 du 31 décembre 1993 portant diverses dispositions relatives à la Banque de France, à l'assurance, au crédit et aux marchés financiers[3], doctrine et jurisprudence appliquaient la règle du transfert de propriété *solo consensu* consacrée en droit commun conformément à l'article 1138 du Code civil français qui prévoit que : *« l'obligation de livrer la chose est parfaite par le seul consentement des parties contractantes »*[4].

578. La doctrine majoritaire considérait que toute négociation des titres était parfaite entre les parties dès l'échange des consentements[5]. Un auteur a pu écrire dans ce sens que : « *s'agissant des valeurs dématérialisées, l'effet translatif de propriété a été donc attaché à la convention indépendamment de toute inscription en compte et cette solution semblait parfaitement conforme à la pensée des rédacteurs du code civil* »[6]. Dès lors, le transfert de propriété s'accomplit par le seul effet du contrat, dès l'échange des consentements et sans aucune formalité, tout au moins en principe.

579. La règle du transfert de propriété *solo consensu*, qui s'explique par l'évolution de l'ancien droit[7], n'a pas été altérée par la dématérialisation, de sorte que le transfert de propriété des titres scripturaux, c'est-à-dire des titres inscrits en compte, s'opérait entre les parties solo consensus. La jurisprudence a bien

---

[1] Contrairement au droit français qui admet clairement le principe du transfert de propriété « solo consensu », les droits allemand et espagnol font sans aucun doute preuve d'originalité en le rejetant avec ferveur. Ce rejet est consacré en droit espagnol par l'article 1473 du Code Civil Espagnol (CCE) et en droit allemand par l'article 929 du BGB qui prévoit que : « *pour le transfert de propriété d'une chose mobilière, il est nécessaire que le propriétaire livre la chose à l'acquéreur et que les deux acceptent le transfert de propriété. Si l'acquéreur est en possession de la chose, le consentement au transfert de propriété suffit* ».

[2] Tel que modifié par l'article 2 del'ordonnance n°2016-131 du 10 février 2016.

[3] Cette loi a modifié l'article 47 bis de la loi n° 83-1 du 3 janvier 1983 sur le développement des investissements et la protection de l'épargne, lequel a été codifié à l'article L. 413-2 du Code monétaire et financier.

[4] Cet article du Code civil français a été abrogé à partir du 1er octobre 2016 et remplacé par l'article 1196 du même Code. Mais, il est à noter que ce nouvel article 1196 adopte toujours le principe du transfert de propriété *solo consensu*.

[5] G. RIPERT et R. ROBLOT, Traité de droit commercial, *op. cit.*, n° 1794 ; H. CAUSSE, Les titres négociables, essai sur le contrat négociable, Litec, 1993, Préf. B. TEYSSIE, p. 328, n° 661 ; C. LASSALAS, L'inscription en compte des valeurs mobilières, la notion de propriété scripturale, Préf. J. STOUFFLET, PUCF-LGDJ, 1997, p.218, n° 640.

[6] *Ibid., loc. cit.*

[7] T. BONNEAU et F. DRUMMOND, *op. cit.*, n° 691, p. 837.

confirmé cette solution[1]. Dans un arrêt de principe, appelé l'arrêt *Korzilius*, la chambre commerciale a pu démontrer que : « *Attendu que les dispositions de l'art. 94-II de la loi du 30 décembre 1981 et celles des articles 1er et 2 du décret du 2 mai 1983 se bornent à fixer les modalités nouvelles selon lesquelles sont matérialisés et transférés les titres de valeurs mobilières émis en territoire français et soumis à la législation française, en imposant une inscription sur un compte au nom du propriétaire tenu par la société émettrice ou un intermédiaire habilité ; que ces dispositions n'ont aucune portée en ce qui concerne le transfert de propriété entre les parties à une vente de titres, qui s'opère par l'effet de convention de cession* »[2].

580. Ainsi, sous l'influence du consensualisme, le transfert de propriété des valeurs mobilières avait un caractère automatique, et l'inscription en compte constituait, au mieux, une présomption simple de propriété[3] ou une condition d'opposabilité de ce transfert *erga omnes,* donc, en particulier, à l'égard de la société émettrice et des tiers[4]. D'ailleurs, c'était le cas avant la dématérialisation pour les titres nominatifs, qui faisaient déjà l'objet d'une inscription dans un registre tenu par la société émettrice[5]. En effet, l'inscription du nouveau titulaire sur le registre était nécessaire seulement pour rendre le transfert de droit opposable aux tiers et elle n'avait aucune valeur acquisitive de droit.

581. En somme, l'application du principe de transfert de propriété *solo consensu* a été consacrée en droit tunisien jusqu'à l'entrée en vigueur de la loi du 21 mars 2000 relative à la dématérialisation des titres. En droit français, c'est la

---

1 Com. 23 novembre 1993, Bull. civ., IV, n° 431, p. 313; Bull.Joly Sociétés, 1994, § 18, p.93, note D. LEPELTIER ; Dr. Sociétés, février 1994, n° 41, note H. HOVASSE. Sur la jurisprudence de la première chambre civile (Civ. 1, 27 octobre 1993, Bull. civ., n° 299, p. 205), v. P. GISSINGER et A. CAUVIN, Bréviaire sur le régime juridique du transfert de propriété d'instruments financiers, Rev. dr. Bancaire et bourse, n° 75, septembre-octobre 1999, pp.132 et s. ; H. LE NABASQUE et A. REYGROBELLET, « L'inscription en compte des valeurs mobilières, La transmission des valeurs mobilières et l'inscription en compte », Rev. dr. Bancaire et financier, n° 4, juillet-août 2000, p. 261, spéc. n° 6 et 7.

2 Cass. Com. 22 novembre 1988, Bull. IV, n° 322, p. 216.

3 Cass. Com., 10 juin 1997, bull. civ., IV, n° 186, p. 163 : « *l'inscription des actions litigieuses (…) sur le registre des transferts de la société constituait au bénéfice du titulaire une présomption de propriété (…)* ».

4 Cass. Com., 24 janvier 1989, Nortène, bull. civ., IV, n° 39, p.24 : « *la transmission de la propriété des titres nominatifs s'opérait dans les rapports entre les parties par le seul effet de la convention de cession, l'inscription sur le registre de la société ayant pour effet de rendre cette transmission opposable aux tiers et à elle-même* » ; *JCP, G, 1994, IV, 293 ; Bull. Joly, 1994, p. 93, note D. Lepeltier ; Dr. societies, 1994, comm. 41, obs. H. Hovasse, Cass. com., 10 juin 1997, n° 95-16.235, JurisData, n° 1997-002675 ; Dr. sociétés 1997, comm. 134, obs. H. Hovasse, Cass. com., 22 oct. 2002, n° 98-22.772, JurisData, n° 2002-016143 ; D., 2003, p. 1225, note A. Reygrobellet ; Bull. Joly, 2003, p. 50, note H. Le Nabasque.* V. aussi T. BONNEAU et F. DRUMMOND, *op. cit.*, n° 691, p.837.

5 Le décret n° 55-1595 du 7 décembre 1955 dans son article 1er, al.1 disposait que : « *les droits du titulaire d'un titre sont établis par une inscription sur le registre de la personne morale émettrice* » et que « *la transmission du titre nominatif ne peut s'opérer à l'égard des tiers et de la personne morale émettrice que par une inscription sur ce registre* ». La jurisprudence déduisait de cette disposition que l'inscription en compte avait une fonction d'opposabilité aux tiers de la transmission, le transfert s'opérant entre les parties par le seul échange des consentements. V. Cass. Com., 18 février 1980, bull. civ., IV, n° 86, p.66.

loi n° 93-1444 susmentionnée qui a remis en cause la règle de transfert de propriété *solo consensu,* coupant ainsi avec le consensualisme.

B- La vente d'un bloc de titres

582. Le principe *solo consensu* s'applique parfaitement lorsque le transfert de propriété porte sur la totalité des valeurs mobilières inscrites en compte[1]. Comme c'est le cas des biens corporels, le transfert de propriété de la totalité des valeurs mobilières inscrites en compte s'opère dès l'échange de consentement car le solde d'un compte représente une quantité de valeurs scripturales individualisées[2]. La vente est qualifiée dans ce cas comme étant une « vente en bloc », puisque les valeurs mobilières objet de la vente[3], bien qu'elles soient des choses de genre, sont mises à part dès la conclusion du contrat. Elles constituent dans cette hypothèse particulière un objet individualisé au sein du patrimoine du vendeur ; elles sont de ce fait assimilées à un corps certain pour ce qui est du transfert de la propriété. Par conséquent, le transfert de propriété s'opère solo *consensu* pour la vente en bloc[4].

583. Dès lors, le bloc constitue une entité individualisée qui se transmet d'un patrimoine à un autre dès l'échange de consentements sans aucun procédé spécifique. La vente en bloc est assimilée à la vente de corps certain, en ce sens que la propriété est immédiatement transférée à l'acheteur. S'il en est ainsi, c'est parce que, dans la vente en bloc, la chose vendue est individualisée dès la formation du contrat, ce qui rend le transfert de propriété possible. Cette solution trouve sa justification dans l'article 582 alinéa premier du C.O.C. qui prévoit que : « *lorsque la vente a été faite en bloc, le contrat est parfait dès que les parties sont convenues de l'objet et du prix et des autres clauses du contrat, quoique les choses qui en font l'objet n'aient pas encore été pesées, comptées, mesurées ou jaugées* ». Le transfert de propriété s'opère donc dès la conclusion de la vente et avant même les opérations de mesurage nécessaires pour fixer le prix global.

584. La Cour de Cassation tunisienne a considéré dans certains arrêts que la vente produit un transfert immédiat de la propriété[5]. Or, cette solution n'a pas été prévue par l'article 2 de la loi du 21 mars 2000 qui n'exclut pas de son domaine les ventes en bloc de titres. En ces termes, « *Les valeurs mobilières visées à l'article premier ci-dessus sont dématérialisées et sont représentées par une inscription au compte de leur propriétaire auprès de la personne morale émettrice ou d'un intermédiaire agréé. Elles se transmettront par transfert d'un compte à un autre* ». De portée générale, cet article enveloppe toutes les ventes, sans aucune distinction entre les ventes en bloc de titres et celles d'une quantité bien déterminée, ce qui pose un problème de discordance avec le droit commun[6]. Néanmoins, en cas de cession d'une

---

[1] C. LASSALAS, *op. cit.*, p. 230 ; A.-C. MULLER, *op. cit.*, n° 261, p. 208.

[2] C. LASSALAS, *op. cit.*, p. 230 ; F.-G. TREBULLE, L'émission de valeurs mobilières, Economica, Paris, 2002, n° 685, p. 486.

[3] A.-C. MULLER, *op. cit.*, n° 261, p. 208.

[4] Art. 1586 du Code civil.

[5] Cass. Civ., n° 9352 du 29 mars 1984, Bull. Civ., 1984, I, p. 266.

[6] Ch. MZOUGHI, *op. cit.*, p. 248.

partie seulement des titres inscrits en compte, le transfert de propriété se trouve retarder à l'individualisation comme on essayera d'expliquer ultérieurement.

585. Si le nouveau régime formaliste du transfert de propriété a vu le jour, en droit tunisien, après la loi du 21 mars 2000 relative à la dématérialisation des titres, c'est parce que l'ancien régime, fondé sur le consensualisme, avait plusieurs limites.

§2- Les limites du principe de transfert solo consensu

586. L'application du transfert de propriété *solo consensus* aux valeurs mobilières dématérialisées posait en réalité plusieurs difficultés. Certaines de ces difficultés sont liées aux exigences du marché **(A)**, d'autres peuvent être rattachées à la dématérialisation des titres **(B)**.

A- Les limites du principe de transfert *solo consensu* liées aux exigences du marché

587. Les limites du principe de transfert *solo consensu* liées aux exigences du marché ont été mises en évidence, pour la plupart, par la commission Cotte[1]. Un auteur a pu soulever que le droit commun de la vente, appliqué à la négociation boursière emporterait : « *un cortège d'effets fâcheux pour la sécurité des transactions qui doit être l'impératif privilégié en cette matière* »[2]. Ainsi, les critiques adressées à l'application du transfert de propriété *solo consensu* s'articulent autour de deux axes principaux. Le premier concerne le problème de détermination du propriétaire des titres entre la date de négociation et celle du règlement-livraison **(1)**, tandis que le second tient au fonctionnement de l'ancien marché à règlement mensuel **(2)**, propre au droit français.

1. Le problème de détermination du propriétaire des titres entre la date de négociation et celle du règlement-livraison

588. Le droit commun, entraînant le caractère immédiat et consensuel du transfert de propriété, était difficile à concilier avec la circulation des titres. Selon les articles 580 du COC et 1583 du Code civil français, l'acheteur devenait propriétaire dès la négociation, c'est-à-dire dès l'accord des parties, alors que le vendeur restait inscrit en compte et avait encore la possibilité de disposer et de bénéficier des titres. L'absence de concomitance entre la constatation des droits au profit de l'acheteur et les mouvements de titres et d'espèces intervenant entre les intermédiaires sur le marché constitue un risque réel de perturbation du marché[3].

---

[1] Sur les travaux de cette commission, plus généralement sur le transfert de propriété des valeurs mobilières admises aux négociations sur un marché réglementé, V. not. Ph. GOUTAY, Le transfert de propriété des titres cotés, thèse, Paris IX, 1997 ; B. GIZARD et H. DE VAUPLANE, « Le transfert de propriété des titres cotés », Banque n°546, mars 1994, p.66 ; H. DE VAUPLANE, « Le régime juridique du transfert de propriété des titres cotés », Banque et Droit, n°35, mai-juin 1994, p.11.

[2] H. HOVASSE, note sous Cass. Com., 23 novembre 1993, Bull. civ. I, 1993.

[3] S. ARNAUD et S. GINON et F. PETIT, « Le transfert de propriété des valeurs mobilières », Droit des sociétés, n° 10, Octobre 2012, étude 14.

589. L'application du transfert de propriété *solo consensus* aux valeurs mobilières dématérialisées aboutissait à ce que la propriété des titres soit reconnu à l'acheteur dès la négociation, alors que le vendeur restait inscrit et bénéficiait de ce fait d'une présomption de propriété. L'application du principe du transfert de propriété *solo consensus* rendait ainsi difficile la détermination du propriétaire des valeurs mobilières dans la période se situant entre la négociation et le règlement-livraison [1]. En effet, le client acheteur étant considéré comme propriétaire du jour de la négociation, alors que le compte de son intermédiaire n'était crédité que lors de la livraison. Cette question était source de difficultés notamment pour l'exercice des prérogatives d'actionnaire, surtout la participation aux assemblées. Ainsi, le vendeur ne pouvait participer aux assemblées à partir de la négociation, tandis que l'acheteur ne pouvait y participer tant que les actions n'avaient pas été créditées à son compte[2].

590. La fixation du transfert de propriété à la date de la négociation, résultant de l'application de la règle du transfert de propriété *solo consensu*, était source de dysfonctionnements sur les marchés financiers.

2. Le fonctionnement de l'ancien marché à règlement mensuel

591. Sans doute, cet argument est d'ordre historique, puisqu'il concerne le marché à règlement mensuel, qui n'existe plus en droit français[3] et qui n'a jamais existé en droit tunisien[4]. Toutefois, il nous semble utile de l'évoquer d'autant que les critiques ayant été adressées au principe du transfert de propriété *solo consensus* sont apparues principalement sur ce marché. En effet, l'ancien marché à règlement mensuel, regroupant les valeurs mobilières les plus liquides, se distinguait du marché au comptant par le fait que l'exécution de la négociation, la livraison des titres ainsi que le versement des espèces, étaient différés à la fin du mois boursier. Par conséquent, l'achat et la revente d'un nombre identique de titres au cours du même mois se compensait et aboutissait au règlement ou à l'encaissement de la différence du prix. C'est pourquoi, s'est développée, sur ce marché, la pratique des ventes à découvert qui consiste à céder des titres que l'on ne détient pas[5]. En effet, il s'avère parfaitement

---

[1] C. LASSALAS, *op. cit.*, n° 642, p. 219.

[2] A. COURET, H. LE NABASQUE, M.-L. COQUELET, T. GRANIER, D. PORACCHIA, A. RAYNOUARD, A. REYGROBELLET et D. ROBINE, *op.cit.*,n° 1137 et s.

[3] Ce marché a été supprimé en France le 22 septembre 2000 dans un souci d'harmonisation des places financières en Europe (Cf. Communiqué Parisbourse[SBF] SA du 16 mai 2000, Bull. Joly Bourse, 2000, p. 388). Aujourd'hui, c'est l'OSRD qui rend aux donneurs d'ordres un service équivalent mais payant. Le relais étant assuré par les prestataires de services d'investissement qui se substituent aux donneurs d'ordres pour régler ou livrer les titres au comptant. Le double transfert de propriété sur lequel repose ce type particulier d'ordre, ainsi que l'opération liée qu'il implique, suscitent de délicats problèmes de qualification. Sue ce point, V. T. BONNEAU, « Du règlement mensuel au règlement différé : un mini-séisme ou une réforme en trompe-l'œil ? », Bull. Joly Bourse, 2000, p.511 et aussi J.-J. DAIGRE et H. DE VAUPLANE, Banque et Droit, n°73, sept./oct. 2000, p. 33 et n°75, janv./fév. 2001, p. 29.

[4] Le marché financier tunisien est depuis sa création un marché au comptant conformément à l'article 77 du Règlement Général de la Bourse des Valeurs Mobilières de Tunis.

[5] A.-C. MULLER, *op. cit.*, n° 250.

possible de vendre des valeurs sans en être titulaire du moment qu'il suffit d'en acheter une même quantité avant la fin du mois pour être dispensé de les livrer[1]. Cette possibilité de vente à découvert constitue un facteur important de développement spéculatif des marchés financiers car l'investissement minime de fonds que représente la découverte permet de tirer profit d'une variation des cours[2].

592. Selon les auteurs du rapport Cotte, à l'origine de la réforme, cette possibilité de vente à découvert engendrait une majoration artificielle du nombre des titres en circulation, puisqu'à l'inscription au compte de l'acheteur ne correspondait aucune « désinscription » du vendeur qui ne possédait pas les titres, objets de la négociation.

593. Par conséquent, le principe du transfert de propriété *solo consensus* risquait, spécifiquement en droit français, d'entraîner une inflation des titres en raison de la possibilité pour les vendeurs d'agir à découvert[3]. En effet, dans cette hypothèse l'acheteur se voyait reconnaître la propriété des valeurs mobilières que le vendeur ne possédait pas. Il existait ainsi « *une impasse entre les concepts dégagés par la doctrine et la jurisprudence d'une part et les pratiques des professionnels de la bourse, d'autre part* »[4].

594. Le législateur a donc fait le choix, s'agissant du transfert de propriété des valeurs mobilières négociées sur un marché réglementé, d'évincer le principe de droit commun. La loi n° 93-1444 du 31 décembre 1993 a ainsi modifié l'article 47 bis de la loi du 3 janvier 1983 afin que ce texte, devenu l'ancien article L. 431-2 du Code monétaire et financier, dispose que le transfert de propriété des valeurs mobilières intervient, en cas de cession sur un marché réglementé, par l'inscription au compte de l'acheteur[5]. Cette dérogation au principe du transfert de propriété *solo consensus* a permis de résoudre les difficultés identifiées par la commission Cotte.

B- Les limites du principe de transfert *solo consensu* liées à l'échange de consentements entre les parties

595. Contrairement au droit commun, le transfert de propriété des valeurs mobilières en droit tunisien dépond principalement du statut de l'émetteur[6]. En

[1] Cette hypothèse nous rappelle l'article 576 du COC relatif à la vente de la chose d'autrui. Pour une étude détaillée sur la question, V. A. BEN TALEB, op. cit., n° 233, pp. 287 et s.

[2] A.-C. MULLER, *op. cit.,loc. cit.*

[3] C'est-à-dire sans posséder les titres objet de la vente au moment de sa formation.

[4] H. DE VAUPLANE, « Le régime juridique du transfert de propriété des titres cotés », Banque et Droit, n°35, mai-juin 1994, p.13.

[5] Sur cette réforme, V. H. BOUTHINON-DUMAS, *op. cit.*, n° 208 et s. ; Ph. GOUTAY, « Le transfert de propriété des titres cotés », Actes pratiques, n°70, juill.-août 2003, p. 5 et s. ; B. GIZARD et H. DE VAUPLANE, « Le transfert de propriété des titres cotés », Banque n°546, mars 1994, p.66 ; H. DE VAUPLANE, « Le régime juridique du transfert de propriété des titres cotés », Banque et Droit, n°35, mai-juin 1994, p.11 ; C. MERKIN et B. DE SAINT MARS, « Transfert de propriété sur le marché des valeurs mobilières. Le nouvel article 47 bis de la loi du 3 janvier 1983 », RD Bancaire et Bourse, n°41, janv.-févr. 1994, n° 41, p.2.

[6] M.-M. CHAFFAI, article précité, p.390.

effet, les valeurs mobilières émises par une société ne faisant pas appel public à l'épargne font l'objet d'une cession qui se réalise en principe en dehors du marché conformément à l'article 71 de la loi du 14 novembre 1994 relative à la réorganisation du marché financier. Le transfert s'opère ainsi dans un cadre purement bilatéral, sans l'intervention d'un intermédiaire en bourse[1]. Ce sont les parties qui fixent de gré à gré le prix et la quantité des titres, objet de la cession, ainsi que toutes les modalités et les garanties relatives à l'opération juridique envisagée. En revanche, les valeurs mobilières émises par une société faisant appel public à l'épargne font l'objet d'une négociation qui obéit à un régime juridique totalement différent, s'opposant radicalement à la règle du transfert *solo consensu.*

596. Le transfert de propriété *solo consensu* est celui qui s'effectue au moment de l'échange de consentements entre les parties contractantes, conformément à l'article 583 du COC. Or, sur le marché boursier, il est difficile de parler d'un véritable échange de consentements, d'autant plus qu'il n'est pas facile aussi de fixer le moment de l'échange des consentements, si échange au sens classique du terme existe[2].

597. Quant à l'absence d'un véritable échange des consentements sur le marché boursier, il suffit de rappeler que toute négociation en bourse est soumise à l'obligation de concentration. Cela signifie que la négociation des valeurs mobilières émises par appel public à l'épargne se réalise en principe exclusivement sur le marché boursier. Ainsi, c'est la confrontation des ordres de vente et d'achat qui permettra la conclusion définitive des contrats. Le déroulement de telles opérations, se réalisant à travers le système informatique de la bourse des valeurs mobilières de Tunis, met en évidence la prépondérance des exigences liées au bon fonctionnement du marché sur la volonté des parties[3]. Ainsi, ni l'acheteur, ni le vendeur ne seront en mesure de choisir leur contrepartie. En d'autres termes, c'est le marché qui déterminera l'identité aussi bien du vendeur que de l'acheteur[4]. Dans de telles conditions, il serait difficile de parler d'un véritable échange de consentements au sens étymologique du terme[5] étant donné que le choix de la contrepartie ne se fait nullement par la libre volonté des parties, mais plutôt par des mécanismes propres au marché[6]. A cet égard, le professeur M. JEANTIN affirme, à juste titre, qu' « *on ne peut considérer que le marché est la somme de transactions réalisées face à face. Il exclut tout au*

---

1 M.-M. CHAFFAI, article précité, pp.376 et s.

2 Ch. MZOUGHI, *op. cit.*, n°399, p. 250.

3 F. DRUMMOND « Le contrat comme instrument financier », *in.* Mélanges en hommage à F. TERRÉ, P.U.F., 1999, p.661, pour qui la dépersonnalisation du contrat se manifeste «*par une indifférence à la personne qui n'a vocation ni à influer sur le contenu du contrat, ni de manière plus générale, à être prise en considération par son propre contractant*».

4 A. BOUKAMCHA, thèse précitée, pp. 336 et s.

5 C'est-à-dire au sens d'une rencontre de volontés communes entre les parties. V. G. RIPERT et R. ROBLOT, Traité de droit commercial, T. 2, Effets de commerce, Banque et Bourse, Contrats commerciaux, Procédures collectives, *op. cit.*, n° 1874, p. 80.

6 A. BOUKAMCHA, thèse précitée, p. 337.

contraire le caractère bilatéral des conventions pour y subsister une mécanique globale de règlement»[1], conduisant à une « *remise en cause de la figure du contrat synallagmatique* »[2].

598. Quant à la difficile détermination du moment de l'échange des consentements, il est utile de préciser que le vendeur et l'acquéreur contractent en réalité, non avec une personne précise, mais avec le marché[3]. En effet, en raison de l'intervention de plusieurs intermédiaires, parfois obligatoire[4], parfois facultative[5], il est difficile de déterminer le moment au cours duquel, on peut véritablement parler d'échange de consentements. Est-ce le moment de transmission des ordres par les intermédiaires sur le marché ? Ou celui de la confrontation globale des ordres ? Ou bien celui de l'appariement des ordres ? Tant de questions restent sans réponses précises témoignant que le transfert de propriété sur le marché boursier obéit à une logique collective propre au marché, qui réduit le rôle traditionnellement reconnu aux volontés individuelles dans la formation des contrats. Dès lors, l'application du principe de transfert de propriété solo consensu sur le marché boursier ne tient pas compte de la spécificité de l'échange de consentement sur ce marché, ce qui constitue une limite essentielle à l'application de ce principe.

599. En tenant compte de toutes les limites déjà présentées, l'existence de la règle du transfert de propriété solo consensu, ayant été confirmée en 1997 par l'article 205 du règlement général de la bourse des valeurs mobilières de Tunis[6], ne va pas durer longtemps. L'année 2000 a porté des nouveautés par promulgation, à la fois, de la loi relative à la dématérialisation des titres[7] et de la loi n° 2000-93 du 3 novembre 2000, portant promulgation du Code des sociétés commerciales[8]. La loi du 21 mars 2000[9], qui a supprimé tous les titres papiers pour ne conserver qu'un seul mode de représentation de la valeur

---

[1] M. JEANTIN, « Le droit financier des biens », *in.* Mélanges M. JEANTIN, Dalloz, 1999, pp. 3 et s.

[2] *Ibid., loc. cit.*

[3] H. LE NABASQUE et A. REYGROBELLET, « L'inscription en compte des valeurs mobilières, La transmission des valeurs mobilières et l'inscription en compte », Rev. dr. Bancaire et financier, n° 4, juillet-août 2000, n° 23, p. 265.

[4] Il s'agit des intermédiaires en bourse et du marché.

[5] Il s'agit des teneurs de comptes.

[6] Tel que visé par l'arrêté du Ministre des Finances en date du 13 février 1997 et modifié par les arrêtés du Ministre des Finances du 9 septembre 1999, du 24 septembre 2005, du 24septembre 2007 et du 15 avril 2008.

[7] Loi n°2000-35 du 21 mars 2000, relative à la dématérialisation des titres.

[8] Telle que modifiée par la loi n°2004-90 du 31décembre 2004, portant loi de finances 2005 (art.41), la loi n°2005-12 du 26 janvier 2005, la loi n°2005-65 du 27 juillet 2005, la loi 2005-96 du 18 octobre 2005, la loi n° 2007-69 du 27 décembre 2007, la loi n° 2009-1 du 5 janvier 2009 et la loi n° 2009-16 du 16 mars 2009.

[9] Cette loi est l'équivalente, en droit français, de la loi n° 81-1160 du 30 décembre 1981 dite de « dématérialisation ». Pour la critique de ce terme, voir notamment, D.-R. MARTIN, estimant qu'il faudrait mieux parler de « détitrisation » (Du titre et de la négociabilité, D., 1993, chron. p.20). La plupart des auteurs soulignent qu'il s'agit moins de dématérialisation que d'une nouvelle matérialisation. L'art. 1er du décret d'application prévoit en effet que : « *Les titres de valeurs mobilières ne sont plus matérialisés que par une inscription au compte de leur propriétaire* ».

mobilière à savoir l'inscription en compte, prévoit dans son article 2 que : « *Les valeurs mobilières (…) sont dématérialisées et sont représentées par une inscription au compte de leur propriétaire auprès de la personne morale émettrice ou d'un intermédiaire agréé. Elles se transmettront par transfert d'un compte à un autre* ». Dans le même sens, l'article 315-5 du Code des sociétés commerciales ajoute que : « *Les valeurs mobilières sont négociées par leur transfert d'un compte à un autre* ». Dès lors, le transfert de propriété des titres cotés se réalise par le transfert d'un compte à un autre[1], à travers la technique du virement[2].

600. Sous l'influence de la dématérialisation, ce nouveau paysage de représentation des valeurs mobilières influencera leur régime de transfert de propriété. Celui-ci, qui s'opérait par l'échange des consentements, a perdu son caractère solo consensu. L'élément déterminent du transfert n'est plus l'accord des parties, mais désormais l'accomplissement d'un acte particulier que constitue l'inscription en compte.

601. De sa part, le législateur français a dérogé à la règle de transfert *solo consensu* et a choisi de lier le transfert de propriété à l'inscription au compte de l'acheteur tenu par l'intermédiaire habilité[3]. En effet, s'agissant des opérations au comptant, le règlement général du Conseil des bourses de valeurs énonçait déjà que : « *L'acheteur est définitivement engagé, dès l'exécution de son ordre, à payer le prix des titres dont il ne devient propriétaire qu'au moment où les titres sont inscrits en compte* »[4].

602. Bien que la règle du transfert de propriété *solo consensu* constitue un prolongement du consensualisme, synonyme de rapidité, favorisant la conclusion des contrats et facilitant les échanges nécessaires au bon fonctionnement du marché, cette règle a été écartée sur le marché financier au profit d'autres règles qui tiennent compte de la spécificité des valeurs mobilières objet de l'échange. La « *pureté du principe de transfert solo consensu s'est trouvé altérée* »[5]

---

[1] Selon l'article 2 alinéa premier de la loi n° 2000-35 du 21 mars 2000 relative à la dématérialisation des titres, les valeurs mobilières « *se transmettront de compte en compte* ». De même, l'article 315 al.5 du Code des sociétés commerciales prévoit que : « *Les valeurs mobilières sont négociées par leur transfert d'un compte à un autre* ». En droit français, l'article L.211-15 du Code monétaire et financier précise que : « *Les titres financiers se transmettent par virement de compte à compte* ».

[2] Sur la technique de virement, V. Y. KNANI, Droit commercial, Les effets de commerce, le chèque, le virement et la carte de paiement, 3ème éd., Tunis, CPU, 2005 ; T. BEN NASR, Le droit bancaire tunisien, La Maghrébine pour l'impression et la publication du livre, 2èmeéd., 2017, n° 402, p. 378.

[3] V. art. 10 de la loi n° 93-1444 du 31 décembre 1993 portant diverses dispositions relatives à la Banque de France, à l'assurance, au crédit et aux marchés financiers, qui a inséré un nouvel article 47 bis à la loi n° 83-1 du 3 janvier 1983 sur le développement des investissements et la protection de l'épargne, qui prévoit que : « *En cas de cession sur un marché réglementé de titres inscrits en compte chez l'émetteur ou chez un intermédiaire habilité, le transfert de la propriété de ces titres résulte de leur inscription au compte de l'acheteur, à la date et dans les conditions définies par les règles de place* ».

[4] Art. 4-2-5 du règlement général du Conseil des bourses de valeurs, homologué par arrêté du 11 août 1993.

[5] A.-C. MULLER, *op. cit.*, n° 216, p. 183.

par l'émergence d'un nouveau régime. Ce qui est perdu en rapidité se trouve peut être gagné en sécurité à travers l'adoption d'un transfert différé.

Section II - L'adoption d'un transfert différé

603. Suite à l'abandon législatif du principe de transfert de propriété *solo consensu*, le transfert de propriété des valeurs mobilières cotées se trouve reporté jusqu'à l'accomplissement de la formalité de l'inscription en compte[1]. Ce transfert de propriété différé à la date de l'inscription en compte ne peut se justifier ni par les fondements liés aux modalités de l'obligation (**§1**), ni par ceux liés aux règles du droit commun de la vente relatives au transfert de propriété des choses de genre **(§2)**, ce qui marque la rupture des règles de transfert de propriété des valeurs mobilières avec le droit commun de la vente.

§1- Rejet des fondements liés aux modalités de l'obligation

604. Le transfert de propriété des titres dématérialisés est reporté jusqu'au moment de leur inscription en compte par dérogation claire au principe de transfert de propriété *solo consensu*. Pour pouvoir justifier ce report, il est utile de se référer au droit des contrats et également aux règles relatives aux modalités de l'obligation. En effet, une obligation à modalité est une obligation qui fait l'objet d'un aménagement particulier quant à son exigibilité, sa durée ou même son existence[2]. Ainsi, l'on peut penser que les contrats translatifs de la propriété des valeurs mobilières peuvent être qualifiés de contrats comportant une modalité qui retarde le transfert de la propriété jusqu'à l'inscription en compte.

---

[1] *Contra* : Ch. LABASTIE-DAHDOUH et H. DAHDOUH, *op. cit.*, n° 106, p. 66 et s., qui considèrent qu' « *en ce qui concerne le moment du transfert de la propriété entre les parties, l'inscription ne semble pas avoir aucune portée particulière, en ce sens que, conformément au droit commun de la vente, c'est la convention de cession qui opère le transfert de propriété* » ; W. BOUAJILA, thèse précitée, p. 207, « *(...) l'achat et/ou la vente est définitive dès la conclusion de la négociation, seule la livraison se trouve retardée tant que l'inscription en compte n'est pas faite, et le consentement à ce niveau ne constitue pas seulement un engagement mais il assure le transfert de propriété* ». Selon ces auteurs, cette position trouve sa justification dans l'article 205 du règlement général de la bourse des valeurs mobilières de Tunis article 205 que : « *Dès le jour de l'exécution de son ordre, le client acheteur devient propriétaire des titres concernés et le client vendeur en perd la propriété* ». **Toutefois**, cette position n'a pas fait l'unanimité de la doctrine tunisienne étant donné qu'elle ne tient pas en compte le changement qu'a connu le droit tunisien des valeurs mobilières suite à l'émergence de la loi n° 2000-35 du 21 mars 2000 relative à la dématérialisation des titres. En effet, il est communément admis que l'article 205 susmentionné a été abrogé par l'article 2 in fine de la loi précitée du 21 mars 2000 qui précise clairement que : « les valeurs mobilières se transmettent par transfert d'un compte à l'autre ». Cette règle a été confirmée, quelques mois après, par l'article 315 du Code des sociétés commerciales qui dispose que « *les valeurs mobilières sont négociées par leur transfert d'un compte à l'autre* ». Il est tout à fait logique que la priorité doit être donnée aux textes de nature législative au détriment du texte de nature réglementaire, surtout que ce dernier, qui date de 1997 est chronologiquement antérieur aux textes légaux qui sont apparus en l'an 2000. V. dans ce sens, A. BOUKAMCHA, thèse précitée, p. 329 et s. ; Ch. MZOUGHI, *op. cit.*, n°387, pp. 243 et s.

[2] F. TERRÉ, P. SIMLER et Y. LEQUETTE, Droit civil, les obligations, *op. cit.*, n° 1198, p. 1187 ; J. FLOUR, J.-L. AUBERT, Y. FLOUR, et E. SAVAUX, Les obligations, T. 3. Le rapport d'obligation, Armand Colin, 2ème éd., 2001, n° 416, p. 300.

Les modalités qui intéressent notre propos sont le terme **(B)** et la condition **(A)**.

A- La condition

605. L'article 116 du COC a défini la condition comme étant : « *une déclaration de volonté, qui fait dépendre d'un événement futur et incertain, soit l'existence de l'obligation, soit son extinction* ». Il découle de cet article que la condition est un événement futur[1], mais incertain[2], auquel est subordonnée la formation ou la disparition d'une obligation[3]. Dans le premier cas, la condition est suspensive, puisque la formation de l'obligation est suspendue jusqu'à sa réalisation. Dans le second, elle est résolutoire dans la mesure où la réalisation de la condition emporte extinction de l'obligation[4]. Dans les deux cas, c'est l'existence même de l'obligation qui dépend de la condition[5]. Peut-on considérer alors que l'inscription au compte de l'acheteur constitue une condition au sens de l'article 116 du COC ? La réponse semble négative quelle que soit la nature de la condition, résolutoire **(1)** ou suspensive **(2)**.

1. La condition résolutoire

606. Lorsqu'elle est résolutoire, la condition stipulée n'empêche pas la vente de produire son plein effet dès la conclusion du contrat. A cet égard, l'article 130 du COC dispose que : « *la condition résolutoire ne suspend point l'exécution de l'obligation* ». Le transfert de propriété se réalise donc *solo consensu*, mais la survenance d'un événement futur et incertain peut le remettre en cause[6]. Si la condition résolutoire défaille[7], la vente et le transfert de propriété se trouvent simplement confirmés. En revanche, si la condition se réalise[8], la vente est automatiquement résolue, avec un effet rétroactif au jour du contrat sauf

---

1 Ce qui rapproche la condition du terme.

2 Ce qui démarque la condition du terme.

3 V. A. KAHLOUN, *op. cit.*, p. 861 et s. ; M. LATINA, Essai sur la condition dans les contrats, LGDJ, 2009, Préf. D. MAZEAUD ; O. MILHAC, La notion de condition dans les actes à titre onéreux, LGDJ, 2001, Préf. J. GHESTIN ; J.-J. TAISNE, La notion de condition dans les actes juridiques. Contribution à l'étude de l'obligation conditionnelle, thèse dactyl., Lille, 1977.

4 V. art. 1168 du code civil français.

5 Si toutes les conditions affectent l'existence de l'obligation, les unes suspendent la naissance de l'obligation jusqu'à ce que l'événement prévu arrive (condition suspensive), les autres conditionnent la résolution de l'obligation (condition résolutoire). En droit français, la distinction résultait, hier, de l'article 1168 du Code civil et de l'existence de textes propres à chacune, dans deux paragraphes distincts (art. 1181 et 1182 pour la première et art. 1183 et 1184 pour la seconde). Depuis **l'ordonnance du 16 février 2016**, la distinction de la condition suspensive et résolutoire est explicitement précisée dans le texte de l'article 1304, et utilisée par divers textes (art. 1304-3, 1304-5, 1304-6, 1304-7), V. Ph. MALINVAUD, M. MEKKI et J.-B. SEUBE, *op. cit.*,n° 869, p. 791.

6 Tel est le cas de la vente soumise à la condition résolutoire du non-paiement du prix à telle échéance, du bail subordonné au paiement régulier des loyers et charges, de la donation subordonnée à la survie du donataire ou au non survenance d'enfant.

7 C'est-à-dire l'événement ne se produit pas.

8 C'est-à-dire l'événement survient.

convention contraire[1]. De ce fait, la réalisation de la condition résolutoire provoque l'anéantissement d'une manière rétroactive de l'obligation déjà née[2].

607. Il s'avère ainsi que le report du transfert de propriété des valeurs mobilières à la date de leur inscription au compte de l'acheteur ne peut être justifié par l'existence d'une condition résolutoire par la simple raison que celle-ci n'entrave nullement le transfert immédiat de la propriété. Le report du transfert de la propriété peut-il se justifier alors par l'existence d'une condition suspensive ?

2. La condition suspensive

608. La condition suspensive est une modalité constituée par un événement futur et de réalisation incertaine qui bloque les effets du contrat[3]. En effet, la présence d'une condition suspensive empêche la naissance de l'obligation en question[4]. Le droit du créancier serait alors seulement éventuel ou conditionnel[5]. Dans le contrat de vente, le vendeur demeure propriétaire «*pendente conditione*»[6] et le transfert de propriété n'ayant lieu que si la condition se réalise. En l'occurrence, il s'opère automatiquement avec un effet rétroactif au jour du contrat à moins que les parties n'aient renoncé à cet effet particulier[7].

609. La condition suspensive peut, soit se réaliser, soit faire défaut. La défaillance de cette condition entraîne la consolidation de la situation juridique préexistante puisque l'obligation sera considérée comme n'ayant jamais existé. En revanche, en cas de réalisation de la condition suspensive, l'obligation serait en mesure de produire tous ses effets d'une manière rétroactive, c'est-à-dire dès l'accord de volonté[8]. L'obligation devient alors une obligation pure et simple, produisant pleinement tous ses effets juridiques. Il en ressort que, dans les contrats translatifs de propriété conclus sous une condition suspensive, la réalisation de cette condition provoque le transfert de la propriété, qui se produit d'une manière rétroactive dès la date de la conclusion du contrat[9].

610. En revanche, l'inscription au compte de l'acheteur ne peut pas être qualifiée comme une condition suspensive au sens de l'article 116 du COC. Par conséquent, les contrats relatifs à l'aliénation des valeurs mobilières ne peuvent

---

1 F. COLLART DUTILLEUL et Ph. DELEBECQUE, *op. cit.*, n° 195, p. 186.

2 J. GHESTIN et B. DESCHE, *op. cit.*, n° 557, p. 624.

3 F. COLLART DUTILLEUL et Ph. DELEBECQUE, *op. cit.*, n° 193, p. 184; A. KAHLOUN, *op. cit.*, p. 862.

4 J. GHESTIN et B. DESCHE, *op. cit.*, n° 557, p. 624. Certains auteurs estiment dans ce cas bien précis que « *l'engagement est ferme et définitif : le contrat est formé, mais son effectivité est suspendue jusqu'à la réalisation de la condition* », F. TERRÉ, P. SIMLER et Y. LEQUETTE, Droit civil, les obligations, *op. cit.*, n° 1221, p. 1205.

5 Tel que la vente subordonnée à l'obtention d'un crédit ou la donation soumise à la condition que le donataire se marie.

6 «*pendente conditione*» est une locution latine qui signifie « sous condition ».

7 F. COLLART DUTILLEUL et Ph. DELEBECQUE, *op. cit.*, n° 193, p. 184.

8 K. KHARROUBI, « Le transfert de propriété dans le contrat de vente : effet ou obligation ? » *(en langue arabe)*, RTD, 1997, pp.11 et s.

9 A. BOUKAMCHA, thèse précitée, p. 343.

être considérés comme étant des contrats sous condition suspensive, pour plusieurs raisons.

611. En premier lieu, la réalisation de la condition suspensive comporte un effet rétroactif qui permettrait au contrat de produire tous ses effets depuis sa formation, conformément à l'article 133 du COC qui prévoit que : « *la condition accomplie a un effet rétroactif au jour auquel l'obligation a été contractée (…)* ». De ce fait, l'acheteur est censé avoir la propriété de la chose vendue sous condition suspensive, non à la date de l'accomplissement de la condition, mais plutôt à la date de formation du contrat. Or, l'inscription en compte des valeurs mobilières ne peut avoir aucun effet rétroactif. Le transfert de propriété à l'acheteur ne se réalise qu'à partir de la date de l'inscription en compte, alors qu'avant cette date, le vendeur conserve la propriété des titres avec toutes les prérogatives qui en découlent[1].

612. En deuxième lieu, comme l'on a déjà démontré, tout contrat conclu sous une condition suspensive ne peut produire aucun effet, notamment l'effet translatif de propriété, jusqu'à la réalisation de la condition envisagée. De même, l'exécution des différentes obligations, découlant du contrat en question, tels que le paiement du prix et la délivrance de la chose vendue, sera suspendue. Toutes ces conséquences découlant de l'existence d'une condition suspensive sont inconcevables en présence de contrats d'aliénations de valeurs mobilières[2]. Ces contrats produisent leurs effets juridiques dès leur conclusion, sauf le transfert de la propriété. Ainsi, concernant les titres négociés sur le marché de la bourse, le paiement du prix et la livraison des titres se réalisent d'une manière concomitante après l'accord des volontés et avant l'inscription en compte. Donc, le contrat produit certains de ses effets avant même l'inscription en compte de l'acheteur.

613. En troisième lieu, il n'est pas inutile de rappeler que l'événement retenu comme étant une condition suspensive doit avoir impérativement certains caractères. En effet, cet événement doit être non seulement futur et incertain, mais aussi et surtout extérieur par rapport à la volonté des parties. Cette condition d'extériorité ou de l'indépendance de l'événement par rapport à la volonté des parties est d'une importance capitale car son absence entraîne la qualification de la condition de potestative[3] et entraînera par conséquent la

---

1 A. BOUKAMCHA, thèse précitée, p. 344.

2 *Ibid., loc. cit.*

3 Selon l'article 121 du COC, cette condition est celle qui « *dépend de la nue volonté de l'obligé* ». Tel est le cas si l'obligation est subordonnée au fait que l'une des parties accomplisse tel acte, entreprenne tel voyage ou avoir telle profession. En droit français, et avec **l'ordonnance du 10 février 2016**, l'article 1304-2 dispose qu' : « *est nulle l'obligation contractée sous une condition dont la réalisation dépend de la seule volonté du débiteur* ». Cette disposition opère une simplification par rapport au droit antérieur qui distinguait les conditions casuelles qui dépendent du hasard (ancien article 1169 du Code civil), les conditions potestatives qui font dépendre l'exécution de la convention d'un événement qu'il est au pouvoir de l'une ou de l'autre des parties contractantes de faire arriver ou d'empêcher (ancien article 1170 du Code civil) et les conditions mixtes qui dépendent à la fois de la volonté d'une partie et de celle d'un tiers (ancien article 1171 du Code civil) et qui prohibait les conditions potestatives de la part du débiteur

nullité de l'obligation conformément à l'article 121 du COC qui prévoit que : « *L'obligation est nulle lorsque l'existence même du lien dépend de la nue volonté de l'obligé (condition potestative)* »[1].

614. Or, l'inscription en compte, si elle peut être qualifiée d'évènement futur et incertain, elle n'est pas en revanche extérieure à la volonté des parties. Concrètement, c'est le vendeur qui est en mesure de provoquer ladite inscription en compte par l'émission d'un ordre de virement à destination de son teneur de compte, en le mandatant de débiter son compte des valeurs objet de l'aliénation[2]. De son côté, le teneur de compte de l'acheteur peut, au moins théoriquement, empêcher cette inscription[3]. Bref, l'inscription en compte dépend en grande partie de la volonté des parties.

615. En examinant tous les arguments qui précèdent, l'inscription en compte ne peut nullement être qualifiée de « condition suspensive ». Cherchons alors si elle peut être qualifiée de « terme » à l'obligation.

B- Le terme

616. L'une des modalités de l'obligation, le terme est défini généralement comme étant l'événement futur et certain[4] dont dépond l'exigibilité ou l'extinction de l'obligation[5]. Cette modalité fait intervenir le facteur temps qui peut avoir deux fonctions différentes[6]. En effet, l'arrivée d'un terme, c'est-à-dire l'écoulement d'une certaine durée, peut mettre fin à l'obligation : c'est le terme extinctif[7]. Le terme peut aussi déterminer l'exigibilité de l'obligation : c'est le terme suspensif qui, seul, constitue à proprement parler une modalité, c'est-à-dire une manière d'être de l'obligation[8].

617. A la question de savoir si l'inscription en compte peut constituer une application particulière du terme, essentiellement suspensif, dans les contrats

---

(ancien article 1174 du Code civil). V. Ph. MALINVAUD, M. MEKKI et J.-B. SEUBE, *op. cit.*, n° 874, p. 795.

[1] V. M. LATINA, Essai sur la condition dans les contrats, LGDJ, 2009, Préf. D. MAZEAUD, n° 294 et s., p. 213 et s. ; A. WEILL et F. TERRÉ, Droit civil, Les obligations, Dalloz, Paris, 1986, 4ème éd., p. 900 ; J.-J. TAISNE, La notion de condition dans les actes juridiques. Contribution à l'étude de l'obligation conditionnelle, Thèse de Doctorat, Université de Lille II, Faculté des sciences juridiques, politiques et sociales, 1976-1977, pp. 105 et s.

[2] A. BOUKAMCHA, thèse précitée, p. 344.

[3] Ch. MZOUGHI, *op. cit.*, n° 440, pp. 273 et s.

[4] D'ailleurs, c'est ce caractère certain qui fait distinguer le terme de l'obligation.

[5] Dans le même sens, il s'agit d' « *une modalité d'un acte juridique faisant dépendre l'exécution ou l'extinction d'un droit d'un événement futur dont la réalisation est certaine* », R. GUILLIEN et J. VINCENT, Lexique des termes juridiques, Sous la direction de S. GUINCHARD et G. MONTAGNIER, Paris, Dalloz, 2010, 17ème éd.,V° « terme».

[6] F. TERRÉ, P. SIMLER et Y. LEQUETTE, Droit civil, les obligations, op. cit., n° 1199, p. 1188.

[7] Ainsi, un bail ou un contrat de travail peut être conclu pour une durée déterminée. Dans cette fonction, le terme ne concerne que les contrats successifs et n'est pas une modalité de l'obligation, qui est pure et simple, son étude relève des causes d'extinction de l'obligation.

[8] M. NOSSEREAU, « Le terme, modalité de l'obligation », Dr. et patrimoine, janv. 2000, p.50.

d'aliénation des valeurs mobilières cotées, la doctrine est loin d'être unanime[1]. Voulant mettre fin à la controverse doctrinale avec facilité et simplicité, certains auteurs ont pu considérer que « *(…) l'inscription en compte constitue un terme suspensif dont le transfert de propriété dépond* »[2].

618. Cependant, il nous semble que l'inscription au compte ne peut pas être rattachée à la qualification particulière de terme suspensif, pour deux raisons au moins.

619. D'une part, le terme doit nécessairement être lié à un événement dont la réalisation est certaine[3], alors que l'inscription en compte n'est pas aussi certaine que l'arrivée d'un terme[4]. En effet, une possible défaillance est toujours envisageable, soit de la part de l'aliénateur qui s'abstient d'adresser un ordre de mouvement à son teneur de compte pour la passation des écritures comptables nécessaires, soit de la part de son teneur de compte tout en refusant l'exécution des ordres de virement que le client les lui a adressés.

620. D'autre part, les critiques adressées à la qualification de l'inscription en compte comme étant une condition suspensive ou bien une condition résolutoire sont parfaitement transposables à la qualification de ladite inscription de terme suspensif ou même résolutoire[5], étant donné que « *le terme suspensif produit les effets de la condition suspensive ; le terme résolutoire produit les effets de la condition résolutoire* », selon les termes de l'article 144 du COC.

621. La remise en cause du principe de transfert de propriété *solo consensu* ne peut trouver sa justification dans les modalités de l'obligation, que ce soit la condition ou le terme au motif que ces qualifications proposées ne prennent pas en considération le caractère évolutif du transfert de propriété par l'inscription en compte. Le report du transfert de la propriété des valeurs mobilières cotées en bourse résulte, semble-il, de l'application des règles de droit commun relatives au transfert de propriété des choses de genre.

§2- L'impertinence des règles du droit commun de la vente relatives au transfert de propriété des choses de genre

622. Le transfert de propriété des valeurs mobilières émises par appel public à l'épargne, différé à la date de l'inscription en compte, ne peut être justifié par l'application des règles de transfert de propriété du droit commun. Si certains proposent de leurs appliquer le régime de transfert de propriété des choses de

---

[1] V. H. HOVASSE, « Modifications du règlement général du CBV », Dr. sociétés, août-septembre 1993, n° 172.

[2] T. BONNEAU et F. DRUMMOND, *op. cit*, n° 696, p. 843. V. dans ce sens aussi, J.-M. DELLECI, « Le nouveau droit de propriété des titres négociés », J.C.P. (E.), 1994, chron., p. 368.

[3] Sur le caractère certain du terme, voir D. VEAUX, « Contrats et obligations, diverses espèces d'obligations, obligations à terme », J.-CL. Civil, art. 1185 à 1188, fasc. 50, p.4. ; G. MARTY, P. RAYNAUD et P. JESTAZ, Droit civil, Les obligations, T. 2, Le régime,Sirey, Paris,1989, 2eéd., n° 47, p. 45.

[4] Ch. MZOUGHI, *op. cit.*, n° 442, p. 274.

[5] A. BOUKAMCHA, thèse précitée, p. 345.

genre **(A)**, il nous semble que cette solution est fortement critiquable **(B)**, ce qui revient à confirmer l'idée de rupture des règles de transfert de propriété des valeurs mobilières cotées en bourses avec le droit commun de vente.

A- L'applicabilité des règles de transfert de propriété des choses de genre

623. Les valeurs mobilières sont qualifiées par la majorité de la doctrine comme étant des choses de genre au sein du compte titres **(1)**. Partons de cette qualification, le transfert de propriété des valeurs mobilières, choses de genre, est retardé à un moment précis, celui de leur individualisation **(2)**.

1. La qualification des valeurs mobilières comme des choses de genre

624. Il est utile de présenter la notion de « chose de genre » **(a)**, avant de qualifier ainsi les valeurs mobilières **(b)**.

a- Les choses de genre

625. Les choses de genre ne sont définissables que par rapport à un genre, par rapport à un groupe auquel elles appartiennent : du blé de telle récolte, une voiture de telle marque et de tel modèle… . Elles sont généralement définies comme les choses qui se comptent, se pèsent et se mesurent. Comme l'a précisé un auteur, « *la catégorie des choses de genre est en fait plus vaste puisqu'elle rassemble non un certain nombre de choses, mais l'ensemble des types de choses qui sont suffisamment déterminables par leurs caractéristiques générales* »[1].

626. Parler par exemple d'une voiture de marque « x » et de modèle « y » pour dire qu'il s'agit d'une superbe voiture, c'est parler de toutes les voitures de cette marque et de ce modèle en général, non de l'une des voitures de cette marque et de ce modèle en particulier. La chose n'est donc pas considérée dans son individualité[2], mais comme une chose de genre, définie par rapport au groupe auquel elle appartient. Cet exemple permet de comprendre que le domaine des choses de genre est très large et englobe tous les biens fabriqués en série. La plupart des biens que l'on trouve dans le commerce sont des choses de genre dans la mesure où elles présentent les mêmes caractéristiques. Tout produit standardisé est donc une chose de genre[3].

627. Les choses de genre sont naturellement fongibles entre elles. Dès lors, la fongibilité est la caractéristique de certaines choses à pouvoir être remises en paiement l'une pour l'autre, à être totalement interchangeables, et à apporter une identique satisfaction dans les rapports juridiques[4]. Ainsi, en admettant qu'un agriculteur possède deux silos dans lesquels il entrepose tout son blé, il importe peu que le blé acheté par un client, et qui lui est livré, provienne du premier ou du second silo, dès lors que le blé réparti entre les deux silos est

---

[1] R. LIBCHABER, Recherches sur la monnaie en droit privé, Paris, LGDJ, 1992, préf. P. MAYER, n°124.

[2] Dans notre exemple, la voiture qui vient de passer dans la rue, de couleur rouge et matriculée XYZ1239.

[3] J. GRANOTIER, Le transfert de propriété des valeurs mobilières, préf. D. Cohen, ECONOMICA, 2010, n° 86, p. 50.

[4] S. TORCK, Essai d'une théorie générale des droits réels sur choses fongibles, thèse Paris II, 2001, n° 8, note 26.

rigoureusement identique, présente les mêmes qualités et provient de la même récolte. À cet égard, les différentes quantités de blé, qu'elles proviennent de l'un ou de l'autre silo, sont fongibles entre elles et ont pour le client un « *effet satisfactoire identique* »[1].

628. Comme les choses de genre sont naturellement fongibles, les deux notions sont souvent considérées comme synonyme par la doctrine[2]. Mais, si les choses fongibles sont nécessairement des choses de genre, les choses de genre ne sont pas forcément fongibles, dans la mesure où elles peuvent être individualisées[3].

b- L'application aux valeurs mobilières

629. De nature fongible, les valeurs mobilières sont des **choses de genre**[4]. Il est, en effet, impossible de pouvoir identifier une valeur mobilière parmi d'autres de la même catégorie[5]. Ainsi, on ne peut pas devenir propriétaire de telle valeur mobilière considérée individuellement, mais seulement d'une quantité déterminée de valeurs mobilières. Comme l'a bien exprimé le professeur T. BONNEAU en écrivant qu' « *une personne n'est pas titulaire des valeurs mobilières n° 20 à 30 : elle est titulaire de 10 valeurs mobilières sans qu'il soit possible de les identifier les unes par rapport aux autres* »[6].

630. Depuis leur dématérialisation, les titres au porteur, auparavant identifiés par un numéro, sont devenus fongibles. Rien ne les distingue les uns des autres au sein d'un portefeuille de valeurs appartenant au même titulaire[7]. Cette même fongibilité caractérise les avoirs comptabilisés dans les livres du dépositaire central au nom des intermédiaires habilités. De ce fait, les valeurs mobilières dématérialisées appartiennent à la catégorie des choses de genre. En plus, étant donné qu'elles sont des produits standardisés, les valeurs mobilières n'échappent pas à la qualification de choses de genre[8].

---

1 J. GRANOTIER, *op. cit.*, n° 86, p. 50.

2 G. CORNU (dir.), *Vocabulaire juridique*, *op. cit.*,*v°* Choses de genre : « *Expression employée pour désigner les choses fongibles, par opposition aux corps certains* » ; *v°* également Choses fongibles : « *Choses qui, n'étant déterminées que par leur nombre, leur poids ou leur mesure, peuvent être employées indifféremment l'une pour l'autre dans un paiement ; les autres choses sont dites non fongibles* ». V. aussi M. CAFFIN-MOI, Cession de droit sociaux et droit des contrats, Economica, 2009, Préf. D. BUREAU, n° 243, l'auteur estime que le débat relatif à la distinction entre choses de genre et choses fongibles est « *essentiellement terminologique, la jurisprudence appliquant un régime identique selon qu'elle attribue l'une ou l'autre des qualifications* ».

3 J. GRANOTIER, *op. cit.*, n° 86, p. 53.

4 H. De VAUPLANE et J.-P. BORNET, *op. cit.*, n° 51, p. 49 ; Y. GUYON, Droit des Affaires, T.1, Droit Commercial Général et Sociétés, *op. cit.*, p. 759 et s. ; H., L., J. MAZEAUD et F. CHABAS, Leçons de Droit Civil, T.1, V.1., Introduction à l'étude du droit, Montchrestien, Paris, 1996, 11ème éd., , p.342, n° 236 ; A.-L. ARCHAMBAULT, La nature juridique des valeurs mobilières, thèse de Doctorat, Université Panthéon-Sorbonne Paris 1, 1998, p.85.

5 Par exemple, il est impossible de pouvoir identifier un grain de blé dans un silo.

6 T. BONNEAU, « La diversification des valeurs mobilières : ses implications en droit des sociétés », RTD com., 1988, p. 585, n° 80.

7 A.-C. MULLER, *op. cit.*, n° 260.

8 *Ibid, loc. cit.*.

631. Il va sans dire que certains auteurs[1] ont relevé que les textes relatifs au transfert de propriété des choses de genre, à savoir les articles 1585 et 1586 du Code civil français[2], concernent seulement les marchandises, terme faisant référence à un bien corporel[3], ce qui les rendraient inapplicables aux valeurs mobilières dématérialisées[4]. Toutefois, il semble que cette conception stricte doive être écartée. En effet, le fait que le transfert d'un droit de propriété nécessite un objet déterminé ne s'oppose nullement avec la transmission du droit sur un bien incorporel que constitue le transfert de propriété d'une valeur mobilière dématérialisée. L'application des articles 1585 et 1586 du Code civil ne peut pas être écartée, donc, au seul motif que les valeurs mobilières dématérialisées relèvent de la catégorie des choses incorporelles. Cette solution semble évidente en droit tunisien puisque l'article 586 du COC, n'a pas utilisé le terme « marchandise », contrairement à l'article 1585 du Code civil français.

2. L'individualisation conditionne le transfert de propriété des choses de genre

632. En matière de valeurs mobilières, comme en droit civil, le principe de transfert *solo consensu,* qui implique l'immédiateté de la transmission de la propriété, concomitante à l'échange des consentements, n'est pas un principe absolu. Il souffre de certaines exceptions[5].

633. La première exception est liée à la volonté des parties étant donné que le principe de transfert *solo consensu* a une portée simplement supplétive. N'étant pas d'ordre public, ce principe peut être écarté par la volonté des parties notamment à travers les clauses de réserve de propriété[6]. La seconde exception tient à la volonté du législateur qui, en matière de vente d'immeubles immatriculés, reporte le transfert de propriété jusqu'à la date de l'inscription sur le registre foncier[7].

---

[1] V. notamment, A.-C. MULLER, *op. cit.*, p. 209, n° 263 et s.

[2] Qui sont les équivalents presque des articles 585 et 586 du COC.

[3] *Voc. Jur. Ass. Capitant, v° Marchandise*, sens 1 et 2.

[4] H. LE NABASQUE et A. REYGROBELLET, « L'inscription en compte des valeurs mobilières, la transmission des valeurs mobilières et l'inscription en compte », Rev. dr. Bancaire et financier, n° 4, juillet-août 2000, p. 262, spéc. n° 8 et 9.

[5] Sur les exceptions de ce principe, V. notamment, A. BENABENT, Droit des contrats spéciaux civils et commerciaux, *op. cit.*, p.13, n°21, estimant que « *si le transfert solo consensu reste affiché en principe, il connaît de nombreuses limites, en particulier dans tous les domaines où un système de publicité est organisé et où ce transfert n'est opposable aux tiers que par l'accomplissement des formalités de publicité* ».

[6] Il est tout à fait possible de suspendre le transfert de propriété, en insérant une condition suspensive. Ainsi, la propriété ne sera transférée que si un événement futur incertain se réalise. Il existe aussi une clause de réserve de propriété qui stipule que la propriété ne sera transférée qu'après paiement intégral du prix par l'acquéreur. On retrouve souvent ce genre de clauses dans les ventes commerciales, notamment dans le monde de la distribution. Ainsi, le vendeur est protégé contre les risques de la vente à crédit car la propriété n'est pas transférée.

[7] V. art. 305 al.1er du CDR (tel que modifié par la loi n° 92-46 du 4 mai 1992) qui prévoit que : « *Tout droit réel ne se constitue que par le fait et du jour de son inscription sur le Livre Foncier* ». V. également, M.-K. CHARFEDDINE, « Le principe de l'effet constitutif de l'inscription »*(en langue arabe)*, RTD, 1993, p. 99 et s. ; S. YOUSSEF BABAY, « L'application du principe de l'effet constitutif de l'inscription à travers les lois de 2000 et 2001 » *(en langue arabe)*, RTD, 2002,

634. La troisième exception, qui concerne nos propos, est liée à la nature des choses objet du transfert. En effet, outre le transfert de propriété des choses futures qui s'opère lorsque celles-ci viennent d'exister[1], le transfert de propriété des choses de genre est reporté, lui aussi, à une date ultérieure à la formation du contrat par l'échange des consentements. La raison du report est simple puisque le droit de propriété, étant un droit réel, ne porte que sur une chose déterminée individuellement[2]. Aussi, le transfert de propriété des choses de genre doit-il, naturellement, être retardé au jour de l'individualisation de la chose vendue [3] au sein du patrimoine du cédant, comme le rappelle les articles 586 du COC et 1585 du Code civil français[4]. Il est à rappeler que, dans cette hypothèse, le transfert de propriété est bien un effet du contrat, mais il se réalise plus tard, au jour de l'individualisation.

635. L'individualisation des choses de genre est le procédé qui consiste à leur conférer « *une individualité exogène qui ne touche pas à la matérialité du bien, une individualité fonctionnelle simplement destinée à exclure la chose du domaine de la fongibilité dans une relation juridique réelle [interpersonnelle] donnée* »[5]. Dès lors, le transfert de propriété des choses de genre est subordonné à leur individualisation par un procédé quelconque, tels que le comptage, le mesurage ou le pesage. Ainsi, l'article 1585 du Code civil français prévoit que : « *Lorsque des marchandises ne sont pas vendues en bloc, mais au poids, au compte ou à la mesure, la vente n'est point parfaite, en ce sens que les choses vendues sont aux risques du vendeur jusqu'à ce qu'elles soient pesées, comptées ou mesurées (...)* ». C'est ce qui ressort aussi de l'article 586 du COC qui dispose que : « *lorsque la vente est faite à la mesure, à la jauge, au compte, à l'essai, sur dégustation ou sur simple description, tant que les choses n'ont pas été comptées, mesurées, jaugées, essayées, dégustées ou examinées et agréées par l'acheteur ou par son représentant, elles*

---

pp. 81 et s. ; K. KHARROUBI, « Le transfert de propriété dans le contrat de vente : effet ou obligation ? » *(en langue arabe)*, RTD, 1997, pp.11 et s.

[1] On peut ajouter un autre exemple où la jurisprudence française, cette fois-ci, a prévu que le transfert de propriété est retardé, et n'a donc lieu que postérieurement à la vente. C'est l'exemple de la vente en libre-service (exemple : supermarché). La question qui s'est posée est la suivante : Quand s'opère le transfert de propriété ? Au moment où on met le bien dans le panier ou au moment où on le paie ? La Cour de cassation qui a finalement décidé que pour les ventes en libre-service, le transfert de propriété ne s'opérait qu'après paiement du prix (Cass. Crim., 8 janvier 2002).

[2] En fait, c'est le droit de propriété en tant que tel qui suppose l'existence d'un objet déterminé, puisqu'il se définit comme une relation entre une personne et un bien. A fortiori, sa transmission suppose elle aussi un objet individualisé.

[3] H., L., J. MAZEAUD et F. CHABAS, Leçons de Droit Civil, T.3, V 2, Principaux contrats, vente et échange, *op. cit.*, p.182 ; C. LASSALAS, *op. cit.*, p.229, n° 670 ; Ch. MZOUGHI, *op. cit.*, n° 385, p. 241 et s.

[4] V. M. PLANIOL et G. RIPERT, Traité pratique de droit civil, T.III, Les biens, par M. PICARD, §622.

[5] M. CAFFIN-MOI, Cession de droits sociaux et droit des contrats, Economica, 2009, Préf. D. BUREAU, n° 581.

sont aux risques du vendeur, alors même qu'elles se trouveraient déjà au pouvoir de l'acheteur»[1].

B- Critiques de la solution

636. Les valeurs mobilières sont, comme nous l'avons montré, des choses de genre et fongibles ; c'est tout naturellement le régime applicable aux choses de genre qui avait vocation à les régir. Ainsi, par application du droit commun de la vente, le transfert de propriété des valeurs mobilières doit être reporté au moment où l'objet de la vente sera « *compté, mesuré, jaugé, essayé, dégusté ou examiné et agréé* »[2], c'est-à-dire identifié, individualisé au sein du patrimoine du vendeur. Toutefois, la référence aux différents textes régissant le transfert de propriété des valeurs mobilières cotées montre que le moment de transfert de propriété de celles-ci est reporté à la date de leur inscription au compte de l'acheteur.

637. En rattachant le transfert de propriété à l'inscription en compte sans prendre le soin de préciser soigneusement la date de cette inscription, l'article 2 de la loi du 21 mars 2000 a créé une imprécision quant à la détermination du moment du transfert de propriété. A travers cet article, le législateur s'est plutôt préoccupé de la modalité du transfert de propriété, que de son moment[3].

638. Dès lors, l'inscription au compte de l'acheteur peut-elle être analysée comme opérant individualisation des valeurs cédées ? Une partie de la doctrine[4] a donné une réponse affirmative à cette question considérant que l'inscription en compte opère l'individualisation et coïncide chronologiquement avec celle-ci, étant donné que les mesures d'individualisation prévues par l'article 586 du COC [5] sont citées à titre énumératif[6]. Cette solution qui constitue une application pure et simple des

---

[1] Cet article semble être relatif au report du transfert des risques jusqu'au moment de l'individualisation, alors que le report du transfert de la propriété n'a pas été expressément indiqué. Cependant, la doctrine unanime admet qu'en raison de la concomitance entre le transfert des risques et le transfert de la propriété en vertu de la règle *resperit domino*, telle que consacrée par les dispositions de l'article 585 du COC, le report du transfert des risques signifie certainement report du transfert de la propriété. V. dans ce sens, A. JALLOULI, « La perte de la chose vendue », Études juridiques, 1993-1994, n°3, p. 185 ; H. KOTRANE, Introduction à l'étude du droit, cadre juridique des relations économiques, C.E.R.P., Tunis, 1994, n° 182, p. 95.

[2] Article 586 du COC.

[3] Contrairement à l'article 583 du COC où le législateur a bien insisté à la fois sur le moment et la modalité du transfert.

[4] C. LASSALAS, *op. cit.*, n° 723 ; P. GISSINGER et A. GAUVIN, « Bréviaire sur le régime juridique du transfert de propriété d'instruments financiers », R.D.B.B., n° 75, sept./oct., 1999, p. 133 ; J. GRANOTIER, *Le transfert de propriété des valeurs mobilières (Résumé de thèse)*, Paris, mai 2010, p. 3, « *Leur inscription en compte, qui n'a pas pour effet de les transformer en corps certains, permet toutefois d'individualiser les valeurs mobilières, l'individualisation conférant le caractère d'objet déterminé que nécessite seulement le droit de propriété* ». Voir également F.-G. TREBULLE, op. cit., §681, p. 484 ; J.-P. CHAZAL et S. VICENTE, « Le transfert de propriété par l'effet des obligations dans le code civil », R.T.D. Civ., 2000, p.477.

[5] À savoir le pesage, le comptage ou le mesurage.

[6] V. N. BEN AMMOU, Cours de droit commercial (dactyl.), F.D.P.S.T., 2007-2008. L'auteur propose, afin de déterminer la notion d'individualisation, de se référer au Code de commerce maritime et il reconnaît le caractère énumératif de la liste des procédés d'individualisation cités.

règles de droit commun relatives au transfert de propriété des choses de genre[1], doit être, à notre sens, fermement rejetée.

639. D'une part, un bien est individualisé « *lorsqu'il peut être désigné précisément* »[2]. Cette individualisation se fait par l'un des procédés cités par l'article 586 du COC à savoir le pesage, le comptage ou le mesurage. La dématérialisation, qui a généralisé l'usage du compte, a imposé le virement comme technique de transfert. Toutes les valeurs mobilières sont inscrites en compte et leur transfert est désormais réalisé par la succession de deux inscriptions en compte, l'une au débit du compte du vendeur et l'autre au crédit du compte de l'acheteur. Quel que soit l'effet reconnu à l'inscription au crédit de l'acheteur, c'est l'inscription au débit du compte du vendeur qui a pour effet de séparer les valeurs mobilières vendues de celles dont il demeure propriétaire[3]. L'individualisation des valeurs mobilières est donc opérée au débit du compte du vendeur[4], l'inscription de l'acheteur emporte quant à elle livraison[5].

640. D'autre part, l'individualisation des biens doit, de toute évidence, intervenir au sein du patrimoine du vendeur. L'exercice du droit de propriété, que constitue la transmission des droits, requiert un objet déterminé dans le patrimoine de celui qui entend user de ses prérogatives. C'est donc entre les choses identiques détenues par le vendeur qu'il est nécessaire d'identifier celles sur lesquelles porte le droit transféré par l'effet du contrat[6]. Par conséquent, l'inscription au compte de l'acheteur par l'intermédiaire habilité ne peut en aucune manière constituer cette individualisation.

641. Quel est l'acte susceptible de réaliser l'individualisation nécessaire à la transmission du droit ? Il faut isoler, parmi des titres de même nature, ceux qui font l'objet de la cession. Cela pourra être fait en les affectant à un sous-compte de transit au sein de la comptabilité de l'intermédiaire vendeur[7]. A cet égard, le professeur F. NIZARD estime que les titres cédés peuvent être individualisés par « *l'inscription au compte de l'acheteur ou, avant, par l'affectation à un compte de transit* »[8]. Justement, la deuxième partie de l'affirmation est d'une importance capitale dans la mesure où l'inscription intervient au sein de la comptabilité du teneur du compte du vendeur, par l'affectation des valeurs vendues à un compte « spécial »[9] de transit.

---

1 C. LASSALAS, *op. cit.*, p.230.

2 *Ibid.*, n° 325, p. 112.

3 J. GRANOTIER, *op. cit.*, n° 107, p.60.

4 A.-C. MULLER, *op. cit.*, n° 265, p. 210.

5 J. GRANOTIER, *op. cit.*, n° 418 et s.

6 A.-C. MULLER, *op. cit.*, n° 265, p. 210.

7 L'intermédiaire du vendeur peut affecter les titres à un compte distinct de « Titres à livrer auprès du dépositaire central». Le dépositaire central doit établir dans ce cas un plan comptable que ses affiliés doivent respecter afin d'être en mesure de contrôler la bonne comptabilisation des différentes opérations.

8 F. NIZARD, *op. cit.*, n° 553.

9 C. LASSALAS, *op. cit.*,n° 355 et s., p. 179 et s., estimant que « *l'individualisation s'opère par l'inscription à un compte spécial et, a priori, la livraison résulte de l'exécution du virement* ».

642. L'acte susceptible de réaliser l'individualisation peut être recherché dans la comptabilisation pure et simple de la négociation. Dès lors, l'individualisation peut être rattachée à la passation de l'écriture opérant « désinscription » du vendeur[1]. En effet, le transfert de propriété des valeurs mobilières cotées est soumis à une chaîne d'inscriptions et de désinscriptions. Même si les textes sont laconiques sur la question, le teneur de compte du vendeur doit prendre le soin de désinscrire la propriété des titres du compte de son client d'une manière simultanée à son inscription par le teneur de compte de l'acheteur[2]. L'acte de désinscription effectué par le teneur de compte du vendeur peut réaliser donc l'individualisation des valeurs mobilières.

643. En guise de conclusion, la rupture de logique entre le droit du marché financier et le droit des contrats atteint, avec le transfert de propriété des valeurs mobilière cotées, un niveau élevé. Le principe de transfert de propriété *solo consensu*, principe qui domine depuis longtemps le droit des contrats, se trouve abandonner sur le marché financier, qui a fini par imposer sa propre logique. Ainsi, la logique des contrats a cédé sa place à celle des marchés. Ce même constat se confirme lors de l'étude de la nature de l'inscription en compte.

Chapitre II - La nature particulière de l'inscription en compte

644. L'inscription en compte est une notion fondamentale en matière de transfert de propriété des valeurs mobilières. Son rôle a pris de l'importance surtout après la suppression des titres papiers par la loi du 21 mars 2000 relative à la dématérialisation des titres en droit tunisien et la loi de finances pour 1982 en droit français.

645. L'ordonnance n° 2017-1674 du 8 décembre 2017 relative à l'utilisation d'un dispositif d'enregistrement électronique partagé pour la représentation et la transmission de titres financiers permet de conférer à l'**inscription** d'une émission ou d'une cession de titres financiers dans une ***blockchain***[3] les mêmes effets que l'inscription en compte de titres financiers. Ainsi l'article L. 211-3, al. 2 du Code monétaire et financier prévoit que : « *L'inscription dans un dispositif d'enregistrement électronique partagé tient lieu d'inscription en compte* », instaurant ainsi, le

---

[1] On peut penser également à ce que, au plus tard, c'est le virement des titres au sein des comptes tenus par le dépositaire central qui constituera l'individualisation indispensable à la transmission du droit. Dans cette hypothèse, c'est la livraison des titres qui opère l'individualisation recherchée et le droit sera transmis au même moment. Ce virement est généralement présenté comme opérant livraison des titres. Cette question particulière illustre la difficulté plus générale à appréhender la notion de valeur mobilière dématérialisée, notamment en raison du double niveau d'inscription. Il semble en effet qu'un virement d'avoirs dans les livres du dépositaire central puisse difficilement s'analyser comme un acte opérant au sein du patrimoine du vendeur.

[2] En cas de conflit de propriété, c'est l'inscription chez le dépositaire central qui fait fois. V. Ch. MZOUGHI, *op. cit.*, p. 261.

[3] Sur cette technologie, v. supra nos 513 et s.

principe d'équivalence de l'inscription en compte et de l'inscription dans un dispositif d'enregistrement électronique partagé[1].

646. La blockchain n'a pas été consacrée comme un outil technique permettant la tenue d'un compte, mais comme une notion concurrente, placée sur le même plan et entre lesquelles il est demandé aux émetteurs de faire un choix[2]. Mais, il n'est pas sûr que le compte et la blockchain s'opposent de manière irréconciliable. Le régime de l'inscription en blockchain a, quoi qu'il en soit, été pensé et construit par référence et par emprunt au compte-titres[3]. D'ailleurs, l'ordonnance du 8 décembre 2017 affirme non seulement que la mention dans un registre partagé, qui ne crée pas d'ailleurs d'obligations nouvelles, « tient lieu d'inscription en compte »[4], mais encore elle exige que ledit registre offre des garanties « équivalentes à celles présentées par une inscription en compte-titres »[5].

647. En dehors de la technologie Blockchain, l'inscription en compte se caractérise par son particularisme accentué qui se justifie, non seulement par sa portée juridique controversée **(Section I),** mais aussi par sa nature originale **(Section II)**.

Section I - La portée juridique controversée de l'inscription en compte

648. L'inscription en compte des valeurs mobilières constitue une véritable innovation «*génératrice d'une situation inédite dans l'histoire de l'humanité, et dont la portée juridique doit être appréciée avec soin*»[6]. La détermination de cette portée juridique de l'inscription en compte «*figure parmi les problèmes les plus épineux qui ont été soulevés suite à l'instauration du régime de la dématérialisation des titres*»[7]. Cette difficulté de déterminer le véritable rôle joué par l'inscription en compte des valeurs mobilières est due principalement au caractère lacunaire de la réglementation en vigueur[8]. En effet, la réforme relative à la dématérialisation des titres, tout en faisant de l'inscription en compte la pierre angulaire du régime actuellement applicable aux valeurs mobilières scripturales, a omis de

---

1 V. MALASSIGNE, « Le principe d'équivalence de l'inscription en compte et de l'inscription dans un dispositif d'enregistrement partagé », in Blockchain et droit des sociétés, Dalloz Études, 2019, préc. p. 37.

2 M. JULIENNE, « L'inscription des titres financiers en blockchain », Bull. Joly Bourse, Mars-Avril 2019, p. 58.

3 *Ibid., loc. cit.*

4 C. mon. fin., art. L. 211-3, al. 2.

5 C. mon. fin., art. L. 211-3, al. 3.

6 D.-R. MARTIN, « De la nature corporelle des valeurs mobilières (et autres droits scripturaux) », D., 1996, chron., n°8, p.47.

7 A. BOUKAMCHA, thèse précitée, p. 368.

8 Plusieurs auteurs ont relevé, dès le lendemain de la réforme relative à la dématérialisation des titres, combien « les droits liés à ces jeux d'écritures restent mal précisés », J. HONORAT, L'inscription en compte obligatoire des valeurs mobilières françaises, Defrénois, 1985, n° 33470 (spéc.§4).

préciser sa véritable nature juridique[1]. Ainsi, la principale question engendrée par cette réforme de la dématérialisation s'avère relativement simple à formuler : quelle valeur convient-il d'accorder à la nouvelle représentation de la valeur mobilière, l'inscription en compte ? Est-elle simplement confortative des droits du titulaire qu'elle désigne, disposant ainsi d'une valeur simplement probatoire, ou bien faut-il aller plus loin et lui reconnaître une valeur constitutive de droits, c'est-à-dire une valeur substantielle créatrice de droits sur les valeurs mobilières qui en sont l'objet ?

649. Le véritable rôle dévolu à l'inscription en compte n'a pas été précisé ni par le législateur tunisien ni par son homologue français. Devant cette lacune législative, la doctrine s'est trouvée profondément divisée. Un premier courant doctrinal, tout en niant la valeur substantielle de l'inscription en compte, lui accorde un rôle simplement confortative des droits du titulaire qu'elle désigne, de telle sorte que l'inscription en compte n'est qu'un simple moyen de preuve de tels droits. Cette valeur confortative de droits accordée à l'inscription en compte nous semble contestée (**§1**). Tandis qu'un second courant doctrinal, auquel nous adhérons, affirme clairement la valeur substantielle de l'inscription en compte, qui est constitutive de droit[2]. Cette affirmation de la valeur acquisitive de propriété de l'inscription en compte est cependant conditionnée (**§2**).

§1 : Une valeur confortative de droits contestée

650. Tout en restant classique, les partisans de cette approche estiment que la réforme de la dématérialisation, quoique plus laconique que les textes antérieurs, n'a rien changé au régime précédemment appliqué aux titres nominatifs faisant l'objet d'une inscription en compte. Elle n'a fait que l'étendre à l'ensemble des valeurs mobilières représentées par une inscription[3]. Cette approche, qui prévalait en jurisprudence française[4], affirme clairement que le droit sur la valeur n'est pas conféré par l'inscription, il demeure lié à l'existence d'une convention translative de droit. Dès lors, l'inscription en compte ne transfère pas le droit. Sa portée est réduite à une simple formalité assurant l'opposabilité de la cession aux tiers et à la société émettrice. Elle représente également pour son titulaire une présomption de propriété des valeurs inscrites en son nom.

651. Les partisans de ce courant, contestant toute valeur substantielle de l'inscription en compte, justifient leur position non seulement par la

---

[1] A. BOUKAMCHA, thèse précitée, *loc.cit.*

[2] V. par ex. P. DIDIER, Droit commercial, T.III, La monnaie, Les valeurs mobilières, Les effets de commerce, PUF, 1999, pp. 141 et s. ; R. ROBLOT, La dématérialisation des valeurs mobilières, ANSA, 1984, spéc. n° 17 ; F. TRÉBULLE, L'émission des valeurs mobilières, Paris I, 1999, §645, estimant qu'il existe une dépendance entre le droit et sa représentation en compte au regard de l'efficacité du droit.

[3] A.-C. MULLER, *op. cit.*, n° 224, pp. 187 et s.

[4] Com., 22 novembre 1988, Bull. civ., IV, n°322; Com., 23 novembre 1993, Bull. civ., IV, n°431, Bull. Joly, 1994, p.93, note D. LEPELTIER, Dr. des soc., 1994, n°41, obs. H. HOVASSE.

confirmation de la nature simplement probatoire de l'inscription en compte (**A**), mais aussi par la remise en cause de la théorie de l'incorporation (**B**).

A- La valeur simplement probatoire de l'inscription en compte

652. La dématérialisation est porteuse d'une réelle ambiguïté au moment où l'on apprécie la portée probatoire de l'inscription en compte. Pour certains[1], l'inscription en compte constitue un instrument de preuve obligatoire de propriété des valeurs mobilières. Cette vision a été critiquée par une autre doctrine[2] qui estime que, facultative ou obligatoire, un instrument de preuve se situe à un niveau distinct de l'existence du droit. Simplement, il constate un droit préexistant. Du coup, l'inscription en compte constitue une **présomption (1) simple (2)** de propriété.

1. L'inscription en compte : une présomption de propriété

653. La présomption est souvent définie comme étant : « *la technique juridique qui permet de déduire d'un fait connu l'existence d'un fait inconnu* »[3]. Accorder à l'inscription en compte la valeur d'une présomption de propriété, c'est offrir à la personne ayant des titres inscrits en compte un moyen de preuve de la propriété des titres en question. L'inscription en compte revêt par conséquent une simple valeur probatoire, sans qu'il soit possible de l'investir d'une valeur acquisitive ou créatrice des droits sur les titres, objet d'une telle inscription[4].

654. La doctrine qui défend la nature probatoire de l'inscription en compte s'appuie sur des dispositions d'ordre législatif et réglementaire. Le législateur tunisien ne confirme pas expressément la nature probatoire de l'inscription en compte, mais plusieurs dispositions législatives vont dans ce sens. C'est ainsi que le droit tunisien consacre le principe du consensualisme en ce qui concerne le transfert de la propriété au niveau de l'article 583 du COC en matière de contrat de vente et au niveau de la cession des créances objet de l'article 205 du COC. Sauf dérogation expresse, l'interprétation de l'exigence d'une forme quelconque, telle que l'inscription en compte des valeurs mobilières dématérialisées, ne peut se faire au détriment du principe de transfert par simple accord de volontés[5]. Par voie de conséquence, en l'absence d'une disposition expresse conférant à l'inscription en compte un rôle créateur des droits, celle-ci ne pouvant avoir qu'une simple valeur probatoire.

---

[1] V. H. CAUSSE, « Principe, nature et logique de la dématérialisation », J.C.P. (E.), n° 48, 1992, 194, p.530 ; P. GOUTAY, « La dématérialisation des valeurs mobilières », Bulletin Joly soc., 1999, p. 415.

[2] C. LASSALAS, *op. cit.*, n° 553, p. 188.

[3] M. CHARFI, Introduction à l'étude du droit, Cérès éditions, Tunis, 1997, 3ème édition, n° 538, p. 245.

[4] P. GOUTAY, « La notion d'instrument financier », Dr. Patrimoine, mai 2000, p. 78 ; L. COTRET, La négociabilité des instruments financiers, thèse Reims, 2004, n°154 et s.

[5] Sur le principe d'interprétation stricte consacré par l'article 540 du COC, voir, N. BEN AMMOU, Le pouvoir de contrôle de la cour de cassation, thèse pour le doctorat d'Etat en droit privé, faculté de droit et des sciences politiques, Tunis, 1996, n° 837, p.389 ; E. ARFAOUI, Les règles écrites d'interprétation de la loi : Essai sur une méthode officielle d'interprétation des lois, thèse pour le doctorat d'Etat en droit privé, faculté de droit et des sciences politiques, Tunis, 2000, pp. 231 et s.

655. Des dispositions d'ordre réglementaires viennent confirmer la nature probatoire de l'inscription en compte. D'une part, l'article 205 du règlement général de la B.V.M.T. prévoit que : « *dès le jour de l'exécution de son ordre, le client acheteur devient propriétaire des titres concernés et le vendeur en perd la propriété* ». Il en découle alors qu'en matière de valeurs mobilières négociées en bourse, c'est l'accord de volontés qui assure le transfert de propriété, abstraction faite de l'accomplissement de la formalité de l'inscription en compte. L'accomplissement ultérieur de l'inscription en compte permettrait seulement d'apporter la preuve de la propriété qui a été déjà acquise dès l'échange de consentements [1]. Ainsi présenté, l'article 205 du règlement général de la B.V.M.T. semble être en parfaite harmonie avec le droit commun de la vente, en particulier avec l'article 583 du COC[2].

656. D'autre part, le règlement du conseil du marché financier relatif au dépositaire central des titres et ses différentes règles de fonctionnement[3] posent un principe fondamental en matière de la tenue de la comptabilité-titres, à savoir le principe d'une comptabilité de « *droits constatés* ». Ce principe se définit comme étant l'obligation du teneur de compte habilité, dès qu'un droit certain est né au nom d'un client, de procéder à sa transcription sur le compte-titres, ouvert au nom de ce dernier, sans attendre l'achèvement de l'exécution des suites matérielles. D'après ce principe, il est clair que la création du droit se réalisant dès l'accord de volontés, précède l'inscription en compte, laquelle ne vient que pour constater l'existence d'un tel droit[4]. Dès lors, l'inscription en compte, loin d'avoir un rôle créateur des droits, se limite à en permettre la preuve. Il s'agit, en fait, d'un instrument probatoire autorisant le propriétaire, bénéficiant d'une inscription en compte, de rapporter la preuve de sa propriété scripturale.

657. La conception du caractère exclusivement probatoire de l'inscription en compte semble avoir trouvé un appui important dans la jurisprudence de la Cour de cassation française. En effet, dans un arrêt du 17 juin 1997[5], la

---

[1] A. BOUKAMCHA, thèse précitée, p. 370.

[2] Il est à noter que cette solution est valable, non seulement pour les titres négociés en bourse, mais aussi pour ceux négociés en dehors de la bourse, par application de l'article 71 de la loi n° 94-114 relative à la réorganisation du marché financier, qui accorde aux parties en cas de cession des titres émis sans appel public à l'épargne, toute la liberté de fixer « les conditions de prix, de règlement et de garantie », sans avancer une solution particulière s'agissant du transfert de propriété. En l'absence d'une disposition particulière, c'est le principe du transfert *solo consensu* qui s'applique, à moins que les parties se mettent d'accord pour retarder le moment du transfert de la propriété.

[3] V. surtout, Règles de fonctionnement de *Tunisie Clearing* – Opérations sur titres- (Mise à jour le 25/09/2020, disponibles sur le site de *Tunisie Clearing* : https://www.tunisieclearing.com/tc/fr/documentation/regles-de-fonctionnement

[4] A. BOUKAMCHA, thèse précitée, p. 371.

[5] Com., 10 juin 1997, Bull. civ., IV, n°186, p. 163; Bull. Joly, 1997, §311, p. 859, note J.-J. DAIGRE ; D. Aff., 1997, n° 36, p. 1173, Ph. GOUTAY, « Dématérialisation des titres : La portée de l'inscription des actions sur le registre des transferts de la société (à propos de Com. 10 juin 1997) » ; Banque et Droit, n° 55, septembre-octobre 1997, p. 30, note H. DE

chambre commerciale a indiqué que « *l'inscription des actions litigieuses (...) sur le registre des transferts de la société, constituait au bénéfice du titulaire une présomption de propriété* ». Ainsi, la nature exclusivement probatoire de l'inscription en compte est donc vigoureusement rappelée par la Cour.

658. La reconnaissance de la valeur probatoire de l'inscription en compte est intervenue comme étant un élément nécessaire pour la sécurité du nouveau régime. En effet, avant la dématérialisation des titres, les propriétaires des valeurs mobilières, au porteur en particulier, ont été protégés par l'application des règles du droit des biens, surtout par la théorie classique de l'incorporation du droit dans le titre qui permet la soumission desdites valeurs au régime applicable aux biens meubles corporels. Par conséquent, puisque les titres sont susceptibles de possession, le propriétaire de ces titres au porteur était en mesure de bénéficier aussi bien de la fonction probatoire que de la fonction acquisitive, attachées à la possession des biens meubles corporels[1]. Cette logique a été totalement bouleversée après la dématérialisation des titres. Ainsi, les valeurs mobilières désormais scripturales ne sont plus susceptibles de possession, faute de corpus. De même, la théorie de l'incorporation ne semble plus admise en présence de titres représentés par de simples écritures en compte. Il s'ensuit que, le propriétaire des valeurs scripturales ne peut plus bénéficier de la protection possessoire. Dès lors, il était nécessaire de garantir dans une certaine mesure la sécurité des titulaires de comptes par la reconnaissance de la valeur probatoire de l'inscription en compte[2]. Cette solution se présente ainsi comme un substitut à la protection qui était jadis attachée à la possession des titres de nature corporelle[3]. Le titulaire de compte se trouve ainsi dispensé de la preuve diabolique d'une chaine ininterrompue de transferts réguliers, relatifs aux titres acquis et faisant l'objet d'une inscription en compte[4].

659. En dépit de sa portée réduite, la valeur probatoire offre tout de même une sécurité minimale qui constitue un palliatif à la mise à l'écart des mécanismes protecteurs de la possession mobilière en présence des titres scripturaux dépourvus de toute corporalité[5]. La fragilité de l'inscription en compte se justifie aussi par le fait qu'elle ne constitue qu'une présomption simple de propriété.

VAUPLANE ; v. également, D.-R. MARTIN, « De l'inscription en compte d'actifs scripturaux », D., 1998, chr. p.15.

1 A. BOUKAMCHA, thèse précitée, p. 371.

2 A. BOUKAMCHA, thèse précitée, p. 372.

3 V. F. PELTIER, *op. cit.,* n° 291 ; D. AIRAULT, M.-A. FRISON-ROCHE et J. REVUZ, « L'efficacité des cessions d'actions nominatives à l'égard de la société émettrice », R.D.B.B., mars-avril 1993, n°36, p.70.

4 A. BOUKAMCHA, thèse précitée, p. 372.

5 Ph. GOUTAY, « Dématérialisation des titres : La portée de l'inscription des actions sur le registre des transferts de la société (à propos de Com. 10 juin 1997) », D. Aff., 1997, n°36, p. 1174.

2. L'inscription en compte, présomption simple de propriété

660. La doctrine qui a accordé à l'inscription en compte une nature probatoire a confirmé par la suite que celle-ci vaut présomption simple de propriété[1]. En effet, la présomption est dite « *simple* » lorsqu'elle admet la preuve contraire[2]. Mais comment justifier ce caractère simple de la présomption de l'inscription en compte ?

661. En l'absence d'une disposition légale qui qualifie expressément l'inscription en compte de présomption de propriété, celle-ci serait, non pas une présomption légale, mais plutôt une présomption de fait. Etant donné que les présomptions de fait revêtent toujours un caractère simple conformément à l'article 486 du COC, l'inscription en compte ne peut être qualifiée que de présomption simple de propriété. En outre, certains auteurs ont pu soutenir que le caractère simple de la présomption se justifie par le fait qu'il est « *le fruit d'un raisonnement et non d'un ordre de la loi* »[3].

662. La doctrine et la jurisprudence française ont confirmé la nature simple de la présomption de propriété accordée à l'inscription en compte, en l'absence d'une disposition légale expresse attribuant le caractère irréfragable à celle-ci. M. VASSEUR affirme dans ce cadre que « *l'inscription en compte prise régulièrement constitue au mieux une présomption simple de propriété au profit de la personne inscrite* »[4]. Selon les professeurs RIPERT et ROBLOT, « *(…) il faut admettre qu'une inscription en compte prise régulièrement constitue, à tout le moins, une présomption simple de propriété au profit de la personne inscrite* »[5]. Approuvée par une doctrine autorisée[6], cette position a été confirmée à maintes reprises par la jurisprudence française qui n'a cessé de rappeler que l'inscription en compte serait seulement une présomption simple de propriété, pouvant être renversée par la preuve contraire[7].

---

[1] Y. GUYON, Droit des Affaires, T.1, Droit Commercial Général et Sociétés, *op. cit.*, n° 733, p. 788.

[2] S. MELLOULI, Droit civil, Introduction à l'étude du droit, publications de l'imprimerie officielle de la république tunisienne, Tunis, 2000, n° 741, p. 225.

[3] F. TERRÉ et N. MOLFESSIS, Introduction générale au droit, Précis DALLOZ, 13ème éd., 2021, n° 513, p. 416 ; V. en ce sens aussi : F. AUCKENTHALLER, Droit des marchés de capitaux, L.G.D.J., 2004, n°68, p. 25 ; Ph. GOUTAY, « Dématérialisation des titres : La portée de l'inscription des actions sur le registre des transferts de la société (à propos de Com. 10 juin 1997) », D. Aff., 1997, n° 36, p. 1174 ; D. AIRAULT, M.-A. FRISON-ROCHE et J. REVUZ, « L'efficacité des cessions d'actions nominatives à l'égard de la société émettrice », R.D.B.B., mars-avril 1993, n°36, p.70.

[4] M. VASSEUR, Droit des Affaires – Licence, fasc. IV, Les cours de droit, p. 298.

[5] G. RIPERT et R. ROBLOT, Traité élémentaire de droit commercial, T. 2, valeurs mobilières, effets de commerce, titres de créances négociables, *op. cit.,* p. 33, n° 1794.

[6] V. également, F. NIZARD, *op. cit.*, n°563, pp. 240 et s., qui considère que l'inscription en compte entraîne seulement « *déplacement de l'objet de la preuve : en prouvant simplement l'inscription on prouve la titularité (…). Parce qu'elle ne constitue qu'un raisonnement probatoire, la présomption qui consiste à déplacer l'objet de la preuve ne peut qu'être simple* ».

[7] C.A. Paris, 25 octobre 1991, Dr. Sociétés, mars 1992, n° 63, obs. H. LE NABASQUE. V. également en ce sens l'arrêt rendu par la chambre commerciale de la Cour de cassation française en date du 10 juin 1997, Aubertin c./ Lepage, D. Affaires, 1997, chron. p. 869, qui

663. La qualification de l'inscription en compte de présomption simple de propriété entraîne un renversement de la charge de la preuve. En cas de conflit entre une personne inscrite en compte et une autre non inscrite, la première sera dispensée de la preuve de la propriété des titres en question. La charge de la preuve incombe ainsi à celui qui entend reverser la présomption de propriété établie par l'inscription en compte. Ce dernier doit à titre d'exemple apporter la preuve de la nullité de l'acte juridique source de l'inscription en compte[1]. Le droit de propriété de la personne ayant bénéficié d'une inscription en compte peut toujours être remis en cause par tout moyen de preuve.

664. Il en découle que, la simplicité de la présomption témoigne de l'affaiblissement de la force juridique attachée à l'inscription en compte. Sa fragilité est la conséquence naturelle de la primauté de l'accord de volonté sur le formalisme scriptural [2]. Qualifiée de présomption simple de propriété, l'inscription en compte ne peut nullement avoir une valeur créatrice de droits, d'autant plus que l'avènement de la dématérialisation entraîne nécessairement la remise en cause de la théorie de l'incorporation du droit dans le titre.

B - La remise en cause de la théorie de l'incorporation

665. L'absence de toute valeur substantielle de l'inscription en compte s'explique par la remise en cause de la théorie de l'incorporation du droit dans le titre. Cette théorie a subi de sérieuses critiques **(1)** avant que la dématérialisation des valeurs mobilières n'annonce son déclin **(2)**.

1. Les critiques adressées à la théorie de l'incorporation

666. Apparus au milieu du XVIII siècle, les titres au porteur étaient des documents écrits, représentés par une feuille de papier. Leur fabrication ressemblait à celle des billets de banque[3]. Une fois ce formalisme accompli, ces titres se transmettaient entre les parties par tradition manuelle, c'est-à-dire par remise de main à main[4]. Si, techniquement, ce mode ne présentait aucune difficulté, juridiquement, son application semblait beaucoup plus délicate dans

---

approuva l'arrêt, objet du renvoi, qui avait constaté que : « *l'inscription des actions litigieuses au nom de M. Lepage sur le registre des transferts de la société, constituait au bénéfice du titulaire une présomption de propriété à l'encontre de laquelle M. Aubertin n'avait pas rapporté de preuve …* ».

[1] A.-C. MULLER, *op. cit.*, n° 228, p. 189, l'auteur estime en ce sens que : « *la valeur de présomption simple qui lui est reconnue souligne la fragilité de l'inscription au nom de l'acquéreur, la titularité des droits restant attachée à l'acte juridique source de l'écriture en compte* ».

[2] A.-C. MULLER, *op. cit.*, n° 228, p. 189.

[3] Il s'agit concrètement d'un pré-imprimé sur lequel figurait un dessin en filigrane censé éviter toute falsification. Il se décomposait en deux volets. Le premier (nommé *talon*) comportait le titre proprement dit, avec ses éléments d'identification : son intitulé (action, obligation, part fondateur), le nom et les caractéristiques de la société émettrice, son numéro d'ordre, sa valeur nominale, la signature des administrateurs. Le second composé d'un ensemble de coupons numérotés, découpés à l'occasion de l'exercice des droits attachés au titre : paiement des dividendes ou des intérêts, souscription préférentielle, etc… ; V. J. ESCARRA, Cours de droit commercial, 2ème éd, Sirey, 1952, n° 1256, p. 863; P. DIDIER, Droit commercial, Tome III, Le marché financier, les groupes de sociétés, *op. cit.*, p.134.

[4] G. CORNU (dir.), *Vocabulaire juridique*, *op. cit.*, V° Tradition, «*transfert de la possession (au moins de la détention (corpus) d'une chose (mobilière); remise matérielle d'une chose dont le transfert de propriété est indépendant (article 1138 du Code civil) mais dont dépend la perfection des contrats dits réels*».

la mesure où elle paraît nécessiter la fusion de l'acte écrit (*instrumentum*) et des droits du titulaire contre l'émetteur (*negotium*). C'est cette dernière opération, connue sous le nom d'incorporation des droits dans le titre, qui permettait en effet aux droits du titulaire, par nature incorporelles, de bénéficier de la mobilité et de la sécurité propres aux biens meubles corporels[1]. On en conclut, en application du principe selon lequel « *la possession vaut titre* »[2], que la seule détention du titre suffisait à assurer l'opposabilité *erga omnes* du transfert des droits[3].

667. La théorie de l'incorporation du droit dans le titre restait une énigme : « *comment une feuille de papier peut-elle être considérée comme un bien ayant valeur d'échange ?* »[4]. Puisque aucune explication cohérente ne peut être fournie, il semble qu'il faille se contenter d'y voir une construction intellectuelle, sans référence légale. Importée d'Allemagne[5], cette théorie a d'ailleurs été longtemps rejetée par la doctrine française. Elle ne fut largement reprise qu'à partir de la fin du XIXème siècle[6].

668. La théorie de l'incorporation n'a pas fait cependant l'unanimité. Indépendamment de la dématérialisation des titres, elle a été fortement critiquée. **En premier lieu**, certains n'hésitent pas à dénoncer le caractère artificiel d'une telle incorporation[7]. D'ailleurs, l'application de la théorie de l'incorporation a conduit à une confusion à double niveau. Une première confusion entre l'*instrumentum* et le *negotium* s'impose. Ainsi, THALLER jugea

---

[1] H. PLANIOL et G. RIPERT, *Traité pratique de droit civil français*, T. III, *Les biens*, Paris 1926, n° 371, p. 367 et n° 560, p. 540.

[2] Article 53 du CDR et 2279 al. 1er du Code civil français.

[3] J. DUCLOS, L'opposabilité. Essai d'une théorie générale, Thèse Paris I, L.G.D.J., 1984, n° 141. Selon cet auteur, « *l'opposabilité du droit réel s'impose, en principe, d'emblée aux tiers, sans condition préalable de connaissance* »; M. LEVIS, L'opposabilité des droits réels, Ed. ECONOMICA, 1989, n° 211 et s.

[4] G. RIPERT, Aspects juridiques du capitalisme moderne, Ed. L.G.D.J., 2ème éd., 1951, n° 64, p.151; E. THALLER, De la nature juridique du titre de crédit, contribution à une étude générale sur le droit des obligations, Annales de droit commercial, 1906, p. 5 et s et p. 110 et s. Cet auteur s'interrogeait : «*Par quelle magie un droit, par nature incorporel, pourrait-il devenir un meuble corporel ?*».

[5] Cette théorie était déjà unanimement reconnue par les auteurs germaniques à la fin du XIXème siècle sous le nom de *Wertpapiere*. SAVIGNY, juriste allemand du début du XIXème siècle, soulignait ainsi qu'« *un titre constitue un corps, une chose matérielle, c'est-à-dire un objet susceptible de propriété et de possession. Il est donc possible d'utiliser les rapports du créancier avec cette chose pour faciliter le transfert de la créance et l'exercice du droit contre le débiteur*». Cité par L. DABIN, *Fondements du droit cambiaire allemand*, Thèse. Liège, 1959, n° 142; Cette théorie a été par la suite consacrée dans plusieurs législations étrangères telles que l'Italie et la Suisse (article 965 du Code des obligations suisse).

[6] A. WHAL, Traité théorique et pratique des titres au porteur, Ed. Librairie nouvelle de droit et de jurisprudence, 1891, n° 273, p. 211. L'auteur souligne que « *la créance et la propriété sont unies (...), le propriétaire du titre étant créancier, la créance doit être considérée comme confondue avec le titre* ».

[7] Ch. L. JULLIOT, « *Nature juridique du transfert des titres nominatifs : stipulation pour autrui ou délégation ?* », Annales de droit commercial, 1904, pp. 201 et s.

« *inadmissible* »[1] le fait de considérer une créance, « *valeur incorporelle, lien personnel et métaphysique entre deux individus, affranchi par conséquent de toute matérialité* », comme un bien corporel[2]. Selon lui, « *le droit existe avant le titre, dès le jour où sont souscrites l'action et l'obligation ; et la délivrance d'un tel titre n'affectera point la nature juridique de ce droit* »[3].

669. En outre, cette confusion est inconciliable avec les principes juridiques les plus élémentaires, qui imposent d'opérer une distinction entre le droit en tant que tel et sa manifestation instrumentaire[4]. De ce fait, le transfert de propriété des titres au porteur, à l'instar de celui des meubles corporels en général, peut se réaliser par le seul échange de consentements, indépendamment de leur livraison. Pareillement, la perte de l'*instrumentum*, à savoir le titre papier, ne signifie pas nécessairement disparition du droit[5].

670. La théorie de l'incorporation aboutit à une seconde confusion entre la propriété de l'*instrumentum* et la propriété du *negotium*[6], c'est-à-dire entre le droit de propriété et l'objet d'un tel droit[7]. La propriété est un droit qui ne doit pas être confondu avec la chose qui en constitue l'objet, elle « *n'est plus un droit dans une chose (res in rem) mais un droit sur une chose (res ad rem)* »[8]. Cette évolution vers l'abstraction du droit des biens, conjugué avec le principe du consensualisme, a permis d'admettre le transfert du droit de propriété, indépendamment du transfert matériel de la chose, objet du droit[9]. Opérant ainsi une fusion entre le droit de propriété et le titre qui en constitue l'objet, la théorie de l'incorporation a remis en cause une telle évolution qui a marqué aussi bien le droit des biens que le droit des obligations.

---

1 E. THALLER, Traité élémentaire de droit commercial, Ed. Rousseau, 3ème éd., 1904, n° 891, p. 449. «*Il est vraiment inadmissible que le titre soit le support indispensable du droit*». A propos des valeurs à ordre et au porteur, l'auteur s'interroge : «*le certificat (...) forme-t-il la base, le substratum même du droit ? Nous ne le pensons pas. Le droit continue matériellement son assise sur la législation générale des obligations*».

2 E. THALLER, « De la nature juridique du titre de crédit », Annales de droit commercial et industriel, 1907, n° 47, p. 10. L'auteur ironise sur ce phénomène. Il fait remarquer qu'« *aucune garantie ne donnera davantage le mot de cette énigme : une dette qui devient bien matériel en s'incorporant dans une feuille papier. La théorie mécanique de la transformation des forces, de la conversion du mouvement en chaleur ou en électricité, n'aurait pas même la vertu de résoudre ce profond mystère, ce fait intelligible* ».

3 E. THALLER, Traité élémentaire de droit commercial, *op. cit.*, n° 892, p. 450 ; V. également sur ce point L. DABIN, Fondements du droit cambiaire allemand, Thèse, Liège, 1959, n° 203.

4 L. COTRET, La négociabilité des instruments financiers, thèse, Reims, 2004, n°85.

5 P. GOUTAY, « Titres au porteur et incorporation : réfutation d'une théorie », Bull. Joly soc., mai 2001, pp. 477 et s

6 De ce fait, la possession du titre présume non seulement la propriété de l'*instrumentum*, mais aussi la propriété du *negotium*. Toutefois, certains auteurs s'opposent fermement à cette assimilation. Voir, à titre d'exemple, F.-X. LUCAS, *op. cit.*, n° 408, p. 209. Selon l'auteur, « *le titre au porteur, le morceau de papier, n'a jamais été autre chose qu'un morceau de papier et s'il est vrai que l'actionnaire en devenait propriétaire, il n'en résultait pas qu'il devenait propriétaire de l'action* ».

7 J. LARGUIER, *Essai sur la notion de titre en droit privé*, Thèse, Montpellier, 1948, n° 164, p. 170.

8 P. GOUTAY, « Titres au porteur et incorporation : réfutation d'une théorie », Bull. Joly soc., mai 2001, pp. 476 et s.

9 P. GOUTAY, Le transfert de propriété des titres cotés, Thèse, Paris IX, 1997, n° 79, p. 80.

671. En deuxième lieu, si la théorie de l'incorporation du droit dans le titre était largement admise pour expliquer la circulation des titres au porteur, son extension aux titres nominatifs posait problème. D'une part, bien que bon nombre d'auteurs se soient clairement prononcés en faveur de cette solution[1], ni le certificat nominatif délivré par la société émettrice[2], ni l'inscription sur les registres de la société émettrice, simples formalités probatoires, ne pouvaient servir de support à cette dernière[3]. La Cour de cassation semblait d'ailleurs condamner toute incorporation des droits dans les titres nominatifs en affirmant très clairement, dans un arrêt du 17 décembre 1873, que l'on ne peut « *reconnaître et proclamer que l'article 2279 du code civil leur est applicable* »[4]. De même, elle refusa, dans une autre décision du 4 mai 1837, d'attribuer à leurs titulaires la protection accordée au possesseur de bonne foi[5], estimant qu'ils ne pouvaient se soustraire à la revendication du véritable propriétaire en opposant le fait que le vendeur était propriétaire apparent[6].

672. D'autre part, se démarquant des titres au porteur, les titres nominatifs ont été créés pour favoriser la transparence du marché[7]. Leur émetteur doit pouvoir, à tout moment, connaître l'identité des titulaires[8]. Cela permet un meilleur contrôle de l'actionnariat (nombre de titres en circulation, identité des actionnaires...) et facilite la convocation aux assemblées ainsi que le paiement des dividendes ou des intérêts. S'effectuant par simple remise de main à main, la *traditio* ne semblait pas adaptée à leur transfert. Il fallait un mode favorisant l'information de l'émetteur. C'est pourquoi, d'ailleurs, la transmission du titre

---

1 **Contra** ESCARRA et RAULT, Traité théorique et pratique de droit commercial, les sociétés commerciales, T III, Sirey, 1950-1960, n° 1279, p 363. Selon ces auteurs, «*le droit de l'actionnaire lorsqu'il s'agit d'une action nominative, est incorporé dans l'inscription pratiquée sur les registres des transferts, de même que le droit est incorporé dans le certificat lorsqu'il s'agit d'une action au porteur*».

2 **Contra** J. LARGUIER, Essai sur la notion de titre en droit privé, Thèse Montpellier, 1948, n° 221, p. 249. Cet auteur soutient que le droit était incorporé dans le certificat d'inscription délivré par la société, et qu'il n'existait entre les titres au porteur et les titres nominatifs que des différences de degré, non de nature. « *On peut dire que l'incorporation du droit, parfaite dans le titre au porteur, n'est en ce qui concerne les titres nominatifs qu'imparfaite : ce n'est pas à dire qu'elle soit inexistante*».

3 M.-C. BROUDISCOU, « Défense du titre au porteur », J.C.P., 1977, 12567, n° 23, p 511; A. WHAL note sous C.A. Paris, 21 février 1896, S, 1898, II, 289.

4 Cass. req., 17 décembre 1873, *Coevoet/hérit.* Delattre, S., 1874, I, 409, note LABBE. La Cour ajouta que cet article «*n'est applicable qu'aux meubles corporels ou aux titres au porteur transmissibles par tradition manuelle* ».

5 Cass. req., 4 mai 1837, *Dreux/Laveyssière*, Revue de législation et de jurisprudence, 1837, T. VI, p. 466-467, note P. RODIERE.

6 P. RODIERE note sous Cass. civ., 4 mai 1837, *Dreux/Laveyssière*, Revue de législation et de jurisprudence, 1837, T. VI, p. 466-467.

7 F.-G. TEBULLE, L'émission de valeurs mobilières par les sociétés par actions, Ed. Economica, 2002, n° 570, p. 417.

8 *Ibid.*, n° 570, p. 417. Cet auteur assimilait le titre nominatif à «*la phase lumineuse et ouverte d'une catégorie juridique dont le titre au porteur serait la phase obscure, anonyme*».

nominatif ne pouvait s'opérer à l'égard des tiers et de la collectivité émettrice que par transfert sur ses registres[1].

673. En troisième lieu, la théorie de l'incorporation a été longtemps présentée en vue d'expliquer la négociabilité des titres et de justifier la circulation aussi rapide et simplifiée des valeurs mobilières. Toutefois, ce recours au droit des biens, à travers la théorie de l'incorporation a été fortement critiqué par la doctrine[2]. Plusieurs auteurs ont refusé d'expliquer la négociabilité des valeurs mobilières par la théorie de l'incorporation. Par exemple, le professeur E. THALLER justifie une telle négociabilité par référence aux mécanismes propres au droit des obligations et précisément par le mécanisme de la délégation des créances[3]. Le professeur H. CAUSSE l'explique par l'existence d'une clause de négociabilité[4]. Quant au professeur F. NIZARD, il trouve une justification de la négociabilité des titres dans les règles de la stipulation pour autrui[5]. Pour toutes ces raisons confondues, il semble que la théorie de l'incorporation ne peut servir de fondement à la négociabilité des valeurs mobilières. La dématérialisation des titres ne peut que consolider davantage cette affirmation puisqu'elle empêche l'incorporation du droit dans l'inscription en compte.

2. Le déclin de la théorie de l'incorporation

674. En présence de titres de nature corporelle, la théorie de l'incorporation du droit dans le titre a soumis, par une fusion entre le *negotium* et l'*instrumentum,* les valeurs mobilières, qui sont incorporelles par nature, au régime des biens meubles corporels. En effet, c'est l'*instrumentum,* ce support papier matériel, qui va incorporer le *negotium,* c'est-à-dire le droit de nature incorporelle. Cependant, avec la promulgation de la loi n° 2000-35 relative à la dématérialisation des titres, les valeurs mobilières n'étant représentées que par une inscription en compte, revêtent impérativement une forme scripturale et elles sont devenues obligatoirement nominatives. Ces deux nouveautés, à savoir la scripturalisation et la nominativité, ont fait que les valeurs mobilières sont devenues des biens purement incorporels[6].

675. L'instrumentum, jadis matérialisé par le titre papier, rêvait désormais un caractère immatériel qui est l'inscription en compte. Dès lors, les valeurs mobilières ne sont plus susceptibles d'aucune maîtrise physique, et ne pouvant

---

[1] Selon l'article 36 du Code du commerce, la cession des titres nominatifs ne pouvait s'opérer que par «*déclaration de transfert inscrite sur les registres de l'émetteur et signée de celui qui fait le transfert ou d'un fondé de pouvoir*».

[2] H. CAUSSE, Les titres négociables, Essai sur le contrat négociable, Litec, 1991, n° 618, p. 301, estimant que : « *la théorie de l'incorporation ne constitue pas l'explication du régime des titres au porteur, mais le simple constat que celui-ci s'apparente à un meuble corporel* ».

[3] E. THALLER, *Traité élémentaire de droit commercial,* Ed. Rousseau, 3ème éd, 1904, n° 600, p. 319.

[4] H. CAUSSE, *op. cit.*, n° 626, p. 305.

[5] F. NIZARD, *op. cit.,* n°294, p. 133.

[6] H. CAUSSE, *op. cit.,* n° 657, p. 326.

être alors l'objet d'une possession[1]. Comment, à partir de ce moment, peut-on imaginer qu'une écriture en compte dépourvue de tout *corpus*, peut désormais incorporer les droits que confèrent les valeurs mobilières ?

676. Évidemment, l'immatériel ne peut nullement incorporer l'immatériel. Aujourd'hui, la dématérialisation, phénomène sans précédent, « *oblige à une révision fondamentale des schémas mentaux en vigueur* »[2], ce qui a conduit d'ailleurs un éminent auteur à conclure que la théorie de l'incorporation du droit dans le titre est en train de disparaître dans les manuels et les répertoires suite à cette réforme[3]. Un autre auteur affirmer, à juste titre, que « *toute la construction juridique de l'incorporation du droit dans le titre au porteur, papier traité par le droit comme un meuble corporel dont la tradition avait la vertu de transférer le droit incorporé, devient inutile pour les valeurs mobilières soumises au nouveau régime* »[4]. D'autres auteurs soutiennent qu'« *avec la dématérialisation de l'instrumentum, la théorie de l'incorporation perd sa raison d'être* »[5]. Ainsi, faute de corpus suffisant, une écriture informatique est inapte à faire incorporer un droit quelconque.

677. En plus, si l'on pousse plus loin notre analyse en supposant que l'incorporation du droit puisse se réaliser en dépit de l'immatérialité de l'*instrumentum*, celle-ci ne peut avoir aucun intérêt puisque l'inscription en compte, à laquelle le droit se trouve incorporé, n'est nullement susceptible de possession, en raison de son caractère purement incorporel[6]. En effet, l'inscription en compte, « *simple ligne dans une base de donnée informatique (...) n'est, à aucun moment, physiquement palpable. En se déplaçant en tous points du réseau numérique, elle n'adopte pas la corporalité de la disquette, du CD-ROM ou du disque dur qui la substantifie. Ce support informatique n'est pas un bien tangible susceptible de faire l'objet d'une possession* »[7]. En dématérialisant les valeurs mobilières, la question de la possession ne pouvait plus se poser[8].

678. De surcroît, il nous semble tout de même illogique d'accorder à l'inscription en compte une valeur créatrice de droit, au moment où la tenue de ces comptes n'a pas été dotée de garanties suffisantes. En effet, c'est la société

---

[1] L. DABIN, « La dématérialisation et la circulation des valeurs mobilières dans le cadre des marchés financiers », R.I.D.E., 1997, n°14, p. 304 ; M. JEANTIN, Droit des sociétés, 3ème éd., Montchrestien, Paris, 1994, n° 428, p. 224.

[2] D.-R. MARTIN, « De l'inscription en compte d'actifs scripturaux », D., 1998, chr. p.15 et s.

[3] R. ROBLOT, « La dématérialisation des valeurs mobilières »,A.N.S.A., 1984, spéc. n° 18, p. 31.

[4] J. FOYER, « La dématérialisation des valeurs mobilières en France », Mélanges G. FLATTET, Payot, Lausanne, 1985, p. 26.

[5] P. LANGLET et P.-G. MARLY, « La localisation des instruments financiers dématérialisés », Banque et Droit, n° 73, septembre-octobre 2000, p.3.

[6] Il est à noter à cet égard que la doctrine dominante s'oppose catégoriquement à l'idée d'une possession des biens incorporels. Voir notamment, J. CARBONNIER, Droit civil, T. 3, Les biens, *op. cit.*, n° 239, p. 361 ; C. LARROUMET, Droit civil, t.2, Les biens, Droit réels principaux, 4ème éd., Economica, 2004, n° 923, p.575 et s. ; F. TERRÉ et P. SIMLER, Droit civil, Les biens, 7ème éd., Dalloz, 2006, n° 434, p. 305.

[7] L. COTRET, thèse précitée, n°68.

[8] J. MESTRE, E. PUTMAN et M. BILLIAU, Traité de droit civil, Droit spécial des sûretés réelles, sous la direction de J. GHESTIN, L.G.D.J., 1996, n° 946, p. 385 et s.

émettrice elle-même qui procède aux inscriptions nécessaires sur les comptes correspondants[1]. La reconnaissance d'une valeur substantielle aux inscriptions réalisées par une personne privée serait « *exagérément excessive* »[2]. Ainsi, la société émettrice peut s'abstenir d'effectuer l'inscription en compte paralysant de ce fait tout transfert de propriété. Bien sûr, cette abstention peut être de bonne foi, suite à une négligence par exemple, ou de mauvaise foi dictée par une certaine stratégie. D'ailleurs, afin de retarder un éventuel changement de majorité dans la société émettrice, les dirigeants de celle-ci peuvent retarder l'inscription en compte des valeurs vendues juste avant la tenue de l'assemblée générale des actionnaires, à une date postérieure à celle-ci.

679. A tout prendre, la théorie de l'incorporation du droit dans le titre a connu un véritable recul suite à la dématérialisation obligatoire des valeurs mobilières d'autant que le droit ne peut plus être incorporé dans une écriture en compte, ce qui aboutit à dépourvoir l'inscription en compte de toute valeur créatrice de droits. L'attachement d'une partie importante de la doctrine à accorder à l'inscription en compte une nature purement probatoire vient confirmer le résultat escompté. Toutefois, contrairement à ce qui a été proposé par un bonne partie de la doctrine, il nous semble que l'inscription en compte revêt une véritable valeur créatrice de droits. En dépit de la dématérialisation, les solutions qui étaient applicables aux titres corporelles doivent être maintenues. L'inscription en compte des valeurs scripturales, à l'instar de la tradition en matière de titres au porteur, n'a pas seulement une simple valeur probatoire, mais plutôt une valeur substantielle.

680. Force est de constater que des voix de plus en plus nombreuses se font entendre en doctrine pour souligner que la nature simplement confortative (probatoire) de l'inscription en compte s'avère inconciliable avec la sécurité juridique que requiert le transfert de propriété des valeurs mobilières cotées, afin d'accorder à l'inscription une portée beaucoup plus importante.

§2 : L'affirmation conditionnée de la valeur acquisitive de propriété

681. Par application de la loi n° 2000-35 du 21 mars 2000, relative à la dématérialisation des titres, les titres ne sont plus matérialisés que par une inscription au compte de leur propriétaire ; ils doivent obligatoirement être inscrits dans un compte[3]. Les titres inscrits en compte se transmettent par virement de compte à compte. Comment peut-on interpréter ces dispositions surtout que les textes sont muets sur la relation de l'opération de virement avec l'acte juridique qui l'engendre ?

682. Si une première thèse estime que cette réforme n'a rien changé par rapport au régime précédemment appliqué et que l'inscription en compte n'a qu'un simple rôle probatoire confortatif du droit, une seconde thèse considère

---

1 A. BOUKAMCHA, thèse précitée, p. 382.

2 F. NIZARD, *op. cit.*, n°602, p. 261.

3 Art. 2 de la loi n° 2000-35 du 21 mars 2000 relative à la dématérialisation des titres. Art. L.211-3 du Code monétaire et financier français.

que le virement de compte à comte constitue le nouveau mode de transfert de propriété des valeurs mobilières dématérialisées et que l'acquisition de la propriété est liée à l'inscription en compte, tout en accordant à cette dernière une valeur créatrice de droit[1].

683. Rappelons que le respect de l'obligation d'inscription en compte reflète, selon la situation, une approche « statique » ou « dynamique » des titres inscrits[2]. Quand le terme « inscription » désigne une simple écriture en compte qui est le résultat de l'action d'inscrire, on est dans l'état statique de l'inscription[3]. Par contre, quand l'inscription exprime une idée de flux et de circulation pour désigner l'action d'inscrire en compte[4], on parle du terme de point de vue dynamique.

684. Le rôle substantiel accordé à l'inscription en compte se justifie doublement, selon l'approche « statique » **(A)** ou « dynamique » **(B).**

A- L'inscription en compte dans son approche statique

685. Selon l'approche statique, l'inscription en compte peut être envisagée comme une condition *ad validitatem* **(1)** et comme une condition d'efficacité **(2).**

1. L'inscription en compte envisagée comme une condition ad validitatem

686. « *L'inscription en compte (...) constitue-t-elle le fondement même de l'existence de la valeur mobilière ?* »[5]. Pour répondre à cette question capitale, une partie de la doctrine confirme le caractère *ad validitatem* de l'inscription en compte en se basant sur la consécration légale et expresse de son caractère obligatoire. H. HOVASSE écrivait en toute clarté que : « *l'inscription en compte n'est pas une mesure de publicité de droits exercés sur une valeur mobilière qui existerait ailleurs ; elle est la valeur mobilière* »[6].

687. La réforme de la dématérialisation a renforcé considérablement le rôle de l'inscription en compte, ce qui est vérifiable à travers les textes s'y référant. Ainsi, l'article 3 alinéa premier de la loi du 21 mars 2000 relative à la dématérialisation des titres dispose que : « *les valeurs mobilières (...) doivent être nominatives et inscrites dans des comptes tenus par la personne morale émettrice ou par un intermédiaire agréé* ». Plus clair encore, le législateur, dans le cadre de l'article premier alinéa premier du décret du 20 novembre 2001[7], a précisé que « *les*

---

[1] V. par exp. C. LASSALAS, *op. cit.*,n° 714 et s.

[2] T. BONNEAU et F. DRUMMOND, *op. cit.*, n° 90, p. 104 ; S. TORCK, Essai d'une théorie générale des droits réels sur choses fongibles, thèse, Paris II, 2001, n° 444, p.321 ; D. COHEN, Arbitrage et sociétés, Préf. B. OPPETIT, LGDJ, 1993, p.164, n° 303 ; J. GRANOTIER, *op. cit.*, n° 303, p. 164.

[3] Art. 2 al. 2 de la loi n° 2000-35 du 21 mars 2000 relative à a dématérialisation des titres. Art. L.211-3 du Code monétaire et financier français.

[4] Art. 2 al. premier de la loi n° 2000-35 du 21 mars 2000 relative à la dématérialisation des titres. Art. L.211-17 du Code monétaire et financier français et L.228-1 in fine du Code de Commerce.

[5] Cass. com., 10 juin 1997, Banque et droit, 1997, n° 55, obs. H. DE VAUPLANE.

[6] Cass. com., 10 juin 1997, arrêt précité, p. 19.

[7] Décret n° 2001-2728 du 20 novembre 2001, relatif aux conditions d'inscription des valeurs mobilières et aux intermédiaires agréés pour la tenue des comptes en valeurs mobilières, tel que modifié par le décret n°2005-3144 du 6 décembre 2005.

valeurs mobilières émises sur le territoire tunisien et soumises à la législation tunisienne quelle qu'en soit la nature doivent être, obligatoirement, inscrites en comptes par catégories (...)». L'utilisation par le législateur du verbe «devoir» et de l'adverbe «obligatoirement» témoigne de l'importance accordée à l'inscription en compte comme une obligation légale. Si le titre naît par la volonté des parties, ceux-ci n'auront plus le choix d'une telle ou telle autre forme, seule l'inscription en compte permet à la valeur mobilière d'accéder à la «*positivité juridique*»[1].

688. Le vocabulaire juridique de Gérard Cornu[2] définit le formalisme comme étant la : *«(...) tendance générale dans une législation à multiplier les formalités dans la formation des actes juridiques ou l'exercice des droits, soit à des fins de preuve, soit à des fins de publicité, soit à peine de nullité»*. On en déduit que toute formalité prévue par le législateur n'est pas automatiquement exigée *ad valididatem*, quoique revêtue d'un caractère obligatoire. Une formalité est en principe exigée *ad probationem*, à moins que la loi dispose expressément son caractère substantiel, en prévoyant pour son irrespect la nullité comme sanction[3].

689. Le législateur a-t-il prévu alors la nullité comme sanction de l'inobservation de l'inscription en compte ? La législation relative à la dématérialisation des titres n'a pas précisé clairement le sort des valeurs mobilières non inscrites. Le seul article qui s'est prononcé sur la question est l'article 4 de la loi du 21 mars 2000, relative à la dématérialisation des titres, qui prévoit dans son alinéa 2 qu' «*à l'expiration du délai de deux ans, les détenteurs de valeurs mobilières au porteur, perdent l'exercice de leurs droits rattachés à ces titres sauf si ceux-ci ont été présentés durant cette période à la personne morale émettrice ou à l'intermédiaire agréé en vue de leur inscription dans les comptes prévus à cet effet*».

690. Selon cette disposition, le titre au porteur ne vaut plus rien à la fin du délai prescrit sauf « *la répétition de ce qui a été payé indûment en exécution de cette obligation*»[4], puisque le législateur organise une procédure pour la vente des droits rattachés aux valeurs non remises dans les délais fixés et ordonne la personne morale émettrice, qui procèdera à cette vente, de consigner le produit de la vente à la disposition des propriétaires des titres en question[5].

691. Faut-il en conclure que le législateur a bien voulu sanctionner par la nullité l'irrespect de la formalité de l'inscription en compte ? On peut *a priori* penser à une réponse affirmative. En effet, il est clair que l'intention du législateur lors de la promulgation de la loi du 21 mars 2000 susmentionnée était d'anéantir tout titre au porteur resté en circulation après la dématérialisation obligatoire, afin d'uniformiser la forme de toutes les valeurs mobilières sur le marché financier. On peut penser qu'étant donné que «*ce que*

---

1 D.-R. MARTIN, «De la nature corporelle des valeurs mobilières (et autres droits scripturaux)», article précité, p.47.

2 G. CORNU (dir.), *Vocabulaire juridique,op. cit., v°* Formalisme.

3 V. M. KOSSENTINI, «Le formalisme à travers les règles communes de constitution des sociétés commerciales : quelles fonctions ?», Etudes juridiques, 2008, n° 15, pp. 137 et s.

4 Article 325 du COC.

5 Article 4 al. 4 de la loi du 21 mars 2000 relative à la dématérialisation des titres.

la loi prescrit en vu d'un motif déterminé doit s'appliquer toutes les fois que le même motif existe»[1], il serait alors d'autant plus logique d'appliquer, par analogie, la même sanction, toutes les fois qu'un risque de réapparition de la forme au porteur existe, ou même une autre forme illégale.

692. Or, un tel raisonnement est discutable étant donné que la nullité en droit de société doit être une mesure rarement prononcée et encourue[2]. Un auteur, quoiqu'il partage l'idée selon laquelle un titre émis sous une autre forme que l'inscription en compte ne peut qu'être nul, refuse de revêtir cette formalité d'un caractère solennel[3]. Selon cet auteur, la formalité solennelle est exigée pour la validité des actes juridiques. Si cette formalité n'est pas remplie, l'acte n'est pas valable et aucun droit ne naît. Les effets juridiques que les parties à l'acte souhaitaient provoquer ne se produisent pas, car le contrat n'est pas formé. Avec l'inscription en compte des valeurs dématérialisées, le problème est autre. L'inscription en compte a trait à l'exercice du droit qu'elle représente. En effet, le législateur a prévu que le défaut d'inscription en compte empêcherait le propriétaire des valeurs mobilières d'exercer les droits que lui confèrent ses valeurs. Néanmoins, ce n'est pas une formalité solennelle dans la mesure où le défaut d'inscription ne conduit pas à la nullité de l'acte juridique qui a donné naissance aux droits. Par exemple, les actions émises sous une autre forme que l'inscription en compte sont nulles. Mais, la nullité du titre ne s'étend pas au contrat de société qu'elles constatent, notamment en raison du régime restrictif des nullités en matière des sociétés. Le défaut d'inscription en compte ne permet pas au consentement de produire ses effets, mais les parties sont néanmoins engagées. Dès lors, il convient d'admettre que l'inscription en compte n'est pas une condition de validité du contrat : ce n'est pas une formalité solennelle[4].

693. Si la formalité de l'inscription en compte est mal conçue sur le terrain de la validité de l'acte, il est utile de se déplacer sur le terrain de son efficacité.

2. L'inscription en compte envisagée comme condition d'efficacité

694. Il convient, à présent, de reprendre des notions trop peu utilisées et qui permettent de distinguer la validité d'un acte de son efficacité. Cette distinction est, dans notre analyse, particulièrement opérante. En effet, « *la perfection de l'acte juridique s'entend de son aptitude à produire les effets de droit voulus* »[5]. L'acte juridique est parfait lorsqu'il réunit tous les éléments et qualités nécessaires à la réalisation de son objet. Il doit être valide et efficace. D'ailleurs, le vocabulaire juridique de Gérard Cornu définit la « condition » comme étant l'élément de l'acte juridique auquel est subordonnée la validité ou l'efficacité d'un acte[6]. Donc, les

---

[1] Art. 536 du COC.

[2] A. OMRANE, « La théorie générale du contrat et le droit des sociétés », article précité, n° 21, pp. 24 et s.

[3] C. LASSALAS, *op. cit.*, n° 514 et s.

[4] C. LASSALAS, *op. cit.*, n° 552 et s.

[5] C. BRENNER, Rép. civ. Dalloz, *v°* Régime de l'acte juridique, 1999, n° 88.

[6] G. CORNU (dir.), *Vocabulaire juridique,op. cit., v°* Condition.

conditions de l'acte juridique, en général, peuvent être soit des conditions de validité, soit des conditions d'efficacité.

695. De fait, la formation régulière de l'acte juridique, autrement dit sa validité, est la condition première de sa perfection[1], alors que son efficacité est la seconde condition de sa perfection. Ces deux conditions font l'objet d'une confusion ; elles méritent d'être distinguées[2]. Ainsi, *« l'efficacité de l'acte juridique dépend parfois de conditions étrangères à sa validité et dont il n'est pas nécessaire qu'elles soient remplies au moment de sa formation. En ce cas, c'est la réunion ultérieure de ces conditions d'efficacité au sens strict qui confère à l'acte sa perfection »*[3].

696. Dans le langage du Code civil, c'est le transfert de la propriété qui rend la vente parfaite. La perfection du contrat de vente est, en effet, liée au transfert[4]. Appliquée au transfert de propriété des valeurs mobilières dématérialisées, cette conception aboutit à deux hypothèses. Soit on considère l'inscription en compte comme une condition de validité, soit on la considère comme une condition d'efficacité. Etant donné que la première hypothèse a été critiquée par la doctrine au motif que l'absence de cette inscription n'entraine pas la nullité de la négociation mais elle empêche l'acquéreur d'exercer les droits résultants, puisque les parties sont définitivement engagées dès la négociation, la seconde hypothèse a été soutenue par une autre partie de la doctrine[5]. Selon cette doctrine l'inscription en compte participe à la perfection de la négociation sans en être une condition de validité[6].

697. En matière de négociation, un acte valable conclu entre les parties est certes nécessaire, mais il est insuffisant pour produire des effets de droit ; il faut y ajouter les conditions de son efficacité[7]. Cette interprétation, malgré son importance, n'a pas échappé à la critique. Un auteur voit que cette solution se heurte au caractère définitif de l'acte dès la négociation surtout que l'instruction n° 7 de Tunisie clearing (auparavant STICODEVAM) interdit à l'intermédiaire en bourse d'envoyer l'avis d'exécution sauf lorsque cet avis a été dûment validé. C'est ce qui milite en faveur du caractère définitif de la négociation qui est apte à produire tous ses effets (c'est-à-dire les obligations qui en découlent). Par conséquent, l'inscription en compte ne peut être qualifiée de condition d'efficacité[8].

B- L'inscription en compte dans son approche dynamique

698. Prise dans son approche dynamique, l'inscription en compte constitue un élément substantiel de l'acquisition des droits. Si cette valeur est déterminée

---

[1] C. BRENNER, Rép. civ. Dalloz, *v°* Régime de l'acte juridique, 1999, n° 88.

[2] *Ibid, loc. cit.*

[3] *Ibid, loc. cit.*

[4] F. COLLART DUTILLEUL et Ph. DELEBECQUE, *op. cit.*, n° 187, p. 181

[5] J. PRIEUR et A. BIENVENU-PERROT, « Le transfert de propriété dans les cessions d'instrument financiers », Droit et patrimoine, n°82, mai 2000, pp.79 et s.

[6] CH. MZOUGHI, *op. cit.*, pp. 271 et s.

[7] J. PRIEUR et A. BIENVENU-PERROT, article précité, *loc. cit.*

[8] CH. MZOUGHI, *op. cit.*, p.272.

par la loi en droit français **(1)**, on lutte en sa faveur en droit tunisien puisqu'elle n'a pas été consacrée par le législateur **(2)**.

1. Droit français : valeur acquisitive de propriété de l'inscription en compte par détermination de la loi

699. La doctrine s'est demandé si la subordination du transfert de propriété des valeurs mobilières à leur inscription au compte de l'acheteur ne permettait pas de voir dans cette inscription en compte une source du droit de propriété. Des auteurs se sont prononcés en ce sens. Il a ainsi été avancé que : « *dès lors que l'inscription en compte devient l'élément déterminant du transfert de propriété, il convient de considérer que cette inscription se trouve désormais dotée d'une force équivalente à celle qui naissait autrefois de la possession du titre papier. Le droit de propriété du titulaire est incorporé dans l'inscription en compte : seul peut exercer le droit celui qui est inscrit en compte* »[1].

700. Tout en s'appuyant sur la théorie de l'incorporation du droit dans l'écriture en compte, les partisans de l'idée du rôle primordial joué par l'inscription en compte dans le processus de transmission des droits ont vu dans l'article L.431-2 al. 1erdu Code monétaire et financier une confirmation de leur analyse. En effet, le droit ne serait plus susceptible d'être transmis sans tradition de son véhicule. La transmission du droit est désormais subordonnée à la transmission du titre[2]. C'est l'inscription au compte de l'acheteur qui transfère le droit[3]. L'unité qui caractérisait le titre papier serait ainsi indirectement reconstituée, l'inscription en compte représentant un élément substantiel de la transmission des droits[4]. Cette subordination du transfert du droit à l'écriture a permis à certains d'affirmer plus généralement que le droit lui-même se trouve soumis à sa représentation scripturale. L'inscription en compte étant, en vertu de ce texte, indispensable au transfert du droit, il est possible d'en déduire que l'inscription confère le droit. Ce courant doctrinal estime que l'inscription en compte « se trouve désormais dotée d'une force équivalente à celle qui naissait autrefois de la possession du titre papier »[5], donnant naissance à la paraphrase suivante : « *En fait des valeurs mobilières dématérialisées, inscription vaut titre* »[6].

---

[1] C. MERKIN et B. DE SAINT MARS, « Transfert de propriété sur le marché de valeurs mobilières. Le nouvel article 47 bis de la loi du 3 janv. 1983 », R.D. bancaire et bourse n° 41, 1994, p.2. Une autre partie de la doctrine réfutait toutefois que le principe selon lequel le transfert de propriété intervient à la date de l'inscription en compte ait pu conférer un tel rôle à cette inscription, V. F. NIZARD, « Le transfert de propriété des valeurs mobilières, une réforme inachevée », Rev. Sociétés, 2004, p. 619, spéc., n°16.

[2] P. DIDIER, Droit commercial, Tome III, La monnaie, les valeurs mobilières, les effets de commerce, *op. cit.*, p. 145.

[3] F. PELTIER, *op. cit.,* n° 287 ; J.-M. DELLECI, « Le nouveau droit de propriété des titres négociés », JCP (E), 1994, I, 368, spéc. §22 ; H. DE VAUPLANE, « Le régime juridique du transfert de propriété des titres cotés », Banque et droit, n°35, mai/juin 1994, p.11.

[4] V. en ce sens, J. PRIEUR et A. BIENVENU-PERROT, « Le transfert de propriété dans les cessions d'instruments financiers », Droit et patrimoine, n°82, mai 2000, pp.79 et s.

[5] C. MERKIN et B. DE SAINT MARS, article précité, pp.2 et s.

[6] H. HOVASSE, obs. sous Cass. crim., 30 mai 1996, Dr. sociétés, 1996, n° 156.

701. Le législateur français a mis fin à la jurisprudence de la Cour de cassation qui limitait le rôle de l'inscription en compte, en énonçant que : « *le transfert de propriété d'instruments financiers mentionnés aux 1, 2 et 3 du I de l'article L. 211-1 et admis aux opérations d'un dépositaire central ou livrés dans un système de règlement et de livraison, mentionné à l'article L. 330-1, résulte de leur inscription au compte de l'acheteur (…)* »[1]. Le Code de commerce s'est ainsi aligné sur les dispositions relatives aux instruments financiers admis aux négociations sur un marché réglementé. Le transfert de propriété s'opère à la suite d'un ordre de mouvement signé par le cédant. Au vu de cet ordre de mouvement, la société émettrice constate l'opération intervenue et procède au virement des actions du compte du cédant à celui du cessionnaire. Cette disposition instaure donc, désormais, un effet translatif de propriété à l'inscription en compte. Dès lors, « *l'échange des consentements n'est plus le fait générateur du transfert de propriété* »[2].

702. Le transfert de propriété des valeurs mobilières cédées ne s'opère alors plus par l'effet de la convention de cession, mais par l'inscription en compte. Ainsi, la validité de la négociation ne suffit plus à établir le droit de propriété de l'acquéreur[3]. La propriété est acquise entre les parties et opposable aux tiers à la même date, c'est-à-dire à l'inscription au compte de l'acheteur. Cette règle nouvelle établit un meilleur équilibre entre la protection des droits d'un propriétaire illégitimement dépouillé et la sécurité des transactions devant être un impératif majeur en la matière[4]. Mais, parallèlement, elle remet nécessairement en cause la jurisprudence antérieure de la Cour de cassation. En effet, l'acquéreur ne tient pas son droit de la vente, mais, est désormais, investi de la propriété par l'inscription en compte.

703. Force est de constater que le droit des valeurs mobilières a opéré une véritable transposition du régime des biens meubles corporels en réalisant une adaptation de la maxime selon laquelle *« En fait de meubles corporels non immatriculés, la possession de bonne foi vaut titre de propriété »*[5]. En effet, l'inscription en compte caractérise la possession des valeurs mobilières en ce qu'elle constitue un pouvoir de fait sur la chose[6]. Cette qualification permet de confirmer que l'inscription en compte joue le même rôle que la possession d'un meuble corporel[7].

---

[1] L.431-2 al. 1er du Code monétaire et financier.

[2] G. BLANLUET, « Le transfert de propriété des actions » : Dr. et patrimoine, oct. 2004, n° 130, p. 81.

[3] Contra, PH. GROSJEAN, « La réforme du régime des valeurs mobilières non cotées : assouplissement du critère d'obligation de nominativité et unification des règles de transfert de propriété », LPA, n° 33, 16 févr. 2005, p. 7 ; F. NIZARD, « Le transfert de propriété des valeurs mobilières : une réforme inachevée », Rev. Sociétés, 2004, p. 619.

[4] H. HOVASSE, « Innovations dans le régime des valeurs mobilières », Dr. sociétés, mai 2005, Repère 5.

[5] Qui signifie que le possesseur d'un meuble est considéré comme étant le propriétaire.

[6] V. MERCIER, L'apport du droit des valeurs mobilières à la théorie générale du droit des biens, PUAM, 2005, préface D. PORACCHIA, n° 378 et s.

[7] Tout d'abord, en présence d'un conflit entre cédant et cessionnaire, la possession engendre au profit du possesseur une présomption de propriété. Du seul fait qu'il possède le meuble, le

2. *Droit tunisien : pour une valeur acquisitive de propriété de l'inscription en compte*

704. En droit tunisien, la valeur acquisitive de propriété de l'inscription en compte n'a pas été expressément consacrée par le législateur. Les principes du droit civil classique s'opposent radicalement à la reconnaissance d'une telle valeur à une simple formalité. Investir l'inscription en compte d'une valeur substantielle bouscule indéniablement les principes les plus élémentaires du droit des obligations tels que le principe de l'autonomie de la volonté et la règle *nemo plus juris*[1] ; il contredit également les principes traditionnellement admis en droit des biens, particulièrement l'exclusion des biens incorporels du domaine de la possession[2]. **Toutefois**, tout en plaidant pour une valeur acquisitive de propriété de l'inscription en compte en droit tunisien, il nous semble qu'une relecture des principes civilistes, relatifs aussi bien au droit des obligations qu'au droit des biens, permettra de surmonter de telles difficultés[3].

705. Sur le plan pratique, l'affirmation de la valeur substantielle de l'inscription en compte serait nécessaire en vue d'assurer la protection des acquéreurs de valeurs mobilières et de consolider la sécurité du marché

---

possesseur est censé en avoir acquis la propriété. Il n'a donc pas à prouver l'existence d'un acte juridique entre le précédent propriétaire et lui-même, car le fait qu'il détient l'objet implique qu'un tel acte a existé. Il n'a pas non plus à prouver la nature de cet acte juridique, car la possession fait présumer que cet acte est translatif. Celui qui se prétend propriétaire de titres aura donc à prouver que l'inscription est à son nom, à charge alors pour celui qui lui dénie la propriété des titres d'apporter la preuve de sa non-propriété. Au-delà de sa fonction probatoire, l'adage selon lequel « *en fait des meubles, possession vaut titre* » confère à la possession une deuxième fonction puisqu'elle constitue un mode d'acquisition de la propriété pour celui qui, de bonne foi, ayant acquis a non domino, n'avait pu se faire transférer la propriété. En dépit de l'irrégularité d'un acte juridique d'acquisition, le titulaire du compte serait protégé, car l'inscription aurait pour vertu de le constituer titulaire des valeurs mobilières. Le vendeur ne pourrait donc pas exercer d'action en revendication contre le sous-acquéreur de bonne foi. Ainsi, la validité de l'acquisition initiale n'a pas d'influence sur l'efficacité d'une transmission à un sous-acquéreur. L'acquéreur dont la propriété dépend de l'inscription en compte des valeurs mobilières peut donc la transmettre efficacement à un sous-acquéreur, même si l'acquisition antérieure est nulle. Le véritable propriétaire ne pourrait mettre en œuvre son action contre le sous-acquéreur qu'en démontrant la participation de celui-ci à une fraude.

1 *Nemo plus juris ad alium transferre potest quam ipse habe* : Cette règle signifie qu'une personne ne peut transférer à autrui plus de droits qu'elle n'en a elle-même.

2 A. BOUKAMCHA, thèse précitée, p. 383.

3 V. en ce sens, A. BOUKAMCHA, thèse précitée, pp. 33 et s. ; Ch. MZOUGHI, op. cit., p.276 et s. **Contra.** W. BOUAJILA, thèse précitée, p.210, « *Mais si l'inscription en compte assure le transfert de propriété des valeurs mobilières dans la législation française par détermination de la loi, ce n'est pas le cas en droit tunisien. Malgré la consécration de la dématérialisation à travers l'article 2 de la loi n°2000-35 du 21 mars 2000, relative à la dématérialisation des titres, qui prévoit qu'« elles (les valeurs mobilières) se transmettront par transfert d'un compte à un autre » et l'article 315 alinéa 5 du Code des sociétés commerciales qui a précisé que « les valeurs mobilières sont négociées par leur transfert d'un compte à un autre », le rôle de l'inscription en compte se limite au fait d'assurer la livraison des titres* » ; R. CABRILLAC et O. BEN FADHL, Introduction au droit des affaires : abrégé de droit tunisien des obligations contractuelles, CPU, Tunis, 2006, n°23, p. 15, qui estiment qu'en vertu de l'absence d'un régime particulier de transmission applicable aux valeurs mobilières, les règles applicables demeurent toujours celles du droit commun à savoir le transfert de propriété *solo consensu*.

financier en général. Dès lors, il convient de chercher, en l'absence d'un texte législatif expresse et d'une jurisprudence en la matière, le fondement de la valeur translative de l'inscription en compte. Si la théorie de l'apparence s'avère un fondement peu pertinent **(a)**, la survivance de la théorie de l'incorporation se révèle un fondement pertinent **(b).**

a- La théorie de l'apparence : un fondement peu pertinent

706. La théorie de l'apparence[1] est une construction de la doctrine qui a été adoptée ensuite par jurisprudentielle[2]. Elle permet de produire des effets de droit à une situation contraire à la réalité[3]. Cette théorie qui fait de l'apparence une source de droit perturbe les principes civilistes classiques[4]. Appliquée principalement en matière de mandat[5], l'apparence vise à assurer la rapidité et la sécurité des transactions par la protection des tiers de bonne foi, trompés par une apparence[6].

707. La question qui se pose à ce niveau est celle de savoir si on peut appliquer la théorie de l'apparence en matière de transfert de propriété des valeurs mobilières dématérialisées. L'application de ladite théorie à la négociation des valeurs mobilières conduit à soutenir que l'acquéreur de bonne foi, victime d'une erreur commune, serait protégée en vertu de l'apparence créée par l'inscription en compte en lui conférant un droit de propriété sur lesdites valeurs acquises *a non domino.* Le fondement de l'apparence serait l'inscription en compte du cédant. Celle-ci qui provoquerait une erreur commune, deviendrait une source de droits, à condition que le sous-acquéreur soit de bonne foi. L'inscription en compte se trouve ainsi investie d'une valeur substantielle, puisqu'elle serait le fait générateur de l'acquisition de propriété des valeurs mobilières dématérialisées, bien que le cédant n'eût nullement le droit d'en disposer.

---

[1] Sur cette théorie, V. M. MAHFOUDH, Cours en théorie générale du droit subjectif, (ouvrage en langue arabe), CPU, Tunis, 2022, n°77, pp.152 et s.

[2] V. M. MAHFOUDH, « Contribution à l'étude de l'apparence en droit tunisien (A propos de l'arrêt des chambres réunies n° 27632 du 24 avril 1997), RTD, 2001, p.14. La théorie de l'apparence est une « *théorie prétorienne en vertu de laquelle la seule apparence suffit à produire des effets à l'égard des tiers qui, par suite d'une erreur légitime, ont ignoré la réalité* ». G. CORNU, Vocabulaire juridique, précité, p. 56. V. aussi sur cette théorie J.-P. ARRIGHI, Apparence et réalité en droit privé Contribution à l'étude de la protection des tiers contre les situations apparentes, Thèse, Université de Nice, Faculté de droit et des sciences économiques, 1974, pp. 3 et s.

[3] La théorie de l'apparence se base sur un adage latin connu : *error communis facit jus* signifiant « une erreur commune fait le droit ».

[4] M. BOUDOT, Rép. Civ. Dalloz, v° Apparence, 2003, spéc. n°5, selon l'auteur, la théorie de l'apparence contredit d'une part le postulat selon lequel le tiers doit toujours supporter les conséquences de son erreur, en les mettant à la charge du véritable propriétaire, et d'autre part, ce dernier par dérogation à la règle *nemo plus juris*, n'est plus le seul à pouvoir opérer la transmission de ses droits.

[5] Puisque cette théorie à vocation à protéger principalement les personnes qui avaient la croyance légitime qu'elles avaient contracté avec un mandataire dont les pouvoirs se sont avérés insuffisants ou qui en était dépourvu, mais que les circonstances les autorisaient à ne pas en exiger qu'il produise ses pouvoirs.

[6] K. KHARROUBI, « La théorie de l'apparence en matière de lettre de change », RJL, n°6, juin 2000, pp.9 et s.

708. Certains auteurs ont trouvé des justifications à l'application de la théorie de l'apparence en matière de valeurs mobilières dématérialisées[1], d'autres ont même insisté sur l'importance de cette théorie sur les marchés réglementés[2]. **Toutefois**, la vérification des conditions d'application de cette théorie sur les cessions des valeurs mobilières dématérialisées, objet d'une inscription en compte, soulève une certaine incompatibilité. En effet, l'inscription en compte ne semble pas en mesure de créer une apparence. La tenue des comptes des valeurs mobilières, confiée à des personnes privées, n'offre pas toutes les garanties nécessaires. Il s'agit en effet d'une écriture passée dans un registre privé, donnant lieu à un extrait de compte informatique, ou même manuel, aisément reproductible ou falsifiable[3]. Il serait alors inadmissible que l'acquéreur se fie seulement aux écritures mentionnées sur les comptes précités, qui ne peuvent nullement justifier ni une erreur commune, ni même une croyance légitime, de la part de l'acquéreur[4]. Par voie de conséquence, cette apparence est bien fragile.

709. En outre, étant donné que les transactions boursières se caractérisent par l'anonymat, l'acquéreur en bourse ne peut se prévaloir de la théorie de l'apparence puisqu'il n'a pas connaissance de l'identité de son vendeur. Il lui est donc difficile de soutenir s'en être fondé sur la propriété apparente[5].

710. Pour les différents arguments présentés, la doctrine majoritaire montre une hostilité à toute application de la théorie de l'apparence en matière de cession des valeurs mobilières dématérialisées[6]. Du coup, si la théorie de l'apparence ne semble pas en mesure de justifier la valeur substantielle attachée à l'inscription en compte, la survivance de la théorie de l'incorporation du droit au titre permet d'expliquer une telle valeur.

b- La survivance de la théorie de l'incorporation : un fondement pertinent

711. La théorie de l'incorporation se base selon certains auteurs[7] sur le syllogisme suivant : « *le possesseur du titre est (…) présumé être le propriétaire ; de la même manière, le propriétaire du titre est présumé être le titulaire des droits constatés par ce même titre ; donc le possesseur du titre est présumé titulaire des droits constatés par le titre* »[8]. La logique de ce syllogisme est fondée sur les titres dotés d'une certaine

---

1 A. BOUKAMCHA, thèse précitée, p. 385.

2 *Ibid, loc. cit.*

3 A.-C. MULLER, op. cit., n° 238, pp. 194 et s.

4 V. F. NIZARD, op. cit., n° 613, p.268 ; D. AIRAULT, M.-A. FRISON-ROCHE et J. REVUZ, « L'efficacité des cessions d'actions nominatives à l'égard de la société émettrice », R.D.B.B., mars-avril 1993, n°36, p.71.

5 A.-C. MULLER, *op. cit.*, n° 238, p. 195.

6 A. BOUKAMCHA, thèse précitée, p. 389 ; D. AIRAULT, M.-A. FRISON-ROCHE et J. REVUZ, article précité, *loc. cit.*

7 P. GOUTAY, « La dématérialisation des valeurs mobilières », Bulletin Joly soc., 1999, p. 417 ; P. LANGLET et P.-G. MARLY, « La localisation des instruments financiers dématérialisés », Banque et Droit, n° 73, septembre-octobre 2000, p.3.

8 H. CAUSSE, Les titres négociables, Essai sur le contrat négociable,Litec, 1993,Préf. B. TEYSSIE., n° 627, p. 306.

corporalité tels que les titres au porteur[1]. C'est pour cette raison qu'une partie de la doctrine a déclaré, tout en s'appuyant sur la dématérialisation des valeurs mobilières, la disparition de la théorie de l'incorporation[2].

712. Cependant, il nous semble que la théorie de l'incorporation ne peut être remise en cause suite à la dématérialisation. Une nouvelle lecture, moderne soit-elle, s'avère nécessaire afin d'assurer la survivance de cette théorie importante. Dans ce cadre, le professeur D.-R. MARTIN a soutenu le maintien du caractère corporel des valeurs mobilières en dépit de leur dématérialisation. Cette corporalité qui justifie la permanence de la théorie de l'incorporation du droit dans le titre, serait, selon lui, l'unique moyen de conserver le caractère négociable desdites valeurs[3]. Toutefois, cette idée, basée sur la qualification des valeurs mobilières de bien corporel, a subi plusieurs critiques[4]. Elle ne constitue pas la justification appropriée de l'application de la théorie de l'incorporation aux valeurs mobilières, inscrites en compte. En effet, une analyse substantielle de la théorie de l'incorporation du droit dans le titre démontre que celle-ci ne s'applique pas seulement aux titres dotés d'une effigie matérielle et qu'elle n'est pas nécessairement un moyen pour une application détournée, aux valeurs mobilières, du régime des biens corporels[5]. Cette théorie repose en réalité sur l'existence d'un lien indissociable entre l'actif financier et le titre instrumentaire qui en constitue le symbole[6]. L'existence d'un tel lien serait alors indifférente à la nature corporelle ou incorporelle du titre instrumentaire[7]. L'examen du régime de la dématérialisation démontre parfaitement l'existence d'un lien certain entre l'inscription en compte et la valeur mobilière. En effet, en matière de valeurs mobilières cotées, « *l'inscription en compte crée le même lien entre le droit et le*

---

[1] Qu'il s'agisse des effets de commerce en général ou des valeurs mobilières en particulier.

[2] Voir *supra*, n°s 665 et s.

[3] D.-R. MARTIN, « De la nature corporelle des valeurs mobilières (et autres droits scripturaux) », D., 1996, chron., spéc. n°8, p.48 ; Voir dans ce sens également, E. CHVIKA, « Du déclin de la négociabilité des instruments de paiement et de crédit », D., 2000, Chron., pp. 615 et s.

[4] Les principales critiques portent sur le fait que les biens corporels et les biens incorporels obéissent à un régime juridique radicalement différent. Ainsi, seuls les biens dotés d'une certaine matérialité sont susceptibles d'appropriation et de possession. Cependant, les biens incorporels ou immatériels, rebelles à toute emprise physique, ne peuvent être l'objet, ni d'une propriété, ni d'une possession. Leur transfert ne peut se réaliser alors que conformément aux modalités de la cession des créances, qui nécessitent le respect d'un formalisme contraignant. Une telle approche démontre en réalité une marginalisation des biens incorporels, devenue de moins en moins incompatible avec l'évolution du droit positif.

[5] A. BOUKAMCHA, thèse précitée, p. 391.

[6] G. RIPERT, Aspects juridiques du capitalisme moderne, op. cit., n° 63, p.149, « *le titre commercial n'est pas seulement la preuve du droit : c'est la représentation même du droit : on dit l'incarnation, la matérialisation du droit. Céder le titre c'est transmettre le droit* ».

[7] C. LASSALAS, op. cit., n° 569, p. 194 ; F.-G. TREBULLE, op. cit., n° 629 et s. ; J. LARGUIER, Essai sur la notion de titre en droit privé, Thèse Montpellier, 1948, n° 165, p. 170 ; D.-R. MARTIN, « De la nature corporelle des valeurs mobilières (et autres droits scripturaux) », D., 1996, chron.,n°11, p. 47.

titre que la technique de l'incorporation du droit dans le titre»[1]. L'inscription en compte s'avère «*un support suffisant pour incorporer le droit et le rendre ainsi apte à être approprié*» [2] . Le droit de propriété du titulaire sera à partir de ce moment incorporé dans l'inscription en compte, seule la personne inscrite peut exercer ce droit[3].

713. L'incorporation du droit dans l'inscription en compte peut trouver une justification législative dans l'article 2 de la loi n° 2000-35 relative à la dématérialisation des titres qui prévoit que : «*les valeurs mobilières (…) sont dématérialisées et sont représentées par une inscription au compte de leur propriétaire*». On en déduit que l'inscription en compte est devenue le mode de représentation exclusif des valeurs mobilières dématérialisées. L'existence desdites valeurs serait alors inconcevable en l'absence d'un titre scriptural, à savoir l'inscription en compte[4].

714. Dans le même ordre d'idée, les lourdes conséquences attachées à l'absence d'une représentation scripturale des valeurs mobilières témoignent de la prédominance de l'inscription en compte en tant que nouveau titre instrumentaire[5]. En effet, le défaut d'une inscription en compte des titres au porteur est doublement sanctionné. D'une part, les propriétaires des titres au porteur seront privés de l'exercice des prérogatives et droits qui y sont attachés. D'autre part, l'absence d'une représentation scripturale des titres au porteur est une cause d'expropriation qui entraîne la perte du droit de propriété des titres en question[6].

715. Ainsi démontrée, la possible application de la théorie de l'incorporation aux valeurs mobilières dématérialisées semble trouver un écho dans les solutions classiques adoptées avant la loi relative à la dématérialisation. En effet, les valeurs mobilières, qu'elles soient de nature corporelle ou incorporelle, avaient besoin d'une représentation quelconque, laquelle se réalisait tantôt à travers un titre papier, en ce qui concerne les titres au porteur, tantôt à travers une inscription sur un compte ou sur un registre concernant les titres nominatives. Par conséquent, le *negotium*, serait insuffisant en lui-même, à permettre l'exercice des droits conférés par les valeurs mobilières, tant qu'il n'a pas été relayé par l'existence d'un titre instrumentaire, dont la forme peut être corporelle ou incorporelle.

716. A la fin de cette analyse, il faut toujours retenir qu'une éventuelle réfutation de la théorie de l'incorporation entraînera inéluctablement la remise en cause d'un attribut essentiel, traditionnellement attaché aux valeurs mobilières, à savoir la négociabilité. Les valeurs mobilières deviendraient alors

---

1 S. MOISDON-CHATAIGNER, La propriété des valeurs mobilières, thèse Paris IX-Dauphine, 1999, n° 232, p. 172.

2 M.-A. FRISON-ROCHE et M. JOCKEY, « Pourquoi existe-il encore des titres au porteur ? », J.C.P. (E.), 1994, I, n°2, p. 173.

3 C. MERKIN et B. DE SAINT MARS, article précité, p.3.

4 A. BOUKAMCHA, thèse précitée, p. 392.

5 V. art. 4 al. 2 et 4 de la loi n° 2000-35 du 21 mars 2000 relative à la dématérialisation des titres.

6 A. BOUKAMCHA, thèse précitée, p. 393.

des droits de créances ordinaires, soumises au droit commun de la cession des créances[1]. Il en découle que la théorie de l'incorporation est intimement liée à la négociabilité, laquelle est à son tour indissociable de la notion même de valeur mobilière[2]. De telle sorte que la négociabilité et la notion de valeur mobilière seraient gravement ébranlées, en cas de rejet de la théorie de l'incorporation.

717. Il s'ensuit que le titre instrumentaire, à savoir l'inscription en compte, ne revêt pas seulement une valeur purement probatoire. Plus encore, elle se trouve investie d'une valeur substantielle, étant donné qu'elle conditionne l'existence même de la valeur mobilière[3]. L'inscription d'une valeur mobilière en compte n'est pas une mesure de publicité à laquelle on attacherait des présomptions plus ou moins fortes de propriété. « *L'inscription en compte, depuis la dématérialisation, est la valeur mobilière elle-même. L'exercice des droits qui y sont attachés et donc leur titularité sont indissociables de l'inscription* » [4]. L'inscription en compte devient alors « *simultanément le signifiant et le signifié des droits du nouveau titulaire. En effet, le titre, pour jouer effectivement le rôle qui lui est dévolu, s'est incorporé dans le signe, le symbole qui le représente et en signale l'existence : l'écriture en compte* » [5]. La portée juridique controversée n'est pas la seule spécificité de l'inscription en compte. Celle-ci se caractérise aussi par sa nature juridique originale.

Section II - La nature originale de l'inscription en compte

718. Le mécanisme de l'inscription en compte peut-il nous « *faire découvrir que notre droit moderne ne serait bien souvent qu'un nouveau droit romain ?* »[6]. En cela, le transfert de propriété, peut-il faire l'objet d'une obligation contractuelle (de donner) ?

719. Les qualifications juridiques recherchées pour l'inscription en compte n'ont pas satisfait la doctrine moderne, qui a essayé d'expliquer l'inscription en compte en tenant compte du caractère évolutif du transfert de propriété que réalise cette inscription. Dans cette optique, l'inscription en compte par laquelle se réalise le transfert de propriété est une nouvelle obligation contractuelle introduite dans le dénouement de l'opération du marché **(§1).** Cette approche nous semble défendable à condition de respecter certaines conditions **(§2).**

---

[1] O. AUDIC, Les fonctions du document en droit privé, Préf. Ph. DELEBECQUE, Bibliothèque de l'institut A. TUNC, t.3, L.G.D.J., 2004, n°333, p. 265.

[2] F. AUCKENTHALLER, Droit des marchés de capitaux, L.G.D.J., 2004, n°61, p. 21 ;

[3] F.-G. TREBULLE, *op. cit.*, n° 524, pp.370 et s. ; H. BOUTHINON-DUMAS, *op. cit.*,, n° 183, p.153.

[4] H. HOVASSE, note sous Cass. Civ., 10 oct. 1995, Dr. Sociétés, janv., 1996, n° 3.

[5] A. REYGROBELLET, La notion de valeur mobilière, thèse, Paris II, 1995, n° 1212, p. 1225.

[6] P. DE FONTBRESSIN, « De l'influence de l'acceptation du concept du prix sur l'évolution du droit des contrats », R.T.D. Civ., 1986, p. 691.

§1- L'inscription en compte conçue comme une obligation contractuelle : une conception défendable

720. Avant d'argumenter cette approche **(B)**, il est utile de rappeler les systèmes actuels de transfert de propriété **(A)**.

A- Les systèmes de transfert de propriété

721. Rappelons que la vente est un contrat qui a, comme effet juridique, la création d'obligations. Mais l'effet le plus singulier de la vente est le transfert de propriété avec cette question de savoir si ce transfert est une suite de l'obligation ou un effet direct du contrat.

722. Il y a deux manières d'envisager le transfert de propriété dans les contrats translatifs de propriété. La première considère que la vente crée **une obligation de transférer la propriété**. Le transfert de propriété résultera alors de l'exécution de cette obligation, avec une possibilité que l'obligation ne soit pas exécutée. La seconde considère que **le transfert de propriété est un effet automatique du contrat** indépendamment de toute obligation. La vente elle-même produit le transfert de propriété et donc les parties ne peuvent pas y échapper. On parle pour cette deuxième approche de **transfert de propriété *solo consensu*** (par le seul effet du consentement)[1]. Le premier système peut être qualifié **d'approche « obligationnelle »** puisque le contrat crée une obligation. C'est le système qui prévalait en droit romain et dans l'ancien droit ; il existe encore dans plusieurs pays d'Europe, tel que l'*Allemagne*[2] et ceux marqués par l'influence allemande comme la Suisse et l'Autriche.

723. Dès lors, l'approche obligationnelle implique que, même une fois le contrat est conclu, l'acheteur n'a pas encore de droit réel sur la chose. Il n'a pas encore de jus *in rem* (de droit sur la chose), mais un *jus ad rem* (un droit vers la chose). Ce qui est intéressant dans ce système c'est l'articulation explicite entre le droit des obligations et le droit des biens par le fait de coïncider la remise physique de la chose avec le transfert de propriété.

724. Après avoir présenté successivement les positions des droits tunisien et français concernant le système de transfert de propriété adopté **(1)**, il est utile de rappeler les conséquences de l'adoption de l'un ou de l'autre des systèmes **(2)**.

1. Les positions des droits tunisien et français

725. Rappelons qu'en droit commun des contrats, le transfert de la propriété est en principe un effet du contrat, qui se justifie par la règle du transfert de la propriété *solo consensu*[3]. Il s'opère par le simple échange des

---

[1] On peut aussi parler de transfert *solo contractu* par le seul effet du contrat.

[2] Selon l'art. 929 du BGB allemand, pour transférer la propriété d'une chose mobilière il est nécessaire que le propriétaire procède à la remise matérielle de la chose à l'acquéreur. Donc, le contrat ne suffit pas à transférer la propriété.

[3] R. CABRILLAC et O. BEN FADHL, Introduction au droit des affaires : Abrégé de droit tunisien des obligations contractuelles, C.P.U., Tunis, 2006, n°23, p.15 ; M. ZINE, La théorie générale des obligations, T.1, Le contrat (en langue arabe), Imprimerie El Wafa, Tunis, 1997, 2ème éd., n°17, p. 25.

consentements et n'est rattaché à aucune obligation quelconque. Cette solution trouve sa justification dans l'article 583 du COC qui dispose clairement que : « *l'acheteur acquiert la propriété de la chose vendue, dès que le contrat est parfait par le consentement des parties* ».

726. Le législateur confirme sa position en prévoyant à l'article 580 du COC que : « *la vente est parfaite entre les parties, dès qu'il y a consentement des contractants, l'un pour vendre, l'autre pour acheter, et qu'ils sont d'accord sur la chose, sur le prix et sur les autres clauses du contrat* ». Le législateur insiste sur le rattachement automatique et instantané de l'effet translatif à la conclusion du contrat par l'échange des consentements indépendamment de toute manifestation formelle ou concrétisation matérielle et abstraction faite des obligations des parties[1].

727. D'ailleurs, l'article 583 précité se trouve dans le cadre de la section première, intitulée « *des effets de la vente en général* », alors que les obligations du vendeur ont été réglementées à travers la section deuxième intitulée « *des obligations du vendeur* ». Plus précisément, l'article 591 du COC énumère seulement deux obligations principales à la charge du vendeur, à savoir l'obligation de délivrance et l'obligation de garantie. Si le transfert de propriété était qualifié comme étant une obligation d'après les rédacteurs du COC, ces derniers auront dû mettre à la charge du vendeur une obligation de donner. Il est clair que l'exécution de cette obligation se réalise automatiquement et immédiatement par le seul accord de volonté, indépendamment de l'accomplissement de tout acte positif de la part du vendeur.

728. En droit français, il est peu contesté que le Code civil de 1804, rompant avec une tradition millénaire, aurait consacré le principe du transfert *solo consensus* de la propriété. Autrement dit, depuis 1804, la propriété se transfère, en France, de l'aliénateur à l'acquéreur par la seule force de l'échange des consentements au contrat translatif, indépendamment de toute exécution, tant par l'acquéreur (paiement du prix) que par l'aliénateur (livraison de la chose). **Le transfert de propriété n'est pas donc le résultat de l'exécution d'une obligation.**

729. Cela étant, la rédaction des textes est loin d'être limpide[2]. Certes, le principe est clairement affirmé en matière de vente[3]et de donation[4], mais pour ce qui est du droit commun des contrats, « *l'article 1138 est d'une rédaction si*

---

[1] Il est à rappeler que l'article 580 du COC trouve son exception dans l'article 581 du même code qui prévoit que : « *Lorsque la vente a pour objet des immeubles, des droits immobiliers ou autres choses susceptibles d'hypothèques, elle doit être faite par écriture ayant date certaine, d'après la loi, et elle n'a d'effet, au regard des tiers, que si elle est enregistrée à la recette des finances, sous réserve des dispositions spéciales aux immeubles immatriculés* ».

[2] W. DROSS, « Le transfert de propriété en droit français », RDC, 2013, n°4, p.1694.

[3] Art. 1583 C. civ.

[4] Art. 938 C. civ.

alambiquée qu'on peut à peu près lui faire dire tout et son contraire »[1], ce dont la doctrine ne s'est d'ailleurs pas privée[2].

730. Selon une opinion partagée par certaine doctrine française, il existe bien une obligation de transférer la propriété en droit français, surtout que le code civil parle souvent de l'obligation de donner[3]. Mais, dans la conception de ces auteurs, l'obligation de donner s'exécute, sauf cas particulier, par la conclusion du contrat[4].

731. Le doyen CARBONNIER a pu remarquer à cet effet que : « *l'obligation de donner n'a pas le temps d'exister (...) le droit de propriété se déplace dans une immatérialité saisissante : ni la chose ni le prix n'ont à être présents* »[5]. Le transfert de droit est instantané, il se réalise« *comme par l'effet et dans le temps d'un simple claquement de doigts (...) le transfert du droit est (...) simultané de la rencontre des volontés, il lui est synchrone, concomitant : l'effet translatif se réalise au même moment, dans le même trait de temps que s'échangent les volontés, l'instant précis où topent les parties* »[6].

2. Les conséquences de l'adoption de l'un ou l'autre des systèmes

732. Entre le moment où le contrat est conclu et le moment où l'obligation de transférer la propriété a lieu, plusieurs évènements peuvent se produire. Imaginons que la chose vendue soit détruite par un cas de force majeure, qui supporte la perte ?

733. Selon la fameuse règle *Res perit domino*, c'est le propriétaire qui assume les risques. Selon le moment du transfert de propriété, le propriétaire peut être

---

[1] W. DROSS, article précité, *loc. cit.*

[2] V. sur l'interprétation de ce texte, not. G. BLANLUET, « Le moment du transfert de la propriété », in Le Code civil, Un passé, un présent, un avenir, Dalloz, 2004, n° 8 ; J.- P. CHAZAL et S. VICENTE, « Le transfert de propriété par l'effet des obligations dans le Code civil », RTD civ., 2000, n° 8-16 et 40-43 ; F. ZENATI-CASTAING et T. REVET, Les biens, PUF, coll. Droit fondamental, 3e éd., 2008, n° 187, p. 299.

[3] W. DROSS, article précité, *loc. cit.* L'obligation de donner consiste en effet pour l'aliénateur à devoir procéder à la formalité propre à opérer le déplacement de propriété de la chose au profit de l'acquéreur. L'ordonnance du 10 février 2016 portant réforme du droit des contrats, du régime général et de la preuve des obligations, a abandonné la distinction entre les obligations de donner, de faire et de ne pas faire, à tout le moins, elle n'y fait plus référence.

[4] W. DROSS, article précité, *loc. cit.* Certains articles ne sont pas très clairs quant au positionnement du droit français sur le transfert de propriété. Par exemple, l'article 771 du code civil prévoit que la propriété des biens s'acquiert et se transmet [...] par l'effet des obligations, ce qui peut conduire à conclure que le transfert de propriété ne peut résulter de la seule conclusion du contrat. De plus, « L'obligation de livrer la chose est parfaite par le seul consentement des parties contractantes », dispose ainsi l'article 1138 du Code civil, qui poursuit : « Elle rend le créancier propriétaire et met la chose à ses risques [...] ». C'est donc, si l'on s'en tient à la lettre du texte, l'obligation de livrer qui rendrait le créancier propriétaire, proposition qui, au demeurant, est difficilement compréhensible. L'influence des anciens schémas de pensée est évidente. Il eût fallu écrire non pas « elle », mais « il (le seul consentement) rend le créancier propriétaire... », Ph. SIMLER, « Obligation de donner et transfert de propriété. Contribution à la question de classification des obligations », Revue juridique Thémis, 45-2, 2012, pp. 191 et s.

[5] J. CARBONNIER, Droit civil, T.3, Les biens, PUF, 19ème éd., n°108, p. 176.

[6] P.-H. ANTONMATTEI et J. RAYNARD, Droit civil, Contrats spéciaux, LexisNexis, Paris, 2013, 7ème éd., p.151 et s.

soit l'acheteur soit le vendeur. Dans le premier système[1], l'acheteur, qui est propriétaire par la seule conclusion du contrat, doit supporter la perte de la chose tout en conservant l'obligation de payer le prix. Selon le second système, c'est le vendeur encore propriétaire qui supporte les risques. En cas de destruction, le contrat de vente n'a plus lieu d'être et l'acheteur n'a plus à payer.

734. De plus, au cas où le vendeur ferait faillite, il n'a alors plus le droit d'exécuter ses obligations. Selon le second système, l'acheteur dispose d'un droit de créance (*jus ad rem*), et peut exiger que le vendeur lui transfère la propriété. Mais, le vendeur ne pourra pas lui transférer la propriété, et l'acheteur n'aura aucun droit. Avec le système français, l'acheteur est déjà propriétaire ; donc il peut récupérer sa propriété quand bien même le vendeur est en faillite.

735. En outre, un autre problème peut survenir, c'est celui de la revente de la chose avant la livraison. La solution est simple dans le système actuel tunisien et français, puisqu'on est déjà propriétaire dès la conclusion du contrat. Dans le système allemand, la revente de la chose avant la livraison est équivalente à la vente de la chose d'autrui, chose qui semble être possible en pratique. Il y a donc des avantages et des inconvénients dans chacun des systèmes.

B- Le triomphe de l'approche « obligationnelle »

736. Les textes ont connu, bien entendu, une évolution remarquable. L'article 205 du règlement général de la bourse consacrait un transfert *solo consensu*, conforme au droit commun de la vente, jusqu'à mars 2000, date de promulgation de la loi n° 2000-35 du 21 mars 2000, relative à la dématérialisation des titres, par laquelle le législateur est intervenu pour modifier le moment ainsi que la manière du transfert de propriété. En raison des dysfonctionnements pratiques que cela engendrait[2], l'article 2 de la loi du 21 mars 2000 est venu préciser que le transfert de propriété sera réalisé par l'inscription en compte. Cette solution, qui coupe radicalement avec la logique du droit commun de la vente, se trouve confortée par l'article 14-2 du règlement du Conseil du Marché Financier relatif à la tenue et à l'administration des comptes en valeurs mobilières[3]qui prévoit que : « *l'intermédiaire agréé mandaté, assure notamment les obligations suivantes :*

- *(...) n'en (les valeurs mobilières) transférer la propriété et ne procéder à aucune inscription qu'après réception de justificatifs légaux nécessaires. Tout mouvement affectant un compte doit pouvoir être justifié* ».

737. Il est évident, d'après l'article 14-2 précité, que le transfert de propriété fait partie des obligations du teneur de compte[4]. Dès lors, on peut affirmer que le législateur a implicitement abrogé les dispositions de l'article 205 du RGBVMT, qui consacrait le transfert *solo consensu*, par la loi du 21 mars 2000,

---

[1] Système actuel tunisien et français.

[2] C. LASSALAS, *op. cit.*, n° 640, p. 218.

[3] Tel que visé par arrêté du Ministre des finances en date du 28 août 2006 et modifié par le règlement du CMF relatif au dépositaire central des titres, visé par l'arrêté du Ministre des finances en date du 12 janvier 2016.

[4] V. en ce sens, Ch. MZOUGHI, *op. cit.*, n° 446, p. 277.

ajoutant ainsi une nouvelle exception au droit commun de la vente qui consacre le transfert *solo consensu.* Cet article ne reconnaît pas à l'échange de consentement la vertu de transférer le droit, mais seulement de créer des obligations[1].

738. En matière de valeurs mobilières dématérialisés, le transfert de propriété ne peut pas être qualifié d'effet du contrat, mais plutôt d'obligation à la charge de l'aliénateur. L'exclusion du principe de transfert de propriété *solo consensu* conduit inéluctablement au rejet de la qualification de ce transfert comme étant un simple effet du contrat. Le transfert de propriété des valeurs de nature dématérialisée ne peut se produire d'une manière purement immatérielle et abstraite. Ce transfert ne peut résulter, en effet, que de l'accomplissement d'une opération matérielle, à savoir la livraison ou la tradition des titres, qui se réalise par le moyen de l'inscription au crédit du compte de l'aliénataire.

739. Le transfert de propriété se réalise à travers le virement de compte à compte, qui est une forme évoluée et dématérialisée de la tradition. L'acte de cession « *crée au cédant une obligation de transférer la propriété qu'il n'accomplira que par le virement complet des titres ; au terme de quoi, l'inscription des valeurs au compte du cessionnaire vaut, à la fois, transfert de la propriété et opposabilité erga omnes de la cession, donc investiture véritable du cessionnaire* »[2].

740. De ce fait, le transfert de propriété des valeurs dématérialisées ne serait pas un simple effet du contrat mais plutôt une obligation à la charge du vendeur. Par conséquent, contrairement aux principes issus du consensualisme, le vendeur est tenu par une véritable obligation qui consiste à transférer la propriété des valeurs objet du contrat de vente. Ainsi l'exécution de l'obligation de donner ne se fait pas d'une manière abstraite et instantanée par simple accord de volonté, mais par l'accomplissement d'une formalité particulière, à savoir l'inscription en compte.

741. Dès lors, « *faut-il bien voir dans les règles spéciales du transfert de propriété sur les marchés financiers un régime dérogatoire du droit commun qui n'a au demeurant aucun équivalent dans le droit positif* »[3]. Il est vrai qu'on peut observer que la règle du transfert de propriété par le seul échange de consentements, objet de l'article 1583 du Code civil, n'est pas d'ordre public et que les parties peuvent donc y déroger. Il n'en reste pas moins vrai que, « *faire du non-respect de l'article 1583 la règle sur les marchés financiers mérite d'être soulevé comme une forte spécificité du droit des marchés financiers* »[4].

---

[1] Ph. SIMLER, « Contrats et obligations, classification des obligations, distinction des obligations de donner, de faire et de ne pas faire », Juris-classeur civil, 11, 1993, art. 1136 à 1145, Fasc.10, p.6.

[2] D.-R. MARTIN, « Valeurs mobilières : défense d'une théorie », D., 2001, n° 15, chron., p. 1228.

[3] F. PELTIER, *op. cit.*, p. 166.

[4] *Ibid.*, p. 164.

742. A partir du moment où on a affirmé que le transfert de propriété des valeurs mobilières dématérialisées négociées en bourse a été dépourvu de son effet automatique, et qu'il a été transformé en une obligation, il y a lieu de déterminer la nature de cette obligation.

743. Les obligations civiles peuvent être classées selon plusieurs critères notamment en fonction de leur objet. Ce critère permet de distinguer l'obligation de donner, l'obligation de faire et l'obligation de ne pas faire[1].

744. L'obligation de faire peut être définie comme étant celle qui a pour objet un acte positif. L'obligation de donner est en revanche celle d'effectuer un transfert de droit réel. Par obligation de donner, le débiteur « *s'engage à transférer au créancier un droit réel sur une chose lui appartenant. Ainsi, en est-il de l'obligation assumée par le vendeur (…), dans tous les cas où le transfert de propriété (…) ne résulte pas du seul échange des consentements* »[2]. A travers ces deux définitions, il appert que l'inscription en compte est plutôt une obligation de donner.

745. Le transfert de la propriété des valeurs dématérialisées nous rappelle nécessairement la distinction du **droit romain**, et celle de nombreuses législations civiles contemporaines, entre la convention et les modes d'acquisition de la propriété. En effet, en droit romain, les modes de constitution des droits réels et les modes de constitution des obligations sont séparés. A chaque catégorie de droit devait répondre une catégorie spéciale de modes de constitution : pour les droits réels tels que la propriété, c'est la tradition[3] ; pour les droits personnels, c'est principalement le contrat[4].

746. Par conséquent, quand on voulait transférer la propriété, il ne suffisait pas de faire un contrat, il fallait en outre opérer une mancipation. Dans une vente, par exemple, l'intention des parties était normalement d'aboutir au transfert de propriété, mais elles ne pouvaient réaliser cette intention par le contrat seul, car ce contrat donnait à l'acheteur un droit personnel contre le vendeur, non un droit réel sur la chose. Le transfert n'était réalisé que par mancipation ou tradition, c'est-à-dire par un acte absolument indépendant du contrat créateur d'obligation qui l'avait précédé.

747. En droit français, le principe est opposé par suite d'une pénétration réciproque des modes de constitution des droits réels et des droits personnels. Le plus important des modes de constitution des droits réels, qui est le contrat, est en même temps le mode de constitution des droits réels[5]. Le contrat tendant au transfert ou à la constitution du droit réel sur un corps certain opère de lui-même transfert ou création du droit. Ainsi, le contrat, en même temps qu'il crée l'obligation de transférer la propriété, l'exécute. Le titre constitutif d'obligation et le titre constitutif de droits réels se confondent en un seul acte juridique,

---

[1] V. A. BENABENT, Droit civil, les obligations, Montchrestien, Paris, 2001, 8ème éd., p.2.

[2] F. TERRE, P. SIMLER, Y. LEQUETTE, Droit civil : Les obligations, *op. cit.*, n°6, p.7 ; J. CARBONNIER, Droit civil, T.4, Les obligations, *op. cit.*, p.35 ; J. FLOUR, J.-L. AUBERT et E. SAVAUX, Les obligations, T1, L'acte juridique, *op. cit.*, n°41, p.25.

[3] Dite aussi la *mancipatio*, l'*in jure cessio*, la *traditio*.

[4] Auquel, le droit romain ajoute le délit.

[5] Art. 1138 du Code civil français.

contrairement au droit romain où les deux titres restaient distincts, puisque c'est la vente qui crée l'obligation et c'est l'acte de transfert qui crée le droit réel[1].

748. Comme on a déjà démontré, chaque système a ses atouts et ses lacunes. A ne pas douter que le système français a un avantage qu'on aperçoit de suite. Dans les rapports des parties, il est plus juste, mieux modelé sur leur intention respective. On a voulu transférer la propriété, mais en exécution du contrat. Si le contrat est nul, il est plus conforme à l'intention des parties de déclarer nul le transfert aussi. Il parait artificiel de séparer, comme le fait le droit romain, le contrat et le but du contrat, le transfert et la cause du transfert.

749. Mais, ce système présente un inconvénient vis-à-vis des tiers et du crédit général. La nullité de l'acte créateur d'obligation entraîne la nullité de la constitution du droit réel. Donc, si l'acquéreur a cédé la chose à un sous-acquéreur, il a fait lui-même une cession nulle : *nemodat quod non habet.* Si le contrat primitif, après cette nouvelle cession, est annulé, le sous-acquéreur verra tomber son droit. Par exemple, lorsque le dol, l'erreur ou la violence entraine la nullité du contrat, les tiers n'ont aucun moyen sûr de les connaître à temps[2].

750. Dès lors, le système français comporte un défaut de sécurité dans la constitution des droits réels : tous les vices du titre créateur d'obligations affectent en même temps la constitution de droits réels. Par contre, en droit romain, les vices du contrat primitif ne réagissent pas, en principe, sur le contrat réel. Leurs effets sont purement personnels. Cela assure une sécurité absolue aux tiers[3]. Il se trouve donc que le principe romain, moins juste dans les rapports entre les parties, réponde peut-être mieux aux exigences du crédit.

751. Assurer une plus grande sécurité dans la constitution du droit réel et faire développer les crédits n'étaient certainement pas la véritable finalité de la conception du droit romain, surtout à Rome, là où le crédit n'avait qu'une organisation rudimentaire. Pourtant, ce système présente un caractère qui le rend très précieux dans les législations où le crédit est développé. Sans aucun doute, offre-t-il la sécurité juridique nécessaire souvent recherchée dans le droit

---

[1] Par conséquent, en droit romain, le titre constitutif de droits réels peut être valable sans que le titre constitutif d'obligation le soit. Le contrat pourra être nul alors que le droit réel pourra se trouver constitué ou transféré. Si par exemple, une personne voulait transférer la propriété d'une chose à une autre personne, à titre de donation, et que l'autre personne croyait que la première avait l'intention de faire un prêt de consommation, il n'y aurait pas de contrat, faute d'accord de volonté. Cependant, si une tradition intervenait, la propriété serait transférée. L'acte créateur d'obligation était inexistant alors que l'acte créateur de droit réel était valable car il y avait une tradition. Il produisait donc ses effets malgré l'inexistence du premier. Supposons la même hypothèse en droit français, la solution est inverse. C'est le contrat qui, en même temps qu'il crée l'obligation, transfère le droit réel. Si le contrat est nul, comme il est le seul titre de transfert, le droit réel ne pourra pas être transféré. Donc, la nullité du contrat entrainera la nullité du transfert du droit réel.

[2] La raison est que la publicité n'en a pas été organisée par la loi de 1855 en droit français. Peut-être aurait-on pu protéger les tiers par le perfectionnement de la publicité, sans aller jusqu'au contrat réel. Mais, c'est certainement l'intérêt des tiers qui a déterminé le Code civil allemand à repousser le principe français.

[3] V. SALEILLES, Étude sur la théorie générale de l'obligation, d'après le premier projet de Code civil pour l'Empire allemand, LGDJ, 3ème éd., 1914, p.3.

des affaires en général et dans le droit du marché financier en particulier. Il nous semble que la réception de ce système en matière de transfert de propriété des valeurs mobilières dématérialisées se présente aujourd'hui comme une nécessité, plus qu'une opportunité à ne pas rater.

752. D'ailleurs, cela explique un phénomène historique curieux. Un grand nombre de législations contemporaines, des plus perfectionnées, ont admis le principe romain. Ainsi, la législation anglaise et le Code civil allemand font une distinction profonde entre l'acte créateur de droits personnels et l'acte constitutif de droits réels [1]. Outre les législations anglo-saxonnes et germaniques, certaines législations arabo-musulmanes telles que les législations algériennes[2] et égyptienne[3], ont adopté la même solution du droit romain.

753. Par conséquent, considérer que la négociation des valeurs mobilières dématérialisées crée une obligation de donner qui se concrétise par l'inscription en compte, marque une individualité très nette du droit du marché financier, individualité qui va jusqu'à la rupture avec les solutions classiques des droits tunisien et français des obligations, pour rejoindre non seulement le droit romain, mais aussi les législations anglo-saxonnes et germaniques, qui ont des principes très analogues aux principes romains.

§2- Une conception conditionnée

754. Tout en étant une obligation, le transfert de la propriété n'incombe pas à la personne du vendeur puisque les parties ne peuvent pas intervenir directement sur le marché mais seulement à travers leurs représentants. Le régime du transfert de propriété des titres de nature scripturale suppose l'intervention d'une chaîne d'intervenants. L'interposition des teneurs des comptes, à la fois du vendeur et de l'acheteur **(A)**, en plus d'un dépositaire central éventuellement **(B)**, serait nécessaire afin d'assurer la livraison des titres aliénés.

A- L'intervention des teneurs des comptes

755. Concrètement, le vendeur serait tenu d'adresser un ordre de virement à son teneur de compte. Ce dernier doit à son tour débiter le compte titre de son client du nombre de titres correspondants. Par la suite, le teneur du compte de l'acheteur doit quant à lui créditer le compte de son client des titres acquis. Lorsque la tenue des comptes de l'acheteur et du vendeur est assurée par le même tiers conservateur, ce dernier procède d'une manière concomitante au débit du compte du premier, au crédit du compte du second. D'ailleurs, on constate à ce niveau l'importance du caractère multilatéral du transfert de propriété des valeurs mobilières dématérialisées.

---

[1] En Allemagne, la propriété sur les meubles s'acquiert par la tradition (art. 929). Pour les immeubles, il faut un acte solennel de dessaisissement, devant un magistrat (*Auflassung*), et une inscription au livre foncier (art. 313). Cet acte constitutif de droit réels s'appelle, en Allemagne, contrat réel, *Realvertrag, dinglicherVertrag*. Il est absolument indépendant dans ses effets du contrat créateur d'obligations, qui a pu le précéder.

[2] Art. 351 du Code civil algérien.

[3] Art. 418 du Code civil égyptien.

756. Comment peut-on expliquer juridiquement l'intervention du teneur de compte ?

757. Plusieurs qualifications ont été présentées par la doctrine. Le teneur de compte a été présenté comme un ayant cause de l'acquéreur. L'ayant cause est la personne qui a acquis un droit ou une obligation d'une autre personne dite "son auteur"[1], soit à titre particulier[2], soit à titre universel[3]. Cette assimilation doit être écartée pour la simple raison que l'acquéreur qui pourrait être considéré comme l'auteur vis-à-vis de l'ayant cause, est lui-même le bénéficiaire de l'obligation, alors que la théorie de l'ayant cause implique l'extension des effets du contrat de l'auteur à l'ayant cause contre les autres contractants ou les tiers et non point contre l'auteur. De ce fait, le teneur de compte n'a pas acquis le droit ou l'obligation de l'acquéreur, mais il lui est redevable de l'obligation de transfert de propriété[4].

758. De même, l'intervention du teneur de compte ne peut être qualifiée de stipulation pour autrui[5], car cette exception au principe de l'effet relatif des contrats crée un droit au profit d'un tiers, alors que dans le cas du transfert de propriété des valeurs mobilières dématérialisées, l'inscription en compte est loin de constituer, du côté du teneur de compte un droit. Il s'agit plutôt d'une obligation à sa charge[6]. Face à cette difficulté de qualification, certains auteurs font recourir à certaines théories relativement récentes du droit des contrats comme la théorie des groupes de contrats[7]. Développée par le professeur Bernard TEYSSIE, cette théorie vise à surmonter l'obstacle de l'effet relatif des

---

1 J. CARBONNIER, Droit civil, T4, les obligations, *op. cit.*, p.243.

2 On désigne d'ayant cause à titre particulier, toute personne qui acquiert un droit considéré individuellement, non pas comme fraction d'une masse patrimoniale. L'acheteur qui achète un seul objet, un ayant cause à titre particulier du vendeur ; le titulaire d'une servitude, un ayant cause à titre particulier du constituant.

3 On désigne d'ayant cause à titre universel, toute personne qui acquiert un droit à l'universalité d'un patrimoine ou à une cote part de ce patrimoine (1/3, 1/4), sans acception d'objets particuliers. Successeur anniversaire, l'héritier est un ayant cause à titre universel du défunt. Certains auteurs considèrent que les créanciers chirographaires sont des ayants cause universels du débiteur car ils jouissent d'un simple droit personnel garanti par un droit de gage général sur tout le patrimoine du débiteur. V. en ce sens, E. GAUDEMET, Théorie générale des obligations, Dalloz, 2004, présentation de Denis Mazeaud, p. 212.

4 Ch. MZOUGHI, op. cit., n° 453, p. 282 et s.

5 Constituant une exception au principe de l'effet relatif du contrat, la stipulation pour autrui est souvent présentée comme un contrat en vertu duquel l'un des contractants, le stipulant, peut faire promettre à l'autre, le promettant, d'accomplir une prestation au profit d'un tiers, le bénéficiaire. Il s'agit d'une opération à trois personnes qui a pour objet de créer immédiatement au profit d'une personne, qui n'est pas partie au contrat conclu entre le stipulant et le promettant, un droit direct contre le promettant. S'agissant de la détermination du bénéficiaire, il est prévu que celui-ci peut être une personne future mais qui doit être précisément désignée ou pouvoir être déterminée lors de l'exécution de la promesse. En droit français, c'est le nouvel article 1205 du code civil issu de l'ordonnance du 10 février 2016 n° 2016-131, applicable à partir du 1er octobre 2016, qui pose le principe de la stipulation pour autrui.

6 Ch. MZOUGHI, op. cit., n° 455, pp. 283 et s.

7 Certains pensent à l'application d'une autre théorie, celle de l'interdépendance contractuelle.

contrats[1] en essayant de faire accéder, à la qualité de parties, les membres d'un groupe de contrats unis par une identité d'obligations, et qui sont, en raison de cette identité, directement intéressés à l'exécution du contrat auquel ils n'ont pas consenti. L'obstacle à admettre l'explication de l'intervention du teneur de compte par la théorie des groupes de contrats, c'est que cette théorie implique la reconnaissance d'un recours contractuel direct au profit d'un tiers, membre au groupe de contrat. Or, ici le teneur de compte n'a aucune action contractuelle, ni contre l'autre intermédiaire ni contre le marché[2].

759. Devant la diversité des qualifications doctrinales présentées, une lecture minutieuse des textes s'impose. Le législateur tunisien, tout en instaurant le régime de la dématérialisation à travers la loi du 21 mars 2000, a expressément renvoyé aux règles du contrat de dépôt à travers l'article 3 al.3 de cette loi qui prévoit que : « *Les valeurs mobilières enregistrées auprès de la personne morale émettrice ou de l'intermédiaire agréé sont considérées comme étant à titre de dépôt* ». Cette disposition renvoie aux articles 995 à 1042 du COC relatifs au contrat de dépôt en général, mais surtout aux articles 689 à 697 du C.C. relatifs au dépôt des titres. Dès lors, le contrat liant l'investisseur au teneur de compte est analysé comme un contrat de dépôt, accessoirement assorti soit d'un contrat de mandat soit d'un contrat de commission[3]. Ainsi, l'inscription par le teneur de compte peut faire partie de l'obligation de garde qui incombe à la charge du dépositaire, et dont l'absence peut justifier le droit de l'acquéreur (en tant que déposant) d'agir contre le teneur de compte (en tant que dépositaire) qui n'a pas procédé à l'inscription sur son compte ; par conséquent il n'a pas respecté l'obligation de l'inscription en compte[4].

B- L'intervention du dépositaire central

760. Conçu comme une obligation de donner, le transfert de propriété des valeurs mobilières dématérialisées se manifeste à travers une formalité particulière : c'est l'inscription en compte. Mais, en quoi consiste cette inscription ? S'agit-il d'une seule inscription ou de plusieurs ? Quel est le rôle du dépositaire central dans l'accomplissement de l'inscription en compte ? Les questions à poser sont nombreuses mais les réponses législatives nous

---

[1] Ce principe est consacré clairement par l'article 240 du COC.

[2] Ch. MZOUGHI, op. cit., n° 456, pp. 285 et s.

[3] Le teneur de compte est chargé d'effectuer les opérations liées à la bonne conservation des titres, de sorte qu'il est investi soit d'un mandat soit d'un contrat de commission. La distinction est essentielle car la technique juridique n'est pas la même. Dans le mandat, le mandataire agit au nom du mandant, alors que le commissionnaire agit en son propre nom. Lorsque le mandataire conclut un contrat pour le compte du mandant, il ne devient pas partie au contrat. C'est le mandant qui est tenu par le contrat conclu par le mandataire. En revanche, dans la commission, le commissionnaire devient partie personnellement au contrat, de sorte qu'il est tenu de l'exécuter, il n'a pas de relation directe entre le commettant et le cocontractant. Bien sûr, le commissionnaire n'a agi que pour le compte du commettant et va alors reporter les effets du contrat conclu sur la tête de ce commettant. V. T. BONNEAU, P. PAILLER, A.-C. ROUAUD, A. TEHRANI et R. VABRES, op. cit., n°923, p.588.

[4] Ch. MZOUGHI, *op. cit.*, n° 458, p. 289.

paraissent lacunaires. En effet, une lecture combinée des textes régissant la dématérialisation en droit tunisien suscite certaines remarques.

761. D'une part, on constate que la place réservée au dépositaire central dans la loi n° 2000-35 relative à la dématérialisation des titres est marginalisée. Les dispositions de ladite loi ne font aucune référence au rôle du dépositaire centrale malgré son importance dans le nouveau régime de la dématérialisation. Seule la loi n° 94-117 relative à la réorganisation du marché financier fait référence à la STICODEVAM[1] malgré l'importance de cet organe dans le nouveau régime de dématérialisation des titres en général et dans le processus de transfert de propriété des titres en particulier. Ainsi, le législateur a manqué l'occasion de synchroniser les dispositions de la loi n° 94-117 avec celles de la loi n° 2000-35[2]. Afin de combler cette défaillance législative, le pouvoir réglementaire s'est intervenu par le décret n° 2001-2728 du 20 novembre 2001 relatif aux conditions d'inscription des valeurs mobilières et aux intermédiaires agréés pour la tenue des comptes en valeurs mobilières[3], surtout par les différentes règles prises directement par la STICODEVAM à travers son règlement général ainsi que ses différentes instructions à l'usage des adhérents[4].

762. D'autre part, la négligence du rôle du dépositaire central dans le processus de transfert de propriété des valeurs mobilières dématérialisées est d'autant plus critiquable qu'elle a conduit à l'omission du double niveau d'inscription en compte. En effet, il est utile à ce niveau de rappeler qu'on distingue deux types de valeurs mobilières. Le premier concerne les valeurs mobilières conservées seulement auprès d'un teneur de compte agréé ou de la personne morale émettrice. L'inscription réalisée au compte tenu par ces derniers est suffisante pour assurer le transfert de propriété. Toutefois, la situation est un peu plus compliquée concernant le second type de valeurs mobilières, celles qui font l'objet d'un double niveau de conservation. Leur transfert de propriété ne devient irrévocable que s'il fait l'objet d'une double inscription en compte : la première est faite au nom du propriétaire dans un compte tenu par le teneur de compte agréé ou la personne morale émettrice, alors que la seconde est réalisée au nom de l'un de ces derniers dans les comptes tenus par le dépositaire central.

---

[1] La « STICODEVAM » est désormais appelée « Tunisie clearing », sans que la dénomination « STICODEVAM » ne soit modifiée dans la loi n°94-117 du 14 novembre 1994 relative à la réorganisation du marché financier. C'est ce qui justifie parfois l'utilisation, tout au long de ce travail, de l'ancienne expression « STICODEVAM » au lieu de la nouvelle dénomination « Tunisie clearing », surtout en cas de référence à la dite loi.

[2] Les dispositions de la loi n°94-117 ne sont pas très compatibles avec celles de la loi n°2000-35. Les exemples ne manquent pas, « *la dématérialisation prévue par la loi n°94-117 était facultative et partielle, alors qu'elle est devenue, depuis la loi n°2000-35 obligatoire et générale. Aussi, la dématérialisation se caractérise-t-elle désormais par son caractère défini et irréversible* », A. BOUKAMCHA, thèse précitée, p.412.

[3] V. art. 10 al.2 de ce décret.

[4] Certains auteurs sous-estiment la valeur juridique de ces textes et la considère comme incertaine, V. en ce sens A. BOUKAMCHA, thèse précitée, p.171.

763. Il s'avère donc que pour cette dernière catégorie de valeurs mobilières, le transfert de propriété est subordonné au double niveau d'inscription. Mais aucun lien juridique entre les deux niveaux d'inscription n'était établi par les textes instaurant la dématérialisation. De surcroît, aucune précision n'était donnée quant à la portée respective de chaque inscription, au point que certains auteurs ont pu légitimement se demander « où sont les titres ? »[1].

764. La question qui mérite d'être posée, en l'occurrence, est de savoir quel lien existe-t-il entre les deux inscriptions exigées. Encore une fois, le législateur a raté l'occasion de nous présenter une réponse claire à travers la loi n° 2000-35. A vrai dire, le silence du législateur sur cette question délicate ne manque pas de poser des difficultés insurmontables au cas où les titres auraient été déjà inscrits au nom de l'acquéreur chez son teneur de compte agréé, alors que le compte de ce dernier auprès du dépositaire central n'a pas été crédité des titres correspondants[2]. Donc, pour assurer un transfert de propriété, les valeurs mobilières objet de la négociation, doivent non seulement être inscrites au crédit du compte du cessionnaire, auprès de son teneur de compte, mais aussi et surtout il faut que le compte de ce teneur de compte chez le dépositaire central reflète l'existence desdites valeurs. En effet, une partie de la doctrine a pu démontrer à juste titre qu' « *une inscription dans la comptabilité d'un intermédiaire habilité ne vaut pas droit contre l'émetteur si elle n'est pas corroborée par une inscription correspondante au nom de l'intermédiaire dans les comptes du dépositaire central* »[3].

765. Pour que le transfert de propriété soit irrévocable, il faut que les deux niveaux d'inscription en compte soient étroitement liés, de telle sorte qu'une éventuelle discordance empêche l'inscription constatée au niveau du teneur de compte de produire ses effets[4]. Cela signifie que les teneurs de compte doivent procéder aux inscriptions en comptes nécessaires sans attendre le dénouement des opérations auprès du dépositaire central, conformément au principe de droits constatés[5].

766. Conçue comme une obligation de donner, l'inscription en compte effectuée au nom du titulaire de compte auprès de l'intermédiaire agréé ne peut assurer le transfert de propriété que si elle est corroborée par une inscription au nom du dit intermédiaire dans les comptes du dépositaire central. Quel est alors le sort d'une inscription réalisée au compte de l'acquéreur à travers son teneur

---

[1] Il s'agit du titre d'un article paru à la revue Marchés et techniques financières, H. CAUSSE, MTF, 1993, n° 51, p. 18.

[2] A. BOUKAMCHA, thèse précitée, p.414.

[3] A.-C. MULLER, *op. cit.*, n° 246, p.200.

[4] L. COTRET, thèse précitée, n°155.

[5] Il est utile de rappeler, dans ce contexte, que les principes du droit comptable obligent l'intermédiaire en bourse à porter au compte de son commettant, le résultat d'une négociation dès sa conclusion, indépendamment de l'exécution des obligations qu'elle engendre. Ce principe dit « du droit constaté » contraint le teneur de compte à comptabiliser les droits dès leur acquisition, c'est-à-dire dès la formation de la convention, alors même qu'espèces et titres ne seront réglés ou encaissés, reçus ou livrés qu'ultérieurement.

de compte agréé, mais dont le dénouement auprès du dépositaire central n'a pas pu se réaliser en raison d'un défaut de titres ou d'un défaut d'espèces ?

767. A défaut de solutions législatives expresses, le recours aux textes réglementaires s'avère plus que nécessaire. Ainsi le règlement général de la bourse des valeurs mobilières de Tunis [1] a souligné à plusieurs reprises l'importance du double niveau d'inscription dans le transfert de propriété des valeurs mobilières admises aux opérations de la TICODEVAM. L'article 207 al.1er de ce règlement dispose que : « *les soldes des intermédiaires en bourse en titres, auprès de la STICODEVAM, et en capitaux, auprès de la banque compensatrice, doivent, au moins, couvrir, dans les délais réglementaires, les engagements nés des négociations, de manière à ce que la STICODEVAM puisse procéder au traitement des mouvements transmis par la Bourse* ».

768. En cas de défaut de titres ou d'espèces de l'intermédiaire en bourse, l'article 211 du même règlement intervient pour permettre à la STICODEVAM de transmettre immédiatement à la Bourse tous les détails concernant les mouvements n'ayant pas pu faire l'objet d'une livraison de titres ou du règlement des espèces à l'issue des délais fixés et surtout de mettre le mouvement de l'intermédiaire en bourse concerné en suspens [2]. La Bourse mettra immédiatement en demeure l'intermédiaire défaillant de régulariser sa situation.

769. L'intermédiaire défaillant est tenu, dès la notification du défaut des titres, de procéder aux mesures de régularisation [3] dans un délai fixé par la bourse. L'article 213 du règlement général de la bourse des valeurs mobilières de Tunis pose ici deux possibilités. Si, à l'issue de ce délai, le défaut n'est toujours pas résolu, la Bourse assigne le vendeur défaillant et l'informe qu'une procédure de rachat sera mise en œuvre. Si, à l'issue de la procédure de rachat, le défaut demeure, il se résout en un versement d'espèces au lieu d'une livraison de titres. Le montant de l'indemnisation pécuniaire versé à la contrepartie de l'intermédiaire en bourse défaillant est arrêté par la Bourse [4]. Après épuisement des procédures ci-dessus décrites et en cas de persistance du défaut, le reliquat est pris en charge par le Fonds de garantie de marché moyennant la procédure récursoire.

770. La sanction du défaut de livraison des titres, adoptée par les articles déjà cités manque de précision. La résolution édictée par l'article 213 est très originale par rapport à la résolution de droit commun et elle marque une rupture de logiques entre le droit du marché financier et le droit commun. En effet, la résolution d'une opération suite au défaut du compte en STICODEVAM de l'intermédiaire acheteur entraîne la remise en cause du droit

---

[1] Tel que visé par l'arrêté du Ministre des Finances en date du 13/2/97 et modifié par les arrêtés du Ministre des Finances du 9 septembre 1999, du 24 septembre 2005, du 24septembre 2007, du 15 avril 2008, du 12 janvier 2016 et du 15 août 2019.

[2] La STICODEVAM en tient également le CMF informé.

[3] V. art. 212 du Règlement général de la BVMT.

[4] La Bourse informe le CMF des résultats de cette procédure.

de propriété du donneur d'ordre acheteur dont les titres négociés ont été déjà inscrits en son compte. De ce fait, l'intermédiaire acheteur serait tenu, une fois que l'opération a été résolue, de procéder à la désinscription de son donneur d'ordre. Cela démontre bien la fragilité de l'inscription réalisée au compte de ce dernier auprès de son intermédiaire acheteur. Cette inscription, manifestant l'obligation de donner, ne peut avoir une valeur translative de propriété que si elle a été corroborée par une inscription au compte en STICODEVAM de l'intermédiaire.

771. Le transfert de propriété des titres dématérialisés suppose donc la modification de deux degrés d'inscription en compte, c'est-à-dire l'inscription au compte de l'acheteur tenu par l'intermédiaire et l'inscription en compte de l'intermédiaire acheteur dans les livres du STICODEVAM entant que dépositaire central.

772. La négociation fait l'objet, le jour même, d'un enregistrement comptable aux comptes de l'acheteur et du vendeur, mais cet enregistrement comptable ne se transforme en inscription en compte au sens juridique et n'emporte transfert de propriété qu'à la date de dénouement effectif de la négociation, c'est-à-dire lorsque le compte du teneur de compte conservateur est crédité dans les livres du dépositaire central, soit trois jours de plus (c'est-à-dire en J+3). En cas de défaut de livraison, l'écriture comptable n'acquiert pas de portée juridique et il suffit de procéder à sa contre passation[1]. Il en résulte que si l'acheteur est engagé à payer le prix et le vendeur à livrer les titres dès l'exécution de l'ordre, ces obligations ne sont exécutées et le transfert de propriété n'a lieu que trois jours plus tard.

[1] Régie en droit français par l'article 570-3 al.2 et 3 du RG AMF, la contrepassation consiste dans la radiation comptable d'une écriture antérieure. Juridiquement, elle traduit l'inscription en compte d'une créance de sens inverse à une créance antérieurement inscrite.

Conclusion du titre I

773. Le transfert de propriété des titres dématérialisés négociés sur un marché réglementé fait l'objet de dispositions spéciales qui dérogent, sinon coupent, avec les règles classiques de transfert de propriété dans le contrat de vente.

774. la dématérialisation des titres a influencé directement le régime de transfert de propriété des titres cotés sur le marché financier. Ce transfert qui s'opérait jadis par le simple échange des consentements est rattaché désormais à une formalité particulière, celle de « l'inscription en compte ». De ce fait, le transfert de propriété a perdu son caractère *solo consensu*, il n'est plus un effet automatique et abstrait du contrat de vente. Le régime de transfert de propriété des valeurs mobilières dématérialisées se démarque, par cette rupture de logique, avec les règles de droit commun, spécialement celles du droit commun de la vente, rupture qui se justifie doublement.

775. D'un côté, le principe de transfert de propriété *solo consensu,* qui consacre le transfert de propriété immédiat des valeurs mobilières cotées par le simple échange de consentements, a toujours été appliqué aux transmissions des valeurs mobilières avant l'entrée en vigueur de la loi du 21 mars 2000, relative à la dématérialisation des titres. La transmission de propriété étant réalisée par le seul accord des parties, au moment de la rencontre de leurs volontés. Ce principe a été bien consacré en droits tunisien et français en dépit de ses limites liées à la fois aux exigences du marché et à l'échange de consentements entre les parties.

776. Cependant, suite à l'abandon législatif du principe de transfert de propriété *solo consensu* par la loi relative à la dématérialisation des titres, le transfert de propriété des valeurs mobilières cotées a perdu son caractère *solo consensu*, il n'est plus un effet automatique et abstrait du contrat de vente, car il se trouve reporté jusqu'à l'accomplissement de la formalité de l'inscription en compte. Ce transfert de propriété, différé à la date de l'inscription en compte, ne peut se justifier ni par les modalités de l'obligation, ni par le régime de transfert de propriété des choses de genre, ce qui marque la rupture des règles de transfert de propriété des valeurs mobilières avec le droit commun de la vente.

777. D'autre côté, l'inscription en compte est une notion primordiale en matière de transfert de propriété des valeurs mobilières. Son rôle a pris de l'importance surtout après la suppression des titres papiers par la loi du 21 mars 2000 relative à la dématérialisation des titres. Le particularisme de l'inscription en compte se justifie, à la fois, par sa portée juridique controversée, ainsi que par sa nature originale.

778. La réforme relative à la dématérialisation des titres, tout en faisant de l'inscription en compte la pierre angulaire du régime actuellement applicable aux valeurs mobilières scripturales, a omis de préciser la véritable portée attachée à celle-ci. Face à cette lacune législative, la doctrine s'est trouvée profondément divisée. Une première approche, qui nous paraît critiquable, accorde à l'inscription en compte un rôle simplement confortative des droits du titulaire qu'elle désigne, de telle sorte que cette inscription en compte n'est qu'un simple moyen de preuve de tels droits. Par contre, la seconde approche, à laquelle nous adhérons, affirme clairement la valeur substantielle de l'inscription en compte, estimant qu'elle peut être constitutive de droit.

779. Les qualifications juridiques recherchées pour l'inscription en compte n'ont satisfait la doctrine moderne, qui a essayé d'expliquer l'inscription en compte en tenant compte du caractère évolutif du transfert de propriété réalisé par cette inscription.

780. De ce fait, le transfert de propriété ne peut pas être qualifié d'effet du contrat, mais plutôt d'obligation à la charge de l'aliénateur. Ce transfert ne peut résulter, en effet, que de l'accomplissement d'une opération matérielle, à savoir la livraison ou la tradition des titres, qui se réalise grâce à l'inscription au crédit du compte de l'aliénataire. Concrètement, le transfert de propriété se réalise à travers le virement de compte à compte, qui est une forme évoluée et dématérialisée de la tradition.

781. Dès lors, le transfert de propriété des valeurs dématérialisées ne serait pas un simple effet du contrat mais plutôt une obligation à la charge du vendeur. Par conséquent, contrairement aux principes classiques de la vente, le vendeur est tenu par une véritable obligation qui consiste à transférer la propriété des valeurs objet du contrat de vente. Ainsi l'exécution de l'obligation de donner ne se fait pas d'une manière abstraite et instantanée par simple accord de volonté, mais par l'accomplissement d'une formalité particulière, à savoir l'inscription en compte. Dans cette optique, l'inscription en compte par laquelle se réalise le transfert de propriété est une nouvelle obligation contractuelle introduite dans le dénouement de l'opération du marché. Cette approche nous semble défendable si certaines conditions sont respectées.

782. Considérer que l'inscription en compte, qui réalise le transfert de propriété des titres dématérialisées lors d'une opération de marché, crée une obligation de donner marque une individualité très nette du droit du marché financier par rapport au droit des contrats, individualité qui va jusqu'à la rupture avec les solutions classiques des droits tunisien et français des contrats, pour rejoindre non seulement le droit romain, mais aussi les législations anglo-saxonnes et germaniques, qui ont des principes très analogues aux principes romains.

Titre II - Le particularisme lors de l'exécution de l'opération

783. La rupture de logique entre le droit du marché financier et le droit des contrats dans le dénouement de l'opération se confirme, non seulement au niveau de la question du transfert de propriété des titres dématérialisés, mais aussi, et surtout, au niveau de l'exécution des obligations nées de l'opération de marché. Cette phase d'exécution est connue aussi par la phase «*post-marché*»[1].

784. Les opérations de post-marché recouvrent la compensation et le règlement-livraison. Le mécanisme de compensation (multilatérale) permet d'éviter tout mouvement de fonds et de titres inutile, et de réduire à leur plus simple expression les opérations de règlement et de livraison proprement dites. Les systèmes de compensation et de règlement-livraison sont les deux mécanismes (multilatéraux) qui assurent le dénouement des opérations de marché. Les soldes nets en titres et en espèces sont calculés par la chambre de compensation et réglés dans le système de règlement et de livraison.

785. Les activités de **post-marché**, et notamment de compensation et de règlement-livraison, qui organisent et sécurisent le dénouement des transactions sur instruments financiers entre de multiples participants, en constituent un des terrains d'élection de la technologie **blockchain**[2]. Alors que la structure **centralisée** et intermédiée[3] des systèmes de compensation et de règlement de titres actuels se caractérise par une certaine complexité[4], l'adoption de la

---

[1] E.-F. LENCQUESAING, « Le post marché : pierre angulaire d'une Europe financière compétitive », Banque Stratégie, Janv. 2005, p.2.

[2] A.-C. ROUAUD, « L'application de la technologie des registres distribués dans le domaine de post-marché : Evolution on révolution ? », in Mélanges en l'honneur de Jean-Jacques DAIGRE, Autour du droit bancaire et financier et au-delà, Joly éditions, nov. 2017, p. 636.

[3] Schématiquement, l'organisation des systèmes de compensation et de règlement-livraison repose, sur un système informatique et un corps de règles et de procédures qui en régissent le fonctionnement. Ce système est mis en place et exploité par un organe central, chambre de compensation ou dépositaire central de titres. Afin d'assurer leur bon fonctionnement et leur sécurité, ces systèmes ne sont accessibles qu'a des participants (adhérents compensateurs et participants du système de règlement et de livraison) présélectionnés par cet organe central sur la base de critères visant à garantir leurs capacités financières et opérationnelles. Ces infrastructures de marché sont ainsi caractérisées par une organisation centralisée et intermédiée, toute personne extérieure au système devant s'adresser à un participant pour pouvoir accéder à celui-ci. A.-C. ROUAUD, article précité, p. 638.

[4] Sur la complexité du cycle de post-marché, V. X. VAMPARYS, « Blockchain, Initial Coin Offerings et crypto-actifs », Études Joly Bourse, n° B_EB030 (Actualisé le 03/09/2020). Selon l'auteur, le post-marché comporte plusieurs étapes : D'abord, la mise en correspondance de la demande et l'offre par le marché concerné dans un « carnet d'ordres ». Ensuite, la compensation globale de tous les ordres par une chambre de compensation qui s'interpose entre les acheteurs et les vendeurs. Puis, l'envoi des instructions au dépositaire central de l'action concernée, qui aura reçu l'ensemble des actions émises par une société, afin que l'action soit transférée sur le compte de la chambre de compensation puis de celui-ci au compte de l'intermédiaire financier de l'acheteur. À chaque étape, l'action est transférée contre remise de son prix. Enfin, la livraison des titres à l'acheteur par une inscription en compte. Dans l'hypothèse d'une transaction internationale, d'autres intermédiaires sont susceptibles

technologie de la blockchain accessible à l'ensemble des participants [1] permettrait, grâce à une base de données numérique **décentralisée**, la simplification du cycle du post-marché et la disparition du tiers de confiance.

786. S'agissant de la simplification du cycle du post-marché, la blockchain pourrait simplifier très significativement ce cycle lourd et coûteux, en jouant simultanément les rôles de bourse, chambre de compensation, dépositaire central et système de règlement-livraison, voire en rendant superflue l'intervention des intermédiaires, puisque chaque investisseur pourrait avoir accès directement à la blockchain pour y négocier l'achat ou la vente de titres[2]. Dès lors, en matière d'opérations post-marché, la blockchain permet non seulement la rapidité d'exécution des opérations, mais aussi la réduction du risque de conservation et du recours aux intermédiaires pour la tenue des registres, augmentation de la sécurité des données et transparence. On peut ajouter que l'instantanéité des opérations sur une chaîne de blocs supprime en pratique tout risque de contrepartie[3]et de marché[4].

787. S'agissant de la disparition du tiers de confiance, il est à rappeler que le système financier repose traditionnellement sur des tiers de confiance, en particulier les dépositaires centraux de titres dont le rôle est essentiel car ils contribuent au bon fonctionnement et à l'efficience des marchés financiers ainsi qu'à la stabilité du système financier[5]. Le dépositaire central de titres paraît ainsi comme un intermédiaire obligé pour tous les titres qui ont fait l'objet d'une admission aux négociations sur un marché réglementé[6]. Le rôle du tiers de confiance est à l'évidence affecté par la blockchain, car celle-ci met fin à la centralisation[7]. Le registre stocké sur les serveurs des utilisateurs de la blockchain, sans faire intervenir d'intermédiaires, constitue un historique infalsifiable des échanges[8]. La blockchain permet de se passer d'un tiers de confiance pour authentifier deux intervenants lors d'une transaction, ce qui a pour effet d'accélérer le déroulement des transactions et d'en réduire le coût. La

---

d'intervenir et notamment un dépositaire local. L'inscription en compte intervient normalement deux jours après la transmission de l'ordre d'achat de l'action (art. L211-17 du Code monétaire et financier).

1 Elle est accessible à tous les participants, mais aussi contrôlée collectivement par de multiples utilisateurs (ou *nodes),* en nombre limité ou au contraire potentiellement illimité selon que le registre est privé ou public, c'est-à-dire que son accès est réservé à des utilisateurs autorisés ou ouvert à tous. A.-C. ROUAUD, article précité, p.637.

2 X. VAMPARYS, article précité, n° 32.

3 La propriété du titre ou de la contrepartie est vérifiée et constitue une condition de réalisation de l'opération. Sur le risque de contrepartie, v. infra n° 951.

4 X. VAMPARYS, *op. cit., loc. cit.*

5 T. BONNEAU, « Nouvelles technologies et levées de fonds », RJTUM, 53-1, Fév. 2020, p. 123.

6 *Ibid, loc. cit.*

7 *Ibid, loc. cit.*

8 La blockchain, qui est un protocole de registre décentralisé, contenant la liste de tous les échanges effectués entre les utilisateurs de cette blockchain depuis sa création. V. supra n°s 513 et s.

confiance se déplace alors d'un tiers de confiance à un protocole chargé de mettre en œuvre de manière infaillible un système de règles et leur exécution[1].

788. Au-delà de la technologie de blockchain, dans un souci de protection de l'épargne-valeurs contre le risque de contrepartie et le risque systémique, le droit du marché financier accorde une attention particulière aux phases de compensation et de règlement-livraison qui donnent lieu à une procédure dérogatoire aux règles d'exécution des contrats reconnues par le droit commun. Contrairement à ces règles, l'exécution des obligations n'intervient pas entre les parties à la transaction initiale[2]. C'est l'idée de l'indépendance des engagements au stade de l'exécution. On ne peut que constater la déconnexion totale au niveau de l'exécution des engagements des intervenants[3]. La réglementation boursière envisage toujours la situation des parties à la transaction isolément[4].

789. Certes, l'indépendance des engagements constitue une particularité importante au niveau de l'exécution de l'opération de marché, mais, seule, elle ne nous permet pas d'affirmer notre idée motrice de convergence des logiques du droit des contrats et de celle du droit du marché financier. Cette idée de rupture des logiques est confirmée par l'étude du particularisme au niveau des modalités de l'exécution **(Chapitre I)**, ainsi qu'au niveau des garanties de l'exécution **(Chapitre II)**.

Chapitre I - Le particularisme au niveau des modalités d'exécution

790. L'exécution de l'opération de marché se démarque catégoriquement de l'exécution des contrats en général. L'effet obligatoire du contrat de vente, qui accorde aux parties du contrat un rôle important dans son exécution, a cédé la place à un corpus de règles faisant intervenir des organes du marché dans le cadre d'un processus comportant les phases de compensation et de règlement-livraison. L'étude de ces deux phases permet de démontrer combien l'exécution de l'opération de marché est originale, originalité qui se confirme non seulement par l'irréductibilité de la compensation aux qualifications classiques **(Section I)**, mais aussi par la prise en charge du règlement-livraison par un système spécifique du marché **(Section II)**.

Section I - L'irréductibilité de la compensation aux qualifications classiques

791. En droit financier, la notion de compensation se distingue de celle du droit civil. La conception en droit financier est plus large, plus complexe ; de plus, elle ne se limite pas à la seule extinction d'obligations réciproques.

---

[1] T. CREMERS, « La blockchain et les titres financiers : retour vers le futur », BJB, 2016, p. 271.

[2] A.-C. MULLER, *op. cit.*, n° 355, p. 292, l'exécution des obligations « *n'intervient pas, pour ne pas dire jamais, entres les parties à la transaction ayant donné naissance à l'engagement* ».

[3] C. MERKIN et B. DE SAINT-MARS, « Clause résolutoire et transfert de propriété sur le marché des valeurs mobilières ou la difficile adaptation d'un mécanisme de droit civil au droit boursier», RDBB, n°44, juill.-août 1994, pp.70 et s.

[4] A.-C. ROUAUD, *op. cit.*, n°439, p. 276 ; A.-C. MULLER, *op. cit.*, n° 65, p. 65

Technique originale, la compensation spécifique au droit financier a un régime dérogatoire par rapport à celle de droit civil (**§2**). Avant d'intervenir dans ces différentes dérogations, il est utile de s'arrêter sur le mécanisme de cette compensation (**§1**).

§1 - Le mécanisme de la compensation : l'acteur et le processus

792. La compensation est une opération courante dans la vie des affaires. Régie par les articles 369 et suivants du COC, les articles 1347 et suivants du Code civil français[1], elle s'opère, lorsque les parties sont réciproquement et personnellement créancières et débitrices l'une de l'autre[2]. Dès lors, la compensation a pour objet de simplifier le règlement des obligations dont les signataires, généralement en rapports d'affaires constants, sont titulaires les uns envers les autres. Le mécanisme est simple, « *où chacun calcule à une date fixée le total de ses créances et de ses dettes envers les autres participants. Il ne règlera ou ne recevra que ce solde, ce qui a pour conséquence d'éteindre l'ensemble de ses obligations* »[3].

793. La compensation dite multilatérale, dont il est question sur les marchés financiers, a pour objet de simplifier le paiement de sommes d'argent entre plusieurs personnes en évitant les règlements deux à deux[4].« *La compensation multilatérale est donc une opération qui repose sur l'utilisation des comptes arithmétiques dans lesquels sont enregistrés tous les flux impliquant les participants et qui permettent par un mécanisme de balance comptable, de déterminer le solde reflétant la position de chacun à l'égard de la masse* »[5].

794. Technique qui remonte au XIXe siècle[6], la compensation multilatérale offre maints avantages.

795. En premier lieu, elle permet de simplifier les flux d'argent et de valeurs mobilières et de liquider plusieurs opérations entre différentes parties, tout en limitant les règlements et les livraisons aux soldes nets. Ainsi, la diminution du nombre d'opérations à réaliser contribue, pour les adhérents et leurs clients, non seulement à gagner du temps, mais aussi à réduire fortement les coûts.

796. En second lieu, la compensation multilatérale permet de réduire les risques de défaillance dans l'exécution des livraisons à effectuer. Il est utile de

---

[1] Issus de l'ordonnance du 10 février 2016, ces nouveaux articles ont abrogés les articles 1289 et suivants du Code civil français.

[2] Art. 369 du COC.

[3] A.-V. DELOZIÈRE-LE FUR, La compensation dite multilatérale, LGDJ, Paris, 2003, n°1, p.15.

[4] M. ROUSSILLE, La compensation multilatérale, coll. « Nouvelle bibliothèque des thèses », Dalloz, 2006, p.2.

[5] *Ibid.*, n° 495, p.218.

[6] La compensation multilatérale, adoptée sur les marchés financiers français à terme dès le XIXe siècle, a été modernisée lors de la création des marchés dérivés dans les années 1980 et étendue aux marchés au comptant avec l'instauration de la chambre de compensation des valeurs mobilières en 1990. V. A.-C. ROUAUD, *op. cit.*, n°139, p.89 et s. ; M. ROUSSILLE, *op. cit.*, n°48 et s., p.30 et s. ; P. DIDIER, Droit commercial, t.3, Le marché financier - Les groupes de sociétés, *op. cit.*, p.222 et s.

rappeler que l'activité de compensation, appelée aussi « *clearing* », permet de garantir le respect par les acheteurs et les vendeurs de leurs engagements respectifs. C'est en cela que l'activité de compensation est primordiale dans le fonctionnement courant d'un marché financier. Au moment de la compensation, les acheteurs doivent réellement disposer des moyens financiers d'acheter des instruments financiers, tandis que les vendeurs doivent réellement posséder les instruments financiers qu'ils souhaitent céder. La compensation permet ainsi de diminuer l'exposition aux risques de défaillance (dit aussi « de contrepartie ») qui se résume dans l'absence de paiement ou de livraison des titres acquis[1].

797. Encore plus, Le principe d'une chambre de compensation repose sur le fait qu'elle s' « interpose » entre l'acheteur et le vendeur de l'instrument ou du produit. De ce fait, elle assume totalement le risque de contrepartie, puisque le vendeur se trouve en face de la chambre de compensation et de même pour l'acheteur, permettant ainsi d'éviter le « risque systémique » qui est le risque de défaillance en chaine[2]. Tel est d'ailleurs l'objectif principal d'une chambre de compensation : transférer le risque de contreparties entre acheteurs et vendeurs sur une seule entité, à savoir la chambre de compensation de manière que le défaut de l'acheteur ou du vendeur ne vienne pas remettre en cause l'opération entre les parties, mais aussi que ce défaut ne vienne pas, par effet de domino, provoquer toute une série de défauts des autres membres de la chambre de compensation. L'idée de l'institution d'une chambre de compensation, devenant contrepartie centrale, est bien entendu avancée pour limiter ce risque.

798. En troisième lieu, la compensation multilatérale permet de dissocier, sur le plan juridique, l'obligation de livrer, issue du calcul du solde net, des rapports ayant pu exister entre les parties. Elle a donc pour effet de dissocier les négociations sur un marché, de leur exécution[3].

799. Afin de chercher les spécificités de la compensation à travers surtout son processus **(B)**, il est utile de s'attarder au préalable sur son auteur **(A)**.

A- L'acteur de la compensation

800. La compensation multilatérale regroupe l'activité de la chambre de compensation et celle de ses adhérents. Ces derniers sont les intermédiaires qui participent à la chambre de compensation pour le compte des donneurs d'ordres. Evidemment, il s'agit en droit tunisien des intermédiaires en bourse.

801. Pour ce qui est de la chambre de compensation, il s'agit de la STICODEVAM, qui se charge, selon l'article 78 al.5 de la loi du 14 novembre

---

[1] Sur le risque systémique et le risque de contrepartie, v. infra n° 951.

[2] Ce risque est qualifié de « systémique » parce qu'il peut affecter toute la sécurité du système.

[3] Si on se réfère à l'exemple chiffré, exposé ultérieurement (**infra n° 812**), on peut remarquer que A a l'obligation de livrer 1000 titres, alors que nulle part dans les rapports liant A aux autres membres n'apparait une obligation de livrer 1000 titres, la somme des montants à livrer à la charge de A s'élevant au total à 4000 titres (2000 à B et 2000 à C), sans compensation. Il est encore plus significatif de remarquer que, dans certains autres exemples, l'obligation d'une partie de livrer une quantité bien déterminée de titres à une seconde partie sera éteinte par la livraison de cette même quantité de titres effectuée la seconde partie au profit de la première.

1994, « *des opérations de compensation et de règlement des transactions effectuées en bourse* ». Acteur fondamental du marché financier tunisien, la **STICODEVAM** a changé de dénomination pour devenir« ***Tunisie Clearing*** ». Ce changement de dénomination intervient le 14 novembre 2014 à l'occasion de la célébration du 20ème anniversaire de sa constitution, suite à la décision de l'assemblée générale extraordinaire tenue le 21 octobre 2014[1]. Cependant, la loi n° 94-117 du 14 novembre 1994 portant réorganisation du marché financier n'a pas été mise à jour afin d'adopter la nouvelle dénomination[2].

802. ***Tunisie Clearing*** joue le rôle à la fois d'un dépositaire central de titres et d'une chambre de compensation, bien que le législateur ne le prévoie pas expressément. D'ailleurs, l'acronyme « clearing » permet d'identifier facilement une mission importante de ***Tunisie Clearing*** qui est la compensation[3]. En fait, un seul acteur, *Tunisie clearing*, prend en charge différents rôles : celui d'une chambre de compensation, d'un dépositaire central et d'un teneur de compte.

803. En droit tunisien l'acteur de la compensation diffère selon la liquidité des titres. C'est la bourse des valeurs mobilières de Tunis qui assure le rôle d'une chambre de compensation pour les titres non pris en charge par *Tunisie clearing*[4]. Cependant, concernant les titres pris en charge par *Tunisie clearing*, c'est cette même institution qui assure les fonctions d'une chambre de compensation[5].

804. La distinction entre les titres pris en charge par *Tunisie clearing*, et les titres qui ne le sont pas, est faite sur la base de la liquidité de ces titres. En effet, les titres non pris en charge par *Tunisie clearing* sont les titres négociés hors marché central[6]. En fait, il semble qu'il n'y a pas de différence entre les deux expressions vu l'étroite relation entre l'admission d'une valeur mobilière à la

---

1 V. Bulletin quotidien de Tunisie Clearing du 18 novembre 2014, Avis aux participants n° 255/2014, « *Changement de la Dénomination du Dépositaire Central Tunisien de "STICODEVAM" à "Tunisie Clearing "* », disponible sur le site internet de Tunisie Clearing : http://www.sticodevam.com/newsite/upload/bulletin/1415372128_BULLQUOT171014.pdf

2 C'est pour cette raison qu'on prend, tout au long de ce travail, les deux expressions pour des synonymes.

3 Le fait que la technique de compensation multilatéral est d'abord apparue de manière structurée en Angleterre explique l'utilisation fréquente d'une terminologie anglaise. La notion de compensation correspond à certains égards à celle de « clearing » qui désigne la technique de simplification des échanges matériels d'instruments de paiement, de valeurs mobilières ou de marchandises standardisées, M. ROUSSILLE, *op. cit.*, p.6. Un autre mot est employé en ce sens qui est celui « netting » car il traduit également un aspect du mécanisme de compensation. En effet, il est apparu dans un premier temps comme un mode d'organisation approprié de paiement par compensation de leurs dettes et créances exigibles entre sociétés apparentées dans un souci de simplification et d'économie des frais de gestion, J.-P. MATTOUT, « Le netting », RJ com., Nov. 1989, n° spéc. sur la trésorerie et le financement des entreprises, p. 65. En réalité, il peut être compris de manière plus ample comme une opération consistant à calculer une position nette sans qu'elle n'ait un effet extinctif ; en témoigne le fait que le contrat de « netting » s'accompagne généralement d'un mécanisme de novation pour que les parties soient effectivement libérées à hauteur des montants compensés.

4 V. les articles 207 à 210 du RGBVMT et surtout l'article 201 du même règlement.

5 V. les articles 206 et 207 du RGBVMT.

6 C'est l'expression utilisée par la décision 97-15 fixant la procédure de dénouement.

cote de la bourse et la prise en charge de cette valeur par *Tunisie clearing*[1]. Donc, les titres qui ne sont pas pris en charge par *Tunisie clearing* sont les titres non cotés. Ils sont, selon l'article 74 du RGBVMT, des titres négociés sur le marché du hors cote. Dès lors, les titres non cotés sont les titres négociés sur le marché hors cote, tandis que les titres cotés sont les titres négociés sur les marchés de la cote[2].

805. Pour les titres pris en charge par *Tunisie clearing*, la bourse des valeurs mobilières de Tunis lui transmet toutes les instructions de règlement des capitaux et de livraison des titres qui résultent des négociations validées effectuées en une journée[3]. Ainsi, *Tunisie clearing* est l'organe compétent chargé exclusivement de la compensation, puis du règlement-livraison de ces tires. Toutefois, pour les titres non pris en charge par la STICODEVAM, le règlement des capitaux et la livraison des titres s'effectuent sous l'égide de la Bourse agissant comme chambre de compensation, conformément à une procédure fixée par décision de la Bourse[4]. Selon cette décision, « *les opérations de dénouement afférentes aux valeurs négociées hors marché central sont exécutées sous l'égide de la Bourse agissant comme chambre de compensation* »[5]. Donc, à l'instar de *Tunisie clearing*, véritable chambre de compensation pour le marché des titres cotés, la BVMT peut être qualifié aussi de chambre de compensation pour les titres non cotés négociés sur le marché hors-cote[6].

806. L'intervention d'une chambre de compensation permet à la fois de simplifier et de sécuriser le dénouement des opérations de marché[7]. Simplifier, car la chambre de compensation, à partir des positions ouvertes des participants, calcule les soldes nets à régler ou à livrer, ce qui permet de limiter au maximum les règlements et les livraisons nécessaires au dénouement des transactions[8]. Sécuriser, car la chambre de compensation met en œuvre diverses mesures visant à prévenir la défaillance d'un participant et à en limiter les répercussions[9]. D'ailleurs, la chambre de compensation prend un risque de marché (en cas de variation de la valeur de l'action) et de contrepartie (en cas d'insolvabilité de l'intermédiaire financier qui a passé l'ordre) puisque le

---

1 V. art. 29 du RGBVMT.

2 Ces deux catégories de titres font l'objet de deux sous-titres indépendants dans le cadre du titre II relatif à l'organisation et au fonctionnement des marchés ; c'est justement dans le cadre du sous-titre 1 relatif au marché de la cote que le législateur a instauré l'obligation de prise en charge par *Tunisie clearing* du dénouement des titres.

3 Art 206 du RGBVMT.

4 Art 201 du RGBVMT.

5 La décision de la bourse des valeurs mobilières de Tunis n° 99-14.

6 Il est à rappeler que le marché hors-cote, encore en vigueur en droit tunisien, a été supprimé en droit français à partir du 2 juillet 1998, et ce par le décret du 14 novembre 1997 en application de l'article 34 de la loi n°96-597 du 2 juillet 1996, relative à la modernisation des activités financières. V. en ce sens H. HOVASSE, « Suppression du marché hors-cote », RDBB, n°65, janvier-février, 1998, p.1.

7 M. ROUSSILLE, *op. cit.*, n° 1018 p. 440.

8 T. BONNEAU, P. PAILLER, A.-C. ROUAUD, A. TEHRANI et R. VABRES, *op. cit.*, n°609, p. 369.

9 *Ibid., loc.cit.*

règlement-livraison n'intervient que deux jours après passation de l'ordre. Elle couvre ce risque par un appel de marge, constitué par une remise de titres en échange du service que la chambre de compensation fournit[1].

807. Contrairement à son homologue français, qui a consacré tout un titre dans le Code monétaire et financier pour les chambres de compensation[2], le législateur tunisien n'a pas détaillé la phase de compensation ni dans la loi de 1994 ni dans le RGBVMT. Cette phase est tout simplement présumée en droit tunisien. Paradoxalement, le RGBVMT a consacré tout un titre pour le règlement-livraison des titres[3]. Cette absence de clarté, qualifiée de « confusion » par un auteur[4], est due probablement au nom de l'organisme chargé du règlement-livraison qui comporte le terme compensation : la société interprofessionnelle de dépôt, de compensation et de règlement de titres. De plus, on peut remarquer cette « confusion » dans l'article 201 du RGBVMT qui a attribué à la BVMT la qualité de chambre de compensation en ce qui concerne les titres non pris en charge par *Tunisie clearing*.

B- Le processus de compensation

808. Si la compensation constitue une étape dans le grand processus de l'opération de marché, elle contient, intrinsèquement, un petit processus qui commence par l'étape de l'enregistrement **(1)** et qui prend fin par le calcul du solde net **(2)**.

1. La compensation débute par l'enregistrement

809. Avant de s'attarder sur le rôle de l'enregistrement dans le cadre du processus de marché **(b)**, il est utile de s'arrêter sur l'ambigüité que pose cette étape **(a)**.

a- L'enregistrement, source d'ambiguïté

810. L'enregistrement est important puisqu'il est indispensable en vue de l'exécution de la transaction. Mais, il constitue une source d'ambigüité à deux niveaux.

811. D'une part, il y a lieu de s'interroger si l'enregistrement constitue, en droits tunisien et français, la première phase de la compensation ou au contraire la dernière phase de la négociation.

812. En droit français, l'enregistrement des transactions peut être rattaché au processus de négociation puisque, prévu par les règles des entreprises de marché conformément aux dispositions de l'article L.421-3, alinéa 1 du Code monétaire et financier, il intervient dès la conclusion desdites transactions dans le système de négociation[5]. Mais, il est généralement attaché au processus de compensation dans la mesure où, selon le Règlement général de l'AMF[6], c'est la chambre de compensation qui assure l'enregistrement des transactions qu'elle

---

[1] X. VAMPARYS, op. cit., loc. cit.

[2] C'est le titre IV (du Livre IV) intitulé « Les chambres de compensation et les dépositaires centraux » (Articles L440-1 à L441-2).

[3] C'est le titre VI intitulé « le règlement des capitaux et la livraison des titres négociés en bourse ».

[4] W. BOUAJILA, thèse précitée, p.234.

[5] T. BONNEAU et F. DRUMMOND, *op. cit.*, n° 847, p. 990.

[6] Art. 541-26, al. 1, RG AMF.

est appelée à compenser. D'ailleurs, un chapitre des règles de LCH SA a été consacré à l'enregistrement des transactions[1]. Concrètement, chaque transaction effectuée dans le carnet central est automatiquement enregistrée par la chambre de compensation puisque le système de compensation est relié au système de négociation. Donc, l'enregistrement matérialise en droit français, comme en droit tunisien de manière moins explicite, la prise en charge des transactions par la chambre de compensation. Cela se comprend aisément en raison des finalités de l'enregistrement, qui sont la compensation des transactions par la chambre de compensation, et la garantie de bonne fin des transactions enregistrées consentie par celle-ci[2].

813. D'autre part, la détermination de l'organe responsable de l'enregistrement pose certaines difficultés. L'enregistrement relève, en droit français, de la responsabilité de la chambre de compensation française[3]. Aux termes de l'article 3.1.1.1 des règles de compensation de LCH *Clearnet*, « *Dès l'appariement d'une transaction, LCH Clearnet SA garantit l'enregistrement immédiat de celle-ci sur le Système de Compensation, sauf dispositions contraires établies par un Avis* ». De même, l'article L. 541-22 du règlement général de l'AMF prévoit que : « *les chambres de compensation assurent l'enregistrement des transactions qu'elles sont appelées à compenser* ».

814. Cependant, le législateur tunisien n'a pas détaillé la phase de compensation[4]. Elle est passée sous silence dans tout l'arsenal juridique relatif au marché financier tunisien, en ce sens que le législateur n'a pas pris le soin de consacrer même un titre ou un chapitre afin de détailler avec précision cette phase très importante dans le processus du marché. Le terme « enregistrement » pose alors une difficulté puisque l'article 68 de la loi n° 94-117 du 14 novembre 1994 portant réorganisation du marché financier prévoit d'une manière générale que la Bourse enregistre les opérations. De même, l'article 203 du Règlement général de la Bourse des valeurs mobilières de Tunis prévoit que : « *dès qu'une négociation a été enregistrée par la Bourse, elle est considérée comme irrévocable sauf les cas d'annulation prévus par l'article 121 du présent règlement* ».

815. En lisant ces textes, on peut penser à ce que l'enregistrement est pris en charge par la Bourse des valeurs mobilières de Tunis qui est l'entreprise du marché, non par Tunisie clearing qui est la chambre de compensation. Si on pousse à l'extrême cette analyse, on peut même aller jusqu'à dire qu'il s'agit d'un choix législatif motivé par le fait que la compensation ne constitue pas une étape « post-marché », mais elle est intégrée dans le processus de négociation *stricto sensu*, c'est-à-dire dans la phase de confrontation des ordres, pour rejoindre ainsi l'idée selon laquelle l'enregistrement peut être rattaché au

---

[1] Art. 3.1.1.1 et s., Règles de la compensation de LCH SA.

[2] T. BONNEAU, P. PAILLER, A.-C. ROUAUD, A. TEHRANI et R. VABRES, *op. cit.*, n°1324, p. 886.

[3] P. STEPHAN, « La compensation », Dictionnaire Joly Bourse et produits financiers, 1998,n° 81.

[4] W. BOUAJILA, thèse précitée, p.238.

processus de négociation[1], étant donné que la Bourse intervient surtout dans cette phase. En outre, l'article 200 du règlement général de la Bourse des valeurs mobilières de Tunis, situé dans le titre IV intitulé « *le règlement des capitaux et la livraison des titres négociés en Bourse* » prévoit que : « *Les dispositions du présent titre s'appliquent aux règlements de capitaux et livraisons de titres en suite des négociations effectuées en Bourse* », ce qui laisse déduire selon cette logique que l'enregistrement clôture la phase de négociation pour passer directement à la phase du règlement-livraison[2].

816. Or, il nous semble que l'analyse déjà présentée n'est pas convaincante. En effet, il est nécessaire au préalable de clarifier la terminologie législative. L'« enregistrement » visé par la loi n° 94 - 117 du 14 novembre 1994 portant réorganisation du marché financier se fait, aux termes de l'article 71 alinéa 2 de cette loi, « *par l'inscription sur les registres tenus à cet effet par la Bourse des transactions ayant lieu en dehors des marchés de la Bourse des Valeurs Mobilières de Tunis, selon les conditions de prix, de règlement et de garanties fixées par les parties* ». Il s'agit donc de la formalité qui accompagne la cession directe des valeurs mobilières, c'est-à-dire le transfert de propriété qui s'opère de gré à gré des titres émises par les sociétés ne faisant pas appel public à l'épargne[3]. L'article 122 al. 2 du règlement général de la Bourse vient confirmer cette analyse en prévoyant que : « *préalablement à l'enregistrement, la Bourse doit s'assurer que lesdites transactions ne relèvent pas des marchés de négociation* ». Ainsi présenté, l'enregistrement, tel que prévue par la loi de 1994, ne concerne pas les transactions relevant des marchés de négociation, c'est-à-dire les opérations de la cote de la Bourse. Même en droit français, un enregistrement intervient également pour les transactions réalisées hors du marché central. Dans ce cas, comme l'entreprise du marché ne peut les connaître, elles sont soumises à déclaration[4]. C'est pratiquement la même logique en droit tunisien puisque c'est l'enregistrement qui permet de tenir la Bourse des valeurs mobilières de Tunis, comme entreprise du marché, informée des transactions effectuées en dehors du marché central.

817. Dès lors, l'enregistrement doit faire l'objet d'une demande accompagnée de l'acte de cession et d'autres pièces, des statuts de la société et comporter les renseignements cités par le règlement général de la Bourse[5]. Il est assuré par un intermédiaire en bourse[6], contre attestation d'enregistrement que délivre la Bourse des valeurs mobilières de Tunis au profit de l'intermédiaire en bourse concerné[7]. L'inobservation de la formalité d'enregistrement entraîne deux séries de sanctions. Sur le plan pénal, une amende est prévue par

---

[1] T. BONNEAU et F. DRUMMOND, *op. cit.*, n° 847, p. 990.

[2] W. BOUAJILA, thèse précitée, p.239.

[3] M.-M. CHAFFAI, « Les modalités du transfert de la propriété des valeurs mobilières », *in.* Mélanges en l'honneur de H. AYADI, C.P.U., 2000, Tunis, pp. 386 et s.

[4] Art. 4503, al.2, Règles de négociation Euronext.

[5] V. les arts. 124 et 125 du Règlement général de la Bourse des valeurs mobilières de Tunis.

[6] Art. 55 de la loi n° 94 - 117 du 14 novembre 1994 portant réorganisation du marché financier.

[7] Art. 72 de la loi n° 94 - 117 du 14 novembre 1994 précitée.

l'article 83 de la loi du 14 novembre 1994 ; sur le plan civil, c'est la nullité de la transaction qui sanctionne l'inobservation de la formalité de l'enregistrement[1].

b- L'enregistrement dans le cadre du processus de l'opération de marché

818. Après leur formation par le rapprochement des ordres dans le système de négociation, les opérations de marché sont prises en charge, pour leur exécution, par la chambre de compensation. L'enregistrement des opérations par la chambre concrétise cette étape. Pour enclencher la phase de dénouement de l'opération, un adhérent compensateur relaie le négociateur.

819. Les transactions conclues sont enregistrées automatiquement dès leur réalisation dans le système de négociation informatique. Ainsi, le règlement de parquet de la Bourse des valeurs mobilières de Tunis précise que la Bourse met à la disposition des intermédiaires en bourse un système électronique de négociation[2] qui permet l'enregistrement des opérations[3].

820. La phase de dénouement est déclenchée donc par les instructions transmises par la bourse à *Tunisie Clearing*, qui après avoir fait la compensation, procède au règlement-livraison par la technique du virement. Techniquement, *Tunisie clearing* reçoit quotidiennement, via une ligne automatique spéciale, un fichier des transactions boursières de la part de la BVMT. Elle procède à l'enregistrement de l'ensemble de ces transactions dans sa base de données informatique pour les préparer au dénouement de la journée en trois jours de bourse. Dès leur enregistrement, *Tunisie clearing* garantit à tous ses adhérents le règlement des capitaux et la livraison des titres. Cette formalité d'enregistrement est importante car elle permet à *Tunisie clearing* de prendre en charge la procédure de règlement-livraison puisqu'elle enregistre tous les achats et les ventes réalisés par chacun de ses adhérents dans des comptes déjà ouverts chez

---

[1] Selon les termes de l'article 73 de la loi du 14 novembre 1994, « *Les transactions effectuées en contravention des articles 70 et 71 de la présente loi sont nulles* ». Dès lors, la nullité, qui est une sanction classique d'un défaut de formation du rapport d'obligation, revient à qualifier l'enregistrement comme une condition de validité de la transaction. De ce fait, l'enregistrement pouvait être assimilé à une sorte de forme solennelle (*ad solemnitatem*), en l'absence de laquelle la formation de la cession est impossible. Par conséquent, une transaction non enregistrée est dépourvue de toute valeur juridique et elle ne produit aucun effet.

[2] Art. 2.1 du règlement de parquet de la Bourse des valeurs mobilières de Tunis, manuel des conditions de fonctionnements, des négociations et de garantie sur le marché central (applicables à partir du 08 mai 2017), « *La Bourse met à la disposition des intermédiaires en bourse un système électronique de négociation* ». En effet, la cotation est aujourd'hui informatisée ; elle n'est plus à la criée, l'art. 10 de la loi tunisienne n° 69-13 du 28 février 1969 portant création de la Bourse de valeurs mobilières de Tunis (actuellement abrogée par la loi n° 94 - 117 du 14 novembre 1994 portant réorganisation du marché financier) prévoyait que « *les négociations doivent être faciles et rapides. Les séances de cotation de la Bourse sont publiques, et la cotation se fait à la criée au mieux offrant* ».

[3] Aux termes de l'article 43 de l'arrêté du ministre des finances du 12 janvier 2016, portant visa du règlement du conseil du marché financier relatif au dépositaire central des titres, « *toute opération de nature à créer ou modifier les droits d'un propriétaire de compte en valeurs mobilières fait l'objet d'un enregistrement comptable selon le principe de droit constaté* ».

elle appelés « comptes de position en net »[1]. Mais avant le règlement-livraison, Tunisie clearing doit procéder au calcul d'un solde net en espèces et d'un solde net en titres de tous les achats et ventes de chacun de ses adhérents à part, dus à l'ensemble de ses contreparties. Les soldes nets d'un seul adhérent sont ensuite rapprochés pour être compensés des soldes nets de tous les autres adhérents[2]. C'est ce qu'on appelle la phase de compensation.

2. Le calcul du solde net

821. La compensation multilatérale permet la détermination, pour chaque membre participant au système de compensation, un solde net de livraison de titres et de paiement, « *de sorte qu'en substitution d'une multiplicité de livraisons ou de paiements entre chacun des membres, n'intervient plus qu'une seule livraison de titres ou un seul paiement pour chaque adhérent, délié des opérations qui en sont à l'origine* »[3].

822. Sur les marchés financiers français, avant la réalisation de la compensation, les adhérents doivent effectuer une « pré-compensation » en calculant les positions ouvertes nettes de chacun de ses clients, on parle ainsi d'une compensation en net[4]. Celle-ci s'oppose à la compensation en brut où la chambre de compensation est conduite à prendre en considération, non pas le solde net des positions clients de l'adhèrent, mais chacune des positions clients de l'adhèrent[5], de sorte que l'on peut en déduire que l'adhèrent n'opère pas alors de pré-compensation[6]. Pour savoir la position du législateur tunisien, il faut se référer à l'article 78 du Règlement général de la Bourse des valeurs mobilières de Tunis qui prévoit que : « *les ordres reçus ou initiés par les intermédiaires en bourse sont produits sur le marché sans délai et sans compensation ni globalisation préalable des ordres d'achat et des ordres de vente portant sur une même valeur mobilière (...)* ». Ainsi, le législateur tunisien a choisi la compensation en brut et les intermédiaires en bourse tunisiens ne sont pas autorisés à effectuer une pré-compensation.

823. Techniquement, un système informatique spécifique assure la compensation. En droit français, c'est ce système, géré par *LCH Clearnet SA*[7],

---

[1] Ch. MZOUGHI, *op. cit.*, pp.313 et s.

[2] *Ibid, loc. cit.*

[3] J. GRANOTIER, Le transfert de propriété des valeurs mobilières, préf. D. Cohen, ECONOMICA, 2010, n° 371, p. 202.

[4] H. DE VAUPLANE, « Brefs propos sur le concept de chambre de compensation en bourse », Bull. Joly Bourse, juillet-août 1994, p.358 ; B. GAFFET, « Rapport sur les méthodes de compensation », Rev. Banque, Mai 1990, p. 492 ; P. STEPHAN, « La compensation », *in* La modernisation des activités financières, Ouvrage collectif sous la direction de TH. BONNEAU, GLN-Joly, 1996, p.188.

[5] P. STEPHAN, « La compensation », art. préc., n°79 : « *le calcul en brut consiste à faire remonter des clients vers la chambre de compensation, à travers l'adhèrent compensateur, l'ensemble des positions ouvertes chez cet adhérent. La chambre de compensation prendra donc en compte, dans le processus de compensation, les positions de chaque client de tous ses compensateurs, auxquelles il conviendra d'ajouter les positions des adhérents prises pour leur propre compte* ».

[6] T. BONNEAU et F. DRUMMOND, op. cit.,, n° 865, p. 1002.

[7] Selon les règles de fonctionnement de *LCH Clearnet SA*, il s'agit d'un « *système géré par LCH Clearnet SA et donnant un accès technique aux activités de compensation de LCH Clearnet SA* ».

qui ouvre au nom de l'adhèrent compensateur un compte dans lequel sont enregistrées les lignes de négociations [1]. Les transactions peuvent être enregistrées sur le système de compensation qui gère en temps réel les transactions[2]. En effet, l'enregistrement s'effectue dans des comptes de position qui sont ouverts par *LCH Clearnet SA* à la demande de l'adhérent compensateur[3].

§2 : Le régime dérogatoire de la compensation : Une technique originale

824. L'étude de la compensation multilatérale au regard du droit du marché financier montre que cette institution est doublement dérogatoire par rapport aux principes du droit des contrats. D'une part, elle présente des particularités accrues, au niveau de sa nature juridique, par rapport à la compensation au sens du droit civil **(A)** ; d'autre part, la nature de l'intervention de l'organe pivot de cette opération, à savoir la chambre de compensation, est très originale, voire *sui generis* **(B).**

A- Les particularités de la compensation multilatérale par rapport à la compensation de droit civil

825. En droit tunisien, la compensation est réglementée par le COC, précisément dans les articles de 369 à 381 du chapitre V du titre VII relatif à l'extinction des obligations[4]. De même, elle est définie en droit français par l'article 1347 du Code civil[5] qui énonce que : « *la compensation est l'extinction simultanée d'obligations réciproques entre deux personnes. Elle s'opère, sous réserve d'être invoquée, à due concurrence, à la date où ses conditions se trouvent réunies* »[6].

826. Notion civiliste par excellence[7], la compensation ne semble pas avoir trouvé dans ce domaine la plénitude de son application. C'est en droit commercial qu'elle allait trouver des applications nouvelles et poursuivre son évolution en s'adaptant aux impératifs du commerce. Plutôt que d'évolution, il serait plus juste de parler de mutation, tant la compensation du droit commercial est éloignée de celle du droit civil[8]. Le droit des marchés financiers a profité de cette évolution de la notion de compensation pour expliquer les

---

1 Les règles de la compensation de *LCH Clearnet SA* ont défini la ligne de négociation comme étant « *soit une obligation de paiement soit une obligation de livrer des instruments financiers vis-à-vis de LCH Clearnet SA, résultant d'une transaction exécutée pour le compte propre de l'adhérent compensateur ou pour le compte de tiers et enregistrée par LCH Clearnet SA au nom de l'adhérent compensateur* ».

2 Art. 3.1.1.3 des règles de compensation.

3 Les règles de la compensation de *LCH Clearnet SA* ont défini le compte position comme étant : « *un compte ouvert par LCH Clearnet SA à la demande d'un adhérent compensateur dans le système de compensation afin d'y enregistrer toute les lignes de négociation* ».

4 En effet, c'est l'article 339 du COC qui édicte les différentes causes d'extinction des obligations, parmi lesquelles figure la compensation.

5 Tel que modifié par l'ordonnance n°2016-131 du 10 février 2016 (art.3).

6 Les articles suivants déterminent le régime applicable à la compensation.

7 F. TERRÉ, P. SIMLER et Y. LEQUETTE et F. CHÉNEDÉ, Droit civil, les obligations, *op. cit.*, n° 1293 et s. ; J. CARBONNIER, Droit civil, T. 4, Les obligations, *op. cit.*, n° 337 et s. ; P. MALAURIE et L. AYNES, *Cours de droit civil, Les obligations*, Ed. Cujas, 11ème éd., 2001.

8 Ch. MZOUGHI, *op. cit.*, p. 308.

spécificités de dénouement des transactions boursières. Ainsi, si la doctrine ne pouvait au début que constater la conception étroite de la compensation consacrée par le droit civil et son utilité restreinte, de nombreux auteurs discerneraient, à côté de cette compensation des mécanismes compensatoires dérogeant aux dispositions du code, permettant d'analyser l'extinction de l'obligation née de la transaction boursière[1].

827. Juridiquement, l'association de l'adjectif « multilatéral » au terme de « compensation » est une curiosité[2]. Le droit civil des contrats ne connaît que la compensation bilatérale[3], qui se définit, rappelons-le, comme l'extinction de deux dettes réciproques, à concurrence de la plus faible[4]. Or, la compensation multilatérale se singularise par le fait qu'elle permet la simplification des flux entre plus de trois personnes (généralement un grand nombre) et qu'elle repose sur la globalisation de ce que chacun doit verser à l'ensemble des autres et en recevoir.

828. La compensation multilatérale était, au départ, exclusivement utilisée pour simplifier les obligations de sommes d'argents consécutives aux transactions sur les valeurs mobilières. Ces dernières doivent être matériellement échangées. Au début des années quatre-vingt-dix, elle est devenue l'activité d'une entité dédiée à cette fin, la chambre de compensation des valeurs mobilières[5].

829. Perplexe face au mécanisme de compensation multilatérale, la doctrine a proposé diverses analyses ayant pour dénominateur commun de chercher à ramener la compensation multilatérale à une somme de compensations bilatérales conforme à l'article 1347 du code civil[6], en rétablissant la réciprocité des obligations grâce à l'interposition de la chambre de compensation[7]. Toutefois, la « compensation multilatérale » présente deux particularités par rapport à la compensation prévue aux articles 1347 et suivants du Code civil. Elle permet d'établir un solde net des créances et des dettes que chaque adhérent est tenu de verser ou de recevoir **(1)**. Un adhérent peut également recevoir paiement d'un autre adhérent du système avec lequel il n'a pourtant aucun lien juridique, cela rend possible un règlement entre adhérents en l'absence d'une dette directe entre eux **(2)**.

---

1 P. STEPHAN, « La compensation », *in* La modernisation des activités financières, Ouvrage collectif sous la direction de TH. BONNEAU, GLN-Joly, 1996, p.187 et s. ; S. NEUVILLE, « Chambres de compensation : convention d'adhésion et sous-conventions », Bull. Joly Bourse, 2008, p.75 ; G. DUBOC, La compensation et les droits des tiers, LGDJ, Paris, 1989.

2 M. ROUSSILLE, *op. cit.*, n° 13, p. 9.

3 V. les articles 369 et s. du COC et les articles 1347 et s. du Code civil.

4 Ph. MALINVAUD, M. MEKKI et J.-B. SEUBE, *op. cit.*, n° 937, p. 848.

5 *Ibid*, p.40.et s.

6 Ancien article 1289 du Code civil français.

7 T. BONNEAU, P. PAILLER, A.-C. ROUAUD, A. TEHRANI et R. VABRES, *op. cit.*, n°1318, p.856.

1. La simplification des paiements par versement d'un solde unique

830. Pour mieux comprendre l'intérêt de ce mécanisme, nous prendrons un exemple. Soit quatre intermédiaires, A doit 2000 à B et 2000 à C ; B doit 3000 à A, 4000 à C, 5000 à D ; C doit 1000 à A, 3000 à B et 7000 à D ; D doit pour sa part 2000 à A et 1000 à B. Si aucune compensation n'intervenait entre ces échanges, il y aurait 10 transferts de fonds. Si l'on procède à la compensation bilatérale des créances réciproques telle que prévue aux articles 1347 et suivants du Code civil, le nombre de flux est réduit à 6. De telle sorte que A doit verser 1000 à C ; B doit 1000 à A et à C et 4000 à D ; C doit verser 7000 à D ; D doit verser 2000 à A. Si maintenant, on procède à une « compensation multilatérale » sans réciprocité, il ne reste plus que trois transactions. B doit alors verser 6000 à D, C doit 5000 à D qui doit 2000 à A. Au final, cette dernière présente, toutefois, les mêmes résultats que ceux obtenus suite à la compensation bilatérale (A reçoit 2000 et D reçoit 11000). Le gain est donc surtout d'ordre technique. La « compensation multilatérale » permet à un intermédiaire de ne livrer que le solde net des instruments financiers résultant de l'ensemble de ces négociations. Ainsi, comme le soulignait M. LUCAS DE LEYSSAC au sujet des marchés interbancaires, « *les dettes d'un participant à l'égard de ses confrères se sont compensées avec les dettes des autres intermédiaires à son égard* »[1].

2. La possibilité du paiement entre adhérents en l'absence d'une dette directe entre eux

831. La « compensation multilatérale » ne se limite pas à une simplification des paiements par versement d'un solde unique. Un adhérent à la chambre de compensation peut également, pour solder ses dettes, payer un autre adhérent alors même qu'il ne lui doit directement rien[2]. Pour illustrer ce point, nous allons prendre un exemple. Soit A qui doit 500 à B qui doit 500 à C. En l'espèce, faute de réciprocité, la compensation bilatérale prévue aux articles 1347 et suivants du Code civil n'est pas envisageable. Seule une « compensation multilatérale » sans réciprocité est possible. Elle permet à B de compenser sa créance envers A avec sa dette envers C. Un seul paiement se substitue alors aux deux initialement prévus et opère extinction des deux dettes. Notons néanmoins que la situation juridique de A s'en trouve modifiée. Il n'est plus tenu vis-à-vis de B mais vis-à-vis de C. Il ne s'agit pas ici, comme le soutient Mme DELOZIERE-LEFUR, d'une application du mécanisme d'imputation des paiements[3] prévu à l'article 1342-10 du Code civil qui prévoit que : « *Le*

---

[1] Cl. LUCAS DE LEYSSAC, L'utilisation de la compensation en droit commercial, Thèse Paris, 1973, p. 204.

[2] A.-V. DELOZIERE-LEFUR, *op. cit.*, n° 83, p. 83.

[3] La question de l'imputation des paiements se pose lorsqu'un débiteur, tenu de plusieurs dettes différentes à l'égard du même créancier, effectue un paiement insuffisant pour les éteindre toutes. Sur quelle dette faut-il imputer le paiement intervenu ? Ce problème, qui peut se présenter, par exemple, entre des commerçants en rapports d'affaires, entre un banquier et son client ou entre une chambre de compensation et ses adhérents, présente un intérêt pratique lorsque les diverses dettes portent un intérêt différent ou sont assorties de sûretés inégales. Diverses règles étaient posées, hier, par les articles 1253 à 1256 du Code civil, mais ces règles

débiteur de plusieurs dettes peut indiquer, lorsqu'il paie, celle qu'il entend acquitter»[1], mais d'une simple indication de paiement prévue à l'article 1340 du Code civil : « *La simple indication faite par le débiteur d'une personne désignée pour payer à sa place n'emporte ni novation, ni délégation. Il en est de même de la simple indication faite, par le créancier, d'une personne désignée pour recevoir le paiement pour lui* »[2].

B- La nature juridique de l'interposition de la chambre de compensation

832. La plupart des auteurs, pour expliquer le fait que l'exécution n'intervient pas entre les parties à la transaction initiale, recourt à l'idée de l'interposition de la chambre de compensation[3]. Cette idée d'interposition recouvre en réalité deux conceptions différentes. Certains auteurs considèrent que la chambre de compensation demeure un tiers à la transaction et s'interpose en qualité d'intermédiaire, mandataire commun ou commissionnaire ducroire **(2)**, pour l'exécution des obligations nées des transactions[4]. Mais la plupart des auteurs considère que la chambre de compensation s'interpose entre les adhérents en qualité de contrepartie centrale **(1)**, en devenant le contractant de chaque adhérent à l'opération de marché[5].

1. L'interposition de la chambre en qualité de contrepartie centrale

833. Selon cette analyse, l'enregistrement entraîne un changement de cocontractant et une scission de la transaction initialement conclue en deux contrats. Un changement de cocontractant intervient parce qu'en raison de l'enregistrement, la chambre de compensation devient le cocontractant obligé de chaque adhérent : l'adhérent acheteur n'a plus comme cocontractant l'adhérent vendeur, mais la chambre de compensation et inversement, l'adhérent vendeur n'a plus comme cocontractant l'adhérent acheteur, mais la chambre de compensation. Aussi, en résulte-t-il une scission de la transaction

---

n'étaient que supplétives de volonté et les parties pouvait y déroger, même implicitement. L'ordonnance du 10 février 2016, tout en s'inspirant du projet Terré (art. 69), innove sur certains points. L'article 1342-10, texte général, laisse le choix de l'imputation au débiteur, et à défaut de choix, l'imputation a lieu comme suit : *« d'abord sur les dettes échues ; parmi celles-ci, sur les dettes que le débiteur avait le plus d'intérêt d'acquitter. A égalité d'intérêt, l'imputation se fait sur la plus ancienne ; toutes choses égales, elle se fait proportionnellement »*. L'article 1343-1 pose, quant à lui, une règle spéciale aux dettes monétaires qui portent intérêt : le paiement partiel s'impute d'abord sur les intérêts. V. Ph. MALINVAUD, M. MEKKI et J.-B. SEUBE, *op. cit.*, n° 948, p. 858.

[1] *Ibid*, n° 83, p. 84. Cet article, a remplacé l'ancien article 1253 du Code civil, par l'ordonnance du 10 février 2016.

[2] Cet article a remplacé l'ancien article 1277 du Code civil, par l'ordonnance du 10 février 2016.

[3] V. H. DE VAUPLANE, « Brefs propos sur le concept de chambre de compensation en bourse », article précité, p.362.

[4] Sur cette thèse, V. M. ROUSSILLE, *op. cit.*, n° 230 et s., p. 111 et s.

[5] C. MERKIN et B. DE SAINT-MARS, « La garantie de bonne fin de la chambre de compensation du marché des valeurs mobilières », RD bancaire et fin., mars-avr. 1994, p. 70, n°42 spéc. n°487 ; B. GAFFET, « Rapport sur les méthodes de compensation », Rev. Banque, Mai 1990, p. 492, n°505; P. STEPHAN, « La compensation », *in* La modernisation des activités financières, Ouvrage collectif sous la direction de TH. BONNEAU, GLN-Joly, 1996, p. 187 et s., spéc. n°487 ; P. STEPHAN, « La compensation », 1998, in Dictionnaire Joly Bourse et produits financiers, n°19 et 50 ; I. RIASSETTO, thèse précitée, n°67, p. 57.

initiale en deux contrats, l'un liant la chambre de compensation et l'adhérent acheteur, l'autre liant la ladite chambre et l'adhèrent vendeur. La chambre de compensation agissant ainsi en son nom et pour son compte.

834. Si la thèse de l'interposition a été discutée, son fondement juridique l'a été également. Plusieurs institutions du droit des obligations, mécanismes de transmission des obligations, permettent en effet d'expliquer la transmission de créances qu'implique le changement de contractant. On peut y voir une cession de contrat **(a)**, une subrogation personnelle **(b)** ou une novation **(c).**

a- Thèse de la cession de contrat

835. La cession de contrat est la convention établie entre un contractant et un tiers en vue de réaliser la substitution de ce dernier à son partenaire dans les rapports juridiques engendrés par le contrat[1]. La cession de contrat a donc pour objet de permettre le remplacement d'une des parties au contrat par un tiers, sans rupture du lien contractuel[2]. C'est une opération par laquelle la propriété de la créance est transférée à une tierce personne. Cette cession implique un créancier originel appelé cédant, et un nouveau créancier appelé cessionnaire. Le débiteur est tiers à l'opération de cession, il est appelé le cédé. Le débiteur cédé doit être informé de la cession selon les modalités prévues par l'article 1690 du Code civil.

836. Selon cette analyse, chaque donneur d'ordre cèderait, avec l'accord de l'autre, ses obligations et ses droits à la chambre de compensation. La négociation serait ainsi conclue entre membres de marché sous la condition suspensive de la cession du rapport d'obligation à la chambre de compensation lors de l'enregistrement. Diverses raisons conduisent à écarter cette analyse.

837. La principale critique qui peut être adressée à cette analyse tient à l'absence de prix [3]. La commission perçue par la chambre lors de l'enregistrement ne saurait être assimilée à un prix de cession, puisque

---

[1] Le droit positif tunisien ne comporte pas des règles générales régissant la cession de contrat. Toutefois, il admet expressément la cession de certains contrats à travers quelques textes spéciaux. Ainsi en est-il par exemple du contrat de bail, transmis aux acquéreurs de l'immeuble (article 772 du COC / article 1743 du Code civil français), des contrats de travail transmis à l'acquéreur de l'entreprise (article 15 du Code du Travail / article L. 1224-1 du Code du travail français), ou encore du contrat d'assurance cédé avec la chose dont il est l'accessoire (article 22 du Code des assurances/ article L. 121-10 du Code des assurances français). Innovation de la réforme du droit des contrats (par l'ordonnance n° 2016-131 du 10 février 2016 portant réforme du droit des contrats, du régime général, et de la preuve des obligations), la cession de contrat n'apparaissait pas antérieurement dans le Code civil français. Elle est prévue par les articles 1216 à 1216-3 du Code civil français. L'ordonnance consacre une conception unitaire de la cession de contrat, qui n'est pas la simple adjonction d'une cession de dette et d'une cession de créance, mais qui a pour objet de permettre le remplacement d'une des parties au contrat par un tiers, sans rupture du lien contractuel. V. Ph. SIMLER, « Cession de créance, cession de dette, cession de contrat », *Revue C.C.C.*, n°5, mai 2016, dossier 8.

[2] La cession de contrat implique la cession de créance et la cession de dette. On transfère à un tiers l'ensemble des rapports juridiques issus d'un contrat, elle a pour effet immédiat la substitution dans la relation contractuelle du cessionnaire au cédant et d'établir des liens directes et réciproques entre le cédé et le cessionnaire en passant par le cédant.

[3] T. BONNEAU et F. DRUMMOND, *op. cit.*, n° 859, p. 684.

précisément elle est perçue par la chambre alors que celle-ci devrait en sa qualité de cessionnaire régler le prix de cession. De surcroît, considérer que l'enregistrement opère une cession de contrat « *suppose de ne reconnaître le contrat pour valable que s'il a été cédé à un tiers. Etrange contrat que celui dont la conclusion dépend de sa cession* »[1]. En **outre**, chacun des adhérents cédant son contrat à la Chambre, celle-ci deviendrait à la fois cessionnaire de la position contractuelle de l'adhérent acheteur et celle du vendeur, ce qui aboutirait ainsi à la confusion sur la tête de la chambre de compensation des qualités d'acheteur et de vendeur, de créanciers et de débiteur[2]. La thèse de la cession de contrat n'est donc pas concluante[3].

b- Thèse de la subrogation

838. La subrogation personnelle[4] se définit comme étant : « *l'opération par laquelle, à l'occasion d'un paiement, une substitution de personnes a lieu, en sorte que le créancier d'origine, désintéressé, se voit dans ses rapports avec le débiteur, remplacé par l'auteur du paiement* »[5]. La subrogation personnelle peut émaner soit d'une disposition légale soit de la volonté des parties[6]. D'où la distinction entre subrogation légale[7] et subrogation conventionnelle[8].

839. La subrogation conventionnelle résulte d'une convention établie soit entre un créancier (subrogeant) et un tiers *solvens*, qui l'a payé, et on parle dans

---

[1] A.-V. DELOZIÈRE-LE FUR, *op. cit.*, n°93, p.92 et s ; I. RIASSETTO, thèse précitée, n°193, p.134.

[2] A.-C. ROUAUD, *op. cit.*, n°455, p. 285.

[3] Pour une critique de la thèse de la cession de contrat, voir également K. MEDJAOUI, Les marchés à terme dérivés et organisés d'instruments financiers. Etude juridique, préf. C. GAVALDA, LGDJ, 1996, n° 1225 et s., p. 410 et s. ; I. RIASSETTO, thèse précitée, n°193, p. 134.

[4] On vise la subrogation personnelle par opposition à la subrogation réelle. Si la subrogation personnelle consiste à remplacer un créancier (subrogé) par un autre (subrogeant) dans un rapport d'obligations, la subrogation réelle consiste à substituer dans un même rapport d'obligation une chose à une autre dans le patrimoine d'une des parties.

[5] L. LORVELLEC, « Paiement avec subrogation », actualisé par F. JACOB, Juris-Classeur civil, art. 1249 à 1252, fasc.10, p. 3.

[6] Article 223 du COC. En droit français, la subrogation personnelle est prévue aux articles 1346-1 et suivants du Code civil.

[7] La subrogation légale s'opère de plein droit dans plusieurs cas. On peut citer les cas suivants :
– au profit d'un créancier qui paie un autre créancier qui lui est préférable à raison des privilèges et hypothèques dont il bénéficie ;
– au profit de l'acquéreur d'un immeuble qui paye, avec le prix de son acquisition, des créanciers auxquels cet héritage était hypothéqué ;
– au profit d'un débiteur qui acquitte la dette pour laquelle d'autres (codébiteurs solidaires, par exemple) étaient tenus avec lui ;
– au profit de l'héritier bénéficiaire qui a lui-même payé les dettes de la succession.
Certains textes prévoient des cas de subrogation légale. L'article *L.121-12 du Code des assurances* envisage, par exemple, le cas de l'assureur qui paie l'indemnité d'assurance de l'assuré. Il est subrogé dans les droits et actions de ce dernier contre les tiers.

[8] Aux termes de l'article 224 du COC, la subrogation conventionnelle « *a lieu lorsque le créancier, recevant le paiement d'un tiers, le subroge aux droits, actions, privilèges ou hypothèques qu'il a contre le débiteur* ».

ce cas d'une subrogation conventionnelle consentie par le créancier[1], soit entre le débiteur (subrogé) et le tiers *solvens*, et on parle dans ce cas d'une subrogation conventionnelle consentie par le débiteur[2]. Le Code des obligations et des contrats établit cette distinction dans ses articles 224 et 225.

840. Compte tenu des lourdes contraintes attachées à la subrogation consentie par le débiteur, seule la subrogation consentie par le créancier a été avancée pour expliquer l'interposition de la chambre de compensation[3]. En effet, lorsque l'intermédiaire en bourse, par le mécanisme de compensation, se voit enregistrer par *Tunisie Clearing* le solde net issu de l'opération et qu'il transfère à cette dernière les droits qu'il possédait contre l'autre intermédiaire, on aurait pu y voir une subrogation consentie par le créancier. Mais, il semble que ses conditions d'application ne sont pas remplies.

841. Selon l'article 224 du COC, cette subrogation « *doit être expresse et faite en même temps que le paiement* ». L'examen du fonctionnement concret de la chambre de compensation révèle que ni la condition de la subrogation expresse, ni celle relative au paiement ne sont remplies. L'article 224 du COC impose que la subrogation soit expresse. Ce caractère exprès se manifeste souvent par la remise d'une quittance subrogative au tiers solvens. La remise d'une telle quittance n'est pas une condition de validité, ni d'opposabilité de la subrogation ; elle a seulement un rôle probatoire quant à l'existence de la subrogation. Mais, elle établit que la subrogation a bien été consentie de

---

1 La subrogation conventionnelle consentie par le créancier intervient lorsque le créancier reçoit paiement d'une autre personne que son débiteur et jouit de ses droits, actions, privilèges ou hypothèques contre le débiteur. Elle nécessite un accord exprès et non équivoque entre le créancier et le tiers subrogé. En ce sens, le créancier doit manifester clairement sa volonté de recevoir paiement d'une autre personne que son débiteur. Le tiers, lui, doit accepter de payer le créancier à la place du débiteur subrogé. Elle doit s'effectuer en même temps que le paiement et avoir date certaine afin d'être opposable aux tiers. V. O. DESHAYES, « La subrogation conventionnelle », in mélanges N. DECOOPMAN, PUF, coll. « CEPRISCA », 2014, pp. 131 et s.

2 La subrogation conventionnelle consentie par le débiteur permet au débiteur de rembourser son créancier moyennant un emprunt contracté auprès d'un tiers. Le tiers devient alors le nouveau créancier du débiteur. Cette subrogation suppose un accord entre le débiteur et le prêteur. Le consentement du créancier n'est pas nécessaire. Le créancier ne peut recevoir de paiement anticipé. Il faut que la dette soit échue ou son terme stipulé dans l'intérêt exclusif du débiteur. Une constatation dans un acte d'huissier de l'acte d'emprunt et de la quittance délivrée par l'ancien créancier est également requise par le législateur français. V. V. O. DESHAYES, article précité, *loc.cit.*

3 La thèse de la subrogation a été avancée par THALLER, au début du XXème siècle, à propos de la caisse de liquidation des marchés à terme de marchandises. E. THALLER et J. PERCEROU, Traité élémentaire de Droit commercial, 6ème éd., Éd. Rousseau, Paris, 1922, n°1045, p. 638-639. La thèse de la subrogation a par la suite été envisagée (et rejetée) par le professeur I. RIASSETTO, à propos des marchés à terme (I. RIASSETTO, thèse précitée, n°190-191, p. 132-133), puis examinée dans le cadre d'une analyse globale du rôle des chambres de compensation financières par les professeurs T. BONNEAU et F. DRUMMOND (T. BONNEAU et F. DRUMMOND, *op. cit.*, n° 859, p. 684). Pour un exposé détaillé de cette théorie en droit français, voir M. ROUSSILLE, *op. cit.*, n°121 et s., p.66 et s., et en droit tunisien, voir Ch. MZOUGHI, *op. cit.*, n°507 et s., p. 328 et s.

manière expresse, ce qui est une condition de fond. Or, dans les différents textes relatifs à l'intervention de la chambre de compensation, aucune disposition ne prévoit le jeu d'une subrogation, ni la remise d'une quittance subrogative à la chambre[1].

842. La subrogation personnelle vise la substitution d'une personne dans les droits attachés à la créance dont une autre était titulaire, à la suite d'un paiement effectué par la première dans les mains de la seconde. Ce paiement constitue alors une condition primordiale pour la validité de la subrogation, il doit être fait par le subrogé et être concomitant à la subrogation, c'est-à-dire à la remise de quittance. Le respect de ces deux conditions n'est pas évident dans le schéma envisagé. En effet, la compensation n'est pas un paiement au sens strict du terme, car elle n'emporte pas extinction de l'obligation par satisfaction directe du créancier. C'est un « *mode d'extinction simultanée, et jusqu'à concurrence de la plus faible, de deux obligations fongibles existant en sens inverse entre les mêmes personnes* »[2]. Elle dispense du paiement. Le non-respect des conditions relatives au paiement a conduit différents auteurs à écarter cette thèse[3].

c- Thèse de la novation

843. L'article 357 du COC définit la novation comme étant : « *l'extinction d'une obligation moyennant la constitution d'une obligation nouvelle qui lui est substituée* ». Elle implique la création d'une obligation nouvelle, se distinguant de l'obligation ancienne par un changement de créancier, de débiteur ou de l'obligation elle-même (dans sa cause ou son objet), et l'extinction d'une obligation ancienne. Le sort de ces deux obligations doit être lié dans l'esprit des parties, l'extinction de l'une doit être subordonnée à la création de l'autre et *vice versa*, ce que l'on dénomme l'*animus novandi*[4].

844. A la fin du XXème siècle, le mécanisme de la novation a été plusieurs fois proposé pour qualifier la position de la chambre de compensation financière sur les marchés des valeurs mobilières[5], il semble que ce mécanisme est le plus convaincant par rapport à la subrogation et à la cession de contrat[6].

---

1 V. en ce sens, M. ROUSSILLE, La compensation multilatérale, coll. « Nouvelle bibliothèque des thèses », Dalloz, 2006, n°130, p. 69.

2 D.R. MARTIN, « Compensation », J.-Cl. civ., art. 1289 à 1293, (2, 1995), n°1.

3 T. BONNEAU et F. DRUMMOND, *op. cit.*, n° 859, p. 998.

4 V. F. TERRE, P. SIMLER, Y. LEQUETTE, Droit civil : Les obligations, *op. cit.*, n° 1417, p. 1397.

5 C. MERKIN et B. DE SAINT-MARS, « La garantie de bonne fin de la chambre de compensation du marché des valeurs mobilières », article précité, n°42, p.70 ; P. GOUTAY, *thèse précitée*, n° 323 et s., p. 409 et s. ; A. REYGROBELLET, La notion de valeur mobilière, thèse Paris II, 1995, n°1247, p. 1259.

6 Cette thèse de l'«interposition» de la chambre basée sur le mécanisme de la novation n'est d'ailleurs pas totalement absente des textes du droit français. Les textes d'origine professionnelle ont longtemps contrasté avec le silence des textes légaux. Les règles de la compensation de LCH SA (Art. 1.3.1.1, Règles de la compensation de LCH SA), précisent que celle-ci « assure des fonctions de contrepartie centrale » entre l'adhérent compensateur de l'acheteur et l'adhérent compensateur du vendeur, dès l'enregistrement de la transaction : « Dès l'enregistrement, il y a novation. Du fait de cette novation, LCH SA devient la contrepartie de l'adhérent compensateur et devient titulaire des droits et obligations résultant de la transaction

845. La transmission de créance, qui fait que la chambre de compensation devient débitrice principale des obligations au lieu et place de l'adhérent auquel elle se substitue, reposerait sur une double novation par changement de débiteur et de créancier. L'obligation nouvelle créée à la charge de la chambre de compensation destinée à éteindre l'obligation ancienne pesant sur l'adhérent auquel elle se substitue[1]. Lorsqu'elle accepte d'enregistrer le contrat porté à sa connaissance, la chambre de compensation s'engage en qualité de débiteur envers l'adhérent acheteur au lieu et place de l'adhérent vendeur à livrer les actifs et à régler les marges. Simultanément et réciproquement, elle s'engage envers l'adhérent vendeur au lieu et place de l'adhérent acheteur. Il s'agirait d'une double novation par changement de débiteur. Certains auteurs[2] y voient l'effet même d'une triple novation par changement de débiteur, de créancier[3] et d'objet[4].

846. Selon le professeur RIASSETTO, défendeur de la thèse de la novation[5], il y a une obligation préexistante à éteindre, qui consiste dans le lien

---

enregistrée au nom de l'adhérent compensateur » (Art. 1.3.2.1, Règles de la compensation de LCH SA). Selon les règles de la compensation, « l'adhérent compensateur qui soumet à LCH SA des transactions (…) accepte, par voie de conséquence, la novation » (Art. 1.3.2.3, Règles de la compensation de LCH SA). Au-delà des discussions juridiques, en pratique les chambres de compensation utilisent deux techniques juridiques principales : la novation, prédominante en particulier en France (LCH SA) et au Royaume-Uni, et « *l'open offer* » (« offre ouverte ») utilisée par exemple aux Pays-Bas (IceClearNetherlands), en Allemagne (Eurex Clearing AG) et en Italie (Cassa di Compensazione&Garanzia). Par le mécanisme juridique de la novation, la chambre de compensation se substitue dans les droits et obligations des adhérents compensateurs. Le mécanisme juridique de « l'open offer », pour sa part, suit un schéma différent : la chambre de compensation est immédiatement interposée entre l'acheteur et le vendeur dès le moment où l'acheteur et le vendeur se sont mis d'accord sur les termes du contrat. Ainsi, dans le mécanisme de l'*open offer*, l'acheteur et le vendeur sont réputés n'avoir jamais eu de relation contractuelle, contrairement à la novation. Dans les deux mécanismes, novation et *open offer*, la chambre de compensation est la contrepartie face à l'acheteur et au vendeur d'origine. La différence entre les deux régimes tient au moment de prise en charge de la garantie de dénouement par la chambre de compensation – au moment de l'exécution pour l'*open offer* et au moment de la réception de l'opération par la chambre de compensation pour la novation. V. en ce sens, M. ROUSSILLE, op. cit., n°145 et s., pp. 75 et s.

1 T. BONNEAU, P. PAILLER, A.-C. ROUAUD, A. TEHRANI et R. VABRES, *op. cit.*, n°1319, p. 858.

2 I. RIASSETTO, thèse précitée, n°196 et s., p. 137 et s. ; J.-J. DAIGRE et H. DE VAUPLANE, « Règles de fonctionnement de Clearnet – Analyse juridique du rôle de la chambre de compensation », Banque et Droit, mai-juin 2001, n°77, p. 37.

3 Par la demande d'enregistrement, chaque adhérent manifeste sa volonté de s'engager envers la chambre à exécuter les obligations nées de la négociation, et en procédant à l'enregistrement, la chambre deviendrait ainsi la créancière de chacun des adhérents.

4 I. RIASSETTO, thèse précitée, n°206 et s., p. 144 et s.

5 I. RIASETTO, *thèse précitée, loc. cit.*. Cette démarche a été reprise dans une autre thèse récente, Ph. GOUTAY, *thèse précitée*, n° 335 et s. Mais, il faut noter que, ce sont M.M. MERKIN et SAINT MARS qui, les premiers, ont estimé que la chambre de compensation devenait partie au contrat synallagmatique conclu avec chacune des parties à la négociation par «*une novation par changement de débiteur et/ou de créancier*». V. également dans le sens de la novation comme explication du mécanisme de compensation, C. MERKIN et B. De SAINT-MARS, *La garantie de bonne fin de la chambre de compensation du marché des valeurs mobilières*, R. D. B. B., mars avril 1994,

contractuel liant les deux adhérents, et son extinction résulte de l'interposition de la chambre, par laquelle les adhérents sont totalement déconnectés l'un de l'autre. L'enregistrement exprime donc à la fois la volonté de l'adhérent et de la chambre de donner naissance à une obligation nouvelle et d'éteindre l'obligation ancienne[1]. Par ailleurs, la novation produit un effet de garantie bien que ce ne soit pas son objet, dans la mesure où elle substitue au débiteur initial un contractant présentant une plus grande capacité financière, offrant ainsi au créancier de meilleures probabilités d'exécution[2].

847. Malgré les avantages de la thèse de la novation, plusieurs objections ont été formulées à son encontre[3]. On a reproché principalement à cette thèse de conduire à un « forçage » de novation[4]. Les critiques varient en fonction des positions des auteurs[5]. Si l'on considère que l'enregistrement est une étape indispensable à la formation de l'opération de marché, donc à la naissance des obligations, c'est l'existence d'une obligation ancienne valable qui prête à discussion[6]. La thèse de la novation encoure alors la même critique que celle de la cession de contrat, car elle fait « *dépendre la validité des obligations initialement stipulées entre adhérents de leur soumission au mécanisme novatoire* »[7]. Si l'on considère, au contraire, que les obligations de règlement et de livraison naissent avant l'enregistrement, l'obligation de régler le solde apparaît bien comme une obligation nouvelle, mais elle ne se substitue pas à ces obligations, chacun des participants demeurant tenu de l'intégralité de ses obligations tant que les soldes n'ont pas été réglés, si bien que la naissance de l'obligation de régler le solde n'entraîne pas l'extinction des obligations préexistantes[8]. Au surplus, si la novation explique la substitution d'une obligation nouvelle à une obligation ancienne, « *elle ne peut en aucun cas expliquer le dédoublement d'un rapport obligatoire, à savoir la substitution d'une obligation par deux autres* »[9].

848. En conclusion, l'étude de l'interposition de la chambre de compensation, en tant que contrepartie centrale, par le prisme des mécanismes

---

n° 42, p. 70 et s., spéc. p. 73. Selon ces auteurs, la chambre de compensation devient partie à un contrat synallagmatique avec chacune des parties à la négociation par «*une novation par changement de débiteur et/ou de créancier*».

[1] I. RIASSETTO, thèse précitée, n°221, p. 154.

[2] I. RIASSETTO, thèse précitée, n°224 et s., pp. 156 et s.

[3] Pour une critique détaillée de la théorie de la novation, voir notamment A.-V. DELOZIÈRE-LE FUR, *op. cit.*, n°99 et s., p. 96 et s. ; D. ROBINE, Sécurité des marchés financiers face aux procédures collectives, LGDJ, Bibl. droit privé, t. 400, préf. P. Le CANNU, 2003, n°348 et s., pp. 190 et s. ; J.-J. DAIGRE et H. DE VAUPLANE, « Règles de fonctionnement de Clearnet – Analyse juridique du rôle de la chambre de compensation », Banque et Droit, mai-juin 2001, n°77, p. 37 ; M. ROUSSILLE, *op. cit.*, n°157 et s., pp. 81 et s. ; A.-C. MULLER, *op. cit.*, n° 382, p. 308.

[4] A .-V. DELOZIÈRE-LE FUR, *op. cit.*, n°111 et s., pp. 104 et s.

[5] A.-C. ROUAUD, *op. cit.*, n°462, p. 288.

[6] A.-V. DELOZIÈRE-LE FUR, *op. cit.*, n°112, p. 105 ; K. MEDJAOUI, *op. cit.*, n° 1228, p. 412.

[7] A.-V. DELOZIÈRE-LE FUR, *op. cit.*, *loc.cit.*

[8] M. ROUSSILLE, *op. cit.*, n°160, p. 82.

[9] M. ROUSSILLE, *op. cit.*, n°163, p. 83. Sur cette même critique, voir aussi F. AUCKENTHALLER, Droit des marchés de capitaux, L.G.D.J., 2004, n°945, p. 356.

civilistes de transport des obligations ne permet pas d'obtenir le résultat recherché et conduit à soulever des objections à l'encontre de chacune des thèses avancées. Abstraction faite de la manière dont la chambre acquerrait la qualité de contrepartie centrale, cette qualité même se heurte à des obstacles incontournables. En effet, deux principaux éléments font obstacle à la qualification de la chambre de contrepartie centrale. D'une part, elle n'acquiert pas la propriété des titres financiers et des fonds. Logiquement, si la chambre s'interposait entre les adhérents en qualité de contrepartie centrale, les fonds et les titres devraient transiter par un compte ouvert en son nom. Or, aucun texte ne prévoit cela, bien au contraire, la livraison des titres entre adhérents s'opère grâce à des virements de leurs propres comptes réalisés par le dépositaire central[1]. D'autre part, la qualité de garante de la chambre est incompatible avec celle de contrepartie car on ne peut pas être à la fois débiteur principal et débiteur accessoire d'une même dette. Par ailleurs, si la chambre avait la qualité de contractant, la garantie de bonne fin ne représente aucun intérêt[2].

2. L'interposition de la chambre en qualité d'intermédiaire (tiers)

849. Selon cette approche, l'interposition de la chambre de compensation signifie qu'elle s'entremet entre les adhérents pour l'exécution de leurs obligations, sans pour autant acquérir la qualité de cocontractant, ce qui aboutit à la création d'un nouveau rapport de droit venant se juxtaposer au rapport contractuel issu de la négociation. L'enregistrement n'est alors qu'une formalité administrative à caractère probatoire.

850. Les thèses attribuant à la chambre la qualité d'intermédiaire la qualifient tantôt de commissionnaire, tantôt de mandataire pour l'exécution des obligations nées de la transaction.

851. Selon les partisans de la thèse de la chambre commissionnaire[3], la chambre devient, par l'effet de l'enregistrement, le mandataire commun des adhérents, chargé de livrer les titres ou de régler les espèces[4]. Il est à rappeler

---

1 Les précédentes règles de *Clearnet*, par exemple, établissaient clairement que les valeurs mobilières ne transitaient pas par la chambre, c'est-à-dire par un compte ouvert en son nom. Elles prévoyaient que : « *le règlement des capitaux et la livraison des instruments financiers, entre les adhérents compensateurs entre eux […] a lieu dans un délai maximal à partir de la date de la transaction […]* », (article 4.8.4.1 des précédentes règles de *Clearnet*). Le dénouement de la compensation multilatérale était réalisé grâce à un système informatique « ISB » géré par *Clearnet.* Les instructions engendrées par ce système se répercutaient directement sur les comptes des adhérents compensateurs et les règlements et livraisons ont lieu directement entre eux. Les nouvelles règles de *LCH.Clearnet* ne suggèrent aucun changement sur ce point. V. M. ROUSSILLE, La compensation multilatérale, coll. « Nouvelle bibliothèque des thèses », Dalloz, 2006, n° 193, p.97. V. également C. MERKIN et B. DE SAINT MARS, « Transfert de propriété sur le marché des valeurs mobilières. Le nouvel article 47 bis de la loi du 3 janvier 1983 », RD Bancaire et Bourse, n°41, janv.-févr. 1994, n° 41, p. 2.

2 D. ROBINE, Sécurité des marchés financiers face aux procédures collectives, LGDJ, Bibl. droit privé, t. 400, préf. P. Le CANNU, 2003, n°356, p. 195 ; M. ROUSSILLE, *op. cit.*, n°187, p.57 ; A.-V. DELOZIÈRE-LE FUR, *op. cit.*, n°123, p. 113.

3 A.-V. DELOZIÈRE-LE FUR, *op. cit.*, n°62 et s., pp. 70 et s.

4 T. BONNEAU, P. PAILLER, A.-C. ROUAUD, A. TEHRANI et R. VABRES, *op. cit.*, n°1318, p.857.

que le mandat commun est donné par une pluralité de mandants animés par un même but, tandis que le mandat d'intérêt commun est caractérisé par le fait que mandant et mandataire ont un intérêt commun à la réalisation de l'objet du mandat. Selon le professeur LE FUR, défendeur de cette thèse, le mandat conféré à la chambre de compensation serait à la fois un mandat commun, à raison de la pluralité des mandants – les adhérents – et un mandat d'intérêt commun, puisque le mandant et le mandataire – les adhérents et la chambre – ont un intérêt commun à l'objet du contrat de mandat, en l'occurrence au bon déroulement des opérations de règlement et de livraison[1].

852. Selon d'autres auteurs[2], la chambre de compensation intervient en qualité de commissionnaire ducroire des adhérents. En enregistrant la transaction, la chambre, tiers à ce contrat, accepte d'exécuter en qualité de commissionnaire, c'est-à-dire en son propre nom mais pour le compte d'autrui, les obligations de chaque adhérent envers son contractant. En qualité de commissionnaire de l'adhérent vendeur, elle livrerait les titres à l'adhérent acheteur ; en tant que commissionnaire de ce dernier, elle verserait le prix au premier. La garantie de bonne fin de la chambre ne serait autre que l'adjonction à sa qualité de commissionnaire d'un engagement de ducroire.

853. Si les deux thèses déjà avancées ne sont pas sans intérêt, elles présentent néanmoins le même inconvénient : la transaction initiale étant maintenue, ces thèses ne permettent pas d'expliquer, en particulier, la faculté reconnue aux parties de dénouer individuellement leur contrat, sans obtenir l'accord de leur contrepartie, en effectuant une opération de sens contraire[3]. En plus, la thèse de la chambre commissionnaire ducroire se heurte à un obstacle tenant au fait que la commission a pour objet de permettre la conclusion d'un contrat, et qu'il est douteux que la mission du commissionnaire puisse porter uniquement sur l'exécution d'obligations. Or, la chambre de compensation ne conclut pas de contrat pour le compte des adhérents[4]. Par ailleurs, cette thèse, estimant que chaque adhérent confie à la chambre la mission d'exécuter envers l'autre adhérent le contrat qui lie les deux adhérents entre eux, n'explique pas la déconnexion entre ceux-ci, à compter de l'enregistrement de la transaction[5].

854. De surcroît, plusieurs objections ont été adressées à la thèse du mandat d'intérêt commun. Le mandat ne traduit pas la manière dont la chambre de compensation fonctionne. D'ailleurs, aucune règle relative à la chambre de compensation ne présente celle-ci comme chargée de verser ou d'encaisser des sommes ou des titres au nom et pour le compte des participants. Le mandat

---

1 A.-V. DELOZIÈRE-LE FUR, *op. cit.*, n°167 et s., p.144 et s

2 J.-C. MARIN et M.-C. DE NAYER, « La garantie de bonne fin due par l chambre de compensation sur les marchés à terme », RDBB, 1991, p.15 ; H. MATTOUT, « Le netting », Rev. Juris. com., 1989, n° spécial, p.74 ; H. De VAUPLANE et J.-P. BORNET, Droit des marchés financiers, *op. cit.*, n° 594 et s.

3 T. BONNEAU, P. PAILLER, A.-C. ROUAUD, A. TEHRANI et R. VABRES, *op. cit.*, n°1319, p. 859.

4 M. ROUSSILLE, *op. cit.*, n° 231, p. 112.

5 I. RIASSETTO, thèse précitée, n°57, p. 51.

n'est certes pas subordonné à une manifestation expresse de volonté des parties, mais faire de la chambre leur mandataire n'est pas le but des participants [1]. Ils n'entendent pas charger une personne (la chambre) de recouvrer et de régler la totalité des sommes qu'ils ont à verser et à recevoir, ce qui les obligerait à mettre à disposition tous les fonds nécessaires aux versements auxquels ils sont tenus. Ils cherchent seulement à ne pas avoir à régler le montant total des sommes et à limiter le transfert de fonds au solde résultant de l'imputation de ce qu'ils doivent verser et recevoir. La chambre ne saurait, par conséquent, être considérée comme le mandataire des participants[2].

855. Aucun des deux contrats de représentation, qui sont la commission et le mandat, n'est à même de rendre compte du rôle de la chambre, parce que la chambre n'a pas vocation à représenter les participants[3]. Lorsqu'elle fonctionne, elle est seulement un instrument au service d'un seul objectif : obtenir par un procédé simplifié le règlement des sommes (ou de livraison des biens) dont ils sont tenus dans un cadre multilatéral, qui est le marché.

856. Face à l'irréductibilité de l'intervention de la chambre de compensation aux qualifications classiques, certains auteurs ont essayé de trouver d'autres pistes de réflexions. Mme MEDJAOUI considère, dans sa thèse, la chambre ni comme une « *partie cocontractante envers chacun des adhérents des donneurs d'ordres car ses missions ne constituent que rarement l'exécution de ses propres engagements* »[4], ni comme « *un tiers d'une manière absolue et claire, puisque dès son intervention les parties sont indépendantes l'une de l'autre et indifférentes dans le sort réservé à leur engagement symétrique* »[5]. Elle « *relève donc de l'expression mi-partie mi-tiers, en excluant les maillons extrêmes d'un contrat, c'est-à-dire les parties contractantes et les tiers penitus extranei* »[6].

857. Le professeur M. ROUSSILLE a analysé le rôle de la chambre de compensation en une technique de liquidation conventionnelle [7]. Certains auteurs constatent que « *madame Myriam ROUSSILLE, dans sa thèse, (…) a expliqué de manière convaincante la nature de la compensation multilatérale* »[8], mais ce point de vue reste relatif étant donné que cette thèse correspond à une description du mécanisme et non pas à une qualification du rôle de la chambre de compensation, comme l'ont fait d'autres auteurs. L'auteur même a précisé

---

1 E. HUET, La chambre de compensation des banquiers de Paris, thèse Paris II, 1977, p. 209.

2 M. ROUSSILLE, *op. cit.*, n° 264, p.126.

3 *Ibid. loc., cit.*

4 V. également en ce sens, J. GHESTIN, *La distinction entre les parties et les tiers au contrat*, J.C.P., Ed. G, 1992, I, n° 3628. L'auteur estime que seront parties lors de la formation, «*les personnes dont la volonté a formé le contrat*» et «*pendant l'exécution du contrat, les personnes qui ont les pouvoir d'anéantir ce dernier ou de le modifier selon la même procédure contractuelle, c'est-à-dire par un accord de volontés, doivent être également qualifiées à ce moment de parties*». La chambre de compensation ne remplit aucune de ces caractéristiques.

5 K. MEDJAOUI, *op. cit.*, n° 1242, p. 417.

6 *Ibid*, n° 1243, p. 417. L'auteur ajoute que «*les notions de partie et de tiers ne permettraient plus de prévoir le statut de la personne ainsi qualifiée*».

7 M. ROUSSILLE, *op. cit.*, n° 452, p. 199.

8 A. COURET, H. LE NABASQUE, M.L. COQUELET, TH. GRANIER, D. PORACCHIA, A. RAYNOUARD, A. REYGROBELLET et D. ROBINE, *op. cit.*, n° 117, p. 79.

qu'il ne s'agit pas d'une qualification car l'expression « technique de liquidation » « *ne correspond pas à une catégorie juridique définie à laquelle serait attaché un régime juridique (…) c'est pourquoi nous tendons à dégager la nature juridique de la compensation multilatérale plutôt qu'une qualification proprement dite* »[1].

858. Si les tentatives d'explication du mécanisme de l'intervention de la chambre de compensation sont nombreuses, aucune d'elles n'emporte cependant la conviction. La doctrine s'est confrontée à un véritable problème de qualification, problème qui apparait à travers la diversité des propositions qui ont été faites et la richesse du débat qui en a résulté. D'ailleurs, jamais une nouvelle institution n'a suscité autant de controverses[2]. Par conséquent, il est inutile d'expliquer un mécanisme particulier, sui generis, par des techniques classiques de droit commun, le résultat sera toujours le même : si certains éléments peuvent être retenus pour une qualification, celle-ci se heurte cependant à d'autres éléments intrinsèques[3].

859. L'interposition de la chambre de compensation est funeste à toute classification dans une catégorie préexistante ou une qualification classique, ce qui justifie évidemment l'idée de la rupture des logiques des droits des contrats et celle du droit du marché financier à ce niveau du processus de l'opération de marché.

Section II - La prise en charge du règlement-livraison par un système spécifique du marché

860. Le règlement-livraison désigne la phase finale du processus d'achat et de vente de titres, qui permettra, par l'échange simultané des titres contre les espèces, de finaliser le transfert de propriété issu de la négociation entre l'acheteur et le vendeur. Une fois la négociation finalisée, après l'indispensable étape de compensation, il s'agit de matérialiser le transfert de propriété qui en résulte.

861. En raison de la multitude d'opérateurs concernés, l'exécution des obligations de règlement et de livraison ne peut être laissée au bon vouloir des intervenants. La rapidité et la sécurité nécessaires au bon déroulement des opérations ne peuvent être obtenues sans leur prise en charge, leur structuration par un **système** permettant de rendre leur exécution quasi-automatique[4]. C'est ce qui a conduit à la création d'un système de règlement et de livraison (§1), dont le fonctionnement est relativement complexe (§2).

§1- L'adoption du système de règlement-livraison

862. Le système de règlement-livraison du dépositaire central des titres intervient lors de la dernière étape du processus de marché[5]. Son rôle principal

---

[1] M. ROUSSILLE, *op. cit.*, p. 199.
[2] Ch. MZOUGHI, *op. cit.*, n°536, p. 346.
[3] *Ibid.*, n°536, p. 347.
[4] V. A.-C. ROUAUD, *op. cit.*, n°160, p. 101.
[5] À ce titre, elle relève de ce que l'on appelle les activités post-marché.

est « *d'assurer le traitement des instructions des participants en vue de réaliser, d'une part, la livraison de valeurs mobilières, et d'autre part, s'il y a lieu, le règlement des espèces correspondantes en monnaie Banque Centrale. La livraison d'une valeur mobilière n'intervient qu'à la réception de la confirmation de la Banque Centrale de Tunisie que le paiement correspondant a eu lieu* »[1]. Livrer les titres à l'acheteur et verser les fonds au vendeur : telles sont les fonctions du système de règlement-livraison[2].

863. Le règlement-livraison suppose, donc, tout d'abord un dépositaire central, c'est-à-dire une société où les titres financiers sont déposés d'une part, et un système géré par une entreprise d'autre part[3]. Assez souvent, l'entreprise exerçant les fonctions de dépositaire central assure elle-même les opérations de règlement-livraison, comme c'est le cas de Tunisie *clearing en Tunisie* et d'*Euroclear* en France. C'est, en effet, grâce au dépositaire central que les opérations de livraison des titres financiers peuvent être réalisées.

864. Bien que le déroulement des opérations de marché ait toujours été encadré, la mise en place d'un véritable système de règlement et de livraison des titres **(A)** est relativement récente. Cela nécessite de préciser en quoi consiste un système de règlement et de livraison **(B).**

A- La mise en place du système de règlement et de livraison

865. La mise en place d'un véritable système de règlement et de livraison est un phénomène relativement récent.

866. En droit tunisien, le législateur a imposé aux intermédiaires en bourses, à travers l'article 77 de la loi de 1994, de constituer sous la forme d'une société anonyme, une société interprofessionnelle de dépôt, de compensation et de règlement de titres, afin d'assurer la plus grande efficacité de dénouement des opérations boursières portant sur des valeurs mobilières cotées en bourse. Il

---

1 Art. 28-1 du règlement du conseil du marché financier relatif au dépositaire central des titres approuvé par l'arrêté du ministre des finances du 12 janvier 2016. Cet article est l'équivalent de l'article 560-1, RG AMF.

2 Sur les perspectives d'évolution des systèmes de règlement-livraison en France et dans l'Union européenne, voir C. KARYOTIS, Les systèmes de règlement-livraison européens : vers l'unification des marchés, Banque éditeur, 2000, coll. Les essentiels de la banque ; C. MAISON-BLANCHE, « Les pistes de progrès en matière d'harmonisation des activités « post-marché » au niveau européen et de création d'un contexte de concurrence loyale entre architectures post marché », in « Chronique de Régulation des marchés », RTD fin., n°3, 2006, p.156.

3 Les dépositaires centraux des titres sont définis, dans la législation européenne, par référence à la gestion des systèmes de règlement-livraison. Certains auteurs font toutefois remarquer que leurs fonctions essentielles résident dans les autres services dits de base, à savoir le service notarial et le service de tenue centralisée de comptes. La fonction notariale consiste à enregistrer, dans un compte spécifique, l'intégralité des instruments financiers composant chaque émission admise aux opérations du dépositaire central, afin de vérifier en permanence que le nombre d'instruments financiers enregistrés aux comptes de ses adhérents correspond bien au montant total de chaque émission. Cette mission, qui vise à prévenir tant l'inflation de titres, en évitant la création artificielle de titres, que les disparitions de titres, est essentielle à la fois pour le marché et pour les investisseurs. La tenue centralisée de comptes de titres, quant à elle, permet d'assurer la circulation des instruments financiers par virement de compte à compte, et est ainsi essentielle pour assurer le transfert de propriété des titres. V. T. BONNEAU, P. PAILLER, A.-C. ROUAUD, A. TEHRANI et R. VABRES, *op. cit.*, n°600.

s'agit de la « STICODEVAM » avant de changer sa dénomination pour devenir « *Tunisie clearing* » en 2014. La fonction de cette société ne se limite pas à la tenue des comptes de ses adhérents, les intermédiaires en bourse[1], mais elle se charge aussi et surtout des opérations de règlement des capitaux et de livraison des titres cotés.

867. Malgré la consécration de tout un chapitre à cette société en tant que dépositaire central, la loi de 1994 n'a pas détaillée l'opération de règlement-livraison assurée par ce dernier. La notion même d'un système de règlement et de livraison est quasiment absente dans la loi de 1994[2]. Elle a insisté sur le rôle de Tunisie clearing en tant que dépositaire central sans détailler son rôle de règlement et de livraison des titres. L'article 78 de la loi de 1994 prévoit de manière accessoire dans son dernier alinéa que : « *ladite société* [Tunisie clearing] *se charge aussi des opérations de compensation et de règlement des transactions effectuées en bourse* ». Les détails viennent plus tard avec le règlement du conseil du marché financier relatif au dépositaire central des titres[3], qui a consacré, à l'instar du droit français, un véritable système de règlement et de livraison des titres, à travers ses articles 28 et suivants.

868. En droit français, les opérations de règlement et de livraison ont fait l'objet d'un début de simplification dès le XIXe siècle[4], ce n'est que dans les années mille neuf cent quatre-vingt-dix qu'un système de règlement et de livraison performant a été mis en place. En effet, afin de pallier les inconvénients résultant de la coexistence de multiples filières peu fiables, un système de règlement et de livraison unique fut mis en place en 1987. Le système Relit (Règlement-Livraison de Titres) était géré par la SICOVAM et traitait de l'ensemble des valeurs mobilières. Il reprit dès 1995 le système Saturne de la Banque de France qui gérait jusque-là les bons de trésor et les titres de créance négociables, et dont les fonctions furent intégrées dans un nouveau système de règlement et de livraison, le système Relit grande Vitesse dit RGV, à partir de 1998. Les systèmes Relit et RGV coexistaient. Le second

---

[1] Art. 78 al.2 de la loi de 1994.

[2] W. BOUAJILA, thèse précitée, p. 253.

[3] Tel que approuvé par l'arrêté du ministre des finances du 12 janvier 2016, portant visa du règlement du conseil du marché financier relatif au dépositaire central des titres.

[4] Au XIXe siècle, seules les obligations de sommes d'argent faisaient l'objet d'une compensation multilatérale et donnaient lieu au règlement de soldes nets. La livraison devait être exécutée physiquement et ne pouvait être simplifiée que par une compensation bilatérale. Les livraisons entre les agents de change pris deux à deux étaient facilitées par leur exécution en un même lieu, « la salle de compensation ». Très tôt, les délais de règlement et de livraison ont été encadrés par le règlement de la Compagnie des agents de changes. Le règlement du 2 décembre 1786 imposait ainsi que les négociations soient consommées entre les agents de change dans la journée. Selon le règlement de 1832, les titres devaient être livrés entre agents de change dans l'intervalle d'une bourse à l'autre. Le délai de livraison fut encore allongé par la suite. Le règlement du 3 décembre 1891 prévoyait ainsi que les titres devaient être livrés par l'agent vendeur à l'agent acheteur avant la cinquième bourse suivant celle de la négociation. Quant au paiement du prix, on trouve dans le règlement du 3 décembre 1891 une amorce du principe de simultanéité du règlement et la livraison. Il y est en effet précisé que le paiement doit être fait par l'agent de change acheteur contre la remise des titres.

traitait essentiellement des obligations, les bons du Trésor et les titres de créances négociables. Le premier assurait principalement la livraison des actions. A ces systèmes a été adjoint le système Relit+ en 1998. Ils ont été regroupés en 2001 dans le système RGV2 (Relit Grande Vitesse 2), composé d'une filière révocable (ancien système Relit+) et d'une filière irrévocable (ancien système RGV). Les opérations formées sur les marchés réglementés étaient traitées par la première.

869. L'intégration des systèmes de règlement et de livraison a été amorcée parallèlement à celle des marchés financiers d'Euronext et à la création d'une chambre de compensation unique. Le système RGV2 avait pour gestionnaire Euroclear France, filiale du groupe Euroclear créée en 2001 par le rapprochement de la SICVAM, du dépositaire central des Pays-Bas (Euroclear Nederland) et d'Euroclear Bank, établissement de crédit de droit belge assurant des fonctions de dépositaire central international de titres. Le groupe a été restructuré en 2005 autour d'une société mère de droit belge, Euroclear SA/NV, dont Euroclear France est une filiale.

870. La constitution du groupe Euroclear a permis la mise en place d'une plateforme de règlement et de livraison unique pour l'ensemble des dépositaires centraux du groupe, reposant sur un moteur unique de règlement et de livraison, le système SSE (Single Settlement Engine), et une plateforme unique de règlement et de livraison dénommée ESES (Euroclear Settlement of Euronext-zone Securities). La plateforme ESES France a ainsi remplacé le système RGV2 sur le marché français dès le 26 novembre 2007.

871. Depuis 2016, le système ESES France est connecté à la plate-forme T2S[1]. Le 17 juillet 2008, l'Eurosystème a lancé le projet TARGET2-Securities (T2S), une plate-forme technique assurant la gestion de l'activité de règlement-livraison de titres des dépositaires centraux de titres monnaie banque centrale. La gestion opérationnelle de la plate-forme est confiée à quatre banques centrales nationales, dont la banque de France. Cette plate-forme fonctionne selon un modèle dit « intégré », les comptes-titres détenus chez les dépositaires centraux de titres et les comptes espèces dédiés ouverts dans les livres des banques centrales étant directement gérés et mouvementés par T2S. La liquidité, présente sur les comptes espèces dédiés, est alimentée et systématiquement déversée quotidiennement depuis les comptes TARGET2 des participants. TARGET2 étant le système de paiement à règlement brut en temps réel en euro, géré par l'Eurosystème, dont la composante française est TARGET2-Banque de France (T2-BF). Le projet T2S a été élaboré en concertation avec une vingtaine de dépositaires centraux des titres[2], dont Euroclear France. La mise en place de la plate-forme T2S a débuté en 2015, et

---

[1] A.-C. ROUAUD et F. PALMIERI, « Dépositaires centraux de titres et systèmes de règlement-livraison de titres », Étude Joly Bourse, juin 2021, spéc. n°154 et s.

[2] Un accord-cadre a été conclu entre l'Eurosystème et 22 dépositaires centraux de titres participant à T2S, qui a été validé par la suite par le Conseil des gouverneurs le 17 novembre 2011.

la migration vers cette plate-forme s'est opérée, pour la France, le 12 septembre 2016.

872. En conséquence, Les règles de fonctionnement du système ESES France ont été modifiées[1]. Rappelons que lors de l'obtention de son agrément au titre du règlement CSDR, le dépositaire central de titres français a refondu ses règles pour réunir les règles de fonctionnement du dépositaire central et celles du système de règlement-livraison qu'il opère, puisque le texte européen ne distingue pas entre l'activité de dépositaire central de titres et celle d'opérateur d'un système de règlement-livraison de titres[2].

873. Actuellement, une récente décision (UE) 2022/911 de la banque centrale européenne du 19 avril 2022 relative aux modalités de TARGET-BCE et abrogeant la décision 2007/601/CE (BCE/2007/7)[3] a remplacé TARGET2[4] par TARGET, et ce à compter du 21 novembre 2022[5]. TARGET, le nouveau système de transferts express automatisés transeuropéens à règlement brut en temps réel de nouvelle génération effectuant des règlements en euros en monnaie de banque centrale, est le résultat du projet de consolidation des plates-formes T2 et T2S[6]. Comme c'est le cas pour TARGET2, TARGET est juridiquement structuré comme un ensemble de multiples systèmes de paiement, qui fournit de multiples services[7].

---

1 Ces modifications ont été approuvées par une décision de l'AMF en date du 13 juillet 2016 relative aux modifications des règles de fonctionnement d'Euroclear France en sa qualité de dépositaire central de titres concernant le système de règlement et de livraison d'instruments financiers ESES France.

2 AMF, Décision du 16 avril 2019 relative à l'agrément de la société Euroclear France SA en tant que dépositaire central de titres et approbation de ses règles de fonctionnement. V. T. BONNEAU, P. PAILLER, A.-C. ROUAUD, A. TEHRANI et R. VABRES, *op. cit.*, n°672, p. 415.

3 Journal Officiel de l'Union Européenne du 17 juin 2022, n° L163/1, pp. 1 et s.

4 Il est à rappeler que le système de transferts express automatisés transeuropéens à règlement brut en temps réel (TARGET2) est régi par l'orientation 2013/47/UE de la Banque centrale européenne (BCE/2012/27).

5 V. Considérant 3 de la décision (UE) 2022/911 de la banque centrale européenne du 19 avril 2022 relative aux modalités de TARGET-BCE et abrogeant la décision 2007/601/CE.

6 Le 6 décembre 2017, le conseil des gouverneurs a approuvé le projet de consolidation des plates-formes T2 et T2S, dont l'objectif est de regrouper et d'optimiser TARGET2 et TARGET2-Titres (T2S) en bénéficiant des approches et des innovations technologiques les plus récentes, en permettant une diminution de leur coût d'exploitation combiné et en améliorant la gestion de la liquidité dans l'ensemble des différents services. V. Considérant 2 de la décision (UE) 2022/911 de la banque centrale européenne du 19 avril 2022 relative aux modalités de TARGET-BCE et abrogeant la décision 2007/601/CE.

7 TARGET fournit des services de gestion centralisée de la liquidité, y compris le règlement d'opérations de banque centrale via des comptes espèces principaux (Main Cash Account – MCA), le règlement brut en temps réel (Real-Time Gross Settlement – RTGS) des paiements de montant élevé via des comptes espèces dédiés (Dedicated Cash Accounts – DCA) RTGS, des paiements en espèces liés au règlement-livraison de titres via des comptes espèces dédiés T2S (DCA T2S) et le règlement de paiements instantanés via des comptes espèces dédiés pour le règlement des paiements instantanés TARGET (TARGET Instant Payment Settlement – TIPS) (DCA TIPS), ainsi que des services destinés au règlement d'un système exogène (SE) via des sous-comptes, des comptes techniques RTGS d'un SE, des comptes de fonds de garantie

B- La notion du système de règlement et de livraison

874. Le système de règlement et de livraison de titres a pour fonction principale d'assurer le traitement des instructions de ses participants en vue d'opérer, d'une part, la livraison des titres par le dépositaire central concerné et, d'autre part, s'il y a lieu, le règlement concomitant des espèces correspondantes dans les livres de l'agent de règlement[1].

875. La livraison des titres s'effectue de manière scripturale sur les comptes des participants conservés chez le dépositaire central[2] si les provisions titres sont suffisantes. Mais, le règlement des espèces s'effectue via la Banque Centrale de Tunisie en tant que banque de règlement[3]. Ainsi, le système de règlement et de livraison est adossé à un système de paiement car les mouvements d'espèces transitent par un système de règlement interbancaire[4]. Dès lors, le système dit de règlement livraison entretient des liens étroits avec le système de paiement proprement dit.

876. Un système de règlement et de livraison apparaît ainsi avant tout comme une procédure, un mécanisme, reposant sur une organisation pyramidale[5] articulée autour d'un organe central, le gestionnaire du système **(1)**, et de participants sélectionnés, les participants du système de règlement et de livraison **(2)**.

---

d'un SE et des comptes techniques TIPS d'un SE. V. Considérant 5 de la décision (UE) 2022/911 de la banque centrale européenne du 19 avril 2022 relative aux modalités de TARGET-BCE et abrogeant la décision 2007/601/CE.

1 C'est presque la même définition retenue par les articles 28-1 du règlement du conseil du marché financier relatif au dépositaire central des titres (en droit tunisien) et l'art. 560-1 al.2 RG AMF (en droit français), à laquelle on peut ajouter celle de l'article L.330-1, al.1 du code monétaire et financier(modifié par la loi française n° 2019-486 du 22 mai 2019), qui définit le système de règlement et de livraison comme étant : « *une procédure nationale ou internationale organisant les relations entre trois participants au moins, sans compter le gestionnaire du système, défini au 5° du II du présent article, ni d'éventuels participants indirects, définis au dernier alinéa du même II, permettant conformément à des règles communes et des procédures normalisées au sens de la directive 98/26/ CE du Parlement européen et du Conseil du 19 mai 1998 concernant le caractère définitif du règlement dans les systèmes de paiement et de règlement des opérations sur titres, l'exécution à titre habituel, par compensation ou non, de paiements ainsi que, pour ce qui concerne les systèmes de règlement et de livraison d'instruments financiers, la livraison d'instruments financiers entre lesdits participants* ».

2 Le dépositaire central est un acteur très important : il est le seul, pour une émission de titres donnée, à connaître le nombre total de titres en circulation. On dit qu'il tient le compte émetteur du titre.

3 V. art. 30 du règlement du conseil du marché financier relatif au dépositaire central des titres approuvé par l'arrêté du ministre des finances du 12 janvier 2016 portant visa du règlement du conseil du marché financier relatif au dépositaire central des titres.

4 Tel que le système TARGET 2-Banque de France qui est la composante nationale du système TARGET. Le système TARGET 2-Banque de France a succédé en février 2008 aux deux systèmes de paiement assurant le règlement …

5 A.-C. ROUAUD, *op. cit.*, p.105.

1. L'organe central : le gestionnaire du système

877. En droit tunisien, c'est « Tunisie Clearing »[1] qui est le dépositaire central des titres et le gestionnaire du système de règlement-livraison des titres[2]. Elle représente un maillon fort de l'architecture sécuritaire et fiable du marché de capitaux en Tunisie et offre ainsi un large éventail des services de post-marché titres[3]. Ses actionnaires sont les intermédiaires en bourse et sept banques de la place. Ils participent à parts égales au capital.

878. Afin de consolider ses atouts et maintenir sa conformité aux meilleures pratiques, Tunisie Clearing a lancé, le 25 septembre 2020, son nouveau système dépositaire baptisé « TANIT CSD » qui répond aux recommandations internationales en termes de performance, de sécurité et d'automatisme[4].

879. En droit français, le gestionnaire du système de règlement et de livraison ESES France[5] est Euroclear France[6], qui est également le dépositaire

---

[1] Tunisie Clearing a été créée le 28 décembre 1993 sous la dénomination de STICODEVAM. La loi 94/117 du 14 novembre 1994 (articles 77-80) réorganisant le marché financier Tunisien est venue confirmer son existence légale et définir son champ d'action.

[2] Etant également le gestionnaire de la courbe des taux de la place tunisienne, Tunisie Clearing vise à devenir une référence en matière de produits de taux pour les maturités allant de très court terme jusqu'au long terme et offre aux acteurs du marché une panoplie de services et de reporting de taux de haute qualité. Tunisie Clearing est aussi l'Agence Nationale de Codification des valeurs mobilières en Tunisie et membre de l'Association Internationale des Agences de Codification « ANNA ». Elle est chargée de l'attribution des codes ISIN, CFI & FISN aux instruments financiers conformément aux normes ISO respectives.

[3] Les principaux objectifs de Tunisie Clearing sont :
- Assurer la sécurité des avoirs conservés sur une base centralisée.
- Assurer le règlement et la compensation des transactions selon le principe LCP.
- Réduire les risques associés aux opérations de livraison et de paiement entre les différentes contreparties.
- Appliquer les meilleures pratiques et les recommandations internationales dans le domaine des titres.

[4] Le choix du nom "TANIT", renvoie à une figure mythologique centrale de la civilisation phénicienne de Carthage. TANIT, symbole de création, de beauté, de vie ...

[5] C'est la plateforme sur laquelle est effectué le règlement-livraison des titres par Euroclear France, qui est le gestionnaire du système de règlement-livraison des titres et le dépositaire central.

[6] En France, le rôle de SICOVAM est devenu central lors de la dématérialisation des valeurs mobilières par la loi de finances pour 1982, lorsque l'inscription en compte des titres, auparavant facultative, est devenue obligatoire. L'intégration des systèmes de règlement et de livraison a été amorcée parallèlement à celle des marchés financiers d'Euronext et à la création d'une chambre de compensation unique. La SICOVAM est devenue Euroclear France, filiale du groupe Euroclear créé en 2001 par le rapprochement de la SICOVAM, du dépositaire central des Pays-Bas (Euroclear Nederland) et d'Euroclear Bank, établissement de crédit de droit belge assurant des fonctions de dépositaire central international de titres. Le groupe a été restructuré en 2005 autour d'une société mère de droit belge, Euroclear SA/NV, dont Euroclear France est une filiale. Euroclear France est le dépositaire central de titres français et gère le système de règlement-livraison ESES. En avril 2019, Euroclear France a été agréé par l'AMF au sens du règlement « CSDR » (AMF, Décision du 16 avril 2019 relative à l'agrément de la société Euroclear France SA en tant que dépositaire central de titres approbation de ses règles de fonctionnement et Communiqué du 26 avril 2019, « Les autorités françaises accordent au dépositaire central Euroclear France son agrément au titre du règlement CSDR »). En

central des instruments financiers, et a, en cette qualité, pour fonction de veiller à l'adéquation entre le nombre de titres émis par un émetteur et le nombre de titres en circulation tel qu'il résulte des comptes ouverts par les teneurs de comptes conservateurs auprès du dépositaire central.

2. Les intermédiaires : les participants au système de règlement et de livraison

880. Le participant au système de règlement et de livraison du dépositaire central des titres est toute entité répondant, au moins, à l'un des critères suivants : soit disposer d'un compte en valeurs mobilières, chez le dépositaire central des titres, soit intervenir dans le système de règlement et de livraison du dépositaire central des titres[1].

881. Les participants au système de règlement et de livraison du dépositaire central des titres peuvent être classés en deux types. Il y a, en premier lieu, les participants d'office tels que l'Etat et la Banque Centrale de Tunisie. Il y a, en second lieu, les participants dont la participation est conditionnée tout comme les intermédiaires agréés administrateurs (IAA)[2] qui doivent avoir la qualité de participant avant d'intervenir dans le système de règlement et de livraison du dépositaire central des titres, et les émetteurs qui doivent avoir eux aussi la qualité de participant avant l'admission de ses valeurs mobilières aux opérations du dépositaire central des titres[3].

882. Peuvent également être participants, les établissements qui n'ont pas de comptes en valeurs mobilières ouverts auprès du Dépositaire Central des Titres, mais qui disposent d'un compte espèces auprès de la Banque Centrale de Tunisie ainsi que les organismes autorisés par le Conseil du Marché Financier[4]. L'admission d'un participant donne lieu, obligatoirement, à l'établissement d'une convention écrite qui précise notamment les engagements réciproques

octobre 2018, un second dépositaire central a été agréé en France, qui fournit des services relatifs aux titres de créance négociables à court terme (ou Neu CP) dans le système de règlement de titres RSSS en lien avec la plate-forme T2S (AMF, Décision du 2 octobre 2018 relative à l'agrément de la société ID2S en tant dépositaire central de titres et approbation de ses règles de fonctionnement).

[1] Art.8 du règlement du conseil du marché financier relatif au dépositaire central des titres approuvé par l'arrêté du ministre des finances du 12 janvier 2016 portant visa du règlement du conseil du marché financier relatif au dépositaire central des titres.

[2] Selon l'article 3 du règlement du conseil du marché financier, relatif au dépositaire central des titres, approuvé par l'arrêté du ministre des finances du 12 janvier 2016 portant visa du règlement du conseil du marché financier relatif au dépositaire central des titres, l'intermédiaire agréé administrateur (IAA) est un intermédiaire en bourse ou une banque chargé(e) par le propriétaire des valeurs mobilières ou son représentant légal, de gérer son compte chez l'émetteur ou l'intermédiaire agréé mandaté (IAM). Ce dernier peut être un intermédiaire en bourse, une banque ou le dépositaire central des titres, mandaté(e) par l'émetteur pour l'ouverture et la tenue des comptes en valeurs mobilières.

[3] Art.9 du règlement du conseil du marché financier relatif au dépositaire central des titres susmentionné.

[4] Art.9 précité.

des parties ainsi que les conditions de rémunération du dépositaire central des titres[1].

§2- Le fonctionnement du système de règlement-livraison

883. L'étude du fonctionnement du système de règlement-livraison nécessite l'exposé des différents principes directeurs de ce système **(A)**, surtout de la technique sur la base de laquelle est fondé ce système, à savoir le virement **(B)**.

A- Les principes directeurs du système de règlement-livraison

884. Les principes généraux qui régissent l'organisation du processus de règlement livraison sont au nombre de trois[2]. D'abord, le règlement des capitaux et la livraison des titres doivent être corrélatifs et simultanés **(1)**. Ensuite, les règlements-livraisons doivent être effectués dans les brefs délais **(2)**. Enfin, les règlements-livraisons doivent être irrévocables **(3)**.

1. La simultanéité du règlement des capitaux et de la livraison des titres

885. Le principe de la simultanéité du règlement des capitaux et de la livraison des titres signifie que le règlement des capitaux doit intervenir à la même date que la livraison des titres, sans aucun décalage. Ainsi, le règlement des fonds et la livraison des instruments financiers entre adhérents doivent être corrélatifs et simultanés, de telle sorte que la livraison des titres soit conditionnée par le règlement des espèces. Permettant surtout d'éviter le risque de contrepartie[3], ce principe a été adopté en droit tunisien par l'article 201 du règlement général de la bourse des valeurs mobilières de Tunis qui prévoyait que : « *tout achat ou vente de titres fait l'objet d'un règlement de capitaux et d'une livraison de titres. Ce règlement et cette livraison sont corrélatifs et simultanés et s'effectuent selon les dispositions du présent règlement général et les règles de pratiques professionnelles prises par le CMF à l'égard de la STICODEVAM, en ce qui concerne les titres pris en charge par cette dernière* ». Malgré l'importance de ce principe, la deuxième partie de cet article a été supprimée suite à la modification du règlement général de la bourse des valeurs mobilières de Tunis par l'arrêté du Ministre des finances du 12 janvier 2016[4].

886. Le règlement européen du 23 juillet 2014 concernant l'amélioration du règlement des opérations sur titres dans l'Union européenne et les dépositaires centraux de titres (« CSDR »)[5] a prévu un délai maximum entre la négociation et le règlement-livraison. En effet, la date de règlement convenue des transactions sur valeurs mobilières exécutées sur des plateformes de négociation régies par la directive 2014/65/ UE et le règlement (UE) n°600/2014 devrait être au plus tard le deuxième jour ouvrable après la négociation.

---

[1] Art.11 du règlement du conseil du marché financier relatif au dépositaire central des titres susmentionné.

[2] V. T. BONNEAU, P. PAILLER, A.-C. ROUAUD, A. TEHRANI et R. VABRES, op. cit., n°1336, p. 871.

[3] Sur le risque de contrepartie, v. infra n° 951.

[4] C'est la même démarche adoptée en droit français étant donné que l'article 542-4 du règlement général de l'autorité des marchés financiers n'est plus actuellement en vigueur.

[5] JOUE, L 257 du 28 août 2014.

887. Les règlements-livraisons transitent, en France, par ESES, un système de règlement et de livraison d'instruments financiers «*permettant l'exécution automatique simultanée de virement des instruments financiers et des paiements correspondants en euro monnaie banque centrale*»[1]. Ce système, commun aux marchés français, belge et néerlandais d'Euronext, est géré par Euroclear France et est connecté à la plate-forme technique T2S opéré par l'Eurosystème[2].

888. La simultanéité de la livraison des titres et de leur paiement nécessite un contrôle *a priori* du solde créditeur des comptes titres et espèces des participants vendeurs et acheteurs[3]. Les instructions issues des sous-systèmes d'ajustement donnent lieu à la vérification par le sous-système de dénouement de l'existence d'une provision de titres financiers suffisante sue le compte du participant vendeur et d'un «pouvoir d'achat» suffisant du participant acheteur[4]. Le fait que le gestionnaire du système de règlement et de livraison possède également la qualité de dépositaire central lui permet de contrôler *a priori* la position en instruments financiers des participants. Toutefois, les comptes espèces sont tenus par la Banque de France, ce qui introduit une certaine « désynchronisation » entre le contrôle *a priori* de la provision en titres financiers et la vérification *a posteriori* de la provision en espèces[5]. Ce décalage a été supprimé grâce à la généralisation de la filière irrévocable[6].

2. Le délai normalisé de dénouement

889. Les règlements-livraisons doivent être effectués dans les brefs délais. Des délais maximum doivent être prévus. Ainsi, l'article L.211-17, III, du Code monétaire et financier français[7] prévoit que, lorsque des transactions sur des titres financiers sont conclues sur un marché réglementé ou un système multilatéral de négociation et que le compte du teneur de compte-conservateur de l'acheteur, ou le compte du mandataire de ce teneur de compte-conservateur, est crédité dans les livres du dépositaire central,« *l'inscription prévue au I a lieu à la date de dénouement effectif de la négociation mentionnée dans les règles de fonctionnement du système de règlement et de livraison »*. L'article précise encore que cette date intervient *« au plus tard le deuxième jour d'ouverture du système de règlement et de livraison après la négociation, à l'exception des cas prévus au point 2 de l'article 5 du règlement (UE) n° 909/2014 du Parlement européen et du Conseil du 23 juillet 2014 concernant l'amélioration du règlement de titres dans l'Union européenne et les dépositaires centraux de titres »*. La date prévue dans cet article est confirmée par d'autres textes de droit français tels que l'article 5 (2) du règlement CSDR ainsi que l'article 6.1.2, al.7, des règles de fonctionnement du dépositaire central

---

1 Art.1.1, Règles de fonctionnement du dépositaire central Euroclear France.
2 Art.1.2, Règles préc.
3 A.-C. ROUAUD, *op. cit.*, n°175, p. 110.
4 Arts. 6.3 et 7.20 des règles de fonctionnement d'ESES France.
5 H. De VAUPLANE et J.-P. BORNET, *op. cit.*, n° 629.
6 A.-C. ROUAUD, *op. cit.*, n°175, p. 110.
7 Tel que modifié par Ordonnance n°2017-1674 du 8 décembre 2017 - art. 2.

Euroclear France. L'objectif étant toutefois un dénouement en temps réel, le jour même de la négociation pour les opérations au comptant[1].

890. Même si les autorités du marché financier tunisien visent ce même objectif, le règlement des capitaux et la livraison des titres interviennent en Tunisie dans un délai maximal de 3 jours (J+3) fixé à partir de la date de négociation[2]. C'est le délai normalisé pour le dénouement des opérations depuis le 2 janvier 2003[3].

3. L'irrévocabilité du dénouement

891. Le principe de l'irrévocabilité du dénouement signifie que toute instruction émise par un participant et enregistrée dans le système de règlement-livraison ne peut être annulée unilatéralement par son auteur. Dès lors, les opérations ne peuvent pas être remises en cause en cas de défaillance d'un participant, en l'occurrence, d'un adhérent[4]. Le règlement général de la bourse des valeurs mobilières de Tunis a consacré expressément ce principe dans son article 203 qui prévoit que : « *dès qu'une négociation a été enregistrée par la Bourse, elle est considérée comme irrévocable sauf les cas d'annulation prévus par l'article 121 du présent règlement* ».

892. L'irrévocabilité est la condition essentielle de la bonne fin du système de règlement-livraison. En droit français, les règles de fonctionnement du système de règlement et de livraison d'instruments financiers fixent le moment et les modalités selon lesquels une instruction est considérée comme irrévocable dans le système[5]. En effet, selon l'article L. 330-1, III du code monétaire et financier, les instructions et opérations de compensation introduites dans l'un des systèmes de règlement-livraison produisent leurs effets en droit et sont opposables aux tiers, y compris si elles ont été introduites avant l'expiration du jour ouvrable où est rendu un jugement d'ouverture de sauvegarde, de redressement ou de liquidation judiciaires à l'encontre d'un participant direct ou indirect au système, nonobstant toute disposition législative contraire et toute mention contraire de ce jugement.

B- La technique du règlement-livraison : Le virement

893. Le système de règlement et de livraison s'articule autour de deux fonctions : la validation des opérations et leur dénouement[6]. Après avoir calculé les soldes nets, la chambre de compensation transmet au système de règlement-livraison les instructions de règlement et de livraison**(1)** qui sont exécutées par

---

[1] T. BONNEAU, P. PAILLER, A.-C. ROUAUD, A. TEHRANI et R. VABRES, *op. cit.*, n°1336, p. 871.

[2] Art. 202 du RGBVMT.

[3] Il est à noter que, pour les titres négociés hors marché central, le règlement des capitaux et la livraison des titres entres intermédiaires en bourse s'effectuent opération par opération dans un délai fixé à quatre jour de bourse (J+4).

[4] T. BONNEAU, P. PAILLER, A.-C. ROUAUD, A. TEHRANI et R. VABRES, *op. cit.*, n°1337, p. 871.

[5] V. l'art. L. 330-1 du code monétaire et financier et l'art. 560-11 du Règlement général de l'AMF.

[6] Art. 7-1 des règles de fonctionnement d'ESES France.

virement **(2)** entre les comptes des participants dans les livres des dépositaires centraux[1].

1. Les instructions de règlement-livraison

894. Les instructions de règlement-livraison sont remplies par différents « modules informatiques »[2], relatifs à l'émission des instructions **(a)** et à leur exécution **(b)**.

a- L'émission des instructions de règlement-livraison

895. L'article 206 du RGBVMT, qui concerne les titres pris en charge par *Tunisie clearing*, prévoit que la bourse transmet à celle-ci, en tant que dépositaire central, les instructions de règlement des capitaux et de livraison des titres qui résultent des négociations validées relatives à une journée. Dès lors, *Tunisie clearing* reçoit quotidiennement, via une ligne automatique spéciale, un fichier des transactions boursières de la BVMT, elle assure donc le dénouement des opérations.

896. Le dénouement est déclenché par les instructions transmises par la Bourse à *Tunisie clearing*. Ces instructions constituent donc le facteur qui provoque l'intervention de *Tunisie clearing* pour procéder au règlement-livraison, ou plus précisément au virement.

b- L'exécution des instructions de règlement-livraison

897. Dès la réception des instructions de la part de la bourse des valeurs mobilières de Tunis, *Tunisie clearing* procède à l'enregistrement de l'ensemble de ses transactions dans sa base de données informatique pour les préparer au dénouement dans trois jours de Bourse. Grâce à cet enregistrement, *Tunisie clearing* garantit à tous ses adhérents le règlement des capitaux et la livraison des titres. Cette formalité d'enregistrement est importante car elle permet à *Tunisie clearing* la prise en charge de la procédure de règlement livraison par l'enregistrement de tout achat et vente réalisés par chacun des adhérents dans des comptes déjà ouverts à *Tunisie clearing*, dits « comptes de position en net »[3].

898. Le système de règlement-livraison reçoit des instructions de livrer ou de recevoir des titres, les apparie et les dénoue, ce qui déclenche des mouvements titres et espèces sur les comptes des participants. Le règlement s'effectue à travers des instructions de virement, appelées aussi des ordres de virement. L'ordre de virement est émis par *Tunisie clearing* prend l'une de ces deux formes : soit un ordre de règlement en espèce, soit un ordre de livraison en titres. L'importance du rôle de *Tunisie clearing* diffère selon qu'il s'agit d'un ordre de livraison ou d'un ordre de règlement. Pour l'ordre de livraison des valeurs mobilières, surtout avec la dématérialisation de celles-ci, la livraison matérielle a disparu cédant sa place au virement de compte à compte[4]. L'ordre de livraison des valeurs mobilières ne sort pas de l'égide de *Tunisie clearing* et

---

[1] T. BONNEAU, P. PAILLER, A.-C. ROUAUD, A. TEHRANI et R. VABRES, *op. cit.*, n°1327 et s., pp. 865 et s.

[2] A.-C. ROUAUD, *op. cit.*, n°170, p. 108.

[3] Ch. MZOUGHI, op. cit., pp. 313 et s.

[4] *Ibid*, p. 316.

consiste à débiter le compte de l'intermédiaire vendeur des titres et à créditer le copte de l'intermédiaire acheteur, dans les comptes de positions de ces derniers déjà ouverts. Concernant les ordres de règlement émis par *Tunisie clearing*, l'ordre doit mentionner le montant net en espèces à débiter ou à créditer, puis il est adressé à la BCT[1]. Pour que *Tunisie clearing* puisse communiquer les montants à imputer sur les comptes espèces, chaque intermédiaire en bourse adhèrent doit autoriser *Tunisie clearing* à ordonner chaque jour la BCT à créditer ou à débiter son compte espèces, du solde de ses achats et des ventes dénoués du jour. Le système de règlement-livraison est le système qui associe donc la Banque Centrale pour les règlements et le dépositaire central pour les livraisons.

899. La comptabilisation des instructions de livraison contre paiement est corrélative à la réception de la confirmation du règlement espèces de la BCT. En effet, *Tunisie Clearing* contrôle la provision titres et calcule la compensation espèces pour envoi à la BCT. Une fois que la confirmation de la BCT est reçue, Tunisie Clearing procède aux transferts définitifs des titres et affiche les nouvelles situations des comptes titres via sa plateforme de communication.

900. En effet, après avoir reçu les instructions de règlement-livraison au jour J, *Tunisie clearing* procède à J+2 au assemblage de tous ces ordres de dénouement devant être traiter à J+3[2], puis elle met à la disposition de ses adhérents la somme qui sera débitée ou créditée sur le compte espèce en BCT le lendemain, ce qui leur permet de prendre les précautions nécessaires pour alimenter leurs comptes en cas d'une insuffisance de provision.

901. A J+3, *Tunisie clearing* met à la disposition de ses adhérents leurs nouveaux soldes, les mouvements comptabilisés ainsi que les mouvements mis en suspens. En effet, en cas de provision insuffisante, en titre ou en espèce, les mouvements correspondants des intermédiaires ne peuvent pas être dénoués par *Tunisie Clearing*. Ces mouvements sont automatiquement portés par *Tunisie Clearing* en suspens[3]. Les positions de suspens sont enregistrées par cette dernière et font l'objet d'un communiqué à la fois au CMF et à la BVMT[4] qui s'en chargera pour leur règlement-livraison[5]. C'est ainsi que la Bourse peut, en cas de défaillance d'un intermédiaire négociateur, procéder au rachat des titres manquants, afin de satisfaire l'intermédiaire acheteur[6].

2. Le virement

902. Le virement est une technique de livraison des valeurs mobilières **(a)** très originale par rapport au virement de droit commun **(b)**.

---

1 *Ibid, loc. cit.*

2 Ces ordres sont les ordres de livraison des titres contre paiement des espèces, les avis d'exécution de la journée de Bourse transmis par les intermédiaires en bourse avant J+1, ainsi que les ordres de transfert.

3 Art. 207 al.2 du RGBVMT.

4 Art. 211 al.1er du RGBVMT.

5 Aux termes de l'article 4-1 du Règlement de parquet n° 99-10, « le huitième jour de bourse qui suit la date de dénouement normalisée, la bourse informe l'ensemble des intermédiaires que le lendemain elle cherchera à racheter pour le compte de l'intermédiaire défaillant, les titres manquants ».

6 Ch. MZOUGHI, op. cit., p. 350.

a- Le virement, une technique de livraison

903. La livraison des valeurs mobilières s'opère par virement du compte de l'intermédiaire cédant à celui de l'intermédiaire cessionnaire. C'est cette même technique de virement qui permet également le règlement de la créance de l'intermédiaire, en débutant le compte de l'intermédiaire acheteur pour créditer le compte de l'intermédiaire vendeur. Le virement constitue donc la procédure de règlement-livraison ayant pour objet d'assurer, par le dépositaire central *Tunisie clearing*, la livraison des titres et le règlement concomitant des espèces correspondantes dans les comptes tenus par l'agent de règlement, à savoir la Banque Centrale de Tunisie.

904. Le virement est régi en droit tunisien par les articles 678 à 688 du CC. C'est « *l'opération bancaire par laquelle le compte d'un donneur d'ordre est, sur l'ordre écrit de celui-ci, débité pour un montant destiné à être porté au crédit d'un autre compte* »[1]. Techniquement, le virement[2] est l'opération par laquelle un transfert de fonds ou de toutes autres valeurs inscrites en compte est effectué par la seule inscription d'une écriture au débit d'un compte et de l'écriture corrélative au crédit d'un autre compte[3].

905. Il convient d'observer que le transfert de fonds n'est pas la seule application possible du mécanisme de virement. Celui-ci a par essence vocation à être utilisé pour le transfert de toute chose fongible susceptible de constituer un article de compte[4]. Toutefois, en pratique, il convient de relever qu'à côté du virement de fonds, la seule autre forme usitée de virement concerne les transferts de valeurs mobilières. Le virement de compte à compte est devenu, depuis la dématérialisation des valeurs mobilières, le mode exclusif de transmission de tous les titres qu'ils soient au porteur ou nominatifs[5].

b- Le virement, une technique originale

906. Si le règlement livraison des valeurs mobilières est régi par le virement, technique empruntée au droit commun, son fonctionnement n'est pas sans originalité. L'applicabilité de la technique de virement sur le transfert des valeurs mobilières dans la phase du règlement-livraison suscite au moins deux remarques. D'une part, sur le plan de la forme, l'article 678 du CC susmentionné exige que l'ordre de virement soit écrit. Or, à l'instar de la doctrine française[6], une partie de la doctrine tunisienne[1] estime que cet ordre

---

[1] Art. 678 du Code de Commerce.

[2] Procédé ancien puisque apparu dès l'antiquité (Sur l'histoire du virement, V. J. HAMEL, Banque et opérations de banque, tome. II, 1933, éd. Rousseau n° 814 s. ; J. HARISTOY, Virements en banque et chambres de compensation, Thèse Paris 1906, pp. 38 et s.), le virement s'est particulièrement banalisé et développé ces dernières décennies grâce à l'essor de l'informatique. Il constitue aujourd'hui, à côté des cartes bancaires et des chèques, l'un des moyens de paiement scripturaux les plus utilisés.

[3] J. STOUFFLET, Instrument de paiement et de crédit, 8e éd., LexisNexis, 2012, n° 478 s. ; R. BONHOMME et M. ROUSSILLE, Instrument de crédit et de paiement, 14ème éd., LGDJ, 2021, n° 392.

[4] V. J. HAMEL, *op. cit., loc. cit.*

[5] J.-F. RIFFARD, «Virement », J.-Cl. Banque-Crédit-Bourse, 2016, fasc.390, n°7, p. 6.

[6] Dans le silence du législateur français, il est généralement admis que l'ordre de virement n'est

conserve son caractère consensuel tout en justifiant cette position par l'absence de la sanction de nullité en cas d'inobservation de l'exigence de l'écrit. Mais, quoique cette solution soit souhaitable sur le plan pratique, on ne peut l'adopter car la non indication par le législateur de la sanction encourue en cas du non-respect de l'écrit ne signifie pas systématiquement que cet écrit est exigé *ad probationem*[2].

907. D'autre part, sur le plan du fonds, l'article 680 du CC prévoit que : « *l'ordre de virement est valablement donné, soit pour des sommes déjà inscrites au compte du donneur d'ordre, soit pour des sommes devant y être inscrites dans un délai préalablement convenu avec la banque* ». Cet article, qui permet la validité de l'ordre de virement portant sur des sommes non encore inscrites, semble être incompatible avec le virement de valeurs mobilières issu d'une négociation sur le marché financier tunisien, qui est un marché au comptant[3]. D'ailleurs, l'article 80 de la loi du 14 novembre 1994 oblige l'intermédiaire en bourse vendeur à déposer les valeurs mobilières qu'il offre sur les marchés de négociation ou à alimenter son compte en titres ouvert auprès de *Tunisie Clearing* avant l'exécution de l'ordre de vente sur le marché. Toutefois, on pourrait invoquer ici l'article 207 du RGBVMT qui prévoit que les soldes des intermédiaires en bourse en titres, auprès de *Tunisie Clearing*, et en capitaux, auprès de la banque compensatrice, doivent, au moins, couvrir, dans les délais réglementaires, les engagements nés des négociations, de manière à ce que *Tunisie Clearing* puisse procéder au traitement des mouvements transmis par la Bourse. Ces délais réglementaires peuvent aller jusqu'à quatre jours de bourse. A première vue contradictoires, les articles 207 du RGBVMT et 80 de la loi de 1994 semblent être au contraire complémentaires. L'article 80 instaure d'une manière générale le principe de l'antériorité de l'alimentation du compte de l'intermédiaire cédant à *Tunisie Clearing*. Hiérarchiquement inférieur, l'article 207 du RGBVMT, tout en confirmant le principe de l'antériorité, prévoit une solution de secours. Dans l'hypothèse où le compte n'aurait pas été préalablement alimenté, on se réfère aux délais réglementaires, c'est à dire J+3 qui représente la soustraction des titres du compte du cédant, car c'est à J+3 que Tunisie Clearing sollicite le compte titre de l'intermédiaire vendeur, lequel ce jour-là doit faire apparaître un solde créditeur pour couvrir la vente des titres d'une quelconque valeur[4].

---

soumis à aucun formalisme. Il échappe ainsi à l'exigence d'un écrit, même lorsqu'il émane d'un non-commerçant. *Cass. com., 29 janv. 1985, Bull. civ., 1985, IV, n° 36 ; S. 1986, inf. rap. 328, obs. Vasseur ; Cass., 1re civ., 1er juill. 1997, Bull. civ. 1997, I, n° 218 ; RD bancaire et bourse, 1997, p. 165, obs. Crédot et Gérard ; RTD com., 1997, 657, obs. Cabrillac ; Cass. com., 19 juin 2007, SA Banque Scalbert Dupont c/ Chamillard, JurisData n° 2007-039732.*

1 V. Y. KNANI, Les effets de commerce, le chèque, le virement et la carte de paiement, CPU, Tunis, 1999, 2è éd., n°334, p. 359.

2 Ch. MZOUGHI, *op. cit.*, p. 313 et s., spéc. la note de bas de page n° 2.

3 Article 77 RGBVMT « La cote de la Bourse et le marché hors-cote sont des marchés au comptant ».

4 V. en ce sens Ch. MZOUGHI, *op. cit.*, p. 311 et s., spéc. note de bas de page n°3.

908. En guise de conclusion, on peut constater que la rupture de logique entre le droit du marché financier et le droit des contrats se confirme au niveau des modalités d'exécution de l'opération. Cette rupture est vérifiée, non seulement par l'irréductibilité de la compensation aux qualifications classiques reconnues par le droit des contrats, mais aussi à travers la prise ne charge du règlement-livraison par un système spécifique, étant donné que le règlement du prix des valeurs mobilières vendues et la livraison de celles-ci n'est pas l'apanage des parties comme le veut le droit des contrats. L'éloignement du droit du marché financier par rapport au droit des contrats se confirme également au niveau des garanties de l'exécution.

Chapitre II - Le particularisme au niveau des garanties de l'exécution

909. La sécurité est un élément fondamental dans le dénouement de l'opération de marché. Si, dans le contrat de vente classique, la garantie est à la charge du vendeur, le droit du marché financier propose des garanties particulières, se démarquant ainsi de la logique du droit des contrats. La garantie, lors d'une opération de marché, se caractérise par l'intervention d'un tiers, quel que soit une chambre de compensation ou un intermédiaire en bourse.

910. La nouvelle technologie **blockchain** a sa propre logique au niveau de la garantie de l'exécution des opérations de marché. Les transactions effectuées via blockchain, étant sécurisées mathématiquement grâce à un algorithme infalsifiable, sont plus fiables. Le risque d'erreur imputable au tiers de confiance est ainsi écarté. La blockchain est en réalité le fruit de l'addition de différentes technologies de l'information[1]. C'est leur combinaison qui fait l'originalité de la technologie et lui garantit sa fiabilité devant susciter la confiance absolue des utilisateurs. La spécificité de la blockchain réside dans le fait qu'il n'existe aucune autorité qui certifie la vérification des communications[2].

---

[1] La principale technologie est la **cryptographie asymétrique**, qui s'oppose à la cryptographie symétrique. Dans ce dernier cas, deux parties doivent se mettre d'accord sur leur code secret. Le message est alors chiffré et déchiffré grâce à une même clé. Tel n'est pas le cas avec la crypto asymétrique. C'est une technique qui permet de crypter les messages en conférant deux clés à une personne, une clé publique qui peut être connue de tous et une clé privée qui demeure confidentielle. La clé publique est calculée de manière unique à partir de la clé privée. Seule la clé privée peut déchiffrer un message chiffré grâce à la clé publique qui y est associée. Deux personnes peuvent ainsi se communiquer confidentiellement une information sans se connaître. La blockchain fait appel également à la technique du **hachage** qui permet de transformer un document et de le réduire sous format numérique. Une donnée est alors transformée en empreinte numérique. Sur ces différentes technologies, voir, D. LEGEAIS, J.-CL. Banque et crédit, fasc. 179, « Blockchain », n° 6, p. 3.

[2] Un auteur a pu décrire, de manière originale, la spécificité au niveau de la sécurité des opérations effectuées via blockchain par référence à un phénomène historique bien connu, celui l'armée byzantine ou des généraux byzantins : « *La difficulté à résoudre est alors la suivante : différents généraux doivent mener de front une attaque alors même qu'il n'existe pas un chef d'état-major commandant l'opération. Ils doivent donc se communiquer entre eux les informations pour donner l'ordre*

911. En dehors de la technologie blockchain, les parties à une transaction ne garantissent pas directement leurs engagements. Les infrastructures du marché offrent toujours un organe qui se charge de cette mission. C'est la chambre de compensation qui intervient par sa garantie de bonne fin **(Section I)** et les intermédiaires en bourse par leur garantie ducroire **(Section II)**.

Section I - La garantie de bonne fin

912. L'un des piliers de sécurité des marchés financiers[1], la garantie de bonne fin[2] est une expression fréquemment utilisée pour désigner « *l'exécution complète et correcte des encagements, l'aboutissement satisfaisant d'une opération conduite à son terme, ou par extension, les substitutions de cette bonne exécution* »[3]. L'étude de la garantie de bonne fin, aussitôt en droit français **(§1)** qu'en droit tunisien **(§2)**, permet de s'arrêter sur ses particularités par rapport aux garanties reconnues dans le droit commun de la vente.

§1 : La garantie de bonne fin des transactions réalisées sur les marchés financiers français

913. D'une manière générale, la garantie de bonne fin a une finalité claire : assurer l'aboutissement de l'opération à laquelle elle s'adosse. En matière de compensation multilatérale, la garantie de bonne fin tend à assurer le dénouement de l'opération, c'est-à-dire le règlement de tous les soldes. Elle signifie qu'en cas de défaillance d'un adhérent dans l'acquittement de son solde débiteur, la chambre prend le relais en assurant le règlement à tous ceux dont le solde est créditeur[4].

914. Dans un rapport rédigé dans le cadre des travaux parlementaires relatifs à la loi de modernisation des activités financières, le sénateur MARINI définit la garantie de bonne fin comme : « *un engagement donné par le garant, au profit de la contrepartie du débiteur qu'il garantit, d'exécuter le contrat à la place de ce dernier s'il est défaillant* »[5]. Cette garantie personnelle a donc pour objectif principal de permettre la poursuite des opérations en cours jusqu'à l'échéance. La chambre de compensation s'oblige ainsi à livrer la chose à l'adhérent-acheteur et à payer

---

d'attaques coordonnées. Mais, parmi eux, il peut y avoir des traîtres. Il faut donc s'assurer que malgré la présence de certains d'entre eux, l'attaque pourra bien être menée simultanément ». D. LEGEAIS, article précité, loc. cit.

1 M. ROUSSILLE, *op. cit.*, n°758, p. 332.

2 Sur la garantie de bonne fin de la chambre de compensation : T. BONNEAU et F. DRUMMOND, *op. cit.*, n°921, p. 716 ; M. ROUSSILLE, *op. cit.*, n°754, p. 329 ; A.-C. MULLER, *op. cit.*, p. 364 et s. ; I. RIASSETTO, *thèse précitée.*, n°971, p. 611; D. ROBINE, *op. cit.*, n°621, p.355 ; K. MEDJAOUI, *op. cit.*, n°1135, p. 380 ; A.-V. DELOZIÈRE-LE FUR, *op. cit.*, n°502, p. 341 ; C. MERKIN et B. DE SAINT-MARS, « La garantie de bonne fin de la chambre de compensation du marché des valeurs mobilières », *article précité*, p. 70.

3 G. CORNU (dir.), *Vocabulaire juridique*, *op. cit.*, V° Fin.

4 M. ROUSSILLE, *op. cit.*, n°764, p. 333.

5 Ph. MARINI, *Rapport fait au nom de la commission des finances, du contrôle budgétaire et des comptes économiques de la Nation sur le projet de loi de modernisation des activités financières*, Doc. Sénat, Rapport, n° 254, p. 186.

le prix à l'adhérent-vendeur, sans que la défaillance de l'un ne la délie de ses obligations à l'égard de l'autre[1]. Ainsi, la chambre de compensation garantit contractuellement la bonne fin de l'opération à compter de son enregistrement.

915. Instituée au profit des adhérents de la chambre de compensation, la garantie de bonne fin couvre le risque de contrepartie, c'est-à-dire l'absence de livraison ou de paiement des titres[2], dans la mesure où elle donne à son bénéficiaire la garantie d'une parfaite exécution de l'opération à l'échéance. D'origine réglementaire, la garantie de bonne fin dépend donc des relations contractuelles entre la chambre et ses adhérents[3]. Elle apparaît « *comme une garantie automatique, comme une garantie de plein droit* »[4].

916. La garantie de bonne fin joue en cas de défaillance d'un adhèrent, au profit des adhérents qui ont exécuté leurs propres obligations, dès lors que la transaction a été enregistrée[5]. Si l'obligation inexécutée est une obligation de livraison, la chambre de compensation se procure les titres financiers sur le marché pour les livrer à l'adhérent créancier. Si l'état du marché ne le lui permet pas, la chambre de compensation verse à l'adhèrent une compensation pécuniaire, dont le montant est calculé sur la base du prix du marché de l'instrument financier concerné. De même, lorsque la livraison de valeurs mobilières est impossible, la chambre de compensation se réserve le droit de livrer d'autres valeurs mobilières[6].

917. La garantie de bonne fin se caractérise par sa nature juridique controversée **(A)** et par son rôle, qui a subi une évolution pour être distinguer de celui d'un débiteur principal ordinaire **(B).**

A- La nature juridique controversée de la garantie de bonne fin

918. La garantie de bonne fin a donné lieu à divers débats doctrinaux, avant et même après l'évolution de cette notion dans les textes. Avant l'évolution, lorsque son existence ne faisait pas doute, la nature juridique de la garantie de bonne fin de la chambre de compensation était controversée donnant lieu à de multiples qualifications[7]. Si la doctrine a proposé plusieurs qualifications **(1)**, il nous semble que la garantie de bonne fin est une sûreté personnelle *sui generis* **(2)**.

---

[1] Art. 4.7.1.2. Règles de fonctionnement de Clearnet.

[2] Arts. 541-29 RG AMF et 1.3.2.6 des règles de la compensation de LCH.Clearnet SA.

[3] Rapport de Ph. MARINI, Rapporteur Général de la Commission des finances du Sénat, Doc. Parl. Sénat (session ordinaire 1995-1996), n° 254, p. 186 ; I. RIASETTO, *Les garanties des contrats à terme négociés sur le MATIF*, Thèse Strasbourg III, 1999, n° 1003, p. 629.

[4] Th. BONNEAU et F. DRUMMOND, *op. cit.*, n° 923, p. 700. ; **Contra**. H. De VAUPLANE et J-P. BORNET, *op. cit.*, n° 271-1, p. 273. Ces auteurs estiment à l'inverse que la chambre de compensation est parfaitement libre de donner ou de ne pas donner sa garantie, ils estiment que « *la loi, tout comme le règlement général du C.M.F., ne font pas obligation à une chambre de compensation d'apporter sa garantie de bonne fin* ».

[5] Art. 1.3.2.5 al. 2 et 3 des règles de la compensation LCH.Clearnet.

[6] V. A.-C. ROUAUD, op. cit., n°617, p. 374.

[7] Th. BONNEAU et F. DRUMMOND, *op. cit*, n° 924, p. 701, n° 925, p. 702; A.-V. DELOZIERE-LEFUR, *op. cit.*, n° 508, p. 345.

1. Les qualifications proposées

919. Certains auteurs, qui se focalisent sur l'objet de la garantie, ont essayé de présenter quelques qualifications de la garantie de bonne fin qui n'emportent pas conviction compte tenu du caractère *sui generis* de la garantie.

920. Selon les partisans de la qualification de cautionnement[1] pour la garantie de bonne fin[2], la chambre de compensation s'engage, à titre accessoire, à exécuter la dette d'autrui et à payer notamment la dette de ses adhérents en cas de défaillance. Partisante de cette qualification, la professeure MULLER estime que la garantie de bonne fin présente un caractère accessoire. L'auteure s'appuie dans son analyse sur le fait que l'objet de la garantie n'est ni plus ni moins que l'exécution des obligations des parties à la transaction, exécution dans laquelle la chambre se substitue à la partie défaillante[3]. L'objet de l'obligation du garant est calqué sur celui du débiteur principal, et aucun principe d'inopposabilité des exceptions n'est posé[4], la Chambre se réservant au contraire la possibilité d'invoquer l'exception d'inexécution de ses propres obligations par le créancier ainsi que la force majeure[5]. L'auteur a pu conclure enfin que : «*parmi les différentes institutions, celle du cautionnement nous semble être la plus compatible avec le régime juridique de cette garantie particulière*»[6].

921. Pour s'opposer à cette qualification, la professeure RIASSETTO estime que la chambre de compensation, au titre de la garantie de bonne fin, ne garantit pas l'exécution d'une obligation principale, mais couvre un risque, celui qui est encouru du fait de l'inexécution de l'obligation. En s'appuyant sur le fait que la chambre ne s'engage pas seulement à payer une somme d'argent, mais peut être amenée à livrer un actif à l'échéance, l'auteur a pu conclure que la livraison de l'actif ne peut être effectuée par le garant qu'au titre d'une réparation en nature du préjudice subi par le bénéficiaire, non au titre du

---

[1] Le cautionnement est un contrat unilatéral par lequel « *une caution s'oblige envers le créancier à payer la dette du débiteur en cas de défaillance de celui-ci* », art. 2288 du C. civ., modifié par **l'ordonnance n°2021-1192 du 15 septembre 2021** et entré en vigueur le 1er janvier 2022. Sur le cautionnement, V. L. AYNES, P. CROCQ et A. AYNES, *op. cit., loc.cit.* ; M. MEKKI, « L'ordonnance n° 2016-131 du 10 février 2016 portant réforme du droit des contrats, du régime général et de la preuve des obligations », D., 2016 p. 494 ; M.-P. DUMONT-LEFRAND, « L'incidence de la réforme du droit des contrats sur le régime des garanties », AJ contrat, 2017, p. 254 ;C. ALBIGES, « La réforme du droit des contrats et la formation du contrat de cautionnement », AJ contrat 2017, p. 248.

[2] A.-C. MULLER, *op. cit.*, n° 473, p. 373 ; S. PRAICHEUX, Les sûretés sur les marchés financiers, préf. A. Ghozi, Ed. Banque, 2004, n°158 et s., pp. 105 et s. ; D. ROBINE, Sécurité des marchés financiers face aux procédures collectives, LGDJ, Bibl. droit privé, t. 400, préf. P. Le CANNU, 2003, n°632, p. 360.

[3] A.-C. MULLER, *op. cit., loc. cit.*

[4] La fragilité du cautionnement, la plus classique des garanties personnelles, provient de son caractère accessoire. Comme la caution s'engage à payer l'obligation principale, elle peut donc opposer au créancier toutes les exceptions qui lui sont attachées. En analysant la garantie de bonne fin comme un cautionnement, la chambre pourrait théoriquement invoquer les exceptions opposables par l'adhérent défaillant.

[5] V. les arts. 1.3.3.4 et 1.3.3.8 des règles de la compensation LCH. Clearnet SA.

[6] A.-C. MULLER, *op. cit.*, n° 467, p. 354.

paiement de la dette d'autrui[1]. Du coup, « *le caractère accessoire, pierre angulaire du cautionnement, fait défaut aux sûretés personnelles étudiées en raison de leur caractère indemnitaire fondant l'indépendance de l'engagement des garants* ». La professeure RIASSETTO conclut son analyse en qualifiant la garantie de bonne fin de garantie indemnitaire[2], plus précisément, de promesse de porte-fort sûreté[3].

922. En se basant sur le caractère indépendant de la garantie de bonne fin, un autre auteur[4]a retenu une autre qualification. Selon madame la professeure ROUSSILLE, la garantie de bonne fin tend moins à assurer l'exécution d'une obligation au profit d'un créancier, que le dénouement d'une opération collective. La garantie de bonne fin ne peut pas être un cautionnement à cause de l'inopposabilité des exceptions. Il ne s'agit pas non plus d'une garantie indemnitaire car la Chambre intervient avant la réalisation de tout préjudice[5]. La qualification la plus proche serait celle de garantie autonome[6].

2. La garantie de bonne fin, une sûreté personnelle sui generis

923. La divergence doctrinale sur la nature juridique de la garantie de bonne fin de la chambre de compensation nous conduit à retenir son caractère *sui generis*. Les professeurs Th. BONNEAU et F. DRUMMOND estiment, à juste titre, « *qu'il s'agit d'une sûreté personnelle sui generis dont on doit rappeler qu'elle est liée, dans les textes, à l'enregistrement des négociations dont l'effet est moins de rendre la chambre de compensation partie aux transactions conclues que garante de leur bonne exécution* »[7].

924. Tout en reconnaissant que : « *la garantie de bonne fin a pu être analysée comme un contrat de cautionnement dès lors que la chambre de compensation s'engage à titre accessoire à payer la dette de ses adhérents en cas de défaillance* »[8], le professeur LEFUR estime que : « *la garantie de bonne fin revêt un caractère sui generis* ». Elle considère, en effet, que le garant de bonne fin n'est pas fourni par le débiteur et reste plus tenu que celui-ci. La chambre ne contracte pas ainsi une obligation de couverture car la dette qu'elle garantit n'est ni future ni éventuelle, mais une obligation de règlement, quelles que soient les causes de l'inexécution des obligations initialement stipulées[9].

---

[1] I. RIASSETTO, *thèse précitée*, n° 1030, p. 648. **Contra.** A.-C. MULLER, *op. cit.*, n° 473, p. 373.

[2] En se référant au principe d'inopposabilité des exceptions, l'auteur estime que : «*le caractère personnel et autonome de son engagement ne saurait être compatible avec l'opposabilité des exceptions inhérentes à la dette*». Elle souligne toutefois, en toute objectivité, que «*les textes ne comportent aucune disposition permettant d'étayer le principe de l'inopposabilité des exceptions tirées des contrats garantis*». On peut même, à l'inverse, constater que la chambre se réserve la possibilité d'invoquer l'exception d'inexécution des obligations du créancier ou la force majeure, I. RIASSETTO, *thèse précitée*, n° 1047, p. 653.

[3] *Ibid.*, n° 1128, p. 712.

[4] M. ROUSSILLE, *op. cit.*, n°767, p. 334.

[5] *Ibid.*, n°768, p. 335.

[6] *Ibid.*, n°769, p. 336.

[7] Th. BONNEAU et F. DRUMMOND, *op. cit.*, n° 924, p. 701, n° 925, p. 702.

[8] A.-V. DELOZIERE-LEFUR, *op. cit.*, n° 508, p. 345.

[9] *Ibid, loc. cit.*

B- L'évolution de la garantie de bonne fin de la chambre de compensation

925. La garantie de bonne fin de la chambre de compensation a connu une évolution considérable en droit des marchés financiers français. En effet, depuis la loi de modernisation des activités financières du 2 juillet 1996, la garantie de bonne fin n'est plus inscrite dans la loi[1]. C'est pour des raisons de mise en conformité avec le droit européen que la garantie de bonne fin n'a pas été reprise depuis cette loi[2]. Il n'est pas impossible, en fait, que le législateur français ait dû la sacrifier « *au nom de l'harmonisation des législations européennes* »[3]. Sans citer, lui aussi, la garantie de bonne fin, le règlement général de l'AMF a laissé aux chambres de compensation une certaine liberté pour organiser les garanties qu'elles accordent à leurs adhérents[4].

926. La référence à la garantie de bonne fin a progressivement disparu des règles de la compensation[5]. En effet, dans leur version du 18 juillet 2005, les règles de LCH. Clearnet SA employaient expressément les termes de garantie de bonne fin dans l'article 1.3.6.4. Cette référence a été supprimée dans les versions ultérieures de ces règles, mais le terme « garantie » était encore utilisé dans les versions ultérieures jusqu'à la version du 25 février 2010[6], quand toute référence à la garantie de bonne fin semble avoir disparu des règles de compensation de LCH SA[7].

927. L'évolution de la garantie de bonne fin de la chambre de compensation en droit français a poussé une partie de la doctrine à s'interroger sur l'avenir de cette garantie[8], d'autant plus que la question de la qualification de la garantie de bonne fin est étroitement liée à celle de la nature juridique de l'intervention de la chambre de compensation. Son rôle correspond-il à celui d'une contrepartie centrale en devenant l'acheteur vis-à-vis de tout vendeur et le vendeur vis-à-vis de tout acheteur ? Ou serait-elle la « garante », dont l'engagement repose sur un rapport juridique distinct de celui résultant de l'obligation principale garantie et

---

1 La garantie de bonne fin figurait dans la loi de 1885 relative aux marchés à terme. Pour plus de détails sur l'historique de la garantie de bonne fin, voir notamment M. ROUSSILLE, *op. cit.*, n°756, p. 330 ; I. RIASSETTO, *thèse précitée*, n°972, p. 611.

2 V. Rapport Marini, Doc. Sénat 1995-1996, n°254, p. 186, évoquant le fait que la garantie de bonne fin, pour des raisons d'harmonisation des législations européennes, n'est pas reprise par la loi du 2 juillet 1996.

3 I. RIASETTO, *thèse précitée*, n° 1002, p. 628 ; H. De VAUPLANE et J.-P. BORNET, *op. cit.*, n° 271-1, p. 273.

4 Art. 541-25, RG AMF.

5 Sur la disparition de la garantie de bonne fin des règles de compensation, voir A.-C. ROUAUD, « Retour sur la nature de l'intervention de la chambre de compensation : garante ou contrepartie centrale ? », RTDF, 2010, n°3, p. 142.

6 Le terme « garantie » était utilisé dans l'intitulé d'une rubrique « *A2 : Étendu de la garantie* ». Ce terme a été supprimé par la version du 25 février 2010 des règles de compensation de LCH SA, l'intitulé de la rubrique est désormais, « *Étendu des obligations de LCH. Clearnet SA* ».

7 T. BONNEAU, P. PAILLER, A.-C. ROUAUD, A. TEHRANI et R. VABRES, *op. cit.*, n°1381, p. 903.

8 *Ibid, loc. cit.*, selon les auteurs, « *face à cette évolution y a-t-il encore lieu de parler de la garantie de bonne fin de la chambre de compensation ?* ».

vient adjoindre un second débiteur (la chambre de compensation) au débiteur principal (l'adhérent) ?

928. Avec l'article L.440-1 du Code monétaire et financier, tel que modifié par l'article 84 de la loi n° 2019-486 du 22 mai 2019, la question est aujourd'hui tranchée en faveur de la qualification de contrepartie centrale au sens du règlement EMIR[1], non pas celle de garante. Dès lors, la garantie assurée par la chambre de compensation est un simple effet de son interposition, c'est-à-dire de sa qualité de contrepartie centrale et non une sûreté qui dérive de sa qualité de garante. De ce fait, on comprend la pertinente remarque du professeur RIASSETTO qui affirme que : « *l'expression « garantie de bonne fin » recouvre en fait deux notions : dans certains cas, elle désigne une véritable sûreté personnelle et dans d'autres l'effet de garantie produit par le mécanisme qui confère à la chambre sa qualité de contrepartie* »[2].

929. Or, malgré la qualification expresse de la chambre de compensation de contrepartie centrale par les textes, notamment par le règlement EMIR, il nous semble que le rôle de la chambre reste un peu flou et ne ressemble pas à celui d'un débiteur ordinaire, pour plusieurs raisons.

930. D'abord, l'article 50, § 2, du règlement EMIR, alimente l'ambigüité sur le rôle de la chambre de compensation. En effet, cet article impose aux contreparties centrales de préciser « si elles sont tenues d'effectuer ou de recevoir la livraison d'un instrument financier », ce qui correspond bien à la qualité de débiteur principal », ou « si elles indemnisent les participants pour les pertes subies au cours de la livraison », ce qui correspond davantage au rôle d'un garant.

931. Ensuite, dans le cas où les adhérents compensateurs assumeraient effectivement leurs obligations, et c'est le cas courant, la transaction est alors « *blanche pour la chambre de compensation, qui apparaît ainsi moins comme une véritable partie que comme un débiteur subsidiaire* »[3]. On peut ainsi conclure que la chambre n'a pas vocation à assumer les obligations résultant de la transaction enregistrée et que seuls les adhérents compensateurs en sont tenus[4] ; ce qui explique d'ailleurs l'existence des fonds de garanties[5].

932. Enfin, l'article 4.5.2.7 des règles de la compensation LCH Clearnet SA présente l'ensemble de moyens qui doivent être mis en œuvre par la chambre

---

[1] Art. 2, 1° du règlement (UE) n° 648/2012 du Parlement européen et du Conseil du 4 juillet 2012 sur les produits dérivés de gré à gré, les contreparties centrales et les référentiels centraux.

[2] I. RIASETTO, *thèse précitée*, n° 89, p. 72 ; **Contra.** D. ROBINE, *op.cit.*, n°357, p. 196 ; M. ROUSSILLE, *op.cit.*, n°188, p. 94.

[3] T. BONNEAU, P. PAILLER, A.-C. ROUAUD, A. TEHRANI et R. VABRES, *op. cit.*, n°1382, p. 904.

[4] *Ibid., loc. cit.*

[5] La constitution des fonds de défaillance constitue une technique classique de gestion des risques. Les contreparties centrales doivent constituer au moins un fond de défaillance destiné à couvrir les pertes, résultant de défaillance d'un ou de plusieurs adhérents compensateurs. LCH SA a ainsi constitué trois fonds de gestion de la défaillance distincts (art. 4.3.0.1 des règles de la compensation de LCH SA).

de compensation pour exécuter ses engagements en cas de défaillance d'un adhérent. Elle doit utiliser, en premier lieu, le « collatéral » déposé par l'adhérent compensateur défaillant à titre de couverture[1], ou tout autre collatéral ou surplus d'actif déposé par cet adhérent, ou toute garantie à première demande émise en garantie de ses engagements[2]. En second lieu, la chambre utilise la contribution individuelle de ce même adhérent au fonds de gestion de la défaillance[3]. En dernier lieu, elle utilise des ressources propres spécialement affectées[4] avant la contribution des autres adhérents compensateurs au fonds de gestion de la défaillance[5]. Par conséquent, l'intervention de la chambre de compensation en cas de défaillance d'un adhérent consiste donc au premier chef à réaliser les garanties réelles et à appeler les garanties personnelles fournies par le débiteur, et ce n'est qu'en cas où ces ressources s'avèreraient insuffisantes qu'elle emploie des ressources propres[6]. « *Curieuse garantie personnelle que celle qui consiste à mobiliser les garanties réelles fournies par le débiteur pour exécuter l'obligation pour laquelle il s'avère défaillant* »[7].

933. En définitif, bien que la chambre de compensation soit expressément qualifiée de contrepartie centrale par les textes, son rôle se démarque de celui d'un débiteur principal ordinaire. L'ambigüité que pose la garantie de bonne fin nous conduit légitimement à s'interroger sur l'avenir de cette notion en droit des marchés.

§2 - La garantie de bonne fin des transactions réalisées sur le marché financier tunisien

934. En droit tunisien, la loi n° 94-117 du 14 novembre 1994, portant réorganisation du marché financier a créé le dépositaire central de titres[8]. Le règlement du conseil du marché financier relatif au dépositaire central des titres, tel qu'approuvé par l'arrêté du ministre des finances du 12 janvier 2016[9] vient, par la suite, détailler le rôle de ce dépositaire central, dénommé « Tunisie clearing ». Les règles relatives à la garantie de bonne fin des négociations réalisées sur le marché de négociation utilisant la plateforme de cotation électronique, sont expliquées dans les règles de fonctionnement de Tunisie Clearing[10].

---

1 Art. 4.5.2.7, (i), Règles de la compensation de LCH SA.

2 Art. 4.5.2.7, (ii), Règles de la compensation de LCH SA.

3 Art. 4.5.2.7, (iii), Règles de la compensation de LCH SA. C'est également l'article 42 §2 qui fait référence au fonds de défaillance.

4 Art. 4.5.2.7, (iv), Règles de la compensation de LCH SA.

5 Art. 4.5.2.7, (v), Règles de la compensation de LCH SA.

6 T. BONNEAU, P. PAILLER, A.-C. ROUAUD, A. TEHRANI et R. VABRES, *op. cit.*, n°1382, p. 905.

7 M. ROUSSILLE, *op. cit.*, n°771, p. 337.

8 V. les arts. 77, 78 ,79 et 80 de la loi n°94-117 du 14 novembre 1994.

9 *JORT* n°6 du 19 janvier 2016, p. 150.

10 La dernière mise à jour de ces règles date du 25 septembre 2020.

935. La garantie de bonne fin se caractérise en droit tunisien par la mise en place d'une procédure préalable spécifique prouvant le rôle limité de Tunisie clearing **(A)** qui précède l'intervention des fonds de garantie **(B)**.

A- Une procédure préalable spécifique

936. Le jour du règlement-livraison, Tunisie Clearing peut se trouver dans l'impossibilité de dénouer un ou plusieurs mouvements en raison soit d'un défaut de titres **(1)** soit d'un défaut d'espèces **(2)**.

1. L'impossibilité de dénouement à cause d'un défaut de titres

937. Dans le cas de l'impossibilité de dénouement à cause d'un défaut de titres, le règlement de parquet de la bourse de Tunis[1] a établi plusieurs étapes à respecter, par Tunisie clearing, avant de faire impliquer les fonds de garantie.

938. La première étape consiste dans la notification du défaut de titres par Tunisie clearing aux autres acteurs de la Bourse. Assurément, Tunisie clearing est dans l'obligation, dans le cas d'une impossibilité de dénouement à cause d'un défaut de titre, d'informer l'intermédiaire qui n'a pu livrer les titres qu'il a vendus sur le marché, sa ou ses contreparties, la Bourse des Valeurs mobilières de Tunis, ainsi que le Conseil du Marché Financier[2].

939. La deuxième étape est l'assignation de l'intermédiaire défaillant. Dès que la Bourse est informée du défaut de titres, elle met immédiatement en demeure l'intermédiaire défaillant de régulariser sa situation et informe aussitôt le Conseil du Marché Financier. L'intermédiaire concerné doit tout mettre en œuvre pour trouver les titres. S'il y parvient, il en informe immédiatement la Bourse. Si, à l'issue du troisième jour de bourse qui suit la date de dénouement normalisée, le défaut n'est toujours pas résolu, la Bourse déclenche la procédure de rachat pour le compte de l'intermédiaire défaillant[3].

940. Lors de la mise en œuvre de la procédure de rachat, la Bourse informe l'ensemble des intermédiaires que, le lendemain, elle cherchera à racheter, pour le compte de l'intermédiaire défaillant, les titres manquants[4]. Le cours proposé pour racheter les titres est au moins égal au cours de négociation des titres manquants. Les intermédiaires en bourse transmettent à la Bourse les ordres de vente dont ils sont dépositaires, dans les conditions techniques et les délais qu'elle a fixés. Seuls les ordres au cours indiqué par la Bourse sont acceptés. La Bourse rachète les titres aux intermédiaires qui communiquent leur offre, selon la règle du premier venu - premier servi.

941. Si, à l'issue de la tentative de rachat, les titres n'ont pas été acquis, commence la quatrième étape par l'application de la clause résolutoire. En effet,

---

1 V. art. 11 du Règlement de parquet de la bourse de Tunis (arrêté par le conseil d'administration de la bourse du 26 novembre 2020, approuvé par le collège du conseil du marché financier réuni le 25 mars 2021 et applicable à partir de la date de mise en production de la nouvelle plateforme de cotation optiq®).

2 Art. 11.1.1 du Règlement de parquet de la bourse de Tunis susmentionné.

3 Art. 11.1.2 du Règlement de parquet de la bourse de Tunis susmentionné.

4 Le rachat se fait aux conditions de cours suivantes :
- dernier cours coté ou cours indicatif connu + 20 % pour les titres de capital ;
- dernier cours coté ou cours indicatif connu + 4 % pour les autres titres.

la Bourse déclare ainsi que la négociation d'origine se limite à la livraison de titres disponibles et que le reliquat de la négociation d'origine se résout en versement d'espèces au lieu d'une livraison de titres. Elle en informe le Conseil du Marché Financier et Tunisie Clearing. L'intermédiaire en bourse défaillant doit verser à sa ou ses contreparties acheteurs, un montant en espèces[1]. L'intermédiaire en bourse, n'ayant pas reçu livraison des titres acquis sur le marché, applique à ses clients la clause résolutoire et leur reverse, à titre d'indemnité, la somme prévue à l'article précédent.

942. Il est à noter que dans le cas où une procédure de rachat serait mise en œuvre, la différence entre le cours payé par la Bourse pour racheter les titres et résoudre le suspens et le cours de la négociation d'origine est supportée par l'intermédiaire défaillant[2]. Sauf dans le cas où la clause résolutoire s'appliquerait, l'intermédiaire défaillant verse à sa contrepartie acheteur, à titre de dommages-intérêts, une somme égale à deux fois le dernier taux du marché monétaire publié par la Banque Centrale de Tunisie, calculée au *prorata temporis* sur la base du montant de la négociation. A titre de pénalité, l'intermédiaire en bourse défaillant verse à la Bourse une somme forfaitaire de 100 dinars pour couvrir les frais administratifs engendrés par le suspens. Dans l'hypothèse où l'intermédiaire vendeur défaillant ne pourrait régler les montants prévus au présent article, le Fonds de Garantie de Marché s'en substitue[3].

2. L'impossibilité de dénouement à cause d'un défaut d'espèces

943. Dans le cas d'une impossibilité de dénouement à cause d'un défaut d'espèces, une autre procédure spécifique devrait être lancée avant l'intervention des fonds de garantie.

944. La première étape consiste dans la notification du défaut d'espèces. De fait, si le jour du règlement-livraison, Tunisie *Clearing* n'a pu dénouer un ou plusieurs mouvements en raison d'un défaut espèces, elle informe l'intermédiaire qui n'a pu payer les titres qu'il avait acquis sur le marché, sa contrepartie, la Bourse et le Conseil du Marché Financier. Dès que la Bourse est informée du défaut d'espèces, elle mettra immédiatement en demeure l'intermédiaire défaillant de régulariser sa situation et informe aussitôt le Conseil du Marché Financier. Dès sa notification, l'intermédiaire défaillant doit tout mettre en œuvre pour trouver les espèces. S'il y parvient, il en informe immédiatement la Bourse.

945. La deuxième étape réside dans la fermeture de l'accès au système de cotation à titre conservatoire. Si, à l'issue du deuxième jour de bourse qui suit la date de dénouement normalisé, le défaut n'est toujours pas résolu, la Bourse ferme, à titre conservatoire, l'accès au système de cotation à l'intermédiaire défaillant. Elle en informe immédiatement le Conseil du Marché Financier. Le

---

[1] Ce montant est égal à :
- 60 % du montant de la négociation d'origine pour les titres de capital ;
- 13 % du montant de la négociation d'origine pour les autres titres.

[2] Les frais et les coûts liés à l'opération de rachat sont aussi supportés par l'intermédiaire défaillant.

[3] Art. 11.1.5 du règlement de parquet de la bourse de Tunis susmentionné.

Fonds de Garantie de Marché se substitue alors à l'intermédiaire défaillant pour couvrir ses engagements de paiement contre livraison.

946. La liquidation des positions est la dernière étape de cette procédure spécifique. Effectivement, si un autre défaut d'espèces est constaté et/ou que l'intermédiaire ne verse pas l'appel de contribution au Fonds de Garantie de Marché au cours des deux journées de bourse qui suivent la décision de fermeture de l'accès au système de cotation, l'administration Technique du Fonds de Garantie de Marché liquide ses positions.

947. Comme dans le cas de défaut de titres, l'intermédiaire défaillant en espèces verse à sa contrepartie, à titre de dommages-intérêts, une somme égale à deux fois le dernier taux du marché monétaire publié par la Banque Centrale de Tunisie, calculée au *prorata temporis* sur la base du montant de la négociation. S'il ne peut payer, le Fonds de Garantie de Marché se substitue à lui. A titre de pénalité, l'intermédiaire en bourse défaillant verse à la Bourse une somme forfaitaire de 100 dinars pour couvrir les frais administratifs engendrés par le suspens. Même si l'intermédiaire défaillant, avant que ne se soit prononcé le retrait de son agrément, a pu trouver les espèces manquantes et résoudre son suspens, le Conseil du Marché Financier peut prendre des sanctions contre lui.

B- L'intervention des fonds de garantie

948. Il existe en droit du marché financier tunisien deux fonds de garanties qui doivent être constitués par les intermédiaires en bourse. Il s'agit du fonds de garantie de marché **(1)** et du fond de garantie de clientèle **(2).**

1. Le fonds de garantie de marché (FGM)

949. Le fonds de garantie de marché est régi par les articles 12 à 21 du règlement général de la BVMT. L'article 12 de ce règlement prévoit que : *« Les intermédiaires en bourse doivent constituer un Fonds de garantie de marché destiné exclusivement à garantir entre eux, la bonne fin des opérations négociées sur le marché, en cas de défaillance de règlement ou de livraison, et ce, après épuisement des autres voies et moyens prévus par la réglementation boursière. L'administration du Fonds est assurée par l'Association des Intermédiaires en Bourse »*[1].

950. Le fonds de garantie de marche est créé par les intermédiaires en Bourse et alimenté par leurs contributions. Ce fonds est exclusivement destiné à garantir entre eux la bonne fin des transactions sur le marché[2]. Disposant d'une comptabilité distincte de celle de la Bourse des valeurs mobilières de Tunis (B.V.M.T)[3], le fonds est créé sous forme d'une société en participation, il est

---

[1] Le règlement du Fonds est établi par l'Association des Intermédiaires en Bourse et approuvé par le CMF.

[2] Tout intermédiaire habilité à négocier sur le marché doit être membre du Fonds de Garantie de Marché. Chaque intermédiaire doit notamment régler les appels de contribution dans les délais prévus par le fonds.

[3] Le fonds de garantie de marché doit être doté d'une comptabilité distincte de celle de la Bourse afin d'éviter, en cas de faillite du fonds (cas extrême), que la Bourse ait à engager ses propres actifs. Inversement, les capitaux collectés par le Fonds de Garantie de Marché ne peuvent être utilisés par la Bourse pour ses propres besoins.

dépourvu de la personnalité morale, et il remplit de multiples fonctions[1]. L'administration technique du Fonds de Garantie de Marché est confiée à la B.V.M.T, pour le compte de l'association des intermédiaires en bourse (A.I.B)[2] en vertu d'une convention de transfert du mandat d'administration technique du Fonds de Garantie de Marché signée entre l'A.I.B et la B.V.M.T. L'intervention du fonds est importante **(a)** malgré ses limites **(b)**.

a- L'importance de l'intervention du fonds

951. La mise en place d'un Fonds de Garantie de Marché pour les opérations réalisées sur un marché dirigé par les ordres est essentielle. Il s'agit en effet de s'assurer que les transactions seront effectivement dénouées et que la défaillance d'un intermédiaire ne portera pas préjudice à d'autres intermédiaires (risque de contrepartie) ni à l'ensemble de la profession (risque systémique). Connu de tous ceux qui s'intéressent à la matière, le risque de contrepartie est celui subi par un intermédiaire dont la contrepartie n'est plus en mesure d'honorer ses engagements de paiement contre livraison. En effet, un intermédiaire vendeur qui livre, à la suite d'une négociation en Bourse, les titres à sa contrepartie acheteuse sans recevoir le règlement simultané subit un déficit de trésorerie. Réciproquement, un intermédiaire qui réalise le paiement correspondant à son achat sans recevoir la livraison immédiate des titres réalise, en quelque sorte, une avance de trésorerie à sa contrepartie. En outre, l'intermédiaire n'est aucunement assuré que le règlement ou la livraison auront effectivement lieu. Il court donc un risque de contrepartie. En l'absence de mécanismes de garantie, le paiement des espèces et /ou la livraison des titres que l'intermédiaire défaillant s'était engagé à réaliser lors des dernières séances de négociation n'auront pas nécessairement lieu. On imagine aisément que le préjudice subi serait tel, que l'intermédiaire qui se trouve face à une contrepartie défaillante ne puisse plus honorer ses propres engagements et soit à son tour défaillant. Par effet de domino, l'ensemble des intervenants est menacé, le

---

[1] Les fonctions du fond de garantie de marché se résument comme suit :

- S'assurer que les contributions versées par un intermédiaire figurent bien à son compte courant.
- Placer la totalité des fonds qui lui sont confiés dans des instruments sans risque (marché monétaire, comptes courants rémunérés, etc...) afin que les intermédiaires tirent un revenu des fonds qu'ils ont immobilisés.
- Informer la Bourse du niveau des provisions de chaque intermédiaire.

[2] L'association des intermédiaires en bourse est un acteur important parmi les acteurs du droit des marchés financier instituée par l'article 61 de la loi du 14 novembre 1994. Selon cet article, les intermédiaires en bourse sont tenus de constituer une association chargée de les représenter collectivement pour faire valoir leurs droits et intérêts communs et de donner son avis sur les questions intéressant la profession et de faire toute proposition concernant le développement du marché financier. L'association est également chargée d'administrer le fonds de garantie du marché. Elle doit donner son avis pour tout agrément d'un nouvel intermédiaire en bourse ainsi que pour sa suspension ou son retrait. L'association est un interlocuteur incontournable pour le CMF, la BVMT et les pouvoirs publics. L'adhésion à l'association est obligatoire. Ses statuts sont préalablement agréés par le Ministre des Finances après avis du Conseil du Marché Financier.

risque de contrepartie se transformant rapidement en risque systémique. Qualifié de systémique, ce risque peut affecter toute la sécurité du système car il provient de son caractère collectif. En effet, dans un cadre bilatéral, chaque partie ne court que le risque de défaillance de l'autre. Mais dans un cadre multilatéral, tous les participants sont interdépendants et exposés au risque de défaillance de l'un d'eux, et la défaillance de l'un peut entraîner celles des autres[1].

952. L'intervention du fonds de garantie de marché se caractérise par une certaine souplesse. C'est ainsi que l'article 20 du RG BVMT prévoit que : « *l'intervention du Fonds de garantie de marché est subordonnée à la constatation, par l'organe chargé de la compensation, de la défaillance de l'intermédiaire en bourse* ». La souplesse apparaît du fait que l'intervention du fonds ne dépend que d'une simple constatation de la défaillance de l'intermédiaire de la part de Tunisie clearing dont le pouvoir se limite à constater un état de fait à savoir la défaillance de l'intermédiaire en bourse[2].

953. Si l'intermédiaire est jugé défaillant le jour J, le fonds s'engage à assurer la bonne fin des transactions réalisées sur le marché entre le jour de négociation et le jour de dénouement. La garantie du dénouement des opérations est assortie d'un risque de marché. Ce risque est lié à la variation du cours d'une valeur entre le jour de la négociation et le jour de dénouement effectif. En cas de défaut d'espèces, le fonds de garantie réglera la contrepartie de l'intermédiaire défaillant conformément aux termes de la négociation et recevra livraison des titres. Il reviendra au fonds de revendre ces titres. Le risque couru est alors de revendre les titres à un prix inférieur à celui de la négociation d'origine et de subir une perte. En cas de défaut de titres, le fonds de garantie achètera les titres manquants sur le marché. Une fois les titres acquis, le fonds les livrera à la contrepartie de l'intermédiaire défaillant contre règlement des espèces conformément aux termes de la négociation d'origine. Le risque couru est alors d'acquérir les titres à un prix supérieur à celui de la négociation d'origine et de subir une perte.

954. La couverture de ce risque de marché est réalisée par un mécanisme d'appel de contributions auprès des intermédiaires en Bourse. Chaque intermédiaire constitue, grâce à ses contributions, une provision au sein du fonds de garantie. Le montant de la provision est déterminé en fonction du risque de marché calculé sur l'ensemble des opérations qui sont en cours de dénouement[3].

955. Dans le cas extrême où la provision de l'intermédiaire ne suffit pas à couvrir la liquidation de l'ensemble de ses positions, le second principe retenu est celui de la mutualisation du risque qui signifie que l'ensemble des

---

[1] Sur ce type de risque, v. M. ROUSSILLE, *op. cit.*, n°21, p. 15.

[2] Ch. MZOUGHI, *op. cit.*, p. 361.

[3] La provision de chaque intermédiaire constitue, en quelque sorte, une garantie qu'il apporte au marché : en cas de faillite, le fonds pourra liquider ses positions, le cas échéant, en utilisant tout ou partie de sa provision afin de couvrir l'éventuelle acquisition de titres à un cours supérieur au cours de la négociation d'origine ou inversement, la vente de titres à un cours inférieur.

intermédiaires contribue de façon exceptionnelle au fonds afin de permettre l'apurement des suspens de l'intermédiaire défaillant[1].

b- Les limites de l'intervention du fonds de garantie de marché

956. Bien que la mise en œuvre du fonds de garantie de marché se caractérise par une certaine souplesse, ce qui favorise son intervention, le domaine d'action de ce fonds connaît des limites, qui constituent de véritables obstacles pour atteindre l'objectif de sécurité recherché. C'est ainsi qu'il est regrettable de relever certaines limites qui menacent la sécurité sur la marché.

957. D'abord, l'intervention du fonds de garantie de marché est prévue à titre complémentaire. En fait, en cas de défaut de titres ou d'espèces, le fonds n'intervient pas directement à titre principal, la procédure spécifique (déjà décrite) doit être respectée au préalable[2].

958. Ensuite, on constate que l'intervention du fonds ne couvre pas l'ensemble des titres négociés. Seules les opérations portant sur des valeurs négociées sur le marché central réglementé[3], sont couvertes par le fonds de garantie. Dès lors, les titres négociés hors marché central sont exclus du domaine du fonds, ce qui est confirmé par l'article 217 du RG BVMT. Les transactions de blocs sont aussi exclues du mécanisme de garantie du fonds conformément au second alinéa de l'article 113 du RG BVMT. Etant donné que les transactions de blocs sont réalisées hors marché central et que l'intermédiaire qui effectue une opération de blocs choisit sa contrepartie, et donc choisit son risque, le principe de couverture du risque de contrepartie déjà évoqué n'est donc plus justifié. Ces opérations sont automatiquement annulées dès qu'un suspens soit constaté[4]. Si le fondement légal de ces exclusions est clair, il n'en est pas de même s'agissant de leur opportunité surtout que le fonds constitue une véritable garantie pour la sécurité du marché.

959. Enfin, on remarque que l'intervention du fonds ne s'entend pas jusqu'au client de l'intermédiaire. En cas de défaillance de ce dernier, un autre fonds, qui concerne le dénouement des rapports directs intermédiaires-client, est destiné à intervenir à son secours.

---

[1] Pour ne pas avoir à supporter le risque de marché, le fonds de garantie appelle trois types de contributions auprès des intermédiaires : une contribution initiale ou "matelas" de sécurité ; des contributions régulières afin d'ajuster le montant de leur provision régulière à leur niveau de risque ; enfin, une contribution appelée de façon exceptionnelle lorsque l'apport initial et la provision régulière d'un intermédiaire défaillant ne suffisent pas à couvrir l'ensemble de ses obligations de règlement / livraison.

[2] Pour rappel, tout suspens de titres est géré selon la procédure de résolution des défauts des titres faisant l'objet d'une décision de la Bourse (délai accordé à l'intermédiaire pour trouver les titres manquants, assignation de l'intermédiaire, première procédure de rachat, etc...). Si, à l'issue de ladite procédure, les titres n'ont pu être trouvés, la transaction est annulée (clause résolutoire) et l'opération se résout par le paiement d'une indemnité au lieu d'une livraison de titres.

[3] On entend par marché central, le marché de négociation des valeurs admises aux opérations de la STICODEVAM (Actuellement Tunisie clearing) et cotées sur le Système de Cotation Electronique.

[4] Art. 110 RG BVMT (tel modifié par l'arrêté du Ministre des Finances du 15 avril 2008, art.1er).

2. *Le fonds de garantie de clientèle*

960. La consécration légale du fonds de garantie de clientèle remonte à la loi n° 94-117 du 14 novembre 1994, portant réorganisation du marché financier. L'article 62 de cette loi prévoit dans son alinéa premier que : « *Les intermédiaires en bourse doivent constituer un fonds de garantie destiné à intervenir au bénéfice de la clientèle du marché des valeurs mobilières et des produits financiers afin de couvrir les risques non commerciaux* ». L'alinéa second de cet article ajoute que les conditions de constitution, d'organisation, de fonctionnement et de contribution des intermédiaires et des intervenants ainsi que les conditions et limites d'intervention dudit fonds sont précisées par arrêté du Ministre des Finances. Depuis sa création juridique en 1994, le fonds de garantie de clientèle est resté inactif jusqu'au 1er avril 2009, date de publication de l'arrêté du ministre des finances fixant les conditions de constitution d'organisation et de fonctionnement du fonds de garantie clientèle du marché des valeurs mobilières et des produits financiers[1]. Si ce fonds est créé par les intermédiaires en bourse, sa gestion est confiée à la Bourse des Valeurs Mobilières de Tunis conformément à l'article 68 (9) de la loi de 1994. Par délégation du Conseil d'administration de la Bourse, la gestion du fonds est assurée par un comité de gestion[2]. Le fonds qui n'a pas la personnalité morale bénéficie de ressources financières variées[3].

961. L'intervention du fonds de garantie de clientèle est importante dans le processus de dénouement de l'opération de marché. Il y a lieu de s'arrêter sur l'étendue l'intervention de ce fonds **(a)** avant de présenter les justifications de cette intervention **(b)**.

a- L'étendue de l'intervention du fonds

962. Le Fonds de Garantie de la clientèle intervient pour garantir la clientèle des intermédiaires en bourse contre les risques non commerciaux. Force est de

---

[1] Le fonds est constitué le 06 mai 2009 par décision de l'Assemblée générale extraordinaire de la Bourse réunie le même jour. L'assemblée Générale extraordinaire établit le Règlement intérieur du fonds et le soumet au Conseil du Marché Financier pour avis. L'assemblée Générale extraordinaire autorise la publication sur le Site de la Bourse de la version définitive du Règlement intérieur du fonds et sa diffusion à l'ensemble des intermédiaires en bourse.

[2] Le comité de gestion du fonds est composé de cinq membres : le Directeur Général de la Bourse, le commissaire du Gouvernement, deux administrateurs désignés par le Conseil et le Chargé du département des services communs. Le Conseil d'administration de la Bourse désigne deux membres administrateurs suppléants. Le Comité se réunit au moins quatre fois par an pour la validation du rapport trimestriel relatif à la situation financière du fonds de garantie. Le fonds doit être doté d'une comptabilité distincte de celle de la Bourse.

[3] Les ressources du fonds proviennent de : - 5 % du montant des commissions perçues par la bourse des valeurs mobilières de Tunis sur les transactions boursières sur le marché ; - une contribution annuelle d'un montant de 1000 dinars versée par chaque intermédiaire en bourse avant la fin du mois de janvier de chaque année ; - des produits de placement des ressources du fonds. Les contributions versées au fonds ne sont pas restituables. L'entrée en activité d'un nouvel intermédiaire en bourse est soumise au règlement de la contribution annuelle d'un montant de 1000 dinars.

constater que ce fonds n'est pas en mesure de garantir tous les types de risque qui existent sur le marché, mais exclusivement les risques non commerciaux[1].

963. L'intervention du Fonds de Garantie de la clientèle est subordonnée à la constatation par le Conseil du Marché Financier de la défaillance d'un intermédiaire en bourse. En effet, le fonds intervient suite à un avis du collège du conseil du marché financier constatant la défaillance d'un intermédiaire en bourse d'honorer ses engagements. Publié au bulletin officiel du conseil du marché financier et au bulletin officiel de la bourse des valeurs mobilières de Tunis, cet avis comprend l'invitation des clients de l'intermédiaire en bourse à présenter leur demande d'indemnisation à la bourse des valeurs mobilières de Tunis.

964. Dès lors, le client de l'intermédiaire en bourse qui a failli à ses engagements tels que définis dans le présent règlement et qui sollicite l'intervention du fonds, doit déposer auprès de la bourse des valeurs mobilières de Tunis, une demande d'intervention accompagnée de toutes les pièces justificatives permettant de faire valoir ses droits, dans un délai ne dépassant pas trois mois à compter de la date de publication de l'avis du collège du conseil du marché financier constatant la défaillance. La bourse des valeurs mobilières de Tunis, se prononce sur les suites à donner aux demandes émanant des clients de l'intermédiaire en bourse défaillant, dans un délai maximum d'un mois, à compter de l'expiration du délai précédemment mentionné. La bourse des valeurs mobilières de Tunis transmet au conseil du marché financier un rapport détaillé comprenant un état des demandes qui lui sont parvenues, ainsi que les indemnisations qu'elle a décidé d'octroyer aux demandeurs par prélèvements sur les ressources du fonds et ce, pour les demandes remplissant les conditions d'intervention du fonds. Le rapport de la bourse des valeurs mobilières de Tunis, validé par le comité de gestion du fonds, est soumis pour avis au collège du conseil du marché financier qui ordonne, le cas échéant, le paiement des indemnisations[2].

---

[1] Sont en effet considérés des risques non commerciaux, les défaillances d'un intermédiaire en bourse d'honorer ses engagements concernant :

- la restitution des fonds déposés ou virés auprès de lui au profit de ses clients à quelque titre que ce soit ;
- le paiement des sommes d'argent suite à une négociation de valeurs mobilières ayant fait l'objet d'un ordre transmis conformément à la réglementation en vigueur ;
- le paiement de sommes d'argent suite à une transaction soumise à enregistrement à la bourse des valeurs mobilières de Tunis qui lui ont été versées ou virées par son cocontractant ;
- la livraison de valeurs mobilières à la suite de négociation,
- la livraison de valeurs mobilières à la suite d'une transaction soumise à enregistrement à la bourse des valeurs mobilières de Tunis qui lui ont été livrées par son cocontractant ;
- la restitution de valeurs mobilières émises par appel public à l'épargne et inscrites dans les comptes de ses clients.

[2] Il est à noter que la garantie du fonds ne peut dépasser un montant équivalent aux 2/3 de ses ressources disponibles. Le montant à servir est réparti entre les clients que la bourse des valeurs mobilières de Tunis a décidé d'indemniser au prorata des droits de chaque client dans la masse des créances éligibles à l'indemnisation, dans la limite de 30 mille dinars pour chaque client quel

965. La bourse des valeurs mobilières de Tunis est subrogée pour le compte du fonds à concurrence de l'indemnisation versée, dans les droits et actions de la personne indemnisée contre l'intermédiaire en bourse défaillant et le cas échéant, contre son assureur. La bourse des valeurs mobilières de Tunis est, en outre, et pour le compte dudit fonds, en droit de demander des intérêts calculés au taux légal en vigueur appliqué en matière commerciale ainsi que des frais de recouvrement. La bourse des valeurs mobilières de Tunis informe le conseil du marché financier des résultats de la subrogation quels qu'ils soient.

b- La justification de l'intervention du fonds

966. L'intervention du fonds peut être justifiée par plusieurs raisons.

967. D'une part, le règlement livraison d'une opération de marché est spécifique par rapport à l'exécution des obligations découlant d'un contrat de vente de droit commun. Le dénouement de l'opération du marché est « *superposé* »[1] puisque c'est l'intermédiaire en bourse qui est chargé d'exécuter les ordres d'achat et de vente sur le parquet en son nom personnel tout en transférant les effets de l'exécution, c'est-à-dire de la livraison des titres acquis ou le règlement des fonds reçus, à son client donneur d'ordres. Donc le règlement-livraison ne se fait pas directement au nom du client, mais au nom des intermédiaires qui se chargent par la suite de les transférer aux clients. Conformément à l'article 59 de la loi du 14 novembre 1994, « *les intermédiaires en bourse sont responsables à l'égard de leurs clients de la livraison et du paiement de ce qu'ils vendent et achètent sur le marché* ». Or, il se peut que l'intermédiaire ne veuille ou ne puisse exécuter ses obligations à l'égard de son client et que ce transfert de droits n'ait pas lieu. L'intervention d'un fonds de garantie est ainsi indispensable dans l'objectif de sécuriser le marché.

968. D'autre part, rappelons que la relation entre l'intermédiaire en bourse et son client est qualifiée de contrat de commission étant donné que l'intermédiaire accomplit l'opération pour le compte de son client mais il agit en son nom propre. Le contrat de commission est prévu par les articles 601 à 608 du Code de commerce. Néanmoins, la référence à ces textes relève l'insuffisance des solutions que prévoit le droit commun de la commission à régir tout le rapport entre l'intermédiaire en bourse et son client[2]. Ainsi, l'article 607 du Code de commerce oblige le commissionnaire à révéler au commettant le nom des tiers avec lesquels il a contracté pour que celui-ci puisse intenter une action directe contre les tiers. Mais, selon l'article 54 du décret n° 99-2478 du 1er novembre 1999, portant statut des intermédiaires en bourse[3], l'obligation d'information à la charge de l'intermédiaire en bourse n'englobe pas l'indication du nom du tiers. Malgré l'intérêt que présente cette action directe pour le commettant, elle semble être incompatible avec la nature des rapports

---

que soit le nombre de ses comptes sans que le total des montants versés ne puisse dépasser 90 % du montant concerné par l'indemnisation pour chaque client.

[1] Ch. MZOUGHI, *op. cit.*, p. 370.

[2] *Ibid.*, p. 372.

[3] Tel que modifié et complété par le décret n° 2007-1678 du 05 juillet 2007.

issus d'une opération de marché[1]. L'absence d'un recours directe contre le tiers peut être contrebalancée par l'intervention du fonds de garantie de clientèle[2].

969. Si en droit des contrats, la garantie est à la charge du vendeur, elle ne l'est pas dans l'opération de marché. Les parties à une transaction boursière ne garantissent pas directement leurs engagements. Le droit du marché financier fait triompher sa logique en présentant des garanties particulières. La chambre de compensation intervient ainsi par sa garantie de bonne fin, une garantie personnelle *sui generis*. De même, les intermédiaires en bourse interviennent avec une garantie aussi particulière : la garantie ducroire.

Section II : La garantie ducroire

970. La garantie ducroire, dont l'appellation résulte de l'italien « *del credere* », signifiant « *de la confiance* », est une technique contractuelle par laquelle « *un commissionnaire garantit au commettant l'exécution par la contrepartie du contrat qu'il a passé* »[3]. Le ducroire est donc un engagement de garantie[4], accessoire à un contrat d'entremise, de courtage, de mandat ou de commission. Le mandataire ou commissionnaire chargé de conclure un contrat avec un tiers pour le compte de son donneur d'ordres, garantit à celui-ci l'exécution de l'obligation par le tiers[5]. Sans le ducroire, la mission de l'intermédiaire se limite à la formation du contrat et sa responsabilité ne pourra être engagée que dans la mesure où le contrat projeté n'aura pas été conclu. Ici, il s'agit de l'hypothèse classique du défaut d'exécution de l'ordre de bourse, laquelle résulte généralement d'une absence de transmission. Le ducroire alourdit les obligations auxquelles donne naissance le contrat principal[6]. Sur les marchés financiers, l'obligation de ducroire est adossée à un contrat de commission[7]. Elle a donc pour finalité la sécurité des marchés réglementés et la protection des investisseurs sur ces mêmes marchés[8].

---

[1] L'insuffisance du droit commun de la commission se manifeste aussi par le fait que certaines questions auxquelles les articles 601 à 608 du Code de commerce n'apportent pas de réponse, restent en suspens. Il s'agit notamment des modalités et procédures selon lesquelles s'effectuent le règlement-livraison entre l'intermédiaire et son client. V. Ch. MZOUGHI, *op. cit.*, p.374.

[2] Ch. MZOUGHI, *op. cit.*, p.373.

[3] G. RIPERT et R. ROBLOT, *Traité de droit commercial*, *op. cit.*, n° 2652, p. 686 ; V. également la définition donnée par M. VIVANT, « *Convention de ducroire* », J-Cl. Contrats-distribution, fasc. 955, 1988, n° 6 ; Ph. SIMLER, Cautionnement et garanties autonomes, Ed. Litec, 3ème éd., 2000, n° 40. Pour cet auteur, «*une personne appelée ducroire se porte garante vis-à-vis de son cocontractant de la bonne fin d'une opération*», c'est «*la convention par laquelle un intermédiaire entre un créancier et un débiteur garantit au premier, moyennant une rémunération supplémentaire, l'exécution du contrat passé*».

[4] M. CABRILLAC, S. CABRILLAC, Ch. MOULY et P. PÉTEL, *Droit des sûretés*, Ed. Litec, 10ème éd., 2015, n° 374, p. 368, « *que le ducroire soit une sûreté ne fait aucun doute* ».

[5] F. GORÉ, « Le commissionnaire ducroire », in Le contrat de commission, sous la direction de J. Hamel, Dalloz, 1949, p. 282.

[6] A. BÉNABENT, « Contrat de commission, effet du contrat », J.-Cl. Contrats-distribution, fasc. 480, §68.

[7] A.-C. MULLER, *op. cit.*, n° 432, p. 347.

[8] H. De VAUPLANE et J.-P. BORNET, *op. cit.*, n° 926, p. 847.

971. La nature juridique de l'obligation de ducroire est largement discutée en doctrine, en doit commun ou sur les marchés financiers, compte tenu de la spécificité des obligations engendrées par l'opération de marché. Avant de s'attarder sur cette nature juridique **(§2)**, on doit déterminer les contours de l'obligation de ducroire **(§1)**.

§1 : Les contours de l'obligation de ducroire

972. Afin de cerner les contours de l'obligation de ducroire, il faut déterminer ses sources **(A)** et son objet **(B)**.

A- Les sources de l'obligation de ducroire

973. Le ducroire est une vieille institution qui fut longtemps associée en France à l'ancien monopole des agents de change. Même avec la transposition de la directive sur les services d'investissement, cette notion n'a pas disparu, bien au contraire, elle a gardé toute son importance. Cette garantie est encore aujourd'hui prévue par la loi pour les professionnels d'un marché réglementé. D'origine légale **(1)**, le ducroire a un caractère contractuel certain **(2)**.

1. Une garantie d'origine légale

974. Héritée du droit romain, l'obligation ducroire fut pour la première fois reconnue par l'article 13 de l'arrêté du 27 prairial de l'an X : « *chaque agent de change est responsable de la livraison et du paiement de ce qu'il aura vendu et acheté* ». Cette formulation a été par la suite reprise, quasiment à l'identique, par l'article 54 de la loi du 7 octobre 1890 et par l'article 4 de la loi du 28 mars 1958[1]. Plus récemment, cette garantie a été expressément prévue par la loi du 31 décembre 1987, venant modifier l'article 8-2 de la loi du 28 mars 1885. Selon ce texte, « *quel que soit l'événement, les intervenants sur les marchés à terme (...) sont ducroires* »[2]. L'article 3 de la loi du 23 décembre 1988 a, pour sa part, imposé cette solution aux successeurs des agents de change, les sociétés de bourse. Ces dernières devenaient ainsi « *responsables à l'égard de leurs donneurs d'ordres de la livraison et du paiement de ce qu'elles vendent ou achètent sur le marché* ».

975. En écartant les prestataires de services d'investissement qui interviennent en dehors du marché réglementé, le Règlement Général du C.M.F., nous rappelle que l'obligation légale de ducroire trouve sa justification dans la protection des seuls marchés réglementés[3]. Un arrêt de la Cour d'appel de Paris illustre d'ailleurs parfaitement ce point[4]. En l'espèce, la société suisse

---

[1] Article 54 du décret du 7 octobre 1890 : «*sauf convention contraire, l'agent de change qui effectue une négociation répond envers son donneur d'ordre de l'exécution de cette négociation par l'agent de change avec lequel elle a été effectuée*».

[2] Article 8-2 de la loi du 28 mars 1885 : «*quel que soit l'événement, (ces) personnes mentionnées aux articles 8 et 8-1 sont ducroires*».

[3] H. De VAUPLANE et J.-P. BORNET, *op. cit.*, n° 926, p. 847.

[4] C.A. 18 juin 1992, Dr. Sociétés, 1992, n° 237, Bull. Joly Bourse, 1993, p. 25, obs. H. De VAUPLANE, J.C.P. éd. E., 1994, I, 399, n° 21. En l'espèce, la Cour refuse la qualification de commissionnaire ducroire au motif que «*l'agent de change est considéré comme un commissionnaire ducroire et responsable de l'inexécution de la transaction lorsqu'il intervient sur le marché boursier en tant que négociateur ou lorsqu'il donne un ordre de bourse. Or, la société Winterthur a elle-même choisi le vendeur des*

Winterthur achète des obligations françaises à une société néerlandaise. Elle choisit elle-même le vendeur des obligations et la cession a été décidée directement entre les parties, l'agent de change n'ayant pas pris part à la négociation. Une société de bourse française est simplement chargée de réaliser l'opération. Elle tient deux comptes au nom de chacune des parties à la cession. Interrogée sur la responsabilité de cette dernière, la Cour a refusé de la qualifier de commissionnaire ducroire au motif qu'elle « *n'est pas intervenue en tant que négociateur sur le marché boursier* ». Elle n'est pas débitrice de l'obligation de délivrance des titres. La Cour rappelle, en effet, que « *l'agent de change est considéré comme un commissionnaire ducroire et responsable de l'inexécution des transactions lorsqu'il intervient sur le marché boursier en tant que négociateur ou lorsqu'il donne un ordre de bourse* ».

976. En droit du marché financier tunisien, la garantie ducroire n'est pas mentionnée explicitement par les textes. Elle peut être déduite de l'article 59 de la loi du 14 novembre 1994 qui prévoit que : « *les intermédiaires en bourse sont responsables à l'égard de leurs clients de la livraison et du paiement de ce qu'ils vendent et achètent sur le marché* ». Ce texte est d'une grande importance, car, non seulement il énonce clairement l'obligation des intermédiaires en bourse vis-à-vis de leurs clients, mais aussi parce qu'il est presque l'unique texte qui s'occupe du dénouement de l'opération de marché au niveau des rapports entre l'intermédiaire en bourse et ses clients.

977. L'intermédiaire en bourse accomplit l'opération de marché pour le compte de son client mais en son propre nom. Il est donc commissionnaire. En plus, il est garant à l'égard de son client de la remise des titres et du paiement du prix conformément à l'article 59 de la loi du 14 novembre 1994. Il est de ce fait un commissionnaire ducroire. Cette obligation s'opère donc en droit tunisien de plein droit, en vertu d'un texte légal, contrairement au droit commun où le ducroire doit résulter d'une clause du contrat puisqu'il doit résulter d'une clause insérée dans le contrat de commission[1].

2. Le caractère contractuel du « ducroire »

978. L'origine légale ou réglementaire de la garantie ducroire ne doit cependant pas éclipser son caractère contractuel. Elle prend, en effet, la forme d'une clause librement déterminée par les parties. C'est ainsi qu'elle peut notamment venir se greffer au contrat de commission liant le donneur d'ordre à l'intermédiaire en bourse. Selon les modalités de ce contrat, le commissionnaire s'engage à conclure un autre contrat avec un tiers pour le compte du

---

obligations (...) et (...) la cession a été décidée directement entre les parties, l'agent de change n'ayant pas pris part à la négociation. Considérant dans ces conditions que la société de bourse n'est pas intervenue en tant que négociateur sur le marché boursier, que sa responsabilité en tant que commissionnaire ducroire ne peut pas être retenue, et qu'elle n'est pas débitrice de l'obligation de délivrance des titres».

[1] L'article 608 du Code de commerce prévoit à ce titre que « *lorsqu'il est ducroire, le commissionnaire est garant envers le commettant, solidairement avec le tiers, de l'exécution des obligations assumées par celui-ci. Toutefois, les effets de la clause de ducroire peuvent être limités par la convention* ».

commettant. Dès lors, au même titre qu'un mandataire[1], il sert d'intermédiaire entre deux cocontractants. Toutefois, à l'inverse d'un mandataire, ce commissionnaire est engagé en son propre nom[2]. Il est donc personnellement tenu, vis-à-vis du cocontractant, de l'exécution du contrat qu'il a conclu[3]. C'est ce point qui pose particulièrement problème car le commettant a alors très peu de prise sur le choix du tiers avec lequel contracte, pour son compte, le commissionnaire. De plus, ce dernier n'est pas responsable de la bonne exécution du contrat conclu avec un tiers[4].

979. C'est précisément pour «*pallier cet inconvénient majeur du contrat de commission*»[5] que les parties peuvent prévoir, par le biais d'une simple clause ducroire, de «*mettre à la charge du commissionnaire le risque de non-exécution du contrat*»[6]. Si cela entraîne incontestablement «*une aggravation de la responsabilité normale du commissionnaire*»[7], la nature juridique du contrat entre le donneur d'ordres et l'intermédiaire en bourse ne s'en trouve pas, pour autant, modifiée. Le commissionnaire ne devient pas contrepartie de son commettant[8]. Le seul véritable effet de cette garantie est, en fait, d'ordre financier, puisqu'elle entraîne le paiement d'une rémunération particulière au commissionnaire. Cela se comprend d'ailleurs parfaitement car si l'intermédiaire ducroire ne répercutait pas sur son client le coût de la garantie qu'il lui apporte, sa marge s'en trouverait affectée et, corrélativement, sa capacité d'action dans un contexte de concurrence serait toujours plus vive[9].

B- L'objet de la garantie ducroire

980. L'analyse juridique de la garantie ducroire invite à préciser l'objet de cette garantie (**1**) avant de déterminer le fondement de cet objet (**2**).

---

1 Cass. civ., 14 juin 1892, D.P., 1893, 1, p. 500. La Cour souligne ici que «*les agents de change, dans l'achat et la vente des valeurs mobilières qu'ils négocient à la bourse agissent, non comme mandataires des parties, mais comme commissionnaires stipulant en leur nom personnel*».

2 Certains auteurs se prononcent en faveur d'un lien de droit entre le commettant et le «tiers» dont l'engagement de ducroire constitue l'accessoire ; V. notamment, F. AUCKENTHALER, «*Commettant, commissionnaire à la vente : détermination du véritable titulaire de la créance envers le tiers contractant*», D., 1998, Ch., p. 53, spéc., n° 7, p. 55. Selon cet auteur, «*le commissionnaire agit en son nom, mais il le fait au bénéfice du commettant*». L'auteur qualifie également la relation entre le commettant et le commissionnaire de «*mandat de recouvrement implicite*» ; S. PRAICHEUX, *Les sûretés sur les marchés financiers*, Thèse Paris II, Ed. Banque, 2004, n° 94, p. 75. Pour l'auteur, «*le commissionnaire fait écran entre le commettant et le tiers*».

3 V. art. L 132-1 du Code du commerce français.

4 B. De SAINT-MARS, «*Marchés financiers et garantie de ducroire*»,*in* Mélanges A.E.D.B.F.-France, II, Ed. Banque, 1999, p. 389.

5 I. RIASSETTO, *thèse précitée*, n° 1, p. 247.

6 Th. BONNEAU et F. DRUMMOND, *op. cit.*, n° 913, p. 695.

7 F. GORE, «*Le commissionnaire ducroire*», in *Le contrat de commission*, Etudes de droit commercial, Ed. Dalloz, 1949, sous la direction de J. HAMEL, p. 281, spéc., p. 303.

8 A.-C. MULLER, *op. cit.*, n° 436, p. 333.

9 B. De SAINT-MARS, « Marchés financiers et garantie de ducroire », article précité, p. 399.

1. La précision de l'objet de la garantie ducroire

981. De manière générale, le ducroire ne se réduit pas à une garantie de solvabilité du tiers contractant[1], mais répond en principe de tous les risques d'inexécution[2]. L'objet du ducroire se résume dans la garantie de l'exécution de la prestation à l'échéance. Le jeu de la garantie est déclenché par le défaut de paiement à l'échéance. Il suffit donc que le créancier garantit n'ait pas reçu la prestation due à l'échéance pour qu'il puisse appeler le ducroire. La doctrine justifie cela par l'absence de lien entre le commettant et le tiers contractant, dont il ignore le plus souvent l'identité. On ne peut pas l'obliger alors à prouver l'inexécution de l'obligation par ce dernier. Il faut donc lui reconnaître la possibilité d'agir directement contre le commissionnaire ducroire à l'échéance[3].

982. Curieusement, la majorité de la doctrine considère que le ducroire est tenu même en cas de force majeure[4], de telle sorte qu'il existe un seul fait imputable au commettant pour le libérer. Le ducroire cesse d'être tenu si l'inexécution du débiteur (le tiers contractant) est due au fait du créancier (le commettant)[5].

983. Concrètement, l'obligation garantie par le ducroire est double. Il s'agit soit d'une obligation de somme d'argent (commission à la vente), soit d'une obligation de livraison (commission à l'achat). Si la première hypothèse ne pose pas de problème particulier, la seconde hypothèse suscite quelques précisions. En effet, en cas de défaillance de l'intermédiaire dans la livraison des titres, le commissionnaire ducroire est tenu de livrer les actifs s'il peut les récupérer sur le marché bien sûr. En cas d'impossibilité matérielle, il peut verser une indemnité correspondant au coût de remplacement de ces actifs[6].

---

[1] B. DE SAINT-MARS, « Marchés financiers et garantie de ducroire », article précité, p. 389 ; D. LEGEAIS, Sûretés et garanties du crédit, 13ème éd., 2019, LGDJ, n°316, p. 271 ; P. CHAUVEL, « Commissionnaire », Rép. Com. Dalloz, V°« Commissionnaire », 2008, n° 181. La jurisprudence est constante sur ce point, voir notamment Cass. Com., 22 octobre 1996, bull. civ., IV, n°246, p. 213, RTD com., 1997, p. 316, obs. B. BOULOC : « à défaut de toute stipulation contraire, (…) la clause de ducroire garantit le défaut de paiement à l'échéance par un tiers et non la solvabilité de celui-ci ».

[2] F. GORÉ, « Le commissionnaire ducroire », *in* Le contrat de commission, sous la direction de J. Hamel, Dalloz, 1949, p. 281.

[3] *Ibid.*, p. 299.

[4] A. BÉNABENT, « Contrat de commission, effet du contrat », J.-Cl. Contrats-distribution, fasc. 480, §115 ; F. GORÉ, « Le commissionnaire ducroire », in Le contrat de commission, sous la direction de J. Hamel, Dalloz, 1949, pp. 297 et s. ; J. HAMEL, G. LAGARDE et A. JAUFFRET, Traité de droit commercial, t.2, Dalloz, 1966, n°1205, p. 290.

[5] P. CHAUVEL, « Commissionnaire », Rép. Com. Dalloz, V°« Commissionnaire », 2008, n° 185 ; D. ROBINE, *La sécurité des marchés financiers face aux procédures collectives*, Thèse, Paris I, Ed. LG.D.J., 2003, n° 663, p. 375 ; F. GORÉ, « Le commissionnaire ducroire », article précité, pp. 297 et s.

[6] I. RIASSETTO, *thèse précitée*, n° 818, p. 568.

2. Le fondement de l'objet de la garantie de ducroire

984. La garantie ducroire était perçue comme la contrepartie du monopole de négociation accordé aux intermédiaires en bourse[1]. Puisque les clients étaient contraints de solliciter un intermédiaire agréé, il était logique qu'en retour, ils bénéficient de garanties particulières. La suppression de ce monopole par la Directive sur les services d'investissement (D.S.I.)[2] n'a cependant pas entraîné la disparition de la garantie ducroire[3]. Cette dernière n'est simplement plus obligatoire. L'article L 442-4 du Code monétaire et financier laisse ainsi aux chambres de compensation le soin de décider, de manière non discriminatoire, si leurs adhérents sont ou non ducroires à l'égard des donneurs d'ordres dont ils tiennent les comptes (ancien article 48-I de la loi du 2 juillet 1996). Ce libre choix est néanmoins limité dans la mesure où l'article L 421-4 du Code monétaire et financier conditionne la qualité de marché réglementé à la

[1] Ce monopole reposait sur l'article 1er de la loi du 22 janvier 1988 : «*les sociétés de bourse, les établissements de crédit habilités à cet effet dont le siège social se trouve dans l'un des Etats parties à l'accord sur l'espace économique européen sont seuls chargés de la négociation des valeurs mobilières sur une bourse de valeur*» ; V. sur ce point B. De SAINT-MARS, *Marchés financiers et garantie de ducroire*, article précité, p. 387.

[2] La directive 93/22/CEE du 10 mai 1993 concernant les services d'investissement dans le domaine des valeurs mobilières, dite « DSI », entrée en vigueur le 31 décembre 1995 et transposée en droit français par la loi n° 96-597 du 2 juillet 1996 de modernisation des activités financières, fut présentée par la Commission européenne comme la « pierre angulaire » de la création d'un marché unique des valeurs mobilières en Europe. Cette directive, en créant la notion d'entreprise d'investissement, a permis l'introduction d'un « passeport européen », accordant aux entreprises qui en bénéficient la capacité pour fournir des services d'investissement (et éventuellement des activités connexes) dans les Etats membres de l'Espace économique européen, en libre établissement et en libre prestation de services. La DSI a également laissé aux Etats membres la faculté de faire prévaloir le principe de concentration des ordres boursiers sur des marchés dits « réglementés », mais sans pour autant donner une définition précise de ces derniers et en accordant aux Etats membres une certaine latitude quant à la fixation de leurs critères de qualification, et à leur droit d'autoriser ou d'interdire la création de tels marchés. La transposition de la DSI en droit français a donc fait prévaloir le principe de centralisation des ordres sur les marchés réglementés, prévu par l'article L. 421-12 du code monétaire et financier. Toutefois, les importants changements technologiques (dématérialisation des titres, cotation électronique et bourse en ligne en particulier), l'avènement de l'euro, l'accroissement des transactions transfrontalières, l'émergence d'une nouvelle génération de prestataires de services financiers et les évolutions des marchés financiers (consolidation et concentration des entreprises de marché, accélération de l'intégration des mécanismes de compensation et de règlement, *etc.*), intervenus depuis 1993, ont incité la Commission européenne à promouvoir une modernisation de la DSI. Après deux années d'âpres débats, la directive 2004/39/CE du Parlement européen et du Conseil concernant les marchés d'instruments financiers a été définitivement adoptée le 21 avril 2004. Elle est communément désignée par le vocable « directive MIF ». Suite à la crise de 2008 et aux défaillances manifestes du secteur financier, la Commission européenne a révisé la directive sur les marchés financiers (MIF), qui a été baptisée MIF 2. V. https://www.senat.fr/rap/l04-309/l04-30926.html (consulté le 13 juin 2022).

[3] On peut certes objecter que ce monopole n'a pas totalement disparu. Il a simplement été remplacé par une obligation d'intermédiation et de concentration.

présence d'une obligation ducroire [1]. Cela signifie que les adhérents-compensateurs commissionnaires sont nécessairement ducroires à l'égard des donneurs d'ordre dont ils tiennent les comptes. Au titre des dispositions prévues par la loi de modernisation des activités financières, on trouve également l'article L 533-5 alinéa 1er du Code monétaire et financier (article 59 de la loi du 2 juillet 1996) qui, sans employer le terme « ducroire », vient fixer le domaine de la garantie ducroire en prévoyant que : « *les prestataires de services d'investissement agréés pour fournir des services d'investissement visés aux articles 1 et 2 de l'article L 321 sont responsables à l'égard de leurs donneurs d'ordres de ce qu'ils vendent ou achètent* ».

§2 - La nature juridique de la garantie ducroire

985. La nature juridique de ducroire est largement débattue en doctrine[2]. Certes, le ducroire est une sûreté personnelle[3], il est présenté classiquement comme l'accessoire du contrat de commission[4]. Deux précisions méritent à ce niveau d'être soulevées.

986. D'une part, l'intermédiaire n'est ducroire qu'à l'égard du donneur d'ordre dont il tient les comptes. Pour bien comprendre cette disposition, il nous faut distinguer sa qualité de commissionnaire, qui le conduit à s'engager, en son nom propre, vis-à-vis d'une contrepartie, de celle de ducroire qui vise uniquement sa relation avec son client [5]. Si le commissionnaire est personnellement tenu, en tant que membre adhérent d'une chambre de compensation, « *de l'intégralité des obligations découlant des transactions inscrites au nom des tiers dans leurs comptes* »[6], il n'en est pas pour autant garant auprès du commettant, sauf s'il contracte avec un tiers notoirement insolvable[7]. Ce n'est qu'en devenant ducroire qu'il garantit au commettant la bonne fin de

---

[1] D. ROBINE, *La sécurité des marchés financiers face aux procédures collectives*, Thèse, Paris I, Ed. LG.D.J., 2003, n° 651, p. 369.

[2] I. RIASSETTO, *thèse précitée*, n° 1059, p. 663 ; H. DE VAUPLANE et J.-J. DAIGRE, « Du caractère indemnitaire du ducroire de banque et de bourse », in Mélanges AEDBF-France III, Banque éditeur, 2001, p. 247 ; M.-P. DUMONT, L'opération de commission, préf. J.-M. MOUSSERON, Litec, 2000, Bib. Droit de l'entreprise, t.45, n°147 et s., p. 129 ; D. HENNEBELLE, « La spécificité de la nature juridique du ducroire d'intermédiaire », JCP E, 2000, p. 1366.

[3] M. CABRILLAC, S. CABRILLAC, Ch. MOULY et P. PÉTEL, *Droit des sûretés*, *op. cit.*, n° 374, p. 307, « que le ducroire soit une sûreté ne fait aucun doute ».

[4] G. RIPERT et R. ROBLOT, *Traité de droit commercial*, T. II, Banque et Bourse, *op. cit.*, n° 2653, p. 687. Ces auteurs estiment que : «*la convention ducroire est toujours accessoire à un contrat de commission ou de représentation commerciale* ».

[5] La clause ducroire peut en principe être stipulée dans tout contrat. Elle n'est pas nécessairement l'accessoire d'un contrat de commission ; V. sur ce point, M. CABRILLAC, S. CABRILLAC, Ch. MOULY et P. PÉTEL, *Droit des sûretés*, *op. cit.*, n° 375, p. 308.

[6] Art. L 442-5 du Code monétaire et financier. V également l'art. 4-2-31, alinéa 2 du Règlement Général du Conseil des marchés financiers (C.M.F.).

[7] Th. BONNEAU et F. DRUMMOND, *op. cit.*, n° 911, p. 695 ; I. RIASSETTO, « *Du caractère indemnitaire du ducroire de banque et bourse* », in Mélanges A.E.B.D.F.-France III, Droit bancaire et financier, Ed. Banque, 2001, n° 10, p. 251.

l'opération en livrant la chose ou en réglant le prix[1]. C'est d'ailleurs ce qu'est venue rappeler la Chambre commerciale de la Cour de cassation dans une décision du 22 octobre 1996[2].

987. D'autre part, le ducroire ne modifie pas la nature de l'opération de commission, qui ne devient aucunement un achat pour revendre. L'intermédiaire n'acquiert à aucun moment la propriété des titres financiers qu'il est chargé de vendre ou d'acheter[3]. L'engagement de ducroire du commissionnaire ajoute seulement des effets ordinaires du contrat de commission, dans la mesure où le commissionnaire ducroire prend un engagement supplémentaire en vertu duquel il garantit à son commettant l'exécution par le tiers contractant de ses obligations[4].

988. Ainsi énoncée, la nature juridique du ducroire a suscité de nombreux commentaires. Plusieurs tentatives de qualifications ont été posées par la doctrine, mais qui doivent à notre sens être toutes rejetées **(A)**. La qualification de ducroire comme garantie *sui generis* s'avère inévitable **(B)**.

A- L'échec des tentatives de qualification

989. Afin de trouver la qualification adéquate du ducroire, plusieurs qualifications ont été présentées : le cautionnement solidaire **(1)**, la promesse de porte-fort **(2)**, l'assurance-crédit **(3)** et la clause d'aggravation de la responsabilité **(4)**, mais elles ont été toutes rejetées.

---

[1] A.-C. MULLER, *op. cit.*, n° 453, p. 344.

[2] Cass. com., 22 octobre 1996, Bull. civ., IV, n° 246, R.T.D. civ., 1997, p. 653 ; J.C.P., éd. E, pan., p. 1333. Cette jurisprudence définit la garantie apportée par l'obligation ducroire comme «*celle par laquelle un commissionnaire garantit au commettant l'exécution du contrat qu'il a passé*». En l'espèce, le commissionnaire, un agent commercial, était chargé de la vente des produits du commettant. Dans son contrat, une clause prévoyait qu'il se portait ducroire et une autre prévoyait qu'il s'engageait à ne pas prendre de commandes auprès de clients «notoirement insolvables». Or, les juges du fond ont assimilé ces deux clauses pour rejeter sa demande en paiement des commissions impayées. Ils ont, en effet, estimé qu'il n'avait pas respecté cette condition de solvabilité. La Cour de cassation a cependant censuré l'arrêt d'appel en ces termes : «*attendu qu'en se déterminant par ces seuls motifs, alors qu'à défaut de toute stipulation contraire, fût-elle implicite, la clause ducroire garantit le défaut de paiement à l'échéance par un tiers et non la solvabilité de celui-ci, la Cour d'appel n'a pas donné de base légale à sa décision*». La clause ducroire met donc à la charge du commissionnaire l'engagement de garantir le paiement à l'échéance par le client qu'il a trouvé. V. également concernant cette solution, Cass. com., 6 janvier 1981, Bull. Civ., IV, 1981, n° 4, p. 4.

[3] Tout en critiquant la position de LOCRÉ qui avait soutenu que le ducroire s'analyserait en « *une première vente conditionnelle du commettant au commissionnaire dont la condition s'accomplit au moment où le commissionnaire vend à un tiers* » (J.-G. LOCRÉ, Esprit du Code de commerce, T.2, par M. LE BARON LOCRÉ, Paris, 2è éd., Imprimerie BAUDOUIN et Cie, 1829, pp. 503 et s.), la doctrine estime que cette analyse n'est pas conforme à l'intention des parties, qui « *ont entendu simplement modifier certains effets du contrat de commission, mais non remplacer ce contrat par un autre* », F. GORÉ, « Le commissionnaire ducroire », in Le contrat de commission, sous la direction de J. Hamel, Dalloz, 1949, p. 303.

[4] A.-C. ROUAUD, *op. cit.*, n°660, p. 397.

1. Le rejet de la qualification de cautionnement solidaire

990. Partant du fait que le ducroire garantit l'exécution d'une obligation, certains auteurs ont estimé que cette garantie de paiement à l'échéance rapprochait le ducroire du cautionnement solidaire[1].

991. L'obligation principale, garantie par l'engagement de ducroire du commissionnaire, est l'obligation du tiers contractant envers le commettant. Cela suppose donc non seulement de considérer que l'opération de marché donne naissance à un lien de droit entre les parties, mais également d'admettre que ce lien d'obligation naît directement entre le commettant et le tiers contractant. Le cautionnement consiste alors à ajouter un second débiteur accessoire au premier[2]. «*Qualifier le commissionnaire ducroire de caution suppose donc de considérer que ce n'est pas lui mais le commettant qui est le créancier du tiers contractant*»[3].

992. Cependant, considérer le ducroire comme un cautionnement nous semble critiquable. En effet, contrairement à la caution, le commissionnaire ducroire «*prend un engagement qui lui est propre et non accessoire*»[4]. Il n'exécute pas l'obligation d'autrui mais répare seulement le préjudice subi par le donneur d'ordre. La principale objection à la qualification de cautionnement dans l'hypothèse d'un commissionnaire ducroire tient donc à l'absence d'obligation principale. Il n'existe pas de contrat entre le tiers et le commettant dont la garantie de ducroire pourrait être l'accessoire[5]. Ce dernier n'a de rapport juridique qu'avec le commissionnaire[6]. En fait, le cautionnement, accessoire, ne se conçoit pas sans une obligation principale, puisque l'objet de l'obligation de la caution consiste précisément à exécuter l'obligation cautionnée si le débiteur principal n'y satisfait pas lui-même[7].

---

[1] F. DERRIDA, *Les obligations du commissionnaire*, in *Le contrat de commission*, Etude de droit commercial, J. HAMEL, Dalloz 1949, p. 103, spéc. p. 107 ; F. GORE, note sous Cass. com., 5 décembre 1951, D., 1952, p. 449 ; **Contra**. J. HAMEL, G. LAGARDE et A. JAUFFRET, *Droit commercial*, T. II, *Sociétés, groupements d'intérêt économique, entreprises publiques*, Ed. Dalloz, 1966, n° 1205.

[2] A.-C. ROUAUD, *op. cit.*, n° 661, p. 397.

[3] *Ibid, loc. cit.*

[4] I. RIASSETTO, « *Du caractère indemnitaire du ducroire de banque et bourse* », article précité, p. 247, spéc. p. 259 ; **Contra**. G. RIPERT et R. ROBLOT, *Traité de droit commercial*, T. II, Banque et Bourse, *op. cit.*, n° 2653, p. 687. Ces auteurs estiment que «*la convention ducroire est toujours accessoire à un contrat de commission ou de représentation commerciale*».

[5] D. ROBINE, *La sécurité des marchés financiers face aux procédures collectives*, Thèse, Paris I, Ed. LG.D.J., 2003, n° 664, p. 376. Selon l'auteur, «*il n'existe pas de dettes entre le tiers contractant et le commettant dont la garantie pourrait être l'accessoire*» ; **Contra**. F. AUCKENTHALER, *Commettant, commissionnaire à la vente : détermination du véritable titulaire de la créance envers le tiers contractant*, D., 1998, Ch., p. 53, spéc., n° 7, p. 55 ; S. PRAICHEUX, *Les sûretés sur les marchés financiers*, Thèse, Paris II, Ed. Banque, 2004, n° 91 et s., p. 74 et s.. Selon cet auteur, «*le tiers s'oblige envers le commettant*».

[6] La jurisprudence est ainsi venue clairement affirmer que le tiers contractant ne dispose pas d'action directe contre le commettant. Cass. civ., 20 juillet 1971, D.P., 1871, 1, p. 232 ; V. également en ce sens, Cass. civ., 3ème, 15 juillet 1963, Bull. civ., III, n° 378 : «*le commettant n'avait pas de rapports contractuels avec le tiers acquéreur*».

[7] V. A.-C. ROUAUD, *op. cit.*, n° 663, p. 398.

993. Cela conduit la plupart des auteurs à considérer que ce n'est pas l'inexécution d'une obligation principale en tant que telle, mais le préjudice qui en résulte pour le créancier, qui est le critère de mise en œuvre pour le ducroire, ce qui aboutit à ranger celui-ci dans la catégorie des garanties indemnitaires, et à chercher sous cet angle de vue de nouvelles qualifications.

2. Le rejet de la qualification de promesse de porte-fort

994. Les insuffisances de la qualification de cautionnement ont conduit certains auteurs à préférer celle de promesse de porte-fort[1], c'est-à-dire l'acte par lequel « *le promettant promet à son cocontractant que le tiers ratifiera un engagement déterminé* »[2]. C'est donc le garant (commissionnaire) qui se porterait fort de l'exécution par un tiers d'un engagement et serait tenu d'indemniser la victime de l'inexécution de celui-ci, en l'occurrence, le créancier. S'il ne le fait pas, il engage sa responsabilité. Cette qualification nécessite toutefois d'opter pour une lecture relativement large de l'article 1120 du Code civil. Ainsi, selon le professeur SIMLER, le premier alinéa selon lequel « *on peut se porter fort pour un tiers en promettant le fait de celui-ci* », ne signifie plus seulement « *ratification d'un acte auquel le tiers est resté étranger* » mais « *exécution d'un engagement valablement pris par le tiers* »[3]. Certains auteurs contestent toutefois cette extension du domaine de l'article 1120 du Code civil, estimant que le « *fait du tiers* », visé par le texte, n'englobe pas la défaillance dudit tiers car « *il ne s'agit pas là d'un fait du débiteur* »[4]. Le professeur SIMLER constate, d'ailleurs, que si « *l'on peut comparer la clause ducroire à la promesse de porte-fort, elle reste fort différente* »[5].

3. Le rejet de la qualification de l'assurance-crédit

995. La qualification d'assurance-crédit a séduit bonne partie de la doctrine[6]. L'assurance-crédit a pour objet de couvrir l'assuré contre les risques de crédit, c'est-à-dire contre le non recouvrement d'une créance[7]. Ses principaux éléments semblent *a priori* être réunis dans l'engagement de ducroire. Le commissionnaire joue le rôle de l'assureur, et le commettant, celui de l'assuré. Le risque est celui

---

1 P. ANCEL, *Les sûretés personnelles non accessoires en droit français et en droit comparé*, Thèse, Dijon, 1981, n° 72, p. 53 ; Ph. SIMLER, « *Les solutions de substitution au cautionnement* », J.C.P., 1990, I, n° 3427, n° 12, p. 6 ; D. ARLIE note sous Cass. com., 22 octobre 1996, D., 1998, Juris, p. 511 ; I. RIASSETTO, *thèse précitée*, n° 1180, p. 698.

2 Ph. MALAURIE et L. AYNES, *Cours de droit civil, Les obligations*, 11ème éd., Ed. Cujas, 2001, n° 424.

3 V. l'interprétation extensive de l'article 1120 du Code civil, Ph. SIMLER, Cautionnement et garanties autonomes, Ed. Litec, 3ème éd., 2000, n° 38.

4 D. ROBINE, *La sécurité des marchés financiers face aux procédures collectives*, Thèse, Paris I, Ed. L.G.D.J., 2003, n° 667, p. 377.

5 Ph. SIMLER, Cautionnement et garanties autonomes, *op. cit.*, n° 40.

6 Ch. LYON-CAEN et L. RENAULT, Traité de droit commercial, 15e éd., LGDJ, 1928, n°482, pp. 328-329 ; L. LACOUR et J. BOUTERON, Précis de droit commercial, t.1, 3è éd., Dalloz, 1925, n° 948, p.678 ; F. GORÉ, « Le commissionnaire ducroire », in Le contrat de commission, sous la direction de J. Hamel, Dalloz, 1949, p. 301 et s. ; I. RIASSETTO, *thèse précitée*, n° 1095, p. 688.

7 J. HAMEL, G. LAGARDE et A. JAUFFRET, Traité de droit commercial, t.2, Dalloz, 1966, n°1271.

du non-paiement de la créance du commettant. Comme l'assurance-crédit, le ducroire est souscrit par le créancier (le commettant)[1], contre versement d'une prime, en l'occurrence constituée par le double droit de commission perçu par le commissionnaire ducroire.

996. Deux éléments au moins conduisent à écarter la qualification d'assurance-crédit. D'une part, l'assurance-crédit concerne les créances de sommes d'argent. Or le ducroire ne couvre pas seulement l'insolvabilité mais s'étend à tous les cas d'inexécution, et le commissionnaire à l'achat répond de la livraison[2]. D'autre part, la prime est un élément essentiel du contrat d'assurance, tandis que la rémunération n'est pas essentielle dans le ducroire puisqu'il peut ne pas être rémunéré[3].

4. Le rejet de la qualification de clause d'aggravation de la responsabilité

997. Certains auteurs voient dans le ducroire une application de la clause d'aggravation de la responsabilité contractuelle du fait d'autrui, en l'occurrence, du commissionnaire[4]. Cette qualification doit être rejetée, car le ducroire ne correspond pas au schéma de la responsabilité contractuelle du fait d'autrui, dans lequel le débiteur est responsable envers le créancier des personnes qu'il s'est adjoint dans l'exécution de sa propre obligation. Dans le cas du ducroire, le tiers contractant n'est qu'un tiers « *introduit par le commissionnaire dans l'exécution d'un contrat unissant ce dernier au bénéficiaire de la réparation* »[5].

B- Le ducroire, une garantie sui generis

998. Les insuffisances des qualifications déjà présentées[6] nous conduisent à analyser le ducroire comme une garantie personnelle originale *sui generis*[7]qui ne rentre dans aucune institution connue[8]. Remarquons, d'ailleurs, qu'un des principaux artisans de la loi sur la Modernisation des activités financières (M.A.F.) du 2 juillet 1996, M. MARINI, souligne dans son rapport devant la

---

[1] I. RIASSETTO, *thèse précitée*, n° 1103, p. 694.

[2] *Ibid.*, n° 1111, p. 701.

[3] D. ROBINE, *La sécurité des marchés financiers face aux procédures collectives*, Thèse, Paris I, Ed. LG.D.J., 2003, n° 665, p. 376 ; F. GORÉ, « Le commissionnaire ducroire », article précité, pp. 301 et s.

[4] J.-F. MERLAUD, Le ducroire, thèse Bordeaux, 1984, p. 186 ; A. BÉNABENT, « Contrat de commission, effet du contrat », J.-Cl. Contrats-distribution, fasc. 480, §71 ; P. CHAUVEL, « Commissionnaire », Rép. Com. Dalloz, V°« Commissionnaire », 2008, n° 177 ; M.-P. DUMONT, L'opération de commission, préf. J.-M. MOUSSERON, Litec, 2000, Bib. Droit de l'entreprise, t.45, n°152, p. 133.

[5] I. RIASSETTO, *thèse précitée*, n° 1120, p. 707.

[6] A part les qualifications proposées, il existe d'autres qualifications moins pertinentes qui ont été rejetées elles aussi, parmi lesquelles on trouve la garantie à première demande. En effet, le garant à première demande, n'est, comme la caution, débiteur que d'une somme d'argent, et qu'il est, comme la caution encore et à la différence du ducroire, rémunéré par le débiteur garanti et non par le créancier bénéficiaire.

[7] Th. BONNEAU et F. DRUMMOND, *op. cit.*, n° 919, p. 698. Selon ces auteurs, l'analyse selon laquelle cette garantie est un cautionnement ou une promesse de porte-fort «*n'est pas convaincante*».

[8] D. ROBINE, La sécurité des marchés financiers face aux procédures collectives, LG.D.J., 2003, n° 668, p. 378.

commission des finances du Sénat qu'« *il s'agit là d'un engagement spécifique qui, d'une part, ne se réduit ni à un cautionnement, ni à un contrat d'assurance et, d'autre part, ne se présume pas* »[1].

999. D'une manière générale, un intermédiaire ne doit en principe reverser à son donneur d'ordre le produit de la prestation qu'il devait recevoir pour son compte que s'il l'a effectivement reçu, et ce dans le cadre de son obligation de rendre compte[2]. Sa qualité de ducroire amène l'intermédiaire à porter au crédit du compte de son donneur d'ordre les titres financiers ou les fonds dont ce dernier est devenu créancier en vertu de l'opération conclue pour son compte alors même qu'il ne les a pas lui-même reçus. Il protège ainsi son client contre un éventuel dysfonctionnement dans la chaîne de règlement-livraison, qu'il soit dû par exemple à un problème technique ou à la défaillance d'un précédent intermédiaire[3].

1000. Ainsi présentée, la garantie ducroire ne risque-t-elle pas de se superposer à la garantie de bonne fin de la chambre de compensation ou aux obligations incombant déjà aux membres adhérents d'une chambre de compensation ?

1001. La question mérite d'être posée surtout que certains auteurs ont pu affirmer que le ducroire n'est guère appelé à jouer en pratique. Si le cocontractant est un adhérent, sa défaillance conduit à la mise en œuvre de la garantie de bonne fin de la chambre de compensation, de sorte que le ducroire ne joue pas en principe[4]. « *Et si l'on admet que le cocontractant est la chambre de compensation elle-même, il faut alors supposer que c'est celle-ci qui est défaillante !* »[5]. D'ailleurs, si le cocontractant est un adhérent d'un marché réglementé, sa défaillance conduit tout d'abord à la mise en œuvre de la garantie de bonne fin de la chambre de compensation[6]. La garantie ducroire, « *garantie en trompe-l'œil* »[7], se résume alors à une garantie contre la défaillance de la chambre de compensation, ce qui se révèle en pratique très peu probable[8]. Bien que fondée, il semble que cette approche doit être relativisée pour deux raison au moins.

1002. D'une part, le ducroire est une garantie complémentaire à celle donnée par la chambre de compensation. Nous avons déjà vu que la garantie de bonne

---

1 Rapport fait au nom de la commission des finances, du contrôle budgétaire et des comptes économiques de la Nation par Ph. MARINI, *La loi de modernisation des activités financières*, Doc. Sénat, Rapport, n°254, 1996, p. 186.

2 V. A.-C. ROUAUD, op. cit., n°676, p. 406.

3 *Ibid., loc. cit.*

4 M.-C. DE NAYER, Le MATIF, Analyse juridique, Dalloz, 1991, pp. 66 et 67.

5 T. BONNEAU, P. PAILLER, A.-C. ROUAUD, A. TEHRANI et R. VABRES, *op. cit.*, n°1378, p. 902.

6 Th. BONNEAU et F. DRUMMOND, *op. cit.*, n° 919, p. 698.

7 T. BONNEAU, P. PAILLER, A.-C. ROUAUD, A. TEHRANI et R. VABRES, *op. cit.*, n°1379, p. 902.

8 H. De VAUPLANE et J-P. BORNET, *op. cit.*, n° 926, p. 847. Pour ces auteurs, «*la garantie de bonne fin de la chambre de compensation rend quasiment inutile le ducroire des intermédiaires*».

fin est aujourd'hui facultative sur les marchés non réglementés. La convention de ducroire présenterait alors, dans ce cas, un intérêt certain[1].

1003. D'autre part, le ducroire est une garantie s'ajoutant aux obligations incombant déjà aux adhérents de la chambre de compensation. En effet, cette garantie ducroire semble également s'ajouter aux dispositions prévues à l'article L 442-5 du Code monétaire et financier selon lesquelles « *les membres adhérents d'une chambre de compensation s'engagent à remplir, vis-à-vis de la chambre de compensation, l'intégralité des obligations découlant des transactions inscrites au nom des tiers dans leurs comptes* »[2]. Toutefois, le fait de rendre le commissionnaire redevable des engagements qu'il prend pour le compte de ses donneurs d'ordres, ne garantit pas au commettant la bonne fin de l'opération. Elle évite juste à la contrepartie d'avoir à subir une éventuelle défaillance d'un investisseur[3].

1004. La garantie ducroire et la garantie de bonne fin de la chambre de compensation permettent, toutes les deux, de lutter contre le risque d'intermédiation. Elles se complètent et constituent d'importantes garanties d'exécution des opérations de marché.

---

1 H. De VAUPLANE et J-P. BORNET, *op. cit.*, n° 925, p. 845. Ce rapprochement permet de traduire l'idée d'un double niveau de garanties où l'une complète l'autre. Ces auteurs soulignent toutefois une différence entre le ducroire et la garantie de bonne fin : «*le ducroire devrait donc, à la différence de la garantie de bonne fin, entraîner une véritable substitution du commissionnaire en cas de défaillance de son cocontractant*».

2 Les prestataires sont déjà, en tant que commissionnaires, tenus «*responsables vis-à-vis de la chambre de compensation des engagements de ces donneurs d'ordres*» (article 4-2-31, alinéa 2 du Règlement Général du C.M.F.).

3 A.-C. MULLER, *op. cit.*, n° 428, p. 329.

Conclusion du titre II

1005. La rupture de logique entre le droit du marché financier et le droit des contrats dans le dénouement de l'opération se confirme, non seulement au niveau de la question du transfert de propriété des titres dématérialisés, mais aussi et surtout au niveau de l'exécution des obligations nées de l'opération de marché.

1006. Contrairement aux règles d'exécution des contrats reconnues par de droit commun, l'exécution de l'opération de marché n'intervient pas entre les parties à la transaction initiale [1]. Certes, cette idée d'indépendance des engagements des parties, dite aussi de déconnexion des engagements des intervenants à l'opération, constitue une particularité importante au niveau de l'exécution de l'opération de marché, mais, seule, elle ne nous permet pas d'affirmer notre idée motrice de convergence des logiques du droit des contrats et de celle du droit du marché financier. L'idée de rupture des logiques est confirmée par l'étude du particularisme au niveau des modalités de l'exécution, ainsi qu'au niveau des garanties de l'exécution.

1007. Les modalités d'exécution de l'opération de marché se démarquent catégoriquement de celles de l'exécution des contrats en général. L'effet obligatoire du contrat de vente, qui accorde aux parties du contrat un rôle important dans l'exécution de celui-ci, a cédé la place à un corpus de règles faisant intervenir des organes du marché dans le cadre d'un processus comportant les phases de compensation et de règlement-livraison. L'étude de ces deux phases permet de démontrer combien l'exécution de l'opération de marché est originale, originalité qui se confirme non seulement par l'irréductibilité de la compensation aux qualifications classiques, mais aussi par la prise en charge du règlement-livraison par un système spécifique du marché.

1008. En droit financier, la notion de compensation se distingue de celle du droit civil. La conception en droit financier est plus large, plus complexe et ne se limite pas à la seule extinction d'obligations réciproques. Technique originale, la compensation est doublement dérogatoire par rapport aux principes du droit des contrats. D'une part, elle présente, en soi, des particularités accrues par rapport à la compensation au sens du droit civil, d'autre part, la nature de l'intervention de l'organe pivot de cette opération, à savoir la chambre de compensation, est très originale, voire *sui generis*.

1009. Le règlement-livraison désigne la phase finale du processus d'achat et de vente de titres, qui permettra, par l'échange simultané des titres contre les espèces, de finaliser le transfert de propriété issu de la négociation entre l'acheteur et le vendeur. Une fois la négociation finalisée, après l'indispensable étape de compensation, il s'agit de matérialiser le transfert de propriété qui en résulte.

---

[1] A.-C. MULLER, *op. cit.*, n° 355, p. 292, l'exécution des obligations « *n'intervient pas, pour ne pas dire jamais, entres les parties à la transaction ayant donné naissance à l'engagement* ».

1010. En raison de la multitude d'opérateurs concernés, l'exécution des obligations de règlement et de livraison ne peut être laissée au bon vouloir des intervenants. La rapidité et la sécurité nécessaires au bon déroulement des opérations ne peuvent être obtenues qu'à travers leur prise en charge, leur structuration par un système permettant de rendre leur exécution quasi automatique. C'est ce qui a conduit à la création d'un système de règlement et de livraison, dont le fonctionnement est relativement complexe. Ce système approuve l'idée de l'absence totale du rôle des parties à la transaction au niveau de l'exécution de l'opération de marché et confirme à ce niveau l'idée de la rupture de logiques entre l'exécution du contrat de droit commun et celle de l'opération de marché.

1011. La sécurité est un élément fondamental dans le dénouement de l'opération de marché. Si, dans le contrat de vente classique, la garantie est à la charge du vendeur, le droit du marché financier propose des garanties particulières, se démarquant ainsi de la logique du droit des contrats. Dès lors, les parties à la transaction ne garantissent pas directement leurs engagements. C'est la chambre de compensation qui intervient par sa garantie de bonne fin et les intermédiaires en bourse par leur garantie ducroire.

1012. L'étude de la garantie de bonne fin, constituant l'un des piliers de sécurité des marchés financiers, permet de s'arrêter sur les particularités de celle-ci par rapport aux garanties reconnues dans le droit commun de la vente. Sur les marchés financiers français, la garantie de bonne fin se caractérise par sa nature juridique controversée et par son rôle, qui a subi une évolution pour être distingué de celui d'un débiteur principal ordinaire. En effet, bien que la chambre de compensation soit expressément qualifiée de contrepartie centrale par les textes, son rôle se démarque de celui d'un débiteur principal ordinaire. L'ambigüité que pose la garantie de bonne fin nous amène légitiment à s'interroger sur l'avenir de cette notion en droit des marchés. La garantie de bonne fin se caractérise en droit tunisien par la mise en place d'une procédure préalable spécifique prouvant le rôle limité de Tunisie clearing, ce qui justifie l'intervention des fonds de garantie.

1013. Adossée à un contrat de commission, la garantie ducroire a pour finalité la sécurité des marchés financiers et la protection des investisseurs. La détermination des sources et de l'objet de l'obligation de ducroire confirme l'idée de la particularité de cette garantie. Cette idée se confirme également lors de l'étude de sa nature juridique, qui reste largement discutée en doctrine, en doit commun ou sur les marchés financiers, compte tenue de la spécificité des obligations engendrées par l'opération de marché. L'échec des tentatives de qualification du ducroire nous permet de conclure son caractère *sui generis*.

Conclusion de la partie II

1014. Il est traditionnellement affirmé que la vente constitue un contrat translatif. Elle se caractérise par le fait, qu'au-delà des obligations auxquelles elle donne naissance comme toute convention, elle transfère des droits d'une partie à l'autre. L'effet obligatoire attaché à toute convention se double d'un effet translatif.

1015. Concernant l'effet translatif, le transfert de propriété s'opère en principe *solo consensu*, c'est-à-dire immédiatement, du fait de l'échange des consentements, sans qu'il ait besoin d'une quelconque formalité. Cependant, lors d'une opération de marché, la pureté du principe de transfert de propriété *solo consensu* se trouve altérée[1].

1016. D'une part, la dématérialisation des titres a influencé directement le régime de transfert de propriété des titres cotés sur le marché financier. Ce transfert qui s'opérait jadis par le simple échange de consentements est rattaché désormais à une formalité particulière, celle de « l'inscription en compte ». De ce fait, le transfert de propriété a perdu son caractère *solo consensu*, il n'est plus un effet automatique et abstrait du contrat de vente. Ce transfert de propriété des valeurs mobilières cotées se trouve reporté jusqu'à l'accomplissement de la formalité de l'inscription en compte.

1017. D'autre part, l'inscription en compte est une notion fondamentale en matière de transfert de propriété des valeurs mobilières. Son rôle a pris de l'importance notamment après la suppression des titres papiers par la loi du 21 mars 2000 relative à la dématérialisation des titres. Le particularisme de l'inscription en compte se justifie, non seulement par sa portée juridique controversée, mais aussi par sa nature originale.

1018. Au-delà de sa portée simplement confortative des droits du titulaire qu'elle désigne, l'inscription en compte a une valeur substantielle certaine, puisqu'elle ne peut pas être assimilée seulement à un simple moyen de preuve. De plus, c'est l'inscription en compte qui assure le transfert de propriété des titres cotés. Curieusement elle se présente comme une nouvelle obligation contractuelle qui garantit le transfert de propriété. Conclure que l'inscription en compte crée une obligation de donner reflète la logique singulière du transfert de propriété des titres cotés dématérialisés diamétralement opposée par rapport à celle du transfert de propriété lors d'un contrat classique de vente.

1019. Quant à l'effet obligatoire, et afin de cerner les particularités que recèle l'exécution d'une opération de marché sur un marché au comptant tel que le marché financier tunisien, il convient d'analyser les modalités ainsi que les garanties d'exécution d'une telle opération.

1020. La logique de l'exécution de l'opération de marché est totalement différente de celle de l'exécution des contrats en général. L'effet obligatoire du contrat de vente qui accorde aux parties du contrat un rôle important dans

---

[1] A.-C. MULLER, *op. cit.*, p. 183.

l'exécution de celui-ci a été remplacé par un corpus de règles faisant intervenir des organes du marché dans le cadre d'un processus comportant les phases de compensation et de règlement-livraison.

1021. L'applicabilité des règles d'exécution telles que prévues par le droit commun de la vente à l'exécution de l'opération de marché s'avère impossible puisqu'elle aboutit à la réalisation d'un grand nombre de mouvements inutiles de titres et de fonds. La compensation permet alors d'éviter tous ces mouvements inutiles et de réduire à leur plus simple expression les opérations de règlement-livraison proprement dites. Mais la rupture avec le droit commun de la vente ne s'arrête pas là. L'étude de la compensation multilatérale sur le marché s'avère irréductible aux qualifications classiques du droit des contrats. Elle présente des particularités accrues par rapport à la compensation au sens du droit civil. Même l'intervention de la chambre de compensation, organe principal de la compensation, a été qualifiée de «*sui generis*». De sa part, le règlement-livraison, qui représente l'étape finale du processus d'achat et de vente des titres, se démarque de l'exécution des obligations découlant du contrat de vente. Sur le marché, les obligations de règlement et de livraison ne sont plus l'affaire des parties à la transaction, elles sont prises en charge par le «système» du marché rendant ces obligations systématiques à travers un fonctionnement «mécanique» du marché et répondant ainsi aux exigences de rapidité et de sécurité nécessaires au bon fonctionnement du marché.

1022. Le même constat de rupture de logiques entre le droit du marché financier et le droit des contrats se confirme au niveau des garanties d'exécution des obligations découlant de l'opération de marché. Si dans la vente, la garantie est à la charge du vendeur, elle ne l'est pas dans l'opération de marché. C'est la chambre de compensation qui intervient par sa garantie de bonne fin et les intermédiaires en bourse par leur garantie ducroire. La garantie de bonne fin se caractérise, sur les marchés financiers français, à la fois par sa nature juridique controversée ainsi que par son rôle qui diffère de celui d'un débiteur principal ordinaire. Sur le marché financier tunisien, la garantie de bonne fin, un peu plus spécifique, fait intervenir deux fonds de garanties à cause du rôle limité de *Tunisie clearing* en la matière. Justifiée aussi par le souci d'assurer la sécurité des marchés financiers et la protection des investisseurs, la garantie ducroire, particulière dans ses sources et son objet, confirme l'idée de la rupture de logiques entre le droit du marché financier et le droit des contrats au niveau des garanties d'exécution. L'échec des tentatives de qualification du ducroire conforte cette constatation.

1023. La volonté d'analyser plus finement l'opération de marché dans sa phase d'exécution démontre une rupture de logiques entre le droit du marché financier et le droit des contrats. Si dans la phase de formation de l'opération, on a pu remarquer une certaine continuité de logiques entre les deux branches de droit étant donné qu'on est dans une phase moins technique qui n'implique pas trop les différents organes du marché, lors de l'exécution de l'opération, c'est la technique qui a dominé en raison du fonctionnement «mécaniste» du marché. Le contrat, classiquement présenté comme le vecteur juridique des échanges économiques, s'est effacé devant le marché et ses règles impératives et extrêmement techniques. La liberté contractuelle s'est inclinée face au dirigisme et le marché a fini par imposer sa couleur.

1024. La rupture de logiques entre le droit du marché financier et le droit des contrats est le fruit de l'affaiblissement de la logique contractuelle dans l'exécution de l'opération. Cet affaiblissement constitue décidément une source d'efficacité. A la fin du XIXème siècle, le conseiller à la Cour de cassation française Crépon exprimait cette opinion en ces termes : « *Nous sommes en matière spéciale ; ce sont ces textes qu'il faut voir et qu'il faut suivre, non les principes du droit commun, principes qui, appliqués pour la réglementation d'intérêts pour lesquels ils n'ont point été écrits, conduiraient à des résultats déraisonnables, tandis que la règle spéciale elle-même, limitée strictement à ses termes, ne peut produire que des effets utiles et salutaires. L'erreur (…) c'est de vouloir appliquer (…) les règles du Code civil à des matières, telles que les opérations de bourse, en vue desquelles elles n'ont certainement point été écrites* »[1].

[1] Cité par A. RABUT, Le droit des bourses de valeurs et des agents de change, Litec, 1983, §18.

CONCLUSION GÉNÉRALE

1025. L'étude des relations entre le droit du marché financier et le droit des contrats a permis de démontrer paradoxalement l'adaptation, mais aussi la rupture de logiques entre ces deux branches de droits à l'occasion de l'étude de l'opération de marché à travers une coupe transversale des différentes phases mises en œuvre pour la réalisation de ladite opération.

1026. Visant à régir des marchés sur lesquels se réalisent des milliers d'échanges quotidiens, le droit financier, à travers l'étude de l'opération de marché, présente dans la phase de la formation de l'opération une grande parenté d'objet avec le droit des contrats.

1027. Au niveau de la phase d'intermédiation, le phénomène de contractualisation se trouve poussé à l'extrême grâce à l'existence d'un tissu contractuel à la fois diversifié et harmonieux permettant l'accès au marché et déclenchant l'opération de marché.

1028. Au niveau de la phase de négociation, le renforcement de la logique contractuelle se confirme par l'étude de la mise en œuvre de la négociation, fondée sur la notion de l'ordre de bourse, et surtout par la confirmation de la nature contractuelle de l'opération de marché malgré son apparence non contractuelle.

1029. Le contrat constitue le vecteur juridique traditionnel de circulation des richesses. Dès lors, la relation entre le droit du marché financier et le droit des contrats « *semble donc aller de soi tant les liens entre économie et contrat sont anciens* »[1].

1030. Toutefois, l'étude de l'exécution des opérations de marché se proposait de démontrer une rupture de logique entre le droit du marché financier et le droit des contrats.

1031. Marché au comptant, le marché financier tunisien a mis en lumière une question difficile, celle du transfert de propriété des titres dématérialisés. La loi relative à la dématérialisation des titres, adoptée surtout pour assurer la fluidité du marché et faciliter la circulation des valeurs mobilières, a supprimé les titres papiers en les remplaçant par une inscription en compte auprès de l'intermédiaire habilité. Leur transmission s'effectue dès lors par simple virement de compte à compte. Ce nouveau régime de transfert de propriété des titres cotés coupe catégoriquement avec le régime de droit commun de la vente. D'une part, le transfert de propriété qui s'opérait jadis par le simple échange de consentements selon le principe de transfert de propriété *solo consensu* est reporté jusqu'à l'accomplissement d'une formalité particulière, celle de l'inscription en compte. Dès lors, le transfert de propriété n'est plus un effet automatique et abstrait du contrat de vente. D'autre part, l'inscription en compte, qui assure le transfert de propriété se trouve dotée, non d'une valeur simplement confortative des droits du titulaire qu'elle désigne, mais d'une valeur constitutive de droit. Cette inscription en compte est de nature originale

[1] A.-C. MULLER, *op. cit.*, p. 606.

puisqu'elle est conçue comme une obligation de donner à la charge du vendeur. L'exécution de cette obligation ne se fait pas de manière abstraite et instantanée par simple accord de volonté, mais par l'accomplissement de l'inscription en compte. Cette redondance du droit romain marque l'originalité qui va jusqu'à la rupture avec les règles de transfert de propriété en droit commun de la vente.

1032. L'idée de rupture de logique entre le droit du marché financier et le droit des contrats est confirmée par l'étude du particularisme de l'opération de marché au niveau des modalités et des garanties d'exécution.

1033. Les modalités d'exécution de l'opération de marché se distinguent de celles du droit commun de la vente. Le rôle des parties est pratiquement absent ; c'est, effectivement, le marché qui domine l'exécution de l'opération. Ainsi, l'exécution ordinaire et bilatérale des obligations découlant de l'opération de marché est quasiment impossible vu le nombre énorme d'opérations réalisées chaque jour sur le marché. C'est la compensation, dite multilatérale, qui permet d'éviter tous les mouvements de fonds et de titres inutiles. L'originalité de la compensation se vérifie également par son irréductibilité aux classifications classiques du droit des contrats et par la nature *sui generis* de l'intervention de son organe principal qui est la chambre de compensation.

1034. Les soldes nets en titres et en espèce, déjà calculés par la chambre de compensation, sont réglés dans le système de règlement-livraison. L'analyse de ce système spécifique d'exécution des obligations de règlement-livraison sur le marché financier fournit une excellente illustration de cette « mécanique du marché » qui assure une exécution quasi-automatique de l'opération par l'élimination de tout rôle actif des parties.

1035. Les garanties d'exécution de l'opération de marché lors du dénouement de l'opération se démarquent de celles reconnues par le droit des contrats. Si dans le contrat de vente, la garantie est à la charge du vendeur, le droit du marché financier impose sa logique en proposant des garanties particulières. La bonne fin de l'opération ne dépend pas de l'exécution de la contrepartie de ses obligations, mais relève d'une mécanique de marché qui brise l'interdépendance des obligations.

1036. Les parties à la transaction ne garantissent pas directement leurs engagements. La chambre de compensation garantit pour sa part la bonne fin de l'opération et les intermédiaires en bourse interviennent par leur garantie ducroire. La première garantie se caractérise en droit français par sa nature juridique controversée et par le rôle de la chambre de compensation qui diffère de celui d'un débiteur principal ordinaire. Le droit tunisien accentue encore le particularisme de cette garantie en faisant intervenir des fonds de garanties afin de combler le rôle limité de *Tunisie clearing*. La seconde garantie confirme encore l'idée de la rupture de logiques entre le droit du marché financier et le droit des contrats surtout lors de l'étude de sa nature juridique largement discutée en doctrine d'autant plus que toutes les tentatives de qualification du ducroire ont subi un véritable échec.

1037. Évidemment, la logique du marché, qui met en œuvre plusieurs intervenants lors de l'exécution de l'opération, est une logique collective. En cela, elle se distingue radicalement de la logique synallagmatique du contrat de vente de droit commun confirmée seulement lors de la formation de l'opération. Lors de l'exécution de l'opération, le droit du marché financier ne s'analyse plus comme un droit particulier des échanges individuels. Son rattachement original au droit du marché se prévaut. S'il est parfois présenté comme protégeant certains intérêts particuliers (investisseurs, intermédiaires), ce n'est qu'une conséquence de sa finalité première qui est celle de l'efficience du marché. Par contre, lors de la formation de l'opération, le droit du marché financier, tout en se rapprochant du droit des contrats, peut aisément être analysé comme un droit des échanges individuels. Sa vocation originale, en tant qu'un droit de marché, s'incline face à la dominance de la logique contractuelle. Pendant cette phase, le droit du marché financier, à travers l'étude de l'opération la plus importante qui noue et dénoue dans son cadre, à savoir l'opération de marché, n'est qu'un simple droit des contrats conclus dans un milieu spécifique, qui est le marché financier.

1038. Pour que le droit du marché financier puisse réaliser ses objectifs, qui se résument dans la rapidité et la sécurité des transactions, il a commencé par s'adapter aux règles du droit des contrats, surtout dans la phase de formation de l'opération de marché, là où le degré de technicité est relativement faible. Cependant, dans la phase de dénouement, la technicité de l'opération de marché, ainsi que son caractère purement mécanique, ont atteint un niveau maximal. Ainsi, le pragmatisme du droit du marché financier apparaît avec toute sa force pour affirmer la rupture avec le droit des contrats caractérisé par sa souplesse, et annonce le triomphe de la logique du marché, caractérisée par une technicité accrue.

BIBLIOGRAPHIE

I- Les ouvrages et les traités

A- Les ouvrages généraux et les traités

- **AL-AHMADI (A.)**, Droit civil, Contras spéciaux, La vente *(en langue arabe)*, éd. Al-Wafa, Tunis, 1997.
- **ANTONMATTEI (Ph.) et RAYNARD (J.)**, Droit civil, Contrats spéciaux, LexisNexis, Paris, 7ème éd., 2013.
- **AUBERT (J.-L.)**, Notions et rôles de l'offre et de l'acceptation dans la formation du contrat, Paris, LGDJ, 1970.
- **AUBRY (Ch.) et RAU (Ch.)**, Droit civil français, T. 2, Paris, Librairies techniques, librairie de la Cour de Cassation, 1961, 7ème éd., par P. ESMEIN.
- **AUDIC (O.)**, Les fonctions du document en droit privé, Préf. Ph. DELEBECQUE, Bibliothèque de l'institut A. TUNC, t.3, Paris, L.G.D.J., 2004.
- **AVANZANI (I.)**, les obligations du dépositaire, Paris, Litec, 2007, Préf. C. JUBAULT, avant-propos R. CABRILLAC.
- **BEN AMMOU (N.)**, Les contrats spéciaux : La vente et l'échange *(en langue arabe)*, Tunis, CPU, 2008.
- **BEN TALEB (A.)**, L'aliénation de la chose d'autrui (ouvrage en langue arabe), Tunis, éd. Dar AL Mizen, 2009.
- **BENABENT (A.)**, Droit des contrats spéciaux civils et commerciaux, LGDJ, 14ème éd., 2021.
- **BONHOMME (R.) et ROUSSILLE (M.)**, Instrument de crédit et de paiement, Paris, LGDJ, 14ème éd., 2021.
- **BOSCO (D.)**, L'obligation d'exclusivité, Préf. Catherine PRIETO, Bruxelles, Bruylant, 2008.
- **BOURRIER (Ch.)**, La faiblesse d'une partie au contrat, Bruxelles, Bruylant, 2003.
- **BUFFELAN-LANORE (Y.) et LARRIBAU-TERNEYRE (V.)**, Droit civil, Les obligations, Sirey, 13ème édition, 2012.
- **CABRILLAC (M.), CABRILLAC (S.), MOULY (Ch.) et PÉTEL (P.)**, Droit des sûretés, Paris, Litec, 10ème éd., 2015.
- **CABRILLAC (R.) et BEN FADHL (O.)**, Introduction au droit des affaires : Abrégé de droit tunisien des obligations contractuelles, Tunis, C.P.U., 2006.
- **CABRILLAC (R.)**, Droit des obligations, Paris, Dalloz, 3ème éd, 1998.
- **CAFFIN-MOI (M.)**, Cession de droit sociaux et droit des contrats, Préf. D. BUREAU, Economica, 2009.
- **CALAIS-AULOY (J.), DEPINCÉ (M.) et TEMPLE (H.)**, Droit de la consommation, Précis Dalloz, 10ème éd., 2020.
- **CAPITANT (H.)**, De la cause des obligations, Dalloz, 3è éd., 1927.
- **CARBONNIER (J.)**, Droit civil t.4, Les obligations, Paris, Ed. P.U.F., Coll. Thémis Droit privé, 22ème éd., 2000.
- **CARBONNIER (J.)**, Droit civil, t.3, Les biens, Paris, PUF, 19ème éd., 2000.
- **CHAGNY (M.)**, Droit de la concurrence et droit commun des obligations, Paris, Dalloz, 2004, Préf. J. GHESTIN.
- **CHARFEDDINE (M.-K.)**, Droit civil, La théorie général - Les personnes - La preuve, Tunis, Imprimerie Officielle, 2002.

- **CHARFEDDINE (M.-K.),** Droit civil, (ouvrage en langue arabe), Latrach édition, 2ème éd., 2017.
- **CHARFI (M.)**, Introduction à l'étude du droit, Tunis, Cérès éditions, 3ème édition, 1997.
- **CHATAIN-AUTAJON (L.)**, La notion de fonds en droit privé, Bib. de droit de l'entreprise, Paris, Litec, 2006.
- **CHEN (W.)**, Apparence et représentation en droit privé français, préf. J. GHESTIN, Paris, LGDJ, coll. « Droit privé », t. 340, 2000.
- **COHEN (D.)**, Arbitrage et sociétés, Préf. B. OPPETIT, Paris, LGDJ, 1993.
- **COLLART DUTILLEUL (F.) et DELEBECQUE (P.)**, Contrats civils et commerciaux, Paris, Dalloz, 9è éd., 2011.
- **COZIAN (M.), VIANDIER (A.), DEBOISSY (F.)**, Droit des sociétés, LexisNexis, 34e éd., 2021.
- **CUIF (P.-F.)**, Le contrat de gestion, Paris, Economica, 2004, préf. L. AYNES.
- **DE POULPIQUET (J.)**, Responsabilité des notaires (civile, disciplinaire, pénale), Paris, Dalloz, éd. 1, 2003.
- **DENIS-FATÖME (A.)**, Apparence et contrats, Paris, LGDJ, 2004.
- **DESHAYES (O.), GENICON (Th.) et LAITHIER (Y.-M.),** Réforme du droit des contrats, du régime et de la preuve des obligations, LexisNexis, 2e éd., 2018.
- **DIDIER (Ph.)**, De la représentation en droit privé, préface Y. LEQUETTE, Paris, LGDJ, 2000.
- **DUBOC (G.)**, La compensation et les droits des tiers, Paris, LGDJ, 1989.
- **DUCLOS (J.)**, L'opposabilité. Essai d'une théorie générale, Paris, LGDJ, 1984.
- **ELLOUMI (A.)**, Le formalisme électronique, Tunis, C.P.U., 2011.
- **EMERICH (Y.)**, La propriété des créances, approche comparative, Paris, LGDJ, bib de droit privé, 2007.
- **ERESEO (N.)**, L'exclusivité contractuelle, Paris, Litec, 2008.
- **ESCARRA (J.) et RAULT (J.)**, Traité théorique et pratique de droit commercial, T. III, Les sociétés commerciales, Ed. Sirey, 1955.
- **FAGES (B.)**, Droit des obligations, Paris, LGDJ, 2007.
- **FARJAT (G.)**, L'ordre public économique, Paris, LGDJ, 1963.
- **FERAL-SCHUHL (Ch.),** Cyberdroit : Le droit à l'épreuve de l'Internet, *Praxis* Dalloz ; 9e édition, 2021.
- **FLOUR (J.), AUBERT (J.-L.), SAVAUX (E.)**, Les obligations, t.1, L'acte juridique, par J.-L. AUBERT et E. SAVAUX, 11ème éd. Armand Colin, 2004.
- **FLOUR (J.), AUBERT (J.-L.), FLOUR (Y.) et SAVAUX (E.)**, Les obligations, t. 3. Le rapport d'obligation, Armand Colin, 2ème éd., 2001.
- **FOREST (G.)**, Essai sur la notion d'obligation en droit privé, préf. F. LEDUC, Dalloz, coll. « Bibl. de thèses », vol. 116, 2012.
- **GATSI (J.)**, Le contrat-cadre, préface M. BEHAR-TOUCHAIS, Paris, LGDJ, 1996.
- **GAUDEMET (E.)**, Théorie générale des obligations, Paris, Dalloz, 2004.
- **GHESTIN (J.) et DESCHE (B.)**, Traité des contrats, La vente, Paris, LGDJ, 1990.
- **GHESTIN (J.)**, Cause de l'engagement et validité du contrat, DELTA LGDJ, 2007.
- **GHESTIN (J.), LOISEAU (G.) et SERINET (Y.-M.),** Traité de droit civil, la formation du contrat, Paris, L.G.D.J., 4ème édition, 2013.
- **GODELAIN (S.)**, La capacité dans les contrats, préf. M. FABRE-MAGNAN et S. SUPIOT, Paris, LGDJ, 2007.

- **GOLDMAN (B.), LYON-CAEN (A.) et VOGEL (L.)**, Droit commercial européen, Précis Dalloz, 5ème éd. 1994.
- **GROSS (B.) et BIHR (Ph.)**, Contrats, Paris, PUF, 1993.
- **GUERRIERO (M. A.)**, L'acte juridique solennel, thèse, Toulouse, L.G.D.J., 1975.
- **GUYON (Y.)**, Droit des Affaires, T.1, Droit Commercial Général et Sociétés, Paris, Economica, 12ème éd., 2003.
- **GUYON (Y.)**, Traité des contrats, Les sociétés, aménagements statutaires et conventions entre associés, sous la dir. de J. GHESTIN, Paris, LGDJ, 5ème éd., 2002.
- **HAMEL (J.), LAGARDE (G.) et JAUFFRET (A.)**, Traité de droit commercial, t.2, Dalloz, 1966.
- **HUET (J.)**, Traité de droit civil, Les principaux contrats spéciaux, sous la direction de J. GHESTIN, Paris, L.G.D.J., 1996.
- **JEANTIN (M.)**, Droit des sociétés, Paris, Montchrestien, 3ème éd., 1994.
- **KAHLOUN (A.)**, La théorie générale des obligations *(en langue arabe)*, Tunis, éd. Al-Atrach, 2015.
- **KHARROUBI (K.)**, Droit des sociétés commerciales, Vol. 1, Tunis, éd. MIP, 2008.
- **KHARROUBI (K.)**, Les contrats nommés : Le mandat- la vente-le bail *(en langue arabe)*, Tunis, CPU, 2007.
- **KHARROUBI (K.)**, Droit civil, Les modalités de l'obligation *(en langue arabe)*, Tunis, Latrach éditions, 2008.
- **KNANI (Y.)**, Droit commercial, Les effets de commerce, le chèque, la virement et la carte de paiement, Tunis, CPU, 3ème éd., 2005.
- **KOTRANE (H.)**, Introduction à l'étude du droit, cadre juridique des relations économiques, Tunis, C.E.R.P., 1994.
- **AYNES**(L.), **CROCQ (P.) et AYNES (A.)**, Droit des sûretés, Paris, LGDJ, 15ème éd., 2021.
- **LACOUR (L.) et BOUTERON (J.)**, Précis de droit commercial, t.1, Dalloz, 3è éd., 1925.
- **LARROUMET (Ch.)**, Droit civil, Les obligations, Le contrat, T.III, 5ème éd., Paris, Economica, 2003.
- **LARROUMET (Ch.)**, Droit civil, Tome II, Les biens, Droit réels principaux, Paris, Economica, 4ème éd., 2004.
- **LATINA (M.)**, Essai sur la condition dans les contrats, Préf. D. MAZEAUD, Paris, LGDJ, 2009.
- **LAUDE (A.)**, La reconnaissance par le juge de l'existence d'un contrat, préf. J. MESTRE, PUAM, 1992.
- **LE CANNU (P.)**, Droit des sociétés, Paris, Montchrestien, 2ème éd., 2003.
- **LE TOURNEAU (Ph.) et Alii**, Droit de la responsabilité et des contrats, Dalloz, 7ème éd., mai 2008.
- **LE TOURNEAU (Ph.) et CADIET (L.)**, Droit de la responsabilité, Dalloz action, 1996.
- **LE TOURNEAU (Ph.)**, La responsabilité civile professionnelle, Economica, 1998.
- **LECLERC (F.)**, Droit des contrats spéciaux, Paris, LGDJ, 2007.
- **LIBCHABER (R.)**, Recherches sur la monnaie en droit privé, préf. P. MAYER, Paris, LGDJ, 1992.
- **LOKIER (P.)**, Contrat et pouvoir. Essai sur les transformations du droit privé des rapports contractuels, Paris, LGDJ, 2004.

- **LUCAS DE LEYSSAC (C.) et PARLÉANI (G.)**, Droit du marché, coll. Thémis Droit privé, Paris, PUF, 2002.
- **LYON-CAEN (Ch.) et RENAULT (L.)**, *Traité de droit commercial*, T. III, Paris, L.G.D.J., 5ème éd, 1926-1929.
- **MAHFOUDH (M.)**, La théorie générale de l'obligation, l'acte unilatéral, le contrat et la responsabilité civile (ouvrage en langue arabe), CEJJ, 2008.
- **MAHFOUDH (M.)**, La théorie générale de l'obligation (I), Le contrat, (en langue arabe), Tunis, éd. Al-Atrach, 2012.
- **MAHFOUDH (M.),** Introduction au Droit (La théorie générale) (ouvrage en langue arabe), Latrach édition, 2020.
- **MAHFOUDH (M.)**, Leçons sur le contrat (ses règles générales), (ouvrage en langue arabe), C.P.U., Tunis, 2ème éd., 2021.
- **MAHFOUDH (M.)**, Cours en théorie générale du droit subjectif, (ouvrage en langue arabe), CPU, Tunis, 2022.
- **MALAURIE (Ph.) et AYNÈS (L.)**, Droit civil, Les biens, Defrénois, 2004.
- **MALAURIE (Ph.), AYNÈS (L.) et GAUTIER (P.-Y.)**, Droit des contrats spéciaux, LGDJ, 11è éd., 2020.
- **MALAURIE (Ph.), AYNÈS (L.) et STOFFEL-MUNCK (P.)**, Droit civil, Les obligations, LGDJ, 11è éd., 2020.
- **MALAURIE (P.) et AYNES (L.)**, Droit civil, Les obligations, Cujas, 1985.
- **MALINVAUD (Ph.), MEKKI (M.) et SEUBE (J.-B.)**, Droit des obligations, LexisNexis, 15e éd., 2019.
- **MARTY (G.) et RAYNAUD (P.)**, Droit civil, Les obligations, T.1, Les sources, 2ème éd. Sirey, 1988.
- **MARTY (G.), RAYNAUD (P.) et JESTAZ (P.)**, Droit civil, Les obligations, T. 2, Le régime, Paris, Sirey, 2e éd., 1989.
- **MAUGER-VIELPEAU (L.),** Les ventes aux enchères publiques, Préf. P.-Y. GAUTIER, Economica, 2002.
- **MAZEAUD (H., L. J.) et CHABAS (F.)**, Leçons de Droit Civil, T.1, V.1., Introduction à l'étude du droit, Paris, Montchrestien, 11ème éd., 1996.
- **MAZEAUD (H., L., J.) et CHABAS (F.)**, Leçons de Droit Civil, T.2, Obligations, théorie générale, Paris, Montchrestien, 9ème éd. par F. CHABAS, 1998.
- **MAZEAUD (H., L., J.) et CHABAS (F.)**, Leçons de Droit Civil, T.3, V 2, Principaux contrats, vente et échange, par M. DE JUGLART, Paris, Montchrestien, 7ème éd., 1987.
- **MAZEAUD (H., L., J.) et CHABAS (F.)**, Leçons de Droit Civil, T. II, Vol. 2, Biens, Droit de la propriété et ses démembrements, Montchrestien, Paris, 8ème éd., 1994.
- **MELLOULI (S.) et FRIKHA (S.)**, Les sociétés commerciales, Tunis, impression IME, 2008.
- **MELLOULI (S.)**, Droit civil, Introduction à l'étude du droit, Tunis, publications de l'imprimerie officielle de la république tunisienne, 2000.
- **MERLE (P.), FAUCHON (A.)**, Droit commercial, Sociétés commerciales, Précis Dalloz, 20e éd., 2017.
- **MESTRE (J.), PUTMAN (E.) et BILLIAU (M.)**, Traité de droit civil, Droit spécial des sûretés réelles, sous la direction de J. GHESTIN, Paris, L.G.D.J., 1996.
- **MILHAC (O.)**, La notion de condition dans les actes à titre onéreux, Préf. J. GHESTIN, Paris, LGDJ, 2001.

- **MORRIS-BECQUET (G.)**, L'insolvabilité, PUAM, 2002.
- **NAEGELEN (F.)**, Les mécanismes d'enchères, préf. J.-J. LAFFONT, Paris, Economica, 1988.
- **NAMMOUR (F.)**, Droit et pratique de l'arbitrage interne et international, 2ème éd., Bruylant, Delta, LGDJ.
- **NENNI (A.),** Droit des sociétés commerciales, Latrach éditions, 2020.
- **NERET (J.)**, Le sous-contrat, Paris, LGDJ, 1979.
- **OVERSTAKE (J.-F.)**, Essai de classification des contrats spéciaux, Préface de J. BRETHE DE LA GRESSAYE, Paris, L.G.D.J., 1967.
- **PETEL (P.)**, Les obligations du mandataire, Litec, 1988.
- **PÉTEL (Ph.)**, Le contrat de mandat, Paris, Dalloz, 1994.
- **PLANIOL (M.) et RIPERT (G.)**, Traité pratique de droit civil français, t. XI, Contrats civils, 2e partie, par A. ROUAST, R. SAVATIER, J. LEPARGNEUR et A. BESSON, Paris, LGDJ, 2e éd., 1952.
- **PRAT (S.),** Les pactes d'actionnaires relatifs au transfert des valeurs mobilières, préf. A. VIANDIER, Litec, Paris, 1992, n° 11, p. 6.
- **RADÉ (Ch.)**, Droit du travail et responsabilité civile, préf. J. HAUSER, T. 282, Bibl. dr. privé, Paris, LGDJ, 1997.
- **REKIK (N.)**, L'ordre public et le contrat civil, Préface M. K. CHARFEDDINE, Tunis, éd. Latrach, 2015.
- **RENOUARD (M.)**, Du droit industriel dans ses rapports avec les principes du droit civil sur les personnes et sur les choses, Guillaumin et Cie libraires, 1860.
- **RIEG (A.)**, Le rôle de la volonté dans l'acte juridique en droit civil français et allemand, Paris, LGDJ, 1961.
- **RIPERT (G.) et BOULANGER (J.)**, Traité élémentaire de droit civil, Principes généraux, personnes, biens, T.I, Paris, LGDJ, R. Picon et R. Durand-Auzias, 1950.
- **RIPERT (G.)**, Aspects juridiques du capitalisme moderne, Paris, LGDJ, 2ème éd, 1951.
- **RIPERT (G.)**, avec le concours de P. DURAND et de R. ROBLOT, Traité élémentaire de droit commercial, Paris, LGDJ, 4ème éd., 1959.
- **SALEILLES (R.)**, De la déclaration de volonté, contribution à l'étude de l'acte juridique dans le Code civil allemand, F. PICHON, SUCCESSEUR, ÉDITEUR, 1901.
- **SALEILLES (R.)**, Étude sur la théorie générale de l'obligation, d'après le premier projet de Code civil pour l'Empire allemand, 3è éd., Paris, LGDJ, 1914.
- **SAVAUX (E.)**, La théorie générale du contrat, mythe ou réalité ?, Paris, LGDJ, 1997.
- **SAVELLI (B.)**, L'exercice illégal d'une activité, Presses universitaires d'Aix-Marseille, 1996.
- **SERIAUX (A.)**, Droit civil – Contrats civils, P.U.F., Coll. Droit fondamental, 2001.
- **SIMLER (Ph.)**, Cautionnement et garanties autonomes, Ed. Litec, 3ème éd., 2000.
- **SIMLER (PH.)**, La nullité partielle des actes juridique, Paris, LGDJ, 1969.
- **STARCK (B.), ROLAND (H.) et BOYER (L.)**, Droit civil Les obligations, 2, Contrat, Paris, Litec, 6ème éd., 1998.
- **STOUFFLET (J.)**, Instrument de paiement et de crédit, 8e éd., Paris, LexisNexis, 2012.
- **THALLER (E.) et PERCEROU (J.)**, Traité élémentaire de Droit commercial, 6ème éd., Éd. Rousseau, Paris, 1922.

- **TERRÉ (F.) et SIMLER (Ph.)**, Droit civil, Les biens, 7e éd., Paris, Dalloz, 2006.
- **TERRÉ (F.)et MOLFESSIS (N.),** Introduction générale au droit, Précis DALLOZ, 13ème éd., 2021.
- **TERRÉ (F.), SIMLER (P.), LEQUETTE (Y.)** et **CHÉNEDÉ (F.)**, Droit civil : Les obligations, Paris, Dalloz, 12eéd., 2018.
- **THALLER (E.)**, Traité élémentaire de droit commercial, Ed. Rousseau, 3ème éd, 1904.
- **THULLIER (B.)**, L'autorisation, Paris, LGDJ, 1993.
- **TORRE-SCHAUB (M.)**, Essai sur la construction juridique de la catégorie de marché, Paris, L.G.D.J., 2002.
- **VERDOT (R.)**, La notion d'acte d'administration en droit privé français, préface de Pierre KAYSER, Paris, LGDJ, 1963.
- **VIANDIER (M.) et VALLANSAN (J.)**, Actes de commerces, commerçants, activité commerciale, Paris, PUF, 2ème éd., 1992.
- **VIGNERON (S.),** Etude comparative des ventes aux enchères publiques mobilières : France et Angleterre, Bib. Droit Privé, t. 453, LGDJ, 2006.
- **WEILL (A.) et TERRÉ (F.)**, Droit civil, Les obligations, Paris, Dalloz, 4ème éd, 1986.
- **ZENATI-CASTAING (F.) et REVET (T.)**, Les biens, PUF, 3e éd., coll. Droit fondamental, 2008.
- **ZENATI-CASTAING (F.)**, Droit fondamental, Droit civil, Les biens, Paris, P.U.F., 1988.
- **ZINE (M.)**, La théorie générale des obligations, T.1, Le contrat (en langue arabe), Tunis, Imprimerie El Wafa, 2ème éd., 1997.

B- Les ouvrages spécialisés

- **ATALLAH (Ch.)**, Le marché financier : l'expérience tunisienne *(en langue arabe)*, Imprimerie Tunis Carthage, 2007.
- **AUCKENTHALER (F.)**, Droit des marchés de capitaux, Paris, LGDJ, 2004.
- **BAUDOIN (L.-I.)**, Le contrat de gestion de portefeuille de valeurs mobilières, Québec, Canada, Les éditions Yvon Blais, 1994.
- **BEN NASR (T.),** Droit bancaire tunisien, La Maghrébine pour l'impression et la publication du livre, 2ème éd., 2017.
- **BONFILS (S.)**, Le droit des obligations dans l'intermédiation financière, Paris, LGDJ, 2005.
- **BONNEAU (T.), PAILLER (P.), ROUAUD (A.-C.), TEHRANI (A.) et VABRES (R.)**, Droit financier, Paris, LGDJ, Lextenso, 2ème éd., 2019.
- **BONNEAU (T.)**, Droit bancaire, LGDJ, 14ème éd., 2021.
- **BONNEAU (T.)**, Régulation bancaire et financière européenne et internationale, Bruxelles, Bruylant, 3ème éd., 2016.
- **BONNEAU (T.) et DRUMMOND (F.)**, Droit des marchés financiers, Paris, ECONOMICA, 3ème éd., 2010.
- **BONNEAU (T.) et FAUGEROLAS (L.)**, Les offres publiques, OPA, OPE, garantie de cours, retrait…, Éditions EFE, 1999.
- **BONNEAU (T.) et VERBIEST (T.),** Fintech et droit, Quelle régulation pour les nouveaux entrants du secteur bancaire et financier ?, Revue Banque, coll. « Les essentiels de la banque et de la finance », 2017.

- **BOURIN (Ph.)**, La gestion de portefeuille, Anthemis, 2009.
- **BOUTHINON-DUMAS (H.)**, Le droit des sociétés cotées et le marché boursier, Etude des conditions juridiques de la détermination de la valeur de la société par le marché boursier, préface de Philippe Didier, Paris, LGDJ, 2007.
- **CAPUS (A.)**, La bourse ou la vie, acte II, La Revue Blanche, 1901.
- **CAUSSE (H.)**, Les titres négociables, Essai sur le contrat négociable, préf. B. TEYSSIÉ, Paris, Litec, 1993.
- **CHOINEL (A.) et ROUYER (A.)**, Le marché financier, structures et acteurs, Banque Editeur, 6ème éd., 1996.
- **COURET (A.), LE NABASQUE (H.), COQUELET (M.-L.), GRANIER (T.), PORACCHIA (D.), RAYNOUARD (A.), REYGROBELLET (A.) et ROBINE (D.)**, Droit financier, coll. Précis Droit privé, Paris, Dalloz, 3e éd., 2019.
- **DE JUGLART (M.) et IPPOLITO (B.)**, Traité de droit commercial, T.7, Banques et Bourses, 3ème éd., par L.-M. MARTIN, Paris, Montchrestien, 1991.
- **DELAMARRE (M.) et Le POITVIN (M.)**, Traité du contrat de commission, T. 2, Delamotte Ainé, 1841.
- **DELOZIÈRE-LE FUR (A.-V.)**, La compensation dite multilatérale, Paris, LGDJ, 2003.
- **DE NAYER (M.-C.)**, Le MATIF, Analyse juridique, Paris, Dalloz, 1991.
- **DE VAUPLANE (H.) et BORNET (J.-P.)**, Droit des marchés financiers, Paris, Litec, 3ème éd., 2001.
- **DIDIER (P.)**, Droit commercial, T.III, Le marché financier, les groupes de sociétés, PUF, 1993.
- **DIDIER (P.)**, Droit commercial, T.III, La monnaie, Les valeurs mobilières, Les effets de commerce, PUF, 1999.
- **DUMONT (M.-P.)**, L'opération de commission, Bib. Droit de l'entreprise, t.45, préf. J.-M. MOUSSERON, Paris, Litec, 2000.
- **FONTAINE (H.),** La bourse et ses opérations légales : Traité du droit financier, éd. A. PEDONE, 1905.
- **GASTINEL (H.) et BERNARD (E.)**, Les marchés boursiers dans le monde. Situation et évolutions, Clefs économie, Préf. M. PRADA, Paris, Montchrestien, 1996.
- **GAVALDA (Ch.) et STOUFFLET (J.)**, Droit bancaire, 9ème éd., LexisNexis, 2015.
- **GRANOTIER (J.),** Le transfert de propriété des valeurs mobilières, préf. D. Cohen, ECONOMICA, 2010.
- **GRUA (F.)**, Contrats de base de la pratique bancaire, Paris, Litec, 2001.
- **HAMEL (J.)**, Banque et opérations de banque, tome. II, éd. Rousseau, 1933.
- **HATTAB (R.),** De l'obligation de conseil des prestataires de services d'investissement, Presses Universitaires de Strasbourg, 2006.
- **HEMARD (J.), MABILLAT (P.) et TERRE (F.)**, Les sociétés commerciales, Tome III, Les valeurs mobilières, Dalloz, 1978.
- **HERGLI (M.) et MOKADEM (M.)**, Le système monétaire et financier, éd. CREA, Tunis, 1995.
- **HONORAT (J.)**, L'inscription en compte obligatoire des valeurs mobilières françaises, Paris, Defrénois, 1985.
- **KARYOTIS (C.)**, Les systèmes de règlement-livraison européens : vers l'unification des marchés, Banque éditeur 2000, coll. Les essentiels de la banque.

- **KNANI (H.)**, Une brève histoire de la bourse de Tunis, Leaders, 2021.
- **LABASTIE-DAHDOUH (Ch.) et DAHDOUH (H.)**, Droit commercial, vol.2, Entreprises sociétaires et groupements privés, T.3, Marchés financiers - Alliances stratégiques, Tunis, IHE Editions, 2007.
- **LASSALAS (Ch.)**, L'inscription en compte des valeurs mobilières, la notion de propriété scripturale, Préf. J. STOUFFLET, PUCF-LGDJ, 1997.
- **LEHMANN (P.-J.)**, Les sociétés de bourse, Paris, PUF, « Que sais-je ? », n° 3360, 1ère éd. 1998.
- **LEHMANN (P.-J.)**, Économie des marchés financiers, éditions de boeck, 2ème éd., 2014.
- **LUCAS (F.-X.)**, Les transferts temporaires de valeurs mobilières : Pour une fiducie de valeurs mobilières, Préf. L. LORVELLEC, Paris, LGDJ, 1997.
- **MEDJAOUI (K.)**, Les marchés à terme dérivés et organisés d'instruments financiers. Etude juridique, préf. C. GAVALDA, Paris, LGDJ, 1996.
- **MERCIER (V.)**, L'apport du droit des valeurs mobilières à la théorie générale du droit des biens, PUAM, 2005.
- **MERVILLE (A.-D.)**, Droit financier, Gualino, 4ème éd. 2018.
- **MULLER (A.-C.)**, Droit des marchés financiers et droit des contrats, Préf. H. SYNVET, Paris, ECONOMICA, 2007.
- **MZOUGHI (Ch.)**, La négociation des valeurs mobilières en droit tunisien (Essai sur l'évolution du droit des contrats), Raslen Edition, 2015.
- **NIZARD (F.)**, Les titres négociables, Coll. Pratique du droit, Préf. H. SYNVET, avant-propos J.-P. DUMAS, Paris, Economica, 2003.
- **OHL (D.)**, Droit des sociétés cotées, Paris, Litec, éd. Juris-classeur, 2003.
- **PELTIER (F.)**, Marchés financiers & droit commun, Éditions Banque, 1997.
- **PICON (O.)**, La bourse Ses mécanismes Gérer son portefeuille Réussir ses placements », Paris, DELMAS, 14è éd., 2000.
- **PRAICHEUX (S.)**, Les sûretés sur les marchés financiers, préf. A. Ghozi, Ed. Banque, 2004.
- **RABUT (A.)**, Le droit des bourses des valeurs et des agents de change, Paris, Litec, 1983.
- **RIPERT (G.) et ROBLOT (R.)**, Traité de droit commercial, T. 2, Effets de commerce, Banque et Bourse, Contrats commerciaux, Procédures collectives, par P. DELEBECQUE et M. GERMAIN, Paris, L.G.D.J, 17ème éd., 2004.
- **ROBINE (D.)**, Sécurité des marchés financiers face aux procédures collectives, préf. P. Le CANNU, Bibl. droit privé, t. 400, Paris, LGDJ, 2003.
- **ROBLOT (R.)**, La dématérialisation des valeurs mobilières, ANSA, 1984.
- **ROUAUD (A.-C.)**, Contribution à l'étude de l'opération de marché. Étude de droit des marchés financiers, préface J.-J. DAIGRE, t.26, IRJS Éditions, 2010.
- **ROUSSILLE (M.)**, La compensation multilatérale, coll. « Nouvelle bibliothèque des thèses », Dalloz, 2006.
- **SOUSI-ROUBI (B.)**, Droit bancaire européen, Paris, Dalloz, 1995.
- **STOUFFLET (J.) et DESCHANEL (J.-P.)**, Études sur le cours de bourse, ouvrage collectif, Paris, ÉCONOMICA, 1997.
- **TOMASI (M.)**, La concurrence sur les marchés financiers. Aspects juridiques, Paris, L.G.D.J., 2002.

- **TREBULLE (F.-G.)**, L'émission de valeurs mobilières par les sociétés par actions, Préf. Y. GUYON, Coll. Recherche juridique, Éd. Economica, Paris, 2002.
- **VALETTE (J.-P.)**, Droit de la régulation des marchés financiers, Gualino éditeur, Paris, 2005.
- **VEZIAN (J.)**, La responsabilité du banquier en droit privé français, Paris, Litec, 3è éd., 1983.
- **VIANDIER (A.)**, OPA, OPE et autres offres publiques, Éditions Francis Lefebvre, 2006.
- **WEINBERGER (M.-D.)**, Gestion de portefeuille et conseil en investissement, Aspects contractuels et de responsabilités avant et après Mifid, Bruxelles, Kluwer, 2008.

II- Les thèses

- **ANCEL (P.)**, Les sûretés personnelles non accessoires en droit français et en droit comparé, Thèse Dijon, 1981.
- **ARCHAMBAULT (A.-L.)**, La nature juridique des valeurs mobilières, thèse de Doctorat, Université Panthéon-Sorbonne Paris 1, 1998.
- **ARFAOUI (E.)**, Les règles écrites d'interprétation de la loi : Essai sur une méthode officielle d'interprétation des lois, thèse pour le doctorat d'Etat en droit privé, faculté de droit et des sciences politiques, Tunis, 2000.
- **ARRAID (H.)**, La responsabilité civile du banquier, thèse d'Etat en droit, faculté de droit et des sciences politiques de Tunis, 2004-2005.
- **ARRIGHI (J.-P.)**, Apparence et réalité en droit privé Contribution à l'étude de la protection des tiers contre les situations apparentes, Thèse, Université de Nice, Faculté de droit et des sciences économiques, 1974.
- **BEN AMMOU (N.)**, Le pouvoir de contrôle de la cour de cassation, thèse pour le doctorat d'Etat en droit privé, faculté de droit et des sciences politiques, Tunis, 1996.
- **BÉNABENT (A.)**, La chance et le droit, thèse Paris, éd. 1973.
- **BESROUR (N.)**, Sanction des règles de formation du contrat et maintien du rapport contractuel, Thèse pour le Doctorat d'Etat en droit, Faculté de Droit et des Sciences Politiques de Tunis, 2001.
- **BOUAJILA (W.)**, L'opération de négociation des valeurs mobilières sur un marché réglementé, étude comparée du droit tunisien et du droit français, thèse pour le doctorat en droit privé, Faculté de droit et des sciences politiques d'Aix-Marseille, 2014.
- **BOUKAMCHA (A.)**, Conservation et propriété des valeurs mobilières, Thèse pour le doctorat en droit privé, Faculté de droit et des sciences politiques de Tunis, 2009-2010.
- **CHARFEDDINE (M. K.)**, Les droits des tiers et les actes translatifs de propriété immobilière, Tunis, C.E.R.P., 1993.
- **COTRET (L.)**, La négociabilité des instruments financiers, thèse Reims, 2004.
- **BOYER (Y.)**, *L'obligation de renseignements dans la formation du contrat*, Thèse, faculté de droit et des sciences politiques d'Aix Marseille, 1997.
- **DABIN (L.)**, Fondements du droit cambiaire allemand, Thèse, Liège, 1959.
- **DE LA MARNIERRE (S.)**, L'évolution technique du contrat et ses conséquences juridiques, thèse, Paris, 1930.

- **DE MUNAGORRI (R.-E.)**, L'acte unilatéral dans les rapports contractuels, Thèse, Paris 10, 1994.
- **DELOZIERE-LEFUR (A.-V.)**, La compensation dite multilatérale, Thèse, Paris II, Ed. Panthéon-Assas, 2003.
- **DROGOUL (F.)**, Essai d'une théorie générale des nullités, Thèse de Doctorat, Aix Marseille, 1901.
- **DUPRE (M.)**, Contribution à une théorie générale des contrats spéciaux, Thèse, Toulouse, 2011.
- **ESSAFI (A.)**, L'intermédiation obligatoire dans les contrats de vente, Thèse de doctorat en droit privé, Faculté des sciences juridiques, politiques et sociales de Tunis, 2018-2019.
- **FLATTET (G.)**, Les contrats pour le compte d'autrui. Essai critique sur les contrats conclus par un intermédiaire en droit français, Thèse, Paris, Sirey, 1950.
- **GAILLARD (E.)**, La notion de pouvoir en droit privé, thèse, Paris II, 1981.
- **GARGOURI (M.)**, Libéralisation des échanges et accord d'association tuniso-européen, Thèse de doctorat en droit, Faculté de droit de Sfax, 2005.
- **GOUTAY (Ph.)**, Le transfert de propriété des titres cotés, thèse, Paris IX, 1997.
- HARISTOY (J.), Virements en banque et chambres de compensation, Thèse Paris 1906.
- **HUET (E.)**, La chambre de compensation des banquiers de Paris, Thèse Paris II, 1977.
- **JAPIOT (R.)**, Des nullités en matière d'actes juridiques. Essai d'une théorie nouvelle, Thèse de Doctorat en sciences juridiques, Librairie nouvelle de droit et de jurisprudence, 1909.
- **KEUFFI (D.E.),** La régulation des marchés financiers dans l'espace OHADA, thèse de doctorat en droit, Université de Strasbourg et Université de Dschang, 2010.
- **LARGUIER (J.)**, Essai sur la notion de titre en droit privé, Thèse Montpellier, 1948.
- **LUCAS (F.-X.)**, Les transferts temporaires de valeurs mobilières, Pour une fiducie des valeurs mobilières, Thèse. Nantes, Ed. LGDJ, 1997.
- **LUCAS DE LEYSSAC (Cl.)**, L'utilisation de la compensation en droit commercial, Thèse, Paris, 1973.
- **MALLET-BRICOUT (B.)**, La substitution de mandataire, Thèse Paris II, 1998.
- **MASSART (T.)**, Le régime juridique de la cession de contrôle, Thèse de doctorat, Université Panthéon-Assas (Paris II), 1995.
- **MERLAUD (J.-F.)**, Le ducroire, Thèse Bordeaux, 1984.
- **MOISDON-CHATAIGNER (S.)**, La propriété des valeurs mobilières, Thèse de Doctorat, Université Paris IX-Dauphine, 1999.
- **MORIN (A.)**, Contribution à l'étude des contrats aléatoires, Thèse dactyl. Paris IX, 1995.
- **MOURALIS (J.-L.)**, La notion d'aléa et les actes juridiques aléatoires, Thèse Grenoble, 1968.
- **PROROK (J.),** La responsabilité civile sur les marchés financiers, Thèse Université Paris II, Panthéon-Assas, 2016.
- **RAYNOUARD (A.)**, La dématérialisation des titres, étude sur la forme scripturale, Thèse de Doctorat, Panthéon-Assas, Paris II, 1998.
- **REYGROBELLET (A.)**, La notion de valeur mobilière, Thèse Paris II, 1995.

- **RIASSETTO (I.)**, Les garanties des contrats à terme négociés sur le MATIF, Thèse dactyl., Strasbourg III, sous la direction du professeur D. SCHMIDT.
- **SABATIER (S.)**, Le droit des obligations à l'épreuve du droit des procédures collectives, Thèse Toulouse I, 2000, sous la dir. de C. SAINT ALARY-HOUIN.
- **SAINT-DIDIER (Cl.)**, Droit du travail et droit des obligations – Étude d'une opposition, Thèse Aix-Marseille III, 1996.
- **SAINTOURENS (B.)**, Essai sur la méthode législative : droit commun et droit spécial, Thèse Bordeaux, 1986.
- **TAISNE (J.-J.)**, La notion de condition dans les actes juridiques. Contribution à l'étude de l'obligation conditionnelle, Thèse dactyl., Université de Lille II, Faculté des sciences juridiques, politiques et sociales, 1976-1977.
- **THOMAS (G.)**, Les interférences du droit des obligations et du droit matrimonial, préf. P. LAGARDE, Thèse Nancy II, PU Grenoble, 1974.
- **TORCK (S.)**, Essai d'une théorie générale des droits réels sur choses fongibles, Thèse Paris II, 2001.
- **YADINI-NAUDOT (S.)**, Le contrat non négocié, Thèse Nantes, 2000.
- **YOUSSEF (I.)**, L'intermédiation financière, Etude de Droit comparé français, tunisien et américain, Thèse Paris I, Panthéon Sorbonne, 2012.
- **ZANETI (F.)**, Essai sur la nature juridique de la propriété, Thèse Lyon III, 1981.

III- Les articles

- **ABID-MNIF (S.)**, « Le consommateur entre le droit des contrats et le droit de la consommation : concours de normes et une protection toujours insuffisante » in L'évolution du droit des contrats Approche comparée entre la Tunisie et la France, Actes du colloque tuniso-français, sous la direction scientifique des professeurs : Noomen REKIK, Franck PETIT et Mohamed KOSSENTINI, Latrach édition, 2021, pp. 60 et s.
- **AIRAULT (D.), FRISON-ROCHE (M.-A.) et REVUZ (J.)**, « L'efficacité des cessions d'actions nominatives à l'égard de la société émettrice », R.D.B.B., mars-avril 1993, n° 36, pp. 70 et s.
- **ALBIGES (C.)**, « La réforme du droit des contrats et la formation du contrat de cautionnement », AJ contrat, 2017, pp. 248 et s.
- **AMADOU (S.)**, « Bourses d'hier et de demain. Brèves réflexions sur l'évolution des incertitudes sémantiques et juridiques relatives à la notion de « marché » », *in* Mélanges AEDBF-France, 1997, Banque Editeur, pp. 21 et s.
- **ARNAUD (S.) et GINON (S.) et PETIT (F.)**, « Le transfert de propriété des valeurs mobilières », Droit des sociétés, n° 10, Octobre 2012, étude 14.
- **ASSAYA (L.) et BAUDOUIN (V.)**, « La signature électronique par cryptographie à clé publique », J.C.P., 2003, éd. E., n° 4, p. 164.
- **ATIAS (Ch.)**, « Définir les définitions juridiques ou définir le droit », R.R.J., Droit prospectif, 1987-4, pp. 1081 et s.
- **AUCKENTHALER (F.)**, « Commettant, commissionnaire à la vente : détermination du véritable titulaire de la créance envers le tiers contractant », D., 1998, Ch., pp. 53 et s.
- **AYARI (M.)**, « Les définitions juridiques dans le Code des obligations et des contrats », in Livre du centenaire du Code des obligations et des contrats, 1906-2006, sous la direction de M.-K. CAHRFEDDINE, C.P.U., Tunis, 2006, pp. 103 et s.

- **BAJ (Cl.)**, « Le principe de loyauté et le prix du marché », *in* Mélange en l'honneur DE DOMINIQUE SCHMIDT : liber amicorum, Joly, 2005, pp. 1 et s.
- **BANCAL (L.) et LAGELEE-CHARRETTE (Ch.)**, « ducroire de banque », J.-CL. Banque-Crédit-Bourse, Fasc.600.
- **BARBAN (P.)**, « Les marchés financiers et la blockchain : esquisse d'une infrastructure blockchain », in Blockchain et droit des sociétés, Dalloz Études, 2019, p. 85.
- **BARSI (G.)**, « Analyse juridique du système français d'échange de quotas d'émission de gaz à effet de serre », Actes pratiques, 2004, n° 75, p. 33.
- **BATIFFOL (H.)**, « La « crise du contrat » et sa portée », Archives de philosophie du droit, Tome XIII, 1968, pp. 13 et s.
- **BEAUFORT (J.-L.)**, « La nullité d'une cession de valeurs mobilières réalisée en violation de l'article 1er de la loi du 22 janvier 1988 (Mythe juridique ou réalité ?) », Revue de la recherche juridique, 1993, pp. 964 et s.
- **BEIGNIER (B.)**, « Le droit civil, droit privé fondamental », RTD civ., 1998, pp. 289 et s.
- **BEKIR (M.)**, « La protection du consommateur en droit tunisien »(en langue arabe), R.J.L., n° 6, 1994, pp. 42 et s.
- **BELHADJ YAHIA (B.)**, « La négociation des actions des sociétés anonymes » *(article en langue arabe)*, in. Cycle de formation à l'Institut Supérieur de Magistrature, 19 novembre 1999, pp. 9 et s.
- **BELTRAME (P.)**, « Les paradoxes des droits d'enregistrement », RFFP, n° 42, 1993, pp. 7 et s.
- **BÉNABENT (A.)**, « Contrat de commission, effet du contrat », J.-Cl. Contrats-distribution, fasc. 480.
- **BERLIOZ-HOUIN (B.) et BERLIOZ (G.)**, « Le droit des contrats face à l'évolution économique (Adaptation et discordances) », Etudes R. HOUIN, 1985, p. 3 et s.
- **BERNARD (E.) et PELTIER (F.)**, « Investisseur qualifié : la frontière de protection en droit des marchés financiers », RDBB, sept.-oct., 1998, pp. 157 et s.
- **BERTREL (J.-P.)**, « Analyse des conventions de portage », Droit et patrimoine, sept. 1995, pp. 38 et s.
- **BERTREL (J.-P.)**, « Liberté contractuelle et société, Essai d'une théorie de juste milieu en droit des sociétés », RTD com., 1996, p. 597.
- **BÉZARD (P.)**, « Des problèmes de gestion de portefeuille », Banque et droit, janv.-fév., 1990, pp. 38 et s.
- **BÉZARD (P.)**, « Les droits des sociétés françaises face aux défis de la mondialisation », Rev. Sociétés, 2000, n° 1, pp. 55 et s.
- **BÉZARD (P.)**, « La Cour de cassation, juge de la concurrence », Revue contrats, concurrence, consommation, Fév. 1993, pp. 1 et s.
- **BÉZARD (P.)**, « Le changement de contrôle d'une société cotée, Rev. juris. com., Spéc., novembre 1988, pp. 81 et s.
- **BIGOT (J.)**, « L'intermédiation en assurance : les nouvelles règles de jeu », J.C.P., éd. G., n° 47, 22 novembre 2006, pp. 2153 et s.
- **BISSARA (Ph.)**, « Au seuil d'un nouveau millénaire : quelles perspectives d'évolution pour le droit des sociétés », Rev. Sociétés, 2000, n° 1, pp. 69 et s.

- **BLANLUET (G.)**, « Le moment du transfert de la propriété », in Le Code civil, Un passé, un présent, un avenir, Dalloz, 2004.
- **BLANLUET (G.)**, « Le transfert de propriété des actions » : Dr. et patrimoine, oct. 2004, n° 130, pp. 81 et s.
- **BLANQUET (F.)**, « Droit communautaire des sociétés de capitaux : quelles tendances générales prévisibles à l'aube du troisième millénaire ? », Rev. Sociétés, 2000, n° 1, p. 79.
- **BLEMUS (S.) et PION (C.),** « Blockchain, minibons et titres financiers – Des règles ad hoc pour les chaînes de bloc », RD bancaire et fin. 2019, étude 2.
- **BONNEAU (T.)**, « Du règlement mensuel au règlement différé : un mini-séisme ou une réforme en trompe-l'œil ? », Bull. Joly Bourse, 2000, pp. 511 et s.
- **BONNEAU (T.)**, « L'ordonnance n° 2009-15 du 8 janvier 2009 relative aux instruments financiers, Dr. des sociétés, fév. 2009, n° 10, pp. 15 et s.
- **BONNEAU (T.)**, « La diversification des valeurs mobilières : ses implications en droit des sociétés », RTD com., 1988, pp. 585 et s.
- **BONNEAU (T.)**, « Le mandat du gérant de fortune, ses obligations et sa responsabilité en droit français », in Aspects juridiques de la gestion de fortune (sous la direction de L. THÉVENOZ), Bruylant et Staempfli Éditions SA, Berne, 1999, pp. 23-44.
- **BONNEAU (T.)**, « Typologie des marchés boursiers », Rev. juris. com., Numéro spécial 2003, actes du colloque de Chantilly, « Le droit bousier en mouvement », pp. 10 et s.
- **BONNEAU (T.)**, « Valeurs mobilières et titres financiers en droit français », RD bancaire et fin., mars-avril 2009, pp. 75 et s.
- **BONNEAU (T.)**, « Marchés réglementés, système de négociation multilatérale et système internalisé de négociation », Dr. sociétés, avr. 2003, n° 78.
- **BONNEAU(T.)**, Rép. soc. Dalloz, v° Matif, 1995.
- **BONSOM-DELUCCA (M.)**, « Absence de mandat écrit de gestion de portefeuille », J.C.P., Ingénierie patrimoniale, novembre-décembre 1999, pp. 17 et s.
- **BORNET (J.-P.) et DE VAUPLANE (H.)**, « Réflexions pour une approche globale des opérations de marché », RDBB, n° 46, nov.-déc. 1994, pp. 248-251.
- **BORNET (J.-P.)**, « Le « pouvoir des sans pouvoirs » ou comment s'organise le pouvoir des minoritaires », LPA, 17 mars 1995, n° 33, pp. 18-21.
- **BORNET (J.-P.)**, « La notion de marché dans la Directive européenne sur les marchés d'instruments financiers – « MIF » - du 21 avril 2004 », in Mélanges en l'honneur de Dominique Schmidt, Joly Editions, 2005, pp. 77 et s.
- **BOSSIN (J.-M.) et DE LAMBILLY (G.)**, « Le mandat de gestion de portefeuille individuel et la responsabilité des intermédiaires, Banque et droit, mai-juin 1998, pp. 5 et s.
- **BOUCHETA (H.)**, « MiFID II : les nouvelles exigences en matière de protection des investisseurs », Bull. Joly Bourse, avr. 2015, pp. 162 et s.
- **BRASSEUR (P.)**, « Le formalisme dans la formation des contrats Approches de droit comparé », in. M. FONTAINE, Dir., Le processus de formation du contrat Contributions comparatives et interdisciplinaires à l'harmonisation du droit européen, Bruxelles, Bruylant-L.G.D.J., 2002, p. 611.
- **BROWN (T.) et PAROLAI (R.)**, « L'analyse juridique de l'activité de conservation globale », Banque et Droit, n° 41, mai-juin 1995, pp. 27 et s.

- **BRUNET (A.) et OHLMANN (J.-C.)**, « Le droit de la concurrence, instrument de restauration de la libre volonté contractuelle », Mélanges A. RIEG, Éditions Bruylant, Bruxelles, 2000, pp. 129 et s.
- **BULLE (J.-F.)**, « Aspects pratiques sur la période intermédiaire en cas de cession des titres », Dr. sociétés, 2000, pp. 6 et s.
- **CABOSSIORAS (S.) et NIVOT (J.),** « Le futur règlement européen instaurant un régime pilote pour les infrastructures de marché sur la blockchain », BJB, mars 2022, pp. 41 et s.
- **CACHARD (O.)**, « L'exclusivité », in Le monde du droit, Mélanges Jacques FOYER, Economica, Paris, 2008, n° 15, pp. 220 et s.
- **CAHAREL (T.) et MONTEIL (P.),** « Représentation et transmission des titres financiers au temps de la Blockchain », RDBF, n° 4, Juillet 2018, prat. 4, p.1.
- **CALAIS-AULOY (J.)**, « L'influence du droit de consommation sur le droit civil des contrats », RTD civ., 1994, pp. 239 et s.
- **CAPRIOLI (E.-A.)**, « Signature et confiance dans les communications électroniques en droit français et européen », in Mélanges Philippe LE TOURNEAU, pp. 155 et s.
- **CARLI (R.)**, « L'insécurité tenant à la relativité d'une nullité ou d'une inopposabilité » », RTD Com., 1993, pp. 255 et s.
- **CAUSSE (H.)**, « Principe, nature et logique de la dématérialisation », J.C.P. (E.), n° 48, 1992, 194, pp. 530 et s.
- **CAUSSE (H.)**, « De la notion de consommateur », in Après le Code de la consommation. Grands problèmes choisis (sous la direction de J. CALAIS-AULOY et H. CAUSSE), Litec, 1995, pp. 21-34.
- **CHAFFAI (M.-M.)**, « Les modalités du transfert de la propriété des valeurs mobilières », *in.* Mélanges en l'honneur de H. AYADI, Tunis, C.P.U., 2000, p. 390.
- **CHAMPARNAUD (F.) et PERIER (F.)**, « Entretiens de la COB », jeudi 17 nov. 1994, Marchés 2001, troisième table ronde « identification d'un marché », pp. 1 et s.
- **CHARFEDDINE (M.-K.)**, « Le principe de l'effet constitutif de l'inscription » *(en langue arabe)*, RTD, 1993, pp. 99 et s.
- **CHARTIER (Y.)**, « Les clauses de préférence et de préemption en cas de cession à des tiers », Rev. juris. com., spéc. nov., 1990, pp. 77 et s.
- **CHAUVEL (P.)**, « Commissionnaire », Rép. Com., Dalloz, V° « Commissionnaire », 2008, n° 181.
- **CHAZAL (J.-P.) et VICENTE (S.)**, « Le transfert de propriété par l'effet des obligations dans le code civil », R.T.D. Civ., 2000, pp. 477 et s.
- **CHÉNEDÉ (F) et SALEILLES (R),** « Le contrat d'adhésion », RDC 2012, 1017.
- **CHVIKA (E.)**, « Du déclin de la négociabilité des instruments de paiement et de crédit », D., 2000, Chron., pp. 615 et s.
- **CLÉMENT (J. F.)**, « Le banquier vecteur d'informations », RTD com., 1997, pp. 204 et s.
- **CORNU (G.)**, « Rapport sur la protection du consommateur et l'exécution du contrat en droit français », in Travaux de l'association Henri Capitant des amis de culture juridique française, La protection des consommateurs, journées canadiennes, 1973, Dalloz, 1975, n° 4, pp. 134 et s.
- **CORNU (G.),** « L'évolution du droit des contrats en France », Rev. Int. de dr. comp., 1979, pp. 447 et s.

- **CORNU (G.),** « Les définitions dans la loi », in Etudes en l'honneur de Jean VINCENT, 1981, pp. 77 et s.
- **COURET (A.)**, « De quelques apports conceptuel du droit financier contemporain », *in* Mélanges C. CHAMPAUD, *Le droit de l'entreprise dans ses relations externes à la fin du XXème siècle*, Dalloz, 1997, pp. 195 et s.
- **COURET (A.)**, « Le nouveau droit des marchés financiers », Bull. Joly, spéc. nov., 1990, pp. 11 et s.
- **COURET (A.) et REYGROBELLET (A.)**, « Le droit des sociétés menacé par le nouvel article 1161 du Code civil ? », D. 2016, p. 1867.
- **CREDOT (F. J.-) et BOUTEILLER (P.)**, « La responsabilité des banques en matière de conservation, de gestion et de placement de valeurs mobilières », Banque, n° 484, Juin 1988, pp. 617 et s.
- **CREMERS (Th.),** « La Blockchain et les titres nominatifs », RD bancaire et fin. 2019, étude 4.
- **DABIN (J.)**, « Une nouvelle définition du droit réel », RTD civ., 1962, pp. 20 et s.
- **DABIN (L.)**, « La dématérialisation et circulation scripturale des valeurs mobilières dans le cadre des marchés financiers », R.I.D.E., 1997, n° 9, pp. 298 et s.
- **DAIGRE (J.-J.) et DE VAUPLANE (H.)**, « Règles de fonctionnement de Clearnet – Analyse juridique du rôle de la chambre de compensation », Banque et Droit, mai-juin 2001, n° 77, pp. 37 et s.
- **DAIGRE (J.-J). et FRANÇOIS (B.)**, « Commentaire de l'ordonnance du 22 janvier 2009 relative à l'appel public à l'épargne », Rev. Sociétés, 2009, p. 3.
- **DAIGRE (J.-J.)**, « De la directive de 1993 à celle de 2004 : d'un modèle de marché à un autre », Banque et droit, juill.-août 2005, n° 102, pp. 7 et s.
- **DAIGRE (J.-J.)**, « La fin des « bourses » », RDBF, mars-avr. 2003, n° 2, pp. 83 et s.
- **DAIGRE (J.-J.)**, « Commentaire du projet de loi relatif aux « nouvelles régulations économiques » », RDBF, 2000, pp. 67 et s.
- **DAIGRE (J.-J.)**, « De la frontière entre le Code monétaire et financier et le Code de commerce à propos des titres financiers », RTDF, 1-2/2009, pp. 200 et s.
- **DAIGRE (J.-J.)**, « Evolution de la notion de marché financier », in Liber Amicorum Jacques Malherbe, Bruylant, 2006, pp. 233 et s.
- **DAIGRE (J.-J.)**, « Financement participatif – Minibons-Blockchain », Banque & Droit, nov./déc., n° 170, 2016, pp. 40 et s.
- **DAIGRE (J.-J.)**, « L'action de concert », RDBB, 1999, pp. 200 et s.
- **DAIGRE (J.-J.)**, « Les systèmes multilatéraux de négociation », RTDF, 2006, n° 1, pp. 119 et s.
- **DANGLEHANT (C.)**, « Le nouveau statut des minoritaires dans les sociétés anonymes cotées : l'application du principe de l'équité », Rev. soc. 1996, pp. 217-237.
- **DAVO (H.),** « Contrats et obligations : protection du consommateur », Juris. Class. contrats et obligations, Art. 1109, fasc.10, p.11.
- **DE FONTBRESSIN (P.)**, « De l'influence de l'acceptation du concept du prix sur l'évolution du droit des contrats », R.T.D. Civ., 1986, pp. 691 et s.
- **DELAHAYE (J.-P.),** « La blockchain, Clefs d'un nouveau monde », Pour la Science, n° 449, mars, 2015, éd. Belin, pp. 80-85., disponible sur le site internet suivant : https://www.pourlascience.fr/sd/informatique/les-blockchains-clefs-daposun-nouveau-monde-8354.php (visité le 05/08/2022).

- **DELLECI (J.-M.),** « Le nouveau droit de propriété des titres négociés », J.C.P. (E.), 1994, chron., pp. 368 et s.
- **DELPECH (X.),** « Le régime juridique des bons de caisse modernisé », Dalloz actualité, 10 mai 2016.
- **DEMOULIN (M.) et MONTERO (E.),** « La conclusion des contrats par voie électronique », in. M. FONTAINE, Dir., Le processus de formation du contrat Contributions comparatives et interdisciplinaires à l'harmonisation du droit européen, Bruxelles, Bruylant-L.G.D.J., 2002, p. 709.
- **DEMOULIN (M.) et MONTERO (E.),** « Le formalisme contractuel à l'heure du commerce électronique », in. M. DEMOULIN, D. GOBERT et E. MONTERO, Commerce électronique de la théorie à la pratique, Cahier du C.R.I.D., Bruxelles, Facultés Universitaires Notre-Dame de la paix de Namur et Bruylant, 2003, p. 142.
- **DE NAYER (M.-C.)**, « L'unicité de prix », Bull. Joly Bourse, mai-juin 1993, pp. 267 et s.
- **DE QUENAUDON (R.)**, « Dépôt – Principes généraux », J.-CL. Civil, art. 1927 à 1931, fasc. 30, 1995, n° 4, pp. 3 et s.
- **DE QUENAUDON (R.)**, « Mandat », J.-CL. Civil, art. 1991 à 2002, fasc. 10, n° 11, pp. 6 et s.
- **DERRIDA (F.)**, « *Les obligations du commissionnaire*, in *Le contrat de commission* », Étude de droit commercial, J. HAMEL, Dalloz, 1949, pp. 103 et s.
- **DE SAINT-MARS (B.)**, « Marchés financiers et garantie de ducroire », in Mélanges A.E.D.B.F.-France, vol. II, droit bancaire et financier, Banque éditeur, 1999, pp. 387 et s.
- **DESHAYES (O.),** « La subrogation conventionnelle », in mélanges N. DECOOPMAN, PUF, coll. « CEPRISCA », 2014, pp. 131 et s.
- **DE VAUPLANE (H.) et AMADOU (S.)**, « Marchés boursiers réglementés et marchés de gré à gré », Dict. Joly Bourse, n° 49.
- **DE VAUPLANE (H.) et DAIGRE (J.-J.)**, « Du caractère indemnitaire du ducroire de banque et de bourse », in Mélanges AEDBF-France III, Banque éditeur, 2001, pp. 247 et s.
- **DE VAUPLANE (H.)**, « Quel avenir pour le droit des marchés financiers ? » Bulletin Joly Bourse, 2012, pp. 245 et s.
- **DE VAUPLANE (H.)**, « Brefs propos sur le concept de chambre de compensation en bourse », Bull. Joly Bourse, juillet-août 1994, pp. 362 et s.
- **DE VAUPLANE (H.)**, « La responsabilité civile des intermédiaires », RDBB, n° 76, nov./déc. 1999, pp. 228 et s.
- **DE VAUPLANE (H.)**, « Le financement des entreprises par la blockchain : le cas des minibons, RTDF 2/2016, pp. 64 et s.
- **DE VAUPLANE (H.)**, « Le régime juridique du transfert de propriété des titres cotés », Banque et Droit, n° 35, mai-juin 1994, pp. 11 et s.
- **DE VAUPLANE (H.)**, « Les notions de marché », RDBB, n° 36, mars-avril, 1993, pp. 62 et s.
- **DE VAUPLANE (H.),** « Après la dématérialisation, leur digitalisation via la blockchain ? », R.T.D.F. 2017, n° 4, p. 99.
- **DE WATRIGANT (Ch.) et LABORDE (J. Cl.)**, « Transfert de propriété des titres cotés », J.-CL. Banque – Crédit- Bourse, fasc. 2116, pp. 4 et s.

- **DOMPE (M.-N.)**, « La transposition de la directive OPA et les principes directeurs des offres », Dr. soc., nov., 2006, pp. 5 et s.
- **DONDERO (B.)**, « La blockchain et le droit des sociétés », Bull. Joly Sociétés 2019, p. 40.
- **DROSS (W.)**, « Le transfert de propriété en droit français », RDC, 2013, n° 4, pp. 1694 et s.
- **DRUMMOND (F.)**, « Le contrat comme instrument financier », *in.* Mélanges en hommage à F. TERRÉ, P.U.F., 1999, pp. 661 et s.
- **DRUMMOND (F.)**, « Code de commerce et C. mon. fin., ou l'enchevêtrement des codes », in Le Code de commerce 1807/2007, Livre du bicentenaire, Dalloz, 2007, n° 18, pp. 95 et s.
- **DRUMMOND (F.)**, « Un nouveau principe : la liberté d'émettre "toutes valeurs mobilières" », in « Dossier : La réforme des valeurs mobilières », RD bancaire et fin. sept./oct. 2004, n° 16, pp. 364 et s.
- **DUMONT-LEFRAND (M.-P.)**, « Contrat de commission », J.-CL. Com. Contrats distribution, Fasc. 820, pp. 7 et s.
- **DUMONT-LEFRAND (M.-P.)**, « L'incidence de la réforme du droit des contrats sur le régime des garanties », AJ contrat, 2017, pp. 254 et s.
- **DURAND (P.)**, « La contrainte légale dans la formation du rapport contractuel », R.T.D. civ. 1944, n° 1, pp. 73 et s.
- **DURANT (P.)**, « La connaissance du phénomène juridique et les tâches de la doctrine moderne du droit privé », D., 1956, chron. pp. 73 et s.
- **FENOUILLET (D.)**, « Le juge et les clauses abusives », RDC 2016, n° 2, p. 358.
- **FERON (B.)**, « La responsabilité civile de l'intermédiaire financier en matière de gestion de fortune et de conseil en placement », in La responsabilité civile liée à l'information et au conseil, Questions d'actualité, 2000, Bruxelles, Publications des facultés universitaires Saint-Louis, pp. 69 et s.
- **FIORINA (D.)**, « L'usufruit d'un portefeuille de valeurs mobilières », RTD civ., 1995, pp. 43-67.
- **FLAMÉE (M.) et TILQUIN (Th.)**, « La gestion de fortune et le conseil en placement », in Revue de la Banque, 10/1991, n° 56-57.
- **FOYER (J.)**, « La dématérialisation des valeurs mobilières en France », Mélanges G. FLATTET, Payot, Lausanne, 1985, pp. 21 et s.
- **FRANÇA N (A.)**, « Rapport sur la protection du consommateur dans la conclusion des contrats civils commerciaux en droit français », *in* La protection des consommateurs, Travaux de l'association Henri Capitant, T. XXIV, D., 1973, pp. 117 et s.
- **FRIKHA (S.)**, « Les principaux contrats des banques islamiques », in La finance islamique, diversité juridique et enjeux économiques, Maison du livre, 2015, pp. 46 et s.
- **FRISON-ROCHE (M.-A.) et JOCKEY (M.)**, « Pourquoi existe-il encore des titres au porteur ? », J.C.P. (E.), 1994, I, n° 344, pp. 173 et s.
- **FRISON-ROCHE (M.-A.)**, « Le droit financier entre volontés et informations », *in* Prospectives du droit économique : Dialogue avec M. JEANTIN, Dalloz, 1999, pp. 11 et s.
- **FRISON-ROCHE (M.-A.)**, « Le contrat et la responsabilité : consentements, pouvoirs et régulation économique », RTD civ., 1998, pp. 43 et s.

- **FRISON-ROCHE (M.-A.)**, « Le principe juridique d'égalité de compétiteurs sur le marché boursier », Bull. Joly bourse et produits financiers, nov.-déc., 1993, pp. 721 et s.
- **FRISON-ROCHE (M.-A.)**, « Les différentes natures de l'ordre public économique », *Arch. phil. dr.*, 2015, n° 58, pp. 147-170.
- **FRISON-ROCHE (M.-A.)**, « Rapport de synthèse », Rev. juris. com., spéc., nov. 1995, pp. 161 et s.
- **FRISON-ROCHE (M.-A.)**, « Remarques sur la distinction de la volonté et du consentement en droit des contrats », RTD.civ., 1995, pp. 573 et s.
- **FRISON-ROCHE (M.-A.)**, « Le droit de la régulation », D. 2001, chr., p.610.
- **FRISON-ROCHE (M.-A.)**, « Définition du droit de la régulation économique », D. 2004, chr., p. 126.
- **FUBINI (R.)**, « Contribution à l'étude de la théorie de l'erreur sur la substance et sur les qualités substantielles », RTD civ., 1902, pp. 301 et s.
- **GAFFET (B.)**, « Rapport sur les méthodes de compensation », Rev. Banque, Mai, 1990, pp. 492 et s.
- **GASSIN (R.)**, « Lois spéciales et droit commun », D., 1961, ch. pp. 91 et s.
- **GASTINEL (H.)**, « Le financement des entreprises en évolution », Banque, n° 567, fév., 1996, pp. 40 et s.
- **GAUVIN (A.)**, « Désuétude ou renaissance du contrat de dépôt en matière financière ? », Dalloz Affaires, n° 131, 24 septembre 1998, pp. 1471 et s.
- **GAVIN-MILLIAN (E.)**, « Etude anthropologique de la tradition dans les contrats réels », R.R.J., 1996, pp. 1148 et s.
- **GERMAIN (M.)**, « Sociologie de la dématérialisation », Archives de philosophie du droit, Tome XLII, L'argent et le droit, pp. 105 et s.
- **GHERAIRI (G.)**, « Réflexions sur la nature juridique du conseil du marché financier », *in.* Mélanges en l'honneur de H. AYADI, Tunis, C.P.U., 2000, pp. 508 et s.
- **GHESTIN (J.)**, « La distinction entre les parties et les tiers au contrat », J.C.P., Ed. G, 1992, I. 3628, pp. 517 et s.
- **GHESTIN (J.)**, « Introduction au colloque sur l'échange des consentements », Rev. juris. com., nov., 1995, spéc. : L'échange des consentements, p. 12 et s.
- **GHESTIN (J.)**, « La notion de contrat », D., 1990, chr., XXVII, pp. 148 et s.
- **GHESTIN (J.)**, « Rapport introductif », in Les clauses abusives entre professionnels, sous la direction de C. JAMIN et D. MAZEAUD, Economica, 1998, pp. 9 et s.
- **GIBIRILA (DEEN)**, « Louage d'ouvrage et d'industrie - Contrat d'entreprise », J.-CL. Civil, fasc. 40, n° 23 et s.
- **GINOSSAR (S.)**, « Pour une meilleure définition du droit réel et du droit personnel », RTD Civ., 1962, n° 3, pp. 573 et s.
- **GISSINGER (P.) et CAUVIN (A.)**, « Bréviaire sur le régime juridique du transfert de propriété d'instruments financiers », R.D.B.B., n° 75, septembre-octobre 1999, pp. 133 et s.
- **GIZARD (B.) et DE VAUPLANE (H.)**, « Le transfert de propriété des titres cotés », Banque n° 546, mars, 1994, pp. 66 et s.
- **GIZARD (B.)**, « La détermination des cours en bourse de Paris », in Etude sur le cours de bourse, préface de J.F. THEODORE, Economica, 1997, pp. 32 et s.

- **GORÉ (F.)**, « Le commissionnaire ducroire », in Le contrat de commission, Etudes de droit commercial, Ed. Dalloz, 1949, sous la direction de J. HAMEL, pp. 281 et s.
- **GOUTAY (Ph.)**, « Dématérialisation des titres : La portée de l'inscription des actions sur le registre des transferts de la société (à propos de Com. 10 juin 1997) », Banque et Droit, n° 55, septembre-octobre 1997, pp. 30 et s. ; D. Aff., 1997, n° 36, pp. 1174 et s.
- **GOUTAY (Ph.),** « De la dématérialisation à la blockchain : un nouveau saut conceptuel pour le droit des titres ? », dans Jean-Jacques DAIGRE et Bertrand BREHIER (dir.), Droit bancaire et financier, coll. Mélanges AEDBF-France, vol. VII, Paris, RB Édition, 2018, p. 225.
- **GOUTAY (Ph.)**, « La dématérialisation des valeurs mobilières », Bulletin Joly soc., 1999, pp. 415 et s.
- **GOUTAY (Ph.)**, « La notion d'instrument financier », Dr. Patrimoine, mai 2000, pp. 78 et s.
- **GOUTAY (Ph.)**, « Titres au porteur et incorporation : réfutation d'une théorie », Bull. Joly soc., mai 2001, pp. 476 et s.
- **GOUTAY, (Ph.)**, « Le transfert de propriété des titres cotés », Actes pratiques, n° 70, juill.-août 2003, p. 5 et s.
- **GRANIER (T.)**, « La réforme de l'appel public à l'épargne par l'ordonnance n° 2009-80 du 22 janvier 2009 », RDBF, mars-avril 2009, p.7.
- **GRÉGOIR (O.)**, « Les marchés des produits dérivés », Revue Banque, n° 548, mai 1994, pp. 28 et s.
- **GRIMALDI (C.),** « Proposition de suppression de l'article 1161 du Code civil : les conflits d'intérêts et la représentation », RDC, 2017, p. 182.
- **GROSJEAN (PH.)**, « La réforme du régime des valeurs mobilières non cotées : assouplissement du critère d'obligation de nominativité et unification des règles de transfert de propriété », LPA, n° 33, 16 févr. 2005, pp. 7 et s.
- **GRUA (F.)**, « Les divisions du droit », RTD. Civ., 1993, pp. 59 et s.
- **GRUA (F.)**, « Les effets de l'aléa, et la distinction des contrats aléatoires et des contrats commutatifs », RTD civ., 1983, pp. 263 et s.
- **GRYNBAUM (L.)**, « La querelle des images (Pour la liberté de la preuve des contrats et … le renforcement du formalisme) », in. Mélanges Michelle Gobert, Ruptures mouvements et continuité du droit : autour de Michelle Gobert, Paris, Economica, DL, 2004, pp. 433 et s
- **GUELLOUZ (Z.)**, « Etat des lieux du marché financier et perspectives 2008 », L'Economiste Maghrébin, n° 461-462, janvier 2008, pp. 32 et s.
- **GUILLAUMIN (V.)**, « Le consentement échangé sur le marché financier », Rev. juris. com., spéc. nov., 1995, pp. 135 et s.
- **GUYON (Y.)**, « Le régime juridique des prêts de titres », RD bancaire et fin., 1988, pp. 36 et s.
- **GUYON (Y.)**, « Les attributions de la commission des opérations de bourse en matière d'offres publiques d'achat ou d'échange d'actions », Mélanges offerts à J. DERRUPPÉ, Les activités et les biens de l'entreprise, Joly, 1995, pp. 249 et s.
- **HAMEL (J.)**, « Droit civil et droit commercial en 1950 », Mélanges G. Ripert, LGDJ, 1950, Tome II, pp. 261 et s.
- **HAMELIN (J.-F.)**, « La réforme des actions de préférence par la loi Pacte », Dr. Sociétés, 2019, comm. 106.

- **HENNEBELLE (D.)**, « La spécificité de la nature juridique du ducroire d'intermédiaire », JCP E, 2000, pp. 1366 et s.
- **HOUTCIEFF (D.)**, « Les dispositions applicables au cautionnement issues de la loi pour l'initiative économique », J.C.P., 2003, I, 161, pp. 1611-1616.
- **HOVASSE (H.)**, « Suppression du marché hors-cote », RDBB, n° 65, janvier-février, 1998, pp. 1 et s.
- **HOVASSE (H.)**, « Innovations dans le régime des valeurs mobilières », Dr. sociétés, mai 2005, Repère 5, pp. 1 et s.
- **HUET (J.)**, « Le consentement échangé avec la machine », Rev. juris. com., spéc., nov., 1995, pp. 124 et s.
- **HUET (J.)**, « Introduction », in Faut-il recodifier le droit de la consommation ?, (sous la direction de D. FENOUILLET et F. LABARTHE), Paris, Economica, 2002, pp. 3 et s.
- **IZORCHE (M.-L.)**, « À propos du " mandat sans représentation" », D., 1999, chron., n°s 16 à 19, pp. 369 et s.
- **IZORCHE (M.-L.)**, « Une troisième personne bien singulière ou "2+1 = tout autre chose" », RTD civ., 2003, pp. 51 et s.
- **JACQUEMIN (H.),** « La nullité comme sanction de l'inobservation du formalisme contractuel », in La nullité des contrats, Larcier, Bruxelles, 2006, n° 1, p. 87.
- **JALLOULI (A.)**, « La perte de la chose vendu », Études juridiques, 1993-1994, n° 3, pp. 185 et s.
- **JEANTIN (M.)**, « Droit des obligations et droit des sociétés », in Mélanges dédiés à L. BOYER, PU Toulouse, 1996, pp. 317 et s.
- **JEANTIN (M.)**, « Le droit financier des biens », *in.* Mélanges M. JEANTIN, Dalloz, 1999, pp. 3 et s.
- **JEANTIN (M.)**, « Les clauses de préemption statutaires entre les actionnaires », JCP. (E), 1991, I, pp. 201 et s.
- **JESTAZ (P.)**, « La réserve de propriété ou la vente éclatée », Mélanges Dominique HOLLEAUX, Lexis Nexis, 2000, pp. 227 et s.
- **JESTAZ (Ph.)**, « L'évolution du droit des contrats spéciaux dans la loi depuis 1945 », in L'évolution contemporaine du droit des contrats, Journées René Savatier, Revue internationale de droit comparé, 1989, pp. 117 et s.
- **JESTAZ (Ph.)**, « La sanction ou l'inconnu du droit », D., 1986, chr., pp. 197 et s.
- **JOOS DE TER BEERST (D.)**, « Euronext », Bull. Joly Bourse, 2001, pp. 1 et s.
- **JOSSERAND (E. L.)**, « Aperçu général des tendances actuelles de la théorie des contrats », R.T.D. civ., 1937, pp. 1 et s.
- **JOSSERAND (L.)**, « Les dernières étapes du dirigisme contractuel : Le contrat forcé et le contrat légal », D., 1940, chron., pp. 5 et s.
- **JULIENNE (M.),** « L'inscription des titres financiers en blockchain », Bull. Joly Bourse, Mars-Avril 2019, p. 58.
- **JULLIOT (Ch. L.)**, « Nature juridique du transfert des titres nominatifs : stipulation pour autrui ou délégation ? », Annales de droit commercial, 1904, pp. 201 et s.
- **KHARROUBI (K.)**, « La théorie de l'apparence en matière de lettre de change », RJL, n° 6, juin 2000, pp. 9 et s.
- **KHARROUBI (K.)**, « Le transfert de propriété dans le contrat de vente : effet ou obligation ? »*(en langue arabe)*, RTD, 1997, pp. 11 et s.

- **KNANI (Y.)**, « La clause d'agrément et de préemption, incertitude de la jurisprudence et insuffisance de textes, R.T.D., 1992, pp. 242 et s.
- **KNANI (Y.)**, « La lésion est-elle une entité juridique autonome ? », RTD, 1987, vol.1, pp. 41 et s.
- **KOLSI (S.)**, « *Mondialisation et droit des sociétés* », *in*, La diversité dans le droit, Mélanges offerts à la Doyenne Kalthoum MEZIOU-DOURAI, CPU. Tunis, 2013, pp. 513 et s.
- **KOSSENTINI (M.)**, « Droit du marché financier, libéralisation et accord d'association tuniso-européen », RTF n° 12, 2009, numéro spécial en l'honneur du professeur H. AYADI, portant les actes du colloque tuniso-français sur « Les accords d'association euro-méditerranéenne et l'union pour la méditerranée », pp. 319 et s.
- **KOSSENTINI (M.),** « Le formalisme à travers les règles communes de constitution des sociétés commerciales : quelles fonctions ? », Etudes juridiques, 2008, n° 15, p. 146.
- **LAMBERT (T.)**, « L'exigence d'un prix sérieux dans les cessions des droits sociaux », Rev. Soc., 1993, pp. 12 et s.
- **LANGLET (P.) et MARLY (P.-G.)**, « La localisation des instruments financiers dématérialisés », Banque et Droit, n° 73, septembre-octobre 2000, pp. 3 et s.
- **LASSALAS (C.)**, « La nature de convention de tenue de comptes (Cass. Crim., 30 mai 1996) », P. A., 18 nov. 1996, n° 139, spéc., pp. 5 et s.
- **LAUDE (A.)**, « La fongibilité », RTD civ., avril-juin, 1995, pp. 307 et s.
- **LE CANNU (P.)**, « L'acquisition de la qualité d'actionnaire », Rev. Sociétés, 1999, pp. 519 et s.
- **LE CANNU (P.)**, « L'ambiguïté d'un concept négatif : les valeurs mobilières », Bull. Joly 1993, pp. 395 et s.
- **LECOURT (A.),** « Droit des sociétés et numérique », Dalloz IP/IT, nov. 2020, n°24 (à jour novembre 2020).
- **LEFEBRE (B),** « La notion de contrat d'adhésion : portée et limites d'une définition », in mélanges PH. MALINVAUD, Litec, 2007, p.375.
- **LE FUR (P.)**, « Les ventes des meubles aux enchères publiques », La revue des huissiers de Justice, n° 18, 1997, pp. 1201 et s.
- **LE NABASQUE (H.) et REYGROBELLET (A.)**, « La transmission des valeurs mobilières et inscription en compte », R.D.B.F, juil.-août, 2000, pp. 269 et s.
- **LE NABASQUE (H.) et REYGROBELLET (A.)**, « L'inscription en compte des valeurs mobilières, La transmission des valeurs mobilières et l'inscription en compte », Rev. dr. Bancaire et financier, n° 4, juillet-août 2000, pp. 261 et s.
- **LE NABASQUE (H.)**, « Focus sur la réforme des actions de préférence », RD bancaire et fin., 2018, Repère 6.
- **LE NABASQUE (H.)**, « Les actions sont des droits de créance négociables », Mélanges en l'honneur de Y. GUYON, Dalloz, 2003, pp. 671 et s.
- **LE NORMAND-CAILLERE (S.),** « Les bons de caisse, des instruments de financement rénovés au service des entreprises », Dr. sociétés 2017, étude 12.
- **LEBORGNE (A.)**, « Responsabilité civile et opérations sur le marché boursier », RTD com., 1995, pp. 261 et s.
- **LEGEAIS (D.)**, « Ordre de bourse, formation du contrat », J.-CL. Banque et crédit, fasc. 1670, pp. 6 et s.
- **LEGEAIS (D.),** « La blockchain », RTD com. 2016, p. 830.
- **LEGEAIS (D.),** « Blockchain », J-Cl. Banque - Crédit – Bourse, fasc. 179, n° 1.

- **LEGEAIS (D.),** « Utilisation d'un dispositif d'enregistrement électronique partagé pour la représentation et la transmission de titres financiers », JCP E 2017, p. 1674.
- **LEGEAIS (D.),** « L'utilisation de la blockchain pour les titres de sociétés non cotées », Dr. sociétés 2019, étude 2.
- **LENCQUESAING (E.-F.)**, « Le post-marché : pierre angulaire d'une Europe financière compétitive », Banque Stratégie, Janv. 2005, pp. 2 et s.
- **LE TOURNEAU (Ph.),** « Quelques aspects de l'évolution du contrat », Mél. Raynaud, 1985, p. 348.
- **LE TOURNEAU (Ph.),** « De l'allègement de l'obligation de renseignement ou de conseil », D., 1987, chron., p. 101.
- **LEVENEUR (L.)**, « Le forçage du contrat », Droit et patrimoine, 1998, n° 58, pp. 41 et s.
- **LEVENEUR (L.)**, « La liberté contractuelle en droit privé », A.J.D.A., 20 septembre 1998, p. 682.
- **LIBCHABER (R.)**, « Le portefeuille de valeurs mobilières : bien unique ou pluralité de biens », Defrénois, 1997, art.36464, pp. 65-85.
- **LIBCHABER (R.)**, « Le dépôt d'instruments financiers », Dr. et patr., n° 82, mai 2000, pp. 89 et s.
- **LORVELLEC (L.)**, « Paiement avec subrogation », actualisé par F. JACOB, Juris-Classeur civil, art. 1249 à 1252, fasc.10, pp. 3 et s.
- **LUCAS (Fr.-X.)**, « Promesses d'achat de droits sociaux à prix garanti et prohibition des clauses léonines, à la recherche de la cohérence perdue.. », JCP E, 2000, n° 5, pp. 168 et s.
- **MAHFOUDH (M.)**, « Contribution à l'étude de l'apparence en droit tunisien (A propos de l'arrêt des chambres réunies n° 27632 du 24 avril 1997), RTD, 2001, pp. 14 et s.
- **MAHFOUDH (M.)**, « Formalisme et théorie générale du contrat », R.T.D., 2005, pp. 155 et s.
- **MAINGUY (D.)**, « La place du droit de la concurrence dans le droit privé », Cah. dr. entr., n°3/2000, pp. 1 et s.
- **MAISON-BLANCHE (C.)**, « Les pistes de progrès en matière d'harmonisation des activités « post-marché » au niveau européen et de création d'un contexte de concurrence loyale entre architectures post marché », in « Chronique de Régulation des marchés », RTD fin., n° 3, 2006, pp. 156 et s.
- **MALAURIE (Ph.)**, « La notion d'ordre public économique », *RCC*, 1995, n° 83, pp. 48 et s.
- **MALAURIE-VIGNAL (M.)**, « Dans quelles conditions les règles de bon fonctionnement du marché peuvent-elles prévaloir sur le contrat ? », *RCC*, 1995, spéc. pp. 49 et s.
- **MALINVAUD (Ph.)**, « De l'erreur sur la substance », D., 1972, chron., pp. 215 et s.
- **MALLET-BRICOUT (B.),** « Blockchain et droit financier : un pas (réglementaire) décisif », RTD civ. 2019, p. 190.
- **MARCOU (G.)**, « L'ordre public économique. Un essai de redéfinition », in Th. Revet, L. Vidal (dir.), Annales de la régulation, IRJS, 2009, pp. 79 et s.
- **MARIN (J.-C.) et DE NAYER (M.-C.)**, « La garantie de bonne fin due par la chambre de compensation sur les marchés à terme », RDBB, 1991, pp. 15 et s.

- **MARTIN (D. R.)**, « Du portefeuille de valeurs mobilières considéré comme une universalité de fait », La vie judiciaire, 10-16 fév. 1992, n° 2392, pp. 3-4.
- **MARTIN (D. R.)**, « De la nature corporelle des valeurs mobilières (et autres droits scripturaux) », D., 1996, chr., pp. 47 et s.
- **MARTIN (D. R.)**, « Compensation », J.-Cl. civ., art. 1289 à 1293, (2, 1995), n° 1.
- **MARTIN (D.-R.)**, « De l'inscription en compte d'actifs scripturaux », D., 1998, chr., pp.15 et s.
- **MARTIN (D.-R.)**, « Du titre et de la négociabilité », D., 1993, chron. pp. 20 et s.
- **MARTIN (D. R.)**, « Valeurs mobilières : défense d'une théorie », D., 2001, chron., pp. 1228 et s.
- **MARTIN (D. R.)**, « Du corporel », D., 2004, pp. 2285 et s.
- **MARTIN (D. R.)**, « La théorie de la scripturalisation », D., 2004, chron., pp. 1702 et s.
- **MATHIS (B.),** « blockchain : un décret pour rien ? », RLDI, févr. 2019, n° 156.
- **MATTOUT (J.-P.)**, « Le netting », RJ com., nov., 1989, n° spéc. sur la trésorerie et le financement des entreprises, pp. 65 et s.
- **MAYAUX (L.)**, « L'égalité en droit civil », JCP, 1992, I, 3611.
- **MAZEAUD (D.)**, « Constats sur le contrat, sa vie, son droit », PA, 1998, n° 54, numéro spécial : « Le contrat : liberté contractuelle et sécurité juridique », pp. 8 et s.
- **MAZEAUD (D.)**, « Loyauté, solidarité, fraternité, la nouvelle devise contractuelle ? », in mélanges François TERRE, 1999, p. 603.
- **MAZET (G.) et FORSCHBACH(T.)**, « Le monopole des sociétés de bourse en matière d'opérations sur valeurs mobilières après la loi du 22 janvier 1988 », RDBB, 1989, pp. 126 et s.
- **MEKKI (M.)**, « Les clauses relatives au prix dans les cessions des droits sociaux », Revue Lamy Droit Civil, n°53, oct. 2008, pp. 66 et s.
- **MEKKI (M.)**, « Mandat. Définitions et caractères distinctifs », J.-CL. Civil, art. 1984 à 1990, fasc.10, n° 1 à 5, pp. 3 et s.
- **MEKKI (M.)**, « L'ordonnance n° 2016-131 du 10 février 2016 portant réforme du droit des contrats, du régime général et de la preuve des obligations », D., 2016 pp. 494 et s.
- **MEKKI(M.),** « Fiche pratique sur le contrat d'adhésion », Gaz. Pal. 22 mars 2016, p. 16.
- **MERKIN (C.) et DE SAINT-MARS (B.)**, « La garantie de bonne fin de la chambre de compensation du marché des valeurs mobilières », RD bancaire et fin., mars-avr. 1994, n° 42, pp. 70 et s.
- **MERKIN (C.) et SAINT-MARS (B. DE)**, « Clause résolutoire et transfert de propriété sur le marché des valeurs mobilières ou la difficile adaptation d'un mécanisme de droit civil au droit boursier», RDBB, n° 44, juill.-août 1994, pp. 70 et s.
- **MERKIN(C.) et DE SAINT MARS (B.)**, « Transfert de propriété sur le marché des valeurs mobilières. Le nouvel article 47 bis de la loi du 3 janvier 1983 », R.D.B.B., n° 41, jan.-fev., 1994, pp. 2 et s.
- **MESSAOUD (H.)**, « La responsabilité de l'intermédiaire dans la bourse des valeurs mobilières » *(article en langue arabe)*, RJL, oct. 2002, pp. 395 et s.
- **MESSAOUDI (M.-A.)**, « Les ordres juridiques impliqués par l'Accord d'association entre la Tunisie et les Communautés européennes », ÉJ. Revue de la Faculté de droit de Sfax, n° 6, 1998-1999, pp. 47 et s.
- **MESTRE (J.)**, « L'égalité en droit des sociétés », Rev. soc., 1989, pp. 399 et s.

- **MESTRE (J.)**, « L'évolution du droit du contrat en droit privé français », in l'évolution contemporaine du droit des contrats, Journées Savatier, PUF, 1985, pp. 41 et s.
- **MOHAMED SALAH (M.-M.)**, « Les transformations de l'ordre public économique vers un ordre public régulatoire ?», Mélanges en l'honneur de G. FARJAT, Éditions Frison-Roche, 1999, pp. 261 et s.
- **MOHAMED SALAH (M.-M.)**, « La place des principes et des techniques civilistes dans le droit des affaires », RJC, 1997, p. 297 et s.
- **MOLINER-DUBOST (M.),** « Le système français d'échange de quotas d'émission de gaz à effet de serre », AJDA, 2004, p. 1132.
- **MOREL (R.)**, « Le contrat imposé », in Le Droit privé français au milieu du XXe siècle ; études offertes à Georges Ripert, T.II., Paris, LGDJ, 1950.
- **MOULIN (J.-M.)**, « L'invalidation du prix et les volontés des parties », *in* La sortie de l'investisseur, vol. I, Litec, 2007, pp. 121 et s.
- **MOURY (J.)**, « Des clauses restrictives de la libre négociabilité des actions », R.T.D. Com., 1989, pp. 195 et s.
- **MOUSSERON (J.–M.)**, « Les procédures informelles d'échange des consentements », Rev. juris. com., spéc. nov., 1995, pp. 23 et s.
- **MOUSSERON (J.-M.), RAYNARD (J.) et REVET (T.)**, « De la propriété comme modèle », Mélanges offerts à A. COLOMER, Litec, 1993, pp. 281 et s.
- **MULLER (A.-C.),** « La régulation bancaire et financière dans l'Union européenne après la crise », Bulletin Joly Bourse, Juillet-Août 2015, p. 348.
- **NEUVILLE (S.)**, « Chambres de compensation : convention d'adhésion et sous-conventions », Bull. Joly Bourse, 2008, pp. 75 et s.
- **NIZARD (F.)**, « Le transfert de propriété des valeurs mobilières : une réforme inachevée », Rev. Sociétés, 2004, pp. 619 et s.
- **NIZARD F.**, « La notion de titre négociable », Revue Banque Éditions, 2003, n° 553.
- **NOSSEREAU (M.)**, « Le terme, modalité de l'obligation », Dr. et patrimoine, janv. 2000, pp. 50 et s.
- **NUSSENBAUM (M.) et CHAMPARNAUD (F.)**, « Le statut comparé de l'information en droit de la concurrence et en droit boursier », PA, 21 juillet 1999, pp. 18 et s.
- **NUYTTEN (B.) et LESAGE (L.),** « Formation des contrats : Regards sur les notions de consensualisme et de formalisme », Rép. Def., n° 8, 1998, p. 501.
- **OHL (D.),** « Aspects de la réforme du droit des valeurs mobilières », BJB 2004, §149, p. 689, spéc. n° 3.
- **OMRANE (A.)**, « Le code des sociétés commerciales dans tous ses états », Revue études juridiques, n° 27, 2022, (à paraître).
- **OMRANE (A.)**, « Théorie générale du contrat et droit des sociétés», Revue études juridiques, n° 26, 2021, pp.1 et s.
- **OMRANE (A.)**, « Le droit tunisien des sociétés entre l'archaïsme et la modernité », Revue études juridiques, 2003, n° 10, pp. 117 et s.
- **OPPETIT (B.)**, « Droit et économie », *Arch. phil. dr.*, 1992, vol. 37, pp. 17 et s.
- **OPPETIT (B.)**, « La cession de droits sociaux emportant le transfert de contrôle », Rev. soc., 1978, n° 1, pp. 64 et s.
- **OPPETIT (B.)**, « La notion de valeur mobilière », Banque & Droit, n° hors-série « L'Europe et le droit des valeurs mobilières », 1992, pp. 4 et s.

- **PARIS EUROPLACE**, « La norme de conformité 17 », in Finance islamique, les normes de conformité de l'AAOIFI, Volume 1, Eska Editions, 2013, p.223.
- **PACLOT (Y.)**, « l'introuvable notion d'instrument financier », R.D.B.B., juillet-août, 2008, pp. 1 et s.
- **PAILLUSSEAU (J.)**, « La cession de contrôle et la situation financière de la société non cotée », JCP, 1992, I, n° 3578.
- **PARLEANI (G.)**, « La localisation des services financiers », *in* Mélanges Jean STOUFFLET, Presses universitaires Clermont-Ferrand, 2001, pp. 279 et s.
- **PELTIER (F.)**, « Droit boursier et droit commun des contrats », Rev. juris. com., spéc., nov. 1995, pp. 189 et s.
- **PETIT (B.)**, « Contrats et Obligations – Définition et classification des contrats »,», J.-CL. Civil, art. 1101 à 1108, fasc. 1-2, 1997, n° 39 et s.
- **PEZ (Th.)**, « L'ordre public économique », *Nouveaux Cahiers du Conseil constitutionnel*, octobre 2015, n° 49, pp. 44-57.
- **PIMONT (S.)**, « Peut-on réduire le droit en théories générales ? Exemples en droit du contrat », RTD civ., 2009, pp. 417 et s.
- **PINATTON (J.-P.) et MITTELETTE (O.)**, « La best execution », Banque & droit, n° 102, juill./août 2005, pp. 22 et s.
- **PLANIOL (M.)**, « Classification synthétique des contrats », Rev. critique de la législation et de la jurisprudence, 1904, pp. 470-490.
- **POILLOT-PERUZZETTO (S.)**, « Ordre public et droit communautaire », *D.*, 1993, chron., pp. 177 et s.
- **POLLAUD-DULIAN (F.) et RONZANO (A.)**, « Le contrat-cadre, par-delà les paradoxes », RTD com., 1996, n° 25, pp. 192 et s.
- **POLLAUD-DULIAN (F.)**, « De quelques avatars de l'action en responsabilité civile dans le droit des affaires », RTD com., 1997, pp. 349 et s.
- **PRIEUR (J.) et BIENVENU-PERROT (A.)**, « Le transfert de propriété dans les cessions d'instrument financiers », Droit et patrimoine, n° 82, mai 2000, pp. 79 et s.
- **RAYMOND (G.)**, « Les contrats de consommation », in Après le Code de la consommation. Grands problèmes choisis (sous la direction de J. CALAIS-AULOY et H. CAUSSE), Litec, 1995, pp. 35-57.
- **REDAELLI (Ph.)**, « Les systèmes multilatéraux de négociation », Banque et droit, juill.-août, 2005, n° 102, pp. 13 et s.
- **REINHARD (Y.)**, « Les clauses de préférence et de préemption en cas de cession entre actionnaires », Rev. juris. com., spéc., nov. 1990, pp. 88 et s.
- **REKIK (N.)**, « Le contrat de dépôt et la prolifération des textes juridiques », R.J.L., n° 10, décembre 2006, pp. 41 et s.
- **RENARD (C. C.)**, « Le formalisme du contrat électronique ou la confiance décrétée », Rép. Def., 2006, n° 20, p. 1531.
- **REVET (T.)**, « Faut-il retarder le transfert de la propriété ? », Cah. dr. entr., 1995, n° 5, « Les différentes ventes », pp. 8 et s.
- **REVET (T.)**, « Les critères du contrat d'adhésion », D. 2016, p. 1771.
- **REYGROBELLET (A.)**, « Le nouveau visage de bons de caisse », RTDF, 3/2016, pp. 109 et s.
- **RIASSETTO (I.)**, « Du caractère indemnitaire du ducroire de banque et de bourse », Mélanges AEDBF-France, vol. III, Banque éditeur, 2001, n° 1, pp. 247 et s.

- **RIFFARD (J.-F.)**, **«** Virement **»,** J.-Cl. Banque-Crédit-Bourse, 2016, fasc. 390, n° 7, pp. 6 et s.
- **RIPERT (G.)**, « L'ordre économique et la liberté contractuelle », *in Mélanges François Gény*, Paris, Sirey, 1934, t. 2, pp. 352 et s.
- **ROBLOT (R.)**, « La dématérialisation des valeurs mobilières » : Brochure ANSA, n° 185, 1984, pp. 30 et s.
- **ROBLOT (R.)**, « Applications et fonctions de la notion d'inopposabilité en droit commercial », in Mél. VOIRIN, LGDJ, 1967, pp. 710 et s.
- **ROGEY (É.),** « Minibons : un nouvel instrument de financement participatif sous la supervision de l'Autorité des marchés financiers », Bull. Joly Bourse 2016, p. 310.
- **ROUAUD (A.-C.) et PALMIERI (F.)**, « Dépositaires centraux de titres et systèmes de règlement-livraison de titres », Étude Joly Bourse, juin 2021, spéc. n° 154 et s.
- **ROUAUD (A.-C.)**, « Retour sur la nature de l'intervention de la chambre de compensation : garante ou contrepartie centrale ? », RTDF, 2010, n° 3, pp. 142 et s.
- **ROUAUD (A.-C.)**, « Marchés réglementés et autres plates-formes de négociation », Étude Joly Bourse, janv. 2019, p.1.
- **ROUSSILLE (M.),** « Le bitcoin : objet juridique non identifié », Banque & Droit, janv. Fév. 2015, n° 159, 2e et s.
- **RUET (L.)**, « La réglementation de l'utilisation d'internet dans la passation des ordres de bourse », Dr. sociétés, juin 2000, pp. 5 et s.
- **RUET (L.)**, « Ordres de bourse : définition et typologie », Dictionnaire Joly Bourse et Produits Financiers, n° 18, pp. 2 et s.
- **SAINT-GEOURS (J.)**, « Les activités financières et Internet », P. A., 1999, n° 224, pp. 22 et s.
- **SAVATIER (R.)**, « L'ordre public économique », *D.*, 1965, chron. pp. 37 et s.
- **SCHILLER (S.),** « Représentation et transmission des titres financiers par une blockchain. – À propos de l'ordonnance n° 2017-1674 du 8 décembre 2017 », JCP G 2018, p. 40 .
- **SCHILLER (S.) et CREMERS (TH.),** « Effectivité de la représentation et de la transmission des titres financiers non cotés par une blockchain ainsi que des minibons », J.C.P. G., 2019, p. 92.
- **SCHMIDT (D.) et BAJ (C.)**, « Récentes évolutions de l'action de concert », RDBB, 1992, pp. 188 et s.
- **SCHMIDT (D.)**, « Les opérations de portage de titres de sociétés », in Les opérations fiduciaires, Colloque de Luxembourg des 20 et 21 septembre 1984, Ed. Feduci. L.G.D.J., 1985, pref. B. OPPETIT, pp. 30et s.
- **SCHMIDT (D.)**, « Plafonnement du droit de vote et OPA », RDBB, juill.-août 1994, n° 44, pp. 151 et s.
- **SÉRIAUX (E.)**, « La notion de contrat synallagmatique », in Études offertes à Jaques Ghestin. Le contrat au début du XXe siècle, LGDJ, 2001, pp. 777 et s.
- **SIMLER (Ph.)**, « Les solutions de substitution au cautionnement », J.C.P., 1990, I, n° 3427, n° 12, pp. 6 et s.
- **SIMLER (Ph.)**, « Cession de créance, cession de dette, cession de contrat », Revue Contrats, concurrence, consommation, n° 5, mai 2016, dossier 8.
- **SIMLER (Ph.)**, « Contrats et obligations, classification des obligations, distinction des obligations de donner, de faire et de ne pas faire », Juris-classeur civil, 11, 1993, art. 1136 à 1145, Fasc.10, pp. 6 et s.

- **SIMLER (Ph.)**, « Obligation de donner et transfert de propriété. Contribution à la question de classification des obligations », Revue juridique Thémis, 45-2, 2012, pp. 191 et s.
- **STEPHAN (P.)**, « La compensation », in La modernisation des activités financières, Ouvrage collectif sous la direction de TH. BONNEAU, GLN-Joly, 1996, pp. 187 et s.
- **STEPHAN (P.)**, « La compensation », Dictionnaire Joly Bourse et produits financiers.
- **STARK (B.),** « Les rapports du commettant et du commissionnaire avec les tiers », », in. Le contrat de commission, Etudes de droit commercial, sous la direction de J. HAMEL, Dalloz, 1949, pp. 152 et s.
- **STORK (M.)**, « Contrats et obligations, Représentation dans les actes juridique », J.-CL. Civil, art. 1119.
- **STORK (M.)**, « L'activité de gestion de portefeuille » : RD bancaire et bourse, sept.-oct., 1990, pp. 191 et s.
- **STORK (M.)**, « Les sukuk : aspects de droit français et de droit musulman », Revue de droit bancaire et financier, n° 2, mars, 2011, étude 17.
- **STORK (M.)**, « Société de gestion de portefeuille – Agrément, Mandats de gestion de portefeuille », J.-Cl. Banque, crédit, bourse, fasc. 2210, 2002, n° 3 et s.
- **STOUFFLET (J.) et BOURETZ (E.)**, « Marchés d'instruments financiers en droit international - Statut légal et règles de fonctionnement des marchés d'instruments financiers - Conflits d'autorités et conflits de lois », J.-CL. Banque-Crédit-Bourse, Fasc. 1740, mise à jour le 15 février 2012, pp. 9 et s.
- **TANDEAU DE MARSA (S.)**, « L'obligation d'information de l'intermédiaire financier », Banque, fév., 1996, n° 567, pp. 54 et s.
- **TERRAY (J.)**, « Les aspects juridiques des opérations sur marchés organisés », Banque et droit, n° 39, janv.-fév., 1995, pp. 17 et s.
- **TERRÉ (F.)**, « Le contrat à la fin du XXe siècle », Revue des Sciences morales et politiques 1995, n° 3, pp. 299 et s.
- **THALLER (E.)**, "De la nature juridique du titre de crédit, contribution à une étude générale sur le droit des obligations", Annales de droit commercial, 1906, pp. 5 et s.
- **THIBIERGE-GUELFUCCI (C.)**, « Libres propos sur la transformation du droit des contrats », RTD civ., 1997, pp. 357 et s.
- **THIVEAUD (J.-M.)**, « Le phénomène financier et les marchés financiers en perspective historique : des sociétés antiques à la création de la bourse de Paris, en 1724 », *Rev. éco. fin.*, n° 48, juill., 1998, pp. 21 et s.
- **TLILI (H.)**, « Maigre bilan du marché alternatif », Le Temps, samedi 3 avril 2010, pp. 4 et s.
- **TREBULLE (F. G.),** « La réforme du droit de la preuve et le formalisme », P. aff., 2000, n° 79, p. 11 .
- **TRIGAUX (J.-M.),** « L'incidence de plusieurs législations récentes sur le droit commun des obligations en matière de formation des contrats », Annales de droit, 1997, pp. 204 et s., p. 103.
- **TSOUKIAS (A.),** « Pourquoi les problèmes d'une armée byzantine aident à construire une confiance distribuée », JCP. E., 2017, 1468.
- **VABRES (R.),** « Bons de caisse, minibons, blockchain... résurrection ou révolution ? », Dr. sociétés 2016, repère 7.

- **VABRES (R.),** « Ordonnance n° 2017-1674 du 8 décembre 2017 : la généralisation progressive de la blockchain en droit financier », Dr. sociétés 2018, repère 1.
- **VABRES (R.),** « Titres financiers », Dr. sociétés 2019, comm. 29.
- **VALETTE (D.)**, « Le cours de bourse, réflexions autour d'une réalité juridique », in Études sur le cours de bourse, coordonnées par J. STOUFFLET et J.-P. DESCHANEL, préf. J.-F. THÉODORE, Economica, 1997, n° 3, pp. 3 et s.
- **VAMPARY (X.),** « Blockchain, Initial Coin Offerings et crypto-actifs », Études Joly Bourse, n° B_EB030 (Actualisé le 03/09/2020).
- **VASSEUR (M.)**, « Un nouvel essor du concept contractuel : les aspects juridiques de l'économie concertée », RTD civ., 1964, pp. 31 et s.
- **VASSOGNE (T.)**, « Défenses anti-OPA », Banque, n° 589, févr. 1998, pp. 39 et s.
- **VEAUX (D.)**, « Contrats et obligations, diverses espèces d'obligations, obligations à terme », J.-CL. Civil, art. 1185 à 1188, fasc. 50, pp. 4 et s.
- **VEAUX (DANIEL)**, J.-CL. Civil, « Louage d'ouvrage et d'industrie – Diverses espèces de louages », fasc. 10, n° 18 et s.
- **VERDOT (R.)**, « Remarques sur le contrat dit de gestion de portefeuille », in Dix ans de droit de l'entreprise, Litec, 1978, pp. 869 et s.
- **VIALARD (A.)**, « L'offre publique de contrat » RTD civ. 1971, pp. 750 et s.
- **VIVANT (M.)**, « Convention de ducroire », J-Cl. Contrats-distribution, fasc. 955, 1988, n° 6.
- **VUILLEMIN (K.)**, « Libre propos sur la directive relative aux marchés d'instruments financiers 2004/39/CE », Bull. Joly Bourse, 2005, n° 119, pp. 579 et s.
- **WYMEERSCH (E.)**, « Les défenses anti-OPA après la treizième directive européenne : commentaire de l'art. 8 », *in.* Mélanges STOUFFLET, LGDJ, 2000, pp. 397 et s.
- **YOUSSEF BABAY (S.)**, « L'application du principe de l'effet constitutif de l'inscription à travers les lois de 2000 et 2001 » *(en langue arabe)*, RTD, 2002, pp. 81 et s.

INDEX ALPHABÉTIQUE

(Les numéros renvoient aux paragraphes)

M

TABLE DES MATIÈRES

PARTIE II
LA RUPTURE DE LOGIQUE ENTRE LE DROIT DU MARCHE FINANCIER ET LE DROIT DES CONTRATS DANS LE DENOUEMENT DE L'OPERATION

Titre I

L'originalité du régime de transfert de propriété

Structures éditoriales du groupe L'Harmattan

L'Harmattan Italie
Via degli Artisti, 15
10124 Torino
harmattan.italia@gmail.com

L'Harmattan Hongrie
Kossuth l. u. 14-16.
1053 Budapest
harmattan@harmattan.hu

L'Harmattan Sénégal
10 VDN en face Mermoz
BP 45034 Dakar-Fann
senharmattan@gmail.com

L'Harmattan Cameroun
TSINGA/FECAFOOT
BP 11486 Yaoundé
inkoukam@gmail.com

L'Harmattan Burkina Faso
Achille Somé – tengnule@hotmail.fr

L'Harmattan Guinée
Almamya, rue KA 028 OKB Agency
BP 3470 Conakry
harmattanguinee@yahoo.fr

L'Harmattan RDC
185, avenue Nyangwe
Commune de Lingwala – Kinshasa
matangilamusadila@yahoo.fr

L'Harmattan Congo
219, avenue Nelson Mandela
BP 2874 Brazzaville
harmattan.congo@yahoo.fr

L'Harmattan Mali
ACI 2000 - Immeuble Mgr Jean Marie Cisse
Bureau 10
BP 145 Bamako-Mali
mali@harmattan.fr

L'Harmattan Togo
Djidjole – Lomé
Maison Amela
face EPP BATOME
ddamela@aol.com

L'Harmattan Côte d'Ivoire
Résidence Karl – Cité des Arts
Abidjan-Cocody
03 BP 1588 Abidjan
espace_harmattan.ci@hotmail.fr

Nos librairies en France

Librairie internationale
16, rue des Écoles
75005 Paris
librairie.internationale@harmattan.fr
01 40 46 79 11
www.librairieharmattan.com

Librairie des savoirs
21, rue des Écoles
75005 Paris
librairie.sh@harmattan.fr
01 46 34 13 71
www.librairieharmattansh.com

Librairie Le Lucernaire
53, rue Notre-Dame-des-Champs
75006 Paris
librairie@lucernaire.fr
01 42 22 67 13

www.ingramcontent.com/pod-product-compliance
Lightning Source LLC
LaVergne TN
LVHW011138061026
849535LV00003B/524
9782336420134

INDUSTRY, TRADE AND PEOPLE IN IRELAND

1650–1950

Plate XII '... the Linen Hall in Dublin with boxes and bales of linen for exportation ...' by William Hincks, 1783

INDUSTRY, TRADE AND PEOPLE IN IRELAND

1650–1950

essays in honour of

W.H. CRAWFORD

edited by

BRENDA COLLINS, PHILIP OLLERENSHAW
AND TREVOR PARKHILL

ULSTER HISTORICAL
FOUNDATION

This publication has been supported by the Ulster Local History Trust. Ulster Historical Foundation is also pleased to acknowledge support for this publication provided by the Belfast Natural History and Philosophical Society and the Ulster Folk and Transport Museum (MAGNI). All contributions are gratefully acknowledged.

The Hincks prints are reproduced courtesy of the Trustees of the National Museums and Galleries of Northern Ireland

First published 2005
by Ulster Historical Foundation
12 College Square East, Belfast BT1 6DD
www.ancestryireland.com

ISBN 13: 978-1-903688-56-4
ISBN 10: 1-903688-56-6

Printed by ColourBooks Ltd.
Design by Dunbar Design

CONTENTS

LIST OF TABLES AND FIGURES

TABLES

FIGURES

NOTES ON CONTRIBUTORS

D. GEORGE BOYCE was taught by Bill Crawford at Lurgan College in County Armagh. He worked as an archivist in the Bodleian Library, Oxford, between 1968 and 1971. From 1971 to 2004 he taught in the Department of Political Science at University of Wales, Swansea, where he is now Professor Emeritus. His publications include *Nineteenth-Century Ireland* (Dublin, 1990) and *Nationalism in Ireland* (3rd edition, London, 1995).

L.A. CLARKSON is Professor Emeritus of Social History at The Queen's University of Belfast. His most recent publications include *A University in Troubled Times: Queen's Belfast, 1945–2000* (Dublin, 2004) and *Famine and Disease in Ireland* (edited with E. Margaret Crawford, five vols, London, 2005). He is currently working on the demography of Forkhill, Co. Armagh, 1821.

BRENDA COLLINS is Research Officer at the Irish Linen Centre & Lisburn Museum. Previously an Open University Social Science Associate Lecturer, she has published extensively on historical research methods, demography and the linen industry. Her most recent publication (edited with Philip Ollerenshaw) is *The European Linen Industry in Historical Perspective* (Oxford, 2003).

E. MARGARET CRAWFORD is Senior Research Fellow in the School of Sociology and Social Policy at The Queen's University of Belfast. She has written extensively in the field of dietary and medical history, specialising in the era of the Great Famine in Ireland. Among her recent publications is *Feast and Famine: Food and Nutrition in Ireland, 1500–1920* (with L.A. Clarkson, Oxford, 2001).

MAIREAD DUNLEVY joined the National Museum of Ireland in 1970 and in 1992 was appointed director of The Hunt Museum. In 1996 she was appointed Keeper of the Art and Industrial Division of the National Museum of Ireland when its museum of decorative arts and history was being developed at Collins Barracks, Dublin. Now retired, she is working on the history of silk in Ireland. She is the author of *Dress in Ireland* (London, 1989, reprinted Cork, 1999) and editor (with William Nolan and Liam Ronayne) of *Donegal: History and Society* (Dublin, 1995).

ALASTAIR DURIE teaches at the University of Stirling, and was formerly Senior Lecturer in Economic and Social History at the University of Glasgow. Among his many publications are *The Scottish Linen Industry in the Eighteenth Century* (Edinburgh, 1979), *The British Linen Company,*

1745–1775 (edited, Edinburgh, 1996), and *Scotland for the Holidays: Tourism in Scotland, 1780–1939* (East Linton, 2003). He is currently looking at 'taking the waters' – the spa movement in Scotland and Ireland.

FRANK GEARY is Senior Lecturer in Economics at the University of Ulster. His work on Irish economic history includes studies of the impact of the Union on Anglo-Irish trade and structural change; real wages in the nineteenth century; post-Famine growth; and the cotton and shipbuilding industries in Ireland. Recent articles have been published in *Cambridge Journal of Economics, Economic History Review, Economic Journal, Explorations in Economic History.*

RAYMOND GILLESPIE is an Associate Professor in the Department of History NUI Maynooth. His main research interests lie in the social, economic and cultural evolution of seventeenth-century Ireland. His early work, much influenced by Bill Crawford, was on settlement and society in east Ulster in the early seventeenth century and more recently he has written *Devoted people: belief and religion in early modern Ireland* (Manchester, 1997) and *Reading Ireland: reading, print and social change in early modern Ireland* (Manchester, 2005).

JONATHAN HAMILL is Client Services Manager with Ulster Historical Foundation. His PhD thesis, entitled 'A study of female textile operatives in the Belfast linen industry 1890–1939', was completed at The Queen's University of Belfast in 1999. Through his work as oral history researcher with the Living Linen project he continues to contribute to the collection and preservation of Ulster's textile heritage.

WILLIAM MACAFEE was Lecturer in the Department of Education at the University of Ulster. His main research interest is historical demography. His publications include 'Pre-Famine Population in Ulster: Evidence from the Parish of Killyman', in P. O'Flanagan, et al. (eds), *Rural Ireland 1600–1900: Modernisation and Change* (Cork, 1987), and 'The Demographic History of Ulster 1750–1841', in H. Tyler Blethen and Curtis W. Wood, Jr. (eds), *Ulster and North America: Transatlantic Perspectives on the Scotch-Irish* (Tuscaloosa and London,1997).

W.A. MAGUIRE is currently attached to the Institute of Irish Studies at The Queen's University of Belfast. His main area of interest in historical research is landed estates and their management in Ireland between 1660 and 1900. He has also researched and written on urban history, the history of photography and other aspects of economic and social history. His publications include *The Downshire Estates in Ireland, 1801–1845* (Oxford, 1972), *Belfast* (Keele, 1993) and *A Century in Focus* (Belfast, 2000).

PHILIP OLLERENSHAW is Principal Lecturer in Economic and Business History at the University of the West of England, Bristol. His recent publications include 'Businessmen and the Development of Ulster Unionism, 1886–1921', *Journal of Imperial and Commonwealth History*, 28 (2000), and 'Business, Politics and Revolution in Early Twentieth-Century Ireland', in Terry Gourvish (ed.), *Business and Politics in Europe, 1900–1970* (Cambridge, 2003).

TREVOR PARKHILL has been Keeper of History at the Ulster Museum since 1995. From 1972 to 1995 he was an archivist, first with the Irish Manuscripts Commission and then in the Public Record Office of Northern Ireland. He serves on the editorial board of *Irish Historical Studies* and was Hon. Treasurer of the Economic and Social History Society of Ireland 1972–77. He has edited *The Famine in Ulster: the Regional Impact* (with Christine Kinealy, Belfast, 1997).

PETER ROEBUCK is a Professor of History and Provost of the Coleraine campus of the University of Ulster. His publications include *Yorkshire Baronets 1640–1760: Families, Estates and Fortunes* (Oxford, 1980) and (with others) *Public Service and Private Fortune: the Life of Lord Macartney 1737–1806* (Belfast, 1983). He was Founding Editor (with David Dickson) of *Irish Economic and Social History*, 1974–84.

PREFACE

This book arises from a one-day seminar held at the Institute of Irish Studies, Queen's University Belfast on Saturday 14 September 2002 to honour Bill Crawford and to recognise his vast contribution to the study of economic and social history in Ireland. It is a measure of the high esteem in which Bill is held that, when the proposal of a seminar was floated only a few months earlier, there was a gratifyingly immediate and enthusiastic response of offers of papers and participation. So, in what was to become an 'undercover' operation until a few weeks before the day, arrangements were put in place to ensure a full day of scholarship and affability. We would like to thank Joan, Bill's wife, for her assistance.

In addition to the contributors of papers whose work is published here, we are also immensely grateful to everyone whose participation and camaraderie contributed to the enjoyment of the day. These include Joan Crawford, Toby Barnard, Bernadette Cunningham, David Dickson, Cormac Ó Gráda, Vivienne Pollock and Christopher Smout. We are also indebted to Professor Brian Walker for his personal contribution to the activities and to the Institute of Irish Studies at Queen's for providing the facilities of the Institute including an excellent lunch. The seminar was rounded off in a very satisfactory and appropriate manner with dinner in Beatrice Kennedy's, a restaurant which currently occupies the former premises of the Institute of Irish Studies and is therefore a place holding strong associations for many scholars in the field of Irish economic and social history.

The selection of papers for publication has been made with special regard to the variety of interests and breadth of scholarship which Bill has displayed, and continues to display, since the 1960s. The contributors to this volume represent a small number of those who have worked with, and been inspired by, Bill for at least some of this period. We gratefully acknowledge that inspiration.

The editors would like to thank the Belfast Natural History and Philosophical Society, the Ulster Local History Trust and the Ulster Folk and Transport Museum for generous financial assistance towards the cost of publication. We would also like to acknowledge the help and expertise of the Ulster Historical Foundation.

THE EDITORS
JUNE 2005

Portrush
Coleraine
Ballymoney
Cloghmills
Clogh
Glenarm
Buncrana
Limavady
Derry
Burtonport
Letterkenny
Broughshane
Larne
Magheramorne
Dungiven
Uppperlands
Portglenone
Maghera
Ballymena
Strabane
Sion Mills
Castledawson
Ahoghill
Magherafelt
Antrim
Muckamore
Whiteabbey
Carrickfergus
Bangor
Donaghadee
Omagh
Cookstown
LOUGH
NEAGH
Belfast
Newtownards
Pomeroy
Lisburn
Laghey
Castlecaulfield
Dungannon
Maze
Killyman
Hilllsborough
Fintona
Lurgan
Ballyshannon
Belleek
Portadown
Dromore
Killyleagh
Dromara
Strangford
Garrison
Armagh
Downpatrick
Enniskillen
Glaslough
Banbridge
Castlewellan
Monaghan
Blacklion
Newcastle
Rathfriland
Clones
Newry
Annalong
Kilkeel
Belturbet

DERRY
BELFAST
Sligo
Dundalk
Drogheda
Knock
Dunmore
Clifden
DUBLIN
Lucan
Kingstown
Bray
Galway
Gort
Lisdoonvarna
Abbeyleix
Kilkee
Kilkenny
Cashel
Charleville
Waterford
Tallow
Killarney
Youghal
CORK
Queenstown
Parknasilla
Bandon
Clonakilty

Dr Bill Crawford

W.H. CRAWFORD

An appreciation [1]

PETER ROEBUCK

I first met Bill Crawford early in May 1971 at Trinity College, Dublin. I had been invited to present a paper to one of Louis Cullen's series of seminars in Irish economic and social history and, to my surprise, Bill travelled from Belfast to attend it. The animated discussion which developed between us then led shortly afterwards to my first visit to the Public Record Office of Northern Ireland, where Bill worked as an Assistant Keeper, and which at that stage was still housed in the Law Courts in May Street, Belfast. Like so many others before and after me, I benefited enormously in the years that followed from innumerable further encounters and engagements with him. Few of us can have known a colleague so enthusiastic in his pursuit of the past or so generous in sharing his experience and knowledge of the primary sources relating to it. Though no doubt mutually rewarding, we believe that our relations with Bill have been very much more to our advantage than to his.

By 1971 the study of economic and social history, like other branches of the social sciences, was expanding rapidly throughout the English-speaking world. Only Queen's University, Belfast, among the Irish universities had a separate department devoted to it, but numerous other academics, many of them relatively young, taught and researched the subject elsewhere, in Departments of History or of Economics, as well as in a variety of other institutional locations. The

Economic and Social History Society of Ireland, though still in its infancy, was about to contemplate the publication of a journal, the first volume of which was to appear in 1974. And in PRONI, then under the somewhat unorthodox but thoroughly enlightened directorship of Brian Trainor, researchers found not only rich archives but also skilled and warmly supportive staff. Indeed, for the majority of historians of Ireland the world of work was lively and stimulating as previously conventional wisdom was re-interpreted and extended. Operating from a position near the heart of that world, Bill Crawford became widely recognised, particularly by academics, teachers and students, as an influential facilitator and a powerful force for good.

Bill's love of History was nurtured early at home. He was born in Captain Street, Coleraine on 8 August 1932, the eldest of the four sons of Willie and Nina Crawford (née Robinson). A plumber by trade, Willie had been preceded by a long line of Coleraine nailers, while Nina's family, from Castlederg in Co Tyrone, had been blacksmiths and, latterly, farmers. In this domestic environment a childhood interest in the past arose naturally and was positively encouraged. Later it was stimulated further by influential teachers: by Dr Forbes, the dynamic headmaster of the Boys' Model School which Bill attended 1937–44; and then between 1944 and 1950 by the Mancunian, Jim Edwards, then in his prime, who taught History at Coleraine Inst. The latter's young charge won first place in the whole of Northern Ireland in the Junior Certificate's examination in History in 1947. In 1950 Bill was the first and only member of his family to attend university. On going up to Trinity, where he had won a Junior Exhibition, his original plan was to study Classics with a view to joining the Church of Ireland ministry, but he soon switched to History. Later in life Bill gained considerable satisfaction from operating on an equal footing with the redoubtable Theo Moody, the Professor and one of his tutors at Trinity. He graduated in September 1954 but even before then had begun work as an assistant teacher of History at Lurgan College in Co Armagh, where he stayed for thirteen years.

Many teachers testify to the fact that they have learned more about their subject on the job than they ever knew before, and Bill was no exception. However, the move to Lurgan provided its own special stimulus: it was an 'eye-opener'[2]. In contrast to Coleraine, where

Scottish and Irish surnames abounded, Bill found himself surrounded by people with surnames of English origin – clearly a very different place indeed. Moreover, Lurgan was evidently an estate town, built up by the Brownlow family, whereas Coleraine was a plantation town developed by London companies. It was this contrast and its various manifestations which first nurtured in Bill Crawford the acute sense of local historical differentiation so characteristic of much of his published work. Moreover, within a few years of becoming a schoolteacher Bill had discovered the rich sources available in PRONI, to which he soon became a regular visitor, sometimes by push-bike all the way from Co Armagh! A permanent appointment there quickly became his chief aspiration, though as long as posts of archivist were advertised it was difficult to compete with more professionally qualified people from elsewhere. It was Brian Trainor's predecessor as an innovative Deputy Keeper, the Yorkshireman Kenneth Darwin, who created a post responsible for Education, Publications and School Liaison, and it was to this that Bill was appointed in 1966. What many would judge to have been the most seminal period of his career had begun.

The next fourteen years were busy, arduous and very productive. Despite the struggle to catalogue growing numbers of major manuscript collections, the Record Office provided a range of services which were eagerly consumed by a burgeoning clientele – this despite the onset of the 'Troubles' which simultaneously hampered its operations and served to boost the demand for its facilities. In the early 1970s the Office moved from the Law Courts to custom-built premises in Balmoral Avenue. Chief among his colleagues in this respect, Bill was a ubiquitous presence in the Search Room (and the nearby cafeteria), valued above all by a growing body of postgraduate research students, suggesting lines of enquiry, identifying likely valuable sources, and introducing many young scholars to other searchers with cognate interests. He also made himself available more or less on demand as a lecturer to local history and other groups throughout the province and, indeed, beyond. At the Office and in innumerable other locations he actively facilitated the work of others and eagerly participated in collaborative projects – e.g. the Economic History Conference of 1967, which prompted the formation of the Economic and Social History Society of Ireland; the launch of *Irish Economic and Social History* in 1974, in which he played a very active and indeed invaluable role; and several joint endeavours with both Scottish and French historians, all of which created productive links with scholarly activities elsewhere (1977[1], 1980[1 & 2], 1983). And he also made time to research and publish his own work, of which from the late 1960s there was a steady stream. Perhaps the single most influential published outcome of his time at PRONI was *Aspects of Irish Social History 1750–1800*, jointly edited with Brian Trainor (1969[1]). This had been conceived by the time he arrived at the Office and it was Bill who eventually brought it to birth. The Stationery Office was initially deeply sceptical. According to one of its staff, 'if I stood outside the back of the City Hall, I couldn't give it away'. This proved to be a major misjudgement: quickly adopted as a school text, *Aspects* went through several reprints and sold very well indeed. Though none was as successful as this title, there were other editions illustrating the cornucopia of primary sources available in Balmoral Avenue (1967[1], 1968, 1973, 1976). The collective output of those who used the Office also grew cumulatively and prodigiously. Bill Crawford was the catalyst for a significant proportion of it and was frequently and fulsomely acknowledged as such.

Against the background of this personal and institutional success there was much surprise in 1980 when Bill left PRONI to take up the post of Keeper of Material Culture at the Ulster Folk and Transport Museum at Cultra. In a predictably self-protective reaction many archival researchers suddenly felt deprived, as to some extent they were, of someone they felt was their right-hand man. What happened, of course, was that Bill seamlessly transferred his expertise to another major Ulster historical institution. There, to the Museum's considerable benefit, he deployed his deep knowledge of written records in support of existing ethnographic expertise in the areas of agriculture, textiles, domestic life and crafts. He found the pace of professional life at Cultra more conducive to research and was encouraged by successive Directors, firstly George Thompson and then Alan Gailey, to pursue his own agenda. It was during this period that Bill gained his own doctorate, from Queen's University, Belfast in 1983, for a thesis on 'Economy and Society in Eighteenth-

Century Ulster'. He had little instinctive sympathy for or interest in contemporary moves by government to make publicly-funded institutions more accountable than they had been in the past but gladly accepted the new imperative to increase accessibility to what the Museum had to offer. The major outcomes of his Keepership were on the scholarly side and stemmed from his conviction that it was essential to employ documentary evidence in the interpretation of artefacts. The quality of the Museum's publications in support of its exhibitions rose perceptibly; and there was also a marked increase in the number and range of the personal publications of staff, not least Bill's own (1987[2], 1988[1]).

The fourth and final phase of Bill's public career, different again, thoroughly complemented everything that had gone before. Elected Honorary Treasurer in 1975, he was deeply involved in the foundation in that year of the Federation for Ulster Local Studies which, at its inception, brought together no fewer than thirty-five local history societies. A journal quickly followed and then, from 1979, a Trust Fund to support publications, exhibitions and summer schools. In 1990 the Federation's means improved dramatically when, recognising the potential influence of local societies in combating ignorance and bigotry in troubled communities, the Northern Ireland Community Relations Council provided funding for the establishment of a permanent office with salaried staff. Bill's new post for the three years from 1993 was as the Federation's Development Officer. By the time he left in 1996 the Federation had gathered under its aegis a vastly increased number of local history societies and associations in Ulster.

In the early days the Federation's records were carted round in a single bulging briefcase and committee meetings were held in cold, school staff rooms, provided someone had access to a key. Now Bill presided over an office equipped with modern machinery and an administrative officer to keep daily business ticking over efficiently. The Federation had become established in the history world and there were new responsibilities and a wider involvement with related bodies. The other three Irish provinces had formed a single similar federation and north and south worked together through a joint committee set up for that purpose. This entailed travelling further afield and encouraging the growth of an all-Ireland network through which societies could contact and visit one another. Among the initiatives in which Bill's influence was most effective was the establishment of a European Heritage Day, each autumn, now in the hands of the Environment and Heritage Service. His tenure of office also coincided with the 150th commemoration of the Great Famine and many of the special events, north and south, associated with it benefited from his calm appraisal and balanced guidance in dealing with a period in Irish history whose interpretation, at both an academic and a local level, had often been characterised by an emotive and divisive approach.

In his view and in that of many others too the best product of Bill's full-time service with the Federation was a publication – *Townlands in Ulster: Local History Studies* (1998), which for years to come will remain essential reading for anyone embarking on a local history project in Ireland. He and his collaborator, Dr Robert Foy, then Chairman of the Federation, asked eight historians to produce a focused analysis of a townland familiar to them, marrying family knowledge and local tradition with relevant documentary evidence. Decisively, these accounts were accompanied by Ordnance Survey maps specially adapted by professional cartographers for the purposes of this publication.

The Crawford bibliography included in this volume displays the richness of Bill's legacy of publications. The overwhelming bulk of his work has been devoted to the history of the north of Ireland in the period from the early seventeenth to the early nineteenth centuries. His over-riding preoccupation has been with the elucidation of the manifold processes whereby a backward and sparsely populated area in the 1600s was transformed into the vibrant industrialising economy of the early 1800s – among the most startling regional examples of economic development in western Europe. His influence as an historian is based on the fact that, almost without exception, his findings have been solidly grounded in deep and extensive knowledge of primary manuscript sources. The pervasiveness of that influence has gained added momentum from the persistently infectious enthusiasm which he has brought to his work and so freely shared with others.

It was the papers of the Brownlow estate at Lurgan which first commanded his detailed attention. From those beginnings he steadily accumulated an unrivalled knowledge of the copious manuscript collections relating to other estates throughout the north of Ireland (1964, 1971[2], 1975[2], 1977[2], 1990). To what extent did those who acquired land in the fissiparous circumstances of the seventeenth century manage to hold on to it? What were the patterns of external and internal migration which the province experienced and what was their regional and local impact? How did landowners seek to build up a solid patrimony and to support their tenants through economic fluctuations to the point where viable estates were securely established? What were the key characteristics of the texture of landlord-tenant relations?

The pursuit of answers to these questions stimulated broader fields of enquiry, the results of which threw light on patterns of development between and beyond individual properties. Among the more productive proprietorial endeavours in the longer term was the establishment of markets and fairs as a means of promoting economic activity. The manner in which this was achieved, and its relative success and broader economic consequences, were major recurring themes in Bill's publications, providing evidence of a significant contrast between the nature of development in Ulster and that in other, more stable and longer-established economies. Such analysis led on naturally to other broader topics: the articulation of the road system in Ulster and the evolution of its towns (1967[2], 1979, 1981, 1984, 1989[3]).

The topic which Bill made peculiarly his own, however, was the growth of the domestic linen industry, the means whereby a growing number of tenants bridged the threatening gap between a precarious near-subsistence and regular engagement with the market. In so doing he made a distinctive contribution to the history of what have been described as dual economies, varying in kind from locality to locality throughout north-western Europe but characteristic of their pre-industrialised economies, the necessary rural precursors to later urban industrialisation (e.g. 1969[2], 1971[1&2], 1972, 1980[2], 1988[2]). It is a source of great satisfaction to those familiar with his work that Bill's numerous publications on this subject have recently appeared in book form.[3]

A further major feature of Bill's published work commands special attention: his ability in pursuing these various lines of enquiry to discern distinctive historical patterns of development which have now all but disappeared from our view. Guided not just by his mastery of primary sources, nor merely by his deep knowledge of particular matters, he has uncovered sub-regional spheres of economic activity which, while being influential in promoting fuller development, were ultimately obscured and occasionally obliterated by it. He has been able to strip away the spatial manifestations of nineteenth-century growth to reveal the often very different geographical shape of developments prior to then. For this reader the classic example of his exercise of the historical imagination in this way is in his work on south Ulster, but there are others (1975[1], 1987[1], 1989[2]).

Bill's own most recent reflections on his career are distinctly understated: 'I have been happiest as a communicator, encouraging individuals to study for themselves, drawing manuscript sources to their attention ... and encouraging them to undertake worthwhile projects'.[4] However, while this was enjoyable for him and immensely valuable to others, he would readily acknowledge that both were operating within a much broader and highly significant context; a context to which Bill referred trenchantly in the journal of the Federation for Ulster Local Studies in May 1976:

> In Ireland national history and local history are not spoken about in the same breath. National history is the preserve of the professional academic historian, while local history is like Sunday painting, an activity to be commended but not esteemed. Elsewhere in the western world such an attitude is outdated.[5]

That attitude is now outdated in Ireland too. No-one has done more to bring this about than Bill Crawford.

NOTES

1 Throughout, references in brackets in the text are to 'W.H. Crawford: A Bibliography', for which see below, pp. 277–280. I should like to thank Mrs D. Corcoran and Mr T. Parkhill for their ready assistance with this essay.
2 Personal testimony to the author.
3 From the Ulster Historical Foundation as *The Impact of the Domestic Linen Industry in Ulster.*
4 Personal testimony to the author.
5 W.H. Crawford, 'Fresh Approaches to Local History: Three New Books,' *Ulster Local Studies: Journal of the Federation for Ulster Local Studies*, vol. 1, no. 2 (May 1976), pp. 31–3.

1
The world of Andrew Rowan

Economy and society in Restoration Antrim

RAYMOND GILLESPIE

The study of seventeenth-century Ulster has been dominated by examinations of the fate of the formal plantation scheme. There is no doubt that the plantation was highly significant. It established a legal framework for the operation of society; set out a matrix of property ownership; laid the foundations for a commercial marketing structure; and introduced new settlers with a variety of skills into the province. However it is possible to overstate its impact. The wars of the 1640s, for instance, destroyed many of the improvements effected in the landscape and caused many of the settlers responsible for the introduction of those innovations to flee to England or Scotland. Structural problems in estate management and the impact of war mired many Ulster landlords in long leases and left them with such a heavy burden of debt that their ability to effect long-term changes on their estates was severely impaired.[1] In reality much of the enduring legacy of seventeenth-century Ulster was forged not in the first half of the century but in the second. In the years after 1660 the demographic regime of modern Ulster was established with, in some areas, very little continuity of the early seventeenth-century population.[2] The distinctively Scottish tinge to Ulster, together with the creation of its Presbyterian organisation, was a product of significant Scottish migrations into the province in the years after 1660.[3] Moreover, the development of the linen trade, together with that of butter and of beef, on which Ulster's prosperity depended, was a feature of the late seventeenth century.

The main problem in appreciating the achievement of late seventeenth-century Ulster society lies in the nature of the surviving evidence. While the government surveys of the plantation, muster rolls, and some estate papers provide a good framework for reconstructing the early seventeenth-century province, the late seventeenth century has no such guides. Apart from the hearth money rolls of the 1660s, the government showed little interest in recording local developments on a systematic basis and estate archives, with a few notable exceptions, are thinner and of poorer quality than for the succeeding century. There are, however, a number of important sources that help to illuminate the regional evolution of late seventeenth-century Ulster. The lease book of the Lurgan landlord Arthur Brownlow, to which W.H. Crawford drew attention many years ago, provides one avenue into the rapidly expanding world of the Lagan valley at this key period in its development.[4] One other document has, at least, the potential to shed equal illumination on another part of Ulster: the account book of Andrew Rowan of Dunaghy in County Antrim.[5]

Andrew Rowan was born probably in 1634 or 1635, the second son of John Rowan from Greinhead in the parish of Gowan in Lanarkshire whose family were substantial, though not large, tenants of the archbishop of Glasgow. In the course of the sixteenth century they seem to have been consolidating their position by acquiring small pieces of land in the parish and when Andrew's grandfather died in 1623 his estate was worth £613 14s 4d Scots (about £51 stg).[6] In 1655 Andrew and his brother, John, graduated from the University of Glasgow and soon after came to Ulster where they were ordained as Presbyterian ministers. There were existing family connections with Ireland for in Andrew's mother's testament, made in 1648, she left money to a James Paterson 'in Ireland', probably a relation.[7] Andrew seems to have been called to the congregation at Clogh that was recorded as vacant in 1657 by the Cromwellian inquisition on the state of the church.[8] In 1661 'in the hour of temptation', according to the contemporary historian of the Presbyterian church, Patrick Adair, he with six others 'renounced the Covenant publicly and their ordination by the presbytery and were re-ordained by the bishop'.[9] Andrew was ordained deacon in St Patrick's Cathedral, Dublin, on 20 July 1661 and priest on 8 September.[10] He was instituted into the rectory of Dunaghy where he remained until his death in 1717. Andrew Rowan never received any preferment in the Church of Ireland. He remained resident in his parish living, according to the hearth money roll of 1666, in the townland of Doonbought in a house with two hearths. In the 1670s he built himself a new, larger house in the town of Clogh on which, according to the account book, he paid tax for four hearths, placing him above all but one of his parishioners.[11] He does not seem to have been a pluralist although his account book does have some references to the collection of tithes in nearby Loughguile parish. He may have served there briefly or alternatively, and more probably, he was part of a small syndicate that farmed the tithes of Loughguile parish.[12] His promotional prospects in the Restoration Church of Ireland were no doubt damaged by his Presbyterian background.

In his period as rector of Clogh Andrew Rowan grew rich. An early nineteenth-century anecdote recorded by Rev. William Mayne, then rector of the parish, told that:

> on the west side of the street in the village [of Clogh] there were standing until within these four years [1809] the ruins of an old house said to have been the residence of the rector Rev Mr Rowan, deceased, once rector of Dunaghy ... Mr Rowan was robbed, as tradition says, when a very old man, the inhabitants of Clogh pointed out to me the window in the upper story through which the banditti who robbed him entered, he was heard to say afterwards that no two horses in the parish could have carried his money from which I am led to conjecture that all the horses must have been ponies and his money brass.[13]

Mayne's scepticism was, in this case, unwarranted. Andrew Rowan's will suggests a modestly wealthy man. He left £200 to one of his daughters and £150 each to three others. According to the will he held land in the parish on lease from the earl of Antrim and Simon Hillman of Coleraine, as well as tenements and houses in the town of Clogh.[14] His account book for 1674 to 1678 reveals his average expenditure was about £187 a year, not including the expense of household provisioning. Unfortunately no corresponding estimates were provided for income but even if income merely equalled expenditure this placed Rowan among the wealthiest clergy in the country, and certainly a great deal better off than his dissenting counterparts.[15]

Much of Andrew Rowan's income came from his ecclesiastical dues. As the economy of mid-Antrim expanded in the late seventeenth century so the value of his tithes rose. In the 1640s the tithes of Dunaghy were valued at £35 or £40 a year but by 1720 this had risen to £200 a year.[16] Rowan may also have had some income from other arrangements over tithes. His accounts for 1678 note an account with William McPhedris, his brother-in-law, about a share of £8 14s 0d from the tithes of Loughguile where his brother was parish clerk. He also seems to have had an arrangement with Rev. George Lovell of the parish of Skerry, who was probably chancellor or registrar of the diocese of Connor, to hold church courts in the Clogh area as Lovell's deputy. This almost certainly brought some profit to Rowan.[17]

Rowan's most important source of income, apart from the parish tithes, was the profits of land that he held on lease from others. In the 1670s he leased property in Clogh, together with the townland of Creggs, from the Coleraine merchant Simon Hillman.[18] Later in the same decade he leased a number of townlands from the marquess of Antrim.[19] In addition he leased the townlands of Ballywatt and Carnglass in the parish of Ballyrashane, to the north of Clogh, from Antrim.[20] In the 1690s he also leased from others the land of Eglish and, according to his will, he held Rosedermott on lease from the marquess of Antrim.[21] Some of this land Rowan certainly sublet. In 1673, for instance, his accounts record receipts of £9 9s 11d for the All Saints rent from six tenants on his land in the parish of Ballyrashane.[22] This property was some distance from the parish of Dunaghy and this may explain why he sublet it.

Rowan himself worked most of the land he held. His will refers to the 'horses, mares, oxen, ewes, sheep, calves etc' which he owned.[23] Moreover there are references in the account book to the hire of labourers, usually for a half year, presumably for agricultural tasks. In addition tithes were sometimes paid in the form of days' labour on Rowan's land.[24] The quality of the land in the parish of Dunaghy was poor. The Books of Survey and Distribution, compiled in the 1660s, reckoned that only 17% of the parish was profitable. Much of the western part of the parish was given over to cattle grazing. Here cattle may have been brought in from other parts of the county for fattening since the will of William Andrews, one of the farmers of the fair at Clogh, in 1711 referred to cattle owned by him but grazing on another farm in Glenleslie, which lay to the north of Clogh.[25] Rowan devoted most of his agricultural endeavours towards livestock, but in his case it was sheep that were the mainstay of his local economy. In 1678 he counted 129 sheep on his lands. The following year he bought another 17 sheep. There are also payments for shearing suggesting that wool was either sold or worked up locally.[26] In addition Rowan began to expand his cattle holdings. In 1679 he bought 42 steers and later he spent over £50 buying 61 cows, most of which were between three and four years old.[27] This suggests that they were not being brought in to be fattened but that some at least were intended for the dairy trade rather than for beef. While nature may have dictated that the parish of Dunaghy was more suited for livestock than grain cultivation, arable could not be ignored and Rowan exploited such land as could be ploughed. The account book records payments made for ploughing, usually of small areas and payments to people binding corn at harvest.[28] The crop is not specified but is most likely to have been oats for local consumption. As Richard Dobbs in his 1683 description of County Antrim commented of Glenarm, to the east of Dunaghy, 'this place affords small cattle, flax, yarn, beef, tallow, butter ... take this for a general rule where the Scotch or Irish make the market no grain is brought to the market, only oatmeal'.[29] Other grains, such as wheat, had to be imported into the area and there are a number of references in Rowan's accounts to the purchase of wheaten bread at the nearby town of Ballymena, suggesting that it was something of a luxury.[30] Much of the provisioning of Rowan's household appears to have been done from the produce of his land since there are almost no references to buying foodstuffs apart from those which could not be obtained locally. These include fish, such as ling or herring that were bought at Portrush, and fruit, such as apples, bought at local fairs.[31]

Rowan's combination of modest wealth and the social status conveyed by his position as a rector of the Established Church drew him into the social world of county Antrim. He was on visiting terms with the marquess and marchioness of Antrim and in September 1676 a son was named Randal, after the marquess. He also visited the O'Neills at Shane's Castle, the family of the marchioness, and in 1677 a child was duly named Neal. Neither child survived.[32] He also spent time with another local landlord, Charles O'Hara.[33] Presumably he was on friendly terms with Robert Adair of Ballymena since Rowan's copy of a newsletter from London appears among Adair's papers suggesting Rowan lent it to him.[34] According to his account book he also attended the manor court at Galgorm, presumably as a tenant of Adair.

These social contacts, together with his wealth, placed Andrew Rowan in a unique position within the community around Clogh. He acted as a broker linking Clogh and its region to a wider world. While the landlord of Clogh, the marquess of Antrim, was an absentee from this part of his estate for most of the late seventeenth century, Rowan might represent his interests informally. There are frequent references in the account book to Rowan's attendance at the marquess's manorial courts at Clogh. While formal transactions were carried out on these occasions there was also opportunity for informal business exchange. At court days at Galgorm and Clogh rents were paid, loans were made and repaid and legal agreements were entered into about access to property.[35] A modest level of sociability might also be expected. Rowan records the expenditure of a shilling at a court in Clogh in 1675, three shillings at Ballymoney, 11d 'on liquor' at Clogh and in 1676 at courts bought two bottles of wine in 'several companies' which may suggest, as in other cases, that a certain amount of entertainment can be assumed.[36] Rowan was also aware of developments on a regional level, travelling regularly to Carrickfergus, Belfast, Glenarm and Coleraine, for business as well as social obligations such as funerals, and also to local fairs at Ahoghill, Ballymena and Ballymoney.[37] On some occasions he was even accompanied to the fairs by his wife.[38] He attended the episcopal visitations at Lisburn every year and he was present at the quarter sessions and on at least one occasion at the assizes.[39] There were also more general links between Clough and the regional world. Rowan's grandson, Andrew Stewart, was apprenticed to a Belfast merchant in 1708 according to Rowan's will and Belfast was also a market for local farm produce, including butter.[40] Rowan, however, had access to even wider worlds. In the 1680s he received manuscript newsletters detailing events in London and despite his apparently very local profile he was well enough known politically to be included in the Jacobite Act of Attainder of 1689.[41]

Perhaps most importantly Rowan was an active participant in the world of print. Protestant clergy in seventeenth-century Ireland were literate in, at least, English and used books on a daily basis. They comprised about half those who listed books among their losses after the rising of 1641. The quantities they owned were usually larger than those of gentry or merchants.[42] Rowan was no exception. He bought and owned books. It is a reasonable conjecture that he owned at least one bible since he gave presents of bibles to his children and in 1677 he bought two copies of the Book of Common Prayer, although these may have been for the church.[43] His will mentions 'preaching books' that he left to his wife. He also bought other religious works as part of his profession. Some, such as his copy of Eusebius's *Church History* that had been bought in London, were clearly special purchases acquired through friends.[44] However he also acquired works more locally including a pamphlet on tithes, probably William Sheppard's *A Parson's Guide to the Law of Tithes* (London, 1654). He also owned a copy of the Catechism of the Westminster Assembly and a book on the Sabbath by a Mr Crawford, possibly *Exercitatio apologetica* by Matthew Crawford (Utrecht?, 1669), that he described as a 'little piece' although it cost him 10 shillings. More interesting he bought Alexander Petrie's *A Compendious History of the Catholick Church from the Year 600 Until the Year 1600 Shewing her Deformation and Reformation*.[45] Petrie was the Presbyterian minister of the Scots Church in Amsterdam where the book was published. It was probably imported directly from Amsterdam to Belfast since there was a book trade between the two places.[46] The work employed a widespread Protestant argument, articulated in an Irish context by Archbishop Ussher in the early seventeenth century, which saw the Reformation as a return to the purity of the early church rather than a separation from the true church. Its importance in this context is the specifically Presbyterian slant that Petrie applied to it, suggesting that Rowan was still sympathetic to that position. Certainly a fragment of a sermon in the account book seems decidedly evangelical in its tone.[47] However this should not detract from Andrew's loyalty to the institutional Church of Ireland. His brother, Robert, who was also a re-ordained Presbyterian minister and rector of Maghera, happily informed the archbishop of Armagh of the meeting places and ministers of those who were 'in opposition to the constitution of the church established by the laws of the kingdom'.[48]

Other of Rowan's books are less directly related to the clerical state. He had a collection of classical texts, including works by Ovid, Terence, Caesar and Quintus Curtius. Among more recent authors there was Erasmus's *Colloquies*.[49] At least some of these were standard schoolbook titles and Rowan may have owned them for some time. He gave his young son a copy of 'Robert Bruce's book' which may be a children's book or one of Bruce's large volumes on Holy Communion, which would seem inappropriate for a child. He paid the substantial sum of 18 shillings for a map on a visit to Carrickfergus in 1677 and in 1675 he purchased a copy of Nicholas Culpeper's *Midwife* for 2s 6d.[50] Culpeper's work was popular among those in Ireland. Henry Jones, bishop of Clogher, and later bishop of Meath, had a copy of his *English Physic* in 1660 and in 1664 John Perceval of Cork bought a copy of the same book in London, using a friend as agent.[51] Such works may have been for self-medication but equally they may have been to teach Rowan and his wife the basic principles of medicine. Skills thus acquired could be practised as an act of charity on the parishioners who were not rich enough to afford the services of the apothecary in Ballymena.[52] In 1679 Rowan expended the enormous sum of £1 9s 0d on a set of the Irish Statutes, probably the edition which appeared the previous year in Dublin.[53] This may indicate he had become a justice of the peace. Before this if he wanted a copy of a statute he had to borrow a printed copy and transcribe sections into his notebook as he did with the 1662 Hearth Money Act.[54] As a book owner in mid Antrim Rowan was probably not unique. That a bookbinder could establish a business at Ballymena by the 1670s suggests that there were others like him who bought books to read or to decorate their houses.[55]

The mechanisms by which Rowan acquired his books were diverse.

Since Ulster did not have a printing press until one was established at Belfast in 1694, books had to be imported. Rowan's small collection of classical works had been obtained from Scotland and he had, presumably, brought them to Ireland himself. However similar classical works could be purchased in Coleraine in the 1690s.[56] Special purchases, such as Rowan's copy of Eusebius, could be made through friends in London or elsewhere. However, there was also a thriving book trade from Bristol into the ports of Belfast and Derry. Bristol also shipped 'pictures' to Derry while from Chester to Carrickfergus in 1681 came 2,000 'leaves for homes', presumably printed sheets to be pasted up on walls to attract the illiterate.[57] More significant than the English trade were book imports from Scotland. Ships from Glasgow, for instance, brought bibles, catechisms and psalters as well as 'small books', 'storie books' and pamphlets to Belfast and Derry throughout the late seventeenth century.[58] By 1700 the value of Scottish books entering Belfast, Coleraine and Derry, all places to which Rowan had access, was double the value of imports from English ports.[59] This, of course, accounted only for the legal trade. There was also a thriving smuggling trade in printed works of a politically or religiously sensitive character, the evidence for which only surfaces on rare occasions when cargoes were intercepted.[60]

In Ireland Rowan might have acquired books from general merchants in Belfast or Coleraine but he also bought some from the packs of travelling chapmen. The bible for his daughter and 'Robert Bruce's book' came from Alexander Caderwood, 'chapman'.[61] This was not unusual. William Tisdall, the vicar of Belfast, noted in 1712: 'I have for above twenty years past observed that the Scotch strollers and pedlars, who go from house to house all over the country selling small ware, have generally a Scotch Directory and Solemn League and Covenant along with them which they still expose for sale among their toys'.[62] Others, too, noted that pedlars carried such small books and the Convocation of 1712 complained that seditious books were 'handed through the kingdom ... by pedlars and vagabonds'.[63] By the eighteenth century such pedlars were the main means of distribution of printed material in rural Ulster.[64] In this manner a range of ideas was brought from a wider world into the local community of Clogh. However the printed word was not divorced from the gossip and news which the pedlars of printed sheets and small books brought with them. In this way the spoken words of the pedlar and the printed words of his goods blended into each other, sometimes reinforcing and sometimes contradicting each other but always connecting an illiterate community with the printed word.[65]

Evidence of another practical innovation that Rowan introduced into his local world features prominently in his account book: the development of his garden. In 1673 he improved his garden by ditching it and purchased 20 apple trees, four plum trees and 60 ash trees from a merchant in Ballymena. His neighbour, Adair of Ballymena, gave him a present of some apple trees and he also received 'things for the garden' from another local landlord, Colville of Galgorm. He subsequently bought garden seeds in Ballymena, Broughshane, Carrickfergus, Cloghmills, and other unspecified places. He also bought plants as well as a garden spade and other things for the garden.[66] He briefly employed a gardener and paid for days' labour specifically in the garden.[67] In terms of plants there is little that was spectacular. Plum, ash and apple trees could be found in many parts of Ulster in the late seventeenth century. Around Lurgan, for instance, the landlord, Arthur Brownlow, required his tenants to plant trees and enclose their land.[68] However Rowan's creation of his own garden suggests that he was keen to introduce new varieties of plants and, possibly, vegetables on a small scale from outside and so improve the range of crops available in the locality. The garden was not merely functional. His produce would add variety to his household's diet and could also be used to impress visitors with the more exotic varieties of vegetable. As well as producing vegetables and fruit in his own garden he also bought potatoes, turnips, onions and apples locally.[69] The garden points to his desire to import ideas and goods from outside the locality to impose order on a chaotic landscape which, up to this point, had been little settled. In this case a garden could be seen as a symbol of civility and the benefits brought to the region by Protestantism, personified by the local rector.[70]

If Rowan was a broker in introducing ideas from an outside world into the local society at Clogh he was perhaps even more important as an agent of economic change in the community. In the early seventeenth century the region was one of the most underdeveloped parts of the county. In the late 1630s Robert Adair, the landlord of Ballymena to the west of Dunaghy, described the area as 'a most barbarous place and a receptacle of rebels'.[71] Throughout the 1640s the two main landlords in the area, Adair and the earl of Antrim, had little interest in the area. Adair spent most of the time in Scotland and the earl of Antrim was absorbed in the politics of the Kilkenny administration. The town of Clogh, or Oldstone, was the scene of some of the worst fighting in the 1640s, the castle being seized by the insurgents and a massacre ensued.[72] There may have been some resettlement in the 1650s with the migration of Scots into Antrim but by 1660 the parish was thinly settled with 118 settlers out of a total number of 258 paying poll tax in 1660.[73] Much of that population was clustered in the south and west of the parish with large areas of bog to the north and east remaining undivided among townlands according to the Book of Survey and Distribution.[74] Even in the eastern part of the parish, pressure of population on land was slight and boundaries of townlands poorly recorded. As late as 1678 the boundary of the townland of Rosedermott was poorly defined.[75] Moreover the commercial economy had only penetrated the area to a limited degree. In the 1650s, for instance, tithes were paid in kind.[76] By the time of Rowan's account book in the 1670s that had begun to change with tithes being paid partly in kind and partly in cash. Some of this was in agricultural labour but other work was undertaken. In 1675, for example, Rowan noted receiving from Henry McCoy '52 ells weaving at 2d an ell' of which 6 shillings was for tithes and the balance against his rent.[77] Again in 1677 he paid money to William Hume for weaving an unspecified amount of linen and to another man for weaving serge. In 1678 he paid one woman for bleaching, bought indigo for dying and paid another man for weaving.[78] He also bought wool and linen yarn from a number of women, who were in charge of spinning.[79] Most of this was certainly for household use but it is possible that he may have arranged for some of it to have been sold locally in markets, thus encouraging the development of a cloth trade.

In the late seventeenth century this pattern of limited commercialisation began to change. To the east of Dunaghy at Glenarm the marquess of Antrim attempted to attract new tradesmen to the town. In the 1670s there was a shoemaker, two smiths, a tailor, a joiner and a miller in the town and new building leases suggest that the settlement was expanding.[80] To the south of Dunaghy the Adair family began to develop the much larger town of Ballymena and encourage a wide range of tradesmen to settle there. The leases made in the 1680s included shoemakers, butchers, carpenters, tailors, glovers, a schoolmaster, a turner, masons, smiths, an innkeeper and a weaver. Tanhouses and a tuckmill existed near the town and in 1686 a new gaol, sessions house and market house were built in the town.[81] Although Ballymena had a market and fair since the 1620s other towns began to create their own as the possibilities for trade grew. On the evidence of the almanacs, between 1665 and 1685 Broughshane, Edenduffcarrick and Portglenone had all established fairs.[82] Rowan also mentions Ahoghill, Crebilly and Ballymoney fairs in his account book for 1675. Such fairs were probably rather disorganised affairs. As Richard Dobbs commented of Glenarm in 1685 'there are two fine fairs and a market town but no market kept, everyone buying and selling as they find their opportunity'.[83]

Much of this opportunistic trade was in the hands of chapmen, referred to above, who travelled around the countryside with packs of small wares. By the late seventeenth century they were a familiar sight in Antrim. As early as the 1630s it was reported in the context of the organisation of the customs that:

> the merchants and pedlars discharge at Glenarm where there is no waiter and fill the country full of commodities whereof none appear in the book. The pedlars out of Scotland take advantage of such creeks unguarded and swarm about the country in great numbers and sell all manner of wares which they may afford at easier rates than poor shopkeepers that live in corporations ... we are beggared by these renegados who have no residence or place of abode in this kingdom but bring over wares, steal the customs and convey the money over in specie and that to no small value.[84]

Clogh was not to be left behind in the development of trade. By 1665, although it had no patent, a fair was being held there on 25 July. Clearly the fair prospered and by 1685 it had extended to two days. In 1696 the fair was leased to a group of local merchants.[85] By 1696 there was enough trade passing through the town to encourage at least one innkeeper to base himself there and accumulate enough money to lease land locally.[86] These developments are hardly surprising given Clogh's central location. As early as the 1630s the earl of Antrim attempted to have the Antrim quarter sessions moved to Clogh from Carrickfergus because of its position. In the 1640s a number of rebel officers had based themselves there because of its location.[87] It lay on the main road northward from Ballymena to Ballymoney but it also had an east-west link through Broughshane to Glenarm. By 1699 it was agreed that a new road was to be built between Red Bay and Clogh, although this was not finished until 1715.[88] In the late seventeenth century the road network was greatly improved. In 1685 Dobbs observed that the road from Ballymena to Clogh was a 'bad way' but the road to Broughshane was rather better.[89] By the early part of the eighteenth century the County Antrim Grand Jury had spent a good deal of money on the road network around Clogh, including a bridge on the Clogh-Ballymena road and a new bridge at Clogh in 1715.[90]

The rise of these fairs was of central importance in spreading commercial activity in late seventeenth-century Antrim. Rowan continually purchased small items from chapmen and at fairs. At Clogh fair in 1679, for instance, he purchased an ell of holland, 4 yards of cambric, a hood of black taffeta, scarlet ribbons, a sheet of pins. A few years earlier he had purchased a hat, gloves and wine at the same fair. At Ballymoney fair he also purchased hats and ribbons, at Ballymena he bought hats, spoons and tobacco at the fair and at Ahoghill fair he acquired a horn ring, a hat and some silk as well as apples.[91] In addition he purchased items from chapmen including calico, linen cloth, holland, pins, ribbons, tobacco, gloves, spoons, pepper, stockings and thread.[92] Alexander Caderwood, from whom Rowan acquired books, also sold him pins, holland, taffeta, ribbons and cambric at Clogh fair.[93] Such chapmen, whom we have already encountered in connection with the trade in printed books, were significant figures who travelled to their market rather than waiting for the market to come to them.[94] They operated on a wide scale. One chapman from Connor in County Antrim, Andrew Elliot, died at Tenbury in Gloucestershire in 1695 where he was presumably buying goods that would be brought to Ireland.[95] Such men traded in small, often high value, goods that were readily transported and could be carried to fairs, or into local communities. A number of pedlars travelling to the fair at Antrim in 1680 were said to have been robbed of goods of 'considerable value'.[96] Moreover, these were goods that were exchangeable not for other goods but for cash and as such they were important in spreading commercialisation into rural Ulster.

Chapmen were not the only figures who were responsible for introducing commercial goods into the mid Antrim region in the late seventeenth century. By the 1650s local merchant communities had become established in many of the County Antrim towns. Most of these merchants are shadowy figures although something is known of them through the tokens that they issued to combat the shortage of small change in the late seventeenth century. Rowan often gave his wife 'tokens and halfpennies' for small domestic transactions or, as he described them, for 'the use of the house'.[97] The surviving tokens suggest that merchant communities reflected the size of towns. Outside Belfast, Antrim and Lisburn were the largest trading centres with eleven and fourteen token issuers. Below this level Ballymena and Ballymoney formed the next level of trade with five and six token issuers respectively. Finally, there were smaller settlements, such as Broughshane and Glenarm that had one or two merchants issuing tokens.[98] Where the names of the token issuers can be matched with entries on the hearth money roll it seems that these local merchant communities were diverse. Some dominated their town in houses of two or three hearths but most had a house with only one hearth. Rowan had accounts with a number of such merchants from whom he purchased a wide range of goods, often termed 'merchants ware'. These included Robert Boyd of Ballymena, James Robinson, Alan Stevenson, James Linton and a Ballymoney merchant, John Stark. From Robinson, for instance, he bought ribbons, gloves, silk braid, a case of table knives, glassware, rings, cloth and a black gown.[99] Stevenson also supplied cloth, gloves, silk, cloves, nutmegs, cinnamon and ribbons.[100] John Stark of Ballymoney was one of Rowan's largest suppliers and he noted in his accounts for December 1674 that he paid Stark 41 shillings to clear his account and in 1675 paid him a further 40 shillings, although seen in the context of Rowan's annual expenditure these were not large sums. Rowan, and his wife, ran an account with Stark for items such as brandy (some of which came from Belfast), silk buttons, cloth, paper, white bread, spoons, nutmegs, black soap, salt, silk and 'ware'.[101] These were the sorts of goods becoming fashionable in the commercialising world of mid Antrim. They could only be supplied by merchants, who acted as a link between the larger towns of Belfast, Derry and Coleraine, where such luxury goods were imported, and the customers in the countryside. By 1696 John Stark had moved his business from Ballymoney to Clogh and was one of a consortium of merchants managing the fair there.[102]

When local merchants could not meet his needs Rowan looked further afield. Sugar, for instance, was a consumer product for which there was no local substitute. Belfast, with its sugar processing facilities, held the market in the late seventeenth century against the local Antrim merchants. Rowan ordered his loaf of sugar, 4lb. weight, from John Smith of Belfast, although his contact with Smith may have been as a travelling chapman since Smith was admitted free of Belfast as a chapman in 1671.[103] To keep up with the latest fashion in furniture he also purchased a dozen chairs in Belfast, rather than have them made locally, and he also bought a clock there.[104] As Rowan attended to his duties at the episcopal visitations and elsewhere he also bought goods.[105] When it came to large quantities of cloth for fashionable clothing Rowan went to Coleraine or Carrickfergus rather than purchasing locally. In Carrickfergus he also bought drinking glasses.[106] From Derry he bought brass candlesticks, porringers and other plate.[107] He also purchased a wide range of fine cloth from merchants, including three yards of damask to make a tablecloth costing 6s a yard.[108]

One commodity is of particular importance in marking the spread of commercial activity: tobacco. Tobacco could only be purchased in the market, there being no home-produced substitute. In the early part of the seventeenth century the tobacco trade was of little significance in Ulster. By the 1680s tobacco had become an established part of the Ulster trade. In the mid-1680s the five Ulster ports of Belfast, Derry, Coleraine, Strangford and Donaghadee accounted for around 20% of total Irish imports of tobacco. The vast bulk of this arrived in the large ports of Belfast and Derry. Belfast accounted for about two-thirds of the trade and Derry for most of the remainder with Coleraine in third place.[109] Small quantities arrived at the smaller ports but these were of limited significance. The large quantities of tobacco available in Belfast and Derry were quickly diffused out into the countryside. Andrew Rowan's accounts show him to be a regular purchaser of small quantities of tobacco. His suppliers were varied. On one occasion he obtained his supply from a chapman and on another from a merchant at Clogh and on other occasions at Broughshane and Ballymena fairs. The quantities he purchased were usually between a half and one pound.[110] His most regular supplier was John Stark, the Ballymoney merchant.

These goods went far beyond the utilitarian. They were expensive and had to be shipped. High quality cloth, such as holland linen, was being shipped from England, Holland, France and Flanders into Derry, and to a lesser extent Belfast, throughout the 1680s and distributed throughout the countryside by small merchants and chapmen. Some Irish economic theorists disapproved of this conspicuous consumption. Robert Ware, in his 1678 history of Dublin, complained of the collapse of older civic values and their replacement with a desire for 'vain fashions' in clothing and furniture. Likewise, Richard Lawrence bemoaned the import of silk and other expensive cloths that, he claimed, would hit Irish manufactures and consequently beggar the country.[111] There were calls for sumptuary legislation at the beginning of the century and one tract of 1677 condemned the extravagance of people in Ireland in dress, coaches and French wine; extravagances that wasted their estate and which were 'provocation of God'. Before the planned Irish parliament of 1677 it was rumoured, without foundation, that sumptuary legislation was to be introduced.[112] Despite this disapproval Rowan and others continued to buy such goods from small merchants and chapmen. Undoubtedly ownership of fine cloth and unusual goods gave buyers a certain amount of pleasure but their motives were more complex. Buying such materials from England and continental Europe provided people, such as Rowan, in the fastnesses of mid Antrim with a link to a wider world of manners and civility. As packmen brought the latest fashion in imported haberdashery to Rowan and others they were not only supplying the gentry with symbols of their status but also providing them with tangible ways of expressing their links with England or Scotland. This concern with the latest fashion also galvanised the improving spirit. As Rowan tamed the landscape with his garden so he sought to tame other aspects of incivility through his display of English fashions.

The world of Andrew Rowan was a complex one. His notebook portrays a society in a state of considerable flux. It was a local society that lacked the guiding hand of a landlord from the upper rank of Irish social life. In such worlds lesser individuals, such as Rowan, became important in shaping local economies and societies. Rowan's education and social status predisposed him to mould the world of Dunaghy and Clogh into one recognisably more familiar to himself. As a result of his religious profession he desired to improve the world both materially and morally. Moreover, he had the financial resources to achieve his objectives. He used the money from tithes and from his lands to invest in the symbols of status and civility. His acquisition of books and buttons, cloth and tobacco as well as the cultivation of his garden were signs of that. However Rowan could not have achieved his goals but for the packmen and small merchants operating at the newly-developing fairs in mid Antrim. Such men brought the fashionable goods and signs of modernity into what had been previously little developed areas of Ulster. In that way such regions could claim a share in the commercial revolution, characterised by the growth in output of luxury manufactured goods, that swept early modern England.[113] The origins of modern Ulster will not be found in the Dublin parliament but in the packman's goods, the small merchant's shop and the gentleman's tobacco pipe and buttons. Here in Andrew Rowan's account book is W.H. Crawford's Ulster.

NOTES

1 Peter Roebuck, 'Landlord Indebtedness in Ulster in the Seventeenth and Eighteenth Centuries', in J.M. Goldstrom and L.A. Clarkson (eds), *Irish Population, Economy and Society: Essays in Honour of the late K.H. Connell* (Oxford, 1981), pp. 135–54.

2 W. Macafee and V. Morgan, 'Population in Ulster, 1660–1760', in Peter Roebuck (ed), *Plantation to Partition: Essays in Ulster History in Honour of J.L. McCracken* (Belfast, 1981), pp. 46–58.

3 Raymond Gillespie, 'The Presbyterian Revolution in Ulster, 1600–1690' in W.J. Shiels and Diana Wood (eds), *The Churches, Ireland and the Irish*, Studies in Church History XXV (Oxford, 1989), pp. 159–70; Raymond Gillespie, 'Continuity and Change: Ulster in the Seventeenth Century' in C. Brady, M. O'Dowd and B. Walker (eds), *Ulster: an Illustrated History* (London, 1989), pp. 124–9.

4 Raymond Gillespie (ed.), *Settlement and Survival: the Brownlow Leasebook and the Development of the Lagan Valley, 1667–1711* (Belfast, 1988).

5 Account-book of Andrew Rowan of Dunaghy, 1672–80, PRONI, D/1614/3, [hereafter RA]. For a description of the manuscript see D.A. Chart, 'Account Book of the Rev. Andrew Rowan', *Ulster Journal of Archaeology*, 3rd ser. 5, (1941), pp. 67–76.

6 A.E. de Waller, 'The Rev. Andrew Rowan', *The Genealogists' Magazine*, 8, (1938–9), p. 17; J. Bain and C. Rogers (eds), *Liber Protocollurum M. Cuthberti Simonis Notarii Publici et Scribae Capituli Glasguensis* (2 vols, London, 1875), I, pp. 164, 168, 171, 176, 186, 188, 189; Testament of John Rowan, 5 Dec 1623 National Archives of Scotland, Edinburgh [hereafter NAS], CC10/5/5, pp 73–5. The family still held property in the parish in the eighteenth century, see Loretta Timperley, *A Directory of Landownership in Scotland c. 1770* (Edinburgh, 1976), p. 164.

7 Cosmo Innes (ed.), *Munimenta Alme Universitatis Glasguensis* (4 vols, Glasgow, 1854), III, p. 31; Testament of Janet Anderson, 17 Feb. 1665 NAS, CC10/5/7, p. 286.

8 Survey of Parishes, Co. Antrim, 1657 (Representative Church Body Library, Dublin, [hereafter RCBL] Ms GS2/7/3/27, p. 64).

9 Patrick Adair, *A True Narrative of the Rise and Progress of the Presbyterian Church in Ireland*, ed. W.D. Killen (Belfast, 1866), p. 262.

10 Notes by H.I. Law on Ulster Ordinations (RCBL, Ms 88/3, p. 27).

11 S.T. Carleton, *Heads and Hearths: the Hearth Money and Poll Tax Returns for County Antrim, 1660–69* (Belfast, 1991), p. 127; RA, pp. 165, 178, 228.

12 RA, p. 119.

13 William Shaw Mason, *Statistical Account and Parochial Survey of Ireland* (3 vols, Dublin, 1814–19), pp. 250–1.

14 Will of Andrew Rowan, 1708, PRONI, D1614/5.

15 For estimates of clerical income see, T.C. Barnard, *A New Anatomy of Ireland: the Irish Protestants, 1649–1770* (London, 2003), pp. 81–114.

16 RCBL, MS GS2/7/3/27, p. 63; Ledger book of dioceses of Down and Connor, Royal Irish Academy [hereafter RIA], Ms 24 K 25, no. 3.

17 RA, p. 47.

18 PRONI, D/2977/3A/5/10/1–3; D/2977/3A/5/12/1; RA, pp. 50, 160, 168,187, 202, 211, 214, 227.

19 PRONI, D/2977/3A/5/1/19.

20 RA, pp. 13, 167, 214.

21 PRONI, D/2977/3A/5/32/1; D/1614/5.

22 RA, p.13.

23 PRONI, D/1614/5.

24 RA, pp. 5, 37, 45-6, 53, 65, 171, 173, 194, 226.

25 Will of William Andrews of Dongarie, Co. Antrim, 1711, PRONI, T/808/275.

26 RA, pp. 161, 169, 201.

27 RA, pp. 131, 137, 161.

28 RA, pp. 38, 39, 80, 114, 115, 213, 220.

29 Printed in George Hill, *The Macdonnells of Antrim* (Belfast, 1873), p. 382. Barley is mentioned once, RA, p. 188.
30 RA, pp. 162, 176, 197, 200, 211, 223, 228.
31 RA, pp. 170, 205, 211, 212, 214, 216, 222, 225, 228`.
32 RA, pp. 182, 185, 199, 201, 207, 209, 210; Chart, 'Account Book of Rev. Andrew Rowan', pp. 68–9.
33 RA, p. 189.
34 Newsletter from London to Andrew Rowan, PRONI, D/929/HA12/F4/1/19.
35 RA, pp. 8, 12, 23, 29, 57, 66, 76, 168.
36 RA, p. 47, 199, 226, 228. For manor courts and their functions, see Raymond Gillespie, 'A Manor Court in Seventeenth-Century Ireland', *Irish Economic and Social History*, 25 (1998), pp. 81–7.
37 For examples RA, pp. 192, 198, 200, 202, 214, 222, 223, 225.
38 RA, pp. 171, 184, 199, 209.
39 RA, pp. 91, 157, 158, 172, 182, 199, 204, 212, 221.
40 RA, pp. 76, 198.
41 PRONI, D/929/HA12/F4/1/19; William King, *The State of the Protestants of Ireland* (Dublin, 1744) appendix, p. 11. Curiously Rowan appears among a group of military officers in the act so it is possible that he was attainted because of his son William who was a Williamite army officer.
42 For a discussion of these figures see Raymond Gillespie, *Reading Ireland: Print, Reading and Social Change in Early-Modern Ireland* (Manchester, 2005), pp. 69–70.
43 RA, pp. 172, 192, 203.
44 RA, p. 162.
45 RA, pp. 155, 186, 226.
46 The trade was rather volatile with the value imports of books from Holland to Belfast fluctuating between 10s and £16 but the lower end seems more realistic, Customs Returns, 1697–1700, PRO, CUST 15/1–3. For one Belfast merchant importing bibles from Holland to Belfast, see Letter Book of David Buttle, 1696–1703, PRONI, D/1449/13/1.
47 RA, pp. 231–2.
48 Robert Rowan to [archbishop of Armagh] c. 1670 (Bodleian Library, Oxford [hereafter Bodl.], Carte MS 45, f. 447); St John D. Seymour, *The Puritans in Ireland, 1647–61* (Oxford, 1921), p. 220.
49 RA, p. 1.
50 RA, pp. 190, 205, 212.
51 Henry Jones's Library List, 1661 (RCBL, Ms 25, f 100v), Historical Manuscripts Commission, *Egmont Mss II*, (HMSO, 1909), p. 8. Jones had a number of other medical works in his library.
52 For the apothecary see RA, pp. 153, 182. For examples of seventeenth-century landholders, or their wives, undertaking medical treatment as a charitable act see *A Brief Account of Mr Valentine Greatrakes* (Dublin, 1668), p. 23; G.T. Stokes (ed.), *A Memoir of Mistress Ann Fowke nee Geale* (Dublin, 1892), p. 21.
53 RA, p. 162.
54 RA, pp. 87–9.
55 RA, p. 3.
56 Chart, 'Account Book of Rev Andrew Rowan', p. 72; Account of Books Brought to Coleraine, 1698, Trinity College, Dublin [hereafter TCD], MS 1349, f. 4.
57 For examples see Bristol Port Books, PRO, E190/1138/1, ff 31v, 38, E190/1149/1, ff 30v, 37, 39, 68, E190/1142/3, f. 158v E190/1151/1, f. 15v, E190/1152/3, f. 4v, E190/1154/2, ff 4, 12v, 13v, Chester Port Book, 1681–2, PRO, E190/13446/6, f. 35.
58 Port Books for Glasgow, 1671–90, PRO, E72/10/3(2), E72/10/7, E72/19/2, pp. 7, 8, 13, 14, E72/19/6, E72/19/8, E72/19/11, E72/19/22, E72/19/19.
59 Customs Returns, 1699–1700, PRO, CUST 15/3.

60 Raymond Gillespie, 'The Circulation of Print in Seventeenth-Century Ireland', *Studia Hibernica*, 29 (1995–7), p. 48.
61 RA, p. 205.
62 William Tisdall, *The Conduct of the Dissenters in Ireland* (Dublin, 1712), p. 67.
63 *A Representation of the Present State of Religion ... Drawn Up and Agreed by Both Houses of Convocation in Ireland* (Dublin, 1712), p. 10.
64 See J.R.R. Adams, *The Printed Word and the Common Man: Popular Culture in Ulster, 1700–1900* (Belfast, 1987), esp. pp. 23–42.
65 For this argument in an English context see Margaret Spufford, 'The Pedlar, the Historian and the Folklorist: Seventeenth-Century Communication', *Folklore*, 105 (1994), pp. 13–24.
66 RA, pp. 14, 149, 153, 159, 175, 178, 189, 190, 192, 198, 200, 205, 213, 216, 224, 227. He also considered buying a wheelbarrow but decided against it, p. 206.
67 RA, pp. 61, 91, 100, 117, 141, 201, 205, 212.
68 Gillespie (ed), *Settlement and Survival, passim.*
69 RA, pp. 155, 157, 204, 209, 210.
70 For the broader issues here see T.C. Barnard, 'Gardening, Diet and Improvement in Later Seventeenth-Century Ireland' in his *Irish Protestant Ascents and Descents, 1641–1770* (Dublin, 2004), pp. 208–34.
71 *Cal. S. P. Ire., 1633–47*, p. 291.
72 Examination of Donnell Magee, 15 March 1653, TCD, MS 838, ff. 34v, Examination of John Blaire, 8 March 1653, TCD, MS 838, ff. 68v–9.
73 Seamus Pender (ed.), *A Census of Ireland c. 1659* (Dublin, 1939), pp. 15–16.
74 For example the RIA copy of the Book of Survey and Distribution records the townland of Skerry at 460 acres whereas it is actually 2,746 acres. The difference seems to be bog not incorporated into any townland.
75 RA, p. 114.
76 RCBL, MS GS2/7/3/27, p. 64.
77 RA, p. 41.
78 RA, pp. 56, 162, 164, 166, 168, 170, 189, 190, 192, 204, 212, 213, 228.
79 RA, pp. 211, 226, 228.
80 Based on Glenarm leases for 1673 in the Antrim papers, PRONI, D/2977/3A/4/65/1–25.
81 Based on the Ballymena leases in Adair papers PRONI, D/929/HA12/F1/3/1/6, 24, 27, 29, 35, 38, 46, 48, 55, 61–4, 67, 74, 78–80, 105–6, D/929/HA12/F2/2/12, 21, 44, 48, D/929/HA12/F2/3/6, 18, 21 D/929/HA12/F2/4/14, 26.
82 Ambrose White, *An Almanac or Prognostication for the Year of Our Lord 1666* (Dublin, 1665); John Bourke, *Bourke's Almanac, 1685* (Dublin, 1685). The pattern of 1685 continued, see John Whalley, *Advice From the Stars or an Almanac for the Year of Christ 1701* (Dublin, [1701]).
83 Printed in Hill, *Macdonnells of Antrim*, p. 382.
84 Monck's Report on the Irish Customs, 1630, BL, Harley MS 2138, ff. 179v-80.
85 PRONI, D/2977/3A/5/10/5.
86 PRONI, D/2977/3A/5/28/1.
87 Raymond Gillespie, *Colonial Ulster: the Settlement of East Ulster, 1600–41* (Cork, 1985), p. 91; Examination of Donnell Gorme McDonnell, March 1653, TCD, MS 838, 30v, Examination of Fergus Fullerton, March 1653, TCD, MS 838, f. 56v.
88 Co. Antrim Grand Jury Presentment Book, 1711–21, pp. 94–5, 199, PRONI, ANT/4/1/1.
89 Printed in Hill, *Macdonnells of Antrim*, p. 386.
90 PRONI, ANT/4/1/1, pp 21, 30, 54, 64, 70, 76, 81, 126, 181, 199.
91 RA, pp. 134, 184, 186, 188, 199, 213, 221, 223.
92 RA, p. 148, 162, 163, 165, 170, 192, 205, 217, 224, 227.
93 RA, p. 134.

94 Such travelling in search of markets for goods or services was not unusual. Rowan also mentions 'tinklers' who travelled round the countryside looking for work. They repaired his candlestick and chamber pot, RA, p. 210.
95 Margaret Spufford, *The Great Reclothing of Rural England: Petty Chapmen and their Wares in the Seventeenth Century* (London, 1984), p. 26.
96 Sir Robert Colville to Ormond, 15 July 1680, Bodl., Carte MS 231, f. 440.
97 RA, pp. 158, 210.
98 Peter Seaby, *Coins and Tokens of Ireland* (London, 1970), pp. 110–11.
99 RA pp. 17, 22, 43, 60, 90, 158, 161, 176, 178, 213, 221, 225, 227, 228.
100 RA, pp. 145, 155, 162, 176.
101 RA, pp. 24, 43, 100, 128, 153, 162, 164, 165, 166, 188, 205, 213, 216.
102 PRONI, D2977/3A/5/10/5–6.
103 RA, pp. 163, 184; R.M. Young (ed), *The Town Book of the Corporation of Belfast* (Belfast, 1892), p. 273.
104 RA, pp. 93, 220, 221.
105 RA, pp. 156–7.
106 RA, pp. 197, 225.
107 RA, p. 169.
108 RA, p. 192.
109 Irish Trade Statistics, 1682–6, BL, Add Ms 4759.
110 RA, pp. 24, 128, 152, 154, 156, 157, 158, 162, 163, 165, 191, 203, 202, 205, 217, 223, 225.
111 Armagh Public Library, Robert Ware's Ms 'History of Dublin', pp. 148–51; Richard Lawrence, *The Interest of Ireland in its Trade and Wealth Stated* (Dublin, 1682), pt 1, pp. 20–5.
112 George O'Brien (ed.), *Advertisements for Ireland* (Dublin, 1923), pp. 54–6; Anon. 'Letter of Advice' to Duke of Ormond, 1677, Bodl., Carte Ms 53, ff. 20–1.
113 For examples, see Joan Thirsk, *Economic Policy and Projects: the Development of a Consumer Society in Early Modern England* (Oxford, 1978); Margaret Spufford, *The Great Reclothing of Rural England* (London, 1984); John Brewer and Roy Porter (eds), *Consumption and the World of Goods* (London, 1993).

2
A question of arithmetic
*Arthur Chichester, fourth earl of Donegall 1695–1757**

W.A. MAGUIRE

The Irish estates of the Chichester family were almost all acquired during the reign of James I by Arthur Chichester (1563–1625), second son of Sir John Chichester of Raleigh in Devon. His excellent record as a professional soldier in the European wars and farther afield commended him to Lord Mountjoy, Queen Elizabeth's last lord deputy of Ireland, under whom he played a leading role in the defeat of Hugh O'Neill in 1603. Subsequently, in 1605, Chichester was appointed lord deputy by King James, a post he occupied for ten years. Since the plantation of Ulster, the major Irish project of James's reign, was initiated during that time, Chichester was exceptionally well placed to take advantage of opportunities for acquiring confiscated lands. In fact, he was by far the largest single beneficiary of the Ulster Plantation.[1]

Honours followed with his elevation to the peerage of Ireland as Baron Chichester of Belfast – the first Englishman to be thus honoured by James I. On his death without surviving issue in 1625, almost all of his property passed to his brother Edward. The baronial title, which had lapsed, was revived in Edward's favour and augmented by the superior title Viscount Chichester of Carrickfergus. Edward Chichester's son and heir, another Arthur, was promoted to the earldom of Donegall during the father's lifetime, in recognition of his loyalty to the monarchy. Confirmed in his possessions by Charles II, he lived mainly in Belfast Castle until his death in 1675. A nephew then inherited the earldom, but not the property, which the first earl left to his own daughters and their heirs. The second earl was in the process of contesting these dispositions when he died in 1678, leaving behind him an optimistically generous will. The ruin of the estate was only avoided by failure or early death of rival claimants and a voluntary compromise among the parties, whereby the third earl made suitable offers to those who remained. He was left with a huge burden of debt – no less than £23,500, or nearly five times the total rent yield of his estates. All too soon afterwards, he was killed in 1706 at the siege of Barcelona, during the War of the Spanish Succession, leaving a widow and eight young children. The elder son, Arthur, born in 1695, was thus barely ten years old when he became the fourth earl of Donegall.[2]

At the end of the seventeenth century the Chichester estates were substantially the same as they had been in 1625, minus the manor of Dungannon in County Tyrone (once the seat of Hugh O'Neill) which had recently been sold by the third earl to a Belfast merchant, Thomas Knox. The property in County Antrim, which included the entire town of Belfast, amounted to the modern equivalent of about 90,000 statute acres; the County Donegal estate, consisting of the whole peninsula of Inishowen with the exception of church lands, amounted to another 160,000 acres – a grand total of a quarter of a million. The impressive size of the lord deputy's legacy, however, was not matched at that time by the income derived from it. The political upheavals of the seventeenth century were reflected in the inability of many Irish landowners to collect in full the rents due from their tenants. In the most disturbed areas owners who were lucky enough to get reliable tenants at all were often glad to settle for long leases at low rents. The Chichester estates were a particularly good example of these and similar problems. Sir Arthur's tenure of the lord deputy's post had been a financial burden in terms of ready cash and obliged him to alienate large portions to substantial middlemen in return for lump sums in cash and low annual rents of indefinite term, or on leases of 99 years. His brother Edward, when he inherited, paid off debts of £10,000 and then made the position worse by paying over the odds for a prestigious match between his son and the eldest daughter of the earl of Bristol. The valuation of the Irish estates at the time of the marriage negotiations in 1630 was £5,320; their total annual *rental* less than £4,000; the borough of Belfast accounted for £400. By the standards of the time these figures put the Chichesters 'on a par with all but the wealthiest members of the English aristocracy', but they were scarcely sufficient to cope with chronic debt exacerbated by bad luck and reckless management.[3] As royalists the family suffered confiscation during the interregnum and, though the restoration of Charles II also restored the first earl of Donegall's fortunes to a considerable extent, the 1688 Revolution and the Jacobite war that followed created another period of difficulty. The Williamite third earl was attainted by James II's Irish parliament and there was a panic exodus of Donegall's major tenantry from Belfast and his Antrim estate. Consequently, heavy arrears of rent accumulated. Even when things returned to something like normality and the Williamite settlement appeared to have settled the land question for the foreseeable future, the existence of numerous leases with long terms to run made it difficult to increase the rent yield quickly.

The death of the third earl in 1706 was made much more burdensome for the countess by the fact that the fourth earl showed signs of mental incapacity. To make matters worse, three of her young daughters were burned to death in a fire which completely destroyed Belfast Castle in 1708. When all efforts to persuade the government to subsidise the building's restoration failed, she abandoned Belfast entirely and took her family to live elsewhere, first in Carrickfergus, later in England.[4] So far as we know, once settled there neither she nor the fourth earl ever returned to Belfast. Since he was nominal head of the family for more than half a century, it is worth exploring how far and in what way the management of his estates was affected by what one of his agents called his 'peculiar character'. Particular attention will be devoted to an alleged case of fraud, at Donegall's expense, involving a bishop of the established church, a crooked agent and conniving moneylenders – a case which only ended fifty years later, after a final appeal to the House of Lords. Less spectacular, but more harmful to both the day-to-day management of the property and its long-term prospects, was the ill-natured jostling for position and influence among the earl's relatives and agents, in the course of which several attempts were made to have him declared a lunatic.

During her son's minority, which lasted from 1706 to 1715, Donegall's mother acted as his official guardian and as such was accountable to the court of Chancery for the proper administration of the estate. This arrangement generated accounts, the survival of which not only provides a convenient summary of the financial condition of the property in the early eighteenth century but also gives us some interesting details, otherwise unobtainable, of how it was run. In 1707 the rents amounted in round figures to £4,500.[5] The total yield during the whole period was £48,500. A major item of 'moneys received' each year consisted of the rent and tithes of the manor and town of Belfast, which in 1706 totalled £2,247.

References to the destruction of Belfast Castle appear in the form of one-off items of income from the sale of building material such as bricks and lead, salvaged from the fire. A large reduction in hearth money tax, from £5 10s 0d to 18 shillings, though a longer-term saving, was partly offset by the tax that became payable on the great house in Carrickfergus to which the family moved. (Joymount, as Sir Arthur had called it in honour of his patron Mountjoy, is somewhat confusingly referred to in the minority accounts as 'the Castle'.) Emergency repairs to make the building habitable in 1708 cost £28; later entries mention supplies of fuel for 'fireing' the rooms and the cost of making or mending furniture.[6]

The manor of Carrickfergus yielded £300 in 1706; while the manor of Ballylinny with Islandmagee (also in County Antrim) amounted to just under £400. Finally, the broad but in many parts barren acres of the barony of Inishowen in County Donegal – entirely let in large holdings on long leases to middlemen – paid just over £1,400 in rent per annum. The wilds of Donegal had their uses, however; Inishowen was a source of hunting hawks, expenditure on which features fairly frequently in the accounts. Anthony Evans (Inishowen bailiff, salary £5) and his relatives were reimbursed for getting the birds, looking after them, bringing them to Belfast and thence to Dublin.[7]

A careful accounting for the estate's income and expenditure was not the only feature of the widowed Countess of Donegall's concern to preserve her elder son's inheritance during the period of his minority. In the early 1700s a potential threat to the Chichester family's control over the corporation of Belfast and, in consequence, to their grip on the representation of the town in the Irish parliament, came to a head. Briefly told, Belfast as established by Arthur Chichester had been very much an English settlement. An influx of Scottish merchants and tradesmen in the 1640s and '50s, however, altered the balance, to the point where the better part of the town's wealth was by 1700 owned by merchants of Scottish descent. Most of these men were Presbyterians who, if conscientious in their religious observance, were until the 1690s prevented from holding most public appointments. The Chichesters, who were not bigoted in their Anglican beliefs (and who had good reason to welcome the growth of their own income that economic expansion brought) were happy to accept some of the newcomers as burgesses; by 1695 the Presbyterians were in the majority. Impatient with the weakness and lack of enterprise of the corporation (attempts to reform the founding charter had failed in the early 1670s), a wealthy and well-connected middle class found a leader in George Macartney (1671–1757), sovereign for four consecutive terms and a member of the Church of Ireland. When one of the town's two MPs died in 1707, Macartney – aided by his brother James, a justice of the King's Bench – engineered the election of an English Presbyterian named Ogle, in defiance of Lady Donegall's wishes. In the election, the sovereign cast two votes, one as a burgess, the other a casting vote. Shortly before this event, the countess had sought to weaken her opponents by having her younger son, aged six, elected a burgess in place of a Presbyterian (another of the ubiquitous Macartneys) who had died in December 1706.[8]

When the Irish House of Commons in 1704 extended the Test Act clauses of the anti-Catholic law of that year to disqualify from holding public office protestant dissenters as well as papists, Presbyterian burgesses in town such as Belfast, Londonderry and Coleraine were faced with the choice of taking the sacramental test (qualifying as adherents of the established church by taking communion in it twice a year) or losing influence over municipal affairs. What Macartney had been doing was to sidestep that choice by allowing them to continue in office but as non-voting members. Thwarted at first in her attempts to defeat Macartney locally, Lady Donegall petitioned parliament accusing him of improper actions as sovereign, while her defeated candidate challenged the legitimacy of the election. Macartney put up a strong defence against the Donegall petition which, though not directly successful, led the Commons to put paid to any hope of compromise by pronouncing that all members of corporations, throughout Ireland, had to confirm by taking the test. This eventually caused most of the Belfast Presbyterian burgesses to resign. They were replaced by less distinguished conformists who generally followed the Chichester line. The threat to the family's monopoly of power in local politics was thus overcome.[9]

Rumbles of discontent went on for some time, however, notably in 1709 over an old bone of contention – namely the corporation's attempts to levy and collect tolls to keep the town quay in repair and the channel clear. The corporation promoted a bill in Parliament to acquire the necessary powers. The opposition of Donegall's trustees to this initiative prompted a bitter response from the corporation: 'The cause of the misunderstanding between the Castle and the Town is because the Town would not consent to give up the entire management of the Corporation in making burgesses, choosing a Sovereign and elected such persons to parliament as were recommended to them by the Castle'.[10] The opposition of the trustees led to the withdrawal of the bill.

To what extent, if any, was the Donegall minority a factor in the struggle between the town's burgesses and the Donegall trustees? It is clear that some of the disagreements had deep roots, and might have come to a head at almost any time. That said, it seems a modest enough assumption to make that the challenge in the early 1700s to the family's dominance in local affairs may well have been influenced by the fact of the fourth earl's long minority and the possibility, if not likelihood, that when he at last came into his own the direction of his affairs would be in feeble hands.

It took Chancery seven years to signify official approval of the minority accounts that Donegall and his mother had agreed earlier. Long before 1723, however, the anxious countess and the trustees had made arrangements to safeguard the family property from the depredation the new owner's youth, weakness of intellect and want of judgment might expose it to. His social career had begun – nominally at least – with a commission as ensign in a Guards regiment at the age of twelve or thirteen; arrears of pay due to him appear as an item in the 1713 account.[11] The greatest danger was bad company and inveiglement into an unsuitable marriage. Accordingly, as soon as he came of age the fourth earl was married off to the bride his mother had chosen for him – one, it was unkindly said, who was his equal in intellect and common sense. As one of the Macartneys later wrote, the dowager countess 'knowing the oddity of her son's character was desirous as soon as he became of competent age to have him marryed & his estate settled in the strictest manner to avoid the injuries that the Family might receive by his Lordship being imposed on …'. Accordingly, 'Her Ladyship in the year 1716 had his Lordship married to Lady Lucy Ridgeway, daughter to the then late Earl of Londonderry'.[12] Under the terms of a post-nuptial settlement, the estates were vested in three trustees for the use of the earl during his life and thereafter to his sons. In the absence of such issue the property was to pass to his brother John and then to his nephews. Donegall's leasing powers were restricted to a maximum term of forty-one years, and rents were to be set at the full annual value (no 'fines' – lump sums in cash – were to be taken in part-payment).

Donegall's trustees soon fell out among themselves. Two of them – the earl of Barrymore and Viscount Massereene, both of whom were brothers-in-law of Donegall – represented the interests of his brother and sisters but also safeguarded their own expectations; the third, Richard Rooth, described in later legal documents as 'gentleman, merchant of the City of London',[13] held a mortgage on the Donegall estate at Dunbrody in Wexford. As one commentator has put it: '… alternately refusing to act, pursuing individual policies, or individually being rendered impotent by each other's actions'[14] they failed to save the vacillating owner from harm in matters where their own interests appeared not to be directly threatened.

The young earl and countess began their married life as lodgers, under the pious regime and strict eye of the dowager Lady Donegall. It was apparently through the merrier widow, Lady Londonderry, that Donegall made the acquaintance of Thomas Vigors, of Ballynakill in the Queen's County, who persuaded him to leave home and to entrust the running of the estate to himself. According to the later testimony of William Macartney,[15] within a couple of years Vigors had got the entire management of the property into his own hands, having removed all the agents employed by the dowager Lady Donegall. He began by persuading the gullible young earl to ignore the restrictions imposed on renewal of leases. As these fell in they were renewed, at rents well below their current value, in return for sums in cash which were misappropriated by Vigors. Vigors then went on to draw his hapless employer into fraudulent contracts for enormous amounts. By 1720, when he was at last dismissed, he was claiming to be entitled to no less than £60,000. The strength of his case may be judged by the fact that in the end he agreed to hand over to the trustees 'all the deeds, mortgages etc. relating to the estate and all other securities given by Donegall to Vigors or to anyone else in trust or in partnership with Vigors …' for the comparatively modest sum of £1,380 (made more modest still by being in Irish currency).[16]

The 1720 agreement between Vigors and the trustees contained a special covenant:

> Whereas the within named Thomas Vigors did (among other things) give in an Amount of ffour thousand pounds Debts due from the within named Earle of Donegall upon Judgments or other Securities as paid off by the Rt. Reverend ffather in God Thomas Ld. Bishop of Ossory or by some person in trust for him, and alleadged to be the purchase money of the Mannor of Abbey-Leix in the Queen's County...[17]

This £4,000 was not to be part of the amounts described as settled.

Probably the most serious of the many frauds practised on the hapless Donegall during these years, and certainly the most long-lasting in its effects, was the murky process by which the estate of Abbey Leix was permanently lost by the Chichester family. Among the property included in the dowry of Lucy Ridgeway in 1716 was the reversion of this manor, which belonged to her mother. Subject to the life interest of Lady Londonderry, these lands were to be conveyed to trustees in order (under strict conditions) to cover any debts Donegall might acquire and to support the younger children of the marriage; as it turned out, there were none of the latter, though (apparently) plenty of the former.[18]

Abbey Leix was at that time held, as tenant under a ninety-five year lease dating from the reign of Charles II, by the Anglican bishop of Ossory, Sir Thomas Vesey, who paid Lady Londonderry an annual rent of £100. For a long time, it was said, the bishop had been keen to buy the reversion of the freehold, but all approaches had been rebuffed by the owner, who made it known that she would never let it go to any of the Veseys. Now, however, 'knowing the extreme weakness and incapacity of her son-in-law', he thought a favourable opportunity 'offered itself on the Earl's marriage for obtaining the Reversion'. According to the Donegall version of events, he 'formed a scheme and gained over to his design and interests' Donegall's agent Vigors and William Chichester, 'a clergyman and relation of the said Earl who expected preferment from the Bishop'.[19]

It appears that early in 1717 Donegall was prevailed upon by Vigors to convey to him the reversion of Abbey Leix, in order to indemnify him against responsibility for some for the supposed debts, mentioned earlier, which Vigors said he had contracted on the earl's behalf to Henry (a Dublin banker) among others.[20] Early the following year, on the advice of his worried relatives, Donegall and his wife went to live on his estate in Devon. He was tracked down there by the Rev. William Chichester, who persuaded him to go to Bath for the good of his health, where Vigors and the bishop were waiting to carry out the next stage of the operation. There, on 25 March 1718, Donegall agreed to execute three bonds amounting to £4,000 – one to Henry for £1,700, another to Cairnes for £1,000 and a third to one Michael Sampson of Dublin for £1,300. At the same time Vigors got the earl to give him a bond for £4,500. Three weeks later, Donegall executed a deed which purported to be a settlement of all his Irish estate, by which remainders in the entire property were limited to the Rev. William and his sons. The bishop, the bishop's footman John Strange and Chichester's son Arthur witnessed the earl's signature, and the document was subsequently registered by the footman. The bishop then set up a trust for himself and persuaded Donegall to convey Abbey Leix (subject to Lady Londonderry's life interest) to the trustee (Arthur Trevor). In return, the bishop gave a promissory note for £4,000, which was to be used to pay off Donegall's alleged debts to Henry Cairnes and Sampson; this deed was witnessed by Vigors,

Chichester and the bishop's useful footman.[21]

Fearing that the conveyance to Trevor was unlikely to stand in law, the bishop decided to get another deed. In order to do this 'in the most private manner', Donegall was 'decoyed from his Lady at Bath' by the bishop and his companions and taken to Ireland, where he was kept at Ballynakill, Vigors's house. On 20 May, when the whole party was in Leighlin Bridge, 'on pretence of attending the funeral of the said Thomas Vigor's father' as one legal document rather oddly puts it, Donegall was taken to a public house and there prevailed upon to execute another conveyance, this time to James Agar; he also covenanted to get Lady Londonderry and his own trustees to join in it.[22] Later, when the whole business became known and became the subject of a prolonged lawsuit, the Donegalls produced the following indictment:

> All the said deeds were obtained from the said Earl without the consent or privity of the late Countess of Londonderry, or any of the Trustees named in the said Earl's Marriage-Articles, or any Friend of the said Earl's and without having been perused by any Counsel on the said Earl's behalf; and no Counterparts of the said deeds, or any copies of them, were ever delivered to the said Earl, or to any person for his use.[23]

More was to follow. On 25 May 1718 the bishop allegedly got a clergyman named Edward Maurice to write a letter in Agar's name to Lady Londonderry, informing her of his (Agar's) purchase of Abbey Leix and hoping she would give the transaction her approval. Agar added that he was determined to hold Donegall to his promise to get the approval of all parties, and that he himself hoped sometime to buy out the bishop's leasehold interest.

Next, Vigors procured another bond from Donegall for £4,000, which the bishop witnessed. The following day, 'with a view to protect the Bishop's fraudulent purchase, and to create a fund for payment of debts pretended to be due to Vigors', the bishop and the Rev. William Chichester got from the wretched earl a deed conveying to them, as trustees for a 99-year term, all his estates in England and Ireland except Abbey Leix. This document was registered a couple of days later; Agar's declaration of trust was registered on 18 July. Finally, on 12 August, the bishop wrote to Lady Londonderry avowing his purchase and apologising for buying the reversion of Abbey Leix without her knowledge.[24] The secret was out at last. One result, mentioned earlier, was the dismissal of Vigors by Donegall's trustees. The bishop, as we have seen, had made sure that Abbey Leix was exempted from that settlement. Lady Londonderry of course would not recognise the validity of his purchase. He paid the annual rent so long as she lived, but after her death in 1724 all payment ceased.

The next move in the legal battle, in the same arena, came in 1741, when Donegall sued all the Veseys who possessed any conceivable interest in the Abbey Leix property (but chiefly Vesey himself, his wife and son, and the bishop's widow) for fraud, arrears of rent and the cutting and sale of timber. These charges were of course denied. On the major accusation, that of fraud, it was claimed by the defendants that the bishop had indeed paid £4,000 to Cairnes, Henry and Sampson on Donegall's behalf, and had thus paid full value for the estate. Indeed, so sure had the family been that Abbey Leix was legally theirs that the bishop's widow had been content to have her annuity of £700 secured upon it; and when her son married Elizabeth Brownlow in 1732 the bride's jointure and portions for any younger children of the union were secured in the same way.[25]

The legal wrangle dragged on, in the extraordinarily desultory way that such affairs often took in the equity courts, throughout the late 1740s and early 1750s, until the fourth earl at last died in September 1757. His heir, a nephew and a minor, joined the executor of the will in reviving the Donegall side of the suit in 1759. The Veseys took up this new challenge. In 1761, the year in which the lease from Charles II fell in, Lord Knapton also died, leaving the struggle to a third generation. However, the case was lost after a final appeal to the House of Lords in 1769 – more than half a century after the events that first provoked it.

Apart from the repercussions of the Abbey Leix affair, the 1720s and early 1730s were a comparatively pleasant time for the earl and his lady. Donegall appears to have been on good terms with his younger brother, and (urged on by their determined mother) in 1724 settled on him the Dunbrody estate in Wexford. By that time it seemed highly unlikely that the Donegalls would have children:

indeed it was said that the earl was incapable of begetting any.

During the 1720s the Donegalls lived in comfortable domesticity in a rented country house near Chelmsford in Essex. At Broomfield their household was run by John Glasse and his wife Hannah. Hannah Glasse was to become famous as the author of the first popular cookbook, *The Art of Cookery made Plain and Easy* (published anonymously in 1747, eight more editions by 1765). 'If I have not wrote in the high polite stile I hope I shall be forgiven', pleads the writer in a preface, 'for my intention is to instruct the lower sort.'[26] The rural idyll of the Donegalls – if that is what it was – came to an abrupt end with the death of the countess in 1732. Broomfield was given up and Donegall and his minders went to live with the dowager countess in Surrey at Paddington House, Abinger.

According to William Macartney, a disagreement between Lord Barrymore and his fellow-trustee Richard Rooth caused the latter to withdraw his co-operation, so that for several years Barrymore was free to do much as he liked with the estate, underletting in return for cash and becoming personally indebted to Donegall to the tune of £20,000. Once in control of her son again, the dowager demanded that the state of Barrymore's account should be investigated and audited. In the meantime no more leases should be made without the consent of Donegall (in effect herself), and her other son. Barrymore was forced to 'compound for the rents' – that is, to settle the sum in dispute by making an acceptable offer. Her health beginning to fail, and anxious to get Donegall's affairs properly settled, the dowager sought to have the trust taken out of Barrymore's hands and assigned to herself. Before this plan had time to mature, however, Lady Donegall died suddenly, in June 1743. About the same time, Macartney was appointed agent for the Inishowen estate (two years later his brief was extended to all Donegall's Irish property) and it was in this capacity he became acquainted with the man who was to become the bitterest of his numerous enemies – John Ludford, husband of a younger daughter of Sir Richard Newdigate, had gained the confidence of John Chichester and his wife, to the extent that before dying in June 1746 Chichester apparently expressed the wish that in the event of his children becoming orphans Ludford should be their guardian.[27]

Meanwhile, Donegall had set up a trust for his brother's children and named three trustees, one of whom was Sir Roger Newdigate, their uncle. Newdigate and another trustee refused to act, however, with the result that when Mrs Chichester died in February 1748 Ludford was in a position to make himself *de facto* guardian of the children. At the same time he also solved the problem of what to do about Donegall, by taking the earl to lodge in his own house on very advantageous terms. These included a large security, lest Donegall should be enticed away 'by any of his relations or any other person who might get his Lordship clandestinely marryed for their own private ends…'. One close relation with an active interest in the fate of Donegall and his property during the last decade of the fourth earl's life was his sister Ann, dowager Lady Barrymore. She and her son Richard Barry interacted in a complicated way with Ludford, whose trump card was the person of Donegall himself. Hence an attempt in 1748 to have custody transferred to herself. When that failed, she sought to have him declared a lunatic, whose nearest blood relations might get custody of him. Despite the antagonism between them, these two parties sometimes united in opposition to Newdigate.

The lunacy issue, like everything in the court of Chancery, took some time to resolve ('In Chancery' was apt slang in sporting circles for a particularly tenacious fighting grip). The lord chancellor of England, Lord Hardwicke, first considered the matter on 27 March 1750, when he examined Donegall. According to Macartney, who was present, Donegall answered the Lord Chancellor's questions rationally and politely but could not take 60 out of 100 and tell how many remained, but was able to take 7 from 10 and tell that 3 remained.[28] Clearly on this evidence he was unlikely to be able to reckon correctly how much money he owed. Macartney says that he 'was taught the Latin, Greek and French languages, yet could never by any possible means be taught the use of figures, even common addition …'. Though perhaps (in the strict meaning of those medical terms in the mid-eighteenth century) 'niether Lunatick nor Ideot', Donegall was certainly 'peculiar'.

On that occasion the Chancellor refused to appoint a commission, but he did recommend that the parties should give urgent consideration to settling where and with whom the earl should live in the meantime. A year later, after the Barrymore party had renewed their petition and asked for an injunction against Ludford, the Chancellor agreed to a second examination. Shortly before the appointed day, however, the Barrymores and Ludford agreed to set up a trust with Ludford and Richard Barry as trustees and power to sign leases. A chancery bill to execute this deed was applied for. Custody of Donegall was settled at last: he was taken to Marbury Hall in Cheshire, the home of his sister Lady Barrymore, where he died on 30 September 1757.[29] Newdigate, believing (and saying) that Ludford and Barry had agreed to plunder the Donegall estate jointly when unable to get away with doing so separately, petitioned to have the 1751 arrangement overthrown. Newdigate also opposed the application in 1752 for a private Act of Parliament to enable the trustees to grant leases in Belfast with terms of up to 99 years, of the sort to encourage building or rebuilding. The preamble to the Bill explained that 'as most of the Leases granted by the ancestors of the said Earl are now expiring the Houses have been suffered to go out of repair, and are so very old, ruinous, and unfit for habitation that it is become necessary for the Preservation and Support of the Trade of the Town and for preventing the Inhabitants from quitting and deserting the same, that the said Houses should be rebuilt…'.[30]

A letter to Ludford, dated 26 March 1752, from Donegall's cousin Lord Massereene made the same point. 'I live in the neighbourhood of Belfast', he wrote, 'and know it to be in ruinous condition, [and that it] will lose both its Trade and Inhabitants if it is not speedily supported by proper Tenures.'[31] He thought Newdigate could not possibly succeed in his application for another enquiry, and strongly suspected that the person behind this 'underhand attack' was 'that little fellow Macartney', with whom they should never compromise. Macartney, meanwhile, was paying the price of his opposition to Ludford. He had not only questioned his rival's honesty but had at one point instructed Donegall's banker in London (his own brother-in-law, the aptly named Thomas Banks) to stop all payments to Ludford. Ludford counter-attacked by persuading Donegall to sue Macartney for rents not accounted for and then have him immediately arrested in London. In Belfast, Mrs Macartney and her tribe of small children were harassed, and, when she went to London in 1753 to visit her husband in the Fleet prison, Ludford deliberately distressed the unfortunate woman as a way of putting pressure on Macartney, by getting him moved from fairly comfortable quarters to a filthy room with no bed and no glass in the windows.[32] Inevitably, Macartney was also dismissed from his posts in the estate's administration, thus losing a salary of £500, plus as much again in perquisites. An indefatigable litigant, in 1754 he petitioned Chancery for relief in a document entitled 'The Case of William Macartney Esquire, Member of Parliament for Belfast in Ireland, who has been nearly four years a Prisoner in the Kings Bench and Fleet on account of his Adhering to the Rights and Interest of the Infant Sons of the late Hon.able John Chichester, Brother of the present Earl of Donegall…'. When his petition failed in its object, Macartney was obliged (or chose) to remain in the Fleet prison, along with his family, until 1770. He retained his seat in the Irish House of Commons, however, until the next general election in 1760, when the trustees of the fifth earl had him replaced.

Following a visit to Belfast in 1752, that seasoned traveller Richard Pococke set down his impressions of the town and the crisis in the affairs of its ruling family. It is not surprising that he should appear well-informed, since the decayed earl and his nephew – though never seen – must have been the main subject of gossip and speculation among the citizens he met. 'The town are very uneasy', he wrote, 'that they cannot get new leases, all of them being near expiring, for the estate is entailed on the sons of Mr Chichester, who are minors, whose Mother is sister to Sir Roger Newdigate. This Lord [Donegall] is as in a state of infancy and in the hands of relations who agree to divide all between them, and have not taken out a Commission of Lunacy: and the guardians of the Minors oppose the procuring an Act of Parliament to enable him to lett the Lands.'[33]

What made the Act desirable was the fourth earl's incapacity. What made it essential was the fact that he lived so long. Whilst there may have been a degree of self-interested exaggeration among its promoters, they had a strong case to argue in the declining trade and dilapidated appearance of Belfast. Among its opponents, equally, there may well have been genuine qualms about the interests of the minors, as well as less reputable motives. It was up to the court of

Chancery, to which both sides appealed, to mediate an equitable outcome.

Among the witnesses whose sworn depositions in support of the lunacy application were considered by the lord chancellor in 1750 and again in 1752 was a former servant of Ludford's named Samuel Deale. He testified that Donegall 'lived or was kept at the House of the said John Ludford' throughout his period of service there, and that Ludford managed and transacted all the earl's business, his lordship being 'generally esteemed unfit and incapable to act in or manage his own affairs and concerns'.[34] Deale added that his Lordship's conversation was 'often very wild, inconsistent and irrational and at some times his actions and behaviours did shew that he was disordered in his mind'.[35]

Another deposition in the same vein was that of John Hill. At the time it was taken, Hill was an assistant to the Yeoman of the Bread Pantry at St James's Palace, but while the dowager Lady Donegall had been alive had been the steward of her household at Abinger. He could swear that the dowager had managed all her son's business for him. So far as money was concerned, Hill said, his Lordship was 'never trusted with more than a small allowance weekly for his Pockett Expences'. His conversation was 'for the most part incoherent and senseless…'. Furthermore, he would often imagine that he was different people with different characters and complain of the fatigue of doing their work. Donegall's cousin Arthur Taylor and his wife Katherine, in a joint deposition, confirmed Hill's story, adding that Donegall often said he was a woman and would then imagine himself to be with child. 'Though at some times for four or five Minutes or more, His Lordship would talk civilly and sensibly', they conceded, in general his conversation was 'very wild, incoherent and irrational'.[36]

Lady Barrymore's own deposition rehearsed her charges against Ludford of unscrupulous behaviour and undue influence. In particular she related how, after the deaths of John Chichester and his wife, she and her sister the late countess of Massereene had become uneasy about Ludford's actions.[37] She then recalled how in April 1746 she had gone to Abinger to see her brother, 'to endeavour to get him from Mr. Ludford's custody'. Not only did her mission fail, she said, 'but it was with some difficulty that this deponent got admitted to see her brother and when she was admitted she was not permitted to speak to him alone nor was he then at liberty to act or do as he pleased…'.

A year after the lord chancellor had rejected Lady Barrymore's first application for a lunacy commission, when she was trying to revive the matter, another deposition was added to her evidence. The deponent, James Vaux of Dorking, surgeon and apothecary, had known and treated Donegall for ten years. In his expert opinion the patient 'shewed great disorder of mind and his discourse was very incoherent and irrational…'.[38] It is evident from such repeated similarities of phrasing that these depositions were largely inspired compositions; and marginal notes show that most of them were drawn up by Lady Barrymore's lawyers at her lodgings in Duke Street, Piccadilly. Despite this, they present a convincing picture of the utter incapacity of the fourth earl to manage his own affairs.

By contrast, those on the opposite side of the case, such as the deposition of James Goodfellow, 'gentleman' to the earl for thirty-five years, appear rather flimsy. Goodfellow praised Ludford's actions over the guardianship of the minors and the transfer of Donegall (accompanied by his chaplain and personal servants) to Ansley Hall. So far as his Lordship's conduct was concerned, Goodfellow said he had never thought him disordered in his mind and 'though he would sometimes with servants and those he could be free with call himself by different names or by acting the part of different persons yet [that was] merely to amuse himself and to make the persons about him laugh …'.[39] The reluctance of the lord chancellor to proceed, combined with the accommodation whereby Ludford and Richard Barry became joint trustees, caused the lunacy application to be dropped. Nevertheless, the court authorities were sufficiently concerned about safeguarding the interests of Donegall's young nephews to take over the collection of the estate rents during the remaining years of his life. In old age, as in his youth, the fourth earl was once again 'in Chancery'. For their part, the guardians of the property not only acquiesced in the involvement of the court but positively insisted on it, perhaps knowing enough of the new proprietor to anticipate a searching examination of their stewardship.

The powers acquired by the trustees under the act of 1752 were used to some effect in the mid-50s, when a start was made in Belfast on replacing old leases by new ones with longer terms. The tenants of these holdings, and also those bidding for plots in several projected new streets, all undertook to build or repair their premises.[40] The fact that none of the surviving lease documents has a term longer than forty-one years may suggest that at this stage many of the more affluent citizens remained cautious about the estate's reputation and long-term prospects. Economic difficulties of a more general kind (there were food riots in Belfast in 1756) no doubt strengthened the case for caution. The absence of 99-year leases may, however, simply mean that any granted in the 1750s were subsumed in the wholesale re-leasing of the town that took place in 1767. In any case, the death of the fourth earl in 1757 put a complete stop to the process of rebuilding and expanding the town. Inactivity was prolonged for another three years by the minority of the fifth earl. In fact, the long-looked-for project did not materalise until 1767.[41] This last delay was attributable not to incompetent management but rather to young Donegall's ambitions and his determination to create the most impressive possible setting from their display when achieved. Unlike his unfortunate uncle, he knew both his own mind and the importance of arithmetic.

NOTES

* For permission to make use of the documentary sources on which this essay is based, I owe particular thanks to the following repositories and their guardians: the Public Record Office of Northern Ireland, Belfast, courtesy of the Deputy Keeper of the Records; the National Library of Ireland, Dublin, courtesy of the Trustees and Librarian; and the William Salt Library, Stafford, courtesy of the Trustees.

1 Peter Roebuck, 'The making of an Ulster great estate: the Chichesters, barons of Belfast and viscounts of Carrickfergus', *Proceedings of the Royal Irish Academy*, vol. 79, section C, no. 1 (1979), pp. 2–12. For a detailed treatment of Chichester's official career see John McCavitt, *Sir Arthur Chichester: Lord Deputy of Ireland, 1605–16* (Belfast, 1998).

2 Peter Roebuck, 'Landlord indebtedness in Ulster in the seventeenth and eighteenth centuries', in J.M. Goldstrom and L.A. Clarkson (eds), *Irish Population, Economy, and Society: Essays in Honour of the late K.H. Connell* (Oxford, 1981), pp. 138–42, 144.

3 Ibid. pp. 146–7.

4 It is not clear from the available evidence at what date the Donegalls became permanent absentees from their Irish estates. The Carrickfergus historian, Samuel McSkimin, says in his first edition that they departed from that town about 1720; a later, revised edition, however, gives the date as 1724 (S. McSkimin, *History and Antiquities of Carrickfergus*, Belfast, 1829 and, ed. E.J. McCrum, Belfast, 1909).

5 Public Record Office of Northern Ireland, Belfast, Transcript T/455/1–2, Accounts of the Donegall estates during the minority of the fourth earl of Donegall, 1706–1715.

6 Ibid. /2, p. 16.

7 Ibid. /2, e.g. (p. 1): 'Paid Thomas Evans and his son for their expences in bringing hawks from Inishowen ..., 6s 6d.' The same list records two payments to Thomas Glass, one of 12s 6d for meat for the said hawkes', the other of 2d. for 'pack thread for the hawkes creels which went to Mallahyde'.

8 For the Macartneys and their connections, see Jean Agnew, *Belfast Merchant Families in the Seventeenth and Eighteenth Centuries* (Dublin 1996), pp. 96–104 and 233–8.

9 Ibid.

10 Ibid.

11 PRONI, T/455/1.

12 'The Case of William Macartney...', PRONI, T/2873/2.

13 Rooth married, as her second husband, Jane née Itchingham, widow of the second earl of Donegall, J. Lodge, *The Peerage of Ireland*, ed. M. Archdall (7 vols, Dublin 1789), vol. 1, p. 337.

14 Roebuck, 'Landlord Indebtedness', p. 138.

15 'The Case of William Macartney'.

16 Deed of 17 May 1720 between Thomas Vigors (first part) and James earl of Barrymore and Richard Rooth (second part), PRONI, T/2873/1.

17 Printed pleadings in Donegall and Barry *v.* Knapton, 1769; appellants' case, pp. 1–3 (National Library of Ireland, microfilm).

18 Ibid. p. 2.

19 Ibid.

20 Ibid.

21 Ibid.

22 Ibid.

23 Ibid. pp. 2–3.

24 Ibid. respondent's case, pp. 1–5.

25 Ibid. pp. 5–6.

26 *Dictionary of National Biography* (Oxford, 1920).

27 'The Case of William Macartney'; E.M. Johnston-Liik, *History of the Irish Parliament 1692–1800* (Belfast, 2002) vol. 5, pp. 160–61.

28 'The Case of William Macartney'.

29 Ibid.

30 George Benn, *A History of the Town of Belfast, from the Earliest Times to the Close of the Eighteenth Century* (London and Belfast, 1877), p. 535n.
31 Massereene to Ludford, 26 March 1752; quoted in Benn, p. 535
32 *History of the Irish Parliament*, vol. 5, p. 161.
33 John McVeagh (ed.), *Richard Pococke's Irish Tours* (Dublin, 1995).
34 County Record Office, Stafford (William Salt Library), M52/1
35 Ibid.
36 Ibid.
37 Ibid.
38 Ibid.
39 Ibid.
40 Raymond Gillespie and Stephen A. Royle, *Belfast, part 1, to 1840*, Irish Historic Towns Atlas no 12 (Dublin, 2003,), pp. 4–6.
41 Ibid. See also C.E.B. Brett, *Buildings of Belfast, 1700–1914* (London, 1967), reprint Belfast, 1985, pp. 2–3.

3
Armagh town in the eighteenth century

L.A. CLARKSON

What more is there to say about the town of Armagh in the late eighteenth century that has not been said already in earlier papers?[1] There is only one thing certain about towns: they do not exist in isolation from the surrounding countryside. Individual towns are part of wider urban networks. These networks, in turn, have their tentacles reaching into the rural hinterlands. Perhaps the best thing to do, therefore, is to put the experience of Armagh into the wider context of the Irish urban hierarchy and economic development more generally, with a sideways glance at urban hierarchies elsewhere.

The nature of the connections between town and country – and between one town and another – has been the subject of long and sometimes convoluted debate among urban historians, geographers, and urban sociologists. There are, broadly, two views of towns in pre-industrial societies and in countries in the process of industrialisation. One – it derives from Adam Smith – is that towns are engines of economic growth. The demand they create for goods and services stimulates agriculture and commerce over wide areas. They are centres of new ideas and new tastes. Their populations are active, dynamic and entrepreneurial, who invest in the land, in trade and manufacture wherever they spot a profit. In English economic history F.J. Fisher, for example, has argued such views when discussing the history of

London.[2] In the eyes of many development economists, towns are places of dirty development: rough, tough, ruthless and dynamic.[3]

There is a contrary view also drawn from the past. Medieval towns, with their tangle of gild regulations, forced the English woollen industry into the countryside where it flourished and captured Europeans markets for cloth. On this telling, towns are places of privilege and conservatism unwelcoming to newcomers and innovators. Alternatively, towns are parasites, sucking the life out of the surrounding countryside, with big towns gobbling up the wealth of small towns. 'It is no good state', wrote an English MP in 1640 lamenting the growth of London, 'for a body to have a fat head, thin guts, and lean members.'[4] George O'Brien, writing of Ireland almost two centuries later, was more elegant but no less forthright in condemning towns as centres of unproductive consumption:

> It must not be concluded, however, that because some of the country towns had comparatively large and dense populations, they were useful or productive economic communities. The better class in such towns was composed of a class of drunken idlers, usually middlemen; while the lower class generally contained an altogether disproportionate number of beggars.[5]

He went on to quote with approval John Bush, an Englishman travelling through Ireland in 1764:

> What spoils the figure and appearance of the much greater number of even the larger towns in Ireland is the generality of dirty entrances to them, and the long strings of despicable huts or cabins that most of them are prefaced with ..., the inland towns especially, into which you are introduced through a line of fifty or a hundred of these habitations of poverty or oppression on either hand.[6]

The conflicting interpretations of the role of towns outlined above provide the themes for the discussion of Armagh that follows. But we will consider a further possibility also: that the poverty of the rural economy put limits on urban growth in Ireland.

ARMAGH AND THE URBAN HIERARCHY

Before we explore these issues further it is useful to put Armagh into a wider urban context. In 1821 the proportion of people in Ireland living in communities of 2,000 or more was 13%, barely one-third of the proportion found in England. The England comparison is unflattering to Ireland since the former country was the most urbanized of all European countries by the early nineteenth century; but even by west European standards Ireland was lightly urbanized. It was not out of line, though, with the lands of central and eastern Europe.

At the end of the eighteenth century the Irish urban pyramid was top heavy, with two cities, Dublin (approaching 200,000) and Cork (close to 90,000), accounting for around 40% of the total urban population. These two were giants among European cities as well as dominating the Irish pygmies. In 1750 Dublin stood eleventh among the top forty cities in Europe, judged by the size of its population, and Cork thirty-seventh.[7] The only English city in the list – in first place – was London; the only Scottish city was Edinburgh (thirty-fifth), slightly bigger than Cork. Dublin was bigger than any British city except for London, and larger than any French city except for Paris. It was only a little smaller than Venice, Rome, and St Petersburg. It outranked every German city and every city in Scandinavia. As for Cork, it was bigger than any town in Britain except for London and Edinburgh.

The picture was changing. As late as 1801 Cork was still larger than Manchester, Liverpool or Birmingham, although the three English towns were growing fast and Cork was stagnating. By 1850 Dublin was still twelfth in the European top forty, but Cork had dropped out of sight. Britain then had eleven towns in the list, compared with only two a century earlier. Urban growth was forging ahead in England and Scotland, whereas in Ireland Dublin and Cork had lost their dynamism, although Belfast was on the threshold of its great nineteenth-century expansion.

What existed below Dublin and Cork at the beginning of the nineteenth century? There was a large gap between the top two and the next tier of urban centres. Limerick had a population of 50,000 and Belfast had 37,000 in 1821. There were four cities with populations of between 20,000 and 30,000 (Kilkenny 23,000; Drogheda 18,000; Waterford 28,000; and Galway 28,000). Then came eleven towns around the 8,000–10,000 mark, including Armagh and Newry. There were another eighty small towns with populations of between 2,000 and 8,000.[8]

The urban hierarchy a century earlier had not been so very different. Even then Dublin and Cork dominated with populations of around 60,000 and 25,000 respectively. Kilkenny and Galway had perhaps 6,000 or 7,000 apiece. The most striking features of urban development during the eighteenth century were the growth of Dublin and Cork, the proliferation of small inland towns with populations of around 1,000–2,000, many of them landlord creations, and the precocious surge of Belfast from a community of 2,000 souls in 1700 to 20,000 in 1800.[9]

Ireland's urban hierarchy during the eighteenth century had something of a third-world look about it. There were two large cities surrounded by a predominantly rural population. We must not push the comparison too far. To take a country currently in the news, Iraq has a population of 25 million with a quarter of the population living in Baghdad and Basra. In Ireland at the beginning of the nineteenth century only 6% of the population lived in Dublin and Cork. London at the same time contained 10% of England's population. But another 20% or so of England's population were urbanized, whereas only another 6 or 7% of the Irish population lived in towns. A large chunk of Ireland's urban population at the end of the eighteenth century lived in two cities; the rest were scattered through a myriad of small communities.

Did this unbalanced pattern of urban development constitute an engine of growth? Were Dublin and Cork even in their heyday too small to stimulate vigorous growth elsewhere? Or were they sucking the wealth out of their hinterlands and away from the small towns? A more fundamental question is why they failed to stimulate sustained growth during the first half of the nineteenth century.

More than forty years ago Lynch and Vaizey flirted with the thesis that Ireland possessed a dual economy at the turn of the eighteenth and nineteenth centuries.[10] There was a monetized sector along the east coast, and to a limited extent in the west centring on Limerick and Galway, and an extensive subsistence economy over the rest of the country. The commercial sector expanded during the wars of 1797–1815 but receded during the post-war deflation. But, as Lee has pointed out, the dualism, if it existed, was a 'strata dualism', not a geographical one. Small market towns, such as Armagh in the east and its counterparts in the midlands and the west, spread commerce far into the countryside. Yet the commercial roots did not go deep and the traders and dealers of the towns lived in close proximity to a semi-monetized cottier class.[11] This looks like a case of 'fat head, thin guts, and lean members'. Was the fat head taking succour from the guts and limbs or were the guts stifling the development of the head? A consideration of the economy of Armagh might help to put the metaphor to rest.

EIGHTEENTH-CENTURY ARMAGH

On the eve of the uprising in 1641 there were probably fewer than 1,000 people living in Armagh. The population fell during the troubled decade that followed, but began to recover in the 1650s, not least as settlers arrived from Scotland. Growth was interrupted again by the Williamite wars. In 1714 the population was still probably about 1,000. From that point on the population grew until the 1740s and 1750s, when a series of harvest failures put a stop to growth and probably brought about some decline in population. There was renewed population growth between 1770 and 1821. Some of this was the result of natural increase, caused in part by a decline in child mortality, but much of it was owing to newcomers settling in Armagh. An analysis of surnames in the parish registers, jury lists, and the Lodge census reveals a core of long established families and a swirling collection of newcomers.[12] At the time of the Lodge census in 1770 the population was probably around 2,000. The hearth tax returns for 1800 suggest a population of 3,500–4,000; and the 1821 census gives a figure of 8,400.[13]

The appendix (p. 66, below) provides a statistical profile of Armagh drawn from the Lodge population listing made in 1770. We do not know why the listing was done, except that it was for the use of the archbishop and was the work of the Rev. William Lodge.[14] It was therefore probably a denominational count of a kind common in Ireland from the 1730s. Lodge described the heads of families as 'Established Church', 'Presbyterian', or 'Papist'. Such a form of labelling presents ambiguities. We may safely assume that family members belonged to the same denomination as the head unless there was an indication to the contrary, since the census makes it clear if a spouse or a child belonged to a different denomination from that of the household head. But we can make no such assumption in the case of servants. It is probable that most servants in Protestant households were Roman Catholics, but we cannot be certain.

The document listed just over 1,900 people living in seventeen streets. There are gaps in the pages, which suggests that Lodge intended to fill in other households from working notes. The census almost always gives the forename of the householder (and occasionally a title such as 'Mr' or 'Mrs') as well as his or her surname (the majority of them were men), but we rarely know the forename of the spouse and never of children or servants. Children were listed sometimes as son or daughter, but more often as 'child', thus leaving their gender unknown. The occupations of the householders were usually recorded and occasionally those of other family members as well. In a few cases a person or a whole family was described as 'poor' or 'very poor', although whether this indicated the people depended on charity is not clear.

The mean household size (MHS) was 3.9. This was low by Irish standards of the time – and by English measures also – and has led one historian to describe the census as deficient, implying that household members had been omitted.[15] The census is certainly incomplete (the gaps suggests a few households were omitted) but there is no evidence that individuals had been left out unless we assume that the low MHS is itself evidence. A likely explanation of the low MHS is that a supply of cheap cabins and plenty of jobs enabled young newly married couples to establish households of their own.[16] The demand for servants by the more prosperous inhabitants and farmers in the countryside also took young teenagers out of the family home.

Armagh was booming during the 1760s and 1770s. The driving force of its prosperity was trade. More than a quarter of the working population in 1770 were dealers of one sort or another, including twenty-five shopkeepers, twenty food dealers, twenty-two traders of other kinds, and forty-nine drink sellers. These suggest a busy network of local dealing. There were only five yarn and linen dealers but their presence points to a wider business. The linen industry flourished in the surrounding countryside and every Tuesday the streets of the town were thronged with farmer-weavers selling their webs and buying flax and yarn. Also present in numbers were merchants and bleachers from throughout the province come to buy linen cloth. In 1793 Thomas McCan, the sovereign of Armagh, reported that 7,000 linen webs a week were sold in the Armagh market and the town was one of the most important linen markets in the province.

Armagh also stood in a rich, fertile countryside. 'The farmers of this district', wrote James Stuart in 1819, 'are more than competent to supply its population with vegetable, although not with animal, food, and some of the less productive and less crowded parts of Ulster, receive a considerable supply of oats, barley, and flour, from the county of Armagh.'[17] The Saturday market was devoted to the sale of corn, flour, and general provisions and the Tuesday market handled food as well as linen. Its weekly markets and its four annual fairs were 'frequented by multitudes of farmers, merchants, retailers, and others who traffic in corn and such commodities.' In 1816 1,600 tons of oats a year passed through Armagh as well as 1,000 tons of oatmeal. Four thousand barrels of barley were sold for local consumption and another 5,000 for export. A good deal of the provisions traded in the markets found its way to Newry and from there it was sent to feed the populations of Belfast and Dublin.

Only a minority of Armagh's traders found their markets in distant places; most dealt with their immediate neighbours and with the farmers in the neighbouring countryside. For example, when John and Robert McCan set up a brewery in 1784 they sold strong beer in barrels at £1 8s [£1.40] a barrel and small beer for 10s 10d old pence [£0.54]. Their customers were sometimes slow in returning the barrels or 'sent [them] by negligent careless carriers'. The McCans therefore charged a deposit ranging from 10s 10d [£0.54] to 5s 5d [£0.27], depending on size, repayable on return, 'together with six old pence [£0.025] to the carrier, if the distance be nine miles'.[18] To take another example, in February 1770 a horse was stolen from the doorway of Hugh Brown's shop in Market Street, laden with a sack of stockings valued at 22 guineas [£23.10]. If stockings sold for 6d a pair there were enough stockings in the bundle to provide a pair for most of the male population of Armagh.[19] Sir Charles Coote later reckoned a male labourer spent about 2s 6d a year on stockings.[20] If so, Hugh

Brown's horse was laden with sufficient stockings to supply 185 men for a year. Some of these may indeed have been citizens of Armagh but it is likely that the horse load was destined for sale throughout the county, or even was on its way to Newry.

The distinction between trade and manufacture was not clear-cut in the eighteenth century. Hugh Brown was probably dealing in stockings knitted by other people, probably farmers' wives and daughters during the winter months – but most tradesmen both made and sold their own wares. Roughly a quarter of Armagh's population in 1770 were described as manufacturers, including shoemakers, saddlers, tailors, milliners, bakers and brewers; there were half a dozen printers and watchmakers and several workers in metal. Armagh was sufficiently wealthy to generate a demand for what the eighteenth century called the decencies of life. In addition to locally made goods its shops sold the latest haberdashery brought from Dublin and its apothecaries dispensed medicines well known to hypochondriacs throughout Britain. In February 1770 Robert Scott advertised for a 'Sober, well behaved young Gentleman' to become apprenticed 'to the Apothecary's business, where he will have frequent opportunities of seeing, both in the Shop and County Hospital, various operations of Surgery performed, and the necessary Medicines administered …'. Scott's wife kept a shop (the Lodge census does not say so) and 'is lately returned from Dublin, from whence she has furnished her shop with a Variety of Articles, the best she could get, in the Millinery, Haberdashery and Grocery Business; and is determined to sell them as cheap as she can.'[21] Apothecary wares and haberdashery seemed to go hand in hand. Elizabeth and Ann Boyd announced they were opening a millinery and haberdashery shop in English Street. They were probably the daughters of John (or possibly Joseph) Boyd, a widowed apothecary, who in October 1770 tried to find someone to take over his business, which included 'a large assortment of Medicines fresh and of the very best Kinds'.[22] The inhabitants of Armagh seemed to have been remarkably ready to spend money on their health. A druggist in Killyleagh was able to supply medicines and ointments for dropsy, scurvy, toothache, eyes and lips through outlets in several Ulster towns including 'Mrs Gillespy in Armagh'.[23]

When they were not worrying about their health, the citizens of

Armagh with money to spare could buy ginger bread from the town's ginger bread maker and read the books stocked by William Dickey the printer as well as the hand bills he printed on behalf of the town's grand jury. They could get their clocks and watches repaired by Alexander Wagh the town's clockmaker and check them against the town clock which Alexander had a contract to maintain. His son, James Wagh, made a transit clock for the observatory.[24] When the townspeople needed work done around their houses or gardens they could visit Robert Gardiner's shop in Market Street and buy hinges, locks, brass, copper, pewter and tin ware, writing paper and wall paper, gun powder and shot, and 'Several Other Articles too tedious to mention.'[25]

Eighteen per cent of the working population of Armagh in 1770 were described by Lodge as labourers or building workers. The rest were what we would call today public sector workers (the clergy, teachers, apothecaries, lawyers etc.), or personal servants. There was a good deal of public and domestic rebuilding taking place, some of it instigated by Richard Robinson, archbishop (and head landlord of much of the town) since his installation in 1765. Malcomson has recently thrown doubt on the extent of Robinson's role in the rebuilding of Armagh. The town was less derelict when the archbishop came into the see than he and his admirers claimed and his munificence somewhat more limited. Some of the rebuilding had begun before 1765. Still, Robinson was important; the main charge relates less to the amount of building he instigated, than to Robinson's ability to shift the costs on to other people, including his successors as archbishop. Even his famous legacy of £5,000 for a university was, as he must have known, inadequate for the task and required matching funds from other people's pockets.[26] But, whoever paid, Armagh was a considerable market for building workers and wage rates were as high as those in Dublin.

Armagh was the ecclesiastical capital of Ireland. It may not have gained much spiritual benefit from this role, but there were material gains to be had. Its archbishops chose more often to be in Dublin or London or Bath than in Armagh – and for the last eight years of his primacy Archbishop Robinson was not in Ireland at all – but the church courts brought business to the place and there was a cluster of

59

clergy around the cathedral. The borough, manor courts and the county assizes dispensed justice and when the lawyers were in town the local hostelries were kept busy dispensing beer and whiskey. Local tax collectors kept their offices in the town where they attempted to balance their books before passing their accounts up to Dublin. There were several schools in Armagh, including the Royal School dating from 1614–15, the Charter School endowed by the widow of a former dean of Armagh in 1738 and small establishments run by slightly faded gentlewomen teaching sewing, embroidery and similar useful skills.[27]

Armagh had links with the wider world. Senior clergy moved smoothly between Armagh and Dublin – and England. Henry Cust the excise collector was in Dublin from time to time with his accounts, or to explain why he had failed to deliver them on time. His estranged wife probably lived there. His father, Jonas, who had been excise collector before him, died in Dublin while on business. The personal connections stretched beyond Ireland. Robert Scott, one of the town's apothecaries had a surgeon relation living in London and so was probably up to date with the most fashionable health nostrums. A relative of Alexander Wagh, possibly a grandson, went to New York and became a watchmaker there. Arthur McCan, a connection of Thomas McCan the sovereign of Armagh and himself the sovereign from 1795 to 1797, went to Bengal to serve with the East India Company. Some years later he remitted £300 to his home town to pay for a school 'for the education of poor children of every religious denomination.'[28]

Armagh was prosperous in the later eighteenth century, but its wealth did not penetrate far down the social scale. The archbishop was not much to be seen and there were no gentry of high rank. The earl of Charlemont owned property in the city but was not resident. The upper echelons of society were made up of the lesser clergy, minor gentry, shopkeepers and minor merchants. Among the first was Dean Jenny, satirized for his scruffy appearance. Henry Cust, tax collector, grand juror, burgess, freeman, sovereign, merchant, and town improver, became wealthy by virtue of using tax revenues that he was slow to remit to Dublin, to buy land which he then let at rack rents; he passed as a gentleman despite his murky dealings. Perhaps the dozens of wine bottles found in his sister's house when she died in 1797 and where he probably lived in his declining years are evidence of an inebriated existence.[29] They are certainly a sign that some of Ireland's modest flow of wine imports trickled through to Armagh and its gentry. More prominent than Henry Cust in the affairs of Armagh was Thomas McCan, a merchant and soap boiler. He recanted his Catholicism in 1751 and the way was open for him to become a magistrate and the long serving sovereign of the town. There is little evidence in Armagh of the 'drunken idlers, usually middlemen' who according to George O'Brien dwelt in towns, although inebriated ruffians congregated around the racecourse on race days. At the base of Armagh's society were labourers and servants. The Lodge census described 36 households as poor or very poor in 1770. A dispensary was established in 1774 to prescribe for the sick poor; and 'the association for the total suppression of street begging' was founded to dispense alms, whitewash, and straw bedding to the poor.[30]

An obvious social distinction in Armagh was based on religion, and it was an economic division also. 40% of the population were Catholic, 32% Church of Ireland, and the rest Presbyterian. Catholics were concentrated disproportionately among the menial occupations, especially labourers. But as the example of Thomas McCan shows, if a man was not too fussy about his religious allegiances he might go far. The Established Church had a near monopoly of the professions, particularly legal and governmental. Manufacturing and dealing were spread across all the denominations. There were small differences in household size and structures. Catholic families were smaller than the others. Only one Catholic household included a servant and there were few kin in their houses beyond the conjugal group. Church of Ireland and Presbyterian households had more servants and relations.

Armagh was run by a tight-knit oligarchy. It possessed a charter dating from 1613 that provided for the election of freemen and a borough assembly but, according to James Stuart writing in 1819, no freemen had been elected since 1771 and the borough assembly had been out of business for even longer. Armagh sent two members to the Irish parliament (and after 1801 one to the Westminster parliament), elected by twelve burgesses, all nominees of the archbishop.

The town was governed by a 'corporation jury or assemblage', a self-perpetuating group of 24 men including the sovereign, who met 'most amicably in the jury-room, to regulate the common affairs of the town'. There was never a vote, but, according to Stuart, 'whatever theoretical objections may be made to this system of internal legislation, it is certain its effects are excellent in practice.'[31]

Stuart had a point. In 1610 Armagh was in a sad state, 'a most base and abject thing, not much better than Strabane, and not able to restraine no, not the violence of the wolf'[32]. A century later many of its houses were in ruins following the Williamite wars, although rebuilding was under way. When Arthur Young visited Armagh he saw, or claimed he saw, 'a nest of mud cabins' being transformed into 'a well-built city of stone and slate', although according to Malcomson this was Young toadying up to the archbishop in the hope he would subscribe to the publication of his book. A French visitor in 1796 remarked of Armagh, 'at present it is really a handsome little city.'[33] By then the common and its riotous racecourse had been laid out as a public walk including the mall, 'open to respectable inhabitants of the city at all reasonable hours.' James Stuart in 1819 was proud of his home city, with its paved walkways, its piped water, its streets cleared of beggars and garbage, its schools, library, observatory and infirmary, its cathedral, churches and chapels, and its public buildings.

We must not be carried away by local patriotism and overstate the importance of Armagh as a centre of commerce and general enlightenment. There were seven market towns in County Armagh carrying out functions similar to those of Armagh, and the larger commercial centre of Newry straddled the border between County Down and County Armagh. Taking a wider perspective, in the early nineteenth century there were around 90 inland market towns with populations of between 2,000 and 8,000 scattered throughout Ireland serving as local hubs of commerce. Armagh was of importance in the eyes of its inhabitants and to the dealers who thronged its streets on markets days. What emerges from this survey of Armagh around 1770 is a picture of a bustling centre of trade, small-scale manufacture, administration and education. It lacked the commercial clout of Dublin and Cork and also of the western towns of Limerick and Galway. Its near neighbours of Newry and Belfast were bigger and busier.

CONCLUSION

To judge from the example of Armagh, eighteenth-century towns were far from parasitical. As Arthur Young put it, 'the towns of Ireland have very much increased in the last twenty years; all public registers prove this, and it is a strong mark of rising prosperity. Towns are markets which enrich and cultivate the country, and can never depopulate it, as some visionary theorists have pretended.'[34] Places such as Armagh disseminated the commercial wealth flowing from Dublin and Cork generated by the linen business, the provisions trade and a burgeoning trade in agricultural produce. The scale of their activities depended on such things as access to good transport systems and the nature of their hinterlands as well on the energy of their inhabitants. Armagh, for example, benefited greatly from its location within the linen triangle. But it lacked a navigable waterway, notwithstanding some attempts to bring a canal link to the town. The mechanization of yarn-spinning from the 1820s and weaving from the 1850s, put an end to its prosperity. During the nineteenth century Armagh stagnated while Belfast, Lisburn, Lurgan and Portadown prospered. Outside the north-east, many towns in Ireland suffered fates similar to that of Armagh.

Why should have this been so? If towns were indeed engines of growth in the eighteenth century, what happened to their energy in the nineteenth? It is worth recalling the peculiarities of the urban pattern at the end of the eighteenth century. Roughly 700,000 people then lived in communities of more than 2,000 people but close to 300,000 these lived in Dublin or Cork. Another 150,000 or so lived in Kilkenny, Galway, Limerick, Drogheda, Waterford or Belfast. We are left with a quarter of a million men, women, and children scattered across roughly one hundred small towns. If these towns were engines of growth during the eighteenth century, many of them were puffing to little effect.

Should we therefore reverse the causation and argue that the poverty of the countryside was too great to permit the thriving of a strong urban network? It is striking that during the eighteenth century all the big towns in Ireland, with the exception of Kilkenny, were ports and their principal markets lay beyond the shores of Ireland. The traders of Dublin and Cork sought out their customers in Britain, on the Continent, and in the Americas. They had of course connections with their hinterlands. Cork merchants purchased local cattle and butter for the provisions trade; Dublin merchants handled linen from the north-east and grain from the east and south-east. The small towns of Ireland supplied the strong farmers and the tens of thousands of poor cottiers with the occasional cooking pot or pair of stockings. But was the collective purchasing power of customers in the countryside too weak to maintain a larger urban sector? Perhaps we should think of the rural economy as a brake on urban – and more widely – on economic development.

The classic formulation of the dual economy thesis holds that incomes generated by trade pass principally to the owners of resources outside the country, to merchants living abroad, to foreign capitalists who finance the enterprises, and to the owners of the shipping that transports the goods; very little wealth trickles down the labourers who produce the goods. Professor Lee long ago showed that such a form of dualism did not exist in Ireland in the early nineteenth century. Nevertheless, the commercial stimuli emanating from the towns did not penetrate far down and as a result there was a social dualism. The unbalanced urban pattern in the eighteenth century suggests this might have been the case also in a earlier period. After all, the counterpoint of 13% of the population living in urban communities is that nearly 90% were country dwellers. By no means all of the latter were numbingly poor, but many of them were cottiers living chiefly on potatoes, with nothing to sell but a pig. Their labour was paid for by land and little cash passed through their hands. Lee has suggested that in 1845 at least half the population lived in the monetary economy, which leaves a substantial numbers – say three million? –in the non-monetized sector. Their numbers were smaller half a century earlier, but from the perspective of economic growth they were a burden nevertheless.

After the Act of Union, and even more so after the ending of the war in 1815, urban growth slackened except in north-east Ulster. Much of this has been attributed to deindustrialization caused by the penetration of English manufactured goods into the Irish market and technical advances that undermined the handicraft industries of Ireland. In two closely-argued articles Geary has challenged this interpretation except, to a limited extent, in textiles.[35] He concluded, instead, that the weakness in the Irish economy lay in the service sector. 'The fact that the goods and services produced by these occupations [construction, transport, services] were not traded suggests that any failure to generate non-agricultural jobs lay, not with supply conditions in Britain, but rather with supply (and demand) conditions in Ireland.'[36] Ireland was overstocked with underemployed labourers with too little cash to participate in the market in any sustained fashion.

Armagh had been a small but busy town in 1770. Half a century later it was twice as big but not twice as busy. Thereafter it lost much of the dynamism it once had had. Many of the small towns elsewhere in Ireland fared even worse. Rural poverty kept them back. It would take us too far beyond a scope of a paper on Armagh to discuss the problems of the rural economy.

APPENDIX

Armagh in 1770: An Economic and Social Profile

PERSONS	NUMBER	PER CENT
Males	478	44.9
Females	586	55.1
Sex not known	882	
Children in charter school	17	
Total of persons listed	1963	
Persons in households possibly omitted	160 (approx.)	
POSSIBLE GRAND TOTAL	2123	
HOUSEHOLDS		
Number of households	499	
Missing households (?)	40	
Mean household size	3.9	
MARITAL STATUS		
Married	713	37.3
Widows	99	5.2
Widowers	12	0.6
Single	1090	56.9
Total known	1914	100.0
Not known	32	
Children in charter school	17	
TOTAL	1963	
POSITION IN HOUSEHOLD		
Head	499	25.6
Wife	353	18.1
Child	882	45.3
Son	55	2.8
Daughter	47	2.4
Other relation	41	2.2
Lodgers	7	0.4
Servants and apprentices	62	3.2
ECONOMIC STATUS		
Employed	588	33.7
Dependent	1159	66.3
(excluding children in the charter school)		
TOTAL KNOWN	1747	100.0
NOT KNOWN	199	
DENOMINATION		
Church of Ireland	598	32.0
Presbyterian	482	25.8
Roman Catholic	791	42.3
TOTAL KNOWN	1871	100.0
NOT KNOWN	75	
(excluding children in the charter school)		

SOURCE: 'A List of The Inhabitants of the Town of Armagh for the Use of His Grace The Lord Primate, 1770'. Armagh Public Library, G/5/20.

NOTES

1 L.A. Clarkson, 'Household and Family Structure in Armagh city', *Local Population Studies*, 20 (1978), pp. 14–31; L.A. Clarkson, 'An Anatomy of an Irish Town: the Economy of Armagh, 1770', *Irish Economic and Social History*, V (1978), pp. 27–45; L.A. Clarkson, 'Armagh 1770: Portrait of an Urban Community', in David Harkness and Mary O'Dowd (eds), *The Town in Ireland* (Belfast, 1981), pp. 103–24; L.A. Clarkson and E.M. Crawford, *Ways to Wealth. The Cust family in Eighteenth Century Armagh* (Belfast, 1985).

2 F.J. Fisher, 'The Development of the London Food Market, 1540–1640', in E.M. Carus-Wilson, *Essays in Economic History*, I (London, 1954), pp. 135–51; F.J. Fisher, 'The development of London as a centre of conspicuous consumption in the sixteenth and seventeenth centuries', in E.M. Carus-Wilson, *Essays in Economic History*, II (London, 1962), pp. 197–207; F.J. Fisher, 'The Growth of London', in E.W. Ives (ed.), *The English Revolution 1600–60* (London, 1968), pp. 76-86.

3 For a discussion see W.A. Lewis, *The Theory of Economic Growth* (London, 1955), pp. 150–1.

4 Quoted in Barry Supple, Commercial *Crisis and Change in England 1600–1642* (Cambridge, 1959), p. 3–4.

5 George O'Brien, *The Economic History of Ireland in The Eighteenth Century* (Dublin and London, 1918), p. 370.

6 Ibid.

7 Paul M. Hohenberg and Lynn Hollen Lees, *The Making of Urban Europe 1000–1950* (London, 1985), p. 227.

8 The figures are taken from the census of 1821.

9 For a general account see L.M. Cullen, *An Economic History of Ireland since 1660* (London, 1972), pp. 84–7; L.M. Cullen, 'Economic Development, 1750–1800', in T.W. Moody and W.E. Vaughan (eds), *A New History of Ireland*, IV, *Eighteenth-Century Ireland 1691–1800* (Oxford, 1986), pp. 181–3.

10 Patrick Lynch and J. Vaizey, *Guinness's Brewery in the Irish Economy, 1759–1876* (Cambridge, 1960).

11 Joseph Lee, 'The Dual Economy in Ireland, 1800–50', in T.D. Williams (ed), *Historical Studies*, VIII (Dublin, 1971), pp. 191–201.

12 Clarkson, 'Armagh 1770: portrait of an urban community', pp. 81–102.

13 *Irish House of Commons Journal 1800*, appendix, pp. dccclxix–dccclxxii.

14 Armagh Public Library G/5/20.

15 Brian Gurrin, *Pre-Census Sources for Irish Demography* (Dublin, 2002), p. 103.

16 For the numbers and conditions of cabins see A.P.W. Malcomson, *Primate Robinson 1709–94* (Belfast, 2003), p. 41.

17 James Stuart, *Historical Memoirs of the City of Armagh …* (Newry, 1819), p. 467.

18 *Belfast News Letter*, 1 January 1785.

19 *Belfast News Letter* 9 February 1770. The price of 6 old pence [£0.025] for a pair of stockings is a guess. A century earlier stockings exported from Ireland to the Plantations were valued at 4s 4d [£0.23] a dozen. Thomas M. Truxes, *Irish-American Trade 1660–1783* (Cambridge, 1988), p. 256.

20 Sir Charles Coote, *Statistical Survey of the County of Armagh* (Dublin, 1804), p. 252.

21 *Belfast News Letter*, 2 February 1770; PRONI, D/1594/12.

22 *Belfast News Letter*, 30 October 1770.

23 *Belfast News Letter*, 26 October 1770. Widow Gillespie kept a public house in Scotch street (Lodge census).

24 Clarkson, 'An Anatomy of an Irish Town', 41, 45; PRONI, T/636, 123; Stuart, *The City of Armagh*, p. 523.

25 *Belfast News Letter*, 27 March 1770.

26 Malcomson, *Primate Robinson*, pp. 36–47.

27 Clarkson, 'Portrait of a Local Community', 98–101; Clarkson and Crawford, *Ways to Wealth*, pp. 17–18, 34–43.
28 Stuart, *City of Armagh*, pp. 477, 551, 563.
29 Clarkson and Crawford, *Ways to Wealth, passim.*
30 Stuart, *The City of Armagh*, pp. 478–80, 534
31 Stuart, *The City of Armagh*, p. 473.
32 Thomas Blennerhassett, quoted by R.J. Hunter, 'Towns in the Ulster Plantation', *Studia Hibernica*, II (1971), p. 57.
33 Quoted in Clarkson and Crawford, *Ways to Wealth*, p. 19.
34 Arthur Young, *A Tour in Ireland ... Made in 1776, 1777, and 1778 ...* (London, 1780), II, p. 350.
35 Frank Geary, 'The Act of Union, British-Irish Trade, and Pre-Famine Deindustrialization', *Economic History Review*, XLVIII (1995), pp. 68–88; 'Deindustrialization in Ireland to 1851: some evidence from the census', *Economic History Review*, LI (1998), pp. 512–41
36 Geary, 'The Act of Union', p. 86.

4
The pre-Famine population of Ireland
A reconsideration

WILLIAM MACAFEE

I

It is just over fifty years since K.H. Connell published his seminal study on the history of the population of Ireland.[1] The impact of Connell's work has been such that his chronology of growth and his hypotheses relating to the causes of that growth have conditioned thinking about the pre-Famine demographic history of Ireland. Indeed Hartwell, writing an appreciation of Connell in 1974, pointed out that, although criticised, his main conclusions on the population of Ireland had not been substantially challenged.[2] However, since that time a number of developments have taken place which now allow us to reconsider Connell's original thesis and, if not challenge it completely, certainly to revise it substantially. These developments include a different interpretation of Irish economic history from the one which underpinned Connell's demographic thesis, a reworking of the Hearth Tax Returns which suggests a different chronology of population growth for the eighteenth century and an analysis of some parish registers which have helped to shed some light on what is perhaps the key issue of Irish Pre-Famine demography: age at first marriage.

II

Connell argued that the major cause of the growth of population that took place in Ireland from the 1780s was an increase in fertility resulting from a fall in age at first marriage. He further argued that the fall in age at first marriage was the result of the interplay of four major factors: a land system unique to Ireland, the spread of arable farming from the 1780s, the sub-division of holdings and the general availability of the potato.

Connell's view of the Irish land system relied heavily on the work of George O'Brien who saw Irish landlords, in contrast to their counterparts in England, as alien, mainly absentee, parasites whose only interest in their estates concerned the amount of rent they could wring out of their unfortunate tenants.[3] The bulk of tenants were seen as cottiers with no security of tenure or at best very short leases; therefore rents could be raised almost at will. Because of the need to pay a rent, the Irish farming community was divided into two: a rent-paying element and a subsistence element.[4] Connell argued that it was impossible for the tenant to improve his standard of living by producing more goods for sale because the landlord would simply remove this surplus in increased rents. He concluded, therefore, that in such conditions of hopelessness there was no reason for a cottier to delay marriage; in fact marriage could be seen as a comfort to him.[5] Why then, he asked, did tenants not marry at an early age before the 1780s?

According to Connell, the major reason for the delay in marriage before the 1780s was the difficulty in acquiring a holding in an economy dominated by pastoralism. This Connell attributed not only to Ireland's natural conditions but also to English policy towards Ireland which, he argued, for the first eighty years of the eighteenth century prevented the export of grain from Ireland to England and permitted its import into Ireland.[6] Here Connell was also accepting O'Brien's view of Irish economic development during the eighteenth century which contrasted the long-term depression of the earlier part of the century under repressive English mercantilist policy with the growth and prosperity experienced under the legislative encouragement of Grattan's Parliament.[7]

The encouragement given to grain growing under Foster's Corn Laws, which imposed duties on the import of grain and offered bounties on its export, coupled with the growing demand for grain in

Britain due to industrialisation and a rising population, led to a pronounced swing from pasture to arable. This demand was later reinforced by the effects of the Napoleonic wars. Connell argued that the increase in arable farming needed a reduction of the size of holdings because there was no class of men with the capital or the skill to manage large tillage farms.[8] Thus the answer to the problem was to subdivide holdings. This was accepted by both landlords and tenants because to the former it meant more rent, and to the latter it provided holdings for sons and allowed the population to satisfy their long-felt desire to marry early. Connell also saw the spread of the potato as an important element in the process of subdivision and the cottier's ability to pay rent. He suggested that without the potato the process of subdivision could not have persisted for some three generations. Because of its high yield the potato allowed the tenant to subsist on a very small acreage, thereby releasing more land for cereal production, the rent-earning sector of the holding. Because of its suitability in breaking in new ground, it allowed many tenants to reclaim large areas of wasteland. This led Connell to conclude that 'had the popular dietary been more varied, sub-division would have halted much earlier; marriage, presumably, would have been delayed and fertility reduced'.[9]

III

However, in recent years a different picture of eighteenth-century Irish economic development has emerged. The pioneering work of Cullen[10] beginning in the late 1960s and carried on at regional level by Crawford,[11] Dickson[12] and others during the 1970s and early 1980s has led to a re-interpretation which points to the changing nature of the Irish rural economy and society throughout the whole of the eighteenth century and gives less weight to the beneficial effects of Grattan's Parliament.

Cullen's early work, published during the 1960s, questioned the traditional view that Ireland's external trade, agriculture and industry had been seriously hampered during the first eighty years of the eighteenth century by repressive English policy, resulting in long-term depression in the economy until the legislative encouragement of Grattan's Parliament after 1782. This view, he argued, had been based on the uncritical use of the polemic writings of contemporary pamphleteers.[13] Instead, Cullen pointed to the fact that, despite these restrictions, Ireland's external trade began to expand from the 1730s: exports of linen to England had increased fivefold by the 1770s; the provision trade with the English and French plantations in the Americas began to gain momentum from even the 1720s, reaching its peak in the 1760s and 1770s; and after the 1760s there was a growing market for livestock products and grain in England.[14] He saw this trade and the internal economic development accruing from it as laying the foundations for the greater prosperity of the 1780s that earlier historians had attributed to the legislative encouragement of Grattan's Parliament. Any further development during the period of Grattan's Parliament was the result of the industrialisation in Britain and the widening of demand that accompanied it. In this sense he set economic development in Ireland firmly within the framework of the first industrial revolution in Britain.[15]

Central to Cullen's thesis is the view that Irish society changed rapidly from an essentially medieval one in the early seventeenth century to one which, by the eighteenth century, was beginning to take on the trappings of a modern society.[16] Cullen regarded the growth of foreign trade and the mechanisms of trade – markets, fairs and towns – as the motor forces in this transition. The general effects of this trade were felt in many places throughout the country. The development of the provisions trade through the port of Cork caused dairymen and graziers from Munster to purchase cattle as far afield as Connaught and west Leinster.[17] The expansion in the linen trade in Ulster stimulated a demand not only for yarn but also for agricultural foodstuffs to feed weavers. The effects of this spilled over into parts of Connaught and Leinster.[18] The demand for woollen yarn stimulated sheep rearing in areas such as Kerry, Roscommon, and the eastern parts of Galway and Mayo.[19]

This growth in trade, he argued, led to the increased commercialisation of what had been an essentially subsistence economy. The commercialisation of the economy not only led to earnings being monetised but also to their being increased.[20] Even the poor shared in the process, particularly through the development of the textile industry. The better-off smallholders engaged in weaving; the poorer families in spinning.[21] With the development of the provision trade the smallholder also found that he could get a better price for his cow.[22] This extra money, Cullen argued, could in better times allow the more substantial tenants to buy luxuries, but more importantly it allowed the poorer sections of the community to buy food when times were bad. This injection of cash into the pockets of the poorer sections of the community meant that they could now enter the market as cash buyers of grain from the spring onwards until the next year's potato crop ripened.[23]

Commercialisation also led to rural society becoming more stratified and to the development of an economic interdependence between the better-off and the less well-off families. As more substantial farmers began to emerge they were able to employ male and female servants who lived in and to recruit migrant labourers on a seasonal basis to help with haymaking and the harvest. The cash received from this employment could then be sent or brought home to add to the cash that could be earned from the textile trade.[24]

This economic development and growing commercialisation affected the way in which landlord-tenant relations evolved throughout the eighteenth century. The work of Crawford on Ulster[25] and Dickson on Munster[26] has shown clearly the relatively undeveloped nature of the countryside during the late seventeenth and early eighteenth centuries. Tenants at this time were extremely poor but were not, as Lecky contended, mainly of cottier status.[27] Landlords anxious to be sure of regular cash payments of rent often let large tracts of their estates to middlemen who then sub-let to these lesser tenants. Such a state of affairs, Cullen has argued, was also acceptable to many tenants at a time when they were 'only gradually developing a commercial outlook and often had too few resources to stock land or even market their products effectively'.[28] The middlemen, often content to be paid in kind, were able to act as intermediaries between the tenants on an estate and the merchants in the ports.

As commercialisation of the economy progressed from the 1740s, many tenant farmers began to prosper and were increasingly regarded by landlords as substantial enough either as individuals or in partnership groups to lease directly from them, thereby cutting out the middlemen. The leases granted to many of these tenants were for three lives in the case of Protestants and 31 years for Catholics.[29] Of course the cottier population who mostly rented their land from these tenant farmers did not enjoy the same security of tenure. Many middlemen and leasehold tenants encouraged the subdivision of holdings as the population began to increase from the middle of the century. The degree of subdivision varied from region to region within the island. It was not so widespread in areas where grain or cattle were produced for the market, but tended to be at its greatest in those regions where direct agricultural output for the market was limited, particularly areas dominated by textiles, and in regions of inferior or upland soil and land freshly colonised from the waste.[30]

As the century progressed, landlords became more disenchanted with both middlemen and long leases because of the growing realisation that both deprived them of income. As Roebuck has remarked, the policies and structures which landlords adopted in the earlier part of the century when they were attempting to initiate and perpetuate agricultural development were in many respects the opposite of those required to cope with the changing conditions after 1750.[31] Many landlords were powerless either to raise rents or to make improvements to their estates until leases had fallen in. Many leases did fall in towards the close of the eighteenth century and at the beginning of the nineteenth century and from that time few long leases were granted by landlords. It was then that the seeds of a system of land tenure which was to dominate the post-Famine period were sown. Connell, following the views of contemporaries and later historians such as O'Brien, had merely assumed that the conditions pertaining in the 1830s – when leases were less common, rents probably at their highest, security of tenure most precarious, and cottiers most numerous – were also typical of the whole of the eighteenth century.[32]

What Cullen and others have done in this re-interpretation is to point to the changing nature of Irish rural economy and society during the century and a half preceding the Famine. They have revealed a society whose structure was much more complex than the cottier-dominated society portrayed by Connell; a land system where the landlords were less in control of their own destinies and their tenants' affairs than earlier historians had suggested; an economy more highly commercialised than was formerly thought and one that was already developing substantially before the 1780s.

IV

This revisionist view of Irish economic development called into question Connell's chronology of pre-Famine population growth. His chronology for the period 1687–1791 was based on estimates derived from the official Hearth Tax Returns that were then multiplied by an estimated household size to give a total population for particular dates throughout the period. When calculating these estimates Connell accepted the views of contemporaries that tax collectors in the 1780s and 1790s had been lazy, fraudulent, had too many houses to count and had problems of access to the remoter parts of the country.[33] He was also of the opinion that collection was even more inefficient in the earlier years of the eighteenth century. These conclusions led him to increase the returns by 50% before 1791 and by as much as 66% for the seventeenth century. Such a line of reasoning had the effect of raising the level of the base from which Connell believed population had expanded in the 1780s, thereby allowing him to postulate a picture of a relatively stagnant population before that date.

Connell's estimates for the period 1687–1791 have been revised by Clarkson[34] and by Dickson, Ó Gráda and Daultrey.[35] All have argued that Connell's adjustments to the Hearth Tax Returns, particularly the period 1706–53, were probably excessive. Dickson, in a paper as early as 1973,[36] later developed in the paper with Ó Gráda and Daultrey, argued that the corruption and inefficiency recognised by contemporaries in the 1770s and 1780s was something which had developed *after the 1750s* as a result of changes both within the Hearth Tax administration and in the demographic and economic environment.[37] Working on these assumptions, Clarkson suggested a *hypothetical* adjustment of 15% for returns before 1753.[38] Dickson, Ó Gráda and Daultrey, having analysed in detail contemporary collectors' returns of exempt houses in a number of specific areas throughout Ireland, suggested that at national level the earlier returns should not be increased by more than 34% and that an argument could be made for an adjustment as low as 14%.[39] Both Clarkson[40] and Dickson, Daultrey and Ó Gráda[41] have suggested that Connell's estimated household size of 5.3 to 5.65 for the period 1712–1791,[42] should be revised downwards to 5.0. In fact Clarkson has suggested that research efforts should be directed at the establishment of regional rather than national multipliers.

The combined effects of less drastic adjustments to the Hearth Tax Returns and the use of a smaller household multiplier have produced a new chronology of population growth for the eighteenth century. These revised estimates have little effect on annual growth rates during the period 1706–1753. However, because of the fact that according to these new estimates the population of the second half of the eighteenth century was rising from a much lower base line, annual growth rates for the period 1753–1791 are significantly higher than those postulated by Connell. Growth rates in excess of 1.6% are suggested nationally and even as high as 2.0% in some regions.[43] Although there is still some argument about rates of growth at different periods throughout the eighteenth century and between different parts of the country it is now generally accepted that Ireland's population had begun to grow substantially before the 1780s and, like England, was beginning to increase from probably around the 1750s. This growth was at a level much higher than most other parts of western Europe – only England seems to have come close. Again, despite the various arguments about the accuracy of the early nineteenth-century censuses[44] it is also generally accepted that, unlike England, the growth had slackened during the decades before the Famine, albeit unevenly between different parts of the island and within different districts in a locality – again these differences reflecting the variety of socio-economic conditions existing within the country as a whole.[45]

V

However, with regard to the proximate causes of this rapid growth there is probably not the same level of agreement – even after a further half century of detailed research. The problem in Ireland is that not only are parish registers for the eighteenth century scant, those that are extant and are usable tend to be biased towards the Church of Ireland population which Connell argued would be very different from the bulk of the Catholic population of the island, a point emphasised again by Mokyr and Ó Gráda in their survey of Irish population history in 1984.[46] So, it is unlikely that the kind of detailed evidence on age at marriage, fertility and mortality, for example, that is now available for England during the seventeenth and eighteenth centuries will ever be available for Ireland. Nevertheless there is some evidence that would suggest proximate causes that would be consistent with the picture of economic conditions, population estimates and growth rates referred to above.

It can probably be safely said that down to the mid-eighteenth century, in common with all early modern societies, Ulster's population suffered from high levels of mortality, particularly amongst children. Certainly any parish registers which have been analysed for the later seventeenth and early eighteenth centuries provide clear evidence of frequent and severe mortality crises, when child burials constituted up to 80% of all burials recorded in a particular year or years.[47] However, some time around the middle of the century there appears to have been a fall in the general level of mortality but, more importantly, there is some evidence for a significant drop in the number of children dying.[48]

The church register of burials, marriages and baptisms for the parish of Killyman in the south-eastern part of County Tyrone, although not offering direct evidence on falling mortality levels, certainly infers falling levels of infant and child mortality. The upsurge in the number of marriages contracted in Killyman during the 1770s/80s (50% greater than in previous decades) was, most probably, a reflection of more children and young adults having survived in the 1750s and 1760s. The baby boom produced by the marriages of the 1770s and 1780s was reflected some twenty to twenty-five years later when the numbers of marriages rose sharply around 1800. In turn, these marriages produced their baby boom around the 1820s. By the late 1840s, emigration and the devastating effects of the Famine had removed the next potential boom.[49] These detailed data support both Clarkson's and Cullen's hypotheses that if mortality was decreasing during the eighteenth century and if the reduction of the death rate was concentrated on the young (0–5 years), a sharp rise in the numbers marrying would follow some twenty years later.[50]

This fall in mortality was likely to have resulted from general economic improvement rather than from major medical advances – although that is still a matter of debate. The economic argument would be consistent with Cullen's suggestion that the higher level of incomes, and consequent savings resulting from the greater commercialisation and monetization of the economy from the 1730s, seems to have moved Ireland, in the 1750s, beyond the shadow of famines.[51] Undoubtedly as Dickson[52] has shown there were famines between the 1740s and the Great Famine and whilst they will have had some effect on population growth their frequency and severity appear to have been of a different order from those which haunted communities prior to 1740.

If this argument is accepted it would place Ireland within the general western European experience of an acceleration in population growth from about the middle of the eighteenth century, caused initially by a general fall in levels of mortality.[53] However, falling mortality levels with more people surviving to marry would not be sufficient to explain the fact that Ireland's population from around 1750 was growing faster than any other country or region in western Europe. So we need to return to Connell's thesis that the higher fertility was due to earlier marriages. However this raises two further questions – what do we mean by earlier marriages and was there a fall in age at first marriage during the eighteenth century?

VI

The general theory has been advanced that marriage ages in Ireland have always been low; low, that is, compared with the rest of western Europe. Ó Gráda in his 1979 paper on 'The Population of Ireland 1700-1900' suggested, on the basis of literary evidence, that early marriage had been the norm and age at marriage had been roughly constant before Connell's period, but he did not state specifically what he meant by early marriage.[54] Cullen, writing around the same time, suggested that Ireland did not experience the demographic revolution which affected western Europe in or before 1500 in which the marriage age rose progressively to around 27 for males and 25 for females.[55] He stated that Irish marriage ages were probably around 20–22 in the early seventeenth century but does not make it clear whether these ages refer to men or women or both.

The only hard evidence we have for marriage ages at this time can now be summarised. Marriage ages calculated from Cromwellian Transplantation certificates by Dickson suggest women marrying at around 22 years of age in the middle of the seventeenth century.[56]

Some marriage ages calculated by Morgan from the parish register of Blaris, County Antrim[57] at a time when the community was dominated by immigrants towards the end of the seventeenth and beginning of the eighteenth centuries suggest very early marriages for women (18 to 19). Since this was an immigrant community, with a high proportion of townspeople from Lisburn and included the families of many soldiers, it was not typical of the island as a whole. Eversley's study of Quaker women in Ireland, whilst again not typical of the general Irish population, concluded that Irish Quaker women, whether marrying for the first or second time, married significantly earlier than their counterparts in England, and had a longer childbearing life.[58] His data show an average age at first marriage for Irish Quaker women of around 23 for the period 1650–1749 and around 25 for the period 1750–99. The equivalent figures for men were around 28 and 29.[59]

The only other evidence we have for marriage ages in the later eighteenth century is the author's analysis of the Killyman register in County Tyrone. Again, this is a Church of Ireland register, and, as mentioned above, may not be typical of the population as a whole. However, it should be noted that the Church of Ireland population of the parish of Killyman were weavers, farmers and tradesmen, not gentry. Furthermore, they constituted almost half of the total population of a parish that, by 1841, had a density of almost 600 persons to the square mile. The data show that during the period 1771–1810 the average age at first marriage for males was 25.7 and 26.1 for the period 1811–1845.[60] The equivalent figures for females were 21.8 and 23.6.[61] The difference in female age at first marriage can be explained by the fact that, during the period 1771–1810, 45% of women marrying were aged 20 and under. The equivalent figure for the period 1811 to 1845 was 24%. Whilst the data do not (categorically) rule out a fall in marriage ages from 1750–70 they do show clearly that there was no real change in the age at which men married in Killyman. In a male-dominated society any move to earlier marriages should have seen a drop in marriage age of men. Again, although the data do indicate that almost half of women marrying during the later decades of the eighteenth century were aged 20 and under, there is no evidence of the very early ages at first marriage suggested by Connell. In fact there is evidence of a rise in the average age at first marriage for women as we approach the early decades just before the Famine which supports Mokyr and Ó Gráda's argument for an upward turn in age at marriage from 20–22 to 24–25 between 1800 and 1845.[62] The marriage ages in Killyman for the nineteenth century are also consistent with those recorded in the 1841 census – around 24 for women and around 26 for men.[63] A more detailed study by Morgan and Macafee[64] of the 1851 Census Returns for groups of parishes in County Antrim confirmed these marriage ages and also pointed to the fact that many farmers who married in their later twenties and early thirties chose brides much younger than themselves – a characteristic also noted in the Killyman register[65] and in Eversley's Quaker study.[66]

In short, there is no statistical evidence for either a substantial fall in age at marriage or the wholesale teenage marriages that Connell's original thesis seemed to propose. However, within the general western European context for the later eighteenth century the marriage ages shown in these various studies (particularly those of women) are much earlier – at least two to five years below the average marriage age for women in France, Germany, Belgium and Scandinavia.[67] Such a scenario would, in circumstances where mortality was also falling, lead to faster growth rates than in other countries of western Europe. The question is, however, would this be enough to put Ireland at the top of the European growth rate league? Before attempting to answer this question it might be useful to look at the historical demography of England in the light of recent research by Wrigley and Schofield.

VII

The work of Wrigley and Schofield (1981)[68] has established that English population grew during the second half of the eighteenth century not only because mortality levels were falling but also because of a rise in fertility caused mainly by fall in the average age at first marriage after 1750. Analysis of some 12 parishes throughout England suggested that age at first marriage for women fell by 3 years from 26.5 during the period 1650–99 to 23.4 in the period 1800–49.[69] At the same time this research found no evidence for a rise in age-specific marital fertility, therefore they attributed England's more rapid growth at this time to the fall in the age at marriage plus a probable decrease in celibacy. However, later research suggests that a rise in marital fertility may also have played a role in English population growth. Reconstitution studies [70] revealed a drop in birth intervals from around 33 months in the middle of the seventeenth century to just over 30 months in the later part of the eighteenth century. Wrigley interprets this fall in birth intervals as evidence of a decrease in the number of stillbirths (late foetal mortality) rather than changes in breast-feeding practices. His argument is that 'a fall or rise in the stillbirth rate causes a change in the conventional (live) birth rate, since if fewer children die in the last few weeks before birth, the average interval between successive births will fall, causing a rise in the birth rate'.[71]

Clearly if fertility was a key factor in explaining England's rapid population growth after 1750 then it seems reasonable to assume that it was likely to have played a key role in Ireland's population growth during the same period. As outlined above, age at first marriage for Irish women in the eighteenth century was at least two to three years lower than their counterparts in England. However, in the light of what is now known about English population history, would these earlier marriage ages coupled with falling mortality levels have been sufficient to push Ireland's population growth rates to the top of the European league?

Mokyr and Ó Gráda have suggested that marital fertility may have risen also during the eighteenth century. They point to the fact that Irish marital fertility was higher than most other countries in Europe on the eve of the Famine and that marital fertility remained high even when nuptiality levels fell in the post-Famine period.[72] It is tempting to assume that if population was rising during the second half of the eighteenth century then marital fertility must have been high. Furthermore, is it possible that marital fertility was high throughout the entire eighteenth century but its effects had simply been thwarted in the earlier decades by high levels of infant and child mortality? Clearly there is little evidence available to answer these questions. The study of Killyman suggested that throughout the period 1770–1840 most women who married had a child within their first year of marriage, with subsequent children being born within 24 to 30 months of the previous one.[73] However, it must be stressed that these conclusions are based on a very small sample of families within *one* parish. Morgan's study of the parish of Coleraine suggested birth intervals of around 30 for the period 1769–1847.[74] Eversley's Quaker data show birth intervals under 30 for much of the period from 1650–1800 and he commented on the fact that on average for all cohorts and all marriages, Irish birth intervals were between two and four months shorter than the English ones.[75]

If marital fertility was already high by 1750 or had begun to rise after that date it might be tempting to use Wrigley's proposition of a reduction in stillbirths as a possible cause for the rise. However, Ireland was a very different place from England at that time not least because infant mortality levels were much higher in Ireland than England. If there was a rise in marital fertility it was more likely to have been caused, as Schellekens has suggested, by a reduction in the duration of the post-partum non-susceptible period.[76] The post-partum non-susceptible period is the period after birth when a woman will not ovulate, therefore cannot conceive. The duration of this period is influenced by a number of factors of which the most important, in pre-industrial societies, was the length of time a baby was breast-fed. Breast-feeding can extend the average duration of amenorrhea up to nine or ten months and in poorly nourished women lactation extends amenorrhea for longer periods.[77] On the other hand partial breast-feeding (i.e. done in conjunction with supplementary feeding) is less effective in suppressing ovulation than full breastfeeding.

Clearly this is a very technical subject in itself exacerbated by the fact that hard evidence on breastfeeding practices in eighteenth-century Ireland is very scant. Schellekens has hypothesised that changes in work practices of women as the potato became a more important crop could have led to reduction in the length of time a baby was breast fed.[78] Furthermore, she argues, potatoes and milk may have been used to supplement infant feeding. Both of these practices would have led to a reduction in the post-partum non-susceptible period. This combined with the higher infant mortality rates present in Ireland would have reduced birth intervals and therefore allowed marital fertility certainly to remain high and, most probably, to increase.

These ideas relating to fertility and fecundity are still speculative and, because of the lack of hard evidence, may remain so for some time.

VIII

So the question is – where are we now in relation to the question posed by Connell some fifty years ago in *The Population of Ireland* – 'what caused the upward leap in the growth?'[79] The revised chronology of pre-Famine population growth, outlined in recent years, which suggests the growth beginning in the 1750s rather than the 1780s can now be generally accepted. Certainly such a chronology sits more easily with the reinterpretation of Irish social and economic history that has emerged since the 1960s. Further work at regional level may fill in some of the gaps but is unlikely to change the general picture fundamentally. As to the proximate causes of this growth falling mortality is likely to have been the trigger factor. However, rates of growth could never have reached the levels that they did without the higher fertility that characterised Irish society. Much more speculative is the idea that either actual or potential fertility was a feature of Irish society before 1750 resulting from an already relatively low age at marriage of women by European standards. Was the fall in mortality levels sufficient to release this latent fertility to drive Ireland's rate of population growth well beyond all other countries in Europe? Certainly what is now known about the English experience suggests that marital fertility may have also risen. However, whether it did and, if so, what caused it to do so, is still very speculative.

Clearly Connell was right in suggesting that higher fertility helped to make Ireland different from many other countries in western Europe during the later eighteenth century, but increasingly the evidence is suggesting that we do not need to look for a substantial fall in the age at first marriage or an exceptionally low marriage age to induce this higher fertility. Whilst acknowledging Connell's seminal role in Irish pre-Famine demographic history, the subject has now moved considerably away from the shadow of his 1950 book.

NOTES

1 K.H. Connell, *The Population of Ireland, 1750–1845* (Oxford, 1950).

2 R.M. Hartwell, 'Kenneth H. Connell: An Appreciation', *Irish Economic and Social History*, I (1974), p. 10. The main challenge to Connell's thesis had come from M. Drake, 'Marriage and Population Growth in Ireland, 1750–1845, *Economic History Review*, Second Series, XVI (1963), pp. 301–13. Drake had questioned Connell's use of oral evidence to substantiate his claim that Irish peasants married early. However, J. Lee in 'Marriage and Population in Pre-Famine Ireland', *Economic History Review*, Second Series, XXI (1968), p. 293 was not convinced that he has succeeded in excluding falling age at marriage as a possible factor in pre-Famine demographic change.

3 George O'Brien, *The Economic History of Ireland in the Eighteenth Century* (Dublin, 1918).

4 K.H. Connell, 'Land and Population in Ireland, 1780–1845', in D.V. Glass and D.E.C. Eversley (eds), *Population in History* (London, 1965), p. 430.

5 Connell, 'Land and Population', p. 427.

6 Ibid. p. 430.

7 O'Brien, *The Economic History of Ireland.*

8 K.H. Connell, 'The Potato in Ireland', *Past and Present*, 23 (1962), pp. 61–62.

9 Ibid. p. 62.

10 L.M. Cullen, 'Problems in the Interpretation and Revision of Eighteenth Century Irish Economic History', *Transactions of the Royal Historical Society*, First Series, 17 (1966), pp. 11–13; *Anglo-Irish Trade, 1660–1800* (Manchester, 1968); *An Economic History of Ireland since 1660* (London, 1972); *The Emergence of Modern Ireland 1600–1900* (London, 1981).

11 W.H. Crawford, 'Economy and Society in South Ulster in the Eighteenth Century', *Clogher Record*, (1975), pp. 241-58; 'Landlord-Tenant Relations in Ulster, 1609–1820', *Irish Economic and Social History*, II (1975), pp. 5–21; 'Change in Ulster in the late Eighteenth Century', in T. Bartlett and D.W. Hayton (eds), *Penal Era and Golden Age* (Belfast, 1979), pp. 186–203; 'The Social Structure of Ulster in the Eighteenth Century', in L.M. Cullen and F. Furet (eds), *Ireland and France XVII–XX Centuries: Towards a Comparative Study of Rural History* (Paris, 1980); 'The Influence of the Landlord in Eighteenth-Century Ulster', in L.M. Cullen and T.C. Smout (eds), *Comparative Aspects of Scottish and Irish Economic and Social History, 1600–1900* (Edinburgh, 1977), pp. 193–203.

12 D. Dickson, 'Middlemen', in Bartlett and Hayton, *Penal Era and Golden Age*, pp. 162–85; 'Property and Social Structure in Eighteenth Century South Munster', in Cullen and Furet, *Ireland and France XVII–XX Centuries.*

13 Cullen, 'Problems in the Interpretation and Revision of Eighteenth Century Irish Economic History', p. 13. See also L.M. Cullen, 'The Value of Contemporary Printed Sources for Irish Economic History in the Eighteenth Century', *Irish Historical Studies*, XIV (1964), pp. 152–53.

14 Cullen, *Anglo-Irish Trade*, p. 205.

15 Ibid. pp. 214–15.

16 Cullen, *The Emergence of Modern Ireland*, p. 25.

17 W.H. Crawford, *Eighteenth Century Emigration: Thomas Davis Lecture* (typescript, 1972), p. 1.

18 Ibid. p. 3.

19 Ibid. p. 1.

20 L.M. Cullen, 'Population Growth and Diet, 1600–1850', in J.M. Goldstrom and L.A. Clarkson (eds), *Irish Population, Economy, and Society: Essays in Honour of the late K.H. Connell* (Oxford, 1981), p. 95.

21 Cullen, *The Emergence of Modern Ireland*, pp. 93–94.

22 Cullen, 'Population Growth and Diet', p. 95.

23 Cullen, *The Emergence of Modern Ireland*, p. 93.

24 Ibid. p. 91.
25 Crawford, 'Landlord-Tenant Relations in Ulster', pp. 5-21. See also 'Economy and Society in South Ulster', pp. 242-258.
26 Dickson, 'Property and Social Structure in Eighteenth Century South Munster'.
27 W.E.H. Lecky, *History of Ireland in the Eighteenth Century* (London, 1896), pp. 217 and 246.
28 Cullen, *The Emergence of Modern Ireland*, pp. 99–100.
29 Cullen, *Economic History of Ireland*, pp. 78–79.
30 Ibid. p. 81.
31 P. Roebuck, 'Rent Movement and Agricultural Development, 1730–1830', in P. Roebuck (ed), *Plantation to Partition: Essays in Ulster History in Honour of J.L. McCracken* (Belfast, 1981), pp.82–101.
32 Connell, *Population of Ireland*, pp. 61–75.
33 Ibid. p. 8.
34 L.A. Clarkson, 'Irish Population Revisited, 1687–1821', in Goldstrom and Clarkson, *Irish Population, Economy, and Society*, pp. 13–35.
35 D. Dickson, C. Ó Gráda, and S. Daultrey, 'Hearth Tax, Household Size, and Irish Population Change, 1672–1821', *Proceedings of the Royal Irish Academy*, 82c (1982), pp. 125–81.
36 D. Dickson, 'Irish Population in the Eighteenth Century: Some Reconsiderations', Paper read before the Irish Historical Society on 13 November 1973.
37 Dickson, Ó Gráda, and Daultrey, 'Hearth Tax', p. 135.
38 Clarkson, 'Irish Population Revisited', p. 17.
39 Dickson, Ó Gráda, and Daultrey, 'Hearth Tax', pp. 147–9. The figure of 34% was arrived at through matching three independent population surveys against hearth-tax data, for the period 1730 to 1753, in counties Wicklow, Tipperary and Roscommon and relating these to the 1791 returns. The 14% figure was based on an analysis of contemporary collectors' returns of exempt houses in the Rathmullen walk in county Sligo in 1707/8 and the Coleraine survey in counties Derry and Antrim in 1737/8 and relating these to the 1791 returns. The fact that the authors decided on lower-bound and upper-bound estimates, rather than a national average figure, reflects the fact that there was regional variation in the under-enumeration of houses.
40 Clarkson, 'Irish Population Revisited', pp. 18–25.
41 Dickson, Ó Gráda, and Daultrey, 'Hearth Tax', pp. 150–55.
42 Connell, *Population of Ireland*, p. 25.
43 Clarkson, 'Irish Population Revisited', p. 28 and Dickson, Ó Gráda, and Daultrey, 'Hearth Tax', p. 170.
44 J. Lee, 'On the Accuracy of the Pre-famine Irish Censuses', in Goldstrom and Clarkson, *Irish Population, Economy, and Society*, pp. 37–56.
45 C. Ó Gráda, 'Demographic Adjustment and Seasonal Migration in Nineteenth-Century Ireland', in L.M. Cullen and T.C. Smout (eds), *Comparative Aspects of Scottish and Irish Economic and Social History, 1600–1900* (Edinburgh, 1979) pp. 181–193.
46 J. Mokyr and C. Ó Gráda, 'New Developments in Irish Population History, 1700–1850', *Economic History Review*, Second Series, XXXVII (1984), p. 473.
47 V. Morgan 'Mortality in Magherafelt, County Derry, in the Early Eighteenth Century', *Irish Historical Studies*, XIX (1974), pp. 125–35; W. Macafee and V. Morgan, 'Historical Revision XXI: Mortality in Magherafelt, County Derry, in the Early Eighteenth Century', *Irish Historical Studies*, XXIII (1982), pp. 50–60; V. Morgan, 'A Case Study of Population Change over Two Centuries: Blaris, Lisburn 1661–1848', *Irish Economic and Social History*, III (1976), pp. 5–16; W. Macafee and V. Morgan, 'Population in Ulster, 1660-1760', in Roebuck, *Plantation to Partition*, pp. 46–63.
48 Morgan was able to show that in the parish of Blaris (County Antrim) child mortality was falling from the 1760s. In the author's study of Killyman the number of marriages began to increase from that period onwards in such a way that suggested the survival of persons in the 0–5 years group.

49 W. Macafee, 'Pre-Famine Population in Ulster: Evidence from the Parish Register of Killyman', in P. O'Flanagan, P. Ferguson and K. Whelan (eds), *Rural Ireland: Modernisation and Change, 1600–1900* (Cork, 1987), pp. 142–61.

50 Clarkson, 'Irish Population Revisited', p. 35; Cullen, 'Population Growth and Diet', p. 94.

51 L.M. Cullen, 'Economic Development, 1691–1750' in T.W. Moody and W.E. Vaughan (eds), *A New History Of Ireland, Volume IV: Eighteenth Century Ireland, 1691–1800* (Oxford, 1986), p. 149.

52 D. Dickson, 'Famine in Ireland, 1700–1775: A Review' (unpublished manuscript, Trinity College, Dublin, 1981).

53 For a fuller discussion of this see M.W. Flinn, *The European Demographic System, 1500–1820* (Brighton, 1981), and K.F. Helleiner, 'The Vital Revolution Reconsidered', in Glass and Eversley, *Population in History* , pp. 79-86.

54 C. Ó Gráda, 'The Population of Ireland 1700–1900, a Survey', *Annales de Demographie Historique*, (1979), p. 285.

55 Cullen, 'Population Growth and Diet, p. 93.

56 D. Dickson, 'A Note on the Cromwellian Transplantation Certificates' (unpublished paper, Trinity College, Dublin, 1982).

57 Macafee and Morgan, 'Population in Ulster, 1660-1760', in Roebuck, *Plantation to Partition*, p. 56.

58 D.E.C. Eversley, 'The Demography of the Irish Quakers, 1650–1850', in Goldstrom and Clarkson, *Irish Population, Economy, and Society*, p. 64.

59 Ibid. p. 65.

60 Macafee, 'Evidence from the Parish Register of Killyman', p. 149.

61 Ibid. p. 154.

62 Mokyr and Ó Gráda, 'New Developments in Irish Population History', p. 479.

63 Ibid. p. 478.

64 V. Morgan and W. Macafee, 'Irish Population in the Pre-Famine Period: Evidence from County Antrim', *Economic History Review*, Second Series, XXXVII (1984), p. 195.

65 W. Macafee, 'The Population of Ulster, 1630–1841: Evidence from Mid-Ulster' (unpublished D.Phil. thesis, University of Ulster, Coleraine, 1987), Vol. 2, p. 368. See also Vol. 1, pp. 200–1.

66 Eversley, 'The Demography of the Irish Quakers, 1650-1850', pp. 63–66.

67 Flinn, *The European Demographic System*, pp. 124–127.

68 E.A. Wrigley and R.S. Schofield, *The Population History of England 1541–1871* (London, 1981).

69 E.A. Wrigley, 'The Growth of Population in Eighteenth-Century England: A Conundrum Resolved', *Past and Present*, 98 (1983), p. 131.

70 E.A. Wrigley, R.S. Davies, J.E. Oeppen and R.S. Schofield, *English Population History from Family Reconstitution 1580–1837* (Cambridge 1997).

71 E.A. Wrigley, 'Explaining the rise in marital fertility in England in the 'long' eighteenth century', *Economic History Review*, Second Series, LI (1998), p. 441.

72 Mokyr and Ó Gráda, 'New Developments in Irish Population History', pp. 480–1.

73 Macafee, 'Evidence from the Parish Register of Killyman', p. 157.

74 V. Morgan, 'The Church of Ireland Registers of St. Patrick's, Coleraine, as a Source for the Study of a Local Pre-Famine Population', *Ulster Folklife*, XIX (1973), p. 63.

75 Eversley, 'The Demography of the Irish Quakers, 1650–1850', pp. 72–74.

76 J. Schellekens, 'The role of marital fertility in Irish population history, 1750–1840', *Economic History Review*, Second Series, XLVI (1993), pp. 369–378.

77 J. Knodel, 'European Populations in the Past: Family-Level Relations' in S.H. Preston (ed), *The Effects of Infant and Child Mortality on Fertility* (New York, 1978), p. 26.

78 Schellekens, 'The role of marital fertility in Irish population history', pp. 372–3.

79 Connell, *Population of Ireland*, p. 25.

5
Clothes can help
Using material culture for support

MAIREAD DUNLEVY

Bill Crawford uses original sources wisely; his publications have opened new vistas and even corrected the inaccuracies of folklore. Indeed, Bill's generosity of spirit has meant that while involved in his own research he has encouraged many others in research in diverse fields of history. I am one of those who has benefited greatly from his generous counsel as well as being a regular recipient of photocopies of relevant data and of gems of references on everything from the history of dress to that of ceramics and postal history.

I

It can be argued that an enhanced understanding of our social, economic and industrial history can be gleaned through combining documentary evidence with a study of relevant contemporary sources in archaeology, art history and material culture. This interdisciplinary approach would be particularly valuable in the study of communities who warranted little attention from politicians or investors in their own time but whose lives are part of our history. Indeed even a study of the utensils that they used every day shows through the choice of raw material, production method, design and decoration motifs the relationship with other communities and the influences on their lives and products. This also applied to items as commonplace as clothing.

I therefore hope to show in this essay that the cut and design of clothes worn even by the poor, or the less travelled, document changes in Ireland from the medieval to modern times. For example, the clothes worn by the upper and lower classes in late medieval Ireland bear comparison with the styles worn by their peers throughout Europe. However, as many European regions were isolated during this period, regional distinctions developed in dress. The spread of Tudor power in Ireland is documented in that from the sixteenth century some local tailors made English-style clothes. Irish political history is mirrored in the subsequent acceleration of that acceptance as modes were then changing with some regularity, influenced by fashion rather than a primary concern with function. The drive to develop industries in Ireland is documented in the investment in introducing modern textile and dye centres in the sixteenth and seventeenth centuries. Historical documentation shows the influence of expertise from the Low Countries and France while illustrations and a few extant textiles show that Spain was also influential. The change from the medieval to modern was slow and inconsistent and indeed some defiantly continued to wear Gaelic/pan-European or medieval-style clothing even in the eighteenth century. However, by then, the majority, even of the poor, conformed to English styles.

Other sources of evidence support this argument. Firstly, there are the clothes found in the last two centuries in Irish bog burials; secondly, there are contemporary illustrations although it should be noted that there is a paucity of reliable illustrations of dress as worn in Ireland from the fourteenth to early seventeenth century. The carved tombs, for example, give information only on the upper class and even there, because of the lasting importance of the effigy, only styles denoting respectability are represented. Thirdly, the genre paintings in which the lives of the lower orders in the Low Countries are illustrated are valuable for comparative purposes. These include the works of Pieter Bruegel the Elder (1525/30–69) and Younger (1564–1638) and of Adriaen Brouwer (1605/6–38). Relevant too are the wood-cuts and engravings of Albrecht Dürer (1471–1528) that record 'peasants' of Ireland and Germany and the illustrations of various styles of clothing worn in Ireland in the late sixteenth/early seventeenth century as represented by Lucas de Heere, John Derricke and John Speed.

II

The direct links between the wealthy in Ireland and Europe are suggested by the use in the early fourteenth century of figure-enhancing garments on female effigies at Cashel, Co. Tipperary.[1] The style had been developed in Italy only a short time before and may be viewed as an outcome of the new spirit of humanism. There was also little time lapse between the introduction of another new garment, the all-enveloping houppelande, to the French court about 1360, and the depiction of the mayor of Waterford wearing one about 1371.[2] Yet even these expensive garments of consistent styles had recognisable regional characteristics. For example although houppelandes were so undifferentiated that a male could bequeath one to a female, the paintings of Clarice Orsini of Florence in the late fifteenth century, and of Katherina Knoblauch, 1532, of Frankfurt-am-Main and the effigies in St Canice's Cathedral, Kilkenny, of Margaret Fitzgerald c.1539 and of Honorina Grace, 1596 all illustrate variations.[3] The traditional houppelande worn by each of them had the characteristic heavy folds and those worn by the Kilkenny women and by Katherina were in heavy wool, which was probably woven and felted locally. Clarice also wore a locally woven fabric but, as she was the wife of Lorenzo the Magnificent and as the Medici bankers invested in expensive silks and velvets, her houppelande was a fur-trimmed plain silk velvet. In this she was promoting a recently invented and, because of production methods, extremely expensive fabric. Similarities can be observed between the styles worn by both Orsini and Fitzgerald in the use of stand collars which was a common unisex feature and also in the use of embroidered and jewelled headdresses. The common features between Knoblauch, Fitzgerald and Grace are that they all wore heavy, long and ornate buckled belts. There are other comparable features such as the many finger-rings worn by Knoblauch and by Grace. Knoblauch's array of gold chains also recalls Luke Gernon's criticism in 1620 of Thomond women who wore what he considered were old-fashioned collars of goldsmith's work. Knoblauch, though, is distinctive in that her headdress is possibly a regional style. Also distinctive to her is the low square neckline with a gold embroidered infill. This modification enhanced her heavy gown of the late medieval period with fashionable elements of contemporary German and Italian fashions and shows her awareness and acceptance of this new trend.

The gowns represented in the effigies of Margaret Fitzgerald and Honorina Grace suggest that those powerful women were unconcerned about new and changing fashions.[4] Their conservatism, however, should not be interpreted as a sign of isolation as Margaret Fitzgerald and her husband Piers Butler were so aware of the luxury textiles coveted in the courts of Europe that in 1525 they sponsored the immigration to Kilkenny of Flemish workers who were skilled in making 'diapers, tapestries, Turkey carpets, cushions and other like work'.[5] Fitzgerald is more likely therefore to represent confidence in her family's position while less-confident contemporaries promoted their families through wearing fashions interpreted in London.

III

This island was one of the regions that abandoned the tunics and wrap around styles of antiquity about the fourteenth century. Here, as elsewhere, the short and tailored clothes that evolved developed their own national and regional distinctions.[6] While the quality of the local textiles available may have affected the clothes of different districts the general styles worn in Ireland and Europe are comparable in contemporary coat shapes and lengths, styles of kerchiefs, hats and head coverings. An appreciation of the significance of these Gaelic/pan-European modes became blurred when, with the spread of English power, Irish people were ordered to wear the 'same fashion of attire, wherewith the victor is vested and speak the same language that the vanquisher parleth'.[7] The contrast between the two was great as the Gaelic/pan-European style changed slowly while, from the reign of Henry VII (1485–1509), English and other clothes changed regularly through accepting features from dress in Germany, France and Italy, and, after the marriage of Queen Mary and Philip II of Spain in 1554, accepting Spanish influence as well.

The propaganda against the use of Gaelic/pan-European style clothes developed after the first law was passed in 1509 in an attempt to get Irish leaders to change to English styles. The pressure for change was such that when Garret Óg Fitzgerald was re-appointed Lord Deputy in 1524 he had to promise to endeavour 'to get the

King's subjects of the four shires to go in English apparel'.[8] With extra confidence Henry VIII declared in 1537 that the Gael would be blessed if he followed 'the language, tongue, manners and apparel with them that be civil people'.[9] This approach was in the spirit of his time as Philip II of Spain also issued a similar directive to his Dutch subjects. Progress was slow but the temptation of land acquisition meant that astute Irish and Old English leaders wore 'modern' or English styles during negotiations with officials from at least 1541. Then there were those who began to wear such styles on Sundays, progressing to wearing them every day. From 1536, residents of cities and corporate towns were also more faithful to English fashions, so much so that, about fifty years later, officials could be particularly censorious of those who were not.[10] It is in this light that the criticism of officials such as the solicitor Andrew Trollope, the custom official John Derricke, the planter Edmund Spenser and the civil servant Luke Gernon, should be read. Their prejudiced criticism has stung through the centuries.

IV

Although many poor men continued to wear the léine in the late sixteenth century others wore styles that can compare with those worn in the genre paintings of the Low Countries. This would seem to indicate a pan-European awareness, if not communication.

There were major contrasts in the quality of the fabric, including its finish and dye, of the clothes worn in Ireland and in the Low Countries. The woollens worn in the Low Countries were so firmly woven and felted that tailors could cut the fabric sharply and sleeves could be inset in a sculpted fashion. These were so robust that garments were dyed and lined with contrasting colours. The genre paintings show that such woollen clothes would keep 'peasants' warm and protected from the elements. In contrast the clothes found in Irish bogs were generally of loosely woven coarse wool. The acids in the bog may have worn away much of the fulled or cottened effect but the quality of weaving created problems for tailors. This may have been why the simple and early method of measuring by wrapping fabric around the body, arms or legs, survived longer in Ireland and that the back seam was a relatively late introduction here. This may also have been the reason that when closed sleeves occurred they depended on the elasticity of the loosely woven fabric and that they were closed with cloth buttons rather than a seam.

Otherwise the styles of clothes worn show that Irish tailors were aware of contemporary styles elsewhere. For example, one complicated yet elegant construction used in the Low Countries was that in which the tailor cut the cloth so that it hung on the shoulders and a panel was inserted at the shoulder blade. This construction can be seen in women's gowns in Bruegel the Elder's 'The Bridal Dance' and in 'The Barn Dance'.[11] It is also the style of construction of the bodice of the gown found at Moy, Co. Clare.

An extremely simple coat form is that with plain open front but with a slight projection to indicate the neckline. In Flanders, even coats of this simplicity were of strong woollens and were tailored with shoulder seams and inset sleeves. However the status of the person who wore such a coat as a principal garment might be judged by the fact that The Master of Alkmaar used it in 1504 to clothe the destitute who received charity.[12] Sympathy for an old man is palpable too when he was clothed in such a coat at a peasant wedding in a painting by Bruegel the Younger in 1620.[13] A simple coat of similar style was found at Owenduff, Co. Mayo. Though made of inferior cloth, or seemingly of patches of loosely woven cloth sewn together, it was a warm coat as the patches were layered, some of which being five layers deep.

A more complicated coat style seen in the genre paintings is one in which a plain back is relieved with some folds at the centre in a style that suggests a derivation from the houppelande. The coat, with simple neckline, was invariably of below the knee length.[14] The parallel development in Ireland would seem to have been derived more from the *cote hardie*. In it, the plain back is relieved with gores let into the back and sides of the skirt. The sleeves are secured from the top of the shoulder and closed with an array of buttons on the sleeves and front. A comparable style used in Ireland was described by the *Calendar of State Papers*, 1571, as an 'Irish coat'. The best known extant example of this style is that found at Killery, Co. Sligo.

The long tight trews found at Kilcommon, Co. Tipperary and Killery, Co. Sligo along with those found at Dungiven, Co. Tyrone, which were of a more complicated tailoring style, are all of loosely woven wool. However the general shape of all three was similar to that worn by peasants in the Low Countries in the sixteenth/early seventeenth centuries.[15] Indeed Luke Gernon could have described the garment in either region when in 1620 he said that the trews of the common man in Ireland were:

> worn close to the thighs and drawn almost to the waste, but very scant, and the pryde of it is to wear it so in suspence that the beholder may still suspect it to be falling from his arse. It is cutt with a pouche before, which is drawn together with a string.[16]

In 1610 John Speed illustrated another commonly worn legging or protection for the lower leg and upper part of the foot. Such was probably derived from the earlier *chausses* and could have been in either leather or cloth.[17] Speed, who depicted three strata of Irishmen on his map margin, gave such soleless leggings only to the poorest. That man's poverty is also indicated by the fact that he had the shortest, most lightweight mantle/blanket and he had a 'glib' hairstyle. Descended from this garment were the soleless stockings which were worn in Ireland and Norway into the twentieth century. These protected the bare legs when working outdoors and from the chafing of the woollen skirt. In Norway knitted hose was worn on Sundays and cloth hose on the other days, whereas in Ireland knitted soleless stockings or 'mairtíní' were worn every day.[18]

A garment that certainly changed in style from the late medieval to modern times is the short jacket. One of the earlier forms is that found at Kilcommon, Co. Tipperary. It relates in style to the leather jerkins worn by Irish kerns and may be derived from the *gambeson* or military tunic that was worn under body armour about the fourteenth century.[19] That from Kilcommon is of coarse wool. Its plain body has a symbolic single 'slash' at the shoulder; the short skirt is pleated and the hanging sleeves were buttoned at the cuffs. Such sleeves, which were bands along the upper arms, allowed for the display of the full sleeves of the linen léine. A parallel version was the hanging sleeve worn by the wealthy in Spain in the early seventeenth century.[20] Both would seem to have been indigenous developments. A doublet that showed the acceptance of the English/modern attitude was found at Dungiven, Co. Derry.[21] The latter has inset sleeves with seams, various linings, hemmed skirts and welting as well as piping. In shape, slashing for decoration and wings on shoulders, it compares comfortably with a late sixteenth century buff jerkin in the Museum of London and with others of wool or silk worn then in Italy and Germany.[22]

The 'Irish mantle', it has been suggested, was a distinctly Irish garment that was made in its fulled and curled form from 'at least the eleventh or twelfth century'.[23] However, little distinction was made in literature between such common varieties as rug mantles, caddows and blankets and, although there was pride in the fact that the Irish mantle was prohibited 'within the franchise' on pain of a fine in 1466, there is no indication as to whether this prohibition applied to the expensive rug mantle or to other varieties. Evidence of its early existence is sparse because, with the exception of St Brigid's mantle, with its questionable traditional dating, most references to Irish rug mantles and caddows date from the late fifteenth to seventeenth centuries.[24] The one aspect on which there is certainty is that they were considered as warm and protective wraps which the poor used as mantles by day and as blankets at night. Valued for those attributes, travellers were allowed to wear the Irish mantle from 1537 and the mantle was issued to soldiers in Elizabeth's army for protection against the rigours of the Irish climate in 1600. The wealthy and the official administration distinguished between the rug mantle as a personal wrap and the caddow as a blanket or bed covering.[25] As value and appreciation were calculated on weight, weave, length and quality of the weatherproof finish, the difference in size required for bed or wear may explain why rates struck in Tyrone in 1608 show that it cost more to weave and to finish a caddow than a mantle. That termed a 'blanket' would seem to have been a cheaper variety.

About 1480 the weather throughout Europe was so extremely cold that the wealthy and fashionable adopted certain warm garments that were previously worn only by the impoverished. The fashion would seem to have been led by Spain where the 'samarra' or cloak-like coat that was worn by Spanish shepherds was adapted by the nobility and the wealthy. Not surprisingly, they replaced the humble sheepskin with a fur lining and used a braid trim.[26] As the usage of fur was restricted to the upper class there was a market in Europe for wraps or rug mantles and caddows made of curled hair. The market was such that 'Irish rug mantles' of Irish wool were made in Manchester and Salford and caddows were also made and used in Scotland and northern England.[27]

The curled and tufted effect of the heavy Irish mantles and of their detachable collars show a similarity in production style to the felted hats with brims found at Boolabaun, Co. Tipperary. These can be compared directly with a felted hat that was worn by a German peasant in a woodcut by Albrecht Dürer (1471–1528).[28] It would seem, therefore, that the technique was known in Gaelic/pan-European societies. It has been suggested that the surfaces of these tufted mantles, caddows and hats were finished by drawing out the nap of the woollen cloth with wire cards or teasels and then that the nap was curled or, as in the case of some caddows, trimmed with shears.[29] Such wool cards were relatively new as they were being adopted in various European centres about the fifteenth and sixteenth centuries.[30]

Almost parallel with this, the fashion for wearing stylish cloaks was adapted by the wealthy from a comfortable and warm garment worn by the poor. It has been suggested that the fashion for such cloaks of silks, satins and costly trimmings evolved in Spain in the sixteenth century and spread then to France and the Low Countries.[31] Not only did the simple version of the cloak continue to be worn by the lower classes in Spain but that it was also worn elsewhere is suggested by the fact that Pieter Bruegel the Elder painted poor, blind and labouring men wearing cloaks in the early sixteenth century.[32] Equally, the all-enveloping Irish cloak was in such common use in the sixteenth century that it was used to form a woman's shroud in Donegal about 1570.[33] Even setting aside their properties of warmth and protection, a satire of 1610–30 on north Kerry boors shows that the poor could cut a dash as much as any fop with a flourish of the cloak.[34]

V

Flanders was the major cloth producer and market for western Europe until the fourteenth century when English production of carded woollens began to threaten its lead. England then became the major supplier in the fifteenth century and there was a thrust to open cloth centres in the more remote parts of England and in Ireland.[35] To compete and thus expand and improve expertise in weaving, dyeing and finishing cloth, efforts were made to attract specialists from the Low Countries. Freedoms were offered to weavers from overseas to settle and work here.[36] To improve dyes an exclusive licence was granted in May 1584 to two men from Tournai who lived in London, Peter Demaistres and John Williams. The grant gave them permission to plant and dress woad and madder in Ireland 'after the manner of Flanders' and to export their produce. They planned to achieve this by employing skilled Flemish workmen and their families.[37] Another ambitious patent was granted to Christopher Shutz and others in 1565, which allowed them to work the mordants, copperas and alum in England and Ireland.[38] The following year, 1566, Cornelius de Vos, originally from the dyeing centre of Liège but then resident in London, sold his patent to the Mountjoy family. They lost heavily on the venture although it was worked on their own lands and Lord Mountjoy subsequently planned to recover the family fortunes through getting an exclusive patent for mining alum and copperas in Ireland. An equally influential applicant in the late 1560s was the Secretary in Ireland, John Chaloner.[39]

During the late sixteenth and early seventeenth centuries there was also a drive to introduce new weaves or marketable textiles. One was the introduction to Ireland by Giles Warren of Milan fustian, a linen warp and a vegetable cotton weft, at a time (around 1590) that it was being introduced to other English centres. Aided by his pupils from London, it may be surmised that this venture was successful as in 1605 a hapless John Handfield who offered to teach fustian-weaving was granted no more than a short-term freedom in the Dublin franchise probably because the citizens believed that they needed no training from him.[40] Kerseys, made from inferior grades of carded and spun wool, were worked although by 1618 these might be considered as traditional.[41] About the same time it was recommended to the earl of Cork that a finished white cloth, which was called 'Wiltshires', could be produced.[42] There were many other innovation efforts such as the marquis of Buckingham's venture 'near Dublin' in 1622 where 'poor people' were employed in carding, spinning, weaving, working, dressing and dyeing cloth and Thomas Rope's other centre 'near

Dublin' for the production of well-dressed coloured cloth.[43] Another important wool specialisation was the production of felt hats. It is believed that they were invented in Normandy in the fifteenth century and that felt, and possibly felt hats, may have been in production in Youghal before specialists were granted a charter in 1656 and before the Dublin guild of felt makers was established in 1667.[44] Considering the source of the expertise it is understandable that, for example, a pointed felt hat found at Knockfola, Co. Donegal resembles that worn by a child in a Cornelis Dusart (1660–1704) picture.[45] Felt hats in 'Phrygian' shape which were characteristically worn by buffoons in the genre paintings of the early seventeenth century can be likened to the battered styles which were used to ridicule Irish 'peasants' in nineteenth-century cartoons.[46]

In this expansionist period in England and Ireland, and at a time that textiles and agriculture were the major industries, there was a drive to improve the standard of linen production too. It was held that to achieve the standard of linen woven in the Low Countries and France new flax seed should be sown.[47] There were ventures such as Sir Henry Sidney's settlement of Flemish linen workers at Swords about 1570 to make 'diaper and tickes' for beds.[48] About 1635 Thomas Wentworth, the Lord Deputy, spent £1,000 in importing superior flax seed from Holland, buying spinning wheels and seven looms and trying to attract weavers from Leyden, Haarlem and France to establish a quality industry here.[49] Another well-known venture was that in which Roger Boyle, the first earl of Orrery, settled forty Dutch families in Limerick in 1660–61 and introduced French and Dutch settlers to improve his linen industry at Charleville. There, about 1667, he built a street and school for the 'artists', purchased the best Flanders and Brabant seeds and employed a large number of local apprentices.[50] While many of these ventures were unsuccessful the attempts show the aspiration to achieve the type of textile industries that would be expected in a modern Ireland.

In this drive, skilled Dutch and Flemish weavers and dyers were settled in the east and south of Ireland and also in East Anglia and the south east of England.[51] Their skill in dyeing is obvious in the genre paintings. Their success in Ireland can be seen in the contrast between the strong colours worn by townswomen, as depicted by Lucas de

Heere, and the insipid colours in which he portrayed the dress of others, such as the houppelande-derived gown worn by a gentlewoman and the mantle of a poor woman about 1575.[52]

It is conceivable that these immigrant specialist cloth workers and dyers were responsible for the introduction of the 'red petticoat' uniform that is now identified as 'Gaelic dress' of the west of Ireland. The use of red petticoats, many with parallel bands above the hem and worn with a jacket, is documented in, for example, paintings by David Tenier the Younger, 1644, and Pieter de Hoogh, c.1662.[53] Dutch or Walloon female weavers in seventeenth century Bedfordshire and Essex also wore red petticoats with green 'guards' or aprons.[54] Amongst the large collection made by Sir Hans Sloane (1660–1753) of Killyleagh, Co. Down, and of British Museum fame, are watercolours of an 'Irish woman' dressed in a red petticoat, green apron, brown jacket and white linen. Clearly Sloane was satisfied that this was a faithful image and it is not improbable that he could have had a preference for the depiction of a hard-working textile specialist of Dutch origin.[55]

An important figure in the development of many modern industries in the seventeenth century was Richard Boyle, 1st Earl of Cork. In 1613 and again in 1641 he brought specialists from the West Country to establish woollen and linen centres in his new towns of Tallow, Youghal, Clonakilty and Bandon.[56] Then in April 1636 he paid a 'bone lace woman' ten shillings to teach a 'poor begging girl out of Munster' to make bone lace. This precedent meant that bone or pillow lace could then become a charity employer.[57] However Matthew Phillips, a bone lace maker who arrived two years later, worked for the fashionable and designed his own lace.[58] It is probable that this early teacher and maker came from London or from one of the other bone lace centres that developed in the south and midlands of England under Flemish immigrant tutelage during the late sixteenth century.[59]

The working and wearing of the two luxury textiles, lace and silk, signalled the acceptance of the modern age in Ireland. The trend is clear in that from about 1550 there was a dramatic increase in the importation of unworked silk which would have been used for weaving ribbons, fringes and cords and for embroidery. Broad silk weaving, which was introduced by Walloon weavers to London and

Canterbury spread subsequently to other centres in England. By the time that Thomas Evers, silk dyer, was admitted to the franchise of Dublin in 1638 it was evident that the broad silk weaving and dyeing industry was already established there.[60] The introduction of silk weaving was a major step as it was the first textile woven in Ireland that was not only totally dependent on international trade for its raw material but was also a finished product which would be buffeted by the depressions and activities of that same international trade.

The change in focus that had taken place is obvious from a burial found at Tawnamore, Co. Sligo.[61] Carefully laid on a raft of twigs and wood, the garments, their tailoring styles and cloth weights would not have been out of place if worn in Scotland or northern England in the late seventeenth century. That this was an Irishman who had accepted English fashion is clear from the survival of a medieval element in the shaping and style of the lower arms of the doublet.

VI

The changeover from late medieval to modern clothing styles has traditionally been interpreted as the capitulation of the old Gaelic order which was under pressure due to the advance of English rule in the late sixteenth and seventeenth centuries. This view does not take cognisance of the strength of the Gaelic/pan-European ethos of the late medieval period. It gives little cognisance to communication amongst the less well-off which created awareness of changing styles throughout Europe and in Ireland. It pays little attention to the fact that some of the practical, comfortable and warm clothes worn by the lower classes, such as the mantle and cloak, were adopted by the fashionable in the sixteenth and seventeenth centuries. Certainly, the spread of English rule forced a change in styles to those which showed conformity to a London mentality. This also meant an acceptance of regular changes in styles or fashions. With these changes came a demand for an improvement in qualities of textiles, weaves and dyes and every effort was made to achieve this through immigrant expertise. By the mid-seventeenth century the modern age had arrived as is seen in the luxury textiles such as silk and lace which were woven in Ireland and in the fact that they had to compete for sales with similar products made in London and other English centres.

NOTES

1 J. Hunt, *Irish Medieval Figure Sculpture, 1200–1600* (Dublin, 1974), pls. 26–28.
2 J.C. Walton, *The Royal Charter of Waterford* (Waterford, 1992), pp. 4–7.
3 Portrait of Katherina Knoblauch by Conrad Faber (1524–52) in Raymond Keaveney *et al, National Gallery of Ireland* (London, 1990), pp. 36–7; Hunt, *Medieval Sculpture*, p. 187; Portrait of Clarice Orsini by Domenico Ghirlandaio (1449–1494), *The National Gallery of Ireland*, no.1385.
4 S. Barry, J. Bradley, A. Empey, *A Worthy Foundation: the Cathedral of St. Canice, Kilkenny* (Dublin, 1985) pp. 74–7 and 90–91; Hunt, *Medieval Sculpture*, pp. 186–192.
5 J.G.A. Prim, 'Ancient Flemish colony in Kilkenny', *Transactions of the Kilkenny Archaeological Society*, I (1849–51) pp. 37–40.
6 F. Boucher, *A History of Costume in the West* (London, 1987 edition), p. 192.
7 Collected by Raphaell Holinshed and continued till the year 1547 by Richard Stanyhurst, *The Historie of Ireland from the First inhabitation therof, unto the Year 1509* (London, 1577), p. 3. Although laws were passed controlling dress and hairstyles from 1297 those laws were intended to protect English soldiers from dressing as Irishmen and thus being killed accidentally.
8 J.S. Brewer and William Bullen (eds), *Calendar of the Carew Manuscripts preserved in the Archiepiscopal library at Lambeth*, Vol. I (London, 1867), p. 29.
9 An Act for the English Order, Habite and Language 28 Hen.VIII c.15 (1537) *Irish Statutes*, Vol. I (1310–1612) (Dublin, 1786).
10 C. Maxwell, *Irish History from Contemporary Sources (1509–1610)* (London, 1923), p. 167; references are made elsewhere in the text to the effigies in St Canice's Cathedral, Kilkenny of Margaret Fitzgerald and Honorina Grace.
11 'The Bridal Dance', an early copy c.1566 in the Royal Museum, Antwerp, and 'The Barn Dance' c. 1565 in the Kunsthistorisches Museum, Vienna.
12 The Master of Alkmaar, poss. Pieter Gerritsz, Panels from Sint Laurenskerk, Alkmaar which are now in the Rijksmuseum, Amsterdam.
13 Keaveney et al., N*ational Gallery*, p. 37.
14 Pieter Bruegel, 1536, The figure at bottom right of 'Twaalf spreuken op borden', Museum Mayer Van den Bergh, Antwerp.
15 For example 'The Boor asleep' by Adriaen Brouwer (1606–38) in The Wallace Collection, London and 'Corn harvest, the month of August' by Pieter Bruegel the Elder, 1565 in Metropolitan Museum of Art, New York.
16 H.F. McClintock, *Old Irish and Highland Dress* (Dundalk, 1950), p. 90.
17 One is worn by a butcher in an autumn scene painted by Abel Grimmer (c. 1570/77–1619), Royal Museum, Antwerp. David is portrayed in soleless leather leggings in Francisco de Zurbaran's (1598-1664) painting of David and Goliath, private collection.
18 Aagot Noss 'With One Foot in the Middle Ages: Hose of Homespun and Other Types of Footwear in the Community of Tinn in Telemark, Norway', *Costume*, 23 (1989) pp. 22–38; A.T. Lucas 'Footwear in Ireland', *Journal of the County Louth Archaeological Society*, XIII (1956), pp. 309–333.
19 M. Dunlevy, *Dress in Ireland: a History* (Cork, 1999), col. pl. 4.
20 For example 'Portrait of a Spanish Princess' by Sanchez Coelle, c. 1615 in Boucher, *History*, fig. 434.
21 A.S. Henshall and W.A. Seaby, 'The Dungiven Costume', *Ulster Journal of Archaeology*, 24–5 (1961–2), pp. 122–5.
22 Boucher, *History*, pp. 225–6
23 A.T. Lucas, 'Cloth Finishing in Ireland', *Folklife*, 6 (1968), pp. 59–61.
24 Dunlevy, *Dress*, pp. 39–42
25 In March 1603 the Guild of the Holy Trinity, the Merchants Guild ordered that each guard at Dublin Castle should have a 'flock bed, a caddow and a pair of sheets', Gilbert

Library, Ms. 78 fols. 105–6; caddow style blankets are illustrated in P. Thornton, *The Italian Renaissance Interior, 1400–1600* (London, 1991), pls. 119 and 174.

26 Boucher, *History*, p. 445, 237–9; Another interpretation by the fashionable was an impractical drape, known as an *sberniae* (Hibernia), which was worn by wealthy women in England in the early seventeenth century.

27 E. Kerridge, *Textile Manufactures in Early Modern England* (Manchester, 1985) p. 20; I am grateful to Naomi Tarrant for advice on caddows in Scotland.

28 Ludmila Kybalová et al., *Encyclopédie Illustrée du Costume et de la Mode* (Prague, 1970), pp. 154–5.

29 Lucas, *Cloth Finishing*, p. 24; J.S. Brewer and W. Bullen (eds), *Calendar of the Carew Manuscripts preserved in the Archiepiscopal Library at Lambeth* (London, 1873), pp. 29–30.

30 Kerridge, *Textile Manufactures*, pp. 4 and 17–19.

31 P. Byrde, *The Male Image: Men's Fashion in England, 1300–1970* (London, 1979), p. 130.

32 Pieter Bruegel the Elder, 'The blind leading the blind' dated 1568 in the Museo Nazionale, Naples; 'Twaalf spreuken op borden' dated about 1536 in the Museum Mayer Van den Bergh, Antwerp.

33 The Meenybraddan townland burial was dated scientifically to AD 1570–90. Raghnall Ó Floinn, 'Irish Bog Burials', *Archaeology Ireland*, l2 (1988), pp. 94–5; Irish cloaks were of uniform and simple construction in which two lengths of felted twill wool were cut to a semi-circle but the arch of that circle was made in a frugal manner using waste fragments. In those extant the sections were invariably sewn together roughly. Measurements vary because of wear, burial in bogs and the manner of drying out, but they are about 100 inches (250 cm.) long and 50 inches deep.

34 N.J.A. Williams, *Pairlement Chloinne Tomáis* (Dublin, 1981), lines 656–661.

35 Kerridge, *Textile Manufactures*, pp. 13–25.

36 C.W. Russell and J.P. Prendergast (eds), *CSPI of the Reign of James 1, 1611–1614* (London, 1877), p. 190.

37 *Appendix to the Fifteenth Report of the Deputy-Keeper of the Public Records in Ireland* (Dublin, 1883), p. 57.

38 BM Sloane Ms. 2483. Alum was used in tanning and copperas used as a black dye and in the manufacture of ink.

39 H.C. Hamilton, *CSPI Ireland 1509–1573* (London, 1860), pp. 291, 381.

40 John T. Gilbert, *Calendar of Ancient Records of Dublin*, Vol. 2 (Dublin, 1891), pp. 434–5; Kerridge, *Textile Manufactures*, p. 124.

41 Russell and Prendergast (eds), *CSPI of the reign of James 1, 1615–1625* (London, 1880), p. 200; Kerridge, *Textile Manufactures*, p. 5.

42 'Wiltshires' were made from the wool of short hair sheep. John Greene to Earl of Cork, 25 June, 1624 (National Library of Ireland Ms. 12, 813 (2) fol. 383); R.P. Mahaffy, *CSPI in the reign of Charles 1, 1633–47* (London, 1901), pp. 134–7.

43 Russell and Prendergast (eds), *CSPI 1615–1625* (London, 1880), p. 361; Raymond Gillespie, *The Transformation of the Irish Economy, 1550–1700* (Dundalk, 1991), p. 35.

44 Kerridge, *Manufactures*, p. 137–8; R. Day 'Cooke's memoirs of Youghal, 1749', *Journal of the Cork Historical and Archaeological Society*, IX (1903) p. 42; M. Clarke and R. Refaussé, *Directory of Historic Dublin Guilds* (Dublin, 1993), p. 20

45 The Knockfola hat is National Museum of Ireland Irish Antiquities reg. no. 1962.100; 'A merry-making' by Cornelis Dusart, *Dutch Paintings of the Golden Age from the collection of the National Gallery of Ireland* (Washington, 1987) pp. 28–9.

46 For example 'Peasants in an interior: the skaters' by Adriaen van Ostade, 1650 the Rijksmuseum, Amsterdam; a figure in the background in 'The Boor asleep' by Adriaen Brouwer (1606–38), the Wallace Collection, London; 'A merry-making' by Cornelis Dusart (1660–1704), the National Gallery of Ireland.

47 Aidan Clarke, 'The Irish Economy, 1600–60', in T.W. Moody, F.X. Martin, F.J. Byrne (eds), *A New History of Ireland*, Vol. III, *Early Modern Ireland 1534–1691*, (Oxford,

reprint 1978) p. 182; Russell and Prendergast (eds) *CSPI of the reign of James 1, 1603–6*, (London, 1872) p. 135.

48 Rolf Loeber, 'English and Irish Sources for the History of Dutch Economic Activity in Ireland, 1600–89, *Irish Economic and Social History*, VIII (1981) p. 71.

49 H.F. Kearney, *Strafford in Ireland 1633–41: A Study in Absolutism* (Manchester, 1959), pp. 155–9; Loeber, *Sources*, p. 72.

50 Gillespie, *Transformation*, p. 44; R.P. Mahaffy (ed), *CSPI in the Public Record Office, 1666–1669* (London, 1908) p. 367.

51 S. Pennell 'Skills from Europe, 1500–1600', in M. Snodin and J. Styles (eds), *Design and the Decorative Arts, Britain 1500–1900* (London, 2001), pp. 26–7, 126.

52 Dunlevy, *Dress*, pls. 3, 2 and 4.

53 Irish folklore suggested that two bands indicated that the wearer was married; one that she was single and three bands indicated that she was a widow. 'A kitchen scene' by D. Tenier in Mauritshuis, The Hague; 'A boy bringing Pomegranates' by P. de Hoogh, the Wallace Collection, London.

54 A. Buck, 'Clothing and textiles in Bedfordshire inventories, 1617–1620', *Costume, the Journal of the Costume Society*, 34 (2000) p. 31; Dunlevy, *Dress*, col. pl. 7.

55 Dunlevy, *Dress*, col. pl. 7

56 David Dickson, *Old World Colony: Cork and South Munster 1630–1830* (Cork, 2005), p. 126.

57 NLI, Lismore Papers, MS. 12,813 (4) 693.

58 Gilbert, *CARD*, 111 (Dublin, 1892) p. 354.

59 Kerridge, *Manufactures*, pp. 138–9.

60 Gilbert, *CARD*, 111 (Dublin, 1892) pp. 18–446.

61 'National Museums acquisitions,' *Journal of the Royal Society of Antiquaries of Ireland*, 102 (1972), pp. 215–7.

6

Taste, chemistry and mechanics

Early industrial Lisburn

1760–1825

BRENDA COLLINS

In his *Tour of Ireland in 1760*, Richard Pococke described Lisburn as 'a very neat, well built town … houses built of brick; … a handsome church and market house – they drive a great linnen trade'. Daniel Beaufort, in 1787, wrote in his journal that he found Lisburn to be 'a prodigious pretty town … many good families who live in a very pleasing society'. In 1814, John Gough recollected that it was 'the handsomest inland county town I have seen in Ireland', while the following summer a lady's perspective extolled it as 'one of the neatest towns I saw in all Ireland'. In 1834, Henry Inglis described it as a 'clean, neat and lively town, enjoying a good trade'.[1] During this period, it seems that the town and environs of Lisburn presented to visitors a pleasing appearance of commercial prosperity based on its linen trade. This essay is therefore intended as a contribution to a theme central to Bill Crawford's approaches to the study of Irish economic and social history, the connections between the growth of Ulster towns and the success of the domestic linen industry.[2]

Almost all the commentators drew their experience from travelling through Lisburn on their way to or from Belfast and, just as Belfast's fortunes changed dramatically in the eighteenth and the early nineteenth centuries, so also did those of Lisburn. Even earlier, in 1679, the sentiment had been expressed that 'if our town [Belfast] prosper, your town certainly must, for one depends upon the welfare of the other'.[3] As the linen industry became re-oriented towards east Ulster in the later eighteenth century the lower Lagan valley encompassing both towns was viewed as one region, bearing visible signs of busy activity, commercial growth and textile manufacture, where river water was a source of power, essential to textile-based industrial processes and to commercial transport. It was the development of such commercial use of the Lagan which transformed the district and reinforced the importance of Lisburn as a market town. In 1785, there were said to be fourteen bleachgreens within a six mile length along this part of the river, bleaching in total more than three million yards annually. Such commercial activity at a local level contributed to the overall vast expansion of linen cloth exports to Britain and north America – a forty-fold increase between 1701 and 1821.[4]

Lisburn's development up to the mid-eighteenth century possessed many of the attributes identified by scholars of Irish urban settlement. Though not 'planted', it was planned as a market town for the district by the Conway family in the early seventeenth century, with a market house, school, church and proprietor's dwelling house and was settled by some 50 English and Welsh families, possibly a maximum of 200–260 people. As elsewhere in Ireland, during the more stable times of the eighteenth century,[5] rebuilding and renovations added buildings with civic uses such as the Assembly Room above the Market House, a County Infirmary and inns which catered for the carrying and commercial trade. The Conway family, later created the Hertfords, played a significant role in encouraging domestic rebuilding after the town fire in 1707. By the 1760s, modernisation was further 'directed' in the building of the Linen Hall, and improved leases were granted, 'renewable for ever'. This resulted in the replacement of 'many old houses and cabins' by 'neat comfortable brick and slated houses'. Within the ten years around 1800, there were architectural refinements to the Market House, the creation of a shambles in Smithfield for cattle and meat sales, and various road and bridge improvements.[6]

The undertaking of all these physical improvements to the townscape presupposed an orderly town. Times were less hard and this stability is borne out by Morgan's analysis of the parish registers of

Blaris which indicates a steady increase in population after 1750. This was related to an increase in marriages, probably through immigration, and became self-sustaining leading in turn to more children being born, more of whom survived to adulthood.[7] Table 6.1 shows the population growth in this period. By 1821 Lisburn ranked sixth in population size among Ulster towns.[8]

TABLE 6.1
Growth of population in Lisburn

YEAR	HOUSEHOLDS	PEOPLE
1627	53	260
1659	140	700
1779	676	3,381
1811		4,800
1820/21	1,141	5,485
1831		5,745

SOURCES:
1627: *Ground Plotte of Lisburn* (Irish Linen Centre & Lisburn Museum). Population estimate based on a household size of five people.
1659: The 1659 population figures are estimated from a Poll Tax list of 357 people and the number of households has been estimated by assuming each household contained five people. R. Gillespie, 'George Rawdon's Lisburn', *Lisburn Historical Society Journal*, 8, (1991).
1779: *The State of Lisburn 1779* returned by Mr Fulton, Sub-Sheriff of County Antrim, (Gilbert Mss, 36, 334, Dublin City Library). The population comprised 1,575 males and 1,806 females.
1811: J. Dubourdieu, *A Statistical Survey of the County of Antrim* (Dublin, 1812), p. 459.
1820–21: *An Account of the Parochial Visitation of the Town of Lisburn commencing the 13th of November 1820* by Thomas Cupples, Curate. PRONI, DIO/1.
1831: Official census figures, W.E. Vaughan and A.J. Fitzpatrick, *Irish Historical Statistics* (Dublin, 1978), pp. 36–7.

I

The starting point for this study is the 1820/21 parochial census, taken by the curate, Thomas Cupples.[9] His enumeration showed the population of Lisburn to be 5,485 people living in 1,141 households, an average household size of 4.75 people. Nearly 90 % of the townspeople lived on the Antrim side of the river Lagan. More women than men were enumerated within the town boundaries; there were always more opportunities for low level earnings for women within towns than in the countryside.

TABLE 6.2
Population of Lisburn 1820–21

	HOUSEHOLDS	MALE	FEMALE	TOTAL POPULATION
Co. Antrim	1,011	2,269	2,643	4,912
Co. Down	130	261	312	573
TOTAL	1,141	2,530	2,955	5,485

SOURCE: Cupples' Census, PRONI, DIO/1

Unlike the national censuses, this document is not a 'true' snapshot because Cupples took several months to enumerate all the inhabitants. Nor, although he followed a relatively rigid schema (of his own devising) can we assess his accuracy. The census is primarily of households, listing them by street, with the name of the household head, the number and gender of each household member, their religious affiliation, whether they possessed a bible or scripture, and their means of livelihood. Surviving census documents at a nominative level are rare indeed in Ireland and the existence of this document in PRONI was first brought to my attention by Bill Crawford around 1980. The document subsequently formed part of a teaching aid in a course on computer analysis and interpretation of historical data in the Department of Economic and Social History, Queen's University Belfast, which was run by Leslie Clarkson with my assistance. From its findings (and additional work), in 1982 Leslie Clarkson and I published an article 'Proto-industrialisation in an Irish town: Lisburn 1820–21' which examined some of the demographic features of Lisburn in relation to the model of proto-industrialisation.[10]

Almost a quarter of a century after Bill's felicitous offering, the present paper 'narrows the beam to intensify the light' by using Cupples' census to interpret the web of connections between the small-town activities in Lisburn and the broad commercial and technological frameworks of the wider world within which the people of Lisburn operated. Between 1760 and 1825 commercial activity in Lisburn moved into a new phase with the opening of the Lagan Canal in the 1760s while after the late 1820s the successful introduction of mechanised wet spinning of linen yarn marked another phase of commercial and industrial production. The textile-based economy of the town connected different groups of people within Lisburn's society through 'taste, chemistry and mechanics',[11] a phrase coined by Baines in relation to the English cotton industry which seems to describe precisely the influences on the intellectual and mercantile environment in Lisburn at this period. In the first group, representing 'taste', were the professional and mercantile people who lived mostly in the old town centre; the second category identifies the scientific and entrepreneurial skills at the time which were evident in the application of chemical techniques to textile bleaching and in adopting and developing new textile technology; the third grouping of 'mechanics' comprises the hand workers, spinners and weavers, as well as all the other textile-related workers whose activities underpinned the commercial trade of Lisburn.

Cupples' enumeration of the means of livelihood or occupations of the townspeople endorses the commentators' perceptions of Lisburn as a town dependent on its trading patterns and its commerce in linen and cotton. Table 6.3 provides a summary of some of the occupational information. The food shops supplying dry goods, fresh meat, fruit and bread show how far customers' needs had moved from self-sufficiency and subsistence. The number of clothing suppliers, of whom two-thirds (79) were shoemakers, also shows the extent of cash in circulation.

Most of the professional and mercantile men lived in the old heart of the town, the Castle Street–Market Square–Bridge Street neighbourhood which had been settled by the seventeenth century Conway family. Throughout the following century, Castle Street and Bridge Street were the main entry routes from Belfast and Dublin respectively and the routes met in Market Square. Castle Street led to the road from Belfast through Lambeg, which was established by Rawdon in the seventeenth century, and was, by the mid-eighteenth century, a revenue-raising turnpike with improved upkeep. Bridge Street led to the Lagan crossing and in 1785 John Handcock, Quaker merchant and linen draper of Lisburn, proposed and initiated the realignment of the bridge over the Lagan.[12] The new position, 300 yards up river, directly connected Bridge Street with the Dublin and Hillsborough turnpike. With the huge increase in commercial traffic to and from

TABLE 6.3
Means of livelihood in Lisburn 1820–21

SELECTED OCCUPATIONAL GROUPS	N	%
Professional	59	7
Food	48	5
Drink	32	4
Lodging & transport	23	2
Clothing, manufacture and/or retail	121	14
Other crafts, manuf. and/or retail	75	8
SUBTOTAL	358	40
Spinner	158	18
Spinner plus Philanthropic Society	54	6
Damask weaver	41	5
Other damask occupations	16	2
Weaver, unspecified	173	20
Cotton/muslin weaver	4	
Other cotton occupations	36	4
Other linen (inc. thread) occupations	40	5
SUBTOTAL	522	60
TOTAL	880	100

Note: Examples of occupations under specific categories.
Professional: law, clergy, medicine, school teacher, lady, gentleman.
Food: cookshop, bakery, grocery, butcher, confectioner, tobbacconist, fruitshop.
Drink: publican.
Lodging and Transport: innkeeper, inn associated work, carman, chaise driver, coachman.
Clothing: tailor, hatter, haberdasher, hosier, shoemaker, dressmaker, seamstress, mantuamaker, straw bonnet maker.
Other crafts and skills: tanner, currier, watch and clock maker, book binder, stationer, pawnbroker, barber, seedshop, gardener, cabinet maker, carpenter, nailer, blacksmith.
Other damask occupations: pattern drawer, yarn dryer, yarn buyer.
Other cotton/thread occupations: tambourer; muslin business; cotton printer; muslin stamper, winding cotton.
Other linen/thread occupations: reed maker, cloth lapper; shuttle maker; flax dresser; bleacher; linen draper; winds thread; works in thread mill.
SOURCE: as for Table 6.2

Dublin and Belfast, related to the growth of the linen industry, this new bridge was enormously significant for Lisburn's retention of its position as an intermediary stopping place between the two. Even so, Bridge Street, which connected Market Square with the Dublin turnpike was still considered a 'steep and most fatiguing hill',[13] and the road network was being addressed again at the time of the 1820 census. It records the ongoing construction of a new Dublin Road on the south west outskirts of the town, employing two labourers, Bernard Brady and William Kennedy. This established a new route for Belfast-Dublin traffic directly through the centre of Lisburn on a north-east/south-west fairly flat plane which was much kinder to horse-drawn traffic. Its effect was immediate in changing the character of Bridge Street which, by the 1830s, was described as 'formerly the best street for business before the new Dublin road was opened to Blaris toll gate'.[14]

In the early nineteenth century, the three central streets, Castle Street, Bridge Street and Market Square consisted of good quality relatively recently rebuilt housing of two, three or four storeys with cellars for storage, backed by alleyways and entries of much older housing, subdivided and overcrowded. Castle Street (formerly named High Street) connected the original, but by then derelict and tumbled-down, manor house of the Conways, known as Lisburn Castle, with the central Market Square. Castle Street contained prestigious public buildings such as the County Antrim Infirmary, founded in 1767 and maintained by private subscription, and the Courthouse, recently erected on the site of a building which was previously the French Huguenot church and had been vacated in 1819 following the death of the last Huguenot chaplain.[15] In the Courthouse were held both civil and dioscesan courts. Castle Street was the residence of the majority of the professional people and important merchants of Lisburn who would have been well aware of Dublin society in terms of styles and fashions and no doubt took great pleasure in the contemporary description of Castle Street as 'the Mountjoy Square of Dublin'.[16] Analysis of the occupations of its resident householders shows the emphasis on professional and administrative functions: the two physicians, Dr William Stewart who was surgeon to the County Antrim Infirmary, and Alexander Jaffray Nicholson, two magistrates William Hawkshaw and Thomas Johnston Smyth, clergymen James Stannus and Dr Cupples (father of the curate), attorney Henry Kennedy, apothecary William Thompson, the classical schoolmaster, Benjamin Neely as well as fourteen 'gentlemen' and 'ladies'. There were, in addition, three linen drapers residing in Castle Street and five others of a similar level of social standing and wealth gained in the muslin business, damask manufacture and woollen warehousing in Market Square.

If Castle Street was the 'high' road into the town, Bridge Street was the 'low' road for those entering the town beneath the slopes of Lord Conway's former gardens. The properties and occupations recorded in Bridge Street in the 1820/21 census reflected the volume of distinctly commercial traffic which used the Dublin turnpike. More than half of the Bridge Street residents were traders living on their premises (for example, grocery, cook shop, seedshop etc.) or craftsmen such as sawyer, painter, baker, confectioner and whitesmith. In addition, there were four 'muslin manufacturers' in Bridge Street, including Richard Barnsley and brothers Jonathan and Saywell Clark, who gained a livelihood by giving employment through putting out work: they provided cotton yarn for muslin (fine cotton cloth) hand loom weavers who worked in their own homes and they also gave out muslin cloth to be sewn and embellished by women in the very fashionable 'white work' or 'sprigging' embroidery.

Travellers entering Lisburn by way of Castle Street and Bridge Street reached Market Square, the third of the original seventeenth-century streets laid out for building development. In its centre was the two storey Market House building containing the town's Assembly Rooms on the first floor. The weekly market was held each Tuesday in and around the Market House although the emergence of a specialised and more sophisticated market system was evident in the building of the Brown Linen Hall in Linenhall Street (c.1760) and the meat and fish markets and slaughter house in Smithfield (1796). The bustle of trade at the Market House was described in the Ordnance Survey Memoirs as having 'far exceeded any other market' as stall holders provided the weekly needs of the poorer folk with pork, bacon, herrings, fowl, delph and china, shoes, stockings, tools and furniture.[17] Despite the changes in the conduct of open air commercial trading, Market Square in 1820 was still the commercial heart of the town. Nine public houses and two inns provided refreshment for travellers as well as town inhabitants. The two inns, the Hertford Arms and the King's Arms, played a central part in linen trading because the deals struck between drapers and weavers at the Linen Hall in the morning were concluded by the exchange of goods for cash at the inn at the conclusion of the linen market day.[18] There were also four grocery premises, three shoemakers, one mason and three haberdashers. Several shops had more than one function; the grocery, delph and hardware premises owned by John Rogers on the north side of Market Square was one such example. More sophisticated retailers were the two chandlers, two apothecaries and the saddler. Altogether, though, it is the degree of duplication and general lack of diversity of shop functions beyond food and clothing which is noticeable, in this, the centre of the town. Specialised shop retailing was barely developed and many purchases of food, clothing and domestic comforts were confined to the markets and to premises in less prominent locations.[19]

Other residents of Market Square who lived above their businesses included middle class merchants such as Mr Fulton and Mr Hughes, woollen warehousemen; John Major, merchant of Cross Row; Hugh Seeds, pawnbroker; James Ward, bookseller and stationer; and proprietors of manufactories such as Mr Coulson and Mr McCall. All mixed either as neighbours or within houses – both Mr Hudson 'who keeps the Latin school' and Mr John Owden, 'clerk to Mr Richardson' who was later to become a partner in the firm Richardson, Sons and Owden lived in lodgings run by the spirit dealer John McClure. Frequently such folk met socially at functions in the Assembly Room above the Market House where charitable balls and other social gatherings were held. Sometimes these were combined with the local Maze horse races held on 13 July when an influx of visitors to the town ensured much excitement and good attendance. Other assemblies which brought regular socialising and business into the town included those held in connection with the manor and diocesan courts.[20] During this period such social occasions became a customary feature of Lisburn life.

II

One of the late eighteenth century developments which contributed so much to the commercial prosperity of Lisburn was the opening of the Lagan Canal in the 1760s.

The first stretch of the Lagan Canal from Belfast to Lisburn, alongside and part of the Lagan, was officially opened in 1763. The first journey, on 7 September 1763, was made by a lighter, the 'Lord Hertford', which was owned by Thomas Greg, the Belfast merchant. Greg ensured full publicity by inviting on board at Drum bridge 'the principal gentlemen of the town of Lisburn' for a lavish meal and musical entertainment.[21] By 1765 the river was made navigable beyond Lisburn as far as the Union locks at Sprucefield.

It was, however, the association of the Canal with a new chemical industry with textile applications which was to be so significant for Lisburn. In April 1766, Thomas Greg, in partnership with his brother-in-law, Waddell Cunningham, both influential Belfast merchants, leased the three acre island which had been formed by the cut of the Canal at Lock 12 in the heart of Lisburn. On what became known as Vitriol Island, they commenced manufacture of oil of vitriol, or sulphuric acid.[22] The application of vitriol in the textile bleaching process, in substitution for buttermilk, had been brought to the attention of the Board of Trustees for Fisheries, Manufactures and Improvements in Scotland (the Scottish Linen Board) in 1753 through two separate communications: the first from John Roebuck, who, with Samuel Garbett, had established vitriol production at Birmingham in 1746 and at Prestonpans, East Lothian in 1749 and the second by Francis Home, Professor of Materia Medica at Edinburgh University.[23] The publication by the Board in 1756 of Home's lectures based on his experiments showing that, 'the milk [buttermilk] takes five days to perform its task, but the vitriol sours do it in as many hours, nay perhaps in as many minutes'[24] carried the news across the Irish Sea where linen bleachers were quick to appreciate the cost advantages of speeding the bleaching process without compromising on quality. Vitriol imports from Scotland rose massively from an annual average of 4,200 lbs in the 1750s, 64,000 lbs in the 1760s, 103,000 lbs in the 1770s to 161,000 lbs in the 1780s. Ireland became Scotland's largest single overseas customer of vitriol and Greg and Cunningham were among the major importers.[25]

Combining trading, manufacture and commercial acumen was a characteristic of Greg and Cunningham's success.[26] Lisburn's Vitriol Island Works was the first to open in Ireland and in 1767 Greg and Cunningham obtained a patent which gave the Lisburn works a monopoly of Irish production, though not of sale, for fourteen years. They brought in skilled labour, some of whom may have been former employees of Roebuck and Garbett, probably from Prestonpans. Industrial espionage was known to have existed in the manufacture because of the newness and risks in the manufacturing method, reduced costs of production and the potential immensely high returns on sales. William Falconbridge, who was employed at Lisburn in the 1770s and 1780s, may have been a son of Samuel Falconbridge (or the same man), a former employee of Roebuck's who had previously decamped to advise two other manufacturers in England on the setting up of vitriol works.[27] In 1808 the initial Lisburn production was described as having been 'expensive and small scale', by 'burning sulphurs and a small quantity of nitre in large glass globes'. Falconbridge's period in Lisburn coincided with the installation of 'great leaden chambers, in which the fumes of the burning sulphur are confined and condensed' as pioneered by Roebuck.[28] Prices fell by a factor of ten from 2s 6d per lb to 3½d per lb.[29]

In comparison with other eighteenth century manufacturing activities such as textiles, few men were needed for this highly capital-intensive industry. In 1817 it was claimed that it furnished employment to about 20 men.[30] However, in the 1820/21 census only three men were identified as employees. Others may have been taken on as labourers at certain stages of the production process (and some may also have lived in the dwelling house on the Island site which was not enumerated). Possibly significantly, one of the listed employees, William Wayen, living on the Track Line (later named Canal Street) was described as a clerk 'from Scotland' who had, perhaps, specific knowledge of technical terms as well as penmanship, and also might have been free of connections with the local community which could have curtailed talk of the industrial processes. Two men (possibly brothers) called Johnston, who lived as neighbours at Bridge End Hill (later named Gregg Street) were each 'boatman to Scotland', a differentiation from the other nine boatmen and one lighterman listed in the census and one which may have implied a connection with the carriage of chemicals. In 1812 Dubourdieu claimed that about 30 men worked at Vitriol Island and that their weekly wages ranged from 7s to a guinea.[31] The work was exceptionally heavy and potentially dangerous for the workers because of the corrosiveness of the acid produced in the lead chambers heated by a furnace. Although Vitriol Island does not seem to have been a subject in any Irish traveller's guide of the period, its operations may be identified with the description, by a French traveller to the Prestonpans vitriol works in 1799, of the corrosive effect of the chemical atmosphere in turning brass green in hours and also 'the suffocating smell at a distance, – the high wall concealed even chimneys'.[32] In similar terms, the building on Vitriol Island was described in the 1830s as looking like a castellated fortress. This reinforced the notion of concealment while its site on the island, beneath the elevated town centre, may have limited the spread of the fumes. The lighters on the Lagan Canal provided a much more suitable means of carriage than road carriers of the imported raw materials and the large glass containers which contained the corrosive and heavy vitriol.

Both Cunningham and Greg died in 1796. The works passed to Thomas Greg's son, Cunningham Greg, who took over ownership of the manufacture in partnership with Dr Alexander Crawford (1755–1823), a Lisburn professional man (MD Glasgow 1774), for whom Roseville Cottage at Kilrush was built in 1780. Crawford came from a staunchly rational and liberal Presbyterian background (his brother William was minister at Strabane and supported the Volunteer movement while another brother, Adair, was a physician and chemist and a Fellow of the Royal Society.[33] All three were Glasgow graduates). The study of chemistry was in its infancy and the subject 'was then regarded as an adjunct of medicine and natural philosophy'.[34] In the Glasgow of the 1770s, the Crawford brothers came into contact with Joseph Black (1728–99), a close friend of John Roebuck's, who also moved in Edinburgh University circles with Francis Home, the significance of whose experiments with vitriol was referred to above. In residence at Lisburn, Alexander Crawford became a political radical as well as a practising medical doctor and manufacturing chemist. Having been a captain with the Volunteers in the 1780s, Crawford split with his brother William and openly supported the Belfast committee of the United Irishmen. In March 1797 he was arrested with Sinclaire Kilburn and sent to Kilmainham Gaol for a time.[35] Sometime after Crawford's death in 1823 the vitriol works were taken over by Messrs Boyd and continued in production until 1839 when the site was bought by Richardsons, the linen bleachers, who converted the premises to flax spinning. Roseville Cottage was inhabited continuously until its demolition in the 1960s.[36]

III

Improved bleaching techniques contributed to the perception of Lisburn, outlined by Henry Betty in 1774, as being 'the heart of the Manufacturing Country in the finer branches'[37] and the large number of men and boys who were listed as weavers in the 1820–21 census (see Table 6.3) indicates the significance of cloth production as well as trade to the town. Weaving linen was a domestic industry in the sense that it was undertaken by the hand loom weaver – the 'mechanic' – mainly working on his own premises weaving cloth which he took to the town market for open sale.

By the late eighteenth century the linen market system was well established and had its own rhythm of customary expectations.[38] These included a weekly pattern of markets held in different towns on different days and a routine of operation on market day which was regulated by the Linen Board and was broadly similar everywhere. Linen and yarn sales could only take place within certain hours. The Linen Hall in Lisburn where the sales took place measured 120 feet on the street frontage with covered stands in the courtyard to provide weather protection while the transactions were being conducted.[39] The brown linen market structure existed to facilitate trade between the sellers and buyers of linen cloth and, in the early nineteenth century, there were several forms of this relationship. The sellers at the markets, particularly Lisburn market, comprised three categories: firstly, the independent self-employed weaver who obtained his yarn by purchase and sold his cloth at the market at the best price obtainable on the day; secondly, men known as drapers or manufacturing drapers who routinely bought up the cloth from a number of weavers before market day and sold the pieces at the market to the bleachers or their agents; and, thirdly, weavers who were 'a sort of middle men, who are called the manufacturers, who buy the yarn, give it to the weavers to work up' and then sold the woven webs at market and paid the weavers. Henry Betty, who represented the principal merchants in the Lisburn district to the Irish parliament in 1774 claimed that this last category of operation was the predominant one in the Lisburn district even then; certainly Corry's estimate in 1825 of the high proportion of brown linen seal masters in Counties Antrim, Armagh and Down who were manufacturers rather than paid officials would support this conclusion.[40]

Two Reports by James Corry, Secretary to the Irish Linen Board, in 1816 and 1820, provide some insight into the structure of the trade in Ulster at the time of Cupples' census.[41] Table 6.4 is a compilation from Corry's Reports of the data on Lisburn which enable some assessment of the balance of operations between independent weaving and putting out. The number of webs sold each week in 1816 averaged 1,400, and in 1820, slightly fewer than 800, while the average number of sellers attending the market was given as 300–400 in 1816 and between 440 and 580 in 1820. Corry reported that most of the linen was brought to the market 'in small parcels' and so a comparison of the average weekly number of pieces and number of weavers in both years would suggest that either several webs were brought each week by a single weaver if all worked independently or a proportion of the sellers were 'manufacturing drapers' or simply 'manufacturers' who brought parcels of linens to the market which had been woven previously by a number of weavers.

Although the census provides no direct evidence in relation to putting out activity in the fine plain linen weaving sector in Lisburn, there is evidence from places nearby of more direct trading patterns. In 1776, Henry McCall, a lapper and seal master at Barclay's bleach green at Lambeg, was so busy during the July season with the lapping for master bleachers McClure and Fulton as well as Barclay that he was 'obliged to quit the manufacturing department, or rather the weavers have quit me, for not getting them duly attended'.[42] In 1825, John Andrews of Comber commented that although the market had the attraction for weavers of offering an open chance of a fair price, 'I often bought of the weaver, those webs he brings to my bleach yard'.[43] Both McCall and Andrews were buyers at Lisburn market. Such comments indicate that a dual system of linen selling had existed for at least a generation by the time of the 1820 census. Another hint of this

TABLE 6.4
Lisburn Brown Linen Market, returns of 1816 and 1820

TYPE OF CLOTH	PIECES PER WEEK	PIECES PER YEAR	LENGTH YDS	PRICE PER YD	TOTAL VALUE
YARD WIDE (FINE LINENS WOVEN WITH PURGED YARN, CLOTH 38 INCHES WIDE WHEN BROWN)					
1816	800	41,600	25	3s $3^{1}/2$d	£171,080
1820	240	12,480	25	2s 0d	£31,200
LAWNS (WOVEN WITH PURGED YARN, CLOTH 30 INCHES WIDE WHEN BROWN)					
1816	400	20,800	26	2s 4d	£62,192
1820					
Lawns 30"	150	7,800	26	1s 6d	£15,210
Lawns 26"	240	12,480	26	1s 5d	£22,984
DOWLAS (COARSE CLOTH FOR COMMON USE, 35 INCHES WIDE WHEN BROWN)					
1816					
(brown state)			27	1s 1d	
(woven with	200	10,400			N/A
purged yarn)			62–78	11d	
HUGGS (COARSE CLOTH)					
1820					
Dark Huggs					
(brown state)	30	1,560	25	7d	£1137 10s 0d
White Huggs					
(purged yarn)	130	6,760	72	7d	£14,196

SOURCES:
J. Horner, *The Linen Trade of Europe* (Belfast, 1920), p. 194.
Trustees of the Linen and Hempen Manufactures. *Minutes of the Trustees of the Linen and Hempen Manufactures of Ireland, containing the Reports of their Secretary on a Tour of Inspection through the Province of Ulster, in October, November and December, 1816* (Dublin 1817), pp. 73, 80–2.
J.J. Monaghan, *A Social and Economic History of Belfast 1801–1825*, (MA thesis, Queen's University, Belfast, 1940), p. 335.
W.H. Crawford, 'The Evolution of the Linen Trade in Ulster before Industrialisation', *Irish Economic and Social History*, XV (1988), pp. 32–53.

duality may be the data from Corry's Reports on the differing lengths of webs brought to market: the lengths which were customarily identified with the finer linens were 25–27 yards while the much longer lengths of 62 yards and more were identified with coarser dowlas and huggs. Hillsborough huggs or 'hoggs' were coarse linen woven from bleached yarn (white huggs) or quarter-bleached yarn (dark huggs).[44] One of the major linen buying firms in Lisburn was J. & J. Richardson, bleachers, who employed linen buyers and agents paid by commission. According to Gill, in 1813 Richardson's supplied a London firm with a consignment of huggs so possibly Richardson's men supplied the partly bleached yarns to the weavers whose cloth they subsequently purchased in the Linen Hall.[45] For these parties the Linen Hall may have merely a convenient public venue for the completion of their transactions rather than the place where trade took place under the customary Linen Board regulations.

Even within the market framework there is strong evidence to suggest that weavers could exercise some flexibility of choice of purchaser, a situation which was made possible by the relatively buoyant demand for these types of fine Irish linens in the period 1780–1815. The 1820 returns, although lower than pre-1816, due to an overstocked market after the peace settlement, show an increase in sales on the 1817–19 period and this increase probably continued into the early 1820s. Table 6.4 also highlights a key feature of Lisburn's linen trade – its consistent characteristic of fine linen; notwithstanding the price fluctuations, over 80% of the trade, by value and quantity, was in fine linens and lawns. Earlier documents confirm this consistency since at least the 1780s.[46]

IV

This period is identified with the rise and fall of the Belfast cotton industry and although the 1820–21 census provides occupational information at a nominal level, Cupples' use of the word 'weaver' leaves open the extent to which the weavers of Lisburn may have engaged in weaving cotton rather than linen yarns.[47] From its commencement in the late eighteenth century cotton weaving in the north of Ireland was organised on a putting out basis. Cotton yarn was imported from Britain, or (after 1780) machine spun locally.

The putters out were importers or local spinning mill owners who gave out yarn and paid weavers by the piece for the cloth returned to them. During the forty year period prior to 1820 cotton hand loom weaving extended geographically inland from its centre in Belfast along the Lagan valley to Lough Neagh, all over north Down and along both shores of Belfast Lough.

The 1820 census identifies only four cotton or muslin weavers in Lisburn,[48] although it enumerates a number of muslin manufacturers who put out cotton yarn to weavers. Significantly, their addresses cluster in two sets of locations, the western end of the town, Longstone and Chapel Hill, and in Bridge Street and across the Lagan at Bridge End Hill. Both of these were on main routes to Lisburn town centre from the west (County Antrim) and the east end (County Down), close to bleach fields and well situated locations for dealing with country weavers. This confirms Green's (1944) interpretation which suggests that most of the cotton hand loom weavers of the Lagan Valley lived beyond the town boundaries – in districts such as Broomhedge, Magheragall and Hillsborough.

The designation 'weaver' recorded by Cupples could equally have been intended to represent ambiguity in the sense of flexibility – that a weaver was in a position to take cotton yarn from a cotton spinner or at a different time to obtain linen yarn and weave linen cloth for a 'manufacturer' or for the market. Although it was accepted that a knowledge of weaving linen was 'the best introduction to every species of weaving'[49], this degree of 'permanent' flexibility is unlikely to have been more than theoretical for several reasons: firstly it was much easier to weave cotton than fine linen and so a labourer could more quickly master the former than the latter; secondly, the skills required to weave fine linen well ensured that 'after a man has been accustomed to weave cotton he is not content to begin to weave the best kind of linen again… The wages differ very little from what the linen weavers earn but it is an easier kind of work and less troublesome'.[50] Newcomers could have entered the cotton weaving trade but few cotton weavers would have chosen to shift to linen when the earnings were comparable, and would have found it difficult to do so even when the earnings were higher. Hence the development of the cotton industry in and around Lisburn in the early nineteenth century was quite compatible with the continued expansion of the fine linen industry.

The Lisburn-based muslin manufacturers who were putting out fine muslin yarns and other cotton yarns in 1820 were the residual trading component of what proved to be an embryonic cotton spinning industry. As in Belfast, cotton spinning mills were set up by a number of Lisburn merchants during the 1780s and 1790s. Men such as James Wallace advanced from inn-keeping in Market Square to muslin bleaching and retailing, then 'putting out' cotton yarn to weavers and finally built cotton spinning premises in a laneway behind Castle Street. In 1800 he estimated in a letter to Lord Castlereagh that it had cost him £10,000 to set up his cotton spinning enterprise which employed 60 workers while he gave work to 100 others, presumably weavers, but possibly also tambourers and sewers (see below). The Belfast clockmaker Job Rider was retained by Wallace as clerk of works in the setting up of the machinery. Watch and clock makers were one of the few craftsmen whose skills were pertinent to early engineering – more than 'handy tinkerers' they were, in many respects, the forerunners of modern mechanical engineers.[51] Credited with the introduction of the first steam engine in the north of Ireland in 1789, a 15 h.p. engine purchased from James Watt of Glasgow, Wallace advertised water twist (suitable for warps) and mule spun yarn (suitable for wefts) in the *Belfast News Letter* in 1796.[52] Other Lisburn merchants who opened cotton spinning mills included the partnership of George Whitla and Robert Stirling. Robert Gemmell, who owned cotton spinning, weaving and bleaching premises at Lambeg, augmented his own output with yarn purchased from McConnell & Kennedy of Manchester in the early years of the century.[53] John Wightman, who took over Hogg's former linen bleach yard at Grove Green in 1793, set up mule spinning and advertised in 1797 for families who had experience of working in water or mule spinning.[54] However the trading difficulties caused by the Napoleonic Wars led to closure of these mills by 1812.[55] In the 1820–21 census, the Grove Green premises appear as the flour mill operated by Samuel Kennedy.

Another side to the muslin business was muslin embroidery which the 1820–21 census listed as employing 13 women directly as tambourers and another nine in related aspects of muslin work. Tambour work was white embroidery using linen thread executed on fine white linen lawns or cotton muslins stretched for the purpose over a tambour frame. It originated in Ayrshire, Scotland and, like cotton weaving, was organised on a putting out basis. In 1813 George Duncan, a Lisburn muslin manufacturer, brought over a Scotswoman to Lisburn to teach tambouring to local women.[56] Embroidery thread used for tambouring was twisted from linen yarn at Barbour's works at the Plantation, which was just beyond the town boundaries though a few thread workers were listed in the town census. Like cotton hand loom weaving, tamboured whitework embroidery was much more prevalent as an occupation in the country districts outside Lisburn than in the town itself. Although only on a small scale until about 1830, embroidery as a women's home industry was to become much more extensive when domestic spinning was superseded by mill based spinning machinery.[57]

In addition to fine plain linen weaving, Lisburn's pre-eminence as a linen town in the early nineteenth century was directly linked to the widespread reputation of the damask linen manufacture produced by the Coulson family. Patterned damask hand loom weaving was done on a draw loom which required a minimum of two workers on each loom, one weaver and his assistant. Damask cloth was generally woven in a piece for use as a tablecloth or as a set of napkins; and two or more weavers (with proportionately more assistants) were required to weave the wider cloths on looms which could be up to nine feet wide. Established in 1764 by William Coulson, the business was in the hands of his sons, John, William, Walter and James in the early nineteenth century.[58] William Coulson senior started with sixteen draw looms and obtained funding from the Irish Linen Board in the 1780s for a further eight; in 1812 the company was granted further money from the Irish Linen Board for the installation of more damask looms although their installation was postponed because of a decline in demand.[59]

The Coulsons had several weaving premises in Linenhall Street, Lisburn where the weavers worked as employees. In the 1820/21 census, 41 people were identified as damask weavers, probably the principal weavers on each draw loom. All were men and the majority were household heads. Although no wives or children were listed as helpers it is possible that they were also involved as assistants, in winding and other necessary tasks which were remunerated by the weekly wage paid to the head of the family. Although damask weavers' homes were scattered throughout the town, the vast majority in the census lived in cottages in Linenhall Street and neighbouring Back Lane and Piper Hill. Some cottages were owned by the Coulsons; analysis of the notebooks of the 1st Valuation Survey in the 1830s indicates that, on the sloping ground on the north side of Linenhall Street, Coulsons' loomshops were beneath the cottages where their weavers lived, rent-free.[60] The firm also employed up to 200 weavers in their own homes on a putting out basis. Draw looms would have been too high for most cottages so it is possible that this putting out relationship was with weavers who used less tall shaft looms on which damask-diaper could have been woven.

About 16 other men had damask weaving-related occupations in the census. Several were jobbers at the factory, a stage which may have been a precursor of retirement. William Bladshaw (sic) of Bridge End Hill was described as a 'former D. Weaver, now being old and infirm, jobs at Factory'. Although Coulsons were said to have been benevolent employers, looking after their workers and rewarding former weavers with a pension[61], there is no direct evidence of this in the census. Other damask workers, such as the pattern designers, were as highly skilled as the damask weavers and as vital to the damask cloth production. The tying up and mounting of the warp and weft threads for a particular pattern was carried out by the weavers according to a predefined pattern. Drawing a suitable pattern for damask weaving was a highly skilled task which involved literacy, an artistic eye and access to patterns used in other contemporary artistic applications such as plasterwork, wallpaper and china. One pattern drawer was listed in the 1820 census, James Cochran, who lived in Linenhall Street, at its corner with the Rookery. Other men whose skills contributed to the damask weaving operation included William Magahy of Bridge Street who was described as a 'yarn buyer for the Damask Factory' and Thomas Brown, of Piper Hill, described as a 'yarn dryer at factory'. The specialisms of both occupations indicate the extent to which high quality damask weaving, like fine plain linen weaving, was dependent on supplies of fine and well spun yarn.

V

Altogether, the prosperity of weaving production in Lisburn was underpinned by the availability of hand spun yarn. Of the 522 people enumerated by Cupples as involved in textile production, 212 were female flax spinners. Fewer than half a dozen households contained both a flax spinner and a weaver so it would seem that most spinners were dependent on selling their output for their livelihood. Both dressed flax (ready for spinning), and undressed (still requiring hackling) were sold at Lisburn market. The Ordnance Survey Memoirs gave market prices in March 1837 which were probably similar to those twenty years earlier. They ranged from 10d per lb for 'moderate' dressed flax, 'fine' at 1s per lb and 'very fine' at 1s 6d per lb. Flax requiring hackling was sold at 4½d per lb.[62] Eight flax dressers (hacklers) were recorded in the census. Spinners who bought dressed flax at the market, or who obtained it on credit from flax dressers, had to sell their spun yarn back into the system, either to weavers or to yarn buyers (such as the man employed by the Coulsons) or to merchants who were engaged in putting out yarn to weavers. As well as the 'legitimate' trading patterns in yarn there were also less well regulated ways in which embezzled yarn was traded by pedlars and hawkers.

There were two aspects to the continuing need for reliable good quality fine linen yarn. Firstly, Lisburn's specialisation in fine plain weaving and damask required it. Alone among all the towns recorded in Corry's 1816 Report, Lisburn yarn market was said to have handled yarns of counts of thirty and forty hanks to the lb[63] and, although Horner regarded these to have been imported yarns from France, the existence of such spinning skills in Ireland is apparent in the prizes awarded by the Linen Board and by landowners.[64] While some of these counts of yarn were destined to be woven as showpieces, nevertheless, to carry on their day-day production of fine cambrics and damask cloth of at least a 21 hundred quality, Coulson's required yarns of the quality of 8 hanks the lb. Secondly, large quantities of fine spun yarn – 200,000 hanks of native yarn annually, according to one source[65] – were used in the production of thread by the Barbours at the Plantation. Established in 1784 and said in 1817 to be employing 122 people in thread manufacture and bleaching, the

Barbours' thread production made possible the expansion of muslin embroidery even before additional premises were opened at Hilden in 1825.

The context of the specialised needs of firms such as the Coulsons and the Barbours is borne out by Arthur Young's observations that in Lisburn in 1780, the quality of woven cloth was chiefly from 14 to 21 hundred and that 'the spinners are generally hired by the quarter, from 10s to 12s, [supplied with] lodging and board, and engaged to spin five hanks of 8 hank yarn in a week.' A 21 hundred cloth required 66 hanks of yarn of at least 8 hank quality and damask could have been an even higher count. The only other place for which Young identified a similar employment pattern for yarn spinners was Waringstown which was the other main centre of fine linen and damask weaving in Ulster.[66] Both the Coulsons and the Barbours may have hired spinners under the types of conditions described by Young. Possibly they, too, (like the linen bleachers and drapers) used the Linen Hall as a venue for their transactions as well as for buying through its public yarn market.

In the early nineteenth century there were two initiatives which indicated local awareness of the significance of yarn supplies in meeting these needs. Firstly, in 1810, Lisburn Philanthropic Society, in addition to its practice of giving food and coal to the destitute, began to distribute flax to be hand spun for wages by women at home. Table 6.3 shows that the 1820–21 census listed 54 hand spinners receiving flax in this way. Thus at least one quarter of all the flax spinners in Lisburn were part of this 'contractual system' of production, which provided them with a livelihood and the Society with yarn for disposal as appropriate. The practice continued into the 1830s.[67] Secondly, during the severe winter season of 1817, John Handcock of Castle Street, linen merchant and bleacher, and John Rogers, a Market Square shopkeeper, both of whose civic activities have been referred to earlier, were granted permission by the marquis of Hertford to conduct a spinning school within a shed in the Linen Hall. The object was to provide gainful employment and also to encourage a new method of spinning which increased output by using double-handed spinning wheels. In 1818, an application was made to the Irish Linen Board for money to convert wheels to the double-handed system as an explicit means of encouraging increased output and higher standards of yarn production.[68] The application was made in the name of three of the leading linen bleachers and manufacturers of the town, John Handcock, Dominick Gregg and William Coulson. The Quakers Gregg and Handcock attended the Linen Hall weekly to buy cloth from weavers and they both owned bleach yards along the Lagan towards Hilden while Coulson required good quality yarn for his damask and fine weaving production. The three men became the Spinning School Committee. Lord Yarmouth, son of the marquis of Hertford, subscribed £50 towards the provision of a teacher and, in the 1820–21 census, the mistress of the Spinning School can be identified as the wife of James Magennis, living opposite the Linen Hall. The School may have been attended by young girls whose occupations were ignored by Cupples for none of the spinners listed in the census was identified with it. Flax was given out at cost price and the yarn bought back and sold by the superintending committee.

The local interest in, and awareness of, the potential of double handed spinning wheels shows the preoccupation with raising the productivity of hand spinners. It was a similar quest in Lancashire in the 1760s which had led Hargreaves to invent the 'spinning jenny' which was initially hand powered before it was water-driven. The Linen Board, and, no doubt, the petitioners of Lisburn, were aware that double handed spinning wheels were used in flax spinning in Scotland, France, Germany and Austria.[69] Initially, the school was deemed a success. The quantity spun was said to be increased by one half. On these wheels the pupils were able to produce yarn of six hank quality (suitable for a fine 18 hundred cloth) and the spinning school mistress spun yarn of the quality of twelve hank to the lb (which would have woven up into a 25 hundred cloth), equivalent to very fine cambric. The girls might have been expected to become more proficient with experience and, when they left the school, they were supplied with double-handed wheels through money given to the Committee by the earl of Yarmouth, which they had to repay through future earnings from spinning. However, the fatigue caused by concentrating on two separate activities of each hand, coupled with the foot treadle, made any sustained rise in productivity very unlikely without compromising on the quality of the yarn which the Lisburn linen trade could not afford. Like the hand powered spinning jenny, double-handed spinning wheels proved to be only a temporary answer to the bottleneck of yarn supplies.

V

Lisburn's thriving appearance, as described by its late eighteenth and early nineteenth century visitors and as revealed through a study of the 1820–21 census, may be viewed as a microcosm of some of the regional effects of the sustained export-led growth of the Irish linen trade during that period. Its connections with Belfast, already improved by the construction of the Lagan Canal, were consolidated through the Belfast White Linen Hall which opened in 1783 and the growth in the port of Belfast which was in large part due to linen exports. Lisburn's spinners and weavers, middle class linen merchants, scientific men and professionals were all contributors to, and gainers from, the rapid expansion in textile production. Yet the economic profile of a town or region at one point in time is no predictor of subsequent success.[70] Within barely ten years, the seeming stability of traditional fine linen production in this market town was to be jolted by new flax machine spinning technology. The immediate massive growth of Belfast's linen industry and population overshadowed the pace of operation in Lisburn where firms were slow to make the industrial transformation to mechanised production. The town's growth was slow during the next fifty years. The seventeenth century view that Lisburn's development was inextricably linked to the prosperity of Belfast remained true, although hardly in the way it had been envisaged.

NOTES

1 J. McVeagh (ed) *Richard Pococke's Irish Tours. Tour of 1760* (Dublin, 1995), p. 196; Rev. Daniel A. Beaufort, *Journal of a Tour through a part of Ireland 1787–8*. TCD MS. 1019 L.3.16.; [John Gough], *Tour in Ireland in 1813 and 1814* (Dublin, nd) p. 26; Anne Plumptre, *Narrative of a Residence in Ireland During the Summer of 1814 and that of 1815* (1817), p. 94; H.D. Inglis, *A Journey Throughout Ireland During the Spring, Summer and Autumn of 1834* (London, 1834), ii. p. 272.

2 His most recent exploration of this theme is W.H. Crawford, 'The Creation and Evolution of Small Towns in Ulster in the Seventeenth and Eighteenth Centuries', in Peter Borsay & Lindsay Proudfoot (eds), *Provincial Towns in Early Modern England and Ireland. Change Convergence and Divergence. Proceedings of the British Academy*, 108, (Oxford, 2002), pp. 97–120. A conceptually useful contribution on English urban development is Alan Everitt, 'Country, County and Town: Patterns of Regional Evolution in England', in Peter Borsay (ed) *The Eighteenth Century Town. A Reader in English Urban History 1688–1820* (London, 1990), pp. 83–115.

3 McCartney to Rawdon in 1679, *Calender State Papers Domestic 1679–80*, p. 456, quoted by R. Gillespie, 'George Rawdon's Lisburn', *Lisburn Historical Society Journal*, vol. 8 (1991), p. 34.

4 R.M. Young, 'Old Newspaper References to Belfast Trade', *Ulster Journal of Archaeology*, IV, (1898), p. 122; Brenda Collins, 'Matters Material and Luxurious; Eighteenth and Early Nineteenth Century Irish Linen Consumption', Jacqueline Hill and Colm Lennon (eds), *Luxury and Austerity. Historical Studies XXI* (Dublin, 1999), pp. 106–120; W.H. Crawford, *The Handloom Weavers and the Irish Linen Industry* (Belfast, 1994), *passim*.

5 For a useful wide-ranging discussion of these issues, see Crawford, *Small Towns*, *passim*; Lindsay Proudfoot, 'Markets, Fairs and Towns in Ireland c.1600–1853', in Borsay and Proudfoot, pp. 69–96 and Susan Hood, 'The Significance of the Villages and Small Towns in Rural Ireland during the Eighteenth and Nineteenth Centuries', ibid., pp. 241–60.

6 Henry Bayley, *A Topographical Account of Lisburn* (Belfast, 1834), p. 23; *Ordnance Survey Memoirs, Lisburn and South Antrim*, Vol. 8 (Belfast, 1991) p. 17.

7 Valerie Morgan, 'A Case Study of Population Change over Two Centuries: Blaris, Lisburn 1661-1848', *Irish Economic and Social History*, III (1976), pp. 5–16.

8 Crawford, *Small Towns*, pp. 100–01.

9 An Account of the Parochial Visitation of the Town of Lisburn commencing the 13th November 1820 by Thomas Cupples, Curate, PRONI, DIO/1. See also Bradshaw's *Directory of Belfast and Lisburn* (Belfast, 1819).

10 L.A. Clarkson and B. Collins, 'Proto-industrialisation in an Irish Town – Lisburn 1820–21', in *Proceedings of VIII International Congress of Economic History* (Budapest, 1982).

11 Edward Baines, *History of the Cotton Manufacture in Great Britain* (London, 1835), p. 254.

12 *A Plan of Mr Handcock's Tenement etc. in Bridge Street, Lisburn. Surveyed July 1785 by Francis Sloane*, PRONI, D/2278/4.

13 Antony Atkinson, *Ireland Exhibited to England*, ii (London 1823), p. 7.

14 OSM, *Lisburn and South Antrim*, pp. 8, 41.

15 W.A. Maguire (ed), *The Huguenots and Ulster 1685-1985* (Lisburn, 1985).

16 Bayley, *Topographical Account*, p. 45.

17 OSM, *Lisburn and South Antrim*, pp. 8, 71.

18 Crawford, *Handloom Weavers*, p. 9.

19 Crawford, 'Small Towns' esp. pp. 105–7. For a comparison, see L.A. Clarkson, 'An Anatomy of an Irish Town: the economy of Armagh, 1770', *Irish Economic and Social History* V (1978), pp. 27–45.

20 *Belfast News Letter*, 13 July 1767; OSM, *Lisburn and South Antrim*, pp. 8, 42.

21 W.A. McCutcheon, *The Canals of the North of Ireland* (Newton Abbott, 1965), p. 41.

22 E.R.R. Green, *The Lagan Valley 1800–1850* (London, 1949), p. 69.
23 Alastair Durie (ed.), *The British Linen Company 1745–75* (Edinburgh, 1996), pp. 56–7. Attached to the correspondence from Roebuck was a parcel of linens bleached using vitriol by Christy at Kinchie, East Lothian.
24 Archibald Clow and Nan L. Clow, 'Vitriol in the Industrial Revolution', *Economic History Review*, 1st Series, XV (1945), p. 46; L. Gittins, 'Innovations in Textile Bleaching in Britain in the Eighteenth Century', *Business History Review* VIII (1979), p. 196, quoting E. Gauldie, *The Scottish Bleachfields 1718–1862* (B. Phil. thesis, St Andrews, 1967).
25 Laura Cochran, *Scottish Trade with Ireland in the Eighteenth Century* (Edinburgh, 1985), Table 21, p. 70. Other importers who went on to be producers included the Christys at Moyallen, who had family connections with Christys, the Scottish bleachers. John Christy advertised imported vitriol for sale in 1761 and went on to commence manufacture at Moyallen in the late 1780s. See A. L'Amie, *Chemicals in the Eighteenth Century Irish Linen Industry*, M.S.Sc. thesis, Queen's University Belfast (1984), p. 108.
26 See George Chambers, *Faces of Change: the Belfast and Northern Ireland Chambers of Commerce 1783–1983* (Belfast, 1983), pp. 35–49, 69–73. Also Thomas M. Truxes, *Letterbook of Greg and Cunningham 1756–7, Merchants of New York and Belfast* (Oxford, 2001).
27 *Belfast News Letter*, 18 March 1774, 23–30 May 1784; Clow and Clow, 'Vitriol in the Industrial Revolution', pp. 46–7. Falconbridge's continued presence in Lisburn can be seen through other *Belfast News Letter* entries in the 1790s.
28 S.M. Stephenson, 'On the Linen and Hempen Manufactures in the Province of Ulster'. *Select Papers of the Belfast Literary Society* (Belfast, 1808), p. 64.
29 Clow and Clow, 'Vitriol in the Industrial Revolution', pp. 44, 50.
30 Atkinson, *Ireland Exhibited*, p. 7.
31 Rev. John Dubourdieu, *Statistical Survey of the County of Antrim* (Dublin, 1812), p. 417.
32 Barthélemy Faujas de Saint Fond, *A Journey through England and Scotland* I (1799), cited in www.prestongrange.org; OSM, *Lisburn and South Antrim*, pp. 8, 17.
33 Alexander Gordon, 'Crawford, William (1739/40–1800)', rev. I.R. McBride, *Oxford Dictionary of National Biography* (Oxford, 2004); Claire L. Nutt, 'Crawford, Adair (1748–1795)', ibid.
34 A. Clow and N.L. Clow, *The Chemical Revolution; a contribution to social technology* (London, 1952), p. 601.
35 A.T.Q. Stewart, *The Summer Soldiers* (Belfast, 1995), p. 38. According to Chambers' *Faces of Change*, his business partner, Cunningham Greg, was a member of the Yeomanry.
36 Kathleen Rankin, *Linen Houses of the Lagan Valley* (Belfast, 2002), pp. 68–73.
37 Green, *Lagan Valley*, p. 64 quoting *Commons' Journal, Ireland*, ix, 11 February 1774, cclxxxix.
38 W.H. Crawford, 'The Evolution of the Linen Trade in Ulster before Industrialisation', *Irish Economic and Social History*, XV (1988), pp. 37–42. See also Frank Geary, 'The Evolution of the Linen Trade before Industrialisation: Why did firms not replace the market?', in this volume.
39 Green, *Lagan Valley*, p. 65; PRONI, VAL/1B/168, p. 161.
40 Green, *Lagan Valley*, p. 64; BPP 1825 V, *Report from the Select Committee on the Linen Trade of Ireland*. Statement by James Corry, p. 145.
41 Trustees of the Linen and Hempen Manufactures. *Minutes of the Trustees of the Linen and Hempen Manufactures of Ireland, containing the Reports of their Secretary on a Tour of Inspection through the Province of Ulster, in October, November and December, 1816* (Dublin 1817); J. Horner, *The Linen Trade of Europe* (Belfast 1920), pp. 147–96 (cited by Crawford, 'Evolution', p. 47).
42 H. McCall, *Our Staple Manufactures* (Belfast, 1870), p. 86.
43 *Report on Linen Trade*, evidence of John Andrews, p. 164.
44 Horner, *Linen Trade*, p. 153; Green, *Lagan Valley*, p. 68.
45 C. Gill, *The Rise of the Irish Linen Industry* (Oxford, 1925), p. 262.
46 Crawford, *Handloom Weavers*, p. 78; original figures from D/562/5596 (1783);

D/562/1267 (1783, 1803); Horner (1816, 1820, 1821).

47 Frank Geary 'The Belfast Cotton Industry Revisited', *Irish Historical Studies*, xxvi (1989), pp. 250–67; idem, 'The Rise and Fall of the Belfast Cotton Industry: Some Problems', *Irish Economic and Social History*, VIII (1981), pp. 30–49; Green, *Lagan Valley*, pp. 30–49; idem, 'The Cotton Hand-Loom Weavers in the North East of Ireland', *Ulster Journal of Archaeology*, 3rd series, 7 (1944), pp. 30–41.

48 No other contemporary source has any reference connecting cotton hand loom weaving specifically to inhabitants of Lisburn, nor does any source on the Belfast cotton industry refer to cotton weaving as an industry (as opposed to a commercial trade) of the town of Lisburn.

49 *Belfast News Letter*, 18–22 January 1796. Advertisement for the lease of Woodburn bleachyard near Carrickfergus [which] 'has an advantage common to this neighbourhood which neither Glasgow nor Manchester previously had, that of the weaving of fine linen being previously introduced, the best introduction to every species of weaving'.

50 *Report on Linen Trade*. Evidence of J. Stevenson Ferguson, pp. 104, 105.

51 McCall, *Staple Manufactures*, pp. 482, 498. Job Rider had skills far beyond clock making and was subsequently to patent a number of improvements in steam engines.

52 There are various dates attributed to the commencement of Wallace's steam engine-powered cotton spinning enterprise. McCall gives the erection of the mill as 1789 (a date accepted by all subsequent writers) but careful reading of his words suggests that manual power may have been sufficient in its early days and may explain the gap of seven years before his first advertisement of machine-produced yarns for sale.

53 Green, *Lagan Valley*, p. 98; C.H. Lee, *A Cotton Enterprise 1795–1840: McConnel & Kennedy, Fine Cotton Spinners* (Manchester, 1972), pp. 73–6.

54 *Belfast News Letter*, 25 September 1797.

55 Green, *Lagan Valley*, p. 101; Mary J. Faris and Richard K. McMaster, 'An Ulsterman in Early Industrial America: Letters of James Wightman 1821–24', *Journal of Scotch-Irish Studies*, 1 (2001) pp. 151–69.

56 Green, *Lagan Valley*, p. 108.

57 Brenda Collins, 'Sewing and Social Structure: the Flowerers of Scotland and Ireland', in R. Mitchison and P. Roebuck (eds), *Economy and Society in Scotland and Ireland 1500–1939* (Edinburgh, 1988), pp. 243–254.

58 Brian J Mackey, *Lisburn the Town and its People* (Belfast, 2000), p. 8; F.W. Smith, *Irish Linen Trade Handbook & Directory* (Belfast, 1876), p. 60.

59 Dubourdieu, *Statistical Survey*, p. 391.

60 PRONI, VAL/1/B/168 and VAL/1/B/221 Old Warren Townland.

61 B.J. Mackey, 'Centres of Drawloom Damask Weaving in Ireland in the Eighteenth and Nineteenth Centuries', Riggisberger Berichte, *Leinendamaste*, (Bern, 1999), p. 110, quoting Bayley, *Topographical Account*, p. 39.

62 OSM, *Lisburn and South Antrim*, pp. 71–2.

63 Horner, *Linen Trade*, pp. 182–4.

64 McCall, *Staple Manufactures*, pp. 366–77, *Proceedings of the Irish Linen Board 1815*, (Dublin, 1816) p. 12.

65 Atkinson, *Ireland Exhibited*, p. 27.

66 Arthur Young, *A Tour in Ireland* (London, 2nd edition, 1780), pp. 44, 149. The degree of fineness of linen yarn is measured by the number of hanks of a given length (a full reel of 300 yards stipulated by the Linen Board) which weigh one pound. The greater the number of hanks, the finer the yarn and, all other things being equal, the finer the cloth woven with that weight or count of yarn. The fineness of the yarn determines the number of splits, each holding one or more warp threads, which gives the set of the reed. Five splits are known as a hundred and so the higher the number of splits, the greater the number of warp threads, the higher the number of hundreds and the finer the woven cloth. Sleying tables such as that reproduced in Crawford, *Handloom Weavers*, p. 72 , provided the relationship between these measurements so that weavers could set up their looms accordingly.

67 OSM, *Lisburn and South Antrim*, p. 61.

68 Bayley, *Topographical Account*, p. 154; *Proceedings of the Irish Linen Board, 1818*, (Dublin, 1819) pp. 106,122, 269; McCall, *Staple Manufactures*, pp. 379–80.

69 Walter Endrei and Rachel Maines, 'On Two Handed Spinning', in Daryl Hafter (ed), *European Women and Pre-Industrial Craft* (Indianapolis, 1995), pp. 31–41; Alastair Durie, *The Scottish Linen Industry in the Eighteenth Century* (Edinburgh, 1979), p. 75.

70 Brenda Collins and Philip Ollerenshaw, 'The European Linen Industry since the Middle Ages', in Colllins and Ollerenshaw (eds), *The European Linen Industry in Historical Perspective*, (Oxford, 2003), p. 27, note 92.

7
The evolution of the linen trade before industrialisation
Why did firms not replace the market?

FRANK GEARY

In a paper published in 1988, Bill Crawford pointed out that the linear model of the development of the organisation of production, much favoured by adherents of proto-industrialisation models of industrial development, from domestic system of independent producers, to putting out, to factory, does not apply to the Irish linen trade before the mechanisation of spinning. On the eve of the development of the wet-flax process in 1825 the manufacture of flax yarn and linen cloth in Ireland was dominated by independent producers: spinners exposing their yarn for sale brought it to the public yarn market, weavers bought their yarn in the market, wove for themselves, then exposed their cloth for sale in the public cloth market after having it sealed and stamped by sealmasters appointed by the Linen Board. Putting out was carried on at the fine end of the trade, among a small number of manufacturers of damask and cambric, and at the coarse end of the trade where mill-spun yarn was put out in the manufacture of coarse cloth such as ducks, sacking, canvas and sailcloth. Finishing of the brown cloth was organised differently. It was carried out in closed establishments owned and run by capitalists with the production process hierarchically controlled and labour rewarded with a contractual wage.[1]

In essence, before the finishing stage the coordination of linen production in Ulster relied on the market rather than the firm. Market coordination exists when markets allocate resources in production directly through price signals. Firm coordination exists when managers allocate resources within the firm. Market coordination is decentralised while firm coordination is, at least in managerial terms, centralised: within the firm inputs are not bought and sold but are allocated at the command of managers. Employees agree to follow the dictates of managers in allocating their labour in return for payment of a contractual wage either at a piece rate or at a time rate.

The evolution of the organisation of manufacturing production from domestic production by independent producers responding to market signals, to domestic production organised by master manufacturers on a putting out basis, to centralised production in mills and factories (the factory system) is at the heart of descriptions of the industrial revolution. However, rather than an evolutionary process, each system should be thought of as a different way of coordinating production and organising work: the first involves market coordination, the second and third a hierarchical command system based on the firm. The putting-out system that was adopted in a number of industries, most notably textiles and metalworking in the seventeenth and eighteenth centuries, was characterised by raw materials being put out by manufacturers to workers in geographically spread locations. The extent of managerial control in putting out is illustrated by surviving weavers' tickets outlining the terms of the contract under which yarn was given out for weaving in Ulster in the mid-nineteenth century: workers were paid at a specified rate, to produce a specified finished good, of specified minimum quality, within some specified time period.[2] These workers were divorced from ownership of the final product and agreed to follow the dictates of the manufacturer in return for a wage.[3] Though production was not physically centralised, and (as with all workers working at piece rather than time rates of pay) workers had a degree of flexibility in their hours of work, this system of managerial command and control of resource allocation and output was recognisably a method of organising work which conforms in many respects with Alchian and Demsetz's definition of the classical firm as 'a contractual structure with: (1) joint input production; (2) several input owners; (3) one party who is common to all the contracts of the joint inputs; (4) who has rights to renegotiate any input's contract independently of contracts with other input owners; (5) who holds the residual claim; and (6) who has the right to sell his central contractual status.'[4]

In effect then the move from domestic system of production by independent producers to putting out was a shift from coordination of production by the market to coordination by the firm. This begs the question: why firms? Why not simply a series of market transactions by independent producers rather than a central merchant-manufacturer employing wage labour on a contractual basis? The economist's answer to this question is that firms emerge to coordinate production when they can produce more efficiently (at lower unit cost) than can markets. If this is the case, the spread of putting out in textiles in general, and in linen production in Scotland and England in particular, suggests that firm coordination could produce linen more efficiently than could market coordination. If this was so then Bill Crawford's 1988 paper characterising production of flax yarn and linen cloth in Ireland as coordinated by the market long after putting out was adopted in England and Scotland poses a problem. Why did firms not emerge in the Irish linen industry to coordinate production of yarn and cloth? Why was the dominant form of coordination a series of market transactions rather than the putting out system coordinated by firms that was adopted elsewhere? In short, why did firms not replace the market?

The purpose of this chapter is to examine the economics of the apparently peculiar organisation of production of yarn and cloth in the linen trade in Ulster. Section I considers some of the explanations that have been suggested by neo-classical and Marxian economists for the existence of firms. Section II examines how these explanations have been employed to explain the emergence of firms before and during the industrial revolution. Section III considers the evidence of witnesses appearing before the two select committees that investigated the linen trade of Ireland in 1822 and 1825 with a view to explaining why production of flax yarn and brown (unbleached) cloth was not hierarchically controlled by firms.[5]

I

In a classic paper, published in 1937, Ronald Coase offered a simple explanation for why firms exist.[6] He suggested that firms emerge because they can coordinate production at lower cost than can the market. The reason for this is that there are transaction costs associated with market coordination that the firm can reduce.

> In order to carry out a market transaction it is necessary to discover who it is that one wishes to deal with, to conduct negotiations leading to the bargain, to draw up the contract, to undertake the inspection needed to make sure that the terms of the contract are being observed, and so on.[7]

Briefly, we may characterise these as search, information, bargaining, decision, policing and enforcement costs. A firm can reduce these costs by internalising what were hitherto market transactions. The relative costs of market and internal transactions will determine how production is coordinated. Firms will emerge if the costs incurred by an external market transaction are greater than the costs incurred when these transactions are internalised and subject to managerial control.

Transaction costs associated with economic organisation may be grouped into coordination costs and motivation costs.[8] Coordination costs are associated with search and information costs such as identification of sellers and discovery of their prices.[9] Motivation costs are associated with bargaining, decision, policing and enforcement costs: they arise because of imperfect information (bounded rationality) and imperfect commitment (opportunism). The former is simply behaviour that is intended to be rational in the economist's sense of maximising some utility function but which is constrained by difficulties of information or calculation, the latter arises when economic agents pursue their utility maximising objectives with dishonesty or guile.[10] For example, once sellers and prices have been identified, to complete an exchange the attributes of the traded item must be measured and made known to all parties. Imperfect information or bounded rationality may cause an exchange not to be made because one or other of the parties fears losing on the trade.[11] Imperfect commitment or opportunism may lead agents to renege on agreements after they are made; again mutually advantageous exchange may not take place or costs will have to be incurred to police and enforce contracts. Contractual exchange characterised by bounded rationality and opportunism will require safeguards to be built into contracts in the form of specification, monitoring and redress. Williamson[12] argues that in these circumstances the organisational imperative that emerges is to set up transactions so as to minimise the impact of bounded rationality and opportunism: one way to do this, the transactions cost argument goes, is to internalise market transactions within a firm.

Of course transaction costs form only part of costs: total cost is made up of transaction costs and production costs. According to Arrow, 'the former can be varied by a change in the mode of resource allocation, while the latter only depend on the technology and tastes, and would be the same in all economic systems.'[13] North and Wallis suggest that changes in technology reduce production costs (the cost of combining inputs to make output which they call transformation costs) while changes in the institutions that control the cost of purchasing inputs, monitoring the production process and marketing output reduce transaction costs.[14]

Coase's founding insight has thus generated a number of extensions to his approach, but the fundamental idea remains that the firm is an organisational innovation that captures short-term rents by economising on transaction costs of one form or another. These rents can be regarded as Marshallian quasi-rents in that they will be competed away as more agents adopt the new organisational form and enter the market as firms. The effect of the new method of organising work, though, is to shift the average cost curve downwards.

Efficiency gain is not the only explanation for the emergence of the firm. Marx, while conceding that capitalist control of the work process and the division of labour enhanced productive power, argued that its primary purpose was exploitation of the worker.[15] Hierarchical control of the production process emerged as a result of attempts by capitalists to control workers by means of specialisation and the division of labour with a view to extracting surplus value:[16] the advent of the firm reflects the distribution of power, class interest and desire by the capitalist to manipulate labour with a view to increasing the former's share of output.

The fundamental difference in the two views of the emergence of the firm outlined above is that the Coasian firm is a voluntary institution in which individual freedom and social production are reconciled by labour contracts freely entered into. The firm by economising on transaction costs reduces total costs improving productivity, output and wages: the relationship between capitalist and worker is collaborative. The Marxian firm is a predatory and coercive institution. Social production takes place at the expense of individual freedom. The firm increases productivity through increased division of labour but the gains go to the capitalist: the relationship between capitalist and worker is exploitative. Crucially, for both traditions the firm emerges as a result of pursuit of profit but for the former the emergence of the firm improves productivity and living standards for all though not equally, while for the latter workers and capitalists are engaged in a sort of zero-sum game in which power lies with the capitalist enabling exploitation of the worker.

II

What light can these competing hypotheses shed on the historical emergence of the firm and on the problem of the failure of firm coordination of production to emerge in the linen industry in Ulster before industrialisation?[17] Taking a transactions cost perspective, North argues that the development of the putting-out system was a response to burgeoning market demand in the sixteenth and seventeenth centuries. The cost advantage to the merchant of putting out over a series of market transactions with independent producers lay in economies in maintaining quality control. He argues that there were costs associated with measuring quality. A hierarchical system of work organisation offered cost advantages over market organisation. The result was increased efficiency and lower costs achieved by saving on transaction costs compared to a series of market transactions.[18] Millward similarly relies on transaction costs to explain the emergence of firms. His view is that increasing demand in the sixteenth and seventeenth centuries for high volumes of standardised middle-quality products created a problem of producing these levels of output at a uniform quality, and also the diffusion of new products typified in the case of textiles by the 'new draperies' created the problem of diffusion of knowledge of the new mixes. The advantages of putting out by firms over market coordination of textile production in early modern England lay in promotion of the usage of certain types of raw material required for diffusion of new material mixes, maintenance of planned output flows, quality control, reduction of negotiation costs and safeguarding of contracts while controlling opportunistic behaviour.[19]

The Marxian view is that the firm emerged as a predator exploiting the workforce in pursuit of profit. Hymer argues that the employment relation developed as a result of alliance between state and capitalist which drove workers off the land to become a free labour force without property and thus with no alternative but to sell their labour to employers.[20] According to Marglin firms emerged not because they were a technically superior form of work organisation that increased productivity but because they substituted capitalists' for workers' control of the work process, forcing workers to offer greater work effort than under the system of market coordination of production, enabling the employer to capture a larger share of output and accumulate capital.[21] Pitelis returns to a more orthodox interpretation by arguing that the transition from market to firm coordination (putting out) of production was driven by the desire to make efficiency gains in pursuit of profit. The firm offers a more efficient way to implement division of labour because of the transaction costs associated with market exchanges. However, '[transactional] efficiency cannot in itself explain the existence of firms: the principals' objectives [thus power and distribution] also need to be considered'.[22] Profit is thus made the driving force behind the employment relation, and, 'the process seems to have involved coercion and consensus, possibly including state intervention.'[23]

Can either of these general explanations for the historical emergence of the firm shed light on the particular case of its absence in the production of linen yarn and cloth in Ireland? The Marxian insistence that the firm emerges because it offers an opportunity for extracting profit for the capitalist that is superior to a series of market exchanges by independent workmen, implies that capitalists in the Irish linen trade were missing an opportunity to extract surplus value that their counterparts in cotton, wool and silk on both sides of the Irish sea and, of course, linen in England and Scotland were not. The fact that these same capitalists were prepared to adopt putting out at the fine and coarse ends of the market but not for the ranges in between suggests first, that the hierarchical control of the production process did not necessarily offer the opportunity for profit or exploitation of workers that the Marxian story claims and second, that the potential gains arising from division of labour were limited, so that market coordination was preferable to firm coordination. Similarly there are problems with the North-Millward story that the firm emerged to economise on transaction costs as growth in demand led to more market transactions. If the extent of the market predicts the existence of firms then why did the Irish, with a larger market share and hence, *ceteris paribus*, more transactions than either the English or the Scots industries, rely on market coordination of production while in each of the latter two industries production was coordinated by firms? Again it seems that there were reasons why internalising transactions was less efficient than engaging in a series of market transactions in the case of the Irish linen trade.

Of course, there is the possibility that failure of the Irish to adopt the form of production coordination that was employed in Scotland and England is simply an example of economic backwardness arising from market failure. In this case markets failed to enforce the adoption of a system of production coordination that was more efficient than existing ways of organising production: this must be regarded as a failure of entrepreneurship. The problem becomes one also of government failure if we take the view, expressed by members of the Select Committees of 1822 and 1825, that government underpinned existing inefficient organisational forms with subsidy and regulation.

III

A combination of market and government failure was the view of English and Scottish observers and in particular the parliamentary committees of 1822 and 1825. These committees were preoccupied with what they saw as the inefficient way in which the Irish linen trade was organised and an anachronistic degree of regulation in the trade. As regards organisation their preferred model was putting out of yarn, the yarn to be obtained from putting out of flax or by the introduction of mill spinning. Their preferred model for the regulation of the linen trade was deregulation.

Their position on organisation is made clear in an exchange, couched in the language of Adam Smith, with John Marshall, the Leeds flax spinner:

> Q: Has not the Scotch and English manufacture benefited by the general system of managing it, in respect to giving out the yarn to weavers and giving out the flax to spinners, and introducing more minutely the principles of division of labour?
>
> A: I think the management is superior to the Irish, with respect to the Scotch particularly.[24]

Marshall gave the committee the answer they wanted. However they did not always get the answers they wanted from the Irish witnesses. Invited and then pressed to endorse a system of putting out for weaving, Peter Besnard, Linen Board Inspector for the provinces of Munster and Connacht, demurred:

> Q: Do you consider it would be more for the benefit of the trade if it was more carried on by capitalists employing these weavers, than for the weavers to be employed in their own cottages on their own account?
>
> A: … I do not see how it could be carried on otherwise than it is at present, by the subdivision of capital and labour…
>
> Q: Do you not think that the system carried on in Scotland gives Scotland a very considerable advantage over Ireland in the linen trade?
>
> A: I do not see how it does ... on the common fabrics, they are supplied in large quantities from the south and west of Ireland to Scotland.
>
> Q: Does not that system and that circumstance in Scotland admit of a more economical distribution of labour, than where the same family produce both the raw material and the manufactured article?
>
> A: It does not appear to me to be so … it is known to those in the business, that it is impossible to make goods cheaper than these persons do…[25]

The position on regulation is made equally clear in another question put to Marshall:

> Q: May not the regulations relating to the sale of yarn, and the sale of linen, the establishment of inspectors of yarn, and other officers, and a general code of interference with the manufacture, contribute to the continuation of the Irish system, and to the prevention of the introduction of a superior system?

A: Yes, I think it must.[26]

Again, the Irish witnesses had a different perspective. John Ferguson, a linen bleacher from Belfast, pointed out that the regulations were in place to deal with various problems associated with market transactions, which in the language of modern institutional analysis are identified as motivation problems.

> Q: Do you not think if all those restrictive laws were repealed, and there were no regulations at all established between buyer and seller, that the practice of the country would soon become that which was most advantageous for the buyer and seller whether it was by means of an intermediate agency, or through public sales at markets?
>
> A: The way the manufacture commences with the spinning wheel requires regulation with the kind of people who are the spinners; the poorest people all over the country, in their own cottages, spin the yarn; if there was not some regulation as to the mode of putting the yarn up, I do not know how the first operations in the trade would go on; because a poor woman, after she has spun a certain quantity of yarn, how would she dispose of it? The buyer would be very cautious how he bought it; he cannot buy unless he has some fixed standard for the quantity it contains, and that is enforced by regulation; the woman will not know how to sell yarn, nor the buyer know how to buy it. At the very commencement I think there is a difficulty; unless there is some regulation I do not see how the trade can go on. Then again, in the next stage, after the yarn is woven into cloth, unless there is some fixed length and breadth – if it was made into all kinds of lengths and breadths, it would throw the trade into confusion.[27]

To an extent the committee members and the Irish witnesses were talking past each other. Some members of both committees brought to their respective investigations a set of *a priori* assumptions that the employment relation must be more efficient than market transactions and that the gains from hierarchical control of production must arise from division of labour. Besnard was pointing out that the Irish system of market coordination produced cloth cheaper than did putting out; Ferguson was arguing that, given the existing organisation of the trade, there were coordination and motivation costs of making transactions that needed regulation. So exactly what was the system of regulation to which the Irish were so attached?

James Corry, secretary to the Linen Board, classed the regulatory system under five headings: laws relating to the examination of flax-seed upon import; laws relating to the making-up and sale of yarn; laws relating to the length, breadth, quality, measuring, stamping and sale of brown (unbleached) linen; laws relating to the same issues for white (bleached) linen; laws relating to the protection and subsidies offered the trade in the form of import duties, export bounties and to the Linen Board itself which was publicly funded for the purpose of maintaining and promoting the linen trade.[28]

The laws relating to the making-up and inspection of yarn and cloth exposed for public sale in open fair or market governed the production and sale of both. Yarn was made up in hanks containing twelve cuts or leas, each cut containing 120 threads and each thread being 2.5 yards long. Inspectors of the Linen Board generally attended markets. It was the duty of local inspector to examine yarn exposed for sale to see that it conformed to legal regulation. Illegal yarn was liable to seizure. While it was the duty of inspectors to attend markets, if they were not present yarn could still be sold. However, inspectors could seize bad yarn after its sale. If yarn was seized then the owner could appeal to a magistrate who convened a jury of three persons skilled in the trade to assess the yarn.[29]

Similarly cloth exposed for sale in public market was regulated as to length, breadth and quality. Length and breadth were required to be marked on the outside fold of all linen exposed in public markets. Each piece bore the stamp of a sealmaster who, in principle, had examined it to confirm that it was of the length and breadth described by its mark and that it was of merchantable quality. The sealmaster was paid at the rate of one penny for every twenty-five yards examined. In the case of a web being purchased that proved not to be of the dimensions indicated by its mark or not of merchantable quality then the buyer had redress in law against the sealmaster. As in the case of yarn, the buyer's complaint was tested by having the linen examined by jurors to ascertain how far in point of length, breadth, or quality the web was in breach of the law.[30] It is important to note that these regulations did not prevent a capitalist internalising transactions: one (anonymous) member of the 1825 committee pointed out to Marshall that since putting out existed in many parts of Ireland in the fine trade, 'is it not proof that the existing laws are not calculated to prevent it [putting out]?'.[31]

If the regulations did not prevent the emergence of the employment relation and putting out, and if we are not to resort to an explanation based on market and/or government failure, how do we explain the preference for market over firm coordination of production in the Irish linen trade and the regulation of yarn and cloth markets? It is worth exploring in more detail Besnard's observations about relative costs and Ferguson's about the need for greater regulation.

The technology of flax yarn production lagged behind the mechanical advances that had been made in cotton. Although efforts had been made from the end of the eighteenth century to spin flax yarn on the same principles as the great cotton inventions they had not proved entirely successful. Machine spinning (dry spinning) was restricted to producing the lower counts of yarn.[32] Thomas Crosthwaite, a machine spinner of Lucan near Dublin, told the 1825 committee, 'as far as I can see of flax machinery, there must be some very great improvements before it can ever be adopted for spinning fine yarn.'[33] As regards power weaving John Marshall told them, 'it is not in its present state, very profitable, but it is susceptible of great improvement.' He believed it would be adopted in preference to the handloom 'in the course of ten or twenty years but not much sooner.'[34]

Thus for spinning counts above the coarser yarns and for weaving, the dominant technology was the common wheel and the handloom: the choice, then, was between two organisational forms of production coordination – market or firm. The case made by the Irish witnesses was simple: there was a cost advantage to using the market compared with hierarchical forms of work organisation. Consider the following exchange with Crosthwaite on labour costs in flax yarn spinning:

> Q: Are you not aware that one of the very great advantages in a manufactory is the minute subdivision of labour?
>
> A: Certainly.

> Q: Are you not aware that by a subdivision of labour a very great saving is made?
>
> A: I think there must be…
>
> Q: Do you think that the same economy of labour can exist where the manufacture is carried on, as in Ireland, over the face of the country, as where it is carried on more on the principle of your own establishment?
>
> A: In Ireland a woman will spin when she would otherwise be unemployed, but it would be a very difficult thing to pay her for that time, and for that reason you could not employ them in manufactories spinning by hand, because now they are content to sit up in the evening without a light to spin; and charge little or nothing for it.[35]

James Fisher, a linen bleacher in Limerick, made clear the implications for the relative price of yarn produced under the two systems:

> Q: Is it at all the custom of manufacturers to give out flax and to have it spun, paying the person that spins for his labour?
>
> A: I believe in a very few cases, except by associations, or individuals who do it for charity.
>
> Q: Do you conceive that the introduction of such a system would be a benefit, and a better one than as it is at present?
>
> A: I think it would not be a benefit.
>
> Q: Why do you think not?
>
> A: For this reason: that as I said before, they will not work for the same hire when they are paid for their work, as they will work when they become their own merchants, that is when they spin the yarn on their own account and sell it in the same way...
>
> Q: You say that yarn is cheaper in consequence of it being made by the spinners on their own account?
>
> A: Yes; that is, you can buy the article cheaper in the market than you can make it, if you give out the flax and employ persons to spin it.[36]

Peter Besnard confirmed this story of a dual labour market in which workers demanded a higher wage for contractual work than the earnings they were prepared to accept from non-contractual work.

> Q: Now supposing that in consequence of the country being possessed of more capital, and supposing the manufacturers could

obtain flax abroad or elsewhere, would they not be able to give it out to spin; giving it out to the spinners, and, on receiving it spun, paying them for their labour?

A: Not in my opinion; I have often seen that system tried, but it cannot compete with the way in which the present system is carried on....

Q: Do you say, that if a manufacturer in the county of Cork imported a quantity of foreign dressed flax, and wished to have that made into yarn, he could not obtain spinners to spin it for him?

A: He could certainly obtain spinners to spin it for him but he would soon give it up as a bad business ... I should think the manufacturer could never get his yarn in on as cheap terms as could buy it from those who spin it for themselves. I am speaking from the experience of a great many years.

Q: Do you mean to say that there are two prices for the labour; that there is one price for the work of the labourer hired, and a distinct price for the work done in this way?

A: The work at present is done by the members of the families; and I have always found that those persons who work for hire ask such prices as would make the yarn come dearer than you could buy it otherwise for ... I do not think any capitalist taking the flax and giving it out himself to be spun could succeed ... I should rather say from experience, he would be met in the market by those poor people who, when spinning on their own account take up the wheel and spin and set it down whenever they choose; but if they are spinning for hire they would expect to be paid in quite a different way. I am speaking from experience ... they will work for less value than the person who spins for hire and to whom I may pay wages.[37]

We have already seen that the committee found a similar response on the issue of putting out of yarn to weavers from Peter Besnard. Thomas Crosthwaite, who himself engaged in putting out his mill-spun yarn, endorsed Besnard's view:

Q: Are you aware of the process that the Irish weaver adopts now, of going to market and selling his web, and purchasing yarn there to make a fresh web?

A: I understand that is the process.

> Q: Do not you think that the weaver would save a great deal of time if, instead of being obliged to adopt that process, a respectable individual, possessed of some capital, was to employ a great number in his neighbourhood of the weavers, to make cloth, and then for that individual to send it to the market, and to dispose of it without the weaver being obliged to go to market at all?
>
> A: He would certainly save a great deal of time...
>
> Q: You would think that a more advantageous mode of carrying on the trade than the present?
>
> A: I do not think you would have it cheaper. As far as I have ever understood with reference to the north of Ireland, the mode adopted there is the very best possible for cheapness.[38]

The Irish witnesses, then, took the view that the system of coordinating production through the market had lower production costs than coordination by firms putting out flax or yarn. Of course this system came at the price of an increased number of transactions and hence an increase in transaction costs, that is bringing buyers and sellers together, and negotiating, enforcing and policing contracts. This was recognised in the linen laws which, by creating and regulating markets and enabling policing and enforcing of contracts, were directed at reducing these costs.

Two groups of costs are associated with transactions: coordination and motivation costs. The former arise from information problems: 'the need to determine prices and other details of the transaction, to make the existence and location of potential buyers and sellers known to one another, and to bring buyers and sellers together to transact.'[39] The information problem of identifying buyers and sellers and bringing them together was resolved by the creation of public markets: there were 52 in Ulster alone, and anyone exposing yarn or cloth for public sale was required to bring it to the public market.[40] John Ferguson told the 1825 committee:

> I think the mode in which it is conducted facilitates the business very much and brings it sooner to a decision, to the point; when the buyer and seller meet in a public market, that the seller has a choice of buyers all collected together, and the buyer has great choice of linens. And it is done in the course of a very short space of time with great rapidity ... Linens are sold in various parts of the country in market towns. There is a market every day of the week and

> by these means business is transacted much more expeditiously both for buyer and seller, than if the seller was obliged to look about at the various residences of the buyers.[41]

The other important information gap in the coordination problem is, of course, the determination of prices. Richard Muggeridge outlined the process of determining prices and informing buyers and sellers:

> When a linen-market commences, the buyers each stand upon separate stools, or benches, elevated about two feet from the ground, with a table before each of them ... the weavers, each bearing their webs ... present them on the tables for their inspection and purchase ... the buyer, after an apparent, very hasty examination asks, "What will buy this web?" "1s. 2½d." perhaps is the reply, meaning that sum per yard. "I should think so," says the buyer, "and a deal less; will 1s. 1d. buy it?" "Sorrow one of me will let it go for the likes o' that," says the seller. "Take it away then," is the hasty response. The weaver does so, and carries it to the next buyer's table, where something like the same colloquy takes place. By the time he has gone through this ceremony at three or four tables, he knows pretty well what is the day's market price of his web, and he then disposes of it to the buyer who has offered him the highest price.[42]

The system of public markets dealt with the coordination problem. What of motivation costs? The problems here are bounded rationality and opportunism. The regulation that yarn was required to be brought to the public markets, cut and reeled according to statute and cloth sealed and stamped in regard to its length, breadth and quality, served two purposes: it deterred opportunistic behaviour on the part of spinners and weavers and, by providing reliable information on the quality of the goods, it facilitated the negotiating of contracts. William Pollock, a yarn inspector, outlined the importance of inspection for dealing with information problems:

> It is security to the purchaser; when he buys it he gives a certain price for it, under the idea that it is perfect; if it should turn out otherwise it is liable to seizure; if laid before a magistrate, and that the fact that it shall appear to him that it is illegally made up, it is subject to forfeiture ... it would be quite impossible for the purchaser of yarn in the market, to enter into an investigation of the contents of each hank at the time of sale, and therefore he buys it

> in the public market on the supposition of its being fairly and honestly made up according to law...[43]

Crosthwaite explained the importance of regular reeling:

> The only way you can calculate how to make linen is by the length of the thread that is required for the warp and weft: when the hank is regularly reeled, the calculation is easily made, and there is a direct check against the weaver.[44]

Fisher elaborated on the dangers and likely impact of information problems and opportunism in the absence of regulation and inspection in yarn markets:

> Q: Do you think that the trade in yarn could be carried on without the system of inspection which at present exists?
>
> A: I think it could be carried on, but not with the same advantage to the trade.
>
> Q: Will you state why?
>
> A: Because the spinning of yarn is in many cases conducted by a very poor description of people; who would not go to the trouble of or expense of the necessary machinery of a reel for putting it into marketable order; and again, because it comes to be sold to a poor description of people, who would take very little trouble about it; and by that means would have the yarn in bad order, unevenly sorted and incorrectly reeled.
>
> Q: You consider that unless some regulations of that kind existed there would be great frauds carried on in the sale of yarn?
>
> A: I think there would.[45]

And the Irish witnesses were well aware that internalising transactions in firms would eliminate opportunism:

> Q: Why do you think that in Ireland the producer of yarn should be obliged by law to have a certain quantity in a hank, while in England it is left to the convenience of the yarn manufacturer to regulate the quantity for himself?
>
> A: I conceive that in England, it being carried on there by large responsible people, they do exactly what is right ... it is quite different in Ireland; perhaps if I buy one cwt. of yarn it may be spun by one hundred different women, and how are they to understand what is for the good of the weaver; they are not responsible persons; they want to get their money, and they will sell it in any way they

> please, and perhaps looking to present advantage.[46]

> I do not think there would be any necessity for brown seals if it [weaving] was all carried on in large establishments, but I do not think that practicable...[47]

Ferguson explained how deterring opportunistic behaviour facilitated exchange and negotiation of contracts:

> At present one of my buyers will go to a market town; ride some distance in the morning; he will purchase, perhaps fifty or sixty pieces of linen, and sometimes more, each containing fifty yards and upwards: he purchases them in the course of an hour, and he pays for them in two hours more; but if he had to measure and inspect all the linen, if he did not depend upon the stamp upon them, but had to examine all those pieces, in place of spending a few hours in the market town, he would perhaps have to spend a week.[48]

And indeed it made mutually advantageous exchange possible where otherwise imperfect information and commitment meant there would be none because of fears that the purchaser would make a loss in the trade:

> The way the trade is carried on is this: I send my agents all over the country to purchase for me; in fact my business and my trade is to find out the cheapest places where I can get the kind of goods I want, upon the best terms; I seek out those places, and send to distances and I find I transact business very safely, because there is a person responsible for both length and breadth; whereas if there was no regulation of that kind, the operation would be so tedious and so doubtful in remote parts of the country, that I do not think people would venture to send at all to many parts of the country I can name.[49]

These rapidly negotiated contracts had to be policed and enforced. Both Crosthwaite and then Ferguson explained:

> I think with reference to the brown seal ... The Linen Board have a right to seal the linen with a brown seal for which the sealmaster gets a penny for every twenty-five yards; he has a right to ascertain that the weaver has his name marked on the piece, and to measure it. This is done previous to the market which it facilitates; but if that was not the case how could a person buy three or four hundred

> pieces of linen within a short space of time. The breadth and length being certified by the Linen Board Inspector, if there be a fraud committed, the purchaser goes to the inspector who has marked it, and he is responsible.[50]
>
> Q: Do you mean to say that the principle of fraud is so universal as to require legislative interference?
>
> A: The law requires the seller to give the quantity that he proposes to sell; if a man purchases a piece of cloth in any market, if upon getting it home he finds that it contains less than the quantity it was sold for, we think the law should take hold of that man, and compel him to be honest by a penalty.[51]

Irish witnesses were clear that market coordination of production was bedevilled by coordination and motivation problems and that the purpose of the regulations was to reduce the associated transaction costs. Crosthwaite was explicit about this:

> Q: Is not the right that the weaver possesses, to sell his cloth in any way he thinks proper, materially interfered with, by placing him under the necessity of having that cloth brought before a seal master?
>
> A: I do not think it is. If I went to a weaver who had his piece of linen for sale, I must at some time ascertain that it was properly wove, as well as its length and breadth; and in ascertaining these points I must do what an intermediate uninterested person, the seal master does for me; and must, by whomsoever it is done, cost something.[52]

Considered in the light of contemporary institutional economics, the responses of the Irish bleachers, Linen Board Inspectors, linen merchants and mill spinners who appeared as witnesses before the parliamentary committees of 1822 and 1825 on the linen trade of Ireland, show a remarkably modern awareness of the economics of transaction costs which for the most part seemed to pass by the members of the two committees. Both committees had sitting on them a number of parliamentary political economists: Sir Robert Peel, Thomas Spring-Rice, Joseph Hume, Sir Henry Parnell, William Maberly, Frederick Robinson among others who appear to have influenced their deliberations.[53] Locked into the principles of division of labour and freedom of trade so ably expounded by Adam Smith, the committee had one model and one model only for improving efficiency in production – reduction of production costs through hierarchical control of production and division of labour, combined with deregulation. However, given the prevailing technology and labour supply conditions, the economics of linen production as explained by the Irish witnesses did not necessarily support this model for all types of yarn and cloth production. Putting out denied purchasers the cost advantages of buying in a competitive market and relying on an unregulated market led to coordination and motivation problems and their associated transaction costs.

IV

Bill Crawford posed a problem with his 1988 paper. Why did the Irish rely on the market to coordinate production right up to the development of the wet spinning process when the other regional industries in the British Isles had long adopted systems of hierarchical control of the production process? Is this yet another example of the economic backwardness of the pre-Famine economy? It seems that the answer is no. Given the existing state of technology, which confined production to the common wheel and the handloom, the Irish system of production coordination, far from reflecting economic backwardness, was designed to obtain yarn and cloth at the lowest cost while dealing with associated transaction costs. Because of a labour market in which workers were prepared to charge less for their labour time in non-contractual work than for their time in contractual work, market coordination of production had production cost advantages over firm coordination. The system of public markets and the regulations concerning making up of yarn and cloth and policing and enforcing of contracts were then in place to deal with the coordination and motivation problems which generated increased transaction costs associated with the increased number of market transactions necessary in the system of market coordination.

Reduction of transaction costs by regulation was thus an important part of the dominance of market over firm coordination of production in the Irish linen trade: regulation, far from reflecting inefficiency, by reducing transaction costs reduced the scope for economising on these costs by internalising transactions within the firm. Firms did not replace the market in the Irish linen trade not because of Irish economic backwardness, but because, given the prevailing technology, a combination of competitive production among independent producers and regulation to control the associated transaction costs made the market the more efficient system for coordinating production.

NOTES

1 W.H. Crawford, 'The Evolution of the Linen Trade in Ulster before Industrialisation', *Irish Economic and Social History*, XV (1988), pp. 37–42.

2 W.H. Crawford, *The Handloom Weavers and the Ulster Linen Industry* (Belfast, 1972) pp. 46 and 52.

3 R. Millward, 'The Emergence of Wage Labour in Early Modern England', *Explorations in Economic History*, 18 (1981), pp. 22–6; O.E. Williamson, 'The Organisation of Work: A Comparative Institutional Assessment', *Journal of Economic Behaviour and Organisation*, 1 (1980), pp. 14–15.

4 A. Alchian and H. Demetz, 'Production, Information Costs and Team Production', *American Economic Review*, 62 (1972), p. 794.

5 British Parliamentary Papers (1822, VII), *Report from the Select Committee on the Laws which Regulate the Linen Trade of Ireland* [hereafter, *Report on the Linen Laws*]; British Parliamentary Papers (1825, V), *Report from the Select Committee on the Linen Trade of Ireland* [hereafter, *Report on the Linen Trade*].

6 R.H. Coase, 'The Nature of the Firm', *Economica*, 16 (1937), pp. 386–405.

7 R.H. Coase, 'The Problem of Social Cost', *Journal of Law and Economics*, 3 (1960), p. 15.

8 P. Milgrom and J. Roberts, *Economics, Organization and Management*, (New Jersey, 1992) p. 49.

9 G.J. Stigler, 'The Economics of Information', *Journal of Political Economy*, 69 (1961), pp. 213–25; J.E. Stiglitz, ' The Contributions of the Economics of Information to Twentieth Century Economics', *Quarterly Journal of Economics*, 115 (2000), pp. 1441–78.

10 O.E. Williamson, *The Economic Institutions of Capitalism: Firms, Markets and History* (New York, 1985), pp. 43–52.

11 Y. Barzel, 'Measurement Cost and the Organization of Markets', *Journal of Law and Economics*, 25 (1982), pp. 27–48.

12 Williamson, *The Economic Institutions of Capitalism*, p. 32.

13 K.J. Arrow, 'The Organisation of Economic Activity: Issues Pertinent to the Choice of Market Versus Nonmarket Allocation' in *Collected papers of Kenneth J Arrow. Volume 2 General Equilibrium* (Cambridge, Mass., 1983), p. 149.

14 D.C. North and J.J. Wallis, 'Integrating Institutional Change and Technical Change in Economic History: A Transaction Cost Approach', *Journal of Institutional and Theoretical Economics*, 1 (1994), p. 609.

15 K. Marx, *Capital, Vol. 1* (London, 1954), 318–321, 344.

16 The capitalist pays a wage that is the exchange value of labour (necessary for labour to reproduce) but receives the use value of the labourer's work. The difference is surplus value, which accrues to the capitalist. 'The action of labour-power, therefore, not only reproduces its own value but produces value over and above it. This surplus-value is the difference between the value of the product and the value of the elements consumed in the formation of that product...'. Marx, *Capital, Vol. 1*, p. 201.

17 Following Crawford 'Evolution of the Linen Trade in Ulster before Industrialisation', the term 'industrialisation' is used to indicate the concentration of spinning into mills following the development of the wet-spinning process in 1825.

18 D.C. North, *Structure and Change in Economic History* (New York, 1981), pp. 167–170.

19 Millward, 'The Emergence of Wage Labour'.

20 S. Hymer, 'The Internationalization of Capital', in R.B. Cohen, N. Felton, J van Liere and M. Nkosi (eds), *The Multinational Corporation: A Radical Approach, Papers by Stephen Herbert Hymer* (Cambridge, 1979), p. 90.

21 S.A. Marglin, 'What Do Bosses Do?', *Review of Radical Political Economy*, 6 (1974), p. 62. Note, however, that this is contrary to Marx's views outlined earlier in which he concedes that the capitalist by grouping and combining workers increases their productivity. See also S. Hymer, 'The Multinational Corporation and the Law of Uneven

Development', in Cohen *et al.* (eds), *The Multinational Corporation*, pp. 56–8.
22 C.N. Pitelis, 'Transaction Costs and the Historical Evolution of the Capitalist Firm', *Journal of Economic Issues*, 32 (1998), p. 1010.
23 Ibid. p. 1012.
24 *Report on the Linen Trade*, p. 712.
25 Ibid. pp. 780–2.
26 Ibid. p. 715.
27 Ibid. p. 748.
28 Ibid. p. 804.
29 *Report on the Linen Laws,* pp. 460–1.
30 Ibid. p. 461.
31 *Report on the Linen Trade*, p. 717.
32 The count of yarn is a measure of its diameter or fineness indicated by the number of leas in 1lb weight of yarn. On the Irish reel, a lea is a length of flax yarn of 300 yards (on the Scotch reel it was a cut). There were 12 leas in a hank and 16 2/3 hanks in a bundle. The lower the number of leas per pound weight, the thicker the yarn. Thus, for example, yarn of 25 leas per lb weighs 8lb per bundle, 40 lea yarn weighs 5 lb per bundle and 100 lea yarn weighs 2 lb per bundle See J. Horner, *The Linen Trade of Europe during the Spinning-Wheel Period* (Belfast, 1920), pp. 182–3.
33 *Report on the Linen Trade*, p. 730. See also evidence of John Marshall, p. 708.
34 Ibid. p. 709.
35 Ibid. p. 732.
36 Ibid. pp. 774–5.
37 Ibid. pp. 783–5.
38 Ibid. pp. 733–4.
39 Milgrom and Roberts, *Economics, Organization and Management*, p. 29.
40 *Report on Linen Laws*, pp. 460 and 489.
41 *Report on the Linen Trade*, p. 741.
42 British Parliamentary Papers (1840 XXIII) *Reports from Assistant Hand-loom Weavers Commissioners. Part III. Reports from Richard M. Muggeridge Esq., on the Linen and Cotton Manufactures of Ireland*, p. 731
43 *Report on the Linen Laws*, p. 472.
44 *Report on the Linen Trade*, p. 728.
45 Ibid. p. 773.
46 Ibid. p. 729. Evidence of Thomas Crosthwaite.
47 Ibid. p. 736. Evidence of Thomas Crosthwaite.
48 Ibid. p. 747.
49 Ibid.
50 Ibid. p. 734. Evidence of Thomas Crosthwaite.
51 Ibid. p. 749. Evidence of John Ferguson.
52 Ibid. p. 735.
53 *Journals of the House of Commons* (1822) 77, p. 278; *Journals of the House of Commons* (1825) 80, p. 305. See for example the exchange with John Marshall, *Report on the Linen Trade of Ireland*, p. 718.

8
Pre-Famine Protestant, post-Famine Catholic
Do emigrants' letters reflect the stereotypes?

TREVOR PARKHILL

The value of emigrants' letters as evidence for both a description and an analysis of the Irish emigrant experience in America and Australia has been amply demonstrated by the current generation of historians: in the 1980s by the work of Kerby Miller and in the 1990s by that of David Fitzpatrick.[1] The recent publication of Miller *et al* has facilitated an even more informed reconstruction of the general understanding of the profile of the Irish transatlantic emigrant in the eighteenth century that had somehow become enshrined by the research of the preceding generation.[2] In the late 1960s, Rodney Green's strategic essay had focussed on the Ulster emigrants' letters[3] (in the collection of which he had collaborated proactively with Brian Trainor of the Public Record Office of Northern Ireland, as Miller was to do twenty years later) and in so doing had tended to reinforce the image of closely associating eighteenth century, indeed all pre-Famine, emigration with Ulster. This may be attributed largely and accidentally to the impact of R.J. Dickson's account of emigration from Ulster to colonial North America[4] which stopped in 1775, leaving a gap in the understanding of emigration from then until the Famine that only W.F. Adams has addressed seriously[5]. This did not conflict with the received and equally monolithic view of full-scale

Irish emigration which, as every schoolboy thought he knew, only began with the Famine and continued in the same vein throughout the nineteenth and twentieth centuries, being stemmed and even reversed in more economically buoyant recent times.

It is, perhaps mercifully, not possible to carry out a head count along denominational lines of pre- and post-Famine emigrants' letters and make comparisons of their contents along religious or ethnic lines [6]. Most recently, Doyle and Miller have, with Arnold Schrier and Bruce Boling, produced a body of evidence representing the immigrants' experience during the 'long' eighteenth century, 1675–1815. Of the '68 texts containing transcriptions of 98 distinct documents' in *Irish Immigrants in the Land of Canaan* there are, by David Fitzpatrick's calculation, '62 writers whose religious profession is identified ... 28 were Presbyterian, 16 Roman Catholics, 10 Episcoplians, five Quakers, two Methodists and one Baptist ... 44 writers emanated from Ulster and 24 from the southern provinces.'[7] This would appear to be an altogether more representative reflection of the nature of eighteenth century emigration. And of course Don Akenson has had enormous fun pointing out a range of inconsistencies in the age, gender and religion profile of emigrants, particularly in equating 'Protestant' emigration with either or both 'Presbyterian' migration and emigration from Ulster.[8] But much of Akenson's concentration has been on the nineteenth-century picture, particularly the post-Famine period.

The stereotypical profile of the eighteenth-century emigrant has in any case been modified over the last twenty years by David N. Doyle[9] and more recently by Marianne Wokeck's research on indentured servants, primarily from Germany and also from Ireland.[10] As far as the eighteenth century is concerned, both Doyle and Wokeck, from their different perspectives, have demonstrated the value of the indentured service system for providing emigration possibilities for Catholics not only in Ulster but also in Leinster and Munster. Wokeck's researches on arrivals from Europe in the Delaware Valley in pre-revolutionary America can be taken as something of a case study. Certainly, her findings confirm the predominance of Ulster as the principal source of the great majority of arrivals in the pre-1776 era, when she says 'In this era, the numbers immigrating from Ulster ports overwhelmed the southern Irish migration'.[11] Nonetheless her calculations for the period 1765–1773 also provide a useful perspective for the proportion of immigrants arriving from the ports of southern Ireland: 'a total of 8,421 northern Irish immigrants arriv[ed] in Philadelphia during the last nine years before the revolution, more than three times the number that can be identified from southern Ireland';[12] this is in itself a not-insignificant proportion of immigrants from all Irish ports. An early contributor to the debate on the role and significance of the indentured servant trade, particularly as an emigrant route favoured by young Catholic males, Doyle says that, although evidence for the indentured servants route peters out in the 1790s, there is evidence of it surviving in southern Irish ports as late as 1811.[13]

It may in these circumstances be as well to set aside a 'Protestant/Ulster' and 'Catholic/Irish' nexus in a consideration of the identity that can be built up from the evidence of the emigrants' letters and to concentrate on establishing a profile that might be viewed as ethnic rather than religious. Miller *et al.* see an interesting parallel between the development of the ethnic identity of early pre-Independence and post-Independence settlers. In this context, they contend that the period 1790–1820 was crucial on either side of the Atlantic. With regard to the emergence of a 'Scotch-Irishness' among eighteenth-century settlers, their view is that 'it is likely that the new Scotch-Irish ethnicity … was generated not by an external threat (real or perceived) from Irish Catholic immigration but rather by Ulster-American Presbyterian society's internal dynamics ... specifically … the product of an intra-communal context for political and cultural hegemony and "respectable" laymen'.[14]

In Ireland, the 1798 rebellion in their view acted as a fulcrum, serving to differentiate 'between Presbyterians who embraced and those who rejected the ultra-democratic and ecumenical ideals of the United Irishmen'.[15] And there is no doubt that the periods immediately prior to and after the failed rebellion, in which over 20,000 are estimated to have died, witnessed a very substantial transatlantic migration. David Wilson avows that 'During the 1790s, over 60,000 Irish emigrants arrived in the United States many of whom left their homeland for political as well as for economic reasons.'[16] Initially regarded with suspicion, as was the version of democracy with which they were identified, Wilson writes that:

> By the War of 1812, by contrast, democracy was increasingly seen as a positive element of the American political character. The United Irishmen participated in this transformation … by adding momentum to pre-existing radical movements ... with their large constituency, their sophisticated organisational skills, their influential position within the American newspaper industry, they were exceptionally well placed to become a powerful force on the radical edge of American republicanism.[17]

Samuel Neilson, an Ulster Presbyterian had arrived in New York State following his period of three years' servitude for his association with the United Irish radicals. This association included his role as editor of the *Northern Star*, the newspaper of the United Irishmen, and Neilson would have been content to be described, as he was on his epitaph, as 'a persecuted patriot'.[18] When serving his prison sentence he had written to his wife explaining why, unlike his fellow-United Irish prisoners, he would prefer to migrate to the United States, not France, on release: 'In case of exportation', he told her, 'I will of course prefer going to a country where liberty and property appear to be best secured by a mild government, emanating from the public will – such a country is America'. He added, in a clear reference to kith and kin who had previously emigrated there from Ulster, 'I have, besides these, other ties which lead me to prefer it to any other save my native land'.[19]

The story of the other United Irishmen who, in due course, found exile in the United States is generally one in which they found career advancement, particularly in the fields of medicine, law and the newspaper industry. A case in point is Thomas Addis Emmet. After serving three years' imprisonment in Fort George, in Scotland, he had gone to France following his release at Hamburg. His disenchantment with the promise that France had once held for the leaders of the United Irish movement, as an exemplar of separatism and republicanism, is evident in the letter he sent back from New York to his fellow United Irishman Robert Simms in Belfast, in October 1805:

> France is the Head Quarters of fraud, deceit, despotism and under its present rulers no Nation or People that love liberty need look for

> its honest co-operation. ... When I perceived all this I determined to fly from the sanctuary of crimes and as I am incapable of compromising with the English government, the constant and bloody oppressors of my native land, to retire to this happy country where Liberty is triumphant and cherished and where the principles to which I have sacrificed so much would be a kind … portion to my children.[20]

John O'Raw was a young fifteen-year old Catholic when he was caught up in the 1798 rebellion. He took part in the Battle of Antrim on 7 June 1798 and, having been captured, was 'taken to be hanged in his mother's doorway'. He managed to escape and hid in the open air until his father, who had remained loyal to the Crown, could intercede on his behalf.[21] In 1806 he embarked at Belfast for Charleston, South Carolina, and, in a letter home to his parents Bryan and Nellie O'Raw in Ballymena on 1 April 1809, confided that 'I am happy to inform you that I am in an eligible situation in the City, in a large Grocery and Liquor Store in the employment of Mr Phelan, an Irishman'.[22] Miller *et al.* make the point that although 'most Irish immigrants to Charleston were Presbyterians … some were Catholic and relations between them were congenial ... The city's first Irish Society had been established in 1749 and in 1799 Irish Protestants and Catholics founded the local Hibernian Society.'[23] This was an ecumenical society 'dominated' says Miller 'by Ulster Presbyterian immigrants, many of them United Irishmen'.[24] It may have been because of his own tried-and-tested United Irish connections that O'Raw was comfortable with his membership of the Charleston Hibernian Society. Despite the fact that his prosperity can be measured by his ownership by 1820 of two slaves, O'Raw took the decision, for reasons that are not apparent, to return home to his native Co. Antrim later in the 1820s. However, Miller's conclusion is that had O'Raw remained in Charleston 'he might have been … dismayed by the growing distance between the South's Ulster Presbyterians and Irish Catholics. Especially by the former's increasing tendency to identify themselves as 'Scotch-Irish', to distinguish themselves from their 'Irish' – that is, Catholic – countrymen.'[25]

Evidence for the divergence of an identity that until the early years of the nineteenth century had been monolithically 'Irish' into something that might be termed 'Ulster-Scot/Scotch/Irish' may be found in emigrants' correspondence from the 1830s and 1840s. The Ordnance Survey Memorialists, conducting their mapping survey of Ireland, beginning with Co. Londonderry in the 1830s, noted in the parish of Clondermot the clear propensity of 'Scotch settlers' to emigrate: 'Letters have arrived, some of a discouraging, some of an encouraging tendency. The latter, which appear to have gained credence, have spread the contagion of emigration ... In fact the people, especially the Scotch settlers, are beginning to consider America as much "their own country" as this'.[26]

By the 1830s, the Ordnance Survey Memoir for the Co. Londonderry parish of Faughanvale outlined the extent to which emigration in the generation before the Famine was significantly made up of family units whose way was prepared for them, as it were, by letters home from family members who had gone before:

> It is a usual system in this, as in other parishes, to send out the younger members of a family to act as pioneers for the others. A constant correspondence is kept up and each emigrant is generally furnished with his outfit by another who has gone before him.[27]

This was corroborated in the neighbouring parish of Clondermot which noted that 'In most cases from 1 to 3 of the youngest, stoutest and healthiest of a family, without discrimination of sex, emigrate together and send for other members the following season under favourable circumstances'.[28]

The characteristics of the chain migration system are well known, indeed may be obvious, but it has been more generally associated with the headlong rush of emigration that characterised the years immediately before and during the Famine and which remained as part of the emigrant's identikit in the post-Famine period. Miller's discussion of this phenomenon concludes that 'a growing proportion of would-be emigrants were not only poor but also Catholic may have contributed to the emergence of chain migration'.[29] However, the evidence of collections of letters from the northern counties of Ireland would indicate that the system was in place and well established there by the 1830s. Indeed it might even be seen to be a development of the scheme that had by the middle decade of the eighteenth century already been established. Louis Cullen has identified the 1760s as a key decade in influencing the character and extent of the transatlantic migration; more particularly he specifies the improved flow of communications as being a principal factor in this development.[30] Wokeck's detailed examination of the indentured passage route in the eighteenth century has suggested that, in the case of both Ireland and Germany, it played an important role in the development of an early system of chain migration.[31] The immigration from Ulster ports was quite different from the flow out of southern Ireland. The Delaware Valley had long been a focus of Ulster immigration, Kirkham having established that 'the emergence of the Delaware as a major gateway for Ulster migrants, usually dated to the 1720s, in fact took place a decade earlier [in the 1710s]'.[32] This influx of northern Irish immigrants rose steadily between 1763 and 1773, when it rivalled the emergency levels of the late 1720s. That pre-Revolutionary surge in immigration was made up largely of passengers who paid their own way; and many of them came together in family groups.

The letters home not only painted an encouragingly rosy picture of life in the new world; more importantly, they demonstrated for potential emigrants that not only could they follow the example of their kith and kin but that there was in most cases a ready-made base to accommodate them on their arrival. Not every emigrant was keen to have his family land in on him, but there were enough letters which echoed John Dennison's offer to enable us to conclude that the network of family and chain migration provided perhaps the best means of assistance for emigrants. Dennison wrote from Franklin, Pennsylvania to his brother Samuel c/o J. Waddell in Springfield, Dromore, Co. Down, 16 January 1789:

> I have given a small account of the country to you and if you thought it answered you to come I would be fond to see you here. But I cannot take it upon me to advise you. But if you ware hear you might doo well and if you ware heare and settled nigh to me I would not see you want untill you would have time [to] fix yourself. [33]

A study of selected collections of emigrants' letters enables a series of case studies to be compiled which supply evidence for trends in both pre- and post-Famine Ireland. James Smyth wrote from the family home in Moycraig, parish of Billy in north Antrim on 4 December 1836 to his brother William, Lombard and 12th Street in Philadelphia to say that his son …

> Robert expresses a strong desire to go to America in the spring and indeed I am sorry to say that I am not fit to send him at that time but James Patterson of the livery and his family are going out in the spring direct to Philadelphia and we were thinking of speaking to them to take him to you and that you would be so far a friend to him to answer his passage to them until such time as he would earn it and repay you.[34]

In the event his uncle William paid Robert's fare and he in turn became involved in the staged migration of at least two of his brothers who go in the first instance to Philadelphia. The Smyth letters also serve to confirm that the chain migration and assistance with passages and initial settlement in the new country in turn re-create something of Herbert Gans' 'urban village' more generally associated with Italian and Irish-tenement settlement in post-Famine America.[35] Robert wrote on 2 June 1840 'All the people that are in the city or county from our part are all well as I know them all'. He had earlier said that 'I have not space to mention every one of my acquaintances …'.[36] By contrast, the letters of the Catholic Hanlon family in the immediate post-Famine period in Allegheny City, Pennsylvania and subsequently in the 1860s and 1870s in Nebraska, do not generally relate anything like the same litany of names in their letters home of people they have seen or meet regularly and who would be known by the recipients in the parish of Bright, Co. Down. An exception is a letter from Patrick Hanlon to his father in May 1852: 'William Fitzsimons is living with [my brother] Edward. His father I saw moping around Cincinnati a few weeks ago'.[37]

An important dimension in the migration chain was the influence of emigrants' letters and the cases of individual examples they narrated on the predisposition of their peer group in Ireland to emigrate. Miller quotes persuasive examples in support of his contention that 'after about 1820, many Irish-Americans, particularly Protestants, who conceptualised their own goals in terms of upward mobility, tried to avoid any personal responsibility for encouraging kinsmen or neighbours to emigrate'.[38] In the case of each of the pre-Famine

Protestant and post-Famine Catholic collections of letters (Smyth and Hanlon respectively), this broad generalisation does appear to apply. Each collection is indeed peppered with warnings that, for most immigrants, America could turn out to be a case of far-off fields looking greener. However, a closer reading of the letters indicates that, over a period of time, in spite of their gloomy forebodings about the likelihood of friends and relatives making out in the new world, the emigrants' correspondence did in fact provide encouragement. Edward Hanlon, Patrick's brother, who had settled in Nebraska, wrote in 1870 to their brother Bernard, still in Ireland:

> Dear Brother, taking into consideration your present situation and feelings, I have no hesitation in advising immediate action. That you will have a feeling of regret betimes I have no doubt. This country or any other country is not a bed of roses. My experience has fully taught me ... although I have no right to be unthankful. Dear Brother, be assured what I can give you my assistance, by advice or otherwise won't be withheld.[39]

A more philosophical note characterised W.D. Riddle's letter from Pittsburgh to his friend, J. Wallace in Drogheda, in late November 1853:

> Many come to the U.S. with erroneous views ... This is a country where men work hard, quite as hard as they do in Ireland. But at the same time a man of intelligence and enterprise and who possesses also the qualities of industry and integrity takes a worthier position in society and is better rewarded for his labours than such men generally are in Ireland ...[40]

In the generation from the ending of the Napoleonic Wars in 1815 until 1845, it is estimated that Canada received a third of the one million emigrants who crossed the Atlantic.[41] The role Canada played as a bridgehead between the eighteenth-century migratory in-flow to North America and the famine refugees in the 1840s has recently been given due acknowledgement,[42] a view substantiated by David Fitzpatrick's confirmation that 'The pre-famine influx of Ulster protestants into Canada ... left an enduring imprint'.[43] What does feature in the emigrants' letters, particularly for the pre-Famine period, is a proliferation of advice on how to get to Canada and thence re-migrate 'to the back parts of Pennsylvania', as A.C. Buchanan put it in his testimony to the Select Committee on Emigration from the United Kingdom 1826–27, shortly before his appointment as the first official emigration agent at Quebec.[44] John McBride, a textile weaver who had emigrated from the parish of Derriaghy, Co. Antrim, as a response to the post-1815 downturn faced by the linen industry, wrote back to his father in 1819:

> On Tuesday the 15th of June we anchored between Moose Island and Quebec ... James Hunter is going to travel by land to Boston. You may let his people know he is in very good health. Hugh Brown ... is going with me to Boston. From the accounts I have heard I will succeed as work is very plenty. I suppose I will settle about Philadelphia as I hear the weaving trade is doing well there.[45]

The predominance of Canada as the destination for emigrants leaving Ulster ports continued up to and throughout the Famine years: of the 140 ships that sailed from the port of Derry, dispatched by William McCorkell and the emigration agents, J. & J. Cooke, between 1847 and 1850, 70 were bound for Quebec or St John, New Brunswick.[46]

As the nineteenth century developed, in terms of cultural identity there is evidently a more ready assimilation by the great majority of immigrants from whatever part of Ireland they may have originated to the political landscape of their adopted country. Patrick Hanlon, though taking care not to profess any political affiliation, says in his letter from Allegheny City in 1851, having already discussed in approving terms the role of Daniel O'Connell as described in the papers he has read:

> What a contrast there is between this country and that [Ireland]! I do not possess the ability to adequately describe the difference and even if I did neither time nor space would permit me. Suffice it to say that America seems to be the last refuge of the oppressed of every clime, where they can obtain, however poor and unfortunate, equal rights and priviledges(sic). If the Tree of Liberty cannot flourish here it has little to hope for anywhere else besides.[47]

What is perhaps most interesting is that in his later letters in the 1870s, Edward Hanlon, by then middle-aged, signs himself off as

'O'Hanlon'. He remains sensitive not only to the standing and reputation of the Irish in America but also to the widespread identity as being not only Irish but Catholic. Describing his own personal progress he says 'I have now got charge of the money taken in and have to receipt all bills. This is a very hard thing to do as it requires a person to be very careful and cautious, particularly a Catholic. It makes me always on the look out, as Catholics in this store are pretty much looked down upon and I am the only one who goes to Church'.[48] In another reference to the cause of Repeal, he adverts to the distinctions he clearly observes between the Irish-American and the Scotch-Irish camps into which arrivals from Ireland might be grouped when he says that 'It gives me heartfelt satisfaction to hear of our own countrymen almost of every persuasion joining in the ranks of the repeal movement. In this country it is gaining ground every day and patriotic Americans and Scotch are coming forward nobly to aid in the cause where Irishmen of all classes are united to aid and assist the august O'Connell in [his] mighty struggle.'[49]

Andrew Greenlees wrote from Illinois to his Non-Subscribing Presbyterian family in Magheramorne, Co. Antrim in 1856, forecasting the Civil War in an equally 'Land of the Free' vein: 'Slavery and Freedom seem ready for a fight … I think the time has come when slavery has got to fall… . A civil war would not be anything unnatural to look for, and if it be the means by which slavery is to be done away with, the sooner it comes the better'.[50] Robert Smyth took a more proactive role in the political field in Philadelphia. Indeed, on the election of James Polk as President, he avows to his family 'We have succeeded in electing James K. Polk … for President and George M. Dallas of Philadelphia for Vice-President, with whom I am particularly acquainted ... all thoroughbred Democrats, a cause which I have laboured to support and of which I am a true member'.[51]

There are however noteworthy nuances which indicate that the cultural baggage each family carried with them from the land of their birth coloured their political views. Robert Smyth's letters indicate he is acutely aware of his 'Irish' identity, at least as seen in the eyes of his fellow-citizens. In the same letter he goes on 'I have tired you, I suppose, with politics … You may believe me when I tell you that I have addressed an audience of five thousand people on the cause of freedom and democracy, and was highly applauded, although a young Irishman'.[52] Earlier he had proudly justified his political activism on the ground that it had helped him land a job as a Customs Officer:

> I now hold a respectable position in the city as a Customs House Officer. ... We have in the Custom House 200 officers and there are only three Irishmen in that Office and I am one of them. … I owe it to the stand I have taken in the political field. I am a democrat out and out; that is the platform, the cause against anarchy and aristocracy. I am for free and republican government.[53]

Interestingly, in his description of the Nativist riots in Philadelphia in the mid-1840s, a time which coincided with his political involvement, he feels no ready identity with the Catholic 'Irish' who bore some of the brunt of the unrest, as he dispassionately describes:

> Our city has been nothing but the scene of bloodshed. The origin of this awful scene was respecting a party of native American citizens forming themselves into a body to deprive all foreigners of their rights and privileges guaranteed them by the constitution, and they pitched their spite upon the Irish Roman Catholics. And at one of their meetings the Irish rose against them and there was a great number shot on both sides.[54]

The pity he feels when he describes the shipboard destitution he sees arriving in the port of Philadelphia in the years immediately prior to the Famine is tinged with a ready identity with the Irish paupers among them:

> It may be of some service to your or your friends to know that the European vessels arriving at the different ports in this country this season [1840] are in a dreadful condition with sickness … There are daily arriving a great many of my countrymen into this country and on account of the hard times the general cry is … 'God help them, what is going to become of them?'[55]

Andrew Greenlees has the same apparently confused identity problems that Smyth had. He assures his brother, still living in Co. Antrim, that he would 'rather live with the red men of the forest than with the Irish where you are' yet in the same breath avows that 'I never saw genuine Irish until I came to this country'. Even more confusing is his berating of 'the catholic Irish and Dutch … to a man …

addicted to drinking and loafing round rum shops'.[56] Although he continues to write to his family, and indeed keeps in touch with them for over fifty years, he is quickly at pains to distance himself from his Irish roots and create for himself a new ethnic identity with which he is comfortable. He is proud to tell his brother in an early letter, in which he upbraids him for appearing to favour the pro-slavery faction, 'we look at it through different glasses. You are a Briton, I am an American to the backbone'.[57]

One of the areas where the model of 'pre-Famine Protestant post-Famine Catholic' is borne out, at least statistically if not in the letters of the emigrants, is that of migration to Australia. David Fitzpatrick's summary is that …

> The most controversial attribute of Irish immigration [to Australia] was the predominance of Catholics, who usually accounted for about four-fifths of the total. This slightly exceeded the Catholic component in the regions of Ireland most inclined to provide Irish Australians. Only in the pre-Famine bounty emigration were colonists successful in securing a large intake of Irish Protestants. The predominance of Protestants among unassisted probably explains the surprisingly large non-Catholic component of Australia's Irish-born population in 1911.[58]

The theme of Ireland as 'home' remains constant in all letters, both transatlantic and Antipodean. If anything, the yearning is stronger and, as Fitzpatrick points out, references to 'the auld sod' and such-like are more frequent in the Australian letters, if only by virtue of the fact that return trips home were so much more problematic as to be ruled out. As far as the letters from the United States to Ireland are concerned, one of the most evident impressions in collections of both pre- and post-Famine era is the extent to which they testify to a fairly consistent traffic to and from across the Atlantic. Indeed, this was how letters often found their way back and forth across the Atlantic. Robert Smyth begins his letter of 17 June 1839 with 'I take up my pen to answer yours of 18th March … that you sent me with the Anderson family and as Richard Scott has paid his passage ... to sail from this port on 20th instant for Liverpool I can not let slip such a favourable opportunity of writing to you.'[59] The intention to make a return trip home not only appears as a regular mantra but is undertaken in a surprising number of cases. Smyth himself came home in the autumn of 1840 and returned to Philadelphia in the spring of 1841 presumably having wooed his heart's desire, 'the flower of Carncullough' as he terms her and whom he marries in Philadelphia in 1845. Likewise there is a similar traffic of returning Yanks in the Hanlon letters from the early 1850s: Patrick Hanlon's letter home in May 1851 begins 'I was happy to hear from Dennis Smyth who has just returned from Ireland that you are all well'.[60]

One aspect in which a stereotypical difference might have been expected to emerge between the Protestant Smyth and Greenlees and Catholic Hanlon correspondence, and which might be thought to apply generally, lies in the continuity of a sense of family and the importance of maintaining the family unit. Edward Hanlon wrote in the 1870s: 'My great desire would be to cultivate a friendship between our children that they might befriend one another when we would be no more. They might not stand in need of one another pecuniarly in this country as in that, but equally if not more in other respects.'[61] The last letter in the Hanlon collections is dated 1932 and, although it follows a gap of many years from the penultimate letter, its news content and 'thanks for those nice pictures of your lovely boys' does at least suggest indicate a transatlantic cohesion of sorts.[62] Andrew Greenlees also maintains close family links through his correspondence which he continues single-handedly for over fifty-five years, from 1852 until 1907. His last letter refers to his 'Jubilee' for which he received letters from all over the United States 'but none from Ireland'.[63] Robert Smyth on the other hand, although he returns home once and marries a girl from the parish, does not thereafter maintain his family connections. Indeed, he falls out comprehensively with his brother (as did his father with his uncle, the family member who had given him a home on arrival in Philadelphia) to the extent that he refers to him as a 'bog-trotter' and 'not fit for anything but the spade or the plough'.[64]

Akenson's judgement, that 'we know virtually nothing systematic about the occupational profile of the pre famine emigrants', could be modified by a closer study of these two principal collections.[65] The Smyths were able to work on arrival in their uncle's business driving dray for his liquor store. Robert subsequently worked as a Customs

Officer and the younger brother Jonathan went in the same line of business but latterly wrote from the Friends' Asylum, presumably as an employee rather than a patient. The Hanlons held a succession of labouring jobs in no particular line of business; however, in spite of the relative lowliness of their employment and the often-dispirited accounts of their progress, it is interesting that they did acquire land (in Nebraska). 'From the famine onward' says Akenson 'the overwhelming bulk of the emigrants (whether rural or of urban origin) were unskilled'.[66] In terms of seeking confirmation for this claim, it might be argued that emigrants' letters are not the most likely place since they tend to be representative of the better educated National School beneficiary. Indeed, as Miller, Akenson and Fitzpatrick more or less ruefully observe, that is at once the strength and the weakness of emigrants' letters in seeking to build a reliable emigrant profile.

Ironically, this may prove to be more practicable for nineteenth-century immigrants than for those whose letters from the early twentieth century have survived. James Quinn's letters can hardly be claimed to be representative and reflect his truly idiosyncratic personality. What they do indicate however is an utter insouciance as to whether he sees himself or is seen by others as 'Irish', Catholic or Protestant. He had moved from the Falls Road in Belfast to California just after the end of the First World War and at a time when Belfast was in the throes of a series of bitter sectarian atrocities sparked off by the partition of Ireland and the creation of the jurisdiction and government of Northern Ireland.[67] His letters from Los Angeles to his mother in Eno Villas show not the slightest concern for her safety or well-being, nor do they express any political opinion on the troubles being experienced by his native city. Rather, he seeks to present himself, utterly unselfconsciously, as a free-loading all-American male when he proclaims that:

> I'm still an adventurer. Every morning I wake up and say 'Oh Life where is thy wallup?' and go forth to seek said kick, without which I can't exist. … I'd love to tell you of my 'amores' since I hit California. I had to buy a file and index my love letters, I was getting so mixed up. When I fall for a fresh sweetie I just naturally sheik her around ... until the soup gets too thick, then I crawl out and look for someone with more appeal, usually on the eve of a marriage. You must know a girl at least two days before marrying

> her in the crowd I mix with. So I have a new sweet, mama, three times a week. I'm not hell on looks but when it comes to sheiking, 'Move over, Valentino and let me show you how!'[68]

Even allowing for its extraordinary bravado, it is clear from James Quinn's example that the communications sent back to Ireland by twentieth-century emigrants will hold as much interest for researchers as have those of the eighteenth and nineteenth centuries over the last forty years.

NOTES

1 Kerby A. Miller, *Emigrants and Exiles. Ireland and the Irish Exodus to North America* (Oxford, 1985); David Fitzpatrick, *Oceans of Consolation. Personal Accounts of Irish Migration to Australia* (Cork, 1994).
2 Kerby A. Miller, Arnold Schrier, Bruce D. Boling and David N. Doyle (eds), *Irish Immigrants in the Land of Canaan. Letters and Memoirs from Colonial and Revolutionary America 1675–1815* (Oxford, 2003).
3 E.R.R. Green, 'Ulster Emigrants' Letters' in E.R.R. Green (ed.) *Essays in Scotch-Irish History* (London, 1969, reprinted with an Introduction by S.J.S. Ickringill, Belfast, 1992).
4 R.J. Dickson, *Ulster Emigration to Colonial North America, 1718–1775* (London, 1966; reprinted 1988, Ulster Historical Foundation, with an Introduction by Graham Kirkham).
5 W.F. Adams, *Ireland and Irish Emigration to the New World From 1815 to the Famine* (New Haven, 1932; reprinted Baltimore, 1980).
6 Marianne Wokeck, *Trade in Strangers. The Beginnings of Mass Migration to North America* (Philadelphia, 1999); Michael Montgomery, 'The Scotch-Irish Element in Appalachian History. How Broad? How Deep?' in Tyler Blethen and Curtis Woods (eds), *Ulster and North America. Transatlantic Perspectives on the Scotch-Irish*, with a Foreword by T. G. Fraser (Tuscaloosa and London, 1997); see also Michael Montgomery 'Nomenclature for Ulster Emigrants: *Scotch-Irish* or *Scots-Irish*?, *Familia: Ulster Genealogical Review,* 20 (2004), pp. 16–36.
7 David Fitzpatrick, 'From Emigrant Exiles to Immigrant Gentiles? Kerby Miller on the Irish in North America 1985–2003', *Familia: Ulster Genealogical Review,* 19 (2003), pp. 2–3.
8 D.H. Akenson, *The Irish Diaspora. A Primer* (Toronto, 1993), p. 28: 'Not only can one not equate Irish Protestants with Ulster Presbyterians, one cannot even identify ... Ulster emigrants ... with Irish Presbyterians'.
9 David Noel Doyle, *Ireland, Irishmen and Revolutionary America, 1760–1820* (Cork, 1983).
10 Marianne S. Wokeck, *Trade in Strangers: The Beginnings of Mass Migration to North America* (Philadelphia, 1999).
11 Ibid. p. 179.
12 Ibid. pp. 179–180.
13 David Noel Doyle, *Ireland, Irishmen*, pp. 104–l05 'There seems no doubt that the majority of southern Irish emigrants began as indentured servants.'
14 Miller *et al.* (eds), *Irish Immigrants*, p. 448.
15 Ibid.
16 David A. Wilson, *United Irishmen, United States: Immigrant Radicals in the Early Republic* (Dublin 1998), p. 2 .
17 Ibid. pp. 7–8. See also Maurice J. Bric, 'The United Irishmen, International Republicanism and the Definition of the Polity in the United States of America, 1791–1800', *Proceedings of the Royal Irish Academy,*104C (2004), for a well-considered account of 'the American Society of United Irishmen and how it interacted with both the society's international networks and the evolution of Jeffersonian Republicanism in Philadelphia' (p. 4).
18 R.R. Madden, *The United Irishmen: Their Lives and Times*, Second series Vol. 1 (London, 1843), p. 336, 'Here lieth the remains of Samuel Neilson, a native of Belfast in Ireland, who departed this life the 29th of August 1803 aged 44 years. If the memory of a man who discharged all the duties of a husband, a father and a persecuted patriot can claim a tear, here is the tribute due'.
19 Ibid. p. 287, Samuel Neilson, Fort George, Scotland to his wife, 18 October 1801.
20 T.A. Emmet, New York, to Robert Simms, Belfast, 1 June 1805, PRONI, T/1815/4.
21 Miller, *et al* (eds), *Irish Immigrants*, pp. 94–5.

22 John O'Raw, Charleston, to 'My Dear Father and Mother', 1 April 1809, PRONI, D/3613/1/2, reproduced *in extenso* in Miller *et al.* (eds) *Irish Immigrants*, pp. 95–101. This one of the many emigrants' letters in the E.R.R. Green Collection, deposited in PRONI by Green's widow, Katherine.

23 Miller *et al* (eds), *Irish Immigrants*, p. 95.

24 Ibid.

25 Ibid.

26 A. Day and P. McWilliams, (eds), *Ordnance Survey Memoirs of Ireland*, Vol. 34, Parishes of County Londonderry XIII. Clondermot and The Waterside (Belfast, 1996), p. 16.

27 Ibid. Vol. 36, Parishes of County Londonderry XIV Faughanvale (Belfast, 1996), p. 31.

28 Ibid. Vol. 34, Parishes of County Londonderry XIII. Clondermot and The Waterside, p. 16.

29 Miller, *Emigrants and Exiles*, p. 271.

30 L.M. Cullen, 'The Irish Diaspora of the Seventeenth and Eighteenth Centuries' in N.P. Canny (ed.), *Europeans on the Move: Studies on European Migration 1500–1800* (Oxford, 1994), especially pp. 144–5, 147.

31 Wokeck, *Trade in Strangers*, p. 179.

32 Graham Kirkham, 'Ulster Emigration to North America 1680-1720' in Blethen and Woods (eds), *Ulster and North America*, p. 81.

33 John Dennison, Franklin, Pennsylvania, to his brother Samuel c/o J. Waddel Esq of Springfield, near Dromore, Co. Down, 15 Jan.1789, PRONI, T/2294.

34 James Smyth, Moycraig, Co. Antrim to his brother William, 'Lombard Street and 12th Street, Philadelphia', 4 December 1836, PRONI, D/1828/3.

35 Herbert Gans, *The Urban Villagers: Group and Class in the Life of Italian-Americans* (Glencoe, Ill., 1962).

36 Robert Smyth, Philadelphia to James Smith. Moycraig, Co. Antrim 'in care of the Mosside Postmaster, Co. Antrim', PRONI, D/1828/18.

37 Patrick Hanlon, Allegheny City, Pa., to his father, parish of Bright, Co. Down 10 May 1852. PRONI, D/885/2.

38 Miller, *Emigrants and Exiles*, p. 272.

39 Edward Hanlon, Nebraska City, to his brother Bernard, Ballymote, Co Down, 11 December 1870, PRONI, D/885/10.

40 W.D. Riddle, Pittsburgh to J. Wallace, Drogheda, Nov. 1853, PRONI, D/1859/12.

41 Adams. *Ireland and Irish Emigration*, pp. 410–428.

42 D.H. Akenson, 'Emigration', in S.J. Connolly (ed.), *The Oxford Companion to Irish History* (Oxford, 1998), p. 170 says that 'As for destinations, a simple formulation is that, prior to the Great Famine, Canada was the most common destination for Irish emigrants …'.

43 David Fitzpatrick, 'Emigration 1800–70', in W.E. Vaughan (ed.), *A New History of Ireland V. Ireland under the Union* (Oxford, 1989) p. 578.

44 Evidence of A.C. Buchanan to the House of Commons Select Committee on Emigration from the United Kingdom. H.C. 1826–7, Vol. 5, p. 111.

45 John McBride, Quebec to 'James McBride, Derriaghy, c/o William Phillips Innkeeper, Lisburn', 16 June 1819, PRONI, T/2613/1.

46 Passenger Lists of J. & J. Cooke, Emigration Agents, Derry, PRONI D/2892/1/1–4.

47 Patrick Hanlon, Allegheny City, Pennsylvania, to his father 10 May 1852, PRONI, D/885/2.

48 F. Edward Hanlon to 'Dear Father and Mother', 4 Feb. 1876. PRONI, D/885/24

49 Edward Hanlon, Milwaukee, to his father, Ballymote, parish of Bright, Co Down 20 Sept. 1843, PRONI, D/885/1

50 Andrew Greenlees, Ottawa, Illinois 11 March 1856, PRONI, T/2046/5.

51 Robert Smyth to his father, Moycraig, Co Antrim endorsed 'received 20 January 1845'.

52 Ibid, PRONI, D/1828/26.

53 Robert Smyth, Philadelphia, to his father, Moycraig, Co. Antrim, 14 Aug. 1844, PRONI, D/1828/25.

54 Ibid.
55 Robert Smyth, Philadelphia, to James Smyth, Moycraig, Co. Antrim 'in care of the Mosside Postmaster, Co. Antrim' 2 June 1840, PRONI, D/1828/18.
56 Andrew Greenlees to his brother, 30 May 1859, PRONI, T/2046/7.
57 Andrew Greenlees, 5 June 1864, PRONI, T/2046/13
58 Fitzpatrick, *Oceans of Consolation*, p.14.
59 Robert Smyth Philadelphia, to James Smyth Moycraig, Co. Antrim, 17 June 1839, PRONI, D/1828/11.
60 Patrick Hanlon, Allegheny City, to his father, 10 May 1851, PRONI, D/885/2.
61 Edward Hanlon, Nebraska City, to his brother, 4 Mar.1871, PRONI, D/885/11
62 Mrs Michael Bernard Hanlon,Wichita, Kansas, 4 July 1932, to 'Dear Cousin' ... Today is the big celebration of the anniversary of the day the U. S. A. was declared free and independent ... Do they have anything like this back there?' PRONI, D/885/36.
63 Andrew Greenlees, Oklahama City, to his brother, 19 Oct. 1907, PRONI T/2046/27.
64 Robert Smyth, Philadelphia, to his father in Moycraig, Co. Antrim, 1 May 1842, PRONI, D/1828/21.
65 Akenson, *The Irish Diaspora. A Primer*, p. 47.
66 Ibid.
67 Jonathan Bardon, *A History of Ulster* (Belfast, 1992), p. 494.
68 I am very grateful to Prof. Ruth-Ann Harris for drawing this letter and many others to my attention, PRONI, T/3258/68.

9
Lever among the landlords
Charles Lever (1806–1872) and the search for a rural order

D. GEORGE BOYCE

If there was any subject which a nineteenth-century British politician had to address, sooner or later in his career, it was the Irish land question. The volume of reports, collections of statistics, land acts, all testify to the assumption – by no means an unreasonable one – by the British political elite that here lay the core of what they called the 'Irish Question'. And it is generalisation, though a pardonable one, to say that they wanted to resolve this part of the question, as they did other parts, by making Ireland more like England: by turning an uneconomic, chaotic, almost anarchic landed society into a system that would be economically viable, possibly even profitable, but above all one that fostered stable relationships between landlord and tenant; for here, they reasoned, was the key to the solution. England was the model, with its loyal tenantry and responsible landlords, for how else might life on the land be firmly established and maintained?

The Act of Union placed the responsibility for governing Ireland on Great Britain or, as contemporaries said, England. This placed the legislative initiative firmly on the other side of the Irish Sea. But this was not a one-way process. There were voices raised in Ireland that sought to enlighten the British government and public about Irish society, to remove English misconceptions, to make straight the crooked path of Anglo-Irish relations; and, in many cases, to make money doing so. For England had not only a government and a political public; she also had a reading public, one that demanded to be entertained and instructed at the same time. Power and money, great motivators that they are, directed the gaze of those in Ireland who sought to influence their new masters in London. The purpose of this chapter is to examine that gaze, or rather one of the gazers, and try to identify and assess some of the themes that they wrote about, the society that they had portrayed, and the remedies that they proposed for the better government of Ireland. This might seem tangential to the hard business of government. But the novelists, one of whom is here considered, were not simply writing polemical tracts; they were in their own way setting out concrete possibilities, based upon their own experience of Ireland, and, perhaps, laying down the essence of the Irish land question.

Irish fiction of the first half of the nineteenth century has been described by Roger McHugh and Roger Harmon as 'rarely of the first calibre'. It was 'in fact too involved with explanation, didacticism or defence, for it was bedevilled at every hand's turn by political considerations in addition to current conventions'.[1] It does indeed strike the modern mind as all of these things, yet it was also remarkably popular; and, moreover, popular with an English audience. As J.C. Beckett pointed out, if the Irish writer was to seek a reading public and a reputation, where else was he to go but to England, and particularly London.[2] It comes as no surprise when we look at the novels of Charles Lever, and still more of William Carleton, to see that they were illustrated by the greatest of early nineteenth-century artists, Phiz (H.K. Browne, 1815–82) who also illustrated many of the works of Charles Dickens: the same demure young ladies, grotesques, ragged boys, dogs and, in the case of Ireland, pigs adorn the pages of these two writers, who at one time were considered of equal literary quality. Irish writers were didactic; but so was Charles Dickens. Earnestness was no bar to literary excellence. What use did an Irish writer make of fiction to draw a picture of Ireland, what were the advantages and disadvantages of their chosen medium, and what remedies were the English reading public offered by this most influential early nineteenth-century genre?

There can be no doubt that the English reading public was, for some important decades, interested. From the Act of Union to the Great Famine, and especially during the political excitement generated by the long drawn out struggle for Catholic Emancipation and the repeal of the Union (not to mention the growing acceptance that Ireland needed governing and reforming) British, or perhaps more accurately English public opinion and the political elite could hardly have avoided looking west: state policy was now being formulated in London. This fascination with Ireland was double-edged. It was found in the romanticism of Thomas Moore's poems and songs, in Lady Morgan's *The Wild Irish Girl*; but there was also a kind of horrifying image of Ireland, of social upheaval and midnight murder. This provoked an interest, at once tender and tough, in matters Irish which did not last – it never does. It began to recede in 1848, a date that we can use with reasonable precision, because in that year Anthony Trollope published one of his Irish novels, *The Kellys and the O'Kellys,* and was warned by his publisher that 'the sale has been, I regret to say, so small that the loss upon publication is very considerable … it is evident that readers do not like works on Irish subjects as well as others'.[3]

The previous decades gave room for the Irish writer, and even the English writer about Ireland, to explore and explain the narrow ground of Ireland to an engaged English reading public. The result was, as Thomas Flanagan put it, that the Irish novel 'in one of its aspects, can be termed a kind of advocacy before the bar of English public opinion'.[4] There was real need for such advocacy. A pamphlet published anonymously in 1820, *The Absentee: or, a brief examination into the habits and conditions of the people of Ireland…* explained that 'The Empire' is the 'big brother' that would civilise the 'little sister' (Ireland) who lived on 'mountains – unreclaimed bogs, almost as uncouth as the meagre stinted cattle that grazed on them; ignorant of the language, laws, customs, comforts and regulations of a civilized society'. There was a 'contempt of order' and a 'proneness to anarchy'.[5]

Irish writers strove to remove English misapprehensions about the people of Ireland, by which they meant the two most significant classes, as they saw them: the peasantry and the landlords. This, as John Cronin has remarked, could lead to their placing before the bar of

English public opinion long, tedious passages.[6] The writer dons the cloak of the sociologist rather than the dramatist, of the philosopher rather than the entertainer.

Novels are not in the end history or sociology. There is the consideration, too, that writers needed to make a living, and seek fame: William Carleton spoke in 1843 of the years of a 'literary famine', when 'our men and women of genius uniformly carried their talents to the English market', noting that it was not until the last ten or twelve years that an Irish author thought of publishing in his own country.[7] Yet the Irish novelists of this period had a distinct agenda: they were, as John Cronin put it 'confronting the same forbidden Ireland but were purposing to present it fictionally to their English readers in such a way as to exonerate the Irish from the conventional judgements made upon them by a unsympathetic English press'. John Banim in 1828 exhorted his brother '... no matter from what class of life you take your future materials, seek as much as possible for the good and amiable in our national character and habits; as well as for the strong, the fierce, and I would say the ungovernable'.[8] The two issues, the presence of an English audience, and the delineation of national character, deeply influenced Irish writers. This led to another one, to what Seamus Deane has called the issue of leadership and authority in a context of 'anarchy, farce or violence'.[9] How, where, was this leadership to be found in the half century following the Act of Union? How, where, in a country whose social and economic problems seemed almost to defy amelioration, let alone solution? In a country, moreover, in which the loud and persuasive voice of Daniel O'Connell resounded, calling for an Ireland for the Irish (Roman Catholics). What could those who feared O'Connell offer to frustrate his ambitions? Mere opposition of course was one response; but, again, the role of the English public in their capacity as a jury weighing up the pros and cons of the case must exert an influence. Negative reaction was not enough. Of course the Union must be maintained; this was taken as axiomatic by all sections of English public and political opinion. But, within these limits, the British government could bear down heavily on those who displeased it, from O'Connellites to Orangemen. It was essential for Conservative elements in Ireland to make their case, and to avoid or modify the legislative works of the British parliament. For 'reform' might destroy the base upon which Irish rural society might yet be reconstructed and revived, upon which a stable and peaceful Ireland could be built.

What was this base, and how could it be protected from Irish rural agitation and unwelcome English legislative attention? This was the background and context of the Irish writer, Charles Lever. Lever is, and has been for a very long time, something of a forgotten writer. There is no Oxford series of his novels, and he is not essential reading for courses on 'Anglo-Irish literature'. Yet Lever was an intimate member of the literary circles of his day. Anthony Trollope, W.M. Thackeray, even Charles Dickens (with whom he eventually quarrelled) knew and admired his work. The London publisher, Chapman and Hall, once identified Lever as their best alternative to Dickens when the latter left for another publishing house.[10] Elizabeth Barrett Browning referred to him as 'the famous Irish Lever'.[11]

Charles Lever was born in North Strand, Dublin, on 31 August 1806. His father, James, came to Ireland from Lancashire in 1787. He was a builder, responsible for the construction of one of Dublin's most famous landmarks, the Custom House. His mother was Julia Candler, described in various biographical entries as 'descended of a Cromwellian planter family' which had settled in Kilkenny.[12] His background was essentially middle class, and Lever had no immediate access to life on the land. His father built churches, workhouses and barracks, those essential artefacts of Victorian Ireland, and was a man of substance, whose circle included many of those who had been part of the Irish political world that ended with the Act of Union, when, as one of Charles Lever's biographers rather flamboyantly put it, 'the curtain fell on what was regarded as the extinction of a nation'.[13] Lever was to return to this theme and pay tribute to the notion of the last great age of the Protestant Irish patriot: 'The presence of a Parliament in Ireland imparted a dignity and importance to society', he wrote in his novel *The Martins of Cro' Martin* (1856). With the Union 'the spirit died out … with the Union, society, in Dublin – using that word in its really comprehensive sense – ceased to exist. The great interests of the nation departed, men sank to the level of the smallest topics, that engaged them, and gradually the smallest and narrowest visions of more local matters usurped the place of great events and liberal specialities…'.[14]

Lever was educated in Dublin, and matriculated at Trinity College when sixteen years of age. He lived in number 2 Botany Bay, where he became acquainted with the novels of Sir Walter Scott. On taking his BA in 1827 he left for Canada, and also travelled in Germany, where he briefly attended Göttingen University. He returned to Dublin to study medicine, but revived his literary interests, and in 1830 he wrote light pieces for Samuel Coren's *Dublin Literary Gazette*. On obtaining his medical degree in 1831 he worked in County Clare, where he encountered a bleak and poverty-stricken landscape.[15] He then went to live in Portstewart in County Londonderry, where he worked as a dispensary doctor in Coleraine and in Derry city.[16] He maintained his literary interests, writing for the Conservative *Dublin University Magazine* which published what was to become his first novel, *The Adventures of Harry Lorrequer*.[17] This was followed by his Napoleonic adventure, *Charles O'Malley the Irish Dragoon* (1840), a book which tapped the immense popular interest in the late wars, launching him on his career as 'probably the most popular Irish novelist of the time'.[18] Meanwhile he had moved again, this time to Belgium, where in 1837 he took up residence as physician to the British Embassy in Brussels. He was invited to edit the *Dublin University Magazine* in 1841, setting out his policy as 'above all seeking to induce, on the common ground of literature and science, a bond of union between men of all parties and denominations, while at the same time it never compromised a principle nor flinched from its avowed opinions'.[19] These opinions were to be Irish and Conservative, Conservative and Irish. Despite this, or perhaps because of it, he was denounced by Daniel O'Connell as an enemy of his country.[20] When Thackeray visited Dublin he was puzzled at Lever's preferring Dublin to London, since it was in the latter that his work enjoyed the greatest following. But Lever replied that he was 'an Irishman … body, soul and spirit', resisting Thackeray's persuasive argument that 'in Ireland there is no public opinion' and that it was in London that Irish writers' talent was rewarded.[21]

Lever left the *Dublin University Magazine* in 1845, after an editorship that had attracted the hostility of O'Connell and the strictures of Conservatives alike. The Nationalist newspaper, *The Nation*, also attacked him, with William Carleton writing a vitriolic article on

7 October 1843 denouncing Lever as being without conscience, indifferent to public opinion, ignorant of propriety and – worst of all – perpetrating the image of Irish life as a series of 'outrageous parodies': 'He has scarcely written a page that is not a libel upon his country or an insult upon her people'.[22] Thackeray's dedication of his whimsical *Irish Scrap Book* only added insult to injury. Lever nearly fought a duel with one severe critic, and he decided to go abroad again. As Roger McHugh wrote, 'the remainder of his life, apart from his writings, belongs to Europe, to Florence, Spezia, Trieste'.[23] Like James Joyce, he chose exile; and, like Joyce, he never ceased to think and write about Ireland. He remained a popular writer who was also a political writer, strongly supporting the Irish Conservative cause, and deeply implicated in its conflicts.

Lever wrote over thirty novels, besides other shorter pieces. He was an example of what George O'Brien neatly characterised as 'Victorian pen-fever'.[24] He suffered from the perception of his not belonging to either of the two criteria established in the formative years of 1891–1922: nationalist ideology (as articulated by Daniel Corkery) and aesthetic excellence (of which W.B. Yeats laid down the canon). Corkery denounced him as belonging to a 'shameful literary tradition'. Yeats could not of course criticise him in these terms (that 'shameful tradition' after all included Maria Edgeworth), but he reserved his enthusiasm for William Carleton, though he disliked Carleton's tendency to 'editorialise' and hedged his bets.[25] Moreover, Lever did very well financially out of his work, which, in some eyes, told against him, and he was dismissed as a 'literary businessman'.[26]

Lever's success owed much to the literary world of his day. This was a time when the serial chapters and the three-decker novel which subsumed them was at its most successful (c.1830–70). These works were demanded by circulating libraries, and were commercially safe propositions. They were expensively priced; but it was not necessary to sell many copies to make a profit. The advancing railway network created a new reading public, or at least opportunities for the public to read. As Anthony Trollope put it in 1855, 'A man's seat in a railway carriage is now, or may be, his study'.[27]

Lever was working in an influential medium, with plenty of opportunities to make the case for Ireland before an English public. What kind of case did he make? He was absorbed with the question of the land, and he must, as an Irish Conservative, make the case for the landlord. But this was no easy rite of passage. Lever's first answer to the Irish land question was one that is central to the discussion of Irish agrarian history: absenteeism, and its corollary, unscrupulous and unsympathetic land agents. And a further dimension which took its rise from the first two: the unwillingness of the landlord to improve his estate. Thus, in *The Martins of Cro' Martin* (originally published in monthly parts between December 1854 and June 1856, and in book form in 1856) Lever set his story in 1830, that is, just after the granting of Catholic Emancipation. The landlord, Martin, one 'often alarmed at his niece's measure of reform' watched anxiously as Mary Martin, a forceful and resourceful heroine, worked to do her best for the tenants, and in the end sacrificed her own life when she died of a fever caught on a boat journey undertaken to recover the wife who had fled her husband, a tenant of the estate. The large sums drawn out of the bank, the great expenses incurred in paying weekly wages, the ambitious plans of building, draining, road-making and bridging terrified Martin[28] and his land agent, Mr Henderson, a Scot: 'this amereating (sic) the condition of the small farmer – this raising the moral standard o' the people, and a' that. I foresaw that if they grew richer, they'd grow sturdier; and if they learnt to read, they'd begin to reflect'. 'Ah, my leddy', he implored, 'a vara dangerous practice this same habit of reflection is, to folk who wear ragged clothes and dine on potatoes!'[29] Martin's son (who was in the army) agrees with his father about the lamentable consequences of Mary's 'vast improvements', adding that 'If the possession of a good property entails the necessity to spend it all in this fashion, one is very little better than a kind of land-steward of one's own estate'.[30] But, Lever pointed out in his *The O'Donoghue: A tale of Ireland fifty years ago*, published in 1845, the consequences of landlord neglect were more serious than the reluctance to spend money on improvements. Here a dispossessed Catholic family lived on a part of their former estate, now owned by an Englishman, Sir Marmaduke Travers; and Lever has the land agent, Harmsworth, scheming to get the estate for himself by playing off the landlord against the tenant, oppressing the tenant in the name of the landlord, and cheating both, thus driving the young Mark O'Donoghue into the ranks of the United Irishmen. 'The Agent', Lever wrote (in one of those didactic passages so disliked by his critics) 'must be conciliated by presents of various kinds: the humble pittance wrung from misery and hoarded up by industry must be offered to him, as the means of obtaining some poor and petty favour, most frequently one the rightful due of the asker. A tyranny like this spreads its baneful influence far beyond the afflictions of mere poverty – it breaks down the spirit, it demoralises the heart of a people; for where was blackmail ever extorted that it did not engender cruelty on the one hand and abject slavery on the other? So far from regarding those placed above them in rank and station as their natural friends and protectors, the peasantry felt the great man as their oppressor.[31]

The character of the landlord was central to Lever's purpose, that of rebuilding what he wanted to see as the natural order of rural society, one of the mutual trust and respect. In his short novel, *St Patrick's Eve*, first published in the *Dublin University Magazine* in 1845 and in book form the same year, Lever created another landlord, this time a well-meaning one, Mr Leslie who 'lived in ignorance that such people (the cottiers who lived on a mountain on his estate) existed on his property'. Lever was quick to add that, although Leslie was ignorant of such people, yet they 'looked up to him with a degree of reverence almost devotional', for the landlord was the 'head of a clan as it were: he was the culminating point of the pyramid of which they formed the base; and they were proud of every display of his wealth and this power, which they deemed as ever reflecting credit upon themselves'. But Lever's next observation suggested that perhaps that time was past, or in danger of passing: 'at the time we speak of ('not quite twenty years ago', that is c.1825) absenteeism had only begun to impair the warmth of this affection'.[32] The bad landlord – and there were bad landlords – was a blight on the land, a pestilence as deadly as any that frequently visited the lives of his tenants. Arrears of rent were demanded to be peremptorily paid up, leases, where exact conditions had not been fulfilled, were declared void. Tenants occupying sub-let land were noticed to quit; and all the threatening signs of rigid management displayed, by which an estate was assumed to be 'admirably regulated', and the agent's duty most creditably discharged.[33]

Many of the arrears were, Lever claimed, concessions made by the landlord in seasons of hardship and distress, but which went unrecorded as such in the rent-roll. There had been no intention of ever redeeming them; and both parties had lost sight of the transaction until the sharp glance of a new land agent discovered their existence.[34] So instead of informality, understanding, mutual support, we had rigid, mechanical management. This was because the landlord did not know his own property, as Mr Leslie admitted in *St Patrick's Eve* ('I ought to be better known on my property', he says, when he realises that the son of one of his tenants, O'Connor, has rescued Leslie's son from a beating at a fair).[35] Lever defended the Irish peasant. Their lives were those of struggle against poverty and sickness, and it was this, not slothfulness and ignorance, that determined the peasant's lot. The peasant was attached to the home of his fathers. There was 'nothing sordid or mean in their spirit of manly independence'.[36] When Mr Leslie persuaded the O'Connor to take a reduction in rent as a reward for their son's gallantry at the fair, they responded (after initial suspicions) gratefully. 'Such', Lever claimed, 'was peasant gratitude once; and such O landlords of Ireland! It might still have been, if you had not deserted the people'. Did the landlords 'ever hope that affection could be transmitted through your agent, like the proceeds of your property?'[37]

Lever showed how landlord and tenant were mutually dependent. In *St Patrick's Eve*, having praised the peasant, he now lectured the landlord. A resident landlord would have set an example for Owen O'Connor, his tenant's son, to rise to. A resident landlord, 'holding up examples for their imitation – rewarding the deserving – discountenancing the unworthy – extending the benefits of education among the young, and fostering habits of order and good conduct among all', would have resulted in Owen striving for a place of 'credit and honour'. But 'alas! No; Mr Leslie when not abroad, lived in England. Of his Irish estates he knew nothing, save through the half-yearly accounts of his agent'. He knew nothing of hardship, poverty and famine. He gave a subscription for famine relief 'and thought this enough'. But did he ever ask himself the question whether, if he had resided among this people, 'such necessities for alms-giving had ever arisen'? For Lever, the neglect of landlords' duties 'is to fail in the great social compact by which the rich and poor are united, and, what some may deem of more moment still, to resign the rightful influence of property into the hands of dangerous and designing men'.[38]

Here was Lever's Conservatism as its most clear and unambiguous. This was an Irish version of Benjamin Disraeli's ideology, the Conservatism that discerned the natural affinities in rural society, where great oaks sheltered little acorns, where *noblesse oblige* fulfilled its responsibilities, and where neglect would have dangerous consequences. Instead of the natural order of things there would be the harsh, grinding, materialistic values of the new entrepreneurs and businessmen, the philistine middle classes with their gradgrind mentalities. For Lever, these were the O'Connellite lawyers and professional classes who had attached themselves to the so-called 'Liberator'.

It is at this point that Lever broke off his narrative to indulge in yet another of his lecturing passages. The matter with Ireland was 'this slovenly system' which 'inflicted many evils. The demand for an extravagant rent rendered an abatement (of rent) not a boon, but an act of imperative necessity' and while the overhanging debt supplied the landlord with a means of tyranny, it deprived the tenant of all desire to improve his condition. ' "Why should I labour", said he, "when the benefit can never be mine?" ' The landlord declaimed against ingratitude while the tenant spoke against oppression. When newspapers and journals lauded the 'Timely Benevolence' of landlords in abating rent because of the failure of the potato crop, they did not explain the actual condition of the tenantry, nor the amount of rent from which the deduction was made. This had another evil effect: the confidence of the people once lost, they took to themselves 'the only advisers in their power, and taught themselves to suppose that relief can only be effected by legislative enactments, or their efforts. This lesson once learnt, they were politicians for life'. The result was 'isolation from him to whom once all respect and affection were rendered; distrust and dislike follow – would that the catalogue went no further'![39]

One of the items in the catalogue was that the peasant succumbed to the blandishments of agitators and assassins. When Owen O'Connor followed his landlord to England, he was struck by the contrast with his native land: the English poor were well fed and housed, despite their condition; the Irish poor were not which Owen now began to see as an 'injustice'.[40] Meanwhile the deterioration on the Leslie estate grew apace: there were disturbances, masked men roamed the land, threatening notices were served on families, revenge exacted. The law could do nothing: a magistrate who proposed vigorous action was murdered. The land agent obtained a considerable police force, but could not restore order. Evidence could not be obtained; juries would not convict. All law was set at defiance, all bonds of love and affection broken. 'A despotism was thus set up, which even they who detested it dare not oppose'.[41] The name of Ireland caused men to shudder in the farthest corner of the empire. Private wrongs and old debts of injury were avenged. Owen O'Connor, whose cottage was seized by the land agent, joined a secret society, attracted by the combination of grievance and love of country.

Here again Lever broke off his narrative to explain these developments to the reader. His analysis is one that would seem on the face of it to challenge the landed system Lever was striving to save. Lever tells the reader that 'strange as it may seem, a devotion to country – a mistaken sense of national honour – prompted many of these lawless courses. Vague notions of confiscated lands to be restored to their rightful possessors; ancient privileges reconferred; their Church once more endowed with its long-lost wealth and power: such were the motives of the more high-spirited and independent'.[42] The idea of 'rightful owners' was a dangerous admission. There were, Lever acknowledged, other motives, of greed and malice. There were the 'weak-minded' who followed the crowd. But, whatever their varied motives, 'all held together by a common tie of a church and a country'. Their leaders were farmers and often wealthy ones at that; cottiers were the followers. The leaders promised a speedy redress of wrongs: 'The self-importance suggested by a bold opposition to the law is a strong agent in arming men against its terrors'. Owen O'Connor was drawn into this world, and when lots were drawn to decide who would kill the land agent on the Leslie estate, Owen found himself selected to do the deed. He saw himself as 'driven to it', yet he was reluctant to commit murder.[43] When confronted with the landlord's son and the land agent, Owen would neither kill those who caused his family's misfortune, nor inform on them (the latter course being 'too revolting to be forgiven').[44] Once Owen explained his plight to young Leslie, the young man, alerted to the errors of his and his father's ways, pledged himself to live at home 'with ye, amongst ye all… I will try if Irishmen cannot learn to know who is their true friend; and while repairing some of my own faults, mayhap I may remedy some of theirs'.[45]

Lever explained that his object in writing this story was to 'show that social disorganisation, rather than political grievances, are the source of Irish outrages; that neglect and abandonment of the people on the part of those who stood in the positions of friends and advisers towards them, have disseminated evils deeper and greater than even a tyranny could have engendered'. It was this 'desertion of duties' that deprived landlords of their natural influence, and allowed the 'foul crime of assassination' to stain the name of our land. With an educated and resident proprietary, Ireland 'could never have become what she now is' and the 'evil influence of bad men would not have been suffered to spread its contagion through the land'.[46] Lever's identification of social rather than political problems as the fundamental cause of unrest reflected his Unionism or, as he would have said, patriotism. When charged with 'repealism' in his novel *The O'Donoghue* he admitted that certain of his characters were 'not conspicuous for loyalty' but he insisted that 'If we could get rid of agrarian crime and trading patriotism, there is plenty for an Irishman to be proud of'. The problem was that the 'Tory aristocracy left all the nationality, all the unction and fervour of fatherland, to the dare-devils of democracy'. There were apologies to be made for the aristocracy's failures; but, whatever their faults, most of Ireland's best features 'had their origin in the native high-mindedness, cordial warmth, and genial good feeling of the Irish gentleman'.[47]

Criticism of the gentry was designed to save them, to restore them to their rightful place as the leaders of Irish society. Their 'real dereliction' was 'their desertion of the people'.[48] But what was the remedy for this? Lever ended his *St Patrick's Eve* story with the society restored to its harmony; like Thomas Hardy, he believed that rural society had the capacity to heal itself. In his preface to *St Patrick's Eve* he warned that 'property has as many duties as adversity has sorrows; that those to whom Providence has accorded many blessings are but the stewards of His bounty to the poor; and that the neglect of an obligation so sacred as this charity is a grievous wrong…'.[49]

This passage is important for it shows that for Lever the remedy for social disorder lay within Ireland itself. Repeal was no remedy; it would open the door to O'Connell ('the scourge of a demagogue') and end with Dublin having 'the finest altars, the fattest priests, and the longest catalogues of miracles in Europe'.[50] Nor was it to the British government that Ireland should look for salvation. Commissions on the land would interview witnesses and collect information, and thus find out 'why landlords like money, and tenants hate paying it'.[51] In his attack on British official ignorance, Lever revealed a suspicion worthy of a modern Ulster Unionist. In *The Martins of Cro' Martin*, Mr Crow, a somewhat eccentric man with ambitions to be a great painter, discoursed on an election in which the Martins lost the seat to a young Englishman posing as a Liberal:

> Take my word for it … English blarney goes further with us here than all else. It's not that it's clever, or insinuating, or delicate – far from it, but you see that nobody suspects it. The very blunders and mistakes of it have an air of sincerity, and we are, besides, so accustomed to be humbugged with a brogue, that we fancy ourselves safe when we hear an English accent.

Val Repton, an acquaintance of Grattan and Flood, warns that if Ireland were not redeemed by her own gentry (and he fears she would not be) then the alternative would be that the Englishman 'who knows nothing about us, nor ever will know anything, is precisely the man to better our condition'.[52] Catholic demagogues and English ignoramuses would vie with each other to destroy Ireland.

This was Irish Conservation as its most assertive, and yet at the same time most vulnerable. But Lever was no mere propagandist. In his more reflective moods – and there were plenty – he uncovered what he believed was the deepest reason for Ireland's malaise. This sprang from conquest and confiscation, in the 'instincts, the natures, the blood of a people who had never acknowledged themselves as a conquered nation'.[53] In *The O'Donoghue* he describes an encounter between young Mark O'Donoghue, son of the now deposed Catholic landlord, and Sir Marmaduke Travers, the new owner. 'I say my good fellow. What does that smoke mean we see yonder?' This youth springs to his feet with a bound that startled his questioner. '"Was it to me you spoke?" said he, in a low, gutteral tone, which made his passion actually tremulous'. Sir Marmaduke's daughter addressed the youth as 'sir', which mollifies him, and replies that it is smoke from a cabin. Sir Marmaduke inquires on whose estate is the cabin, and the youth, now reverting to his resentful tone, replies that the estate 'belongs to an Englishman – a certain Sir Marmaduke Travers – it is the estate of the O'Donoghue'. 'Was, you mean' replies Sir Marmaduke. 'I mean what I say' the youth replies. He then sees an eagle and, taking up his gun, shoots it. '"This fellow", said the youth, as he lifted the body of a large black eagle from the ground – "this fellow was a confiscator too, and see what he has come to, you'd tell me that our lambs were his, would you"?'.[54]

Lever explained in his 1872 preface to the novel that 'the very crude notions of an English tourist for the betterment of Ireland, and some exceedingly absurd comments he made on the habits of the people which an acquaintanceship of three weeks enabled him to pronounce, provoked me to draw the character of Sir Marmaduke'.[55] But this raised the question of the taking of the land by the Protestant gentry themselves; was their case any different from that of the Sir Marmaduke's? Lever sought to escape from this dilemma, not by tackling the issue, but by eliding the discontinuities and this turning the problem into the solution. By so doing, by assuming that such a transfer of rightful ownership could take place, Lever (like his great contemporary Maria Edgeworth) avoided the need for a radical reform of the social structure.

By 1872, when he was near death, Lever revealed a darker mood. In the original preface to *The Martins of Cro' Martin* he claimed that his book dealt with a subject over which he had long thought and pondered in, he hoped, 'a spirit of fairness and justice', feeling that 'the great evils of Ireland were rather social than political, and strongly impressed with the conviction that the remedy lay less in legislative enactment than in the growth of habits of mutual charity and goodwill'. He wanted to illustrate 'what might be done by a generous and kindly treatment of the people, especially at the hands of those who thoroughly understood and appreciated them, knowing the complex web of their intricate natures…'.[56] But now, looking back on that 'brief interval' when there 'did seem a possibility of reuniting once again, by the ties of benefit and gratitude, the two classes whose real welfare depends on concert and harmony',[57] Lever was also looking back on a period that had since seen the disestablishment of the Church of Ireland, and Gladstone's Land Act of 1870. At the time when he wrote his novel there was not armed resistance to rents, 'still less men who thought that the Legislature would interfere to legalise the demands by which the tenant was to coerce his landlord'.[58] Now Gladstone was going to propose a sort of court of arbitration for land purposes, 'that is, another body of men to be shot when the peasants find the landlords scarce, or what the sportsmen call "wild"'.[59] As he put it in his last and perhaps best novel, *Lord Kilgobbin* (published in the *Cornhill Magazine* in October 1870 – March 1872 and then in three volumes in 1872), the Irish landlords (in this case a Catholic Whig landlord) were 'going through a sort of mild revolution'. What, Dick Kearney's father asked, was 'parliamentary government but revolution, weakened, if you like, like watered grog, but the spirit is there all the same'. Kearney urges his son to get rid of the entail and the land: 'Don't wait till the Government does both for you, and have to accept whatever condition the law will cumber you with, but be before them!' He agrees with Tom McKenna that there was no time to be lost for 'once it gets abroad how Gladstone is going to deal with land, and what Bright has in his head for eldest son, you might as well whistle as try to dispose of the property'.[60]

Lever parted with regret from his landlords; as the young rising (and sensitively drawn) Catholic lawyer, Dan Neilligan, remarks, 'we may pull them down – we may humble them – but we'll never fill their places!'.[61] His attempt to reconcile a defence of the landlords with Catholic tenants' demands, to foster Protestant leadership of a Catholic people, to deal with Seamus Deane's key issues of leadership and authority in a context of 'anarchy, farce and violence' seems doomed to failure. The same project is found in other writers of his time, in the work of William Carleton (*The Emigrants of Ahabarra* (1848)) and Maria Edgeworth, and his work is a part, and no insignificant one, of the literary representation of this important theme.[62]

What can the historian of rural Ireland make of this material? It is of course fiction, and history is not that. It can however be useful in several ways. It can point out to the historian certain themes that might be worth investigation: were landlords bound to lose control of their tenants, or were there at least some signs that landlord and tenant need not be at odds for ever? In Westmeath a tenant right meeting was held on 8 May 1850, attended by the Sheriff, Sir John Nugent and a number of landlords. The first resolution was moved by the parish priest of Glasson, and it stated that the purpose of the meeting was to try to benefit all classes, and not to interfere with the just rights of landlords. A local landlord moved that outgoing tenants be entitled by law to the value of improvements made by them on their holding.[63] Lever's work also raises the question of confiscation, and the popular perception of who were the 'real' landlords of Ireland, one that has not as yet been fully explored by historians. His fiction can also be read as ideology, as a significant contribution to Irish Conservative political thought. Herein perhaps lies its greatest value. Lever's Conservatism, seeking to prevent Ireland from being governed upon English principles and for English interests, found itself at odds with the very country upon whose protection Irish Protestants ultimately depended. Moreover, like many Protestant writers of the nineteenth century, Lever helped compile a dossier that could be simplified and reduced into an indictment of the very people he wanted as desperately to defend. If Irish Nationalists wanted to criticise absentee landlords, grasping land agents, parvenu English landlords, British government mishandling of Irish affairs, British misunderstanding of the Irish people, even the making of the Act of Union, then this Conservative writer made the strongest case against his Anglo-Irish gentry and even British rule in Ireland. And herein lies both the triumph, and the tragedy, of 'the famous Irish Lever'.

NOTES

1 Roger McHugh and Maurice Harmon, *Short History of Anglo-Irish Literature: from its origins to the present day* (Dublin, 1982), pp. 85–6.
2 J.C. Beckett, 'The Irish Writer and His Public in the Nineteenth Century', *The Yearbook of English Studies*, 11 (1981), pp. 102–16 at p. 106.
3 Tony Bareham (ed), *Charles Lever: New Evaluations* (Gerrards Cross, 1991), p. 7.
4 Quoted in John Cronin, *The Anglo-Irish Novel: Vol 1, The Nineteenth Century* (Belfast, 1980), p. 14.
5 Vanessa Rutherford, 'Aspects of Childhood in Ireland, 1800-1925' (unpublished Ph.D. thesis, National University of Ireland, Maynooth, 2002), p. 39.
6 Cronin, *Anglo-Irish Novel*, p. 15.
7 Colin Meir, 'Status and Style in Carleton's *Traits and Stories of the Irish Peasantry*', in Jacqueline Genet (ed), *Rural Ireland, Real Ireland?* (Gerrards Cross, 1996), pp. 83–91, at p. 85.
8 Cronin, *Anglo-Irish Novel*, pp. 13–14.
9 Seamus Deane, *Short History of Irish Literature* (Indiana, 1986), pp. 114–5.
10 J.A. Sutherland, *Victorian Novelists and Publishers* (London, 1976), p. 163.
11 Bareham (ed.), *Charles Lever: New Evaluations,* p. 1.
12 Biographical details are from Lionel Stevenson, *Dr Quicksilver: the life of Charles Lever* (London, 1939), pp. 3–4.
13 W.J. Fitzpatrick, *The Life of Charles Lever* (London, 1884), p. 12.
14 Charles Lever, *The Martins of Cro' Martin* (1856; all references are to *The Novels of Charles Lever*, edited by his daughter, London, 1899 edition). Vol. I, p. 168.
15 Stevenson, *Dr Quicksilver*, pp. 14–39.
16 Ibid. pp. 39–41.
17 Ibid. p. 52.
18 McHugh and Harmon, *Short History of Anglo-Irish Literature*, p. 98.
19 Stevenson, *Dr Quicksilver*, p. 103.
20 Ibid. p. 110.
21 Ibid. pp. 116–17.
22 Robert Lee Wolfe, *William Carleton: Irish Peasant Novelist* (London and New York, 1980), pp. 91–2.
23 Roger McHugh, 'Charles Lever', *Studies*, 37 (1838), pp. 247–60, at p. 250.
24 George O'Brien, 'Life on the Land: the Interrelationship Between Identity and Community in the Irish fiction of William Carleton and Charles Lever' (unpublished Ph.D. thesis, University of Warwick, 1979), p. 1.
25 Ibid. pp. 1–4; A.N. Jeffares 'Reading Lever', in Bareham (ed.), *Charles Lever*, p. 26.
26 George O'Brien, 'Life on the land', p. 230.
27 Sutherland, *Dr. Quicksilver*, p. 66.
28 Lever, *The Martins of Cro' Martin*, Vol. I, p. 15.
29 Ibid. p. 110.
30 Ibid. Vol. II, p. 47.
31 Lever, *The O'Donoghue* (London, 1898 edition), pp. 144–5.
32 Lever, *Nuts and Nutcrackers: St Patrick's Eve* (London, 1899 edition), p. 329.
33 Ibid. pp. 381–2.
34 Ibid. pp. 381–2.
35 Ibid. pp. 338.
36 Ibid. pp. 340–1.
37 Ibid. p. 343.
38 Ibid. pp. 354–5.
39 Ibid. pp. 382–4.
40 Ibid. pp. 393–4.
41 Ibid. p. 400.
42 Ibid. p. 411.

43 Ibid. pp. 412, 423.
44 Ibid. p. 426.
45 Ibid. p. 430.
46 Ibid. p. 431.
47 Fitzpatrick, *Life of Charles Lever*, p. 214.
48 Lever, *St Patrick's Eve*, p. 431.
49 Ibid. p. 312.
50 Lever, 'A nut for Repeal' in *Nuts and Nutcrackers*, pp. 153–7.
51 Ibid. pp. 305–6.
52 Lever, *The Martins of Cro' Martin*, I, pp. 302, 171–2; see also pp. 178–80.
53 Ibid. p. 347.
54 Lever, *The O'Donoghue*, pp. 4–6.
55 Ibid. p. xvi.
56 Lever, *The Martins of Cro' Martin*, I, pp. xx–xxi.
57 Ibid. pp. xiv–xv.
58 Ibid. p. xv.
59 Lever to John Blackwood, 11 December 1869, in Edmund Downey (ed.), *Charles Lever: His Life in His Letters*, Vol. II, (London, 1906), pp. 265–6.
60 Lever, *Lord Kilgobbin* (London, 1899 edition), pp. 133–4.
61 Lever, *The Martins of Cro' Martin*, I, p. 360.
62 Robert Lee Wolfe, *William Carleton*, p. 115; Genet (ed.) *Rural Ireland, Real Ireland?*, p. 17.
63 Paul Gerard Connell, 'The Diocese of Meath during the Episcopacy of John Cantwell', (unpublished Ph.D. thesis, National University of Ireland, Maynooth, 2002), pp. 318–21.

10
The need for legislation to promote tourism
A cause that united all Irish politicians

ALASTAIR J. DURIE

'Are these [English] visitors to be driven away to the Continent, or diverted to "New Ireland" as some over sanguine optimists hope that it will be, under ameliorating influences in the course of a few years?'[1]

The focus of this discussion is a modest initiative to promote tourism in Ireland, a measure which successfully reached the statute book of the United Kingdom legislature in 1909. It may be useful to begin by considering, by way of context, the state of tourism in late nineteenth-century Ireland. By the late nineteenth century tourism was recognised as both an actual and a potentially much more significant source of revenue and employment in Ireland than it was elsewhere in the UK and on the Continent. Ireland did have many attractions. There was the long-established reputation of the Giant's Causeway, complete with tramway and hotel. Some seaside and scenic resorts such as Kilkee, Clifden, Bray[2], Parknasilla and Glengariff were already on the map, as were a few spa centres, of which Lisdoonvarna and Lucan were the two most significant. The appeal of Killarney was known, as was the sporting potential of Donegal for fishing and hunting. Thomas Cook & Co were offering an extraordinary range of holidays, as their 1889 Programme of Tours & Excursions in the Emerald Isle confirmed, including a thirty day

All-Round Ireland Tour. There had been an expansion in the Irish railway network, mainly of light railways and tramways, which helped. Despite the reputation for somewhat casual timekeeping and running ('Are you right there, Michael?)[3] they had opened up some of the more remote parts, and had combined this with advertising and promotion, which was reasonably effective. Publications such as John O'Mahony's *The Sunny Side of Ireland: How to See It By The Great Southern and Western Railway*, were part of the process of making Ireland more widely known. Better and bigger hotels, some of which were railway-owned, made the late nineteenth century tourist more comfortable than had been true for the previous generation. One guide remarked that 'the evil notoriety that the country years ago earned for inferiority in this essential particular is no longer deserved.'[4]

Yet for all the progress, a fairly general assessment in the later nineteenth century was that, for all its portfolio of 'draws', Ireland was far from doing as well in tourism as it could or should have been doing. The shortfall applied to every aspect of tourism whether to the health and seaside resorts or to sporting tourism. There was a tendency to overstate the under-performance, as Mrs Craik did. 'Yes – it is a country as absolutely unknown to its two sister countries as if it were in the backwoods of America. And yet it is within twenty-four hours of London, the same of Edinburgh, and less than half that time of Dublin.'[5] Unknown Ireland was not, but less known and visited than it should have been. It was beyond dispute that there was no mass seaside resort equivalent to Blackpool – admittedly exceptional with over two million visitors each year in the 1890s – and possibly more Irish visitors were to be found on the beaches of the Isle of Man than around the Irish coast. There were no spas in Ireland to rival the successful Continental health resorts which were experiencing dramatic growth of patients, visitors and guests in the later nineteenth century. There was an eight-fold increase in the case of Carlsbad and Aix-les-Bains between 1886 and 1908 for example, a growth that was even more significant when allowance is made for the fact that these were high-spending visitors tending to spend a season, not day trippers. There was no flow of sporting tourists to rival the 'golden stream' who set north in early August to the Highlands of Scotland for the grouse and the deer. And to complete the account, while Knock had achieved some success as a centre for religious pilgrimage, it was in no respects on a par with Lourdes in terms of the number of visitors that it drew.

This state of affairs was something to which an ever-broadening range of interests, private and public, addressed themselves. There were two key objectives in mind. The first was to attract more visitors from outside Ireland, and the second to persuade more Irish of the virtues of their own country as a holiday destination. The longer-distance tourist was a bigger prize, as their travel benefited the railway and steamship companies, while their stay brought prosperity to local hotels, shops, guides and coach-hirers. Pressure on government and other bodies to give support to the tourist industry came from a number of sources: the private sector, which had seen in the 1880s and the 1890s the formation of a number of limited liability companies as at Lucan Spa and Rostrevor, hoteliers (who had come together in an annual conference), the railway companies and travel agencies, town councils and landowners. There was undoubtedly some progress. Flinn's comprehensive and authoritative guide to Irish health resorts refers to the way in which facilities for travelling had been very much improved, especially in the north and south-west.[6] The 1890s was a decade of particular initiatives which saw, for example, the creation of a specialist agency, the Irish Sporting Agency for fishing and shooting (and hunting) along the lines of those in the hands of entrepreneurs such as J. Watson Lyall that had existed for Scotland since the 1840s. Development of field sports for the visitor would bring the greatest benefit:

> It has long been a matter of surprise that the vast areas of bog and mountain which abound there have been so little visited by the English sportsman. This may have been partly due to the unsettled nature of the country which prevailed during the land agitation, but whatever difficulties they may have had among themselves, Irish men have always been ready to give a hearty welcome to the sportsman.[7]

Specialist guides for golf soon followed, an enthusiasm which catered for a much broader constituency than shooting amongst summer visitors. A London publisher commissioned in 1897 R.W. Grant, a well-known Scottish writer, to edit *The Golfer and Sportsman's Holiday Guide to Ireland.* Grant was the editor of a similar volume for Scotland, and had also done promotional work for the Highland Railway. Cycling and motoring were also encouraged.

One form of promotion which received a good deal of support was a campaign to persuade the Royal family to visit more often, and in particular to establish a permanent summer residence in Ireland, a kind of Irish Balmoral. Balmoral, it was felt and with some justice, put the Highlands on the map for the social elite and the moneyed climber alike; if only Ireland had somewhere comparable. Voices were raised:

> Wanted – A Royal residence. If we could but induce a member of the Royal family to live among us, we would soon find that Ireland would become an even more favoured tourist resort than Scotland or the Continent which have become famous solely through Royal Patronage. To foster a large and permanent tourist traffic will unquestionably prove one of the most successful methods of diffusing money amongst all classes of people.[8]

Queen Victoria had visited Ireland on several occasions: in August 1849, the Dublin Exhibition of 1853, in 1861 to Killarney and, after a long interval, in April 1900. Bertie or Edward, Prince of Wales, was a regular visitor, as was the Duke of York. These visits were exploited: Bertie's visit to Glengariff and Killarney in 1858 was to be advertised by the Cork & Bantry railway as the Prince of Wales's Route; George's 1897 tour in Shannon was dubbed the Duke of York's route but there was no permanent residence as desired, nor even regular visits as there were to Balmoral and to the Continent. In the later nineteenth century Victoria became a regular visitor to Mentone and did much to publicise the Riviera.[9] It was a disappointment, shared by English spas which argued that some regular royal patronage would benefit them also[10], but perhaps understandable in view of the reputation of Ireland for violence: the Phoenix Park murders cast a long shadow. The Empress Eugenie might be persuaded to visit, but she visited virtually everywhere, and carried no comparable weight. Irish voices continued to call for royal visits, as did Marie Josephine O'Dowda in 1901:

> I am glad to notice that Ireland is becoming more and more talked about as a possible resort during the summer season. One very seldom meets now in England with the heretofore prejudice which dictated fear of being assassinated as an excuse for never having visited the Emerald Isle, and deep regret for pleasures lost is the tone which the average person of now advanced age will use when deploring the fact that they have been to many Continental resorts but have never stood on Irish soil…
>
> I have always tried to give force to the view so far as my feeble powers go, of a Royal residence in Ireland, and I firmly believe that we are not far from the realisation of that hope at Present. I know that the English people are quite unanimous in desiring it, although I remember quite a comical turn a conversation I had some few tears ago with an English gentleman on this subject took. I was dilating on the attractions that this country should possess for the (then) Prince and Princess of Wales, and I said – 'there is some of the finest fishing to be had there, and shooting' – in fact I stated 'there is no country in which the shooting is so excellent'. 'Yes' dryly replied my opponent 'we know that, but you see that's just what they're afraid of'. Now, I don't think Our King or Queen has any fear of that now…[11]

At the centre of all this activity in Ireland from the 1890s onwards or so it seems, was a one-man powerhouse, Frederick Crossley of Blackpool who had established a monthly journal called *The Irish Tourist* in 1894. His first editorial declared:

> What we have consistently advocated is that there is no reason in the nature of things, or in the things of nature why Ireland should not become as popular a resort as any of the well-known, overestimated, and over-crowded tourist centres along the over-trodden tracks of Central Europe. The mission of *The Irish Tourist* is to make better known to the world this country's charm and beauty, and to attract multitudinous visitors to annually sojourn at our health and pleasure resorts, and thus leave with us that historic 'plethora of wealth' which might act as the panacea for Ireland's ills. At any rate, it is, in our opinion, well within the bounds of possibility to make it quite as fashionable among Britons to visit Ireland as it is with them to visit the English Lakes or the Scottish Trossachs.[12]

In June 1895 there was established the Irish Tourist Association

Limited, registered as a Friendly Society, and which led on the following year to a Development Syndicate of Ireland, an interesting body to which there was no equivalent anywhere else in the UK. What is rather surprising is that there appears to have been no parallel in the Highlands, which shared a similarly special place in the political thinking of many. Perhaps more unrest on Irish lines might have helped.[13] The aims and objectives of the Syndicate were set out clearly: 'the purpose is to carry out various public works in Ireland consistent with the development of tourism and the aims of the ITA'. Its finance was drawn from subscriptions and a level of support from the Treasury – a remarkable concession – was secured, according to Irene Furlong, 'a promise of £1m',[14] which built hotels, improved road and water services, and promoted the Shannon Development Company, which established a reliable network of tourist steamers.

There were critics of this promotion of tourism whose objections sprang from three perspectives. The first was that of nationalists who disapproved of tourism as 'degrading and servile' – not an attitude unique to Ireland. It was echoed in Scotland during the 1930s by Edwin Muir, who abhorred the Highlands' sporting tourism as 'not production of any kind but wholesale destruction' and lamented the 'corrupting effect' of this form of tourism on the locals.[15] Then there were those, such as R.A.S. Macalister, who worried that more tourists would mean mass tourism, a hostility that was partially based on cultural grounds, in that he thought it would be harder to save 'our melodious, expressive and poetical national language'. But there was also what looks like sheer snobbery. 'Hitherto Ireland has been tolerably fortunate in the species of tourist which has sought its shores: the undesirable specimens have been deterred by rumours of hotel and railway discomforts, or by the absurd dread of being shot: those who have come have been led for the most part by a genuine interest in the country, her inhabitants or her sport…'. 'The Erin of the saints', must not degenerate, he argued, 'into a mere cockney run'.[16]

And there were also those who argued that support, if it were to be given, should go to real industry, manufacturing rather than service. In a speech given by the Hon W.J. Pirrie at a dinner meeting of the Ulster Association in London on 31 May 1904, which drew down on him strong criticism from Irish tourist interests, he argued that:

> I fully recognise the great importance of doing everything that can possibly be devised to encourage tourist traffic in Ireland, by making such arrangements for the accommodation of tourists, and providing such facilities for their enjoyment as will enable them to take full advantage of the natural attractions of Ireland where the scenery is acknowledged to be of the most beautiful and unrivalled description. I conceive it to be the duty of all who can bring any influence to bear in the matter to further the efforts that are being made, to call the attention of tourists to the many places of surpassing beauty in this country…

[BUT], he added,

> By fostering industrial habits you will confer a substantial and lasting benefit upon the people, whereas by merely regarding the country [Ireland] as a tourist resort and popularising it as such, you, in my opinion, do not really benefit it, and instead of ennobling the people by inculcating a proper appreciation of the dignity of industry, degrade them, or a large proportion of them, into a condition of servants of the travelling public, employed for a season of the year and idlers during the remainder.[17]

It may well be significant that his was an Ulster voice; the tourist interests of the north were not above breaking ranks. Ulster interests were inclined to emphasise the greater safety and stability there for the visitor, as one journalist reflected in a piece on the Giant's Causeway for a British travel journal:

> Ireland has of late years obtained a notoriety – unenviable, no doubt – which has done much to frighten away tourists from its shores; but when it is remembered that the north of Ireland differs materially from the south and west – that its inhabitants are law-abiding, quiet, and industrious; and that while possibly the ready wit of the Celtic character is less often met with yet the sterling, honest characteristics of the English and Scottish element more largely predominate. Although situated at the extreme north of Ireland, the Giant's Causeway is by no means difficult of access, and is practically as near to the metropolis as are many of the health resorts which have not now the charm of novelty they once possessed.[18]

National government in Britain took little or no interest in tourism, unlike a number of European countries, and certainly was not inclined to provide any financial support. The prime source of finance for development of any kind and for advertising was the private sector on a voluntary basis. But another source from which revenue was sought to promote the industry, as John Beckerson has observed, was that of local taxation.[19] French and German resorts had long had the power to raise revenue to be used for publicity and amenities, either by a special rate or a tax on visitors. This was an advantage to them, or so British interests argued, and there were voices raised to suggest that this should be allowed in Britain, particularly for the spa resorts. In 1889 a correspondent to the local paper at Bath, the *Bladud*, proposed a scheme which would allow the imposition of a uniform charge on visitors; he cited the example of Carlsbad where such tax was levied ('*Kurtaxe*'), the revenue from which had been converted into lovely public gardens, walks, lakes and covered promenades, 'sumptuous eating houses, admirable reading rooms, a large and celebrated orchestra' and so on. This was not an isolated practice; other places which similarly benefited, although the exact form of the tax varied considerably, were Baden Baden, Carlsbad, Ems and Heligoland.[20]

In Britain, however, the Local Government Board set its face firmly against such extravagance, and firmly opposed all such applications though Blackpool by an apparent oversight had obtained a rate in 1879.[21] There were a number of minor concessions which some tourist towns were able to exploit – Buxton was allowed to use any profits from the Pump Room, Brighton from the Aquarium – but mostly that avenue was barred and things like town guides had to be financed by the sale of advertising in them and subscriptions from hoteliers and other interested parties. The issue was one much debated, and many health resorts felt extremely frustrated by their lack of resources; theirs was a competitive world and they wanted to be able to compete. And they were well aware that some of their Continental competitors did have, thanks to these 'visitor taxes', a distinct advantage. Irish and British spas were particularly frustrated by lack of resources; their waters were as good, their locations as attractive, but their facilities and cultural atmosphere – with a few exceptions – lagged well behind, as one writer concluded rather gloomily in 1912:

> Irish Health Resorts have suffered in popularity and reputation in the past under the impression that they were dull, and lacking suitable accommodation. Dull they may be in a sense. The Casino and the Kursaal are wanting. Bands of music, Negro minstrels, acrobats, jugglers, peddlers and *hoc genus omne* are not much in evidence... The Irish resorts are not gay.[22]

But whereas English resorts seemed somehow able to find some resources, their Irish counterparts were legally barred from raising any funds by local taxation for advertising and promotional purposes. The ubiquitous Mr Crossley began to agitate about this: 'the Irishman in the United Kingdom notes with envy the extensive scale on which the local authorities in English and Scotch towns are able to advertise the merits of their districts... We have long advocated the extension to Ireland of the power to enable municipal bodies here to do the same'.[23] Crossley approached Walter Long, MP for Kingstown, who agreed to help and eventually in 1909 a parliamentary initiative was introduced to allow health resorts and watering places the power to introduce a 2d rate for advertising (adjusted to one penny), the justification being the need to match the spending of Continental resorts. The measure was intended to apply to the whole of the UK, but 'at the last moment it was adjusted to apply only to Ireland, much to the surprise of Irish MPs of all persuasions, who had thought it entirely non-contentious'.[24] The reason given (some time after) by the President of the Local Government Board was that Ireland was considered to be a special case: its resorts were small and struggling whereas those of Scotland, England and Wales were not. In the House of Lords debate, it was noted by its supporters that 'All Ireland was united in support of this bill' – politicians of all hues, and Mayo drew attention to the resorts which were most anxious for this measure – Cork, Killarney, Bray, Kingstown and Queenstown and some northern towns[25]. Curiously none of the Irish spa resorts seems to have been involved.

The language used in the Parliamentary Debates was significant. When The Health Resorts and Watering Places (Ireland) Bill 1909 was given its House of Commons second reading on 6 October 1909, this is what was said in its support:

> Mr Jeremiah MacVeagh. [Nationalist MP for North Down] May I

> also appeal for this bill to proceed? It is absolutely non-contentious and is backed by members of all parties in Ireland. That it is non-contentious is shown by the fact that the hon. and gallant Member for East Down (Captain Craig) and myself have both backed the Bill, and any Bill he and I agree upon must be non-contentious... It really is a simple Bill to protect Irish seaside resorts against growing foreign competition. It is therefore really a tariff reform measure.[26]

This unanimity was echoed by Lord Marchamley when the bill came to the House of Lords for its second reading on 19 October 1909:

> I desire to ask your lordships to give a second reading to this very small bill. It is indeed a very modest and unpretentious measure ... simply to enable local authorities in Ireland to strike a rate and to spend a very small sum of the ratepayers' money in advertising in other parts than in Ireland the advantages and amenities of their health resorts and watering places... I do not know whether your Lordships noticed the names on the back of the Bill. They comprised the three Unionist Ulster Members – Mr H.T. Barrie, Mr L. Corbett, and Captain Craig; one Liberal member representing an Irish constituency, Mr Glendinning; and seven Nationalist members. All the Conservative members representing Ireland are in favour of this Bill. It is likewise backed and supported by the whole of the Nationalist members. Ireland is unanimous in support of this Bill. The government started it. Therefore I venture to claim that it comes here with the unanimous support of the House of Commons.[27]

The measure went through. The Earl of Onslow objected but his was a sole voice. 'We all know that Ireland is the spoilt child of this Parliament. Parliament has Acts of Parliament which make the mouths of Englishmen and Scotsmen water when we see the advantages that are extended to that country but denied to us'.[28] Onslow's objection was partially that this sort of thing ought to be financed on a voluntary basis by those who benefited: railway companies, lodging house keepers, etc. but not by ratepayers generally, most of whom had little or no interest in whether visitors came or not, but also that where Irish resorts led, British resorts were bound to follow. The precedent could lead to ruinous competition, and benefit only the advertising industry.

It was an interesting victory, but did it actually make any difference? A marginal one, perhaps, and the tourist trade in Ireland certainly prospered for a while. British resorts were envious and a measure was introduced in 1914 to give them similar powers to those which the Irish had. Its progress was however scuppered by the coming of war, and not until 1921 did it become law. But the reality for Ireland and Irish tourism was that the outbreak of war in 1914 effectively brought tourism in Ireland to a complete halt in any case. Tourism everywhere in Europe suffered, but nowhere worse than in Ireland. Continental, American and English visitors alike vanished and the outcome was disastrous for the hotel business everywhere: 'Long corridors leading to scores of vacant rooms are mostly silent, and the staffs of hotel servants move about with listless steps, conscious of the nearness of their own departure. Hotel managers all over the country are at their wits' end how to keep things going.'[29] It was to be a long time before things recovered.

NOTES

1 *The Tourist's Guide to the Athole and Breadalbane Highlands of Scotland* (Perth, 1883), p. 118.

2 John Heuston, 'Kilkee. The Origins and Development of a West Coast Resort', and K.M. Davies, 'For Health and Pleasure in the British Fashion: Bray, Co Wicklow, as a Tourist Resort', in Barbara O'Connor and Michael Cronin (eds), *Tourism in Ireland* (Cork 1993).

3 *Prose, Poems and Parodies of Percy French*, edited by Mrs De Burgh Daly (London, 1925), pp. 146–148. I owe this reference to Peter Beirne of West Clare County Library. ('You run for the train in the morning, the excursion train starting at eight, You're there when the clock gives the warnin', and there for an hour you'll wait').

4 Cook's *Tours in the Emerald Isle* (1911 edition), Introduction, p. 4.

5 Mrs Craik, *An Unknown Country* (London, 1887), p. 1.

6 D. Edgar Flinn, *Irish Health Resorts and Watering Places* (London, 1st edition, 1888), p. 3, refers to two new lines in Clare and Kerry, which had opened up 'most charming districts and seaside places.' The second edition of this work (Dublin, 1895) listed a range of lines which had been added, such as that to Clifden, and concluded (p. 5) that 'the facilities for visiting Ireland [have] increased one hundred fold since 1888'.

7 F.W. Crossley (ed.), *The Irish Tourist: A Journal devoted to the Promotion of Travel in Ireland*, 1 (June 1894), p. 1. The July 1894 issue carried an interview with a Mr Grant Govan in which he assured the readers that they 'had as good a country as Scotland from the sportsman's point of view'.

8 *The Irish Tourist*, 1 (August 1894), p. 94.

9 Michael Nelson, *Queen Victoria and the Discovery of the Riviera* (London, 2001).

10 Cf. *The Journal of British and Foreign Health Resorts* (May 1890), p. 50. Editorial, 'The Royal Family and British Health Resorts': 'Why should the members of our Royal family forsake their own spas, and deny them that patronage and help which foreign princes with commendable patriotism and good sense bestow on their spas? We can see no good reason for such neglect which being repeated year after year almost to a slight of the British health resorts.'

11 *The Irish Tourist* XI (1901), pp. 3–4, Letter to the Editor of *The Irish Tourist*, 24 June 1901.

12 *The Irish Tourist*, 1 (June 1894), p. 1.

13 This is a position taken by a number of writers. The so-called 'Crofters' War' was relatively minor but did prompt some special legislation in the 1880s. Neil Ascherson, *Stone Voices: The Search for Scotland* (London 2002), pp. 208–9 examines why there was so little resistance in the Highlands and quotes High Miller who wrote in *The Witness*, 'They [the Irish] are buying guns and will be bye and bye shooting magistrates and clergymen by the score, and Parliament will in consequence do a great deal for them. But the poor Highlanders will shoot no one, … and so they will be left to perish unregarded in their hovels'. In similar vein J.S. Blackie, *The Scottish Highlander and the Land Laws* (1885) argued that the Highlanders might have been better treated 'if they had at an earlier period, and with greater observance, applied to a government accustomed to act only on compulsion from below the highly stimulant recalcitration of a Kenmare or Killarney squatter.' John McGregor has examined the question of state assistance for railway development in the Highlands in the 1880s, which was fuelled in part by the example of Ireland, and also informed by information from exiles in Canada as to the role of government-assisted railway development in that country. He cites Joseph Chamberlain, who advocated subsidy. 'Precedent was created by proposals … with regard to the western districts of Ireland, and the claims of the Highlands were of the same character'. Chamberlain continued: 'Ireland has received her full share of government attention and it is high time that Scotland should have some attention bestowed on her long suffering and patient inhabitants'. Indeed the Highlanders' claims had more merit: the Highlanders, in McGregor's words were 'loyal if sometimes misguided; the Irishman was

disaffected and murderous'. John MacGregor, 'The Politics of Railway Promotion in the Scottish Highlands; the West Highland and Railway Mallaig Extension', *Journal of the Association of Open University Graduates*, 3 (2000–2001), p. 10.

14 Cited in I. Furlong, 'The Ubiquitous Mr Crossley – Irish turn of the century tourism pioneer' – an unpublished paper given to 'The Home Tour', a conference on the history of tourism, held at the University of Aberdeen in June 2001.

15 Edwin Muir, *Scottish Journey*, Introduction by T.C. Smout (first published in 1935; reprinted Edinburgh, 1979) pp. 196–7. 'These intruders [English landowners] do not understand or regret the corrupting influence this must have on a race forced to accept this abnormal life as a vocation'.

16 R.A.S. Macalister, 'The Debit Account of the Tourist Movement', *The New Ireland Review*, VIII (September 1899), p. 92.

17 *The Irish Tourist*, XIII (June 1904), p. 3. There were several indignant rebuttals of his analysis, which drew from him the response (in a letter dated 7 June which was printed in full), that his primary concern was 'to persuade the railway companies to devote as much attention to lowering the rates that they charged for goods as they were to encouraging tourist traffic; great benefit would follow, the stemming of emigration, for example, if permanent industries were more widely diffuse.'

18 *The Journal of British and Foreign Health Resorts. A Monthly Record of Baths, Climate, Spa News and Spa Gossip* (new series, no 7, July 1890), p. 69.

19 John Beckerson, 'Marketing British Tourism. Government Approaches to the Stimulation of a Service Sector, 1880–1950', pp. 134–8 in H. Berghoff, B. Korte, R. Scheider and C. Harvie (eds), *The Making of Modern Tourism* (Hampshire, 2002).

20 'Proposal to impose a tax on visitors to English Watering Places', *Journal of British and Foreign Health Resorts*, new series, 1 (January 1890), p. 4. See also 'Shall English Visitors be Taxed?', ibid. February 1890, p. 16.

21 John K. Walton, *Blackpool* (Edinburgh, 1998), p. 82: 'In 1879 the Blackpool Improvement Act incorporated a clause allowing the Corporation to levy a rate or property tax of two pence in the pound for advertising and providing a town's band to entertain the visitors. This was a unique concession from central government, which was generally hostile to such measures, denying the legitimacy of advertising as a local government activity. *How it came about remains unclear… No rival resort was allowed these powers*' [my italics]

22 Neville Wood, *Health Resorts of the British Isles* (London 1912), p. 98.

23 Furlong, 'The Ubiquitous Mr Crossley.'

24 Beckerson, 'Marketing British Tourism', p. 136.

25 Hansard, Vol. 4, 1909, House of Lords, 19 October 1909, Lord Marchamley, p. 2.

26 Hansard, Vol. 11, HC 5th series (1909), 6 October 1909 Written Answers, col. 2164.

27 Hansard, Vol. 4, 1909, House of Lords, 19th October 1909, p. 4. *Belfast News Letter*, 20 October 1909, reported under 'Political and Parliamentary items' that 'Irish members of Parliament, both Nationalist and Unionist, had expressed surprise at the opposition threatened in the House of Lords to this bill … the universal power to advertise would remove a grievance felt in many vicinities'.

28 Ibid. p.5.

29 'Irish Hotel and Catering Notes', *The Catering and Hotel-Keepers' Gazette*, 15 September, 1914, p. 554.

11
Business boycotts and the partition of Ireland*

PHILIP OLLERENSHAW

One of Bill Crawford's many enduring contributions to Irish economic and social history has been to improve our knowledge of connections between town and countryside, not least through the study of markets and fairs.[1] The present essay is also concerned with internal trade, more specifically with the theme of the nationalist business boycott, and the loyalist counter-boycott, around the time of partition. Usually ignored or discussed only fleetingly in general textbooks[2], the most important contribution to the historiography of the Belfast boycott in recent decades has been the path-breaking essay published by the late David Johnson in 1981.[3] As Johnson showed, the boycott was triggered by a mixture of anti-partitionism and, more importantly, by the high-profile expulsion of thousands of mainly Catholic employees from their workplaces and homes during the summer of 1920. Originally directed against Belfast and other northern towns, the boycott from August 1920 used an economic weapon against businesses in the manufacturing and service sectors with the hope of reinstating expelled workers and their families and to prevent partition. The present essay adds to Johnson's work by exploiting some different sources and emphasising different aspects of the boycott. As such its intention is to extend our knowledge of different localities during the War of Independence and early Civil War periods. Our understanding of this period has been transformed in recent years, not least by the increasing emphasis on ordinary people.[4] The experience of firms and their customers during the Irish revolution, however, has barely featured in this transformation. Disruption to the everyday business of buying, selling and distribution could have major and immediate implications for the welfare of the population, whether producers or consumers. This essay will suggest that the boycott was much more wide-ranging and violent than historians have acknowledged, that it had far-reaching consequences for the conduct of local government in border areas and also that women were involved in the boycott as both activists and as victims to an important extent.[5]

In a series of Prohibition Orders, the boycott was extended by the Dáil from March 1921 to include certain British goods beginning with agricultural implements, and later other products such as biscuits, boot polish, soap and margarine.[6] It included white lists of firms with which, and black lists of firms with which it was not, permitted to deal, and was enforced by a number of organisations from local Vigilance Committees to local authorities and paramilitaries. In particular, after December 1921, the boycott was sustained most rigorously by anti-Treaty republicans, who not only rejected the Treaty, but did not feel bound by the Craig-Collins pacts of early 1922.[7] Republicans sometimes used the boycott to raise funds. The 'IRA Belfast Boycott Committee' might call on firms trading with the north-east, ask them how much money they owed, demand that money, give a receipt and absolve the firm of any further responsibility for payment.[8] Some boycotted firms attempted to disguise their products in the hope of avoiding detection. Thus Shaw's Candles were relabelled 'Leinster Wax' and Finlay's Candles as 'Commercial Wax'. Neither fooled the vigilant boycott committees and both of these Belfast firms featured in black lists such as that issued in April 1921. This list included dozens of other firms in Ireland, Scotland and England which were distributors of Belfast goods and also noted that the Isle of Man was being used as a distributing centre.[9] Sometimes, as at Gort in County Galway in March 1921, shops which continued to ignore the boycott would have their fronts painted with the words 'Belfast goods sold here'.[10]

The publicity organised by the Dáil to support the boycott was not couched in the language of a one nation island. A notice in the *Freeman's Journal* in February 1921 included the following:

> Are you a BIGOT? Then trade with Belfast. Are you a PARTITIONIST? Then buy from Belfast. Are you in favour of the BURNING OF CATHOLIC HOMES? Then buy from Belfast ... Are you IRISH? If so, remember that every penny given to Belfast in the purchases of goods, and every lodgement with their banks, means strengthening the war chest to continue the pogrom.[11]

Early evidence of the effectiveness of boycott activity on a range of businesses is contained in a series of interviews conducted by Northern Ireland civil servants with bankers and other businessmen in October 1920. While the Northern Bank did not yet consider the boycott to be a serious issue for them, the Belfast Bank which operated largely in Ulster and the midlands suffered account closure by many customers, not because they wished to do so, but rather because they feared the consequences of doing otherwise.[12] Neither the Belfast nor the Northern did much business south of a line drawn from Dublin to Sligo, but the Ulster Bank operated throughout the country and was therefore much more vulnerable. The Belfast-based banks were prime targets in the boycott campaign, and susceptible to rumours about their losses and the impact these might have on their solvency, rumours which Ulster Bank staff were instructed to deny categorically.[13] In fact, though its solvency was never remotely in question, the Ulster Bank admitted it had lost over £1 million in boycott-inspired withdrawals in less than three months. Given the uncertainties of the period, most banks would have recognised their self-interest in supporting each other. In an interesting comment on the financial politics of the period, the Ulster Bank noted that the Bank of Ireland and the Provincial Bank had been supportive, nor did it have any evidence that the Munster & Leinster Bank condoned the boycott. On the other hand it did believe that the National Bank sympathised with the boycott both by sometimes refusing to provide credit to Ulster Bank customers and by using it as a way of poaching custom: 'In some cases Sinn Fein circulars, warning customers that their accounts should be withdrawn, had been followed in the next post by circulars from the branch managers of the National Bank asking for the business'.[14]

The banks were early victims of the boycott, and the same was true of distillers. At the end of October 1920 Dunville & Co. in Belfast judged that the boycott was 'very complete' with regard to Belfast-made whiskey, and one of Dunville's directors, H.L. Garrett, said the firm was doing no business whatsoever outside Ulster. While the Dublin manager's quarterly commission normally averaged £100, the figure for the last quarter was just £4. Licensed premises were running down their stocks since they feared rioting. His firm had been able to find alternative markets outside Ireland and he believed that 'there was no sign that the South and West would come back to Belfast for their whiskey', and that the supply in these areas would come from small, illegal distilleries.[15] In the north-west, this firm's agent in Derry also noted the severity of the boycott, and Garrett, who was also President of the Belfast Chamber of Commerce, was convinced as early as October 1920 that 'a reign of terror has been successfully instituted in ordinary business matters'.[16] Eighteen months later, Dunville's would suffer the most from an attack on bonded warehouses in Dublin, where whiskey with an estimated value of £100,000 was destroyed, apparently by anti-Treaty IRA forces enforcing the boycott in the capital.[17] Dunville's switch into other markets was not unique, though it is not known how many other firms did the same.

More than a year after the boycott started, trade associations attempted in very broad terms to quantify the impact of the boycott on turnover and profits. The results are summarised in Table 11.1. In most cases trade associations estimated that their turnover had declined by about a fifth, although in some cases the figures were higher – one third for distillers and brewers and as much as two-fifths for boots and drapery. In absolute terms the losses were largest in flour and bread, tobacco, whiskey and beer, and drapery. The data might well have been exaggerated and Sir Ernest Clark, Assistant Under Secretary for Ireland in 1921, thought they were inflated by at least a third. However, even if the data are no more than highly approximate orders of magnitude, they are supported by qualitative evidence, some of which is discussed below, and they do at least have the merit of indicating the range of businesses affected as well as the relative impact on different groups of enterprises.

TABLE 11.1

Wholesalers Associations' estimates of losses incurred during the Nationalist boycott, mid-August 1920 to early November 1921 (£000s)

TRADE	ESTD. CAPITAL EMPLOYED	ESTD. TOTAL TURNOVER	ESTD. LOSS OF TURNOVER	ESTD. TOTAL LOSS IN PROFITS
Flour and bread	470	3,750	750	37.5
Maize and maize products	313	2,500	500	25
Feedstuffs, oatmeal etc	156	1,250	250	12.5
Tobacco	470	3,750	750	75
Timber, cement, tiles and chemicals	125	1,000	200	20
Paper and allied trades	63	500	100	10
Biscuits	100	500	100	5
Jams	100	250	50	2.5
Confectionery	30	250	50	5
Soap and candles	200	500	100	10
Tea	150	750	150	15
Sugar	150	500	100	10
Seeds	200	375	75	7.5
Distilleries and brewers	600	3,000	1,000	100
Boots wholesale	500	500	200	20
Drapery	2,000	2,000	800	80
Wholesale drug and wholesale grocery	450	2,000	350	35
TOTAL	6,077	23,375	5,525	470*

Note:* Document has 460
Source: Sir Ernest Clark, 'Belfast Trade Boycott', Report Dated 14 November 1921, Appendix II, PRONI, FIN/18/1/102.

The tactics employed and the effectiveness of the boycott depended above all on the nature and location of targeted businesses, the local balance of power between republicans and unionists and the attitudes of local leaders. In the words of Sir Ernest Clark, 'the actual boycott is intermittent; it becomes active, dies down, and revives in different districts owing either to direct orders or local conditions'.[18] Early in the boycott Protestant traders in Belleek, County Fermanagh, made a signed statement condemning the expulsion of Catholic workers from Belfast shipyards, but in Ballyshannon, County Donegal, Protestant shopkeepers, who were said to constitute the majority, refused to sign a similar condemnation. Their refusal was followed by pickets being placed 'to prevent Catholics entering'. It was claimed that, though there was no harassment of Protestant customers, deliveries of Belfast goods were refused and that commercial travellers representing Belfast firms were allowed to collect their accounts but were then ordered to leave immediately, while 'a motor full of Belfast boots' was tipped into the River Erne.[19]

By October 1920 the RIC in Monaghan reported that 'boycott and picketing of Protestant traders' persisted but that there were visible signs that it was slackening off. Sometimes Catholic customers continued to buy goods from Protestant businesses, either discreetly or in open defiance of pickets. However, the boycott had undoubtedly benefited Catholic traders though it had provoked a locally organised counter-boycott by Protestants. The disruption to normal trading patterns was certain to have adverse effects on prices – Catholic traders in Monaghan appear to have been unable to substitute completely for Protestant suppliers and in any case charged higher prices. Local inflationary pressures were also exacerbated by the need to pay pickets stationed at the entrances to business premises to dissuade potential customers from entry.[20] There was a particular problem of boycott of Protestant traders on Mondays, the local market day.[21] In the period immediately before the passage of the Government of Ireland Bill at the end of 1920, the Monaghan area was the scene of many 'outrages' directed against Protestants and against Protestant businesses in particular. Thus on 1 September 1920 one hundred Protestant-owned houses near Monaghan were raided; just over a fortnight later all business letters were taken and opened by the IRA.

At the end of the same month Monaghan Town was isolated, all wires of communication having been cut. A similar incident occurred in Clones a week after.[22] Mail robberies and thefts of petrol became commonplace, adding support for the view that in Ulster, as Peter Hart has written of Cork, the boycott 'was enforced by threats, guns and kerosene'.[23]

Unlike most of County Cork, however, the Protestant population in several parts of Monaghan was large enough to organise for its own protection, and to bring the seriousness of the boycott to the attention of politicians and senior police and military officers. In October 1920 the Rockcorry Local Committee of the County Monaghan Protestant Defence Association passed a resolution that 'owing to the conditions prevailing in this district and the necessity for a number of men to be out on duty every night protecting a number of threatened houses' increased military protection was essential.[24] Pressure for reinforcements was channelled through William Coote MP, Sir Ernest Clark and eventually reached Brigadier-General Hacket Pain and Brigadier-General Henry Tudor, an ex-artillery officer and now 'Chief of Police'.[25] These efforts appeared at first to have had some success, with Coote writing to Clark in January 1921 that 'your services have resulted in the defeat of the boycott in Monaghan'.[26] Such optimism proved to be premature. For example, a meeting of the Monaghan Asylum Committee in September refused to entertain any tenders from businesses having connections with Belfast. In response to one member's view that this was simply a device to exclude Protestants, another replied that religion was not the issue, but partition was: 'They would be happy to deal with Belfast when it threw in its lot with rest of Ireland'.[27]

In his essay on the boycott, Johnson might have made more of the intimidation and violence that were part and parcel of the campaign. In rural Ireland there were many easy targets. One vulnerable group comprised the numerous commercial travellers whose work often followed a regular pattern and who could clearly be identified as employees of particular firms. Thus in early March 1921, at a Special Court of Petty Sessions held in Derry, William Paris of Buncrana appeared on remand, charged with 'alleged malicious burnings of four skips of travellers' drapery samples' belonging to Lindsay Brothers of

Belfast.[28] In the following month a representative of a Belfast drapery business arrived at Blacklion in County Cavan from Enniskillen. On his arrival he was abducted and kept for five days at a disused house, after which he was released 'minus several possessions'.[29] Such attacks were not confined to rural areas. In mid-March 1921, a Dublin representative of Arnott's, Belfast wholesale drapers, was confronted at his home on Circular Road by a number of men who declared themselves to be Irish Volunteers. After allowing him to finish his dinner, they then drove him away 'dipped him in a suburban canal and tied (him) with a rope to a telegraph standard'.[30]

If commercial travellers were vulnerable targets, the same was true of bread distributors and itinerant bread salesmen, whose work could take them into some quite remote and dangerous territory. As early as 18 August 1920 it was reported that two weeks had elapsed since any goods had reached Cootehill and that bread baked in Dublin had replaced that from Belfast.[31] As the boycott progressed attacks on bread distribution became frequent. Thus in September 1920 near Dungannon, several armed men attacked a bread lorry belonging to Inglis's bakers.[32] Another attack on an Inglis bread van took place at Foley, County Armagh in June 1921 and the horse pulling the van was shot.[33] At the same time the fourth burning of this firm's bread in the Dungannon area was reported.[34] In the same month, another case of burning the bread van, shooting the horse and theft of the driver's takings (£10) took place at Kilduff, near Belturbet. The four armed and masked men responsible for this incident 'then walked leisurely away into the hills'.[35] This kind of violence continued well into the Civil War and took place over a wide area. In August 1922, for example, bread servers in County Louth were thought to be the main victims of boycott activity.[36] The regularity and geographically widespread area in which the attacks took place were bound to have an adverse impact on the distribution and on the price of goods. In early June 1922, County Donegal was said to be suffering from a shortage of bread 'consequent upon the impossibility of sending supplies from Londonderry. There are few bakeries in the county'.[37]

Attacks on commercial travellers or on bread distribution, though frequent, serious and effective, tended to be small-scale but there were other cases where individual attacks could involve large numbers of people and much higher levels of damage to persons, goods and property. The most obvious symbol of 'unionist' business responsible for carrying goods from the north-east to other parts of Ireland was the railway. The frequency of raids on different railway stations indicates boycott activity of considerable intensity. Indeed, Sir Ernest Clark believed, with good reason, that railway clerks, along with shop assistants, were central to the boycott campaign.[38] Goods consigned from the Belfast area arrived at railway stations and either awaited collection or were forwarded to other destinations by rail or road. Thus in June 1921 armed men entered the Great Northern Railway station at Ballyshannon and destroyed five tons of oatmeal consigned from Enniskillen and en route to a firm at Garrison in County Fermanagh. In the same raid, 63 lbs of chocolate consigned by Cadbury's at Belfast to 'a Crown force camp', as well as 72 paint brushes from the Ulster Brush Company in Belfast, were destroyed.[39]

Large scale attacks on trains were usually very well planned. In July 1921 at 1 a.m. the GNR Belfast to Derry goods train was held up between Donaghmore and Pomeroy in County Tyrone by a hundred armed raiders who examined the mail for Omagh, Derry and the north-west, and some of the wagons were burned out. The alarm was raised by a patrol of B-Specials from Dungannon and both Specials and other RIC made their way to the scene. However, 'all roads in a seven-mile radius had been blocked by fallen trees' and so the police could make only slow progress.[40] Again at 2.40 a.m. on a Saturday morning in early April 1921, 200 armed raiders attacked the Belfast to Clones goods train not far from Glaslough in County Monaghan. Twenty-two out of 35 wagons were totally destroyed, 250 yards of track damaged and mail bags stolen, in what one newspaper described as a 'holocaust of merchandise'.[41] These 'spectaculars' served not only to intimidate train crews and other railway workers, they also brought business people, local and central government into potential conflict with each other. Should compensation be paid to owners of property damaged or destroyed in transit or storage? If so, who should pay? Occasionally sources reveal something of the complexity of the issues involved.

One such case involved the goods train attacked and burned on the night of 29 March 1922 at the Wellington Cutting between

Goraghwood and Adavoyle in County Armagh, a location which had become notorious for the frequency of such attacks. Not surprisingly, Armagh County Council felt the responsibility for any compensation to owners of goods lay with the Government of Northern Ireland. At a meeting of the Council's Finance and General Purposes Committee on 4 April it was unanimously resolved that, despite the frequency of the attacks on the railway at that location, the Government of Northern Ireland had not taken measures to protect the property of the GNR or its freight. Moreover, since 'such acts are really acts of war, for which the whole state is responsible, we see no reason why the ratepayers of this County should be called upon to make good the losses sustained'.[42] The Ministry of Home Affairs' response was firm, pointing out that 'in cases of outrages committed by Sinn Fein' within the six county area, the normal process of law must obtain although it did concede that if the claims in respect of such outrages were 'large', the Ministry should be informed with a view to a possible claim against Westminster at a later date.[43]

In soliciting the support of County Armagh MPs, the Council maintained that the County was being penalised despite the fact that the quarrel was really between 'Belfast and the boycotters'. Moreover the incidence of attacks on trains in that part of the county was simply an unavoidable consequence of topography, since trains had to travel more slowly up the gradient at Wellington Cutting whereas on the downward incline into Dundalk the speed was much higher and the risk to trains was much less. The Council was of the view that central government should pay compensation for criminal injuries which had already cost the border counties many thousands of pounds. Armagh's MPs were asked to take the necessary steps to save 'the unfortunate ratepayers from enormous expenses for acts which they could not prevent in connection with a quarrel in which they had no interest'.[44] Claims for criminal injury compensation for the attack on 29 March were undoubtedly 'large' and had in fact reached £10,100 just over three weeks after the event, with more claims expected from merchants who at that stage were thought to be unaware of the procedure for making a claim.[45] Within the Northern Ireland Civil Service one official noted that should it be conceded that local authorities such as Armagh County Council 'bear none of the blame or burden' for incidents such as the one under discussion it would 'undermine the whole principle of the Criminal Injuries Act'.[46] However, a colleague in the Ministry of Finance, while conceding that the British Government were most unlikely to foot the bill for damage caused by cross-border attacks, did privately admit the 'very difficult' position the border counties were in.[47]

Attacks on trains to enforce the boycott sometimes involved cross-border raids, but more typically trains carrying boycotted goods were targeted once they had crossed the border from Northern Ireland. One county that saw a great deal of this type of boycott activity was Donegal. For example, in about a fortnight ending 17 April 1922 the line from Letterkenny to Burtonport was attacked ten times and had to be closed temporarily a few days later 'owing to repeated rebel outrages'.[48] Many of the raids were carried out by women. Margaret Ward has briefly noted some of boycott incidents involving women[49] but this is an aspect of the period that deserves much more research. Thus in April 1922, *The Times* reported that the Derry to Burtonport railway had been held up at Letterkenny 'by a woman armed with revolvers. She compelled the guard to throw off the Londonderry newspapers on to the platform where she burned them. She then cycled to Glenmaquin Station, intercepted the midday train and burned the papers that were on that train'.[50]

This attack, and many others, took place in the tense period between the Treaty and the outbreak of Civil War and in many areas the withdrawal of Crown forces was followed by confusion and conflict between pro-Treaty and anti-Treaty factions. Indeed, in those counties, for example Donegal, where the boycott had been most evident and attacks most frequent, the raiding culture thus established continued into the Civil War as anti-Treaty forces – sometimes using the boycott as a reason, sometimes not – used such attacks to replenish their supplies. Early in the Civil War it was reported that while the pro-Treaty 'Official' IRA in Donegal intended to do nothing to damage trading links between that county and Derry city, it would not protect traders or their goods moving into or out of the six counties of Northern Ireland. At the same time, anti-Treaty forces continued to attack the Londonderry and Lough Swilly Railway which in early summer 1922 was said to be the most raided line in the entire country, with three hundred attacks and searches at Burnfoot Station alone in the three weeks preceding 16 June. Much of this raiding activity related to goods consigned from boycotted businesses in Derry, which was only five miles away but now on the other side of the border.[51] Unionist opinion was particularly incensed to discover that some of the 'Republican braves' responsible for attacking trains in Donegal were also travelling to Derry on a regular basis to claim their dole from the government of Northern Ireland.[52]

Searches of trains by republicans did not always result in confiscation or destruction of goods. In June 1921 sixteen trains from Derry were searched but no goods taken, since boycotted businesses appear to have decided not to consign any goods on them.[53] What was thought to be the largest single raid on Donegal railways ever undertaken by republicans took place in mid-July 1922 when an entire train was completely cleared of its contents. Amongst the raiding party were five women armed with rifles and eye-witness accounts judged that 'the women were quite as active as the men in removing goods from the train'. Sugar, biscuits, tobacco, groceries, flour and rum were amongst the goods taken, put on a lorry and taken to an anti-Treaty IRA base at Glenveagh Castle. This type of activity – raiding not so much to enforce the boycott as to provide the means of subsistence for the occupants of Glenveagh Castle and for the republican flying columns operating in the area – occurred on several occasions.[54]

In Donegal, as in many other places, boycott activity was often interpreted simply as an attack on Protestants, and this was a theme that attracted much more press coverage from around the time of the Treaty until well into the Civil War. Thus in May 1922 the circumstances of Protestant families in Donegal and elsewhere in the South was reported to be so bad that they were forced to abandon their homes and 'seek refuge in Londonderry and elsewhere in Northern Ireland'.[55] In October the same year, the third attack on one Protestant business, Harran brothers who were grocers, hardware, boot and shoe merchants at Laghey, in Donegal, took place, with the value of goods stolen totalling £1,000. On the same Saturday night other houses and business premises in the area were raided, all of which were owned by Protestants.[56] In the last few months of 1922, however, the Free State army achieved more success against anti-

Treaty forces and the frequency and severity of attacks decreased. In its review of 1922, the *Londonderry Sentinel*, while acknowledging the effectiveness of the 'gangs of robbers masquerading as Republicans' who took advantage of the withdrawal of the RIC in the first half of the year, stole goods and vehicles with impunity and attacked Protestant homes, noted that by the end of the year such attacks were now 'matters of the past'.[57]

Within Northern Ireland, the boycott generated a great deal of acrimony at meetings of local authorities, including local and county councils and boards of poor law guardians. We can illustrate this with reference to County Tyrone where, as in so many other counties, Sinn Fein had made big gains in the hard-fought 1920 municipal elections.[58] In the early stages of the boycott, a meeting of Tyrone County Council heard Councillor Sean O'Hanrahan denounce the 'unChristian persecution' of Catholics in Belfast and in other parts of Ulster, and proposed that traders throughout Ireland refrain from having any dealing with Belfast unless merchants in the latter could provide convincing evidence that they did not support such persecution and atrocities. Although Unionists on the Council objected to such a proposal since it was not on the agenda, O'Hanrahan continued with his criticism of Carson, major linen firms and Ulster landlords who in his view had divided workers in order to frustrate the achievement of an independent Irish nation, something which 'the Protestants of Belfast fought and died for in '98 (hear, hear) the realisation of what Wolfe Tone died for and Davis sighed for'.[59]

Omagh Urban District Council at a meeting early in November judged that as many as 8,640 workers had been expelled from their jobs and were at that time receiving relief. According to Councillor Donnelly, in Omagh, unlike Belfast, 'both sides worked harmoniously' and Protestant businesses 'derived a very considerable portion of their incomes from their Catholic neighbours'. For this reason he expected Protestant businessmen and professional people in Omagh to wish that Belfast Catholics should be shown the same toleration. The meeting heard Councillor O'Hanrahan note that 'large numbers' of Protestants outside Ulster had made substantial donations to the expelled workers' relief fund. The Chairman of the Council suggested that people in Omagh would not suffer any disadvantage by transferring their custom from Belfast since Dublin, Derry, Newry and other places had wholesale houses that were just as good. At his suggestion the ten nationalist members of the Council were 'elected' as a committee to confer with shopkeepers and traders in this matter.[60]

The anti-partitionism and frequent sectarianism which had always been integral to the boycott campaign became more strident during the uncertainties of the Truce period and in the period just after details of the Anglo-Irish Treaty became known. In October 1921 most of the shopkeepers in Coalisland agreed to support the Belfast boycott, 'some of them voluntarily, others reluctantly'. Notices were posted throughout the town publishing the names of those merchants who had refused to sign up to the boycott and cautioning members of the local population 'under grave penalties, to have no dealings with those firms'.[61] In the same week the Pomeroy Boycott Committee openly blacklisted any firm dealing with Belfast or its ports 'or any other town in the pogrom'.[62] It was within the local government context that the immediate impact of the Treaty can best be observed. Thus at the first meeting of Omagh Board of Guardians after the Treaty, its Vice-Chairman proposed that the Board follow the County Council in severing all connections with the Local Government Board in Belfast and Dublin and declare allegiance to Dáil Éireann. In opposing this motion, a Unionist member of the Board of Guardians declared that Protestant shopkeepers in Fintona were being 'most vigorously' boycotted and pickets stationed the entrance to their premises. This, he continued, 'was a sample of the treatment which Dáil Éireann meted out to Protestants ('shame'). It was alleged that it was a boycott of Belfast, but it was nothing but a boycott of Protestant shopkeepers'.[63] Another Unionist member, echoing the frustration of many Protestant ratepayers in areas where Unionists were in a minority, added that while Unionists in Omagh Poor Law Union contributed three quarters of the rates, they did 'less than ten per cent of the talking' and were denied any real voice in spending even one per cent of the money. The motion was eventually carried by 17 votes to 12, prompting a Unionist walkout, with one declaring that the Board had now become 'a rebel Board' and therefore illegal, so he and his colleagues could no longer participate in its proceedings.[64]

The highly charged atmosphere of meetings of public bodies in Tyrone was an indication of the potential for violence that boycott activity always had. Women, especially as customers of boycotted shops, were by no means exempt from this violence. One example was the case of Agnes Rafferty who bought goods from a boycotted shop in Fintona. Rafferty lived with her sister and her 'delicate' mother at a small farm in Aghafad, near Fintona. On the night of 30 January 1922, a number of armed men entered the farmhouse, beat Agnes over the head and dragged her along a road for some two miles before cutting off her hair and pouring tar over her head and shoulders. Having heard the case, the judge awarded her £12 compensation.[65]

During this period, prosecutions for boycott activity were comparatively rare.[66] It became increasingly difficult if not impossible to find witnesses to boycott activity who might come forward so that a prosecution could be made. One such case involved W.J. Porter, a grocer from Derry whose claim for compensation was heard at Buncrana Quarter Sessions in November 1921. Porter told the court that his business had been blacklisted and that on 30 June of that year armed men took his horse-drawn van together with the driver up into the mountains and burned the groceries. The attackers would also have shot the horse, but decided against doing so following a plea from the driver. The latter, however, did not present himself in court since 'the police agree that it would not be safe to as he would not get home alive'. Porter said that no-one at any of the houses his driver had called at during the morning round had bought any goods, so his deliveries to that district had ceased. Shortly before the attack three men with blackened faces had been seen in the vicinity but no-one one would give information or talk to the police.[67]

Although much more common outside east Ulster, boycott activity was certainly not unknown in Antrim and Down. Thus in May 1921 three armed men attacked the lorry and trailer belonging to the Belfast and County Down Railway Company en route from Newcastle to Kilkeel. On the stretch of road between Dunmore and Annalong both lorry and trailer were completely destroyed by fire.[68] Similarly in Belfast the RIC noted that shortly after the expulsions of July 1920 an 'Advisory Committee' had been established whose aim was to organise a local boycott of Belfast business. Although the address was St Mary's Hall in the west of the city, mail from traders seeking exemption from the boycott sometimes lay uncollected for long periods. At this stage the RIC judged that the boycott was not being organised from Belfast, but rather from the places to which goods were consigned. If any such organisational activity of the boycott was taking place in Belfast, the RIC considered that it was most likely to be done by the Expelled Workers Relief Committee (EWRC) which was also based in St Mary's Hall.[69]

The EWRC was set up as early as July 1920 by a number of labour and socialist activists, while the following month several prominent Sinn Fein members led the move to establish the Belfast Boycott Committee.[70] Though the two were separate bodies they shared a common origin and both sought to influence trade union and other groups not only in Ireland but in Britain too.[71] The boycott in Belfast was sometimes promoted through a poster campaign often with a simple, sectarian, message. Thus the RIC came across the following notice at the corner of Reilly's Place and Cromac Street in the Markets area of the city:

> WE ERNESTLY APPEAL TO ALL CATHOLICS TO KEEP FROM BUYING GOODS IN PROTESTANT SHOPS. AS ALL GOODS IN ORANGE QUARTERS ARE BOYCOTTED VERY HEAVILY SO WE ASK ALL CATHOLICS TO DO THE SAME [72]

The spread of the boycott of goods from the north-east and the extension to British goods undoubtedly led loyalists to consider a formalised counter-boycott, although as was noted above in the Monaghan example, there had been local initiatives to organise a counter-boycott from autumn of 1920. An indication of grass roots feeling on the issue came in a meeting of West Belfast Unionist Club early in April 1921. Noting the rigour with which the boycott was enforced and pointing out also that the Dáil, 'the so-called legislative assembly of rebel Ireland', had moved to extend the boycott to Britain, the West Belfast Club called upon loyalists throughout the UK to confine themselves to purchases of goods made within the UK. In so doing they would support Ulster manufacturers who at that time, as in the past, employed thousands of 'our Roman Catholic fellow countrymen'.[73] In November 1921 the Belfast Wholesalers Merchants and Manufacturers Association complained about the severity of the boycott and saw it as an attempt 'to carry the war into our own six-county area'. Counter measures would have to be taken since it was 'scandalous to see Jacob's biscuits and other stuff from the south of Ireland on sale in Belfast', while they were effectively prevented from sending 'a single article' to Dublin.[74]

A number of initiatives, including locally-organised counter-boycotts and lobbying from trade associations, prepared the ground for a more formal response which came in the form of the Ulster Trades' Defence Association (UTDA) in the spring of 1922.[75] Based in the Scottish Temperance Buildings in Belfast, the main arguments of the UTDA were that despite the fact that the Provisional Government in Dublin had called off the boycott, it was continuing 'more bitterly than ever', a reference to the announcement by the anti-Treaty IRA that the boycott would be reinforced.[76] In addition, since the Provisional Government did nothing to protect the Dublin premises of Belfast firms, the UTDA argued that it had been left with no choice but to act and to advise firms that 'no goods of any kind should be accepted by Northern Traders from any part of Ireland outside the six counties', nor should deliveries be taken of southern goods from cold store inside the six counties unless payment for these had been made prior to the resumption of the boycott. The UTDA reminded firms that it was aware of all merchandise that either arrived in Belfast or was held by carriers or in cold store.[77] Any hope that the Provisional Government would be able to end the boycott was ill-founded. Indeed loyalist opinion would no doubt have been outraged by the fact that the Orange Hall in Rutland Square in Dublin was commandeered by armed men to provide temporary accommodation for refugee families from the north-east, and in some cases these families were fed by foodstuffs confiscated during the boycott. The Masonic Hall in Dublin's Molesworth Street was also commandeered by the Belfast Boycott Committee.[78] During the following months the UTDA mounted a vigorous campaign in a number of newspapers based on the slogan 'Not a penny to the boycotter'.[79] At the same time, other groups lobbied government to advertise the problems faced by Northern Ireland traders dealing with the south, not least in the collection of outstanding debts. The Ulster branch of the British Empire Union and National Citizens' Union wrote to the Northern Ireland Ministry of Commerce along these lines, blaming the failure of the Provisional Government in Dublin 'to function their Courts', and stressing the obligation of the government in London to 'protect our Traders who are British subjects and who have not, in dealing with Southern Ireland , even the same rights as they enjoy in dealing with civilised nations'.[80]

For the Provisional Government in Dublin the Belfast boycott became increasingly eclipsed as an issue by the outbreak of the Civil War, while anti-Treaty forces continued to enforce the boycott as rigorously as they could. How did the Belfast government respond to the emergence of the UTDA campaign? The main response was one of caution. Despite the temptation to do otherwise, its main aim was to ensure that the Belfast boycott came to an end, and this could best be achieved by not publicly throwing its weight behind the UTDA. After the Treaty and even before the Civil War in the south the political and economic interests of Northern Ireland would best be served by a victory for pro-Treaty forces. As early as January 1922 Sir James Craig had advised loyalists in the south to support the Provisional Government since this was the best way to avoid a separate republic.[81] Support for the Provisional Government, and the restoration of an effective legal system, would also offer the strongest chance that outstanding debts still owed to Northern businesses might be recovered.[82] After the Treaty, for Belfast openly to have supported the UTDA would have played directly into the hands of anti-Treaty republicans and nationalists within Northern Ireland who, by strengthening the boycott, would have made an increasingly serious unemployment problem even worse, as well as causing further difficulties for Protestants, especially in counties bordering on Northern Ireland.

In fact, as the Civil War went on there was a gradual normalisation of trade relations across the border, including signs of a softening of attitudes by local authorities in the south. For example, towards the end of August 1922, Donegal County Council decided to end its boycott on printing and advertising in newspapers published in Northern Ireland.[83] According to the UTDA, by October 1922, trade between Northern Ireland and Counties Monaghan, Cavan and part of County Donegal was 'fairly well re-established' and the Association expected the improvement would 'gradually extend southward'. In these circumstances, the Association considered it timely to discontinue its hitherto vigorous counter-boycott campaign but sought the advice of the Northern Ireland government as to whether it should make a formal announcement to the effect that the counter-boycott had ceased. They would do this only if the Provisional Government in Dublin made a similar declaration with regard to the Belfast boycott. For the Ministry of Commerce, Cecil Litchfield thought, rightly, that no pronouncement by Dublin would improve trade 'the dislocation of which while due to political causes can only be put right by the readjustment of economic difficulties that have arisen out of the disturbances'. A better approach might be for the UTDA to approach President William Cosgrave privately and that they might sound out the Board of Trade official responsible for advising the Provisional Government in what was still a transitional stage of administration between London and Dublin.[84] James Craig himself saw no point in referring publicly either to the boycott or counter-boycott since such references would probably 'cause trouble with our extremists and would certainly attract the attentions of republicans in Southern Ireland'.[85]

The prediction of normalisation by the UTDA was well-founded, although local boycotts doubtless continued. Beyond the impact on north-south trade, analysed by Johnson,[86] the boycotts exacerbated community tensions at a critical time. They involved men and women, all shades of political opinion, wholesale and retail traders, commercial travellers, shoppers, railway workers, bank staff, local authority representatives, and others too, in cities, towns, villages and the countryside. Although some boycott activity was peaceful, much was not, and the violence, intimidation and sectarianism had economic, political and psychological effects which lived on in post-partition Ireland, not least along the border. We need to know more about the political economy of border counties from partition onwards, especially the extent to which 'unofficial' boycotts continued, what impact this had on retailing, wholesaling and community relations. In the short term, however, many saw the Belfast boycott as a purely divisive measure. For Horace Plunkett, a member of the new Senate in Dublin, speaking in April 1922, the boycott 'had not saved the life of a single Catholic nor of a single Special' and had merely served to delay unity by 'driving between four-fifths and the one-fifth of the people another wanton wedge'.[87] In the same vein, Judge Osborne, at the Quarter Sessions in Derry in October 1922, called the boycott:

> the extraordinary system by which some Irishmen seemed to be so vindictive against brother Irishmen that they would rather buy English-manufactured goods than leave the money at home and assist in making Ireland prosperous.[88]

NOTES

* My colleague Kent Fedorowich kindly read an earlier version of this chapter and I am grateful for his comments.

1 See for example W.H. Crawford, 'The Evolution of the Urban Network' in William Nolan, Liam Ronayne and Mairead Dunlevy (eds), *Donegal: History and Society, Interdisciplinary Essays on the History of an Irish County* (Dublin, 1995), pp. 381–404.

2 A case in point is Joseph Lee's monumental *Ireland, 1912–1985: Politics and Society* (Cambridge, 1989), which has just one sentence on the boycott (p. 59).

3 David S. Johnson, 'The Belfast Boycott, 1920–22', in J.M. Goldstrom and L.A. Clarkson (eds), *Irish Population, Economy and Society: Essays in Honour of K.H. Connell* (Oxford, 1981), pp. 287–307. There is a considerable amount of useful discussion of the boycott in Eamon Phoenix's excellent *Northern Nationalism: Nationalist Politics, Partition and the Catholic Minority in Northern Ireland 1890–1940* (Belfast, 1994).

4 David Fitzpatrick, *Politics and Irish Life: Provincial Experience of War and Revolution, 1913–21* (Dublin, 1977); Joost Augusteign, *From Public Defiance to Guerrilla Warfare: the experience of Ordinary Volunteers in the Irish War of Independence, 1916–21* (Dublin, 1996); Peter Hart, *The IRA and its Enemies: Violence and Community in Cork, 1916–1925* (Oxford, 1998).

5 The background to the boycott is explored in more detail in Philip Ollerenshaw, 'Business, Politics and Revolution in Early Twentieth Century Ireland', in Terry Gourvish (ed), *Business and Politics in Europe, 1900–1970: Essays in Honour of Alice Teichova* (Cambridge, 2003), pp. 63–85.

6 Dáil Éireann Trade Department, Prohibition Order Number 3, signed by Ernest Blythe (Minister of Trade) dated 5 May 1921, with list of products covered by Orders 1 (31 March) and 2 (14 May 1921), PRONI, FIN/18/1/102.

7 See for example *The Times*, 1 April 1922.

8 Letter from Forrest & Sons, silk mercers and lace manufacturers of Dublin and Cork, to Ireland Brothers, Belfast, 6 April 1922, PRONI, COM/62/2/2.

9 Belfast Trade Boycott, Black List Number 2, April 1921, PRONI, FIN/18/1/102. Shaw's factory on Mountpottinger Road in Belfast was almost completely destroyed in an arson attack in the summer of 1922, after the night watchman had been overpowered by ten armed men: *Londonderry Sentinel*, 17 June 1922.

10 *Irish Independent*, 9 March 1921, PRONI, FIN/18/1/103.

11 Extract from the *Freeman's Journal*, 15 February 1921 PRONI, FIN/18/1/102.

12 Interviews with David McKee of the Belfast Banking Company, 20 October 1920, and with James Bristow of the Northern Bank, 21 October 1920, PRONI, FIN/18/1/102.

13 Ibid. Ulster Bank Circular to Branches, 13 October 1920.

14 Ibid. Interview with Stanley Ferguson of the Ulster Bank, 21 October 1920. A significant number of Ulster Bank offices were attacked later in this period, for example the new branch at Kilcock in County Kildare in March 1921 and the branch in Sligo in the civil war: *Londonderry Sentinel*, 17 March 1921; *Fermanagh Times*, 10 August 1922.

15 Ibid. Interview with H.L. Garrett of Dunville's, 21 October 1920.

16 Ibid. Letter from H.L. Garrett to Sir Ernest Clark, 29 October 1920, including verbatim extract from a letter from Dunville's agent in Derry.

17 *Londonderry Sentinel*, 8 April 1922. Dunville's alone may have accounted for half this figure: Dennis Kennedy, *The Widening Gulf: Northern Attitudes to the Independent Irish State, 1919–49* (Belfast, 1988), p. 88.

18 Sir Ernest Clark, 'Belfast Trade Boycott', report dated 14 November 1921, p. 3, PRONI, FIN/18/1/102.

19 *Dungannon Democrat*, 18 August 1920.

20 RIC Report on County Monaghan, 7 October 1920, PRONI, FIN/18/1/103.

21 Ibid. Sir Ernest Clark to General Hacket Pain.

22 Ibid. List of Outrages in the County of Monaghan (undated but c. early November 1920).

23 Hart, *The IRA and its Enemies*, p. 102.
24 Copy of a Resolution of the Rockcorry Local Committee of the County Monaghan Protestant Defence Association, 20 October 1920, PRONI, FIN/18/1/103.
25 Ibid. General Henry Tudor to Sir Ernest Clark, 8 December 1920. Tudor's reply reminded Clark that Cork and Kerry were more pressing problems than Monaghan, but even so he would send police reinforcements 'sufficient for defensive purposes, but offensive action against the IRA in Monaghan would have to wait a short time yet'. This reply was written two days before the proclamation of martial law in Cork, Kerry, Limerick and Tipperary, on which see Keith Jeffery, *The British Army and the Crisis of Empire, 1918–22* (Manchester, 1984), p. 87. Hacket Pain had been Chief of Staff in the UVF before the First World War and, after it, went on to become Acting Police Commissioner in Belfast: Charles Townshend, *Political Violence in Ireland* (Oxford, 1983), pp. 254–5, 341 n. 2.
26 Ibid. William Coote to Sir Ernest Clark, 14 January 1921.
27 *Dungannon Democrat*, 14 September 1921.
28 *Londonderry Sentinel*, 5 March 1921.
29 *Fermanagh Times*, 21 April 1921.
30 *Dungannon Democrat*, 16 March 1921.
31 Ibid. 18 August 1920.
32 Ibid. 8 September 1920.
33 Ibid. 1 June 1921. Horses and mules used by the military were also targeted, at least as early as April 1921: *Portadown News*, 16 April 1921.
34 *Dungannon Democrat*, 8 June 1921.
35 *Fermanagh Times*, 30 June 1921.
36 *Londonderry Sentinel*, 5 August 1922.
37 Ibid. 8 June 1922.
38 Ernest Clark, 'Belfast Trade Boycott', p. 2. Shop assistants and clerks in provincial Ireland have been shown to be important groups in the provision of both officers and men in the IRA throughout the period from 1917 to 1923. See the valuable summary table in Hart, *The IRA and its Enemies*, p. 162.
39 *Fermanagh Times*, 9 June 1921.
40 *Portadown Times*, 8 October 1921.
41 *Londonderry Sentinel*, 26 April 1921.
42 T.E. Reid to the Secretary, Ministry of Home Affairs, 5 April 1922, PRONI, FIN/18/1/454.
43 Ibid. S. Watt to the Secretary, Armagh County Council, 18 April 1922.
44 Ibid. T.E. Reid to Armagh MPs, 6 April 1922.
45 Ibid. T.E. Reid to the Secretary, Ministry of Home Affairs, 24 April 1922.
46 Ibid. note by D.A. Chart, 4 May 1922.
47 Ibid. note by E.C. Duggan, 5 May 1922.
48 *Londonderry Sentinel*, 21 April 1922; see also ibid. 16 and 17 April 1922.
49 Margaret Ward, *Unmanageable Revolutionaries: Women and Irish Nationalism* (London, 1995), pp.185-86. It is not, however, accurate to say that the boycott 'came to an abrupt end with the outbreak of the civil war', ibid. p. 186.
50 *The Times*, 7 April 1922; for two further attacks on the same line by two, apparently different, pairs of women with revolvers see *Londonderry Sentinel*, 8 April 1922.
51 *Londonderry Sentinel*, 15 June 1922.
52 Ibid. 10 June 1922.
53 Ibid. 22 June 1922.
54 Ibid. 22 July 1922.
55 Ibid. 16 May 1922.
56 Ibid. 7 October 1922.
57 Ibid. 30 December 1922.
58 Eamon Phoenix, 'Nationalism in Tyrone 1880–1972', in Charles Dillon and Henry Jefferies (eds), *Tyrone: History and Society* (Dublin: Geography Publications, 2000), esp. pp. 782–789 captures well the tone of local politics in Tyrone between 1918 and 1921.

59 *Dungannon Democrat*, 11 August 1920.
60 Ibid. 10 November 1920.
61 *Irish Times*, 25 October 1921. This type of public warning to traders that dire consequences would follow should they ignore the boycott was typical of the campaign. For a similar 'impertinent warning to Loyalist shopkeepers' in Armagh, see *Portadown News*, 8 October 1921.
62 *Northern Whig*, 29 October 1921.
63 *Londonderry Sentinel*, 6 December 1921.
64 Ibid. In South Down, it was Warrenpoint Urban District Council that 'gave the lead' in rejecting the jurisdiction of the Belfast parliament: 'Statement on behalf of the inhabitants of Newry, South Down and South Armagh, to the President and Minister of Finance, Dáil Éireann (Newry, 1922), p. 7, PRONI, D/921/4/2/1.
65 *Fermanagh Times*, 13 April 1922.
66 For a sample of cases see *Dungannon Democrat*, 16 June 1921; *Portadown News*, 11 March 1922; *Londonderry Sentinel*, 10 October 1921, 21 November 1922.
67 Ibid. 10 November 1921.
68 Ibid. 12 May 1921.
69 RIC Report on Boycott of Belfast Merchants, 24 December 1920, PRONI, FIN/18/1/102.
70 Jim McDermott, *Northern Divisions: The Old IRA and the Belfast Pogroms, 1920–22* (Belfast, 2001), pp. 37, 48.
71 Austen Morgan, *Labour and Partition: The Belfast Working Class, 1905–23* (London, 1991), pp. 274–5, 293.
72 Notice found by the RIC on 1 October 1921 [spelling as in original], PRONI, FIN/18/1/103. The report added that this was the only such notice found in the area.
73 *Londonderry Sentinel*, 2 April 1921.
74 *Dungannon Democrat*, 2 November 1921.
75 An example of a notice, undated but c. September 1921, which states that the shop sold only goods made in north-east Ulster or in Great Britain and would not buy anything else from the twenty six counties until the boycott against the north–east was lifted, is in PRONI, FIN/18/1/104.
76 See for example the *Londonderry Sentinel*, 8 April 1922, quoting 'Divisional Commandant P. O'Donnell, 1st Northern Division, IRA (De Valera Section)'. Peadar O'Donnell has been described as 'the pre-eminent socialist republican diva of the post-Connolly generation': see Richard English 'Socialism: Socialist Intellectuals in the Irish revolution', in Joost Augusteijn (ed), *The Irish Revolution, 1913–1923* (London, 2002), p. 204. This essay provides a valuable appraisal of O'Donnell's place in republican politics during this period.
77 Letter from J. Dudley, General Secretary of the UTDA, 18 May 1922, PRONI, COM/62/2/7.
78 *Portadown News*, 8 April 1922; *Londonderry Sentinel*, 27 April 1922.
79 For three different examples of UTDA notices see *Belfast Newsletter*, 30 May, 2 and 6 June 1922.
80 Letter from Leo M. Thomas, Secretary of the British Empire Union and National Citizens Union (Ulster Branch) to the Ministry of Commerce, 12 May 1922, PRONI, COM/62/2/6.
81 Ollerenshaw, 'Business, Politics and Revolution', p. 77.
82 Cecil Litchfield to Sir Robert Baird 29 April 1922, PRONI, COM/62/2/1.
83 *The Times*, 26 August 1922.
84 Cecil Litchfield to Wilfred Spender, 9 October 1922, PRONI, COM/62/2/7.
85 Ibid. Spender to Litchfield, 11 October 1922.
86 Johnson, 'Belfast Boycott', pp. 300–06.
87 *Portadown News*, 29 April 1922.
88 *Londonderry Sentinel*, 10 October 1922.

12
The Irish flax famine and the Second World War

JONATHAN HAMILL

Although few linen manufacturing nations were self-sufficient in terms of flax production, the degree to which Ireland relied upon imports was particularly pronounced. Even during the heyday of flax-growing during the 1860s, when the industry took full advantage of the opportunity created by the dearth of cotton during the American Civil War and over 300,000 acres of flax were grown in Ireland, local manufacturers relied on imported fibre to a considerable degree. When the relative capacity of the spinning sector and the extent of flax production is expressed as a ratio of acres of flax per spindle, the Irish linen industry's disproportionate dependency upon imported fibre, in comparison with other European linen producers, is clearly demonstrated.

TABLE 12.1
Spindles and flax acreage in selected European countries 1878

COUNTRY	SPINDLES	ACRES OF FLAX	RATIO (ACRES PER SPINDLE)
Germany	280,000	500,000	1.786
Austria	400,000	250,000	0.625
Belgium	320,000	140,000	0.438
Ireland	900,000	120,000	0.133

SOURCE: Flax Supply Association Annual Report 1878 (Belfast Central Library).

This reliance upon imported fibre had serious implications for the vital role that linen played in both domestic and wartime economies. By the eve of the Second World War, no less than 90% of the flax used in Northern Ireland was imported.[1] In terms of logistics, Ireland's physical separation from continental Europe rendered supply routes particularly vulnerable to disruption. By pure coincidence, the principal flax growing areas of Europe: France, Belgium, Holland and Russia, corresponded closely with the battlefields of both World Wars. Although exports and domestic consumption were considerably reduced during this time, the importance of linen to the war effort ensured that demand was undiminished. The purpose of this article is to explore the response by both the government and the linen trade to the challenge of increasing the amount of flax grown in Northern Ireland and to evaluate the success of those policies throughout the Second World War.

I

As linen is produced from a natural fibre, the manufacturing process necessarily combines and transcends both agriculture and industry. The precise point at which this split occurs, or more accurately the point at which the manufacturer assumes responsibility from the farmer, is crucial. The transition from flax to fibre, from plant to raw material and therefore from agriculture to industry, traditionally occurs at the scutching phase.[2] The position of this division within the production process meant that exacting demands were placed upon individual farmers. It is the harvesting of flax, rather than its cultivation, that is labour intensive. As the fibre extends the full length of the crop, it has to be pulled rather than reaped, as is the case with other crops.

Flax was an important cash crop in Ulster, and while most farmers would have sown a number of acres each year, few would have classified themselves as flax-farmers. These were not commercial farms in the strictest sense and differed markedly from the highly organised and structured 'flax industry' as epitomised by Belgian producers in the Courtrai region. The overwhelming majority of Irish flax was grown on small family-run concerns, and few, if any, employed full-time agricultural labourers. According to figures extrapolated from the 1926 census, there were 34,963 agricultural labourers in Northern Ireland compared with 110,926 farmers and adult members of their families.[3] One of the problems with census returns is that they offer a single and static snapshot of what was a highly fluid community. Had a census survey been taken during harvest time the picture may have been entirely different. This suggests that the casual farm labourer, who worked on a seasonal basis, has been obscured by the census classification. It is of course equally true that they failed to identify themselves as agricultural labourers, again indicating the absence of a permanent agricultural labouring stratum. Coupled with the fact that the agrarian economy was characterised by small land holdings, the need for additional labour was the single most important limiting factor that restricted the amount of flax grown in Ireland. For instance, although O'Neill's farm outside Castlecaulfield in County Tyrone extended to 90 acres, they only sowed about 6 acres of flax per year. As Mr O'Neill explained, 'It's labour intensive… so you didn't just put in acres if there was no machine coming after you to pull it.'[4]

Given its limited use in the twenty-first century, it is easy to forget the variety of applications that linen had prior to the advent of synthetic materials. Linen was a vital wartime commodity and it was in this regard that the government viewed any potential disruption of flax supplies with alarm. Uniforms, boot-thread, parachute harnesses, kit-bags, tents, canvas, rope, netting, black-out cloth, bandages, aircraft wing covering and even hose-pipes were fashioned from linen. The importance which the government and linen manufacturers attached to the question of domestic flax cultivation, and the urgency with which new schemes and initiatives were implemented, was a direct result of historical experience and a realisation that the reliance on imported fibre had the potential to paralyse the industry. The importance of linen to the war effort in 1914–18 prompted the *Belfast Evening Telegraph* to refer to home grown flax as, 'A Maginot Line to the Ulster linen trade.'[5] The need to encourage domestic flax production was widely appreciated. H.R. Carter wrote in the Preface to *Flax: Its Cultivation and Preparation for Market*:

> This book is being published in the hope that it may help encourage British farmers to grow flax, the material importance of which

> fibre has recently forced itself into notice. It is absurd that we should grow about 10% of the flax we use in our spinning mills, and pay out to foreigners hundreds of thousands of pounds annually for fibre which we might very well grow in our own country.[6]

This issue was never far from the public eye. In an article written in 1932 *British Flax for British Linen,* A.S. Moore bemoaned the instability of flax supplies and the reliance upon Russia:

> For our British Linen Manufacture, an industry where we lead the world, we are dependent on raw material supplies from foreign nations which may be interrupted at any time ... it cannot be conducive to our patriotic complacency that the raw material supplies of a commodity vital alike in peace and in war are insecure.[7]

An article in *The Irish Press* in 1935 led with the headline 'Farmers, there are millions in flax!' The paper not only portrayed self-sufficiency as a realistic goal, but used the contrast between the industrialisation of Northern Ireland and the largely agrarian economy of the Irish Free State as an argument for autarky, concluding with the question, 'What could be more conducive to the unity of Ireland than Irish linen 100% Irish, with the flax grown in the 26 counties and woven in the 6?'[8] Was self-sufficiency a realistic target? Dr W.H. Gibson, Director of the Linen Industry Research Association (LIRA), claimed that not only could Ireland become self-sufficient in terms of flax requirements but that it could also become a net exporter of flax.[9] In 1940 it was estimated that the industry consumed 45,000 tons of flax per year; the equivalent of 218,000 acres.[10] Yields of this size had only been achieved during the exceptional period of growth brought about by the American Civil War.[11] Even during the First World War flax acreage failed to approach this figure.[12] In October 1934 Martin Wallace addressed the Belfast Rotary Club in the Grand Central Hotel Belfast.[13] Stressing the importance of encouraging local flax production, Wallace warned that Belfast's spinning sector would be brought to a standstill if flax supplies were interrupted. 'There is only one way of stimulating the growth of flax in this country and that is to make it worth while to the growers'. The publication of this report prompted many supporting letters in the local press illustrating the levels of awareness that existed within wider society at the time.[14]

It was widely held that any disruption to flax supplies would not only paralyse local production, but could also jeopardise the position of the Irish linen industry, by facilitating the emergence of competitors.[15] These concerns were well-founded. Anticipating the unavailability of linen, the New Zealand government allocated £500,000 to encourage domestic linen manufacturing. Concerns were expressed as early as 1935 that Russia was attempting to squeeze Irish linen out of the market by raising prices and refusing to supply flax. In December 1938, the *Belfast Evening Telegraph* carried a report of a bartering scheme that guaranteed Germany the bulk of Russian flax exports.[16]

The dissimilar levels of industrialisation within the agricultural and manufacturing sectors had significant implications for the linen industry. While the Irish climate and soil type were conducive to flax cultivation, the existing rural infrastructure could not cope with any significant increase in acreage. Serious concerns were also voiced over the consistency of locally grown flax.[17] The use of small lint-holes or dams and the proliferation of seasonally operational scutch mills, meant that variants such as time, as well as water quality and temperature, played a critical role in determining the overall characteristics of the flax fibre. This contrasted sharply with the Belgian system where scutching and retting were more centralised operations. Although Irish flax may have been of an impressively high quality it crucially lacked uniformity. According to A.S. Moore Irish flax displayed regional characteristics. Flax from Cookstown and Magherafelt was 'good warping, well-handled… flax of good texture' whereas Strabane flax, although similar in quality was, 'Generally well-handled and scutched but of a wefty nature, not strong…'[18]

II

Despite this prominent and highly vocal lobby, little of a practical nature was done to facilitate flax growing in Ireland prior to the outbreak of war. Farmers remained reluctant to grow flax due to its large and seemingly unpredictable fluctuations in price.[19] With no guaranteed returns, the largely conservative farming community was unwilling to speculate with more than a handful of acres in any year. This was partly due to the persistent allegation that the decline in domestic flax production in the interwar period had been caused by the government and industry abandoning the farmers in 1918.[20] The *Linen*

Trade Circular addressed these issues as early as 1935, urging the government to implement measures that would facilitate the expansion of flax cultivation. Amongst other proposals, the *Linen Trade Circular* called for the introduction of a production bonus and central contracts for farmers and scutchers, and subsidies for new flax factories. Ultimately the government would implement many of these recommendations.

The Interim Report of the Flax Supply Committee, published in late 1938, concluded that it was unsatisfactory that 'the staple industry of Ulster' should be reliant on outside sources.[21] The Report also observed that farmers remained reluctant to commit themselves to growing flax without a guaranteed price.[22] The Committee commended the continental system of flax production, stressing the fact that the farmer's responsibility ended with the harvest and that all subsequent processes were left to experts. Norman Cooke of John Preston flax and yarn merchants concurred with this opinion, advocating the separation of agriculture and industry immediately after harvesting. In a letter to Basil Brooke, then Minister of Commerce, Cooke observed that despite a pressing need for flax, it remained, in the farmers' view, an unattractive proposition.[23]

Following the declaration of war, the Ministry of Supply established control of flax and flax yarn. Sir Harry Lindsay was named Flax Controller. His representative in Ireland was Hamilton McCleery, Chairman of the Flax Spinners Association and Director of William Ross and Company Ltd of Odessa Street. Under these new regulations, which came into force on 1st September 1939, stringent limits were placed on the production of linen goods for domestic consumption. Harry Lindsay's counterpart from the First World War, Lewis C. Gray, administrator of the Flax Supplies Committee 1917–1920 threw his weight behind the scheme and appealed to his, 'Grower friends of the last war [to]… "take off their coats" once again and "sow flax for vistory"'.[24]

As early as February 1940, William Hubert Webb of Old Bleach Linen Co. launched a 'Grow more flax' campaign, bringing a number of local farmers and scutchers together at Randalstown market to discuss the problems at hand and to co-ordinate the different parts of the flax-producing sector.[25] Webb also sent a letter to every MP in

Northern Ireland, stressing the need to make flax an attractive financial proposition to farmers.[26] James Brown (MP South Down) constantly reiterated the need to make flax production worthwhile. The government duly responded. In February 1940, Sir Basil Brooke confirmed that the Ministry of Supply had fixed the price of the flax crop.[27] On 28 February 1940 a prominent notice which captured the dual economic and patriotic basis of the appeal for flax production appeared in the press. The advertisement began with the incentive, '... make more money for yourselves' and concluded with the plea 'Britain needs your biggest crop'.[28] In order to contact farmers and publicise the details of the offer, the Flax Production Committee placed advertisements in 49 papers or journals. The response to their appeal was such that they confidently predicted that the 1940 crop would be twice that of 1939.

Initially at least, these incentives had the desired impact as the flax crop effectively doubled in 1940 and 1941. The Council of the Ulster Farmers' Union remained unconvinced, maintaining that the scale of prices offered little inducement to increase flax production.[29] In order to maximise flax production in Northern Ireland, a 7-point scheme was unveiled in 1941.[30] Under this scheme the Ministry of Supply agreed to provide the plant and machinery required for processing green or unretted fibre, 'where no adequate handling facilities are now available', guaranteed that flax straw would be bought from those farmers who were unable to ret their flax locally and agreed to pay 75% of the labour costs involved in clearing out existing, or sinking new, lint holes.

The government repeatedly appealed to the farmers' sense of national duty as well as addressing their financial concerns. In 1941, the King's address on the opening of parliament included an appeal to local flax growers. Sir Emerson Herdman, member of the Northern Ireland Senate and Flax Spinners Association, welcomed the speech, stressing that the linen trade could only respond to, and meet, wartime requirements if adequate supplies of flax were available.[31] In 1942, the King's address again contained direct references to flax:

> A gratifying response has also been made to the appeal for an increase in the acreage under flax, and I trust that the agricultural community, realising the extent to which the fighting services are

> dependent upon flax for essential parts of their equipment, will redouble their efforts as a public duty and make a still greater contribution in the present year.[32]

New flax markets were arranged in towns including Banbridge, Strabane, Ballymena, Omagh and Cookstown. Despite the significant increase in the acreage of flax grown on farms, augmented by the sowing of flax in public places such as parks and golf courses, it remained well short of fulfilling the needs of the industry and the estimated 218,000 acres of flax that were required to keep the industry fully supplied.[33]

It was against this backdrop that, not withstanding a modest increase in the guaranteed price, the reduction in the flax crop for 1942 was viewed with alarm.[34] The authorities resolved to redouble their efforts. It was evident that a guaranteed price per acre was not the farmers' only concern. They also remained unhappy with existing harvesting and scutching arrangements. Senator Thomas McLaughlin informed the Senate that farmers remained disillusioned with the flax growing scheme and that unless some decisive action was taken the flax crop would contract significantly. A major complaint was that the shortage of agricultural labour led to a marked increase in wages at harvest time.[35] The rate of 9d per stook (or bundle) of flax, as struck by the Agricultural Wages Board in 1941, had evidently proved unenforceable. Lord Glentoran (Minister of Agriculture) gave further assurances to the farmers by promising that a land army, raised from the ranks of the unemployed, would be enlisted to help lift the next flax crop.[36] As a result of these and other endeavours, the 1943 and 1944 crops were the largest ever recorded in Northern Ireland. In early 1943, Senator William Ernest Stevenson, who one year earlier had urged the government to implement additional measures to make flax growing a more attractive proposition, declared himself satisfied with the revised arrangements. 'I think it should go forth from this House that it is a good, paying crop for the farmer, and that it is his duty to grow it.'[37]

The data in Table 12.2 suggest that flax yields were inversely proportionate to the total acreage sown. There are several possible explanations for this. While falling yields were an unavoidable consequence of individual farmers over-extending themselves and the

TABLE 12.2
Flax acreage and output in Northern Ireland 1935–1947

YEAR	ACREAGE	OUTPUT (STONES PER ACRE)	AVERAGE PRICE PER STONE (s. d.)
1935	27,755	39.7	Unknown
1936	25,376	31.7	Unknown
1937	19,099	35.1	Unknown
1939	21,194	33.8	13s 7d
1940	46,497	30.0	22s 3d
1941	90,013	25.0	24s 10d
1942	72,294	25.4	28s 9d
1943	93,376	30.1	28s 0d
1944	124,542	24.7	27s 11d
1945	80,299	28.2	27s 6d
1946	35,777	25.0	Unknown
1947	17,449	26.0	Unknown

SOURCE: Twelfth General Report of the Ministry of Agriculture. Northern Ireland parliamentary papers 1950, p. 9; *Ulster Year Book* 1938

increased pressure that this placed on limited retting and scutching facilities, the involvement of an increased numbers of farmers and agricultural labourers, with little or no experience in flax cultivation, and the use of less-than-suitable land were also contributory factors. In direct response to this skill shortage, the Ministry of Agriculture drew up guidelines for the handling of flax in the field.[38] The Flax Supply Committee contacted scutch mill owners in areas that corresponded with flax markets and invited them to attend a series of public meetings designed to co-ordinate flax production. In total, over 250 mill-owners attended these meetings.

Lord Glentoran defended the decision to offer a fixed allowance per acre of flax, as opposed to a productivity-linked payment. Critics of the scheme argued that offering a bonus payment per stone would have encouraged farmers to take greater care of the crop in the field, thereby promoting higher yields. Glentoran maintained, however, that this would have discouraged the first-time or inexperienced grower, arguing that small sacrifices in terms of quality were justifiable in light of a significant increase in quantity.[39]

Although flax remained a relatively insignificant crop in England and Wales, it represented an invaluable additional source of raw material for the Ulster linen trade. The Select Committee on National Expenditure, published in 1943, included a report on Home Flax Production.[40] It is clear from this report that the government recognised the pivotal role that Irish linen played in the normal and wartime economies. The report also noted that developing domestic flax production on a large scale was complicated by the fact that flax was, '... a peasant industry...' and that few people in the country had much knowledge or experience of growing and handling it.[41] In response to this lack of skill, the authorities in England appointed a number of 'fieldsmen' who worked closely with the farmers, providing them with advice and guidance on handling flax. Each 'fieldsman' was responsible for an area of approximately 500 acres.

TABLE 12.3
Flax acreage in England & Wales 1938–46

YEAR	ACRES OF FLAX
1938	3,688
1939	4,427
1940	27,028
1941	60,900
1942	67,769
1943	59,721
1944	64,754
1945	48,789
1946	28,773

SOURCE: HMSO, Agricultural Statistics 1945-9, England and Wales Part I, 1952

III

The challenge faced by the authorities was not of course restricted to increasing the amount of flax grown. The attendant facilities and infrastructure also had to be extended and modernised, as they were insufficient to process a crop on the scale envisaged.[42] Harvesting was one such area. Traditionally, all sources of labour were utilised during the flax harvest. Farms in County Tyrone for instance benefited from a 'boon' day. In this system, alternatively termed 'neighbouring', or 'mothering', a number of families within the community worked on each other's farms in turn. In some cases a line of 40 people stretched across the flax field, each lifting a 3 or 4 foot swathe. Almost all of the flax pulling was done by men. In the days preceding the 'boon', the hosting family made 'stricks' or binding twine from rushes and left these in bundles throughout the field to assist the pullers. The hosting family provided food and drink for the volunteers and it was traditional to hold a barn dance that evening to which all the local girls but only those men who had participated in the 'boon' were invited. Although inter-dependence and reciprocity cemented the whole system, the lure of a dance ensured a good turn out.

The increased demands that the war placed upon the farming community, combined with the impact of enlistment on the labour force, necessitated the spread of mechanisation. During the course of the Second World War, the number of tractors on farms in Northern Ireland increased from 550 to 7,300.[43] It was also during the war that mechanical flax pulling machines were first used in any significant numbers. The German occupation of Belgium prevented the delivery of an order of 70 mechanical pullers. Production was moved to James Mackie and Sons Ltd of Belfast and the full complement of 70 pullers was delivered in time for the 1940 crop. Sir Basil Brooke praised the firm, '...who gallantly came to the rescue...', describing it as a, '...fine effort of any engineering firm engaged on other work to produce at short notice machines which worked extremely well'.[44] The machine was pulled behind a tractor and worked by drawing a 3-foot swathe of flax in between 2 rubber coated pulley wheels. These wheels gripped the flax and ripped it out of the ground. Machinery sales were regulated and consequently the statistical information on the supply of mechanical flax pullers has survived. Between 1940 and 1942, 354 new flax pullers were delivered to Ulster farmers,[45] 21 of which were sold outright, at a cost of £200, with the remainder being acquired under the government's Hire Purchase scheme. An additional subsidy of £90 was offered to anyone who agreed to pull 60 acres over and above his own crop.[46] The machines proved a huge success, pulling, on average, 89 acres each, accounting for approximately 25% of the 1940 crop.[47] Despite some early misgivings about their effectiveness, the Flax Production Committee reported favourably on mechanical flax pullers. Crucially, there was no appreciable quality differential between hand and machine pulled flax. The real difference lay in terms of efficiency. A single machine could pull 5 acres per day, a feat that would occupy a team of 40 or 50 men. Traditional methods however prevailed, on smaller and isolated sites.

The flax plant is usually harvested in late summer and after retting, where the flax is steeped for 10 to 14 days, the stalks are dried and taken for scutching. Although scutching is the first mechanical process in the transition from flax to fabric, it remains within the agricultural sector. Around Upperlands in County Londonderry, mills included Paul's, Lagan's, Gillott's, Smith's, McAlorey's, Scott's, Cuddy's and McCluskey's. These were all small-scale operations, established by individual farmers to serve the immediate community. In the Castlecaulfield area for instance, scutch mills were spaced at roughly 4 to 5 mile intervals. The mill itself was flexible, often doubling as a sawmill or carpenter's shop. By using the existing power source to drive a range of machinery, a mill provided farming families with a valuable secondary income. A mill also took up little additional land as the crop was invariably retted and dried on the farm where it had been grown. According to the 1911 census returns, there was only a handful of scutchers in County Tyrone. Even if the figure for millers and mill owners is added to the number of flax scutchers, the total falls short of the number of scutch mills in the county. The inference is that scutchers did not classify themselves as such. Scutching was either a seasonal occupation, or viewed as part of farming life; an attitude that mirrored that displayed towards flax farming.

Lagan's mill in Upperlands, County Derry, was established in 1786. The scutch and saw mills, which operated all year round, were driven by a water wheel in the Clady River.[48] O'Neill's mill just outside Castlecaulfield is another excellent example of a mixed mill. Established in 1896, the mill also served as a carpenter's shop. Two brothers ran the carpenter's shop while the third tended the farm. At harvest time the whole family helped in the fields and at scutching time the whole family helped at the mill. Whilst it is possible to argue that only those families with several adult members could run a scutch mill, it is equally valid to contend that a supplementary income enabled families to stay together and brothers to inherit and run a farm jointly. Records show that the mill was busy throughout the First World War. The decline in flax growing meant that the mill ceased to be a viable proposition and scutching ceased in 1932. The mill was subsequently mothballed until the 1940s when the revival in flax cultivation revived a demand for scutching.[49] O'Neill's demonstrates that scutch mills served the immediate community and that their survival depended upon a small number of farms. A considerable number of scutch mills were water-powered. O'Neill's, however, did not have an adequate water supply on their land and used flax 'shoues' stored from the previous season, to fire the boiler.[50] The volume of shoues also proved sufficient to power the sawmill throughout the year.

In Tyrone, as elsewhere, bands of itinerant scutchers roamed the countryside looking for work. O'Neill's provided a 'shanty' to house the scutchers. This was a corrugated iron and stone building that consisted of several bedrooms and a sheltered porch that doubled as a kitchen. The migrant scutchers cooked meals on 'shoue'-fired stoves and stayed rent free until the flax stores were exhausted. The shanty could accommodate up to eight men.

In 1940, the Ministry of Agriculture carried out a census of scutch mills by county. Existing scutching facilities could, it was calculated, cope with approximately 40,000 acres of flax. Part of the additional capacity would be realised by the re-activation of dormant or semi-derelict mills, such as O'Neill's, throughout the country. Many of these mills had last seen service in the First World War, but were relatively intact and more importantly retained the machinery needed to re-commission them relatively quickly.

In order to provide sufficient scutching capacity to process the anticipated crop, the government introduced a grant scheme in early 1940. In February of 1940 the Prime Minister, Lord Craigavon, announced that loans and grants would be made available for the erection, extension and repair of existing scutch mills. In addition, more than 20 flax processing factories were to be built in Northern Ireland, each employing between 20 and 40 people.[51] Under this scheme, 50% of the total cost involved in building or renovating existing mills was advanced in the form of a grant. The remainder could be borrowed at a rate of 5% interest and repaid over a ten year period.[52]

TABLE 12.4
1940 Census of scutch mills in Northern Ireland

COUNTY	WORKING	IDLE	TOTAL
Antrim	116	24	140
Tyrone	55	86	141
Derry	48	61	109
Down	40	39	79
Armagh	33	30	63
TOTAL	292	240	532

SOURCE: A.S. Moore Collection (BCL, H11).

The demand for scutchers had, however, diminished as the amount of flax grown in Ulster contracted and the resultant shortfall in skills proved as big an obstacle as the shortfall in facilities. Whereas flax pulling required large numbers of workers with a basic level of instruction, scutching was a specialist process that called for a skilled hand. In 1940–41, the government allocated a total of £2,500, by way of training allowances, to mill-owners in an effort to bolster numbers and recruit an additional 250 scutchers. This equated to a subsidy of £10 per trainee. The mill received £2 for each trainee taken on for a minimum 10-week period, while the remainder was divided between the skilled hand and his apprentice as an instruction and training allowance respectively.[53] Despite these efforts, this initiative failed to produce the requisite number of scutchers. The government turned to mechanisation, much as they had in the case of harvesting, and purchased a number of Boby scutching machines.[54] Barney Lagan's mill in Upperlands installed a Boby engine in 1940 in response to the heightened demand for scutching. This proved a revelation. In order to establish its credentials, a skilled and respected scutcher was challenged to a much-publicised contest. The machine won by every standard: quality, output and scutched weight.[55] Not only did machine scutching enhance output, but it also allowed casual, inexperienced labour to be hired from surrounding farms and towns.

Despite these efforts, part of the 1941 crop around Dromore, Castlewellan, Banbridge and Rathfriland was left unscutched. A letter from one disgruntled farmer claimed that no fewer than nine of the eleven scutch mills located between Newry and Newtownbutler lay idle because the farmers could not afford to re-commission them.[56] John Edgar Bailey (MP for West Down) pointed out that only 38 scutch mills were operating in Co. Down. The government's response indicated that the problem of unscutched flax was a highly localised phenomenon attributable to a series of fires in scutch mills within the area.[57]

Lord Glentoran, had, however, already pledged to buy unprocessed flax straw from any farmer who was unable to dam ret his flax crop.[58] This measure was introduced to address the concerns of farmers who were reluctant to sow flax where inadequate scutching facilities existed. 657 farmers approached the Ministry of Commerce with a view to selling green flax.[59] Several bodies including the Flax Development Committee, Stevenson & Son Dungannon and the Dromara Flax Company at Woodford, advertised their willingness to purchase green flax:[60] The Flax Production Committee also offered to purchase green flax straw at £10 a ton.

IV

The Flax Development Committee, which included Sir J. Milne Barbour, visited Courtrai to witness Belgian flax handling and processing procedures first hand in 1939.[61] They acknowledged the need to produce flax 'of a more uniform quality' and resolved to set up a rettory along Belgian lines. The experimental plant was established at Robert Dodd and Sons' mill at Dromara, selected because Robert Dodd had extensive experience of flax growing and had recently introduced dew retting and seed saving measures.[62] Dodd's plant was also designated a training centre where people could be instructed in flax cultivation and processing techniques.[63] The Committee further secured the services of Jules Bevernage, the owner of a Belgian retting and scutching plant. Dodd's mill was a 2-storey building made from reinforced concrete. Scutching took place on the first floor and, running at full capacity, the mill could scutch between 3 and 4 tons of flax in 48 hours. By the summer of 1940, several Belgian turbine scutchers were undergoing trials at Dromara. Dodd's mill was only one of a number established with Committee help. Committee sponsored mills were also set up at Castledawson, Dungiven, Coleraine and Ballymena.

Retting flax was desirable, rather than essential, and wartime exigencies meant that the production of green or unretted flax was actively encouraged. Government grants were however available for digging or re-opening flax dams. Bypassing the retting process not only saved time and negated the need for flax dams, but by simplifying the process and removing several potential variables, it may also have contributed to the standardisation of the crop. The Ministry of Supply set up six factories to process green flax in Northern Ireland: two in South Antrim, two in Fermanagh and one each in Down and Tyrone.[64] Even though green flax produced a coarser yarn than dam or dew retted flax, it suffered no deterioration in strength and was well suited for the more utilitarian requirements of wartime. Although retting produced higher yields and a better standard of fibre the government was initially happy to promote green flax as part of the wider drive to encourage flax production. Quantity was deemed more important than quality. Green flax was adopted as the preferred option because it was a less complicated production process, dispensed with the need for skill and experience, avoided the problem of effluent disposal and aided seed retention. Interestingly, a small retting plant was set up in a Scottish loch, an innovative use of a large body of water more akin to the river Lys than the scattered dams of Ulster.[65]

By 1943, green flax was falling out of favour with the authorities and farmers alike. In the previous year, the Northern Ireland Government agreed to refund 100% of the labour costs involved in repairing or digging flax dams. The authorities came to regard green flax production as wasteful, while the farmers found that it was difficult to generate a fair return. Tank retting was also used to good effect during this period. While the lack of experience and facilities prevented the introduction of tank retting on a large scale, successful experiments were carried out at Dromara and elsewhere and by mid-1942 there were nine open retting tanks operating in Northern Ireland. By adding chemicals to the water and carefully controlling the water temperature, a more consistent standard of flax fibre could be produced. Tank retting was also significantly faster than traditional methods, taking between forty-eight and seventy-two hours as opposed to ten to fourteen days.

Local flax markets continued to operate throughout the war, albeit under government control. Magherafelt market, for instance, took place on a Friday morning. During the period of wartime control, officers appointed by the Ministry of Supply assumed responsibility for grading. The graders checked for strength, colour, length and direction of fibre, and weight. Each grade was worth a fixed amount per stone. The flax was then put into a large store where the buyers, usually merchants or specialist flax buyers, could examine it at their leisure. Representatives from firms such as the York Street Flax Spinning Co. Ltd, William Ewart and Sons Ltd and Henry Campbell's regularly attended Magherafelt market. An inspector was also present at each market to adjudicate in the case of disputes. Although several farmers were seemingly dissatisfied with the grading system, the quality of the 1941 crop was relatively consistent, with 72% being awarded a grade three or four.[66]

V

In addition to the government schemes, and the efforts of individual farmers, a number of initiatives were sponsored by the linen industry itself. Major programmes were undertaken by Moygashel (then Stevenson's of Dungannon), William Ewart and Sons Ltd and the York Street Flax Spinning Co. Ltd. These efforts did not go unnoticed. Norman Cooke observed, 'A few far-sighted, patriotic firms have already taken the plunge and started flax producing farms'. John Beattie (MP for Belfast, Pottinger) drew the attention of the Cabinet to these actions and asked for them to be fully recompensed:

> Three firms in Northern Ireland have started a modern system of processing flax... they should be encouraged and their efforts appreciated. They foresaw the disaster that was going to befall the linen trade, and in order to obviate that they invested their own money in modern methods of processing flax.[67]

These firms certainly had the available land, capital and labour to implement such ambitious programmes, but it is also arguable that their international presence gave them an insight into European affairs that acted as a form of advance warning. In March 1939, Hugh Minford (MP for Antrim) raised the issue of flax supplies and reported that several flax importers and shippers had confided their concerns over the stability of flax supplies to him.[68] Stevenson's (Moygashel) exported to over 100 countries in the mid 1930s. York Street had offices in New York, London, Manchester, Paris, Berlin and Melbourne and as late as the 1960s William Ewart and Sons had representatives in over 60 different countries. As the linen industry depended heavily upon exports it was directly affected by world events and acutely sensitive to fluctuations in the international economy. The extensive network of agents and representatives fed invaluable information back to Northern Ireland.

In an attempt to ensure a ready supply of flax, Stevenson's appointed a number of agents to draw up contracts with Ulster farmers. Under one such contract, the farmer received a down payment of £5 an acre, a further £5 when the crop was harvested, and a half-a-crown per stone bonus for every stone over 30 to the acre. These contracts, which were renewable on an annual basis, directly addressed the reasons behind the farmers' reluctance to sow flax. Their response to the vexed problem of labour supplies at harvest time was to relieve the farmer of this responsibility. Factory workers and a volunteer 'land army', complete with tractors and mechanical pullers, moved from field to field lifting the crop under the farmer's supervision. Recognising the potential bottleneck that harvesting represented, J.E. Finney and the Board of Stevenson's brought a number of mechanical flax-pullers and scutching machines out of Belgium prior to the war.[69] Although the Moygashel flax growing operation was conducted on a commercial basis, it is important to note that the 'Land Army' paraded through the centre of Dungannon on tractors displaying Moygashel pennants, inviting other farmers to join the convoy and help lift the crop. This appeal was arguably more of an attempt to capitalise on community spirit than on the emotive subject of the war effort.[70]

In addition to establishing contracts with farmers, Stevenson's also planted their own flax. The Board bought Dungannon Park in 1938, predating not only the war, but also the government's flax growing initiative. The first crop was grown for seed, indicating perhaps that a long-term perspective was being taken. This enabled the firm to sustain a large-scale flax-growing scheme well into the 1940s. The amount of flax grown rose rapidly from fifty acres in 1938, to 500 acres in 1939. Flax production at Moygashel peaked at 2,500 acres in 1940.[71]

The system adopted by Ewart's at Lisdoart and York Street at Muckamore and Magherafelt were subtly different. As neither firm owned any expanse of land, they drew up contracts with local farmers under the conacre system. The farmers undertook to sow a predetermined number of acres of flax, which was sold to the company rather than on the open market. In return, the farmers were given a guaranteed price. York Street also undertook to harvest the crop. This permitted farmers to put down significantly more flax than they could ordinarily have coped with. It was no accident that York Street's flax operation centred around their Muckamore bleach works, thus enabling them to use their own labour force to help gather the harvest. As vertically integrated firms, Ewarts and York Street were permitted to send a proportion of their flax directly to their own spinning operations. Moygashel differed insofar as it had no independent spinning capacity.[72] The Moygashel flax was graded on site and then sent to several different mills. Most of the Moygashel flax was sent to Herdman's in Sion Mills or Braidwater in Ballymena, two of Stevenson's largest suppliers of spun yarn.

All three firms established their own scutching facilities. Whereas Stevenson's and York Street erected purpose-built scutch mills near the flax fields, Ewart's converted an existing water-powered mill at Lisdoart. These efforts were not universally applauded. The Flax Mill Owners Association was itself expanding through the addition of new districts which included Rathfriland, Magherafelt, Cookstown, Armagh and Limavady, and sought assurances that the scutch mills being set up by linen spinners would only process their own flax and not take business from existing mills.

VI

The flax growing initiatives of the Second World War certainly paid dividends and ensured that not only did the linen industry continue to provide employment throughout the war, but that the requirements of the Ministry of Defence and the Admiralty amongst other customers were met. Even so, the shortage of flax led to the closure of a number of spinning mills including Dromalane, Whiteabbey and Killyleagh.[73] In October 1939, an order was placed for 5,000 pieces of aeroplane linen. In 1941, Sir J. Milne Barbour, then Minister of Commerce, released details of Admiralty orders placed with Northern Ireland manufacturers: 60,000 denim overalls per week, 60,000 shirts, 30,000 battledress suits, 100,000 anti-gas haversacks. In addition, the Ministry of Defence also ordered 14 million feet of linen hose-pipe and 4 million yards of 27-inch linen duck.[74]

During the debates on flax supplies on the eve of war, Sir J. Milne Barbour had argued that the major issue was not the supply of flax but the 'narrowing markets' that existed for the sale of finished linen goods, such was the importance of linen exports to the British economy.[75] Linen was among the United Kingdom's largest export industries and a vital means of procuring dollars that could be used for purchasing munitions. Sir Emerson Herdman stressed the dual importance of linen's contribution to the war effort in 1941:

> The industry is engaged in supplying linen goods urgently required for the fighting services and for the maintenance of the export trade of the United Kingdom... so necessary to Britain for the purchase of armaments and essential war supplies.[76]

Table 12.5 shows that over thirteen million yards of Irish linen cloth were exported, on average, every year between 1941 and 1945. When expressed in monetary terms, trade held up even better.

TABLE 12.5
Exports of linen cloth and yarn 1926–55

PERIOD	YEARLY AVERAGE (PIECE GOODS) '000 YARDS	YEARLY AVERAGE (LINEN YARN) CWT.
1926–30	56,062	74,801
1931–35	63,194	68,730
1936–40	62,151	62,627
1941–45	13,782	3,440
1946–50	38,963	31,034
1951–55	41,457	54,725

SOURCE: Ministry of Commerce, Government of Northern Ireland, *Review of the Irish Linen Industry 1957*, pp. 16, 35.

Although the quantity of goods exported from 1941 to 1945 was approximately 20% of what it had been in the previous five-year period, its value (at £1,962,000) was roughly 51% of that seen between 1936 and 1940.[77]

Although Irish flax served as an effective substitute for continental supplies during times of need, the crop was less dependable than the Belgian, expensive to produce and subject to variations in terms of price and yield. The announcement of the reduction in the flax growing premium from £10 an acre to £5 in 1945 prompted considerable debate regarding the long-term treatment of local farmers and the possible restoration of continental flax supplies.[78] Lord Glentoran assured MPs that supplies of flax were unlikely to be restored for several years due to the level of devastation suffered in mainland Europe and the need to devote available land to food production.[79] Ireland had suffered comparatively lightly from the direct effects of war and was deemed to be in an excellent position to supply a recovering European and international market that had been effectively starved of textiles. Despite these assurances supplies of flax from the continent were re-established remarkably quickly. A consignment of Russian flax arrived in Belfast in 1945 and members of the Flax Development Committee visited France and Belgium in the same year.

In the light of restored continental supplies, the wartime flax processing apparatus was dismantled relatively quickly. By May 1945, four of the six green-flax scutching mills had been transferred to private hands.[80] The growing of flax on a commercial basis in Ireland continued into the 1950s, but declined rapidly. According to *Carter's Directory* of the linen industry, at least four manufacturers (York Street, the Killyleagh Flax Spinning Mill, Henry Campbell & Sons, Coalisland and Ewart's) retained a scutching capacity as late as 1949 indicating that home grown flax continued for several years after the war.[81] Ending large-scale flax-growing entailed few difficulties for Ewarts and York Street. Ewart's converted their scutch mill into a stitching unit while York Street refitted theirs as a warehouse and offices. Stevenson's however had several hundred acres of land to dispose of. Once flax growing ceased, Stevenson's retained an interest in agriculture, using Dungannon Park for cattle and later chickens. This remained a very successful division of Moygashel for many years. Moygashel at Dungannon Park or Moypark, as it became known, is one of Northern Ireland's most successful agri-businesses and one that can trace its origins back to the flax growing initiatives of Stevenson's in the late 1930s.

NOTES

1 K.S. Isles and Norman Cuthbert, *An Economic Survey of Northern Ireland* (Belfast, 1937), p. 529. See in particular William Black Appendix G, 'Variations in the Linen Industry'. 48% was sourced from Belgium, while a further 33.8% came from Russia and the Baltic States.
2 Scutching is the process in which the fibre is separated from the woody stems and husk of the flax plant, by being held against a rapidly revolving set of wooden paddles.
3 *Census of Population of Northern Ireland 1926, General Report*, (HMSO), p. xliv.
4 Living Linen Oral History Archive (Ulster Folk & Transport Museum [hereafter UFTM]).
5 *Belfast Evening Telegraph*, 13 December 1938.
6 H.R. Carter, *Flax; Its Cultivation and Preparation for Market* (London 1918) Preface.
7 A.S. Moore, *British Flax for British Linen – what science is doing for the linen industry* – unpublished article 1932. (Belfast Central Library [hereafter BCL], A.S. Moore collection H9).
8 *Irish Press*, 30 January 1935.
9 *Northern Whig*, 2 January 1940.
10 Ibid.
11 This figure was exceeded in 4 consecutive years, 1864–1867 inclusive. This included the largest flax crop ever recorded in Ireland (301,693 acres in 1864).
12 In 1918, for instance, there were 115,000 acres of flax grown in Ireland.
13 Amongst those attending was the local politician and flax spinner John M. Andrews, who wholeheartedly agreed with the sentiments expressed. See report of meeting in the *Belfast Evening Telegraph* 9 October 1934. This talk by Martin Wallace was one of a series organised by the Belfast Rotary Club on major industries of Ulster.
14 *Linen Trade Circular*, October 1934.
15 *Belfast Evening Telegraph*, 9 December 1939. 'Linen's difficulty will be cotton and rayon's opportunity'.
16 *Belfast Evening Telegraph*, 13 December 1938.
17 A.S. Moore Collection (BCL H9).
18 A.S. Moore Collection (BCL H11).
19 The market price for flax varied enormously depending upon the quantity and quality of supplies received from continental Europe.
20 Parliament of Northern Ireland (Commons), vol xxv, 9 June 1942, 20 June 1942.
21 *Northern Whig*, 29 November 1938. It was confirmed in early 1942 that this level of funding was likely to continue for the duration of the war. The Flax Supply Committee enjoyed considerable support from the government, receiving £50,000 per year, over 3 years, a sum that represented approximately 90% of running costs.
22 *Belfast Evening Telegraph*, 28 November 1938.
23 *Belfast Newsletter*, 4 December 1940.
24 *Northern Whig*, 15 February 1940.
25 Old Bleach was a weaving factory and with no independent spinning capacity was quite far removed from the flax processing sector.
26 Parliament of Northern Ireland (Commons), vol xxiii, 20 February 1940.
27 Ibid. Vol xxiii, 6 February 1940.
28 *Northern Whig*, 28 February 1940.
29 Parliament of Northern Ireland (Commons), vol xxiii, 15 October 1940.
30 *Northern Whig*, 29 January 1941.
31 Parliament of Northern Ireland (Senate), vol xxiii, 8 July 1941.
32 Ibid. vol xxv, 3 February 1942.
33 *Northern Whig*, 19 February 1940. Announcement that '20 acres of Portadown Golf Club are to be sown in flax. This arrangement is to remain in place for one year after the end of the war. In the meantime, only 9 holes of the golf club will be playable.'
34 In 1941 the price ranged from 20s to 25s depending upon grade. In 1942 a 1s increase

was made across the range and in 1943–44 prices rose substantially, rising from 25s for a grade 6 to 30s for a grade 1.

35 Parliament of Northern Ireland (Senate), vol xxv, 5 February 1942.
36 Parliament of Northern Ireland (Commons), vol xxvi, 24 February 1943.
37 Parliament of Northern Ireland (Senate), vol xxvi, 25 February 1943.
38 The Committee consisted of: J. Dermot Campbell (Chairman), Alex Davison, R.V. Eves, E.T.R. Herdman, H.G. Larmor, J.B. Morrison, W.V. McCleery, S.J. McConnell, S. Clarke.
39 Parliament of Northern Ireland (Commons), vol xxvii, 25 May 1944.
40 Fifth report from the Select Committee on National Expenditure 1942–43 *Home Flax Production*, (69), iii, 363.
41 Ibid. p. 3.
42 *Northern Whig*, 2 January 1940.
43 Twelfth General Report of the Ministry of Agriculture, p. 17.
44 Parliament of Northern Ireland (Commons), vol xxiii, 16 January 1941.
45 Twelfth General Report of the Ministry of Agriculture, p. 20.
46 Parliament of Northern Ireland (Commons), vol xxiii, 29 October 1940.
47 Flax Production Committee 6 Nov 1940.
48 Living Linen archive UFTM.
49 Ibid.
50 Ibid. Shoues were the woody stems and husks of the flax plant, a by-product of the scutching process.
51 Parliament of Northern Ireland (Commons), vol xxvii, 9 March 1944.
52 Ibid. vol xxv, 26/11/1942, Twelfth General Report of the Ministry of Agriculture, p. 80.
53 Parliament of Northern Ireland (Commons), vol xxiii, 29 October 1940.
54 Twelfth General Report of the Ministry of Agriculture, p. 80. Boby was the name of the manufacturer.
55 Living Linen Archive UFTM
56 Cited in Parliament of Northern Ireland (Commons), vol xxv, 8 July 1942.
57 Ibid.
58 Ibid. vol xxiii, 28 January 1941.
59 Ibid. vol xxiv, 18 November 1941. Of these, no fewer than 522 were put in touch with local scutchers.
60 Parliament of Northern Ireland (Senate), vol xxiii, 15 August1940.
61 Parliament of Northern Ireland (Commons), vol xxii, 19 April 1939. This included tank and dew retting.
62 Ibid.
63 *Belfast Evening Telegraph*, 13 December 1938.
64 Twelfth General Report of the Ministry of Agriculture, p. 9.
65 *Fibres and Fabrics* magazine (May 1951).
66 Parliament of Northern Ireland (Commons), vol xxv, 23 June 1942.

Grade	*%*
1	1.4
2	8.6
3	38.6
4	33.4
5	12.1
6	4.1
Ungraded	1.8

67 Parliament of Northern Ireland (Commons), vol xxiii, 28 January 1941.
68 Ibid. vol xxii, 29 March 1939.
69 The Managing Director of Stevenson's (J.E. Finney), lived at what is now the Inn on the Park hotel, Dungannon
70 Living Linen Archive, UFTM.

71 Ibid.
72 The formation of the modern Moygashel group and the incorporation of the Braidwater Spinning Mill in Ballymena took place in 1949.
73 Parliament of Northern Ireland (Commons), vol xxiii, 6 February 1940.
74 A.S. Moore collection (BCL, H9), untitled newspaper clipping 15 January 1941. Sir J. Milne Barbour was Minister of Commerce from 1921 until 1941, becoming Minister of Finance from 16 January 1941. His successor as Minister of Commerce was Sir Basil Brooke.
75 Parliament of Northern Ireland (Commons), vol xxii, 29 March 1939.
76 Parliament of Northern Ireland (Senate), vol xxiii, 8 July 1941.
77 Ministry of Commerce, Government of Northern Ireland, *Review of the Irish Linen Industry 1957*, p. 16.
78 Twelfth General Report of the Ministry of Agriculture, p. 79.
79 Parliament of Northern Ireland (Commons), vol xxvii, 8 March 1944.
80 Ibid vol xxvii, 15 May 1945.
81 W.H. Carter, *Carter's Directory of the Textile Industries in Northern Ireland 1949* (Belfast, 1949), pp. 67ff.

13
Was Ireland nourished?
James Deeny and the Irish national nutritional survey 1946–48

E. MARGARET CRAWFORD

In 1944 the Irish Government considered carrying out a national nutritional survey. There had been suggestions 'during and after the war … that in a section of the population that had little access to publicity, starvation ... was common.'[1] Although Ireland was not involved in the war and not subjected to the severe food rationing experienced in the United Kingdom and Europe, several foods, such as flour, butter, tea and sugar, were rationed.[2] Also the government felt that 'the availability of and changes in the constitution of certain foods gave every justification for a nutritional survey'.[3] Furthermore a death suspected to be from starvation in West Cork prompted a public outcry.[4] Accordingly, the government, in consultation with the Irish Medical Research Council, proposed setting up a nutrition committee. By 1946 the structures for taking the survey were in place and the work commenced. Over the next two years most of the study was completed, with the analysis and reports following in 1949 and 1950.[5] At the same time a clinical survey was conducted among three vulnerable groups: school children, adolescents, and expectant and nursing mothers, the results of which were published in 1952.[6]

A key figure in organizing the survey was James Deeny. Deeny started his professional career by joining his father's Lurgan medical practice in 1931. Unlike most general practitioners Deeny rounded off his medical education with a BSc in bacteriology, pathology and biochemistry, presented a thesis for an MSc, gained a Diploma in Public Health, an MD in pathology and in 1941 was successful in his Fellowship examinations.[7] The Deeny practice was one of the largest in Northern Ireland, serving Lurgan and the surrounding area. The grinding poverty of the Lurgan linen factory workers, made worse by the depression of the 1930s, was all too apparent to Deeny. He witnessed children 'with so little subcutaneous fat, their hair dry and poor, the backs of their legs covered with chilblains and their bare feet blue with cold.'[8] Poor health exacerbated by hunger was a major problem, prompting Deeny to embark on a study to assess the nutritional status of linen weavers based on clinical indices. His initial aim was to study three groups, men, women and children, all dependent on the linen industry.

The science of nutrition had developed rapidly during the early decades of the twentieth century, though criteria for assessing nutritional adequacy and the means of measuring it in an individual were still at an elementary stage. Thus Deeny's first task was to survey the extant literature on the subject. This research was the basis for a paper he published in *The Ulster Medical Journal* (1938) entitled 'The Assessment of Nutrition'.[9] Trips to Belgium and Aberdeen followed. The visit to Belgium was to see their thriving linen industry and compare the Lurgan linen weavers with their Belgian counterparts. For Deeny the most important observation was how well fed the Belgian linen workers appeared to be. However, to carry out a clinical survey on the Lurgan workers Deeny realised he needed guidance, and so a visit to the Imperial Nutrition Institute (later the Rowett Institute) in Aberdeen followed, where John Boyd Orr was planning a national nutritional survey of the United Kingdom.[10] Boyd Orr's expertise was invaluable. At Aberdeen Deeny met another Ulsterman, Hugh Magee, also a medical doctor interested in nutrition who later, as a medical officer (nutrition) to the Ministry of Health in London, advised on the Irish national nutrition survey.

Back in Lurgan Deeny began a clinical assessment of the nutritional state of 202 male linen weavers. These men were examined over a two-month period from March to May in 1938. Deeny recorded statistics on 31 indices. These included age, weight, height, and haemoglobin, and subjective judgments, such as 'inverted pigeon chest', listlessness, pallor, lustreless hair, and symptoms of diseases including bronchitis, tuberculosis of the bones and joints, or any other tubercular conditions. For the statistical analysis Deeny sought the expertise of H.S. Booker, a statistician then at Queen's University Belfast. No dietary histories were taken.

The results of the study revealed that 54 per cent of the 202 linen workers were malnourished. Using the simplest measure, body weight, the malnourished group had an average weight of 8st. 12lbs compared with 9st. 6lbs for the 'not malnourished' group. Other indices revealed marked differences too, as demonstrated in Table 13.1.

TABLE 13.1
A sample of indices from the clinical survey of Lurgan male linen workers

	MALNOURISHED (%)	NOT MALNOURISHED (%)
Listless	40	9
Dry skin	63	15
Dry and lacklustre hair	51	10
Follicular hyperkeratosis	65	25
Pyogenic infections	24	6

Source: extracted from J. Deeny and H.S. Booker, 'Clinical and Social Survey of Male Linen Workers', *British Medical Journal*, I (1939), p. 273.

Deeny next examined the social and economic aspects of the workers' lives. He found that the income of the well-nourished group was 26% higher than the income of the malnourished, and after fixed expenditure of rent, light, coal etc. the well nourished had 42% more of what Deeny called 'free expenditure', which included food. For this research he was awarded the Degree of Master in Science by The Queen's University of Belfast.[11]

A second survey of 205 female linen weavers followed.[12] Only mothers were selected for the study. Within the group Deeny found 'a greater range of signs and symptoms of malnutrition', even among mothers in families with higher incomes.[13] Both studies uncovered health problems among the town's workers and highlighted a relationship between health and economic conditions. At the beginning of the century Dublin doctors, such as Stafford and Lumsden, made the connection between low earnings and ill health. Their approach was to undertake dietary surveys, analyse the nutrient content of diets, and to correlate the results with weekly wages.[14] Deeny may not have known of their work; he certainly made no reference to it. More nutritional and medical studies followed for which Deeny set up a small laboratory above a shop in Lurgan. He identified sixteen cases of pellagra,[15] reported on a case of riboflavin deficiency,[16] and with two collaborators, Eric Murdock and John Rogan, examined the hypothesis that vitamin C influenced the resistance of the body to infection.[17] Deeny was using the 'new' science of nutrition to explain malnutrition among the Lurgan working class. Solving malnutrition was a more difficult issue.

In 1944 James Deeny's career changed direction. He left the medical practice in Lurgan on being appointed Chief Medical Advisor to the Department of Local Government and Public Health, later the Department of Health, in Dublin.[18] There had been some difficulty filling the post, prompting a question in the Dáil to Dr Ward, parliamentary secretary to the Minister of Local Government and Public Health, on the problem of 'secur[ing] the service of a person whose qualifications are of the nature required for such an important position in the public health system of the country.'[19] Ward was pleased to report the appointment of Dr James A. Deeny, adding:

> [Deeny] has made a special study of nutrition and social medicine and has carried out research work on vitamins for the Medical Research Council of Ireland. He has also carried out a survey into infant mortality, an investigation into the incidence of tuberculosis, and a survey into social conditions in the linen industry in Northern Ireland, and he is the author of many publications on medical subjects.[20]

Denny's reputation in nutritional studies had preceded him, so when the government decided to embark on a national nutritional survey he was an obvious choice to oversee the project. Deeny selected Dr Desmond Hourihane, a county medical inspector, to organise the survey, a task Hourihane did with vigour and success. The third member of the team was Roy Geary of the Central Statistical Office.

To this trio were added two consultants from the Ministry of Health in London, Dr Hugh Magee and Dr E.R. Bransby. Dr Bransby trained the home investigators on the collection of dietary data, and Dr Magee supervised the staff employed on the clinical survey, taking place in tandem with the dietary study.

Hourihane identified three aims for the survey. The first was to find out the amounts of various foods eaten by the population. The second was to translate these amounts into nutrient values, and compare them with the *Recommended Daily Requirements of Nutrients per Head* as assessed by the League of Nations. Finally, a survey was to be taken of the nation's food habits.

The population was divided into six categories:

Dublin city
Large towns
Small towns [21]
Farmers
Farm workers
Inhabitants of the former Congested Districts [22]

A seventh group, defined as 'exceptional rural families', was later identified. These were people who lived in the countryside, but who were not employed in agriculture. Their incomes came from a variety of occupations, in the professions, business, travellers, or persons of independent means, and so because of their prosperity as well as their small number they have been excluded from this analysis. Table 13.2 summarises the composition of study, which in total comprised 2,893 family surveys, representing 'about one [family] to about 250 of the private families in the country.'[23]

The families selected for the Dublin City survey were chosen from the wards of Crumlin, Drumcondra, Mountjoy and Rotunda. These wards contained a social mix of inhabitants, and the families were grouped into three social classes: slum, artisan and middle class, judged by the quality of the housing families occupied. From each ward 125 families were selected. Random sampling was not rigidly adhered to, as the investigators believed it was more important to bias the sample towards the poorer families where nutritional standards were likely to be lower than the national average.

The second phase of the survey focussed on families in large and

TABLE 13.2
Composition of the survey sample

		NO. OF FAMILIES IN SUB-SECTIONS	TOTAL NO. OF PERSONS IN SURVEY	DATES OF SURVEY
Dublin city – slum families	Urban	188	754	April–August 1946
– artisan families	Urban	210	1,191	April–August 1946
– middle class	Urban	102	478	April–August 1946
Irish towns of 10,000 or more people	Urban	329	2,083	Oct 1946–May1947
Irish towns of less than 10,000 people	Urban	516	3,442	May 1947–Sept.1948
Farmers	Rural	948	4,686	Oct 1946–Sept. 1948
Agricultural labourers	Rural	177	951	Oct 1946–Sept. 1948
Congested Districts – autumn	Rural	200	907	Sept–Oct 1946
– spring	Rural	200*	934*	March–April 1947
Exceptional families	Rural	23	122	Oct 1946–Sept. 1948

SOURCE: constructed from data in Department of Health, *National Nutrition Survey (NNS),* parts I–VI (Dublin, 1948–50). *The study of the Congested Districts was done twice – autumn and spring. Of the 200 families surveyed in the autumn 187 families participated in the spring, and a further 13 new families made up the total of 200.

small towns. Large towns were defined as having populations of 10,000 people or more, and small towns as those with fewer than 10,000 inhabitants. Thirteen large towns and forty-nine small towns, selected on a random basis, were studied. Professional households were omitted, again to bias the survey towards the less wealthy.[24]

Several criteria were used to select the farming families. Only families for whom agricultural pursuits were the main source of income were chosen. This was important because dual occupations were common among small holders and many tillers of the soil did not reap their main income from agriculture. Secondly, the size of farm ranged from less than five acres to holdings of 200 acres and over. The aim was to provide a sample that represented the distribution of farm sizes in each county. Thirdly, only farms 'within a reasonable distance – say five miles – of [a] town' were included.[25] The reason was purely practical; by doing so the investigators were able to run the town and rural surveys in parallel. The investigators were confident that any error introduced by this bias would be small. Finally, precise locations were selected by choosing a number of District Electoral Districts in each county, close to surveyed towns, and picking ten families on a random basis, though with 'the provision that the number of families chosen from those in a particular acreage-group was proportional to the total number in that particular acreage-group in the county so ... the sample ... was fairly representative of the farming families in Ireland as a whole.'[26]

Farm workers were treated separately from farmers. They were defined as labourers employed on a farm belonging to someone else. Living-in and unmarried farm labourers were excluded, because for the former the host family determined their diet, and the latter were rarely heads of households. The sample size was determined 'by the proportion of [farm workers] in [a] county to the total number in the State.'[27] Once this was done the number was distributed among the District Electoral Districts already being used for the farming families.

The former Congested Districts, which existed between 1891 and 1923, were treated separately. They were in the west and had been designated as regions of economic deprivation because they comprised of areas of poor land. The chosen families were more or less evenly spread amongst Donegal, Leitrim, Mayo, Galway and Kerry. There were two surveys taken of families in this region each containing 200 families, one in the spring and the other in the autumn, because of perceived seasonal variations in diets. It was hoped that the same families would participate in both studies, and the fact that 187 of the 200 families were prepared to do a repeat performance was welcomed as a very high level of co-operation. Thirteen new families replaced those not wanting to participate in the second survey.

As the survey progressed a sub-group of unemployed, old age pensioners and widows with pensions was identified. Their economic circumstances were regarded as precarious and thus perceived as nutritionally vulnerable. It was decided, therefore, to extract their dietary results and create a special group for scrutiny. The total number of households was 317 comprising of 1,554 persons. Dublin city had 100 such families, large towns 71, small towns 85 and farming families 61. The Dublin group represented 20% of the whole sample, large towns 21.6%, small towns 16.5%, and farming families 6.4%.

Families living in Congested Districts were excluded from this subgroup as they were regarded as 'poor by any standard'. Table 13.3 shows the composition of this underprivileged group.[28]

TABLE 13.3
Composition of families in underprivileged group

LOCATION	FAMILY COMPOSITION		STATUS OF HEAD OF FAMILY			
	No. in family	No. of persons	Unemployed 3 months or less	Unemployed >3 months	Widows	OAP
Dublin city	100	441	9	38	34	19
Large towns	71	404	8	27	15	21
Small towns	85	485	10	26	20	29
Farming families	61	224	–	–	13	48
TOTAL	317	1,554	27	91	82	117

SOURCE: constructed from Department of Health *NNS*, part VI (Dublin, 1950), pp. 24–7.

How was the survey carried out? A team of ten dietary investigators was trained in England for three months on how to conduct a nutritional survey. All were women specially selected for the task. Qualifications in domestic science, dietetics, social science or other suitable experience were necessary, as well as an ability to do what was regarded as a sensitive job. The first phase was to ensure that all food used in the households was weighed before the investigation started. The housewives were each given a form, later referred to as a log-book, in which to record the amount and cost of all food purchased during one week. The foods used at each meal had to be recorded. One week later the investigators returned to weigh remaining food. Allowance was made for waste. Two shillings and six pence was paid to all housewives as an incentive to complete the log-book.[29]

People in towns and in the countryside obtained foods in different ways. Urban dwellers bought most of their food in shops. Rural households ate more home-grown or home-made foods, as well as shop-purchased foods; it was necessary, therefore, to distinguish between the different methods of acquiring foods. In rural households bulk stores of potatoes, flour and some vegetables were often kept and so investigators needed to amend their procedures to accommodate this practice. Adjustments also had to be made for meals eaten away from home and for meals eaten in the home by visitors. Where a food, such as jam, was made with bought goods and home-produced ingredients the convention was to assume half was purchased and half home grown.[30]

TABLE 13.4
Average weekly income and food expenditure bands, and annual poor law valuations used in the nutritional survey

AVERAGE WEEKLY INCOME PER HEAD (URBAN WORKERS AND FARM WORKERS)	ANNUAL POOR LAW VALUATION OF LAND PER HEAD (FARMERS' FAMILIES)	AVERAGE WEEKLY FOOD EXPENDITURE PER DIET-HEAD (URBAN WORKERS)
Under 10 shillings	Under £2	Under 10 shillings
10 to under 15 shillings*	£2 and under £4	10 to under 15 shillings*
15 to under 20 shillings*	£4 and under £8	15 to under 20 shillings*
20 to under 30 shillings*	£8 and over	20 shillings and over
30 shillings and over	All valuations [average]	All [average]
All incomes [average]		

Extracted from Department of Health, *NNS* parts I to V.

* In early surveys income and expenditure bands were expressed as 10/- to 15/-; 15/- to 20/- and so on. In later surveys these bands were expressed as stated in table above. The format in the table has been used throughout the analysis

The number of persons in the household, together with their ages, sex, occupations and income were recorded. Reliability of information on income caused concern since there appeared to be a tendency for families to understate the amount. In some cases the reckoned expenditure on food exceeded the stated income. Nevertheless the income data were used 'to [a] limited extent [by] dividing the sample into broad "Income per head" groups, though even this division had to be regarded with some reserve.'[31] Estimating the income of farming families was particularly difficult because the families 'were quite unable to tell even their approximate income.'[32] In the end, the annual poor law valuation of their land per head was used as a proxy for family wealth. For families living in the Congested Districts, details of income were not collected. There were two reasons for this. Firstly, the 'estimates of income were so approximate as to be quite valueless';[33] and secondly, much food was produced at home. Table 13.4

shows the income bands used for analysing urban[34] and farm workers' consumption data, the annual poor law valuations per head utilised for farming families' survey and food expenditure bands.[35] There was greater confidence in the accuracy of information on food expenditure because of the 'systematic costing of all articles of food brought into the house during the survey week. Information on patterns of consumption was presented in several ways. One set of tables showed consumption data of 14 foods and food groups (see Table 13.5), calculated as average weekly figures per 'diet-head'.[36]

TABLE 13.5
List of 14 foods and food groups used for consumption analysis

Milk (a)	Meat (c)	Potatoes	Preserves
Cheese	Fish	Vegetables	Miscellaneous (e)
Eggs	Flour & bread (d)	Fruit & fruit products	
Fats (b)	Other cereals	Sugar	

(a) All forms of liquid milk
(b) Butter, margarine, suet, lard etc.
(c) Beef, mutton, pork, bacon, poultry, offal etc.
(d) Expressed as flour. Up to January 1947 the extraction rate of flour was 90%, thereafter it was reduced to 85%. During June of 1946 it became the practice to enrich flour with acid calcium phosphate at a level of 14 ozs to a 280 lb. sack. Thus both bread and flour were fortified with calcium. This additional calcium was factored into the nutritional analysis.
(e) Items such as tea, coffee, cocoa, sauces, patent drinks, pepper, etc.

For the wage-earning families in Dublin, and the inhabitants of large and small towns, food consumption tables were prepared according to income, food expenditure, and family size, though for wage earning farm workers' families the food expenditure table was omitted. The exercise was further modified for farming families and inhabitants of the Congested Districts. For the former consumption patterns were analysed according to the annual poor law valuation (PLV) of the holding, and family size, for the latter analysis was restricted to family size only.

A second set of consumption tables displayed average weekly consumption figures per 'diet-head' for in excess of 50 foods and food groups.[37] These figures provided more detailed statistics which were then used to undertake the nutritional analysis. There were two variations used in the presentation of these data. The first, utilised for the city and town studies, presented the average quantities of the food items consumed according to food expenditure per 'diet-head' weekly, broken down into the five categories shown in Table 13.4. The second presentation was used for rural studies of farmers, agricultural workers, and Congested Districts inhabitants and accommodated the use of home-grown foods and therefore had a 'home won' category as well as two other categories, 'bought and free' and 'total'. 'Bought and free' referred to foods purchased as well as that obtained free, such as school meals and free milk.

An analysis of consumption data shows that all the main foods were consumed in every region investigated, and similarities between town and country were more obvious than the differences. In order to explain these features we need to consider what determined consumption patterns. Important influences were household income, the cost of food and rent, and the number of mouths to be fed. In addition, traditional patterns of eating maintained a hold in many families, although the legacy of custom was stronger in the countryside. Food retailing had a role too. For example, the popularity of products from overseas, in particular tea and sugar, was the result of trade networks and a proliferation of grocery shops throughout the length and breadth of Ireland. Shops brought an increasing range of foods into town and countryside alike, so helping to bring patterns of consumption closer together. Nevertheless rural dwellers relied more on home-produced foods than their urban neighbours.

During the survey butter, sugar, flour, bread and tea were rationed. Although the war was over, the difficulty of raising foreign exchange and shortage of shipping restricted supplies. To make matters worse, the bad winter of 1947 resulted in a poor harvest in Ireland and elsewhere in Europe. Levels of rationing varied. For example, the butter ration fluctuated from 2 ozs to 6 ozs per person per week. The weekly bread ration was 6 lb or $4^1/_2$ lb of white flour or 5 lb of wheaten flour per head. Agricultural workers were allowed extra. Sugar ration was restricted initially to 4 oz per person, per week early in 1947, rising to 8 oz in May and June, and thereafter to 12 oz, though extra was permitted during the jam making season of 1948 [38] and to sugar beet growers.

Figures 13.1–13.4 show the average weekly consumption per 'diet-head' of 12 foods and food groups.

FIGURE 13.1
Average weekly consumption of eggs, meat and fish per 'diet-head'

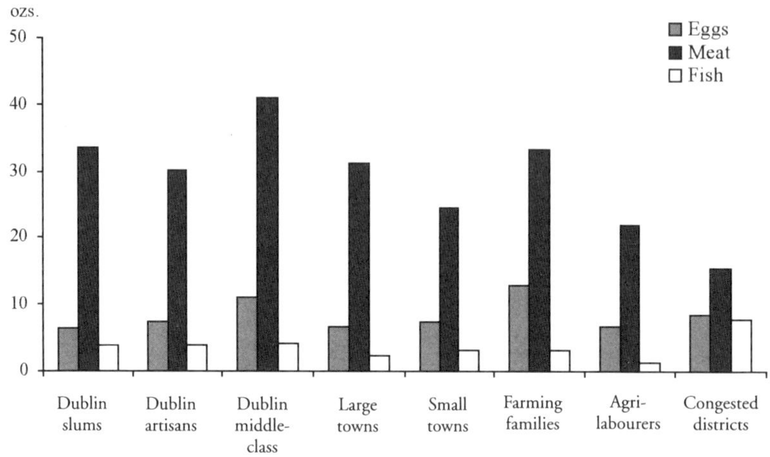

FIGURE 13.2
Average weekly consumption of milk, cereals and potatoes per 'diet-head'

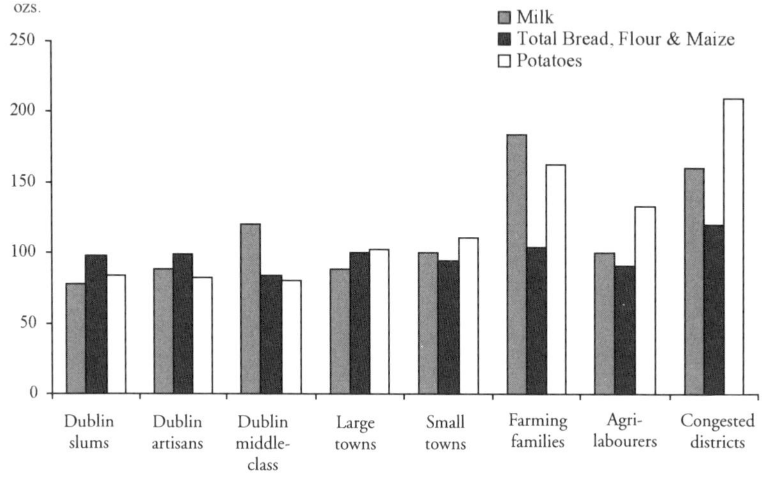

FIGURE 13.3
Average weekly consumption of sugar, biscuits & cakes and oatmeal per 'diet-head'

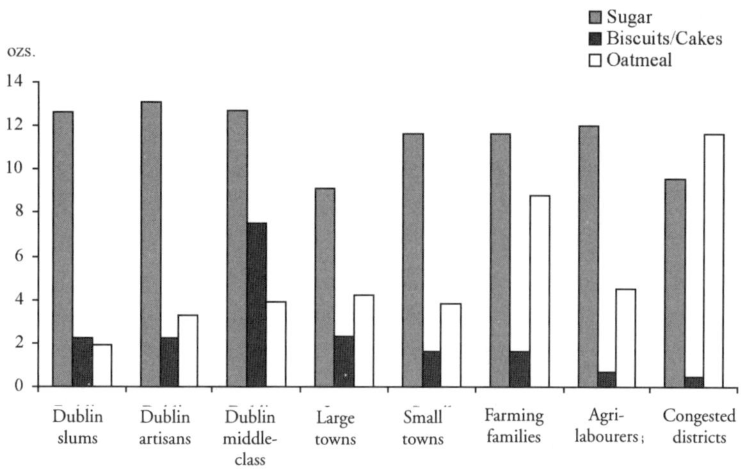

FIGURE 13.4
Average weekly consumption of vegetables, fruit and fats per 'diet-head'

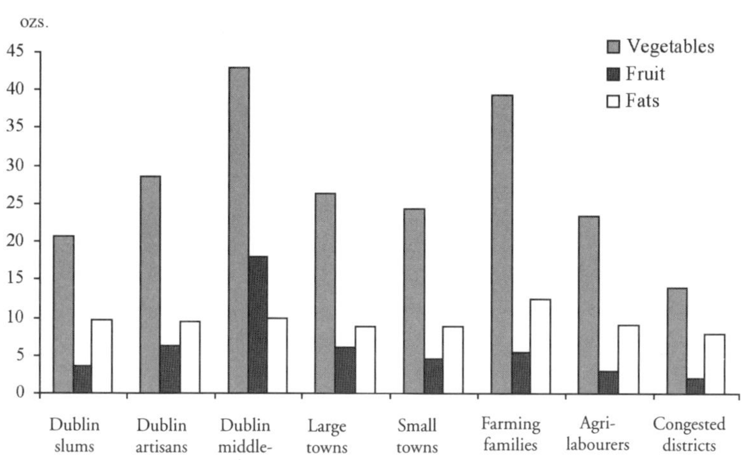

Graphs 1 to 4 were prepared from *NSS* data presented in Part 1, pp. 30–5; part II, pp. 18–9; part III, pp. 20–1, 40–1; part IV, p. 18, part V, p. 16.

An analysis of three types of food – meat, potatoes and fruit – would be the most effective and economic way of demonstrating different influences on food consumption patterns. Looking first at meat, average consumption was highest among the Dublin middle class (see Figure 13.1). However, if we look at the Dublin pattern broken down by income, shown in Figure 13.5, we see that the highest consumption of meat occurred in families of high earning slum dwellers.

FIGURE 13.5
Average Dublin weekly consumption (all types) per 'diet-head'

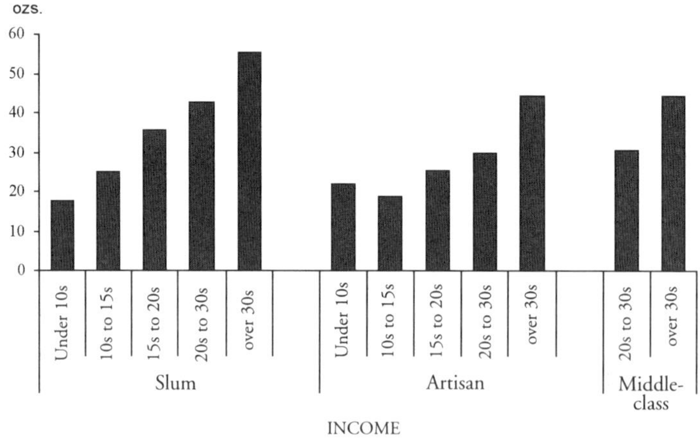

SOURCE: data extracted from Department of Health, *NSS*, part 1, 'Methods of dietary survey and results from Dublin investigation'.

Slum dwellers also had variety in the types of meats they consumed. They ate more liver, corned meats, cooked and canned meats than artisan and middle-class households, more beef, veal, pork, bacon and sausages than artisans, and their consumption of beef and veal was not far short of the middle classes. As Figure 13.6 demonstrates, it was in the consumption of mutton and lamb that middle-class families exceeded both slum and artisan dwellers by a considerable margin. Yet behind this apparent picture of plenty lies a reality of purchasing cheap cuts, such as corned meats, scrag for stews, beef shin for soup, and pigs' trotters (crubeens) or the butchers' 'left-overs'.

FIGURE 13.6
Types of meat eaten by Dublin families based on average weekly consumption

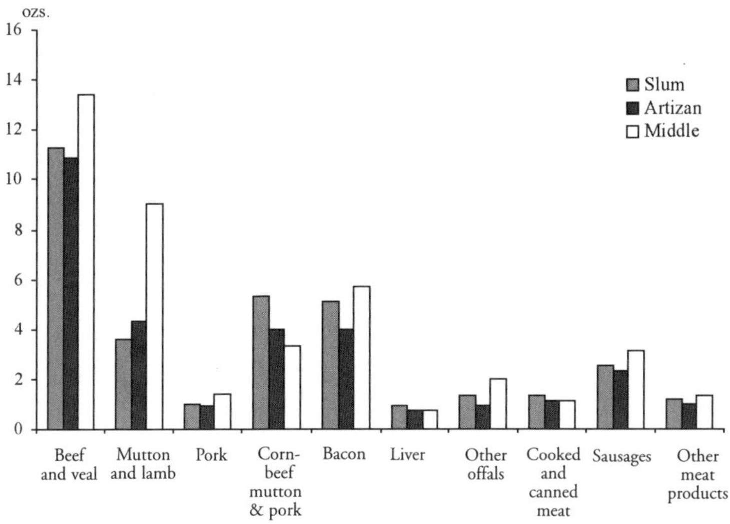

SOURCE: data extracted from Department of Health, *NSS*, part 1, 'Methods of dietary survey and results from Dublin investigation'.

The lowest meat consumption in the country was found in the Congested Districts, though to some extent this was offset by more fish being eaten in this region, as shown in Figure 13.1.

Turning to potatoes, consumption was greatest in the countryside, particularly, in the households of the Congested Districts (see Figure 13.2). In the west an average of just under 2 lbs per 'diet-head', per day of potatoes were eaten, while in Dublin and in the large towns people ate less than half that of rural dwellers. Wealthier slum dwellers were the highest consumers in the capital, consuming around 1 lb per 'diet-head', per day. Although the taste for the potato was still strong with the Irish the quantities eaten were a far cry from that consumed early in the previous century.

Fruit was a luxury food. It was expensive, not very filling and a poor provider of energy. The poor, therefore, ate little fruit, though as incomes rose, more was purchased as demonstrated in Table 13.6. We do not know whether our surveyed families were eating apples,

TABLE 13.6
Average weekly fruit consumption per 'diet-head' in Dublin survey households according to income, 1946

	Under 10s	10s to under 15s*	15s to under 20s*	20s to under 30s*	30s and over
Slum Dwellers	1.5 ozs	2.8 ozs	4.3 ozs	6.9 ozs	8.5 ozs
Artisans	2.0 ozs	3.6 ozs	6.4 ozs	9.5 ozs	11.4 ozs
Middle Class	–	–	–	16.4 ozs	22.9 ozs

SOURCE: Department of Health *NNS*, part 1. Methods of dietary survey and results from Dublin investigation, Table 3A, pp. 24–5.* See note at bottom of Table 13.4

pears or oranges to name but a few of the fruits readily available. In fact, there were only five broad categories listed: 'citrus fruit', 'other fruit', 'bottled and canned fruit', 'dried vine fruit' and 'other dried fruit'.

Taking a general view, first of Dublin consumption patterns, the middle class had greater spending power, and so were able to drink more milk, eat more eggs, butter, oatmeal, vegetables, fruit and jam than either artisan or slum households. Their meat consumption was also high, although as we have seen, it was exceeded by wealthy slum dwellers. The middle class had a more varied diet and relied less on the staple fillers of potatoes and bread.

Dublin artisans proved to have had a very 'sweet tooth'. The poorest in this group consumed the largest amount of sugar at an average level of 14.7 ozs weekly per person. Poor artisan families were also the greatest consumers of bread (5.75 lb weekly), compared to any other group. They ate their way through almost one third more than the middle class and nearly a quarter more than slum dwellers. However, in middle class and artisan homes the general trend was that, as incomes rose, the quantities of bread eaten declined. Fish consumption was greatest in high-earning artisan households, where they consumed an average of 5 1/2 ozs per 'diet-head' per week. Fish was not a popular food in Ireland; and so consumption was frequently to fulfil the obligations of 'abstinence days'.

Moving down the social scale to slum dwellers, their fare was frugal, particularly among the lowest slum earners. A commonly eaten meal was tea, bread and spread, while meat, eggs, and fruit were reserved for special treats. This 'bread and spread' culture was particularly prevalent in the homes of the poorest slum dwellers, whereas among better-off slum dwellers consumption of meat, cheese, fats, and potatoes was remarkably high. Such households probably had more than one wage earner and low housing costs leaving extra money for food expenditure.

Living in the countryside conferred certain dietary benefits to farmers. Much produce was home grown, and so consumption of milk, potatoes, eggs, bacon, oatmeal and butter was greater than in Dublin and the provincial towns. Country dwellers baked their own bread; they drank almost double the quantity of milk as Dubliners and ate many more potatoes. The greatest milk drinkers were the farming families and the inhabitants of the Congested Districts. While Dubliners favoured beef and mutton, farmers were partial to bacon. Fish consumption was low in the countryside except in the Congested Districts. However, the dietary benefits of the countryside did not always percolate down to the farm workers, among whom consumption of milk, fats, eggs, meat, fish, potatoes, oatmeal, vegetables and fruit was lower then farmers, though their intake of sugar, jam and shop bread was greater.

Seasonal comparisons are only possible for the Congested Districts. Much outdoor activity occurred from late summer into autumn and following the harvest food was plentiful, a pattern reflected in their consumption levels.[39] For instance, the average weekly consumption of milk in autumn per 'diet-head' was over ten pints, in spring it was only half that figure. The same pattern occurred for fats, cheese, meat, fish, flour, jam, vegetables and fruit. Eggs and oatmeal were the only foods in which spring consumption exceeded autumn. The potato, in contrast, was eaten in uniform quantities throughout the year. Less shop bought bread was eaten in the Congested Districts; on the other hand people there used large quantities of flour to make bread. They also ate more oatmeal and maize meal, mixed with flour in bread making or as porridge, just as their parents and grand parents had done before them.

Finally, the investigators attempted to assess dietary variety by categorising meals into crude menu choices. The survey population was divided into sub-groups according to the food expenditure in the home and the ages of the consumers. The food expenditure bands were identical to those in earlier tables. Three age bands: 3 to 14 years, 15 to 19 years and over 20 years were identified to represent children, adolescents and adults. The investigators then calculated the percentage of the survey population consuming these menus.

The following table gives examples of some menus identified:

Breakfast:	Milk drink, or bread and spread with(out) drink
	Cereal with(out) bread and spread
	Cereal with cooked protein
Dinner:	Milk drink, or bread and spread with(out) drink
	Potato and milk or butter with(out) bread and spread
	Cooked protein with(out) vegetables
Tea	No meal
	Cereal with(out) bread and spread
	Potato and milk or butter with(out) bread and spread
Supper	No meal
	Milk drink, or bread and spread with(out) drink

This exercise highlighted the limited fare served in very poor and large households where many meals consisted principally of 'bread and spread'. For example, in large town families, with weekly food expenditure of less than 10 shillings per 'diet-head' 72% of their children had a breakfast of 'milk drink, or bread and spread with(out) drink', and only 15% ate a cooked protein breakfast. Whereas in high food expenditure households the figures were 9% and 53% respectively.[40]

The final phase of the survey was to analyse the diets for their nutritional value. Animal and vegetable protein, fat, carbohydrate, energy value (calories), calcium, iron, vitamin A, carotene (vitamin A potency), thiamin (vitamin B_1), riboflavin, niacin and vitamin C were calculated on a daily per 'diet-head' based on food conversion tables published in 'Nutritive Values of Wartime Foods' by the Medical Research Council (1945).[41] A notable omission was Vitamin D despite values for several foods being published in an appendix to the nutritive tables. Niacin and riboflavin figures were extracted from values published in 1943 by the National Research Council (USA).[42] As a yardstick for assessing nutritional standards the investigators used the recommendations of the League of Nations Technical Commission on Nutrition adapted by Hugh Magee. Four tables were produced to display:

- i nutrient values according to food expenditure;
- ii nutrient values as a percentage of League of Nations' requirements;
- iii nutrient values as a percentage of League of Nations' requirements broken down by food expenditure bands;
- iv nutrient values as a percentage of League of Nations' requirements according to family size.

Overall, as judged by the League of Nations' standards, the Irish national diet contained enough protein and energy value (calories). Satisfactory levels of iron, thiamin (vitamin B_1) and nicotinic acid were also found, attributed to the use of 85–90% extraction flour. There were, however, some deficiencies. Diets of low-income families in Dublin, in the towns and in the countryside displayed evidence of calcium, riboflavin and vitamin A deficiencies. The diets of the poorest slum dwellers were also deficient in vitamin C, and vitamin A levels were poor in the spring diets of people living in the former Congested Districts. The levels of deficiencies were variable. The poor calcium content of diets eaten by low wage earners was of greatest concern. Disturbing numbers of children were admitted to hospitals during the 1940s with rickets, and calcium deficiency was undoubtedly a factor. In Dublin slum and artisan households where the weekly income per head was less than 30 shillings the magnitude of the deficiency increased with reduced levels of income. For example, in slum homes where the weekly income per head was less than 10 shillings, the calcium content of the diet was only 51% of the League of Nations recommendation [LNR], though where income was between 20 to 30 shillings the deficit was only 12%. This pattern was also found in the diets of large and small town inhabitants, and very low earning farm workers (under 10 shillings). But for the fortification of flour with acid calcium phosphate commencing half way through the Dublin survey levels would have been even lower. The investigators recommended an increased consumption of milk and cheese to improve calcium content.

Vitamin deficiencies were generally of a lower order. An exception was a pronounced vitamin A deficiency in the spring diet of the Congested Districts families; fortunately their autumn fare exceeded the recommendation. Both small town dwellers and farm workers earning less than 20 shillings per week, per head also consumed diets containing less than the League of Nations' recommended value. The remedy suggested was a greater consumption of green vegetables, carrots, liver, milk and butter. The storable quality of vitamin A, however, precluded generalised deficiency symptoms. The potato redeemed the diets of many from vitamin C deficiency. This food was the nation's main source and the diet of many groups exhibited high levels, particularly in rural areas where potato consumption was higher. Only the diets of poorly-paid slum dwellers showed values below the recommended level. Finally, there were low levels of riboflavin deficiency among the lower paid workers in town and country alike. However, the remedial measures suggested for correcting vitamin A deficiency would also eliminate riboflavin insufficiency.

The dietary survey of 1946-8 revealed that, contrary to government concerns, the nation was generally well fed. Deeny summed up the nation's nutritional status as 'roughly half of the population ... of Ireland have enough or more than enough to eat ... [of] the other half ...[they] are adequately satisfied and consume a reasonable diet'.[43] However, Deeny tempered his conclusion with a cautionary note. The yardstick for assessment prepared by the League of Nation, 'may be too low'.[44] There were vulnerable groups whose diets revealed nutritional shortcomings, such as low paid workers, the unemployed, widows and old age pensioners.

Deeny identified two areas for action. The first was to address 'specific deficiencies in small population groups'; the second was to undertake 'large-scale projects on a long-term basis to improve the general living standards ... by increasing productivity and purchasing power'.[45] One approach to improve the diet of the nation was a programme of 'food education to encourage the spending of money to the best nutritional advantage'.[46] To that end leaflets were prepared containing information on healthy eating and a series of advertisements appeared in the press, on buses and on trams.

The national nutritional survey of 1946–8 was not the first to be conducted in Ireland. Edward Smith had carried out a dietary study of labourers in 1863 as part of a wider United Kingdom study,[47] and at the beginning of the twentieth century a clutch of surveys was undertaken of urban and rural workers.[48] But the 1946-8 enterprise was the first to be done in an independent Ireland and, furthermore, it was ambitious. The British Medical Research Council carried out a number of important nutritional studies in the 1930s in locations of England, Scotland and Wales, and a dietary and clinical survey was undertaken of British families between 1937 and 1939 under the direction of Lord Boyd Orr of the Rowett Research Institute, Aberdeen, funded by the Carnegie United Kingdom Trust.[49] Writing in retrospect the investigators involved in the Boyd Orr study pointed out, 'it has been said that [their] Survey was a pioneering effort. Though the diet survey technique was not new it had never been applied on such a large scale.'[50] The Irish survey of 1946–8 was almost twice the size of the Boyd Orr study and it certainly caught the attention of the British nutritional fraternity: the British Nutrition Society in 1950 devoted their 59th Scientific Meeting in Trinity College, Dublin to this first national nutrition survey of Ireland.[51]

NOTES

1 J.M. O'Connor, 'Origin and Organization of the Irish National Nutrition Survey', *British Journal of Nutrition*, 4 (1950), p. 269.

2 Department of Health (An Roinn Sláinte), *National Nutrition Survey* [*NNS*], part I. 'Methods of dietary survey and results from Dublin investigation' (Dublin, 1949), p. 9; Department of Health, *NNS*, part IV. 'Dietary survey of farming families' (Dublin, 1949), p. 7.

3 An Roinn Sláinte, *First Report of the Department of Health 1945-49* (Dublin, n.d.), p. 69.

4 James Deeny, *To Cure and to Care: Memoirs of a Chief Medical Officer* (Dun Laoghaire, 1989), p. 102.

5 Department of Health, *NNS*, part I. 'Methods of Dietary Survey and Results from the Dublin investigation'; part II. 'Dietary Survey of Congested Districts'; part III. 'Dietary survey of large and small towns'; part IV. 'Dietary survey of farming families'; part V. 'Dietary survey of farm workers' families'; part VI. 'Dietary survey of exceptional rural families and summarised results of all the dietary surveys with appendicies' (Dublin, 1950).

6 Department of Health, *NNS*, part VII. 'Clinical survey' (Dublin, 1952).

7 The Queen's University of Belfast Archive records that James Andrew Donnelly Deeny was awarded the following degrees: M.B., B.Ch., B.A.O. in 1928; B.Sc. in 1929; D.P.H. and M.D. in 1931; M. Sc in 1939. In 1983 he was conferred with D. Sc. for services to medicine.

8 James Deeny, *To Cure and to Care*, p. 40.

9 James Deeny, 'The Assessment of Nutrition', *The Ulster Medical Journal*, vii (1938), pp 206–14.

10 Carnegie United Kingdom Trust, *Family Diet and Health in Pre-War Britain: A dietary and clinical survey* (Dunfermline, Scotland, 1955). This survey was taken between 1937 and 1939 though because of war was not published until 1955.

11 James Deeny, 'A clinical and social enquiry into factors associated with sub-optimal health in a group of industrial workers', MSc., The Queen's University of Belfast, 1939. In his book *To Cure and Care*, on page 43 Deeny states his Master's Thesis was awarded for 'Poverty as the cause of ill-health' the clinical study on Lurgan women linen workers. The male results were also published in J. Deeny and H.S. Booker, 'Clinical and Social Survey of Male Linen Workers', *British Medical Journal*, I (1939), pp. 267–77.

12 James Deeny, 'Poverty as a Cause of Ill-Health', *Journal of the Statistical and Social Inquiry Society of Ireland*, xvi (1939–40), pp. 75–87.

13 James Deeny, *To Cure and Care*, p. 43; idem, 'Poverty as a Cause of Ill-Health', p. 84.

14 *Royal Commission on the Poor Law and Relief of Distress*, vol. X, Evidence relating to Ireland, BPP 1910 [Cd. 5070], L.J. Lumsden, An investigation into the income and expenditure of seventeen brewery families and a study of their diets being a report made to the directors of A. Guinness, Son Co. Ltd. (Edinburgh, 1905).

15 James Deeny, 'Pellagra in General Practice in Northern Ireland', *British Medical Journal*, 1 (1942), pp. 157–8.

16 James Deeny, 'Riboflavin deficiency: with a case report', *British Medical Journal*, 2 (1942), p. 607.

17 James Deeny, *et al.*, 'Ascorbic acid and complement – a study of their relationship', *Irish Journal of Medical Science*, Sixth Series, no. 207 (1943), pp. 82–90; idem, 'Excretion of ascorbic acid', ibid., Sixth Series, no. 217 (1944), pp. 17–24.

18 The health section of the Department of Local Government and Public Health formed the Department of Health in 1947.

19 Dáil Éireann, vol. 94, 20 September 1944, col. 1663.

20 Ibid. col. 1664.

21 The small town survey was reported along with the study of large towns, though separate tables of data were produced for each.

22 Congested Districts refer to areas in the west of Ireland identified for their poverty.

23 R.C. Geary, 'Statistical Plans and Methods of the Irish National Nutrition Survey', *British Journal of Nutrition*, 4 (1950), p. 274.

24 Department of Health, *NNS*, part III. 'Dietary survey of large and small towns' (Dublin, 1949), p. 5.

25 Department of Health, *NNS,* part IV, p. 5.

26 Ibid.

27 Department of Health, *NNS*, part V. 'Dietary survey of farm workers' families', p. 5.

28 As the statistics for this sub-group were included in the calculations for the entire survey they will not be discussed as a separate category.

29 In the Dublin survey it is noted that survey details were recorded on a form, later Dr J.D. Hourihane in his paper entitled 'Objective, Scope and General Plan of the Irish National Nutrition Survey' *British Journal of Nutrition*, vol. 4 (1950), p. 270 talks of a log-book.

30 Department of Health, *NNS*, part II. 'Dietary survey of the Congested Districts' (Dublin, 1949), p. 5.

31 Department of Health, *NNS*, part I, p. 5.

32 J.D. Hourihane, 'Objective, Scope and General plan of the Irish National Nutritional Survey', p. 272.

33 Department of Health, *NNS*, part II, p. 5.

34 Middle-class Dublin households were divided into only the two highest income bands.

35 Department of Health, *NNS*, part I, p. 5.

36 The unit referred to as 'diet-head' was created for the survey. It was calculated by taking account of the number of meals eaten by an individual outside the home, plus additional meals prepared and eaten in the home for visitors. Unlike earlier surveys, 'family coefficients' were not used, the 'diet-head' values being preferred on the grounds that they gave 'the answer in quantities of an order familiar to everyone, [and] it is not open to misinterpretation'. Cited in Carnegie United Kingdom Trust, *Family Diet and Health in pre-war Britain: a dietary and clinical survey*, p. 76. For practical purposes a 'diet-head' may be taken as equivalent to a person.

37 The list of foods varies from survey to survey.

38 Department of Health, *NNS*, part IV, p. 7.

39 Department of Health, *NNS*, part II, p. 9.

40 Calculated from table in Department of Health, *NNS*, part III, p. 31

41 For further information see: J.D. Hourihane, 'Objective, Scope and General Plan of the Irish National Nutrition Survey', *British Journal of Nutrition,* 4 (1950), p. 272. Medical Research Council War Memorandum No. 14, 'Nutritive values of wartime foods' (London, 1945) (Tables compiled for the Accessory Food Factors Committee)'.

42 See Department of Health, *NNS*, part I, p. 6.

43 J. Deeny, 'Practical significance of the Irish National Nutrition Survey', *British Journal of Nutrition,* 4 (1950), p. 293.

44 Ibid. p. 293.

45 Ibid. p. 295.

46 An Roinn Sláinte, Report of the Department of Health, 1949-50 (Dublin, n.d.), p. 67.

47 Earlier dietary surveys were conducted in Ireland, but Smith was the first to attempt a nutritional analysis.

48 *Second report of Mr Wilson Fox on the wages, earnings and conditions of employment of agricultural labourers in the United Kingdom* … BPP. 1905, vol. XCVII, 247–608; *Second series of memoranda, statistical tables, and charts prepared in the Board of Trade with reference to various matters bearing on British foreign trade and industrial conditions*, BPP. 1905, vol. LXXXIV. (These memoranda contain a paper (pp. 19-44) entitled, 'Consumption and cost of food in workmen's families in urban districts in the United Kingdom'); James Lumsden, *An investigation into the income and expenditure of seventeen brewery families and a study of their diets* (Edinburgh, 1905); *Royal Commission on the poor laws and relief of distress*, BPP, 1910, vol. L, appendix to vol. X, appendix no II (D), 'Note on the social condition of certain working class families in Dublin'.

49 E.P. Cathcart and A.M.T. Murray, *A study in Nutrition: an inquiry into the diet of 154 families of St Andrews*, Medical Research Council, Special Report Series, No. 151 (1931); idem, *Studies in Nutrition: an inquiry into the diet of families in Cardiff and Reading*, Medical Research Council, Special Report Series, No. 165 (1932); idem, *A dietary survey in terms of the actual foodstuffs consumed*, Medical Research Council, Special Report Series, No. 218 (1936); idem, *Studies in Nutrition: an inquiry into the diet of families in the Highlands and Islands of Scotland*, Medical Research Council, Special Report Series, No. 242 (1940); Carnegie United Kingdom Trust, *Family Diet and Health in pre-War Britain*.

50 Carnegie United Kingdom Trust, *Family Diet and health in pre-War Britain*, p. 63.

51 J.M. O'Connor *et al.*, 'The Irish National Nutrition Survey', *British Journal of Nutrition*, 4 (1950), pp. 269–95.

W. H. CRAWFORD
A BIBLIOGRAPHY

1964 'The Woodlands of the Manor of Brownlow's-Derry, north Armagh in the Seventeenth and Eighteenth Centuries', *Ulster Folklife*, 10, pp. 57–64.

1967 [1] *Irish Economic Documents* with separate text of documents (PRONI, Belfast).

1967 [2] 'The Market Book of Thomas Greer, a Dungannon Linendraper, 1758–9', *Ulster Folklife*, 13, pp. 54–60.

1968 *Sources for the Study of Local History in Northern Ireland* (PRONI, Belfast).

1969 [1] (edited with Brian Trainor) *Aspects of Irish Social History 1750–1800* (HMSO, Belfast).

1969 [2] 'The Rise of the Irish Linen Industry' in L.M. Cullen (ed), *The Formation of the Irish Economy* (Mercier Press, Cork), pp. 23–35.

1971 [1] 'The Origins of the Linen Industry in north Armagh and the Lagan Valley', *Ulster Folklife*, 17, pp. 42–51.

1971 [2] 'Ulster Landowners and the Linen Industry' in J.T. Ward and R.G. Wilson (eds), *Land and Industry: the Landed Estate and the Industrial Revolution* (David & Charles, Newton Abbot), pp. 117–44.

1972 *Domestic Industry in Ireland: the Experience of the Linen Industry* (Gill & Macmillan, Dublin).

1973 Introduction to *Problems of a Growing City: Belfast 1780–1870* (PRONI, Belfast).

1975 [1] 'Economy and Society in South Ulster in the Eighteenth Century', *Clogher Record*, VII, pp. 241–58.

1975 [2] 'Landlord-tenant Relations in Ulster, 1609–1820', *Irish Economic & Social History*, II, pp. 5–21.

1976 [1] 'Fresh Approaches to Local History: Three New Books', *Ulster Local Studies: Journal of the Federation for Ulster Local Studies*, 1, no. 2, pp. 31–33.

1976 [2] *Letters from an Ulster Land Agent, 1775–85* (PRONI, Belfast).

1977 [1] 'The Influence of the Landlord in Eighteenth Century Ulster' in L.M. Cullen and T.C. Smout (eds), *Comparative Aspects of Scottish and Irish Economic and Social History* (John Donald, Edinburgh), pp. 193–203.

1977 [2] 'The Case of John McNeelans of Shanoney, 1773', *Ulster Folklife*, 23, pp. 92–6.

1977 [3] (with D.H. Akenson) *Local Poets and Social History: James Orr, Bard of Ballycarry* (PRONI, Belfast).

1979 'Change in Ulster in the Late Eighteenth Century' in T. Bartlett and D.W. Hayton (eds), *Penal Era and Golden Age* (Ulster Historical Foundation, Belfast), pp. 186–203.

1980 [1] 'The Social Structure of Ulster in the Eighteenth Century' in L.M. Cullen and F. Furet (eds), *Ireland and France 17th to 20th centuries* (L'École des Hautes Études en Sciences Sociales, Paris), pp. 117–27.

1980 [2] 'Drapers and Bleachers in the Early Ulster Linen Industry' in L.M. Cullen and P. Butel (eds), *Négoce et Industrie en France et en Irlande aux xviiie et xixe Siècles* (Editions du Centre National de la Recherche Scientifique, Paris), pp. 117–27.

1981 'The Evolution of Ulster Towns, 1750–1850' in P. Roebuck (ed), *Plantation to Partition* (Blackstaff Press, Belfast), pp. 140–56.

1982 'The Ulster Irish in the Eighteenth Century', *Ulster Folklife*, 28, pp. 24–32.

1983 'Ulster as a Mirror of the Two Societies' in T.M. Devine and David Dickson (eds), *Ireland and Scotland 1660–1850* (John Donald, Edinburgh), pp. 60–9.

1984 'Markets and Fairs in County Cavan', *Heart of Breifne*, 2, no. 3, pp. 55–65.

1986 [1] 'A look at the past' in *The British-Irish Connection: papers presented at the 33rd Annual Summer School of the Social Study Conference at Clongowes Wood College, Naas, 3–8 August 1985*, edited by J. McLoone (Dublin).

1986 [2] 'The Patron or Festival of St Kevin at the Seven Churches, Glendalough, County Wicklow, 1813', *Ulster Folklife*, 32, pp. 37–47.

1986 [3] Introduction to *Industries of the North One Hundred Years Ago* (Friar's Bush Press, Belfast) an enlarged reprint of *The Industries of Ireland, part 1. Belfast and the North* (London, 1891).

1987 [1] 'Development of the County Mayo economy 1700–1850' in R. Gillespie and G. Moran (eds), *'A Various Country': Essays in Mayo History 1500–1900* (FNT, Westport, Mayo), pp. 67–90.

1987 [2] *The Irish Linen Industry*: an illustrated history for the exhibition *Our Linen Industry* in the Ulster Folk & Transport Museum (Ulster Folk & Transport Museum and Irish Linen Guild, Belfast).

1987 [3] 'Farming and Linen Weaving in Ulster before Industrialisation', *Ulster Folklife*, 33, pp. 86–90.

1988 [1] 'The Role of the Ulster Folk and Transport Museum in the Study of Ulster History' in Alan Gailey (ed), *The Use of Tradition: essays presented to G.B. Thompson* (Ulster Folk and Transport Museum, Holywood, Co. Down), pp. 97–102.

1988 [2] 'The Evolution of the Linen Trade of Ulster before Industrialisation', *Irish Economic and Social History*, XV, pp. 32–53.

1989 [1] 'The Political Economy of Linen: Ulster in the Eighteenth Century' in C. Brady, M. O'Dowd and B. Walker (eds), *Ulster: an Illustrated History* (Batsford, London).

1989 [2] 'The Reshaping of the Borderlands c.1700–1840' in R. Gillespie and H. O'Sullivan (eds), *The Borderlands: Essays on the History of the Ulster-Leinster Border* (Institute of Irish Studies, Belfast), pp. 93–105.

1989 [3] 'The Construction of the Ulster Road Network 1700–1850' in *The History of Technology, Science and Society 1750–1914: Symposium, September 1989* (University of Ulster, Coleraine).

1990 'The Significance of Landed Estates in Ulster, 1600–1820', *Irish Economic and Social History*, XVII, pp. 44–61.

1991 'Women in the Domestic Linen Industry' in M. MacCurtain and M. O'Dowd (eds), *Women in Early Modern Ireland* (Edinburgh University Press, Edinburgh), pp. 255–64.

1992 Introduction to new edition of J. McEvoy, *Statistical Survey of the County of Tyrone* (Friar's Bush Press, Belfast).

1993 [1] 'A Handloom Weaving Community in County Down', *Ulster Folklife*, 39, pp. 1–14.

1993 [2] 'The Belfast Middle Classes in the Late Eighteenth Century' in D. Dickson, D. Keogh and K. Whelan (eds), *The United Irishmen* (Lilliput Press, Dublin), pp. 62–73.

1993 [3] Contributed introduction and text to *Ireland: an illustrated year-book 1994* about markets and fairs in Ireland with illustrations by Cathy Henderson (Appletree Press, Belfast).

1994 [1] *The Handloom Weavers and the Ulster Linen Industry* (reprint by the Ulster Historical Foundation, Belfast of *Domestic Industry in Ireland: the Experience of the Linen Industry*, Dublin, 1972, with a new introduction and a bibliographical essay).

1994 [2] 'Kinship and Inheritance in Ulster', *Ulster Local Studies*, 16, no. 2, pp. 59–70.

1994 [3] 'Lurgan' in A. Simms and J.H. Andrews (eds), *Irish Country Towns* (Mercier Press, Cork), pp. 97–107.

1994 [4] 'Provincial Town Life in the Early Nineteenth Century: An Artist's Impressions' in R. Gillespie and B.P. Kennedy (eds),

Ireland: Art into History (Town House, Dublin).

1995 'The Evolution of the Urban Network' in W. Nolan, L. Ronayne and M. Dunlevy (eds), *Donegal: History & Society* (Geography Publications, Dublin), pp. 381–404.

1996 [1] 'A Ballymena Business in the Late Eighteenth Century' in J. Gray and W. McCann (eds), *An Uncommon Bookman: Essays in Memory of J.R.R. Adams* (Linen Hall Library, Belfast), pp. 23–33.

1996 [2] (edited) 'An Emigrant Ship Disaster – Seventy-two Lives Lost by Suffocation in a Steamer', *Ulster Local Studies*, 18, no. 1, pp. 11–34.

1996 [3] 'Sources for Studying Ulster Towns in the 19th and 20th Centuries', *Ulster Local Studies*, 18, no. 1, pp. 95–100.

1997 'The "Linen Triangle" in the 1790s', *Ulster Local Studies*, 18, no. 2, pp. 43–53.

1998 (edited with R.H. Foy), *Townlands in Ulster: Local History Studies* (Ulster Historical Foundation, Belfast).

1999 'Tenant Right & Agrarian Society in Ulster 1600–1870' (review article), *Familia*, 15, pp. 101–7.

2001 [1] 'Evolution of Towns in County Armagh' in A.J. Hughes and W. Nolan (eds), *Armagh: History & Society* (Geography Publications, Dublin), pp. 850–79.

2001 [2] *The Management of a Major Ulster Estate in the Late Eighteenth Century: the Eighth Earl of Abercorn and his Irish Agents* (Irish Academic Press, Dublin).

2002 'The Creation and Evolution of Small Towns in Ulster in the Seventeenth and Eighteenth Centuries' in Peter Borsay and Lindsay Proudfoot (eds), *Provincial Towns in Early Modern England and Ireland: Change, Convergence and Divergence* (British Academy, London), pp. 97–120.

2005 [1] *The Impact of the Domestic Linen Industry in Ulster* (Ulster Historical Foundation, Belfast).

2005 [2] 'Rural change in Ulster and Scotland 1660–1815' in R.J. Morris and L. Kennedy (eds), *Ireland and Scotland: Order and Disorder, 1600–2000* (John Donald, Edinburgh).

INDEX